Contraste insuffisant

NF Z 43-120-14

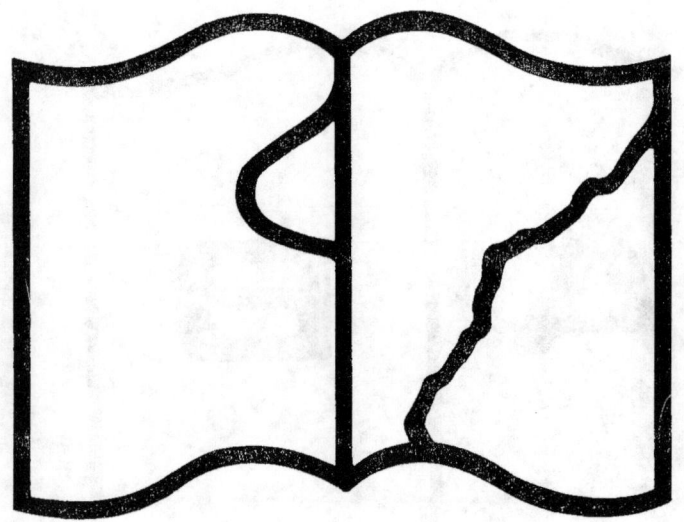

Texte détérioré — reliure défectueuse
NF Z 43-120-11

3.15. 3459 Bibl. du Roi

Ik 558

HISTOIRE DES ARCHEVESQVES DE ROÜEN:

DANS LAQVELLE IL EST TRAITE'
de leur Vie & de leur Mort, de leurs differens
Emplois, des Affaires qu'ils ont negotiées
auant & depuis leur Promotion.

*AVEC PLVSIEVRS LETTRES DES PAPES,
des Roys de France, des Ducs de Normandie, &
des Roys d'Angleterre, & diuerses Particularitez
qui regardent l'Estat de la Religion Catholique
durant leur Administration.*

Le tout recueilly de plusieurs Livres, tant Imprimez que Manuscrits, & des
Archiues & Registres de l'Eglise Cathedrale, des Abbayes & autres lieux
de la Prouince de Normandie.

Par vn Religieux Benedictin de la Congregation de S. Maur.

A ROÜEN,
Chez LAVRENS MAVRRY, Imprimeur de l'Archeuesché,
ruë Neuve S. Lo, à l'Imprimerie du Louvre.

M. DC. LXVII.
AVEC PRIVILEGE DV ROY, ET APPROBATION DES DOCTEVRS.

A MONSEIGNEVR,
MONSEIGNEVR L'ILLVSTRISSIME
FRANCOIS DE HARLAY
DE CHANVALON,
ARCHEVESQVE DE ROVEN,
PRIMAT DE NORMANDIE,
ABBE' DE St PIERRE DE IVMIEGE,
CONSEILLER DV ROY EN TOVS SES CONSEILS,
ET
COMMANDEVR DE SES ORDRES, &c.

MONSEIGNEVR,

Les Ecriuains qui dédient leurs Ouvrages aux Personnes de condition eminente, sont quelquesfois en peine de trouuer du rapport

ã ij

A MONSEIGNEVR,
MONSEIGNEVR L'ILLVSTRISSIME
FRANCOIS DE HARLAY
DE CHANVALON,
ARCHEVESQVE DE ROVEN,
PRIMAT DE NORMANDIE,
ABBE' DE S.t PIERRE DE IVMIEGE,
CONSEILLER DV ROY EN TOVS SES CONSEILS,
ET
COMMANDEVR DE SES ORDRES, &c.

MONSEIGNEVR,

Les Ecriuains qui dédient leurs Ouvrages aux Personnes de condition eminente, sont quelquesfois en peine de trouuer du rapport

ã ij

EPISTRE.

entre le sujet de leurs Livres, & la qualité de ceux à qui ils les adressent. Mais dans la liberté que ie prens d'offrir cette Histoire à VOSTRE GRANDEVR, il n'est pas besoin que ie me trauaille beaucoup pour cela, puisque par vne rencontre tres-heureuse pour moy, la matiere que j'y traite a vne liaison si étroite & si naturelle auec vostre dignité Sacrée, que non seulement il est de la bien-seance, mais mesme il y a vne espece de necessité, qu'elle ne paroisse en Public que sous vostre Aveu, & auec l'honneur de vostre Protection.

En effet, MONSEIGNEVR, si l'Eglise de Roüen est comme vne des Maisons de la sainte Cité assise sur la Montagne, c'est à dire de l'Eglise Catholique; pourroit-on sans blesser l'ordre des choses, diuulguer les affaires de cette Maison, sans la permission du pere de Famille? Si cette Eglise est vne des Prouinces de ce Royaume spirituel, que le Fils de Dieu est venu établir dans le monde contre le monde mesme, ne dois-je pas ce respect à celuy qui la gouuerne, de n'en publier les Annales qu'auec son consentement, & auec l'appuy de son Nom illustre? Si cette Eglise est comme vn des Bataillons de cette armée sainement terrible, qui fait la guerre au Démon sous l'Etandard de la Croix; y a-t'il rien de plus iuste & de plus conuenable, que de n'en décrire les Combats & les Victoires que sous les glorieux Auspices du Chef qui le commande?

Ainsi, MONSEIGNEVR, si ie ne regarde que le sujet de ce Livre, j'ay raison d'esperer que Vostre Grandeur le receura fauorablement, & qu'elle trouuera bon que ie m'acquitte vers Elle d'vne obligation que j'ay contractée dés le moment que i'ay entrepris de le composer. Mais si ie le considere selon la forme que mon peu de suffisance y a pû donner, j'advoüe qu'il est fort éloigné de meriter d'estre offert à vn des plus qualifiez, & des plus sçauants Prelats de l'Eglise, & que ie ne pourrois le luy presenter sans vne extréme temerité, si ie n'auois lieu de me promettre qu'il aura autant de bonté pour en excuser les defauts, que de lumiere pour les découurir.

Vostre Grandeur ne me iugera pas tout à fait indigne de cette grace, s'il luy plaist d'auoir égard au dessein que i'ay eu de rendre seruice au Public, en luy donnant vne narration étendüe de ce qu'il n'auoit veu jusqu'à present qu'en abbregé. L'Histoire Ciuile de nos Anciens Ducs, les belles actions des Normans dans les Pays Estrangers, les Loix & la Coustume de nostre Pays, ont trouué d'habiles gens qui ont trauaillé à les mettre au iour, ainsi qu'il paroist par les doctes Ouurages que nous en auons. Mais

EPISTRE.

noſtre Hiſtoire Eccleſiaſtique a eſté negligée. Ce que Monſieur Dadré nous en a laiſſé, eſtant fort court & fort defectueux ; Monſieur le Preuoſt qui y eſtoit ſi ſçauant n'ayant fait imprimer qu'vne petite Chronologie de nos Archeueſques ; & Meſſieurs de Sainte Marthe, ayant ſelon leur deſſein, plûtoſt montré les ſources d'où on la pouuoit tirer, qu'ils ne l'ont effectinement déduite & racontée.

Cependant, MONSEIGNEVR, on ne peut pas douter que voſtre Egliſe eſtant vne des plus anciennes & des plus conſiderables de la Chreſtienté, elle ne ſoit capable de fournir dans ſon Origine, dans ſon Progrez, & dans ſes diuers Euenemens, des matieres propres pour faire vne des plus riches parties de l'Hiſtoire Eccleſiaſtique. Elle a eu pour ſes Fondateurs, des Hommes Apoſtoliques, qui luy ont communiqué l'eſprit du Chriſtianiſme, lors qu'il eſtoit encore en ſa premiere ferueur, & qui l'ont éclairée d'vne lumiere d'autant plus pure, qu'elle eſtoit moins éloignée de la ſource de la verité. Elle a eu pour ſes Propagateurs des Archeueſques qui ont paru dans le monde comme autant de prodiges, & dont la Sainteté a eſté ſi exemplaire & ſi feconde en benedictions, que nous en reſſentons encore l'odeur, dans vn temps où il ſemble que tout ſoit corrompu ; & Elle a aujourd'huy pour ſon Paſteur, vn Prelat en qui la Nature & la Grace ont mis comme à l'envy toutes les qualitez neceſſaires pour la conſeruer dans la pureté de la Foy & de la Diſcipline. Elle a donné des Saints au Ciel, des Apoſtres aux Nations Infidelles, des Cardinaux au Sacré College, des Papes à l'Egliſe Catholique, des Docteurs à elle-meſme ? Mais des Docteurs dont l'eſprit a eu tant de lumiere & d'intelligence, qu'ils ne ſe ſont jamais trompez dans le jugement qu'ils ont fait entre la Lepre & la Lepre, & qui ont agy auec tant de zele pour la defenſe de la Verité, qu'ils ont diſſipé les nuages de l'erreur, dés le moment qu'ils ont commencé de paroître.

Tant de belles fleurs n'ont pas eſté ſans Roſes & ſans Lis. Elle s'eſt veuë teinte du ſang de ſes Martyrs, elle a formé & nourry dans ſon ſein vn grand nombre de ſaintes Religieuſes. Elle a produit d'admirables Mariées, qui ont exercé la Profeſſion Angelique de la virginité, ſous le voile honorable du Sacrement qui les vniſſoit. Elle a porté tant de ſolitaires & de parfaits Religieux, qu'au jugement d'vn ancien Autheur, elle a eu en cela du rapport auec ces deſerts d'Orient, qui furent autrefois tout remplis de Laures & de Monaſteres.

Auſſi, MONSEIGNEVR, la ville de Roüen, qui eſt

EPISTRE.

aujourd'huy si grande dans son enceinte, si peuplée d'Habitans, si superbe dans ses Edifices, si renommée par sa Nauigation, si riche & si celebre par son Commerce, est-elle redeuable de son accroissement & de sa premiere reputation au zéle & à la sainteté de nos anciens Euesques, & particulierement de S. Victrice. Auant le gouuernement de ce saint Prelat, à peine estoit-elle connuë. On n'en rencontre que fort rarement le nom dans les Autheurs qui ont escrit auant son Pontificat. Mais ce genereux Martyr ayant pris la conduite du Diocese, il y fit tellement fleurir la pieté & la Religion; il y fit bastir tant d'Eglises & de Monasteres; il y establit des loix si saintes, & des pratiques si Chrestiennes, qu'elle deuint celebre dans les Prouinces les plus éloignées, & merita d'estre comparée par S. Paulin à la sainte ville de Ierusalem.

Que si ces lieux sacrez ne se voyent plus en l'estat où ils estoient en ces premiers siecles, c'est que par un heureux changement, ces premiers bastimens ont fait place à d'autres plus magnifiques, dont le public a obligation aux soins, & mesme à la liberalité de vos Predecesseurs. Ce qui est principalement vray au regard de vostre Cathedrale, qui n'excelle pas moins au dessus des autres Eglises de vostre Diocese, par la vaste & noble Structure de toutes les parties qui la composent, qu'elle les surpasse par la preeminence de sa Dignité. Quelques-uns sçachant confusement, & comme par vne espece de tradition, qu'autrefois nostre Prouince a esté sous la puissance des Anglois, sont si simples & si peu éclairez, que de leur attribuer la construction de tant de beaux Ouurages; mais ils verront icy que ces estrangers n'ont nulle part à cette gloire, & qu'elle est toute deuë à la pieté liberale de nos anciens Normans, qui par un esprit bien opposé à celuy du siecle present, se sont montrez aussi somptueux & aussi magnifiques dans les Edifices publics, que modestes & retenus à l'egard de leurs maisons particulieres. De sorte que nous ignorerions aujourd'huy qu'ils auroient esté si intelligens & si hardis dans l'Architecture, s'ils n'auoient esté pieux, & si leur zéle pour l'ornement de l'Eglise & de leur Patrie, ne les eut portez à nous en laisser des marques si éclatantes.

Ainsi, MONSEIGNEVR, j'ose me promettre que ceux qui liront cette Histoire, seront bien aises d'y apprendre quels ont esté les Fondateurs de tant de riches Temples où nous faisons aujourd'huy les exercices de nostre sainte Religion, & de voir par la suite de nos Archeuesques, comme on remonte de ces derniers temps, jusqu'aux premiers siecles du Christianisme.

EPISTRE.

Vostre Grandeur qui possede si parfaitement tout ce que la Theologie a de plus profond & de plus sublime, sçait beaucoup mieux que ie ne luy puis expliquer, que cette succession de Pasteurs depuis le premier establissement de nostre Foy, n'est pas le sujet d'vne connoissance vaine & purement curieuse, & qu'elle a toûjours esté regardée par les saints Peres, comme vne des marques essentielles de la vraye Eglise. Aussi est-ce vne des principales raisons qu'employoit Tertullien contre les Heretiques de son temps, lors qu'il leur demandoit auec tant d'instance qu'ils eussent à montrer l'origine de leurs Eglises, à representer vne liste de leurs Euesques, & à faire voir comme le premier de leurs Prelats, auoit receu sa Mission & sa doctrine des Apostres ou de leurs Disciples.

Et c'est encore vn des plus forts Argumens dont nos Controuersistes pressent & combattent la Secte orgueilleuse de nos freres separez. Helas! comment ces miserables montreroient-ils vn Catalogue de leurs Euesques, eux qui pour le premier fondement de leur reformation chimerique, rejettent l'Episcopat & le Sacerdoce; qui contre les predictions des saints Prophetes touchant la police du Christianisme, veulent auoir pour Pasteurs des Ministres qui ne soient pas Prestres, & qui ont eu l'audace d'oster autant qu'ils ont pû, la conduite de l'Eglise aux Euesques, que le S. Esprit a establis pour la gouuerner. J'espere donc que ce ne sera pas sans edification qu'on verra dans cét Ouurage comme l'Eglise de Roüen a tiré son origine, & receu ses premiers Prelats de la Chaire de S. Pierre, & de cette Eglise Principale, qui (selon les Saints Peres) est la source de l'Vnité du Sacerdoce; comment nos anciens Euesques ont consulté l'Oracle du saint Siege dans les points douteux de la police de la Discipline; & comment ils ont mesme passé les Alpes pour aller visiter les tombeaux des Apostres, & rendre leurs respects aux Souuerains Pontifes.

Isaÿæ 61. 6.

Act. 20. 28.

S. Cypr. Ep. ad Corn.

Enquoy certes, MONSEIGNEVR, nul ne peut douter que V. G. ne se montre animée du mesme esprit que ces grands hommes, puisqu'en toutes occasions elle a témoigné tant d'affection & de zele pour la défense des interests du S. Siege. J'auouë que parmy tant de choses vtiles ou curieuses que contient nostre Histoire, les rauages que firent les Normands au huitiéme & neufiéme siecle, & toutes les violences exercées par les Caluinistes durant la minorité de Charles IX. ne sont pas des euenemens dont le souuenir paroisse d'abord fort agreable. Mais si ces peuples du Nord causerent tant de maux à l'Eglise, auant

EPISTRE.

que d'en estre les domestiques & les enfans, il est certain qu'ils luy firent de grands biens quand le Baptesme leur eut acquis cette qualité glorieuse. Estant Chrestiens, ils redresserent ce qu'ils auoient abatu estant infidelles; Ils auoient esté au matin des Benjamins & des Loups rauissans, mais le soir ils distribuerent leurs dépoüilles & leurs richesses aux Autels. Le recit de leurs rauages ne donne plus de crainte & de terreur, mais le recit de leurs bonnes actions donne de l'édification & de la joye.

Genes. 49. 27.

C'est la gloire de la grace de I. C. d'auoir amolly si promptement ces hommes de fer, & d'auoir transformé en vn instant des Idolatres en des Défenseurs de la Foy, & des Chefs de Pyrates en d'excellens Princes. C'est vne belle loüange à vos Predecesseurs d'auoir esté les Ministres de ce merueilleux changement. Mais c'est vne haute injustice que l'on fait à la memoire de ces genereux Danois, de se souuenir seulement des emportemens de leur infidelité premiere, & mesme de nous en faire des reproches, & d'oublier cependant tant de grandes actions de justice & de valeur qu'ils ont faites, & tant de seruices que la France, l'Italie & l'Orient les ont veu rendre à l'Eglise.

Quant aux excez & aux rauages commis par les Heretiques, si d'vne part on ne peut y penser sans douleur & sans indignation, de l'autre il importe extrémement d'en bien conseruer la memoire, & de montrer par quelle voye ces faux Prophetes se sont introduits; Ces reuoltes contre les Princes legitimes, ces cabales, ces factions, ces guerres, tous ces troubles & ces desordres qu'excita d'abord leur prétenduë Reforme, ne sont pas des marques de Disciples de I. C. & de gens enuoyez extraordinairement pour rétablir vne Religion toute fondée sur la douceur, sur l'humilité, sur la soumission aux Rois & aux Magistrats, sur le dégagement & le mépris des choses de la terre. La seule maniere dont ils ont publié leur doctrine, la combat & la refute, & il est aisé de juger que si par impossible cette Eglise qui est la Colomne de la Verité, & qui a receu pour toûjours l'Esprit de verité, eut esté alors dans l'abisme de l'erreur, elle n'en eust dû estre deliurée que par de nouueaux Apostres qui eussent prouué leur Mission par des miracles, par l'exemple d'vne sainte vie, & par vne genereuse patience à souffrir toutes sortes de disgraces, & non pas par des Apostats factieux & débauchez, qui scandaliserent les gens de bien par l'infamie de leurs actions, & troublerent les Estats par des reuoltes & des guerres ciuiles.

Timot. 3. 15. Joan. 14. 16.

Tant s'en faut donc que j'aye dû passer sous silence, ce que ces
Deserteurs

EPISTRE.

Deserteurs de la vraye Foy attenterent dans nostre Ville; qu'au contraire, il m'a semblé qu'il estoit pour la gloire de l'Eglise, & pour la confusion de ses ennemis, que i'en donnasse vne description la plus exacte que ie pourrois; joint que comme c'est plûtost vn entretien agréable qu'vn souuenir fâcheux, que de parler de la tempeste, quand elle est passée, & que le calme a succedé. Aussi ne crois-ie pas me rendre importun, si dans la tranquillité dont la grace du Ciel nous fait joüir, ie renouuelle la memoire des rauages & des desordres qui ont tant exercé le courage & la constance de nos Peres; & qui parmy tant de maux qu'ils causerent, produisirent au moins ce bien, qu'ils exciterent la vigilance des Prelats à trauailler au rétablissement de la Discipline & de la pureté des Mœurs, dont la corruption est toûjours la principale source de ces orages.

C'est, MONSEIGNEVR, ce qu'on remarquera aisément dans la conduite de vos derniers Predecesseurs, quand on verra que parmy tant de calamitez publiques & tant d'oppositions differentes, leur Zele trouua le moyen de tenir vn Concile Prouincial, d'introduire dans la Ville quantité de bons Religieux, d'établir vn Seminaire & vn College, & de pratiquer tant de choses auantageuses à l'accroissement de la Pieté, & qu'enfin feu Monseigneur l'Archeuesque, d'heureuse memoire, ayant succedé à leurs Vertus aussi bien qu'à leur Dignité, s'employa à ce mesme Ouurage auec tant de soin & d'application, & y reüssit auec tant de succez, que vous publiâtes hautement, que vous auiez tout sujet de benir Dieu du bon estat où vous trouuiez ce grand Diocese dans la premiere Visite que vous en fistes, aprés qu'il eust fait aggréer à sa Majesté Vostre Personne, pour se décharger sur Elle des soins & des trauaux, que son grand âge & ses incommoditez ne luy permettoient plus de pouuoir supporter.

J'aurois icy, MONSEIGNEVR, vn ample sujet de m'étendre sur vostre Administration, mais que pourrois-je dire que toute la France ne sçache & ne voye auec étonnement, & ne serois-je pas temeraire de vouloir releuer & orner par mes paroles, des choses si sublimes & si éclatantes ? Ie me contenteray donc de les reuerer auec vn silence respectueux, & seulement ie conjureray V. G. que tandis que les vns admirent sa profonde Doctrine, que les autres donnent des loüanges à son Zele, que les autres exaltent son éloquence, & tant d'autres excellentes qualitez qui reluisent en sa Personne, je puisse auoir sujet de rendre de tres-humbles remerciemens à sa bonté, pour

ẽ

EPISTRE.

la grace qu'elle m'aura faite de recevoir favorablement cet Ouurage, & de me permettre de luy donner cette marque publique du respect & de la soûmission toute particuliere, auec laquelle je suis,

MONSEIGNEVR,

Voſtre tres-humble & tres-obeïſſant ſeruiteur,
F. FRANÇOIS POMMERAYE,
M. Benedictin de la Congreg. de S. Maur.

APPROBATIONS.

NOVS sous-signé Prestre, Docteur de la Maison & Société de Sorbonne, Grand Archidiacre de l'Eglise de Roüen, & Vicaire General de Monseigneur l'Illustrissime & Religiosissime Archeuesque de Roüen Primat de Normandie, Attestons n'auoir rien trouué dans le Liure intitulé *Histoire des Archeuesques de Roüen, &c.* qui soit contraire à la Foy Catholique, Apostolique & Romaine, ny aux bonnes mœurs; mais bien d'y auoir remarqué plusieurs veritez & curieuses obseruations capables d'inspirer l'amour de la pieté, & porter le Lecteur à la pratique des vertus Chrestiennes. Fait à Roüen ce 6. de Iuillet mil six cens soixante-six.

GAVLDE.

NOVS sous-signez Docteurs en Theologie, Religieux de l'Ordre des FF. Prescheurs au Conuent de l'Etroite Obseruance de la ville de Roüen, Declarons auoir leu, & fort attentiuement examiné le Liure intitulé *Histoire des Archeuesques de Roüen*, dans laquelle il est traité de leur Vie & de leur Mort, de leurs differens Emplois, des Affaires qu'ils ont negotiées auant & depuis leur Promotion, &c. Composée par le R. P. François Pommeraye Religieux Benedictin de la Congregation de S. Maur: Que c'est l'ouurage d'vn long & tres loüable trauail, digne de la lecture des pieux & des curieux, dans lequel nous n'auons rien apperceu contraire aux veritez de la Foy, aux memoires de la Tradition, aux maximes de l'Eglise, & aux Regles des bonnes mœurs. Fait en nostredit Conuent, ce dernier iour du mois d'Octobre dans l'année de nostre Seigneur mil six cent soixante & cinq.

F. ANDRE' LE FE'E.　　F. GILLES DAVID.

NOVS F. BERNARD AVDEBERT, humble Superieur General de la Congregation de S. Maur, Ordre de S. Benoist, Auons permis à Dom François Pommeraye Religieux, Prestre de la mesme Congregation, de faire imprimer par tel Imprimeur & Libraire qu'il voudra, le Liure intitulé *Histoire des Archeuesques de Roüen*, suiuant le Priuilege du Roy à nous accordé en datte du troisiéme de Féurier mil six cens soixante. En foy dequoy nous auons signé la presente permission en l'Abbaye de S. Germain des Prez ce 14. Ianuier mil six cens soixante-six.

F. BERNARD AVDEBERT.

VEV la permission donnée par nostre tres-Reuerend Pere Superieur General, à Dom François Pommeraye Prestre, Religieux de ce Monastere de S. Oüen, sur le témoignage qui a esté rendu audit tres-Reuerend Pere par quelques Theologiens de nostre Congregation, que dans l'*Histoire des Archeuesques de Roüen*, il n'y a rien qui ne soit conforme à la doctrine de l'Eglise, & aux bonnes mœurs. Ie sous-signé humble Prieur de ladite Abbaye de S. Oüen, consens l'impression d'icelle; En foy dequoy j'ay signé ces presentes le vingtiéme iour de Ianuier mil six cens soixante-six.

F. VICTOR TIXIER, Prieur susdit.

Et ledit R. P. POMMERAYE a cedé sondit Priuilege, pour cette Impression seulement, à LAVRENS MAVRRY, Marchand Imprimeur Libraire audit Roüen, & ce suiuant l'accord fait entr'eux le 28. de Ianuier 1666.

Acheué d'imprimer pour la premiere fois, le 25. d'Octobre audit an 1666. par ledit Maurry.

CATALOGVE DES ARCHEVESQVES
de Roüen.

An de I.C.				An de I.C.			
100	S. Nicaise.	i.	page 29	989	Robert de Normandie.	xliv. p.	242
260	S. Mellon.	ij.	39	1037	Mauger.	xlv.	250
311	Auidian.	iij.	50	1055	Maurile.	xlvj.	254
325	Seuere.	iv.	51	1067	Iean II.	xlvij.	264
341	Eusebe.	v.	53	1079	Guillaume.	xlviij.	276
366	Marcellin.	vj.	56	1110	Geoffroy.	xlix.	301
385	Pierre.	vij.	56	1130	Hugues d'Amiens.	l.	313
393	S. Victrice.	viij.	57	1165	Rotrou.	lj.	344
417	Innocent.	ix.	77	1184	Gaultier le Magnifique.	lij.	373
426	Syluestre.	x.	78	1208	Robert Poulain.	liij.	439
442	Malson.	xj.	79	1222	Thibaut d'Amiens.	liv.	445
451	Germain.	xij.	80	1231	Maurice.	lv.	453
462	Crescence.	xiij.	81	1237	Pierre de Colmieu.	lvj.	461
488	S. Godard.	xiv.	82	1245	Odo Clement.	lvij.	468
515	Flauius.	xv.	89	1247	Odo Rigaut.	lviij.	474
542	S. Euode.	xvj.	90	1276	Guillaume de Flauacour.	lix.	485
550	S. Pretextae.	xvij.	95	1306	Bernard de Fargis.	lx.	491
589	Melance.	xviij.	115	1311	Gilles Aiscelin.	lxj.	493
602	Idulphe.	xix.	117	1319	Guillaume de Durefort.	lxij.	497
631	S. Romain.	xx.	118	1331	Pierre Roger.	lxiij.	499
646	S. Oüen.	xxj.	131	1338	Aimeric Guenaud.	lxiv.	506
689	S. Ansbert.	xxij.	142	1342	Nicolas Roger.	lxv.	508
695	Grippo.	xxiij.	167	1347	Iean de Marigny.	lxvj.	510
719	Roland.	xxiv.	168	1351	Pierre de la Forest.	lxvij.	514
732	S. Hugues.	xxv.	169	1356	Guillaume de Flauacour.	lxviij.	519
740	Robert.	xxvj.	171	1369	Philippe d'Alençon.	lxix.	521
744	Grimo.	xxvij.	176	1375	Pierre de la Montre.	lxx.	529
748	Rainfroy.	xxviij.	179	1375	Guillaume de l'Estrange.	lxxj.	531
753	S. Remy.	xxix.	181	1388	Guillaume de Vienne.	lxxij.	535
762	S. Hugues II.		189	1406	Loüis d'Harcour.	lxxiij.	540
770	Mainard.	xxx.	194	1422	Iean de la Roche-Taillée.	lxxiv.	545
800	Gilbert.	xxxj.	196	1430	Hugues d'Orge.	lxxv.	552
828	Ragnoard.	xxxij.	198	1436	Loüis de Luxembourg.	lxxvj.	555
836	Gombaut.	xxxiij.	201	1443	Rodolphe Roussel.	lxxvij.	559
849	Paul.	xxxiv.	205	1453	Guillaume d'Estouteuille.	lxxviij.	563
855	Venilon.	xxxv.	207	1482	Robert de Croismare.	lxxix.	377
869	Adalard.	xxxvj.	215	1494	George d'Amboise.	lxxx.	581
872	Riculphe.	xxxvij.	216	1510	George d'Amboise II.	lxxxj.	602
876	Iean I.	xxxiij.	219	1550	Charles I. de Bourbon.	lxxxij.	609
888	S. Leon.	xxxix.	223	1582	Charles II. de Bourbon.	lxxxiij.	621
889	Vitton.	xl.	233	1594	Charles III. de Bourbon.	lxxxiv.	626
910	Franco.	xlj.	235	1604	François de Ioyeuse.	lxxxv.	618
919	Gonthard.	xlij.	238	1614	François II. de Harlay.	lxxxvj.	632
942	Hugues.	xliij.	239	1651	François III. de Harlay.	lxxxvij.	663

PREFACE.

PREFACE

IL seroit inutile de m'arrester icy à marquer le sujet & la diuision de cét Ouurage ; le seul Titre fait assez connoistre la matiere que ie me suis proposé d'y traiter : & quant à l'ordre, il est sans doute que ie n'ay deu en obseruer d'autre que celuy de la Chronologie, c'est à dire de la suite de nos Archeuesques, selon les diuers temps qu'ils ont gouuerné leur Eglise. Ie ne crois pas aussi qu'il soit necessaire de me mettre beaucoup en peine de faire agréer mon dessein, & de préuenir la censure de ceux qui pourroient trouuer estrange que ie me sois appliqué à escrire l'Histoire d'vn seul Diocese. Il suffira de les aduertir qu'en cela ie n'ay fait qu'executer le precepte de l'Apostre, qui ordonne aux fidelles de conseruer soigneusement la memoire des Prelats qui leur ont annoncé les heureuses nouuelles de l'Euangile, & que suiure l'exemple de quantité d'Autheurs qui ont escrit de l'origine & des éuenemens particuliers d'autres Dioceses, beaucoup moins considerables que celuy de Roüen ; & mesme des Abbayes, & des Eglises Collegiales : Ioint que j'ay déja vne espece de préjugé & comme vn gage de l'agréement du Public, dans le fauorable accueil qu'il a fait autresfois à la Chronique de nos Archeuesques dressée en François par feu Monsieur Dadré Chanoine & Penitencier de l'Eglise de Roüen, laquelle cependant ne contient pas la dixiéme partie des choses que l'on pourra voir dans cét Ouurage. Sans donc m'arrester icy ny à expliquer ny à justifier mon dessein, j'entreray d'abord en matiere dans cette Preface par quelques obseruations generales qui seruiront de fondement & de preparation à ce que ie diray en suite de chaque Archeuesque en particulier.

Heb. 13. 7.

1. Du nom & de l'antiquité de la ville de Roüen, & de la qualité qu'on luy donne de seconde Lyonnoise.

I. La ville de Roüen est appelée par les Anciens *Rothomagus* ou *Rothomagum*, duquel mot on apporte diuerses Etymologies, toutes fort incertaines, & comme inuentées à plaisir ; les vns disent qu'elle a esté ainsi nommée de l'Idole Roth, qui y estoit adoré ; comme si l'on auoit voulu montrer par là qu'elle estoit la ville de Roth ; car Magus en vieil Allemand, signifie vne Ville : Les autres rapportent l'origine de ce mot à vn certain Prince *Magus*, qu'ils asseurent en auoir esté le Fondateur. Quelques-vns estiment qu'elle a receu ce nom à cause du flux & reflux de la Mer, qui porte & fait rouller deuant ses murailles les flots de l'Ocean. D'autres veulent qu'elle ait esté autresfois le lieu du Cercle, c'est à dire des assemblées des Mages & des Druides du païs *Rota Magorum*,

A

PREFACE.

& que de là est deriué le terme *Rothomagum*, mais ce lieu d'assemblée estoit constamment dans le païs Chartrain. [a] Et d'autres enfin soûtiennent que ce nom luy est venu du sejour ordinaire qu'y faisoient les Romains, qui la fermerent, disent-ils, de murailles, & la fortifierent d'vn bon Chasteau par l'ordre de Iules Cesar, & alleguent pour preuue que quelques Escriuains la qualifient *Rodomus quasi Romanorum domus*. I'estime toutesfois que la veritable etymologie se doit prendre de *Rotomi*, comme celle de Paris & de Reims, de *Parisij* & de *Remi*, &c. c'est à dire du peuple voisin ou du canton, & païs du Roumois, dont Roüen fut la principale Ville. Ce qu'il y a de plus certain, c'est qu'elle est fort ancienne & fort celebre dans l'Histoire, bien qu'il semble qu'elle n'estoit pas si considerable du temps de Cesar & de Mela, puis qu'ils n'en font point de mention dans leurs Escrits; mais elle s'accrût beaucoup & commença d'estre en reputation dans les païs plus éloignez sous le Pontificat de S. Victrice son Archeuesque, ainsi qu'il paroist par le témoignage de S. Paulin, & que nous l'expliquerons ailleurs plus amplement. Elle [b] n'a pas esté inconnuë à Pline, qu'on dit l'auoir designée par le nom d'*Vlcynetium*, ny à Ptolomée qui la marque ouuertement dans ses Tables sous le titre de *Rothomagum Velocassium*, ou selon la correction de Scaliger, *Venellocassium*, d'où nous apprenons que les habitans du territoire de Roüen estoient les Velocasses dont parle Cesar dans ses Commentaires, & qui habitoient le païs qui est entre l'Illebonne lors Capitale de Caux, & la riuiere d'Oise, ainsi que le represente fort bien Mr Samson, excellent Geographe, dans sa Carte des Gaules. Le temps n'a pas totalement aboly cet ancien nom; & tous les Autheurs demeurent d'accord qu'il s'est conserué dans cette contrée qui s'appelle aujourd'huy le Vexin, & que ce nom est venu de celuy de *Velocasses*, laquelle obseruation est vtile pour vn des points de nostre Histoire. Ammian Marcellin dans son quinziéme Liure faisant le dénombrement des principales villes de France, n'a pas manqué de parler de la ville de Roüen, qu'il appelle la seconde Lyonnoise, *Secundam Lugdunensem Rothomagi... ostendunt*.

Pour entendre cette qualité qui paroistra estrange à plusieurs, veu la distance qu'il y a entre Lyon & Roüen; il faut remarquer auec Merula [c] que sous l'Empire d'Auguste, les Gaules estoient diuisées en quatre parties; Sçauoir en la Gaule Narbonnoise, la Gaule Aquitanique, la Gaule Celtique ou Lyonnoise, & la Gaule Belgique; ces quatre parties estoient sous-diuisées en dix-sept Prouinces qui contenoient plusieurs Villes sous vne Metropolitaine, dont on peut voir la table dans le mesme Autheur ou chez les autres Geographes. Or il y auoit quatre Prouinces qui portoient la qualité de Lyonnoises; [e] Sçauoir la premiere Lyonnoise qui comprenoit cinq Villes, dont la Metropole estoit Lyon. La seconde Lyonnoise composée de sept Villes, dont la Metropole estoit Roüen. La troisiéme Lyonnoise qui enfermoit neuf Villes, dont la Metropole estoit Tours. La quatriéme Lyonnoise qui consistoit en sept Villes, dont la Metropole estoit Sens.

[a] Cæsar Belli Gallici l. 6.

[b] Flor. Gall. 2. cap. 3.

[c] Cosmogr. p. 2. l. 3. c. 19.

V. Geogr. sacta Caroli à S. Paulo p. 118.
[e] Papiri° Masso ponit 5am. Lugdunensem in Prouincia Maxima sequanorū Veontioné sub qua Bellicensis Epis.
In notitia Epis. Gall. p. 40.

PRÉFACE.

Cette mesme diuision estoit encore obseruée du temps du grand Constantin, qui préposa au Gouuernement de ces 17. Prouinces, diuers Officiers, dont le principal estoit le Prefet du Pretoire des Gaules, & establit encor au dessous de luy trois Vicaires, ou Lieutenans, vn desquels demeuroit à Lyon, & auoit aussi Iurisdiction sur Roüen, Tours, Sens, & leurs dépendances, c'est à dire sur toute la Gaule Lyonnoise. Ces diuisions de Prouinces faites par les Empereurs Romains, & ces prerogatiues attribuées par eux à certaines Villes, sont dautant plus remarquables, que les Apostres & leurs Disciples pour plus grande facilité de la Police Ecclesiastique, suiuirent ce mesme ordre dans l'establissement des Dioceses, & des Sieges Episcopaux; en sorte qu'ils érigerent en Eglises Metropoles, les mesmes Villes qui auoient cette dignité & cét auantage dans la Police seculiere. Surquoy on peut voir ce que dit M.r de Sponde s'apres Baronius, touchant l'Eglise de Hierusalem; laquelle quoy que la plus ancienne de toutes celles de la Chrestienté, fut d'abord sujette à celle de Cesarée, comme à sa Metropolitaine, parce qu'elle y estoit soûmise selon la Iurisdiction Ciuile, & ne fust honorée que plus de 400. ans aprés, de la Primatie de la Palestine.

Sp'de anno 39. & 451. V. Geographia sacra p. 309.

II. *De l'erection du Duché de Normandie.*
II. Voila quel estoit le rang que tenoit la ville de Roüen sous la domination des Romains, lesquels ayans esté chassez de la plus grande partie des Gaules par les armes victorieuses du grand CLOVIS, elle fut assujettie auec tout son territoire à la Couronne de France; & lors du partage des quatre enfans de cét illustre Prince, fut comprise dans l'estenduë du Royaume de Soissons. En suite les quatre portions de cette succession Royale ayant esté reünies sous la puissance d'vn seul Monarque, elle en fut toûjours dépendante, tant à l'égard de la propriété, que de la souueraineté, jusqu'à la venuë des Normands, & fut considerée comme vne des plus importantes Villes de la Neustrie ou France Occidentale. Iusques-là mesme que le nom de Neustrie qui auparauant estoit general, fut dans la suite des temps attribué particulierement à la Prouince dont elle est Capitale.

Depuis les Normands, Nation Septentrionale, estant descendus en France sous la seconde Race de nos Roys, & y ayant fait à diuerses reprises vne longue & sanglante guerre; pour la terminer, Charles le Simple donna la Princesse sa fille en mariage à leur Duc Raoul, qui se fit Baptiser auec toutes ses Troupes, & pour dot luy accorda par forme de Fief mouuant de sa Couronne, cette Prouince de Neustrie, depuis nommée Normandie, à laquelle on donna pour bornes du costé d'Orient, la riuiere d'Epte. Tellement que par ce Traité, le Vexin qui ne formoit auparauant qu'vne seule & mesme contrée dépendante du Siege Episcopal de Roüen, fut diuisé en deux parties selon la Police seculiere; sçauoir en Vexin François, & en Vexin Normand, sans toutefois que cette diuision apportast aucun changement à la Iurisdiction Ecclesiastique.

Les Descendans de Raoul que leur valeur éleua en suite au Trône d'Angleterre, possederent la Normandie prés de trois cens ans; sçauoir depuis l'an 912. qu'elle leur fut cedée par le Roy Charles, jusques en 1204. qu'elle retourna sous la domination Françoise. Il est vray qu'en 1418. les Anglois s'en rendirent de nouueau les maistres, mais ils en furent chassez en 1449. & depuis ce temps elle a toûjours eu l'honneur d'estre assujettie à nos Roys Tres-Chrestiens. Voila en peu de mots ce qui regarde la ville de Roüen quand à l'estat Ciuil : Il faut maintenant parler du temps que la misericorde Diuine la fit passer des tenebres du Paganisme à la lumiere de l'Euangile.

III. *De la fausse Religion des anciens Gaulois.*

III. Il est certain qu'auant la Predication des Apostres, il n'y auoit que la seule Nation des Iuifs qui connut & qui seruit le vray Dieu, tout le reste des hommes estoit engagé dans l'Idolatrie. Ce culte sacrilege estoit comme vne maladie contagieuse qui infectoit également les peuples barbares & ciuilisez ; le bel esprit & la politesse de ceux-cy ne les rendoit point plus éclairez que les autres ; & tous par vn commun aueuglement adoroient des Statuës, qui estoient les ouurages de leurs mains, au lieu d'adorer l'Estre Souuerain, dont ils estoient eux-mesmes les Creatures & l'Ouurage. Ainsi quand nous ne sçaurions rien de particulier de la Religion des anciens Gaulois, il nous seroit facile de nous en former quelque idée en nous la figurant semblable à celle de toutes les autres Nations : Mais outre cette conjecture generale, nous apprenons de Cesar & de Diodore, qu'ils estoient tout à fait déuoüez à la veneration des faux Dieux g, qu'ils adoroient Iupiter, Mars, Apollon & Mercure, & que par vne coustume que ie ne puis icy marquer sans horreur, ils leurs sacrifioient mesme des hommes. Il paroit aussi par les Actes de S. Mellon & de S. Romain, que dans Roüen il y auoit vn Temple dédié au culte d'vn certain Idole Roth, & des Autels consacrez à la Déesse de l'Impureté.

g *Merula Cosmog. p. 2. l. 3. c. 11.*

Neantmoins parmy les Modernes qui ont recherché les antiquitez des Gaules, il s'en trouue h qui pour releuer l'honneur de la Nation, soûtiennent que les Gaulois, & particulierement leurs Docteurs, qu'on nommoit Druides, auoient connoissance du vray Dieu. Ce qui rend leur opinion vray-semblable, est que les Historiens nous representent ces Druides comme de grands Philosophes qui s'appliquoient fort à obseruer le mouuement des Cieux, & les plus rares effets de la nature, qui par le seul raisonnement auoient reconnu l'Immortalité de l'Ame; & consequemment qui pouuoient auoir appris quelque chose de l'existence & des perfections du Createur, par la consideration des Creatures.

h *Robert Cenal de Gallorum antiqua Religione. Rouillard en sa Parthenie, & autres.*

Mais s'ils auoient autant de lumiere & de science qu'on leur en attribuë, cét auantage ne seruoit qu'à les rendre plus criminels, en ce que par vne préuarication que S. Augustin i reproche à Socrate, & aux autres Sages de la Grece, ils détenoient la verité en injustice; & ayans des sentimens legitimes de la Diuinité, ils ne laissoient pas de suiure le torrent de la coustume, & de se mesler auec le peuple pour presenter de l'Encens à des Simulacres de bronze & de pierre. Cesar mesme atteste que c'estoient ces Druides qui auoient l'intendance de leur Religion,

i *Aug. de vera Religione.*

PREFACE.

& estoient les Ministres de ces cruels Sacrifices, où l'on immoloit des hommes à Mars & à Mercure, ou en signe de respect & d'adoration, ou pour tascher de deuiner les choses futures par la palpitation & les diuers mouuemens des personnes égorgées.

Ce qui se justifie encores par le témoignage des autres Historiens, qui parlent tous auec execration de ces détestables ceremonies, ausquelles cependant les Gaulois estoient tellement attachez, que malgré toutes les deffences des Empereurs Romains, elles furent pratiquées par ceux d'entr'eux qui estoient Payens, jusques au temps du grand Constantin.

V. Merula loco cit.

Par où l'on peut juger quel sentiment on doit auoir de cette preténduë sagesse des Druides, quel empire le diable s'estoit acquis parmy ces peuples infidelles, & quels obstacles eurent à surmonter ces hommes Apostoliques qui trauaillerent les premiers à leur conuersion.

IV.
Du temps de la Mission de S. Nicaise premier Archeuesque de Roüen.

IV. Les Gaules estant ainsi enseuelies dans les plus espaisses tenebres du Paganisme, S. Denis, S. Nicaise, & plusieurs autres excellens Prelats y furent enuoyez par le Pape pour y faire esclater la lumiere de l'Euangile, & y enseigner le chemin de Salut. Le premier fut destiné pour la ville de Paris, le second pour Roüen, & d'autres pour d'autres lieux. Tous les Autheurs conuienent de la verité du fait, mais ils ne s'accordent pas du temps de leur Mission; les vns la mettent vers la fin du premier Siecle apres la naissance de nostre Seigneur, & les autres au milieu du troisiéme.

+ de la mission, mais de la destination de n'guise

Baronius & plusieurs autres estiment que S. Denis Euesque de Paris, est ce mesme Senateur de l'Areopage d'Athenes qui fut conuerty par S. Paul; & qu'estant venu à Rome plusieurs années apres sa Conuersion, il fut enuoyé dans les Gaules par le Pape saint Clement, vers l'an de grace 98. à quoy s'accordent la pluspart des Martyrologes de France, d'Allemagne & d'Italie; comme aussi les Actes de nostre S. Nicaise, qui portent qu'il fut Compagnon de S. Denis, & qu'il receut sa Mission du mesme S. Clement. Mais cette Chronologie est combatuë par plusieurs Sçauans de ce Siecle, & particulierement par les RR. PP. Sirmond & Petau, par Mr de Launoy, & par quantité d'autres modernes, qui soûtiennent que tous ces Euesques ne passerent dans les Gaules que sous l'Empire de Decius, vers l'an 250. & consequemment distinguent S. Denis Euesque de Paris, d'auec S. Denis l'Areopagite, comme deux personnes differentes, & qui ont vécu en diuers Siecles. Ceux-cy s'appuyent principalement sur vn passage de Gregoire de Tours qui escrit en termes exprés que ce fut sous l'Empire de Decius, que S. Denis & ses Compagnons furent enuoyez pour prescher l'Euangile, & sur la déposition de Sulpice Seuere, qui atteste que la Religion Chrestienne ne fut reçeuë au deça des Alpes que sous l'Empereur Marc Aurele, & qu'auant la cinquiéme persecution arriuée vers l'an 174. les Gaules n'auoient point veu répandre le sang des Chrestiens; d'où il s'ensuit que S. Denis & S. Nicaise ne pouuoient pas auoir publié l'Euangile ny receu la Couronne du Martyre en France plus de soixante ans auparauant, comme veut Baronius, & ceux qui le suiuent.

 Ils répondent à ces objections, en opposant au témoignage de Seuere celuy de Tertulien, Autheur beaucoup plus ancien, qui asseure que de son temps IESVS-CHRIST estoit adoré par diuerses Nations des Gaules; ils font voir que Gregoire de Tours est vn témoin fort suspect par diuerses omissions ou mesprises qu'ils font remarquer dans son Histoire, & confirment leur opinion par l'authorité de Hincmar Archeuesque de Reims, de Hilduin Abbé de S. Denis, & par l'aueu mesme de Methodius, Metaphraste, Nicephore, & autres Historiens Grecs, qui ne distinguent point S. Denis Areopagite, de S. Denis de Paris, & qui pour ainsi dire n'auroient pas cedé si facilement ce glorieux Martyr à la France, s'ils n'auoient esté tres persuadez qu'il luy appartient legitimement.

 Ie ne m'arresteray point icy à déduire plus au long les raisons des parties; mais après auoir choisy le sentiment de Baronius, comme le plus conforme à la Tradition de l'Eglise de Roüen, & au jugement de nostre Archeuesque Franco, ᵏ ie renuoyeray les Lecteurs curieux aux sources, c'est à dire aux Annales de ce grand Cardinal, & aux traitez qu'ont fait trois de nos Benedictins ¹ pour le deffendre, & de l'autre aux Liures du P. Sirmond, & de Mʳ de Launoy, composez en faueur de la seconde opinion, afin d'embrasser le party qui luy agréera dauantage.

ᵏ Dudo. l. 1. de moribus Norman.

¹ Le P. Milet, Le P. Boudonnet, & le P. Hugue Menard.

V.
En quel temps la ville de Roüen a receu la Foy de Iesus-Christ.

 V. Voila pour ce qui concerne le territoire de Roüen, & la publication de l'Euangile, que nous pretendons y auoir esté faite vers l'an 100. par le glorieux Martyr S. Nicaise. Maintenant pour ce qui touche en particulier la ville de Roüen, il y a moins de difficulté, veu que les Actes de S. Mellon nous insinuent assez que la Foy de IESVS-CHRIST y a pû estre annoncée au plus tard sous le Pontificat du Pape Estienne, c'est à dire vers l'an 260. ie dis au plus tard; car il pourroit estre arriué qu'auant ce temps quelque Disciple de S. Nicaise, de S. Taurin, ou quelqu'autre y auroit esté enseigner le culte du vray Dieu: Toutesfois comme les Memoires Ecclesiastiques ne nous marquent point d'Euesque dans cét interualle de 150. ans, qui se trouue entre S. Nicaise & S. Mellon, il est plus probable qu'il n'y eut point de corps d'Eglise formé & estably auant la Predication de S. Mellon, que ceux de Roüen doiuent considerer comme leur premier Apostre.

VI.
Estenduë du Diocese de Roüen.

 VI. Après auoir traité de l'origine & de la fondation du Siege Episcopal de Roüen, il est à propos de parler de l'estenduë & des bornes du Diocese. Cette matiere ne souffre point de difficulté solide & réelle, mais est seulement obscurcie par vn erreur populaire, que quelques personnes interessées ont pris plaisir à semer & à entretenir depuis 60. ou 80. ans parmy les habitans de Pontoise. Comme cette folle opinion portoit préjudice à l'authorité & aux droits de Nosseigneurs les Archeuesques, feu Monsieur Denyau Curé de Gisors la refuta, il y a viron 35. ans, par vn Liure fait exprés. Ce sçauant Ecclesiastique y détruisit facilement ce nouueau fantosme; mais s'estant trompé par mégarde dans vne circonstance qui ne regardoit nullement le fonds de la chose,

PREFACE.

cette mesprise donna l'audace à vn Escriuain Anonyme de luy repliquer par vn discours, où d'abord il fait parade de deux ou trois Pieces qui montrent la nullité d'vne conjecture de ce Curé, & en suite soûtient positiuement l'erreur dont il s'agit, sans répondre en façon quelconque aux preuues conuaincantes rapportées dans l'Ouurage de son aduersaire ; de sorte que dans cette question on voit d'vne part vne possession aussi ancienne que le Diocese, & attestée par vne multitude de titres ; & de l'autre, vne contestation friuole, colorée de deux ou trois legeres difficultez, qui ne regardent point directement le fait ; & d'vn simple Oüy dire de deux ou trois Autheurs modernes, à qui il a pleu de parler en l'air & sans fondement. C'est à dire en vn mot qu'il y a tout d'vn costé, & rien de l'autre. I'espere que le Lecteur équitable jugera de cette matiere, ainsi que ie fais, & entrera totalement dans mes sentimens, quand ie luy auray dressé vn petit abbregé des raisons alleguées de part & d'autre.

VII.
Raisons de l'Autheur, qui pretend que Pontoise & le Vexin François ne sont sous l'Archeuesché de Roüen que par forme de sequestre.

VII. Le Liure de cét Autheur inconnu porte pour titre (*Histoire veritable de l'Antiquité & preeminence des Vicaires de Pontoise,*) Il y soûtient que la ville de Pontoise, & tout le Vexin François ne dependent de l'Archeuesque de Roüen qu'à droit de sequestre, & à cause d'vn depost fait entre ses mains, attendant le jugement d'vn procez meu autrefois entre les Euesques de Paris, de Beauuais, & de Senlis. Ses preuues sont, 1°. que le Pere Taillepied Cordelier de Pontoise, le sieur Chopin Aduocat celebre du Parlement de Paris, & aprés eux le sieur Loysel & Louuet, aussi Aduocats, le disent dans leurs escrits. 2°. Que l'Archeuesque n'estant que le Pasteur ordinaire de Roüen, & le Metropolitain de Normandie, il ne peut pas originairement auoir eu la conduite spirituelle de ceux de Pontoise & du Vexin, qui ne sont nullement compris dans cette Prouince. 3°. Que le Grand Vicaire de Pontoise & du Vexin a vne authorité presque absoluë, & comme Episcopale dans le Vicariat ; où pour 4e raison, on se sert du Breuiaire de Paris, d'où l'on tire aussi les Saintes Huiles.

VIII.
Réponse à ces raisons.

VIII. A quoy l'on répond que le Pere Taillepied & le sieur Chopin sont Autheurs modernes, & qu'ils ne doiuent pas en estre creus sur leur simple parole ; joint qu'ils ont aduancé ce qu'ils en ont dit par interest & par passion. Le premier estant originaire de Pontoise, & d'ailleurs peu sçauant, comme il se voit par ses Ouurages pleins de fautes contre l'Histoire ; & le second s'estant serui de ce fait pretendu du sequestre de Pontoise dans vn plaidoyé pour vn Vicaire de Pontoise contre vn Archeuesque de Roüen, sans en apporter d'autre preuue qu'vn bruit commun. Quand à Loysel & Louuet, ils ont parlé de ce sujet sur la foy de Chopin, & en faueur de leur ville de Beauuais.

La seconde raison dont on vse pour justifier ce depost, est vn prejugé procedant de l'ignorance de l'Histoire, l'estenduë du Diocese de Roüen ne deuant pas estre bornée par rapport à celle de Normandie, qui n'a esté érigée en Prouince que vers le commencement du dixiéme Siecle, lors de la Conuersion des Normands, & de la cession que leur

PREFACE.

fit Charles le Simple d'vne partie de l'Ancienne Neustrie, afin d'auoir paix auec eux; au lieu que l'Eglise de Roüen (qui se nomme chez les Autheurs Anciens *Rothomagus Velocassium*, c'est à dire la capitale de ceux du Vexin, ou *Lugdunensis Secunda*) a esté fondée vers la fin du premier Siecle, aprés la naissance de nostre Seigneur, ou du plus tard vers l'an 250. selon la seconde opinion alleguée cy-dessus. Il est certain que l'Archeuesque de Roüen est l'Euesque naturel & ordinaire de tout le territoire qu'on appelle *Vulcassimum* Vexin, plus de six ou sept cens ans auant que le nom Normand fut connu en France, & qu'on eust fait la diuision du Vexin, en Vexin François, & en Vexin Normand, laquelle comme nous auons obserué, changea bien l'estat des choses quant à la domination seculiere, mais non pas quant à la Iurisdiction Ecclesiastique.

Pour ce qui est de la grande authorité des Vicaires de Pontoise & du Vexin, d'où l'on tire la troisiéme objection, on répond qu'elle vient en partie de la Concession primitiue des Archeuesques de Roüen, qui lors que l'erection de la Prouince de Normandie en Duché fut faite en faueur de Raoul, Chef general des Normands, où vn peu aprés establirent vn Grand Vicaire dans cette partie du Vexin, qui estoit demeurée au Roy de France, & luy donnerent vn fort ample pouuoir, afin que les Sujets de ce Prince ne fussent point obligez de venir en Normandie, c'est à dire de passer dans les Estats d'vn Prince estranger; de laquelle police on peut faire voir des exemples dans d'autres Dioceses. Secondement, cette authorité a pû encores estre accruë par la loy de la necessité pendant les grands démeslez & les guerres sanglantes d'entre les Roys de France & les Ducs de Normandie, principalement dans le douziéme Siecle; auquel temps il se fit de grandes entreprises sur la Iurisdiction Ecclesiastique des Archeuesques de Roüen, & mesme par des Laïques, comme il paroit par vne Bulle du Pape Innocent II. alleguée par le Curé de Gisors [m], à quoy les Grands Vicaires pûrent se porter plus librement que pendant ces dissentions & les differends particuliers de Philippe Auguste, & de Gaultier Archeuesque, c'estoit faire acte de bon François que d'entreprendre sur les droits de ce Prelat.

[m] *En son liure intit. Cathedra Rotom. p. 113.*

4. On peut rapporter à cette mesme cause, la diuersité des Breuiaires & le fait des Saintes Huiles, & y joindre les autres solutions que le Curé de Gisors donne à cette objection au Chapitre 21. de son Liure, p. 119. où sans doute il a bien deffendu la cause de nos Archeuesques quant à la solidité des raisons, mais non pas auec toute la netteté & la bonne methode qui se pouuoit, y ayant vn peu de confusion, & beaucoup de choses inutiles & hors de propos dans son Ouurage. C'est pourquoy nous ferons icy l'inuentaire de ses principales preuues, non pas suiuant l'ordre qu'il les propose (car il est asseurément trop embarassé & confus) mais selon la suite de la Chronologie.

IX. *Preuues inuincibles que Pontoise & le Vexin sont du Diocese de Roüen.*

IX. Il ne se trouue point dans aucune Piece ancienne que iamais Pontoise ny cette partie du Vexin, que l'on nomme Vexin François, ait dépendu d'aucun autre Siege Episcopal que de celuy de Roüen, ny que iamais

PREFACE.

1. iamais aucun autre Euesque que celuy de Roüen ait pretendu y auoir droit; d'où l'on peut conclurre que dés que cette Ville & le territoire du Vexin ont receu la lumiere de l'Euangile, & depuis que l'on y a fait profession de la Religion Chrestienne, on y a toûjours reconnu pour Pasteur & pour Diocesain l'Archeuesque de Roüen, qui lors de la Mission de S. Nicaise estoit consideree comme la capitale de ceux du Vexin *Rothomagus Velocassium*, selon Ptolomée: Autrement on pourroit tout reuoquer en doute, & chacun selon que son caprice ou son interest le luy suggereroit, feroit passer les plus anciennes dépendances des Dioceses pour des déposts & des sequestres.

Si Pontoise & le Vexin auoient esté autresfois sous la conduite & la Iurisdiction des Euesques de Paris, ou de Beauuais, ou de Senlis, il s'en trouueroit quelque chose dans les anciens memoires, ie veux dire dans quelque vieille Charte, dans quelque vie Latine de Saint, ou dans quelque ancienne Histoire ou Chronique; mais on n'y voit rien de tout cela, & au contraire tout ce que l'on y rencontre est en faueur des Archeuesques de Roüen, laquelle consideration se voit dans nostre Autheur, page 61. & 62.

2.
l'an 100.
Il paroit par la vie de S. Nicaise, qu'il commença de faire les fonctions de son Apostolat dans le territoire du Vexin, contenu entre l'Oise & l'Epte, qu'il y a le premier annoncé l'Euangile, & souffert le Martyre enuiron l'an de IESVS-CHRIST 100. d'où il s'ensuit que ceux de Pontoise & du Vexin sont les premiers & plus anciens Diocesains du Siege de Roüen.

3. Il se voit par l'Histoire Latine de la vie de S. Ansbert Archeuesque de Roüen, escrite par Ansgradus, Autheur presque contemporain, que S. Ansbert estoit originaire de Chaussy, village du Vexin, *è Pago vulcassino patrimonioque vocabulo Calcegio nobili ortus genere*, & que pour estre separé de sainte Angadresme qu'il auoit épousée, sans que le mariage eust esté consommé : luy & son Espouse allerent à Roüen, où la Sainte receut de S. Oüen Archeuesque de cette Ville le voile & l'habit de Religieuse. D'où il se conclud que le village de Chaussy qui est au Doyenné de Magny, & consequemment aussi ce qu'on nomme aujourd'huy le Vexin François, reconnoissoit alors l'Archeuesque de Roüen pour son Diocesain.

4.
l'an 689.
Fridegode Autheur du dixiéme Siecle, dans la vie de S. Oüen Archeuesque de Roüen qui mourut l'an 689. (selon la plus certaine Chronologie) en vn Village prés de Paris, escrit que le Roy de France & les Euesques qui se trouuerent lors à la Cour, à l'occasion des Estats que l'on y tenoit, conduirent le corps du Saint jusqu'à Pontoise, où il fut mis entre les mains de son propre Clergé, &c. dans laquelle Narration plusieurs termes dont vse cét Escriuain, montrent éuidemment que Pontoise estoit alors consideree comme le commencement du Diocese de Roüen, surquoy on peut voir les pages 66. 67. 68. du *Cathedra*.

5.
l'an 869.
Riculphe Archeuesque de Roüen, accompagné de Sicbard Euesque d'Evreux, & de quelques autres Ecclesiastiques de son Diocese, visite à

B

PREFACE.

Gany, dans le Vexin François, les Corps de S. Oüen, de S. Nicaise & de ses Compagnons, transportez de Roüen en ce lieu quelques années auparauant, pour les preseruer du pillage des Normands non encores conuertis, comme il se justifie par sa Charte (rapportée par le Curé de Gisors page 133.) où il est dit que les Reliques de ces deux Saints Archeuesques de Roüen, estoient en exil [a], c'est à dire dans vn lieu de seureté assis au Diocese qu'ils auoient gouuerné pendant leur vie.

[a] In proprio solo exulabant.

6.
l'an 1070.

Le Curé de Gisors pretend que S. Gaultier premier Abbé de S. Martin de Pontoise, fut beny par l'Archeuesque de Roüen, mais sans preuue; ce qu'il y a d'asseuré, est que ledit Saint ayant abandonné son Abbaye, il défera au commandement que luy fit l'Archeuesque de Roüen d'y reuenir, & de la gouuerner comme il auoit fait auparauant. I'ay veu plusieurs Chartes de nos Archeuesques dans les Archiues de cette Abbaye qui montrent tres-éuidemment qu'elle a esté toûjours & est encores du Diocese de Roüen ; ce qui se connoistra encor plus clairement dans la suite de cette Histoire, en l'Eloge de l'Archeuesque Gaultier qui eut de grands differens auec l'Abbé & Conuent de S. Martin, parce qu'ils auoient éleu vn Abbé sans luy en auoir demandé la permission.

7.
1091.

Il y a l'an 1091. vne Charte de Philippes premier Roy de France, portant la donation de l'Abbaye de S. Mellon en forme de Fief à l'Archeuesque de Roüen, à condition qu'il se trouuera quand le Roy tiendra vne de ses Cours à Beauuais, à Paris, ou à Senlis. Cette piece est rapportée entiere par le sieur le Febvre Chantereau, dans son Traité des Fiefs, page premiere, des preuues par les Actes. Le Roy luy confirme dans la mesme Charte, certains droits sur Pontoise, & dans le Vexin François, &c. restituez par vn Seigneur qu'il nomme Comte, fils de Drogon ou Dreux, aussi Comte. Mais comme cét Article regarde plûtost le temporel que le spirituel, ie le mets à part & reprens la suite de mes preuues.

8.
1131.

La Bulle du Pape Innocent II. donnée à Blois l'an 1131. declare que Meullan & Pontoise sont du Diocese de Roüen, lequel s'estend depuis ladite ville de Pontoise jusqu'à la Mer, & est separée des Dioceses de Beauuais & d'Amiens par ces bornes anciennes, *à Pontisara vsque ad mare & antiquis finibus, à Bellouacensi & Ambianensi parochiis distinguitur*: ce qui est rapporté plus au long par le Curé de Gisors, page 32.

9.
1147.
V. Denyau p. 32. & 33.

La Bulle du Pape Eugene III. donnée à Reims l'an 1147. dit la mesme chose, & fait mention expresse de l'Archidiaconé de Pontoise & du Vexin.

10.

Adrian IV. & Alexandre III. Papes, confirment encore cecy par leurs Bulles.

11.
1170.

La Lettre d'Arnoul Euesque de Lisieux, au Pape Alexandre III. témoigne que *Marines* bourg & Prieuré du Vexin François, est du Diocese de Roüen ; le sieur Denyau en parle page 222.

12.
1185.

Sigebert en sa Chronique en l'an 1185. rapporte que Gaultier Archeuesque de Roüen, transfera l'Abbé de Grestain en l'Abbaye de S. Martin de Pontoise.

13.
1192.

Octauian, Legat du Pape Celestin III. estant en colere contre l'Archeuesque de Roüen & la Normandie, sur laquelle il auoit jetté vn Interdit, commanda à Maurice Euesque de Paris de benir l'Abbé de S. Martin de Pontoise ; mais Maurice donna des lettres de non préjudice à Gaultier Archeuesque de Roüen, pour luy protester que par cette benediction il ne pretendoit point nuire aux droits de l'Eglise de Roüen ; ce qui montre inuinciblement que iamais les Euesques de Paris n'ont pretendu estre les Pasteurs de Pontoise.

14.
1196.
Philippes Auguste Roy de France, eut de grands démeslez auec le mesme Gaultier Archeuesque de Roüen, & toutesfois il ne pût iamais luy contester sa Iurisdiction dans le Vexin François ; mais il le voulut obliger de luy en faire hommage & de luy prester le serment de fidelité, ce que voyant Gaultier, il en appela au Pape, & se retira, comme rapporte Roger Houeden Historien Anglois, fidelle & fort estimé du Cardinal Baronius (*In illa parte Archiepiscopatus quæ est in Regno Franciæ scilicet*) *Vogesin le François*, ce sont les termes de cét Historien qui viuoit de ce temps-là.

15.
1227.
Le sieur Denyau produit vn Acte solemnel des Chanoines de l'Eglise Collegialle de S. Mellon de Pontoise, par lequel ils reconnoissent qu'ils sont sujets à l'Archeuesque de Roüen, comme à leur Pasteur ordinaire, & dans le Diocese duquel ils demeurent, & ce en presence du Roy S. Loüis, de l'Archeuesque de Reims, & des Euesques de Paris & de Senlis ; ce qui justifie encor que iamais nul de ces deux Euesques ne pretendit rien sur Pontoise, & que le sequestre ou depost dont il est question, n'est qu'vne pure fable. Cet Acte fut fait au Bois de Vincennes l'an 1227. & ratifié dix ans après dans Pontoise ; sçauoir l'an 1237. ce que le sieur Denyau fait voir p. 90. & 93.

16.
1255.
a C'est la méprise dont nous auons parlé cy-dessus qui donna la hardiesse à l'anonyme de composer son liure. Cette méprise ne fait rien au fond de l'affaire, & quad il y auroit eu des Grands Vicaires à Pontoise en 1168. ou mesme 500. ans auparauant, Pontoise n'en dépend pas moins du Siege de Roüen.
S. Loüis donne à l'Archeuesque de Roüen le droit qu'il auoit à l'Archidiaconé de Pontoise, lequel par vn desordre marqué cy-dessus en alleguant la Bulle d'Innocent II. de l'an 1131. estoit passé en main laïque, & deuoit estre rendu à l'Eglise de Roüen, comme il paroit par la Bulle d'Eugene III. donnée l'an 1148. Surquoy le Lecteur remarquera en passant que le Doyen de Gisors s'est trompé [a] en escriuant que les Vicaires de Pontoise auoient esté instituez, au lieu qu'il est sans doute qu'ils estoient en exercice & en puissance dés l'an 1168. & prenoient le Titre d'Ordinaire, ou à cause de leur ample pouuoir, ou parce que ces Charges se donnoient pour la vie. Depuis ce temps-là il n'y a point eu d'Archidiacre de Pontoise que l'Archeuesque de Roüen : ce qui sert à faire voir la fausseté d'vne certaine inscription dont parle le Pere Taillepied, que l'on peut voir dans la page 130. du traité du sieur Denyau, lequel en diuers endroits de son Ouurage produit encores plusieurs pieces justificatiues, & entr'autres.

17.
1296.
L'an 1296. vn Acte de Visite de Reliques de l'Eglise Collegialle de S. Mellon de Pontoise, où le corps de ce Saint Archeuesque auoit esté transferé de l'Eglise de S. Geruais de Roüen, lieu de sa sepulture. Cette Visite fut faite par Guillaume de Flauacour, premier de ce nom, pour lors Archeuesque de Roüen.

18.
1335.
Pierre Roger Archeuesque de Roüen, donna ses Lettres Patentes

PREFACE

l'an 1335. à Mᵉ Thomas Coſſon, executeur du Teſtament de Mᵉ Iean Thuillier, Clerc, natif de Magny, du Dioceſe de Roüen, pour la Fondation de deux Chappelles à Meullan, lequel Coſſon preſenta ſes Lettres au Grand-Vicaire du ſuſdit Archeueſque.

19. 1398.

Ceux de Pontoiſe ayans eu deuotion de fonder vne Confrairie, & de doter vne Chappelle en l'honneur de S. Iacques de Compoſtelle, pour donner l'hoſpitalité aux Pelerins de S. Iacques, & autres perſonnes indigentes, ne s'adreſſerent point à d'autre qu'à l'Archeueſque Guillaume ᵃ de Leſtrange, leur legitime Paſteur, pour en auoir l'approbation & confirmation, à condition que ladite Chappelle luy appartiendroit & à ſes ſucceſſeurs; & ſi le Chappelain manquoit de dire les Meſſes, que luy ou ſes Vicaires y pourueoiroient.

ᵃ Alij flauacour, ſed male.

20. 1380.

Charles V. Roy de France declare par ſes Patentes, que ceux de Pontoiſe ne dépendent de la Prouince de Roüen que pour le Spirituel, comme on le peut voir dans la page 93. de l'antiquité & prééminence des Vicaires de Pontoiſe, noſtre aduerſaire nous ayant fourny ſans y penſer cette preuue contre luy.

21. 1408.

Loüis de Luxembourg ayant eſté traverſé en ſon Election à l'Archeueſché de Roüen par Iean d'Armagnac, qui s'eſtoit fait nommer par l'Antipape; & le Chapitre n'ayant pû pourſuiure ſon appellation deuant le S. Siege (d'où l'Egliſe de Roüen dépend immediatement) à cauſe de la Neutralité receuë pour lors en France, ils furent contraints dans cette fâcheuſe conjonéture de s'adreſſer à l'Archeueſque de Vienne, & depuis à celuy de Lyon; ce dernier choiſit domicile à Pontoiſe, *en la maiſon Archiepiſcopale du Dioceſe de Roüen*, pour oüir les oppoſans s'il s'en preſentoit quelques-vns.

22. 1455.

Depuis encor, ſçauoir l'an 1455. quelques Officiers de l'Archeueſque de Lyon plaidans deuant le Pape contre ceux de Guillaume d'Eſtouteuille, pour lors Archeueſque de Roüen, faiſoient faire leurs aſſignations, &c. à Pontoiſe, *in domo Archiepiſcopali Diœceſis Rothomagenſis*, l'affaire fut vuidée à l'aduantage du Cardinal d'Eſtouteuille. Et il eſt probable que la memoire confuſe de cét ancien Procez, a donné ſujet à quelques Bourgeois de Pontoiſe d'inuenter la Fable du prétendu ſequeſtre ou depoſt, qui eſt refutée par les preuues précedentes & par pluſieurs autres, que le ſieur Doublet a rapportées dans ſon Hiſtoire de S. Denis.

23.

Ie pourrois encor icy produire quantité de pieces que j'ay veuës dans le Cartulaire du Bec, au ſujet des Prieurez de S. Pierre de Pontoiſe, de Sainte Honorine de Conflans, & de quelqu'autres Benefices ſcituez dans le Vexin François, dépendans du meſme Monaſtere, & en tirer de fortes induétions contre ce depoſt imaginaire: Mais ce que ie viens de dire en fait voir plus que ſuffiſamment la ſuppoſition & la fauſſeté. Auſſi y-a-il plus de trente ans que cette erreur n'a plus de deffenſeurs, elle auoit eu auparauant quelque vogue dans la chaleur d'vne petite broüillerie ᵇ excitée par vn Grand-Vicaire meſcontent & ambitieux, qui vouloit s'ériger en Prelat; mais cet orage ayant eſté diſſipé par la vigueur & la ſageſſe de feu Monſeigneur l'Archeueſque, elle a eſté totalement miſe en

ᵇ Feu Mʳ. de Cherenton Doyen de S. Mellon a décrit bien au long dans ſes Memoires la naiſſance & le progrez de ce differed.

PREFACE.

oubly, & nostre illustre Prelat a tout sujet de se loüer aujourd'huy du respect de la soûmission & de la bonne intelligence de ses Grands-Vicaires de Pontoise.

<small>X.
Des autres limites du Diocese de Roüen.</small>

X. Cette vaine imagination du sequestre du Vexin estant ainsi rejettée, il faut suiuant nostre dessein marquer l'étenduë & les limites du Diocese de Roüen. Ce Diocese contient plus d'vn tiers de la Prouince de Normandie. Vers l'Orient il a pour bornes la riuiere d'Oise, & vers l'Occident la Mer, de laquelle il est aussi enuironné en partie vers le Septentrion, puis s'étend jusqu'à la ville d'Eu & à Aumalle. Au Midy il a d'abord la Seine pour limites, mais à deux ou trois lieuës au dessus de Roüen, il la passe, & va jusques à la riuiere de Risle, enfermant dans son enceinte le Bourgtheroulde & le Ponteaudemer jusqu'à la ville d'Eu, ou depuis Briosne jusqu'à Aumalle. Ces bornes sont ainsi specifiées dans la Bulle d'Innocent II. donnée à Blois l'an 1131. Eugene III. les explique encores plus clairement dans vne autre Bulle de l'an 1148. & dans ses lettres de confirmation des priuileges de l'Archeuesché de Roüen, où il fait mention expresse des Archidiaconez du Vexin, de Pontoise, de Gournay, d'Aumalle, d'Eu; des Eglises de Boscrohard, de Sainte Geneuiefve en Bray, de Claire de Gerarduille, & de l'Eglise & Chappelle de Vaux sur Meulan.

<small>XI.
Son estenduë.</small>

XI. Ce Diocese est enuironné de sept autres; sçauoir de celuy d'Amiens, de Beauuais, de Senlis, de Paris, de Chartres, d'Evreux, & de Lisieux; il contient selon l'obseruation de M^r. Robert, plus de 1700. Clochers, dont il y en a prés de 1400. qui ont titre de Paroisses. Outre la Seine qui le trauerse d'Orient à l'Occident, il se trouue encores plusieurs autres moindres Riuieres dans son territoire; comme celle d'Oise, l'Epte, l'Andelle, la Risle, Vittefleur, l'Elne, & quantité d'autres moins considerables. On compte plusieurs Villes bien peuplées qui en dépendent, comme Pontoise, Meulan, Gisors, Gournay, Neufchastel, Aumalle, Blangy, Eu, Dieppe, le Havre de Grace, Montiuiller, Caudebec, Quillebeuf, Andely, Chaumont, Magny, &c. & vn nombre de gros Bourgs qui ne cedent en rien en grandeur & en multitude d'habitans à plusieurs lieux qui ont la qualité de Villes.

Il y a dans son étenduë trois Duchez, sept Comtez, vne Principauté, plusieurs Marquisats & Baronnies situées dans les diuerses contrées qui le composent, comme dans le Vexin, dans le païs de Bray, le païs de Caux, le Talou, le païs d'Eu, le Rommois, & autres.

<small>XII.
Il est diuisé en six Archidiaconez.</small>

XII. Quand à ce qui regarde la Iurisdiction Ecclesiastique, elle est maintenant reduite à six Archidiaconez: sçauoir, 1. le Grand Archidiaconé, ou celuy de Roüen. 2. celuy d'Eu. 3. celuy du grand Caux. 4. du Vexin François. 5. du Vexin Normand. 6. & du petit Caux; car il paroit par quelques anciens Memoires, qu'il y en auoit autresfois dauantage, & particulierement par la Bulle d'Eugene III. que nous auons citée cy-deuant, où il est parlé des Archidiaconez du Vexin, sans specifier autre chose, de celuy de Pontoise, de Gournay, d'Aumalle, & d'Eu, qui auoient esté retirez des mains de quelques Laïques qui les dete-

B iij

noient injuſtement, entre leſquels le Vexin a eſté ſeparé en deux, aprés y auoir vny celuy de Gournay. L'Archidiaconé de Pontoiſe a eſté annexé à l'Archeueſché, & on n'en a fait qu'vn des deux, d'Aumalle & d'Eu : Ces ſix Archidiaconez ſont compoſez de vingt-ſept Doyennez ; Dans le grand Archidiaconé, ou celuy de Roüen, il y en a huit ; celuy d'Eu en contient ſix ; celuy du grand Caux trois ; & l'Archidiaconé du Vexin François quatre : Celuy du Vexin Normand n'en a point dauantage ; l'Archidiaconé du petit Caux a trois Doyennez. Comme ie ſeray obligé de parler dans l'Hiſtoire de la Cathedrale, des Archidiacres, & de leur diſtrict, cela me diſpenſera d'en traiter plus au long en cet endroit. Ie diray ſeulement que l'on ne comprend point dans la Iuriſdiction de ces Archidiacres, pluſieurs Egliſes qui en ſont exemptes, comme ſont celles du Chapitre de la Cathedrale, de l'Exemption de Liſieux pour S. Candé le Vieux dans la Ville, & hors de la Ville les Paroiſſes de Sotteuille, de S. Eſtienne de Rouuray, le petit Couronne, & Eſtrepagny, les Exemptions de Feſcamp, de l'Abbaye de S. Denis, de Montiuiller, & autres.

XIII.
Il comprend douze Abbayes d'hommes de l'Ordre de S. Benoiſt.

XIII. L'Archeueſché de Roüen a dans ſon étenduë grand nombre d'Abbayes de diuers Ordres de l'vn & de l'autre ſexe : De Prieurez, de Collegialles, de Monaſteres, & de Conuents de Religieux & de Religieuſes. On y compte juſqu'à douze Abbayes d'Hommes de l'Ordre de S. Benoiſt : Sçauoir 1. l'Abbaye Royalle de S. Oüen, 2. Feſcamp, 3. S. Vandrille ou Fontenelle, 4. S. Pierre de Iumiege, 5. de la Ste. Trinité du Mont de Roüen, ou de Ste. Catherine transferée au Prieuré de S. Iullien, la 6. S. Georges de Boſcheruille, la 7. le Bec Hellouïn, la 8. de Vallemont, la 9. de S. Victor en Caux, la 10. de S. Michel de Tréport, l'11. de S. Martin d'Alcy proche d'Aumalle, la 12. de S. Martin de Pontoiſe.

Il y a deux Abbayes de Chanoines Reguliers de l'Ordre de S. Auguſtin : La premiere eſt ſous la protection de la Ste. Vierge en la ville d'Eu, & l'autre s'appelle l'Abbaye de Corneville, ſous le meſme titre. *Deux Abbayes de Saint Auguſtin.*

Ie compte dans le meſme Dioceſe quatre Abbayes de l'Ordre de Ciſteaux : Noſtre-Dame de Mortemer, l'Abbaye de Foucarmond, qui a pour Patrons Noſtre-Dame & S. Iean l'Euangeliſte ; Noſtre-Dame du Vœu, autrement le Valaſſe, & S. Laurens de Beaubec. L'Ordre de Prémonſtré y a auſſi quatre Abbayes : Noſtre-Dame de l'Iſle-Dieu, Noſtre-Dame de Belloſane, Arſons, & Marcheroux. *Quatre de Ciſteaux.*

Entre les Abbayes de Filles, les deux plus conſiderables & d'ancienne Fondation, ſont de l'Ordre de S. Benoiſt ; ſçauoir celle de S. Amand & celle de Montiuiller ; le Prieuré de Noſtre-Dame d'Andely a eſté érigé en Abbaye du meſme Ordre depuis quelques années : L'Ordre de Ciſteaux en a quatre anciennes, dont la 1. eſt Noſtre-Dame de Biual, la 2. le Treſor Noſtre-Dame, la 3. Fontaine-Guerard, & la 4. Gomer Fontaine, S. Saen eſt d'inſtitution plus moderne. *Deux Abbayes anciennes de Religieuſes de l'Ordre de S. Benoiſt. Quatre de Ciſteaux.*

Les Prieurez Reguliers de S. Auguſtin y ſont en plus grand nombre, en voicy douze. 1. S. Lo de Roüen, 2. S. Lo de Boſcachard, 3. la Magdeleine de Roüen, 4. la Magdeleine des deux Amants, 5. Noſtre-Dame *Douze Prieurez reguliers de S. Auguſtin.*

PREFACE.

de Beaulieu, 6. Noſtre-Dame de Sauceuſe, 7. Noſtre-Dame d'Ouuille, qui eſt à preſent vn Monaſtere de Feüillans, 8. S. Thomas Archeueſque de Cantorbie, ou le Mont aux Malades, 9. S. Thomas de l'Hoſpital du Neufchaſtel, 10. S. Honoré de Girardville, 11. S. Laurens en Lyons, 12. Touſſainɛts de Bellencombre.

Pour les Prieurez de Filles du meſme Ordre, il y a la Magdeleine, ou l'Hoſtel-Dieu de Roüen; S. Iean de l'Hoſpital de Dieppe, les Hoſpitalieres de S. Nicolas de Pontoiſe, S. Honoré, ou les Filles-Dieu de Roüen, les Beguines, maintenant le Prieuré de S. Loüis, Ordre de S. Benoiſt dans la meſme Ville. L'Ordre de Ciſteaux en auoit trois anciennement; *Trois de Ciſteaux.* Noſtre-Dame de Bondeuille, qui a eſté érigée depuis quelques années en Abbaye, auſſi-bien que S. Aubin proche Gournay; Noſtre-Dame de Grandchamp. Le Prieuré de Noſtre-Dame de Clair-ruiſſel eſt de *Pluſieurs au-* l'Ordre de Fontevrauld; les Emmurées, ou les Religieuſes de S. Mat- *tres de diuers* thieu de Roüen, ſont de l'Ordre de S. Dominique. Le meſme Ordre *Ordres.* a encores vn Monaſtere à Aumalle : De plus on a fondé depuis peu au Fauxbourg de Roüen, nommé Cauchoiſe, vn Monaſtere en l'honneur de S. Thomas d'Aquin : Il y auoit vne Communauté d'Hoſpitalieres à Giſors, qui a eſté changée en vn Monaſtere de Religieuſes de l'Annonciade, ſous la Regle de S. François. Outre ces Prieurez d'Hommes, dont nous venons de parler, il y en a encor pluſieurs autres dans le meſme Dioceſe; dont le premier, plus ancien & plus conſiderable, eſt celuy de Noſtre-Dame du Pré, ou de bonnes Nouuelles lez Roüen, de l'Ordre de S. Benoiſt. Ie ne parle point icy d'vn grand nombre de Prieurez, où il n'y a plus maintenant de Communauté, quoy qu'ils ayent eſté autrefois de celebres Abbayes ; comme le Prieuré de S. Saens à ſix lieuës de Roüen, lequel ayant eſté la demeure de pluſieurs Saints Religieux, pendant pluſieurs Siecles, fut ruiné à la venuë des Normands; que le Seigneur Chaſtelain de S. Saen s'empara de ladite Abbaye & de ſes reuenus, à la façon de nos premiers Seigneurs Normands, leſquels lors de leur eſtabliſſement en cette Prouince, ſans faire diſtinction du ſacré ou du prophane, ſe mettoient en poſſeſſion de ce qui eſtoit à leur bienſeance. Il eſt bien vray que les ſuſdits Seigneurs de S. Saen, pour conſeruer en quelque façon la memoire de cette Abbaye, y auoient fondé quelques Chanoines : Toutesfois noſtre Archeueſque Hugues, troiſiéme du nom, contraignit meſmes par Cenſures Eccleſiaſtiques l'vſurpateur à reſtituer vne bonne partie de ce que luy ou ſes Predeceſſeurs auoient injuſtement vſurpé & retenu; & en ayant retiré les Chanoines, y mit des Religieux de l'Abbaye de S. Vandrille l'année 1150. depuis lequel temps ce Prieuré a toûjours eſté dépendant de ladite Abbaye. Celuy de Pauilly n'a pas eſté moins celebre par la demeure que Ste. Auſtreberthe & pluſieurs Saintes Filles y ont fait ſous ſa conduite; mais ayant ſouffert les meſmes diſgraces que pluſieurs autres, il deuint enfin Prieuré, dépendant de l'Abbaye de Ste. Catherine du Mont. l'ay parlé dans l'Hiſtoire de S. Oüen de quelques autres Prieurez dépendans de cette Abbaye, ſituez dans ce Dioceſe; comme de celuy de S. Michel, de S. Gilles prés

PREFACE.

Elbeuf, de celuy de Launay. Le Prieuré de Basqueuille, & plusieurs autres qui sont ou vnis à des Communautez, ou hors de Regle & en Commande. Celuy de Nostre-Dame, ou de Ste. Foy de Longueuille, deseruy par des Religieux de Cluny. Nostre-Dame du Val de Roüen des Celestins, qui ont encor vn Prieuré à Mante. Nostre-Dame du Parc lez Roüen, de l'Ordre de Grandmont. Le Prieuré de Nostre-Dame de la Rose lez Roüen, de l'Ordre des Chartreux. Vne Commanderie de Religieux de S. Antoine dans Roüen, de l'Ordre de S. Antoine le Viennois. Vn Couuent de Feüillans, sous le titre de la Chaire de S. Pierre, au lieu où estoit anciennement le College des bons enfans à Roüen. Les Minimes ont deux Couuents dans le Diocese: Le premier est à Roüen sous l'Inuocation de leur Fondateur S. François de Paule; & l'autre à Dieppe, sous le nom de Nostre-Dame de Bon-port. Ceux de la Redemption des Captifs ont vne Maison à Gisors, sous le titre de Nostre-Dame de Liesse, & vn Hospice à Roüen.

Pour les Eglises Collegiales, voicy le nombre de celles que ie trouue *Eglises Collegiales.* dans ce Diocese: Nostre-Dame de la Ronde à Roüen; S. Cande le Vieil; & S. George, ou le S. Sepulcre en la mesme Ville; L'Eglise Collegiale de Nostre-Dame d'Andely; Nostre-Dame d'Escoüis; S. Mellon de Pontoise; S. Hildeuert de Gournay; Ste. Catherine de Charlemesnil; S. Michel de Blainuille. Il y auoit anciennement vne Eglise Collegiale à Yuetot, que le temps a ruinée. Il y a encores vn Doyen & Chapitre à Mauteuille, & à Nostre-Dame de Sauqueuille, & vne Commanderie à Ste. Vaubourg à deux lieuës de Roüen pour les Cheualiers de Malte.

Les Religieux de la Compagnie de IESVS ont à Roüen trois Maisons, *Religieux de diuers Ordres.* sçauoir le College fondé sous le nom de S. Loüis; le Seminaire institué par le Cardinal de Ioyeuse, pour l'entretien des pauures Escoliers; & la Maison de Probation ou Nouitiat, sous le titre de la Tressainte Trinité. Vn College en la ville d'Eu, deux Residences; l'vne à Pontoise, & l'autre à Dieppe. Les Prestres de l'Oratoire ont vn College en la mesme Ville, vne Maison à Roüen sous le nom de Ste. Barbe, & vn Prieuré Cure au Bourg de Marines à trois lieuës de Magny. Les Couuents des Religieux Mandians y sont en grand nombre, respandus dans tout le Diocese: Ceux que l'on appelle les quatre Mandians y en ont chacun vn fort beau & fort spacieux dans la Ville. Les Carmes sous le titre de Nostre-Dame du Mont-Carmel; les Freres Prescheurs ou Religieux de S. Dominique, sous le nom de S. Iacques; les Hermites de S. Augustin, sous le nom de Ste. Anne, & les Cordeliers sous le nom de S. Clement; ceux-cy ont encor trois Couuents à Pontoise, à la Forest de Lyons, & à Magny.

Outre les deux Couuents que les PP. Capucins ont à Roüen, celuy du Caluaire, & l'autre de l'Annonciation à Sotteuille lez-Roüen; ils en ont vn à Caudebec, à Dieppe, à Andely, au Havre de Grace, à la ville d'Eu, à Gournay, à Forges. Les PP. Carmes Deschaussez ont leur Couuent de S. Ioseph au Faux-bourg de Bouuereüil, & les Recollets en ont aussi vn tout proche. Les Augustins Deschaux sont dans le Conuent

PREFACE.

uent de Nostre-Dame de la Victoire à Roüen ; les Penitens du tiers Ordre de saint François ont leur Conuent de Nostre-Dame de Laurette dans la Ville, & celuy de sainte Barbe à vne lieuë de Roüen ; ils en ont vn à Veulles, vn à Andely, vn à Neufchastel, vn à Mante, vn à Meulan, vn à Aumalle, vn à S. Vallery en Caux, & vn au Havre de Grace. Ie ne dois pas obmettre icy l'ancien Conuent de Nostre-Dame, & de S. Iean Baptiste, des pauures Dames ou Filles de sainte Claire de l'Ordre de S. François, situé à Roüen, lesquelles depuis leur établissement en cette Ville, ont tousiours conserué la pauureté & la ferueur de leur premier Institut, & édifié les gens de bien par l'exemple de leur sainte vie.

Il y a encores grand nombre de Monasteres nouuellement fondez tant à la Ville que dans toute l'étenduë du Diocese, & entr'autres vn Prieuré nommé le Val de Grace, Ordre de S. Benoist, dans lequel les Religieuses viuent dans l'étroite Obseruance de la Reforme, vn autre du mesme Ordre, du nom de sa Fondatrice de Bellefons ; il y a vn Prieuré à Andely, vn autre au Pontdelarche, du mesme Ordre. Les Carmelites Déchaussées ont vn Conuent à Roüen, vn à Pontoise, vn autre à Dieppe, & vn à Gisors ; les Vrsulines en ont aussi en tous ces lieux-là, & de plus, à la Forest de Lions, à Elbeuf, & à Gournay ; les Filles de la Visitation de S. François de Salles, ont deux Monasteres à Roüen. Les Filles Angloises, dites de Grauelines en ont vn, & les Annonciades de l'Ordre de S. François, ont vne Maison à Roüen, vne à Gournay, vne à Meulan, & l'autre à Mont fort. Il y a vne Maison de Filles Penitentes à Roüen, & vne des Filles de S. Ioseph ou de la Prouidence, dans la mesme Ville. Outre les Maisons des Prestres de la Mission, les Hospitaux, Leproseries, Chappelles, lieux de pieté & pelerinages, qui sont comme autant de pierres precieuses qui ornent vn si grand & si deuot Diocese.

XIV. *Eglise de Roüen Metropolitaine.*

XIV. La ville de Roüen ayant receu la Foy de IESVS-CHRIST par les trauaux de S. Mellon & de ses Successeurs, le Siege Metropolitain y fut estably, parce que suiuant l'obseruation que nous auons faite cydessus, elle estoit la Cité Metropole de la seconde Lyonnoise. On appelle Siege Metropolitain, l'Eglise qui a sur-intendance & prérogatiue d'honneur & d'authorité au dessus des autres d'vne mesme Prouince. Laquelle police est émanée des Saints Apostres, estant certain par l'adueu mesme de Blondel fameux Ministre des Caluinistes, que dés les premiers temps de la Religion Chrestienne, il y a eu des Eglises & des Euesques qui ont eu préeminence & superiorité sur les autres ; ce qui condamne positiuement l'article trentiéme de leur Confession de Foy, où ils décident auec leur temerité ordinaire, que tous Pasteurs sont égaux en authorité & en puissance.

Il est bon de remarquer que dans cette matiere de Sieges Episcopaux, on vse du mot de Cité, qui signifie vne grande Ville, parce que selon la discipline Ecclesiastique, il n'y a que dans ces sortes de lieux où l'on doit establir les Eueschez ; d'où vient que Iean XXII. voulant ériger les

C

Villes de Montauban, S. Papoul, Rieux & Lombez en Sieges Episcopaux, leur attribua auparauant le titre de Citez, ainsi qu'il se voit dans sa Bulle, ou parlant de ces Villes, il dit, *Illas in ciuitates erigimus & ciuitatis vocabulo insignimus.* Ie pourrois encore dire auec beaucoup de vray-semblance que la qualité de Metropole conuient à la Ville de Roüen, selon la plus ancienne signification de ce mot qui estoit employé parmy les Grecs pour marquer vne Ville *Mere*, c'est à dire vne Ville d'où l'on auoit tiré des Colonies & des peuplades, estant tres-probable qu'après que nostre sainte Foy eut esté establie dans Roüen, il en sortit plusieurs Ouuriers Euangeliques qui l'allerent annoncer dans le reste de la Prouince, ce qui se peut dire aussi de la plusʹpart des anciennes Metropoles.

XV.
Archiepiscopale.

XV. Nostre Eglise est encor appellée Archiepiscopale, laquelle qualité n'est pas si ancienne; car dans les quatre premiers Siecles d'après Nostre Seigneur, les Metropolitains se qualifioient simplement Euesques. Elle n'a esté introduite dans l'Eglise que vers le temps du Concile d'Ephese, [a] tenu l'an 430. où elle fut seulement attribuée aux Sieges Patriarchaux, c'est à dire aux Eglises qui sont Superieures aux Metropoles, comme est celle d'Alexandrie & d'Antioche, sans parler de l'Eglise Romaine, qui est non seulement la premiere des Patriarches, mais encore la Mere & maistresse de toutes les autres, & celle auec qui il est necessaire que tous les Fidelles de la Terre ayent liaison & Communion, à cause de l'eminence de sa dignité suprême, comme l'enseigne vn [b] des plus anciens & des plus sçauants Euesques de nos Gaules.

[a] *M. de Marca de Concord. Sacerd. & l. 1. c. 3.*

[b] *S. Irenæus l. 3. c. 3.*

Mais en suite le titre d'Archeuesque a esté donné aux simples Metropolitains, ainsi qu'il se voit au sixiéme Canon du premier Concile de Mascon, tenu en 581. ce qui fait dire à Rabanus que l'ordre des Euesques est diuisé en Patriarches, en Archeuesques, ou Metropolitains, & en Euesques. Ie n'ignore pas que le titre d'Archeuesque se trouue dans des Canons beaucoup plus anciens alleguez par Gratian, comme au Canon *Archiepiscopus dist.* 66. & ailleurs; mais ces pieces ne paroissent pas bien authentiques aux plus éclairez.

L'Archeuesché de Roüen a six Suffragants, que le peuple, pour les retenir plus aisément, a compris sous les mots de SAC, BLE', dont chaque Lettre marque vn Euesché, quoy que dans vn autre ordre que celuy qu'on garde ordinairement.

Seez, ou *Saiz*, *Avranches*, *Constances* ou *Coutances*, *Bayeux*, *Lysieux*, *Evreux*.

L'ordre veritable est, Bayeux, Avranches, Evreux, Seez, Lysieux, Coutances; lesquels Dioceses ont donné à l'Eglise plusieurs Euesques éminens en doctrine & en sainteté, dont nous pourrons faire aucunesfois mention dans la suite de cette Histoire.

XVI.
Primatiale.

XVI. Nos Archeuesques prennent encor la qualité de Primats de Neustrie, ou de Normandie; pour l'intelligence de laquelle il faut obseruer la distinction de Hincmar, chez Monsieur de Marca, [c] qui reconoit deux sortes de Primats, dont les vns ne sont autres que les Patriarches,

[c] *De Conc. l. 6. c. 4.*

c'est à dire les Prelats qui ont prééminence au dessus d'vn certain nombre de Metropolitains; & les autres sont des Archeuesques qui ne dépendent point de ces sortes de Primats du premier genre, en sorte qu'ils sont immediatement soûmis au Siege de S. Pierre. Il explique cette difference en disant que (suiuant l'vsage de son Siecle) les Metropolitains qui sont Primats au second sens, peuuent aprés leur élection se faire consacrer par les Euesques de leur Prouince, & les consacrer aussi reciproquement quand ils sont éleus, sans en demander permission à aucun Prelat (*sine interrogatione alterius Primatis*) & c'est selon cette derniere signification que nos Pasteurs joüissent de la qualité de Primat, parce qu'ils n'ont point d'autre Superieur que le Pape & que leur Siege dépend immediatement du Siege Apostolique. Il est vray qu'autresfois l'Archeuesque de Lyon a contesté cette prerogatiue à l'Eglise de Roüen, en pretendant qu'elle luy estoit sujette, dequoy on apporte deux preuues : La premiere vn certain Rescript de Gregoire VII. par lequel il declare que les quatre Lyonnoises, c'est à dire Lyon, Roüen, Tours, & Sens, doiuent estre soûmises à l'Archeuesque de Lyon : Et la seconde, la reconnoissance qu'il semble que Loüis d'Harcour élu Archeuesque de Roüen, & son Chapitre ayent faite de ce droit, lors que pour confirmer cette élection ils eurent recours à l'Archeuesque de Lyon. A quoy l'on répond que chacun sçait que cette Ordonnance a pour fondement vn fait supposé, que S. Clement Pape auoit accordé cette prerogatiue à l'Eglise de Lyon ; estant certain au contraire, que dans les premiers Siecles du Christianisme, nul Metropolitain de France n'a eu superiorité de Primatie sur vn autre, & qu'elle a esté renduë sans entendre nos Prelats dans leurs deffences; & que quand à la conduite de Loüis d'Harcour & du Chapitre, elle ne doit point estre tirée à consequence, parce que premierement la chose se passa en vn temps de confusion (dont j'ay touché vn mot cy-deuant) & lors que l'Eglise estoit trauaillée d'vn Schisme qui empeschoit qu'on ne pust s'adresser au Pape. En second lieu, il est probable que ceux de Roüen en vserent de la sorte, sauf le droit de leur Eglise ; au moins il paroit par vn certain Rescript, qui est au Registre du Chapitre, que dans cette difficulté les Chanoines s'adresserent aussi à l'Eglise de Vienne; *Saluis Ecclesiæ Rothomagensis juribus*, d'où nous pouuons juger que ce ne fut que sous cette condition qu'ils demanderent au Metropolitain de Lyon la confirmation de ce qu'ils auoient fait. En troisiéme lieu, l'affaire n'eut point de suite, dautant que Loüis fut estably dans le Siege de Roüen par l'authorité d'vn Concile National, comme nous le dirons ailleurs plus amplement. Aussi ces raisons n'empescherent pas que du temps de Calliste III. nostre Eglise ne gagnast sa cause, & ne fust maintenuë dans son exemption de celle de Lyon, par jugement contradictoire, ce qui se passa ainsi.

XVII.
Differend pour le dernier tiltre.

XVII. L'an 1455. Antoine Bertrandy Official de Lyon, ayant receu & éuoqué à son Tribunal vne certaine cause d'appel des procedures faites par deuant celuy de Roüen, au sujet d'vn procez entre l'Euesque d'Avranches d'vne part, & le Doyen & Chapitre de S. Firmat de Mor-

C ij

tain de l'autre, pour le droit de Visite & la reception d'vn Euesque. Il fit faire plusieurs citations, adjournemens & significations, tant à l'Euesque d'Avranches qu'à l'Official de Roüen : de sorte que ses Mandemens furent affichez en secret aux portes de nôtre Cathedrale & de celle d'Avranches ; ie laisse à penser si cette nouueauté parut estrange à ceux de nostre Prouince, qui n'auoient jamais rien veu de semblable. Les Officiers de nostre Archeuesque ne manquerent pas aussi-tost de se pouruoir en Cour de Rome, pour arrester des entreprises si préjudiciables à la dignité de l'Eglise de Roüen ; le Pape attribua la connoissance de ce diffend au Cardinal Dominique, du tître de Ste. Croix en Hierusalem, que l'on appelloit communément le Cardinal Firman. Aprés plusieurs poursuites de part & d'autre, & que les parties eurent allegué respectiuement leurs deffenses & leurs raisons ; Oüy aussi les conclusions de Michel du Pré Procureur Fiscal du Pape, en faueur de l'Eglise de Roüen, il y eut Sentence par laquelle furent cassées & annullées toutes les procedures de l'Official de Lyon contre l'Euesque d'Auranches & l'Official de Roüen, & furent faites tres-expresses deffenses à Iean Euesque d'Annessy, pour lors Administrateur de l'Eglise de Lyon, & à tous autres, sous peine d'Excommunication, de s'entremettre en façon quelconque à l'auenir, des appellations qui se feroient ou pourroient faire de l'Archeuesque de Roüen : Et à ses Officiaux & Grands Vicaires, à tous ses Suffragans, leurs Vicaires & Officiaux, d'obeïr en quoy que ce fut audit Administrateur de l'Eglise de Lyon, &c.

 Cette Sentence du Cardinal Dominique, fut confirmée par Calliste III. lequel adressa pour ce sujet ses lettres à l'Archeuesque de Besançon, & aux Euesques de Cambray & de Lausane, expediées à Rome le 21. Iuin 1457. le troisiéme de son Pontificat, & mesme l'année suiuante il en donna de nouuelles, par lesquelles il deffendoit sous peine d'excommunication à tous Iuges Ecclesiastiques ou Seculiers, de se mesler ou prendre connoissance des pretensions de l'Eglise de Lyon sur celle de Roüen ; qui depuis est demeurée dans la paisible possession de son indépendance, en vertu de laquelle nos Prelats prennent sans contredit la qualité de Primats de Normandie.

XVIII.
Du Pallium des Archeuesques.

 XVIII. Puisque la qualité de Metropolitain & d'Archeuesque que ie viens d'expliquer, a pour marque vn ornement Ecclesiastique que l'on nomme *Pallium*, dont il me faudra souuent parler dans cette Histoire; c'est ce qui m'inuite à en dire quelque chose en faueur de ceux qui ne sçauent pas ce que c'est, & quelle en est la signification, & l'vsage.

 Le *Pallium* des Archeuesques est vn ornement sacré qui se porte comme vn Collier d'Ordre ; il est composé de petites bandes de laine blanche, larges de trois doigts, dont les principales forment vne espece de cercle, & les deux moindres pendent l'vne deuant la poitrine, & l'autre derriere le dos, de la longueur de huit à dix pouces, à l'extremité de celles-cy ; pour les tenir plus fermes, il y a de petites lames de plomb couuertes de soye noire. Tout l'ornement est aussi marqué de six Croix de soye de mesme couleur, dont il y en a deux sur les bandes pendantes, & quatre placées en distance égale autour du cercle. Le *Pallium* doit estre attaché de trois épingles d'or, qui ont leurs testes ornées de pierreries, & qui se mettent, la premiere sur la Croix de deuant, la seconde sur celle de l'épaule gauche, & la troisiéme sur celle de derriere.

Il y a sujet de s'estonner que cet ornement qui n'est formé que de petites bandes de laine, se nomme ainsi *Pallium*, lequel mot signifie en François vn Manteau. La conjecture de Baronius est, [a] qu'il a esté ainsi appelé, parce qu'autresfois on l'appliquoit immediatement sur vn vestement qui ressembloit à vn Manteau, & que l'on appelle aujourd'huy Chasuble : mais M[r] de Marca [b] estime que ce nom de *Pallium* est venu de ce que dans sa premiere origine c'estoit veritablement vn Manteau, c'est à dire vne grande Chappe riche & éclattate; ce qu'il tasche de prouuer par les lettres de Pelage & de S. Gregoire, & par le témoignage de Iean Diacre, qui dans la vie du mesme Pape S. Gregoire, atteste d'auoir veu de tres anciens Tableaux où le Saint estoit representé couuert d'vn grand *Pallium* d'estoffe fort précieuse. Quoy qu'il en soit, il est certain que du temps d'Alcuin, c'est à dire au huitiéme Siecle, le *Pallium* estoit seulement composé de petites bandes, & qu'il auoit rapport au Rational du Grand Prestre de l'ancien Testament, comme cét Autheur l'écrit en son liure des Diuins Offices.

[a] Ad an. 336, n. 17.
[b] L. 6. de concordiâ c. 6.

Les Archeuesques se seruent du *Pallium* à de certains iours solemnels, qui sont designez dans le Pontifical, & le passent par dessus leurs autres ornemens, comme estant la marque de la plenitude de leur puissance & de l'authorité qu'ils ont dessus les Euesques de leur Prouince. Les effets de cette authorité, sont de pouuoir visiter leurs Eueschez pour en reformer les abus ; de les obliger à se trouuer aux Conciles Prouinciaux qu'ils voudront assembler ; de les contraindre d'en garder les Decrets ; de connoistre de certains crimes de leurs Suffragans ; de les citer dans les cas où il y a appel de leur Iurisdiction au Metropolitain ; & de faire porter la Croix Archiepiscopale deuant eux dans les Eueschez de leur Prouince, aussi bien que dans leur Diocese : Outre cette signification propre & naturelle du *Pallium*, il y en a encores d'autres Mystiques & morales ; comme de montrer que le Prelat doit estre doux & affable & de facile accez à l'exterieur, & juste & équitable dans l'interieur, selon la pensée de S. Gregoire, & selon d'autres, de seruir de signe pour faire souuenir le Prelat qu'il est obligé de mener vne vie dautant plus sainte & plus austere, que sa dignité est grande. Mais la signification la plus instructiue & la plus ingenieuse de toutes, est celle d'Isidore de Peluse, qui dit que le *Pallium* estant fait de laine, & non de lin, represente la brebis perduë que le bon Pasteur charge sur ses espaules aprés l'auoir trouuée ; en sorte que par cét ornement l'Euesque fait comme vne profession publique de vouloir imiter dans la conduite de son Troupeau, la charité, le zéle, & la vigilance de cet excellent Pasteur. Ce témoignage d'Isidore, Autheur ancien, & qui fut Disciple de S. Chrisostome, montre l'antiquité du *Pallium*, laquelle paroit encor dauantage par l'Ordonnance du Pape Marc, qui commanda à l'Euesque d'Ostie

C iij

de se seruir de cet ornement sacré, lors que suiuant son ancienne prérogatiue il consacreroit les Papes; d'où il resulte que le *Pallium* estoit en vsage dés l'an 336. Toutesfois M' de Marca obserue que dans les six premiers Siecles de l'Eglise, il ne se trouue point que les Papes ayent accordé cet ornement aux Metropolitains de France, excepté les Archeuesques d'Arles, à qui plusieurs Papes firent cet honneur, pour releuer la qualité qu'ils leur donnoient de Vicaires du S. Siege dans les Gaules. Cet illustre Autheur ne manque pas de s'objecter le VI°. Canon du Concile de Mascon, tenu en 581. qui porte que nul Archeuesque ne presume de dire la Messe sans *Pallium*, à quoy il répond que le *Pallium* dont il est parlé en ce Concile, n'est pas le *Pallium* Romain, qui ne se mettoit qu'aux Festes solemnelles; mais vn vestement ordinaire, & vne espece de Chasuble. Il prouue aussi que l'obligation de demander au Pape le *Pallium*, ne fut establie que vers l'an 743. en vn Synode tenu par S. Boniface, Legat du S. Siege dans les Gaules & dans l'Allemagne, & qu'elle ne passa en forme de Loy qu'au huitiéme Concile general; ce que ie ne déduiray point icy plus au long, estant facile au Lecteur curieux de consulter son Liure: Il y a eu des temps où les Archeuesques incontinent apres leur Consecration alloient à Rome receuoir le *Pallium* des mains de sa Sainteté; mais aujourd'huy elle a coustume de le leur enuoyer. Le Metropolitain ne peut point se seruir de cet ornement hors de la Prouince; & s'il est transferé d'vn Archeuesché à vn autre, il faut qu'il en obtienne vn nouueau. L'vsage est d'enterrer les Prelats auec le *Pallium*, & s'il a passé d'vn Siege à vn autre, de le reuestir de tous les deux: En voila suffisamment touchant cette marque de la Iurisdiction Archiepiscopale.

XIX.
L'Archeuesque de Roüen appelé Riche.

XIX. Robert Cenal Euesque d'Avranches, rapportant diuers Epithetes qui ont esté donnez depuis plusieurs Siecles à quelques Archeuesques, dit que celuy de Roüen est appelé Riche, à cause que l'Archeuesché est de grand reuenu; ce qui se doit entendre auec temperament, estant certain que s'il surpasse plusieurs en ce qui regarde le temporel, il cede aussi à d'autres; mais il a vn droit qui est assez particulier, & dont il est à propos de dire icy quelque chose.

XX.
Du Deport.

XX. Ce droit singulier que nous disons appartenir à nos Prelats, s'appelle Deport. Il consiste en la perception du reuenu de la premiere année que le Benefice sujet à tel droit, demeure vacant, soit que cela arriue par le deceds ou par la resignation de celuy qui le possedoit. Quelques-vns mal affectionnez à l'Eglise de Roüen, ont voulu faire passer ce droit pour vn droit nouueau, & pour vne espece d'exaction introduite dans les derniers temps. Mais feu M' Behotte en son viuant Grand Archidiacre de Roüen les a fortement refutez, & a montré qu'ils n'estoient pas moins ignorans que malicieux. En effet, la mesme piece que ceux-cy produisent pour establir leur opinion, la destruit, & en fait voir la fausseté.

Ils se fondent sur vne lettre de François Archeuesque de Narbonne, Camerier de Clement VII. Antipape, écrite vers l'an 1393. & adressée au Receueur des Receueurs de la Chambre Apostolique, en la Ville & Diocese de Roüen, & à ses Commis; où il mande que suiuant l'ordre que le Pape luy auoit donné de viue voix, ils permettent à l'Archeuesque de Roüen d'exiger, receuoir, & posseder les premieres Annates des fruits, rentes & reuenus Ecclesiastiques appellez Deports; desquels ledit Prelat auoit exposé à sa Sainteté, que luy & ses predecesseurs auoient joüy selon l'ancien vsage, vacance arriuant de quelque Benefice de la Ville & Diocese de Roüen, & qu'ils les luy laissent perceuoir librement comme s'ils n'auoient point esté reseruez pour la Chambre Apostolique; à condition neanmoins que ledit Receueur (ou ses Commis) leueroit la seconde année desdits Benefices. Mais il est clair par ces termes selon l'ancien vsage, *de antiqua obseruantia*, que ces Deports ne sont pas vn droit nouueau, & qu'ils sont mesme beaucoup plus anciens que les Annates; s'il est vray qu'il en faille rapporter la premiere Origine à Iean XXII. comme l'on tient communément. Cecy se justifie encor par vn vieil Poulier des Benefices du Diocese de Roüen, écrit du temps d'Odo Rigault Archeuesque de Roüen, où l'on voit que sous son Pontificat il y auoit plusieurs Eglises Paroissiales en deport; & par vn accommodement fait par le mesme Prelat pour la Cure de Vatretot, où il est dit que le Clerc perceura quinze liures mesme pendant l'année du Deport. Aussi le sieur Behotte ne fait point de difficulté de soustenir que ce droit n'est point émané d'aucun priuilege des Papes, mais qu'il est comme primitif, & comme né auec la charge Episcopale, à quoy il applique le passage de l'Apostre, [a] *laborantem agricolam oportet primum de fructibus accipere*. Il prouue aussi que ce reuenu est tres éloigné du vice de Simonie, & qu'il est pour le moins aussi juste & aussi legitime que le sont les droits d'Annate & de Regale, dont joüissent les Papes, les Roys, & les Chapitres. Quand à ce que l'on objecte que le Concile de Basle [b] défend de rien prendre ou exiger deuant ou aprés la presentation ou collation des Benefices, ou à raison des premiers fruits, &c. cela ne préjudicie en rien à l'équité des Deports, dautant que l'intention du Concile est d'empescher les exactions qui se pourroient faire auant que d'obtenir ou d'entrer en joüissance du Benefice, &c. Or le droit de Deport ne se leue point pour obtenir les Benefices, ou pour en prendre possession; mais il se perçoit à la fin de la joüissance d'iceux, ou lors qu'ils viennent à estre vacants : car encor qu'on ne les confere à personne pendant cette premiere année de la vacance, on ne laisse point pour cela de leuer le Deport; & au contraire s'il arriue que pendant l'année du Deport on les confere plusieurs fois, l'on n'éxige pas pour cela plusieurs Deports. Au reste ces Deports ne vont pas tout à fait au profit des Archeuesques, ils en ont seulement les deux tiers, & l'Archidiacre l'autre tiers. Cela suffit touchant cette matiere, que l'on peut voir plus amplement traitée dans le liure de Mr. Behotte, & ailleurs.

[a] Ad Timoth. 2. c. 2.

[b] Sess. 21. du annat.

XXI. *Plusieurs titres des Archeuesques de Roüen.* XXI. Outre le reuenu que les Archeuesques de Roüen tirent du Deport, ils joüissent de plusieurs riches terres qui leur ont esté données par la pieté de Fidelles, & particulierement par la liberalité des Roys de

PREFACE.

France, des Ducs de Normandie & Roys d'Angleterre, & de quantité d'autres illuſtres Bien-faicteurs. Meſme il ſe trouue que pluſieurs de nos Prelats, bien loin de diſſiper les biens de leur Egliſe, & d'en aduancer leurs parens, les ont accreus en y joignant leur propre patrimoine, comme ie le feray voir dans la ſuite de cette Hiſtoire. De ſorte qu'ils ſont Seigneurs Spirituels & Temporels de deux Comtez; ſçauoir de Dieppe, qui eſt vne Ville fort peuplée, & vn Port de Mer aſſez connu, & de Louuiers, qui eſt auſſi fort conſiderable, ſans parler de pluſieurs autres belles terres, comme la Royalle demeure de Gaillon, Alihermont, Bouteilles, Douurend, Deville, & autres lieux, où ils ont Haute, moyenne & baſſe Iuſtice ſur leurs Vaſſaux, laquelle ils font exercer par leurs Officiers. Ce qui eſt encores bien particulier & bien digne de remarque, eſt que dans l'Eſchiquier, ou leur Iuſtice des Hauts-iours (ainſi appelez) leur Seneſchal juge définitiuement & ſans appel les Cauſes qui viennent deuant luy, en quoy ils ont eſté maintenus par pluſieurs Arreſts contradictoires, tant des Cours Souueraines, que des anciens Eſchiquiers de Normandie.

XXII.
Benefices qu'ils conſe-rent.

XXII. A ces Domaines & reuenus Temporels, on peut adjouſter les Collations, c'eſt à dire les Benefices auſquels l'Archeueſque de Roüen pourroit par luy-meſme ſans preſentation eſtrangere; puiſque ſelon la maxime des Canoniſtes elles ſont cenſées faire partie des fruits d'vne charge Eccleſiaſtique, *collationes ſunt in fructu*, bien qu'à parler Chreſtiennement, elles doiuent plûtoſt eſtre regardées comme vne prerogatiue honorable, mais onereuſe, & qui ſelon le Concile de Trente [a] eſt accompagnée de l'obligation étroite, de preferer & d'eſtablir dans les Benefices vacans, ceux qu'on juge les plus dignes & les plus capables de ſeruir l'Egliſe. Ie trouue donc que nos Archeueſques conferent de plein droit tout le Chapitre de la Cathedrale, excepté le Doyen qui eſt electif. Ils conferent le Chapitre d'Andely, le Chapitre de S. George de Roüen, le Prieuré de S. Auguſtin en Bray, le Prieuré de Mont-Louuet, l'Hoſpital de Neaufle, la Leproſerie de Doudeuille, & enuiron cent trente-ſix Cures, dont il y en a quelques-vnes qu'ils conferent alternatiuement; & ſix grands Benefices, dont ils conferent ſeulement vne portion, & cinquante-deux Chappelles. Ie ne dis rien du droit qu'ont les Archeueſques de pouruoir aux Benefices, lors que les Preſentateurs negligent d'y nommer dans le temps ordonné, ou manquent aux autres formalitez requiſes, dautant que ce pouuoir eſt commun à tous les Ordinaires.

[a] Concil. Trid. Seſſ. 24. c. 1.

XXIII.
Leur Iuriſdiction Spirituelle & Temporelle.

XXIII. La juriſdiction ou direction Spirituelle qu'ont nos Prelats ſur les Abbayes, Prieurez & Monaſteres qui ne ſont point exempts par conceſſion du S. Siege, n'eſt pas peu conſiderable, ſi l'on a égard au grand nombre qu'il y en a dans le Dioceſe, dōt l'eſtenduë rend auſſi fort ample la Iuſtice qu'ils font adminiſtrer par l'Official & par les autres Officiers de la Cour d'Egliſe. Ceux qui ont quelque connoiſſance de l'Antiquité, ſçauent que ce droit dont vſent les Eueſques n'eſt pas de nouuelle inſtitution; que dés les premiers temps du Chriſtianiſme les Apoſtres, & depuis encor les Eueſques, jugeoient & accommodoient preſque toutes

les

PREFACE. 25

les difficultez qui naiſſoient entre les Fidelles, & que ceux-cy ne recon- Baron. an.
noiſſoient preſque point d'autres Iuges que leurs Prelats, meſme pour 57. n. 10.
les affaires purement ſeculieres; ce qui ſe juſtifie tant par les plaintes
que faiſoit S. Auguſtin, qu'il eſtoit contraint d'employer vne bonne
partie de ſon temps à entendre des plaideurs, & à accorder leurs differens, que par tout ce qu'on lit de S. Ambroiſe & de pluſieurs autres
Saints Eueſques, qu'on trouue auoir rendu ce deuoir de juſtice & de
charité à leurs Dioceſains. Ie ſçay que l'on pourroit dire que cette ſorte
de juriſdiction qu'exerçoient alors les Eueſques, prouenoit plûtoſt de la
ſoûmiſſion volontaire qu'on leur déféroit en les acceptant pour juges
en des matieres Temporelles, que non pas d'aucun droit qu'ils euſſent
de décider des choſes dont la connoiſſance n'appartient proprement
qu'aux Roys & aux Puiſſances Seculieres. Auſſi ne prétends-je pas en
tirer aucune induction contre ce qui ſe pratique en ce temps, où le
Tribunal des Eueſques n'eſt plus que pour les matieres Spirituelles; mais
ie marque cecy en paſſant, pour faire voir combien eſt injuſte l'enuie &
la malignité de ceux qui ne ſouffrent qu'à regret ce reſte de juriſdiction
qu'a l'Egliſe, & qui taſchent de l'abbaiſſer & de l'affoiblir tant qu'ils
peuuent.

XXIV. *Diuers em-* XXIV. Outre cette puiſſance ordinaire & commune aux autres
plois dont ils Eueſques, il paroiſtra dans la ſuite de cét Ouurage, que pendant la ſe-
ont eſté hono- conde Race de nos Roys, pluſieurs de nos Archeueſques ont eſté choi-
rez. ſis & deleguez pour rendre ou pour faire rendre la juſtice dans les Prouinces, & pour trauailler au ſoulagement des perſonnes miſerables &
indefenduës; & qu'en ſuite la Normandie eſtant paſſée ſous la domination des Ducs & des Roys d'Angleterre, ces Princes leur donnerent
toûjours beaucoup de part à leur confidence, & ſe ſeruirent tres-vtile-
ment de leurs ſages conſeils dans l'adminiſtration de leurs affaires. On
verra auſſi qu'aprés que la Prouince eut eſté heureuſement reünie à la
Couronne de France, nos Roys Tres-Chreſtiens ont voulu qu'ils tinſ-
ſent vn rang honorable & conforme à leur dignité dans les Eſtats generaux & particuliers, & dans toutes les autres Aſſemblées publiques; &
qu'enfin le Cardinal d'Amboiſe ayant procuré l'établiſſement de l'Eſchiquier perpetuel, qui depuis a eu le nom de Parlement de Normandie, ce grand Prelat merita pour luy & pour ſes Succeſſeurs la qualité
de premier Conſeiller né en cette Auguſte Compagnie.

XXV. XXV. C'eſt en peu de mots ce que j'ay remarqué des principales
Pluſieurs qui Prerogatiues qui releuent la dignité du Siege Archiepiſcopal de Roüen.
ont honoré le Ie pourrois adjouſter qu'il a donné au Ciel pluſieurs Saints, à la Chaire
Siege Archie- Apoſtolique vn Pape, & à l'Egliſe treize Cardinaux; qu'il y a eu juſ-
piſcopal. ques à neuf de nos Prelats de la Royalle Maiſon de France; & que pluſieurs autres fort recommandables par leur naiſſance, l'ont encor eſté
dauantage pour leur propre merite & pour les ſeruices qu'ils ont rendus
à l'Egliſe Vniuerſelle, & à l'Eſtat. Mais cela ſe connoiſtra mieux par la
lecture de cette Hiſtoire.

XXVI. XXVI. Pour en finir la Preface par où ie l'ay commencée, ie diray
Des deffauts

D

PREFACE.

qui pourront se trouuent en cette Hiſtoire. de nouueau que l'approbation qu'a receu la Chronologie de Mr. Dadré me fait eſperer qu'on agréera mon entrepriſe : mais l'importance eſt que ie l'aye bien executée, & que du moins mes fautes ſoient ſupportables ; car ie ne doute point que non ſeulement la penetration & la lumiere des perſonnes eſclairées, mais encores le ſimple diſcernement des moins capables n'y remarquent beaucoup de manquemens, quelque diligent & ponctuel que j'aye taſché d'eſtre ; les premiers rencontreront peut-eſtre des endroits où ils trouueront à redire à la narration, ou à la juſteſſe du raiſonnement, ſurquoy ſans m'amuſer à conteſter auec eux, ie leur demande grace par aduance, & ſuis tout preſt de receuoir leurs inſtructions. Pour les derniers, j'ay ſujet de craindre que quelques Chapitres de mon Hiſtoire ne leur ſemble courts & defectueux ; mais comme ce deffaut vient de la ſterilité des memoires, & de ce que nos Anciens ſe ſont plûtoſt occupez à bien faire, qu'à bien écrire, ie les ſupplie de me faire cette juſtice de ne me point condamner pour vne faute à laquelle ie n'ay aucune part. Mon deuoir eſt de raconter les choſes dont le ſouuenir s'eſt conſerué, mais non pas de deuiner ce qui a eſté mis en oubly, ny encor moins d'inuenter à la façon des Eſcriuains fabuleux. Dans la vie de nos Archeueſques il y a pluſieurs euenemens remarquables que l'on ne ſçait que confuſément ; ainſi il ne faut point s'eſtonner ſi ie ne les déduis point ſelon l'importance du ſujet. Il y a au contraire pluſieurs menuës particularitez, dont la memoire eſt paſſée juſqu'à nous. Au defaut de choſes plus notables, j'ay crû ne les deuoir pas obmettre, & que ſi elles ne ſe faiſoient pas conſiderer par leur vtilité, elles ſeruiroient à diuerſifier cette Hiſtoire ; joint qu'il arriue ſouuent que ce qui paroit leger & de nulle conſequence, ſert à décider des queſtions difficiles, comme l'experimentent tous les iours les perſonnes intelligentes & ſtudieuſes, & que ie l'ay confirmé ailleurs[a] par le ſentiment d'vn des plus illuſtres Monarques[b] de ce Siecle. Cecy ſuffira touchant les defauts de ce liure ; car ſi j'en diſois dauantage, il ſembleroit que ie me défierois de voſtre bonté, & de voſtre courtoiſie, laquelle à l'égard de mes fautes, ſoit vrayes, ſoit prétenduës, ſera la plus grande & la plus forte de mes juſtifications.

En la Preface de l'Hiſtoire de Saint Oüen.

[b] *Quelqu'vn diſoit en preſence de Henry IV. que l'on repliſſoit ſouuent les Hiſtoires & les écrits de choſes inutiles & frivoles : Ne le prenez pas là (dit le Roy) car on écrit pluſieurs choſes qui lors qu'elles ſont écrites ſemblent n'eſtre pas à propos, & quelquesfois ridicules, mais vn têps viendra qu'on les ingera neceſſaires, & ſeruiront de deciſion & d'exemple à pluſieurs difficultez auſquelles on ne penſoit point quand on les a écrites.*

XXVII.
Aduertiſſement au Lecteur.

XXVII. Au reſte, j'auois reſolu de joindre à cet Ouurage, ou de donner ſeparément vn Traité de la Fondation, des Antiquitez, des Tombeaux & Epitaphes, des Paroiſſes, des Monaſteres, & des autres lieux de pieté de la ville de Roüen ; & meſme d'acheuer ce que depuis pluſieurs années j'auois commencé de l'Hiſtoire Ciuile. Mais ayant appris qu'vn ſçauant & vertueux Eccleſiaſtique,[c] qui s'eſt déja fait connoiſtre au Public par ſa Normandie Chreſtienne, eſtoit preſt de faire imprimer vn Abbregé de cette matiere, ie me ſuis deſiſté de mon deſſein, tant par vn mouuement de déference enuers luy, que pour ne pas importuner le monde par des redites inutiles ; & meſme ie luy ay donné les Recueils & les Memoires que j'auois preparez pour cet effet, deſirant que ſon Ouurage (auſſi-bien que le mien) puiſſent contribuer à la gloire de Dieu ; & que s'ils renouuellent le ſouuenir de la pieté de nos

[c] *Mr. Farin.*

Peres, ceux qui les liront soient excitez à imiter leurs exemples, & à pratiquer auec ferueur cette precieuse Charité, dont l'excellence & le merite surpasse infiniment toutes les Sciences & tous les Liures, & qui doit estre le fruit & la fin de toutes nos estudes, & de toutes nos connoissances.

FIN.

Præceptum charitatis super cœlos, super omnes libros, ei enim subduntur libri, ei militant omnes linguæ sanctorum, &c.
D. Aug. in Pſ. 103.

HISTOIRE
DES
ARCHEVESQVES
DE ROÜEN.
ELOGE.
DE S. NICAISE PREMIER APOSTRE
ET MARTYR DE LA NEVSTRIE,
& premier Euesque de Roüen.

Chapi-
tre I.
Sommaire.
I.
Mission de
S. Nicaise.

A tradition de l'Eglise de Roüen porte que S. Nicaise fut ordonné Euesque par S. Clement Pape, & enuoyé dans les Gaules en compagnie de S. Denis l'Areopagite pour y annoncer la Foy de Iesvs-Christ. C'est le témoignage que rendent les Archiues de la Cathedrale, & les anciens Breuiaires & Martyrologes qui font mention de ce Saint Prelat. Ils disent tous que ce Saint receut du Pape vne Mission expresse pour aller publier l'Euangile en la ville de Roüen, laquelle pour ce sujet le reuere comme son premier Pasteur, encore qu'il n'y soit iamais venu.

II.
Il commence
de prescher
dans le Vexin
François.

Il est vray neanmoins qu'il prit possession du Diocese, en ce qu'il a presché la Doctrine du Salut aux peuples du Vexin François, qui en est vne des plus belles portions, & que dans ces derniers temps l'on a mauuaise grace de contester à nos Archeuesques, sous de vains pretextes de sequestre, aprés que dés le commencement du Christianisme nostre Saint l'a si legitimement acquise à luy & à ses Successeurs, par les trauaux de ses Predications, & par l'effusion de son sang, ainsi que nous allons voir plus amplement.

D iij

S. NICAISE.

Les Actes de S. Nicaise, & nos autres Memoires, nous apprennent qu'il fit quelque sejour à Paris auec S. Denis, qui s'y occupoit aux emplois Apostoliques de l'Oraison & du ministere de la parole de Dieu. En suite il resolut de se transporter à Roüen, Ville que nostre Texte Latin témoigne auoir esté deslors fort celebre par la commodité de son Port, par le grand nombre de ses habitans, & par l'estenduë & l'opulence de son commerce ; où effectiuement il auoit esté destiné par le Pape pour en estre le premier Pasteur. Il prit le chemin de la riuiere d'Oise qu'il pût trauerser aisément, y ayant dés ce temps-là vn Pont de bois que Cesar y auoit fait bastir vis à vis du lieu où est situee aujourd'huy l'Abbaye de S. Martin, & dont l'on voit encore aujourd'huy quelques restes de pilotis quand les eaües sont basses. Le Pont estoit fortifié d'vn Chasteau qu'Odry Vital designe par le nom de *Vulcassinum Castrum*, Chasteau du Vexin, à cause que ce costé-là de la riuiere est du pays du Vexin, lequel alors estoit du territoire de Roüen, suiuant la diuision qu'auoient faite les Romains. C'est pourquoy chez les anciens Autheurs, on nomme nostre Ville *Rothomagus Vellocassium*, comme on dit *Lutetia Parisiorum* ; ainsi S. Nicaise aprés auoir passé ce Pont se trouuant dans le Diocese qui luy auoit esté assigné, & dans le territoire mesme de Roüen, comme le remarquent ses Actes, commença à Prescher la verité, & le pouuoir infiny d'vn seul Dieu en trois personnes, & à descrier la fausseté & la foiblesse des Idoles : Il estoit secondé dans cette fonction sacree, de Quirin Prestre, & de Scuuicule Diacre, que l'on doit considerer comme les premices du Clergé de Roüen. Les habitans du païs entendant leurs discours, estoient tout surpris & tout estonnez de la nouueauté & de la sublimité de leur Doctrine ; mais ils ne se portoient pas pour cela à l'embrasser ; on pouuoit leur appliquer ce que S. Augustin dit des Iuifs, qui écoutoient nostre Seigneur *mirabantur sed non conuertebantur*. Ils admiroient sa sagesse, mais ils ne se conuertissoient pas. Il fallut que S. Nicaise les prit par leur interest, & qu'il fit en leur faueur vne action aussi vtile & necessaire, que miraculeuse, afin de gagner leurs cœurs, & de conuaincre parfaitement leurs esprits. Ce prodige se passa dans le village de Vaux, distant de Pontoise d'enuiron trois lieuës, & situé sur la Seine, entre Poissy & Meulan.

III.
Pontoise & son territoire sont du Vexin François.

IV.
S. Nicaise a deux Compagnons de sa Predication, Quirin & Scuuicule.

In territorio vrbis istius Rothomagēsis in comitatu qui dicitur vilcassinus, Spiritus sancti ductu adueniens B. Præsul Nicasius, cum suis comitibus Isaræ fluuiū pertransiit. Ex act. S. Nicasi.

V.
Dragon proche la fontaine de Vaux, fait plusieurs débris.

Il y auoit en ce quartier là vne fontaine qui estoit extrémement commode aux villageois, tant pour leur vsage que pour le besoin de leurs bestiaux ; mais depuis quelque temps l'accez leur en estoit interdit par la cruauté d'vn horrible serpent qui s'en estoit mis en possession, & y auoit estably son repaire. Nostre Texte Latin assure que c'estoit l'ennemy du genre humain qui auoit suscité ce monstre, pour persecuter & exterminer les habitans du païs. Quoy qu'il en soit, il est certain que le dragon, soit qu'il eust esté formé par la malice du demon, ou qu'il eust esté produit par les causes naturelles tenoit tout le Païs en sujetion. Il n'infectoit & ne corrompoit pas seulement l'air par son haleine pestilente, causant par ce moyen de la sterilité aux arbres, & de la maladie aux hommes, mais il battoit aussi la campagne ; & faisant des courses de

DES ARCHEVESQVES DE ROVEN.

toutes parts, il enleuoit toûjours quelque proye. Il n'y auoit gueres de S. NICAISE. familles qui ne regretaſt quelqu'vn des ſiens qui auoit ſeruy de victime à la rage de cette beſte deuorante : mais Dieu qui ne permettoit cette deſolation, que pour en tirer vn plus grand bien, conduiſit fort à propos S. Nicaiſe dans ce village pour en eſtre le liberateur, & pour mettre fin aux maux que ſouffroient ces Habitans, non ſeulement de la part de ce Serpent viſible, mais auſſi de celle du ſerpent inuiſible & beaucoup plus pernicieux, dont celuy-cy n'eſtoit que l'ombre & la figure.

VI. *Les Habitans prient S. Nicaiſe de les en deliurer, & luy promettēt de ſe conuertir.*
Quelques villageois luy allerent à la rencontre, luy firent vne pitoyable deſcription des deſordres & des carnages que faiſoit tous les iours ce dragon, & il y en auoit pluſieurs qui luy auoient oüy faire de grands éloges de la toute-puiſſance & de la bonté infinie du Dieu dont il eſtoit le Miniſtre : Ils luy dirent que ce Dieu fit donc paroiſtre les hautes qualitez qu'il luy attribuoit en les deliurant de ce monſtre, & qu'en reconnoiſſance d'vn ſi inſigne bien-fait, ils abandonneroient le culte de leurs Idoles, & s'aſſujettiroient à ſon empire. Le Saint fut rauy de les voir dans cette diſpoſition, il en rendit graces à noſtre Seigneur, & aprés auoir imploré ſon aſſiſtance par vne courte, mais feruente priere, il ſe prepara à l'attaque de ce furieux ennemy. Il voulut le vaincre d'vne maniere pompeuſe & éclatante, & triompher de ſa rage auant que de l'exterminer, afin que ſa défaite fit plus d'impreſſion ſur les eſprits & contribuaſt dauantage à l'eſtabliſſement de l'Euangile. Dans cette penſée il commanda à S. Quirin d'aborder le Serpent, de le ſaiſir, & de luy amener. Ce ſaint Preſtre auſſi obeïſſant que genereux, ayant pris vne Eſtole, s'arma du ſigne de la Croix, entra dans la cauerne du dragon ; & quoy que d'abord cette beſte enragée ouurant la gueule, & tournant vers luy des yeux eſtincelans, ſemblaſt le vouloir engloutir, il ne s'eſtonna point. Il luy paſſa ſon Eſtole à l'entour du col, il l'attira hors de la place, & la fit venir deuant S. Nicaiſe auſſi tremblante & auſſi abbatuë qu'vn Criminel deuant ſon Iuge.

a Act. S. Nicaſij c. 8.

VII. *Saint Nicaiſe commande à S. Quirin de luy emmener ce dragon, ce qu'il fait auſſi toſt.*

Ceux qui eſtoient à l'entour du Saint demeurerent fermes, ou s'ils reculerent, & s'ils prirent la fuite ce ne fut pas plus loin que la portée de ſa voix. Car noſtre Original atteſte qu'il leur fit vne briefue remontrance, leur diſant qu'outre ce monſtre qui deuoroit leurs corps, il y en auoit encore vn autre bien plus cruel qui tourmentoit leurs ames; & que comme ils alloient voir que le ſigne de la Croix de IESVS-CHRIST les alloit deliurer de ce premier, il ne tiendroit auſſi qu'à eux de ſe tirer de la captiuité de cet autre, en ſe muniſſant des meſmes armes, & en s'enrollant dans la ſainte milice de ce Roy de gloire. Ces paroles acheuées, il forma vn grand ſigne de Croix ſur cette beſte, & par cette ſeule attaque il la mit en pieces, & fit diſparoiſtre aux yeux de l'aſſemblée tous les membres de cet horrible & puant cadaure, ne voulant pas qu'ils demeuraſſent dans le village, où ils euſſent eſté autant de ſources de peſte & de corruption. Ceux qui eſtoient preſens furent d'abord touchez d'eſtonnement & de crainte, puis leurs admirations & leurs frayeurs ſe changerent en joye & en de tendres ſentimens de gratitude & de reconnoiſ-

VIII. *Il tuë ce dragon par le ſigne de la Croix.*

32 HISTOIRE

S. NICAISE. sance enuers le Saint, qui ménageant cette victoire, & desirant d'en recüeillir des fruits spirituels, parla plus fortement que iamais des grandeurs de IESVS, qu'il leur declara estre l'vnique autheur de ce miracle; exhorta les habitans, qui luy auoient promis de se conuertir, d'accomplir leur promesse; & les voyant enfin pleinement persuadez, les Catechisa durant quelques iours, & apres qu'ils furent suffisamment instruits, leur confera le Baptesme en les plongeant dans les eaux de cette fontaine dont il les auoit remis en possession, laquelle fut comme sanctifiée par l'vsage que l'on en fit pour vne si auguste & si religieuse Ceremonie. Aussi depuis ce temps-là [a] elle a toûjours porté le titre glorieux de saint Nicaise, & le lieu où le Serpent fut tué, le nom du Pas [b] ou Passage du mesme Saint, *Fons* [c] *S. Nicasij, passus sancti Nicasij*.

IX.
Grãd nombre de Payens conuertis & baptisez en cette fontaine.

[a] Fons S. Nicasij.
[b] Passus sancti Nicasij.
[c] Baptisati sunt à sanctis Nicasio & Quirino Presbytero in eodem fonte promiscui sexus ositæ citer trecenta decem & octo c. 8.

L'ancienne Tradition porte que ce S. Prelat baptisa en cette occasion enuiron trois cens dix-huit personnes: C'est ainsi qu'il signala le commencement de sa Mission par vn prodige aussi extraordinaire, qu'il fut auantageux à ceux du païs, qui depuis ont tousiours eu pour luy vne veneration particuliere; lequel respect, bien loin de diminuer par la suite des années, s'est heureusement accrû dans ce Siecle, n'y ayant pas long-temps que l'on a basty en cette place vne Chappelle à l'honneur du Saint, où il se fait à certains iours de l'an vn grand concours de peuple par l'abord de plusieurs Processions des prochains villages qui viennent y reuerer la memoire du Saint, & faire des actes de cette mesme Religion dont cet homme Apostolique leur a donné autrefois les premieres instructions.

CHAPITRE II.

Sommaire.
I.
S. Nicaise continue sa Predication sur la riuiere de Seine.

EN suite de cette admirable victoire, le Saint continua ses conquestes en descendãt la riuiere, comme pour auancer toûjours vers Roüen, lieu principal de sa Mission, & qui deuoit estre le Siege de son Episcopat, Meulan, Mante, & plusieurs villages qui se trouuerent à son chemin, ressentirent les effets salutaires de sa presence & de ses Predications, ayans receu par son entremise les lumieres de l'Euangile.

Mais ce fut à Monceaux qu'il fit encore éclater le pouuoir absolu que nostre Seigneur luy auoit donné sur les démons, qu'il vainquit pour ainsi dire en personne, & qu'il força dans leurs retranchemens, au lieu qu'à Vaux il ne l'auoit défait (s'il est permis de parler de la sorte) qu'en son Lieutenant, qualité que ie puis attribuer au Serpent qu'il extermina, puisque nous auons remarqué que cette beste estoit vn ouurage & vne production infernale. Le diable s'estoit emparé d'vne vieille carriere taillée dans le roc qui borde la riuiere; de là comme d'vn fort où il s'estoit cantonné, il faisoit mille maux [d] aux habitans d'alentour; il estonnoit les pauures voyageurs par des hurlemens effroyables au milieu de la nuit; il apparoissoit aux bateliers sous d'horribles spectres; il excitoit des vents & des tempestes pour submerger leurs batteaux: enfin il exerçoit toutes les violences que sa souueraine malice luy pouuoit suggerer. S. Nicaise ayant appris ce desordre, ne delibera pas long-temps sur ce qu'il auoit à faire; il iugea bien qu'il y alloit de la gloire de son Maistre, de chasser l'Ennemy de ce poste. Ses Confreres Quirin & Scuuicule

II.
Le demon fait sa retraite dans vne roche prés de Monceaux, où il fait plusieurs desordres.

III.
Il en est chassé par les prieres de S. Nicaise & de ses compagnons.

[d] In loco quæ appellant incolæ monticas c. 9.

DES ARCHEVESQVES DE ROVEN.

uicule estant de ce mesme aduis, ils implorerent par de longues & ardentes prieres l'assistance du Ciel; & après auoir attiré par ce moyen dans eux cette generosité & cette force que le seul Esprit de Dieu peut inspirer, ils marcherent droit vers le fort de leur aduersaire. Estans arriuez à l'entrée de la grotte, le S. Prelat conjura le Démon par le nom adorable de la Sainte Trinité, & par la vertu de IESVS-CHRIST, & luy commanda de sortir promptement de la cauerne, & de retourner au lieu de son supplice. Ce commandement fut aussi-tost executé : ce Tyran tout fier & tout superbe qu'il est, se vit contraint de plier sous l'authorité de ces paroles, & n'osant tant soit peu resister à la force des Saints, qui luy fermoient presque l'ouuerture de la cauerne; il fit vne[a] fente dans la carriere par où il s'échapa, auec des cris effroyables, laissant à regret le trou qui ne deuoit pas moins seruir de marque de sa fuite, que de la victoire de nostre Euesque.[b]

S. NICAISE.

[a] *Rupem scindens & quasi putei foramen faciens quod nunc vsque ad testimonium virtutis Dei & sanctorum monstratur.*
[b] *Cette roche s'appelle encor aujourd'huy la roche du diable.*

IV.
Conuersion de sainte Pience, Dame de la Roche-Guyon.

Le bruit de ce miracle se répandit dans le païs auec vn tel succez, que non seulement tous ceux qui le virent, mais mesme ceux qui en entendirent parler, quitterent le Paganisme pour professer nostre sainte Foy. Entre ceux-cy l'Histoire remarque Pience, Dame du lieu, nommé depuis la Roche-Guyon; cette femme après auoir oüy prescher le Saint, & & l'auoir vray-semblablement receu dans son Chasteau, oubliant les sentimens d'orgueil & de vanité que luy pouuoit inspirer la splendeur de sa Race, accompagnée de grandes richesses, baissa la teste sous le joug sacré de l'Euangile; & receuant vne nouuelle naissance dans les eaux du Baptesme, eut l'honneur de deuenir en vn moment, à l'égard de son ame, fille du Pere Eternel, sœur de IESVS-CHRIST, épouse du S. Esprit; qualitez admirables, & que par vne honteuse ignorance, ou par vne impieté sacrilege, la pluspart des Chrestiens de ce Siecle, ou connoissent si peu ou méprisent si indignement, quoy qu'elles soient & plus nobles, plus releuées, & plus glorieuses que toutes celles que nous peut conferer la plus illustre de toutes les extractions. Les domestiques de cette Dame suiuirent son exemple, & passant aussi par ce diuin Sacrement, qui est la porte de tous les autres, entrerent auec elle dans la famille de nostre Sauueur.

V.
Et de saint Clair Prestre des Idoles.

Vn Manuscrit met au nombre de ces derniers, vn vieux Sacrificateur des Idoles, appellé Clair, à qui son grand âge auoit fait perdre l'vsage de la veuë, le Baptesme fut pour luy vn mystere d'illumination aussi-bien pour son corps que pour son ame. Il entra dans ce bain salutaire doublement aueugle, & il en sortit doublement éclairé, ses yeux y ayant esté ouuerts pour voir le Soleil materiel, comme son entendement le fut pour regarder auec vne viue foy le Soleil de Iustice. La suite de ses actions répondit parfaitement à la dignité de ce nouuel estat, & à la gratitude qu'il deuoit auoir pour ce double bien-fait. Quoy que les eaux de ce Sacrement eussent entierement laué les taches de sa vie passée, il n'eut point de pleine satisfaction, qu'il ne se fut rendu en compagnie de sainte Pience, la victime de IESVS-CHRIST, comme pour luy satisfaire de nouueau par cette immolation de soy-mesme, des outrages

VI.
Il souffrit depuis le martyre auec sainte Pience.

E

S. NICAISE. qu'il luy auoit faites, en presentant aux démons l'hommage du sacrifice qui n'appartient qu'à Dieu. On apporta depuis vne partie de son corps en l'Eglise Collegiale de S. Mellon de Pontoise, l'autre ayant esté laissée à Meulan, & dispersée en quelques autres lieux ; Surquoy il faut remarquer, qu'il faut distinguer ce S. Clair, de celuy qui est honoré dans l'Eglise d'vn Bourg assis sur la riuiere d'Epte, lequel porte ce nom (en quoy s'abusent lourdement ceux qui sans considerer ny la diuersité des actions, ny la distance des temps, qui est de plusieurs Siecles) les confondent ensemble.

VII.
Fescenninus Préfet des Gaules fait des Edits contre les Chrétiens.

J'ay rapporté de suite ce qui concerne ce S. Clair, bien qu'il ne fut martyrisé qu'aprés S. Nicaise, qui finit ses iours d'vne maniere digne de luy, en scellant de son sang les grandes veritez qu'il auoit preschées. Le progrez que faisoit l'Euangile dans les Gaules, par les trauaux de plusieurs hommes Apostoliques répandus dans diuerses Prouinces, ayant allarmé Fescenninus qui en estoit le Préfet ou Gouuerneur, il délibera d'en arrester le cours, soit à la persuasion des Sacrificateurs des Idoles, qui luy representoient qu'il estoit de son deuoir de ne pas souffrir qu'on fit le moindre préjudice à l'ancien culte des Dieux que l'Empire Romain reconnoissoit pour les principaux autheurs de sa grandeur & de sa prosperité, ou par raison de Politique, jugeant possible qu'il falloit preuenir & empescher les troubles & les fâcheux changemens que cette nouuelle secte pourroit causer dans l'Estat & dans leurs familles : en quoy toutefois il n'y auoit rien à craindre, n'y ayant jamais eu de Religion ny de Police dont les Loix fussent si propres & si fauorables à l'entretien de la paix & de la tranquillité tant publique que particuliere, que celle de l'Euangile. Il fit vn Edit par lequel il commanda aux Chrestiens de presenter de l'encens aux Idoles, & establit la peine de la mort contre ceux qui refuseroient d'y obeïr. Les Seruiteurs de Dieu méprisant cette ordonnance impie & prophane, il eut recours à la force & aux supplices.

VIII.
S. Nicaise & ses Compagnons luy sont presentez.

Ce fut sous sa persecution que S. Denis l'Areopagite, l'honneur & la gloire de la ville de Paris, achepta au prix de son sang la palme du martyre. Quelque peu aprés S. Nicaise, Quirin, & Scuuicule, ses deux Confreres, furent aussi arrestez par vne troupe de soldats, & amenez deuant le Préfet.

Celuy-cy leur parla en colere, les traitant de fourbes & d'imposteurs, & leur declara d'vne voix terrible que s'ils vouloient conseruer leur vie, il leur falloit se resoudre de sacrifier aux Dieux immortels. Les Saints ne s'estonnant ny de sa fureur ny de ses menaces, se deffendirent auec autant de constance que de modestie, en disant qu'il estoit mal informé de leur profession & de leur conduite, qu'ils ne sçauoient ce que c'estoit que de fourbe & d'imposture, & que bien loin de seduire personne,[a] leur vnique employ estoit de s'appliquer à conduire les peuples à la connoissance du Dieu viuant, qui seul possedoit l'immortalité, qui estoit le seul Createur & conseruateur de toutes choses, & qui seul meritoit les hommages souuerains que l'aueuglement & l'impieté des hommes rendoit honteusement à des statuës mortes, & à des esprits impurs.

[a] *Non sumus seductores sed reductores hominū ad cognitionem creatoris sui, neq; vt improperas euertimus populum sed conuertimus eum ad viam veritatis, &c. Act. c. 10.*

CHAP. III.
Sommaire. I.
Fescenninus condamne S. Nicaise & ses Compagnons à la mort.

Les erreurs du paganisme dont estoit fortement préuenu Fescenninus, ne luy permettant pas de voir la verité ny de reconnoistre l'innocence des Saints, il les condamna au dernier supplice; Quelques-vns disent qu'auant d'estre executez, ils furent battus de verges. Ce qu'il y a de certain & d'indubitable c'est qu'on leur trancha la teste, & que par l'ordre du Préfet on laissa leurs corps sur la place, afin qu'ils seruissent de proye aux loups & aux oyseaux, auec deffence à qui que ce fut de leur donner la sepulture. Mais nostre Seigneur, aux yeux duquel la mort des Saints est si precieuse, empescha que ces vilains animaux touchassent à ces sacrées hosties de la Foy. [a] Il mit à l'entour des Anges pour les garder, & la nuit ayant obligé les Payens qui auoient assisté à cette sanglante execution de se retirer chez eux, les corps des Saints se leuerent droit sur leurs pieds comme s'ils eussent esté pleins de vie, prirent leurs testes entre leurs mains, allerent vers la riuiere d'Ette [b] qu'ils trauerserent aisément par vn gué iusqu'à lors inconnu, & se reposerent enfin au milieu d'vne belle Isle, qui fut en quelque façon consacrée par l'attouchement de ces saintes dépoüilles.

II.
Merueille arriuée aprés leur martyre.

[a] *Deus iussit ea ab Angelis intacta custodiri.*

[b] *Alias Epte.*

III.
Sainte Pience ensevelit leurs corps en l'Isle de Gany.

Cependant sainte Pience accompagnée de S. Clair & de plusieurs autres Chrestiens, agit auec tout le soin & toute la vigilance qu'on pouuoit attendre de son insigne pieté; elle obserua ce prodige & ce merueilleux passage par où, comme chante l'Eglise, [c] Dieu auoit conduit ses Saints; & s'estant renduë en cette Isle qui luy appartenoit, elle y enseuelit les corps des trois Martyrs auec toutes les marques de respect que la conjoncture du temps peu fauorable aux exercices de nostre Religion luy pût permettre. Cette Dame à qui le Martyrologe Romain donne le nom de Vierge, & les Actes de S. Nicaise auec plus de fondement le titre de Matrône, en preparant le Tombeau de ces Saints, prepara aussi le sien, ayant eu le bonheur d'estre inhumée au mesme lieu, aprés que malgré la foiblesse de son sexe elle eut genereusement versé son sang pour la cause de l'Euangile.

[c] *Deduxit illos in via mirabili.*

Le lieu du martyre de S. Nicaise est appellé dans ses Actes *forum scamnim*, mot qu'on a peut-estre leu au lieu de *forum secus amnem*, c'est à dire place publique situeé prés de la riuiere, ou *à scamnis*, c'est à dire place où il y auoit des sieges pour se reposer.

IV.
Leurs saintes Reliques y demeurent en vne Chappelle iusqu'en 842.

L'Isle qui est aujourd'huy jointe auec la terre ferme se nomme *Gany Vadiniacum à Vado Nicasij*, eu égard au gué que passerent les Saints pour entrer dans l'Eglise. Depuis on y bastit vne Chappelle sous l'inuocation de S. Nicaise, dont le corps & celuy de ses Compagnons demeurerent paisiblement dans cét édifice sacré iusqu'à enuiron l'an 842. que les Danois estans descendus en France par le canal de la Seine, firent d'horribles rauages, & remplirent tout de frayeur & de consternation. Alors on ne vit rien de plus commun dans les Prouinces voisines de l'endroit de leur debarquement, que le transport des Reliques des Saints qu'on transferoit en des lieux de seureté, afin qu'elles ne tombassent point entre les mains de ces barbares; de sorte qu'vn Comte de Meulan qui estoit aussi Seigneur de la Roche-Guyon & de Gany, agissant par cette

E ij

S. NICAISE. préuoyance, se saisit secrettement des ossements sacrez de S. Nicaise &
V. de ses deux Confreres, & les porta dans la petite Chappelle de nostre
Quand & par qui transportez à Meulan. Dame, construite dans l'Isle de Meulan, où ils ont reposé jusques icy;
ce qui se doit entendre au moins à l'égard de la plus grande partie,
estant certain, suiuant la remarque de Mr. Dauane, que S. Oüen mit
dans son Abbaye de S. Pierre de Roüen, quelque relique de ces Saints
Martyrs, desquelles on fit vray-semblablement part de quelque petite
portion à l'Eglise de Gany, où ils auoient esté premierement inhumez,
& où depuis on auoit establi vn Prieuré dépendant dudit Monastere de
S. Oüen. Ie fonde cette seconde conjecture sur le témoignage des manuscrits de cette Abbaye, qui disent que nostre Archeuesque Riculphe
estant venu à Gany en l'an 873. y visita le corps de S. Oüen & les reli-
VI. ques des saints Nicaise, Quirin & Scuuicule; ce que ie reconnois ne de-
Leurs reliques depuis diuisées en plusieurs endroits. uoir estre nullement entendu des corps entiers de ces saints Martyrs,
estant asseuré que celuy de S. Quirin fut transferé au Monastere de Me-
monstier ou Malmundier, dont l'Eglise a esté dédiée sous le nom de ce
glorieux Martyr.

VII. L'Autheur des Antiquitez Historiques de l'Eglise Royale de S. Ai-
Ce qu'vn moderne a escrit de celles de S. Scuuicule. gnan d'Orleans, page 42. escrit que les reliques de S. Scuuicule, qu'il
nomme S. Escoubille, furent transferées de Meulan en vn village du
Diocese de Paris appelé Condé, du temps de l'Empereur Charlemagne,
& plusieurs Siecles après à Orleans, du Regne du Roy Robert, & mises
dans l'Eglise de S. Aignan, nouuellement rebastie par le mesme Roy.
Le Martyrologe des Saints de France du sieur Dusaussay, remarque au
10. Octobre, que Charlemagne & Deofroy Euesque de Paris, donnerent de notables parties du corps de ce mesme saint Escoubille à Hilde-
baut Euesque de Cologne, & à Odolphe Preuost du Monastere de
Malmendre ou Malmender, par la vertu desquelles il s'est fait plusieurs
miracles en ces Prouinces éloignées.

VIII. Mais cette narration ne s'accorde pas auec ce que nous auons dit au
Comme il faut entendre ce qu'il a dit. Chapitre VI. du second liure de l'Histoire de l'Abbaye de S. Oüen, &
auec ce que nous dirons cy-après en l'Eloge de l'Archeuesque Riculphe,
lequel visita à Gany les reliques de S. Nicaise & de ses saints Compagnons en l'an 872. plus de 60. ans après la mort de Charlemagne, &
ainsi il y auroit plus d'apparence de dire de Charleschauue, qui pourroit
estre vne faute de copiste, & que ce qui se dit de Condé, où ces saintes
reliques furent portées, se doit entendre de Condé, Prieuré dépendant
de S. Oüen, où nous auons dit qu'elles furent portées pendant les courses des Normands, & que par vne extension accoustumée, ceux d'Orleans dirent qu'ils auoient tout le corps de ce saint Martyr, quoy qu'ils
n'en eussent qu'vne partie.

CHAP.
IV. IE ne dois pas obmettre qu'outre cette marque que S. Oüen donna
Sommaire. de son respect enuers S. Nicaise, il fit encore paroistre sa deuotion
I.
S. Oüen fait bastir vne Chappelle dās Roüen à l'hōneur de saint Nicaise. enuers luy, en consacrant dans Roüen vne Chappelle à sa memoire,
laquelle depuis a esté changée en vne Paroisse des plus peuplées. Depuis
plusieurs personnes éminentes, par leur condition & par leur pieté, se

DES ARCHEVESQVES DE ROVEN.

font efforcez à l'envy de reuerer singulierement ce premier Apostre de S. NICAISE, la Neustrie, & ses Compagnons, & ont recherché d'auoir quelque partie de leurs saints Ossemens. Il y a de l'apparence que ç'a esté par le soin de quelque Abbé ou de quelque Religieux de l'Abbaye de Fescamp, touché de ce sentiment & veneration, qu'on en a mis quelques-vns dans le Tresor de cét illustre Monastere, où ils sont décemment gardez dans vne ancienne Chasse d'argent.

II.
Fondation du Prieuré de Meulan, où est la plus grande partie des Reliques de S. Nicaise.

Mais pour ne m'estendre point si au long sur le sujet des Reliques de S. Nicaise, il faut en venir à ce que i'ay dit; sçauoir que c'est la ville de Meulan qui en possede la plus notable partie, qui reposent dans vne Eglise que Valeran ou Galeran qui en estoit le Comte, fit construire en la place, & pour ainsi dire sur les fondemens mesme d'vne petite Paroisse nommée Nostre-Dame. Ce nouueau Temple receut auec le temps le titre de S. Nicaise, à cause des grands miracles que Dieu y opera par les merites de ce Saint, & fut donné premierement à des Chanoines, vn desquels faisoit les fonctions Curiales, ainsi que j'apprens d'vne lettre d'Ives de Chartres, adressée à cette Communauté de Prestres, touchant les difficultez du mariage du Comte de Meulan. Quant est de ces Chanoines, ils ne la possederent pas long-temps, comme il se justifie par vne Bulle du Pape Paschal II. de l'an 1104. qui octroye cette Eglise auec vne autre de S. Pierre de Pontoise, & vne troisiéme de sainte Honorine de Conflans, à l'Abbé & aux Religieux de l'Abbaye du Bec, Ordre de S. Benoist, pour en faire des Monasteres ou Prieurez. Ce qui fut en effet executé par la faueur de Robert, Comte de Meulan, fils de Galeran premier, aussi Comte de Meulan, qui estoit puissant en ce temps-là, & fort affectionné au mesme Ordre, selon le rapport de Guillaume de Iumiege, d'Odry Vital, & d'autres Escriuains des Histoires de Normandie & d'Angleterre. Quant à ce qui se trouue dans la Chronique du Bec, qu'en l'an 1195. le 25. May, les corps de S. Nicaise, Quirin, & Scuuicule & Gratian, furent transportez en l'Eglise de Meulan; cela se doit entendre de quelque translation d'vne vieille Chasse en vne nouuelle; ou qu'ayant esté tirez du lieu où ils auoient esté mis long-temps auparauant, ils y furent solemnellement reportez.

III.
Ce Prieuré auoit esté ruiné.

Au reste, ce Prieuré de Meulan n'a pas toûjours subsisté dans ce bon estat où l'auoient mis ses premiers Fondateurs, & où il paroist de present. Dans la suite des temps il a éprouué les mesmes changemens & souffert les mesmes ruines, à l'égard de ses bastimens & de son obseruance, qu'ont fait tant d'autres Monasteres, ou par le malheur des guerres & des autres calamitez publiques, ou par la negligence des Prieurs & le relâchement des Moines. On le voyoit dans vne triste décadence il n'y a pas encore trente ans; mais depuis la bonté Diuine luy a suscité

IV.
A esté restably par feu M. Dauanne.

vn tres-zelé & tres-sage Restaurateur en la personne de feu Mr Dauanne, entre les mains duquel ce Benefice estant tombé, auec celuy de Bonnes-Nouuelles prés de Roüen, il en a genereusement employé les reuenus à les restablir & à y faire refleurir le Seruice Diuin. Car pour ne parler que du premier, qui seul fait à mon sujet, il ne s'est pas contenté

E iij

S. NICAISE. de rebastir de fonds en comble le Monastere de Meulan ; il l'a encor fourny d'ornemens sacerdotaux ; il l'a embelly de diuerses décorations; il y a fait faire vne Chasse d'argent toute neuue , pour conseruer les reliques de S. Nicaise , aprés auoir trauaillé à conseruer sa memoire , en donnant au public l'Histoire de sa vie : & enfin desirant auoir des Successeurs de son extrême respect, & de sa singuliere deuotion enuers ce grand Saint , & remettre les choses aux termes où le Pape Paschal les auoit mises, il y a introduit les Religieux de l'Ordre de S. Benoist de la Congregation de S. Maur, pour y garder & reuerer ce sacré depost, & y seruir Dieu par la celebration des saints Offices, & par les autres exercices de leur Regle : Surquoy ie laisse à juger au Lecteur pieux & desinteressé, de quel merite a esté deuant Dieu la conduite de cét excellent homme, qui est maintenant passé de cette vie à vne meilleure, & s'il ne s'eleuera point au Iugement pour condamner ces indignes & miserables Beneficiers, qui ne s'acquittant iamais des charges de leurs Benefices, qu'ils reduisent à vne simple , & le plus souuent tres-negligente recitation de leur Breuiaire, bien que pour l'ordinaire il y en ait quantité d'autres, ne se font connoistre pour Titulaires que par la dissipation des saints reuenus qu'ils possedent, sans en employer la partie conuenable ny à l'entretien de leurs Eglises, ny aux autres vsages ausquels ils ont esté saintement destinez par les Fondateurs.

V. *Vny à la Congregation de S. Maur.*

VI. *Reflexion Chrestienne pour les Beneficiers.*

Mais retirons nos yeux de dessus des desordres si pleins de scandale, pour les jetter sur les actions toutes édifiantes de nos saints Prelats, si toutefois ils peuuent supporter l'éclat de leur vie, dans l'Histoire desquels il y a depuis ce premier Euesque jusqu'au suiuant, vn vuide de plus de 150. ans ; ce qui est arriué ou par le peu de soin qu'ont eu les anciens Escriuains de faire passer jusqu'à nous le nom de ceux qui ont suiuy immediatement S. Nicaise, ou, qu'effectiuement aprés sa mort, durant l'espace d'vn Siecle & demy, nul n'entreprit d'accomplir son dessein, & d'aller establir les fondemens du Christianisme & vn Siege Episcopal dans Roüen. Ie trouue ce distique fait sur le Martyre de ce Saint.

VII. *Le Diocese de Roüen sans Pasteur aprés la mort de S. Nicaise, & combien de temps.*

VIII. *Vers à l'honneur de saint Nicaise.*

Antistes Rothoma datus à Clemente Nicasi
Si non sedisti , caput adlegando dedisti.

Voicy vn autre Eloge tiré d'vn ancien manuscrit qui fait mention seulement de sa Mission.

Doctor Apostolicus Regis cælestis amicus,
Nicasius nostris primus resplenduit oris,
Lucifer vt mane radians orientis ab axe
Hic à Romano Papa Clemente beato
Antistes sedis sacratur Rothomagensis.

DES ARCHEVESQVES DE ROVEN. 39

ELOGE
DE SAINT MELLON.

An de I. C.
260.
CHAP.
I.
Sommaire.
I.
Mission ex-
traordinaire
de S. Mellon.

CE n'est pas vne des moindres preuues que nous ayons de la bonté & du soin Paternel de Dieu sur la ville de Roüen, que la Mission si extraordinaire du glorieux S. Mellon ; ie dis extraordinaire tant en la maniere dont il fut appellé au Christianisme, comme de la façon dont Dieu le choisit pour estre le Pasteur de la Ville & du Diocese de Roüen, qui peut bien dire en reconnoissance d'vne faueur si particuliere ce Verset du Prophete, *Non fecit taliter omni nationi* ; que Dieu n'a pas fait cette grace aux autres Nations. Nous tirerons les principales actions de sa vie, des memoires qui en ont esté conseruez dans les Archiues de la Cathedrale & dans les autres Eglises du Diocese, qui sont les plus fidelles garands que nous puissions auoir d'vne si grande antiquité.

II.
Il va d'An-
gleterre à
Rome.

Ce fut donc enuiron l'an 257. de nostre salut, qui répond à la quatriéme année des Empereurs Valerian & Gallien, que nostre S. Mellon originaire de Cardiol ville d'Angleterre, fut enuoyé à Rome pour porter aux Coffres des Empereurs les deniers prouenans des Tributs que cette Isle leur payoit tous les ans. Or soit que ce Caualier (qui n'estoit pas comme l'on peut juger vne personne des moins considerables du païs, puis qu'on luy auoit confié cét employ) fut encore enueloppé dans les tenebres du Paganisme, comme témoignent ses Actes, qui disent qu'il sacrifia à Mars estant arriué à Rome, ou qu'il eut desia receu quelque instruction de la Foy qui auoit esté publiée dans cette Isle du temps des Apostres, selon Gildas, le Sage, Beda, & quelques autres ; & depuis peu auoit esté renouuellée par les soins de *Lucius*, Roy de la Grande Bretagne :

III.
Sa Conuer-
sion.

Enfin il est certain qu'il prit connoissance du Saint Pape Estienne, qui par sa conuersation toute celeste, par la sainteté de sa vie, & par ses feruentes exhortations le gagna entierement à Dieu. Ce nouueau conuerty demeura autant de temps auprés de son Pere spirituel qu'il fut besoin pour le rendre capable du saint Ministere pour lequel Dieu l'auoit predestiné de toute eternité. Il pratiqua genereusement tout ce que les plus feruents ont coustume de faire pour arriuer à la perfection Euangelique, ayant quitté toutes les pretentions qu'il pouuoit auoir dans le monde, & donné aux pauures tout ce qui luy restoit, pour suiure IESVS-CHRIST.

IV.
Sa promotion
à l'Episcopat
miraculeuse.

Les Escriuains de l'Histoire Ecclesiastique nous apprennent que le Pape Estienne I. tint les Ordres deux fois au mois de Decembre, où il ordonna six Prestres, cinq Diacres, & six Euesques, l'vn desquels fut, non pas S. Melayne comme l'écrit Mr. du Chesne dans son Histoire

S. MELLON. des Papes, mais noſtre S. Mellon, qui fut appelé à l'Epiſcopat d'vne fa-çon, comme j'ay dit, toute extraordinaire ; car celebrant vn iour les Diuins Myſteres en la preſence du Pape, il parut vn Ange qui luy mit entre les mains vn Baſton Paſtoral, diſant qu'il prit cette verge pour marque de la Iuriſdiction Epiſcopale qu'il exerceroit ſur le peuple de Roüen dans les confins de la Neuſtrie, dont il luy commettoit le ſoin de la part de Dieu. Au reſte, que l'éloignement & la diſtance des lieux, non plus que les autres difficultez qu'il pourroit rencontrer en vne ſi ſainte entrepriſe ne l'eſtonnaſſent point, dautant qu'il reſſentiroit vn prompt ſecours & vne aſſiſtance diuine qui le fortifieroit dans ſes be-ſoins, & donneroit vne heureuſe fin à ce qu'il auroit commencé ; Tant s'en faut qu'vne Miſſion ſi peu commune luy inſpiraſt quelque vanité, qu'au contraire il en deuint plus humble, s'eſtimant indigne d'vn em-ploy auſſi releué qu'eſt celuy de conquerir des Ames à IESVS-CHRIST. Et en effet cette nouuelle faueur luy fit augmenter beaucoup les exerci-ces ordinaires de ſa pieté.

V.
Ses vertus Epiſcopales.

Les actes de ſa vie nous font foy qu'il commença de là en auant de traiter plus rigoureuſement ſon corps, qu'il ceignoit tres-eſtroitement d'vn cercle de fer ; que ſes jeuſnes eſtoient preſque continuels ; & que le peu de nourriture qu'il prenoit, eſtoit ſeulement de pain d'orge, & de quelques legumes ; & comme le jeuſne eſt vne bonne préparation pour les veilles & l'Oraiſon, il paſſoit la plus grande partie de la nuit en prieres, auec vne merueilleuſe deuotion, faiſant vn tres-grand nombre de genuflexions, à l'imitation de l'Apoſtre S. Paul & des premiers Chreſtiens pour adorer Dieu ; & meſme s'il repoſoit quelque peu, c'é-toit tout veſtu, & plûtoſt aſſis que couché. Voila quelles furent les diſpoſitions que cét homme Apoſtolique apporta de ſon coſté pour receuoir les graces dont il auoit beſoin pour reüſſir dans le Diuin em-ploy auquel noſtre Seigneur l'auoit appelé.

VI.
Il fut Honoré du don de mi-racles.

Outre la ſcience, le zéle & la force celeſte dont il fut remply, il eut auſſi part à ce don des miracles qui eſtoit ſi neceſſaire en ces premiers temps aux Predicateurs Euangeliques, pour s'acquerir de la creance parmy les peuples idolatres, & leur perſuader fortement la nouuelle & ſublime doctrine qu'ils leur annonçoient. Noſtre Saint accompliſſant le deuoir d'vn bon & fidelle ſeruiteur, ne manqua pas de faire profiter tous ces talens ſuiuant l'ordre du pere de famille, ie veux dire du Pape S. Eſtienne, auec la Benediction duquel il partit de Rome pour aller à Roüen. Par le chemin & à ſon arriuée en cette Ville, il vſa du pouuoir extraordinaire que le Ciel luy auoit communiqué, & s'en préualut fort à propos pour l'accroiſſement de la gloire de Dieu, & la propagation de la Foy. Le premier miracle dont il eſt fait mention dans les actes de ſa vie, fut fait à Aucerre ; ce fut en cette Ville des plus anciennes de Bourgogne, qu'ayant rencontré vn Charpentier nommé *Lupillus*, qui s'eſtoit fendu le pied, & eſtoit en danger éuident de ſa vie ; ce voya-geur inconnu touché de la miſere de ce pauure homme, fit Oraiſon pour luy, & ſe ſentant puiſſamment inſpiré de le ſecourir, toucha ſa playe

VII.
Il eſt enuoyé à Roüen par le Pape S. Eſtien-ne premier.

VIII.
Paſſant par Aucerre il y guerit plu-ſieurs malades qui furent de-puis Martyrs.

DES ARCHEVESQVES DE ROVEN. 41

playe du Baston Pastoral qu'il auoit receu de l'Ange, & le malade fut S. MELLON. aussi-tost guery. Le bruit de cette cure miraculeuse fit que la vefue Veronique qui auoit perdu la veuë à force de pleurer son mary, le conjura d'auoir pitié de l'extréme desolation où elle estoit reduite, & sa priere ne fut pas sans effet ; car Dieu luy rendit la veuë du corps & celle de l'ame, & aussi à ses deux enfans, qui furent tous baptisez, aprés que le Saint les eut suffisamment instruits ; de sorte qu'en passant dans cette Ville, il signala sa Mission par de fort heureux commencemens : Surquoy il est encore à obseruer que cette famille sur laquelle il versa si abondamment les graces celestes, fut vne famille de Martyrs ; cette mere & ses enfans, comme aussi le Charpentier *Lupillus*, ayant genereusement soûtenu jusqu'à l'effusion de leur sang, la Foy qu'ils auoient professée au Baptesme.

CHAP. II.
Sommaire.
I.
S. Mellon arriue à Roüen, & commence sa Predicatiõ.

LE desir qu'auoit S. Mellon de se rendre promptement au lieu où il estoit destiné, fit qu'il s'y achemina sans plus differer, & qu'y estant arriué, il se mit à trauailler puissamment à la predication de l'Euangile. Sa parole fit dautant plus de fruits, que Dieu l'authorisa par vne quantité de miracles, dont le recit seroit presque incroyable, si les promesses que Nostre Seigneur fit aux Apostres d'accompagner leurs discours de ces prodiges, & les exemples de plusieurs autres Saints à qui le semblable est arriué, ne nous disposoient à y adjouster creance. Il

II.
Il deliure vn possedé, & convertit vn grand nombre d'habitans.

deliura entrant à Roüen, vn jeune garçon nommé Theodore, dont le démon s'estoit emparé, en luy mettant vn doigt dans la bouche, qui eust assez de force pour contraindre cét injuste & cruel possesseur d'abandonner la place : cette deliurance éclata beaucoup, parce que Theodore estoit fils de Basinius, homme riche, & des premiers de la Ville. Aussi fut-elle cause de la conuersion d'vn grand nombre de personnes qui en auoient esté les témoins [a], & on ne douta plus que celuy au nom duquel S. Mellon operoit ces prodiges, ne fut le Seigneur de l'Vniuers, digne des respects & des adorations de toutes les creatures. Ce miracle fut suiui d'vn autre : Luy ayant esté presenté vn malade nommé Quiri-

[a] *Les Actes disent 200. personnes, non compris les femmes & les enfans.*

III.
Il guerit des paralytiques, & les baptise.

nus, qu'vne contraction de nerfs auoit rendu tout contrefait, & incapable d'action ; il ne fit qu'estendre la main pour le toucher, & le guerit en vn instant par cét attouchement salutaire. Les parents d'vn habitant du païs nommé Isuard, qui estoit demeuré paralytique depuis huit ans, prirent de là occasion de le conjurer de luy donner la santé, auec promesse de croire au Dieu qu'il preschoit, & de se faire baptiser, s'il leur faisoit cette grace. Le Saint accepta la condition ; & aprés auoir imploré le secours diuin par vne humble & feruente priere, rendit aussi-tost l'vsage de la langue & des autres membres à ce paralytique.

IV.
Il rend la vie à Precordius.

Mais encore que tant de merueilles, jointes à la sainteté de vie qui reluisoit en toute sa conduite, l'eussent mis en estime dans l'esprit du peuple, qui le regardoit auec respect & admiration, on peut dire que tout cela ne fut rien en comparaison de l'effet que produisit le miracle qu'il opera en la personne de Precordius, jeune Gentilhomme ; & que ce ne fut que cette guerison qui l'authorisa pleinement, & luy acquit ce

F

S. MELLON. grand credit qu'il eut depuis dans la Ville. Ce jeune homme estant monté sur vn toict pour entendre plus aisément la Predication du Saint, il fut si rudement poussé par quelques-vns de ses compagnons, qu'il tomba à terre roide mort. Vn accident si funeste troubla l'assistance ; & comme c'est la coustume en de pareilles rencontres, chacun se mit à en parler diuersement. Ceux qui ont leu l'Escriture, sçauent ce que fit S. Paul en vne semblable occasion, & comment il s'en sçeut preualoir pour confirmer dans la Fóy les Chrestiens de Troade ᵃ en resuscitant vn jeune homme nommé Eutiches, qui s'estant endormy durant sa Predication, estoit tombé d'vn troisiéme estage. Nostre Saint imita la conduite de ce grand Apostre, jugeant qu'en cette conjoncture vn miracle seroit vne preuue inuincible des veritez qu'il enseignoit, & qu'en rendant la vie au corps à celuy qui l'auoit perduë, il disposeroit la pluspart de ses auditeurs à receuoir celle de la grace dans les eaux salutaires du Baptesme. Dans cette pensée il s'approcha du mort, & aprés quelques prieres, il le resuscita, au grand estonnement de toute l'assemblée. Ce prodige produisit le fruit qu'il en esperoit ; car il fut suiuy de la conuersion d'vn grand nombre d'habitans, & entr'autres de Precordius, & de ceux de sa famille, qui donnerent depuis leur maison où fut bastie la premiere Eglise en l'honneur de Dieu, & sous l'inuocation de la glorieuse Vierge, que ie feray voir ailleurs estre la mesme que la Cathedrale d'aujourd'huy. Ce Precordius (qui se rendit illustre par la conuersion d'vn grand nombre d'infidelles) & quelques autres que S. Mellon trouua plus capables du sacré Ministere, en furent les premiers Clercs ou Chanoines, suiuant l'obseruation de feu Mr. le Preuost, qui fait à son ordinaire de fort pieuses reflexions sur la naissance de l'Eglise de Roüen, & sur ces premices du Clergé de cette Metropolitaine.

a Act. c. 20.

V. *Premiere Eglise bastie à Roüen.*

VI. *Progrez de la Religion Chrestienne par les soins & la bonne vie de S. Mellon.*

Ainsi les trauaux de S. Mellon ne furent pas steriles, & nostre Religion commença de se répandre heureusement dans le territoire voisin ; mais s'il eut soin d'augmenter le nombre des Chrestiens, il n'en eut pas moins de les faire viure d'vne maniere sortable à la sainteté de leur profession, en quoy il reüssissoit dautant plus aisément, qu'il joignoit le bon exemple aux exhortations.

VII. *On voit vn rayon de lumiere sur sa teste la nuit de Noël.*

Les actes de sa vie remarquent expressément qu'il faisoit tout le premier ce qu'il preschoit ; son cœur estoit comme vne fontaine ardente qui estoit embrasée de ce feu celeste que nostre Seigneur est venu apporter sur la terre, ses prieres & ses actions estoient animées de cét Esprit de charité. La nuit de Noël comme il celebroit les Saints Mysteres, ceux qui y estoient presens furent tout surpris de voir sur sa teste vn rayon de lumiere plus brillant que le Soleil ; les flammes de l'amour sacré dont il brûloit, ayant ainsi éclatté visiblement par la permission de Dieu, pour la gloire du Saint.

VIII. *En donnant du pain à vn homme il luy rend l'vsage des mains.*

Sa feruerur se faisoit encor voir dans les œuures de misericorde ; il ne se contentoit pas de faire l'aumosne spirituelle, mais il pratiquoit aussi la corporelle, & departoit luy-mesme l'argent que les Fidelles luy apportoient pour distribuer aux personnes indigentes. Vn iour qu'il donnoit du pain de ses propres mains, il toucha celles d'vn pauure malade S. MELLON. qui estoient dessechées, & par cét attouchement le guerit aussi-tost de son incommodité. Auec le signe de la Croix il ferma la playe d'vn Chasseur qu'vn Sanglier auoit blessé, & signala encore plus son pouuoir en desliurant vn autre qu'vn grand Serpent tenoit étroitement lié de sa queuë.

CHAP. III.

Sommaire.
I.
S. Mellon a possedé trois qualitez requises à vn Euesque.

CE que j'ay dit jusqu'à present, montre que des trois principales qualitez requises à vn bon Euesque, que nous auons cy-deuant attribuées à nostre Saint; sçauoir la doctrine, la generosité, & la charité, il possedoit éminemment les deux premieres. Ce qui suit fera connoistre que cette derniere ne luy manquoit pas. Il fit vne rude guerre aux démons, qui de leur costé n'obmirent rien de leur rage infernale pour trauerser ses desseins. Vn iour vn de ces malins esprits luy apparut, & le menaça insolemment de ne le laisser iamais en repos, & de ruiner toutes ses entreprises. Mais le Saint le fit retirer incontinent, luy ayant

II.
Il attaque le démon qui l'auoit menacé.

seulement opposé le signe salutaire de nostre Redemption. Le Saint Euesque ne se contenta pas de l'auoir ainsi repoussé, il l'attaqua à son tour. Se promenant vn iour hors la ville de Roüen, il vit vn Temple de Rot, dans lequel estoit vn Autel consacré à Diane, Déesse des Forests, & vne statuë richement dorée, qui representoit l'impudique Venus; c'estoit la demeure du diable, qui rendoit par l'organe de cette figure inanimée, ses oracles, seduisant ces pauures aueuglez, & leur donnant des responces ambiguës aprés qu'ils luy auoient sacrifié.

III.
Il entre dans le Temple Rot, & ce qu'il y fait auec Selidion.

Saint Mellon ayant repris charitablement le Sacrificateur Selidion, de l'impieté qu'il exerçoit & qu'il faisoit commettre à ses pauures abusez, pour luy faire connoistre la vanité ridicule de ces fausses & imaginaires diuinitez, commanda au démon par la vertu du Nom de IESVS-CHRIST qu'il eust à sortir de cette statuë, & à paroistre en la presence de la compagnie sous la forme qu'il auoit. Quelque repugnance qu'eust ce malheureux esprit d'obeïr à cét ordre, la vertu secrete qui residoit en la personne du Saint, le força de s'y soûmettre, & de sortir de cét Idole; ce qu'il fit en iettant des cris effroyables, & en se montrant aux yeux de l'assistance, sous la figure d'vn singe. Saint Mellon prit de là sujet de faire voir à ce Sacrificateur, & aux Peuples qui estoient presens, combien grand estoit leur aueuglement de rendre leurs adorations à cette fausse & ridicule diuinité; & pour acheuer de conuaincre l'obstination de ceux qui pouuoient estre encore en quelque doute, il le contraignit

IV.
Il en chasse le démon visiblement, & le contraint d'vn renuerser les Autels.

de dire son nom, qui estoit *Seragon*, & d'auoüer qu'il n'auoit point d'autre exercice que d'allumer les flammes de l'amour deshonneste, & de porter les esprits des hommes à des mouuemens de fureur & de rage, & afin qu'ils s'égorgent les vns les autres. Tout le peuple ne fut pas moins surpris d'entendre parler cét horrible monstre, qu'il l'auoit esté de le voir. Mais le Saint luy fit vn nouueau commandement bien plus rude que les deux précedens; sçauoir qu'il eust à renuerser les Autels qui luy estoient consacrez, sans blesser aucun des assistans, & retourner dans le lieu de son supplice, ce qu'il n'executa qu'à force, & auec des hurlemens épouuentables.

F ij

S. MELLON.
V.
Auantages que causa cette victoire.

Cette insigne victoire du Saint ne contribua pas peu à la ruine de l'empire de Satan, & à l'establissement de celuy de IESVS-CHRIST. Les Payens qui en furent témoins, eurent de la honte & de la confusion d'auoir jusqu'alors rendu des respects à cette beste infernale ; & plusieurs d'entr'eux pour effacer cette tache, firent gloire de se soûmettre au joug de nostre Seigneur, au nom & par la vertu duquel le Saint auoit triomphé si glorieusement de son aduersaire. Il n'y eut que le malheureux *Selidion* qui ne profita point de ces prodiges : la rage & le desespoir le saisirent tellement, qu'estant retourné en sa maison il se pendit, & s'immola ainsi luy-mesme par vn effroyable sacrifice, aux puissances de l'enfer, qu'il auoit adorées auec tant d'aueuglement.

VI.
Combien de temps S. Mellon a gouuerné l'Eglise de Roüen.

Saint Mellon employa plus de cinquante ans à augmenter le Royaume de Dieu dans nostre ville de Roüen. Ie sçay qu'on ne luy en donne communément que quarante, mais si l'on compte son entrée dans ladite Ville en 260. comme nous l'auons remarqué, & que l'on considere que la pluspart des anciénes Chroniques & Manuscrits ne mettent sa mort qu'en 314. ou pour le plûtost & plus probablement en 311. il faudra dire de necessité qu'il a esté Euesque cinquante & vn an ; ce qui ne doit pas sembler incroyable, puisque nous en auons diuers exemples de plusieurs Euesques, & de plusieurs saints personnages qui ont vescu fort long-temps, & particulierement dans les commencemens de l'Eglise naissante, où cela sembloit estre plus necessaire.

VII.
Il se retire à Heuicour pour se preparer à bien mourir.

Ce qu'il y a de plus certain, est que S. Mellon ayant mis bon ordre aux affaires de son Eglise, alla finir ses iours dás vne solitude où il se retira ; soit pour se reposer se voyant incapable à cause de son extréme vieillesse de continuer les fonctions de l'Episcopat, ou pour vaquer auec plus de liberté à la contemplation des choses celestes, & se disposer à mourir de la mort des iustes. Les actes de sa vie nous assurent qu'il fit choix pour ce sujet d'vn petit Hermitage ou lieu de retraite fort commode pour son dessein, nommé Heuicour, dans le païs de Caux ; que c'estoit là où son cœur s'espandoit deuant Dieu en l'Oraison, qu'il menoit là vne vie non pas d'vn homme mortel, mais d'vn Ange ; & en effet il y estoit souuent visité des Anges, qui versoient dans son ame les diuines consolations ; & vn iour qu'il estoit en prieres, il receut les heureuses nouuelles qu'il desiroit si ardemment. Vn de ces Esprits bien-heureux luy apparut,

VIII.
Vn Ange luy annonce le temps de sa mort, & le console.

& luy dit que le temps de sa mort approchoit, qu'il auoit heureusement fourny sa course, & qu'il pouuoit s'attendre de receuoir en bref la couronne de Iustice deuë à ses belles actions. En effet, aprés auoir donné quelques salutaires aduertissemens à ceux qui estoient presens, sa belle ame quitta sa dépoüille mortelle & s'enuola au Ciel le 22. Octobre de l'an 311. selon la plus commune opinion.

CHAP.
IV.
Sommaire.
I.
Le corps de S. Mellon est enterré à S. Geruais.

ORdry Vital écrit que son corps fut enterré aux Faux-bourgs de Roüen, dans vn lieu sous-terrain, qui se voit encore dans l'Eglise de S. Geruais hors la porte Cauchoise. C'estoit vray-semblablement vne de ces caues ou cryptes, dans lesquelles à l'imitation des Chrestiens qui estoient à Rome, & en d'autres lieux, ceux de Roüen s'assembloient pendant les persecutions, si ce n'estoit possible le Cimetiere public, puis- S. MELLON. qu'il est certain que suiuant les loix Romaines & la coustume presque vniuerselle, ils estoient hors les Villes, & cette coustume ne commença de se changer peu à peu en quelques endroits, qu'enuiron l'an 800. que les Chrestiens eurent deuotion d'enseuelir leurs morts dans les Villes proche des Eglises, & depuis mesme dedans, afin que les Fidelles qui auoient receu l'esprit de regeneration dans l'Eglise, eussent la consolation de sçauoir que leurs cendres reposoient proche les tombeaux des saints Martyrs inhumez dans les Temples, aux prieres & intercessions desquels ils auoient eu confiance particuliere.

II.
En quel têps ses Reliques furent tirées de là, & où elles furent portées.

Les Reliques de S. Mellon demeurerent enuiron 569. ans en cét endroit, jusqu'à l'an 880. qu'elles furent leuées de terre & portées au Chasteau de Pontoise, dans les confins de son Diocese; & par ce transport nostre Ville fut priuée de ce sacré depost, lequel demeura en l'Eglise Collegiale de Pontoise, laquelle fut fondée par vn Comte de Meulan & de Pontoise, & dédiée sous le nom de ce Saint. Les Registres de la Cathedrale remarquent que le corps de S. Mellon fut retiré d'vne vieille Chasse, & posé dans vne neuue, & plus riche, par nostre Archeuesque Guillaume de Flauacour, & Hugues Euesque de Bethleem.

III.
Denotion enuers S. Mellon presque éteinte.

Or bien que la ville de Roüen ait reconnu S. Mellon pour son Apostre, toutefois la solemnité qui se fit aux Festes de ses Successeurs saint Romain & S. Oüen, diminua beaucoup auec le temps la celebrité de la sienne, comme on le peut voir dans les anciens Breuiaires de la Cathedrale, dans lesquels ces deux dont nous venons de parler ayans Office particulier auec Octaue, S. Mellon n'auoit que les Leçons de propre; & dans la solemnité qui s'obserue dans la benediction des Fons Baptismaux à Pasque, S. Romain & S. Oüen sont nommez dans la premiere Litanie, & S. Mellon dans la seconde seulement: mais Dieu inspira il y a enuiron trois cens ans, venerable & discrette personne Messire Guy Rabascher, Chanoine de la Cathedrale, par vn sentiment de veneration enuers ce Saint, de faire vne fondation à son honneur dans l'ordre

IV.
Fondation d'vn Chanoine qui la fait reuiure.

des Festes Triples, ou de troisiéme Classe; & ayant composé vn Chant particulier à sa Feste, dont la derniere partie a esté supprimée dans la nouuelle Edition du Breuiaire; il ordonna que le Seruice seroit celebré auec les Orgues, le luminaire, l'ouuerture des tables d'argent qui estoient pour lors à l'Autel; la grande sonnerie & carrillon.

Enfin il voulut que les Chappelains ou Choristes qui sçauoient par cœur l'Histoire nouuelle de la vie de ce Saint, auec le Chant, eussent vingt sols tournois, qui estoit vne distribution assez considerable pour ce temps-là. La Feste de S. Mellon se celebre à Paris auec Office à neuf Leçons: & l'an 1484. le 21. Octobre, il fut dit en la Cour de l'Eschiquier, apres auoir pris les aduis des Conseillers qui la composoient, que la Feste de S. Mellon, qui auoit annoncé la Foy à la ville de Roüen, & estoit celebrée dans la Cathedrale, le seroit aussi en ladite Cour le 22. Octobre. Il y a vne Chappelle en l'Eglise de nostre-Dame, dédiée à l'honneur de S. Mellon; & dans le Diocese il y a quelques Paroisses qui portent son nom.

F iij

S. MELLON.

V.
Erreur de quelques Autheurs sur le nom de ce Saint.

Le Pere Bollandus dans son premier Tome des Vies des Saints, en la Preface qu'il a donnée sur la vie de S. Melayne, dit que le Pere de la Nouë Minime, a remarqué que plusieurs confondent nostre S. Mellon auec S. Melayne Euesque de Rennes, à cause que dans le Latin quelques-vns ont aussi appelé Melanius, nostre S. Mellon, bien que la pluspart escriuent Mellonus, Mallonus, & Mello. Toutefois, adjouste le mesme Bollandus, le Pere de la Noüe, aussi-bien que le sieur Robin, se sont mépris lors qu'ils n'ont fait qu'vn de S. Mellon, & de S. Melancius, qui fut intrus par les artifices de Fredegonde, en la place de S. Pretextat, duquel Gregoire de Tours, liure septiéme, chapitre 19. parle assez clairement. C'est auec aussi peu de fondement que le sieur Louuet dans ses Antiquitez de Beauuais, escrit que S. Mellon fut enuoyé par le Pape S. Clement, dans le dénombrement qu'il fait des Compagnons de S. Lucian premier Euesque de Beauuais, puisqu'il est certain que saint Mellon fut enuoyé par le Pape S. Estienne, premier du nom; & ainsi il paroit qu'il a voulu dire S. Nicaise, pour S. Mellon. Mr. Chopin, dans la Preface de son Monasticon, escrit que nostre S. Euesque assista au premier Concile d'Orleans, sans nous dire d'où il a tiré cela; non plus que le Pere Taille-pied, qui escrit dans ses Antiquitez de Roüen, que S. Mellon bastit vne troisiéme Eglise dans vne Isle, à l'honneur de saint Clement, pour seruir aux Marchands & aux Matelots; car comme il n'en est fait aucune mention dans les actes de sa vie, que j'ay suiuis, ie n'en ay rien dit. Ordry Vital dans les Distiques qu'il rapporte à l'honneur des Archeuesques qui auoient gouuerné l'Eglise de Roüen jusqu'à son temps, fait en abregé vne partie de l'Eloge de nostre Archeuesque. Voicy ce qu'il en dit.

VI.
Et de quelques autres qui luy attribuent ce qui ne luy appartient point.

VII.
Vers d'Ordry pour S. Mellon.

    Antistes sanctus Mellonus in ordine primus
    Excoluit plebem doctrina Rothomagensem.

J'ay encore trouué ces autres Vers Hexametres dans vn ancien Manuscrit, qui sont à la loüange de ce Saint; il sera de la bonté du Lecteur d'excuser la rudesse & la negligence du stile, par la consideration de leur antiquité & de la verité qu'ils contiennent.

VIII.
Autres Vers à l'honneur de S. Mellon.

    Extitit egregius Mellonus in ordine primus.
    Moribus ornatus, claráque ex stirpe creatus.
    Enituit verbis, præfulsit & actibus almis:
    Dapsilis in cunctis, clemens & largus egenis
    Mentibus infirmos curabat dogmate Sancto,
    Dæmone vexatos purgabat numine sacro;
    Peruigil in populo Pastor, pius ac speculator,
    Pro sibi commissis murum se contulit hosti.
    Compatiens ægris, collisos consolidauit;
    Mactabat Domino se, semper sacra libando
    Perpetuam pacem deposcens, atque salutem:
    Vt charos fratres seruabat dulciter omnes.
    Hic humilis sobrius, necnon & corde pudicus,
    Sordibus Immunis, virtutum lampade fulsit
    Obiit in Christo decimo Kalenda Nouembri.

DES ARCHEVESQVES DE ROVEN. 47

ELOGE
D'AVIDIAN.

An de I.C. 311.
CHAP. I.
Sommaire.
I.
Estat de la Religion dans les Gaules auant Constantin.

Vsebe au premier liure de la vie du grand Constantin, nous apprend que la clemence de l'Empereur Constantius empescha que la dixiéme persecution ne passast les Alpes, & ne se fit sentir dans les Gaules, en Espagne, & en Angleterre; à quoy s'accordent les loüanges que les Payens mesmes qui ont escrit son histoire luy ont donné, en veuë de sa douceur & de sa bonté naturelle. Optat Mileuitain dans son premier liure contre Parmenian, rapporte que les Donatistes s'adressans à Constantin pour auoir des Iuges qui fussent des Gaules, luy parlerent en ces termes. Nous auons recours à vous, ô tres " debonnaire Empereur, auec dautant plus de confiance d'obtenir l'effet " de nos prieres, que vous estes fils d'vn pere qui n'a point persecuté la " Religion Chrestienne, comme les autres Empereurs qui l'ont précedé; " ce qui a fait que les Gaules ont esté exemptes de ce crime, & nous " vous supplions tres-humblement de nous donner des Iuges de cette " Prouince. Paroles qui nous font connoistre l'estat de l'Eglise dans nos Gaules, durant le gouuernement de Constance Clore, pere du grand Constantin, & du mesme Constantin auant qu'il fut éclairé des lumieres de la Foy, & qui me persuadent que pendant que ces deux Princes tinrent les resnes de l'Empire en ces parties d'Occident, & particulierement dans nos Gaules, le Christianisme eut vn temps assez propre pour jetter de profondes racines; nous en pouuons

II.
Et dans la ville de Roüen auant & depuis la mort de S. Mellon.

aussi conjecturer en quels termes estoient les affaires de nostre Religion dans la ville de Roüen, lors que S. Mellon la gouuerna, puisqu'il est certain qu'elles auançoient à proportion de la seuerité ou de la douceur des Gouuerneurs. Or nostre S. Mellon ayant eu la liberté de prescher pendant plus de cinquante ans, & d'y faire bastir mesme quelques Eglises ou Chappelles, ce nous est vn témoignage assez fort que l'on viuoit en grande paix dans la Prouince, puisqu'autrement il n'eust pas pû éuiter le Martyre. Ce qui se confirme encore par la reflexion qu'on peut faire sur sa retraite, estant croyable de sa charité & solitude Pastorale, que si son Troupeau n'eust pas joüy d'vne entiere tranquillité, il ne l'eust pas quitté pour aller se reposer & acheuer ses iours dans la solitude; ce qui marque le bon estat où estoit nostre Religion dans cette Prouince sous le Gouuernement de Constance Clore.

III.
En quel têps Auidian a gouuerné l'Eglise de Roüen.

Et ainsi Auidian receu dans tous les Catalogues anciens pour successeur immediat de S. Mellon, prit la conduite de l'Eglise de Roüen enuiron le temps que la Paix fut renduë à l'Eglise par la conuersion de l'Empereur Constantin, qui fit changer entierement de face au Christianisme.

AVIDIAN. Ordry Vital écrit que noſtre Auidian, que d'autres nomment Aui-
tian, vint en compagnie de S. Mellon & de pluſieurs autres Ouuriers
Euangeliques qui luy tinrent compagnie pour vne ſi ſainte entrepriſe. Il
eſt bien vray que S. Mellon eſtant party de Rome enuiron l'an 260. il
ſemble d'abord que ce ſeroit vn bien long eſpace de temps depuis l'an
260. juſqu'à 325. que S. Auidian eſt mort; toutefois ſi l'on examine de
prés cette difficulté, quand il auroit eſté âgé de 24. ou 25. ans lors qu'ils
arriuerent à Roüen, il n'auroit eu en ſa mort que 90. ans, qui n'eſt pas
vne choſe bien rare; & ainſi il n'y a pas beaucoup d'inconuenient de
croire ce que cét Autheur écrit. Nous auons ſujet de regretter icy de ce
qu'il nous eſt reſté ſi peu de connoiſſance des belles actions de ce ſaint
Eueſque, & de pluſieurs qui luy ont ſuccedé, où nous rencontrerions
ſans doute vne abondante matiere d'éloges.

IV.
Ses vertus Epiſcopales.

Ie trouue dans vn ancien Manuſcrit en ſa loüange, que *fuit ingenio pro-
bus, moribus inſignis, ſubditorum ſibi ſaluti prouidus.* Qu'il ſe rendit recommandable par ſa probité, par l'integrité de ſes mœurs, & par le zele auec
lequel il procura le ſalut de ſon Peuple. Ce que nous auons de plus certain touchant ce ſaint Eueſque, eſt qu'il aſſiſta au premier Concile
d'Arles, & qu'il ſouſcriuit à la lettre qui fut enuoyée au Pape Siluestre
de la part de cette ſainte Aſſemblée, tant pour luy donner aduis de ce
qui s'y eſtoit paſſé, comme pour luy demander la confirmation des Canons qui y auoient eſté faits.

V.
Il aſſiſte au Concile d'Ar-les, aſſemblé contre les Do-natiſtes.

La cauſe principale de la conuocation de ce Concile, fut vne fâcheuſe diuiſion qui troubloit l'Egliſe d'Afrique au ſujet de Cecilien Eueſque
de Carthage, que quelques eſprits broüillons & ambitieux vouloient à
toute force chaſſer de ſon Siege. Ceux-cy qu'on appella en ſuite Donati-
ſtes, du nom de *Donatus*, l'vn de leurs Chefs, ayant conceu vne haine
implacable contre ce Prelat, ne ceſſoient de le perſecuter depuis dix ou
douze ans. Ils auoient attiré dans leur cabale quantité d'autres Eueſques, qui en auoient nommé vn autre en la place de Cecilien, dans
l'Ordination duquel ils prétendoient y auoir eu des nullitez. L'affaire
auoit eſté portée à Rome deuant le Pape Melchiade, qui aprés auoir fait
aſſembler dix Eueſques d'vn party, & autant de l'autre, auoit prononcé
en faueur de Cecilien, de l'aduis vniforme de toute l'Aſſemblée. Les Do-
natiſtes au lieu d'acquieſcer au Iugement du Souuerain Pontife; par vn
procedé tout à fait illegitime, en appellerent à l'Empereur Conſtantin,
qui auoit deſia refuſé de connoiſtre de cette cauſe, comme eſtant purement Eccleſiaſtique. Les opiniaſtres pretexterent leur appel d'vne accu-
ſation qu'ils fabriquerent contre vn Eueſque qui auoit ordonné leur
ennemy Cecilien: de laquelle le Proconſul ayant pris connoiſſance par
l'ordre du Prince, & ayant prononcé à la décharge de l'accuſé, ces miſerables calomniateurs, tout foudroyez qu'ils eſtoient par tant de Sentences renduës contre eux, ne laiſſoient point d'importuner encore l'Empereur par de nouuelles Requeſtes. Ce qui porta ce Prince, qui deſiroit
paſſionnément la paix de l'Egliſe, à faire aſſembler à Arles vn Concile,
pour reuoir & juger derechef ce different.

Pour

DES ARCHEVESQVES DE ROVEN. 49

VI.
Constantin conuie tous les Metropolitains d'Occidēt de se trouuer à ce Concile.

Pour cét effet il adressa ses lettres à tous les Metropolitains d'Occi-AVIDIAN. dent, pour les inuiter à se transporter en cette Ville. Eusebe, au dixiéme liure de son Histoire Ecclesiastique, a laissé à la Posterité vn exemplaire de ce Mandement Imperial. C'en est vn qui fut enuoyé à Christus, Euesque de Sarragosse, & Metropolitain de Sicile, pour le conuier de se trouuer à Arles. Comme il est sans doute que ces lettres estoient circulaires, & que tres vray-semblablement il en fut aussi adressé vne à nostre Auidian; ie mettray icy la traduction de cette piece, qui ne seruira pas peu à éclarcir ce que nous venons de dire, & ce que nous dirons encore cy-aprés.

VII.
Lettre circulaire de Constantin, aux Archeuesques d'Occident pour ce suiet.

"Il y a déja quelque temps que certaines personnes poussées d'vn esprit meschant & peruers, ayant commencé à se partager en differentes opinions touchant le culte diuin, & la Foy Catholique; nous ordonnasmes, pour arrester le cours de leurs disputes, que l'on appelleroit des Gaules, quelques Euesques que l'on feroit venir d'Italie, ceux qui composoient chaque party, & qui contestoient les vns contre les autres auec tant de chaleur & d'opiniatreté; & que comparoissant tous deuant l'Euesque de Rome, on examineroit leurs differents, & l'on appaiseroit ce trouble en presence de ceux-mesme qui l'auoient excité: mais parce que quel-ques-vns oubliant (ainsi qu'il arriue presque toûjours) & l'interest de leur propre salut, & le respect qu'ils doiuent à la tres-sainte Foy, ne cessent d'exercer encore entr'eux des haines & des animositez particulieres, sur le refus qu'ils font cependant d'acquiescer au Iugement qui a esté rendu; alleguant pour pretexte de leur mauuaise conduite, qu'il n'y a eu que peu de Iuges qui ayent dit leur aduis; & qu'encore que ceux qui ont opiné, l'ont fait auec legereté & précipitation, sans s'estre donné la peine de s'informer, auec vne diligence conuenable, de ce qu'il falloit connoistre exactement auant que de décider le differend : d'où il arriue que ceux qui deuroient viure ensemble dans vne vnion, & vne concorde fraternelle, sont diuisez entre eux par de honteuses & de criminelles partialitez, & donnent par là occasion aux ennemis de la tres-sainte Religion, de s'en mocquer, & d'en faire de piquantes railleries. C'est pourquoy il nous a fallu apporter nos soins & nos préuoyances pour faire en sorte que ces dissentions, qui aprés le Iugement prononcé, deuroient auoir esté assoupies par vn mutuel consentement, soient enfin terminées en presence de plusieurs.

VIII.
Constantin décrit l'opiniastreté & malice des Heretiques.

IX.
Pieux dessein de Constantin pour assoupir ce differend.

"Comme donc nous auons mandé à grand nombre d'Euesques de diuerses Prouinces, de se trouuer en la ville d'Arles au premier Aoust, nous auons aussi jugé à propos de vous signifier par ces presentes, qu'ayant pris vn coche public du tres-illustre Latronianus, Gouuerneur de Sicile, & vous faisant accompagner de deux autres du second Ordre, tels qu'il vous plaira, & de trois valets pour vous seruir en chemin; vous vous rendiez en ce lieu audit jour, afin que vous joignant à ceux qui s'y rencontreront, & agissant tous ensemble auec vn mesme Esprit, aprés auoir entendu tout ce qui pourra estre mis en

G

AVIDIAN. ,, auant par ceux des deux partis, à qui nous auons donné ordre de
,, comparoiftre au mefme lieu; vous terminiez enfin par voftre pruden-
,, ce, & vos fages refolutions, le different qui ne ceffe d'éclater & de
,, produire d'infames démeflez, & de changer l'aigreur & l'animofité
,, des efprits, en vn profond refpect pour la Foy & la Religion, & en vne
,, vnion & concorde fraternelle. Nous prions Dieu tout puiffant de
,, vous conferuer plufieurs années en vne parfaite fanté.

CHAP. III.
Sommaire.
I. Deux cens Euefques affiftent à ce Concile, & font deffrayez par l'Empereur.

DEux cens Euefques conuiez par les lettres de Conftantin, s'affem-
blerent à Arles le premier iour d'Aouft, l'année de noftre Salut
315. du Pape Sylueftre l'an premier, au commencement de la neufiéme de Conftantin, Volufianus & Anienus eftans Confuls: Baronius
dit l'an 314. d'autres 311. mais ce que nous auons dit eft le plus affeuré.
Ce pieux Empereur les deffraya, & fournit par les chemins de chofes neceffaires, auec vne magnificence Imperiale ; il affifta luy-mefme à ce
Concile auec le refpect, la modeftie & la prudence que dépeint Eufebe
au chap. 37. du premier liure de la vie de cét Empereur. Là furent derechef condamnez les Donatiftes, & Cecilian abfous ; la Sentence du [a]
Pape Melchiade confirmée ; & les calomnies des feditieux reconnuë, à
leur honte & à leur confufion. Les Peres fe voyant affemblez en vn fi
grand nombre, firent plufieurs Canons pour le reglement de la difcipline Ecclefiaftique, dont vingt-trois nous font reftez, que l'on pourra voir au premier tome des Conciles de France.

[a] a Donnée au Concile Romain.

II.
Apres auoir condamné les Donatiftes, les Peres y font plufieurs reglemens.

Ces chofes ainfi eftablies, les Peres efcriuirent (comme nous auons
dit) au Pape Sylueftre, & luy rendirent compte de tout ce qui s'eftoit
paffé, & comme ce bon Prince les auoit conuoquez à Arles à fes frais;
il voulut auffi par la mefme liberalité fournir à la dépenfe de leur retour
en leurs Diocefes.

III.
Erreur de Demochare & du Pere Taille-pied touchant Auidian.

Nous ne lifons point que conformément à l'intention de la lettre,
noftre Euefque Auidian foit venu à ce Concile auec deux Euefques du
fecond Ordre, mais feulement qu'il y affifta auec Nicetius qui eftoit Archidiacre, ou du moins fimple Diacre de fon Eglife : d'où il eft aifé de
corriger ce que Demochare (en fon liure *de Sacrificio Miffæ*) écrit, que
S. Auidian y fut fubrogé à la place de S. Mellon : comme il n'apporte aucun garand de ce qu'il auance, & que les Tables Ecclefiaftiques de la
ville de Roüen, & prefque tous les Autheurs, écriuent qu'il fut éleu dés
311. j'eftime que cette opinion ne peut fubfifter. Le Pere Taille-pied dit,
aprés Demochare, qu'il n'affifta pas feulement au premier Concile
d'Arles, mais qu'il fut auffi prefent au fecond : ce qui eft impoffible, veu
la diftance du temps qui s'eft paffé entre le premier & le fecond Concile d'Arles, & les années d'Auidian. Le Pere Syrmond, dans le Tome
premier des Conciles de France, de la petite impreffion, page 3. fait voir
que ce fecond Concile fe trouue feulement l'an 352. le 27. de l'Empereur
Valentinian. Baronius vn an aprés, fçauoir en 353. fous le Pape Liberius,
bien que l'impreffion de Cologne le mette en 326. comme le remarque
le fieur Seuert parlant de noftre Auidian. Il eft bien vray que le Pere
Syrmond confeffe qu'il l'a mis en cette année, fans qu'il y ait rien de cer-

IV.
Sçauoir s'il a affifté au fecond Concile d'Arles.

DES ARCHEVESQVES DE ROVEN. 51

tain; les Actes qui en sont restez estant demeurez, comme on dit, *sine* AVIDIAN*die & sine consule*. Mais il y a esté obligé par plusieurs raisons, entr'autres de ce qu'il est certain que ce second Concile d'Arles fut tenu aprés tous les autres qu'il donne, & que par consequent c'est auec beaucoup de probabilité que ç'a esté en l'année 352. qu'il a esté celebré. C'est ce qu'auoit aussi obserué auant luy le Cardinal Baronius. Mais comme Mr. Dadré a remarqué fort à propos, que les inscriptions du premier Concile d'Arles se trouuoient à la fin du second, cela a peut-estre donné occasion au Pere Taille-pied de dire que l'Archeuesque Auidian auoit assisté à ces deux Conciles, & que ce fut là qu'il fut declaré principal, c'est à dire, Metropolitain des Eglises Neustriennes de Bayeux, Lisieux, Evreux, Seez, Avranches, & Constances; bien qu'à la verité il ne paroisse rien dans ces Conciles qui donne vn nouueau droit au Metropolitain de Roüen, lequel estoit desia institué: & mesme Constantin dans sa lettre parlant des Euesques du second Ordre, marque assez clairement les Suffragans, quoy que ce nom de suffragant n'ait esté en vsage que long-temps aprés. Tout ce que l'on pourroit inferer de ce Concile, est que ne s'en trouuant que trente-trois qui sousciruirent aux Decrets enuoyez à S. Siluestre, ce furent les principaux & Metropolitains: cela toutefois ne se peut dire, puisque tous ceux qui signent, Metropolitains & autres, ne prennent point d'autre titre que celuy d'Euesque.

V. *Et s'il a esté declaré Metropolitain en ce Concile.*

VI. *En quel tẽps mourut Auidian, & du lieu de sa sepulture.*

Nous n'auons rien de certain ny de la mort ny du lieu où fut inhumé nostre Euesque Auidian, si nous ne disons ce qui semble assez probable: Sçauoir qu'il fut enterré auprés de son Predecesseur S. Mellon dans le Cimetiere ou crypte de S. Geruais, qui estoit le lieu où nos premiers Euesques eurent leur sepulture. Monsieur Dadré met sa mort en 327. & le Pere Taille-pied en 325. Mais ayant veu qu'il entra en 311. & que tous conuiennent qu'il tint le Siege 14. ans, il s'ensuit qu'il mourut en 325.

VII. *Sçauoir s'il est reconnu pour Saint.*

Ledit sieur Dadré parlant de luy, dit qu'il y en a qui le tiennent Saint, & canonisé: mais que le Martyrologe de l'Eglise de Roüen n'en fait aucune mention. Il s'est pû faire que les lieux où estoient les Archiues ayant esté tant de fois ruinez, le nom de ce Saint Euesque, aussi-bien que le recit de ses principales vertus, soit tombé auec le temps dans l'oubly, & aye esté obmis dans le Martyrologe de la Cathedrale, comme celuy de S. Pretextat, de S. Leon, & de quelques autres. Car pour ce qu'il dit, qu'il n'est pas canonisé; il est sans doute que la pratique de l'Eglise, & les ceremonies de la Canonisation, sont bien posterieures à ce temps-là, & qu'il n'y auoit point alors d'autre canonisation que la sainteté de vie, à laquelle les peuples qui en estoient les témoins oculaires, rendoient leurs venerations aprés la mort des personnes qui s'estoient fait admirer par l'éclat de leurs vertus, & de leurs miracles. C'est de cette sorte qu'ont esté d'abord reconnus pour Saints la pluspart des premiers Euesques de chaque Ville, & qu'ils ont esté depuis reuerez comme tels par vne pieuse Tradition: & l'on doit dautant moins s'estonner de cette quantité de Saints Prelats que l'on voit marquez dans les Catalogues Ecclesiastiques, qu'il est certain qu'en ces heureux Siecles l'élection des Euesques dépen-

VIII. *Raisons pourquoy il y a eu tant d'Euesques reconnus pour Saints au commencement de l'Eglise.*

G ij

52 HISTOIRE

AVIDIAN. dant du Clergé & du peuple, lors qu'il y auoit dans vn païs quelque homme excellent en doctrine & en pieté, on jettoit les yeux fur luy, & quelque refiftance qu'il fit, on f'eftabliffoit dans le Siege Epifcopal. Celuy-cy entrant de cette forte dans le Miniftere facré par l'ordre de Dieu, & auec vne vocation legitime, non feulement continuoit à pratiquer la vertu comme il auoit commencé, mais redoublant encore fa feruëur, trauailloit puiffamment à imiter la conduite des Apoftres dont il fe voyoit le fucceffeur ; & aprés vne vie toute fainte & ordinairement accompagnée de prodiges & de miracles, augmentoit par fa mort le nombre des Saints. Il paroiftra par la fuite de cette Hiftoire, que cette reflexion generale conuient fort bien en particulier à l'Eglife de Roüen, qui n'a pas efté dépourueuë de ces fortes d'hommes Apoftoliques ; entre lefquels il eft probable, fuiuant ce que i'ay dit, qu'on peut compter Auidian, à quoy ne repugne point le jugement qu'en fait Ordry Vital, en difant de luy :

> *Poft hunc præcipuus deuotus & Auidianus*
> *Obtinuit regimen, curam quoque plebis herilem.*

ELOGE
DE SEVERE. 4.

An de I. C.
325.
CHAP.
I.
Sommaire.
I.
En quelle année Seuere eft entré à l'Epifcopat.

SEVERE fucceda à Auidian l'an 325. Quelques Manufcrits le font entrer au Siege Epifcopal, deux ans plus tard, laquelle diuerfité de Chronologie eft poffible prouenuë de ce que les vns ont pris l'année commencée pour entiere. Nos Memoires ne nous fourniffent que fort peu de chofe fur le fujet de cet Euefque, auffi-bien que des trois qui le fuiuent immediatement. Ordry Vital dans le petit Eloge qu'il luy a dreffé, nous le dépeint comme vn Pafteur qui fut orné de vertus éclatantes, & qui fit paroiftre vne grande pureté de mœurs, & vne finguliere douceur enuers fes oüailles. Il eft croyable que ces belles qualitez luy acquirent l'amour de fon peuple, & qu'il continua auec fuccez la publication de l'Euangile, ayant eu vn temps des plus fauorables, puifqu'il fe rencontra fous l'Empire de Conftantin le grand, premier Empereur Chreftien, & qu'il fut contemporain du Pape Syluestre, fous le Pontificat duquel noftre Religion prit de grands accroiffemens.

II.
Ses bonnes qualitez.

III.
Le Pape Syl-ueftre tint vn Concile à Rome de fon temps, & fçauoir s'il y a affifté.

Ce Pape affembla vn Concile à Rome, qui fut compofé de deux cens trente Euefques, & felon d'autres Autheurs, de deux cens quatre-vingts, qui furent auffi deffrayez par la liberalité de l'Empereur. Nous ne fçauons point fi noftre Seuere y affifta ; il eft bien vray que les Autheurs qui traittent de ce Concile, remarquent expreffément qu'il n'y euft aucun Euefque d'Orient ; mais que ceux qui s'y trouuerent, eftoient

DES ARCHEVESQVES DE ROVEN. 53

presque tous ou d'Italie ou des Gaules; & ainsi il y a sujet de douter au- Severe. cunement si Seuere n'y alla point, ainsi qu'auoit fait son Predecesseur à celuy d'Arles : mais comme ie ne veux point faire passer de simples conjectures pour des veritez certaines & infaillibles, n'ayant aucun Autheur qui nous en asseure, ie laisse au Lecteur de vuider cette question.

IV.
Combien de temps il gouuerna l'Eglise de Roüen.

Pour retourner à nostre Seuere, il ne gouuerna l'Eglise de Roüen que jusqu'à l'an 341. selon les plus anciens Memoires que nous en ayons, qui fut l'espace de saize ans, sous le gouuernement de S. Syluestre Pape, & de ses Successeurs, Marc & Iules en partie. Mr. Dadré remarque que le Pere Taillepied parlant de nostre Seuere, l'appelle Saint, bien que

V.
Sçauoir s'il est reconnu pour Saint.

l'Eglise de Roüen ne solemnise point sa Feste, mais bien celle de deux autres Seueres, l'vn qui fut Archeuesque de Rauenne, le premier iour de Février; & l'autre qui fut le septiéme Euesque d'Avranche, à pareil iour : & ainsi la ressemblance des noms aura causé confusion, comme il arriue souuent en cas pareil; & mesme Mr. Robert a crû que l'Eglise bastie au Faux-bourg de Roüen, qui est hors le pont, reconnoissoit pour Patron nostre Archeuesque Seuere, ce qui n'est point. Voicy le Distique qui a esté fait pour luy.

Successit Præsul fulgens virtute Seuerus,
Moribus insignis, commissis & sibi mitis.

ELOGE D'EVSEBE. 5.

An de I. C.
341.
CHAP.
I.
Sommaire.
I.
Sçauoir si Eusebe assista au Concile de Cologne.

VSEBE entra dans le Siege Episcopal de Roüen apres Seuere, il fut vn des Prelats, par l'ordre & le consentement desquels fut tenu le Concile de Cologne, soit qu'il y assista en personne, ou que simplement il y enuoya vn procureur, ou son aduis par escrit, ainsi que fit Diopetus Euesque d'Orleans. Pour éclaircir cecy, il faut obseruer que quand le Pape Iules, premier du nom, prit possession du souuerain Pontificat le 26. Octobre 336. il trouua l'Eglise d'Orient dans d'estranges desordres, causez par la faction des Arriens, qui s'estoient extrémement multipliez apres la mort de Constantin, & auoient rendu leur secte formidable par les fourbes, les calomnies, &

II.
Pour quel suiet le Concile fut assemblé.

les violentes persecutions qu'ils exerçoient contre les Orthodoxes. Leur Heresie semblable à vn mal contagieux qui s'attaque aux plus nobles parties du corps, auoit déja infecté les principaux Euesques d'Orient, & l'Empereur mesme : de sorte qu'estant appuyez de la puissance & de l'authorité souueraine, elle portoit son venin de tous costez; elle auoit corrompu presque toute l'Eglise Orientale, & commençoit à se répandre en diuerses Prouinces d'Occident ; mais le Pape & les Euesques

G iij

EVSEBE. trauailloient puissamment à en arrester le cours; & Ephrates Euesque de Cologne s'estant laissé seduire par cette damnable secte, les Euesques des Gaules conuoquerent vn Concile à Cologne, où il fut condamné & priué de la dignité Episcopale.

III.
Et en quelle année.

Mais ce n'est pas vne petite difficulté que de terminer le temps de ce Synode. Mr. Dadré qui met la premiere année de nostre Eusebe en 351. n'a pas pris garde que ce Prelat ayant eu part à la celebration de ce Concile, il faudroit qu'il eust esté éleu auant 351. si ce n'est peut-estre qu'au lieu de 351. il ait voulu mettre 341. qui est l'année que les Manuscrits & les autres Autheurs marquent pour estre le commencement de l'Episcopat de nostre Euesque. I'ay dit que c'estoit vne consequence necessaire, parce que presque la pluspart de ceux qui ont écrit de ce Concile, en ont mis le temps auant 351. quoy que diuersement & auec bien peu de certitude. Onuphre & le Cardinal Baronius l'ont mis en 340. & Mr. Pithou dans le Catalogue des Euesques de Troye, en 349. Le Pere Syrmond au Tome premier des Conciles, asseure qu'il fut celebré l'an dixiéme du Pontificat du Pape Iules I. & le neufiéme de l'Empereur Constant en Italie; bien que selon le Cardinal Baronius, le dixiéme du Pape Iules réponde au dixiéme de Constant: il dit que ce fut le cinquiéme Concile tenu en France, qu'il fut assemblé le douziéme May de l'an 346. qui est encore vne opinion toute differente des deux precedentes, conforme toutefois à ce qu'en écrit Genebrard.

IV.
Difficulté touchant le Concile.

Outre cette difficulté qui concerne le temps de ce Synode, il s'en presente encore vne autre, qui fait douter si les actes en sont veritables, ou du moins s'ils n'auroient point esté alterez & corrompus par les Copistes. On y voit d'vne part que cét Ephrates, Euesque de Cologne, y fut condamné comme vn miserable, qui nioit la diuinité de IESVS-CHRIST: de l'autre il paroit par le témoignage de S. Athanase, que cét Ephrates fut enuoyé par le Concile de Sardiques tenu en 347. auec Vincent de Capouë vers l'Empereur Constance, pour faire des poursuites auprés de luy contre les Arriens. Or il n'y a nulle apparence que si cét Ephrates eust ainsi esté declaré Heretique, il eust esté employé en vne si importante & si honorable deputation, quand mesme depuis il eust abjuré son erreur; vne tache de cette nature ne se pouuant presque effacer, principalement à l'égard des emplois publics, & lors qu'il s'agit de la mesme affaire, où vne personne a manqué. On dira si l'on suit le sentiment de Mr. Duchesne en son Histoire des Papes, que cette députation ne fut faite qu'en 353. ayant esté retardée par la rencontre de la guerre excitée par le Tyran Magnentius: mais quand ce retardement de cinq ou six ans seroit certain, la raison cy-deuant posée ne laissera pas de subsister quasi auec la mesme force. D'où il faut conclurre du moins que les actes de ce Concile de Cologne ont esté corrompus quant à la datte, & que nous ne les auons pas dans leur pureté primitiue.

V.
Autre difficulté touchãt Ephrates Euesque de Cologne.

Au reste, cette conclusion que ie viens de tirer a paru si plausible à celuy qui a fait les Nottes sur les Conciles de l'Edition du Louure, qu'il a crû y pouuoir fonder deux conjectures differentes, qu'il met en auant

DES ARCHEVESQVES DE ROVEN.

pour essayer de resoudre la difficulté proposée. La premiere est, que EVSEBE. probablement Ephrates ne tomba pas dans l'Heresie qu'aprés le Concile de Sardiques, lors qu'il fut de retour de sa députation vers l'Empereur; ce qui donna lieu aux Euesques des Gaules de s'assembler à Cologne, & le condamner vers l'an 350. ou 351. que fut tenu en cette Ville le Concile, auquel nostre Eusebe assista. Quand à la date *post Consulatum Amantij & Albini quarto Idus Maias*, d'où l'on infere que ce Synode fut celebré en 346. Cét Escriuain estime qu'elle est ou totalement fausse ou corrompuë; joint qu'on peut dire que cela signifie que l'on tint ce Concile non vn an, mais trois ou quatre ans aprés ledit Consulat. Il confirme le terme de 351. qu'il attribuë à cette Assemblée par deux considerations. Premierement, parce que l'Heresie de Photin Euesque de Syrmi, dont Ephrates se rendit le Sectateur, ne parut en Occident qu'au temps du Concile de Sardiques, où ce malheureux fut condamné: d'où il s'ensuit qu'Ephrates ne se laissa corrompre par cét erreur qu'aprés l'an 347. que les Peres s'assemblerent à Sardiques. Secondement, il represente que Seuerinus qui fut subrogé à Ephrates, viuoit encore selon Sulpice Seuere au commencement du cinquiéme Siecle; d'où il conclut que la deposition de celuy-cy arriua plus vray-semblablement en 351. qu'en 346.

VI.
Sçauoir s'il y a eu deux Conciles de Cologne du temps d'Ephrates.

La seconde conjecture qu'il propose, est qu'il peut y auoir eu deux Conciles de Cologne; l'vn tenu en 346. auquel Ephrates fut accusé, mais jugé innocent, aprés la Declaration qu'il fit de sa foy: & l'autre, celebré en 375. (conformément à l'opinion de Tritheme, qui met le Concile dont nous parlons en cette année là) où Ephrates ayant soûtenu opiniastrement l'opinion de Photinus, qui nioit la Diuinité de IESVS-CHRIST, fut condamné & démis honteusement de son Siege: & qu'il pourroit estre arriué que les Copistes auroient confondu les actes de ces deux Conciles, ainsi qu'ils ont meslé ensemble les souscriptions du premier & second Concile d'Arles, & les Canons du premier & second Concile de Basas.

VII.
Eloge qu'Ordry donne à Eusebe, & combien il a gouuerné l'Eglise de Rouen.

Eusebe pendant tous ces troubles, témoigna tousiours vne grande constance, qui n'est pas vne petite loüange que luy donne Ordry Vital; qui adjouste aussi que son courage & sa fermeté se trouua jointe à la douceur & à toutes les vertus dignes de la qualité qu'il eut dans l'Eglise, qu'il gouuerna 25. ans selon cét Autheur, dont voicy les Vers.

Eusebius dulcis & in ordine Pontificali
Constans enituit, virtutis floribus almis.

ELOGE
DE MARCELLIN. 6.

An de I. C. 366.
CHAP. I.
Sommaire.
I. En quelle année Marcellin est entré à l'Episcopat.

MARCELLIN prit la conduite de l'Eglise de Roüen l'an de nostre Seigneur 366. Nous ne sçaurions rien escrire ny de ses actions ny de ses vertus, si ce n'est que prenant l'Eloge que luy a dressé Ordry Vital, plûtost pour vn témoignage fondé sur quelques Memoires qu'il auoit, que pour vne simple conjecture, nous ne disions auec luy qu'il fut orné d'vne singuliere pureté de mœurs. Il est vray-semblable que sous son Pontificat, nostre Religion s'accrût dans le territoire de Roüen, & que la semence de la Foy que ses Predecesseurs y auoient jettée, y fructifia heureusement sans aucun mélange d'iuroye, ie veux dire sans aucune mauuaise doctrine : car encore qu'en ce temps-là l'Eglise fut extrémement trauaillée de diuerses Heresies, & sur tout de celle d'Arrius, la contagion n'en passa point dans les Gaules : le sçauant & genereux [a] S. Hilaire Euesque de Poitiers, & aprés luy le grand saint Martin, contemporain de nostre Marcellin, s'y estant opposez auec vn zéle & vne fermeté extraordinaire. Marcellin gouuerna dix-neuf ans l'Eglise de Roüen, & mourut enuiron l'an 385. Ordry Vital nous a laissé ce Distique pour luy.

II. Progrez de la Religion sous sa conduite.

III. Combien de temps il a gouuerné l'Eglise de Roüen.

[a] *Illud apud omnes constitit, vnius Hylarij beneficio Gallias nostras piaculo Hæresis liberatas.*
Seu Sulp. hist. l. 2.

Marcellinus huic successit munere Christi,
Pastor præcipuus, morum bonitate decorus.

ELOGE
DE PIERRE. 7.

An de I. C. 385.
CHAP. I.
Sommaire.
I. Difficulté touchant les années de l'Episcopat de Pierre.

NOstre Euesque Pierre fut subrogé en la place de Marcellin, quasi au mesme temps que le Pape Syricius fut élu pour successeur du Pape Damase, sçauoir en l'an de IESVS-CHRIST 385. ou suiuant vne Chronique manuscrite de la Cathedrale 386. Il y a beaucoup de difficulté touchant les années qu'il gouuerna l'Eglise de Roüen, les vns luy donnant dix ans, & les autres dix-neuf, sur la foy d'Ordry Vital. Selon cette seconde opinion, il auroit tenu le Siege jusqu'à l'an 404. mais ie feray voir dans l'Eloge suiuant, que cela ne peut estre, & que probablement le texte de cet Autheur aura esté corrompu par quelque copiste, qui au lieu de 9. aura escrit 19. estant certain que S. Victrice estoit

DES ARCHEVESQVES DE ROVEN. 57

estoit assis dans le Trône Metropolitain de la Neustrie auant l'année Pierre. 404. & mesme dés 396. selon Baronius ; & ainsi que le Pontificat de Pierre son Predecesseur finit apparemment vers 394.

II.
Que nous auons peu de connoissance de ses vertus.
Que s'il est mal-aisé de dire auec certitude combien d'années il fut Euesque, il ne l'est pas moins de sçauoir de quelle maniere il exerça cette dignité Apostolique. Toutefois quand ie fais reflexion sur le grand nombre d'Eglises & de Monasteres, & sur toutes les pratiques de pieté qui estoient à Roüen au temps de S. Victrice, ie me persuade que toutes

III.
Estat de l'Eglise de Roüen de son temps.
ces choses ne furent pas establies si promptement ; d'où ie conclus que sans doute Pierre y eut quelque part, & que lors qu'en mourant il fit place à S. Victrice, il luy laissa le Diocese en assez bon estat : laquelle consequence ie tire dautant plus hardiment qu'elle s'accorde tres-bien auec les loüanges que luy donne Ordry, en nous le dépeignant comme

IV.
Loüange que luy donne Ordry Vital.
vn Pasteur tres-vigilant, qui eut vn soin merueilleux de tout ce qui regardoit le Clergé & le Peuple, & qui en vn mot s'acquita saintement d'vne charge qui n'a esté creée, qu'afin que ceux qui en seroient pourueus fussent aux autres des modelles de vertu & de sainteté ; c'est le témoignage qu'a porté de luy cét Autheur dans ce Distique,

Peruigil in populo, Petrus, dignus quoque clero
Sanctè commissum sibi, rexit Pontificatum.

ELOGE
DE SAINT VICTRICE. 8.

An de I. C. 393.
Chap. I.
Sommaire.
I.
Nom mysterieux de S. Victrice.

SAINT Victrice a porté dans son nom vn heureux présage des insignes victoires qu'il deuoit remporter sur soy-mesme par la mortification & l'abstinence des aises & des satisfactions de la vie, mesme les plus innocentes ; sur la cruauté des Tyrans, par le courage & la generosité qu'il a témoigné en confessant Iesvs-Christ au milieu des supplices ; sur l'erreur & l'impieté du Paganisme, par la destruction des Temples des faux Dieux, & la conuersion des Idolatres ; & enfin sur la malice & la calomnie de ses ennemis, par les glorieux témoignages qu'il rendit de la pureté de ses mœurs & de sa Doctrine. *S. Paul. epist. 1. ad Victric.*

II.
Sa Patrie.
Celuy auquel nous auons obligation de la connoissance qui nous est restée de ses principales actions, qui est S. Paulin Euesque de Nole, nous apprend qu'il estoit originaire du riuage Neruien, *Neruici littoris* ; ce que les Autheurs expliquent diuersement, quelques-vns le prennent pour le territoire de Tournay, & d'autres pour le païs d'Artois. Mais il semble que les contrées de Tournay ny d'Artois n'ont rien de commun auec le bord de la Mer, que S. Paulin semble marquer par le riuage Neruien ; ce qui donne lieu à quelques Autheurs d'interpreter ces mots autre-

H

S. VICTRICE ment, & de dire qu'ils signifient le païs de Boulenois, qui regarde l'Angleterre.

III.
Sa profession en sa jeunesse.
Nous ne sçauons point si son pere l'obligea d'embrasser la profession des armes, ainsi que nous le lisons de son intime amy le grand S. Martin, que ses parens contraignirent de s'y porter, ou s'il s'enroola volontairement dans les Legions Romaines.

Le saint Pape Innocent le fait souuenir dans la Decretale qu'il luy adressa long-temps aprés, qu'ils s'estoient veus tous deux estans encore jeunes dans la Cour, à la suite de l'Empereur ; par où il faut vray-semblablement entendre Constance, bien qu'il ne l'ait pas nommé. Ce fut sans doute auant qu'il suiuit la profession militaire, & qu'il le trouuast engagé dans les Troupes de l'impie Iulian l'Apostat, lequel ayant en main les principales forces de l'Empire, aprés les heureux succez qu'il eut contre les Allemans, & les autres ennemis du peuple Romain, lors qu'il se vit en estat de faire la loy à son bien-faicteur l'Empereur *Constantius* son oncle, qui l'auoit creé Cesar, leua le masque de son impieté, & commença de respandre le venin qu'il cachoit depuis vn si long-temps dans son cœur, & de persecuter cruellement les Chrestiens. Il vsa d'vne ruse pour surprendre les soldats qui estoient de nostre Religion, & leur faire adorer les Enseignes Romaines, pour lesquelles toutes les Legions auoient de tres-grands respects. Ce fut qu'au lieu du *labarum* de la saincte Croix, entrelassée d'vn *Chri ✶ stus*, que l'Empereur Constantin y auoit fait mettre, Iulian les chágea aussi-tost, & y fit depeindre vn Iupiter qui luy presentoit le Diadême, & en vn autre, Mercure & Mars, qui sembloient le regarder d'vn œil fauorable. Et ainsi il eut dessein d'obliger peu à peu les soldats Chrestiens à adorer Iupiter, Mercure & Mars, lors qu'ils viendroient selon la coustume rendre leurs venerations aux Enseignes Romaines. Mais l'affaire ne luy reüssit pas comme il l'auoit projetté, parce qu'vn grand nombre de soldats ayant connu son impieté, la detesterent, & aimerent mieux exposer leur vie à toutes sortes de tourmens que de commettre vn tel crime.

IV.
Ruse de Iulian l'Apostat pour faire idolatrer les soldats Chrestiens.

V.
Autre stratageme pour le mesme dessein.
Voyant que cét artifice ne luy reüssissoit point, il se seruit d'vn autre stratagême pour paruenir à son intention ; ce fut qu'ayant dessein de faire largesse à son armée, il fit dresser vn Autel où il y auoit vne statuë de Iupiter & du feu tout proche, afin que les soldats jettassent de l'encens sur ces charbons, auant que de receuoir la piece d'argent qu'ils appelloient don ou largesse, & ainsi qu'il fissent vn acte d'idolatrie ; ce qui n'eut pas plus de succez que le premier moyen ; vne bonne partie des soldats Chrestiens ayant mesme refusé de porter les armes pour vn Apostat, & ayant quitté la ceinture militaire, plûtost que de commettre vne lâcheté si criminelle.

VI.
S. Victrice & plusieurs autres soldats quittent l'Apostat.
De dire précisément dans laquelle des deux occasions nostre Victrice se declara, c'est ce qui nous est inconnu : ce que nous auons de plus certain, est le recit que fait S. Paulin dans vne de ses Epistres que ie donneray cy-aprés, où il est rapporté comme toute l'action se passa, & de quelle façon ce pieux & vaillant soldat quitta l'Empereur de la terre

pour suiure celuy du Ciel, exposant genereusement sa vie pour la def- *S. Victrice.*
fence des interests du Christianisme. Ces deux Epistres sont les deux
plus rares pieces de l'Antiquité qui nous soient restées pour conoistre en
quel estat estoit la Religion Catholique du temps de S. Victrice; elles
doiuent aussi seruir de fondement à cét Eloge, puisque l'on y pourra
voir vn parfait tableau des vertus de ce grand homme: c'est ce qui m'a
porté de les mettre en nostre langue, encore que la traduction en fust
des plus difficiles, à cause du stile de S. Paulin, où il se trouue quantité
d'expressions figurées, & de passages de l'Escriture Sainte, qu'il est mal-
aisé de rendre en François, sans leur oster ou leur force ou leur grace. *Traduction de la premiere*

CHAP. II. VN voyageur alteré ne ressent pas plus de joye à la rencontre d'vne *Epistre de S. Paulin à*
source d'eau viue ; ny vne personne qui attend des nouuelles d'vn *S. Victrice.*
Sommaire. pays éloigné, plus de consolation, quand on luy en apporte de bonnes *a 1. Prou. 25.*
I. & de conformes à ses desirs, que j'en ay receu en lisant ce que vostre
Ioye de saint Saincteté m'a fait l'honneur de m'écrire par sa lettre, que j'ay trouuée vn
Paulin en li- peu courte quant aux paroles, mais en recompense des plus longues &
sant les let- des plus estenduës à l'égard des témoignages de charité dont elle estoit
tres de saint remplie : Aussi n'ay-je pas manqué d'en remercier nostre tres-cher fils
Victrice. Candidian, qui en estoit le porteur, & de loüer le courage & la gene-

II. reuse resolution auec laquelle, malgré la foiblesse de son corps & les
Loüange de difficultez du chemin, il est venu du païs où vous estes, en nos quar-
Candidian, tiers, pour me faire joüir de vostre saint entretien. Pour moy ie pense
porteur de que ç'a esté plûtost par la vigueur que luy a donné son zéle & sa Foy,
cette lettre. que par sa force naturelle, qu'il a acheué vn si long & si fascheux voyage : Sans doute que vos prieres luy ont obtenu des aisles [b] de Colombe *b Psal. 16. 4.*
que souhaitoit Dauid, ou ces pieds de Cerf [c] qu'il se glorifioit d'auoir *c Psal. 54. 7.*
receus de Dieu, pour s'acquitter enuers moy de ce deuoir de charité;
& qu'ainsi tout petit qu'il est, estant deuenu semblable à vn Geant, [d] il a *d Psal. 17. 34.*
fourny gayement sa carriere, & m'est venu combler de benedictions &
de joye, en m'apportant des lettres qui me sont plus cheres que l'or &

III. les pierres precieuses [e], & plus douces que le miel le plus excellent. Lors *e Psal. 18. 8.*
Effets mer- qu'elles me furent mises entre les mains, j'estois tout triste & tout affli-
ueilleux de gé, & le souuenir de mes péchez auoit rendu mon cœur amer comme
ces lettres. de la myrrhe ; mais leur lecture changea aussi-tost cette tristesse & cette
amertume, en vne allegresse & vne douceur interieure, operant sur moy
le mesme effet, que fit sur les eaux de Mara le bois mysterieux qu'y jetta
Moyse pour en oster la salure naturelle ; car en verité ie n'auois pas conçeu vn petit déplaisir de ce qu'à vostre retour de Rome, vous ne m'é-
tiez point venu voir ainsi que ie l'esperois, & que j'auois raison de l'es-

IV. perer, veu que vous passiez si prés de nous ; & qu'il y auoit apparence
S. Paulin se que vous prendriez bien la peine de vous détourner vn peu pour visi-
plaint de ce ter vn amy, vous qui n'auiez pas fait de difficulté de trauerser tant de
que S. Victrice pays, & de diuerses Prouinces pour venir à Rome ; j'auoüe ingenuë-
estant venu à ment que ie n'eus pas seulement de la tristesse de me voir priué de ce
Rome, ne l'é- bien, mais que j'en eus aussi de la honte & de la confusion. Iamais l'é-
toit venu voir normité de mes pechez ne se montra plus éuidemment à mes yeux
à Noles.

H ij

S. VICTRICE (pour ne pas dire à ceux d'autruy) qu'elle fit en ce jour-là, & certes il falloit qu'ils fussent & bien grands & biens noirs, de m'auoir dérobé, ainsi qu'vn nuage obscur, la lumiere de vostre face, lors que i'estois si peu éloigné de vous ; autrement la main de Dieu qui vous auoit amené de si loin, n'eust-elle pas bien pû vous conduire jusques chez moy qui estois tout proche. Mais asseurément ce ont esté mes offences qui se sont opposées à mes desirs, & qui s'éleuant vers le Ciel comme vne haute & épaisse muraille, ont fait vne separation entre vous & moy, & vous ont entierement bouché le chemin. Mais que dis-je, miserable pecheur, qui ay les lévres souillées, lors que i'ose dire que vous auez esté proche de moy, ou moy proche de vous, puisque mesme quand vous eussiez daigné venir jusqu'à moy, ie n'aurois pas laissé d'estre toûjours fort loin de vostre sainteté, la rencontre dans vn mesme lieu n'estant pas capable de joindre, ny mesme d'approcher ceux qui sont si fort éloignez l'vn de l'autre, par l'inégalité de leurs vertus & de leurs merites. Il est vray aussi que cette action de charité eut accrû le nombre de vos bonnes œuures, & augmenté les recompenses que vous en esperez dans le Ciel, si m'estant venu visiter, vous eussiez réjoüy par vostre presence & touché de vostre main vne personne infirme comme moy, puisqu'en agissant de la sorte, vous eussiez accomply cette parole de N. Seigneur ; Ceux qui se portent bien n'ont point besoin du Medecin, mais bien ceux qui sont malades.

V.
Il en attribuë la faute à ses pechez, par vne profonde humilité.

Car il ne faut pas (ô homme beny de Dieu) que vous ayez si bonne opinion de moy, que de croire que toutes les infirmitez de mon ame, qui m'ont fait & me font encore offencer Dieu tous les jours, soient entierement gueries, quelque abondance de remedes que nous fournisse le Souuerain Medecin, qui se plaist à preparer pour nostre guerison tant d'agreables & de salutaires medicamens : vous voyez bien que ie parle icy de ce celeste & diuin Medecin, qui desirant ardemment de nous donner & conseruer la vie, ne s'est pas contenté de nous presenter pour remede l'effusion de son Saint Esprit, mais a voulu aussi faire entrer dans la composition de cette medecine nostre corps mesme, qu'il a daigné prendre ayant esté fait peché (comme parle l'Escriture) eu égard à cette chair pecheresse en apparence, & veritablement de la mesme nature que la nostre, dont il a voulu se reuestir pour vaincre le peché par le peché. C'est à dire que luy, qui estoit exempt de peché, a détruit & comme couppé la racine de nostre peché, & se seruant pour cét effet d'vne matiere & d'vn instrument, lequel auparauant n'auoit paru propre qu'à seruir au peché : de cette sorte il a aussi effacé par son Sang precieux cét Arrest de condamnation qui auoit esté prononcé contre nous ; il a fait mourir & a terminé en soy cette haine & inimitié mutuelle que le peché auoit fait naistre entre Dieu & l'homme, & qui nous separoit si malheureusement de nostre Createur. Il a triomphé glorieusement des puissances ennemies, en employant pour les vaincre cette chair qu'il auoit prise ; & enfin il nous a appris par son exemple à viure dans la sainteté, & à vaincre dans nous-mesmes nos ennemis spirituels & inuisibles par ce combat spirituel & inuisible qui se passe entre la loy de l'esprit &

VI.
Sentimens de pieté de Saint Paulin.

DES ARCHEVESQVES DE ROVEN.

la loy de la chair, qui tâche de nous captiuer ſous la loy du peché. Mais S. VICTRICE

VII.
Grande confiance de S. Paulin aux prieres de S. Victrice.

priez Dieu pour moy, & obtenez de luy qu'il prenne ſes armes & ſon bouclier, & que venant à mon ſecours il me diſe, *ie ſuis ton ſalut*, afin que ie ne marche point dans les tenebres & dans vn chemin gliſſant ; que ie ne ſois point enueloppé de l'ombre de la mort, & que noſtre ennemy commun ne m'inſulte point, en diſant,enfin ie l'ay ſurmonté. Pour moy i'ay cette confiance en vous, que ſi prenant voſtre arc vous tirez vos fléches, ie veux dire que ſi vous pouſſez vers le Ciel des ſoûpirs & de feruentes prieres en ma faueur, ie ne ſeray point abbatu dans ce combat, & ne deuiendray point ſemblable à ces arcs briſez & rompus, qui ne valent rien qu'à eſtre jettez dans le feu. Que Dieu donc vienne à moy, qu'il me ſecoure, & qu'il mette en fuitte mes ennemis, puiſque ç'a eſté pour ſecourir les pauures & les miſerables, du nombre deſquels ie ſuis, qu'il a paru ſur la terre pour détourner nos maux de deſſus nos teſtes, & les faire retomber ſur celles de nos ennemis, & pour ſauuer les pecheurs, parmy leſquels ie ſuis vn des plus grands, & l'vn des derniers ſeruiteurs de IESVS-CHRIST. I'ay ſujet d'auoir ce ſentiment de moy, reconnoiſſant aſſez que ie ne fais pas ce que ie dois, bien qu'il ſemble que ie ſois tenu de faire de moy-meſme & de mon propre mouuement quelque bonne œuure purement volontaire, outre celles à quoy ie ſuis obligé indiſpenſablement, pour ſatisfaire à la loy diuine; & qu'en cela ie doiue prendre exemple ſur ce grand Maiſtre que vous imitez auec tant de ſoin,

VIII.
S. Victrice imitateur des vertus de S. Paul.

lequel pouuant legitimement viure de l'Euangile, ne voulut point vſer de ce pouuoir, & renonçant ainſi à ſon droit, en euſt d'autant plus de merite deuant IESVS-CHRIST, qu'il preſcha ſa ſainte parole ſans obliger ceux qu'il inſtruiſoit à faire aucune dépenſe.

CHAP. III.
Sommaire.
I.
S. Victrice diſſipe les calomnies de ſes ennemis par ſes excellentes vertus.

MAis voſtre ſainteté non ſeulement poſſede le glorieux aduantage de la pauureté Chreſtienne par ce deſintereſſement, auec lequel elle refuſe de ſe ſeruir des choſes permiſes, & par l'abſtinence qu'elle pratique à l'égard des ſatisfactions & des commoditez de la vie ; mais a encore part à l'honneur de la patience (ainſi que i'ay appris) eſtant attaquée par quantité d'ennemis, & expoſée à diuerſes tentations, puiſqu'il s'eſt éleué contre vous des faux témoins, & que l'iniquité a inuenté des fourbes & des menſonges pour appuyer ſes malheureux deſſeins: mais comme c'eſt inutilement qu'on cherche des taches dans la lumiere, ᵃ ny des nœuds dans vn jonc bien vny, auſſi n'en ont-ils point trouué dans vne vie auſſi pure & éclatante que la voſtre, car voſtre ſage conduite & voſtre bon exemple, qui eſt comme vn flambeau allumé deſſus le ſaint chandelier de la dignité Epiſcopale pour éclairer ceux de la maiſon de Dieu, & pour ſeruir à allumer à ſon honneur quantité d'autres flambeaux, n'eſtoit nullement caché ſous le boiſſeau, mais paroiſſoit tout brillant de clarté aux yeux de tout le monde. Et c'eſt pour ce ſujet que voſtre ᵇ chandelier eſt demeuré fermé en ſa place,parce qu'il n'eſtoit pouſſé & ébranlé que par les mains des hommes, & que vous n'auiez pas merité par aucune faute, qu'il le fut par la main toute-puiſſante de celuy qui a ſept Eſtoilles, & qui marche entre ſept chandeliers d'or, ayant en

ᵃ Nodus in ſcirpo.

ᵇ Apoc. 2. 1.

H iij

S. VICTRICE fa bouche vn glaiue tranchant des deux coftez, dont il a armé voftre main droite fpirituelle, afin qu'efteignant par le flambeau de l'vn & de l'autre teftament, les dards enflammez de vos ennemis, vous les mettiez en déroute, & qu'il en tombe mille du cofté gauche, ^c & dix mille du cofté droit, fans qu'ils puiffent approcher de vous; que Dieu couurira toûjours de fa verité comme d'vn Bouclier impenetrable, pour rendre par ce moyen inutiles les arcs de ceux que l'on dit auoir aiguifé contre vous la pointe de leurs langues médifantes. Auffi leurs coups n'ont eu non plus d'effet que des fléches ^d tirées par des petits enfans, & n'ont pû trouuer lieu de faire la moindre playe dans vn corps muny des excellentes armes de Dieu, car ^e le Seigneur eft voftre deffenfe & la lumiere de voftre cœur. C'eft luy qui vous a inftruit dans l'efprit de la verité, afin que vous foyez le maiftre des Gentils en la doctrine de S. Paul, & ^f que vous leur annonciez le myftere de IESVS-CHRIST auec foy & verité, fans enfler vos difcours des vains raifonnemens des fciences humaines, ny tâcher de les releuer par l'éclat d'vne fublime éloquence; de forte que vous ne vous glorifiez point parmy les hômes d'autre fcience que de celle qui nous apprend à connoiftre IESVS-CHRIST, & iceluy crucifié. Comme dans la Foy dont vous faites profeffion, confifte (ainfi que nous croyons & que nous efperons) à reconnoiftre qu'il y a vne Trinité de perfonnes, toutes trois coëternelles, & qui ont vne mefme diuinité, fubftance, operation, & puiffance, & que le Pere eft Dieu, le Fils Dieu, le S. Efprit Dieu, comme eft celuy qui eft, qui eftoit, & qui doit venir, & qui vous a enuoyé ainfi que Moyfe & les Apoftres, prefcher aux Gentils les biens & les graces du Seigneur, laquelle doctrine vous enfeignez de la mefme forte que Dieu vous l'a enfeignée, joignant l'Vnité à la Trinité, fans confondre les perfonnes, & diftinguant la Trinité de l'Vnité, fans diuifer la ^g fubftance, en forte qu'aucune des trois perfonnes ne foit point la mefme que l'autre, qu'vn feul Dieu foit dans toutes & chacune des trois perfonnes, & que le Fils foit auffi grand que le Pere & le faint Efprit, mais que chacun neantmoins demeurant toufiours diftingué par la proprieté de fa perfonne, conferue vne concorde & vne vnion infeparable dans l'égalité de vertu & de gloire. Nous fommes auffi certains que vous reconnoiffez & prefchez tellemét IESVS-CHRIST comme eftant Fils de Dieu, que vous ne rougiffez point de confeffer qu'il eft auffi le Fils de l'Homme, & qu'il eft auffi veritablement Homme en noftre nature, que vrayement Dieu en la fienne; mais qu'il eft le Fils de Dieu deuant tous les fiecles, parce qu'il eft Dieu, & le Verbe de Dieu, qui eftoit dés le commencement en Dieu, auffi bien Dieu, & auffi puiffant que fon Pere & cooperant auec luy, car toutes chofes ont efté faites par luy, & il ne s'eft rien fait fans luy; & le Verbe, par le myftere d'vne mifericorde infinie a efté fait chair, & a demeuré parmy nous, & il n'a pas feulement efté fait chair, en fe reueftant d'vne chair femblable à celle de noftre corps, mais il a efté entierement & totalement Homme par la bonté qu'il a euë de prendre & noftre ame & noftre corps. Et nous deuons croire que cette ame qu'il a prife, eft vne ame

c Pfal. 90. 7.

d Pfal. 63. 4.

e Pfal. 26. 1.

f 1. Cor. 2. 1.

g L'Effence.

II.
Protection de Dieu toute particuliere fur S. Victrice.

III.
Dieu l'a inftruit comme vn autre S. Paul.

IV.
Creance de S. Victrice touchant le myftere de la Ste Trinité.

V.
Touchant le myftere de l'Incarnation

VI.
Raisons contre l'erreur d'Appolinaire touchant l'incarnation du Verbe.

raisonnable qui renferme en soy vn esprit suiuant l'estat naturel qu'elle a receu de Dieu lors de sa creation, autrement nous tomberions dans l'erreur d'Appolinaire, si nous disions que cette nature humaine, vnie à la personne du Verbe diuin, auroit eu vne ame despourueuë de l'esprit humain, & pareille à celle animaux déraisonnables, ayant esté necessaire que le Fils de Dieu, pour accomplir pleinement l'œuure de nostre salut, & renoueler parfaitement l'homme qui estoit son ouurage, prit tout ce qui estoit de l'homme, en s'vnissant à vne humanité qui fut aussi veritablement accomplie dans tout ce qui compose l'integrité de la nature humaine, qu'il est veritablement la Verité mesme & le Createur de l'homme; car nostre salut est nul, s'il n'est plein & entier, & il s'ensuiuroit que le Fils de Dieu n'auroit point pris la nature de l'homme, mais plustost celle de quelqu'autre animal priué de raison, si on disoit que l'ame humaine, qu'il a vnie à soy, n'a point eu cet esprit qui luy est essentiel, & que contre la condition naturelle du genre humain, ce premier né de toute creature, cét homme admirable que le Verbe auoit vny à soy pour estre la forme & le modelle de la perfection humaine, a manqué de l'esprit qui luy estoit propre, & n'en a eu qu'entant qu'il estoit joint au Verbe diuin, & non pas entant qu'il estoit homme : laquelle doctrine estant pleine d'erreur, & de venin, ne se trouue qu'en la bouche des miserables qui l'ont forgée, & conceuë dans leur cœur, pour dementir la verité qui enseigne le contraire.

S. VICTRICK

VII.
Suitte de la creance de S. Victrice touchant la puissance de Iesus-Christ.

Mais vous auez proche de vous, & en vous, celuy qui est la parole de verité, & la verité de Dieu, & vous n'estes pas dépourueu des lumieres du S. Esprit, vous qui confessez, croyez, & preschez que nostre Seigneur IESVS-CHRIST Fils de Dieu, est pareillement Dieu; qu'il reside dans la gloire de Dieu son Pere, & à la droite de sa vertu, & qu'il est le Roy des Roys; & qu'au iour de la resurrection des morts, il viendra les juger aussi bien que les viuants. Souuenez-vous de nous, & vous conformant aux sentimens de l'Apostre, tenez [a] à honneur d'auoir souffert cette tentation & cette calamité qui vous a esté des plus vtiles, puisque pour vn peu qu'elle vous a fait souffrir, elle vous a donné occasion d'acquerir par vostre insigne patience, vn riche thresor de gloire & de merites; [b] vne couronne de iustice que vous receurez de la main du Seigneur, qui a permis qu'on excitast contre vous cette guerre, & cette persecution, afin qu'elle fut vn sujet de victoire & de triomphe, & qu'à l'imitation de S. Paul vostre Maistre & vostre Docteur, il vous fut permis de vous glorifier en vos [c] souffrances, & de publier hautement en presence de vos ennemis, que vous auez fait paroistre dans vos peines, & vos trauaux, vne douce & paisible fermeté, vne conduite qui ne pouuoit partir que de l'onction du S. Esprit, vne charité pure & sincere, vne exacte connoissance des veritez celestes, vne vertu & vne puissance toute diuine, vne genereuse constance à pratiquer le bien dans toutes sortes de rencontres, & autant dans l'affliction que dans la prosperité, dans le mespris des hommes que parmy leurs respects, & au milieu de leurs calomnies, que parmy leurs applaudissements, sans vous

[a] 1. Corinth. 4. 17.

VIII.
Patience de S. Victrice triomphe de ses calomniateurs.

[b] Timot. 4. 8.

[c] 2. Corinth. 12. 9.

S. Victrice étonner de ce qu'on vous regardoit comme vn fourbe, bien que vous ne publiassiez que la verité, comme vne personne vile & inconnuë; bien qu'en suite chacun vous ait rendu de profonds respects, comme vn homme tout languissant & tout abbatu; bien que vous fussiez plein de vie & de courage, comme triste & chagrin; bien que vous fussiez dans vne ioye continuelle, comme pauure & destitué de tous biens; quoy que vous comblassiez les autres de toutes sortes de biens & de ri-

IX. *Les grands biens qu'elle a produits.* chesses, car cette tentation & cette espreuue qu'a souffert vostre sainteté, a esté auantageuse à l'auancement de l'Euangile, plusieurs en ont profité, nul de ceux qui vous fauorisoient n'en a receu ny blasme ny confusion, dautant que la grace de IESVS-CHRIST, dont vous estiez animé, & la verité de vostre foy ont paru non seulement dans la sainte doctrine que vous soûteniez, mais aussi dans vos bonnes actions & dans vostre conduite toute celeste, estant certain que ce n'est pas par les paroles & les beaux discours que s'establit le Royaume de Dieu, mais par les effets & la pratique des vertus; pourquoy donc vous examina-t'on auec tant de rigueur, puis qu'on remarque en vous auec eminence ce qui est beaucoup plus excellent que tous les plus beaux discours du monde? & qui peut douter que la pureté de foy, & la creance de la verité ne se rencontre dans l'esprit de celuy, en la vie duquel on voit reluire incessamment toutes les vertus, qui sont les suittes & les precieux effets de cette mesme foy.

X. *Reflexions sur cette lettre.* Bien que S. Paulin n'explique pas assez nettement quels estoient ces aduersaires de S. Victrice, & dequoy il estoit question; on peut toutefois conjecturer par tout ce qu'il dit icy, pour justifier la pureté de sa doctrine touchant les mysteres de la sainte Trinité, & de l'Incarnation, que quelques enuieux qui estoient possible fâchez qu'on l'eut éleué à la dignité Episcopale, luy voulurent imposer l'Arrianisme ou l'erreur d'Appollinaire, ou quelque autre heresie, dont il se purgea depuis, à leur confusion.

Au reste, ces excessiues loüanges que donne S. Paulin à nostre Saint, causent de l'étonnement à ceux qui les lisent; & il y auroit sujet de les tenir pour suspectes de flaterie si elles partoient d'vne autre plume que de celle de S. Paulin, ou de douter si elles n'auroient point esté capables d'inspirer des pensées d'orgueil à S. Victrice, si son esprit n'eust esté trop éclairé, pour ignorer que l'homme n'ayant rien de bon de soy-mesme, il ne doit se glorifier de rien, & son cœur trop remply de la charité de IESVS-CHRIST, pour y auoir aucune place de reste pour la vanité.

CHAP. IV.
Sommaire.
I.
Que les loüanges que S. Paulin donne à Saint Victrice sont exemptes de flaterie.

LA seconde lettre est plus historique, & n'est pas moins remplie des éloges de nostre saint Prelat, que la precedente; ce qui fait bien voir que ce que S. Paulin auoit écrit de luy dans la premiere, ne luy estoit point échappé par inconsideration, & par vn prompt mouuement d'esprit, mais qu'il auoit des sentimens de veneration & d'amitié pour S. Victrice, aussi fermes & constans qu'ils estoient grands & extraordinaires.

Enfin il a plû à la bonté Diuine de nous accorder en vn instant, & contre

contre nostre esperance, vne chose que nous n'auions pû rencontrer *S. Victrice*
aprés l'auoir long-temps desirée auec ardeur; qui estoit d'auoir occasion
de vous écrire, & de vous faire tenir ma lettre par quelque personne de
nostre Religion, & principalement par les mains de quelqu'vn de nos
freres, qui fust ensemble & à vous & à nous en nostre Seigneur: car il est
heureusement arriué, qu'estant allez à Rome pour assister à la tres-celebre Feste du Prince des Apostres, nous y auons trouué nostre frere
Paschasius, Diacre tres-digne que nous auons salüé auec d'autant plus de
respect & de témoignage d'affection, qu'outre l'honneur qu'il a d'estre
nostre Confrere dans l'exercice du ministere sacré, nous auons reconnu qu'il estoit de vostre Clergé, & qu'il meritoit bien d'estre vn des
membres de ce corps, en ce qu'il paroissoit animé du mesme Esprit que
vous. Mais il faut vous auoüer icy la violence dont nous auons vsé enuers luy. Il vouloit s'en retourner directement de la Ville au lieu où est
vostre Sainteté. Nous approuuions son dessein comme estant tres-juste,
& procedant d'vne pieuse impatience qu'il auoit de vous reuoir; & toutefois luy ayant fait ciuilité pour l'amour de vous, nous l'auons retenu
& amené à Noles, afin qu'il benist nostre petit logis, en y répandant quelque peu de vostre esprit, & que nous eussions plus long-temps quelque
communication de vostre grace, par la veuë & l'entretien de celuy que
la modestie de ses mœurs, l'humilité de son cœur, la douceur de son
esprit, la pureté de sa foy, & la sagesse qui conduisoit toutes ses paroles,
témoignoit assez estre vn de vos Disciples, & le Compagnon de vos
voyages. C'est pourquoy ie vous supplie de luy pardonner à cause de
nous, ou de nous pardonner à cause de luy; puisque soit que vous desa-
prouuiez son retardement, ou que vous blâmiez nostre hardiesse, vous
excuserez l'vne & l'autre faute, en consideration de la charité de nostre
Seigneur, laquelle a fait, ou qu'il n'a pû s'empescher de m'obeïr, ou que
nous n'auons point craint de l'arrester par force & de le retenir, croyant
auoir droit d'en vser ainsi, non par le mouuement d'vne opiniastreté
arrogante, mais par la sincerité de nostre foy, & de nostre affection, qui
nous persuadoit que ce qui estoit à vous, estoit aussi à nous; & qu'assurément vous le croiriez auoir esté de vostre Compagnie au mesme temps
que vous sçauiez qu'il estoit en la nostre; car encore que nos corps
soient separez les vns des autres par la vaste estenduë de plusieurs Prouinces, toutefois comme nous viuons & demeurons en nostre Seigneur,
nos ames sont vnies par son Esprit, qui se répandant de tous costez par
l'auantage qu'il a de n'estre attaché à aucun lieu, nous rend les membres
d'vn mesme corps, & fait que nous n'auons qu'vn cœur & qu'vne ame
en vn seul Dieu. C'est pourquoy considerant dans nous-mesmes, comme dans vne espece de miroir, quels pouuoient estre vos sentimens que
ie sçauois deuoir estre conformes aux miens, à cause de l'estroite amitié
qui nous lie, nous auons inferé de la disposition de vostre esprit, qu'indubitablement la grace diuine vous feroit auoir les mesmes pensées que
moy, touchant la liberté que ie prenois de retenir ainsi nostre Frere, &
que vous n'en jugeriez autre chose, sinon que j'aurois voulu par là vous

I

II.
Seconde let-
tre de saint
Paulin.

III.
Il se conioüit
de l'henreuse
rencontre de
Paschasius
Diacre de l'E-
glise de Roüen.

IV.
S. Paulin l'a-
mene de Rome
à Noles com-
me vne per-
sonne de tres-
haute vertu.

V.
Il en fait ex-
cuse à saint
Victrice.

VI.
Motifs de l'a-
mitié de saint
Paulin (†) de
saint Victrice,
& pourquoy
il a retenu ce
Diacre.

S. VICTRICE VII.
Il regrette d'avoir esté privé quelque temps de la conuersation de ce Diacre.

témoigner mon affection, en honorant les membres de vostre corps, & en baisant la frange de vostre robe; quoy qu'à la verité nous n'ayons pû nous préualoir entierement du séjour que nous l'auons obligé de faire chez nous, en ayant comme perdu plusieurs iours, durant lesquels nous auons esté incommodez d'vne maladie, dont la diuine misericorde nous a voulu frapper pour nostre bien & nostre auancement spirituel. Mais celuy qui console les humbles & qui guerit ceux qui ont le cœur contrit, nous a consolez par la presence de nostre cher Frere Paschase, qui donnant du soulagement à nostre esprit, en donnoit aussi à nostre corps. Car vous n'ignorez pas que l'assistance d'vn bon amy, est le propre remede des foiblesses de l'ame, & que lors que deux personnes sont parfaitement vnies par les liens d'vne sainte amitié, IESVS-CHRIST ne manque jamais de faire, pour ainsi dire, le troisiéme; & de prendre part à leur commerce: mais ce n'a pas esté seulement nostre indisposition qui a causé à Paschasius de la tristesse & de la compassion, il a aussi esté tres-sensiblement touché de l'extréme maladie dont a esté trauaillé vostre tres-cher fils Vrsus, qui l'auoit suiuy en son voyage; en quoy il nous a donné des preuues de la fermeté de sa Foy, & de la plenitude de sa charité; car autant qu'Vrsus souffroit en son corps, autant Paschase enduroit en son ame; ce qui me fait croire que nostre Seigneur a regardé fauorablement ce pauure infirme, en consideration de l'humilité de ce dernier; & qu'il luy a fait cette grace de n'estre malade que jusqu'à la mort, & d'échaper d'vn si grand peril, par la foy & les bons offices de Paschase, à qui Dieu a fait éprouuer en cette rencontre, combien estoit puissante auprés de luy, l'intercession de S. Felix son Confesseur, & nostre tres-aimable Patron; car le malade ayant esté baptisé dans son lict par les mains de Paschase, est reuenu en santé.

VIII.
Paschasius affligé de la maladie de S. Paulin, & d'Vrsus, son compagnon de pelerinage.

IX.
Vrsus guery par les merites de S. Felix, aprés auoir esté baptisé dans son lict.

Il faut esperer que Dieu, qui voulant fauoriser vostre Eglise & les vostres, qu'il protege sans doute en quelque lieu qu'ils soient, s'est laissé fléchir aux prieres que l'on a faites pour Vrsus, & l'a redonné à nostre Frere Paschase, & aux soins que nous auons apportez conjointement auec luy, vous le ramenera en bonne disposition, & auec l'auantage d'estre deliuré de la seruitude du peché, & assujetty aux douces loix de la justice Chrestienne, dont il a fait profession dans son Baptesme; & nous nous promettons que s'il a le bien de retourner chez vous, il y fera de grands progrez, dans la connoissance & la pratique de nostre Religion, ayant Paschase pour Pere spirituel, & estant instruit de vous, qui estes le maistre de l'vn & de l'autre.

CHAP. IV.
Sommaire.
I.
Tyticus fait rapport à S. Paulin des loüanges de S. Victrice.

TYticus nostre cher frere, & vostre fidelle seruiteur en IESVS-CHRIST, publiant vos loüanges, ou plûtost loüant Dieu en vous, nous a appris combien de lumieres nostre Seigneur auoit répandu par vostre moyen dans des païs où il n'y auoit auparauant que d'épaisses tenebres, & de quelle sorte son adorable Prouidence, qui fait venir des nuées de l'extremité de la terre, vous auoit attiré du bout du monde, comme vn nuage lumineux & éclattant, & disposé toutefois à se resoudre en pluye, pour éclairer son peuple & l'arroser des eaux salutaires de la grace ; tellement que comme le territoire de Zabulon & ᵃ S.VICTRICE Nephtalim, qui eſtoit le chemin au delà du Iourdain, & ceux qui y demeuroient au milieu des ombres de la mort, virent tout d'vn coup vne admirable clarté, lors que noſtre Sauueur y alla annoncer ſa doctrine celeſte : ainſi en nos iours il eſt preſque arriué le meſme dans le païs des ᵃ ᵃ D'autres diſent des Flamens ou Boulenois.

II.
Qu'il a eſté l'Apoſtre du Boulenois.

Morins, qui eſt battu ſans ceſſe des flots de l'Ocean, puiſque les habitans de cette contrée, qu'on peut conter entre celles qui ſont les plus éloignées du fleuue du Iourdain (ſitué au milieu du monde) leſquels eſtoient comme retirez dans des demeures tenebreuſes, & cachez dans les ſablons de la mer, auant que l'on eut cultiué les extremitez du deſert ; ont le bonheur de joüir de la lumiere que noſtre Seigneur a fait luire ſur eux par le miniſtere de voſtre ſainteté, & de fiers & barbares qu'ils eſtoient, ſont deuenus doux & traitables, leurs cœurs ayant perdu leur dureté naturelle, en s'ouurant à l'amour de IESVS-CHRIST, là où autrefois il n'y auoit quaſi que des corſaires eſtrangers, & des larrons originaires du païs, qui demeuroient le long des coſtes de l'Ocean, ou au milieu des bois ; on y voit aujourd'huy de ſaintes troupes de Fidelles,

III.
Qu'il y a fait fleurir la pieté & Religion

ſemblables aux chœurs des Anges, qui habitent les villes, les bourgades, les iſles & les foreſts, où ils frequentent les Egliſes & les Monaſteres, & viuent enſemble dans vne profonde paix. Ie ſçay que l'on peut dire que noſtre Seigneur opere aujourd'huy ces admirables changemens dans le reſte de la France, & dans les autres Prouinces ; qu'il ſe plaiſt à chercher par tout le monde, ceux qui ſont dignes de luy ; que dans chaque Nation il ſe communique aux ames ſaintes ; & qu'il ſe preſente auec ſoin, & ſe découure auec plaiſir à ceux qui l'aiment, pour les conduire dans les voyes de la juſtice : Toutefois cela eſt digne d'vne reflexion particuliere, que deſirant faire de vous vn vaiſſeau d'élection, il vous ſoit allé chercher auſſi loin qu'aux coſtes maritimes du païs Neruien, où l'on n'auoit que fort legerement annoncé noſtre Foy (qui depuis y a paru auec ſplendeur en voſtre perſonne, & y a répandu de toutes parts ſes clartez & ſes ardeurs) & qu'il vous ait choiſy pour trauailler à la publication de ſes grandeurs & de ſes miſericordes ; & pour faire en ſorte que ſon nom glorieux eſtant connu & adoré en Occident, cette connoiſſance & cette adoration ſe portaſt & ſe communiquaſt de ce lieu-là, au

IV.
Qu'il a mis en haute eſtime la ville de Roüen.

reſte de la terre. Enfin nous entendons maintenant parler auec eſtime, & auec veneration, de la ville de Roüen, dans les Prouinces qui en ſont les plus éloignées, quoy qu'auparauant on en fit à peine mention dans celles qui en ſont voiſines, & on glorifie Dieu de ce qu'on l'a contée aujourd'huy parmy les villes illuſtres par la multitude des lieux ſacrez; honneur qu'on luy défere auec juſtice, puiſque par les ſoins de voſtre

V.
Pieté de cette Ville comparée à celle de Ieruſalem du temps des Apoſtres.

ſainteté, toutes choſes s'y voyent au meſme eſtat qu'on nous les figure en Orient, dans la ville meſme de Ieruſalem, & qu'il ſemble que l'on y joüiſſe de la preſence des Apoſtres qui reſident en voſtre perſonne, comme dans vn Sanctuaire tout à fait digne d'eux, ont changé en vn des Sieges de leur Empire vne ville où ils eſtoient autrefois Eſtrangers, & en y allumant ſecrettement dans les cœurs les flammes du ſaint amour, &

I ij

S. Victrice en y faiſant éclater aux yeux de tout le monde les merueilleux effets de la puiſſance Diuine. C'eſt auec beaucoup de raiſon que les amis de Dieu & les Princes du vray Peuple d'Iſraël, c'eſt à dire d'vn Peuple qui approche de ſa Majeſté ſuprême, par le moyen de la Foy, ſéjournent & trauaillent auec vous dans vne Ville où iour & nuit eſtant accompagnez des ſaints Anges, ils ont le plaiſir d'entendre publier ſans ceſſe les grandeurs de Iesvs-Christ, où ils ſe repoſent doucement dans les cœurs des Fidelles comme dans de paiſibles & d'agreables demeures que les vertus leur ont preparées; où ils ont le contentement d'oüir chanter autant du cœur que de la bouche vos chaſtes Oüailles, qui ne ceſſent de reciter enſemble les Pſeaumes ſacrez, & de faire retentir de la celeſte melodie de leurs voix vn grand nombre d'Egliſes & de Monaſteres, où la merueilleuſe pureté des Vierges faiſant de leurs corps autant de Temples, les oblige d'y venir habiter ſpirituellement comme dans vn Sanctuaire, dans lequel Iesvs-Christ meſme ne dédaigne pas de ſe repoſer, où ils ont la ſatisfaction de voir ou l'inuiolable integrité des venerables veſues qui iour & nuit ne ceſſent de s'appliquer au ſeruice de Dieu, & à l'exercice des œuures de charité, où la continence ſecrette des perſonnes mariées qui s'occupant aſſiduëment à l'Oraiſon, inuitent Iesvs-Christ à les honorer de ſes viſites, & à s'approcher d'vne couche où elles n'vſent point de la liberté du mariage, mais y gardent la meſme retenuë que le frere & la ſœur; vertu qui vniſſant eſtroitement à ce diuin Sauueur & aux Eſprits bien-heureux, les met en eſtat de participer à leurs faueurs plus particulieres, & de joüir des chaſtes delices de l'amour Celeſte; ils ne ſont pas toutefois priuez de la conſolation que donne aux mariez vne heureuſe poſterité, l'amour qu'ils ont pour l'Egliſe faiſant qu'ils regardent & cheriſſent comme leurs propres enfans tous ceux que vous engendrez ſpirituellement par vos doctes Predications, en quoy ils témoignent l'affection qu'ils ont pour vous, & en meſme temps celle qu'ils ont pour Iesvs-Christ qu'ils ayment en voſtre perſonne; & ils montrent auſſi qu'ils prennent beaucoup de part au zele que vous apportez pour accroiſtre la connoiſſance de l'Euangile; ce qui paroit encor par le ſoin qu'ils ont de faire, principalement dans voſtre Ville, leurs bonnes actions, qui ſont vrayement des merueilles de Dieu, c'eſt à dire des effets du pouuoir que Iesvs-Christ leur communique. Remercions donc & glorifions celuy qui n'abandonnant point l'ouurage de ſes mains, veut que tout homme ſoit ſauué & paruienne à la connoiſſance de la verité, & qui pour cét effet parcourt toute la terre par le moyen des Predicateurs de ſon Euangile, qui ſont comme ſes pieds. Employ dont il a bien daigné vous honorer, en vous rendant vn des Miniſtres, & comme vn des pieds de ſa parole qu'il a chauſſé & preparé pour courir cette carriere de la Predication, auec des pas de Geant pour marcher deſſus l'aſpic & le baſilic, & pour terraſſer & ſurmonter le lyon & le dragon; car il n'a pas permis que voſtre doctrine, ſemblable à vn flambeau tout brillant de clarté, demeuraſt caché ſous l'obſcurité & le ſilence d'vne vie

VI. Grand nombre d'Egliſes & de Monaſteres dans Roüen du temps de S. Victrice.

VII. Pureté & continence admirable qui s'y gardoit.

VIII. Fruits des Predications de S. Victrice.

priuée, ainsi que sous vn boisseau, il a voulu qu'elle fut placée sur le Siege S. Victrice Apostolique de l'Episcopat, comme sur vn chandelier éleué, afin que répandant sa lumiere dans la maison de l'Eglise, elle seruist à éclairer vn grand nombre de personnes.

CHAP. VI.

Sommaire.
I.
Conduite de Dieu sur les differens estats de S. Victrice.

MAis qui n'admirera la conduite de nostre Seigneur sur vous, & la voye extraordinaire par laquelle il vous a fait connoistre la verité de nostre Religion, desirant que les fonctions seculieres fussent l'apprentissage des exercices spirituels. Il a fait soldat celuy qu'il deuoit en suite choisir pour Euesque; il a souffert que vous seruissiez Cesar, afin que vous apprissiez à le seruir luy-mesme; & il a voulu que vostre courage s'affermissant dans les perils, & vostre corps s'endurcissant dans les trauaux inseparables de la profession des armes, vous en fussiez plus disposé à confesser genereusement nostre sainte Foy, & à exposer vostre corps aux supplices dont on tâcheroit d'ébranler vostre constance. Ce que la suite des choses a bien fait voir auoir esté ainsi ordonné par la diuine Prouidence, lors que vous quittastes la milice du Siecle en veuë de

II.
Merueilleux changement lors qu'il quitte la condition de soldat.

tout le monde. Pour cét effet vn iour que l'on tenoit le conseil de guerre, comme vous paroissiez au milieu du Camp reuestu de vos plus belles armes, & que dans ce superbe & terrible équipage pour lequel vous auiez du mespris, toute l'armée iettoit les yeux sur vous auec admiration; tout d'vn coup vous sentant embrasé de l'amour diuin, vous allastes trouuer le Tribun, vous vous dédites du serment militaire, & vous vous dépoüillastes en sa presence de ces armes, qui ne sont destinées qu'à verser du sang, pour vous reuestir interieurement des armes de la Paix & de la Iustice Chrestienne, jugeant que c'estoit chose indigne d'estre armé de fer, puisque vous estiez armé de Iesvs-Christ. Le dia-

III.
Tourmens qu'on luy fait souffrir.

ble, cét ancien serpent, ne pouuant souffrir vostre bon-heur, excita aussi-tost contre vous la fureur du Tribun; vous fustes à l'heure-mesme cruellement foüetté & chargé de coups de baston. Dans ce supplice vostre corps fut tout rompu & tout déchiré, mais vostre courage ne fut pas abbatu, parce qu'il estoit fortifié & soustenu du bois de la Croix. En suite la rage des bourreaux les rendant ingenieux à vous tourmenter, ils redoublerent toutes vos douleurs en vous estendant sur vn grand amas de petites pierres aiguës; mais au milieu d'vn si cruel tourment vostre constance ne fut point ébranlée, nostre Seigneur ayant eu la bonté de

IV.
Dieu fortifie sa constance.

vous faire reposer doucement sur ses saintes consolations, & de vous presenter son sein sacré pour vous seruir de lict, & sa droite pour vous tenir lieu de coussin: de sorte qu'encore que vos playes ne fussent nullement gueries, mais toutes ouuertes & toutes enflammées, vous ne laissastes pas de marcher courageusement vers le quartier du General; vous parustes en la presence de ce puissant ennemy auec vne resolution & vne fermeté digne de vous, & vous triomphastes glorieusement de luy. Ces ministres de sathan n'osant plus employer contre vous la cruauté des tourmens que vous auiez surmontez auec vne patience heroïque, deliberoient de vous faire mourir, afin qu'au moins la fin de vostre vie fut celle de vostre victoire & de leur honte. Mais le Seigneur des Armées qui

I iij

S. Victrice est souuerainement puissant & inuincible dans les combats, confondit
V. leurs desseins, & amollit la dureté de leurs cœurs par l'éclat des prodiges
Il aueugle le bourreau prest à luy trancher la teste. que son bras fit en vostre faueur. Car comme on vous menoit au lieu du supplice, & que vous suiuiez ainsi qu'vne victime sacrée, celuy qui vous deuoit coupper la teste, ce malheureux ayant eu l'insolence de vous toucher le col auec sa main infame comme par insulte, & pour marquer l'endroit par où il vous deuoit frapper, fut luy-mesme frappé d'aueuglement, les yeux luy estant aussi-tost tombez de la teste.

O bonté ineffable de Iesvs-Christ ! qui n'admirera l'amour que cét adorable Maistre a pour ses seruiteurs ; il ne souffrit point que l'outrage fait à son Confesseur, demeurast impuny, luy qui auoit prié pour ceux qui l'auoient crucifié ; il vengea aussi-tost l'insulte dont on auoit attaqué son Martyr, luy qui ne voulut point qu'on vengeast l'horrible attentat que les Iuifs auoient exercé sur sa personne. Mais ce coup de colere fut vn effet de sa misericorde, cét aimable Sauueur en aueugla vn pour en éclairer plusieurs, & peut-estre afin que celuy qui perdit ainsi la veuë du corps, receut celle de l'esprit. Ce miracle fut encore suiuy d'vn
VI. autre. Les Geoliers vous auoient lié si étroitement, qu'ils vous auoient
Il brise les chaisnes dont on l'auoit lié. enfoncé les chaisnes fort auant dans la chair ; vous les priastes de les desserrer tant soit peu, mais ils furent si cruels que de vous le refuser ; ce qui vous obligea d'implorer l'assistance de nostre Seigneur, qui vous exauçant aussi-tost, fit tomber ces chaisnes de vos mains, & vous mist en liberté, en presence de ces barbares, qui n'eurent pas la hardiesse de lier de nouueau, celuy que Dieu auoit rendu libre ; au contraire, ils furent si surpris, qu'ils coururent tous tremblans vers le Comte pour l'informer de ce qui s'estoit passé. Celuy-cy entendit leur recit auec quelque sentiment de pieté ; & y ayant adjousté foy, en donna aduis au Prince, confirmant le rapport qu'il luy faisoit, par le témoignage des
VII. soldats : Ainsi l'esprit de cét Officier changea en vn instant ; de furieux
Grand changement des persecuteurs de S. Victrice. & de cruel qu'il estoit, il deuint tout d'vn coup doux & humain ; il auoit juré vostre perte, parce que vous vous estiez auoüé pour Chrestien ; & il se mit luy-mesme à publier les grandeurs de Iesvs-Christ. Sans doute que ce changement doit estre conté parmy les merueilles de la toute-puissance de Dieu, lequel à mon aduis ne vous aimant pas moins, qu'il faisoit autrefois Dauid, aura operé dans cette occasion, le mesme prodige qu'il fit pour conseruer la vie de ce Prince : car comme Saül son ennemy l'estant allé chercher jusqu'au lieu où il s'estoit retiré parmy les Prophetes, ne le tua point, parce que le S. Esprit arresta sa fureur, en l'obligeant de prophetiser & de chanter les loüanges diuines, à l'exemple de ceux en la compagnie desquels il estoit. De mesme ie me figure que Dieu aura aussi éclairé & amolly le cœur de cét Officier, en y répandant son Esprit, & le touchant interieurement par vne grace (qui sera comme écoulée sur luy de vostre plenitude) afin que cet infidelle, qui estoit venu auec dessein formé de perdre celuy qui confessoit le nom de I. C. s'en retournast tellement changé, qu'il confessast luy mesme ce Sauueur de tous les hommes, & publiast le miracle qu'il auoit fait pour deliurer

VIII.
Qui le renuoyés absous.

son seruiteur: mais la forte persuasion qu'il eut de la certitude de ce mi- S. Victrice racle, ne luy fit pas seulement dire des paroles, il vint aux effets, & renuoya absous comme innocens, ceux que par vn préjugé que luy auoit inspiré sa rage, il auoit desia condamné comme coupables. Enfin celuy qui vouloit exterminer les témoins de nostre sainte Foy, se vit contraint luy-mesme de rendre témoignage à la verité.

CHAP. VII.

Sommaire.
I. Grandeur des vertus de S. Victrice.

POurquoy donc nous estonnerons-nous que vous soyez si riche en graces & si grand en merites, vous qui par les premiers pas que vous auez faits pour suiure I. C. vous estes si fort auancé dans le chemin de la vertu, que vous auez esté où les autres n'arriuent qu'aprés de longs trauaux ? Douterons-nous encore si vous estes parfait, vous qui auez commencé par la perfection, & si vous serez couronné au bout de la carriere, vous qui auez receu vne couronne dés le commencement de vostre course ? Ah ! qui nous donnera des aisles pareilles à celles de la Colombe pour voler vers vous, & nous reposer en presence de vostre sainteté, admirant & receuant I. C. nostre Dieu en vostre personne; nous croirions arrouser ses pieds de nos larmes, & les essuyer de nos cheueux, en rendant ce seruice aux vostres, & il nous seroit aduis que nous baiserions les marques sacrées de sa Passion, baisant les cicatrices de vos playes; car enfin il y a plus de plaisir à toucher les blessures d'vn amy, qu'à receuoir des baisers & des caresses d'vn ennemy. Malheur à moy miserable pecheur, dont les lévres sont soüillées, qui n'ay pas sçeu me procurer cét auantage lors que i'en ay eu l'occasion; car ie croy que vous daignez bien vous souuenir que i'ay eu l'honneur de voir vostre Sainteté à Vienne, chez nostre bien-heureux Pere S. Martin, à qui Dieu vous auoit rendu égal, quoy que vous fussiez bien moins âgé que luy. Depuis ce moment, encor que ie ne vous eusse connu qu'en passant, i'ay tousiours eu pour vostre Sainteté vne veneration & vne amitié toute particuliere; ie me suis tousiours recommandé à vous, & ie vous ay demandé cette mesme protection pour les miens, qui n'estant qu'vn auec moy par la charité de I. C. qui nous lie étroitement ensemble, vous ont veu en quelque sorte par mes yeux. Veritablement ie suis rauy de me pouuoir glorifier d'auoir eu le bien de voir vostre personne, mais ie déplore ma negligence & mon malheur de m'estre si peu préualu de la commodité que i'auois de joüir pleinement d'vn si grand bien, mon esprit estant alors obscurcy par les tenebres de mes pechez, qui m'accablent encore à present, & embarassé des diuers soins de ce Siecle, dont il a plû à Dieu de me deliurer ; ie reconnus bien alors que vous estiez Prestre, car c'estoit vne chose éuidente: mais ie n'eus pas assez de lumiere pour découurir ce qui estoit beaucoup plus considerable, & i'ignoray que i'auois deuant mes yeux vn ᵃMartyr viuant.

II.
S. Paulin regrette de n'auoir baisé les cicatrices de S. Victrice.

III.
Entre-veüe de S. Martin, S. Paulin, & S. Victrice.

IV.
Grande estime que faisoit S. Paulin de S. Victrice.

ᵃ Martyrem viuum.

V.
Il le prie de se souuenir de luy lors qu'il partira de ce monde.

Souuenez-vous de moy ie vous supplie en cét heureux moment que vous sortirez du monde chargé de merites, couronné de lauriers que vous auez acquis par vos souffrances, & reuestu des ornemens Pontificaux; ne m'oubliez pas lors que les saints Anges venant au deuant de vous, vous porteront au Ciel au milieu d'vne troupe de Martyrs & de

S. VICTRICE saints Euesques; lors que Dieu qui considere ses élûs de la mesme façon que les hommes font leur or & leur argent, vous receura comme vn argent examiné par le feu, & comme vn or purifié dans la fournaise du siecle, lors que le Roy Eternel vous mettra à son Diadême comme vne pierre precieuse; & qu'enfin ce juste Iuge reconnoistra qu'il ne vous doit pas seulement des recompenses pour vos vertus personnelles, mais encore pour celles que pratiquent tous les iours vne infinité d'ames deuotes de l'vn & de l'autre sexe, que vous engendrez à I. C. & que vous formez à la pieté par vos paroles & par l'exemple de vostre vie, qui est vn modele accomply de la perfection Chrestienne.

VI.
S. Paulin loüant Paschase, loüe extrémement S. Victrice.

C'est ce qu'on remarque aisément en la personne de nostre Frere Paschase, en qui l'on voit briller ainsi que dans vn miroir les rayons de vos vertus. Tellement qu'en considerant la douceur, la ciuilité, & la sagesse toute celeste qui reluisoit dans sa conduite, il nous sembloit auoir deuant les yeux vn tableau racourcy des dons & des graces que le Ciel vous a communiquées auec tant de largesse. Vous estes donc bien-heu-

VII.
Pour le grand nombre d'ames qu'il a éleuées à la perfection.

reux d'estre le Pere d'vn si grand nombre de saints Enfans, de recueillir vne si belle moisson, & d'auoir vne terre si fertile, que vous pouuez offrir à Dieu des grains multipliez au centiéme, au soixantiéme, [a] & au trentiéme, & receuoir en recompense vne gloire proportionnée à l'abondance de ces precieux fruits. Sans doute que le Seigneur vous a predestiné pour estre vn des premiers de son Royaume Celeste, puisqu'il vous a donné la grace d'égaler vos œuures à vos paroles; en sorte que vostre doctrine réponde à vostre vie, & vostre vie à vostre doctrine. Ainsi lors que vous ordonnez à vos Disciples de s'exercer dans la vertu, nul d'eux n'oseroit s'excuser sur les difficultez qui s'y rencontrent, vostre Sainteté ne leur commandant rien dont ils ne voyent la pratique & la facilité dans vostre exemple.

[a] *Il fait allusion au passage de saint Matth. 3. 13. v. 8.*

VIII.
Reflexion sur cette lettre.

Cette derniere lettre fait voir non seulement quelle estoit l'estime que S. Paulin faisoit de S. Victrice, mais encore auec combien de pieté on viuoit dans nostre Ville sous le Pontificat de ce grand Euesque; lequel exemple peut seruir d'vne juste & rigoureuse censure de la vie déreglée, & quasi payenne, que menent vne infinité de Chrestiens, qui estans consacrez à Dieu par le Baptesme, ainsi que l'estoient les premiers Fidelles, se mettent si peu en peine de l'adorer en esprit & en verité, en joignant la sainteté des mœurs à la pureté de la foy. Nous ne sçauons

IX.
En quel tẽps cette lettre fut écrite, & S. Victrice prescha dans le Boulenois.

point l'année que ces lettres furent écrites, il y a toutefois quelque apparence que ce fut vers le commencement du cinquiéme Siecle. Nous n'auons pas plus de connoissance du temps auquel S. Victrice alla prescher l'Euangile sur les confins de la Picardie. Le Cardinal Baronius met cét euenement l'an 396. & suppose que S. Victrice estoit Euesque lors qu'il fit cette fonction Apostolique; en quoy il est communément suiuy par les autres Escriuains. Il me semble neanmoins qu'on pourroit douter auec fondement, s'il ne s'employa point à cette Mission auant qu'il fut éleué à l'Episcopat.

I'estimerois donc que S. Victrice ayant quitté la profession des armes vers

DES ARCHEVESQVES DE ROVEN.

vers l'an 360. ou 362. s'adonnant entierement à l'exercice de la pieté, & à l'estude des saintes lettres; qu'en suite il fut promeu aux Ordres sacrez; qu'estant Ecclesiastique il s'appliqua au ministere de la parole de Dieu, laquelle il annonça dans son païs, c'est à dire dans cette partie de la Picardie, que l'on nomme à present, le Ponthieu; dans le Boulenois; dans les villes de Flandre contiguës; & qu'enfin s'estant acquis vne grande reputation dans les Prouinces circonuoisines, le Clergé & le Peuple de Roüen le souhaitterent pour leur Euesque vers l'an 393. ou 394. Les lettres de S. Paulin montrent qu'il s'acquitta dignement de cette charge, & qu'il fit fleurir la pieté dans nostre Ville. Mais nous auons encore vne illustre preuue de son zele, & de sa vigilance Pastorale.

Chap. VIII.
Sommaire.
I.
S. Victrice consulte le saint Siege sur quelque difficulté.

IL eut tant de passion pour la discipline de l'Eglise, vne si grande deffiance de ses propres lumieres (encore qu'il fut pour le moins aussi sçauant que le requeroit sa dignité sacrée) & tant de respect pour le saint Siege, que voulant faire quelque ordonnance Ecclesiastique sur des points assez importans, il eut recours au Pape Innocent, qui répondit à sa consultation par vne belle lettre, qui a esté depuis en telle estime parmy nos Euesques, qu'au Concile de Tours tenu il y a plus de mille ans, ils en employerent les Decrets pour resoudre quelques difficultez, touchant la conduite des Vierges consacrées à Dieu, protestant de ne vouloir suiure en cela d'autres regles que celles qu'ils trouuoient dans les Epistres de S. Paul, & dans la Decretale, ou Constitution d'Innocent,

II.
Son humilité & sa déference fut estimée des anciens.

adressée à nostre saint Archeuesque. Aussi sa conduite a esté hautement loüée par le Cardinal Baronius, & par tous les autres Escriuains, qui ont releué par de grands éloges sa profonde humilité, & son extréme déference pour le Souuerain Pontife. Le temps nous a priuez de la lettre qu'il écriuit à Innocent, mais il est aisé d'en juger par la réponse du Pape que ie mettray icy, auec vn abbregé de ladite Decretale.

III.
Réponse que fit le Pape Innocent I. à la consultation de S. Victrice.

Lettre du Pape Innocent, à Victrice Euesque de Roüen. Encore que nous " soyons bien informez (nostre tres-cher Frere) que vous ayez vne " aussi parfaite connoissance de tout ce qui regarde la doctrine Ecclesia- " stique, & la methode de la pratiquer & de l'enseigner aux Peuples, qu'il " est conuenable au sublime rang du Sacerdoce où vous estes éleué : & que " l'on ne puisse vous en rien proposer que vous n'ayez desia remarqué " dans la lecture des liures saints; toutefois puisque vous souhaitez auec " tant d'ardeur de sçauoir quelle est la police de l'Eglise Romaine, afin de " resoudre auec plus de certitude & d'authorité les difficultez qui se pre- "

IV.
Le Pape luy enuoye des maximes de la Morale Euangelique.

sentent, voulant satisfaire à vn si juste & si pieux desir; nous vous en- " uoyons auec cette lettre quelques maximes de la Morale Euangelique, " par le moyen desquelles il sera aisé aux Fidelles de vostre païs, de re- " connoistre quelles sont les loix de la vie Chrestienne que chacun doit " garder dans sa profession, & quelle est la discipline qui est vsitée dans " les Eglises de la ville de Rome. Il sera de vostre charité & de vostre solli- " citude Pastorale, de mettre entre les mains des Peuples voisins, & sur " tout de distribuer soigneusement aux Prestres nos Confreres, qui gou- " uernent les Eglises particulieres dans vos quartiers, le liure que i'ay dressé "

K

S. VICTRICE
V.
Il exhorte les Pasteurs de gouuerner les peuples suiuant cette doctrine.

„ comme vne espece de regle, & pour leur seruir de Précepteur muet &
„ domestique, afin qu'ils apprennent quels sont nos vsages, & que sur
„ ce modelle ils s'appliquent auec ferueur & assiduité, à former les mœurs
„ des peuples qui embrassent nostre sainte Foy; car ou ils trouueront
„ dans cet escrit l'éclaircissement de leurs doutes, ou s'ils ne le trouuent
„ pas, ils suppleront à ce deffaut, en se gouuernant suiuant les bons prin-
„ cipes qui y sont contenus, & en taschant d'imiter la pureté & l'esprit
„ de nostre discipline. Nous commencerons donc, auec l'assistance de
„ l'Apostre S. Pierre[a], par lequel l'Apostolat, aussi bien que l'Episcopat, a
„ pris son commencement en I. C. & puisqu'il s'est si souuent offert des
„ cas à juger, qui estoient plustost des crimes manifestes, que des faits
„ douteux & problematiques. Quant au droit, nous ferons en sorte, autant
„ qu'il dépend de nous, que chaque Pasteur veille desormais auec tant de
„ soin sur les ames qui luy sont commises, qu'ils rendent l'Eglise telle que
„ la dépeint S. Paul, ie veux dire belle, agreable aux yeux de Dieu, & sans
„ rides ny taches en son visage, de peur qu'en souffrant parmy nous quel-
„ que brebis malade, nous ne souillions nostre conscience, en prenant
„ part à son venin & à sa contagion.

Per quem & Apostolatus, & Episcopatus in Christo cœpit Exordiũ.

VI.
L'honneur qui en reuiendra à l'Eglise si elles sont bien gardées.

„ C'est donc auec beaucoup de fondement que vous demandez que
„ la police de l'Eglise Romaine soit gardée dans ces lieux-là, pour reme-
„ dier aux desordres que causent ceux, qui soit manque de lumiere, ou
„ par negligence, n'obseruent pas la discipline Ecclesiastique, & se don-
„ nent la liberté de faire plusieurs choses illegitimes, & contraires au bon
„ ordre; non que l'on pretende d'imposer aux peuples de nouuelles loix,

VII.
Que ces maximes sont venuës par la tradition de l'Eglise.

„ mais nostre intention est, qu'ils obeïssent à celles dont la pratique a
„ esté negligée par le peu de soin de quelques Pasteurs, bien qu'elles nous
„ deussent estre cheres & venerables, comme estant venuës à nous par la
„ tradition des Apostres & des Saints Peres; en quoy nous nous confor-
„ mons à l'auertissement que S. Paul donne aux Thessaloniciens, lors qu'il
„ leur dit, *demeurez fermes dans la croyance & la pratique des traditions que*
„ *ie vous donnois, soit de viue voix, soit par mes lettres*. C'est sans doute
„ ce qui doit exciter fortement, & accroistre de plus en plus vostre
„ zéle, afin que vous conseruant pur & exempt de la corruption du siecle,
„ vous puissiez comparoistre vn iour auec asseurance deuant le Tribunal
„ de Dieu; vous souuenant que nous serons punis dautant plus rigoureu-
„ sement, que nous aurons eu plus d'authorité & de suffisance, si nous
„ n'employons fidellement ces talens pour la gloire de nostre Maistre.

VIII.
Obligations indispensables de les garder & de les faire obseruer.

„ Puis donc qu'il nous faudra rendre compte non seulement de nos
„ actions particulieres, mais encore de celles des brebis de I. C. nous ne
„ deuons leur prescrire pour leur conduite, que les saintes maximes & les
„ regles toutes diuines de l'Euangile; car nous ne deuons pas suiure le
„ mauuais exemple de ceux qui ayant plus de passion d'acquerir l'estime
„ & la faueur des peuples, que de crainte des terribles chastimens de la
„ justice diuine, ont osé violer l'integrité de l'Eglise par de mauuaises pra-
„ tiques. De peur donc qu'en nous taisant nous ne donnions sujet de
„ croire que nostre silence soit vne tacite approbation de leurs deregle-

DES ARCHEVESQVES DE ROVEN. 75

ments, & qu'on ne nous reproche ce que nostre Seigneur dit par la S. VICTRICE
bouche du Prophete Royal : Vous voyiez vn larron, & vous courriez
auec luy ; nous declarons icy ce que tous les Euesques Catholiques doiuent obseruer à l'auenir, en veuë des Iugemens de Dieu.

CHAP. IX.
Sommaire.
I.
Decret que le Pape enuoya à S. Victrice.
II.
Touchant les Euesques.
III.
Pour les Clercs.

Voicy le sommaire des decrets que le Pape enuoya à S. Victrice conjointement auec sa lettre. Le premier est, qu'vn Euesque ne ᵃ Touchant les Euesques. doit point estre sacré à l'insçeu de son Metropolitain. Le second, que ceux qui après le Baptesme prennent la ceinture militaire (c'est à dire qui s'engagent dans la profession des armes) ne doiuent nullement estre admis à la Clericature. Le troisiéme, que les procez & les differends des Ecclesiastiques doiuent estre jugez & terminez par les Euesques de la Prouince, ou estre renuoyez au saint Siege après le jugement des Euesques, si ce sont causes majeures. Le quatriéme, que celuy qui est Clerc ou Tonsuré ne puisse se marier qu'à vne fille vierge. Le cinquiéme, que celuy qui aura espousé vne vefue ne puisse estre receu au rang des Clercs. Le sixiéme, que celuy qui aura espousé vne seconde femme ne puisse estre ordonné Clerc. Le septiéme, qu'vn Euesque ne confere la qualité de Clerc à celuy qui n'est pas de son Diocese, & qu'vne Eglise ne reçoi-
tue pas aussi vn Clerc qui aura esté chassé d'vne autre. Le huictiéme,

IV.
Pour les Heretiques qui retournent à l'Eglise.

qu'on impose seulement les mains à ceux qui quitteront la secte des No-
uatiens, ou celle des Montanistes, c'est à dire qu'on leur administre le Sacrement de Confirmation, mais non pas celuy du Baptesme ; dautant que le Baptesme de ces Heretiques estoit legitime. Le neufiéme, que ceux qui estant mariez ont neanmoins esté ordonnez Diacres ou Prestres, ne puissent plus auoir de commerce conjugal auec leurs femmes.

V.
De la continence des Clercs & des Moines.

Le dixiéme, que les Moines qui quittent leur profession & passent dans la Clericature, soient aussi en cét estat là obligez à garder la continence. L'onziéme, que les Courtisans ne soient point receus à estre Clercs. Le

VI.
Des Vierges.

douziéme, que les Vierges consacrées à Dieu qui se marieront publi-
quement, ou qui viuront dans vne incontinence secrette, ne puissent estre admises à faire penitence qu'après la mort de celuy auec qui elles se seront liées par cette conjonction illicite. Le treiziéme, que les Vierges qui ayant promis de garder leur virginité (sans toutefois auoir receu le voile) viennent à se marier, doiuent faire quelque temps penitence.

VII.
Les Heretiques modernes ont taxé d'injustice le 12. Article.

Voila l'abbregé de la réponse du Pape, entre les Articles de laquelle il y en a vn que les Heretiques modernes ont voulu reprendre & taxer d'injustice ; c'est le douziéme, où il est dit qu'on ne receura point à peni-
tence la Religieuse qui se sera mariée, tant que le mary auec qui elle demeure sera viuant. Il est injuste (disent ces faux Critiques) de ne pas faire grace à vne femme qui veut se conuertir ; mais cette objection n'a nulle force, & il n'y a rien de plus équitable que l'ordonnance d'In-

VIII.
Réponse à leur objection.

nocent, dautant que cette femme n'est point censée se vouloir veritablement conuertir, tant qu'elle continuë sa frequentation auec vn homme qui n'est point son mary legitime, mais plûtost son adultere ; & consequemment on ne doit pas l'admettre à la penitence, puisqu'elle per-
seuere dans son peché. Or que cét homme ne soit pas son mary legitime,

K ij

S. VICTRICE cela est évident, si on considere qu'aprés auoir fait vn vœu solemnel de virginité, & auoir pris I. C. pour son époux, elle ne peut plus rompre ce mariage sacré, ny s'abandonner à vn homme mortel sans commettre vn horrible adultere. C'est pourquoy si elle veut se conuertir, il faut qu'auant toutes choses elle se separe & de corps & d'affection de ce prétendu mary : autrement les Ministres de l'Eglise, doiuent rejetter sa penitence. C'est ainsi que les Cardinaux ^aBaronius & Bellarmin ont justifié le decret d'Innocent, contre la fausse accusation des Heretiques. a Bar. ad an. 330. & 331. Bellar. lib. 4. de R. Pontifice. c. 10.

Au reste, le Pere Syrmond en ses Notes sur le Tome quatriéme des Conciles de l'impression du Louure, page 17. fait voir que ce saint Pape enuoyant ces decrets à S. Victrice, ne luy enuoye pas vne doctrine qu'il ait inuentée de nouueau, mais qui estoit fondée sur la tradition des Apostres & des saints Peres, ce qu'il prouue succinctement article pour article.

CHAP. X.

Sommaire.

I. *S. Victrice charitable enuers les paures affligez.*

NOstre Archeuesque S. Victrice gouuerna encore plusieurs années l'Eglise de Roüen, depuis qu'il eut receu cette Epistre Decretale du Souuerain Pontife, & se montra autant secourable & misericordieux enuers les paures affligez, les vefues, & les paures orphelins qu'il assistoit tres-charitablement, comme le marque vn ancien Manuscrit, qu'il fut seuere à resister & à faire vne guerre irreconciliable aux vices & aux déreglemens de son peuple. C'est aussi la pensée d'Ordry Vital, dans le Distique qu'il met pour luy, que ie donneray cy-aprés.

II. *Il fut present à vn miracle que fit saint Martin.*

Nous auons veu dans la seconde lettre de S. Paulin, que ce S. Euesque & S. Victrice s'estoient connus à Vienne chez le bien-heureux Pere S. Martin. Il faut joindre à cecy ce que dit Seuere Sulpice, dans son troisiéme Dialogue,^b lors qu'il témoigne que nostre S. Prelat estoit present à vn miracle que fit le mesme S. Martin, en la ville de Chartres, en rendant la parole à vne fille qui en auoit perdu l'vsage ; d'où l'on peut inferer la grande familiarité qu'il y auoit entre ces grands seruiteurs de Dieu, & l'estime que S. Martin faisoit de nostre S. Euesque, auquel il voulut deferer cette cure miraculeuse. Messieurs de sainte Marthe, & Mr. du Saussay en son Martyrologe, escriuent que nostre Archeuesque S. Victrice ayant mis les affaires de la Religion en vn bon estat dans son Diocese, alla faire la fonction d'Apostre dans les païs que nous auons nommez cy-deuant, bien que ce que j'en ay escrit me semble plus certain pour ce qui regarde le temps de cette Mission. b pag. 265. apud Sur. to. 6. Ille cedens Episcopis qui tum forte latus illius ambiebant Valentiniano atque Victricio imparem se esse tantæ moli, sed illis quasi factionibus nihil impossibile fatebatur. At illi pias preces vna cum patre supplici voce iungentes orare. Martinus in sperata præstans, non cunctatus vltra, &c.

III. *Combien de temps il a gouuerné l'Eglise de Roüen*

Enfin aprés auoir gouuerné son Eglise vingt-trois ans, il alla receuoir au Ciel les Couronnes de gloire qui estoient deuës à ses souffrances & à tant de trauaux qu'il auoit supportez pour nostre sainte Religion. Ie sçay qu'il y a grande difficulté touchant l'année qu'il mourut ; ce qui prouient de ce que les Autheurs ont mis le commencement de son Pontificat en diuers temps ; les vns l'an 406. les autres en 404. & 402. Il y en a eu qui l'ont marqué en 396. Nous auons donné les raisons qui nous ont persuadé de le placer en 394. La pluspart conuiennent pour l'année de sa mort, que les anciennes Chroniques mettent l'an 417. Et ainsi le nombre des années qu'il tint le Siege, auroit esté vingt-trois ans, à laquelle

IV. *Année de son trépas.*

DES ARCHEVESQVES DE ROVEN.

opinion ie souscris d'autant plus volontiers, qu'il est certain que ce saint S. Victrice Prelat suruescut de quelques années S. Martin, qui déceda selon la plus commune opinion, l'an 412. Nous ne sçauons rien du lieu où il fut enterré, sinon qu'estant mort en reputation de grande Sainteté, on luy donna vne sepulture honorable ; & quand la Prouince fut affligée des courses des Danois, on porta ses saintes Reliques auec celles de S. Euode, à Braine, qui estoit vn Chasteau pour lors assez fort, & qui fut depuis des dépendances de l'Eglise de Roüen. La Chasse de S. Victrice fut posée dans vn Prieuré de S. Remy, où elle auoit esté precieusement conseruée plusieurs siecles, jusqu'à l'an 1562. qu'elle tomba entre les mains sacrileges des Heretiques, qui firent pareil traitement à ses ossemens sacrez, qu'ils auoient fait à quantité d'autres, les ayant jettez au feu, où ils furent consumez & reduits en cendres. Sa Feste se celebre le 7. Aoust, iour qui luy est assigné dans le Martyrologe Romain : Ie le trouue sous plusieurs noms, de *Victoricus*, *Victoricius*, bien que celuy de *Victricius*, soit le plus commun. Voicy le Distique qui a esté fait pour luy.

V.
Ses saintes Reliques portées à Braine.

VI.
Bruslées en 1562. par les Heretiques.

VII.
Sa Feste celebrée en l'Eglise.

Victricius Victor, vitiorum fortis & vltor,
Ecclesiam Domini mandatis imbuit almis.

ELOGE
D'INNOCENT. 9.

An de I. C. 447.
CHAP. I.
Sommaire.
I. *En quel têps & combien Innocent a gouuerné l'Eglise de Roüen.*
II. *Qu'il a vescu saintement.*

INNOCENT succeda à S. Victrice, selon la pluspart des Catalogues de nos Archeuesques, tant anciens que modernes ; ie dis la pluspart, dautant que l'Autheur de la Chronique de Iumiege, & quelques autres Escriuains, le mettent aprés Euode. Il gouuerna l'Eglise de Roüen neuf ans ; sçauoir pendant le Pontificat de Boniface premier, & celuy de Celestin premier. Il marcha sur les pas de son Predecesseur, menant vne vie toute sainte & toute exemplaire, ce qui causoit vne extréme joye au Clergé & au peuple, qui voyoient que le choix qu'ils auoient fait de sa personne, respondoit à leur attente, & qu'il auoit aussi-bien succedé au zéle de S. Victrice, qu'à sa dignité : C'est ce que nous apprend Ordry Vital dans le petit Eloge qu'il en fait, où il assure aussi qu'il fut la consolation & la joye de l'Eglise, & qu'il prit vn soin merueilleux de remedier aux abus & aux desordres, qui ne regnent que trop communément dans le monde. Voicy son Distique.

III.
Eloge que luy donne Ordry Vital.

Victricium sequitur rectè Innocentius almus,
Ecclesiam Domini recreans populumque reformans.

IV.
Erreur du Pere Taillepied.

Monsieur Dadré a fort bien remarqué que le Pere Taillepied s'estoit mépris lors qu'il a dit que ce fut à luy que le Pape Innocent premier adressa sa seconde lettre ; car il est certain que ce fut à son Predecesseur

K iij

78 HISTOIRE

INNOCENT. S. Victrice, & non pas à luy, comme nous l'auons fait voir en son lieu. Ie ne puis obmettre ce que Mr. Seuert a escrit dans son Histoire des Archeuesques de Lyon, au Catalogue qu'il fait des Prelats de la seconde Lyonnoise, c'est à dire de Roüen, parlant de nostre Archeuesque Innocent; Il l'appelle Saint, bien qu'il aduouë qu'il n'est pas dans le Martyrologe, lequel tître d'honneur il ne luy donne qu'apres plusieurs Chroniques anciennes, les Calendriers, & les Litanies des vieux Breuiaires, où il auoit autrefois rang entre S. Victrice & S. Euode. Il adjoûte que le Pape Celestin premier, l'enuoya prescher l'Euangile aux Scythes; mais il nous eust beaucoup obligé de nous dire où il a leu ce qu'il auance, dautant qu'il n'en est fait aucune mention dans les anciens memoires de l'Eglise de Roüen.

V.
Sçauoir si Innocent est reconnu pour Saint.

ELOGE
DE SYLVESTRE. 10.

An de I. C. 426.
CHAP. I.
Sommaire.
I.
Sylueſtre reconnu pour Saint.
II.
Diuersité d'opinions touchant les années de son Pontificat.

YLVESTRE, qui est honoré du tître de Saint dans les vieux Martyrologes de Roüen & de Bayeux, est mis par Messieurs Dadré & le Preuost, aprés Innocent, bien que dans tous les Catalogues anciens il suiue S. Euode. Les années de son Episcopat sont marquées diuersement dans les Autheurs, dont les vns le font commencer en 424. & les autres en 430. Ordry Vital ne luy donne que 8. ans de Pontificat, le sieur Seuert 12. & vn Manuscrit de la Reyne de Suede, la Chronique de Iumiege, & autres, jusqu'à treize. Ie montre ailleurs la necessité qu'il y auoit de changer la Chronologie, ostant saint Euode de l'ordre ancien qu'il auoit eu, & de donner les quatre années qui luy estoient assignées, ou à ceux qui l'ont precedé, ou à ceux qui l'ont suiuy ; si l'on ne veut laisser vne vacance de quatre ans pendant la paix de l'Eglise, ce qui n'est pas croyable.

III.
Et de ceux qui l'ont precedé.

Ie sçay que plusieurs Catalogues ont fait venir les années de S. Victrice jusqu'à l'an 421. auquel cas donnant selon Ordry Vital 9. années à Innocent qui luy succeda, il se trouuera que Sylueſtre reprendroit son rang en 430. conformément à tous les Catalogues qui le mettent cette année, ou du moins en 429. Nous quitterons l'opinion du mesme Ordry pour le nombre des années qu'il luy donne, puisque les anciennes Chroniques ne luy substituent Malson qu'en 442. ce qui ne pourroit estre s'il n'auoit gouuerné que 8. années, comme l'écrit cét Autheur; car il ne seroit arriué qu'en 437. ou 438. & nous luy attribuërons seize ans de gouuernement. Nous sçauons fort peu ce qu'il a fait pendant son Episcopat.

Les memoires de l'Eglise de Bayeux font foy que nostre Archeues-

DES ARCHEVESQVES DE ROVEN.

IV.
Il confere la Prestrise à S. Loup, qui fut depuis Euesque de Bayeux.

que Sylueftre (qu'ils nomment Saint) fut aduerty diuinement d'ordonner Preftre S. Loup, qui auoit efté defigné pour fucceffeur à l'Euefché, & qu'vn enfant qui n'auoit encore l'vfage de la parole, commença de parler & prier noftre S. Sylueftre de le facrer Euefque de leur Ville, ce qui fut fait. Le fieur Bocquet Chanoine de S. Spire de Corbeil, où repofent les Reliques de S. Loup, dit la mefme chofe dans la vie qu'il a écrite de cét Euefque de Bayeux, qu'il dit auoir tirée des anciennes Archiues de l'Eglife de Corbeil, adjouftant que noftre Archeuefque Sylueftre y eft appellé Saint; à quoy ne s'accorde pas mal le jugement que fait Ordry Vital de fa conduite, lors qu'il nous témoigne qu'en toutes chofes il eut foin d'agir auec juftice, & d'obferuer cét ordre & cette bien-feance que S.ᵗ Paul veut eftre gardée dans les exercices de noftre Religion, & que par ce moyen il amplifia l'Eglife, c'eft à dire qu'il accreut ou le nombre des Fidelles par la conuerfion des Gentils, où la fplendeur de l'Eglife par la conftruction & la decoration des Temples, ou l'authorité Ecclefiaftique en la rendant plus confiderable dans l'efprit des Peuples.

SYLVESTRE.

V.
Vertus de Sylueftre.

VI.
Eloge que luy donne Ordry Vital.

1. Cor. 14. 40.

Præfuit Ecclefiæ fanctus Sylueſter honeſtè,
Quam iuſtè rexit nec minus amplificauit.

ELOGE
DE MALSON. II.

An de I. C.
442.
CHAP.
I.
Sommaire.
I.
Diuers noms de cét Euefque.
II.
Le nombre de fes années.
III.
Eloge que luy donne Ordry Vital.

IL ne nous eft refté que le nom de cét Archeuefque, & encore eft-il differemment rapporté, puifque les vns le nomment *Malfonius*, les autres *Malfinus*; toutefois celuy de *Malfonus* eft le plus commun, & dont les Autheurs fe feruent ordinairement en parlant de luy. La plufpart des Chroniques & des Catalogues de nos Archeuefques, conuiennent auec Ordry Vital pour le nombre des années de fon gouuernement; & difent tous qu'il le quitta auec la vie en 451. aprés l'auoir tenu 9. années. Le mefme Autheur le louë d'auoir eu vne profonde connoiffance de la Theologie, & de s'eftre acquis par fa capacité, l'eftime & la veneration de ceux de fon Diocefe.

Præful Malfonus diuino dogmate plenus,
Extitit in populo venerabilis vndique Paſtor.

HISTOIRE

ELOGE
DE GERMAIN. 12.

An de I. C.
451.
CHAP.
I.
Sommaire.
1.
En quelle année Germain est entré à l'Episcopat.
II.
Sçauoir s'il a assisté au Concile de Calcedoine.

ERMAIN, que quelques-vns ont nommé Guian, prit la conduite de l'Eglise de nostre ville de Roüen aprés la mort de Malson l'an 451. Demochares, & aprés luy le sieur Seuert, disent qu'il assista au Concile de Calcedoine qui fut tenu cette mesme année de son élection; toutefois comme nous n'auons aucun ancien Escriuain qui en ait parlé, que les memoires de nostre Eglise, n'en disent rien, & que mesme il y a quelques raisons qui semblent y repugner; ie ne vois pas qu'il faille s'arrester à ce que disent ces deux Autheurs modernes, tant que nous n'aurons point d'autres preuues de ce qu'ils assurent, que leur seule authorité. Il n'en est pas de mesme du premier Concile de Tours, auquel tous nos Escriuains conuiennent que ce Prelat assista, Mais la difficulté est de sçauoir en quel temps a esté tenu ce Concile.

III.
Il fut à celuy de Tours.

Le Cardinal Baronius dit que ce fut le 14. de Nouembre de l'an 482. sous le Consulat de Seuerin, que *Perpetuus*, qui d'illustre & tres-riche Senateur qu'il estoit, auoit esté fait Euesque de Tours, le troisiéme aprés S. Martin, y presida; que ce qui obligea les Prelats de France d'aller en cette Ville, fut pour y celebrer la translation du corps de S. Martin,

IV.
Motifs pour lesquels ce Concile fut assemblé, & en quelle année.

qu'on vouloit transferer d'vne petite Eglise en vne autre beaucoup plus grande & plus magnifique, bastie par les soins de *Perpetuus*, & que dans cette Assemblée ils firent treize Reglements ou Canons, touchant la discipline Ecclesiastique. Voila ce qu'en dit cét Autheur. Mr. Robert met aussi ce Concile en la mesme année, tant en son Catalogue des Conciles comme dans celuy des Archeuesques de Tours, lors qu'il parle de ce *Perpetuus*, & en celuy de Roüen, faisant mention de nostre Germain. Celuy qui a compilé le corps du droit dans la Table des Conciles qu'il a inserée au deuant de l'Ouurage, le marque en 461. mais sous le Pape S. Leon, ce qui ne s'est pû faire; car ledit Concile ayant esté tenu au mois de Nouembre, & estant certain que le Pape S. Leon mourut le 11. Avril 461. qui est le iour auquel la sainte Eglise celebre sa feste, il est éuident que ce ne fut pas du temps de S. Leon Pape qu'il fut celebré, mais bien de S. Hylar son successeur, qui est l'opinion la plus probable, comme l'a doctement remarqué le Pere Syrmond dans le Tome premier des Conciles de France, qui dit que ce fut en l'année 461. le premier du Pontificat d'Hylar, & du regne de l'Empereur Seuere. Mr. Frison, en son liure intitulé *Gallia purpurata*, & les sieurs Dadré & le Preuost suiuent la mesme Chronologie. Surquoy il faut remarquer que ce Concile fut tenu le 14. Nouembre, deux iours aprés l'Ordination de saint Hylar, qui ne fut élû que le 12. du mesme mois, le Siege ayant vacqué

non

DES ARCHEVESQVES DE ROVEN. 81

IV.
Erreur de Chronologie touchant ce Concile.

non pas sept iours, mais prés de sept mois entiers, comme Mr. Duchesne GERMAIN. en son liure de la vie des Papes l'écrit aprés le Cardinal Baronius. Or ce qui a esté cause que Baronius s'est mépris en la Chronologie, est qu'en l'an 461. aussi-bien qu'en l'an 482. le mesme Seuerin fut Consul, & les actes de ce Concile estant marquez du Consulat, de ce Seuerin indeterminément, sans qu'il soit specifié le quantiéme Consulat; il luy aura esté aisé de se tromper en ce point, d'assigner l'année 462. pour celle de la conuocation à cette Assemblée, que la pluspart des autres Escriuains reconnoissent auoir esté tenuë en 461. De plus, l'opinion de ceux-cy se iustifie encore par la reflexion qu'on peut faire sur les Euesques qui y assisterent, du nombre desquels fut nostre Germain, qui estoit mort en 482. & auoit laissé pour successeur Crescence.

V.
Observation sur les signatures de ce Concile.

Le Pere Bondonnet en sa réponse au sieur Couruaisier, est de ce mesme sentiment, & remarque fort bien sur le sujet de ce Concile, que si *Perpetuus* y signa auant les Euesques de Bourges & de Roüen, ce ne fut par aucune prerogatiue qu'il eut au dessus de ceux-cy, mais à cause qu'il y auoit presidé, comme estant en son Eglise. Il paroit de ce que nous venons de dire, que nostre Archeuesque Germain estoit encor viuant en 461. ce qui ne pourroit pas estre si le nombre de huict années qu'Ordry Vital nous marque pour la durée de son gouuernement estoit veritable; & ainsi ie crois qu'il n'y a personne qui ne iuge que nous deuons plûtost nous attacher aux lumieres que nous tirons du temps de la celebration de ce Concile, qu'au témoignage de cét Autheur, & à celuy des autres Escriuains qui l'ont suiuy; en concluant que vray-semblablement Germain gouuerna pour le moins onze ans, sçauoir iusqu'à l'an 462.

VI.
Nombre des années que Germain a gouuerné l'Eglise de Roüen.

VII.
Eloge que luy donne Ordry Vital.

On luy donne pour loüange particuliere, d'auoir eu pour son troupeau vne charité pure & sincere, qui est beaucoup dire en peu de paroles. C'est le sens de ce Distique.

Inclitus Antistes, populi sincerus amator,
Suscepit sedem Germanus Pontificalem.

ELOGE
DE CRESCENCE. 13.

An de I. C.
462.
CHAP.
I.
Sommaire.
§ I.
Difficulté touchant les années de Crescence.

NOVS auons marqué dans l'éloge precedent l'année en laquelle nostre Archeuesque Crescence prit possession de l'Eglise Metropolitaine de la Neustrie, qui fut l'an 462. Il n'est pas facile de sçauoir precisément le nombre des années qu'il tint le Siege, dautant que les Autheurs sont fort partagez dans leurs opinions. Quelques Chroniques mettent la fin de son Pontificat en 473. & Mr. Dadré a esté de cét aduis; d'autres en 474. Le Manuscrit de la Reyne de Suede

L

82　　　　　　　　HISTOIRE

CRESCENCE. en 483. Celuy qui approche le plus prés de la verité, est Ordry Vital, que nous suiurons en partie ; sçauoir pour le nombre de 26. années qu'il luy donne, & non pas pour l'année en laquelle il met le commencement de son Pontificat, sçauoir 459. puisque nous auons justifié qu'il ne pût entrer dans l'Episcopat qu'aprés 461. c'est à dire enuiron 462. auquel adjoustant ces 26. ans, il viendra 488. qui fut vray-semblablement le temps de sa mort.

II.
Eloge que luy donne Ordry Vital.

Pour ce qui touche la maniere dont il exerça sa dignité, nous n'en sçauons rien que ce que le Moine de S. Evroul nous en apprend par vne allusion qu'il fait sur son nom, en disant que Crescence eut grand soin d'entretenir parmy son peuple la pureté des mœurs, & de le faire croistre en vertu. C'est ce qu'il a voulu exprimer en ces deux vers.

Commissos coluit Crescentius, ac decorauit
Moribus egregiis, virtuteque crescere fierit.

ELOGE
DE SAINT GODARD. 14.

An de I. C. 488.
CHAP. I.
Sommaire.
I.
Naissance de S. Godard, ses parens.

SAINT Godard prit naissance dans le village de Salency, proche de la ville de Noyon, & non pas dans Soissons comme écrit Belleforest. Son père s'appelloit Nectar, & sa mere Protagie. Celuy-là estoit François de nation, & celle-cy issuë d'vne famille Romaine qui demeuroit dans les Gaules. Surquoy il faut obseruer que les Romains tenoient encore en ce temps-là vne partie de la Gaule Belgique, dont ils furent possesseurs jusqu'à l'année 489.ᵃ que Clouis le premier de nos Roys Chrestiens vainquit Siagrius, & eut pour le fruict de sa victoire la ville de Soissons, où ce Capitaine, que Gregoire de Tours nomme Roy des Romains, faisoit sa residence. Cette qualité de Romaine que les actes du Saint donnent à sa mere Protagie, se peut encore expliquer autrement ; en disant simplement qu'elle estoit originaire de quelque ancienne maison des Gaulois, à qui les Autheurs donnent aussi le tître de Romains, tant à cause qu'ils parloient la langue & gardoient les loix de Rome, que pour les distinguer des François, des Bourguignons, des Goths, & des autres peuples qui vinrent s'establir dans les Gaules.

Le nom de Godard consiste vne espece d'éloge, selon Pontus Heuterus, qui le deriue de l'Allemād, & dit qu'il signifie cœur dinin ou bon naturel.
ᵃ Selon le Pere Henschenius 484.

II.
Sa mere estoit Romaine & Chrestienne.

III.
Sa pieté.

Protagie eut le bonheur de sortir de parens Chrestiens ; on dit ᵇ que voulant consacrer sa virginité à Dieu, vn Ange l'auertit de se marier, & qu'ensuite ayant épousé Nectar qui estoit Payen, elle le gagna à I. C. & luy persuada de s'engager au seruice de ce Maistre adorable, en receuant le Baptesme. Ils vescurent tous deux dans la crainte de Dieu, & tâcherent de répondre par la pureté de leurs mœurs à la sainteté de leur Religion.

ᵇ Raulin. in Ser. in Fest. S. Gild.

IV.
Leur charité enuers les pauures.

Entre les vertus qu'ils pratiquerent, nos memoires releuent particulierement leur charité enuers les pauures, nous assurant qu'ils s'appliquoient auec beaucoup de soin & de tendresse à nourrir les miserables, à reuestir les nuds, & à soulager ceux qui estoient accablez de maladie & d'indigence, ou opprimez par l'injustice & la puissance des Grands.

V.
Dieu leur donne de saints enfans.

Nostre Seigneur benit leur mariage par vne heureuse posterité, en leur donnant deux fils & vne fille ; sçauoir Godard, Medard, & Medresme, qui bien loin de degenerer de la pieté de leurs parens, firent de si admirables progrez dans la perfection Euangelique, qu'ils ont merité que l'Eglise les reconnust & reuerast tous trois comme bien-heureux.

VI.
Raisons qui insuffisent que S. Godard est pour frere S. Medard.

Quelques-vns doutent si S. Godard fut veritablement frere de S. Medard, à cause que Fortunat ou Radebode, qui a écrit la vie de ce dernier, n'a point fait mention de S. Godard. Mais c'est se fonder sur vne foible raison que s'arrester ainsi au silence de cét Autheur, qui n'ayant entrepris que de traiter des actions de S. Medard, n'estoit pas obligé de parler de son frere : & il est bien plus juste d'en croire le témoignage du Martyrologe de Vandelbert, & d'vne infinité de Breuiaires & d'anciens Sermons, & mesme de plusieurs Manuscrits de la Cathedrale de Roüen, & vieilles Chartes de l'Abbaye de S. Medard, qui attestent que ces deux Saints furent freres ; à quoy l'on peut adjouster l'authorité de Gregoire de Tours & de S. Oüen, dans leurs éloges qu'ils ont fait de ces deux Saints, si toutefois les vers qu'on publie là-dessus sont de leur composition : l'opinion commune est que S. Godard & S. Medard nasquirent en mesme iour, & qu'ils furent iumeaux ; qu'ils receurent au mesme iour le caractere Episcopal, & qu'ils moururent pareillement au mesme iour : ce que nous examinerõs sur la fin de cét Eloge, que nous ne jugeons pas deuoir interrompre par la resolution de cette difficulté de Chronologie.

VII.
Ces deux iumeaux ont esté semblables en vertus.

Ie ne sçay pas si, selon qu'il arriue ordinairement à l'égard des jumeaux, il y eut entre S. Godard & S. Medard de la ressemblance de visage & d'inclinations naturelles ; mais nous auons quelques preuues qu'ils furent parfaitement semblables en vertu, & qu'on peut auec raison appliquer à l'vn, les loüanges de l'autre, ainsi qu'il se voit dans vn ancien Sermon inseré parmy les autres pieces de la Bibliotheque de Fleury, qui est vn panegyrique commun dressé à l'honneur de ces deux Saints.

VIII.
Leur education.

IX.
Ils reçoiuent la tonsure Clericale.

Leurs parens les nourrirent fort soigneusement ; & ayant apperceu en eux dés leurs plus tendres années, quelques rayons de cette brillante sainteté, dont ils deuoient vn iour éclairer l'Eglise, crûrent que Dieu les destinoit au ministere de ses Autels, & dans cette pensée leur firent receuoir la tonsure Clericale. Cette ceremonie se fit dans le Monastere de S. Estienne prés de Soissons, lequel porte aujourd'huy le nom de S. Medard, où long-temps on a gardé par vn pieux respect les ciseaux qui auoient seruy à couper leurs cheueux. Ie ne mettray point icy en question, si par ce terme de Monastere de S. Estienne on doit entendre vne maison Religieuse ou simplement vne Eglise ; mais laissant cette matiere à traiter aux autres aussi-bien que la suite de la vie de S. Medard, depuis Euesque de Noyon, ie continueray l'Histoire de nostre S. Godard.

L ij

S. GODARD.
CHAP.
II.
Sommaire.
I.
Vertus de S. Godard en sa ieunesse.

SEs actes nous apprennent donc, que dés son enfance il fut préuenu d'vne grace non commune, qui fut cause que ses proches l'esleuerent pour la condition Ecclesiastique. Dans cét âge, qui ne respire que le jeu & le diuertissement, tout son plaisir estoit de s'échapper de la maison de son pere pour aller prier Dieu dans vne Eglise ; il estoit retenu & modeste, soûmis & obeïssant à ses parens, complaisant & respectueux à tout le monde. C'est chose admirable, qu'estant encore petit garçon, il auoit vn amour si tendre pour les pauures, que souuent, bien qu'il eust appetit, il leur distribuoit le pain qu'on luy auoit donné pour son déjuner ou pour sa collation, & souffroit volontiers la faim, pourueu qu'il eust la satisfaction d'auoir soulagé celle de ses miserables. Il leur faisoit aussi part de ses habits, & s'en dépoüilloit auec joye pour pouuoir couurir leur nudité ; de sorte qu'aucune fois il retournoit demy-nud au logis, sans se soucier des railleries de ses compagnons, dans l'esprit desquels cét emportement de charité passoit pour vne veritable folie.

II.
Sa charité enuers les pauures.

III.
Le grand progrez qu'il fit dans les plus hautes pratiques des vertus.

Au sortir de l'enfance, l'ardeur & la legereté de la jeunesse où il entroit, n'interrompirent point le cours de sa sainteté ; la lumiere celeste dont le S. Esprit l'auoit remply, luy faisant connoistre que cét âge estoit d'autant plus dangereux qu'il estoit plus beau & plus agreable. Il commença à veiller attentiuement sur soy-mesme, & à s'armer de l'austerité de la penitence, contre les attaques de la volupté. Il fuyoit les delices des sens, il se mortifioit par les veilles & les jeûnes, & n'obmettoit rien de ce qu'il jugeoit vtile pour tenir son corps soûmis & assujetty à son esprit. Il fuyoit l'oisiueté, & il s'occupoit sans cesse, ou à la priere ou à l'estude des saintes lettres, & s'affermissoit dans l'amour de la pureté par la lecture de cette parole du Seigneur, laquelle estant chaste, communique aussi cette qualité Angelique à ceux qui la lisent auec vne foy humble & feruente. Afin de profiter dauantage des veritez diuines, il tâchoit de les faire entrer dans son cœur par la meditation, & passoit souuent les iours & les nuits dans ce saint exercice. Autant il estoit rude & seuere à soy-mesme, autant il estoit doux & benin enuers les autres ; il témoignoit de la bien-veillance à tous ceux qui l'approchoient, non point par vne ciuilité feinte & purement exterieure, mais par vn sentiment d'vne sincere charité. On ne pouuoit rien voir de plus humble que luy ; non seulement il rendoit de profonds respects à ceux qui estoient constituez en quelque dignité, ou qui par quelqu'autre consideration estoient au dessus de luy, mais mesme il déferoit & cedoit volontiers à ses inferieurs. Ce fut par l'exercice continuel de ces solides vertus que la grace le conduisit à cét estat de perfection, où doiuent estre ceux qui montent à l'Episcopat.

Flos ætatis, periculum mentis.
D. Aug.

IV.
De la penitence.

V.
Des saintes lettres.

VI.
De l'Oraison.

VII.
De la douceur enuers le prochain.

VIII.
De l'humilité.

CHAP.
III.
Sommaire.
I.
Comment il fut éleu Euesque.

NOus ne sçauons point si auant d'estre estably en ce suprême degré de Sacerdoce, il auoit receu le caractere de Prestrise. C'est vne circonstance que la sterilité de nos memoires nous a enuiée, aussi-bien que la maniere dont il fut élû Archeuesque de Roüen. De sorte que nous sommes reduits à dire, que son rare merite se faisant admirer de tous les gens de bien, aprés la mort de Crescence les suffrages du Clergé & du peuple l'appellerent à cette charge sacrée. Ils eurent tout sujet de

DES ARCHEVESQVES DE ROVEN.

II. *Ses vertus Episcopales.*

remercier Dieu de les auoir si bien inspirez, de leur auoir suggeré vne si bonne élection. Car si le Saint conduisit son troupeau auec vn zele & vne vigilance admirable. Si n'estant encore qu'enfant il eut tant de tendresse pour les miserables, que de s'oster le pain de la bouche, & se dépoüiller de ses habits pour remedier à leur faim & à leur nudité ; jugez de ce qu'il fit lors qu'en qualité d'Euesque il se vit obligé de seruir de pere & de tuteur general aux personnes indigentes & necessiteuses ; il portoit leurs noms grauez non simplement dans sa memoire mais dans son cœur, & pouruoyoit à tous leurs besoins auec vne affection paternelle.

S. Godard.

Infirmorum nomina ne quis eorum à sui cordis recederet memoria. Act. S. Gild.

III. *Sa charité pour racheter les captifs.*

Sa charité n'estoit pas seulement limitée au soulagement de ceux qui demeuroient dans son Diocese, & dont les miseres estoient presentes à ses yeux; elle s'estendoit aussi sur les captifs, que la guerre ou quelqu'autre malheur auoit fait tomber entre les mains des estrangers. Leur éloignement n'empeschoit point qu'il n'entendit leurs gemissemens, & que touché de compassion il ne trauaillast à leur deliurance. C'est à quoy il s'employoit incessamment, & il croyoit que c'estoit vn commerce tres-digne de son caractere que de racheter ces malheureux & de les mettre en liberté.

IV. *Son zele pour la predication de l'Euangile.*

Saint Godard se signala aussi par la propagation de l'Euangile dans le territoire de Roüen; mais ce qui est remarquable, c'est qu'il ne conuertissoit pas tant les Gentils par sa doctrine & ses Predications publiques, que par sa merueilleuse affabilité, & par les bons offices qu'il taschoit de leur rendre dans les occasions : car le Saint estoit si doux & si humble, qu'il conuersoit familierement auec vn chacun, essayant par ce moyen de s'insinuer dans l'esprit de ceux auec qui il traitoit, & de leur inspirer vn desir efficace de leur salut. Au reste, cette douceur & cette complaisance qu'il auoit pour tout le monde, n'empeschoit pas qu'il ne fut seuere dans les choses où il n'eust pû se relascher & vser de condescendance, sans s'éloigner en quelque façon des loix Diuines ou Ecclesiastiques, ausquelles il estoit tellement attaché, qu'il a merité l'éloge de *Canonum obseruantissimus*, c'est à dire de tres-exact à obseruer les saints Canons. Le Saint sçachant bien que tous ses soins & ses trauaux eussent esté inutils sans la benediction du Ciel, taschoit de l'attirer abondamment sur son Troupeau, par ses sacrifices & ses prieres. C'estoit pour cela qu'il celebroit tous les iours la sainte Messe; d'où il tiroit aussi cét auantage, que s'vnissant par la participation des diuins mysteres à cét adorable Pasteur, qui non content d'auoir donné sa vie pour ses brebis, les nourrit encore de son sang; il receuoit tousiours dans cette vnion, vn nouuel accroissement de charité, de force & de lumiere, pour le gouuernement de son Diocese. Voila ce qui regarde en general la conduite de S. Godard.

V. *Et pour la discipline Ecclesiastique.*

VI. *Les grands biens qu'il receuoit en celebrant la Ste Messe.*

VII. *Il assiste au Baptesme de Clouis.*

Quant à ses actions particulieres, nous en sçauons fort peu de chose; i'en obserue seulement trois. La premiere, qu'il trauailla conjointement auec S. Medard à la conuersion des François, & fut mesme present au Baptesme de Clouis, le premier de nos Roys qui ait embrassé le Christianisme. La seconde, qu'il assista en 511. au premier Concile que ce Prince

L iij

86 HISTOIRE

S. Godard. VIII. Et au premier Concile d'Orleans.
conuoqua à Orleans par l'aduis de S. Remy, pour la reformation de la discipline Ecclesiastique. Et la troisiéme, qu'il consacra S. Lo pour Euesque de Coutance, encore qu'il n'eust que douze ans, lequel euenement estant des plus extraordinaires, ie le déduiray vn peu plus au long.

CHAP. IV.

Sommaire.
I. S. Lo est miraculeusemẽt esleu pour Euesque de Coutance, n'estant âgé que de douze ans.

SAint Possesseur estant mort, aprés auoir gouuerné fort saintement le Diocese de Coutance ; comme le Clergé se preparoit pour remplir le Siege vacquant, ce saint Euesque apparut à deux Prestres pendant la nuit, & leur fit entendre que le Ciel auoit destiné vn petit garçon nommé Lo, âgé de douze ans, pour estre son successeur, & qu'ainsi ils ne deuoient point faire de difficulté de le proposer à l'assemblée, où l'on deuoit proceder à l'election d'vn Euesque. Ces bons Ecclesiastiques obeïrent à cét ordre, & ayant declaré la reuelation qu'ils auoient euë, & nommé en mesme temps cét enfant pour estre éleué à cette sublime dignité ; tous ceux qui estoient presens, comme poussez par vn mesme mouuement du S. Esprit, accepterent cette proposition, & témoignerent leur consentement par de grandes acclamations. En suite on obtint l'aggréement du Roy Childebert, qui ayant esté aduerty par vn Ange de se montrer fauorable à cette affaire, confirma ce qui auoit esté arresté par le Clergé & le Peuple du territoire de Coutance. Mais quand les deputez de ce Diocese vinrent à parler à nostre Archeuesque S. Godard de sacrer S. Lo, ils n'eurent pas vne pareille satisfaction. Comme ce Prelat estoit merueilleusement exact & ponctuel à obseruer les Regles de la police Ecclesiastique, il ferma aussi-tost la bouche à ceux qui luy faisoient cette ouuerture, & les refusa absolument. Il n'eut aucun égard aux reuelations des autres, jusqu'à ce qu'ayant esté informé luy-mesme de la volonté de Dieu par le ministere d'vn Esprit bien-heureux, il changea de resolution, & confera le caractere Episcopal à ce jeune enfant, qu'il reconnut estre vn vieillard quant aux qualitez necessaires pour exercer dignement cette fonction Apostolique, à laquelle les suffrages des Peuples l'auoient appellé. Nostre Seigneur qui se plaist à dépeindre & à continuer dans les Saints les diuers estats de sa vie, luy ayant voulu communiquer vn petit rayon de cette lumiere & de cette sagesse qui parut auec tant d'éclat en sa personne adorable, lors qu'en l'âge de douze ans il fit admirer aux Docteurs de la loy, sa souueraine prudence & sa profonde capacité à interpreter les saintes Escritures.

II. S. Godard refuse d'abord de le sacrer.

III. Ce qu'il fait enfin ayant receu commandement par le ministere d'vn Ange.

Stupebant autem omnes qui eum audiebant super prudentia & responsis eius.
Luc 2. 47.

IV. Difficultez de Chronologie pour le Pontificat de S. Godard.

V. Et pour celuy de S. Lo.

Cette ceremonie du sacre de S. Lo, que les actes de ce saint Euesque nous assure auoir esté faite par S. Godard, nous donne quelques instructions pour l'establissement de nostre Chronologie ; dont la premiere est, qu'il s'est glissé vne erreur dans les Tables Ecclesiastiques, qui mettent le commencement du Pontificat de S. Godard en l'an 473. comme aussi dans la Chronique manuscrite de Roüen, qui marque les noms de S. Godard & de S. Lo sous cette mesme année, comme pour montrer qu'ils viuoient en ce mesme temps. Ce qui n'a pû estre, puisqu'alors S. Lo n'estoit pas encore né. La seconde, qu'il y a aussi faute dans le Catalogue des Euesques de Coutance, où l'on a mis S. Lo le cinquiéme, & depuis encor le dixiéme ; supposant que ç'a esté le cinquiéme qui fut

consacré par S. Godard, ce qui est impossible, estant certain que S. Lo *S. Godard.*
ne fut élû Euesque qu'aprés *Leontianus*, qui souscriuit au Concile d'Orleans enuiron l'an 511. & mesme selon ce que nous auons dit cy-dessus
aprés S. Possesseur, lequel tint le Siege enuiron treize ans, comme l'écrit *Licet quædā*
Robert Cenal qui establit sa Chronologie sur la suite des Euesques de *acta sancti Laudi ei 35.*
Coutance; d'où il resulte que cette consecration de S. Lo, n'auroit esté *tibuant.*

VI.
Année du deceds de S. Godard, & le lieu de sa sepulture.
faite qu'enuiron l'an 524. La troisiéme, que S. Godard paruint jusqu'à
la treiziéme année de Childebert, sous le regne duquel il mourut enuiron l'an 525. le 6. de Iuin. Son corps receut les honneurs de la sepulture
en vne Eglise de Nostre-Dame, situeé alors dans les Faux-bourgs de la
Ville, où Dieu l'ayant depuis rendu illustre par plusieurs miracles; cét
édifice sacré, au lieu du nom de son ancienne Patronne, receut celuy du
Saint; de sorte qu'il subsiste encore aujourd'huy dans l'enclos de la Ville,
sous le titre de S. Godard, dont les saintes Reliques y demeurerent jus-

VII.
Ses Reliques transferées à S. Medard de Soissons.
qu'enuiron le temps de Loüis le Debonnaire, qu'elles furent transportées en l'Abbaye de S. Medard de Soissons; la diuine Prouidence en
ayant ainsi disposé, afin que ces deux freres fussent vnis de demeure
aprés leur mort. On faisoit autrefois en cette Abbaye la Feste de cette
translation le 17. Iuin, dequoy il est parlé dans vne ancienne Prose qui
se chante encore en la Feste des saintes Reliques de ce Monastere.

Veneremur nunc Medardum, Patronos, quorum
Gildardum hic & iacent corpora, &c.

VIII.
Vn bras de ce Saint donné à l'Abbaye de saint Oüen.
I'ay fait voir dans l'Histoire de S. Oüen, qu'Odo Abbé de S. Medard
fit present à Dom Nicolas de Normandie, Abbé de S. Oüen, d'vn bras
de S. Godard auec plusieurs autres Reliques dont i'ay fait mention; la
Feste de S. Godard se celebre le 6. Iuin, iour de son glorieux trespas.

La pluspart des Autheurs qui ont traité de S. Medard & de S. Godard
rapportent trois vers, qu'ils disent auoir esté composez par S. Oüen.

Hi sunt Gildardus fratres gemini atque Medardus,
Vnadiè natos vtero, viditque sacratos
Albis indutos, & ab ista carne solutos.

IX.
Comment il faut enten-dre que saint Godard & saint Medard sont nez, & en mesme iour.
Dont le sens est, que S. Godard & S. Medard furent freres, qu'vn
mesme iour les vit naistre, les vit receuoir le caractere Episcopal, & les
vit enfin sortir de cette vie mortelle. Quelques-vns entendant cecy trop
litteralement, veulent que leur naissance, leur Sacre, & leur mort se
soient rencontrez en vn mesme an, & en vn mesme iour; & alleguent
pour preuue de cette explication cette ancienne Prose, qu'ils attribuent
à Gregoire de Tours.

Compares, sacrati simul, coronati pariter, iuncti
Dicastis diem festum meritis, sancte Medarde cum
Gildardo inclyto, opem poscenti semper ferte populo.

Mais ie crois, qu'ou ces vers sont supposez & ne contiennent rien de
veritable, à l'égard du temps de l'Ordination & du deceds de ces deux
saints, ou si on les doit receuoir comme estant effectiuement de saint
Oüen; il faut les expliquer en sorte que leur signification soit, que saint
Godard & S. Medard prirent naissance en vn mesme iour, en vne mesme

S. Godard. année, & qu'ils receurent l'onction Episcopale, & moururent en vn mesme iour, mais en diuerses années, & non pas l'vn au mesme temps que l'autre. Car il est tres-certain que S. Godard fut Euesque, & qu'il deceda aussi auant son frere S. Medard. Le premier point est aisé à prouuer. Saint Godard se trouua en qualité d'Archeuesque de Roüen, au premier Concile d'Orleans, tenu vers l'an 508. selon le Pere [a] Henschenius, & 511. selon le Pere Syrmond, auquel Synode assista pareillement Sophronius Euesque de Vermandois, qui eut pour successeur Allomere, après la mort duquel S. Medard fut estably Pasteur de ce Diocese, puis de Noyon & de Tournay; d'où il s'ensuit que S. Godard estoit Euesque auant S. Medard, & que si leur Sacre se fit en mesme iour, ce ne fut pas en mesme année. Ie pourrois encore adjouster d'autres raisons, & par exemple celle-cy; que S. Medard n'ayant esté Euesque que 15. ans (comme le portent ses actes) & estant entré dans le Siege de Tournay après S. Eleuthere en 531. ainsi que le montre clairement le Pere Henschenius, il ne pouuoit pas posseder la dignité Episcopale en 511. comme faisoit son frere S. Godard : mais la premiere raison suffit pour l'establissement du premier point. Quant au second, qui regarde le deceds, il n'est pas moins asseuré; car ce Saint Euesque mourut en 535. selon Sigebert, ou en 537. le 8. Iuin, suiuant vn Manuscrit de l'Abbaye de Soissons qui porte son nom, ou mesme après la mort de Chramne, bastard de Clotaire, arriuée [b] en 559. ou 560. selon l'opinion suiuie communément des Autheurs (si toutefois le passage des actes du Saint, où il est parlé de la fin malheureuse de Chramne, n'est point vne addition de quelque copiste) veu qu'au rapport du Pere Henschenius, il se trouue de vieilles relations Latines de la vie du Saint, où cette circonstance n'est point marquée, & que ces actes où il est fait mention de la visite renduë par le Roy à saint Medard, après que Chramne eut pery miserablement, sont sans doute corrompus & pleins d'erreurs. Quoy qu'il en soit, il est tres-constant que S. Medard estoit encore au monde en 533. auquel temps S. Godard ne gouuernoit plus le Diocese de Roüen, mais Flauius, qui luy auoit succedé après son deceds; par où il est visible que S. Godard & S. Medard ne moururent pas en la mesme année.

X. Qu'ils n'ont esté sacrez Euesques en mesme année.

a En sa Preface deuant les actes de saint Eleuthere Euesque de Tournay en 20. feb. 3. vol.

X I. Qu'ils ne sont pas morts non plus en mesme année.

b Mr. de Valois met la mort de S. Medard en 560. ⊕) Baronius en 564.

XII.
Distique pour S. Godard.

Afin de fermer cét Eloge par vn Distique, ainsi que i'ay fait les precedens, ie mettray icy deux vers composez il y a six cens ans, par vn Religieux de l'Abbaye de S. Oüen.

Fulsit Gildardus Pastor sacer atque benignus
Dapsilis & constans, verbi quoque lumine flagrans.

ELOGE DE FLAVIVS. 15.

An de I. C. 535.
CHAP. I.
Sommaire.
I.
En quelle année Flauius entra au Pontificat.

FLAVIVS, vulgairement appellé S. Filleul, succeda à saint Godard, non pas l'an 498. comme quelques-vns ont écrit, mais plus probablement enuiron 535. Ce nom de Flauius semble marquer qu'il estoit de famille Romaine, ou du moins originaire des anciens Gaulois, qui parloient le langage, & viuoient sous les loix de Rome. Ie lis dans la Chronologie de Mr. Dadré, que nostre Flauius fut Gouuerneur du Palais du Roy Dagobert auant qu'estre Archeuesque; ce qui est impossible, veu que ce Prince ne vescut que plus de cent ans après luy. Certes cette faute est trop grossiere pour estre attribuée à

II.
Erreur touchant la charge de Maire du Palais.

cét Autheur; & il y a beaucoup d'apparence que c'est vne méprise de ceux qui firent imprimer il y a quarante ans cét Ouurage Postume Mr. Robert dans son *Gallia Christiana*, qui s'est apperçeu de cette erreur, s'est contenté de dire qu'il fut Tresorier ou Surintendant des Finances du Palais Royal, sans dire sous quel Roy il exerça cette charge; si ce fut sous Childebert Roy de Paris, ou bien sous Clotaire Roy de Neustrie ou de Soissons; il seroit plus vray-semblable que c'auroit esté sous ce dernier, s'il estoit constant qu'il eust esté honoré de cét employ; mais comme nous n'en trouuons rien chez les anciens Autheurs, on ne doit point auoir égard à ce que disent ces modernes. On voit bien qu'il y eut en ce temps-là vn Flauius Officier du Roy, mais il eut l'Office de Referendaire dans la Cour du Roy Gontran, & succeda en suite à Agricole dans l'Euesché de Chalons sur Saone, comme le remarque Gregoire de Tours, liure 5. chap. 46.

III.
Il assista à trois Conciles tenus de son temps.

Nous sçauons fort peu de chose des actions de nostre Flauius. Il assista aux trois Conciles qui furent tenus de son temps à Orleans, au second qui fut celebré le 23. Iuin 533. où se trouuerent ses Suffragans, Perpetuus Euesque d'Avranche, Passiuus de Saiz, & S. Lo de Coutance. Au troisiéme qui se tint le 7. May, l'an quatriéme après le Consulat du jeune Paulin, qui répond à l'an 538. où furent aussi Leucadius Euesque de Bayeux, S. Lo de Coutance, Passiuus de Saiz, Theobaude ou Thibaud de Lizieux, Licinius d'Evreux, & Baudaste Prestre, qui auoit esté enuoyé par Perpetuë Euesque d'Avranche, qui n'auoit pû s'y transpor-

Baronius dit 536. sous Childebert

Baronius 541

IV.
Difficultez touchant les années de ces Conciles.

ter; enfin il fut aussi present au quatriéme. Ie sçay que Mr. Dadré & quelques autres n'ont fait mention que du second & troisiéme; mais enfin Mr. Preuost, Messieurs de sainte Marthe, le Pere Syrmond, Seuertius, & quelques autres, asseurent qu'il assista aussi au quatriéme Concile d'Orleans, qui fut tenu trois ans après celuy que nous venons de dire. Basile, homme tres-illustre, estant Consul l'an de I. C. 541. & non

Baronius dit 545.

90 HISTOIRE

FLAVIVS. pas 547. comme il eſt marqué dans les Conciles de Binius, ou 550. ſelon
V. Democharé. Paſſiuus & Baudaſte l'y accompagnerent perſonnellement,
Suffragans & Leucadius de Bayeux y enuoya Theodore ſon Preſtre, ou Grand Vi-
qui l'y accom-
pagnerent. caire. Saint Leon Eſcupillon, & Theobaude Edelius auſſi Preſtre, pour
porter leurs excuſes, & y aſſiſter en leur place. I'ay dit dans l'Hiſtoire
de l'Abbaye de S. Oüen, que ce fut du temps de Flauius, & meſme
à ſa ſollicitation, comme diſent quelques Manuſcrits, que Clotaire fit
VI. baſtir l'Abbaye de S. Pierre au Faux-bourg de Roüen; c'eſt ce que nous
Clotaire baſtit
à ſa priere auons de plus memorable de cét Archeueſque, qui eſt nommé Saint
l'Egliſe de
S. Pierre, dans les Calendriers & dans tous les anciens Manuſcrits de l'Egliſe de
dite depuis
de S. Oüen. Roüen. Ce qui nous fait regretter infiniment la perte des actes de ſa vie,
VII. où nous trouuerions ſans doute dequoy luy dreſſer vn digne Eloge, &
Pourquoy il
eſt appellé des exemples tres-rares de vertu & de ſainteté pour noſtre inſtruction
Saint.
VIII. particuliere. Ie trouue dans vne ancienne Chronique de l'Abbaye de
Ses Reliques Iumiege, que ſon corps Saint fut enterré en l'Egliſe de S. Pierre, dans ce
portées à Iu-
miege. Monaſtere, ce qu'il faudroit entendre de quelque tranſlation qui fut
faite depuis, eſtant certain que du temps de ſa mort, cette Abbaye
n'eſtoit pas encore fondée. Voicy le Diſtique qui a eſté fait pour ſaint
Flauius.

Flauius inſigni virtutum flore refulſit,
Commiſſoſque ſibi diuina lege repleuit.

Vn ancien Manuſcrit de l'Abbaye de S. Oüen, luy donne cét autre
Eloge. *Hic vero B. Flauius multis virtutibus præditus, Diuini amoris flagran-*
tia accenſus, dapſilis pauperibus Rothomagenſem rexit Eccleſiam.

ELOGE
DE SAINT EVODE. 16.

An de I. C. **B**IEN que toutes les vieilles Chroniques, & tous les anciens Ca-
CHAP. talogues de nos Archeueſques mettent S. Euode, entre Innocét
I. & Sylueſtre, ie ne fais nulle difficulté de le placer apres S. Filleul,
Sommaire.
I. me fondant ſur ce qui eſt porté dans l'hiſtoire de ſa vie, où j'apprends Clotaire com-
Difficultez qu'il viuoit du temps de Clotaire premier Roy de France; que ſi quel- menſa de re-
pour le temps gner en 511.
de S. Euode. qu'vn ne veut point ſe departir de l'ancienne opinion, il faudra pour & mourut
concilier toutes choſes, ſuiuant quelques anciens Catalogues, luy mar- en 562.
quer deux Euodes, l'vn ſucceſſeur d'Innocent, & l'autre qui gouuerna
l'Egliſe apres Flauius. Mais la premiere voye pour accorder cette contrarieté de nos memoires eſt plus raiſonnable, auſſi a-t'elle eſté ſuiuie
par Meſſieurs Dadré, le Preuoſt, de Ste. Marthe.

II. S. Euode eut pour pere vn Seigneur François, nommé Florentin,
Quel fut ſon ſorty d'vne tres-noble famille: ce Caualier auoit receu du Ciel tous les
pere.

DES ARCHEVESQVES DE ROVEN.

auantages de l'esprit & de fortune que l'on n'eust pû souhaitter en vne S. EVODE
personne de haute naissance ; & ce qui est beaucoup plus à estimer, viuoit dans la lumiere du Christianisme, en ayant esté éclairé dés sa plus
tendre jeunesse. Il auoit appris si parfaitement toutes les maximes &
tous les deuoirs de nostre Religion, & les obseruoit auec tant d'exactitude, qu'il passoit pour vn modelle de vertu parmy ceux qui le connoissoient. Son illustre extraction ne luy donnoit point de pensée d'orgueil, ny de mépris pour les pauures ; il pratiquoit la modestie & l'humilité Chrestienne ; il souffroit auec patience les disgraces, & les aduersitez dont il plaisoit à Dieu l'éprouuer ; il secouroit fort charitablement
les miserables, & taschoit par ses aumosnes d'éuiter les maledictions
que nostre Seigneur a prononcées contre les riches. La déference qu'il
auoit pour ses parens l'engagea dans le mariage, mais ce nouueau lien ne
l'empescha point de continuer dans l'exercice de la Religion ; car il eut
le bonheur d'épouser vne Damoiselle fort accomplie, nommée Celin-
de, qui ne luy cedoit rien, ny en noblesse ny en pieté. Ces deux excellentes personnes vescurent fort long-temps ensemble dans l'honnesteté conjugale, & dans vne vnion d'autant plus estroite, qu'elle ne
procedoit pas seulement d'vne affection purement humaine, mais encore de la grace & de la charité. Ils estoient assidus à la priere, ils s'employoient aux actions vertueuses, & comme dit nostre Original, tâchoient de passer de telle sorte par les biens perissables de cette vie, qu'ils
ne vinssent point à perdre les Eternels.

Nostre Seigneur benit leur mariage en leur donnant vn fils, qu'ils
nommerent Euode, qui receut dans le S. Sacrement de Baptesme la
plenitude des graces du S. Esprit, contenuë dans les sept dons, qui sont
comme le riche appanage de cette renaissance spirituelle. Dés qu'il fut
capable d'estre instruit, on le mit entre les mains de pieux & de sçauans
maistres, qui prirent grand soin de luy apprendre les bonnes lettres, &
de faire fructifier les precieuses semences de vertu que nostre Seigneur
auoit répanduës dans son ame. A mesure qu'il croissoit en âge, il croissoit
aussi en science & en pieté ; il assistoit à l'Office diuin auec vne modestie
& vne deuotion singuliere, & lors qu'on lisoit dans l'Eglise la sainte
Escriture, il s'y rendoit extrémement attentif, & en remarquoit les plus
belles Sentences, afin de les reduire en pratique & de s'en seruir comme
d'vn bouclier, pour repousser les attaques du malin esprit ; en quoy, dit
nostre Texte, il imitoit la diligence des abeilles, qui volant sur les fleurs
en tirent le suc le plus pur pour en former du miel.

L'innocence de ses mœurs, & toutes les excellentes qualitez qu'on
voyoit reluire en luy, faisant connoistre à ses parens qu'assurément Dieu
le destinoit à de grandes choses, ils le presenterent tout petit qu'il estoit,
pour estre éleué parmy les autres Clercs & Ecclesiastiques de la Cathedrale de Roüen. Ainsi il crût comme vn autre Samüel dans le Sanctuaire, & commença à jetter de toutes parts de vifs rayons de la saincteté
dont la grace l'auoit enrichy. Son visage, que nos memoires témoignent
auoir esté parfaitement beau, estoit comme le portrait de sa belle ame ;

III.
Ses vertus.

IV.
Son mariage.

V.
Naissance de
S. Euode, &
son éducatiō.

VI.
Son amour
pour la sainte
Escriture.

VII.
Ses parens le
mettent par-
my les Clercs
de la Cathe-
drale de
Roüen.

M ij

& sa taille haute, droite & majestueuse, vne marque de cette grandeur & de cette generosité de courage qui luy faisoit mépriser & fouler aux pieds tout ce que le monde admire, pour ne prétendre qu'aux couronnes de l'Eternité. On remarquoit en luy vne chasteté Angelique, vne prudente simplicité, vne gayeté modeste, vn attrait & vne douceur dans ses paroles, qui le faisoient admirer de tous ceux qui approchoient de sa personne.

S. ÉVODE. VIII. *Les vertus qu'il y fit paroistre.*

CHAP. II.
Sommaire.
I. *Suite de ses vertus auant son Episcopat.*

Ayant tant de rares auantages qui peussent pû mettre en estime dans le Siecle, il n'y attacha aucunement son cœur, il se souuint tousiours qu'il y auoit renoncé au Baptesme; & afin que la volupté n'eust point de prise sur luy, il se munit de bonne heure des armes de la penitence. Sa beauté ne luy fut point vn sujet ny de vanité ny de delicatesse, au contraire, sçachant que ce don de la Nature fauorisoit les inclinations corrompuës de la chair, il s'appliqua auec vne sainte cruauté à mortifier son corps, & à l'assujettir à la loy de l'esprit par les jeusnes. Il fuyoit les occasions du peché, & se priuant de tous les plaisirs des sens, il se contentoit le plus souuent de manger vn peu de pain auec vn peu de sel, & de boire de l'eau, qui estoit sa boisson ordinaire. Cette épargne luy donnoit moyen de secourir les pauures qui accouroient vers luy de toutes parts, & de pratiquer les autres œuures de misericorde enuers les miserables. Les actes de sa vie nous asseurent qu'il auroit vne adresse particuliere à consoler les affligez, & qu'il portoit tousiours dans leur cœur quelque douce parole, qui comme vn baume sacré adoucissoit l'amertume & la tristesse de leur ame, son éminente sainteté luy ayant acquis l'estime & la bien-veillance de toute la Ville. Il ne faut pas s'estonner si l'Eglise de Roüen estant demeurée vefue par la mort de son Pasteur, le Clergé & le Peuple qui regardoient auec admiration sa vie toute celeste, le demanderent tous d'vne voix pour les gouuerner, & protesterent que celuy qui surpassoit tous les autres en merite, les deuoit aussi preceder en rang & en dignité. Ils députerent vers le Roy, pour le supplier d'agréer le choix qu'ils auoient fait: ce qu'il leur accorda tres-volontiers. On ne sçauroit exprimer la joye qui parut dans la Ville, lors que ce S. Euesque y fut receu. Il y fit son Entrée parmy les acclamations publiques de tous les Ordres, qui ne pouuoient se lasser de témoigner par leurs paroles, & par leurs actions le contentement que leur apportoit l'establissement d'vn si S. Euesque. Chacun se promettoit de grandes choses de sa conduite; mais on peut dire que chacun fut trompé, en ce que les effets surpasserent les esperances qu'on en auoit conceuës, tant il s'acquitta excellemment de tous les deuoirs d'vn bon Pasteur. Son zele à trauailler au salut de son Troupeau, sa doctrine & son éloquence à expliquer & à annoncer les veritez Chrestiennes, sa bonté & sa douceur à accueillir obligeamment tous ceux qui s'adressoient à luy, sa charité enuers les pauures & les personnes affligées, son détachement des choses de la Terre, & son vnion à I. C. sa vigilance & son exactitude à ne rien faire qui ne fut édifiant & exemplaire; en vn mot ses vertus furent incomparables, & c'est parler fort historiquement & sans figure, que de dire

II. *Son austerité & mortification.*

III. *Sa charité à secourir les pauures, & consoler les affligez.*

IV. *Le Clergé & le Peuple de Roüen le choisissent pour leur Euesque.*

V. *De quelle maniere il s'acquitta des fonctions Episcopales.*

Sæculo renunciauimus quicumque Baptisati sumus. S. Cyp. lib. ad Quirinum.

Ieiunabat sæpissime & si quando cibum sumere contigisset panc exiguo erat contentus, cum assueta potatione aquæ. Ex act. d. Euod.

qu'il n'est point de paroles qui les puissent dignement exprimer.

VI.
Dieu l'honore du don de miracles.

Nostre Seigneur l'honora de plusieurs insignes miracles pendant sa vie, & aprés sa mort. Il rendit la parole à vn enfant muet, ayant oint sa langue du saint Chresme, & fait le signe de la Croix sur luy; il éteignit

VII.
Il éteint vn embrasement par ses prieres.

par ses prieres jointes à ses larmes, vn grand embrasement qui menaçoit de ruiner toute la Ville; les Bourgeois n'ayant point trouué de plus prompt secours dans ce malheur, que de s'adresser à leur S. Euesque; dont l'Oraison fit aussi-tost cesser cét horrible incendie. Dieu multiplioit aucunesfois l'argent qu'il départoit aux necessiteux; de sorte qu'vn iour ayant esté aduerty qu'il estoit suruenu vn nombre extraordinaire de pau-

VIII.
Dieu multiplie l'argent dont il faisoit l'aumosne.

ures qui demandoient l'aumosne, & qu'il n'y auoit que deux pieces de monnoye pour leur donner, il inuoqua secrettement l'assistance de celuy qui forme l'or & l'argent dans le sein de la terre; & l'effet de sa priere fut, qu'il se trouua dans sa bourse dequoy satisfaire au besoin de tous ces miserables.

IX.
Son pouuoir extraordinaire à chasser les démons.

Il auoit receu de Dieu vne puissance merueilleuse pour chasser les démons; on luy amenoit les demoniaques par troupes, & du seul signe de la Croix, mesme sans leur imposer les mains, il obligeoit le diable de les quitter; il deuint si formidable à ces esprits malins, qu'en son absence ils estoient contraints d'abandonner ceux sur lesquels l'on faisoit le signe de la Croix auec le baston Pastoral dont il se seruoit. C'estoit le refuge ordinaire des affligez, & il n'assistoit pas seulement ceux qui se pre-

X.
Et à guerir les malades.

sentoient à luy, mais les febricitans & les autres malades estoient assurez de recouurer leur santé, s'ils pouuoient auoir quelque parcelle de la paillasse sur laquelle il prenoit son repos.

CHAP. III.

Sommaire.

I.
Il tombe malade faisant sa visite à Andely.

ENfin, aprés auoir acquis vne tres-haute reputation par l'éclat de ses vertus & de ses miracles, nostre Seigneur le voulut mettre en possession de la gloire immortelle. Vn iour le deuoir de sa charge l'ayant appellé à Andely, pour y faire la visite des Ecclesiastiques qui y demeuroient, & sçauoir de quelle façon ils s'acquitoient de leur ministere; il tomba en vne grosse fiévre qui le reduisit bien-tost à l'extrémité, & luy fit connoistre que la fin de sa vie approchoit. Ce fut ce qui l'obligea

II.
Il exhorte les siens à la vertu, & les console.

d'appeller les principaux de son Clergé, & du Peuple, à qui il fit vne salutaire remonstrance, les exhortant à demeurer fermes dans la Foy & dans l'amour de Dieu, à obseruer religieusement ses Commandemens, & implorer ses graces par vne priere feruente & assiduë à s'appliquer aux bonnes œuures, & sur tout à celles qui regardent le secours des paures & des malades. Ces paroles toucherent si sensiblement ceux qui estoient presens, qu'ils en ietterent tous des soûpirs & des larmes, & ne purent s'empescher de dire au S. Prelat; Saint Pere, pourquoy nous quittez-vous? comme s'il eut dépendu de luy de ne pas mourir. Ces plaintes

III.
On luy apporte le saint Viatique, & l'ayant receu il rend l'esprit.

ayant esté arrestées par l'ordre du Saint, qui fit signe de la main, on luy apporta la sainte Eucharistie qu'il receut auec grande ioye; & vn peu aprés comme il vit tous les Assistans dans vn profond silence, il se tourna vers eux, leur dit d'vne façon tendre & amoureuse, Adieu mes chers enfans, ie vous souhaite la paix de I.C. Puis il s'arma du signe de la Croix,

M iij

94　　　　　　　　HISTOIRE

S. EVODE.　& rendit l'esprit le 8. Octobre. Son corps fut enueloppé dans vn drap de soye de grand prix, & apporté d'Andely à Roüen, auec vn magnifique conuoy, qui fut encore rendu plus celebre par les miracles que Dieu opera, pour faire connoistre la gloire de son Seruiteur, & montrer que la mort qui aneantit le pouuoir des Grands de la terre, n'auoit seruy qu'à accroistre celuy du Saint. Car à l'entrée de la Ville, trente prisonniers ayant inuoqué son assistance, recouurerent aussi-tost la liberté, leurs fers s'estant miraculeusement rompus, & les portes de la prison ouuertes d'elles mesmes. Il rendit la veuë à quatre aueugles dans la grande Eglise où il fut enterré, & fit marcher droit dixhuit boiteux. Ses reliques furent mises depuis dans vne Chasse magnifique, à cause du grand nombre de miracles qui se faisoient journellement à son tombeau dans la Cathedrale, & y resterent jusqu'à l'irruption des Normans ; auquel temps, Sigebert asseure qu'elles furent portées à Braine, petite ville à 4. lieuës de Soissons, & il y a apparence que ce fut auant le sac & pillage de Roüen, l'an 842. & qu'on vsa de la mesme diligence à l'égard de ses ossemens sacrez, que l'on fit au regard de ceux de saint Oüen, qu'on eut soin d'enleuer auant que les barbares se fussent rendus maistres de la Ville. L'Eglise qui auoit appartenu à des Chanoines seculiers, comme il est croyable, fut donnée auec le temps aux Religieux de Prémonstré, & on y bastit vn Monastere de cét Ordre qui porte encore le nom de S. Iued, où S. Euode.

IV.
Les miracles arriuez pendant son conuoy.

V.
Son corps enterré à la Cathedrale.

VI.
Ses Reliques transportées à Braine.

VII.
Feste de la translation de ses Reliques.

　　　Vne Chronique de France, que le Pere l'Abbé a donnée dans sa Bibliotheque de manuscrits, met l'an 1246. vne translation du corps de S. Euode, au Monastere du Chasteau de Braine, par les venerables Euesques de Soissons, & de Laon, à la priere de Gerard Abbé de ce Monastere qui auoit fait faire vne riche Chasse, autour de laquelle ces huict Vers furent écrits.

　　　Præsule Rothomagus, sed & hospite Brenna beato
　　　Gaudeat EVODIO, capsâ præsente locato,
　　　Quem Florentinus Celinaque (Regna tenente
　　　Gallica Clothario) domino genuere fauente
　　　Hoc vas fecisti gemmis auroque decorum,
　　　Abbas Gerarde, tibi pax cœtu superorum
　　　Anno milleno ducenteno quoque quarto
　　　Cum quadrageno domini pariter sociato.

　　　On faisoit autrefois dans l'Eglise de Roüen, le 8. Iuillet, la feste de la translation de ce Saint, ce qu'il faut ce me semble entendre de la premiere, lors que ses Reliques furent leuées de terre, que non pas de cette derniere qui fut plustost vne fuitte, & vn enleuement forcé, qu'vne ceremonie de Religion.

VIII.
Autheurs qui ont parlé de luy auec lüuange.

　　　Monsieur du Saussay parle fort honnorablement de luy dans son Martyrologe des Saints de France, quoy qu'il se soit mépris dans le rang qu'il luy donne apres S. Godard. Le Moine de S. Evroul, luy a dressé vn fort bel éloge, disant que ce Saint se rendit considerable par son éloquence, & par son courage ; par la pureté de ses mœurs ; par sa prudence; par sa pieté, & par sa modestie.

Eloquijs plenus sanctus successit Euodus,
Fortis & innocens, prudens, pius atque modestus.

ELOGE DE SAINT PRETEXTAT. 17.

An de I. C.
550.
CHAP.
I.
Sommaire.
I.
Qu'il y a eu plusieurs Euesques du nom de Pretextat en mesme temps.

L'HISTOIRE Ecclesiastique nous apprend que nous auons eu en France, presque au mesme temps, plusieurs Euesques qui ont esté appellez Pretextat. Afin donc que la ressemblance des noms n'embarasse point ceux qui voudroient lire les anciens memoires, j'ay pensé qu'il seroit bien à propos de les marquer icy suiuant l'obseruation que i'en ay pû faire. Le Cardinal Baronius traittant du 4. Concile d'Orleans, qui fut tenu, comme i'ay fait voir en l'Eloge precedent en 541. dit qu'il y eut vn Pretextat qui y assista, lequel ne peut pas estre le nostre, puisque Flauius s'y trouua en qualité de Metropolitain de la Neustrie, ou seconde Lyonnoise, & ainsi il y a beaucoup d'apparence que ce Pretextat est le mesme dont parle cet Autheur, lors qu'il rapporte en l'an 546 l'Epistre que le Pape Vigilius adressa à Auccane, ou Auxane Euesque d'Arles, pour le faire son Vicaire ou Vicegerent en France, & luy donner pouuoir de connoistre de la cause de Pretextat Euesque, comme Childebert Roy de France l'auoit desiré. Ce Pretextat estoit Euesque d'Apte, ville de la Gaule Narbonnoise, Suffragant de l'Archeuesché d'Aix. Il auoit esté present au Concile Despaune, où il souscriuit l'an 6. de Childebert, & de I. C. 517. Au 4. d'Arles en 524. Et au 2. d'Orange en 529. Messieurs de sainte Marthe le mettent le 6. dans leur 2. Tome *de Gallia Christiana*, & disent qu'il est reconnu pour Saint.

II.
Le premier estoit Euesque d'Apte.

III.
Le 2. Euesque de Cauaillon.

Il est fait mention d'vn autre Pretextat dans le Concile 5. d'Orleans, qui fut tenu en 549. l'an 38. du Roy Childebert. Cet Euesque qui est qualifié *Episcopus Ecclesiæ Cabellicæ*, Euesque de Cauaillon, n'ayant pû assister en personne à ce Concile, y deputa vn certain Abbé nommé Optatus. Ce 2. Pretextat se trouua au 5. Concile d'Arles, tenu l'an 554. & au 2. de Paris, qui fut celebré l'année suiuante. I'auois eu quelque sujet de douter, à cause de la concurrence du temps, si l'vn de ces deux Pretextats n'auroit point esté transferé dans le Siege de Roüen : mais apres auoir examiné diligemment les Tables Ecclesiastiques de ces deux Eueschez, i'ay reconnu que cela n'auoit pû estre, & qu'ils estoient differents d'auec nostre Archeuesque.

Henschen.
547.

IV.
Le 3. est celuy de Roüen.

Or pour entrer en matiere, & commencer l'Eloge de nostre saint Pretextat, je diray que nous auons fort peu de connoissance de son païs,

SAINT PRE-TEXTAT. de ses parens, de sa naissance, & de son éducation ; ce que nous en pouuons dire est plustost par conjecture, qu'autrement. Sçauoir, qu'ayant esté choisi par Chilperic pour seruir de Pere spirituel à Meroüée, qu'il auoit eu d'Audoüere sa premiere femme ; il est croyable que c'estoit vne personne de famille illustre, & qui estoit en credit auprés du Roy : De mesme, comme il donna dans quelques Conciles des preuues de sa capacité, & de l'intelligence qu'il auoit des bonnes lettres & des saintes Escritures, cela nous insinuë qu'asseurément il auoit esté soigneusement éleué dans sa jeunesse.

V.
Quel il fut auant sa Promotion.

VI.
En quelle année elle se fit.

Il y a vn grand differend entre les Autheurs, touchant l'année qu'il fut establi dans le Siege Episcopal de la Neustrie. Mr. Dadré le met en 530. D'autres en 534. & 535. Ceux qui en ont parlé plus probablement, mettent son entrée à l'Episcopat en 545. Pour moy, tout considéré, i'estime qu'il nous faut suiure la Chronologie que nous auons establie dans les Eloges precedens, & dire que nostre S. Pretextat prit possession de la Cathedrale de Roüen enuiron l'an 549. ou 550. Car outre que Mr. le Preuost est de cét aduis, i'en tire encore vne preuue de la reflexion que feu Monseigneur l'Archeuesque de Roüen, François de Harlay, a faite dans son Histoire, lors qu'il parle du cinquiéme Concile d'Orleans, qui fut tenu l'an 549. où les Suffragans de l'Archeuesque de Roüen assisterent en personne, excepté celuy de Bayeux, qui y enuoya vn Deputé en son absence, bien qu'il n'y soit fait aucune mention du Metropolitain ; d'où il infere que le Siege estoit pour lors vacant : ce qui se rapporte parfaitement bien auec ce que nous auons dit cy-dessus.

C'est aussi la coniecture du Pere Henschenius. 3. vol. Act. Sanct. mensis Febr. p.464. mais il met ce Concile en 547.

VII.
Mariage de Chilperic, celebré en l'Eglise de Roüen de son temps.

Vne des premieres & plus solemnelles actions qui se passerent au commencement de son Pontificat, fut le mariage de Chilperic auec Gozuinthe ou Galzonde, sœur de Brunehaut, qui fut celebré à Roüen. Et quoy que l'Histoire n'en ait pas décrit les particularitez, on peut toutefois croire assez vray-semblablement que ce fut nostre Prelat qui en fit la ceremonie dans son Eglise.

VIII.
Il assista à plusieurs Conciles.

Il se trouua à plusieurs Conciles ; sçauoir au troisiéme Concile de Paris, tenu en 557. mais son humilité se fit particulierement remarquer en la souscription qu'il mit au second Concile de Tours, tenu l'an 567. où nous lisons ces mots, *Prætextatus etsi peccator in Christi nomine Episcopus Ecclesiæ Rothomagensis, hunc nostrum consensum secundum patrum statuta relegi, consensi, & subscripsi.* C'est à dire, Pretextat, bien que pecheur, toutefois Euesque de l'Eglise de Roüen, au nom de nostre Seigneur I. C. i'ay releu & sous-signé ce consentement que ie donne, suiuant les anciens Canons. I'aurois tres-volontiers rapporté quelques-vnes des principales Ordonnances qui furent faites en ce Concile pour la discipline de l'Eglise, si ie ne craignois de me rendre trop ennuyeux, & n'estois appellé à continuer le recit de plusieurs déplorables éuenemens qui arriuerent à nostre S. Euesque, qui fut attaqué d'vne tempeste si furieuse, qu'elle pensa d'abord le submerger entierement, & luy fit enfin perdre la vie aprés auoir échappé pour quelque temps. L'Histoire en est fort tragique, nous la tirerons presque mot pour mot de Gregoire de Tours, qui

IX.
Plusieurs fascheux éuenemens qui luy sont arriuez.

DES ARCHEVESQVES DE ROVEN.

qui la déduit bien au long, comme témoin oculaire, & comme vn des principaux Acteurs; ce qui rend sa Narration tres-digne de croyance.

CHAP. II.

Sommaire.
I. *Origine de plusieurs desordres arrivez dans la France du temps de S. Pretextat.*
II. *Qualitez de Brunehaut & de Fredegonde.*

POur peu qu'on ait leu l'Histoire de la premiere Race de nos Roys, on peut auoir remarqué que sous les Regnes des enfans de Clotaire premier, qui furent Charibert, Gonthran, Chilperic, & Sigibert, il parut sur le Theatre de la France deux femmes voluptueuses & cruelles, à qui l'amour, l'ambition, & le desir de vangeance, firent joüer de sanglantes Tragedies. La premiere fut Brunehaut, fille du Roy des Goths, & femme de Sigibert, qui dans le partage qu'il fit auec ses freres, eut le Royaume d'Austrasie. Et l'autre, Fredegonde, qui de simple Damoiselle & fille d'honneur de la Reyne Audoüere, femme de Chilperic Roy de Soissons, paruint par deux grands crimes à la dignité d'épouse de ce Prince, l'ayant obligé de chasser & de confiner dans vn Cloistre la Reyne sa premiere femme, & d'en faire encore étrangler vne seconde, nommée Gosuinthe ou Galzonde, sœur de Brunehaut, & qui enfin aprés auoir abusé du pouuoir qu'elle auoit sur l'esprit du Roy son mary, pour le porter à vne infinité d'actions iniustes & violentes, mit le dernier comble à toutes ses meschancetez precedentes, en le faisant assassiner luy-mesme. Ce fut cette malheureuse Fredegonde qui exerça contre Pretextat l'horrible persecution que nous allons décrire aprés en auoir expliqué le sujet, en reprenant les choses d'vn peu plus haut, en faueur de ceux qui ne sont pas si versez dans l'Histoire.

a Al. d'Espagne.

Ou Gersuinthe.

III. *Guerre entre Chilperic & Sigibert leurs maris.*

Charibert Roy de Paris estant mort sans enfans, ses trois freres dont nous venons de parler, partagerent ensemble sa succession assez paisiblement, & auec toutes les précautions imaginables, pour éuiter cette discorde, qui par vne honteuse deprauation de nostre nature, diuise si souuent ceux qu'vn mesme sang deuroit vnir parfaitement. Mais cette bonne intelligence ne dura pas, & Chilperic & Sigibert ne furent guere sans entrer en different, à quoy sans doute ne contribua pas peu l'extréme inimitié qui estoit entre leurs femmes, qui eurent toute leur vie vne furieuse auersion l'vne pour l'autre. Brunehaut ne pouuant auoir que des sentimens de haine & d'horreur pour Fredegonde, qu'elle regardoit sans cesse comme vne perfide & cruelle seruante, qui auoit fait perir sa maistresse, pour s'ouurir par sa mort le chemin au Trône Royal. Il est toutefois vray que le principal flambeau de la guerre qui desola pour lors vne bonne partie de la France, fut l'humeur insatiable, enuieuse & turbulente de Chilperic, qui ne se contentant nullement de sa part, & ne pouuant souffrir la grandeur & la felicité de Sigibert, resolut d'enuahir ses Estats. Ie ne décriray point icy quelles furent les suites de cette guerre ciuile; on peut consulter sur ce sujet les Autheurs, soit anciens ou modernes, & entre ceux-cy Mr. de Valois, au liure 9. de son Histoire de la premiere Race. Il suffit pour l'éclaircissement de ma Narration, de dire, que les armes de Sigibert (dont la cause estoit plus juste) ayant quasi tousiours esté victorieuses; comme il sembloit estre prest de terminer ce differend, par la prise de Chilperic & de Fredegonde qu'il tenoit assiegez dans Tournay, il fut tué miserablement par deux assassins, que cette

IV. *Principales causes de cette guerre.*

Valesius lib. rerum Franc.

V. *Sigibert tué par la trahison de Fredegonde.*

SAINT PRE-TEXTAT. femme toute defefperée de fe voir reduite à l'extrémité, enuoya pour cét effet à l'infçeu de fon mary. Brunehaut qui attendoit dans Paris qu'on luy apportaft les heureufes & agreables nouuelles de la reduction de Tournay, fut bien furprife lors qu'elle fçeut la funefte mort de fon époux; elle fe vit tout d'vn coup accablée de la douleur que luy caufoit vne fi grande perte, & de la crainte des armes de Chilperic, qu'elle jugeoit bien ne deuoir guere tarder à venir à Paris, & qui auoit defia gagné quelques Habitans, & enuoyé de fes Officiers qui obferuoient fes actions, & la tenoient comme affiegée dans fon Palais; toutefois elle ne perdit pas courage, la nuit elle defcendit fecrettement fon fils par vne feneftre, & le mit entre les mains d'vn de fes plus fidelles feruiteurs, qui le tranfporta auffi-toft en Auftrafie, & montrant ce jeune Prince aux Peuples, les refioüit & les maintint dans la fidelité qu'ils luy deuoient.

VI.
Brunehaut affligée de la mort de fon mary.

VII.
Enuoyée prifonniere à Roüen.

Cependant Chilperic eftant venu à Paris, y arrefta Brunehaut, fe faifit de fes threfors, & l'enuoya prifonniere à Roüen, & fes filles à Meaux. En fuitte il donna vne partie de fes troupes à Meroüée fon fils, auec ordre d'aller porter la guerre dans le Poictou, & de prendre Poictiers, qui eftoit alors fous la domination de Childebert.

VIII.
Meroüée fils de Chilperic la vient trouuer & l'efpoufe.

Mais ce Prince executa mal le commandement de fon pere: S'eftant mis à la tefte de cette armée, il alla en Touraine, où fes foldats firent de grands rauages, paffa les Feftes de Pafques à Tours, & puis feignant de vouloir vifiter fa mere, que Chilperic auoit chaffée, & renfermée dans vn Monaftere du Mans, il trauerfa le Mayne, & s'en vint droit à Roüen trouuer Brunehaut, auec laquelle vray-femblablement il auoit defia quelque liaifon & quelque habitude, puifque-auffi-toft qu'il fut arriué en cette ville, il l'époufa, encore que ce fut la vefue de fon oncle.

CHAP. III.
Sommaire.
I.
Pretextat accufé d'auoir fait ce mariage.

IE ne dois point diffimuler ce que quelques-vns difent, fçauoir que ce fut noftre Archeuefque Pretextat qui les receut dans l'Eglife, & les maria enfemble; action que j'aurois peine à excufer en ce Prelat, s'il confentit de cette forte à vn mariage fi contraire aux loix diuines & humaines, & qui tendoit à troubler l'Eftat & la Maifon Royalle, en faifant naiftre de la difcorde entre le Roy, & fon fils. En effet, dés que Chilperic en eut aduis, il fut extremement indigné, & fe rendit à Roüen en grande diligence, dans la refolution de rompre ce mariage. Y eftant arriué, il trouua qu'ils s'eftoient retirez dans vne Eglife[a] de S. Martin, comme dans vn azile inuiolable. Ce n'eftoit qu'vne Chapelle baftie de planches, laquelle au rapport de Gregoire de Tours, eftoit alors fur les murs de la Ville. N'ofant les en tirer par force, il employa tous les artifices poffibles pour les perfuader d'en fortir volontairement. Mais n'ayant pû rien gagner fur leur efprit, à caufe de l'extreme deffiance qu'ils auoient de luy, enfin il fut contraint de leur promettre par ferment, qu'il ne les fepareroit point l'vn de l'autre, fi c'eftoit la volonté de Dieu qu'ils demeuraffent mariez; laquelle promeffe eftoit captieufe, en ce qu'il fe referuoit toufiours la liberté de rompre leur mariage quand il voudroit, en alleguant que Dieu ne vouloit pas que le neueu fut le mary de fa Tante. Toutefois Meroüée & Brunehaut croyant auoir affez pourueu à

II.
Meroüée fe fauue en l'Eglife de faint Martin à Roüen.

[a] Ad bafilicã S. Martini quæ super muros ciuitatis ligneis tabulis fabricata, &c. confugium faciunt. *Gre. Turo. l. 5.*

III.
Meroüée & Brunehaut sortent de leur azile.

la seureté de leurs personnes & à l'affermissement de leur mariage, en exigeant ce serment se confierent à luy, & sortirent de leur azile. Chilperic les baisa & les caressa d'abord, & mesme les fit tous deux manger à sa table; mais peu de iours aprés il s'en retourna à Soissons, ayant laissé Brunehaut à Roüen, à qui il donna des gardes, afin qu'elle ne luy eschapast point. Toutefois elle ne demeura point long temps en cét estat, d'autant que son fils Childebert l'enuoya redemander à Chilperic, lequel connoissant l'adresse & la malice de cette femme, & craignant que toute captiue qu'elle estoit, elle ne fit quelque entreprise dans son Royaume, luy permit de retourner en Austrasie auec ses deux filles, qui auoient esté confinées à Meaux, ainsi que i'ay dit cy-deuant.

SAINT PRE-TEXTAT.

IV.
Brunehaut allant à Metz laisse quelques hardes à Pretextat.

Brunehaut ayant ainsi permission de se retirer, partit de Roüen pour aller à Metz, aprés auoir donné en garde à nostre Archeuesque Pretextat ses hardes & ses vestements Royaux, & vne somme d'argent assez considerable. Quelque temps aprés ce Prelat ayant fait des presens à quelques personnes de condition de son Diocese; ses ennemis, ou pour mieux dire les partisans de Fredegóde qui le hayssoient (à cause de l'amitié qu'il portoit à Meroüée) prirent de là sujet de le rendre suspect à la Cour. Ils firent entendre à Chilperic, que Pretextat ne cessoit de faire des liberalitez aux Seigneurs François, au nom de Meroüée & de Brunehaut, pour les détourner de son seruice, & les engager dans les interests de ceux-cy. Sur cét aduis le Roy mande ce Prelat, & ayant reconnu par ses discours qu'il auoit entre ses mains quelques meubles appartenans à Brunehaut, il commande à ses Officiers de les prendre, & s'asseurer de sa personne en luy donnant des gardes; cependant il conuoque à Paris vn Concile National, que l'on compte pour le cinquiéme entre ceux qui ont esté tenus en cette Ville, & fut celebré l'an 577. le 16. du Regne de ce Prince, & non pas en 579. comme veut Duplex, ny en 580. comme écrit Baronius, & Mr. Robert aprés luy. Le lieu de l'assemblée fut l'Eglise de S. Pierre (aujourd'huy sainte Geneuiefue) il s'y trouua 45. Euesques, conuoquez purement pour faire le procez à Pretextat.

V.
Pretextat accusé de machiner contre l'Estat, es est arresté.

VI.
Est cité au Concile de Paris.

VII.
Paroles de Chilperic à Pretextat.

Le Roy le fit donc comparoistre deuant eux, & dés qu'il fut entré il fit éclater sa colere, en luy disant ces propres termes, rapportez par Gregoire de Tours, qui y estoit present. Euesque, qui vous a fait si hardy que de marier Meroüée, qui contre son deuoir s'est monstré mon ennemy & non pas mon fils, auec vne femme, que vous sçauiez estre la vefve de son oncle? ignorez-vous quelle est la disposition des Canons sur cette matiere, & auec combien de rigueur l'Eglise defend ces mariages incestueux, & contraires à l'honnesteté publique? Mais vous ne vous estes pas contenté de cela, vous auez encore tâché de gagner mes sujets par des presens, pour les porter à reuolte. Vous auez rendu le fils ennemy de son pere, & pour comble de vos crimes, vous auez conjointement auec luy pratiqué des assassins pour me tuër, afin que ma Couronne fut la recompense de son particide.

VIII.
Ce qui arriua en suite de cette plainte du Roy.

Cette plainte du Roy, prononcée à haute voix, & auec beaucoup de vehemence, fit vne telle impression dans l'esprit des François qu'l'en-

N ij

SAINT-PRE-TEXTAT. tendirent au trauers de la porte, qu'ils la voulurent rompre pour se jetter sur l'accusé, & l'assommer à coups de pierres, mais le Roy l'empescha.

CHAP. IV.
Sommaire.
I.
Réponses de Pretextat aux choses dont il estoit accusé.

PRetextat ayant eu permission de parler, se deffendit, en niant ce que Chilperic luy objectoit. En suite on fit paroistre de faux témoins, qui montrant des pieces d'argent, luy dirent. Pretextat, voila ce que vous nous auez donné, pour nous induire à engager nostre foy à Meroüée. A quoy ce Prelat repliqua, vous auez raison de dire que ie vous ay gratifiez, mais ce n'a pas esté pour vous corrompre, ny pour vous porter à rien entreprendre contre le seruice de sa Majesté. Vous m'auiez fait des presens, i'estois obligé par gratitude à vous en faire reciproquement. Aprés cela le Roy s'estant retiré, comme les Euesques s'entretenoient ensemble dans le Secretariat de l'Eglise, Ætius Archidiacre de l'Eglise de Paris y entra, & aprés les auoir saluëz, leur representa que cette affaire estoit de la derniere importance; que d'vn costé ils acqueroient vne reputation fort glorieuse, s'ils s'y conduisoient auec la justice & la generosité conuenable à leur caractere; mais que si par vne honteuse lâcheté ils abandonnoient & laissoient perir leur Confrere tout innocent qu'il estoit, ils se rendroient méprisables à tout le monde, & tout à fait indignes d'estre honorez de l'Auguste qualité de Prestres de I. C.

II.
Remonstrance de l'Archidiacre de Paris aux Euesques assemblez.

Aduenerunt falsi testes.

III.
Silence des Euesques.

Nul des Euesques ne répondit rien à cette remonstrance si courageuse & si salutaire, tant ils auoient de peur qu'il leur échappast aucune parole qui pût déplaire à la Reyne, dont ils redoutoient la fureur, sçachant d'vne part que c'estoit par son instigation que le Roy persecutoit Pretextat; & de l'autre, que cette cruelle femme ne pardonnoit point, & mettoit tout en vsage pour se vanger. Ce que voyant Gregoire de Tours qui auoit moins de temerité & plus de zéle que les autres, il parla de cette sorte. Ie vous conjure, ô tres-saints Prestres, de prendre garde à ce que ie vous vay dire, & vous particulierement qui auez plus d'accez auprés du Roy; donnez de bons conseils à sa Majesté, ne luy en suggerez point qui ne soient equitables & conformes à la sainteté & à la dignité du Sacerdoce auquel vous estes éleuez; Ne soyez pas si imprudens que de fomenter sa passion, & d'échauffer de plus en plus sa cholere contre l'Oint du Seigneur, & le Ministre de l'Eglise; Au lieu de seruir le Prince, vous contribueriez à sa perte, en le portât à des choses qui attireroient sur luy les terribles chastimens de la Iustice de ce grand Dieu, qui estant le souuerain Iuge des Roys de la terre, aussi-bien que des derniers du Peuple, & le protecteur des innocens, luy feroit peut-estre perdre & la vie & la Couronne. Aucun de la compagnie ne répondant rien, Gregoire de Tours reprit son discours. Souuenez-vous, Messeigneurs, de ce que dit le Prophete; si celuy que le Ciel a establi pour veiller sur les autres, voit l'iniquité d'vn homme, & ne l'aduertit point de son deuoir, il sera coupable de sa damnation. Appliquez cét Oracle diuin au sujet de cette Assemblée, & jugez si vous pouuez vous taire sans blesser vos consciences. Puis donc qu'il est certain que vôtre silence sera criminel, parlez hautement, agissez auprés du Roy en Euesques, faites-luy voir l'injustice de son procedé, & n'obmettez

Timebant enim Reginæ furorem cuius instinctu hæc agebantur. Greg. Tur. lib. 5.

IV.
Paroles genereuses de Gregoire de Tours à l'Assemblée.

DES ARCHEVESQVES DE ROVEN.

rien pour le détourner d'vne action qui sera si noire & si violente; " **SAINT PRÆ-**
qu'assurément elle sera punie dés ce monde par quelque horrible ca- " **TEXTAT.**
lamité, & en l'autre par la perte de son ame, dont vous répondrez de- "
uant Dieu ; car pour l'ordinaire, ceux qui abusent de leur puissance "
pour executer leurs mauuais desseins, perissent malheureusement. "
Nostre Siecle nous en fournit vn exemple assez remarquable en la per- "
sonne de Clodomire Roy d'Orleans. Vous sçauez que S. Auite l'ayant "
exhorté de traiter auec douceur Sigismond Roy de Bourgongne, son "
ennemy, qui estoit tombé entre ses mains, auec promesse qu'il vain- "
croit les Bourguignons, si premierement il se vainquoit soy-mesme par "
cét acte de clemence; il méprisa cét aduertissement salutaire, & tua "
ce pauure Prince auec sa femme & ses enfans. Mais vous n'ignorez pas "
aussi qu'au lieu de conquester la Bourgongne il perdit la vie, ayant esté "
pris par les ennemis, qui sans luy faire de quartier verserent son sang "
comme il auoit fait celuy des autres. La fin de l'Empereur Maxime ne *Ie n'ay voulu*
fut-elle pas encore des plus tragiques, lors qu'après auoir obligé saint " *rien changer au sens de*
Martin de communiquer auec vn Euesque homicide ᵃ (à quoy ce Saint " *Gregoire de Tours.*
consentit, afin d'obtenir la grace de quelques personnes condamnez " *a Par cét*
à mort) il fut dépoüillé de l'Empire par vn juste jugement du Monar- " *Euesque ho-micide il en-*
que Eternel, & souffrit vne mort des plus funestes? *tend Ithacius.*

V.
Il est deferé au Roy com-me le plus op-posé à ses des-seins.
 L'Assemblée traita Gregoire de Tours comme elle auoit fait l'Archi- *Mr. de Valois*
diacre de Paris; il ne receut aucune réponse, & tous demeurerent dans *remarque iu-dicieusement*
vn aussi grand silence, que s'ils eussent esté dans quelque profond assou- *que ces deux exemples alle-*
pissement. Mais comme il n'y a point de si sainte Compagnie, où il ne se *guez par Gre-goire de Tours*
trouue des meschans, il y eut deux Euesques, ou plustost deux flateurs *n'estoient pas fort à propos.*
(ce qui ne se peut dire qu'auec horreur de personnes de cette condition) *Faloit en alle-*
qui sortirent de l'Eglise, & furent trouuer le Roy, à qui ils firent enten- *guer quelques vns qui con-*
dre qu'il n'auoit point de plus grand ennemy en cette affaire-là que *cernassent des*
Gregoire de Tours. Le Prince qui agissoit auec chaleur & emportement, *Princes punis par la Iustice*
comme font ceux qui sont transportez de vengeance, voulut aussi-tost *diuine, pour*
s'éclaircir de ce qu'on luy disoit, & pour cette fin manda ce genereux *auoir condāné des Euesques*

VI.
Chilperic en-uoye querir Gregoire, & luy fait re-proche.
Prelat. Gregoire obeissant à cét ordre, se rendit à l'heure-mesme au Pa- *innocens.*
lais Royal; il trouua le Roy sous vn berceau de verdure à la fraische, ayant *Iuxta taber-*
à ses costez l'Euesque de Paris & celuy de Bourdeaux; ils auoient deuant *naculum ex ramis factū.*
eux vne table couuerte de plusieurs mets. A peine le Roy l'eut-il apper-
ceu qu'il luy parla. Monsieur, luy dit-il, ie suis fort surpris que vous qui "
deuez rendre la justice à tout le monde, jusqu'au moindre du Peuple, "
vous me la refusiez, à moy qui suis vostre Souuerain? A ce que ie vois "
vous estes si hardy que d'appuyer les mauuais desseins, & de soustenir "
les crimes de vostre Confrere? vrayement vous faites bien voir la verité "
de ce Prouerbe, qu'vn corbeau n'a garde d'arracher l'œil d'vn autre; à "
quoy Gregoire repartit.

VII.
Réponse de Gregoire de Tours, aux objections qu'on luy faisoit.
 Sire, si quelqu'vn de nous qui sommes vos Sujets, est si malheu- "
reux que de tenir vn procedé qui ne soit pas juste, il pourra estre re- "
pris & puny selon son démerite par vostre Majesté; mais si c'est elle- "
mesme qui fait vne faute de cette nature, qui la reprendra efficacement? "

N iij

SAINT PRE-TEXTAT.
,, Il est bien vray que nous pouuons vous adresser là dessus des remon-
,, strances, mais vous les écoutez, & vous y déferez s'il vous plaist : mais
,, si vous ne voulez pas y auoir égard, qui vous condamnera ? sinon ce-
,, luy qui n'est pas seulement iuste, mais qui est essentiellement la iusti-
,, ce mesme.

CHAP. V.
Sommaire.
I.
Chilperic continue ses plaintes.

LE Roy dont l'esprit auoit esté trop fortement preoccupé par les flatteurs, pour pouuoir entendre raison, repliqua. De quel front est-ce que vous nous parlez de iustice, vous qui en auez si peu que de me la dénier, tandis que tous vos autres Confreres sont disposez à me la rendre ? mais ie sçay le moyen de desabuser le monde de l'opinion auantageuse qu'il a de vous, & de faire que vous soyez tenu d'vn chacun pour vn homme iniuste, & méchant. Ie conuoqueray vne Assemblée des habitans de Tours, à qui ie diray : parlez librement & hautement, plaignez-vous des iniustices de vostre Euesque Gregoire, & ne faites point de difficulté de publier qu'il ne rend iustice à personne : puis ie leur respondray, croyez-vous auoir iustice de ce personnage, vous qui n'estiez que de petits particuliers ; tandis que moy qui suis son Roy, & son Maistre, ne la puis obtenir de luy ?

II.
Replique de Gregoire.

Vostre Majesté (reprit Gregoire) me permettra de luy dire, qu'elle ne sçait point si ie suis iniuste, il n'y a que Dieu seul qui penetre iusqu'au fond de mon cœur, qui en ait connoissance ; Quant aux plaintes qu'elle prétend exciter contre moy, ie ne les apprehende nullement. Chacun verra bien qu'elles seront plûtost vn effet de vostre colere, & de la crainte que vos Sujets auront de vous déplaire, que d'aucun mescontentement qu'ils ayent contre moy, & ainsi elles nuiront plûtost à vostre reputation qu'à la mienne. Mais pour ne pas ennuyer vostre Majesté de long discours, ie luy diray en deux mots mes sentimens, qui ne sont autres que les Loix & les sacrez Canons de l'Eglise ; c'est à elle de s'en instruire diligemment, & à s'attendre que si elle se donne l'authorité de les violer, elle n'échapera pas aux iustes iugemens de Dieu.

III.
Le Roy l'inuite à disner à sa table.

Le Roy voyant que ses menaces n'esbranloient point la constance de Gregoire, changea de discours, & voulant essayer si en le traittant plus fauorablement il ne gagneroit rien sur son esprit, luy dit, qu'au reste il l'auoit fait venir, afin qu'il mangeast à sa table ; qu'il auoit fait preparer exprés pour luy le potage qu'il voyoit, où il n'y auoit que des volailles, & des pois chiches, & qu'il le prioit d'en gouster. Mais Gregoire connoissant l'artifice du Prince, le remercia en continuant tousiours la

Volatilia & patumpet cicetis. *Ibidem.*

IV.
Gregoire s'en excuse.

,, mesme remonstrance qu'il auoit commencée : Nostre plus delicieux
,, mets, dit-il, & nostre principale satisfaction, consiste à faire exactemét
,, la volonté de Dieu, & non pas à nous nourrir de ces viandes exqui-
,, ses & delicates, & nous deuons estre si fidelles à nous acquitter de
,, ce deuoir, que nous ne nous en dispensions iamais pour quelque
,, cause que ce soit. Mais vous, Sire, qui m'accusez de n'aimer point la iu-
,, stice, si vous auez tant de passion de la rendre à vos sujets, permettez-
,, moy d'exiger de vous vne promesse, que dans l'affaire dont il s'agit
,, vous vous conduirez selon les Loix & les Ordonnances de l'Eglise ; &

DES ARCHEVESQVES DE ROVEN.

SAINT PRE-
TEXTAT.

alors nous croirons que sans doute elle est animée d'vn bon zéle, & qu'assurément elle ne cherche que ce qui est conforme au droit & à l'équité.

V.
Resultat de cette conference.

Alors le Roy ayant estendu & leué la main, appella Dieu à témoin, & protesta hautement qu'il ne contreuiendroit en façon quelconque à la disposition des loix & des saints Canons. Aprés cela Gregoire, pour déferer aucunement à la priere de Chilperic, & ne pas paroistre inciuil, beut vn verre de vin, & mangea vn morceau de pain, & en suite prit congé du Roy.

VI.
Fredegonde fait faire offre de grands presens à Gregoire.

Mais ce ne fut pas là l'vnique épreuue que souffrit la vertu de Gregoire; aprés auoir esté tenté par les menaces & les caresses d'vn Prince, elle le fut par les considerations de l'interest : mais Dieu la rendit tousiours victorieuse. Estant retourné chez soy, la nuit suiuante, au retour des Matines, il entédit frapper fort rudement à sa porte. Il y enuoya vn de ses domestiques, qui luy rapporta que c'estoit des Officiers de la Reyne Fredegonde. Il les fit entrer. Ceux-cy l'ayant salüé de la part de cette Princesse, le prierent en son nom de ne luy estre point contraire dans la cause de Pretextat, l'assurant qu'elle sçauroit bien reconnoistre la faueur qu'il luy feroit, & qu'elle luy donneroit deux cens liures d'argent, s'il vouloit s'vnir auec elle pour perdre ce Prelat; ce qui reussiroit infailliblement, dirent-ils, s'il vouloit changer de procedé, & abandonner sa deffense, veu que l'on auoit la parole de tous ses autres Confreres, qui auoient promis de le condamner. Gregoire à qui toutes les richesses du monde ne paroissoient que de la boüe & du fumier, en comparaison de celles de la grace, leur répondit ; quand vous me donneriez mille liures d'or & d'argent, pourrois-je faire autre chose que ᵃ ce que le Seigneur commande ? Tout ce que ie vous puis promettre, c'est que ie consentiray à ce qui sera ordonné par les autres, suiuant la disposition des sacrez Canons. Ces Officiers ne penetrant pas bien l'intention de Gregoire, & s'imaginant qu'il vouloit dire par cette réponse, qu'il seruiroit la Reyne, luy firent de grands complimens comme pour le remercier, & se retirerent fort satisfaits. Il y a quelque apparence, & c'est l'explication de Mr. de Valois, que par le mot de Seigneur dont auoit vsé ce S. Euesque, ils entendirent le Roy, & qu'ils donnerent de bonnes esperances à Fredegonde, qui ne se contentoit pas d'auoir tasché de le gagner par le moyen de ses domestiques, luy enuoya faire la mesme proposition & les mesmes offres par quelques Euesques, qui dés la pointe du iour luy vinrent rendre visite pour cét effet : Mais ceux-cy eurent la mesme réponse que les Officiers de la Reyne.

VII.
Il les refuse, & la réponse qu'il fait.

ᵃ Nisi quod Dominus agi præcipit.

CHAP.
VI.
Sommaire.
I.
Chilperic continuë ses poursuites vn l'assemblée des Euesques.

LE matin les Prelats qui auoient esté conuoquez à ce Concile, se rendirent de nouueau en l'Eglise de S. Pierre, où le Roy se trouua aussi, & fit l'ouuerture de l'Assemblée, en ces termes. N'est-il pas vray qu'il est ordonné par les Saints Canons, qu'vn Euesque attaint & conuaincu de larcin, doit estre déposé ? Les Prelats ne souffrirent pas qu'il en dit dauantage, & l'interrompant, luy demanderent quel estoit ce malheureux qui auoit deshonoré son caractere par vn crime si noir ?

HISTOIRE

S. PRETEX-
TAT.
II.
Nouuelle ac-
cusation du
Roy.

Vous auez veu, reprit le Roy, ce qu'il nous a dérobé; car trois iours auparauant il leur auoit montré deux gros pacquets remplis de plusieurs hardes & de joyaux précieux qui valoient plus de trois mil escus, & vn sac où il y auoit enuiron deux mille pieces d'or, disant que Pretextat luy auoit volé tout cela. Mais comme il n'est rien de plus fort que la verité,

Vidistisenim
species quas
nobis furto
sustulit.
G. lib. 5. c. 18

III.
Pretextat fait
voir que ce
n'est qu'vne
calomnie.

nostre Archeuesque qui estoit innocent de ce qu'on luy imposoit, ne tarda gueres à faire voir que cette accusation estoit vne calomnie inuentée à plaisir pour ruiner sa reputation; car il luy dit, Sire, ie croy que vous vous souuenez bien que quand la Reine Brunehaut partit de Roüen pour retourner en Austrasie, ie vins trouuer vostre Majesté, & luy dis que ladite Princesse m'auoit donné en garde quelques hardes qui luy appartenoient, contenuës en cinq pacquets; & que depuis ses Officiers m'estoient souuent venu les redemander de sa part; mais que ie ne les auois pas voulu rendre sans vostre permission; surquoy vostre Majesté me commanda de mettre hors de chez moy ces meubles, & de

IV.
Dont il se
purge par de
fortes raisons.

les renuoyer à celle qui me les auoit confiez, afin de ne point faire naistre de mauuaise intelligence entre vostre Majesté & le Roy Childebert vostre neueu, pour vn si petit sujet. Estant de retour à Roüen, j'en liuray vn pacquet seulement aux Officiers de la Reyne, parce qu'ils ne pouuoient en porter dauantage. Quelque temps apres estans reuenus en la mesme ville, ils me demanderent le reste, mais ie ne voulus point encore me dessaisir de rien sans auoir l'ordre exprés de vostre Majesté, de

Consului
magnificen-
tiam vestrā.
G. Tur. l. 5.

qui ie receus vn nouueau commandement de rendre ces hardes, de peur qu'en les gardant plus long-temps, ils ne fussent cause de quelque broüillerie. En execution dequoy ie leur mis entre les mains deux pacquets; de sorte qu'il n'en demeura plus que deux dans mon logis, lesquels vous y auez fait prendre depuis peu pour les montrer à mes Confreres. Voila quelle a esté ma conduite, par où l'on peut juger quel est mon malheur, d'estre en peine pour cette affaire, aprés auoir agy auec tant de déference & de précaution, & si la malice de mes ennemis n'est pas extréme, d'auoir surpris vostre Majesté, jusqu'au point que de luy persuader de me venir accuser icy comme vn voleur, en m'imputant d'auoir dérobé des choses, que ie n'ay prises, que parce qu'on me les a données en garde.

V.
Le Roy luy
fait de nou-
uelles obie-
ctions.

Pretextat ayant acheué ce discours, le Roy le pressa encore par cette objection. Mais pourquoy est-ce que vous auez ouuert vn de ces pacquets, & que vous en auez tiré vne longue escharpe de fil d'or, que vous auez couppée en plusieurs pieces, & distribuée à quelques-vns de mes subjets, pour corrompre leur fidelité, & pour les porter à se souleuer contre moy, & à me chasser de mon Royaume? n'est-ce pas là vne preuue que vous n'auiez pas les meubles à titre de depost? car qui a iamais

VI.
Il y répond.

oüy parler qu'on fasse des largesses d'vne chose dont on n'est que le gardien & le dépositaire? Nostre Euesque repartit à cela, qu'ayant receu des presens de ces personnes que luy designoit le Roy, & voyant qu'il n'auoit rien à leur donner, pour leur faire voir sa gratitude, il auoit pris la liberté de deffaire vn de ces pacquets qu'il auoit en garde, & d'en tirer quelque petit meuble qu'il leur put presenter; mais qu'en cette action,

il ne

il ne croyoit pas auoir rien fait contre la Iustice, parce qu'il sçauoit bien SAINT PRE-
que Meroüée qui estoit son fils spirituel, ne trouueroit pas mauuais qu'il TEXTAT.
eust ainsi disposé de ce qui estoit à luy, & que ce Prince prendroit cette
hardiesse plustost pour vn témoignage de la confiance qu'il auoit en son
amitié, que pour vn violement de la fidelité qu'on doit obseruer à l'é-
gard d'vn depost.

CHAP.
VII.
Sommaire.
I.
Chilperic a recours aux artifices pour opprimer Pretextat.

CHilperic voyant que Pretextat se justifioit si nettement, jugea qu'il
ne luy seroit pas possible d'opprimer ce Prelat par des calomnies; de
sorte qu'il sortit tout confus de l'Eglise, & ayant appellé à son Palais deux
flateurs en qui il se confioit beaucoup, sçauoir Ragnemode Euesque de
Paris, & Berchrand Euesque de Bordeaux, il leur tint ce discours. Mes
amis, il faut que ie vous auouë franchement que ie suis vaincu par les
paroles de Pretextat, & que ce qu'il allegue pour sa deffense est si veritable & si notoire, qu'il n'y a point d'apparence de le pouvoir perdre par
vne accusation de cette nature. Cependant cette affaire m'embarrasse
infiniment; car outre que ie ne puis souffrir que l'affront m'en demeure,
vous sçauez de quelle sorte ie suis engagé à la Reyne, qui veut à quelque
prix que ce soit se vanger de cét homme. Ainsi pour la satisfaire, & pour
conseruer mon honneur, il faut tenter vne autre voye, & tascher de surprendre celuy contre qui la force ouuerte est inutile. La chose est facile,

II.
Il luy enuoye deux Euesques, & pour quel suiet.

si vous voulez en prendre la peine; allez le voir, insinuez-vous doucement dans son esprit par quelques protestations d'amitié; parlez-luy de
moy auantageusement, en me faisant passer pour vn Prince qui n'a que
de la bonté pour ses Sujets, & qui pardonne volontiers à ceux qui reconnoissent leurs fautes: Et aprés l'auoir ainsi disposé à vous croire, fei-
gnez de luy vouloir donner conseil pour le tirer du peril où il est, &
dites luy que le plus seur moyen, est de se confesser coupable des choses
dont ie l'accuse; parce qu'au mesme temps qu'il aura fait cét aueu, toute l'Assemblée ne manquera pas de se jetter à mes pieds, & de me demander grace pour luy, laquelle i'accorderay d'autant plus promptement, que ie seray rauy de faire paroistre ma clemence, & de m'acquerir par cette action l'estime & l'amour de tous mes Peuples.

III.
Il suit le conseil de ces faux amis.

Nostre Archeuesque tomba malheureusement dans le piege qui luy
estoit preparé, comme il n'auoit garde de s'imaginer que des personnes
qui estoient honorez du mesme caractere que luy, machinassent vne si
noire trahison contre vn Confrere. Il prit leur conseil comme vn conseil d'amis, & leur promit de faire ce qu'ils luy proposoient. Le lendemain on tint l'Assemblée dans le lieu ordinaire, où le Roy continuant

IV.
Le Roy luy obiecte de nouueaux crimes.

son accusation contre Pretextat, luy dit; si vous n'auez fait des gratifications à ces personnes que pour leur rendre le reciproque, & en échange
des presens qu'ils vous auoient faits, à quel dessein est-ce que vous leur
auez fait jurer qu'ils seroient fideles à Meroüée? l'auouë, Sire, que i'ay
tasché de gagner leur amitié en faueur de Meroüée, pour qui l'alliance
que i'auois contractée auec luy en le tenant sur les Fonds du Baptesme,
m'auoit donné tant d'affection, que s'il eut dependu de moy, i'eusse engagé à son seruice non seulement les hommes, mais les Anges mesme.

O

HISTOIRE

SAINT PRE-TEXTAT.

En suite de cecy le Roy & Pretextat dirent encore quelques paroles ; & comme cette contestation alloit toûsiours augmentant, ce Prelat, pour préuenir la colere de ce Prince, se prosterna contre terre, & dit ; I'ay peché contre le Ciel, & en vostre presence, ô Roy tres-misericordieux, ie suis vn cruel homicide, i'ay voulu attenter à vostre vie, & éleuer vostre fils sur vostre Trône.

V. Pretextat auoüe les crimes qu'il n'auoit commis.

VI. Ce qui s'en ensuiuit.

Chilperic voyant vne declaration si formelle & si expresse, & que sa partie en disoit plus qu'il n'en demandoit, ne perdit point de temps, il se jetta aussi-tost aux pieds des Euesques, & dit. Escoutez, ô venerables Prestres, ce criminel qui confesse de sa propre bouche, l'horrible attentat qu'il a voulu commettre sur la personne de son Roy. Ce Prince ayant esté releué par la compagnie, qui auoit les larmes aux yeux, il commanda qu'on fist sortir Pretextat de l'Assemblée ; & luy-mesme s'estant retiré en son Palais, enuoya aussi-tost aux Euesques le liure des Canons, où il y auoit vn cahier adjoûsté, qui contenoit des Decrets qualifiez du tître d'Apostoliques, dont le 25. porte, que l'Euesque trouué conuaincu de stupre, de parjure, ou de larcin, soit déposé, sans toutefois estre excommunié ; lequel Canon Chilperic auoit changé, en mettant le terme d'homicide, au lieu de celuy de larcin, ainsi que l'obserue Mr. de Valois.

Lib. 10. rerū Franc. p. 94.

VII. Pretextat reconnoit trop tard la malice de ses ennemis

La lecture en ayant esté faite en presence de Pretextat, que l'on auoit fait rentrer dans l'Assemblée, il fut extrémement surpris de voir que bien loin de luy tenir la promesse qu'on luy auoit faite, on se disposoit à le traitter auec la derniere rigueur. Il s'apperceut bien, mais trop tard, de la surprise dont on auoit vsé enuers luy, & n'eut que trop de sujet de se repentir de son imprudente credulité.

VIII. Paroles que luy dit l'Euesque de Bordeaux.

Là dessus Berchrand, Euesque de Bordeaux, lequel apparemment présidoit au Concile, s'estant leué, luy parla de la sorte. Escoutez s'il vous plaist, nostre Frere & Co-Euesque, ne trouuez pas estrange si maintenant que vous estes dans la disgrace du Roy, nous nous retirons de vostre conuersation, & si nous cessons de vous rendre les offices de nôtre charité, jusqu'à ce que vous ayez obtenu pardon de sa clemence. Chilperic estant tout insolent de cette fausse victoire, pour insulter plus cruellement à son ennemy, demanda que l'on mit en pieces la robbe du criminel, ou que l'on recitast sur sa teste, comme sur celle d'vn traistre, le Pseaume cent huitiéme, qui contient des execrations contre Iudas, (peine qui auoit esté ordonnée dix ans auparauant au Concile de Tours contre les sacrileges) ou enfin qu'il fust condamné à estre priué de la Communion le reste de sa vie. Mais Gregoire agissant toûjours auec son zéle & sa fermeté premiere, s'y opposa genereusement, en representant à l'Assemblée, que le Roy auoit promis & juré que l'on ne feroit rien qui ne fut ordonné dans les Canons.

IX. Gregoire s'oppose aux mauuais traitemēs que le Roy luy vouloit faire.

CHAP. VIII.

Sommaire.

I. Pretextat est mis en prison, (b) tres-mal traité, (c) enfin enuoyé en exil.

ON releua aussi-tost Pretextat, qui fut mené en prison, d'où s'estant pensé sauuer la nuit, il fut découuert, & furieusement battu ; en suite dequoy il fut mené & conduit sans autre forme de procez, en l'Isle de Brency, qui est dans la mer, proche de Coutance, Ville de la basse Normandie. Voila quelle fut la premiere persecution que souffrit Pre-

a Robert Cenal dit Herçay ou Gerçay.

DES ARCHEVESQVES DE ROVEN. 107

textat, par la haine de Fredegonde, dont nous auons fait le recit, con- SAINT PRE-
formément à ce qu'écrit Gregoire de Tours. TEXTAT.

II.
Opinion de Fredegarius sur ces éuenemens.

Il est vray que Fredegarius n'en a pas parlé d'vne maniere si auantageuse à l'honneur de nostre Archeuesque; & la sincerité dont on doit vser dans l'Histoire, m'oblige de ne pas obmettre icy que cét Autheur escrit, qu'il fut condamné par vn juste jugement, & enuoyé en exil comme criminel, luy ayant esté objecté par le Roy Chilperic, qu'il auoit voulu faire changement dans l'Estat, à l'instigation de Brunehaut; ce qui estoit veritable. Ie sçay aussi qu'on peut alleguer quelques raisons de vray-semblance qui s'accordent auec le rapport de cet Escriuain:

III.
Qui ne doit l'emporter sur Gregoire de Tours.

Neantmoins il semble que tout cela ne doit point préualoir à la déposition de Gregoire de Tours, témoin oculaire, qui atteste si formellement l'innocence de Pretextat, qui ne manqua en toute cette affaire, que par trop de credulité, & par la foiblesse qu'il eut d'auoüer des crimes qu'il n'auoit point commis; car de vouloir infirmer le témoignage de Gregoire de Tours, en disant qu'il a esté peu fauorable à Chilperic, à cause que ce Prince auoit banny son Diacre, & enuahy la Touraine; c'est beaucoup donner à vn raisonnement, qui tendroit à ébranler les fondemens de l'Histoire, en nous rendant suspect le témoignage des Autheurs les plus croyables, tels que sont ceux qui sont contemporains, lesquels il seroit facile de recuser en quantité d'articles de leurs liures, en proposant contre eux de semblables conjectures.

IV.
Ce que Pretextat fit pendant son exil.

Nous ne sçauons rien de ce que fit Pretextat durant son exil: Il y a beaucoup d'apparence qu'il s'y appliqua fort à l'estude des saintes Lettres, & que les solides consolations qu'il en tira, ne seruirent pas peu à adoucir ses maux. Nous apprenons de S. Gregoire, qu'il escriuit quel- Greg. Tur.
ques Traitez qu'il recita depuis au Concile de Mascon, auquel il assista *lib. 8. c. 2.*

V.
Il y composa plusieurs traitez, & le sentiment qu'en a eu Gregoire de Tours.

aprés son réstablissement. Ces pieces receurent l'approbation de plusieurs; & comme il est bien difficile d'aggréer à tout le monde, elles ne plûrent pas beaucoup à d'autres, qui trouuoient qu'il n'auoit pas suiuy assez exactement les préceptes de la Rhetorique. Gregoire de Tours (qui estant vn des plus sçauans de ce temps-là, estoit possible plus capable d'en juger que ces derniers témoins) dit qu'on remarquoit en plusieurs endroits de ces Traitez, vn stile fort Ecclesiastique & fort raisonnable: d'où l'on peut inferer que si le discours de Pretextat n'estoit point fleury & agreable, il estoit au moins graue, solide & judicieux; c'est à dire tel que deuoit estre celuy d'vn Euesque. Bien que le mesme Gregoire ne nous dise rien du sujet de ces Traittez, si est-ce que l'on peut probablement croire que c'estoient quelques Apologies qui eussent donné vne lumiere plus grande à cette Histoire, si le temps ne nous en eust point priué.

VI.
Fredegonde fit mettre Melancius à la place de Pretextat.

Aussi-tost que nostre S. Pretextat fut au lieu de son exil, Fredegonde fit mettre en sa place vn Prestre qui luy estoit entierement acquis, nommé Melancius, dont nous parlerons cy-aprés. Celuy-cy gouuerna l'Eglise de Roüen pendant sept ou huit ans que Chilperic vescut, depuis le bannissement de nostre S. Prelat; car quelque temps aprés la mort de ce Prince, Gontran estant venu à Paris, les habitans de Roüen luy presen-

O ij

108　　　　　　　　　HISTOIRE

SAINT PRE-TEXTAT. VII.
Les habitans de Roüen font rappeler leur Prelat de son exil.

terent requeste, à ce qu'il luy pluſt rappeler leur Archeueſque du lieu où l'on l'auoit relegué, quoy que tres innocent. Le Roy conſentit à leur demande ; Pretextat reuint auſſi-toſt de ſon exil, & fut receu dans ſon Dioceſe auec vne joye & vne allegreſſe extraordinaire.

Quem Prætextatum ciues Rothomagenſes poſt exceſſum Regis de exilio expetentes cum grandi lætitia & laude, ciuitati ſuæ reſtituerunt. Greg. Tur. lib. 7. c. 6.

VIII.
Oppoſitions de Fredegonde inutiles par la diligence de l'Eueſque de Paris.

Gregoire de Tours adjouſte qu'eſtant de retour, il vint à Paris & ſe preſenta à Gontran, le priant de faire reuoir diligemment ſon procez en vn Synode conuoqué pour cét effet ; à quoy Fredegonde s'oppoſa, ſoûtenant auec ſes partiſans, qu'vn Eueſque qui auoit eſté excommunié, & priué de ſon Office dans vne Aſſemblée de quarante-cinq Eueſques, ne pouuoit ny ne deuoit eſtre remis en ſon Siege, & reprendre ſon premier rang. Nonobſtant laquelle oppoſition, Gontran voulut conuoquer vn Concile ; mais Ragnemond Eueſque de Paris, qui auoit beaucoup contribué à la condamnation de ce Prelat, ſe repentant de la laſcheté qu'il auoit commiſe, fit ſeul en faueur de ce Prelat, tout ce qu'il eut pû eſperer de la juſtice des autres Eueſques ; car il perſuada au Roy, d'agréer qu'il fut rétably dans ſon Siege, ſans aucune autre formalité, alleguant pour raiſon, qu'il auoit eſté veritablement puny par la penitence de l'exil, qui luy auoit eſté impoſée; mais qu'il n'auoit eſté nullement démis de l'Epiſcopat. Ainſi malgré les efforts de la Reyne, Pretextat fut receu du Prince fauorablement, qui le régala à ſa table, & luy permit de retourner à Roüen pour y exercer les fonctions ſacrées.

IX.
Pretextat regalé par Gontran.

CHAP. IX.

Sommaire.
I. *Année du retour de Pretextat.*

Son retour fut l'an 584. ou au commencement de 585. par où il eſt aiſé de juger combien eſt grand le mécontre de Robert du Mont, lors qu'il aſſeure que noſtre Saint receut la Couronne du Martyre en 582. puiſqu'il eſt certain qu'il ſuruéſcut quatre ou cinq ans aprés auoir eſté reſtably dans ſon Siege, comme il eſt aiſé de le juſtifier. Car les Autheurs conuiennent que Chilperic ne fut aſſaſſiné qu'en 584. ou meſme ſelon quelques-vns en 588. & que noſtre Archeueſque ne retourna point en ſon Egliſe qu'aprés la mort de ce Prince. De plus, il eſt conſtant qu'il aſſiſta depuis ſon retour, au ſecond Concile de Maſcon, qui fut tenu en 585. comme l'écrit le ſieur Friſon dans ſon *Gallia purpurata*; ou meſme ſelon Baronius & Mr. Robert, en 588. Ce qui fournit encore vne raiſon bien conuainquante pour eſtablir cette Chronologie, eſt que la mort de S. Pretextat arriua lors que Fredegonde eſtoit releguée au Vaudereuil. Or elle ne receut commandement de s'y retirer qu'en 588. ſelon la pluſpart des Hiſtoriens. Mr. de Valois met cét éuenement en 584. & dit qu'il eſt probable que Fredegonde ſe retira de la ſorte, afin qu'en ne la voyant plus, on perdiſt plus aiſément le ſouuenir de toutes les actions cruelles & injuſtes de Chilperic, leſquelles on luy imputoit comme à celle qui en eſtoit la principale cauſe. Mais ie laiſſe à traiter cecy aux Hiſtoriens de France, pour paſſer à ce qui regarde la mort de noſtre ſaint Prelat.

II. *Difficulté de Chronologie ſur ce ſuict.*

Henſch. 585.

III. *Reflexion ſur le voyage de Fredegonde au Vaudereüil.*

IV.
Elle retourne à Roüen, & en vient aux priſes auec Pretextat.

Gregoire de Tours nous aſſeure que Fredegonde eſtant à Roüen, où elle s'eſtoit renduë du Chaſteau du Vaudereuil, aſſis dans le territoire de cette Ville-là, eut priſe auec l'Archeueſque Pretextat, & qu'elle le maltraita fort de paroles, en luy diſant entr'autres choſes, que le temps

DES ARCHEVESQVES DE ROVEN.

viendroit bien-tost qu'il reuerroit le lieu de l'exil où il auoit esté relegué. A quoy ce Prelat repartit, Sçachez, Madame, que i'ay tousiours esté Euesque pendant mon bannissement, que ie le suis encore à cette heure, & que i'espere de l'estre pareillement à l'auenir : mais pour vous, ie puis vous asseurer que vous ne serez pas tousiours en possession de la puissance Souueraine. Si Dieu permet que ie sois banny, sa misericorde me tirera de mon exil pour m'éleuer au Trône de la gloire Celeste ; au lieu que sa Iustice vous fera passer de vostre Royaume temporel, dans des supplices qui ne finiront iamais. Vous deuriez au moins penser maintenant à faire penitence ; vous deuriez sortir de vostre aueuglement ; quitter cette conduite iniuste & meschante, que vous auez tenuë iusqu'icy, & rabatre de cét orgueil dont vous estes remplie, afin de pouuoir donner vne bonne éducation à vostre fils, & entrer aprés vostre mort dans la vie Eternelle.

Saint Pretextat.

V.
Qui luy remonstre son deuoir.

Fredegonde au lieu de faire son profit de cette remonstrance, elle la considera comme vn sanglant affront ; & ayant quitté Pretextat toute en colere, elle resolut de s'en venger. Elle communiqua son dessein à Melance, qui auoit esté priué du Siege Pastoral de Roüen, par le retour de Pretextat, & à vn certain Archidiacre qui auoit de la hayne pour nostre Archeuesque ; dont enfin ils conspirerent tous trois la mort. Ils commirent l'execution de ce cruel attentat à vn esclaue, à qui ils persuaderent par de grandes promesses, d'assassiner l'Euesque ; il receut par auance deux cens pieces d'or, de Fredegonde cent, de Melance cinquante, & cinquante de l'Archidiacre. Si la dignité de la personne contre laquelle on forma cette entreprise la rendit tout à fait execrable, le temps & le lieu que l'on choisit pour cét effet en accrurent encore le crime & l'horreur. Elle fut executée dans la Cathedrale le iour mesme de la Resurrection de nostre Seigneur.

VI.
Elle conspire la mort de Pretextat auec deux autres.

Greg. Tur.
l. 8. c. 31.
Vales. rerum
est. lib. 13.

VII.
Ils corrompent vn esclaue par argent pour executer leur dessein.

VIII.
Pretextat assistant à Matines le iour de Pasques reçoit vn coup de poignard.

Pretextat donc estant allé de grand matin à l'Eglise pour assister à l'Office diuin, commença suiuant sa coustume à chanter de suite les Antiennes ; & comme durant la Psalmodie il estoit assis sur vn siege, ou pour suiure exactement mon Texte Latin, sur vne forme ; voila ce cruel meurtrier, qui ayant tiré son poignard luy en donne vn coup sous l'aisselle. Ce Prelat se sentant frappé, ietta vn grand cry, pour appeller à son secours les Ecclesiastiques qui estoient presens : mais il n'y en eust pas vn qui le secourut conuenablement ; de sorte que l'assassin eut le loisir de s'échapper. Pretextat tout blessé qu'il estoit, ne laissa pas de s'approcher de l'Autel, sur lequel estendant ses mains toutes sanglantes, il presenta à Dieu sa priere ; & bien loin de se plaindre de son malheur, il luy en rendit de tres-humbles actions de graces, en suite dequoy s'estant mis entre les mains de ses domestiques, il se fit porter au lit.

CHAP.
X.
Sommaire.
I.
Fredegonde le vient visiter, & ce qui se passa en cette visite.

FRedegonde pensant cacher son crime, ou voulant possible repaistre ses yeux du triste spectacle d'vn ennemy mourant, eut l'insolence de luy rendre aussi-tost visite. Elle vint dans sa chambre, accompagnée du Duc Beppoleo, & d'vn de ses Courtisans nommé Ausoald ; & cachant sa cruelle ioye sous les apparences d'vne feinte tristesse, ô le fu-

O iij

HISTOIRE

SAINT PRE-
TEXTAT.
nefte & déplorable malheur ! dit-elle, nous n'auions pas befoin, ô faint Preftre, que cette derniere de toutes les difgraces nous arriuaft ! nous courons rifque, nous & tout voftre Peuple, de faire vne grande perte en voftre perfonne facrée ! Ah, que ne connoiffons-nous l'autheur de cét attentat ! Dieu vueille nous le découurir, & que nous luy puiffions faire fouffrir vn fupplice proportionné à la grandeur de fon crime !

II.
Réponfe de Pretextat aux plaintes fimulées de Fredegonde.
Pretextat qui fçauoit bien que fa bleffure eftoit vn coup de Fredegonde, & que cette malheureufe femme ne le vifitoit que pour éloigner de foy le foupçon d'vne action fi noire, luy répondit : Qu'eft-ce qui feroit l'autheur de ma mort, finon cette perfonne qui a tué les Roys auec tant de fureur ? qui a fi fouuent verfé le fang des innocens, & qui a commis mille & mille mefchancetez dans ce Royaume ? Ce jufte reproche deuoit donner de la confufion & fermer la bouche à Fredegonde ; mais la longue habitude qu'elle auoit de faire des meurtres, luy ayant ofté toute honte, elle détourna le difcours, & continuant de luy parler, luy

III.
Qui luy fait offre de Medecins & de Chirurgiens, & à quel deffein.
dit ; nous auons de fort habiles Chirurgiens qui pourroient bien guerir cette playe, ie vous prie d'auoir agreable que ie vous les enuoye, & de fouffrir qu'ils vous penfent. Surquoy ie diray, apres Mr. de Valois, qu'il eft fort vray-femblable que Fredegonde luy fit cette offre, dans le doute qu'elle auoit fi la bleffure eftoit mortelle, & afin de la rendre irremediable par du poifon qu'elle y feroit mettre par le moyen de ces Medecins ; car elle auoit fans ceffe à fes gages des gens à tout faire, & qui eftoient animez du mefme efprit qu'elle. Pretextat voyant fon impudence, & fa diffimulation diabolique, jugea qu'il deuoit la faire connoiftre à tous ceux qui eftoient prefens. Dans ce deffein, il luy parla ouuertement, en difant, les Medecins feroient inutils à vn homme mourant ;

IV.
Pretextat la remercie, & les dernieres paroles qu'il luy dit.
ie fens bien que c'eft la volonté Diuine que ie forte incontinent de ce monde ; ie vous y laiffe toute criminelle que vous eftes : mais fçachez que comme c'eft vous à qui l'on doit principalement imputer ma mort, vous ferez auffi l'objet de la malediction des hommes, & la miferable victime fur laquelle Dieu vengeur de mon fang, déchargera fa colere. Fredegonde ayant entendu ces paroles, fe retira, fans fe mettre nullement en peine des menaces de ce genereux Prelat, qui ayant fait fon Teftament,& donné ordre à fes affaires domeftiques, felon que la brié-

V.
Sa mort, & ce qui s'en enfuiuit.
ueté du temps le luy permettoit, rendit l'efprit, & fut inhumé fort honorablement par les foins de Ramacharius Euefque de Coutance.

Au refte, cet execrable affaffinat remplit toute la ville de Roüen d'effroy & de trifteffe : Les principaux Habitans, que l'on nommoit en ce temps-là *Seniores*, ce qui veut dire Vieillards, mais plus proprement Seigneurs, en conceurent vne douleur & vne indignation extraordinaire, ne pouuant affez detefter l'impieté & la barbarie de ceux qui en vn jour fi folennel auoient fait maffacrer dans l'Eglife vn Euefque innocent, en quoy ils remarquoient trois ou quatres circonftances qui rendoient cette action fi énorme, qu'ils n'y pouuoient penfer fans horreur. Il y en eut

VI.
Vn Seigneur de Roüen va trouuer Fredegonde, & luy en fait reproche.
vn d'entr'eux qui fut tranfporté d'vn tel zéle, & d'vn fi fort reffentiment ; qu'il alla trouuer Fredegonde, & luy dit ; Madame, jufqu'à

DES ARCHEVESQVES DE ROVEN. 111

preſent vous auez commis de grands crimes, mais ie puis aſſeurer que   SAINT PRE-
vous les auez tous ſurpaſſez par ce dernier, dont vous vous eſtes ſoüil-   TEXTAT.
lée, en répandant ainſi le ſang d'vn S. Eueſque, que ie prie Dieu qu'il luy
plaiſe de faire auſſi-toſt la vengeance de ſa mort. Et certes il ne tiendra
pas à nous que cela ne ſoit, puiſque nous auons reſolu d'en informer
exactement, & d'empeſcher que vous n'ayez plus à l'auenir le pouuoir
d'exercer de ſi grandes cruautez.

VII.
Elle le fait in-
uiter de diſ-
ner, ce qu'il
refuſe.

  Aprés cette hardie imprecation il quitta Fredegonde, mais elle enuoya aprés luy vn de ſes Officiers pour l'inuiter à diſner : ce qu'ayant refuſé, on le fit conſentir de boire au moins vn verre de vin, car c'euſt eſté
deshonneur en ce temps-là que de ſortir à jeun du Palais Royal. Il y auoit
alors vn certain vin artificiel où l'on meſloit du miel & de l'abſinthe, qui
eſtoit fort en vſage, non ſeulement parmy les Grands (comme l'obſer-
ue fort bien Mr. de Valois) mais meſme parmy les Moynes, de la com-
poſition duquel il eſt parlé dans la vie de S. Colomban, & dans les anciens Statuts de l'Abbaye de Fleury ſur Loire.

VIII.
Il boit d'vne
coupe empoi-
ſonnée qui le
tuë toſt aprés.

  Fredegonde commanda qu'on preſentaſt à ce Seigneur François vne
coupe pleine de ce vin, & qu'on y mit du poiſon ; celuy-cy l'ayant beuë
ſans deffiance, ſentit auſſi-toſt vne ſi violente douleur dans les entrailles,
qu'il luy ſembloit qu'on les luy coupaſt auec des raſoirs. Il reconnut
bien (mais trop tard pour y remedier) qu'il s'eſtoit laiſſé ſurprendre aux
embuſches de Fredegonde, & n'eſperant plus rien de ſa vie, il penſa à la
conſeruation de ceux qu'il auoit amenez auec luy, à qui il cria, Ie ſuis
mort, Meſſieurs, ſauuez-vous, ne periſſez pas comme moy. Ceux-cy
au lieu de prendre le verre fatal, ayant pris la fuite, ſe tirerent promptement, tandis que celuy-cy monta à cheual ; mais à peine eut-il fait cent
pas qu'il perdit la veuë, & peu de temps aprés la vie.

CHAP.
XI.
Sommaire.
I.
L'Eueſque de
Bayeux vient
à Roüen, &
ce qu'il y fit.

  LE bruit de la mort de Pretextat s'eſtant répandu de toutes parts,
Leudouaut Eueſque de Bayeux, & en cette qualité premier Suffragant de l'Archeueſché de Roüen, vint promptement en cette Ville pour
ſecourir l'Egliſe Metropolitaine, qu'vn ſi funeſte euenement auoit reduite dans la deſolation. C'eſtoit vn Prelat de grand credit en France,
& qui s'eſtoit acquis de la reputation par diuerſes Ambaſſades que Chilperic luy auoit confiées. Auſſi-toſt qu'il fut arriué, il écriuit vne lettre
circulaire aux Eueſques de France, pour leur donner aduis de cét execrable parricide commis en la perſonne de leur Confrere ; & du conſentement du Clergé il ferma toutes les Egliſes, afin qu'on n'y diſt plus de ſeruice public, juſqu'à ce que l'autheur de cét horrible meurtre fut découuert ; couſtume qu'on pratiquoit aucunefois, pour marquer vne grande triſteſſe & vne conſternation generale. On arreſta quelques perſon-

II.
Quelques cri-
minels decla-
rerent que
Fredegonde
auoit fait aſ-
ſaſſiner Pre-
textat.

nes qu'on ſoupçonnoit eſtre coupables de la mort du S. Eueſque, leſquelles ayant eſté interrogées, & miſes à la queſtion, declarerent nettement que Pretextat auoit eſté aſſaſſiné à l'inſtigation & par l'ordre de
Fredegonde. Mais encore que ces criminels fuſſent plainement con-
uaincus, on ne pût leur faire ſouffrir le ſupplice qu'ils meritoient, la
Reyne s'y eſtant oppoſée, & ayant protegé ouuertement ces ſatellites.

Saint Pretextat.

On dit mesme qu'elle tâcha de faire tuer Leudouaut, parce qu'il apportoit plus de zéle pour l'information de ce crime qu'elle n'eust souhaité; mais la fidelité & la vigilance de ses seruiteurs le preserua de ce danger.

III. Gontran depute trois Euesques pour informer du fait & punir les coupables.

Cependant Gontran, Roy de Bourgongne, oncle & tuteur de Clotaire Roy de France, & fils de Fredegonde, qui n'auoit alors que cinq ou six ans, ayant appris ce qui s'estoit passé à Roüen, & qu'on imputoit ce crime execrable à la Reyne, deputa trois Euesques vers son neveu, ou plustost vers le Conseil qui gouuernoit l'Estat durant sa minorité : sçauoir Artemius Archeuesque de Sens, Veranus Euesque de Chaalons, & Agrecius Euesque de Troye, afin d'auoir permission de se faire accompagner des Officiers Royaux, de tascher de découurir & d'arrester l'assassin qui auoit tué Pretextat, & de l'amener en suite deuant Gontran, qui vouloit tirer de luy-mesme la verité du fait, & sçauoir de sa propre bouche qui l'auoit poussé à cette detestable action. Il est fort vray-semblable que ce Prince enuoya ses députez à Clotaire, à la sollicitation des Euesques de Bourgongne, qui le supplierent d'interposer son authorité pour vanger le sang de leur Confrere; comme ie l'apprens de la Chronique manuscrite de S. Pierre le Vif lez Sens, & du sieur Taueau, dans l'Histoire des Archeuesques de cette mesme Ville.

IV. Réponse aux Ambassadeurs de Gontran.

Les Ambassadeurs de Gontran ayant eu audience de Clotaire en presence de ses Conseillers d'Estat (que Gregoire designe par le mot de *Seniores*) ceux-cy respondirent qu'ils auoient vn extréme déplaisir de la mort de Pretextat; que le recit de cét assassinat leur auoit donné de l'horreur; qu'ils souhaiteroient auec passion d'en tirer vengeance : mais qu'ils ne pouuoient consentir à la demande qu'ils faisoient, d'arrester le criminel pour le conduire deuant Gontran ; que c'estoit à Clotaire leur Roy de punir les crimes qui se commettoient dans son Royaume; qu'ils croiroient mal conseruer son authorité, s'ils permettoient qu'on enleuast celuy qui estoit coupable, pour le mener deuant le Tribunal du Roy de Bourgongne.

V. Leur Protestation auant leur depart.

Cette réponce, quoy que pleine de prudence & d'équité, ne satisfit pas ces Députez, qui repartirent en ces termes. Nous vous declarons hautement que si à la veuë de tout le monde, on ne fait justice de l'autheur de ce crime, nostre Roy viendra auec vne puissante armée rauager ce païs, & mettra tout à feu & à sang ; car il est tres-certain que la personne qui a fait donner du poison au Seigneur François, est celle-là mesme qui a fait donner des coups de poignard à l'Euesque. Aprés ces paroles ils se retirerent sans auoir pû (dit Gregoire de Tours) obtenir de réponce raisonnable, c'est à dire aucune asseurance qu'on puniroit les coupables, le credit que Fredegonde auoit dans la Cour du Roy son fils, empeschant les bonnes intentions des Conseillers d'Estat:

VI. Fredegonde elude ces poursuites.

jusques-là mesme que ceux-cy ayant promis aux Députez de ne point souffrir que Melancius succedast à Pretextat, ils ne le pûrent empescher; & par vn succez qui scandalisa tous les gens de bien, celuy-là eut la Chaire de son Euesque qui l'auoit fait tuer, pour recompense de son crime.

Cependant tous les François donnant publiquement des maledictions

VII.
Elle fait prendre l'assassin, le fait battre, & le liure au neueu de Pretextat.

ctions à Fredegonde, qu'ils sçauoient auoir esté la principale cause de la mort de nostre Prelat ; cette miserable femme pour les appaiser aucunement, & leur persuader qu'elle estoit innocente, fit arrester l'esclaue qu'elle auoit employé à ce détestable assassinat, & le fit battre cruellement ; ce qu'elle fit possible pour vn autre dessein ; sçauoir afin qu'on tint pour suspect tout ce qu'il diroit contr'elle : au milieu de son supplice elle luy reprochoit qu'en tuant Pretextat, il auoit donné sujet à ses ennemis de noircir sa reputation, en faisant croire au peuple qu'elle luy auoit ordonné de répandre le sang de ce S. Prestre. En quoy elle témoignoit beaucoup d'aueuglement si elle se seruoit de ce moyen pour se justifier deuant le peuple, n'estant pas croyable que cét esclaue se fut porté de luy mesme à commettre vne action si criminelle & qu'il pouuoit préuoir luy deuoir couster la vie, sans y auoir esté poussé par quelque personne de grande authorité. En suitte elle mit le criminel entre les mains du neueu de Pretextat, qui l'ayant fait appliquer à la question, sceut de luy toute l'affaire ; car ce malheureux declara qu'il auoit tué Pretextat, à la sollication de Fredegonde, de Melance, & d'vn Archidiacre de la Cathedrale : Qu'il auoit receu par auance cent escus de la premiere, cinquante escus du second, & autant du troisiéme ; & qu'en outre on luy auoit promis de le mettre en liberté luy & sa femme.

SAINT PRETEXTAT.

VIII.
Il découure à la question les Autheurs de son crime.

IX.
Il est tué sur le champ.

Ce qu'entendant le neueu de Pretextat, il ne pût retenir sa colere ; tellement qu'ayant tiré son espée il tailla en pieces ce miserable assassin, & vangea de cette sorte la mort de son oncle.

CHAP. XII.
Sommaire.
I. *Les autheurs de ce crime impunis en ce monde.*

Ainsi il n'y eut que celuy qui auoit esté l'instrument de cette action diabolique qui receut le chastiment qu'il meritoit, tandis que ceux qui en estoient les principaux autheurs échapperent à la justice humaine par vne conduite de la Sagesse de Dieu ; lequel, comme dit vn ancien Concile *après S. Augustin, punit dés ce monde de certains pechez, pour faire voir aux hommes qu'il prend soin des choses d'icy bas, & en laisse aussi d'autres impunis, pour nous apprendre qu'il les reserue au dernier jugement, & nous donner de la crainte de la rigoureuse vangeance qu'il en tirera à l'autre monde. C'est à quoy semble auoir pensé le sieur Baschot dans ses Nuits Mormantines, où il a inseré ce Distique.

a *Conc. Aquis Greg. celeb. anno 836.*

    Fœminea Christi seruos Fredegondis ab ira
    Quid plectens meruit ? Christi plectatur vt ira.

II.
Pretextat honoré du titre de martyr.

Ordry Vital dans l'éloge qu'il luy dresse, honore S. Pretextat du glorieux tître de Martyr.

    Occubuit Martyr Prætextatus Fredegondis
    Reginæ iussu, pro Christi nomine Iesu.

III.
Et de saint Euesque.

A quoy s'accorde vn Escriuain Anonime, qui le qualifie bien-heureux, & le louë comme vn homme d'éminente sainteté, & qui par sa vertu se rendit odieux aux meschans ; & pareillement l'ancienne Chronique de Roüen, & les vieux Catalogues des Archeuesques de ce Diocese, qui luy attribuent le tître de Saint. Et encore plus formellement le Cardinal Baronius dans ses Annales & ses Annotations sur le Martyrologe, où il met le 24. Février à Roüen, la passion, c'est à dire le

114 HISTOIRE

S. PRETEX-
TAT.
martyre de S. Pretextat, Euesque & Martyr.

IV.
Difficultez
sur ces titres.
Contre cecy l'on objecte, 1. Le silence des anciens Martyrologes, & mesme de celuy de Rome, où il n'est point fait mention de Pretextat, & l'vsage de l'Eglise de Roüen qui ne celebre point sa Feste. 2. Que le martyre de S. Pretextat ne peut pas estre arriué le 24. Février, puisque Gregoire de Tours atteste qu'il fut tué le iour de Pasques. 3. Que cét Archeuesque n'estant pas mort pour la défence de la Foy, n'a point merité d'estre reueré comme vn Martyr. Ces objections paroissent asseurément tres-

V.
Réponse aux
objections. A
la premiere.
fortes ; on peut toutefois répondre à la premiere, qu'il n'est pas croyable que Baronius eut inseré sans fondement dans ses additions au Martyrologe Romain cette Feste de S. Pretextat, laquelle pourroit auoir esté autrefois celebrée à Roüen, encore qu'elle ne le soit plus aujourd'huy. La

VI.
A la seconde.
seconde raison que l'on oppose, a beaucoup moins de force, puisqu'il est certain qu'il y a quantité de Saints dont on ne solemnise pas la Feste précisément le iour de leur decez, mais en vn autre. Par exemple, on reuere dans l'Eglise la memoire de S. Polycarpe au 26. Ianuier, bien qu'il ait enduré le Martyre au Samedy de Pasques. On honore S. Remy le premier d'Octobre, encore qu'il soit mort au mois d'Avril, & ainsi de quantité d'autres ; joint qu'il n'est pas tout à fait constant que saint Pretextat ayt esté assassiné le iour de Pasques ; (car ces termes de *Dominicæ Resurrectionis die*) dont vse Gregoire de Tours, peuuent s'expliquer simplement du iour de Dimanche ; & il est certain qu'il y a des passages dans cét Autheur où ils ne sont employez qu'en ce sens, laquelle obseruation a esté aussi faite par Mr. de Valois. La troisiéme objection est

VII.
A la troisiéme
la plus foible de toutes, estant notoire à tous ceux qui sont versez dans le Martyrologe, que l'Eglise reuere comme Martyrs, plusieurs Saints qui ne sont pas morts pour le soûtien de la Foy, mais seulement qui ont esté tuez par les meschans, pour auoir deffendu l'interest de la verité & de la iustice, ou dans le moment qu'ils vouloient faire quelque action conforme à la pieté Chrestienne. Ce qui paroistra tout éuident à ceux qui prendront la peine de lire les Vies des Saints ; Cheron, Leger, Lambert, Godegrand, Theodard, Paterne, & de quantité d'autres, au

VIII.
Mr. du Saus-
say luy a dressé
vn bel Eloge
dans son Mar-
tyrologe des
Saints de
France.
nombre desquels on peut mettre auec iustice nostre saint Pretextat, dont le sang ne fut répandu, que parce qu'à l'imitation du Prophete Elie, il auoit genereusement repris la cruauté de l'impie Fredegonde, qui se rendit en son siecle encore plus connuë par ses crimes, que par sa

IX.
Cause de la
mort de saint
Pretextat.
qualité de Reine, & qui est nommée auec raison dans les Annales Ecclesiastiques, la Iesabel de la France.

DES ARCHEVESQVES DE ROVEN. 115

MELANCE.

ELOGE
DE MELANCE. 18.

An de I. C.
589.
CHAP.
I.
Sommaire.
I.
Diligence qu'apporte Gontran pour punir les Autheurs de la mort de Pretextat.

NOVS auons veu dans l'Eloge precedent, qu'apres la mort déplorable de Pretextat, que Fredegonde fit tuer si cruellement dans son Eglise, Gontran [a] Roy de Bourgongne, Prince tres religieux, & dont les vertus Chrestiennes & politiques ont merité les loüanges de tous nos Historiens, s'entremit auec beaucoup de zéle auprés de son neueu Clotaire, dont il estoit tuteur, pour faire recherche & punir les Autheurs de cét horrible assassinat. Il paroit mesme par ce qui est porté au 20. Chapitre du liure neufiéme de Gregoire de Tours, qu'il voulut conuoquer vn Concile pour cet effet, afin d'informer, dit cet Autheur, *cur Prætextatus Episcopus gladio in Ecclesia fuisset interemptus?* pourquoy l'Euesque Pretextat auoit esté poignardé dans l'Eglise; laquelle affaire il consideroit auec raison, comme tres-importante, & comme la cause de Dieu, ainsi qu'il declara luy-mesme à Gregoire de Tours, & à Felix, Ambassadeurs de Childebert, Roy d'Austrasie. Nous ne sçauons pas s'il executa son dessein, & s'il fit faire cette Assemblée Ecclesiastique. Cela est assez croyable de luy, qu'on remarque auoir pris grand soin de conuoquer des Conciles pour le rétablissement & la conseruation de la discipline Ecclesiastique. Toutefois comme les anciens Escriuains ne nous en asseurent pas positiuement, ie n'insisteray point dauantage sur cette conjecture. Ce qu'il y a de certain, est ce que j'ay dit cy-deuant; sçauoir qu'il députa trois Euesques vers Clotaire, afin de l'exhorter à faire informer de ce grand crime, & à luy mettre entre les mains ceux qui en estoient les Autheurs; laquelle proposition ayant esté examinée par le Conseil de Clotaire, & trouuée préjudiciable à son authorité, on renuoya les Ambassadeurs de Gontran assez mal satisfaits. Ceux-cy auant de s'en retourner, firent instance, qu'au moins on n'establist pas Melance pour successeur de Pretextat, de la mort duquel il estoit soupçonné ; ce qu'on leur promit veritablement, mais en vain ; car le credit de Fredegonde fut tel, qu'elle l'éleua de nouueau à la dignité Episcopale; si bien que par cét exemple tres-scandaleux, on vit Melance prendre possession d'vne Eglise desolée, dont il auoit assassiné l'époux, & encore cette promotion n'arriua point par surprise, mais par la violence ouuerte d'vne Reine, complice de son crime. Euenement, sur le sujet duquel feu Mr. le Preuost a eu sujet de dire dans quelques vns de ses Memoires, que iamais la puissance seculiere n'auoit pû rien faire, ny la foiblesse de l'ordre Ecclesiastique rien souffrir de plus indigne & de plus injuste.

II.
Il députa trois Euesques vers Clotaire sans aucun effet.

III.
Melance est establiy contre la promesse qu'on luy auoit faite.

a Il passe pour Saint.
V. Mart. Adonis.

Quo facto, nihil iniquius vel secularis audacia perpetrare, vel Ecclesiastica seruitus pati potuit.

Telle donc fut l'entrée de Melance dans cette haute dignité ; il est

P ij

116 HISTOIRE

MELANCE. fort vray-semblable qu'il vsa de toutes les adresses imaginables pour pas-
IV. ser pour innocent, & pour se purger deuant les hommes du crime qu'on
Moyens dont
il pût se seruir luy imputoit. Comme il ne fut possible chargé que de cét esclaue qui
pour se pur-
ger de ce cri- tua Pretextat, & non point des autres qui furent premierement appli-
me. quez à la question, il luy fut aisé de soustenir que la déposition de celuy-
cy estoit, ou égarement d'esprit, ou vne calomnie de ses ennemis, qui à
force de tourmens auoient fait dire à ce miserable tout ce qu'ils auoient
voulu. Peut-estre que par ce moyen il fit impression dans l'esprit de
V. plusieurs, & que s'il ne se justifia point, au moins il fit douter en quelque
Raisons qui
font croire sorte du témoignage de celuy qui le chargeoit. Pour moy ie trouue qu'il
qu'il n'en de-
mettra pas y a quelque apparence qu'il deffendit aucunement sa reputation, de cet-
conuaincu. te tache si honteuse; car autrement s'il eut esté tenu pour pleinement
atteint & conuaincu de ce parricide, sans doute les Euesques de France
auroient fait quelques poursuites contre luy, afin de le déposer, & au-
VI. roient au moins imploré l'authorité du grand Pape S. Gregoire, qui se
Le Pape saint
Gregoire le monstroit si zélé pour la discipline de l'Eglise, & si seuere à punir les
grand luy
écriuit. moindres deffauts des Ecclesiastiques. Au contraire, nous voyons que
ce S. Pontife reconnut Melance pour Euesque legitime, ayant adressé à
luy & à six autres Prelats de France ses lettres, dattées du mois de Iuillet
601. pour leur recommander quelques Moynes qu'il enuoyoit à S. Augustin Euesque de Cantorbery en Angleterre, afin de trauailler sous sa
VII. conduite à la conuersion des Peuples de ce Royaume. Au reste, si l'on
Eloge que luy
donne Ordry en croit Ordry Vital, Melance s'acquitta dignement de sa charge Pasto-
Vital. rale, & prit soin de faire viure son Peuple dans la justice & l'obseruation
des Loix diuines; c'est le sens du Distique qui luy est approprié par cét
Autheur.

Ecclesiam rexit multis Melancius annis,
Subjectos docuit, iustè quoque viuere fecit.

VIII. A quoy i'adjouste que ces termes de *rexit multis annis*, ne s'accordent pas
Combien de
temps il gou- trop bien auecque ce qu'il dit, que Melance gouuerna l'Eglise douze
uerna l'Eglise
de Roüen. ans; car il semble que ce mot de *multis* ne deuroit estre employé que
pour marquer le temps de quelque Episcopat qui auroit duré 40. ou 50.
années. Ainsi il faut croire qu'il ne s'en est seruy que pour donner vn
sixiéme pied à son vers hexametre.

An de I. C.
602.
CHAP.
I.

ELOGE
D'HIDVLPHE. 19.

Sommaire.
I.
Difficulté du
temps auquel
Hidulphe est
entré à l'E-
piscopat.

COMME d'vn costé il paroit par la lettre de S. Gregoire, que Melance estoit encore Euesque en 601. & que de l'autre Ordry Vital ne luy donne que douze ans d'Episcopat; il faut croire qu'il mourut en cette mesme année, puisqu'il entra dans la chaire Pa-

DES ARCHEVESQVES DE ROVEN. 117

storale en 589. Ce qui fait naistre icy vne difficulté dans nostre Chronologie, où nous trouuerions vn vuide de deux ou trois ans, si nous voulions nous regler sur l'année du Sacre de S. Oüen, qui se fit en 646. vn ou deux ans aprés son élection. Car venant à retrograder de ce terme indubitable de 646. & à compter deux ans pour l'interuale entre la mort de S. Romain & l'Ordination de S. Oüen 713. pour le Pontificat de S. Romain; & 28. pour celuy d'Hidulphe, nous ne nous rencontrerions qu'en 603. ainsi il y auroit deux ans de Siege vaquant entre Melance & Hidulphe, pour la solution de laquelle difficulté on peut dire, qu'elle prouient de ce que l'on n'a point marqué assez précisément le temps du Pontificat de ces Euesques, Melance, Hidulphe, & S. Romain, & que l'on a negligé de conter les mois, l'obmission desquels nous fait trouuer entr'eux vn interuale vuide, encore qu'ils se soient suiuis immediatement. Suiuant cette conjecture assez vray-semblable, i'estime que nostre Hidulphe fut appellé au Ministere Episcopal vers l'an 602. ou 603. Nous n'auons aucune connoissance de ses actions, & il est si peu parlé de luy dans les anciens memoires, qu'il n'est pas mesme nommé dans la vie originale de son Successeur S. Romain. Si bien que nous sommes reduits à dire seulement, auec Ordry Vital, qu'il fut personne de naissance illustre, & qu'il s'appliqua auec grand soin à semer dans le champ de son Diocese la semence de la parole Diuine. Cette assiduité à enseigner au Peuple la doctrine du Salut, est vne preuue qu'il ne manqua pas de zéle ny de science; laquelle consideration jointe auec celle qu'il possedoit parmy les Prelats de France, me persuade qu'il assista au cinquiéme Concile de Paris, celebré en l'an 615. dans l'Eglise de S. Pierre, aujourd'huy appellée de sainte Geneuiefue, & qu'il y parut auec honneur, ainsi qu'auoient fait ses predecesseurs aux Assemblées Ecclesiastiques tenuës de leur temps ; en quoy l'on ne trouuera rien que de fort vray-semblable, si on a égard au grand nombre d'Euesques dont fut composé ce Synode, que l'on dit n'auoir pas esté moindre que 79. bien que d'ailleurs on en ignore les noms. Nous mettrons icy à nostre ordinaire, le petit éloge d'Ordry Vital.

Nobilis Idulphus præfato Pontificali
Sedit, & ornauit diuini semine verbi.

ELOGE
DE SAINT ROMAIN. 20.

An de I. C.
631.
CHAP.
I.
Sommaire.
I.
Autheurs dõt cet Eloge est tiré.

JE me contenteray de rapporter icy auec la simplicité du stile de l'Histoire, ce qui est contenu dans quelques relations qui se trouuent de la vie de ce Saint, dont les principales, sont les Leçons du Breuiaire de Roüen ; l'Histoire du Saint, extraite des anciens

P iij

S. ROMAIN. Manuscrits, par Paschal Robin, dans sa Legende, au 18. Octobre, page 862. Et au traité des Chanceliers de France, du Pere de la Noüe, la vie du Saint mise en lumiere par Mr. Rigaut ; vne autre enuoyée par l'Abbé Gerard, à nostre Archeuesque Hugue ; on en voit des copies dans les Bibliotheques de Mr. Bigot, & de Iumiege ; l'Eloge du mésme Saint, composé il y a 500. ans, par Fulbert, qui de Chanoine de la Cathedrale, se fit Disciple de S. Benoist, dans le Royal Monastere de S. Oüen.

II.
Quels ont esté les parens de S. Romain.

Saint Romain ne pouuoit pas naistre d'vne famille plus considerable, que celle d'où il tira son origine, car il sortit de parens du sang Royal de France. Son pere s'appelloit Benoist, & sa mere Felicité, noms certainement de bon augure, & qui presageoient que ces nobles mariez produisans leur semblable, auroient vn enfant qui seroit benit du Ciel, & qui estant durant sa vie le Pasteur, & aprés sa mort le Patron d'vn grand Diocese, en feroit aussi le bonheur & la felicité. Outre cét auantage de la noblesse, Benoist possedoit encore celuy d'estre bien venu à la Cour, & d'y exercer la charge de premier Conseiller d'Estat auprés de Clotaire II. qui gouuernoit la Monarchie Françoise, vers le commencement du septiéme siecle. De plus il auoit vne vertu digne de son extraction, & de sa haute qualité, & ainsi ayant en soy tout ce qui peut perfectionner & releuer vn homme au dessus des autres. Il ne faut pas s'estonner, si au rapport de nos Autheurs, il estoit aimé de Dieu, chery du Roy, & respecté des Grands de l'Estat, *Deo amabilis Regique ac Palatinis venerandus.*

III.
Dignitez de son pere.

IV.
Ses parens l'obtiennent de Dieu par leurs prieres.

Ce qui manquoit à son contentement estoit, qu'aprés plusieurs années qu'il y auoit qu'il estoit marié, il n'auoit point d'enfans, & desesperoit presque d'en auoir, doutant que sa femme ne fust sterile. Toutefois comme sa pieté luy donnoit beaucoup de confiance en nostre Seigneur, il ne cessoit de luy offrir de feruentes prieres, & de conjurer sa bonté qu'il luy plust de benir son mariage, & le rendre pere d'vn fils qui accrût le nombre de ses veritables adorateurs. Son oraison fut exaucée, & par vne insigne faueur du Ciel, il en fut aduerty par vn Esprit celeste, qui durant son sommeil luy predit qu'il auroit vn fils nommé Romain, qui seroit la lumiere, l'ornement & l'appuy de l'Eglise. Benoist ayant fait part à sa femme de cette heureuse nouuelle, ils continuèrent les exercices de leur deuotion, & taschèrent par l'assiduité de leurs prieres, & par la pratique de toutes sortes de bonnes œuures, de meriter & de se preparer à bien receuoir le riche present que le Ciel leur promettoit. Cependant Felicité eut la joye de se voir grosse, & ensuite de mettre au monde ce fils qui n'estoit pas moins le fruit de sa pieté, que de ses entrailles.

V.
Vn Ange leur declare son nom & ses qualitez.

Ecclesiæ decus, splendor, fortisque columna.
V. Ms. Ab. Gerardi.

VI.
Sa naissance.

VII.
Son education.

Il est presque superflu de parler de son education, estant aisé de iuger qu'vn enfant qui auoit cousté tant de vœux & de larmes, fut éleué auec des soins extraordinaires. Dés qu'il fut en âge d'apprendre les bonnes lettres, Benoist son pere le mit entre les mains de pieux & de sçauans Maistres, afin de le former à la vertu, & aux sciences Diuines & humaines. Ce fut alors qu'il commença de donner des marques de sa future sainteté, par le progrez merueilleux qu'il fit dans la pieté Chrestienne ;

Spiritualibus peritisque traditur pædagogis, &c.

DES ARCHEVESQVES DE ROVEN.   119

& dans l'estude des Lettres, surpassant de beaucoup tous les jeunes gens S. ROMAIN.
VIII. qui estoient ses compagnons d'école ; mais cét auantage ne luy inspi-
Progrez qu'il roit point de vanité ; au contraire, plus il croissoit en connoissance &
fit dans les en vertu, & plus il croissoit aussi en humilité & en modestie, sçachant
sciences & bien qu'il n'y auoit rien de plus injuste & de plus desagreable à Dieu,
dans la vertu. que de s'estimer & de se vouloir faire considerer des autres, à cause des
dons qu'il nous fait, au lieu de luy en referer toute la gloire, & de les employer vniquement à son seruice. Cette humble disposition de son es- Resplende-
prit, & la sagesse dont son ame estoit remplie, éclatoient sur son visage, bat in eius
& adjoustoient de nouuelles graces à la beauté qu'il auoit receuë de la sapientiæ,
nature. On remarquoit dans toute sa conduite vne maturité de iuge- gratiaque
ment, & vne certaine grauité plus d'vn vieillard que d'vn jeune homme, humilitatis.
lesquelles qualitez faisoient connoistre que Dieu le destinoit à de plus rus Cesarie
grandes choses, si on prend à la lettre ce qui est porté dans nos me- formosus.
moires.

CHAP. **D**V College il fut appelé à la Cour, & presqu'aussi-tost fait Conseil-
II. ler d'Estat, & selon quelques-vns, Chancelier de France. Mais il
Sommaire. est croyable qu'aprés ses estudes, il s'appliqua au maniement des affai-
I. res ; & qu'ayant donné des preuues de sa capacité & de sa prudence, le
Ses premiers Roy Clotaire le fit venir auprés de luy ; & qu'en consideration de sa nais-
emplois à sance & de son merite, il l'honora de la charge de grand Referendaire,
la Cour. ou garde des Sceaux, laquelle asseurément n'auoit pas en ce temps-là
II. vne fonction si estenduë qu'elle a aujourd'huy. Elle se terminoit à dres-
Il exerce la ser les Ordonnances des Princes, & à les signer & sceller, & requeroit
charge de vne connoissance plus que mediocre des bonnes Lettres, & des Loix
garde des ciuiles, auec vne probité & vne fidelité non commune, mais non pas
Sceaux, & vne si grande experience ; laquelle conjecture se fonde sur ce que S. Ro-
en quoy con- main, S. Oüen, & S. Ansbert, trois de nos Archeuesques, qui exerce-
charge. rent cette dignité, en furent pourueus assez jeunes, & dans vn âge où
III. ils n'estoient si fort versez dans les affaires. Ie sçay que quelques-vns
Responce à font difficulté de le compter parmy les Chanceliers, à cause qu'il ne se
ceux qui le trouue point de Priuileges signez de luy ; raison à mon aduis des plus
nient. foibles, veu le peu que nous auons de Chartres & d'expeditions de la
Chancellerie de ce temps-là. Quoy qu'il en soit, il est certain par le témoignage de tous nos Autheurs, que S. Romain passa quelque temps à
la Cour, & qu'il y eut part à l'administration des affaires publiques, soit
en qualité de grand Referendaire, ou simplement faisant la fonction de
Conseiller d'Estat.

IV. Les emplois & les honneurs du siecle qui sont pour l'ordinaire si fu-
Sa vertu ne nestes à la pieté, ne produisirent point ce pernicieux effet dans l'ame de
se corrompit S. Romain : Comme c'estoit par l'ordre de la Prouidence, & non point
point dans les par vn mouuement d'ambition qu'il y estoit engagé, nostre Seigneur
charges. l'assista puissamment de ses graces, & luy donna la force de se deffendre
contre la malignité & la corruption du monde. Bien loin de se relascher, il s'affermit de plus en plus dans l'amour des choses celestes. Il
éuita soigneusement les vices ordinaires des grands Seigneurs, tels que

S. ROMAIN.
V.
La conduite dont il vsa.

font le luxe, l'orgueil & l'oubly de Dieu, & pratiqua les vertus opposées, menant vne vie sobre & frugale, se montrant modeste, ciuil & accessible à tout le monde, & se tenant toûjours en la presence de Dieu, *In omnibus*
en quelque lieu qu'il fut, principalement quand il estoit question de *omnino lo-*
donner son aduis sur quelque affaire importante. Il ne souffroit aucun *haud imme-*
desordre dans sa maison, ny parmy ceux qui dependoient de luy. Il les *riæ, loqueba-*
reprenoit de leurs fautes auec fermeté; mais toutefois auec douceur, & *consilium-*
sans se mettre en colere; & par le soin qu'il prenoit de ses domestiques, *M. S. Abb.*
& des autres personnes qui luy estoient sujettes, il faisoit voir les pre- *Gerardi.*
mieres estincelles de ce zéle ardent qu'il deuoit en bref faire éclater dans
le gouuernement d'vn grand Diocese.

VI.
Il y acquit la reputation d'vne grande sainteté.

Vn Escriuain moderne assure que le Saint opera des miracles dés qu'il
estoit à la Cour, dequoy toutefois ie ne vois point de preuues; Ce qu'il
y a de plus certain & de plus important, c'est qu'il y mena vne vie tres-
exemplaire; qu'il y fut (comme dit vn de nos Manuscrits) vn miroir & *Omnibus*
vn modele de vertu pour tout le monde; & qu'il y acquit vne telle re- *omnibus*
putation de sainteté, que chacun l'estimoit capable des premieres char- *speculum*
ges de l'Eglise. Toutefois ce ne fut point par le jugement des hommes *factus.*
qu'il paruint à l'Episcopat, non seulement il y entra par vne vocation
speciale du Ciel, mais mesme cette vocation fut manifestée par vne
voye miraculeuse.

VII.
*Diuersité d'a-
uis pour l'é-
lection d'vn
Euesque aprés
la mort d'Hi-
dulphe.*

Le Siege de Roüen estant vaquant par la mort d'Hidulphe, le Clergé
& le Peuple s'assemblerent dans l'Eglise Cathedrale, pour proceder à
l'élection d'vn nouuel Archeuesque, suiuant l'vsage de ce siecle-là. On
en vint aux aduis & aux suffrages, mais il s'y trouua vne telle diuersité,
qu'on ne pût rien conclurre. On tint depuis encore plusieurs assemblées,
qui furent pareillement inutiles, les esprits ne pouuant se reünir ny s'accorder dans le choix d'vn Prelat. Cependant l'élection se remet de iour
en iour, au préjudice de l'Eglise qui demeuroit sans Espoux & sans Pasteur, lequel desordre ayant esté attentiuement consideré par vn homme de grand esprit, & apparemment aussi de grande pieté, il se rencon- *Vir altioris*
tra à la premiere assemblée qui se fit, où estant, il exhorta ceux qui la com- *ingenij.*

VIII.
*Proposition
pour terminer
ce choix.*

„ posoient, à la paix & à la concorde; mais il leur dit que pour y pouuoir
„ paruenir, il falloit necessairement prendre vne autre voye que celle qu'ils
„ auoient tenuë jusqu'alors, que la plus part d'eux n'auoient donné leur
„ suffrage que par interest ou par inclination, que ce n'estoient pas là les
„ lumieres ny les motifs qu'il falloit suiure, qu'à proprement parler il ne
„ s'agissoit pas dans leur assemblée d'élire vn Pasteur, dautant que cette
„ élection estoit desia faite non sur la terre, mais dans le Ciel, qu'il n'ap-
„ partenoit qu'à I. C. l'Euesque immortel de nos ames, de faire part de son *1. Petri 1.*
„ Sacerdoce & de sa puissance à qui bon luy sembloit; qu'ils deuoient se
„ promettre de sa bonté, qu'ayant tousiours regardé fauorablement leur
„ Diocese, il leur auoit desia destiné quelqu'vn de ses plus fidelles serui-
„ teurs pour succeder à Hidulphe, & leur seruir de guide dans le chemin
„ du salut. Qu'ainsi, tout ce qu'ils auoient à souhaiter, c'estoit de sçauoir
„ sur qui nostre Seigneur auoit jetté les yeux, & de conformer humblement

DES ARCHEVESQVES DE ROVEN. 121

IX.
On a recours au ieufne & aux prieres publiques.

ment leurs suffrages à l'élection diuine ; que pour cét effet il estoit à « S. ROMAIN.
propos de se mettre en prieres durant trois iours, & de dire à l'exem- «
ple des Apostres, *Seigneur, montrez-nous celuy que vous auez élû.* «
Qu'afin que leur oraison fut plus efficace, il falloit l'accompagner du « 1. Act. 24.
ieufne, & qu'aprés cela ils deuoient esperer que Dieu daigneroit leur «
découurir sa volonté, & leur faire connoistre celuy qu'il auoit choisi «
dans le conseil secret de sa Sagesse eternelle.

CHAP. III.
Sommaire.
I.
Election de saint Romain pour Euesque de Roüen.

Et aduis fut approuué de toute l'assistance, on ieusna exactement, & on pria auec ferueur durant trois iours, lesquels estant finis, on s'assembla derechef dans la Cathedrale, où le S. Esprit ayant en mesme temps éclairé les esprits, & reüny les cœurs du Clergé & du Peuple, ils éleurent tous d'vne voix S. Romain. Et pour vser d'vne agreable pensée d'vn ancien Pere sur vn pareil sujet, *Romani nomen totum baluit ouile.*

S. Paulinus in natali. s. fœlicis.

II.
Manifestée par le ministere d'vn Ange.

Quelques memoires portent qu'aprés les trois iours du iusne, vn Ange apparut à vn saint Vieillard, & luy dit que c'estoit S. Romain que Dieu auoit destiné pour estre Euesque, & que s'estant trouué à l'assemblée il préuint l'ouuerture des suffrages, & asseura les assistans que nostre Seigneur luy auoit reuelé que celuy qu'il vouloit honorer de la charge Pastorale, estoit Romain, Conseiller d'Estat ; & qu'il falloit aller en Cour prier le Roy de permettre qu'on le priuast de ce fidelle Officier, afin de le consacrer au seruice des Autels, & que tout le monde ayant adjousté foy aux paroles de ce venerable Vieillard, nomma S. Romain auec vn consentement vniforme. La deliberation acheuée, on choisit

III.
Presentée au Roy Dagobert.

aussi-tost des députez, à qui on donna vne lettre en forme de Requeste adressée au Roy, par laquelle on informoit sa Majesté de la mort d'Hidulphe, de la diuersité d'aduis qui s'estoit rencontrée d'abord dans le choix d'vn nouuel Archeuesque, & de la merueilleuse reünion qui s'estoit faite de tous les esprits & de tous les suffrages en faueur de S. Romain, & on la supplioit tres-humblement de confirmer par son authorité souueraine, vne élection qui estoit plustost vn ouurage du Ciel, que de la terre.

IV.
Qui la confirme.

Le Roy Dagobert qui regnoit pour lors, ayant entendu les Députez, leur declara qu'il agréoit le choix qu'ils auoient fait de la personne de S. Romain, qui d'abord resista fortement à son élection ; & s'il y consentit enfin, ce ne fut que par le commandement absolu du Roy, & aprés les asseurances qu'on luy donna que Dieu l'auoit ainsi ordonné, & fait entendre par vne reuelation, de laquelle ayant veu le recit & les attestations dans les lettres des Députez, il leua les yeux au Ciel, & dit, Sei-

Ad Rothomagensem Ecclesiæ Cathedram non voluntarius, neque ambitiosa cupiditate, sed vi regia, immo & Angelico præordinate oraculo vocatus accessit.

V.
S. Romain s'y soumet.

gneur, si la resolution que l'on a prise dans cette Assemblée vient de vous & de vostre inspiration, ie ne puis, ny ne dois pas en empescher l'effet, que vostre volonté soit entierement accomplie. Et par ces paroles, il se soumit humblement au joug qu'on luy imposoit. Auant que de passer outre, il est bon d'obseruer icy tant à l'égard de nostre Saint, que de ses Successeurs, que la confirmation que les Députez allerent demander au Roy, n'estoit pas seulement requise, à cause que S. Romain estoit du nombre des Officiers de sa Majesté, mais qu'elle estoit simplement & ab-

Q

S. ROMAIN. folument neceffaire, eu égard à l'vfage de ce temps-là. Car encore que depuis l'eftabliffement de noftre Religion dans les Gaules, les Fidelles euffent joüy pleinement & indépendemment de la puiffance feculiere, du droit de s'élire des Pafteurs & des Euefques; neantmoins dés que nos Roys eurent embraffé la Foy, ils s'attribuerent peu à peu ce pouuoir. Ie fçay que les Prelats de France s'y oppoferent dans les Conciles, & qu'ils firent des Decrets pour conferuer l'entiere liberté des élections facrées, & la maintenir au mefme eftat où elle eftoit, tandis que les Gaules fai- foient partie de l'Empire Romain; mais la puiffance Royalle l'emporta; de forte que nul ne fut plus admis à l'Epifcopat, qu'il ne fut ou élû ou confirmé par le Roy; iufques-là mefme que fous nos premiers Princes de la feconde Race, le Clergé & le Peuple fe trouuerent entierement priuez de leur droit, qui leur fut rendu par Loüis le Debonnaire, com- me il fe voit dans le liure premier, chapitre 84. de fes Capitulaires; mais encore n'en vferent-ils plus qu'auec dépendance de nos Roys, ainfi que nous pourrons dire ailleurs. La fuite de cette Hiftoire fera voir l'vtilité de cette difgreffion, après laquelle ie reprens la fuite de mon difcours.

VI.
Sçauoir fi la confirmation des Roys eftoit neceffaire aux élections.

VII.
Diuers vfages duuant la premiere & feconde Race des Roys de France.

Conc. Aurel. 3. c. 3.
Aruern. c. 1. t. 1. Gall. Chrift. p. 634.

Où cette ma- tiere eft trai- tée par le P. Syrmond.

CHAP. IV.

S. Romain quitte la Cour pour prendre poffeffion de fon Eglife.

II.
Difpofitions qu'il apporta à l'Epifcopat.

SAint Romain ayant confenty à fon élection, malgré les repugnances que luy donnoit fa profonde humilité, & la confideration des char- ges & des dangers infeparables de l'Epifcopat, prit congé du Roy, & for- tit de la Cour, renonçant pour iamais aux affaires & aux vains emplois du monde. Il fit fon entrée dans Roüen parmy les acclamations du peu- ple, qui ne ceffoit de chanter (*Benedictus qui venit in nomine Domini*) & fut facré fort folemnellement dans la Cathedrale, par quelques Euefques qui s'eftoient rendus en cette ville.

Le P. de la Noüe.
Ms. de l'Abb. Gerard.

La fainteté de vie que noftre Saint auoit pratiquée dans la condition feculiere, l'ayant eftably dans d'excellentes difpofitions, il en receut dau- tant plus de graces & de dons celeftes, par la ceremonie de fon ordina- tion: Auffi en vit-on auffi-toft d'extraordinaires effets dans fa condui- te, & dans la vigilance auec laquelle il fe mit à exercer fa nouuelle di- gnité. S'eftant informé de l'eftat de fon Diocefe, il apprit, qu'encore que fes Predeceffeurs en euffent conuerty le peuple, & qu'il n'y euft prefque plus d'Idolatres, il y eftoit refté plufieurs Temples des faux Dieux, que les Gentils auoient adorez. Son zéle luy perfuada aifément de trauailler à détruire ces veftiges du Paganifme. Il commença par le renuerfement d'vn vieil édifice confacré à la Déeffe venus, lequel eftoit comme dans les Fauxbourgs de Roüen vers le Septentrion; à quoy il ne fe porta pas feulement par vn motif de Religion, & par la haine de l'I- dolatrie, mais encore par vn fentiment de tendreffe & de compaffion enuers les habitans de la Ville; car ce Temple eftoit vn lieu funefte d'où il fortoit autrefois des flammes qui embrafoient les maifons voifines; & de puantes fumées, dont l'odeur corrompoit l'air, & caufoit des mala- dies contagieufes. Le Saint ne jugea pas deuoir attaquer feul cette place ennemie, il crût qu'il auroit plus de force eftant à la tefte de fon armée, ie veux dire de fon Clergé, & que la victoire qu'il efperoit remporter fe- roit plus éclatante, & contribueroit dauantage à la gloire de Dieu. S'e-

III.
Il trauaille à ruïner quel- ques reftes du Paganifme.

IV.
Il chaffe les Demons d'vn Temple, qu'il purifie.

tant donc fait accompagner de plusieurs bons Prestres, il s'approcha *S. Romain.*
de ce lieu d'abomination, qui consistoit en vne grande masse de bastimens disposez en forme d'amphitheatre, & s'estant muny du signe de
la Croix, il y entra le premier, & se mit à exorciser les Diables, afin de
les faire sortir de leur domicile. A son arriuée, ces esprits infernaux firent
grand bruit, & tascherent d'estonner le Saint par diuerses menaces. Si
l'on en croit vne vieille Relation, les Demons luy dirent qu'ils attireroient dans son Diocese des nations Barbares, qui le rauageroient & le
desoleroient entierement. A quoy S. Romain repartit, pour confondre
V. leur orgueil, que si ces Infidelles entroient dans son Diocese, ce seroit
Prediction de la venuë des Normands, & de leur conuersion. pour sortir de leurs erreurs, & que s'ils y venoient comme des loups, ils *La Legende du S. Robin en parle aussi.*
y deuiendroient auec le temps des brebis de I. C. marquant par là la
conuersion des Normands. En suite, le Saint s'auança jusqu'au milieu
du Temple, & y apperceuant vn tableau sur lequel le nom de Venus
estoit écrit en grosses lettres; il le mit en pieces, renuersa les statuës & les
autels, & fit deffence aux Demons de continuer leurs malefices dans ce
lieu, qu'il purifia parfaitement.
VI. Il ne s'appliqua pas auec moins de zéle à ruïner les Temples des faux
Il renuersa trois autres Temples par sa priere. Dieux qui estoient à la campagne: Dés qu'il apprenoit qu'il y en auoit
vn quelque part, il y enuoyoit des ouuriers pour le démolir, & pour
construire à la place vne Eglise. Entre ces malheureux édifices qu'il fit
razer, l'Histoire en marque trois celebres, dont l'vn estoit dédié à Iupiter; l'autre à Mercure; & le troisiéme à Apollon: c'estoit trois beaux &
magnifiques bastimens, dont on ne pouuoit assez admirer l'ouurage &
la structure; mais le Saint ne leur pardonna point. Il les détruisit luy-
mesme d'vne maniere miraculeuse, ainsi que semblent l'insinuër les termes de nos originaux; & les rasa si exactement, qu'il n'y demeura pierre sur
VII. pierre. Il trauailla fort soigneusement à l'instruction de quelques Payens
Et conuertit grand nombre de Payens. qui estoient encore dans son Diocese; & pour leur faire voir la foiblesse
de leurs Dieux, & la puissance de I. C. il brisa leurs Idoles, sans em-
ployer d'autre instrument que la priere faite au nom de nostre Seigneur.
VIII. Mais il n'eut pas moins de soin de la pureté des mœurs, que de la
De quelle ma- niere il s'ac- quittoit des autres fon- &ions Episco- pales. propagation de la Foy. C'estoit pour ce sujet qu'il visitoit exactement
son Diocese; qu'il y répandoit par tout la semence de la parole Diuine;
& qu'il s'informoit soigneusement des besoins & des necessitez publiques. Il taschoit de remedier aux desordres dont on luy donnoit aduis.
Il reprenoit auec douceur & charité, ceux qui manquoient à leur deuoir; & il n'obmettoit rien de ce qu'on pouuoit attendre de sa sollicitude Pastorale, pour arrester le cours des vices & des superstitions populaires, afin d'attirer abondamment sur son troupeau, les benedictions
Celestes. Il celebroit auec beaucoup d'assiduité & de deuotion, les saints
IX. Mysteres, & annonçoit par sa vie austere & penitente, la mort du Sei-
Sa vie austere & penitente. gneur, dont il se renouueloit si souuent la memoire au sacrifice de
l'Autel: Aussi a-t'il merité par ses grandes mortifications, que l'Eglise
chantast à sa loüange dans son Office, qu'il ne cessoit de s'immoler à
Dieu comme vne victime d'amour.

Q ij

S. ROMAIN.

Macerando se mactabat viua Christi hostia,
Illibando, frequentabat diuina mysteria.

Tant il accomplissoit parfaitement le précepte que S. Paul donne aux Chrestiens, lors qu'il les exhorte à s'offrir à Dieu comme des hosties pures & innocentes. C'estoit ainsi que le Saint trauailloit à establir dans luy-mesme, & dans les autres, l'empire de I. C. & à ruiner la tyrannie de Sathan, qui de sa part mettoit en vsage tous les artifices, & déployoit toutes ses forces pour trauerser les desseins de ce pieux Archeuesque; mais ce n'estoit qu'à sa honte, & à la gloire du S. Prelat, comme il va paroistre par les exemples suiuans.

CHAP. V.

Sommaire.

I. Il reconnoit que le Demon luy veut faire insulte le Samedy Saint.

II. Les Saintes huyles manquent à la benediction des Fonds baptismaux.

III. Le vaisseau de cristal où elles estoient est cassé, & comment.

IV. S. Romain repare ce vaisseau & y fait rentrer les Saintes Huyles.

V. Les peuples loüent Dieu de ce double miracle.

VN Samedy de Pasques, le Saint ayant passé vne partie de la matinée, & peut-estre aussi toute la nuit en prieres (car c'estoit sa coûtume) comme il acheuoit ce pieux exercice, il apperceut à main gauche dans vn coin de sa chambre, ou comme dit nostre Original, de sa cellule, vn monstre épouuentable, qui disparut aussi tost, par où il jugea que le Diable auoit dessein de l'attaquer & de luy faire quelque insulte, & quelque affront pendant la celebration des saints Mysteres; ce qu'il préuit auec tant de certitude, que mesme il en donna aduis à quelques Ecclesiastiques de ses plus confidens. Cela n'empescha pas qu'il ne se rendit à l'Eglise; qu'il ne commençast à Officier auec vne majesté & vn air de deuotion qui éclattoit dans toutes ses actions, & qu'il ne benist les Fonds Baptismaux: mais comme il voulut y verser les Huyles sacrées, il se trouua que le Ministre qui les luy deuoit presenter, ne les auoit point apportées; dequoy ayant esté repris & blasmé par les assistans, il courut promptement les querir, taschant de reparer sa faute par la vitesse auec laquelle il marchoit; mais sa précipitation, ou plûtost la malice du Demon, fut cause qu'il fit vn faux pas, qu'il tomba sur le paué de l'Eglise, & qu'il écrasa par la pesanteur de son corps, vn vaisseau de cristal où estoit cette liqueur sacrée. Cét accident effraya le peuple, qui selon son caprice ordinaire se mit à murmurer, & à dire que la perte de cette huile estoit le présage de quelque grande calamité. Mais le Saint ne s'estonna de rien, il alla vers le lieu où estoit tombé le vaisseau; Il en ramassa les pieces, & les adjustant les vnes auprés des autres, selon la situation qu'elles auoient auant leur diuision, par vn pouuoir qui estoit au dessus des loix de la nature; il les reünit si parfaitement, qu'il mit ce vase en estat de seruir au mesme vsage qu'il faisoit auparauant; mais ce miracle ne fut que le prélude & le préparatif d'vn second; car ayant couché ce vaisseau contre terre, & approché l'embouchure du lieu où cette huile beniste estoit répanduë; il arriua par vn nouueau prodige, que cette liqueur précieuse se separant du paué auquel elle estoit attachée, remonta doucement dans le creux du vase, où on la reuit auec sa couleur & sa pureté naturelle, sans aucun meslange d'ordure & de poussiere: Miracle qui estonna tous les spectateurs, & qui leur ouurit la bouche pour loüer ce grand Dieu, qui reparant le dommage de cette cheutte par les mains de ce saint Prelat, fit voir vne figure de cette reparation beaucoup plus merueilleuse, par laquelle dans le Sacrement de Baptesme

DES ARCHEVESQVES DE ROVEN.   125

(auquel deuoit seruir cette huyle) il restablit nos ames dans la justice & S. ROMAIN.
l'innocence qu'elles ont perduë par la cheutte du premier homme.

VI. *Inondation extraordinaire arriuée à Roüen.*

Quelques-vns veulent que ce fut encor par la malice de ce commun ennemy du genre humain que la Ville fut affligée d'vne grande inondation, qui l'incommoda extrémement, & qui y eust causé de grandes ruïnes, si le Saint ne l'en eust miraculeusement deliurée; bien que selon mon opinion, & les exemples que nous en auons depuis quelques années, ce pût estre simplement vn effet des causes naturelles ; mais il est à propos de marquer les circonstances de cét euenement. S. Romain estant à la Cour pour y poursuiure vne affaire qui importoit fort au bien de son Diocese, la Seine sortit auec impetuosité hors de son canal, se répandit dans la campagne, y renuersa des arbres & des maisons ; & ce qui fait particulierement à mon sujet, monta si haut dans la ville de Roüen, que quantité d'habitans furent contraints d'abandonner leurs logis, & de se retirer aux lieux plus éloignez du bord de la riuiere, auec leurs enfans & leurs meubles. Dés que le Saint eut nouuelles de ce malheur impréueu; (car l'inondation arriua promptement & contre les apparences,) il quitta la Cour, & abandonnant la suite de l'affaire qui l'y retenoit, il vint en diligence à Roüen, où aussi-tost aprés son arriuée, il alla vers la riuiere, se prosterna contre terre, & implora la faueur celeste par vne feruente Oraison, puis fit le signe de la Croix, comme pour commander aux eaux de se retirer ; & on les vit incontinent obeïr à ses ordres, auec la mesme déference que si elles eussent esté pourueuës de raison, & se resserrer dans les bornes de leur canal ordinaire.

VII. *Effets qu'elle produit.*

VIII. *S. Romain fait rentrer la Seine dãs son lit ordinaire par le signe de la Croix.*

CHAP. VI.
Sommaire.
I. *Dragon qui incommodoit fort le peuple de Roüen.*

CE prodige fut sans doute des plus insignes, mais en voicy vn autre qui fit encore plus d'éclat, & qui accrût tellement la veneration des Peuples enuers S. Romain, qu'ils ne considererent plus que comme vn homme Apostolique, qui par l'authorité de sa charge, l'éminence de sa doctrine & de sa sainteté, & le don des miracles, estoit comparable aux premiers Predicateurs de nostre sainte Foy. Nous auons parlé cy-deuant de cét horrible Serpent que S. Nicaise extermina prés de la fontaine de Vaux ; il s'en forma vn pareil dans vn lieu marescageux proche de la ville de Roüen, qui faisoit d'épouuentables desordres ; il surprenoit & deuoroit les hommes, il tuoit les cheuaux, il corrompoit l'air par son haleine pestilente, & tout seul qu'il estoit il portoit l'allarme & le rauage dans le païs voisin de ce marais, ainsi qu'eust pû faire vne troupe d'ennemis.

II. *N'y trouuant aucun remede on s'adresse à S. Romain.*

Les Habitans de la Ville ne sçachant par quel moyen se deffaire de ce dragon qui leur faisoit la guerre depuis plusieurs années, eurent recours à S. Romain. Ce charitable & genereux Pasteur à qui les plus hautes entreprises sembloient aisées quand il s'agissoit de deffendre son Troupeau, les consola, & leur promit de les deliurer de ce furieux aduersaire.

Quelques-vns veulent que ce fut dans la Forest de Rouuray, mais ie suis icy le Manuscrit de l'Abbaye de Hautmont qui rapporte cette Histoire.

III. *Maniere dont il tua ce monstre.*

Le dessein estoit grand & releué, mais la maniere dont il l'executa rendit encore cette action plus illustre & plus éclatante; car il ne voulut pas seulement vaincre & tuer ce monstre, mais il entreprit mesme de le faire mourir publiquement, comme pour luy faire faire reparation de toutes les cruautez qu'il auoit exercées. Pour cét effet il falloit s'en saisir ; ce

Q iij

HISTOIRE

S. ROMAIN. qu'il se chargea de faire luy-mesme. Mais ayant demandé vn homme pour l'accompagner, il ne se trouua personne qui eut l'asseurance d'aller auec luy. Ce que voyant le Saint, il s'adressa à vn miserable qui auoit esté condamné au dernier supplice pour des larcins & des meurtres qu'il auoit commis, & le persuada de le suiure, auec promesse de le sauuer de la mort qu'il auoit meritée, s'il faisoit hardiment & ponctuellement tout ce qu'il luy diroit. Celuy-cy qui croyoit ne rien hazarder en hazardant sa vie, laquelle il estoit prest de perdre sur vn échafaut, accepta fort volontiers cette proposition ; le Saint l'ayant donc pris auec soy, sortit de la Ville, & s'auança vers le marescage où se retiroit cette beste. L'ayant apperceuë il s'approcha courageusement d'elle, & par la vertu du signe de la Croix il la desarma de sa fureur, & la reduisit dans l'impuissance de rien attenter contre luy. Aprés cela il luy passa son Etolle à l'entour du col, & l'ayant ainsi attachée il ordonna au prisonnier qui l'auoit suiuy, de la prendre & de la conduire à la Ville, où elle fut brûlée en presence de tout le monde, & ses cendres jettées dans la riuiere. Le Manuscrit de l'Abbaye de Hautmont, cité par Mr. Dadré, dont nous auons extrait ce que nous venons d'écrire, adjouste que le bruit de ce grand miracle s'estant répandu par toute la France, le Roy Dagobert qui regnoit alors, manda S. Romain, pour apprendre de sa bouche les particularitez de ce merueilleux éuenement ; & que le Saint Prelat s'estant transporté à la Cour, & y ayant raconté ce prodige que Dieu auoit operé en faueur de ceux de Roüen, le Roy pour en conseruer la memoire accorda à l'Eglise Cathedrale de cette Ville, le droit de deliurer tous les ans vn criminel le iour de l'Ascension, auquel le Saint Archeuesque auoit triomphé de ce monstre. Et voila quelle est l'origine du fameux priuilege que possede le Chapitre de Roüen, dont il iouït depuis tant de Siecles par la pieté des Roys tres-Chrestiens, des Ducs de Normandie, des Princes & Magistrats qui ont bien voulu estre les spectateurs de cette Auguste ceremonie, & dont ils ont estably inuiolablement le droit par leurs lettres Patentes, & par les Arrests donnez dans les Cours Souueraines. Ie sçay qu'il y a quelques années qu'il fut contesté par des personnes interessées, qui voulurent empescher qu'vn certain prisonnier ne iouït de la grace ordinaire, comme on peut voir dans Mr. de Thou & autres, ce qui fit naistre quelques escrits qui furent publiez pour & contre. Monsieur Behotte grand Archidiacre de Roüen, ayant fait paroistre son zéle & sa doctrine à deffendre les droits du Chapitre contre le sieur Rigaut, qui crût auoir donné vne grande atteinte à ce Priuilege en mettant au iour vne ancienne vie de S. Romain, où il n'est fait aucune mention de ce miracle, ne considerant pas que les Arguments negatifs ne prouuent rien en l'Histoire ; & ainsi le silence de l'Autheur de cette Legende, qui possible est assez moderne, ne peut point préjudicier à la verité d'vn fait attesté par vne tradition venerable pour son antiquité, par la deposition du Manuscrit cy-deuant allegué, & par les anciennes figures de S. Romain, representé auec vn homme suppliant qui mene vn dragon enchaisné. Ie n'ignore pas qu'on tasche de faire passer cet-

IV. Il prend vn criminel pour l'accompagner.

V. Auquel il donne le Serpent à conduire dans la Ville, où il est brûlé.

VI. Origine du Priuilege du Prisonnier.

VII. Contestation sur la iouïssance de ce Priuilege.

Vnus criminosus multis latrociniis & homicidiis infamis & conuictus. Par où il paroit qu'il n'en mena pas deux comme quelques-vns écriuent.

DES ARCHEVESQVES DE ROVEN. 127

VIII. te figure pour vn emblême, en difant que c'eſt vne repreſentation du pro- S. Romain.
Que le Serpẽt dige par lequel S. Romain referra la riuiere dans ſon canal, & que ce Ser-
auec lequel pent repreſente la Seine qui ſerpente, c'eſt à dire, forme diuers détours
on dépeint dans les Païs qu'elle arroſe; ces ſortes d'inuentions n'ayant point eſté
S. Romain, en vſage parmy les anciens Habitans de Roüen, leſquels aſſeurément
n'eſt point vn n'ont dépeint leur S. Archeueſque auec cét homme conduiſant vn Ser-
emblême. pent, que pour tranſmettre à la Poſterité la memoire de l'inſigne victoire que le Saint remporta ſur ce dragon, qui leur faiſoit vne ſi cruelle
guerre.

CHAP. LA Feſte de l'Aſcenſion eſt vn iour de grace & de benediction pour
VII. tous les Fidelles; mais on peut dire qu'il fut particulierement heu-
Sommaire. reux à l'égard de S. Romain, puiſqu'outre la protection que le Ciel luy
I. accorda, en le faiſant triompher du monſtre dont nous venons de par-
Iour de l'Aſ- ler; ce fut en cette Auguſte ſolemnité que le Saint receut par vn ſigne
cenſion fauo- prodigieux, les agreables nouuelles de la proximité de ſa mort, & les aſ-
rable à ſaint ſeurances de ſa predeſtination. Voicy en peu de mots les circonſtances
Romain. de ce miracle. Le iour que l'Egliſe honore ce grand Myſtere, le Saint,
ſuiuant ſa couſtume, Officia dans ſa Cathedrale. Il eſt croyable qu'enco-
II. re qu'il celebraſt touſiours la Meſſe auec beaucoup de deuotion & de fer-
Grace extra- ueur, il ſe ſurpaſſa luy-meſme cette fois. En recompenſe dequoy, aprés
ordinaire qu'il eut preſché & expliqué au peuple le S. Euangile, comme il fut re-
qu'il y reçoit tourné à l'Autel pour faire l'Offertoire, noſtre Seigneur permit qu'au mi-
celebrant la lieu de ſes ardentes prieres, ſon corps s'éleuaſt en l'air, comme s'il eut ſui-
ſainte Meſſe. uy le mouuement, & imité l'éleuation de ſon ame, qui eſtoit totalement Quelques-
ſeparée de la terre, & toute dans le Ciel. De plus, il parut en meſme temps vns diſent à
vn petit nuage lumineux & enflammé, d'où ſortoit vne main, qui s'auan- l'éleuation du
çant ſur ſa teſte luy donnoit la benediction, & témoignoit accepter le Calice.
III. ſacrifice qu'il offroit. Le Saint acheua la Meſſe, & ſe retira en ſuite tout Paſch. Ro-
De quelle ma- remply de conſolation, & tout tranſporté en Dieu, auquel il rendoit de bin.
niere elle fut continuelles actions de graces pour vne faueur ſi extraordinaire. Il reſo-
connuë. lut de ne la découurir à perſonne, & de garder ſon ſecret pour ſoy, à l'e-
xemple du Prophete, qui diſoit (ſecretum meum mihi) lequel deſſein il formoit dans la croyance où il eſtoit, que nul des aſſiſtans n'auoit eſté ſpe-
ctateur de cette apparition merueilleuſe. Mais il fut bien ſurpris, lors que
trois de ſes Chanoines luy firent connoiſtre par quelques paroles, qu'ils
auoient veu ce qui s'eſtoit paſſé: Toutefois il ſe reſigna auſſi-toſt à la volonté Diuine qui l'auoit ainſi ordonné; mais par vne conduite que luy
IV. ſuggera ſon humilité, il les conjura & leur commanda de tenir la choſe
Sa mort luy ſecrette, & de n'en dire rien qu'aprés ſa mort; & pour les y obliger plus
eſt reuelée. doucement & plus efficacement, il leur donna vne nouuelle marque de
la confiance qu'il auoit en leur diſcretion, en leur apprenant qu'au moment de cette viſion, il auoit entendu vne voix qui luy auoit dit, ayez
bon courage mon ſeruiteur, ie vous viendray prendre dans peu de iours,
pour vous conduire dans le Royaume de mon Pere, & vous y placer
parmy les Saints Prelats.

Il y en a qui diſent que S. Romain inſtitua le Proſne, ſous pretexte

S. ROMAIN.
V.
Sçauoir si S. Romain a institué le Prosne.

que quelques Legendaires racontant ce miracle, disent qu'il arriua aprés que le S. Euesque eut presché ; ce qui n'y vient pas, puisqu'il est certain que cette coustume de prescher en la Messe, a esté pratiquée de tout temps en l'Eglise, & qu'on y a toûjours joint l'instruction du peuple à la celebration du Sacrifice ; ce que marquent peut-estre les paroles que le Celebrant dit au Diacre, en luy permettant de chanter l'Euangile ; car le mot d'annoncer dont il vse, ne signifie pas tant vne simple lecture du texte sacré, qu'vne publication & vne interpretation des veritez qu'il contient ; ce que toutefois l'Eglise a trouué bon de ne faire obseruer qu'aux grandes Messes des Dimanches, & des principales Festes ; dequoy s'acquittent tres-dignement quantité de pieux & de sçauans Curez. Mais reprenons la suite de l'Histoire.

VI.
Il se retire en vne solitude pour se preparer à la mort.

Aprés cette admirable vision, S. Romain desirant se préparer à receuoir l'accomplissement de ces promesses Diuines, s'arresta dans la solitude, & se mit à vacquer auec vne ferueur extraordinaire, à la contemplation des choses éternelles, taschant de se dégager si parfaitement de la terre, que son esprit n'y fut attaché par aucun sentiment d'estime & d'amour, & que la mort n'eust autre separation à faire en luy, que celle qui deuoit desunir son corps d'auec son ame. Le Diable qui ne cesse d'attaquer l'homme, tant qu'il le voit reuestu d'vne chair mortelle, sçachant qu'il ne faut qu'vn desir d'vn moment pour perdre tout le fruit d'vne longue & sainte vie, luy dressa diuers pieges, & le sollicita au mal par diuerses tentations, jusques-là mesme qu'il eut l'audace de se déguiser en femme, & d'entrer sous cette forme empruntée dans la chambre du Saint, afin d'essayer de corrompre sa pureté ; mais nostre Seigneur secourut son fidelle seruiteur, & luy enuoya vn esprit *a* bienheureux, à l'arriuée duquel ce fantosme infernal prit la fuite. Vn ancien Sermonaire racontant cét éuenement, dit que S. Romain ayant reconnu le Demon à trauers de cette agreable apparence, sous laquelle il s'estoit caché, le chassa aussi-tost, & pour luy rabattre son orgueil, & luy faire sentir quelle auersion il auoit pour l'impureté, luy commanda de retourner en enfer, & de s'y précipiter par les cloaques du logis.

VII.
Le Diable luy liure plusieurs tentations, qu'il surmote.

Ms. Gem. &
S. Audoëni.

a Cælicolâm mox transmisit ad eundê auxilij causa, ad cuius aduentum depulsus hostis iniquus.

VIII.
Ses dernieres actions & paroles.

Enfin nostre S. Prelat ayant passé quelques iours dans les exercices de pieté, fut attaqué d'vne fiévre assez lente, mais dont la continuation luy fit bien-tost connoistre que sa derniere heure estoit proche.

Pour mourir aussi pauure d'effet, qu'il auoit toûjours esté d'affection, il distribua aux personnes necessiteuses, tout ce qu'il possedoit ; & joignant l'aumosne spirituelle à la corporelle, il exhorta ceux qui estoient dans sa chambre, à s'auancer toûjours dans la vertu ; à se souuenir sans cesse que nous ne serons recompensez qu'à proportion de nostre trauail, & des bonnes œuures que nous aurons faites ; & à conseruer soigneusement entr'eux la charité fraternelle. En suitte sentant ses forces diminuer entierement, il fit sur soy le signe de la Croix, & s'appliquant à Dieu par vne humble & amoureuse éleuation d'esprit, il passa de l'exil de cette vie, dans le repos de la patrie celeste.

LA

DES ARCHEVESQVES DE ROVEN.

CHAP. VIII.
Sommaire.
I. En quelle année mourut S. Romain, & où il fut enterré.
II. Diuerses translations de ses Reliques.

S. ROMAIN.

LA mort de S. Romain arriua le 23. d'Octobre, l'an 644. laquelle Chronologie se iustifie par l'année de l'ordination de S. Oüen, qui fut sacré Euesque en 646. & par l'interualle d'vn an pour le moins, qui se passa entre son Election & son Sacre, comme nous dirons en son lieu. S. Romain fut inhumé dans l'Eglise de Nostre-Dame, aujourd'huy nommée de S. Godard, & mis dans vn sepulchre de iaspe, qui s'y voit encore à present, où il demeura enfermé iusqu'en 1036. qu'il fut visité & trouué entier par nostre Archeuesque Robert; & de là il fut transferé en la Cathedrale, & mis dans vne Chasse des plus riches l'an 1079. l'or & l'argent de laquelle ayant esté vendu dans vne grande famine, pour la

III. Qui furent bruslées, & quand.

nourriture des pauures, il fut remis en vne autre l'an 1179. où il reposa iusqu'en 1562. que les Caluinistes le bruslerent, auec son venerable chef, qui ayant esté porté en l'Eglise Abbatiale de S. Medard de Soissons, l'an 841. & depuis reporté en celle de S. Oüen, l'an 1090. y auoit esté depuis conserué auec beaucoup de soin & de veneration; ce que ie ne fais que toucher en passant, me reseruant à déduire ces choses auec toutes leurs circonstances, dans la suite de cette Histoire. Au reste, la conseruation miraculeuse du corps de S. Romain qui estoit ainsi demeuré sans pourriture & sans corruption l'espace de plusieurs siecles, n'a pas esté le seul prodige qui ait paru à son tombeau.

IV. Ses miracles.

Comme la naissance auoit esté deuancée d'vn miracle, par lequel il fut promis à son pere, & que sa vie auoit aussi éclaté par des actions surnaturelles, sa mort fut pareillement suiuie de quantité de signes merueilleux. Lors qu'il estoit au monde, il auoit resserré la riuiere dans son canal, comme nous auons dit cy-dessus; ses Reliques produisirent le mesme effet du temps de nostre Archeuesque Guillaume de Flauacour, & les eaux qui inondoient vne partie de la Ville, se retirerent à la presence du bras du Saint, qu'on porta en Procession.

V. Il deliure deux Diacres du naufrage.

Vn Prestre, & deux Diacres de l'Eglise de Roüen, allant en la Terre Sainte, se trouuerent reduits dans vn peril extréme, par vne furieuse tempeste qui attaqua leur vaisseau au sortir d'vn port d'Italie; ce qui obligea vn de ces Diacres, qui estoit fort deuot à S. Romain, à l'inuoquer auec beaucoup d'instance & de ferueur. Sa priere fut exaucée; & le Saint paroissant visiblement, appaisa la tempeste; prit luy-mesme le timon, & ayant poussé le nauire, y imprima vne telle vitesse, qu'à moins d'vne heure il fit vn grand trait de mer, & arriua heureusement au port: en reconnoissance duquel bienfait, ce pieux Diacre fit vœu de visiter le tombeau de son S. Patron, & garda vne abstinence fort rigoureuse iusqu'à ce qu'il se fut acquitté de ce deuoir.

VI. Et assiste vn Prestre dans vne extréme necessité.

Le Saint ne se montra pas moins fauorable à l'égard d'vn Prestre, accablé de la derniere indigence, & prest à mourir de faim, à qui il apparut sous la figure d'vn Pelerin, & luy donna vne piece d'argent, laquelle aumosne conserua à ce pauure Ecclesiastique, non seulement la vie du corps, mais encore celle de l'ame, ayant arresté les mouuemens de murmure & d'impatience ausquels il commençoit de s'abandonner.

Si l'on adjouste foy à vn ancien Lectionnaire de l'Abbaye de saint

R

S. Romain. Oüen. Vn bon Preftre de la Cathedrale qui eftoit fort deuot & fort affi-
VI. du à l'Office, vit vn iour S. Romain, S. Nicaife, S. Oüen, S. Anfbert,
S. Romain paroît officiât dans la Cathedrale. & quelques autres de nos Saints Prelats, celebrer le diuin Seruice dans l'Eglife de noftre-Dame. Ie paffe fous filence le prodige qui arriua du temps de noftre Archeuefque.Robert, me referuant à le rapporter en fon lieu. Mais ie ne dois pas obmettre que le tombeau de S. Romain a
VII. toufiours efté vne fource de faueurs & de benedictions celeftes pour les
Son tombeau a efté & eft encore fort vifité & honoré. Fidelles, non feulement durant que fon corps y a repofé, mais mefme aprés qu'il en a efté tiré; ce qui fait que dans les neceffitez publiques, le Clergé tant de la Cathedrale que des Paroiffes le va aucunefois vifiter en Proceffion, & y prefenter des Offrandes, en quoy il eft imité du Peuple, dont la deuotion enuers ce Saint n'a point efté refroidie par l'horrible attentat des Heretiques, qui l'ont priué de ces Reliques facrées, mais
VIII. continuë encore au grand auantage de leurs ames. Cette reuerence des
Et particulierement le iour des Rameaux. Fidelles enuers S. Romain, fe voit particulierement le Dimanche des Rameaux, auquel fe fait la celebre Proceffion (du Corps Saint) c'eft à dire du tres-faint Sacrement, qu'on transfere de l'Eglife Cathedrale à faint Godard, & qu'on reporte en fuite à noftre-Dame auec grande pompe, comme pour imiter l'entrée de noftre Seigneur dans la ville de Ierufalem; (de l'inftitution de laquelle ceremonie, ie parleray en vne autre occafion) car aprés auoir rendu leurs adorations au précieux Corps de noftre Seigneur, ils defcendent dans vne Chappelle foufterraine où eft le tombeau du Saint, qu'ils vont reuerer deuotement; furquoy Mr. le
IX. Preuoft nous a laiffé cét Epigramme, tiré de quelques Manufcrits.
Epigramme fur ce tôbeau.

Ad Regnum Domini dextrâ inuitatus & ore,
Huic facra Romanus credidit offa loco.
Sontibus addixit quæ cæca rebellio flammis,
Nec tulit impietas majus in vrbe fcelus.
Quid tanto vefana malo profecit Erinnys?
Ipfa fui teftis pignoris, extat humus.
Crypta manet, memorefque trahit confeffio, ciues,
Nec populi fallit marmor inanè fidem.
Orphana turba veni, viduifque allabere faxis;
Eft aliquid foboli, patris habere thorum.

X. S. Romain eft confideré comme le premier Patron & le premier Saint
Diuers honneurs rendus à fa memoire. tutelaire du Diocefe; fa Fefte fe folemnife le 23. d'Octobre auec Octaue. Il eft inuoqué le premier, & auant nos autres Archeuefques dans les Litanies du Samedy faint; on fait commemoration de luy en l'Office des Dimanches, Semidoubles & Feries; laquelle préeminence luy a efté attribuée (s'il faut ainfi dire) au préjudice des faints Nicaife & Mellon premiers Euefques de Roüen, à caufe du zéle qu'il fit paroiftre en aboliffant les reftes de la Gentilité dans le Diocefe, & des infignes bien-faits que les Habitans de ce Païs ont receus par fon entremife. Il y a toutefois peu d'Eglifes qui luy foient dédiées, parce que la plufpart des Paroiffes qui furent eftablies auant fa mort, auoient defia leurs Patrons; l'on en remarque feulement deux. La Chappelle de l'ancien Chafteau auoit efté

DES ARCHEVESQVES DE ROVEN. 151

XI.
Quelques chappelles dediées sous son nom.

XII.
Des Festes & Confrairies à son honneur.

consacrée sous son intercession, mais elle ne subsiste plus aujourd'huy. S. ROMAIN. Il y en auoit vne tres-ancienne en la ruë qui porte son nom, laquelle ayant esté ruinée, le fonds en fut attribué par l'Archeuesque Hugues III. enuiron l'an 1140. à Reignier, Principal ou Chancelier des Escoles de la Cathedrale, qui depuis le ceda en faueur des Chanoines. On celebre à Amiens sa Feste, comme pareillement en l'Eglise de Roüen la Feste de S. Fremin, Patron d'Amiens, ainsi qu'il fut arresté par vn concordat passé entre les deux Chapitres de ces deux Villes l'an 1212. Dans l'Vniuersité de Paris la Nation Normande reconnoit S. Romain pour son second Protecteur, & solemnise sa Feste selon la remarque du Pere Iacques du Brüeil en ses Antiquitez de Paris, liure second. Il y a dans Roüen deux Confrairies érigées à son honneur, vne establie dans la Cathedrale qui est fort celebre, & dont le Maistre par vne coustume qui est comme passée en obligation, reçoit chez luy le prisonnier qu'on deliure le iour de l'Ascension; & l'autre fondée en l'Eglise Paroissiale de S. Godard.

XIII.
De quelques fondations attribuées à S. Romain.

On tient communément que les trente Prebendes de cent sols que l'Archeuesque donne aux pauures, sont de l'institution de S. Romain, qui sans doute fit en son temps quantité d'autres Fondations & de bonnes œuures dans son Diocese, dont il reçoit à present la recompense dans le Ciel, bien que la memoire s'en soit perduë sur la terre. Ordry Vital a tasché de nous conseruer celle de ses vertus dans ce Distique.

Sanctus Romanus præclaro nobilis ortu,
Moribus enituit, sacri quoque lumine verbi.

ELOGE
DE SAINT OVEN. 21.

An de I. C.
646.
CHAP.
I.
Sommaire.
I.
Dessein de l'Autheur sur cette vie.

AYANT escrit fort amplement la vie de S. Oüen, dans le liure que j'ay composé touchant l'illustre Abbaye, qui porte son nom; Ie pourrois la mettre icy tout au long sans en rien retrancher. Toutefois craignant que plusieurs ne la trouuassent trop étenduë & trop pleine de digressions & de reflexions morales, ie la reduiray en abregé, & obmettant les circonstances moins considerables, ie ne rapporteray que ce qui est essentiel, & qui appartient au fond de l'Histoire.

II.
Naissance de S. Oüen, ses parens.

S. Oüen qui fut aussi nommé Dadon durant sa jeunesse, vint au monde au commencement du septiéme siecle, c'est à dire enuiron l'an 600. & prit naissance à Sancy prés de Soissons, dans vne famille tres-noble, tres-riche, & ce qui est beaucoup plus remarquable, tres-sainte. Il eut pour pere S. Authaire, Seigneur François; pour mere, sainte Aige; & pour freres, S. Adon, & S. Radon qui fut le plus jeune des trois. Ie

R ij

132 HISTOIRE

S. OVEN. III.
Quels ils ont esté.

ne m'arresteray point icy à décrire les vertus de ces quatre derniers Saints ; on peut consulter sur ce sujet, les premiers Chapitres de nostre Histoire, où la vie originale de ce S. Prelat, composée par Fridegode, Moine de l'Abbaye de S. Oüen, qui viuoit il y a prés de 700 ans, que j'estime estre vn autre que celuy dont parle Gerard Vossius, [a] lequel escriuit la vie des saints Valfride & Oüen, Moines en Angleterre, à la priere de S. Odo Euesque de Cantorbie, l'an 956. quoy qu'il n'ait pas esté impossible que le Moine Anglois soit venu à Roüen, & qu'il ait aussi composé en Prose la vie de nostre S. Prelat ; car pour celle qui se fit en Vers Heroïques, elle a esté faite par vn autre Religieux de S. Oüen, nommé Thierry, qui la dédia à l'Abbé Nicolas de Normandie, lequel mourut l'an 1092.

[a] Lib. 1. de Hist. Lat. pag. 346.

Pour retourner à nostre propos, ie diray seulement que S. Authaire fut honoré de plusieurs miracles, que Dieu opera en son tombeau ; que Adon son fils aisné aprés auoir paru quelque temps à la Cour de nos Roys, abandonna l'esperance de ce que les hommes appellent fortune, pour se rendre Religieux dans le Monastere de Ioarre, qu'il fit bastir, & que Radon suiuant vne conduite bien differente, demeura dans le siecle ; & par vn bonheur dont il y a peu d'exemples, s'y sanctifia, mesme dans l'administration des Finances.[b]

[b] Il fut Surintendant des Finances.

IV.
Faueur particuliere que receurent les trois freres pendant leur enfance.

Mais Dadon, c'est à dire nostre S. Oüen, surpassa ceux de sa famille par l'eminence de sa vertu, & par la grandeur de ses emplois & de ses actions. Ces trois illustres freres eurent en leur enfance vne rencontre des plus heureuses, & qui ne seruit pas peu à attirer sur eux l'abondance des graces Celestes. Comme S. Authaire se plaisoit fort à exercer l'hospitalité enuers les voyageurs, mais principalement à l'égard des Religieux, & des Missionnaires, il eut le bien de receuoir dans sa terre de Vuichy sur Marne, le grand S. Colomban, de qui la benediction portoit bonheur à ceux qu'il en gratifioit : Ce que sçachant la vertueuse Aige, elle ne manqua pas de presenter ses trois enfans à ce venerable Abbé,

V.
S. Colomban leur donne sa benediction, & predit qu'ils seront grands.

qui les ayant carressez, les benit ; & par vn esprit Prophetique, asseura cette sainte Dame, qu'ils seroient grands deuant Dieu, & deuant les hommes : Laquelle prediction fut veritable, & se trouua ponctuellement accomplie dans la suite du temps. Si l'on en croit l'ancienne Charte de fondation de la Croix S. Oüen,[c] nostre Saint fit ses estudes dans l'Abbaye de S. Medard de Soissons ; & outre les instructions qu'il y receut, pour ce qui regarde la pieté, y apprit assez exactement les sciences humaines. De là ses parens le menerent à la Cour, où il contracta vne estroite amitié auec S. Eloy, alors Officier de Clouis II.

VI.
S. Oüen fait ses estudes en l'Abbaye de S. Medard de Soissons.

[c] C'est vn Prieuré dépendant de S. Medard de Soissons, situé dans la Forest de Cuise à deux lieues de Compiegne.

VII.
Estant en Cour il fait amitié auec S. Eloy.

La parfaite liaison dont il s'vnit auec cét excellent homme, luy fut tres-auantageuse pour conseruer son innocence dans vn lieu si dangereux, & qu'on peut appeler le theatre de l'ambition & de la volupté. Bien loin de s'y corrompre, S. Oüen y fit de nouueaux progrez dans la deuotion. On ne sçauroit assez admirer le parfait genre de vie que menerent ces deux amis : tout engagez qu'ils estoient dans le commerce du grand monde, malgré les respects humains, & les inclinations de la nature

VIII.
De quelle maniere ils y vescurent.

corrompuë, ils y pratiquerent les plus sublimes vertus ; ils paroissoient en public richement couuerts ; mais le plus souuent ils portoient sous l'or & la soye vn rude cilice. Ils auoient de l'argent en abondance, mais ils en distribuoient la meilleure partie aux personnes necessiteuses. Ils faisoient les affaires du Prince,[a] mais cela n'empeschoit pas qu'ils ne fussent assidus à la lecture des liures sacrez, & à la méditation des veritez Celestes. Ils estoient reuerez de chacun, mais cét honneur les touchoit si peu, qu'ils regardoient la terre comme vn lieu d'exil, & le Ciel comme leur veritable patrie. Ils estoient en grand credit, & possedoient la faueur, mais ils ne se seruoient de cét aduantage que pour faire la guerre à l'Heresie, aux vices, & sur tout à la simonie, dont ils arresterent le cours, au contentement de tous les gens de bien.

S. Ouen.

[a] S. Eloy ne s'occupoit pas seulement alors à l'orfeurerie, il auoit part à la faueur du Roy, & fut enuoyé en Ambassade vers Iudicaël Roy de Bretagne.

CHAP. II.

Sommaire.
I.
Dagobert fait S. Oüen Chancelier, & comment il se gouuerna en cette charge.

APrés la mort de Clotaire II. Dagobert estant deuenu à la Couronne, prit nostre S. Oüen en affection, & luy confera la dignité de Chancelier, qu'on appelloit en ce temps-là Referendaire. Le Saint fit paroistre dans l'exercice de cette charge vne vertu & vne prudence extraordinaire ; dans toute sa conduite il n'eut point d'autre objet que la gloire de Dieu, le seruice du Roy, & la felicité des Peuples : ce fut là son vnique but, ainsi qu'on peut voir dans le Sommaire de ses maximes, que nous a laissé Fridegode, & par les loüanges que le Cardinal Baronius, & Mr. Duchesne ont donnez à la sagesse de ses conseils, & à la politique toute diuine qu'il tâcha d'inspirer au Roy Dagobert.

II.
En quelle estime il estoit dedans & dehors le Royaume.

Il seroit inutile de parler icy du profond respect que les Seigneurs de France portoient à S. Oüen ; puisque quand mesme il n'auroit eü que peu de merite, sa dignité & le haut degré de faueur où il estoit l'auroient fait reuerer de tous les sujets du Roy. Mais ce qui est remarquable, c'est que les Princes Estrangers qui ne le connoissoient que de reputation, ne laissoient pas de l'auoir en estime singuliere ; ce que témoigna bien Iudicaël Roy de Bretagne, qui estant venu à la Cour pour accorder vn different qu'il auoit auec Dagobert, s'excusa ciuilement de disner auec le Roy, pour aller prendre son repas auec nostre Saint, & joüir plus commodement de la douceur de sa conuersation.

III.
S. Amand retourne en Cour à sa priere, & de S. Eloy.

S. Amand monstra pareillement combien il auoit de déference pour luy, & pour son Compagnon S. Eloy, lors qu'estant sorty du Palais Royal à dessein de s'éloigner de la Cour, il y reuint à la priere de ces deux Saints, que le Roy auoit enuoyez aprés luy. Ce ne fut pas vne petite merueille de la grace de I. C. que S. Oüen estant ainsi éleué au comble de la faueur, & disposant absolument de toutes les affaires de l'Estat, son cœur ne s'attacha nullement au monde, & qu'il n'eut point d'autre ambition que d'estre vn iour le citoyen de cette Ierusalem celeste, dont tous les Habitans seront autant de Roys. Ces sentimens de pieté s'imprimant tousiours de plus en plus dans son esprit, il eut de fortes pensées de quitter le siecle ; & pour auoir vn lieu de retraite, en cas qu'il reconnut qu'effectiuement Dieu demandast cela de luy, il fonda l'Abbaye de Rebais en Brie sur son propre Domaine : mais le Roy & tout ce qu'il y auoit de personnes de condition & de pieté à la Cour,

IV.
Il fut empesché de se retirer en l'Abbaye de Rebais, qu'il auoit fait bastir.

R iij

l'ayant retenu comme de force dans l'exercice de sa charge, il continua d'en faire les fonctions jusqu'à sa Promotion à l'Archeuesché de Roüen. Ce que i'ay dit jusqu'icy de la vie toute sainte & toute exemplaire de S. Oüen, fait assez voir quels pûrent estre les motifs qui porterent le Clergé & le Peuple de Roüen à le choisir pour Pasteur aprés la mort du glorieux S. Romain. Ses belles qualitez estoient placées en vn lieu trop éleué & en trop beau iour, pour n'estre pas apperceuës & admirées de toute la France. Les principaux d'entr'eux, que leurs affaires auoient obligé d'aller à la Cour, auoient veu reluire en luy vne pieté parfaite, vn zéle ardant pour la Religion & pour la Iustice, vne grande moderation dans toutes ses passions, vn mépris des grandeurs & des delices de la terre dans vne haute fortune, vne sagesse consommée, vne charité sincere enuers les pauures, enfin vn assemblage de toutes les vertus Episcopales; ainsi ils crurent ne pouuoir donner à S. Romain vn plus digne successeur que ce grand homme. Mais outre la consideration de son merite, ils pûrent estre encore portez à l'élire pour Euesque, par le souuenir de l'affection que S. Oüen leur auoit témoignée, en obtenant du Roy en faueur de leur Ville le priuilege du Prisonnier, pour memoire perpetuelle du grand miracle, par lequel S. Romain auoit deliuré leur territoire d'vn Dragon qui deuoroit ceux qui approchoient de sa cauerne, ainsi qu'atteste vn Manuscrit cité par Molanus.

L'élection de S. Oüen fut agreée du Roy, il n'y eut que le Saint qui par vn sentiment d'humilité y resista d'abord, mais enfin il accepta cette dignité, à la persuasion de tout ce qu'il y auoit en Cour de personnes de pieté & de condition. Il est assez difficile de dire si nostre Saint estoit dans les Ordres sacrez, lors qu'il fut élû. Si l'on s'en rapporte à la Charte de la Croix S. Oüen, il estoit dans les Ordres de l'Eglise, du moins dans les moindres, puisque dans cette priere on luy donne la qualité d'Archichapelain ou de grand Aumosnier de Dagobert.

S. Oüen fut ordonné Prestre par le ministere de Dieu-donné, Euesque de Mascon, mais il ne receut pas en mesme temps l'onction Episcopale; il voulut auparauant s'exercer à la Predication, pour ne pas passer tout d'vn coup du maniement des affaires ciuiles à l'exercice des sublimes fonctions de l'Episcopat. Ayant donc quitté la Cour, & ne pensant plus qu'à s'acquitter des deuoirs d'vn fidelle Ministre de I. C. il alla prescher l'Euangile dans quelques Prouinces de la France, & passa mesme jusques en Espagne, où il fit vn insigne miracle ; estant arriué dans vn certain païs fort affligé de sterilité & de famine, à cause qu'il n'y auoit point tombé d'eau du Ciel depuis sept ans, *il obtint par ses prieres vne pluye abondante qui resioüit merueilleusement tous les Habitans. Prodige si considerable, que l'Eglise en fait mention dans l'Oraison ou Collecte qu'elle adresse à Dieu le iour de la Feste du Saint. A son retour, comme il trauersoit l'Anjou, il y opera encore vn autre miracle, en guerissant vn Artisan qui violoit par son trauail la sainteté du Dimanche, & auoit esté frappé d'vne paralysie.

CHAP. III.

Sommaire.
I.
S. Oüen & S. Eloy viennent à Roüen où ils sont Sacrez.

II.
Combien ils receuvent auantageusement la grace Episcopale.

SAint Oüen estant reuenu de sa Mission, confera auec S. Eloy, nommé à l'Euesché de Noyon, lequel apparemment estoit demeuré à Paris, & y auoit receu l'ordre de Prestrise, après auoir passé par les diuers degrez de la Clericature, & gardé les interstices conuenables : En suite ces deux Saints vinrent tous deux à Roüen, & y furent ordonnez Euesques dans le Monastere de S. Pierre, qu'on appelle aujourd'huy l'Abbaye de S. Oüen : Leur Sacre se fit le 14. de May de l'an 646. auquel iour l'Eglise en celebre la Feste. Il parut bien que ces deux Saints auoient receu auec plenitude, l'onction interieure du S. Esprit, à mesme temps qu'on leur auoit appliqué l'exterieure, tant ils montrerent de sagesse & de sainteté dans leurs actions, & dans le gouuernement de leurs Dioceses. I'obmettray ce qui regarde S. Eloy, comme n'estant de mon sujet. Toutefois il sera aisé de juger de sa conduite, par le recit de celle de saint Oüen. Ces deux excellens Confreres ayant esté animez d'vn mesme esprit, & si semblables en pieté, que Fridegode, Autheur de la vie de saint Oüen, voulant descrire ses vertus, s'est seruy des mesmes termes que nostre S. Prelat auoit employez, pour representer celles de son cher amy S. Eloy.

S. OVEN.

III.
Son humilité.

Le premier effet que produisit en S. Oüen la grace Episcopale, fut de luy donner vn parfait mépris de soy-mesme ; la grandeur de sa Charge luy fut vn sujet d'vne plus profonde humilité, comme s'il eust d'autant mieux connu la bassesse de son neant originel, qu'il estoit reuestu d'vne dignité plus éclatante, & plus releuée ; au lieu que la pluspart des hommes ont coustume de perdre par l'éleuation de leur rang, cette connoissance salutaire & preferable aux plus sublimes sciences. Sa mortification n'est pas moins digne de remarque ; il maceroit sa chair d'vne maniere incroyable, afin que le sommeil n'interrompist point le cours de sa penitence ; il ne dormoit que sur de dures & de piquantes branches d'arbres ; il portoit autour de son col & de ses bras des cercles & des chaisnes de fer, qu'on trouua dans son cercueil lors de sa translation : Il pleuroit les pechez de son peuple comme les siens propres, ce qui estoit cause qu'il répandoit souuent des larmes ; mais en recompense, sa charité luy faisoit trouuer de tres-solides consolations, en luy donnant vne sainte joye de l'auancement spirituel des ames : De sorte qu'il estoit aussi satisfait de voir que la Diuine bonté auoit departy quelque grace à vn autre, que s'il l'eust receuë luy mesme.

Episcopalem dignitatem ille maioris humilientur sibi materiū efficit.
Frid. c. 14.

IV.
Sa mortification.

V.
Ses larmes, & sa consolatio interieure.

VI.
Son zéle pour prescher jusques dans les moindres villages, & d'y enuoyer catechiser.

La Mission qu'il entreprit en Espagne, ne fut qu'vn essay de ce qu'il deuoit faire dans son Diocese, où il annonça auec vn zéle admirable, la doctrine de l'Euangile : Non seulement il preschoit dans sa Cathedrale, mais il alloit encore à la campagne ; & parcourant les Bourgs & les plus petits Villages, il prenoit plaisir à expliquer au simple peuple, les mysteres de nostre Foy, & à éleuer les esprits les plus grossiers, à la connoissance & à l'amour de I. C. Il enuoyoit de bons Predicateurs aux lieux où il ne pouuoit pas aller luy mesme ; & pour cét effet il accrut de beaucoup son Clergé, & prit grand soin de l'instruire dans la discipline Ecclesiastique. Il se montra fort vigilant & fort magnifique à bien re-

VII.
Il augmente son Clergé, & fait plusieurs biens à sa Cathedrale.

S. OVEN. gler & à embellir sa Cathedrale; il la fournit abondamment de Liures, de Vases sacrez, de Vestemens sacerdotaux, & de toutes sortes de meubles précieux; entre lesquels on remarque particulierement vn lict, ou Pauillon couuert de lames d'or, qu'il fit placer en vn lieu éminent, pour honorer la virginité feconde de la sainte Vierge; d'où l'on peut juger que ce S. Prelat luy estoit fort deuot, & qu'il reueroit particulierement le Mystere de l'Enfance de nostre Seigneur I. C.

VIII. *Il donne vn pauillon couuert de lames d'or.*

CHAP. IV.

Sommaire.

I. *S. Oüen fut vn amour enuironné de lumiere, priant.*

Sçachant bien que sans la grace Diuine tous ses trauaux eussent esté inutils il estoit assidu à la priere, afin d'attirer par ce moyen sur son Troupeau les benedictions celestes. Quelquefois lors qu'il vaquoit à ce saint exercice, ses domestiques le voyoient enuironné d'vne grande lumiere qui éclairoit toute la chambre. Sa charité enuers les pauures estoit singuliere; il ne se contentoit pas de leur faire distribuer des aumosnes, il recherchoit leur compagnie; & éuitant autant qu'il pouuoit le vain entretien des Grands de la terre, & les visites inutiles de ses amis, il alloit souuent consoler les prisonniers & les autres personnes affligées.

II. *Son amour pour les pauures.*

III. *Son zéle pour bastir & pour reformer des Monasteres.*

Ie n'oserois presque dire combien il estoit affectionné à l'estat Religieux, de peur qu'on ne s'imagine que i'vse d'exageration. Nostre original Latin porte en termes exprés, qu'il desira auec ardeur de pouuoir construire des Monasteres dans toute la France, & qu'il prit tant de soin d'en fonder dans son Diocese, que soit que l'on en considerast le nombre, ou la pureté de l'Obseruance, on en pouuoit faire comparaison auec ceux que S. Antoine bastit en Egypte. Ce fut de son temps que S. Vuandrille, auec lequel il auoit esté vny d'amitié tandis qu'il estoit Chancelier, & que depuis il auoit fait Sousdiacre, fonda l'Abbaye de Fontenelle à sept lieuës de Roüen, où il édifia quatre Eglises qui furent toutes consacrées par S. Oüen.

IV. *S. Vuandrille bastit l'Abbaye de Fontenelle de son temps.*

V. *Qu'il eut bonne part à l'Abbaye que S. Germer fit bastir.*

Encor que l'Abbaye de S. Germer ne soit pas du Diocese de Roüen, nostre S. Euesque ne laissa pas d'auoir beaucoup de part à la fondation qui en fut faite par S. Germer, à qui il persuada d'embrasser la profession Monastique. Vne rosée miraculeuse traça le plan de tout le bastiment, sur vne place qu'vn Ange auoit monstrée aux deux Saints. I'obmets les autres circonstances de cette Histoire, que i'ay amplement décrite dans l'onziéme Chapitre de la vie de S. Oüen. I'adjousteray seulement que ce fut nostre Saint qui ordonna Prestre S. Germer, lequel Ordre il conferal aussi à S. Ansbert, depuis Abbé de S. Vuandrille & son successeur à l'Archeuesché de Roüen; & à S. Erbland ou Ermeland, qui passa en Bretagne, & fut Abbé d'Aindre en l'Euesché de Nantes, & non pas Euesque, qui est vne faute de l'Imprimeur à corriger en l'Histoire [a] de l'Abbaye de S. Oüen.

[a] *Page 52. chap. 12.*

VI. *S. Philebert intime amy de S. Oüen bastit l'Abbaye de Iumiege.*

L'Abbaye de Iumiege eut aussi son origine sous le Pontificat de saint Oüen; elle reconnoit pour son fondateur S. Philebert, lequel ayant passé ses premieres années à la Cour de France, où il eut part aux bonnes graces & à la familiarité de S. Oüen, se fit Religieux dans l'Abbaye de Rebais, d'où il passa en Normandie, & y bastit le Monastere de Iumiege, par la faueur de Clouis II. & de sainte Bathilde Reyne. La reputation de

sa

DES ARCHEVESQVES DE ROVEN.

S. OVEN.

sa sainteté y attira quantité de personnes, qui vinrent se ranger sous sa conduite; de sorte qu'en peu d'années il se vit le Pere spirituel d'vne nombreuse famille. Mais nostre Seigneur éprouua sa vertu par vne disgrace, qui luy fit perdre quelque temps l'amitié de S. Oüen, & l'obligea enfin de quitter le gouuernement de son Monastere. Ce venerable Abbé ayant parlé auec zéle à Ebroïn Maire du Palais, & luy ayant fait des remonstrances sur les injustices & les violences qu'il exerçoit incessamment, le Tyran prenant ces aduertissemens salutaires pour vn outrage & vn manque de respect, resolut de se vanger & de le faire mal-traiter par S. Oüen; pour cét effet il suscita vne fausse accusation à S. Philebert, laquelle il appuya de fausses lettres & de faux témoins; & ce mystere d'iniquité fut conduit auec tant d'adresse & de malice, que S. Oüen jugeant que cét Abbé estoit criminel, le fit mettre prisonnier dans vne prison de Roüen, située au lieu de la Poterne. La verité estant tousiours la plus forte, quelque temps après l'imposture de cette calomnie, & l'innocence du pauure accusé furent reconnuës par nostre Prelat, qui demanda pardon à S. Philebert & le restablit dans sa dignité; mais n'y ayant dans la Neustrie point de seureté pour la personne de ce bon Abbé, à cause de la haine d'Ebroïn, il fut contraint d'abandonner Iumiege, & d'aller en vn autre Monastere dans le Poictou.

VII.
Ebroïn se croyant offensé de S. Philebert, resout de s'en vanger.

VIII.
Il surprend S. Oüen, & se sert de luy pour mal-traiter saint Philebert.

IX.
S. Oüen reconnuit l'innocence de S. Philebert, auec lequel il rentre en amitié.

X.
Perfidie d'Ebroïn qui abusa ainsi de l'amitié de S. Oüen.

Au reste, dans cette persecution de S. Philebert, la perfidie d'Ebroïn fut d'autant plus énorme, que pour se vanger il ne craignit point de se jouër de S. Oüen, qu'vn Moderne écrit auoir esté son parent, & à qui jusqu'alors il auoit témoigné de l'amitié, en la sagesse duquel il auoit tant de confiance, qu'estant engagé dans la guerre contre vn Maire du Palais, son Competiteur, il demanda conseil à S. Oüen, qui luy écriuit ces mots, *souuiens-toy de Fredegonde*; par où il luy insinuoit qu'il deuoit imiter la diligence & l'actiuité de cette Reyne, en attaquant promptement ses ennemis; ce que quelques-vns reuoquent en doute, à cause que cét aduis n'auoit gueres de rapport à l'humeur pacifique de ce bon Prelat.

CHAP. V.

Sommaire.

I.
Plusieurs Abbayes fondées du temps de S. Oüen, & où il eut bonne part.

II.
Il fauorise les personnes desireuses d'entrer en Religion.

III.
Son zéle pour la construction des hospitaux.

IL y eut encore d'autres Abbayes qui furent fondées dans le territoire de Roüen du temps de nostre S. Prelat, comme celle de Fescamp, que bastit S. Vaninge (riche Seigneur du païs de Caux) à la persuasion de S. Oüen, qui luy auoit rendu miraculeusement la santé. Vne autre de S. Pierre dans Roüen, [a] dont le premier Abbé fut le deuot S. Sydoine Religieux de Iumiege, & disciple de S. Philebert. Celle de Pentallion, entre le Ponteaudemer & Honfleur sur la riuiere Lisaine, dont S. Oüen donna la charge à S. Germer. Celle de Pauilly, qui fut gouuernée par l'illustre sainte Austreberte, & possible quelques autres qui ont esté ruinées. Bref ce S. Euesque appuya de son conseil & de son assistance plusieurs autres personnes qui desiroient embrasser l'estat Monastique, & entr'autres sainte Bertile [b], qui consacra à Dieu sa virginité dans le Monastere de Ioäre, & sainte Angadresme dont ie parleray en l'Eloge suiuat.

[a] *D'autres disent que ce fut au lieu appellé depuis saint Saën, où il y a encor vn Prieuré Regulier dependant de saint Vuandrille.*

[b] *Voyez le Martyr. Bened. du Pere Menard.*

La sollicitude Pastorale de S. Oüen parut encore au soin qu'il prit, de fonder des Hospitaux destinez à receuoir les voyageurs & les pauures malades; Il en fit bastir vn dans l'Isle Belcinac, dépendante de l'Abbaye

S

138　　　　　　　　　HISTOIRE

S. Ovɛn.　de S. Vuandrille, en suite d'vne vision qu'il eut des saints Anges, qui luy
ordonnerent d'en entreprendre la construction. Nostre Saint fit vn pe-
IV.　lerinage à Rome, & y alla visiter les sepulchres des saints Apostres la
Ce qui luy ar-　quatriéme année du Pape Dieu-donné, laquelle répond à l'an de nostre
riua visitant
les Eglises de　Seigneur 672. On remarque entr'autres particularitez, qu'estant dans　672.
Rome.　l'Auguste Basilique consacrée à la memoire de S. Pierre, il y pria auec
vne ferueur extraordinaire, & qu'ayant prononcé le verset *Exultabunt*
sancti in gloria, on entendit vne voix miraculeuse qui acheua le verset, en
disant *Lætabuntur in cubilibus suis*, Dieu l'ayant ainsi permis pour faire voir
V.　combien il agréoit la ferueur de sa deuotion. A son retour, comme il ap-
Comme il fut　prochoit de Roüen, le Clergé alla au deuant de luy auec les Croix, les
receu à son re-
tour, & le　cierges, & tout l'appareil d'vne Procession solennelle : Il eut beaucoup
seruice qu'il
vendit à l'E-　de contentement de reuoir son cher Troupeau, mais sa joye ne fut pas
stat.　toute pure, ayant trouué à la Cour du Roy vne funeste diuision qui menaçoit la France d'vne cruelle guerre. Il en fut tellement touché, que
pour détourner ce malheur, tout vieil qu'il estoit, il tascha d'appaiser la
colere de Dieu par ses prieres, & des mortifications volontaires qu'il
s'imposa ; & entreprint en suite vn voyage à la Cour, où il réünit heureusement les esprits diuisez, & preserua ainsi le Royaume de l'orage qui se
preparoit.

VI.　Il parût par cét éuenement combien S. Oüen auoit d'affection pour
Troubles ar-　l'Estat, mais il ne témoigna pas moins son zéle lors qu'en l'âge de 89. ans
riuez en Fran-
ce entre Gisle-　il alla en Ambassade vers Pepin Prince d'Austrasie, pour traiter la Paix
mar & son
pere Varaton.　auec luy. Pour entendre cecy, il faut remarquer que Varaton Maire du
Palais du Roy Thierry, eut vn fils dénaturé qui forma vne conjuration
contre luy, & eut tant d'impieté que de dépoüiller son pere de sa charge,
malgré toutes les remonstrances & toutes les menaces de S. Oüen, qui
fit tout ce qu'il pût pour le destourner d'vn si horrible attentat, en luy
VII.　predisant que s'il passoit outre, Dieu le puniroit. Gislemar (c'est ainsi
S. Oüen tra-　que se nommoit cét impie) ayant chassé son pere, & s'estant mis en
uaille en vain
pour les reü-　possession de sa dignité, broüilla l'Estat en faisant la guerre à Pepin Duc
nir, & ce
qui en arriua.　d'Austrasie, dans laquelle il perit malheureusement suiuant la prediction de S. Oüen. Aprés sa mort Varaton son pere se restablit dans sa
charge, & reprit l'administration des affaires publiques. Son premier
VIII.　soin fut d'esteindre le feu de la guerre ciuile allumé par son fils ; pour cét
Le grand cre-
dit qu'auoit　effet il persuada à Thierry d'enuoyer S. Oüen vers Pepin : à quoy le
S. Oüen au-
prés du Roy　Prince consentit d'autant plus volontiers qu'il aimoit ce S. Prelat ; & luy
Thierry.　auoit donné tant de pouuoir dans sa Prouince, que nul n'estoit receu à
aucune charge, soit Ecclesiastique, soit seculiere, que par son agréement ;
ce qui se doit aussi entendre des Euesques ses Suffragans. S. Oüen acce-
IX.　pta cét employ, & tout âgé qu'il estoit alla trouuer Pepin à Cologne, &
Il l'enuoye
traiter la paix　y conclut la Paix au contentement de tout le monde. Il fit deux miracles
auec Pepin.　pendant son voyage : l'vn en cette Ville, où il rendit à vn muet l'vsage de
la parole ; & l'autre à Verdun, où il deliura vne femme possedée du malin
esprit.

　　　Comme il auoit beaucoup de respect pour les Reliques des Saints, &

DES ARCHEVESQVES DE ROVEN.

X.
Deuotion de S. Oüen pour les Reliques des Saints.

qu'il ne perdoit point d'occasion d'en auoir, il ne manqua pas d'en rapporter de Cologne pour en enrichir sa Cathedrale; ce qui me donne sujet de dire icy, que faisant vn iour la translation de S. Marcoul, il en voulut prendre la teste & l'apporter à Roüen; mais il en fut empesché par vn billet miraculeux, qui luy fit connoistre que la volonté de Dieu estoit qu'il ne separast point cette sacrée teste, & qu'il la laissast jointe au reste du corps, dont il pourroit prendre telle autre partie qu'il luy plairoit, auquel ordre du Ciel le Saint ne manqua pas d'obeïr.

CHAP. VI.
Sommaire.
I.
S. Oüen ayant porté les nouuelles de la paix au Roy, retourne à Roüen.
II.
Vision qu'il eut allant à Clichy pour assister aux Estats.
III.
Origine de la Croix S. Leuffroy.
IV.
S. Oüen malade à Clichy, prie le Roy de luy faire donner S. Ansbert pour Successeur.
V.
Il meurt aprés auoir prié Dieu pour son Troupeau.

MAis reprenons la suite de nostre narration. S. Oüen aprés la conclusion du traité auec Pepin, vint en porter les nouuelles à Thierry; puis il vint à Roüen, où il ne demeura pas long-temps, estant obligé de retourner à la Cour pour se trouuer à vne Assemblée generale des Estats que le Roy auoit conuoquée à Clichy, qui estoit autrefois vne maison Royale, où nos Rois faisoient souuent leur residence. Nostre bon Prelat voulant donc se trouuer à la Cour au temps préfix, partit de Roüen, & prit son chemin par la riuiere d'Vre. Durant son voyage, il eut vne vision fort remarquable: Il vit en l'air vne Croix toute brillante de lumiere; ce qui luy fit connoistre que Dieu auoit destiné le lieu où il estoit, pour estre la place d'vn Monastere, & seruir de retraite à quantité de parfaits Religieux qui s'enrolleroient sous l'estendard de la Croix, dans le dessein de suiure I. C. dans la voye étroite de la penitence, & de paruenir par ce moyen à la vie éternelle. Afin donc de consacrer ce lieu par auance, il y érigea vne petite Croix de bois, à laquelle il attacha de saintes Reliques, & continua son chemin; & c'est au lieu où le Saint planta cette Croix, que l'on a basty depuis l'Abbaye de la Croix saint Leuffroy, en suite de plusieurs autres miracles qui s'y firent aprés ce premier, dont fut témoin nostre S. Archeuesque, qui fut vn des Patrons de l'Eglise Abbatiale, qui depuis a esté designée du nom de S. Leuffroy, aprés auoir porté long-temps celuy de nostre Prelat; car on disoit autrefois la Croix S. Oüen, comme l'on dit aujourd'huy la Croix S. Leuffroy.

Le Saint estant arriué à Clichy, fut attaqué d'vne fiéure, qui luy fit juger que sa derniere heure approchoit, & que nostre Seigneur vouloit l'appeler au Ciel pour le recompenser de ses longs trauaux. Le Roy Pétant venu voir durant sa maladie, le Saint le supplia d'employer son authorité Royale, pour faire qu'Ansbert Abbé de S. Vvandrille, luy succedast dans l'Archeuesché de Roüen; ce que le Prince eut la bonté de luy accorder aussi-tost, laquelle promesse ne réjoüit pas peu S. Oüen, luy faisant conceuoir esperance d'auoir vn Successeur, qui bien loin de ruïner ce qu'il auoit édifié dans son Diocese, auroit grand soin de son cher Troupeau, pour lequel il continua de presenter à Dieu de tres-feruentes prieres; & enfin ayant épuisé ce qui luy restoit de forces en ce saint exercice, il rendit son esprit à celuy qui l'auoit creé pour sa gloire, le 24. Aoust de l'an 689. non pas en 674. (comme l'écrit Fridegode) aprés auoir tenu le Siege de Roüen 43 ans quatre mois, commencez & non acheuez.

S'il est permis de raisonner sur la conduite de la prouidence Diuine,

S ij

S. Ouen. VI. *Le Roy & la Cour accompagnent son corps iusqu'à Pontoise.*

ie diray qu'il est fort vray-semblable que nostre Seigneur permit que S. Oüen mourut à la Cour, afin qu'auant sa mort il pust s'asseurer d'vn aussi digne Successeur que fut S. Ansbert, & que ses funerailles se fissent d'vne maniere plus solemnelle, & plus pompeuse : en effet, le conuoy funebre fut des plus magnifiques. Le Roy, la Reine, & la plusparts des Euesques & des Seigneurs qui s'estoient rendus à Clichy, pour assister à l'Assemblée, accompagnerent le corps jusque à Pontoise, d'où il fut ap-

VII. *Il est enterré en l'Abbaye qui a porté depuis son nom.*

porté à Roüen, & (comme dit vne tres-ancienne Chronique) où il fut enterré auec grand honneur dans la Basilique de S. Pierre, appelée aujourd'huy du nom de ce S. Euesque. L'opinion de sainteté où il estoit mort, ne tarda guere à estre confirmée par diuers miracles; de sorte que S. Ansbert trois ans aprés, le iour de l'Ascension, jugea à propos de transferer son corps du lieu où il estoit inhumé, pour le mettre en vne place plus honorable. Il s'en est fait depuis plusieurs autres translations, dont j'ay parlé en l'Histoire de l'Abbaye de S. Oüen ; & l'Abbé Nicolas de Normandie ayant enuoyé de ses Religieux en Angleterre enuiron l'an 1066. qui deuoient recueillir les aumosnes que les personnes de pieté voudroient donner pour aider à bastir vne nouuelle Eglise dont il auoit pris dessein ; ils porterent quelques Reliques de leur S. Patron, par les merites duquel Dieu fit de tres-insignes miracles.

VIII. *Dieu l'honora de plusieurs miracles.*

Depuis ces prodiges & ces guerisons surnaturelles, continuant toûjours, ainsi qu'il se justifie par le liure des Miracles de S. Oüen, composé il y a plus de 500 ans, par vn Moine de cette Abbaye, la deuotion des Fidelles s'accrut aussi de beaucoup enuers le Saint, à la memoire duquel il y a plus de quarante Eglises consacrées dans le Diocese de Roüen, & plusieurs autres en diuerses Prouinces de la France, & mesme en Irlande, comme ie l'ay appris de la bouche de Mr. l'Archeuesque d'Armach.

IX. *Quatre Festes en son honneur.*

On celebroit autrefois quatre Festes en son honneur, sçauoir le 24. d'Aoust la Feste de sa mort, auec Octaue, auquel iour la Cathedrale a de coustume de venir celebrer la Feste en l'Eglise du Saint, & chanter les premieres Vespres, qui se disent aprés celles des Religieux de cette Abbaye, & le lendemain la Procession & la grande Messe conjointement. La seconde Feste le 5. May, qui est celle de la Translation, se faisoit auec Office propre. La troisiéme le 14. May, la Feste de son Ordination : Et le premier Février, vne autre Translatiō, qui estoit la quatriéme. Aujourd'huy dans le Diocese on ne celebre plus que la Feste de son deceds, auec Office double, & la premiere Translation auec Office semidouble.

CHAP. VII.
Sommaire.
I. *Conciles où il a assisté.*
II. *Le premier contre la symonie.*

Saint Oüen assista à la plusparts des Assemblées Ecclesiastiques tenuës de son temps ; voicy vne liste de celles où il fut present, suiuant l'obseruation que i'en ay pû faire dans mes differentes lectures. Estant encore seculier, il se trouua en vn Synode que Dagobert ou Clouis son fils conuoquerent à la sollicitation de nostre Saint, & son cher amy S. Eloy, pour exterminer la symonie, qui depuis long-temps défiguroit la face de l'Eglise Gallicane. On remarque la signature de S. Oüen au Testament que fit en 647. Leobodus ou Leodebodus, Abbé de S. Aignan d'Orleans, en faueur des Religieux de la celebre Abbaye de Fleury sur

DES ARCHEVESQVES DE ROVEN. 141

III.
Contre les Monothelites.

Loyre, où repose le corps de S. Benoist. De plus, c'est sans doute que S. Oüen & S. Eloy se trouuerent aussi dans vne Assemblée du Clergé, tenuë par l'ordre de Clouis II. où ils furent deputez pour aller trouuer le Pape Martin, & trauailler conjointement auec luy à l'extirpation de l'Heresie des Monothelites ; laquelle deputation n'eut point d'effet, à cause de quelques obstacles qui les empescherent d'aller à Rome. Fridegode dit, qu'alors ces deux Saints n'estoient que Laïques, mais il s'abuse dans sa Chronologie, puisqu'ils furent sacrez Euesques deux ans auant que S. Martin eust esté eleué au Souuerain Pontificat. Ioint que la France estant alors remplie de tres-pieux & tres-sçauants Prelats, on n'eut eu garde de choisir des Laïques pour seruir l'Eglise dans vne affaire qui concernoit la Foy. Il assista en outre au Concile de Chaalons, celebré en 650. & y souscriuit le troisiéme. Il fut present à vn Synode tenu à Orleans, où vn Monothelite des plus subtils, & des plus opiniastres, fut conuaincu par l'Euesque Saluius, ou mesme par S. Oüen & S. Eloy, comme le témoigne Fridegode. I'estime que l'on doit mettre ce Synode en 650. ou 651. suiuant le sentiment de Baronius, & non pas en 645. comme le veut le Pere Syrmond, puisqu'il paroit par les propres termes de S. Oüen qu'il fut celebré enuiron au temps de la persecution du Pape Martin, dont le Pontificat ne commença qu'en 649.

IV.
A vn Concile de Chaalons, & à Orleans.

V.
Il souscriuit à diuers priuileges d'Abbayes.

S. Oüen souscriuit en 658. à l'exemption de l'Abbaye de S. Denis : en 664. au Priuilege de S. Pierre de Corbie : en 665. aux Lettres d'exemption accordées aux Abbayes de sainte Colombe & de S. Pierre le Vif lez Sens : en 678. à celles qui furent données à S. Vvast d'Arras.

Mr. Doublet ancien Religieux de l'Abbaye de S. Denis, en l'Histoire de son Monastere, liure 3. rapporte vne Charte de Chilperic II. par laquelle ce Prince fait donation du village de Vviplay à cette Abbaye ; ladite Charte fut expediée à Chilly l'an dixiéme de son Regne, qui répond à l'an de I. C. 678. le Roy y signe, & aprés luy Iean Euesque de Paris, & Palladius Archeuesque de Roüen : Mais en aucun autre lieu il n'est fait mention de l'vn ny de l'autre ; & l'an 678. S. Oüen estoit encore plein de vie ; ce qui me persuade ou qu'il y a eu erreur de la part du copiste, ou bien il faudroit dire *Chorepiscopus*, au lieu d'*Episcopus*, puisqu'il se trouue que du temps de S. Oüen, il y eut vn Betto de Lislebonne, dont il est fait mention dans le Concile de Chaalons ; tant y a que ie ne vois pas que ce Palladius soit receuable, sur le simple rapport de Mr. Doublet, s'il ne se rencontre quelqu'autre témoignage assez authentique pour corriger les Tables Ecclesiastiques de Roüen, qui n'en font aucune mention.

VI.
Pour connoistre S. Oüen il faut lire la vie de S. Eloy qu'il a composée.

Au reste s'il est vray, comme on n'en peut pas douter, que l'on connoit aucunement les hommes par les ouurages & les productions de leur esprit ; ceux qui voudront auoir vne plus ample connoissance de S. Oüen, que feu Mr. le Preuost estimoit auoir esté le plus illustre de nos Archeuesques, ne doiuent pas se contenter de ce que i'ay rapporté icy touchant ses principales actions : Il leur sera encore tres-auantageux pour satisfaire leur loüable curiosité, de lire la vie de saint Eloy, compo-

S. OVEN.

Nullum ex tot egregiis antistitibus (pace singulorum dixerim) Ecclesia Rothom. hactenus illustriorem habuit Audoënu. *D. pr. in schedis M. S.*

S iij

142　　　　　　　　HISTOIRE

S. Ouen. sée fort au long par nostre S. Prelat, qui a dépeint ses propres vertus dans son liure, en representant celles de son cher Confrere, auec lequel il n'eut pas moins de conformité que de liaison & d'amitié. C'est le jugement qu'en fit Rodobert Euesque de Paris, à qui nostre Saint auoit enuoyé son Ouurage afin d'en corriger les deffauts, & particulierement ceux qui concernoient le stile & l'expression. Mais ce Prelat renuoya à S. Oüen son liure sans y rien changer, & luy écriuit vne lettre pour l'asseurer qu'il n'y auoit rien trouué que de tres-bien, & qu'il luy sembloit qu'en faisant vn tableau si acheué de la sainteté de S. Eloy, il auoit en mesme temps dépeint la sienne. Voicy le Distique d'Ordry.

VII.
Iugement que l'Euesque de Paris porta de cés Ouurage.

Pinxisse mihi videris illic sanctitatis tuæ immo beatissimi Antistitis integerrimam formam.

Audoenus huic successit, Pontificali
Ordine splendescens, virtutibus atque refulgens.

ELOGE
DE SAINT ANSBERT. 22.

An de I. C.
689.
CHAP.
1.
Sommaire.
1.
Pourquoy l'Autheur ne fait pas vne traduction de la vie de saint Ansbert, d'Angradus.

LA vie de S. Ansbert nous ayant esté laissée d'vne maniere fort estenduë par Angradus Moyne Benedictin, qui l'écriuit vn peu aprés la mort du Saint, c'est à dire vers l'an 696. & l'adressa à Hilbert Abbé du Monastere de S. Vandrille; ie pourrois me contenter de la traduire: mais comme ie considere qu'il y a dans cét Ouurage plusieurs Articles qu'il faut obmettre, comme estant inutiles à nostre sujet, & ne regardant précisémét que les affaires de cette Abbaye; i'estime qu'il est plus à propos de continuer dans la methode que i'ay tenuë iusqu'à present, & que sans m'assuiettir à vne traduction, il suffira de rapporter fidellement les choses ainsi que nous les represente cét Autheur, sans negliger toutefois de suiure ses pensées, & d'imiter ses expressions lors que ie les iugeray capables de donner quelque ornement à cette narration.

Hilbert succeda à S. Ansbert en sa charge d'Abbé, selon Bollandus. Les Copistes ont adiousté plusieurs choses dans l'ouurage d'Angradus que l'Autheur n'auoit pas mises.

II.
Parens de S. Ansbert, son païs, sa naissance, & son éducation.

S. Ansbert fut originaire de la Neustrie, estant né à Chaussy, village du Vexin, appellé depuis François. Il sortit d'vne des plus anciennes & des plus nobles Familles de la Nation Françoise; ainsi que le témoigne nostre Texte Latin, & que le confirme l'illustre alliance à laquelle il fut destiné, & l'éminence de la charge qu'il exerça auprés d'vn de nos Roys. Ses parens eurent grand soin de son éducation, & dés qu'il fut hors de l'enfance le mirent entre les mains d'habiles Maistres, pour le former à la vertu & aux lettres humaines. Ceux-cy n'eurent aucune peine à l'instruire, tant ils trouuerent en luy de viuacité d'esprit & de disposition au bien. Il ne leur fut point besoin de luy recommander la retenuë & la modestie, le Ciel l'ayant pourueu de si bonne heure de cette belle qualité, qu'elle sembloit estre née auec luy, & le rendoit dautant plus aimable, que ce qu'elle pouuoit auoir de trop graue & de trop serieux

III.
Ses qualitez de corps & d'esprit.

pour vn jeune homme, estoit temperé par vne douce & agreable ciui- S. Ansbert.
lité. Son pere qui se nommoit Siuuin, le voyant si bien né, l'aimoit
auec vne tendresse particuliere, & comme il n'auoit que luy d'enfans,
& qu'il estoit fort riche & bien venu à la Cour, il ne songeoit qu'à l'é-
tablir dans vne haute fortune. L'vnique obstacle qu'il y trouuoit, estoit
la solide pieté de son fils.

IV.
Vertus qu'il prattiqua pendant sa ieunesse.

Ansbert, bien loin de se vanter de la splendeur de sa race, ne se disoit Repudiato
noble, qu'entant que le Baptesme luy auoit donné pour pere le Createur trum, sola
& le Souuerain de toutes choses. Il regardoit la volupté comme vn conditoris
mortel poison qui tuoit l'ame; & la fausse galanterie, comme vne lasche elegit cense-
& honteuse pratique par laquelle la pluspart des jeunes gens prosti- Ansgr. in act.
tuoient miserablement au démon le plus bel âge & la fleur de leurs vies. S. Ansberti.
L'éclat des richesses, & la pompe des dignitez, n'excitoient point ses desirs, estant fortement persuadé que l'vnique bien de l'homme, & sa veritable grandeur, consistoit à estre vny à I. C.

V.
Son pere Siuuin le détourne de la pieté, par le diuertissement de la chasse.

Ces saintes dispositions où il se trouuoit, ne s'accordant point auec
les desseins ambitieux de son pere, celuy-cy taschoit de les affoiblir, en
l'obligeant de se diuertir, & de l'accompagner souuent à la chasse, dans
la croyance que cét exercice luy feroit perdre l'esprit de deuotion, &
que par apres il prendroit goust aux douceurs & aux satisfactions de la
terre. Mais nostre jeune Ansbert preuenu de cette crainte du Seigneur, Sed quò de-
qui rend les enfans mesmes plus sages & plus auisez que les vieillards, grandæuus
ne trouuoit que de la vanité & de l'ennuy, où son pere tout âgé qu'il pater,adoles-
estoit, mettoit encore sa joye & ses delices. Desorte que Siuuin voyant per omnia
qu'il n'auançoit rien par ses adresses, jugea qu'il deuoit attacher son fils Ansgr. in act.
au siecle par les honnestes liens du mariage. S. Ansb.

VI.
Il le veut engager en mariage, & luy trouue vn party tres-auantageux.

Robert, vn des premiers Seigneurs de France, & qui auoit esté Chancelier de Clotaire II. auoit vne fille tres-accomplie, qui estant fort considerable par la noblesse & l'opulence de sa maison, l'estoit encore plus
par sa rare vertu, & par sa merueilleuse beauté. Siuuin ne porta pas ses
pretentions moins haut; il fit demander cette Damoiselle pour estre l'é-
pouse de son fils; l'affaire luy reüssit. Robert connoissant l'extraction,
les richesses & le merite personel d'Ansbert, témoigna à Siuuin qu'il luy
faisoit honneur, & aggrea son alliance; si bien que ces deux vieillards,
sans se mettre beaucoup en peine du consentement de leurs enfans,
conclurent entr'eux ce mariage. Cependant Ansbert & Angadresme
qui estoient les principales parties, n'y auoient aucune disposition.

VII.
Vertus éminentes de S. Ansbert, & de sainte Angadresme, sa promise.

Nous auons fait voir quelle estoit l'indifference, ou plûtost le mépris
qu'auoit le premier pour les honneurs & les delices du siecle. Pour connoistre les inclinations d'Angadresme, il ne faut que changer de nom,
& luy appliquer tout ce que nous auons dit de celuy qu'on luy vouloit
donner pour époux. S. Ansbert ne soûpiroit qu'aprés les biens du Ciel,
& n'auoit d'autre dessein que de se donner entierement au seruice de
Dieu. Cette belle & chaste fille n'auoit aussi de l'amour que pour I. C.
& afin d'estre plus fidelle à ce diuin Amant, auoit resolu de viure dans
vne perpetuelle continence; ainsi plus ils estoient semblables en pieté,

S. ANSBERT.
VIII.
Obstacles qu'ils ont de viure en continence.

& conformes dans leurs sentimens, moins estoient-ils disposez à l'vnion qu'on vouloit establir entr'eux ; & ils ne souhaitoient rien plus ardamment que la rencontre de quelque obstacle qui trauersast la resolution de leurs parens. Mais nostre Seigneur, qui pour éprouuer la foy de ses seruiteurs, differe souuent à les secourir, jusqu'à ce qu'il les voye dans l'extremité du danger, permit que Siuuin & Robert se portant toûjours à cette alliance auec vne commune ardeur, ils en presserent si bien l'execution, qu'enfin cette chaste fille fut promise & fiancée, ou comme veulent quelques Autheurs, fut mariée à ce chaste jeune homme, *casto iuueni, casta despondetur & puella*, ainsi que dit nostre original, dont ie rapporte les termes, afin que de ces deux explications, chacun choisisse celle qui luy plaira. La premiere a plus de vray-semblance, & est suiuie du P. Bollandus, dans ses Obseruations sur nostre texte ; mais quoy qu'il en soit, il est toûjours certain que s'il y eut mariage, il ne fut point consommé, car sainte Angadresme demeura tousiours ferme dans le dessein de demeurer vierge.

CHAP. II.
Sommaire.
I.
Sainte Angadresme obtient de Dieu que son visage soit couuert de lepre.

Elle ne perdit point courage, ny par la violence que luy faisoient ses proches, ny par l'impossibilité apparente de pouuoir éuiter le joug qu'on luy vouloit imposer ; & elle eut tant de confiance en nostre Seigneur, & de mépris pour cette beauté, que par vne déprauation honteuse celles de son sexe cherissent bien souuent plus que la vertu, qu'enfin pour conseruer sa virginité, elle demanda à son Epoux celeste vn miracle, par lequel sa beauté fut changée à vne laideur effroyable. Elle n'auoit pas encor acheué sa priere, qu'en vn instant son visage fut couuert de pourriture & de lepre : Autant qu'elle estoit belle auant sa priere, autant deuint-elle difforme apres. Tout le monde la méconnut d'abord, & sa voix & ses habits asseurant que c'estoit celle-là mesme qui estoit auparauant ornée de tant de graces & d'attraits ; la pluspart n'en pouuant souffrir la veuë, baissoient les yeux & déploroient son malheur ; & les autres qui auoient moins de tendresse pour elle, estoient saisis d'horreur, & disoient hautement qu'il la falloit separer de la societé ciuile, ainsi qu'on faisoit les lepreux, & la tenir si bien enfermée, qu'elle ne pût faire peur ny communiquer son mal à personne.

II.
Les remedes humains sont inutiles pour la guerir.

On fit venir d'habiles Medecins pour la voir, & on les sollicita par de grandes promesses d'employer tous les secrets de leur Art pour la guerir : mais ils trauailleront inutilement ; plus on luy appliquoit de remedes, & plus sa difformité augmentoit, si bien qu'on commença de craindre qu'en pensant luy rendre la santé on ne luy ostast la vie. Les circonstances de cette maladie qui s'estoit formée en vn instant, sans aucun indice precedent, & qui se monstroit si opiniastre & si rebelle à tous les effets de la Medecine, & peut-estre aussi l'humilité & la patience toute Chrestienne auec laquelle la Sainte souffroit la confusion qu'il y auoit pour elle d'estre regardée comme vn objet d'horreur, & l'incommodité des diuers remedes dont on vsoit pour la guerir, ouurirent les yeux de son pere, & luy firent juger qu'asseurément il y auoit dans son mal quelque chose d'extraordinaire & de surnaturel.

L'esprit

DES ARCHEVESQVES DE ROVEN.

III.
Elle découure à son pere la cause de sa maladie.

L'esprit de Robert découurit plus clairement la beauté de l'ame de sa fille, lors que ses yeux ne furent plus occupez à considerer celle du corps, & conceut de plus hauts sentimens de sa vertu qu'il n'auoit auparauant. Il se persuada que par vne sainte ambition elle dédaignoit tout autre amant que le Roy des Roys. Il se repentit de ne l'auoir pas laissée dans son entiere liberté, & de l'auoir si fort pressée d'accepter le party qui se presentoit. Mais pour s'éclaircir parfaitement de ses intentions, il resolut de l'obliger doucement à se declarer là dessus, & pour cét effet, il la conjura auec beaucoup de tendresse de luy dire si elle auoit fait vœu de virginité; à quoy la Sainte respondit qu'elle ne demandoit rien à Dieu auec plus d'instance & d'ardeur que de pouuoir viure sous les loix de la chasteté, & sans auoir commerce auec les voluptez des sens: que la lepre de son visage estoit vne faueur de I. C. son Epoux, qui n'auoit frappé son corps de cette playe, que pour purifier & embellir son ame, qu'elle esperoit qu'il luy accorderoit toûjours sa protection, & qu'il couronneroit les graces qu'il luy feroit par le don precieux de la perseuerance; que c'estoit auec joye qu'elle renonçoit aux delices & aux satisfactions de la vie qu'elle sçauoit estre vaines, fausses, & propres seulement à entretenir le poison mortel de la conuoitise, qu'enfin les amateurs du monde deuoient s'attendre de passer & de perir auec luy, mais que ceux qui s'attachoient vniquement à Dieu, pouuoient se promettre de participer vn jour à son éternelle beatitude.

S. Ansbert.
Opto (inquit) mi Genitor, & rotis visibus.
Ex act. S. Ansb.

IV.
Et son ardant desir de garder sa virginité.

V.
Ses parens la presentent à S. Oüen, qui luy donne le voile & la guerison.

Aprés vne declaration si formelle & si pleine de pieté, Robert ayant conferé auec Siuuin & nostre S. Ansbert, ils conuindrent ensemble que Sainte Angadresme seroit conduite à vn Monastere; mais elle n'y entra pas auec cét vlcere qui la rendoit si horrible. Car ayant esté presentée à S. Oüen pour faire entre ses mains le vœu solennel de sa virginité, en mesme temps que le S. Prelat luy donnoit le voile, nostre Seigneur luy redonna cette beauté qu'elle auoit si genereusement méprisée pour l'amour de luy, & par ce riche present fit connoistre à tout le monde qu'il agréoit la recherche de cette chaste Amante, & que si elle le choisissoit pour Epoux, il la receuoit aussi au nombre de ses Epouses.

VI.
Elle fut depuis Abbesse d'vn Monastere prés de Beauuais.

La suitte de sa vie répondit aux merueilles de sa vocation: Aprés s'estre fort auancée dans le chemin de la vertu, elle y seruit de guide aux autres, ayant esté establie Superieure d'vn Monastere prés de Beauuais, que l'on ᵃ croit estre l'Abbaye de S. Paul, de l'Ordre de S. Benoist; & enfin elle finit ses jours par vne sainte mort, qui luy acquit la felicité du Ciel & la veneration de l'Eglise, & principalement celle de Beauuais, qui la reconnoit pour sa Patrone & sa bien-faictrice. Il est aisé de juger par ce que nous auons dit, du peu de disposition qu'auoit S. Ansbert à s'engager dans les liens du mariage, que sa joye ne fut pas moindre de s'en voir si heureusement deliuré.

ᵃ *Edition de Bollandus met Cœnobij oratorij, vulgairement dit oroir ou ouvoir, qui est à present vne Eglise Paroissiale.*

VII.
S. Ansbert estant deliuré de ce mariage est conduit à la Cour par son pere.

Mais il ne joüit pas si-tost de l'entiere liberté, & de la totale separation du siecle, aprés laquelle il soûpiroit auec ardeur; son pere s'opiniastrant dans le dessein qu'il auoit de luy faire aimer le monde, voulut le luy faire voir dans le lieu où pour l'ordinaire il paroit auec tout ce qu'il

T

146 HISTOIRE

S. Ansbert. a de plus beau & de plus pompeux. Il me semble que ie m'explique assez, & qu'il n'est pas presque necessaire d'adjouster que ce fut à la Cour de France que Siuuin mena S. Ansbert, & le contraignit de s'y produire, quelque repugnance qu'il y eust.

VIII.
De quelle façon il vescut en Cour.

Nostre Saint y continua d'y viure dans la pureté & la modestie Chrestienne; mais il ne pût si bien cacher les rares talens, & particulierement la merueilleuse viuacité d'esprit, dont la Nature & la grace l'auoient pourueu, qu'il n'y acquit de l'estime & de la reputation; de sorte que tant par l'éclat de son propre merite, que par l'adresse & la recommandation de son pere & de ses autres amis, qui ne desiroient rien auec plus de passion que de le mettre en credit, il fut connu & chery de Clouis II.

IX.
Il fut fait Chancelier de France.

[a] qui se confiant en sa probité & en sa haute suffisance, luy confera la charge de Secretaire d'Estat, & en suite celle de Chancelier, comme tous nos Autheurs en demeurent d'accord, à la reserue d'vn qui fait difficulté de luy donner rang entre ceux qui ont esté honorez de cette suprême magistrature, sous pretexte qu'il ne se trouue aucune ancienne Charte signée de luy, comme si nous auions beaucoup d'expeditions de la Chancellerie de ce temps-là. Certainement le scrupule est des plus foibles, & ne merite nullement d'estre consideré, en comparaison de l'authorité de nostre Texte original, composé fort peu d'années aprés la mort du Saint, lequel porte en termes formels, qu'Ansbert *in aulam Regis licet nolens à genitore productus, sicut erat acumine ingenij clarus, cepit esse Aulicus. Scriba doctus conditorque Regalium priuilegiorum & gerullus annuli Re- quo eadem signabantur priuilegia.*

[a] *Bollandus dit Clotaire 2.*

CHAP. III.

Ainsi S. Ansbert se vit contre sa volonté pourueu d'vne des premieres charges de l'Estat, & exposé à vne forte tentation de s'attacher à la Cour, qui le combloit de ses graces & de ses faueurs, qu'elle vend si cher, & que mesme elle refuse si souuent à ceux qui les recherchent auec plus de passion. Mais le Saint demeura tousiours luy-mesme, & il se donna bien de garde de se lier d'affection au monde, qu'il ne pouuoit aimer sans renoncer à cette heureuse amitié que la charité establit entre Dieu & l'homme. Il exerça sa charge auec le mesme esprit qu'auoient fait quelques Saints qui l'auoient possedée auant luy, en reglant ses actions par la doctrine Euangelique, & en joignant la pratique de l'humilité Chrestienne aux sublimes fonctions de cette éminente dignité.

Sommaire.
I.
De quelle maniere il se comporta en cette charge.

II.
Ses hautes pratiques de solide deuotion.

Bien loin de donner des exemples de luxe & de vanité comme font la plusparts des Grands, il taschoit d'édifier ceux qui l'approchoient; & faisant par auance le ministere d'Euesque, il les exhortoit puissamment à employer leurs soins & leurs trauaux à l'acquisition de la gloire eternelle. L'embarras des affaires ne l'empeschoient point de vaquer à l'Oraison, il se preualoit de toutes sortes d'objets pour entretenir sa pieté; & si par hazard il prenoit quelque honneste diuertissement, il y trouuoit tousiours dequoy s'éleuer de la consideration des creatures au Createur. Cela luy arriuoit particulierement lors qu'il entendoit chanter les Musiciens du Roy, estant certain, suiuant l'obseruation de Mr. de Valois, que dés le temps de Clouis, la Musique

DES ARCHEVESQVES DE ROVEN.

III.
Son cœur s'é-leuoit en Dieu entendant chanter la Musique du Roy.

fut en estime dans le Palais de nos Roys; lors donc que saint Ansbert estoit present à quelque concert ou à l'Office diuin, chanté par les Chapelains du Roy, il appliquoit aussi-tost son esprit à la contemplation des choses celestes, & disoit dans son cœur, ô mon Dieu & mon Createur, si cette Musique grossiere & materielle touchant nos ames par l'extremité des sens, l'excite si agreablement à celebrer vos grandeurs infinies; auec combien plus de douceur & de joye y seront portez ceux qui vous aiment quand ils entendront dans le Ciel les sacrez concerts de vos Anges, & qu'il leur sera permis de se joindre auec eux pour chanter à vostre gloire vn Cantique éternel? A quoy il adjoûtoit aucunesfois le dernier des Pseaumes, qu'il recitoit auec vn saint rauissement. Lequel exemple pourroit passer pour vne preuue de l'opinion de ceux qui veulent que le propre de la Musique soit d'entretenir les hommes dans les passions dont ils sont préuenus, & de leur estre ou vtile ou auantageuse, selon que leurs affections sont ou bonnes ou mauuaises.

S. Ansbert.
a Rerum
Franc. l. 11.
p. 257.

IV.
Sentimens de pieté extraordinaires qu'il en conceuoit.

V.
Il prend resolution de quitter le monde.

Mais il vaut mieux regarder ce qui arriuoit à S. Ansbert, comme vne faueur singuliere de la bonté Diuine, qui le sollicitoit sans cesse de se separer du monde, & de se reduire dans vn genre de vie où toute sa conuersation fust dans le Ciel. En effet, se representât souuent cette maxime Euangelique, qui porte, qu'à moins d'abandonner toutes choses, on ne peut estre Disciple de I. C. il resolut de la pratiquer non seulement quant à la préparation de cœur, ainsi que tout Chrestien y est obligé, mais encore en renonçant réellement & effectiuement à tout ce qu'il possedoit: En execution dequoy, par vn transport extraordinaire de l'amour de Dieu, il quitta la Cour, sa maison, sa Charge de Chancelier, ses parens & ses amis, & se transporta tout seul en l'Abbaye de Fontenelle, auec dessein de s'y rendre Religieux.

VI.
Il va pour ce sujet à l'Abbaye de Fontenelle.

VII.
Il témoigne son feruent desir à saint Vvandrille.

Ce Monastere auoit esté basty quelques années auparauant par S. Vvandrille, & estoit alors fort celebre pour l'exacte obseruance dans laquelle y viuoient ceux qui venoient de toutes parts se ranger sous la direction de ce venerable Abbé: A peine S. Ansbert se fut-il quelque peu reposé dans l'appartement où l'on auoit coustume de receuoir les hostes & les externes, qu'il demanda à saluër S. Vvandrille, aux pieds duquel s'estant jetté, afin de reuerer I. C. dans la personne de son Ministre, il le conjura tres-humblement de le receuoir au nombre de ses Religieux, l'assurant qu'il estoit tout resolu de renoncer & d'esprit & de corps aux vanitez du siecle, & que pour preuue de la sincerité de ses intentions, il estoit prest de souffrir qu'on luy razast les cheueux. Surquoy il faut obseruer en passant, que cette ceremonie estoit d'autant plus consideree en ce siecle là, que parmy nos François la longue cheuelure estoit vne marque de liberté & de noblesse; & le razement, témoignage de seruitude, & comme vne espece de dégradation, à laquelle s'assujettissoient les Moynes, comme pour protester qu'ils méprisoient les pompes du siecle, & qu'ils n'aspiroient qu'à l'honneur d'estre les seruiteurs de Dieu; qualité qu'on leur attribuoit communément en ce temps-là.

VIII.
Il demande qu'on luy rasast les cheueux, & en quoy consistoit cette ceremonie.

T ij

S. ANSBERT.
CHAP.
IV.
Sommaire.
I.
S. Vvandrille éprouue sa vocation.

SAint Vvandrille fort réjoüy de voir la sainte ardeur de cette Victime, déuoüée à mourir au monde pour viure à I. C. luy répondit auec beaucoup de douceur & de grauité, que la priere qu'il luy faisoit estant sur vn sujet de grande importance, il ne falloit pas y proceder auec precipitation; que pour éuiter ce deffaut, il estoit necessaire de garder ce qui est prescrit par le precepte de l'Apostre, & par la regle Monastique, & qu'auant de luy accorder l'effet de sa demande, il deuoit donner durant quelque temps des marques d'vne veritable vocation. S. Ansbert s'estant

II.
Il luy donne l'habit de Religieux.

humblement soûmis à cette loy, & ayant fait paroistre par sa conduite que c'estoit l'esprit de Dieu qui l'appelloit à l'estat Religieux, S. Vvandrille par l'aduis de sa Communauté luy en donna l'habit.

III.
Il s'applique à l'estude de la sainte Escriture.

La suite de sa vie répondit aux esperances que le Saint Abbé auoit conceuës de luy: se voyant si heureusement dégagé des soins des affaires du monde, il se mit à estudier auec beaucoup d'application la sainte Escriture & les autres liures spirituels; à quoy S. Vvandrille, qui reconnût l'excellence de son esprit se monstra fauorable, ordonnant qu'on luy fournit pour cét effet grand nombre de diuers Volumes. Vn iour qu'il

IV.
Le fruit qu'il retire d'vne Sentence qu'il leut.

s'occupoit à la lecture auec sa diligence ordinaire, il tomba sur vne Sentence fort remarquable, qui portoit qu'il faut qu'vn Religieux viue dans vn Monastere sous la conduite d'vn Superieur, & en la compagnie de plusieurs de mesme profession que luy, afin que considerant le bon exemple de ses Confreres, il puisse apprendre de l'vn l'humilité, de l'autre la patience, & ainsi des autres vertus; ce qui attendrit tellement son cœur, qu'il en versa vne abondance de larmes, & forma au mesme temps vne forte resolution de faire tout son possible, pour accomplir cét auertissement salutaire.

Hyer. ep. 4.
ad Rusticū
c. 6.

V.
Il s'applique à acquerir l'humilité.

Il trauailla premierement à s'establir de plus en plus dans l'humilité, sçachant que c'estoit la baze & le fondement de l'edifice spirituel, & que sans elle il estoit impossible ny d'acquerir ny de conseruer les autres vertus; pour y reüssir il se proposa pour modele, celuy qui ayant abaissé sa Majesté infinie jusqu'à conuerser visiblement parmy les hommes, leur a dit (apprenez de moy que ie suis doux & humble de cœur) & par cette voye il fit vn si merueilleux progrez dans cette excellente vertu, qu'il deuint le plus humble de toute la Communauté, & qu'il tint à honneur de se soûmettre & d'obeïr à tous ses Confreres. Il ne se rendit

VI.
Ses autres vertus Religieuses.

pas moins recommandable par la ferueur de son esprit, par son assiduité à la priere, par la sainte joye auec laquelle il attendoit les biens de l'eternité, par la componction de son cœur, presque tousiours accompagnée de larmes; par sa vigilance à executer les choses qu'on luy prescriuoit, & principalement à se trouuer dans l'Eglise pour chanter le diuin Office; de sorte que S. Vvandrille le prit en singuliere affection, & le proposoit

VII.
S. Vvandrille le proposoit pour exemple à ses Religieux.

pour exemple à ceux d'entre ses Moynes qui s'acquittoient mal de leur deuoir, leur ordonnant de jetter les yeux sur S. Ansbert, afin que comparant leur froideur & leur negligence à l'ardente charité qu'il témoignoit dans toutes ses actions, ils eussent honte de se voir surpassez par vn jeune Religieux qui ne faisoit qu'entrer dans le Monastere. Quelque temps aprés il voulut que nostre Saint prit les Ordres Sacrez, & pour cét effet il l'enuoya à Roüen, où il receut le caractere du Sacerdoce par le ministere de S. Oüen. S. Ansbert.

VIII.
Ayant esté fait Prestre par S. Oüen, il redouble ses austeritez.

. S. Ansbert jugeant que cette nouuelle qualité de Prestre luy imposoit vne nouuelle obligation d'imiter I. C. & de s'auancer tousiours de plus en plus dans la voye de justice, redoubla sa ferueur & ses austeritez. Vn iour que la Communauté estoit assemblée dans le Chapitre, il pria saint Vvandrille de luy permettre de s'occuper plus long-temps au trauail des mains, que ne faisoient les autres Religieux, afin de mortifier dauantage son corps, & l'assujettir plus parfaitement à la loy de l'esprit. Ses Confreres qui estoient presens furent extrémement édifiez d'vne action si humble & si penitente; & admirant sa sainteté, rendirent graces à Dieu des faueurs extraordinaires qu'il luy plaisoit de communiquer à saint Ansbert.

CHAP. V.
Sommaire.
I.
S. Vvandrille luy permet de s'appliquer au trauail manuel plus qu'à l'ordinaire.

LE saint Abbé jugeant par le don de sagesse & de discernement dont le Ciel l'auoit gratifié, que ce n'estoit pas ny par singularité ny par vne deuotion indiscrette, que nostre Saint desiroit en faire plus que les autres, luy accorda l'effet de sa priere; ce qui donna beaucoup de joye au Saint, lequel vsant de cette permission de son Superieur, s'employa depuis auec beaucoup d'humilité & de diligence au trauail qu'on luy prescriuit. Il y auoit à cinq cens pas du Monastere vne vigne que saint Vvandrille auoit plantée par l'aduis du Saint, sur vne colline qui regardoit le midy;

II.
Thierry fils de Clouis II. le trouue trauaillant à la vigne.

S. Ansbert la cultiuant vn iour auec quelques autres Freres du Monastere, il fut abordé de Thierry fils du Roy Clouis II. & de sainte Batilde, qui prenoit en ces quartiers-là le diuertissement de la chasse. Ce jeune Prince qui auoit entendu parler à la Cour de l'éminente sainteté, & de la haute suffisance de S. Ansbert, ne le méprisa point pour le voir occupé à ce vil exercice, mais au contraire le salüa fort ciuilement. Le Saint luy ayant témoigné ses respects, l'entretint de discours de pieté, luy donna sa benediction, & luy prédit qu'il seroit Roy.

III.
Entretiens qu'ils eurent l'vn auec l'autre.

Thierry luy ayant reparty qu'il ne l'esperoit pas, le Saint l'en asseura derechef; mais il luy dit qu'il auroit beaucoup de trauerses à souffrir auant de pouuoir paruenir à la Couronne, & que la victoire qu'il remporteroit sur ses ennemis luy cousteroit bien cher.

Si la Prouidence m'éleue au Trône, reprit Thierry, il ne tiendra pas à moy que vous ne soyez éleué à l'Episcopat; la connoissance que i'ay de vostre merite, me persuade assez que vous vous acquitteriez dignement de ce haut employ, & ie crois que c'est vouloir du bien à l'Eglise que de souhaitter que vous en soyez vn des principaux Ministres. L'humble Ansbert ne permit pas qu'il s'estendit dauantage sur cét article, il luy répondit aussi-tost qu'il estoit trop foible pour soustenir vn si pesant fardeau;

IV.
Prediction que S. Ansbert fit à ce ieune Prince.

& afin de changer de discours luy dit de nouueau, que le droit du sang le mettroit vn iour en possession de la puissance Souueraine, & que pour preuue de la verité de sa proposition, il verroit à son retour le lieu où estoit posée sa Tente, couuert d'vne agreable verdure, nonobstant la rigueur de l'Hyuer, & le continuel abord de ceux de sa suite qui

HISTOIRE

S. ANSBERT. marchant sur la terre l'empeschoient de produire de l'herbe ; l'euenement répondit aux paroles de S. Ansbert, & Thierry ne manqua pas de trouuer la place designée par S. Ansbert, reuestuë de cette belle couleur que les hommes prennent ordinairement pour la marque de l'esperance, & qui fut aussi vn signe merueilleux de celle que le Saint luy faisoit conceuoir. Enfin pour entier accomplissement de la Prédiction de ce bon Religieux, Dieu permit que ce Prince, contre toutes sortes d'apparences, fut enfin tiré de l'Abbaye de S. Denis où il auoit esté confiné, & fut reconnu pour Roy de France.

V.
S. Ansbert est fait Abbé de Fontenelle.

Que si le presage de S. Ansbert fut pleinement accomply à l'égard de Thierry, le souhait de Thierry sortit aussi son effet au regard du Saint, comme la suite de cette Histoire le va faire voir. Mais auant d'auoir la conduite d'vn Diocese, il l'eut de son Monastere; car S. Vvandrille estant prest de passer des trauaux de la terre au repos du Ciel, parla auantageusement de S. Lambert & de S. Ansbert aux autres Religieux de sa Communauté, leur témoignant qu'il les jugeoit capables de succeder à sa place, ce qui fut cause que ceux-cy élûrent veritablement S. Lambert; mais ce bon Abbé ayant esté quelque temps après promeu à la dignité d'Archeuesque de Lyon, S. Ansbert luy fut donné pour successeur à sa charge Abbatiale, & deuint ainsi le troisiéme Abbé de S. Vvandrille.

VI.
De quelle maniere il se comporta en cette charge.

Ce fut dans cét employ que son merite parut auec vn nouuel éclat, & qu'on reconnut & admira plus que jamais son abstinence, son humilité, sa charité enuers les pauures, sa patience, la joye & la tranquillité de son esprit, sa douceur, sa vigilance, & toutes ses autres vertus. Il se remettoit continuellement deuant les yeux les obligations de sa charge; on remarqua aussi la profonde connoissance qu'il auoit des saintes Lettres, par les doctes & feruentes exhortations qu'il faisoit à ses Moynes; de sorte que la reputation de sa sainteté & de sa doctrine se répandant de toutes parts, quantité de personnes le venoient trouuer pour se confesser à luy, & pour estre conduits par ses sages conseils. D'autres se donnant à luy pour estre du nombre de ses Moynes, luy donnoient aussi leurs biens & leurs possessions; tellement qu'en peu de temps, le reuenu du Monastere s'accrût extrémement ; ce qui donna moyen au Saint de construire proche de son Monastere trois petits Hospitaux, pour le soulagement des necessiteux. Le premier desquels fut destiné pour loger & entretenir douze pauures vieillards, comme pour honorer par le mystere de ce nombre, les douze Apostres. Et les deux autres, pour nourrir chacun huict personnes indigentes & valetudinaires, dont toute l'occupation estoit d'assister au seruice diuin, & d'offrir à Dieu leurs prieres pour le bien de l'Eglise, & le salut des Fidelles. Il contribua pareillement à la construction d'vn autre Hospital, que S. Oüen fut inspiré de fonder dans l'Isle de Belcinac, dépendante du Monastere de Fontenelle, comme nous auons rapporté dans la vie de ce dernier, lequel asseurément auoit vne haute estime de ce saint Abbé, puisqu'il le designa pour son successeur à l'Archeuesché de Roüen.

Sicut cæteris Prælatus, ita cunctis humilior.
Ansgr.

Assiduè meditabatur quale suscepisset onus.
Ansgr.

VII.
L'Abbaye de Fontenelle s'accrût fort sous sa conduite.

VIII.
Il fonde trois hospitaux pour des pauures.

IX.
Iugement

Il semble qu'Ansgradus ne deuoit pas nous taire cette circonstance,

DES ARCHEVESQVES DE ROVEN.

que porta S. Oüen du merite de saint Ansbert.

du choix que S. Oüen fit de S. Ansbert, le jugement de ce grand homme estant vne tres-forte preuue du merite extraordinaire de celuy-cy. Mais suiuons nostre narration, & puisque nous sommes arriuez à cette partie de la vie de nostre Saint, qui appartient particulierement à nostre Histoire, ie veux dire à son Episcopat, rapportons fidelement ce que nous en auons pû remarquer.

S. ANSBERT.

CHAP. VI.
Sommaire.
I.
S. Ansbert assiste aux funerailles de S. Oüen.

COmme aprés la mort de S. Oüen on fit ses funerailles plûtost auec la pompe & la joye d'vne Canonisation solemnelle, qu'auec le triste appareil d'vn enterrement ordinaire, on y appela tous les ordres du Diocese, & principalement les Abbez auec leurs Religieux ; ce qui obligea S. Ansbert d'aller sur le chemin de Paris au deuant du Conuoy, & peut-estre mesme jusqu'à Pontoise, pour témoigner ses respects à la memoire & aux sacrées Reliques de son Archeuesque. La ceremonie estant acheuée, S. Ansbert se retira dans son Abbaye, pour obseruer plus ponctuellement sa Regle, qui estoit celle-là mesme de S. Benoist, qui veut que l'Abbé reside prés de son troupeau, & ne s'en absente que par necessité, cõme aussi pour se soustraire aux yeux de ceux de la Ville, & faire par ce moyen qu'on pensast moins à luy lors de l'élection d'vn nouuel Euesque ; car sans doute il n'ignoroit pas qu'il auoit esté nommé par S. Oüen. Mais il ne pût éuiter d'estre éleu par le Clergé & les Habitans de Roüen, qui députerent aussi-tost vers le Roy Thierry, pour le supplier d'auoir agreable le choix qu'ils auoient fait. Le Prince, qui connoissoit la sagesse & la vertu de cét excellent Abbé, & qui comme nous auons dit, auoit resolu de l'éleuer à l'Episcopat, en cas qu'il paruint à la Couronne, fut extrémement joyeux, voyant que ceux de Roüen auoient agy conformément à ses intentions ; & enuoya aussi-tost vn de ses Gentilshommes en l'Abbaye de Fontenelle, pour inuiter S. Ansbert à se trouuer au Parlement, ou Assemblée des Estats, conuoquée en la maison Royale de Clichy, prés Paris, afin d'assister le Roy de ses bons conseils, ainsi qu'il auoit accoustumé ; car dit nostre Original, S. Ansbert [a] estoit Confesseur de sa Majesté.

II.
Il est éleu pour estre Archeuesque de Roüen.

III.
Le Roy dépesche vn de ses Gentilshõmes pour le faire venir à Clichy.

IV.
Il s'en excuse.

S. Ansbert qui auoit eu aduis de ce qui s'estoit passé à Roüen, jugea bien qu'assurément le Roy auoit consenty à son élection, & qu'on le vouloit attirer à Clichy pour le faire Euesque. Ce qui fut cause que par vn sentiment d'humilité il répondit à ce Gentilhomme, qu'il se croyoit tres-indigne d'vne charge aussi éminente que celle de Pasteur de l'Eglise de Roüen ; & que comme il sçauoit qu'il n'estoit mandé que pour cela, il supplioit sa Majesté de l'excuser, & de le laisser finir ses iours dans la solitude de son Abbaye. Cét Officier du Roy retourna promptement à Clichy, & rapporta à Thierry la response de nostre humble Abbé. Mais le Prince desirant que l'élection d'Ansbert eut son effet, renuoya vers luy vn de ses Gentilshommes, [b] vsant de cette adresse & de cette dissimulation qui est si ordinaire aux Grands ; luy fit entendre qu'il vouloit seulement conferer auec luy, & que pour ce qui estoit de l'Episcopat il ne se feroit rien contre sa volonté.

V.
Le Roy luy enuoye pour la secõde fois.

VI
Il va en Cour.

Le Saint qui (comme dit nostre Texte [c]) estoit plein de la sagesse

[a] *Nam Confessor illius erat. Ansgr. Forté melius Confessor, idest, Consiliarius.*

[b] *Rex callidè intulit, nullo modo contra suam voluntatem, postquã vna loquerentur super ordine Pontificatus agere se velle. Ass. S. Ansb.*

[c] *Sanctæ simplicitatis sapientia plenus.*

HISTOIRE

S. Ansbert est élû & sacré Archeuesque.

d'vne sainte simplicité, adjousta foy à ce qu'on luy disoit, & resolut d'aller trouuer le Roy, dans l'esperance qu'on ne le contraindroit point d'accepter la dignité Episcopale : Mais à peine fut-il arriué à Clichy, qu'à l'instar. des Députez de Roüen il fut derechef élû, & malgré luy éleué au sacré Ministere, par la volóté du Prince & de toutes les personnes de marque, tant Ecclesiastiques que seculieres, qui formoient l'Assemblée des Estats. Il fut sacré par S. Lambert Archeuesque de Lyon, son Prédecesseur dans l'Abbaye de Fontenelle, qui fit cette ceremonie vray-semblablement, parce qu'il en fut prié en qualité d'intime amy de S. Ansbert, & non point par aucune raison de préeminence propre à son Siege. Car l'authorité de l'Eglise primatiale de Lyon, n'a pris sa naissance que plusieurs siecles aprés, & encore n'a-telle jamais esté reconnuë par nos Archeuesques, qui ont tousiours conserué leur liberté primitiue. Ainsi le Saint pensant ne retourner de la Cour qu'auec sa simple qualité d'Abbé, en reuint honoré de celle d'Euesque, & obligé de seruir de guide au chemin du Ciel, non point à vne seule Communauté de Moynes, mais à tout le peuple d'vn grand Diocese.

Eligitur, trahitur.

VII.
De quelle maniere il se comporta en sa charge Pastorale.

Sa profonde science luy fit bien connoistre combien cette seconde charge estoit plus pesante & plus dangereuse que la premiere ; mais il ne perdit pas courage pour cela, esperant au secours de celuy qui a voulu participer à nos foiblesses, pour nous communiquer sa force auec cette sainte confiance : Il prit la houlette, & commença de s'acquitter diligemment de tous les deuoirs qu'on peut attendre d'vn bon Pasteur. Son premier soin, fut d'éloigner de ses cheres oüailles le loup infernal, en bannissant d'entr'elles toutes les diuisions & les partialitez, à la faueur desquelles ce cruel ennemy pouuoit faire ses approches. En suite il s'employa auec vn zéle merueilleux à nourrir & repaistre ses brebis, en leur distribuant aussi-bien le pain materiel que le spirituel ; car il est certain que S. Ansbert fut des plus feruents & des plus assidus à instruire ses peuples par ses Prédications, & à leur donner l'exemple de toutes les vertus Chrestiennes. Mais la chose où sa vigilance & sa sollicitude Pastorale éclata le plus, fut asseurément la charité enuers les pauures ; & s'il est vray, comme veulent quelques-vns, qu'on puisse remarquer dans la vie des Saints comme vn propre caractere qui les distingue des autres ; on ne peut point douter que celuy par lequel nostre Saint differe de nos autres Archeuesques que l'Eglise reuere dans son Office, ne soit l'amour & la tendresse singuliere qu'il eut pour les miserables.

VIII.
Son zéle pour la Predicatiō.

IX.
Sa charité enuers les pauures.

CHAP. VII.

Sommaire.
I.
Son hospitalité.

C'Estoit le pere des orphelins, l'aduocat des vefues, le pouruoyeur des pauures, l'appuy & le consolateur de ceux qui estoient infirmes & affligez. Son Palais Archiepiscopal estoit ouuert à tous les pauures pelerins, à qui il rendoit auec beaucoup d'affection & de joye les deuoirs de cette sainte hospitalité, que l'Escriture recommande si particulierement aux Euesques. Il auoit souuent occasion d'exercer cette vertu, la reputation de sa charité attirant chez luy quantité de necessiteux qui venoient à Roüen, mesme des autres Prouinces de la France, & peut-estre aussi des païs estrangers. Il leur fournissoit de l'argent, des viures, des

Ex diuersis regionibus, diuersarum personarum frequens ad eum concursus erat. Ansb. in act. S. Ansb.

DES ARCHEVESQVES DE ROVEN.

II.
Dieu l'assistoit visiblement pour fournir à ses grandes charitez.

des habits, & les assistoit suiuant leurs diuers besoins; de sorte que chacun admiroit comment il pouuoit trouuer du fonds pour satisfaire à toute cette dépense. Aucunefois Dieu permettoit pour l'éprouuer, que par ses grandes aumosnes il se trouuoit tout épuisé d'argent, mais c'estoit alors que sa foy deuenoit plus viue & plus ferme; & que sa charité enuers les pauures, bien loin de se refroidir par cette disette, s'enflammoit dauantage, se confiant en la certitude de cette diuine parole qui nous asseure, *que celuy qui assiste les indigens ne souffrira iamais d'indigence.*

III.
De quelle maniere il seruit les pauures pendant vne famine.

Son Diocese estant affligé de famine, il vint à la porte de son Palais vne grande troupe de pauures, qui commencerent à implorer à haute voix le secours de sa charité. Le Saint se souuenant à l'heure mesme de ce passage du Texte sacré, où il est dit, *que celuy qui ferme ses oreilles aux cris du pauure, criera à son tour, mais sans estre exaucé;* leur fit donner l'aumosne auec tant de largesse, qu'il les renuoya tous fort contens & fort satisfaits de sa pieuse liberalité. Ce fut dans la triste occasion de cette famine qu'il se fit ouurir & representer tout l'or & l'argent qui estoit dans le tresor de l'Eglise, & à l'instant mesme en distribua vne partie aux necessiteux, reseruant l'autre pour la départir peu à peu, selon que sa prudence & sa charité le luy suggereroient. Ainsi il fut le distributeur des offrandes que ses Predecesseurs auoient receuës & conseruées, & suiuit les maximes des saints Peres qui luy auoient appris, *que l'Eglise n'auoit pas de l'or pour le garder, mais pour le distribuer.* Il exerça l'vsure innocente de l'aumosne, en mettant à profit des deniers qui estoient oysifs & inutils depuis long-temps; & comme dit Ansgradus, *il se seruit des mains des pauures pour renuoyer aux Fidelles trespassez leurs biens & leurs richesses.* Il est vray que par ce moyen l'Eglise resta presque épuisée d'argent, mais en recompense elle fut comblée de graces & de benedictions celestes. *Creuit gratiis, decreuit metallis,* dit nostre original; dequoy ie ne m'estonne pas, estant à croire que nostre Seigneur se monstroit tres-liberal enuers S. Ansbert, dont les aumosnes luy estoient d'autant plus agreables, qu'elles estoient accompagnées d'vne sainte joye qui paroissoit sur son visage, & qui monstroit bien qu'il ne se portoit pas seulement à les faire par vn sentiment de compassion naturelle, mais par vn mouuement d'vne charité éclairée & feruente, qui luy faisoit découurir & aimer I. C. en la personne des miserables.

IV.
Il y employa les tresors de l'Eglise.

V.
L'Autheur de sa vie recommande fort cet acte de charité.

Dudum defunctis, thesauros suos misit. Ibid.

Cœpit eleemosynarum distributionem, largiter & hilariter cunctis administrare. Ibid.

VI.
Il seruoit les pauures à table auec ioye.

Il prenoit vn singulier plaisir à manger auec les pauures, & mesme à les seruir à table. Vn iour y ayant vne grande multitude de peuple qui assistoit à sa Messe, aprés la lecture de l'Euangile il monta en Chaire, & se mit à prescher auec beaucoup de doctrine & de zéle, & mesme à prédire quantité de choses à venir, exhortant ceux qui l'écoutoient à ne se laisser point corrompre par la prosperité, ny abbatre par l'aduersité. Il toucha la plusspart de ses Auditeurs, qui se sentirent tout échauffez de l'amour diuin, & benirent Dieu de leur auoir donné vn si excellent Pasteur. La Messe estant finie, il inuita toute l'Assemblée à disner chez luy, & ayant fait dresser vne table particuliere pour les pauures, s'y alla asseoir auec eux.

V.

S. Ansbert.

S. Ansbert.
VII.
Il entretenoit de saints discours les personnes de condition.

Autant qu'il auoit soin de la nourriture corporelle de ceux-cy, autant en prenoit-il de départir aux riches l'aliment spirituel de la doctrine Chrestienne ; lors que les personnes de condition le visitoient, il les entretenoit de discours de pieté, il les exhortoit à mettre vn tel ordre à leur vie, qu'ils n'eussent point sujet d'en apprehender la derniere heure ; à se souuenir des souffrances, de la mort, & de la Resurrection du Redempteur de tous les hommes, & à viure dans vne perpetuelle reconnoissance de ses bien-faits. Laquelle conduite de nostre Saint faisoit bien voir que c'est auec justice qu'on le loüe, d'auoir eu vne charité qui luy faisoit prendre les interests & desirer le salut de tout le monde. *Proflua in omnes charitas.*

VIII.
Son zéle pour visiter les Eglises de son Diocese.

C'estoit ce zéle ardent qui le rendoit si assidu à visiter les diuerses Eglises de son Diocese, dans lesquelles il preschoit luy-mesme, ou s'il ne le pouuoit pas, il faisoit instruire les peuples par des Predicateurs, non moins considerables par la pureté de leurs mœurs, que par celle de leur foy. Souuent il assembloit ses Archidiacres, & leur recommandoit de prendre bien garde que la parole de Dieu fust soigneusement administrée aux Fidelles, & que les edifices saints fussent entretenus de reparations & d'ornemens conuenables. Et afin qu'on eust du fond pour cette dépense, & que les Curez ne s'excusassent point sur leur pauureté, il leur céda la part du reuenu des Cures qui luy appartenoit, selon la police Canonique.

CHAP. VIII.
Sommaire.
I.
Il leua de terre le corps de S. Oüen, & le mit dans vne riche Chasse.

Vne des plus remarquables actions que fit S. Ansbert, fut la Translation de S. Oüen. Ayant arresté de la faire le iour de l'Ascension, il conuoqua tout le Clergé de son Diocese, & grand nombre de Religieux, auec lesquels la veille de cette grande Feste, il se rendit en l'Eglise Abbatialle de S. Pierre, où estoient les Reliques de S. Oüen. Il y passa toute la nuit en prieres, & le matin aprés les Laudes, il tira ce sacré Corps du tombeau où il reposoit, & l'ayant trouué aussi frais, & aussi exempt de corruption que lors qu'il auoit esté enseuely, il le mit à costé de l'Autel de S. Pierre, dans vn monument fort haut & fort superbe, qu'il auoit fait construire exprés, & enrichir d'vne espece de couuerture de forme de Rais, non moins considerable par l'or, l'argent, & les pierreries qu'on y voyoit éclater, que par la beauté du dessein, & de la façon, ainsi que le témoigne Ansgradus, au temps duquel on voyoit encore ce magnifique sepulchre. De plus, pour vser du langage de Fridegode, il y renferma vn lict, orné de lames d'or, que S. Oüen auoit fait faire pour l'enuoyer en Ierusalem, lequel meuble estoit à mon aduis vne forme de Chasse où S. Ansbert mit le corps du Saint.

a Repa miræ magnitudinis, pretiosis metallis auri argentique gemmisque pretiosis adornata. Ibidem.

II.
Il fut guery miraculeusement par l'attouchement des Reliques de ce Saint.

La pieté de nostre Prelat ne fut pas sans recompense ; il commença la Messe tout foible & tout languissant d'vne fiévre tierce dont il estoit trauaillé, & il l'acheua sain & vigoureux, l'attouchement du linge qui enueloppoit la teste de S. Oüen l'ayant deliuré de son indisposition ; ce qui fit qu'il l'emporta, & s'en seruit depuis pour guerir quantité de maladies.

III.
S. Ansbert ordonne à S. Genard de te-

S. Genard, que le titre de *Vicedominus* me persuade auoir esté alors Vidame, c'est à dire Administrateur du temporel de l'Archeuesché de

DES ARCHEVESQVES DE ROVEN. 155

nir compagnie aux personnes de qualité, tandis qu'il estoit auec les pauures. Roüen, fut present à cette auguste ceremonie, & par l'ordre du Saint, & pour la veneration particuliere qu'il deuoit auoir à la memoire de S. Oüen (son parent selon vn Manuscrit) ce Genard, dis-je, prit le soin de préparer vn grand festin pour traiter les assistans. S. Ansbert luy ordonna de disner auec les personnes de qualité ; car pour luy il seruit les pauures selon sa coustume,[a] & mangea à leur table auec vne joye & satisfaction merueilleuse.

S. ANSBERT.

[a] More soli- to. Ibid.

IV.
Solemnité auec laquelle cette Translation fut celebrée.

La magnificence du S. Euesque fut si grande, qu'elle s'estendit sur vn grand nombre de Bourgeois de Roüen, & mesme sur les Prestres, les Religieux & les Religieuses des Monasteres voisins, qui furent regalez à ses dépens le iour de cette insigne Feste, laquelle (dit Ansgradus) a esté toûjours celebrée depuis auec beaucoup de solemnité ; ce qui se doit entendre non du iour de l'Ascension que le Mystere de l'entrée de nostre Seigneur dans le Ciel, & la ceremonie de la déliurance du Prisonnier, rendoit déja des plus augustes & des plus solemnelles, mais de la Translation de S. Oüen, celebrée autrefois auec Office double, y ayant quelque apparence que S. Ansbert choisit le iour de l'Ascension pour faire cette ceremonie, parce que dés ce temps-là c'estoit la Feste de la ville de Roüen.

V.
En quelle année fut faite cette Translation.

Au reste, selon Fridegode, cette Translation de S. Oüen fut faite le 5. May, trois ans neuf mois aprés son deceds, c'est à dire selon sa supputation erronée, l'an 681. & suiuant nostre Chronologie que nous auons justifiée ailleurs, l'an 693. ausquelles années l'Ascension ne tomboit pas le 5. May ; ce qui fait croire ou qu'il a mal fait son compte, ou que son texte a esté corrompu, & qu'il faut lire le 8. May. C'est la mesme solution qu'il faut donner à vne pareille difficulté qui se trouue en la date d'vn Concile tenu à Roüen par S. Ansbert, ainsi que nous verrons aprés auoir rapporté icy ce que nostre Historien Latin nous a voulu apprendre de cette Assemblée ; ie parle de cette sorte, parce qu'il nous a suprimé les principales particularitez de ce Synode, qu'il qualifie du tître de general.

VI.
Du Concile tenu par saint Ansbert.

Il dit donc que S. Ansbert, l'an cinquiéme de son Pontificat, (qu'il fait concourir au treiziéme du Roy Thierry) celebra à Roüen vn Concile composé de plusieurs Prelats, Abbez, & autres Ecclesiastiques ; dans lequel on ordonna plusieurs choses fort vtiles au seruice de Dieu, & au bien de l'Eglise. Il nous donné la liste des Euesques qui s'y trouuerent ; & sans nous marquer les Canons & les Reglemens qui y furent faits, il s'estend fort au long sur la concession du Priuilege accordé à l'Abbaye de S. Vvandrille, lequel deffaut est pardonnable à vn Religieux qui n'écriuoit que pour sa Communauté. Nous sommes encores trop heureux que luy & ses semblables ayent pris la peine de nous informer des affaires de leurs siecles, puisque sans les relations qu'ils nous ont laissées des vies des Saints, nous ignorerions vne infinité de points de l'Histoire Ecclesiastique & Ciuile qu'ils ont écrits par occasion, tant a esté grande la negligence des Seculiers de ce temps-là.

VII.
Ansgrade excusable de nous en auoir donné si peu de chose.

VIII.
Lettres d'immunité accor-

Ces Lettres d'immunité octroyées si solemnellement en faueur de ce

V ij

S. Ansbert. dés au Monastere de Fontenelle en ce Concile. Monastere de S. Vvandrille, portoient entr'autres choses; premierement que les Moynes qui habitoient cette Abbaye, ou qui y entreroient à l'aduenir, seruiroient fidellement I. C. suiuant la Regle *a* du Pere S. Benoist, ainsi qu'ils auoient fait sous la conduite de S. Ansbert; ce qui montre bien que la Regle de S. Benoist fut introduite dans ce Monastere dés qu'il fut fondé par S. Vvandrille. Secondement, que conformément à la disposition de ladite Regle & aux Priuileges des Roys precedents; sçauoir Clouis, Clotaire, Childeric, & Thierry, les Religieux pouuoient faire élection d'vn d'entr'eux pour estre leur Abbé. Troisiémement, que si par leur propre malice ou par la negligence de leurs Superieurs, ils venoient à s'écarter du droit chemin, & de l'obseruance de ladite Regle de S. Benoist, il seroit conuoqué vne Assemblée Ecclesiastique pour les remettre dans leur premier estat; à quoy ils seroient tenus d'obeïr sous peine d'excommunication à encourir par ceux qui par vn mespris formel de l'authorité de l'Eglise, ou par des destours ou de mauuais artifices presumeroient de violer ou d'éluder cette Ordonnance, & de continuer dans leurs desordres & leurs relaschemens. Les Actes de ce Synode ont esté perdus, dequoy il ne faut pas s'estonner, y en ayant eu des Conciles encore plus considerables, qui ne sont pas venus jusqu'à nous.

a Secundùm regulam S.P. Benedicti fideliter Deo deseruient.

A via rectitudinis & obseruatione Regulæ Sancti Benedicti

IX. Noms des Euesques & autres qui assisterent à ce Concile. Il s'y trouua quinze Euesques, Genard Vidame, dont la memoire est en benediction dans l'Abbaye de Fontenelle; trois Archidiacres, & vn grand nombre de Prestres & de Diacres; voicy le Catalogue des Prelats dans le mesme ordre que les nomme Ansgradus.

Ansbert Archeuesque de Roüen, ay présidé & souscrit à ce Concile; Radbert Euesque de Tours; Regule Euesque de Reims; Airard Euesque de Chartres; Ansoald Euesque de Poictiers; Aquilin Euesque d'Evreux; Cadoën Euesque   Amonius Euesque, ou Arnoul Euesque de Chalon; Saluius Euesque   Desiderius Euesque de Renes; Fulchran Euesque   Iean Euesque Vvillebert Euesque   Gerebaut Euesque de Bayeux; Taurin Euesque   Annober Euesque   Celse, Omer, Secladio Bosochindus, Abbez.

Genard Vidame dudit Archeuesque.

Ermentran, Ferrocinctus, Fortian, Archidiacres.

CHAP. IX.

Sommaire.
I. *De quelques autres qui assisterent à ce Concile.*
II. *Pourquoy Ansgradus le nomme General.*

IL y eut grand nombre de Prestres qui y eurent seance (*residentium*) & de Diacres qui furent simplement presens à l'Assemblée; (*circumstantium*) Ragnomire Secretaire du Concile qui en écriuit les Actes, & ledit Priuilege qu'il reuit & signa par le commandement dudit Seigneur Archeuesque.

Le sujet pour lequel Ansgradus nomme ce Concile general, est parce qu'il s'y trouua des Euesques qui n'estoient pas Suffragans de l'Archeuesché de Roüen; par exemple, Ratbert Archeuesque de Tours; S. Regule ou Reole Archeuesque de Reims; Ansoald Euesque de Poictiers; & d'autres dont on ne connoit point les Dioceses.

Quant à la date de ce Concile, je ne doute point que celle que nous

DES ARCHEVESQVES DE ROVEN. 157

III. *Difficulté touchant l'année qu'il fut tenu* — designe nostre Texte ne soit fausse ; nous y lisons que cette Assemblée y fut tenuë l'an 682. indiction 10. l'an 13. de Thierry, & la cinquiesme du Pontificat de S. Ansbert. Ce qui est éuidemment faux, puisque S. Ansbert n'entra dans le Siege Episcopal qu'en 689. & consequemment la cinquiéme année de son Pontificat ne commença qu'en 693. ou 694. auquel temps il tint probablement le Concile ; surquoy l'on peut consulter le Reuerend Pere Henschenius dans son traité des trois Dagoberts, & dans ses Annotations sur la vie de nostre Saint, où il refute l'erreur de cette datte, laquelle aura esté asseurément inserée dans l'Ouurage d'Ansgradus par quelque Copiste qui se sera reglé sur la Chronologie de Fridegode, lequel met faussement dans ses écrits le Sacre de S. Oüen l'an 635. sa mort en 677. au lieu qu'il deuoit mettre 646. & 689. La cause de ce méconte estant, qu'il a mal déchifré la datte que nous a marquée S. Oüen dans la vie de S. Eloy, en parlant du temps de leur Sacre, & qu'il n'a pas pris garde que ces deux années de 635. & 646. eurent la mesme lettre Dominicale, & la Feste de Pasques en vn mesme iour. Mais il n'est pas à propos de m'estendre dauantage sur cette difficulté que i'ay traitée amplement ailleurs. *En l'Histoire de S. Oüen.*

S. ANSBERT.

IV. *Affection que S. Ansbert conserua pour l'Abbaye de S. Vvandrille.* — La grace que S. Ansbert octroya dans ce Concile aux Religieux de S. Vvandrille, fait voir que mesme apres sa Promotion à l'Episcopat, il eut vn soin particulier de leurs interests, & que s'il ne continua pas à les gouuerner en qualité d'Abbé (comme le témoignent quelques memoires, mais peu vray-semblablement) du moins il conserua tousiours pour eux vne tendresse & vne affection paternelle.

V. *S. Vulfran Archeuesque de Sens se fait Religieux sous la conduite de S. Ansbert.* — De son temps S. Vulfran quitta son Archeuesché de Sens, & vint se renfermer dans cette Abbaye, pour y vaquer auec plus de liberté à la contemplation des choses celestes. Mais ayant eu commandement de Dieu de ne point tenir son talent caché, & d'aller annoncer l'Euangile aux peuples de Frise ; il communiqua cette reuelation à S. Ansbert, qui fut d'aduis qu'il executast au plustost cét ordre du Ciel, & luy donna pour Compagnons plusieurs Moynes de sa Communauté, excellents en vertu & en doctrine. De sorte que S. Vulfran encouragé par le conseil & les exhortations de S. Ansbert, passa en Frise auec vne troupe de

VI. *Il va prescher en Frise par le conseil du mesme Saint, qui luy donne de ses Religieux pour l'assister.* — zélez & genereux Ministres de l'Euangile, & y jetta les premieres semences de la Foy, qui furent depuis si heureusement cultiuées par S. Vvillebrod & S. Boniface. Demochares asseure que nostre saint Prelat suiuit S. Vulfran dans cette Mission, mais c'est sans fondement, nos memoires disant seulement que S. Ansbert fut joint d'amitié auec S. Vulfran, & qu'il luy conseilla d'aller trauailler à l'instruction des Frisons.

VII. *S. Ansbert intime amy de S. Sidoine, & de S. Leufroy.* — Nostre saint Archeuesque fut encore amy intime de deux illustres Abbez de son siecle, sçauoir de S. Sidoine & de S. Leufroy ; & les Actes de ce dernier attestent qu'il conferoit souuent auec eux sur les moyens de gagner des ames à I. C. car c'estoit là l'vnique but où tendoient toutes ses pensées. Sçachant bien que comme la gloire des grands Capitaines consiste à vaincre les ennemis, & à estendre l'Empire des Princes dont ils commandent les armées ; aussi le deuoir des Euesques qui sont *Act. s. Leufredi cap. 9.*

V iij

S. Ansbert. les chefs de l'Eglise, est de deliurer les hommes de la captiuité du diable, & de les soûmettre au joug de ce diuin Sauueur, de qui tous les seruiteurs sont autant de Rois.

VIII.
Le démon voyant que S. Ansbert luy enleuoit des ames, se resout de le perdre.

Le démon qui trauaille incessamment à se maintenir dans cette injuste domination qu'il exerce dans le monde, voyant que le nombre de ses sujets diminuoit extrémement dans le territoire de Roüen, par le courage & la vigilance pastorale de S. Ansbert, qui luy en enleuoit tous les iours quelques-vns, jugea qu'il feroit vn coup d'Estat s'il pouuoit éloigner le Saint de son Diocese.

CHAP. X.
Sommaire.
I. *Il se sert de l'occasion des troubles de la France.*
II. *Authorité des Maires du Palais sur la fin de la premiere race de nos Rois.*

IL n'y auoit pas beaucoup d'apparence de reüssir dans ce dessein, toutefois il l'entreprit, & en vint à bout. Comme c'est parmy les diuisions & les guerres qu'il a coustume d'auancer ses affaires, il se preualut fort à propos du trouble qui s'éleua en France, sous l'administration de Pepin le Gros, Maire du Palais; celuy-cy voulant absolument en cette qualité gouuerner le Royaume; & quelques autres Seigneurs s'opposant à son ambition; car quant à nos Roys, sur la fin de la premiere Race, ils ne furent Roys que de nom, & laissant toute l'authorité aux Maires du Palais, se contenterent des honneurs exterieurs que leur rendoient les peuples, & de la douceur des diuertissemens de leur Cour, ressemblant en cela à ce Prince dont parle Tacite, qui se persuadoit que c'estoit dans le luxe [b] que consistoit la puissance souueraine. Ce fut donc dans cette fascheuse conjoncture que l'ennemy du genre humain suscita des calomniateurs & de faux politiques, qui par enuie ou par haine surprirent la religion du Prince Pepin, & luy persuaderent que S. Ansbert estoit du party de ses ennemis, & qu'il auoit conspiré auec eux pour trauerser ses desseins, & affoiblir sa puissance. Pepin qui estoit jaloux de son authorité, comme le sont tous les grands, & qui selon quelques Historiens, jettoit dés lors les fondemés de ce changement si memorable, par lequel la Couronne passa dans sa Race, ne se donna point loisir d'examiner la verité de cette accusation; mais aussi-tost enuoya faire commandement à nostre Archeuesque de sortir hors de son Diocese, & de se retirer dans le Monastere d'Hautmont, situé dans le Comté de Haynaut.

III. *On accuse S. Ansbert deuãt Pepin, qui le bannit à l'Abbaye d'Hautmont.*

[b] Summam potestate in luxu ratus.
Cum inter principes Francorum sæua esset exorta discordia ob multiformē regni diuisionem: callidus humani generis hostis, malignorum contra Dei famulū sæuire fecit inuidiam, qui Pipino principi fraudulenter suggererent præfatum virum Sanctissimũ Ansbertum, aduersuscum contraria tractasse consilia. Ansgradus.

IV. *Sa resignation à la volonté de Dieu pour supporter cette persecution.*

Le Saint qui ne connoissoit point d'autre mal que le peché, ne s'estonna point de cet ordre de Pepin, n'estant attaché à aucun pays, parce que dans la lumiere de nostre Foy, il consideroit tout païs comme vn lieu d'exil, & le Ciel comme sa veritable patrie: Il luy estoit indifferent dans quelle Prouince il passast le peu qui luy restoit à demeurer en ce monde. Si d'abord il ressentit quelque déplaisir, ce fut parce qu'il se voyoit obligé d'abandonner son Troupeau; mais enfin ayant consideré cette persecution qu'il souffroit [c] de la part des hommes, comme vne conduite de Dieu sur luy, il se transporta au lieu designé, auec vn esprit d'humiliation & de penitence.

[c] Nullo extante crimine humiliter exilij subiit ærumnam.

V. *De quelle maniere il vescut en cette Abbaye.*

Il fut receu dans le Monastere d'Hautmont par le venerable Halidulfe, qui en qualité d'Abbé y gouuernoit vn bon nombre de Moynes, des plus feruens dans l'obseruation de leur Regle; mais le Saint les édifia

DES ARCHEVESQVES DE ROVEN.

tellement par sa doctrine & par son exemple, qu'il accrût encore leur pieté, & redoubla la sainte ardeur auec laquelle ils se portoient aux exercices de la vie Religieuse. Si vne personne d'vne vertu commune eut esté reduite au mesme estat que luy, elle eut crû faire beaucoup, que d'endurer patiemment son bannissement & sa solitude; mais nostre Euesque en vsa bien autrement. Comme si son exil ne luy eust pas esté vne assez grande mortification, il se maceroit par des austeritez volontaires, il pratiquoit de longs jeusnes, il passoit les nuits en Oraison, & accompagnoit ses prieres de ces prétieuses larmes de componction, qui ne manquoient jamais de trouuer grace deuant la Majesté diuine.

S. Ansbert. Feruentes inuenit, sed intra parui temporis spatium, exemplo & doctrina sua feruentiores reddidit. Ansgr.

VI. *Il y fit plusieurs actions de charité.*

Le zéle qu'il auoit pour le salut du prochain, ne luy permettant pas de demeurer tousiours retiré dans sa chambre, il en sortoit quelquesfois pour faire de pieuses exhortations aux Religieux & aux Habitans du païs, qui le voyant tout remply de l'esprit de I. C. ne pouuoient se lasser de l'entendre, & le reueroient auec vne estime & vne bien-veillance extraordinaire. Il assista aussi fort vtilement la Communauté où il estoit, de ses sages conseils, & fut cause que l'Abbé Halidulphe rendit son Monastere plus commode & plus logeable, par la construction de quelques bastimens necessaires.

VII. *Ses ennemis suggerent à Pepin de le releguer plus loin.*

Ces fruits de justice que le Saint produisoit dans ce climat estranger, ayant derechef attiré sur luy l'enuie & la haine du diable, qui voyoit qu'il auoit peu gagné à faire exiler ce Prelat, qui faisoit presque autant de bien dans le Haynaut, qu'il eut fait dans son Diocese; cét irreconciliable ennemy des hommes luy suscita de nouueaux troubles; car sans doute ce ne pût estre que par l'instigation du démon, que quelques Courtisans persecuterent ce bon Prelat jusques dans la solitude. Ces malheureux portez contre S. Ansbert, de quelque animosité que l'Histoire ne nous apprend point, tascherent de persuader à Pepin qu'il l'auoit traité auec trop de douceur, qu'il deuoit chastier ce Sujet infidelle par vne peine proportionnée à la grandeur de son crime, & que pour satisfaire à la Iustice & pouruoir au repos de l'Estat, il falloit le releguer plus loin, & l'enuoyer en vn lieu si incommode & si éloigné de la France, qu'il fut priué de toute consolation, & n'y pût facilement entretenir de commerce auec ceux de sa cabale.

VIII. *Raisons que ses ennemis donnerent à Pepin pour le persuader.*

(Pippino) moliebantur suggerere vt maiora ei inferret exilij detrimenta. Ibid.

CHAP. XI.

Sommaire.
1. *L'Abbé d'Hautmont persuade S. Ansbert de souffrir qu'il allast trouuer Pepin.*

Saint Ansbert ayant esté aduerty de cette seconde persecution qui s'éleuoit contre luy, communiqua cette nouuelle au venerable Halidulphe, qui vray-semblablement luy conseilla de ne point negliger ses interests, & d'essayer de se justifier deuant le Prince, & mesme s'offrit de se transporter à la Cour pour cét effet. Quoy qu'il en soit, il est certain que le Saint, soit de son propre mouuement, ou bien à la persuasion de ses amis, enuoya ce bon Abbé vers Pepin pour luy demander justice, & defendre son innocence contre les impostures de ses calomniateurs.

II. *Raisons qu'il luy representa en faueur de S. Ansbert.*

Halidulphe ayant pris en sa compagnie quelques Ecclesiastiques, aprés auoir salüé Pepin auec le profond respect qui estoit deu à vn homme, à qui il ne manquoit que le titre de Roy pour l'estre entierement, parla auec tant de force en faueur de nostre Prelat, justifia si clairement

160 HISTOIRE

S. ANSBERT. toute sa conduite, & entr'autres raisons fit si bien valoir celle-cy (que le Saint ayant quitté vne charge de Chancelier pour se faire Moine, & n'ayant esté esleué à l'Episcopat que contre sa volonté, il n'y auoit point d'apparence qu'il fust brouillon & ambitieux) & enfin il sceut si adroitement gagner l'esprit de Pepin, en luy remettant en memoire que Saint Ansbert auoit l'honneur d'auoir esté disciple de S. Vvandrille son proche parent ; que ce Prince desabusé de toutes les mauuaises impressions qu'on luy auoit données de nostre Archeuesque, expliqua fauorablement tout ce qui sembloit que ce Prelat eut fait contre son seruice ; & bien loin de le condamner à vn exil plus rigoureux, le rappela de celuy où il estoit, & luy permit de retourner à son Diocese.

III.
Il luy permet de retourner à son Diocese.

Le S. Abbé s'estant si bien acquitté de sa commission, reuint en son Monastere, & y apprit à S. Ansbert l'heureux succez de son voyage. Le Saint entendant qu'il estoit rétably dans son Eglise, se jetta à genoux, & rendant graces à Dieu, dit ces paroles. Seigneur, ie vous remercie tres-humblement de m'auoir ainsi deliuré de la persecution de mes ennemis ; d'auoir touché le cœur du Prince, en mesme temps qu'on luy parloit pour moy, & enfin de ce qu'il vous plaist mettre fin à l'exil que ie souffre en ce païs estranger, dont toutefois le sejour m'a esté tres-doux, y ayant esté plûtost attaché par les liens de vostre amour, que par la crainte des hommes.

IV.
S. Ansbert rend grace à Dieu pour cette faueur.

Le Saint attendant que l'on eut préparé les choses necessaires pour son retour en France, demeura toûjours dans le Monastere d'Hautmont, y offrant sans cesse à Dieu le Sacrifice d'vn cœur contrit & humilié, pour satisfaire en tous lieux à l'obligation que luy imposoit sa charge Pastorale, de donner continuellement l'exemple d'vne vie penitente & Chrestienne, à quoy il auoit coustume de s'exciter par le souuenir de cette maxime, qui porte ᵃ que le Ciel n'esleue les hommes aux grandes dignitez, qu'afin qu'ils seruent aux autres de modelles & de loix viuantes, *Magni nati sunt in exemplum.* Aussi la grace luy auoit inspiré vn tel amour de la vertu, & vn tel desir des souffrances, qu'Ansgradus ne craint point de dire qu'à juger de ce qu'il eut fait par les saintes dispositions qu'on remarquoit en luy, il eut volontiers répandu son sang à l'imitation des Martyrs, & eust enduré auec joye les plus cruels tourmens pour la deffence de la verité & de la justice.

V.
Dispositions interieures de S. Ansbert pour les souffrances.

ᵃ Memorans vero quod alicubi legerat, quia magni viri multa patiuntur, & vt alios pati doceant, nati sunt in exemplum. *Ansgradus in vita S. Ansb.*

VI.
Il est auerty par vn Ange qu'il deuoit bien-tost mourir.

Estant ainsi dans les exercices de la priere & de la mortification, il eut l'honneur d'estre visité des saints Anges, qui luy apprirent que Dieu vouloit l'appeler à luy, & le faire passer de l'estat de la grace dans celuy de la gloire : S. Ansbert ayant remercié la Diuine bonté, enuoya derechef vn des siens vers Pepin, pour asseurer ce Prince qu'il luy estoit tres-obligé de la faueur qu'il luy auoit faite de luy permettre de retourner en son Diocese, qu'il eust bien souhaité de joüir de cet effet de sa clemence, & de reuoir son Troupeau auant que de mourir, mais que Dieu en auoit ordonné autrement, & par vn excez de misericorde, vouloit le tirer de l'exil où il estoit, pour le faire entrer en mesme temps dans la patrie Celeste; & qu'ainsi ne pouuant retourner en vie dans son Diocese, il le

VII.
Il enuoye vers Pepin pour le prier qu'il permit qu'on

DES ARCHEVESQVES DE ROVEN.   161

portast son corps à Fontenelle.   il le supplioit tres-humblement de souffrir qu'on y reportast son corps S. Ansbert. aprés sa mort, afin de l'inhumer dans l'Abbaye de Fontenelle, où il auoit autrefois vescu dans l'obseruance Monastique. Pepin écouta fauorablement cette requeste, & accorda la permission qu'on luy demandoit.

VIII.
Il se prepare à bié mourir, à quoy il est assisté par le ministere des Anges.

Cependant S. Ansbert fut attaqué d'vne grande maladie, dont il supporta la violence auec dautant plus de courage, que nostre Seigneur voulut qu'il y fust soûtenu & consolé par le ministere des Esprits bienheureux; mais enfin sentant que ses forces diminuoient, & qu'il approchoit de la fin de sa vie, il fit celebrer la sainte Messe, aprés laquelle il se munit des Sacremens de l'Eglise, & ayant formé sur soy le signe de la Croix, & donné cette mesme benediction à ceux qui estoient autour de luy, il rendit son ame entre les chœurs des saints Anges, qui l'ayant toûjours assisté durant sa maladie, l'accompagnerent pareillement aprés sa mort, & l'enleuerent auec eux dans le sejour de la gloire eternelle.

CHAP. XII.
Sommaire.
I.
Plusieurs éuenemens extraordinaires aprés sa mort.

Dieu qui se plaist à rendre illustres & considerables aux yeux des hommes, ceux qui pour l'amour de luy ont méprisé la pompe & les honneurs du siecle, fit paroistre la sainteté de son seruiteur par d'insignes prodiges; lors qu'on laua son corps pour l'enseuelir, on trouua ses coudes & ses genoux tout endurcis, marque éuidente de son assiduité à la priere; en suite on l'enueloppa dans vne toile cirée, & on le reuestit des mesmes habits qu'il auoit coustume de porter à l'Autel. Comme on vint à luy mettre vn suaire à la teste, il ouurit les yeux, & son visage deuint si beau & si vermeil, que quelques-vns crurent qu'il estoit ressuscité. Aprés cela on luy fit de magnifiques funerailles, & on porta son corps à l'Eglise, sans toutefois l'inhumer, le dessein de l'Abbé Halidulphe estant de le transporter en l'Abbaye de Fontenelle, conformément à la derniere volonté du Saint, qui auoit témoigné auant son deceds d'auoir demandé & obtenu cette grace du Ciel, qu'il seroit enterré dans le Monastere de S. Vvandrille. On vit vne lampe ardente deuant son tombeau, dont l'huile non seulement ne se consuma point par l'actiuité du feu, mais mesme se multiplia en sorte qu'elle vint à regorger, & qu'on fut obligé de mettre au dessous vn vaisseau pour recueillir les gouttes de cette liqueur, qui par vne admirable surabondance couloit sur le paué de l'Eglise.

II.
Lampe mise deuant son corps, dont l'huile se multiplioit miraculeusement.

III.
Son corps demeura exempt de corruption long-temps.

Dix-sept jours aprés sa mort, ceux qui estoient allez en Cour pour impetrer la permission de Pepin, de porter en France le saint Archeuesque; estans reuenus auec tout pouuoir d'executer en cela la derniere disposition du Saint, on visita son corps en presence de quelques personnes du Diocese de Roüen nouuellement venuës, & de celles qui l'auoient suiuy dans son exil; & bien loin d'y rencontrer de la pourriture & de la corruption, on le trouua frais & entier, & exhalant vne agreable odeur qui parfuma toute l'Eglise. De plus, on remarqua sur ses bras des Croix rouges, nostre Seigneur ayant permis que ses armes sacrées qu'il auoit portées inuisiblement durant sa vie dans le fond de son ame, parussent visiblement sur son corps, en témoignage de l'vnion qu'il auoit euë *Quia eius arma viuens portauerat in corde. Ansgr.*

X

S. ANSBERT. auec IESVS crucifié. En suite on le mit dans vne littiere, & on le con-
IV. duisit auec pompe de l'Abbaye d'Hautmont à celle de S. Vvandrille. Le
Honneurs
funebres que sacré estandard de la Croix, la lumiere des cierges, le chant des Pseau-
luy fit l'Ab-
bé d'Haut- mes, & le parfum des encensemens, seruirent à honorer le conuoy
mont. mené par l'Abbé Halidulphe, suiuy de la pluspart des ses Moynes, &
d'vne grande multitude de peuple. Il se fit par le chemin quelques miracles, qui monstrerent bien que si le corps qu'on portoit estoit mort,
l'ame qui s'en estoit separée possedoit la veritable vie.

V. Dans vn village du Haynaut, vne fille paralytique ayant esté mise
Dieu honora
son conuoy de prés le cercueil du Saint dans l'Eglise, où le Conuoy passa la nuit, elle
plusieurs mi-
racles. y recouura l'vsage de ses membres. Il y eut vn certain lieu où le corps du
Saint, qu'on vouloit faire passer dans vn village, demeura immobile,
jusqu'à ce qu'on eut pris vn autre chemin, auec dessein de s'aller reposer
ailleurs. Le Conuoy estant arriué au Bourg qu'Ansgradus appelle Ve-
VI. nitte, (où est aujourd'huy S. Leu sur Oise, dit Bollandus) l'Abbé Hali-
L'Abbé
d'Hautmont dulphe mit le corps du Saint entre les mains des Euesques de la Promet le corps
du Saint en- uince qui estoient venus au deuant pour le receuoir, & retourna en son
tre les mains
des Euesques Monastere d'Hautmont. Dieu manifesta la sainteté de son Seruiteur par
de la Pro-
uince. vn miracle fort celebre. Vne femme qui estoit tellement tourmentée
VII. du malin esprit, que ses parens auoient esté obligez de l'enchaisner; ayant
Il deliure vne
femme pos- touché le drap de corps durant que le Conuoy estoit arresté dás vn villa-
sedée. ge du Beauuoisis, nommé Fraxunde, vomit du sang, & par ce moyen fut a Peut-estre
incontinent deliurée; en memoire duquel prodige on bastit depuis Fresnay ou
Fresnoy.
vne Eglise, sous l'inuocation de S. Ansbert, dans laquelle on conserua
long-temps aprés le grabat du Saint, par lequel nostre Seigneur conti- Grabatum.
nua d'operer des miracles.

VIII. Il y eut encore vne femme possedée du démon, qui fut guerie de la
Conuersion de
deux Gentils- mesme sorte dans le Bourg de Paldriac; le lieu où arriua cette guerison
hommes qui se
donnerent & miraculeuse, estoit le patrimoine de deux riches Gentilshommes, Ber-
leur terre à
l'Abbaye de tolde & Radamaste, distant de l'Abbaye de Fontenelle de deux lieuës;
S.Vvandrille. cette Terre estoit desia fort connuë par le séjour qu'y faisoient ces personnes de qualité, mais il deuint encore plus celebre par cét éuenement
prodigieux. Ceux qui portoient le corps du Saint, voulant continuer
leur chemin au sortir du lieu où ils s'estoient arrestez, ce sacré fardeau
demeura aussi immobile que s'il eut esté attaché contre terre auec des
chaisnes de fer. Ce que voyant Radamaste, proprietaire du fond où se
passoit cette merueille, il en fut extrémement surpris, & conçeut à l'heure
mesme vn si feruent desir de se consacrer au seruice de Dieu, qu'aprés
auoir éleué son esprit vers le Saint pour luy temoigner ses respects, & le
prier de luy obtenir la force dont il auoit besoin pour rompre les liens
qui l'attachoient au siecle; il donna à Dieu & au Saint cét heritage, &
tout ce qu'il possedoit de terre & d'esclaues dans ce mesme lieu, pour
accroistre les reuenus de l'Abbaye de Fontenelle, où il se rendit en suite
Religieux, luy & son frere, qui l'imita parfaitement, ayant aussi offert à
nostre Seigneur & ses biens & sa liberté, pour marcher dans la voye
estroite de la vie Monastique.

DES ARCHEVESQVES DE ROVEN.

CHAP. XIII.

Sommaire.
I. *Croix érigée où le corps de S. Ansbert auoit esté immobile, honorée de plusieurs miracles.*

II. *Eglise en l'honneur de ce Saint, qui y fut bastie depuis par vn Abbé.*

III. *Le corps estãt arriué à Fontenelle, est trouué sans corruption, iettant vne odeur celeste.*

IV. *On le met dãs des suaires blancs, & après dans vn sepulchre.*

V. *Il fut depuis transferé en vn lieu plus honorable.*

VI. *Difficulté chronologique touchant l'année du trépas de S. Ansbert.*

Ceux qui furent les spectateurs de ce prodige, crûrent estre obligez d'en conseruer la memoire. Pour cét effet ils érigerent vne Croix qu'ils poserent dans le grand chemin qui mene à Roüen, auquel aboutissoit la terre de Radamaste, & furent cause que depuis il y eut en ce lieu vn grand concours de peuple qui s'y assembloit le 10. Mars, pour y reuerer le signe de nostre Redemption, & implorer l'assistance de saint Ansbert. Plusieurs y passoient la nuit en prieres, d'autres y apportoient des presens & des aumosnes, & cette deuotion des Fidelles estoit si agreable à Dieu, qu'il y operoit souuent des effets aussi salutaires que merueilleux, en faueur de ceux qui la pratiquoient; entre lesquels miracles, vn des plus éclatans fut la guerison d'vne femme affligée d'vne contraction de nerfs, ce qui porta Hildebert Abbé de S. Vvandrille à y bastir vne Eglise, qui fut dédiée sous l'inuocation de S. Ansbert. Enfin le conuoy estant arriué à Fontenelle, le Saint comme suruiuant à soy mesme fut receu auec larmes de tous ceux qui l'auoient veu durant sa vie, qui auoient esté honorez de son affection, & édifiez par ses bons exemples. Le venerable Abbé Hildebert s'estant approché du cercueil, pour voir si après trente iours écoulez depuis son deceds le corps n'auoit point esté atteint de corruption, leua le suaire qui couuroit la teste du Saint. Mais ainsi qu'en la premiere fois, au Monastere d'Hautmont il en sortit vne agreable odeur, qui se répandant en vn instant dans l'Eglise, confirma les Fidelles qui y estoient, dans l'opinion qu'ils auoient conceuë de l'éminente sainteté du deffunct; ce qui parut encore par la couleur vermeille qu'on remarqua sur son visage.

Plusieurs Prelats & quantité d'autres personnes, tant Religieuses que seculieres, le contemplerent assez long-temps, ne pouuant se lasser de voir les merueilles de Dieu en son seruiteur; en suite dequoy ils prirent ce sacré depost, & auec toute sorte de respect l'enueloperent de suaires blancs, & le mirent en vn sepulchre qui estoit à costé gauche du tombeau de S. Vvandrille dans l'Eglise de S. Paul, où il fut iusqu'à ce que neuf ans après, selon les Actes de S. Bain, & onze, selon ceux de S. Vvlfran; S. Bain qui d'Euesque de Theroüenne s'estoit fait Religieux, & en suite estoit deuenu Abbé de ce Monastere après Hilbert ou Hildebert, le leua de terre pour le placer en vn lieu plus honorable, qu'il auoit fait preparer dans l'Eglise de S. Pierre.

On fit en mesme-temps la Translation des Reliques de S. Vvandrille & de S. Vvlfran; dans les actes duquel il est dit, que les corps de ces trois Saints, aussi-bien que leurs habits sacerdotaux auec lesquels ils auoient esté enterrez, furent trouuez exempts de corruption, & au mesme estat qu'ils estoient lors de leur inhumation.

Il est difficile de marquer l'année que mourut S. Ansbert; Ansgradus, ou plustost ceux qui ont décrit son Ouurage aprés luy, nous assurent que ce fut en 695. date qui semble ne s'ajuster pas fort bien auec le témoignage des Actes de S. Vvlfran, qui font ce Saint contemporain de saint Ansbert. Monsieur Dadré écrit que ce Saint tint le Siege dix-huit ans, & luy substituë Grippo en l'an 715. mais sa supposition est peu conforme

S. Ansbert.

Les miracles de saint Ansbert sont compris dans ces deux vers, faisans partie de l'Office de S. Ansbert qui se chante à S. Vvandrille. Stigma crucis gestas, oleum auges, balsama flagras, hostẽ abigis, vim restituis, donoque moueris.

S. Ansbert. à l'Histoire de France, qui nous apprend que Pepin le pere, qui suruefcut S. Ansbert, comme nous dirons, déceda tout au plus tard l'an 714. joint qu'il se contredit manifestement luy-mesme; car aprés auoir mis le commencement de l'Episcopat de S. Ansbert en 689. & declaré qu'il exerça sa charge 18. ans, il deuoit conclurre que son successeur entra au Siege de Roüen en 707. & non pas en 715. Mr. le Preuost dans ses memoires assigne l'an 708. pour le temps de la mort de nostre Saint, se reglant sur le rapport d'Ordry Vital, qui attribuë à ce Saint 18. ans de Pontificat, n'estant pas croyable qu'il eut fait tant de differentes actions en si peu de temps. Si on s'arreste aux actes de S. Vvlfran, S. Ansbert seroit decedé en 718. car nous y lisons que S. Ansbert fut transferé en l'Eglise de saint Pierre en 729. & onze ans aprés son inhumation dans celle de S. Paul.

VII.
Preuues qu'il est mort en 695.
Dans cette diuersité de Chronologie, ie crois qu'il est plus seur de suiure nostre Texte (à l'imitation du Pere Henschenius) & de mettre l'an 695. pour la fin de l'Episcopat & de la vie de S. Ansbert. Cela se confirme par l'authorité de la Chronique de S. Vvandrille, qui met la premiere Translation du Saint en 704. Indiction seconde, le Lundy des Festes de Pasques 31. Mars, neuf ans aprés que le corps du Saint eut esté enterré dans l'Eglise de S. Paul en l'Abbaye de Fontenelle.

VIII.
Réponse aux objections.
Quant à l'objection qu'on peut tirer des Actes de S. Vvlfran, il faut la resoudre en disant que le Texte en a esté corrompu, estant plus juste de décider cette difficulté par le témoignage de deux Escriuains; sçauoir par celuy d'Ansgradus, & celuy de l'Autheur de la Chronique de saint Vvandrille, qui accompagne cette année 704. des marques ordinaires de l'Indiction, du iour, du mois, & du temps Paschal; que par la déposition de l'Autheur de la vie de S. Vvlfran, dont le liure a esté alteré par les Copistes, ainsi qu'obserue le Pere Henschenius en son Auant-propos des Actes de S. Ansbert, section 4. nombre 22.

CHAP. XIV.
Sommaire.
I. *Diuers noms donnez à ce Saint.*
II. *Vn autre S. Ansbert, Moyne de S. Evroul.*
III. *Guillaume de Flauacour fait celebrer la Feste de S. Ansbert auec solemnité.*

Les Autheurs ont donné diuers noms à cét Archeuesque, car les vns l'ont appelé S. Austrebert, d'autres Ausbert; nous l'auons nommé S. Ansbert, conformément à plusieurs Manuscrits de l'Abbaye de S. Vvandrille.

Il y a vn autre Ansbert reconnu pour Saint dans le Martyrologe Benedictin de Dom Hugues Menard; celuy-cy viuoit enuiron cent ans auant nostre Archeuesque, & fut Moyne dans l'Abbaye de S. Evroul. On dit de luy qu'estant decedé en sa jeunesse sans auoir receu le sacré Viatique, il fut ressuscité par les prieres de son Abbé S. Evroul; & aprés auoir encor vescu quelque temps dans le Monastere, il mourut vne seconde fois fort saintement; ses Reliques auec vne partie de celles de saint Evroul, furent portées depuis à Rebais, du temps de Richard premier Duc de Normandie; c'est ce que l'Autheur de la Chronique de saint Evroul nous a laissé de luy au sixiéme liure de son Histoire.

Dans le Tresor des Chartres de l'Eglise de Roüen, nous en voyons vne dont Mr. Denyau fait mention dans son liure intitulé *Cathedra Rothomagensis*, par laquelle il se voit que Guillaume de Flauacour, premier Archeuesque de cette Famille, voulut que la Feste de S. Ansbert qui se

DES ARCHEVESQVES DE ROVEN.

celebre le 9. Février, fut au rang des Festes d'Office Triple ; à quoy il fut S. ANSBERT.
porté par le mouuement d'vne singuliere deuotion qu'il auoit enuers ce
Saint, comme ayant esté son compatriote, dautant que l'vn & l'autre
estoient originaires de Chaussy dans le Vexin François, ainsi qu'il
paroit par ce qui est contenu dans les Lettres d'Institution de cette Feste,
expediée l'an 1280. Le Martyrologe Benedictin & celuy de Mr. du Saussay dedient le 31. Mars à sa memoire, & font mention de trois Festes ordonnées pour la venerer. La premiere le iour de sa deposition, que nous
appellons le iour de son trepas, qui est le 9. Février. La seconde l'eleuation de ses saintes Reliques le 31. Mars, & le 14. Septembre sa translation.
L'eleuation dont ils parlent, & qui se celebre le 31. Mars, est celle que
S. Bain fit dans l'Eglise de S. Pierre.

IV. *Plusieurs Festes à son honneur.*

V. *S. Genard Abbé de S. Germer choisit sa sepulture proche de saint Ansbert.*

Surquoy ie diray en passant, que ie trouue chez le Pére Yepes, que
S. Genard III. Abbé de l'Abbaye de S. Germer en Flay, fut grand amy
de nostre S. Ansbert, & qu'il eut vne affection si tendre & si constante
pour luy, qu'il voulut que comme leurs cœurs auoient esté vnis du lien
d'vne parfaite charité pendant leur vie, qu'aussi apres leur mort, leurs
corps ne fussent point separez, mais enseuelis proche l'vn de l'autre dans
le Monastere de Fontenelle.

VI. *Diuerses Translations des Reliques de S. Ansbert.*

Au reste, ces sacrez ossemens demeurerent dans l'Eglise de S. Pierre
de l'Abbaye de S. Vvandrille iusques enuiron l'an 844. ou 42. comme
l'écrit Sigebert, que les Normans encore infidelles faisans leurs courses
dans les païs voisins de la riuiere de Seine, ruinerent ce Monastere, laquelle desolation fut precedée de la fuite des Religieux, qui sur le bruit
de leur inuasion se sauuerent auec toutes les richesses & toutes les Reliques qu'ils pûrent emporter en vn lieu de seureté, possible à ªBlandul- a *Hensch. 34.*
phe dans le Ponthieu, bien que quelques memoires disent qu'ils n'y al- b. 24.
lerent qu'en 858. Ces bons Moynes se transporterent à Chartres auec
ces precieux deposts vers l'an 895. dans laquelle Ville Dieu fit de grands
miracles par l'entremise de S. Vvandrille & de S. Ansbert. Rollo premier
Duc de Normandie ayant assiegé Chartres en 900. les sacrées Reliques
de ces deux Saints furent portées à Boulogne, & quarante-quatre ans
aprés à Gand, dans le Monastere de S. Pierre de Blandiny, où vne partie est demeurée iusques en 1578. qu'elle fut enleuée par les Heretiques.

VII. *Ceux de Moissac ont dit qu'il a esté leur Abbé.*

L'autre a esté transferée en d'autres lieux ; & mesme ceux de Moissac asseurent que leur Abbaye est en possession du corps de S. Ansbert, qu'ils
disent de plus auoir esté leur Abbé : Mais le nom du Saint ne se trouue
point dans le Catalogue que Messieurs de sainte Marthe ont donné au
public, des Abbez de cette Abbaye, qui a esté secularisée depuis ce
temps-là, ny dans aucun autre Autheur.

VIII. *Pepin fait bastir vne Abbaye à Noyon sur Andelle en l'honneur de S. Ansbert.*

Ie finiray cét Eloge par vne remarque glorieuse, à la memoire de saint
Ansbert, & vtile pour iustifier nostre Chronologie. Vn ancien Manuscrit de la vie de S. Bain atteste que ce Saint fut estably premier Abbé
d'vn Monastere fondé à Noyon sur Andelle, par Pepin & Plectrude sa
femme, qui le firent bastir enuiron l'an neufiéme de Childebert (qui répond à l'an de I. C. 708.) apres auoir appris les miracles que Dieu ope-

X iij

166 HISTOIRE

S. Ansbert. roit par les merites de S. Ansbert, pour satisfaire en quelque façon à ce S. Prelat, & obtenir de Dieu pardon de l'offense qu'ils auoient commise en le persecutant injustement, ils voulurent que cette Eglise fust consacrée sous le nom de S. Ansbert, & qu'elle demeurast vnie au Monastere de S. Vvandrille. Voicy l'Eloge que luy a dressé Ordry Vital dans ce Distique.

Inclytus Ansbertus probitatis culmine clarus,
Ecclesiam rexit, quam sanctè nobilitauit.

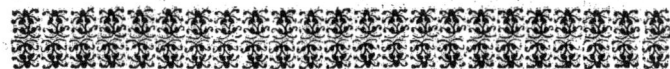

ELOGE
DE GRIPPO. 23.

Grippo. An de I. C. 695.
Chap. I.
Sommaire.
I. Eloge de cet Archeuesque fort sterile.

CE n'est pas sans estonnement qu'après auoir recherché auec diligence quelque matiere pour composer l'Eloge de nostre Archeuesque Grippo, & de son Successeur, ie n'ay trouué que leurs noms : Cela me fait croire que le nombre de 24. années que quelques-vns donnent à Grippo, n'est guere vray-semblable, si ce n'est pour les raisons que nous déduirons cy-après. Mr. Dadré dit qu'il succeda à S. Ansbert en 715. sous le Pape Gregoire II. mais j'ay fait voir dans l'Eloge précedent, que S. Ansbert n'ayant vescu que jusqu'en 695. le neufiéme Février, il y auroit de l'erreur dans cette Chronologie. J'estime

II. Raisons pourquoy il s'en trouue si peu de chose.

qu'vne des raisons pour lesquelles nous trouuons si peu de chose de ces deux Archeuesques, est qu'il ne se tint aucun Concile jusques en 744. qu'il en fut celebré vn à Soissons, dont nous aurons occasion de parler en son lieu. De plus, on en peut encor tres-probablement rejetter la faute sur les calamitez de ce siecle-là, durant lequel l'Eglise souffrit beaucoup, par la violence des Maires du Palais, qui se seruirent de toutes sortes de moyens, & renuerserent la police Ecclesiastique & Ciuile, pour se maintenir contre leurs competiteurs.

III. L'Eglise fort troublée par la violence des Maires du Palais.

Nos Histoires sont pleines des cruautez que Ebroin exerça 25. ou 30. ans auparauant sur plusieurs venerables Prelats. Nous venons de voir dans l'Eloge precedent, que S. Ansbert fut exilé par Pepin; il y a apparence que les deux Archeuesques qui luy succederent, ou du moins le premier fut substitué par l'authorité du mesme Prince, & possible le second, par Charles Martel son fils, & que nostre Eglise de Roüen ne fut pas plus heureuse que celle de Reims, dont il est parlé dans Flodoard l. 2. chap. 17. en l'Epistre que le Pape Adrian écriuit à l'Archeuesque Tilpin, où entr'autres choses après s'estre plaint de ce que S. Rigo-

IV. Témoignage du Pape Adrian, au sujet de celle de Reims.

bert auoit esté déposé, parce qu'il ne s'estoit pas monstré fauorable aux desseins de Martel; il dit que non seulement cét Euesché, mais plusieurs autres auroient esté vsurpez violemment par les puissances seculieres; que

DES ARCHEVESQVES DE ROVEN. 167

l'Archeuesché de Reims auoit esté donné à vn certain Milon, qui n'estoit GRIPPO. que Clerc tonsuré, & nullement instruit en la discipline de l'Eglise, les Eueschez du Diocese estant demeurez sans Pasteurs pour la pluspart: que les Euesques & les autres Ecclesiastiques ne faisoient pas conscience de prendre le sacré caractere & les Ordres d'vn autre Euesque que du leur propre, contre l'authorité des saints Canons, & mesme de decliner leur jurisdiction; que le Clergé tant regulier que seculier viuoit dans vne licen-
V.
Autre preu-
ue du mesme
Pape, qui re-
presente ce de-
sordre à Char-
lemagne.
ce effrenée, & dans vn insolent mépris des loix de l'Eglise. C'est la description que fait cét Autheur, de l'estat pitoyable où estoit en ce temps-là l'Eglise Gallicane. Ce qui se confirme encor par la lettre que le mesme Pape adressa à Berthier Euesque de Vienne, comme on le peut voir dans la Chronique de Verdun, que le Pere Labbe a fait imprimer. Le Pape luy fait sçauoir que Charlemagne estant venu à Rome, où il auoit passé le saint iour de Pasques, & fait ses deuotions en l'Eglise des saints Martyrs, auoit conferé auec luy touchant les affaires Ecclesiastiques de France, & qu'entre autres choses il luy auoit fait plainte des estranges desordres de son Royaume, à l'égard de l'honneur & de la dignité des Metropolitains, qui estoit méprisée & foulée aux pieds depuis prés de 80. ans. Ce que ce glorieux Monarque ayant oüy auec compassion, il promit deuant le corps de S. Pierre, de remedier à ces maux, suiuant les bons aduis que Sa Sainteté luy dōneroit; & en effet il s'en acquitta auec beaucoup de loüange, comme il se peut voir dans les Historiens du temps. Aprés quoy ie m'asseure qu'on ne trouuera pas estrange si les Histoires anciennes sont demeurées dans le silence pendant des temps si fascheux, & s'il ne nous est resté que le nom de ces deux Archeuesques.
VI.
Ce Monarque
promet d'y re-
medier : ce
qu'il fit.

VII.
Coniectures
que ce Grippo
fut bastard de
Charles Mar-
tel.
I'aurois eu quelque pensée que nostre Grippo pourroit estre le mesme qu'vn certain de mesme nom, que les modernes, quoy que partagez dans leurs sentimens, font bastard de Charles Martel; auquel ce Prince extrémement auide des biens Ecclesiastiques, auroit donné cét Archeuesché dés sa jeunesse, afin de luy procurer vne honneste subsistance, & de le tenir paisible dans le Clergé, pour préuenir les dissensions qui pourroient naistre entre ses enfans: Ce qui sans doute eust passé pour vne industrie digne de la prudence de Martel, veritablement grand Prince, & orné d'excellentes qualitez; mais dont la licence à disposer des Benefices en faueur des siens, a flestry la reputation. Toutefois comme il y a des Autheurs qui asseurent qu'il fut legitime fils de Suanichilde, femme de Martel, & qu'il fit profession des armes, il n'est pas juste de le dégrader de sa condition legitime, ny de luy imputer la bastardise. Il y a seulement ouuerture à soupçonner, que Grippo fils de Martel, dés ses premieres années peut auoir esté pourueu du Temporel de l'Archeuesché, & qu'auec l'âge il s'adonna aux armes sans auoir esté consacré. D'où s'ensuiuit que son nom seul est inseré dans les Catalogues des Archeuesques, sans aucune autre marque de fonction Ecclesiastique; & que finalement ayant quitté l'Archeuesché, son successeur Roland auroit esté de pareille trempe. Ce qui a du rapport à la miserable pratique de ce temps-là, & qui depuis n'a pas esté sans exemple, bien
VIII.
Qu'il est fort
probable que
luy & son suc-
cesseur iouïrēt
seulement du
reuenu de
l'Archeues-
ché.

168　　　　　　　HISTOIRE

GRIPPO. que ce ne ſoit pas mon deſſein de faire paſſer des conjectures pour des veritez. Ie me contente de donner icy les raiſons que l'on peut auoir pour fonder ces conjectures, touchant des matieres ſi éloignées & ſi obſcures, ſans vouloir les ſouſtenir; veu meſme que pour retourner à noſtre Grippo, le Moyne de S. Evroul rend vn témoignage plus fauorable de luy, & le loüe comme vn Prelat dont le grand merite éclata par de belles actions.

IX.
Eloge d'Ordry Vital.

Inſignis Grippo ſucceſſit in ordine ſancto,
Actibus egregius, meritis Paſtor venerandus.

ELOGE
DE ROLAND. 24.

An de I. C.
719.
CHAP.
I.
Sommaire.
I.
Cet Archeueſque a eu pluſieurs noms.

NOVS ne ſommes pas mieux fournis de memoires pour compoſer l'éloge de Roland, que nous l'auons eſté pour celuy de ſon Predeceſſeur. La diuerſité des noms aſſez differens qu'on luy donne, me feroient douter qu'il y auroit eu pluſieurs Archeueſques, & que tous ces noms ne pourroient conuenir à vne ſeule perſonne; ſi d'ailleurs ie ne ſçauois ce que ceux qui ſe ſont appliquez quelque peu à l'eſtude de l'antiquité, ont pû remarquer aiſément; ſçauoir que les anciens n'eſtoient pas beaucoup ſcrupuleux dans les changemens des noms. Mr. Robert en donne deux, Rotoland & Roland, mais il n'y a pas grande difference. Mr. le Preuoſt dans le dernier Catalogue de nos Archeueſques qu'il donna au public, en met d'autres ſi éloignez, qu'on aura de la peine de croire que ce ſoit pour le meſme; car il l'appelle Radiland, puis Raniland, & enfin Renaud. Ie ſçay que quelques-vns ont crû que ce Renaud eſtoit different de Raniland, & meſme vn Manuſcrit fort ancien le place deuant Grippo. Toutesfois comme preſque tous les Autheurs, & meſme la plus grande partie des Catalogues manuſcrits n'en parlent point, ie croy que c'eſt le meſme, & qu'il n'y a point de ſuffiſant fondement ſur cette difference de noms, de multiplier le nombre de nos Archeueſques.

II.
Ce qui a fait croire qu'il y en auoit eu deux.

III.
Il eſt fait mention de luy dans la Chronique de S. Vvandrille.

Nous nous contenterons donc d'en compter vn à qui nous auons attribué le nom de Roland, comme celuy qui eſt plus en vſage chez les Autheurs. La Chronique de S. Vvandrille nous apprend que ce fut luy qui confera les Ordres à Ouon, que S. Vulfran preſchant en Friſe, auoit deliuré du dernier ſupplice, par vn inſigne miracle qui ſe peut voir dans les Actes de ce Saint. Ce jeune homme demeura depuis ſi conſtamment affectionné à ſon Liberateur, qui luy rendant la vie du corps luy auoit auſſi donné celle de l'ame, en le conuertiſſant à la Religion Chreſtienne, qu'il ne le voulut point quitter. Son zéle merita que le ſaint Prelat

IV.
S. Vulfran donne la vie à vn ieune homme qui auoit eſté pen-

le

DES ARCHEVESQVES DE ROVEN.

du, il l'amene à Fontenelle, où il prit l'habit de Religieux. le receut à sa suite, & aprés sa Mission acheuée, l'amenast au Monastere de Fontenelle, où ayant témoigné de feruens desirs de se consacrer entierement à Dieu, il obtint la grace de l'habit Monastique. Cette grace ne fut en luy ny vuide ny sterile, mais extrémement feconde ; car il fit vn tel progrez dans toutes les vertus Religieuses, & paruint à vn si haut degré de perfection, que son Abbé le jugea digne du sacerdoce, & pour cét effet le presenta à l'Archeuesque Roland. C'est ce qui nous est resté des actions de ce Prelat, quoy que le Moyne de S. Evroul luy ait dressé vn bel éloge, en nous asseurant qu'il fit paroistre dans son gouuernement vn grand amour pour la justice, & vne tendre compassion enuers les miserables, & que par ce moyen il se rendit riche en vertus & en merites. ROLAND.

V. *Roland luy confera le caractere sacerdotal.*

VI. *Ordvy a dressé vn fort bel éloge à ce Prelat.*

Iustus & insignis Rollandus in ordine fulsit,
Compatiens cunctis, meritisque refertus opimis.

ELOGE DE SAINT HVGVES. 25.

S. HVGVES. *An de I. C.* 732.

CHAP. I.

Sommaire.

I. *Sçauoir s'il y a eu deux saints Hugues Archeuesques de Roüen.*

LES anciens memoires nous presentent deux Hugues Archeuesques de Roüen ; l'vn qui gouuerna ce Diocese l'an 722. ou plustost 732. & l'autre qui tint ce mesme Siege du temps de Charlemagne ; & nous font vn recit de leur naissance & de leurs actions, dans lequel il se rencontre des erreurs manifestes contre l'Histoire & contre la Chronologie. Au contraire les Tables Ecclesiastiques, Ordry Vital, & la plusport des modernes n'en admettent qu'vn ; la vie duquel est racontée diuersement par ceux-cy, selon qu'ils suiuent l'vne ou l'autre de ces deux anciennes Relations, que quelques-vns meslent & confondent ensemble ; tellement que ce sujet peut passer pour la matiere la plus épineuse & la plus embroüillée qui soit dans cette histoire.

II. *Dessein de l'Autheur, de donner la vie des deux separément.*

Pour me tirer de ces embarras, il me semble que ie ne puis mieux faire que de déduire separément & selon l'ordre des temps la vie de ces deux Hugues, ainsi qu'elle est rapportée dans les Manuscrits, en retranchant les amplifications ordinaires à ces vieilles Legendes, & de remarquer les principales choses qu'on y peut trouuer à redire, laissant au jugement du Lecteur de prononcer sur toutes ces difficultez. Voicy l'Histoire du premier de ces deux Hugues, telle qu'elle se voit dans les Archiues de la Cathedrale de Iumiege, & de S. Vvandrille.

III. *Vie du premier Hugues, ses parens, sa naissance, son éducation.*

Hugues eut pour pere Drogon Duc, ou pour mieux dire Comte de Champagne, fils de Pepin le Gros ; pour mere Adeltrude, fille de Varaton, Maire du Palais, & d'Ausflede ; & pour frere, Arnoul, Duc de Bourgongne, & consequemment fut aussi neveu de Grimoald, & du fameux

Y

S. HVGVES.

Charles Martel. Il fut éleué par les soins d'Ausflede sa grand' mere, laquelle aprés la mort de Varaton son mary, se retira de la Cour, & vint demeurer auec Adeltrude sa fille. Cette sage & vertueuse Dame fit paroistre sa pieté & sa sagesse, par la bonne education qu'elle procura à son petit fils. Elle prit peine de luy inspirer de bonne heure la crainte de Dieu, le mépris du monde, & l'estime de la vertu; & dés qu'il fut sorty de l'enfance, elle le donna à des pieux & sçauans Maistres pour l'instruire aux lettres diuines & humaines, dans la connoissance desquelles il fit de grands progrez. Ce fut aussi par son conseil que ce jeune Seigneur renonçant aux esperances du siecle, se consacra totalement au seruice de Dieu, en embrassant la profession Ecclesiastique, & fit de tres-larges aumosnes aux lieux de pieté. Il donna au Monastere de Fontenelle la Terre de Virlay, assise dans le Talou, au païs de Caux, imitant en cela l'exemple de son grand-pere Varaton, qui auoit fait des liberalitez fort considerables à cette Abbaye, & l'auoit enrichie de tres-grands domaines.

IV.
Grand progrez qu'il fit dans les lettres & dans la vertu.

V.
Donation qu'il fit à l'Abbaye de Fontenelle.

VI.
Sa premiere charge fut de Chantre de l'Eglise de Mets.

Ayant receu les Ordres sacrez, sa naissance & son rare merite le firent aussi-tost monter aux dignitez de l'Eglise. La premiere charge qu'il exerça, fut celle de Chantre de la ville de Mets, qui estoit apparemment le sejour ordinaire de sa famille, ainsi que nous insinüent deux Chartres alleguées par le sieur du Boucher, dans son liure de l'Origine de la maison Royalle, lesquelles justifient la genealogie de nostre Hugues. La premiere porte, qu'Arnoul frere de Hugues fait vne certaine donation au Monastere de S. Arnoul de cette mesme Ville, & declare y choisir le lieu de sa sepulture, à l'imitation de Drogon son pere, & de Hugues son frere, qui est simplement qualifié Prestre. La date est de l'an 706. laquelle m'est fort suspecte, & ne s'accorde gueres auec l'histoire de France. Car Drogon ne pût espouser Adeltrude, vefue de Berthaire, qu'aprés la bataille de Tertry, donnée vers l'an 690. auquel temps Berthaire fut tué; d'où il s'ensuit qu'il ne pût auoir Hugues son second fils, que vers l'an 694. & consequemment que celuy-cy n'auoit pas en 706. l'âge conuenable au sacerdoce. Puis donc qu'on luy attribuë le tître de Prestre dans cette piece, il faut croire qu'elle a esté expediée aprés l'an 706.

VII.
Deux Chartres où il est fait mention de luy.

VIII.
Seconde Chartre, dont la date a esté vitiée, aussi-bien que de la premiere.

La seconde Chartre commence par ces mots. *Nous Hugues, Primicier* (c'est à dire Chantre) *de l'Eglise de Mets, humble Prestre, & mon frere Arnoul, homme illustre, &c.* Elle contient vn dénombrement de terres qu'ils donnent à cette Abbaye de S. Arnoul, auec date du cinquiéme an de Dagobert, qui répond à l'an 715. auquel temps Hugues ne pouuoit auoir gueres plus de 21. ou 22. ans, & ainsi il y a lieu de faire contre cette date la mesme objection que contre celle de la premiere Chartre.

CHAP. II.

Sommaire.
I.
Il eut auec l'Archeuesché de Rouen plusieurs autres Benefices.

DE l'office de Chantre de la Cathedrale de Mets, Hugues passa au Siege Metropolitain de Roüen; & outre cette sublime dignité, fut encor pourueu par le credit de Charles Martel son oncle, des Eueschez de Paris & de Bayeux, & des Abbayes de S. Vvandrille & de Iumiege; contre la disposition des Canons (dit nostre Texte) qui adjouste que

DES ARCHEVESQVES DE ROVEN. 171

S. HVGVES.

ce ne fut point par ambition ou par auarice que Hugues accepta ces Benefices, non plus que plusieurs Terres du Domaine Royal qui luy furent données, mais afin d'en distribuer le reuenu à l'Eglise; Raison qui ne suffit pas pour justifier cette pluralité de Benefices, pour excuse de laquelle on peut neantmoins dire, que comme dans ce malheureux siecle on donnoit les Eueschez & les Abbayes aux Laïques, & mesme aux gens de guerre, pour recompense de leurs seruices, peut-estre que Hugues crût qu'il valoit mieux qu'il se chargeast de l'administration du Temporel de ces grands Benefices (car nostre Original l'appelle *Rector siue Procurator*, à l'égard de l'Euesché de Paris) que de souffrir qu'ils tombassent entre les mains des seculiers.

II. *Raison qui peut excuser cette pluralité de Benefices en ce Saint.*

En effet, il ne dissipa ny ne consomma pas ces riches & opulens reuenus en dépenses superfluës, il les employa au restablissement & à la reparation des lieux sacrez, & pouruëut auec vn soin & vne magnificence merueilleuse aux besoins & aux bastimens des Eglises. Nous auons dit qu'auant qu'estre Prestre, il fit present d'vne Terre à l'Abbaye de Fontenelle; il continua ses bienfaits enuers ce mesme Monastere lors qu'il en fut Abbé; il laissa aussi par testamēt à cette sainte Maison quantité de Vases & de meubles sacrez, comme vn Calice & vne Patene d'or pesant 4. liures 2. onces; vne petite Tour dont le poids estoit de deux liures, & vne Chasse toute brillante d'or & de pierreries, où estoient enfermées les Reliques de plusieurs Saints. L'Autheur de sa vie ne nous marque point en particulier les bien-faits dont il gratifia l'Abbaye de Iumiege, mais il se contente de dire en general, qu'il y donna & fit donner tant de Terres & de possessions, que nul de ceux qui ont eu deuant ou aprés luy la conduite de ce Monastere, ne l'ont point tant enrichy qu'il fit; si bien qu'il y a fondement de le considerer comme le plus liberal de tous les bien-faicteurs de cette Communauté Religieuse : ce qui est d'autant plus croyable, que nous auons des preuues, qu'il eut pour cette Abbaye vne affection singuliere en ce qu'il souhaita y finir ses jours, ainsi qu'il fit, apparemment dans la profession Monastique, & voulut y estre inhumé dans l'Eglise de nostre-Dame; aussi les Religieux de cette Maison tâcherent-ils d'honorer & de conseruer sa memoire par tous les moyens possibles, & luy dresserent vn superbe Mausolée pour seruir de monument public de leur gratitude, & du respect qu'ils auoient porté durant sa vie à sa vertu & à sa sainteté.

III. *Du bon vsage qu'il fit de ses grands reuenus.*

IV. *Il fit plusieurs riches dons aux Abbayes de Fontenelle & de Iumiege.*

V. *Il aima fort la derniere, & y choisit sa sepulture.*

Condita Repa diuersis metallis decorata, ob amorem videlicet, sanctitatem & reuerentiam illius. Act. S. Hug. Manuscr. Monast. Gemmet.

Voila le précis & la substance des Actes manuscrits qui nous presentent vn Hugues Archeuesque de Roüen, fils de Drogon, Duc ou Comte de Champagne ; ie n'y remarque rien qui soit contre la vray-semblance, mais il y a quelques fausses dates lesquelles ie n'ay point voulu mesler dans le recit que i'en viens de faire.

VI. *Reflexion sur ce premier Hugues.*

D'abord on fait dire à l'Autheur, que Hugues fut estably Abbé du Monastere de S. Vvandrille l'an 739. Indiction 15. l'an 9. de la Principauté de Charles Martel, & le 7. du Pape Gregoire II. & qu'aprés l'auoir gouuerné neuf ans deux mois treize jours, il mourut en 748. qui estoit le 16. de Charles Martel, & le 17. du Pape Gregoire II. puis en suite on met

VII. *Difficultez pour la Chronologie.*

Y ij

172 HISTOIRE

S. HVGVES. la mort de noſtre Archeueſque en 730. en quoy il y a de la contradiction ; joint qu'en 739. le nombre de l'Indiction Romaine, n'eſtoit pas
15. mais 6. cette année n'eſtoit non plus la 9. de Charles Martel, mais la
ſeptième ; ny la ſeptième de Gregoire II. qui eſtoit mort, mais la neuſié-
me de Gregoire III. ſon ſucceſſeur. De plus, s'il auoit commencé à eſtre
Abbé l'an 9. de Charles, & qu'il eut quitté cette Charge auec la vie, après
l'auoir exercée neuf ans deux mois, il ſeroit mort le 18. de ce Prince,
& non pas le 16. Ie ne m'arreſteray point icy à refuter les erreurs des
Hiſtoriens modernes touchant noſtre Hugues, comme de ceux qui
aſſurent qu'il deceda en 730. âgé de 70. ans, encore qu'alors il n'en pût
auoir plus de 35. ou 36. & des autres qui ont auancé qu'il auoit eſté diſci-
ple de S. Aycadre Abbé de Iumiege, qui deceda pluſieurs années auant
la naiſſance de noſtre Archeueſque.

VIII.
Et pour l'an-
née de ſa
mort.

IX.
En quelle an-
née, & com-
bien de temps
il gouuerna
l'Egliſe de
Roüen.

Les Tables Eccleſiaſtiques de l'Egliſe de Roüen, mettent le commencement du Pontificat de Hugues en 722. mais il y a de l'apparence que
ceux qui nous ont marqué cette datte, ont ſuiuy l'ancienne erreur du
temps du Sacre de S. Oüen ; & qu'ainſi il eſt plus probable que Hugues
paruint au Siege de Roüen en 732. & qu'après l'auoir tenu huit ans,
comme eſcrit Ordry Vital, il mourut en 740. Cét Autheur [a] luy attribuë la qualité, non de petit fils, mais de couſin de Pepin, Prince des
François ; & adjouſte qu'au bruit de l'inuaſion des Normands, le corps
de ce Prelat fut tranſporté en Lorraine,[b] auec celuy de S. Aycadre, par
les Moynes de Iumiege, & que de ſon temps il y eſtoit encor en vn village nommé Aſpres, au territoire de Cambray, où on le gardoit auec
grande veneration dans vne Chaſſe couuerte d'argent ; ce qui ſemble
conuenir plûtoſt à S. Hugues Archeueſque de Roüen, & fils de Charlemagne, dont nous donnerons l'Hiſtoire cy-après, ſelon l'ordre de la
Chronologie. Ordry Vital loüe dans ces deux Vers, le ſoin que noſtre
Hugues prit à nourrir ſon Troupeau du pain ſpirituel de la parole
Diuine.

X.
Sçauoir ſi ſes
Reliques ont
eſté trãsferées
de Iumieges
auec celles de
S. Aycadre.

[a] Lib 5. hiſt.
Hic conſo-
brinus Pipi-
ni Principis
Francorum
fuit, &8. an-
nis tempore
Gregorij II.
Archiepiſco-
pus fuit.
[b] En ce tẽps
là le Cambreſis
eſtoit auſſi
marqué par
ce mot de
Lorraine.

Præfuit in Populo Domini Venerabilis Hugo,
Exhibuit Sanctæ ſubiectis dogmata vitæ.

ELOGE
DE ROBERT ou RADBERT. 26.

ROBERT.
An de I. C.
740.
CHAP.
I.
Sommaire
I.
Difficultez
touchant le
commencemẽt
& les années
du Pontificat
de Robert.

RDRY Vital parlant de noſtre Archeueſque Robert, qu'il
nomme Radbert, dit qu'il tint le Siege de l'Egliſe de Roüen
quatre ans ; vne Chronique manuſcrite de l'Egliſe de Roüen
luy en attribuë neuf ; & 17. à Rainfroy, qui y eſt marqué pour
ſon Succeſſeur immediat, ſans faire aucune mention de Grimo. Mais

DES ARCHEVESQVES DE ROVEN. 173

comme nous ferons voir en l'Eloge suiuant, l'Autheur de cette Chro- ROBERT. nique l'a oublié, & a partagé entre Robert & Rainfroy, les années qui se doiuent distribuer à tous les trois. Nous suiurons donc l'opinion d'Ordry, comme la plus ancienne & la plus commune, quoy qu'à la verité il s'y rencontre beaucoup de difficulté, en ce qu'il dit que ce fut sous le Pontificat du Pape Gregoire II. que Robert tint le Siege de Roüen; ce qui fait voir, comme nous auons dit cy-dessus, que cet Autheur a suiuy celle de Fridegode, laquelle aduance de dix ans les années des Archeuesques qui ont succedé à S. Oüen, qu'il suppose estre mort en 677. puis qu'en suite Vital fait concourir le Pontificat de Gregoire II. qui mourut en 731. auec les années de ce Robert, qui ne pourroit auoir esté qu'vn an Euesque du temps de ce Pape. Quand bien mesme S. Hugues auroit tenu l'Euesché de Roüen depuis 722. jusques à 730. le temps de l'Empereur Copronime, & quelques autres circonstances qu'il met, n'y viennent pas mieux. Ces deffauts assez considerables pour la Chronologie, font juger ou qu'ils ont esté adjoustez à son Ouurage, ou que cét Autheur a plûtost trauaillé à nous donner le recit de quelques particularitez qu'il auoit pû recueillir touchant les principales vertus de nos Archeuesques, qu'à marquer exactement le temps auquel ils ont pris possession de leur Charge. C'est ce qui nous oblige d'examiner plus diligemment ce qu'il écrit, afin de ne pas tomber dans les mesmes deffauts que luy. Nous auons donc assigné l'entrée de Robert au Pontificat, en 740. qui est celle du deceds de S. Hugues; quant à ses actions particulieres, il n'en est fait aucune mention ny dans les anciens Autheurs, ny dans nos Memoires.

II.
Erreur d'Ordry Vital, pour la Chronologie de cét Archeuesque.

III.
Raisons qui excusent cét Autheur.

Ie trouue seulement vn miracle fort auantageux à la memoire de saint Romain, dont i'ay crû deuoir faire icy mention, parce qu'il arriua à l'occasion d'vn doute qu'eut cét Archeuesque; pour l'intelligence dequoy il faut se souuenir de ce qui est porté dans l'histoire du Saint, sçauoir qu'vn peu auparauant sa mort, celebrant les diuins Mysteres, il parut vn globe de feu, d'où il sortoit vne main de forme humaine qui luy donna la benediction, & qu'au mesme temps il receut assurance qu'il seroit en bref deliuré de cette vie mortelle. Cecy supposé, ie viens au recit de cét éuenement qui concerne l'Archeuesque Robert.

IV.
Recit d'vn miracle do S. Romain, au suiet de l'Archeuesque Robert.

Le iour de la Feste de S. Romain ce Prelat assistant aux Matines, & entendant lire ce miracle attriué au Saint, entra en doute de la verité de cette vision; de sorte qu'il ne pût s'empescher d'en dire ses sentimens à vn sage & venerable vieillard, qui auoit esté autrefois son Précepteur, luy témoignant qu'il auoit peine à croire qu'vn homme mortel pour saint & parfait qu'il fut, eut eu l'honneur de voir de ses yeux corporels la main de Dieu luy donner sa benediction. Ce bon Prestre luy répondit qu'il n'y auoit rien en cela que l'on ne pût aisément croire, aprés diuers exemples contenus dans le Texte sacré, par lesquels on voit que Dieu s'est souuent apparu à ses seruiteurs sous des formes visibles, témoin les visions du Patriarche Iacob, du Prophete Michée, de saint Estienne premier Martyr, & autres semblables, & qu'il prioit nostre

V.
Doute qu'ent ce Prelat d'vne vision de S. Romain, dont on faisoit lecture à Matines.

VI.
Il expose son doute à vn sien Prestre, qui luy en donne la solution.

Y iij

ROBERT. Seigneur de le vouloir éclairer sur ce sujet, & de ne pas permettre qu'il doutast plus long-temps d'vne verité si constante.

Cette réponse ayant aucunement satisfait l'Archeuesque, il repliqua que la memoire de S. Romain luy estoit en singuliere veneration, qu'il n'auoit prétendu manquer de respect à ce Saint par la proposition qu'il luy auoit faite, & qu'il estoit aucunefois vtile de se former des doutes, afin d'en rechercher l'éclaircissement, & de receuoir par là quelque lumiere que l'on n'auoit pas auparauant.

VII.
Des tonnerres & des éclairs qui parurent subitement, auec vne grande lumiere sur la Chasse de S. Romain.

A peine auoit-il acheué ces paroles, qu'on entendit dans l'Eglise vn grand tonnerre, & qu'on vit d'effroyables éclairs, qui causerent tant d'épouuente aux Chanoines, que la pluspart se prosternerent la face contre terre : mais leur crainte ne tarda gueres à estre changée en admiration, par l'vnion qui se fit de tous ces éclairs en vn seul rayon de tres-pure lumiere, qui s'alla reposer sur la Chasse de S. Romain. D'abord on jugea assez diuersement de ce miracle ; mais quand on sceut qu'il estoit arriué justement au temps que l'Archeuesque auoit communiqué à ce sçauant Prestre, dont nous venons de parler, de ce qu'il pensoit touchant la vision de S. Romain ; tout le monde conclut, qu'assurément

VIII.
Que ce Prelat ne pecha point doutant de cette visiō.

nostre Seigneur auoit operé cette merueille pour honorer le Saint, & pour seruir de remede au doute de Robert ; en faueur duquel j'aduertiray en passant les personnes moins intelligentes, qui pourroient lire cette Histoire, de ne se pas figurer que cét Archeuesque eut commis quelque peché, pour auoir douté si S. Romain auoit receu durant sa vie cette benediction miraculeuse, puis qu'absolument parlant, nul n'est obligé en conscience de croire ce fait, qui quoy qu'attesté par de bons memoires, n'est pourtant point de reuelation diuine, mais de pure tradition humaine. Aussi cela n'a pas empesché qu'Ordry Vital n'ait rendu vn témoignage d'estime à la vertu de Robert, qui passe pour Saint, si on s'en rapporte à vn ancien Martyrologe ou Legendaire allegué par Bollandus en son second Volume sur le 19. Ianuier, dans lequel on lit, l'on-

IX.
Il est reconnu pour Saint.

ziéme de May se celebre la Feste des saints Robert & Remy Archeuesques de Roüen. Il est vray que les memoires de l'Eglise de Roüen n'en disent rien ; mais comme par les diuerses ruïnes qu'elle a souffertes dans la suite des siecles, elle a perdu la pluspart des memoires qui regardoient ses antiquitez ; ce silence ne suffit pas pour destruire totalement la déposition de cette piece, qui fait tant d'honneur à la memoire de Robert ; joint que l'on doit considerer que cette Eglise a esté fort reseruée à canoniser ses Euesques, puisque mesme elle n'a inseré dans son Breuiaire que depuis peu d'années les noms de quelques-vns qui estoient reconnus publiquement pour Saints dans les Martyrologes de l'Eglise Romaine. Voicy le Distique qu'Ordry Vital nous a laissé pour garand de ce que nous venons de dire.

Sedem Radbertus digni Pastoris adeptus
Moribus emicuit iustis, sanctè quoque vixit.

ELOGE DE GRIMO. 27.

GRIMO.
An de I. C.
744.
CHAP.
I.
Sommaire.
I.
Bonheur que l'Eglise de Rouen eut d'estre gouuernée par quelques saints Euesques.
II.
Desordre qui arriua du temps de Martel, à plusieurs Eglises en France.

'IL est vray que Robert parut si éminent en vertu, qu'il merita depuis d'estre compté au nombre des Saints aussi-bien que S. Hugues son Predecesseur; ce ne fut pas vn mediocre bonheur au peuple de Roüen, d'estre gouuerné par ces excellens Prelats, tandis que plusieurs autres Dioceses estoient fort mal pourueus de Pasteurs; Car il est à remarquer que la France ayant esté en ce siecle fort affligée de guerre, jusques là qu'elle se vit reduite en vn extréme danger par la fameuse inuasion de cette effroyable multitude de Sarrazins, dont la deffaite acquit tant de gloire à Charles Martel; la discipline Ecclesiastique, qu'il est difficile de maintenir parmy la licence des armes, tomba en ruïne; on perdit la connoissance, & encor bien plus, la pratique des sacrez Canons. Quantité d'Euesches furent conferez à des Clercs d'vne vie tres-déreglée; il y en eut mesme qui furent donnez à des Laïques, pour recompense des seruices qu'ils auoient rendus dans les occasions de la guerre. Le remede à ces maux eust esté la celebration d'vn Concile National, mais on fut bien 60. ou 80. ans sans en tenir aucun; ce qui est cause que l'Histoire des derniers Archeuesques dont nous auons parlé est si sterile, & la Chronologie si difficile à establir, n'estant point secourus des lumieres & des instructions que nous pourrions tirer des Actes & des dates de ces saintes Assemblées.

III.
Remedes qu'y apporterent ses enfans, par la celebration de plusieurs Conciles.

Mais enfin aprés la mort de Charles Martel, Dieu inspira ses enfans Carloman & Pepin, de porter leurs soins au restablissement de la police Ecclesiastique. Le premier conuoqua deux Conciles, l'vn en 742. auquel Ragenfroy ou Rainfroy Archeuesque de Roüen ne pût pas se trouuer (ainsi que quelques-vns écriuent) puisqu'il n'estoit point encor dans le Siege Episcopal; & l'autre en 743. à Liptine en Haynaut. Semblablement Pepin à l'imitatió de son frere, en fit tenir vn à Soissons, l'an 744. à quoy contribua beaucoup le zéle tout Apostolique de l'illustre S. Boniface, la lumiere & l'ornemét de ce siecle là, qui presida aux deux premiers, & vray-semblablement aussi à celuy de Soissons. Car le Pape l'auoit fait son Legat en France & en Allemagne, & luy auoit attribué vne grande authorité, luy permettant de disposer presque absolument de toutes choses, & de faire tout ce qu'il jugeroit à propos, tant pour la propagation de la Foy, que pour la reformation des abus & des déreglemens que les guerres passées auoient introduits parmy les Fidelles. Dans ce Synode de Soissons, saint Boniface fit ordonner Abel & Ardobert pour estre Archeuesques & Metropolitains; le premier dans la ville de Reims, & le second dans celle de Sens; & écriuit au Pape Zacharie, pour obtenir

IV.
Grande authorité de S. Boniface, Legat en France & en Allemagne, pour restablir la discipline Ecclesiastique.

Voyez Mr. Valois Reru Franc. lib. 25. pag. 551.

176　HISTOIRE

GRIMO. en leur faueur la confirmation de leur élection, & le *Pallium*.

V.
Il efcrit au Pape en faueur de Grimo

I'ay voulu marquer icy toutes chofes, pour déduire auec plus de methode & de clarté ce qui concerne noftre Archeuefque Grimo, au fujet duquel il faut obferuer que S. Boniface adreffant cette lettre au Pape pour les interefts d'Abel & d'Ardobert, demanda auffi les mefmes graces pour Grimo, qu'il auoit eftably dans le Trône Epifcopal de Roüen. Nous n'auons pas les lettres de S. Boniface; mais nous connoiffons cét euenement par la réponfe du Pape Zacharie, dont voicy le paffage que ie traduiray dautant plus volontiers, qu'il contient vne fort belle doctrine touchant l'vfage du *Pallium* Archiepifcopal. Zacharie aprés auoir témoigné la joye qu'il auoit que les Princes Carloman & Pepin fe fuffent montrez fi fauorables aux affaires de l'Eglife, continuë ainfi.

VI.
Lettre du Pape Zacharie dans laquelle il confirme l'ordination de Grimo, & luy enuoye le Pallium.

„ Quant aux Euefques Metropolitains dont vous nous auez écrit, ie
„ veux dire Grimo dont nous fommes defia informez, & Abel & Ardo-
„ bert que vous auez eftably Metropolitains chacun dans vne Prouin-
„ ce particuliere, Nous confirmons leur Ordination fur le bon témoi-
„ gnage que vous nous rendez de leur merite, & nous leur enuoyons à
„ chacun le *Pallium*, pour les affermir pleinement dans la poffeffion de
„ leur dignité, & les exciter à s'auancer dans la pieté, & à trauailler auec
„ ardeur à l'édification & à l'agrandiffement de la maifon de Dieu. De
„ plus, nous leur adreffons auffi à chacun vne lettre, pour leur faire en-
„ tendre auec quelle fermeté ceux qui font honorez de cét ornement

VII.
Inftruction tres-confiderable touchât l'vfage du Pallium.

„ Pontifical, doiuent expliquer & fouftenir en public les veritez de la
„ Foy. Nous leur declarons formellement que la fin pour laquelle on
„ octroye le *Pallium* aux Euefques, eft pour les faire fouuenir que leur
„ dignité les oblige à montrer aux peuples le chemin du falut; à garder
„ & maintenir exactement dans leurs Eglifes la difcipline Ecclefiaftique;
„ à prendre garde que leur facerdoce, qu'ils n'auront point foüillé d'a-
„ bord, ainfi qu'ont fait quantité d'autres, deuienne autant pur & au-
„ tant agreable à Dieu, que l'eftat de cette vie mortelle le peut fouffrir;
„ à s'attacher tellement à l'obferuation des facrez Canons, qu'ils n'en
„ violent iamais les faintes ordonnances; à ne point prefenter à Dieu
„ de Sacrifices qui ne foient accompagnez de la pureté de cœur; & faire
„ enfin que la jufte colere de Dieu foit appaifée par leurs offrandes, &
„ que les Fidelles ayant la confcience exempte de la corruption des vi-
„ ces, puiffent rendre à la Diuine Majefté vne fincere adoration, & vn
„ veritable feruice.

VIII.
S. Boniface auoit efcrit au Pape pour deux fujets.

S. Boniface auant que de receuoir cette lettre du Pape Zacharie, en efcriuit vne autre à fa Sainteté, pour ne luy demander plus le *Pallium*, que pour noftre Archeuefque Grimo, & pour l'aduertir qu'on faifoit courir le bruit, que l'on n'accordoit point à Rome cette grace du *Pallium*, qu'à ceux qui payoient quelques finances aux Officiers du S. Siege. A quoy Zacharie répondit, qu'il eftoit eftonné qu'aprés l'auoir requis d'enuoyer le *Pallium* à trois Archeuefques, il reduifoit fa demande en faueur d'vn feul; mais qu'il eftoit encor plus furpris de la plainte qu'il luy faifoit d'vn abus, dont luy & fes Officiers n'eftoient nullement coupables,

DES ARCHEVESQVES DE ROVEN. 177
bles, & qu'il detestoit auec anatheme. Voicy la traduction du commen- GRIMO.
cement de sa lettre.

A nostre tres-Reuerend & tres-Saint Frere & Coëuesque Zacharie, seruiteur
des seruiteurs de Dieu.

CHAP.
II.
Sommaire.
I.
Réponse du Pape Zacharie à S. Boniface.

NOus auons receu les lettres de vostre tres-sainte Fraternité, qui "
nous ont esté renduës par le porteur des presentes ; mais, nous "
n'auons pas esté peu surpris, voyant qu'elles estoient si differentes de "
celles que vous nous enuoyastes le mois d'Aoust passé ; par lesquelles "
vous me donniez aduis qu'auec l'aide de Dieu & le consentement du "
Prince Carloman vous auiez tenu vn Concile, où vous auiez interdit "
de faux Prestres qui n'estoient pas dignes d'exercer le sacré Ministere, "

Cette date ne s'accorde pas bien auec celle des lettres.

II.
Le Pape confirme ce que S. Boniface auoit fait au Concile qu'il auoit tenu.

& que vous auiez aussi ordonné trois Archeuesques pour gouuerner "
trois Eglises Metropolitaines ; sçauoir Grimo pour la ville de Roüen, "
Abel pour celle de Reims, & Ardobert pour la ville de Sens, qui nous "
vint trouuer & nous apporta vos lettres, accompagnées de celles de "
Carloman & Pepin, par lesquelles vous nous demandiez le *Pallium* "
pour chacun de ces trois Metropolitains ; ce que nous accordasmes "
aussi-tost, afin de procurer par ce moyen l'vnion & la reformation des "
Eglises de I. C. Maintenant donc nous sommes estonnez de voir, "

III.
Il s'estonne que luy ayant demandé le *Pallium* pour trois, il ne parle plus que pour Grimo.

qu'aprés nous auoir demandé le *Pallium* pour trois Prelats, & auoir "
appuyé cette requeste de la priere desdits Princes, vous ne nous de- "
mandiez plus cette faueur que pour le seul Grimo. C'est ce qui fait que "
nous souhaittons que vostre Fraternité nous apprenne la cause de ce "
changement, & pourquoy à present vous ne nous suppliez plus que "
pour vn desdits Metropolitains, afin de nous tirer du doute & de l'in- "
certitude où nous sommes. De plus, c'est auec douleur & peine d'es- "

IV.
Il trouue fort mauuais de ce qu'il l'accuse de symonie & ses Officiers.

prit que nous lisons dans vos lettres, que nous passons pour des per- "
sonnes qui se soucient peu de violer les sacrez Canons, & d'enfraindre "
les traditions de nos Peres, & qu'on publie que nous & nos Officiers "
obligeons ceux à qui nous accordons l'ornement du *Pallium*, de nous "
faire des presens, & de nous donner de l'argent, en tombant par cette "
mauuaise pratique dans l'heresie des Symoniaques, dequoy Dieu nous "
vueille bien garder.

Mais, nostre cher Frere, nous vous supplions de ne nous plus tenir "
ces discours, qui ne nous peuuent estre que fort desagreables & fort "
injurieux, puisqu'ils nous attribuënt vne conduite que nous auons "
en horreur. A Dieu ne plaise, qu'il nous arriue jamais ny à nous ny à "
nos Officiers de vendre à prix d'argent vn don que nous tenons de la "

V.
Il le desabuse de cés erreur où il estoit.

pure grace du S. Esprit. Aussi lors qu'on nous a demandé le *Pallium* "
pour chacun desdits trois Metropolitains, nous l'auons concedé sans "
rien prendre ny exiger. Vous souuienne aussi que nous vous auons "
octroyé gratuitement, & à nos frais, les Lettres de confirmation, "
& toutes les expeditions qui vous estoient necessaires. Donnez- "
vous bien de garde d'auoir quelque pensée, ny encor moins de "
nous écrire, que nous commettons le crime de Symonie, puisque "
nous prononçons hautement Anatheme contre ceux qui seront si "

Z

GRIMO. „ temeraires & si méchans de vendre le Don du saint Esprit, &c.

VI.
Reflexion sur cette lettre au sujet de Grimo.

Aprés auoir produit les deux passages des lettres du Pape Zacharie, il est à propos de faire quelque reflexion sur ce qu'ils contiennent, afin de voir quelle connoissance ils nous donneront de nostre Archeuesque Grimo. Et premierement il est éuident que c'est auec raison qu'Ordry Vital dit de cét Archeuesque, qu'il prit le gouuernement de l'Eglise par l'ordre & l'élection de Dieu, *Suscipit Ecclesiam diuina sorte regendam*, puis qu'il fut éleué à la dignité Episcopale par l'authorité Apostolique, dont S. Boniface auoit la dispensation en qualité d'enuoyé de S. Pierre, & delegué du saint Siege.

VII.
Que l'on en peut tirer des connoissances de son grand merite.

2. Nous auons fondement de croire que Grimo estoit homme de grand merite, & considerable par sa vertu & par sa suffisance; autrement saint Boniface, qui s'appliquoit auec tant de zéle à restablir en tous lieux la discipline de l'Eglise, ne luy eust pas conferé cette sublime charge. 3. Les termes dont vse le Pape dans sa premiere réponse, en disant qu'il estoit desia informé de Grimo (*Grimo quem iam nos compertum habemus*) marquent ou que Zacharie auoit desia oüy parler de son Ordination, ou plustost qu'il connoissoit ses bonnes qualitez; ce qui me fait douter si nostre Archeuesque Grimo n'auroit point esté le mesme qu'vn certain Abbé de Corbie du mesme nom, que Charles Martel enuoya à Rome l'an 726. ou ce Grimo Duc qui fut Chancelier de France en 724. Estant à obseruer que sous la premiere Race de nos Roys, cette dignité & tous les autres Offices de la Cour où la science estoit requise, estoient exercées par des Ecclesiastiques, à cause que la noblesse méprisoit les lettres & s'adonnoit entierement aux armes.

VIII.
Sçauoir s'il auoit esté Abbé ou Chancelier.

CHAP. III.

Sommaire.

I. *En quelle année Grimo fut sacré Archeuesque.*

4. Il y a lieu de croire que Grimo fut ordonné Euesque enuiron au mesme temps que S. Abel & S. Ardobert, que nous sçauons auoir esté establis en 744. au Concile de Soissons, estant probable que la demande du *Pallium* suiuit de prés leur Ordination. Au moins l'ordre des choses semble nous l'insinüer; ce qui est si vray, qu'aujourd'huy par le droit Canon, le *Pallium* doit estre demandé dans les trois mois de la Consecration ou Confirmation. Quant au motif qui porta S. Boniface à changer de dessein dans sa derniere lettre, & à ne requerir cét ornement Pontifical que pour nostre Archeuesque, sans faire plus d'instance pour les autres; encore que cette difficulté n'appartienne point à nostre Histoire, ie diray qu'il ne se trouua point d'obstacle à l'establissement de Grimo, au lieu qu'il s'en trouua à l'égard d'Abel & d'Ardobert. Monsieur de Valois écrit qu'Abel ne pût obtenir le Siege de Reims, ny le *Pallium*, du viuant de Milon, qui s'y estoit intrus par la permission de Charles Martel, possible à cause que Carloman & Pepin firent difficulté de casser & annuler le fait de leur pere, & qu'on peut s'imaginer aussi quelque chose de semblable, qui empescha durant quelque temps Ardobert de se mettre en possession de son Diocese.

II. *Pourquoy S. Boniface auoit demandé le Pallium pour Grimo seul.*

Valesius rerum Franc. l. 25. pag. 554.

III. *Bonnes qualitez de Grimo.*

Vn Manuscrit de la Bibliotheque de Mr. Bigot, témoigne que cét Archeuesque Grimo éclata aussi-bien par sa noblesse & par sa vertu, que

DES ARCHEVESQVES DE ROVEN. 179

GRIMO.

IV.
Donation
qu'il fit à
son Eglise.

par sa dignité; qu'il s'acquita parfaitement de son deuoir Pastoral, en joignant l'exemple d'vne sainte vie aux Prédications qu'il faisoit à ses peuples. Nous y apprenons aussi qu'il accrût notablement le reuenu de son Eglise, & qu'entre autres Terres dont il la gratifia, il luy fit don de la Seigneurie de Fontaines, auec toutes ses appartenances, sur la riuiere d'Ithon. Il est fait mention plus expresse de cette donation dans le Cartulaire de la Cathedrale, sous ces termes Latins, *In Pago Ebricino Fontanas super Fluuium Ithonum cum omnibus adjacentiis suis; idest Taniega, Bertildicurte Ferrarias, Scardegium, Tursinicurtem,* & autres qui sont encor plus amplement specifiez dans la Chartre que Charles le Chauue donna à nostre Archeuesque Riculphe. Ordry a laissé cét Eloge pour Grimo.

V.
Eloge que luy
donne Ordry
Vital.

Grimo deuotus Pastor, pius, inclitus actu,
Suscipit Ecclesiam diuina sorte regendam.

Aimoin fait aussi vne honorable mention de ce Prelat, liure 4. chap. 15.

ELOGE DE RAINFROY. 28.

RAINFROY.
An de I. C.
748.
CHAP.
I.
Sommaire.
I.
Rainfroy illustre pour sa naissance, sa doctrine &
ses emplois.

RAINFROY fut substitué à la place de Grimo, l'an 748. Quelques anciennes Chroniques disent qu'il estoit noble de Race & fort sçauant, ce qui est assez croyable, si on a égard aux emplois pour lesquels il fut choisi. Le sieur Doublet dans ses Antiquitez de la Royale Abbaye de S. Denis, rapporte vn titre ou Chartre de Pepin, touchant la Forest de Rouuray, dite aujourd'huy de S. Clou, où il y a, *Raginfredus obtulit datum anno 2. Regni, Compendio.* Rainfroy a presenté cette Chartre, donnée l'an 2. de nostre Regne à Compiegne. Les mesmes raisons que i'ay rapporté en l'Eloge précedent pour Grimo, se rencontrent icy; & me persuadent aisément que ce Rainfroy qui faisoit icy la fonction de Referendaire, c'est à dire de Chancelier, fut depuis choisi par Pepin pour estre Pere spirituel d'vn de ses enfans qu'il tint sur les Fonds de Baptesme, & que l'Archeuesché de Roüen estant depuis venu à vacquer par le deceds de Grimo, il fut mis en sa place. Le temps & les autres circonstances fauorisent cette conjecture, que ie soûmets au jugement du Lecteur.

II.
Pepin le choisit pour leuer
à vn de ses enfans.

III.
Le Pape Zacharie luy
escriuit.

IV.
Differend
touchant la
date de cette
lettre, qui fut
la premiere
année de
Rainfroy.

Le Pape Zacharie adressa vne de ses lettres à Rainfroy, & à quelques autres Euesques de la Neustrie, laquelle se trouue aujourd'huy sans date. Le Pere Sirmond, & aprés luy Messieurs de sainte Marthe, estiment qu'elle fut escrite en 744. ce qui ne s'accorde point auec le témoignage de nos Autheurs, qui donnent quatre ans de Siege à Grimo. C'est pourquoy l'opinion du Cardinal Baronius, & de plusieurs modernes, qui mettent l'expedition de cette lettre en 748. estant plus conforme

Z ij

RAINFROY. à nostre Chronologie, nous l'auons preferée & suiuie, faute de plus grande lumiere, en posant l'an 748. pour le premier du Pontificat de Rainfroy.

V.
Relatiõs bien differentes des Manuscrits de la Cathedrale & de la Chronique de S. Vvandrille pour Rainfroy.

Nous auons deux relations bien differentes touchant les mœurs de cét Archeuesque. Vn ancien Manuscrit de la Cathedrale le loüe fort pour sa noblesse, pour sa doctrine, & pour sa magnificence enuers son Eglise. Et tout au contraire, la Chronique de Fontenelle le blasme comme vn meschant homme, *Nobilis sed Malus, Compater spiritualis regenerationis Pipini magni Regis, de sæculari habitu commutatus, ignarus litterarum.* J'estime qu'on peut concilier ces deux diuers témoignages, en disant que les memoires de la Cathedrale l'ont honoré de ces loüanges, parce qu'il donna la terre de Gramesy, situéee dans l'Euesché de Beauuais; & qu'il fit rendre à son Eglise plusieurs Benefices qui auoient esté vsurpez par la Noblesse, & que d'autre costé les Moynes de S. Vvandrille, dont il estoit Abbé, voyans qu'il dissipoit les biens du Monastere, peut-estre pour contenter son inclination liberale, & qu'il les employoit mal à propos à des choses pour lesquelles ils n'auoient pas esté destinez par les bienfaicteurs de leur Communauté, crûrent auoir raison de se plaindre de luy, & de le traiter comme vn injuste vsurpateur, & comme vn homme qui abusoit de son pouuoir ; ce que signifie proprement ce mot de *Tyrannus* dont l'Autheur de leurs Annales le qualifie.

VI.
Il auoit esté Abbé de S. Vvandrille

VII.
La fin de Rainfroy ne correspondit pas à son cõmencement.

Quant à sa fin, la mesme Chronique de S. Vvandrille, qui est conforme à ce qu'écrit Ordry, dit qu'il tint l'Abbaye pendant deux ans & demy, & que l'administration luy en fut ostée & commise à Vando. Elle adjouste que s'estant depuis rendu insupportable aux Chanoines par sa mauuaise conduite, ils l'accuserent deuant Pepin, par l'authorité duquel on le déposa, & on mit en sa place Remy, frere de ce Prince ; & toutesfois qu'on luy laissa par composition pour le reste de ses iours, la jouïssance de quelques terres dépendantes de l'Archeuesché, dont la principale estoit située sur le bord de la Seine. Cette terre selon le Latin du temps, est nommée *Clouialus* ; mais comme ce mot ne répond à aucun dont nous vsions aujourd'huy, il ne nous apprend point où elle pouuoit estre située. Rainfroy y finit ses iours peu aprés sa déposition ; son corps fut apporté à Roüen, où il receut l'honneur de la sepulture ; ce qui nous donne lieu de croire que ses deffauts prouenoient plustost d'vne humeur trop libre, & pour ainsi dire trop seculiere, que d'aucun vice scandaleux, puis qu'aprés sa disgrace, il ne laissa pas d'estre reconnu pour Archeuesque, & que par ce moyen sa memoire fut déchargée de l'infamie dont elle eust esté notée, s'il n'eust rentré aprés sa mort dans l'Eglise dont on l'auoit éloigné durant sa vie.

VIII.
Il mourut en vne terre qu'on luy auoit laissée aprés qu'il fut déposé.

IX.
Son corps fut enterré dans la Cathedrale

X.
Ses bonnes qualitez, & ses defauts.

Voila tout ce qui se peut dire en faueur de Rainfroy, qui fut possible liberal, magnanime, obligeant ; mais qui manqua de la modestie, de la sagesse, & de la prudence conuenable à vn Ecclesiastique. Si bien qu'il luy arriua ce qu'vn bel esprit du siecle passé disoit des Euesques trop attachez au siecle ; qu'en voulant faire ensemble le Prelat & le grand Seigneur, il ne fut ny l'vn ny l'autre ; & c'est de là que se sont formées

DES ARCHEVESQVES DE ROVEN. 181

les deux differentes faces de sa medaille, dont l'vne le figure personne de merite, conformément au Manuscrit de la Cathedrale, & à l'Eloge d'Ordry Vital, & l'autre le represente comme vn violent & vn emporté.

XI.
Distiques biē differends qui ont esté faits pour luy.

RAINFROY.

> Huic Raginfredus succedit & ipse Tyrannus;
> Quem demum Rotomæ pellit Episcopio.   *Chron. sancti Vvandr.*

Voicy ceux d'Ordry.

> Culmine Pastoris celebris Rainfredus, in omni
> Actu magnificus, constructor Pontificatus.

XII.
Reflexion Chrestienne pour ceux qui ne pensent qu'à establir leur reputation.

Par où l'on peut juger combien la reputation est vne chose incertaine, non seulement durant nostre vie, mais mesme dans le jugement de la posterité; lequel d'ailleurs est le moins suspect; & si ce n'est pas vne grande folie que de faire de belles actions pour acquerir l'estime des hommes, puisque ceux-cy estant presque toûjours partagez dans leurs sentimens, s'accordent si mal pour distribuer l'honneur & la gloire.

ELOGE
DE SAINT REMY. 29.

S. REMY.
An de I. C.
753.
CHAP.
I.
Sommaire.
I.
Grands auantages de saint Remy.
II.
Loüange de Martel, dont il fut fils.

REMY, le 29e. de nos Archeuesques de Roüen, posseda tous les auantages qui peuuent rendre vn homme considerable, estant né dans vne illustre famille, & ayant joint à la splendeur de sa Race, le double éclat d'vne grande dignité & d'vne haute vertu. Il estoit fils de Charles Martel, ce fameux Prince François, à la loüange duquel vn judicieux Escriuain de nostre temps n'a pas craint d'asseurer que la Posterité l'auroit comparé, & mesmes preferé aux Pompées & aux Cesars, s'il eust eu son Tite-Liue, c'est à dire s'il eust rencontré en son temps quelque habile Historien, par qui ses belles actions eussent esté écrites auec l'exactitude & l'éloquence qu'elles meritoient. Mais ie trouue de differentes opinions dans les Autheurs, touchant la naissance de saint Remy. Car Flodoard, en vn Fragment d'Histoire rapporté par Mr. Duchesne, Messieurs du Tillet & de Valois disent qu'il fut seulemēt fils naturel de ce Prince. Paul Emile Escriuain Estranger, mais des plus exacts, & quelques autres, écriuent qu'il sortit d'vn mariage legitime. Le Pape Paul premier, en vne lettre qu'il adressa à Pepin, l'appelle son frere, sans restriction. Messieurs de sainte Marthe disent qu'il fut cinquiéme fils de Martel. Le sieur Hemeré, dans son Histoire de la ville capitale du Vermandois, aujourd'huy S. Quentin, tient qu'il fut frere de Hierosme, Abbé de S. Quentin, & Comte de Vermandois, fils de Suanichilde Bauaroise, seconde femme de Martel.

III.
Il fut legitime.

Geneal.Reg.
p. 141.

IV.
On luy a donné diuers noms.

Il est nommé en Latin *Remigius* & *Remedius*. Paul Emile, Anastase le Bibliothecaire, Demochare, & plusieurs autres, l'appellent Gilles *Ægidius*. Valladier dans la Table qu'il fait des enfans de Martel, y met

Z iij

S. REMY. Gilles Archeuesque de Roüen, & luy donne le rang d'aisné, bien qu'il ait pû auoir deux ou trois noms; toutesfois il est certain que *Remigius*, c'est à dire Remy, est celuy par lequel il est designé plus ordinairement dans les anciennes Chroniques de Fontenelle & de S. Evroul, & dans les écrits d'Alcuin, lequel estoit son contemporain pour celuy de *Remedius*.

V.
Pepin son frere luy donna l'Euesché de Langres.

La Chronique de Besué fait aussi mention de Remy l'an 752. & dit que Pepin son frere luy donna plusieurs biens dans la Bourgongne, & entr'autres l'Euesché de Langres; ce qui se fit ou par l'vsage abusif de ce siecle-là, ou par quelqu'autre occasion, possible à cause que l'Euesque de Langres n'ayant point fauorisé l'éleuation de Pepin, qui se fit chemin à la Souueraineté, par la ruine de la famille des Merouingiens, auoit esté priué pour quelque temps de l'vsufruit de son Temporel qui fut donné à Remy. C'est chose digne de consideration, que plusieurs Autheurs de Chroniques estans Religieux, & viuans dans la retraitte, n'ont pas tousiours penetré les raisons des faits qu'ils touchent; d'où vient que souuent ils ne nous les font voir que du mauuais costé, & ne nous proposent pas les circonstances qui les rendroient moins odieux & aucunement excusables. Il est vray que pour ce qui concerne les biens d'Eglise, ils auoient sujet de declamer contre l'horrible dissipation qui s'en faisoit en ce temps-là, & de se plaindre que Cesar rauissoit insolemment ce qui appartenoit à Dieu, & que nostre Seigneur ayant voulu que son Espouse fust libre, on la traitoit en esclaue, luy ostant la disposition des reuenus dont la pieté des Fidelles l'auoit dotée & enrichie. Desordre qui scandalisa tous les gens de bien durant le gouuernement de Charles Martel, qui souïlla ses victoires & ses belles actions, de l'injustice auec laquelle il fit seruir les biens de l'Eglise à la subsistance de ses Capitaines. Ce qui a esté cause que les Autheurs de son temps, qui estoient la pluspart Ecclesiastiques, ont blasmé sa memoire, & se sont moins estendus sur le recit & sur les loüanges de ses exploits militaires. Ce qui soit dit en passant, & à l'occasion de la Chronique de Besué, qui rapporte que Pepin donna les reuenus des Eueschez de Langres à nostre Remy, lequel les départit (adjouste cette mesme Chronique) comme il voulut à ses creatures.

VI.
Pourquoy plusieurs Moines ont obmis les causes & les circonstances des faits qu'ils ont écrit.

VII.
Qu'ils ont eu suiet de crier contre ceux qui opprimoient l'Eglise de leur temps.

VIII.
En quelle année il entra à l'Archeuesché de Roüen.

Les Autheurs sont partagez pour l'année en laquelle il fut substitué à Rainfroy, qui auoit esté déposé. Quelques anciennes Chroniques mettent son entrée à l'Episcopat en 755. & Sigebert en 751. Il y entra, comme ie le vay faire voir, sur la fin de 753. ou vers le commencement de 754. La raison est, que la plus grande partie de ceux qui ont parlé de luy, disent qu'il gouuerna l'Eglise de Roüen 17. ans, & conuiennent tous qu'il mourut en 770. d'où il resulte que l'an 753. est la veritable année qu'il entra en l'Eglise de Roüen; cela se justifie encore par la commission qu'il receut pour le corps de S. Benoist, & par ce que nous dirons dans l'Eloge suiuant; d'où il est aisé de voir que le sieur Dadré s'est mépris lors qu'il a dit qu'il entra en 745. au Siege de Roüen, & qu'aprés la mort de son pere, il quitta sa portion du Royaume, & se retira en Italie

IX.
Erreur du sieur Dadré qui a attribué

DES ARCHEVESQVES DE ROVEN. 183

à Remy ce qui doit estre dit de Carloman. au Mont Sorapte où il se fit Moine, & bastit vne Eglise à l'honneur S. REMY. de S. Sylueſtre, & de là il s'en alla au Mont Caſſin, où il fut quelque temps auant que d'eſtre appellé à la dignité Archiepiſcopale. Il y a beaucoup d'apparence qu'il a pris Carloman pour Remy, puiſque ce qu'il a dit de ce dernier appartient au premier, par le témoignage des Hiſtoriens François & Italiens.

CHAP.
II.
Sommaire.
I.
Autheurs qui ont parlé de la commiſſion qu'eut Remy pour les Reliques de ſaint Benoiſt.

ADreualde Moyne de l'Abbaye de Fleury (maintenant appellée de S. Benoiſt ſur Loyre, à cauſe du corps de ce glorieux Patriarche qui y repoſe) parle fort au long de la commiſſion en laquelle fut employé noſtre Archeueſque Remy, au ſujet des Reliques de ce Saint. L'Hiſtoire en eſt rapportée d'vne autre façon par Anaſtaſe Bibliothecaire, Moyne du Mont Caſſin; ou bien comme il eſt fort probable par quelque ignorant & malicieux, qui aura adjouſté cette fauſſe relation à ſes écrits; car il n'eſt pas croyable qu'vn homme d'eſprit, comme eſtoit cét Autheur, eut ſi mal reüſſi. D'où Germain Milet, Religieux Benedictin, le prouue tres-éuidemment dans le liure qu'il a compoſé exprés, où il traite cette queſtion auec toute l'exactitude imaginable. Celuy que nous ſuiuons eſt Adreualde, lequel aux Chapitres 15. 16. & 17. du liure premier des miracles de S. Benoiſt, raconte bien au long cét éuenement; ie me contenteray d'en dire icy autant qu'il eſt à propos, pour faire voir la part qu'y eut noſtre Archeueſque.

II.
Carloman vient auec des lettres du Pape, pour remporter le corps de S. Benoiſt au Mont Caſſin.

Les Moynes du Mont Caſſin, leſquels en l'année 748. auoient receu parmy eux Carloman, frere de Pepin, Maire du Palais, & qui gouuernoit la France auec vn pouuoir abſolu, bien qu'il n'euſt pas encore pris la qualité de Roy; croyant auoir belle occaſion de recouurer le corps de S. Benoiſt, dont ils eſtoient priuez depuis 90. ans qu'il auoit eſté transferé au Monaſtere de Fleury ſur Loyre par S. Aigulphe en 660. furent trouuer le Pape Zacharie, & le ſupplierent humblement qu'il luy plût les aſſiſter de ſa faueur & de ſon authorité en cette affaire, & d'en écrire à Pepin. Le Pape leur accorda leur requeſte, & adreſſa vne lettre circulaire aux Eueſques de l'Egliſe Gallicane; par laquelle il les prioit de faire en ſorte auprés de Pepin, qu'il permiſt que le corps de S. Benoiſt fuſt rendu aux Moynes du Mont Caſſin, & remis dans ſon ſepulchre. Ces lettres furent miſes entre les mains de Carloman, qui paſſa les Monts, & vint en France accompagné de ſes Confreres Religieux du Mont Caſſin, à deſſein de ſolliciter puiſſamment cette affaire, & de ne pas reuenir en Italie qu'auec les précieux gages que ceux de ſon Monaſtere deſiroient ſi paſſionnément.

III.
Pepin depute Remy pour aller à Fleury demander le corps de S. Benoiſt.

Eſtant arriué à la Cour, où par vn changement des plus remarquables, Pepin venoit de monter de la charge de Maire du Palais, à la dignité Royale, il preſenta ces lettres dont il eſtoit porteur, au Roy, le ſuppliant de luy en octroyer l'effet. Pepin deferant aux prieres de ſon frere, & voulant auſſi témoigner qu'il honoroit la memoire du Pape Zacharie (qui eſtoit mort) à cauſe qu'il auoit beaucoup contribué à ſon éleuation à la Couronne, députa Remy Archeueſque de Roüen, pour aller à Fleury ſur Loyre, Dioceſe d'Orleans, auec ordre de commander de ſa part à

S. REMY. l'Abbé & aux Moynes, de rendre le corps de S. Benoist à ceux du Mont Cassin, & de ne rien obmettre pour les y obliger, ou de gré ou de force.

IV.
Réponse de l'Abbé de Fleury à l'Archevesque Remy, qui luy demandoit le corps de saint Benoist.

L'Archeuesque s'estant transporté à Fleury, signifia sa commission à l'Abbé Medon, qui fort surpris d'vn tel commandement, fit réponse qu'il ne pouuoit se dessaisir du sacré depost qu'il auoit receu de ses Prédecesseurs, non pour le rendre ou donner à personne, mais pour le reuerer & conseruer soigneusement. Que le grand S. Benoist auoit de sa propre volonté choisi sa demeure en leur Eglise, ceux qui l'y auoient apporté ne l'ayant fait qu'en suite d'vne reuelation qu'ils auoient euë. Que ce riche tresor auoit esté transferé d'Italie en France, afin qu'il ne tombast point entre les mains profanes des Lombards. Que depuis que luy & ceux qui l'auoient precedé en la charge Abbatiale, en auoient esté depositaires, ils auoient tasché de le garder auec tout le respect qui est dû aux choses saintes. Que si par infirmité humaine ils auoient commis quelque faute, en punition de laquelle le Saint voulut les abandonner, ils estoient prests de subir ce rigoureux chastiment; que si au contraire sa volonté estoit de demeurer auec eux, ils esperoient que ceux qui entreprendroient de l'enleuer de leur Monastere trauailleroient inutilement.

V.
L'Abbé fait ouurir le lieu où estoient les saintes Reliques, à Remy & à sa suite.

Il fit ces protestations les larmes aux yeux, puis commanda qu'on ouurit à l'Archeuesque & à sa suite, les portes de l'Eglise nostre-Dame, où estoient les saintes Reliques; & luy cependant se retira auec ses Religieux en l'Eglise de S. Pierre, où s'estant prosterné en terre, il pria Dieu auec beaucoup d'humilité & de ferueur, qu'il luy pleust appaiser sa colere, & ne pas permettre que ces venerables ossements, qui depuis tant d'années estoient la gloire & la consolation de leur Communauté, leur fussent enleuez par l'authorité des Grands du monde.

VI.
Remy & ceux de sa suite frappez d'aueuglement, lors qu'ils voulurent approcher des Reliques du Saint.

Tandis qu'ils estoient ainsi en prieres, l'Archeuesque entra dans l'Eglise de nostre-Dame auec sa compagnie; mais comme luy & les siens voulurent approcher de la Chasse de S. Benoist, ils furent aussi-tost frappez d'vn tel aueuglement & d'vne telle frayeur, qu'ils ne se voyoient pas l'vn l'autre, & qu'ils n'attendoient rien moins que la mort; les vns se jettoient à terre implorans la misericorde de Dieu, les autres taschoient de trouuer la porte & de se sauuer à la fuite, d'autres appelloient de toutes leurs forces ceux de dehors, afin qu'ils les vinssent secourir.

VII.
Anastase rapporte le fait d'vne autre maniere, mais contre la verité.

Ie sçay que le pretendu Anastase mesle plusieurs mensonges dans le recit de cét euenement, qu'il rapporte tout d'vne autre maniere, & auec des fausses circonstances; dont le Pere Milet, & tout nouuellement le Pere Henschenius Iesuite, (en son discours preliminaire, qui est auant les Actes de sainte Scholastique, n. 42. page 400. du 2. Tome de Février des Actes des saints de Bollandus) ont doctement montré la supposition. Ce qui fait au present sujet, est que le faussaire rejette la cause de cét aueuglement miraculeux sur l'Archeuesque de Roüen, adjoustant que cela se passa sous le Pape Estienne II. qui succeda à Zacharie, & ne tint le Siege que quatre jours, & ainsi il paroist qu'il s'est encore trompé en ce point, & qu'il a voulu dire Estienne III. & non pas Estienne II.

VIII.
Il iette la fau-

Il dit donc que l'Archeuesque Remy, qu'il nomme Gilles, ayant voulu emporter

DES ARCHEVESQVES DE ROVEN. 185

te de cés éue- emporter les saintes Reliques, non pas pour les rendre au Monastere du S. REMY.
nement sur Montcassin, mais par vn motif de propre interest, & pour en faire son
Remy. profit : en vn moment il s'éleua de si épaisses tenebres, que cette obscurité, & la terreur que chacun en conceut, firent que nul n'osa s'approcher du lieu où reposoient les saintes Reliques : En suite il fait parler le Moyne Carloman à Pepin, qu'il feint auoir esté present à ce prodige, & luy fait dire ; A ce que ie vois, mon tres-cher frere, il y a icy de la fraude & de la malice ; L'Archeuesque Gilles agit par interest, & non en faueur de nostre Eglise du Montcassin; il a dessein de prendre les Reliques pour luy, & c'est ce qui fait que le Ciel en haine de sa mauuaise foy, nous priue de sa lumiere. Afin qu'il vous la rende, faisons vn vœu à Dieu & à S. Benoist, leur promettans que s'ils nous assistent, nous ferons reporter les saints ossemens au Montcassin. Aprés quoy ces tenebres estans dissipées, l'Archeuesque Gilles prit le corps de S. Benoist, & le donna à Carloman, pour le transferer en son Monastere. C'est ce qu'on a fait dire à l'Historien Anastase.

CHAP. **M**Ais l'affaire n'alla pas de la sorte, comme on le peut voir chez
III. Adreuald ; car l'Archeuesque & ceux qui l'accompagnoient,
Sommaire. estans dans l'aueuglement que nous auons dit, appelerent l'Abbé Me-
I. don, qui les prenant par la main, les mit hors de l'Eglise tout estonnez
Verité du fait & tout tremblans de frayeur. Aprés qu'ils eurent recouuré la veuë, ils se jetterent à ses pieds, & luy demanderent pardon ; qu'il leur octroya benignement, & mesme leur donna quelque parcelle des saintes Re-
I I. liques qu'ils pretendoient auoir entieres. Ainsi l'Abbaye de Fleury de-
L'Abbaye de meura en possession de ce précieux depost, qu'elle a depuis toûjours
Fleury est de- gardé auec vne singuliere veneration, comme le Pere du Bois le prouue
possession du de siecle en siecle, par des pieces authentiques, dans sa Bibliotheque de
sacré corps de Fleury, & que Monsieur du Saussay le confirme en ses Annales de l'E-
S. Benoist. glise d'Orleans : de sorte que nous pouuons dire encore aujourd'huy ce que Vandelbert Autheur du neusiéme siecle, chante dans son Martyrologe en Vers.

Beneuentanis translata à montibus, almi
Busta patris Benedicti, N V N C *liger altus honorat.* *Ce Nune est remarquable. Cet Autheur escriuoit vers l'an 850.*

III. Au reste, Messieurs de sainte Marthe ne s'expliquent pas fort bien sur
Messieurs de ce sujet, lors que parlant de cette Commission de S. Remy, ils escriuent
sainte Mar- que ce S. Prelat exposa auec beaucoup de larmes l'ordre du Roy à l'Abbé
the n'ont pas Medon, & permit d'enleuer le corps de S. Benoist ; par où ils semblent
Adreuald, marquer que ce sacré depost fut tiré hors du Monastere de Fleury. Ce-
qu'ils ont pendant ce n'est pas-là leur intention, puisqu'ils citent Adreuald, &
cité. qu'ils témoignent ne vouloir raconter que ce qui se trouue dans cet Autheur, dont la relation n'est contredite par aucun ancien Escriuain, & est fortement confirmée par le silence de plusieurs Historiens qui attestent la translation du corps de S. Benoist en France; mais ne disent rien de cette relation imaginaire au Montcassin, de laquelle se flatent les Italiens.

I V. Il est bien vray qu'il y a de la difficulté pour la Chronologie, puisqu'il
Difficulté de

Aa

S. REMY.
Chronologie touchant cét éuenement.

est certain que le Pape Zacharie mourut en 752. le 15. Mars, ou mesme vn an deuant, comme l'écrit Sigebert, qui est seul toutefois de son sentiment : & ainsi on nous pourroit objecter que Remy n'ayant esté Archeuesque que sur la fin de 753. ou sur le commencement de 54. cette commission ne luy auroit pas esté adressée en cette qualité. Mais la solution de cette difficulté n'est pas bien malaisée à ceux qui se veulent donner la peine d'examiner curieusement la suite de l'Histoire ; car il est certain que Carloman ne fit le voyage de France, sinon lors qu'il fut contraint par Aistulphe Roy des Lombards, qui menaçoit de ruiner l'Abbaye du Montcassin, si l'Abbé ne l'enuoyoit vers Pepin, pour le dissuader de passer auec ses forces en Italie : ce fut alors que l'Abbé & les Religieux de ce Monastere se seruirent de l'occasion, & pour tenter en mesme temps de r'auoir le corps de S. Benoist, obtindrent des lettres du Pape Zacharie, qui les leur fit expedier vn peu auparauant que de mourir : mais les troubles de l'Italie s'estant accreus à la mort de ce Pape & de son Successeur, qui ne dura que quatre iours, ils differerent l'execution de leur dessein, jusques à ce voyage que fit Carloman, selon Sigebert, sur la fin de l'an 753. ou bien selon Baronius en 754. ce qui s'accorde parfaitement à nostre Chronologie.

V.
Les Papes ont recours au Roy de France contre les Lombards.

S. Remy fut employé dans vne autre occasion, où il donna des preuues de sa suffisance au maniement des affaires, & de son affection enuers le saint Siege. Pour l'intelligence dequoy, il faut obseruer qu'aprés la mort d'Aistulphe Roy des Lombards, (que Pepin vainquit & obligea de rendre au Pape Estienne ce qu'il auoit vsurpé sur le patrimoine de S. Pierre) Didier luy succeda, & se mit en possession de son Royaume, par la faueur du Souuerain Pontife, à la charge de restituer à l'Eglise quelques Villes & quelques Terres qu'Aistulphe n'auoit pas encore renduës. Mais quand il se vit affermy dans le Trône, il negligea de satisfaire à cette condition ; & lors que le Pape Paul, successeur d'Estienne, l'en pressoit, il s'en excusa par de vains pretextes. De sorte que le Pape fut contraint d'auoir recours à d'autres moyens qu'à de simples demandes, & d'implorer l'assistance de Pepin contre le Roy de Lombardie. Ce Prince qui fut en son temps le protecteur du Siege Apostolique, & à qui les Pontifes Romains ont en partie obligation de leur grandeur temporelle, ne voulant pas declarer la guerre à Didier qu'aprés auoir tenté les voyes de douceur, députa vers luy nostre S. Remy son frere, & le Capitaine Autchaire, pour le solliciter d'accomplir ce qu'il auoit promis au Pape. Didier sçachant par l'exemple de son Predecesseur, combien estoit redoutable la puissance de nos Roys, rendit aussi-tost vne partie de ce qu'il detenoit du Domaine de l'Eglise, auec promesse de restituer le reste dans vn certain temps, comme nous l'apprend la lettre que le Pape Paul écriuit à Pepin, pour le remercier de cét effet de sa protection, dont voicy les propres termes. *Innotescimus siquidem præcelsæ Christianitati tuæ quod nuper dum ad nos* [a] *coniunxissent fidelissimi vestri, scilicet à Deo amabilis Remedius Germanus vester, atque Autcharius gloriosissimus Dux : Constitit inter eos & Desideriü Longobardorum Regem vt per totum instantem Aprilem men-*

VI.
Pepin enuoye Remy vers Didier Roy des Lombards.

VII.
Succez de cét Ambassade.

v. Epist. Stephani 2. Papæ ad annum 756. p. 36. Conc. Gall.

V. Ep. 2. Pauli Papæ ad annum 759. p. 45.

Ep. 3. Pauli Papæ anno 760. pag. 48.
a Forté conueuissent.

Pau. Ep. 3. ad Pipinum

DES ARCHEVESQVES DE ROVEN. 187

sem istius inditionis omnes iustitias &c. Territoria diuersarum Ciuitatum Reip. S. Remy.
Romanorum vobis plenissimè restituisset, &c. Regem Cohr. Gall. t. 2. pag. 48.

VIII.
Duplex rapporte que Remy fust conduire le Pape Estienne en Italie.

Le sieur Duplex écrit, sans toutesfois citer aucun ancien Autheur, que le Pape Estienne III. estant venu en France, selon sa Chronologie, l'an 753. Pepin le fit reconduire en Italie par Remy Archeuesque de Roüen, & par Fulrad Abbé de S. Denis. Pour ce dernier il n'y a aucune difficulté, d'autant qu'il en est fait expresse mention dans le second Tome des Escriuains de l'Histoire de France, & dans les Conciles, & non pas de nostre Archeuesque Remy, joint que l'année y répugne.

CHAP. IV.

Sommaire.
I.
Remy rapporte en France les ceremonies de l'Eglise Romaine.

C'Est auec plus de fondement qu'il adjouste aprés Choppin en son Monasticon l. 2. t. 3. que Pepin donna charge à Remy de rapporter en France à son retour les ceremonies de l'Eglise Romaine, mais ce fut lors que ce Prelat alla en Italie sous le Pontificat du Pape Paul. Quelques Historiens, & entr'autres Paul Emile, cité par le sieur Dadré, disent que nostre Archeuesque fut le premier qui receut le chant à l'vsage de l'Eglise de Rome; ce qui est certain, & qui fait voir quel fut le zéle de S. Remy à procurer que le seruice diuin fust celebré auec l'ordre & la décence conuenable, mais presque tous ont manqué à nous en rapporter vne circonstance assez digne de remarque; ie la tire de l'Epistre du Pape Paul premier, à Pepin Roy de France, où i'apprens qu'ayant commencé à faire instruire au chant Romain quelques-vns de ses Moynes, par vn Chantre de Rome qu'il auoit à son seruice, celuy-cy ayant esté rappellé en Italie par le Pape, il les enuoya à Rome afin qu'ils se perfectionnassent dans la pratique du chant. Voicy la traduction de cette lettre de Paul premier, où nostre Archeuesque est nommé *Remedius*, & qualifié frere de Pepin, *Germanus Pepini*.

II.
Il envoye à Rome de ses Moynes pour se perfectionner au chant de l'Eglise.

A tres-excellent Seigneur nostre Fils & nostre Compere Spirituel Pepin Roy de France, & Patrice Romain.

PAVL PAPE.

III.
Lettre du Pape Paul I. à Pepin.

,, L'Affection sincere que nous portons à Vostre Excellence (qu'il a
,, plû à la Diuine bonté de releuer par tant & de si glorieux auanta-
,, ges) prenant tousiours de nouueaux accroissemens dans nostre cœur,
,, nous presse & nous sollicite fortement (ô le plus excellent des Roys)
,, d'apporter tout le soin & toute la diligence possible à l'execution de
,, vos ordres, à quoy nous nous sentons encore obligez par le deuoir de
,, la gratitude, voyant qu'aprés Dieu, c'est à la protection de Vostre Ex-
,, cellence que nous sommes redeuables de l'heureux succez par lequel
,, nous auons esté deliurez du danger où nous auoit reduit la malice & la

IV.
Aprés la reconnoissance des obligations qu'il luy a, il l'assure qu'il reçoit auec affection ses lettres.

,, cruauté de nos ennemis. C'est pourquoy toutes les fois qu'on nous
,, presente des lettres de vostre part, nous les receuons auec des sentimens
,, de respect & de reconnoissance, & nous nous appliquons aussi-tost à
,, effectuer ce qu'elles contiennent; & c'est ainsi que nous en auons vsé
,, à l'égard des dernieres que nous auons receuës de Vostre Excellence.
,, Elles portoient que nous eussions à faire presenter à Simeon, premier

Aa ij

S. REMY.

V.
Zèle de Remy pour faire apprendre la Pſalmodie à ſes Moynes.

VI.
Raiſon qui auoit obligé le Pape de rappeller à Rome le Maiſtre qu'il auoit enuoyé à Remy.

VII.
Il l'aſſure qu'il a recommandé ces Moynes auec vne haute eſtime de Remy.

„ Maiſtre de l'Eſchole des Chantres, les Religieux de Remy, voſtre Frere
„ bien-aimé de Dieu, afin qu'il les inſtruiſit dans le chant des Pſeaumes,
„ que ceux-cy n'auoient pû apprendre de luy pendant le ſejour qu'il a
„ fait en voſtre Royaume : Ce que vous nous aſſeurez auoir fort déplû à
„ voſtre Frere, qui a eſté mal ſatisfait, qu'il ne ſe fut point donné le loiſir
„ de perfectionner ᵃ ſes Moynes dans la Pſalmodie. Surquoy deſirant, ô
„ Roy tres-clement, juſtifier noſtre conduite & ſatisfaire à voſtre pieté,
„ nous luy dirons en paſſant, que ſi George qui tenoit cette Eſchole, ne
„ fut point décedé, nous n'euſſions jamais penſé à retirer Simeon du
„ ſeruice de voſtre Frere ; mais s'eſtant trouué qu'aprés la mort dudit
„ George, il eſtoit le premier en rang, & conſequemment celuy qui
„ deuoit eſtre le Succeſſeur du deffunt, nous auons eſté obligez de le
„ mander, afin de le charger de la conduite de cette Eſchole ; car à Dieu
„ ne plaiſe qu'il nous arriue jamais de faire rien qui ſoit deſagreable à
„ Voſtre Excellence, ou qui préjudicie à vos fidelles Sujets : Tout au con-
„ traire, nous pouuons auec verité luy proteſter de nouueau, que comme
„ nous demeurons touſiours fermes dans la reſolution que nous auons
„ faite de l'aimer ſincerement, auſſi nous taſchons autant qu'il nous eſt
„ poſſible d'accomplir exactement ce qu'elle demande de Nous. C'eſt ce
„ que nous auons fait paroiſtre au ſujet des Moynes de voſtre Frere, que
„ nous n'auons pas manqué de recommander à Simeon, luy ordon-
„ nant qu'il priſt la peine de leur enſeigner ce qui regarde le chant des
„ Pſeaumes, dans lequel nous voulons qu'ils s'exercent, juſqu'à ce qu'ils
„ en ayent appris parfaitement la pratique. Conſiderez donc ce que
„ nous auons fait en ce rencontre, comme vn témoignage de l'affection
„ qui nous vnit à Voſtre Excellence, & à la tres-noble perſonne de vo-
„ ſtre Frere, & croyez qu'vn de nos plus ardents deſirs eſt que Dieu vous
„ donne vne heureuſe & longue vie ; qu'il affermiſſe voſtre Throne, &
„ que par l'interceſſion de S. Pierre il vous rende victorieux de tous vos
„ ennemis. Que la grace celeſte conſerue Voſtre Excellence.

ᵃ Eius Monachos.
Vray-ſemblablement les Religieux de ſon Abbaye de S. Oüen.

VIII.
Liberalité de Remy enuers Alcuin ſon amy, & enuers ſon Egliſe Cathedrale.

Noſtre Archeueſque Remy fut lié d'amitié auec le venerable Alcuin, Précepteur de Charlemagne, comme il paroiſt par la 57. des lettres de celuy-cy, laquelle contient vn remerciement de quelques preſens que noſtre Saint luy auoit enuoyez. La liberalité dont S. Remy vſa enuers ce ſçauant perſonnage, me fait ſouuenir de celle qu'il exerça enuers ſa Cathedrale, qui le reconnoiſt pour vn de ſes principaux bienfaicteurs; car il n'eut pas ſeulement ſoin que le diuin Office y fut deuotement & melodieuſement celebré, mais il augmenta encore les reuenus de ſon Egliſe, & voulut qu'ils fuſſent fidellement employez à l'entretien des Chanoines; leſquelles donations il fit confirmer par Charlemagne, pour lors Roy, & depuis Empereur.

IX.
Remy reconnu pour Saint.

Au reſte nous auons ſujet de regretter que le temps nous ait enuié la connoiſſance des vertus de ce ſaint Prelat, dont nous jugeons pluſtoſt par conjecture (à cauſe de ſa qualité de Saint) que par des témoignages certains & éuidens. Mais nous ne deuons pas douter qu'il n'ait eſté éminent en ſainteté, & qu'il n'en ait donné de grandes marques en ſa

DES ARCHEVESQVES DE ROVEN. 189

vie & en sa mort, puisque l'Eglise de Roüen, qui a esté si reseruée à cano- S. REMY.
niser ses Archeuesques, le mit au nombre de ceux qu'elle reuere comme
Saints. Sa Feste se celebre dans la Cathedrale de Roüen le 19. Ianuier,
où son corps receut les derniers honneurs de la sepulture. Il fut depuis
leué & mis plus decemment en vne Chasse, & du temps de Loüis le
Debonnaire, il fut transferé auec le corps de S. Godard en l'Abbaye de
S. Medard lez Soissons, comme ie l'ay dit en l'Histoire de S. Oüen. De là a l. 2. chap.
il fut rapporté l'an 1090. du temps de l'Abbé Nicolas de Normandie, 25. p. 216 &
auec le chef de S. Romain, vn bras de S. Godard, des Reliques de saint
Medard, & quelques autres, qui furent conseruées dans le tresor de cette Abbaye, comme il paroist par plusieurs anciens Inuentaires, & entr'autres par vn qui fut fait le 22. Nouembre 1537. en la presence de Dom
Iean Calenge, Prieur Claustral, où il y a ; *item le chef de S. Remy Archeuesque; item la Chasse du corps de S. Remy Archeuesque de Roüen.* Mais elles souffrirent la mesme disgrace que le reste des saintes Reliques de cette Abbaye, qui furent bruslées l'an 1562. par les Heretiques.

X.
*Ses saintes Reliques por-
tées à S. Me-
dard de Sois-
sons, & de là
rapportées à
S. Oüen.*

Nithard, liure 3. de son Histoire, parlant d'vne translation qui se fit
des Corps saints du Monastere de S. Medard de Soissons, du temps
de Charles le Chauue, dit que ce Prince voulut porter luy-mesme auec
beaucoup de deuotion ces precieux gages en la nouuelle Eglise, qui
n'estoit pas encore entierement acheuée, & fait mention specialement
du corps de S. Remy qui estoit pour lors dans la mesme Abbaye. On y
faisoit anciennement plusieurs Festes de S. Remy, car le 17. Iuin on celebroit la reception des Reliques de S. Godard & de S. Remy, & le 19. Ianuier son bien-heureux trépas; il est aussi nommé dans l'ancienne Prose
qui se chante tous les ans à la Feste des Reliques de l'Abbaye de saint
Medard. Vital nous a laissé ces deux vers pour luy.

XI.
*Charles Chau-
ue porta en la
nouuelle Egli-
se de S. Me-
dard les Reli-
ques de ce
Saint.*

Remigius præsul Regali stirpe creatus,
Deuotè vixit, commissos dogmatizauit.

ELOGE
DE SAINT HVGVES. 30.

S. HVGVES.
An de I. C.
762.
CHAP.
I.
Sommaire.
I.
*Dessein de
l'Autheur, en
écriuant cette
vie.*

POVR accomplir ce que nous nous sommes proposez cy-deuant, en parlant de Hugues Archeuesque de Roüen, qui eut
pour pere Drogon, Duc de Champagne, nous rapporterons
icy briefuement la vie d'vn autre S. Hugues, Pasteur du mesme Diocese,
que les anciens Manuscrits de Iumiege, de S. Vvaast d'Arras, & le Breuiaire de Roüen, assurent auoir esté fils de Charlemagne, bien que
l'Histoire de ce Saint soit remplie de quantité de choses manifestement
fausses & supposées, qui la rendent fort suspecte, & la font passer pour

Aa iij

S. Hvgves.

fabuleuse dans l'opinion de deux de nos plus sçauants Escriuains, Messieurs le Preuost & sainte Marthe.

II.
S. Hugues fils de Charlemagne. Son éducation en l'Abbaye de S. Denis.

S. Hugues fut fils de Charlemagne, & d'Austrude fille de Tassillon, Duc de Bauiere. Il passa ses premieres années dans l'Abbaye de S. Denis, & y fut instruit à la vertu & aux bonnes lettres, auec tout le soin que demandoit sa haute naissance. Aprés ses estudes il retourna à la Cour, & se destinant dés lors à la profession Ecclesiastique, il se mit à frequenter les Aumosniers de l'Empereur, & à s'entretenir auec eux des matieres de Theologie, faisant paroistre tant de pieté & de doctrine dans ses discours, que ceux-cy ne le reueroient pas moins pour son merite personel que pour son illustre extraction, & le regardoient comme vn sujet capable de remplir dignement les plus hautes charges de l'Eglise. En suite, par permission de Charlemagne qui l'auoit desia pourueu des Abbayes de Rebais & de la Croix S. Oüen, il fit le voyage d'Italie, & visita les saints lieux de Rome, non tant par curiosité que par vn motif de pieté, ainsi que le témoignerent les riches offrandes qu'il y presenta, & les grandes aumosnes qu'il y distribua aux pauures. Comme il auoit vne deuotion particuliere à S. Pierre, lors qu'il alla faire station à son Sepulchre, il y fit Oraison auec vne ferueur extraordinaire, & se consacra à son seruice. En execution dequoy, il pria le Pape Leon de luy conferer la Tonsure & les Ordres de Sousdiacre, & de Diacre, qu'il receut auec joye, & en mesme temps fit vœu de se rendre Religieux dans l'Abbaye de Iumiege, dont l'Eglise est dédiée à ce glorieux Prince des Apostres, qu'il auoit choisi pour son Patron & son Protecteur. Aprés cela il prit congé de Sa Sainteté, & sortit de Rome pour reuenir en France.

III.
Combien il auança à la vertu & aux saintes lettres.

IV.
Il visita le tombeau de S. Pierre, où il fit vœu d'estre Religieux à Iumiege.

V.
Il guerit à son retour vn demoniaque.

Sur le chemin il rencontra vn Demoniaque qu'il guerit, en luy appliquant sur la teste du bois de la sainte Croix, & luy donnant à boire de l'eau beniste.

A son retour il alla saluër à Tréues l'Empereur Charlemagne, qui luy fit grand accueil, & l'obligea de manger à sa table luy & son frere Drogon. Durant le sejour qu'il fit à Tréues il arriua des Députez des Eglises de Roüen, & de Mets, qui venoient en Cour pour prier l'Empereur d'agréer & de confirmer l'election qui auoit esté faite de la personne de nostre S. Hugues, pour le Thrône Metropolitain de la premiere de ces deux Villes, & de celle de Drogo, pour le Siege Episcopal de la seconde.

VI.
Estant auec son pere à Tréues, on le vient demander pour estre Archeuesque de Roüen.

A quoy Charlemagne fit réponse qu'il en delibereroit auec son Conseil. Pour cét effet il conuoqua l'an 762. vn Concile à Aix la Chappelle, où se trouuerent les Archeuesques de Reims, de Sens, de Cologne, d'Arles, de Tréues, & leurs Suffragans; ausquels le Roy ayant proposé cette affaire, toute l'Assemblée approuua le choix qu'auoit fait le Clergé de ces deux Dioceses; de sorte que S. Hugues & Drogon son frere furent Sacrez Euesques auec grand apparat, l'vn pour gouuerner l'Eglise de Roüen, & l'autre pour estre Pasteur de celle de Mets.

VII.
Il est receu auec grand appareil à Roüen.

S. Hugues aprés son Ordination vint à Roüen, accompagné de l'Abbé Ainard, que Charlemagne enuoya auec luy, pour luy faire rendre tous les respects deubs à sa naissance & à sa nouuelle dignité. Il fut receu

des Habitans auec toutes les marques d'honneur, & toutes les démonstrations de joye & d'allegresse, qu'on a coustume de pratiquer en ces
occasions. On auoit preparé vn grand festin pour luy & pour les principaux de la Ville, mais le Saint ne voulut pas toucher aux viandes, qu'il
n'eust regalé les pauures, à qui il enuoya la pluspart des mets qui auoient
esté aprestez, auec quantité de vin. En suite il se mit à table, fit faire durant quelque temps la lecture spirituelle, & se réjoüit auec la compagnie.

Action de charité enuers les pauures fort considerable.

CHAP. II.

Sommaire.

I. *Plusieurs actions Episcopales qu'il fit aprés sa prise de possession.*

LE Saint s'estant ainsi mis en possession de son Diocese, s'appliqua
auec beaucoup de vigilance aux fonctions Pastorales. Il chassa de
la Ville les personnes infames & de mauuaise vie, & ruïna les lieux de
débauche. Entre diuers Synodes qu'il prit soin de conuoquer, il en
assembla vn qui dura trois iours, durant lesquels il fit diuerses exhortations à son Clergé, & tint des Conferences sur l'explication des plus difficiles passages de l'Escriture sainte. Il termina l'Assemblée par des pre-
sents qu'il distribua pour les Eglises & les Communautez Religieuses qui
en auoient besoin, & renuoya tous les Ecclesiastiques & les Moynes qui
estoient venus au Synode, fort satisfaits & fort édifiez de sa charité & de
sa sollicitude Pastorale. Vn iour sortant de l'Eglise Cathedrale pour aller
faire l'aumosne ordinaire aux miserables, il rencontra deux paralytiques
qu'il guerit en les oignant des saintes huiles, & recitant sur eux quelques
prieres. Il auoit grand soin de pouruoir aux necessitez des pauures, principalement durant les mois que le bled est plus cher; vne de ses pratiques ordinaires estoit de s'enfermer dans le Monastere de Iumiege,
depuis le Dimanche de la Septuagesime iusques à celuy des Rameaux,
afin de s'occuper plus commodement à la contemplation; l'amour de
laquelle croissant de plus en plus dans son ame, & se sentant aussi pressé
d'accomplir le vœu qu'il auoit autrefois fait au sepulchre de S. Pierre, il
resolut de renoncer à sa dignité, & de se retirer pour le reste de ses iours
dans cette fameuse Abbaye, qu'il honoroit si souuent de sa presence.

II. *Dieu honora sa charité Pastorale de miracles.*

III. *Il se retiroit pendant le Caresme à Iumiege.*

IV. *Où Aprés s'être démis de son Archeuesché & fait plusieurs aumosnes, il prit l'habit de S. Benoist.*

Dans cette pensée il alla saluër l'Empereur Loüis le Debonnaire, vn
peu aprés son auenement à la Couronne, & se démit entre ses mains de
son Archeuesché, qu'il auoit gouuerné vingt-six ans. Puis estant retourné à Roüen, il départit vne somme d'argent fort considerable aux vefues, aux orphelins, & aux Maisons de pieté; & ayant celebré la Messe
& donné la benediction au peuple, il se transporta au Monastere de Iumiege, & y prit l'habit de S. Benoist. La suite de sa vie fit voir que ç'auoit
esté par vn mouuement de l'esprit Diuin qu'il auoit ainsi changé de profession; car il se soûmit auec beaucoup de feruuer aux humbles exercices
& aux austeritez de ce nouuel estat, & fit de grands progrez dans la perfection Euangelique. Enfin aprés y auoir donné l'espace de dix ans de
grandes preuues de sainteté par ses actions, & mesme par des miracles
qu'il opera, il mourut de la mort des Iustes, & fut inhumé dans cette
Abbaye qu'il auoit enrichie de ses biens,[a] & édifié par ses bons exemples,
& où sa memoire & son chef sacré sont encore aujourd'huy en singuliere veneration.

[a] *Les terres qu'il donna sont fiscum apuliacum dans le territoire de Roüen. Fiscû*

V. *Sa mort. Ses*

S. Hugues deceda en l'âge de 74. ans, non le 12. d'Avril *secundo Idus,*

S. HVGVES.
Reliques transférées au village d'Haspres.

comme dit le Manuscrit, mais le dix-neufiéme, *quinto Idus*, si l'on en croit la tradition de l'Abbaye deS. Vvaast d'Arras. Ce fut le corps de ce saint Hugues fils de Charlemagne, & non pas celuy de Hugues fils de Drogon, Duc de Champagne, qui fut transporté au village d'Haspres, par les Moynes de Iumiege, auec les Reliques de S. Aicadre. Mais le témoignage d'Ordry Vital y est contraire; car cét Autheur parlant de cette Translation, ne reconoit point d'autre Hugues que ce dernier, qu'il qualifie *Consobrinum Pippini Francorum Principis*, & dit auoir esté Contemporain du Pape Gregoire II. Aussi certes ne peut-on nier qu'il n'y ait quantité de faussetez & d'absurditez dans ces Actes de S. Hugues fils de Charlemagne, bien que possible il y ait quelque chose de veritable meslé parmy ces suppositions.

seglam, auec ses appartenances dans le païs de Caux; in calciut, &) les terres Belniac & d'Amblide, dans le territoire du Talou.

VI.
Témoignage d'Ordry contraire à ce Hugues.

VII.
Difficultez qui se trouuēt à soustenir que ce Hugues ait esté fils de Charlemagne.

Car (comme disent Messieurs de sainte Marthe, aprés Mr. le Preuost dans ses Memoires) comment se peut-il faire que S. Hugues ait esté sacré Euesque en 762. par le commandement de son pere Charlemagne, lequel en ce temps-là n'auoit pas encore commencé à regner? Comment pouuoit-il alors auoir receu l'Ordre de Diacre du Pape Leon III. qui ne prit le gouuernement de l'Eglise qu'en 795.? Comment est-il possible qu'il fut éleué à l'Episcopat au mesme iour que Drogon, lequel au rapport de Thegan ne fut pourueu de l'Euesché de Mets que par Loüis le Debonnaire? 2. Comment Hugues a-t'il pû tenir le Siege de Roüen iusqu'au commencement de l'Empire de Loüis, qui succeda à Charlemagne en 814. puisqu'il ne fut ordonné qu'en 762. & ne gouuerna son Diocese que 26. ans? 3. Qui a iamais compté parmy les enfans de Charlemagne, vn autre Hugon, *Hugonem*, que celuy qu'Eginhard dans la vie de ce Prince appelle Hugues, *Hugum*, & dit auoir eu pour mere vne Maistresse de l'Empereur, nommée Reyne, *Regina*, & pour frere Drogon. Or ce Hugues ne pût pas naistre auant l'an 783. que mourut la Reyne Hildegarde, ainsi qu'attestent d'anciennes Annales; aprés le deceds de laquelle, ce Prince eut deux femmes legitimes, Fastrade & Luidgarde; & celle-cy estant morte, quatre Maistresses, du nombre desquelles fut cette Reyne, qui estoit Reyne de nom, mais non pas d'effet, & qui fut la mere de Hugues & de Drogon; comment est-ce que ce Hugues fust paruenu à l'Episcopat en 762. luy qui n'estoit pas encore né? Ou comment y pût-il estre éleué du viuant de son pere, puis qu'aprés la mort de celuy-cy, il fut sous la garde & la tutelle de Loüis son frere? Car c'est ainsi que parle Nithard au liure premier de son Histoire. Ce Roy admit à sa table ses freres Drogon, Hugon & Thierry, qui estoient fort ieunes, & les fit éleuer auprés de sa personne dans son Palais Royal. Thegan rapporte aussi que Loüis ayant fait creuer les yeux à Bernard, fit donner la Tonsure Clericale à Drogon, Hugon & Thierry, pour appaiser les troubles de son Estat, & eut soin de les faire instruire aux bonnes lettres, & qu'en suite il les pourueut honorablement; sçauoir Drogon d'vn Euesché, & Hugon de plusieurs Abbayes. Voila ce que dit Thegan, qui ne parle en façon quelconque de l'Archeuesché de Roüen, dont il n'eust manqué de dire quelque chose, si alors, ou quelques années

DES ARCHEVESQVES DE ROVEN.

nées aprés il eust esté conferé à Hugues, à qui cette dignité n'auoit garde S. Hvgves. d'estre donnée, puisqu'elle estoit remplie de la personne de Villebert Conseiller d'Estat de l'Empereur, joint que Hugues n'auoit pas l'âge requis pour exercer cette Charge Pastorale, &c.

CHAP. III.
Sommaire.
I.
Réponse de Messieurs de sainte Marthe, auec objections qu'on leur pourroit faire.

C'Est ce que Messieurs de sainte Marthe proposent contre les Actes de S. Hugues, fils de Charlemagne, desquels l'Autheur est inconnu, mais qui est assez ancien, puisqu'il se justifie que son ouurage fut renouuelé & mis en meilleur style il y a plus de 500. ans, par Baldric Archeuesque de Dol : & parce qu'ils ont preueu qu'on leur pouuoit objecter trois raisons qui semblent authoriser cette Legende de S. Hugues ; sçauoir son antiquité, la conformité qu'elle a auec les Leçons du Breuiaire de Roüen, & l'vsage des Eglises de Paris & de Bayeux, qui ne reconnoissent point pour saint ce Hugues, fils de Drogon, qu'ils veulent estre le seul veritable, & celuy-là mesme que le Diocese de Roüen reuere. Ils ont tasché de satisfaire à ces objections en cette sorte. A l'égard de la premiere, ils disent que l'antiquité de ces Manuscrits est vn foible préjugé de la verité des choses qui y sont déduites, parce que cette Histoire qu'ils traitent du nom de fable, a pû naistre dans le malheureux siecle qui préceda la conuersion des Normands, auquel temps les Reliques de ce S. Prelat ayans esté portées au village d'Haspres, & le Cartulaire de l'Abbaye du Iumiege ayant esté, ou bruslé entierement lors de la ruine de cette maison, ou du moins perdu & dissipé en partie, il a esté facile aux Religieux qui ont voulu se mesler d'écrire, de tomber dans les erreurs grossieres qui se remarquent dans cette relation de la vie de S. Hugues.

II.
Pour l'antiquité de l'Autheur de cette Legende.

III.
Pour l'authorité des Breuiaires de Roüen, de Iumiege, &c.

Quant à la seconde, ils prétendent que le témoignage du Breuiaire de Roüen est de nulle consideration, dautant que les Leçons de ce Breuiaire ne sont pas plus anciennes que l'institution de la Feste de ce Saint, que l'on ne commença de celebrer qu'en 1309. & que quand on les a composées pour les inserer dans l'Office des Matines, on les a tirées des Lectionnaires de Iumiege, ou de S. Vaast d'Arras, sans se mettre en peine de faire vne plus exacte recherche de l'Histoire du Saint, joint qu'elles sont contredites par vn ancien Manuscrit, & les Tables Ecclesiastiques de la Cathedrale, qui font S. Hugues fils du Duc de Champagne, & contemporain à Charles Martel, qui est quelquesfois appelé grand, à cause de ses belles actions. Pour ce qui est de la distinction qu'on veut faire de ce Hugues fils de Drogon, & qui gouuerna les Eueschez de Paris & de Bayeux, aussi bien que l'Archeuesché de Roüen, d'auec celuy que nostre Diocese tient pour Saint, à cause dit-on, que le premier n'a iamais esté reueré de cette sorte dans les Eglises de Paris & de Bayeux, ny mesme dans celle de S. Vvandrille, lesquelles n'auroient pas manqué de le mettre dans leurs Martyrologes, s'il estoit reconnu pour Bienheureux. Ils répondent à cela, qu'autresfois on ne rendoit ordinairement des honneurs à la memoire des Saints, qu'aux lieux de leur sepulture ; d'où il est arriué que S. Hugues ayant esté inhumé en l'Abbaye de Iumiege, sa Feste ne fut d'abord celebrée que par les Religieux de ce Mo-

IV.
A ce que l'on obiecte que le deuxnier fut aussi Euesque de Paris & de Bayeux, &c.

Bb

194 HISTOIRE

S. HVGVES. naftere, la pieté defquels a efté en fuite imitée par le Clergé de l'Eglife
de Roüen, poffible à l'occafion de quelques Reliques du Saint qu'on y
apporta ; car il paroift par vn Catalogue des Reliques qui y fut dreffé en
1555. le dernier iour de Iuillet, qu'il y auoit alors dans la Cathedrale de
Roüen, vne partie du bras de ce Saint, fort décemment enchaffée dans
vn Reliquaire d'argent : mais quant aux Eglifes de Paris, de Bayeux, & de
S. Vvandrille, bien qu'elles ayent efté fort zélées à reuerer la memoire
des Saints qui les ont gouuernées, elles ont ou totalement obmis ou
difcontinué de folemnifer celle de S. Hugues qui eft mort & a efté enterré ailleurs ; ou enfin, parce qu'elles n'ont iamais eu le bonheur ny la confolation de poffeder aucune partie de fes offemens facrez.

V. *Raifon pourquoy on a fait fa Fefte en l'Eglife de Roüen.*

VI. *L'intention de Mr. de fainte Marthe a efté de prouuer qu'il n'a pû eftre fils de Charlemagne.*

C'eft par ces raifons que Meffieurs de fainte Marthe eftabliffent leur
fentiment, lefquelles eftans fortes & folides, il faut au moins demeurer
d'accord auec eux qu'il eft fort vray-femblable que S. Hugues n'a point
efté fils de Charlemagne, bien que dans cette Legende qui le met au
nombre des enfans de ce Prince, il puiffe y auoir quelque chofe de veritable touchant les actions particulieres du Saint : Ce que ie n'ay point
crû deuoir diffimuler icy, afin de ne pas pecher contre la premiere loy
de l'Hiftoire, qui eft de rendre fincerement témoignage à la verité.

VII. *Qu'il y a eu vn S. Hugues de la famille Royale, inhumé à Iumiege.*

Au refte, ce que ie viens de dire ne doit point fcandalifer ceux qui
font deuots enuers ce S. Prelat, puifqu'il demeure conftant qu'il y a eu
vn S. Hugues Archeuefque de Roüen qui eft forty de la famille Royale
de France, lequel a merité par fes vertus, & par fes miracles, la veneration de l'Eglife, qui a efté inhumé dans l'Abbaye de Iumiege, dont il a
efté Abbé, & enfin de qui le précieux Chef eft en garde & reueré dans
ce celebre Monaftere : Ce qui fuffit pour affermir les perfonnes raifon-

VIII. *Que les difficultez ne doiuent point diminuer le culte qui luy eft deu.*

nables dans le culte qu'elles luy rendent. Il eft vray que fa naiffance, & le
temps de fon Epifcopat fourniffent matiere de difpute aux doctes ; mais
les difficultez qui fe rencontrent dans les Actes des Saints, ne doiuét pas
préjudicier aux refpects qu'on leur rend, dequoy nous auons d'illuftres
exemples, & entr'autres, ceux de S. George & de Ste. Vrfule, pour qui les
Fidelles ne laiffent pas d'auoir beaucoup de deuotion, quoy qu'il fe trouue dans l'Hiftoire de leur vie quantité de chofes qui font en controuerfe.

ELOGE
DE MAINARD. 30.

MAINARD.
An de I. C.
770.
CHAP.
I.
Sommaire.
I.
Du rang, & de l'entrée de Mainard, au Pontificat.

IL y a plufieurs Chroniques anciennes & modernes, qui font
fucceder Mainard ou Meginard à S. Remy : Le Lecteur aura pû
voir les raifons qui nous ont obligé de mettre vn S. Hugues
entre les deux, fans que pour cela nous voulions contefter la verité de

ces Chroniques, nous contentans de rapporter les choses douteuses MAINARD, pour ce qu'elles sont, & particulierement à l'égard du rang que nous auons donné à cét Archeuesque, qui ne doit prejudicier à celuy de Mainard, qui entra au Pontificat l'an 770. Sa naissance & ses emplois auant qu'il fut choisi pour l'Archeuesché de Roüen, nous sont demeurez inconnus; & si nous en pouuons auoir quelque connoissance, ce n'est que par des conjectures; en voicy deux, dont ie laisse au jugement du sçauant Lecteur d'examiner la vray-semblance.

II. *Conjecture qu'il estoit Chancelier lors qu'il fut éleué à cette charge.*
Ie tire la premiere d'vne ancienne Chartre de l'Abbaye de S. Denis, rapportée par le sieur Doublet, & depuis par le Pere Labbe en ses Eloges historiques, en laquelle il se voit la signature d'vn Magenardus ou Mainard, ayant qualité de Chancelier de Carloman, frere de Charlemagne, en date de la premiere année du Regne de ce Prince, qui répond à l'an de I. C. 768. ce qui me fait penser que l'Officier dénommé en cette Chartre, pourroit bien auoir esté nostre Prelat; la conuenance du nom & du temps, & l'vsage par lequel on n'éleuoit que des personnes de qualité & de merite, au Siege de Roüen, rendant ce me semble la chose fort probable.

III. *Seconde conjecture qu'il fut choisi par Charlemagne pour assister son fils.*
La seconde est fondée sur vn passage de la vie de Loüis le Debonnaire, chez Mr. Duchesne, où il est dit que Charlemagne donna à son fils Loüis le Debonnaire, vn Seigneur nommé Meginard, pour l'assister de ses aduis & de ses conseils dans les affaires les plus importantes, & que celuy-cy estoit vn homme sage, habile & zelé pour la conseruation de l'honneur & des interests de l'Estat. Surquoy ie ne fais point difficulté de dire, qu'apparemment ce fut nostre Mainard, que ce grand Prince honora de cette charge; dautant qu'outre la conformité du nom, nous auons encore vne preuue qui nous persuade que nostre Archeuesque Mainard fut en estime, & eut des emplois publics du temps de Charlemagne.

IV. *Il fut honoré de la commission d'Intendant de Prouince.*
Nous lisons dans vn Fragment des ordonnances de cét Empereur, au 2. Tome des Escriuains de l'Histoire de France, qu'il enuoya dans les Prouinces des Commissaires nommez *Missos Dominicos*, pour voir si la justice y estoit bien gardée, & entr'autres vn Mainard Euesque. Voicy „ le passage en François. Au païs du Mayne, au païs d'Hyestmois, au „ Lieuuain, au Bessin, au Cotantin, au païs d'Avranches, d'Evreux & de „ Madric, & du costé de la Seine Rouennoise, furent enuoyez Mainard „ Euesque & Madelgaud. Or comme en France il n'y auoit point alors d'autre Euesque qui portast le nom de Mainard, il est sans doute que ce fut le nostre qui receut cette comission, l'an 770. c'est à dire incontinent ou peu aprés qu'il fut estably dás le Trône Episcopal, à l'occasio dequoy

V. *Charlemagne vint faire sa Pasque à Roüen en 769.*
ie diray que Charlemagne estoit venu l'année précedente à Roüen pour y faire sa Pasque, sçauoir l'an 769. comme on le peut voir dans les Annales du sieur Pithou, & chez Mr. Duchesne. Ce que les Autheurs ont marqué assez diligemment; parce qu'en ce temps-là, lors que nos Roys celebroient la Feste de Pasque en vn lieu, ils y tenoient Cour ouuerte, & y conuoquoient d'ordinaire quelque Parlemét ou Assemblée d'Estats.

VI. *Combien d'an-*
Il est difficile de sçauoir au vray le nombre des années que Mainard

196 HISTOIRE

MAINARD. nées il a gouuerné l'Eglise de Roüen.
gouuerna l'Eglise de Roüen. Le sieur Dadré ne luy donne que huict ans, mais nous auons des raisons inuincibles qui nous font estendre son Pontificat bien plus loin que 780. qui est l'an où il luy fait succeder Gilbert, puisqu'il est certain que nostre Mainard assista au Concile de Francfort, assemblé selon le sieur Frison en 788. selon le Pere Syrmond & Binius en 795. & que mesme il vescut jusqu'à l'an 800. comme ie diray cy-aprés. Il

VII. *Il est fait mention de luy dans le Concile de Francfort.*
est porté dans le dixiéme Canon de ce Concile, qu'il auoit esté définy par le saint Synode, assemblé en la presence du Roy, que Gerbodus qui se disoit Euesque, sans toutefois qu'il pût produire aucuns témoins de son Ordination, bien qu'il asseurast qu'il auoit receu le caractere Episcopal par Mainard son Metropolitain, & qui de plus confessoit n'auoir point esté fait Diacre ny Prestre par vne Ordination canonique, fut déposé de l'Episcopat par ledit Metropolitain, ou par les Euesques Comprouinciaux, lequel Mainard estoit sans doute nostre Archeuesque de Roüen. Quant à ce Gerbodus, le Pere Syrmond estime que c'estoit vn certain Euesque d'Evreux nommé Giruoldus, dans les anciens Catalogues.

VIII. *Il assista à la Dédicace de l'Eglise de S. Riquier en 800.*
Nous auons encore vn témoignage bien authentique dans la vie de S. Nithard, où il est dit qu'vn Seigneur nommé Angilbert, proche parent de Charlemagne, & qui auoit eu les premiers emplois de la Cour; ayant fait vœu dans vne extrémité de maladie, de se consacrer entierement aux exercices de la pieté Chrestienne, s'il plaisoit à Dieu de luy rendre la santé, fut exaucé dans ses prieres, & qu'aussi-tost qu'il fut reuenu en conualescence, il accomplit sa promesse, en prenant l'habit de Religieux dans l'Abbaye de S. Riquier, de l'Ordre de S. Benoist. En suite, sa vertu & sa prudence l'ayant fait monter à la charge d'Abbé, il augmenta le Monastere en bastimens, en reuenus, & en nombre de Moynes; & fit construire trois Eglises neufues, lesquelles estans acheuées l'an 800. il inuita douze Prelats à en faire la Dédicace; le premier desquels fut nostre Archeuesque Mainard: par où il paroist qu'il vescut bien plus long-temps que le sieur Dadré & quelques autres n'ont écrit. Ordry Vital luy a laissé vn Eloge fort honorable en ces deux vers. *Cette multiplicité d'Eglises estoit en vsage dans les grands Monasteres en ce temps-là.*

Præsul Mainardus bonitatis odore refertus,
Subjectos docuit, vitiorum sorde piauit.

GILBERT.
An de I. C.
800.
CHAP. I.
Sommaire.
I. *Difficulté Chronologique, touchant le temps des deux ou trois derniers Archeuesques.*

ELOGE
DE GILBERT. 31.

NOVS ne sçauons point combien Mainard vescut de temps aprés cette Auguste ceremonie de la Dédicace de l'Eglise de S. Riquier, qui fut faite en 800. Dans cette incertitude nous luy substituons cette mesme année Gilbert, nostre trente-vniéme

DES ARCHEVESQVES DE ROVEN.

Archeuesque, après lequel quelques Manuscrits mettent le S. Hugues GILBERT. fils de Charlemagne, ainsi que nous l'auons dit cy-deuant; en quoy il n'y auroit aucune difficulté s'il estoit totalement certain qu'il y eust eu deux saints Hugues, puisque c'est sans authorité que le sieur Dadré auance que Gilbert auoit tenu le Siege 49. ans. Nous en auons desia retranché 22. qui appartenoient à son Prédecesseur, & comme la derniere année où ie trouue qu'il est fait mention de luy est 819. ou selon d'autres 823. il n'y auroit aucun inconuenient de laisser à ce Hugues fils de Charlemagne les années qui restent jusqu'à 829. que Ragnoard entra en l'Archeuesché : que si on luy refuse place parmy nos Prelats, Gilbert les pourra reprendre auec la mesme facilité.

II.
Gilbert fut Secretaire d'Estat auant sa Promotion à l'Archeuesché.

Gilbert fut parfaitement bien venu en Cour, tant sous le Regne de l'Empereur Charlemagne, que du temps de Loüis le Debonnaire son fils. Il exerça la charge de Secretaire d'Estat, & c'est en cette qualité qu'il se trouue auoir signé à vne Chartre de la Royale Abbaye de saint Denis, donnée l'an 793. & à vne autre expediée enuiron le mesme temps.

III.
Charlemagne l'élut comme tuteur de Loüis le Debonnaire.

Outre cét employ il en eut encore d'autres, qui montrent quelle estime on faisoit de sa sagesse & de sa fidelité. Il se voit dans la vie originale de Loüis le Debonnaire, mise en lumiere par Messieurs Pithou & Duchesne, qu'après que ce Prince eut esté declaré Roy par son pere Charlemagne, ses Officiers abusant de sa bonté & de son peu d'experience dans les affaires, ménageoient fort mal ses Finances, & ne songeoient qu'à s'enrichir injustement par la dissipation du bien de leur Maistre ; de sorte qu'il arriuoit souuent que les Argentiers ou Intendans de sa maison manquoient de fond, & ne pouuoient fournir aux dépenses necessaires. Charlemagne sçachant ce desordre, y voulut remedier adroitement, & sans déposer les Seigneurs qui auoient charge chez son fils ; & pour cét effet il choisit deux hommes éminens en prudence & d'vne probité singuliere, qu'il mit auprès de luy, afin d'estre comme les Tuteurs de sa personne, & les Oeconomes de sa dépense. Il leur prescriuit les moyens dont ils deuoient vser pour faire subsister la Maison Royale ; & leur assigna quatre Palais ou grandes Seigneuries, où le Roy trouueroit dequoy soustenir la magnificence de son train pour les quatre saisons de l'année. Gilbert qui fut depuis Archeuesque de Roüen (adjouste l'Autheur de cette vie) fut le premier nommé pour cét employ, & le Comte Richard Intendant du Domaine Royal, luy fut donné pour Collegue.

IV.
Moyens dont se seruit cét Empereur, pour faire subsister la Maison du Roy Loüis son fils aisné.

V.
Gilbert fort estimé chez les anciens Escriuains pour son rare merite.

Les Escriuains rapportent aussi qu'il fut du nombre des Comtes ou Députez pour visiter les Prouinces, & rendre la justice auant mesme qu'il fut éleué à l'Episcopat ; sçauoir en 796. & Aimoyn liure 5. chap. 3. enuiron au milieu, en fait aussi vne honorable mention. Son rare merite luy ouurit le chemin à l'Archeuesché de Roüen, lequel estant venu à vacquer par la mort de Mainard, enuiron l'an 800. il en fut pourueu. Estant estably en cette Dignité sacrée, il fut encore employé aux affaires publiques en qualité de *Missus Dominicus*, ou d'Intendant de Iustice, laquelle Charge on ne confioit qu'à des personnes de sagesse & d'integrité reconnuë, parce que la fonction en estoit tres-considerable, & s'esten-

HISTOIRE

GILBERT.
VI.
Il fut aussi honoré de la Charge d'Intendant de la Prouince.

doit aussi-bien sur la discipline Ecclesiastique, que sur la Police ciuile. Il eut pour son departement le territoire de Roüen, ainsi qu'il se voit au Chapitre 25. du 2. Capitulaire de Loüis le Debonnaire, *super Rothomagum Vvillebertus Archiepiscopus.* Bien que l'année ne soit pas expressément marquée, nous sommes volontiers de l'aduis du Pere Syrmond, qui rapporte ces Ordonnances Imperiales enuiron l'an 819. ou 823.

VII.
Que Gilbert & Vvillebert ne sont point deux Archeuesques, mais vn seul.

Au reste, il semble que c'est sans aucun fondement que Mr. Preuost fait distinction entre Gilbert & Vvillebert, qu'il met pour les 31. & 32. Archeuesques de Roüen, d'vn Prelat en faisant ainsi deux : ce que ie ne m'arreste pas à refuter ; pour ce qui est de Gregoire de Tours qu'il cite, il faut que ce soit quelqu'autre qui ait glissé cette faute dans son ouurage ; car estant homme de grande érudition, il ne pouuoit pas ignorer que Gregoire de Tours estoit mort deux cens ans & dauantage auant ce temps, & qu'ainsi il n'auoit pû parler de ce Vvillebert, si ce n'eust esté par vn esprit prophetique, en predisant ce qui deuoit estre long-temps après luy. Ordry Vital donne ces deux Vers pour luy, qui sont aussi rapportez par Mathieu de Vestmonstier.

VIII.
Eloge que luy donne Ordry.

Ordine successit præsul Gilbertus, in omni
Constans & Lenis, populi Pastorque fidelis.

ELOGE DE RAGNOARD. 32.

RAGNOARD
An de J. C.
828.
CHAP. I.
Sommaire.
I.
Entrée de Ragnoard au Pontificat.
II.
Il est fait mention de luy dans les Capitulaires de Loüis le Debonnaire.

AGNOARD entra au Siege Archiepiscopal sur la fin de l'an 828. & le gouuerna 8. ans ; Nous ne connoissons ny sa naissance ny ses emplois auant sa promotion à l'Episcopat. La premiere occasion où nous trouuons qu'il soit parlé de luy, est au troisiéme Capitulaire de l'Empereur Loüis le Debonnaire, fait en 828. à Aix la Chappelle, dans le premier Article duquel il est arresté que Ebbo Archeuesque de Reims, Ragnoard Archeuesque de Roüen, Latran Archeuesque de Tours, & celuy qui seroit Archeuesque de Sens, lequel Siege estoit vacant, se rendroient l'année suiuante à Paris auec leurs Suffragans, pour y tenir vn Concile qui fut le sixiéme Concile de Paris, celebré en 829. Ce Prince ordonna aussi que l'on en assembleroit encor trois autres, à quoy il fut porté par la necessité pressante où il se vit de

III.
Grandes calamitez qui arriuerent du temps de cet Archeuesque.

trauailler promptement à la reformation des mœurs du public, afin d'appaiser la colere de Dieu, & d'arrester par ce moyen le cours des horribles calamitez qui affligeoient son Empire, & particulierement la France ; car il arriua qu'en mesme temps la famine, la peste, & les courses des Bulgares & des Sarrazins, conspirerent pour ainsi dire ensemble pour exterminer les hommes, & mesme les animaux, qui perissoient

DES ARCHEVESQVES DE ROVEN.

IV.
Loüis le Debonnaire fit tenir quatre Conciles, pour appaiser l'ire de Dieu.

V.
Le diable declare par la bouche d'vne possedée, qu'il auoit causé la sterilité, & la peste.

VI.
Ieusnes & Prieres ordonnées en ces Conciles, pour la reformation des mœurs.

VII.
Ragnoard & ses Suffragans assisterent à ce Concile sixiéme de Paris, où furent faites de tres-salutaires Ordonnances.

VIII.
Il assiste aussi aux Conciles de Vuormes, & de Thionuille.

aussi par cette contagion, comme nous l'apprenons de l'Edit par lequel RAGNOARD l'Empereur ordonna la conuocation de ces quatre Conciles ; & ce qui est fort remarquable, c'est que la sterilité de la terre n'estoit pas tant vn effet des causes naturelles, que de la rage des démons, à qui Dieu justement irrité des pechez du peuple, auoit permis de gaster les bleds, de geler les vignes, de corrompre l'air pour faire mourir les hommes & les bestes, & de porter par tout le rauage & la desolation, ainsi qu'on le reconnut par l'adueu du diable mesme, parlant par la bouche d'vne possedée qu'on exorcisoit en presence, & par la vertu des saintes Reliques des Martyrs Marcellin & Pierre. Eginhard, Autheur tres-digne de foy, qui raconte cet éuenement, asseure que le bruit de la deliurance miraculeuse de cette femme, & de la declaration qu'auoit fait le diable touchant la permission qui luy auoit esté donnée de nuire aux hommes, s'estant répandu de tous costez, & principalement en la Cour de l'Empereur Loüis le Debonnaire, ce bon Prince resolut d'employer son authorité pour faire cesser cette déprauation generale des mœurs, qui estoit la veritable cause de tant de miseres qui accabloient ses Sujets depuis plusieurs années. Pour cét effet, par l'aduis de quelques Euesques, & de ses principaux Conseillers, il ordonna vn jeusne solemnel de trois iours, & des prieres publiques, afin de satisfaire aucunement à la Iustice Diuine, & conuoqua les quatre Conciles dont nous venons de parler, dans lesquels il seroit traité : 1°. de la Religion Chrestienne : 2°. de la conduite ordinaire des Princes & des Peuples, afin de marquer ce qu'il y auoit de conforme ou de contraire à la Loy de Dieu, & de les exhorter à suiure le bien, & éuiter le mal : & en troisiéme lieu, des deuoirs des Ministres sacrez, & de la discipline Ecclesiastique. Ce qui fut ponctuellement executé dans ce Concile de Paris de l'an 829. où nostre Archeuesque Ragnoard assista auec ses Suffragans, comme il paroist par les Canons & les Decrets que nous en auons, diuisez en trois liures, à la lecture desquels ie ne crains point d'inuiter les pieux & sçauans Lecteurs, estant certain qu'il est difficile de trouuer rien de plus solide dans l'antiquité touchant la police de l'Eglise, la morale Euangelique, & ie puis dire aussi la politique Chrestienne, puisque le second liure traite du deuoir des Princes. Nostre Archeuesque Ragnoard fut aussi appelé au Synode assemblé à Vuormes l'an 830. & y souscriuit au priuilege accordé en faueur de l'Abbaye de S. Remy, de Sens, auec S. Alderic Archeuesque de cette derniere Ville, auec Careiuls Euesque de Bayeux, Raoul Euesque de Lisieux, & Ingelnome Euesque de Sez, comme nous l'enseigne le Cartulaire de l'Abbaye de Ferrieres en Gastinois. Il en est aussi fait mention dans l'Histoire de *Reomaüs*, autrement *Montier S. Iean*, où la date de ce Concile y est reculée de trois ans, soit par erreur, ou parce qu'effectiuement il y en fut celebré vn autre en 833. comme le Pere Rouier l'a remarqué, & non pas en 835. qui est l'année que fut tenu celuy de Thionuille, où se trouua pareillement nostre Ragnoard ; ce qui m'oblige de déduire icy en peu de mots le sujet qui donna lieu à la conuocation de cette Assemblée, & ce qui s'y passa.

Cum consultu sacerdotū cæterorumque fidelium nostrorum. Ex epist. generali ante Cōc. Parif. VI. p. 476. Conc. Gall. t. 2. (†) placitorum Aquifgran. p. 464.

HISTOIRE

RAGNOARD CHAP. II.

Sommaire.

I. Reuolte des enfans de Loüis le Debonnaire, contre leur pere.

II. Lothaire fait dépofer l'Empereur fon pere, en vn Parlement, tenu à Compiegne.

III. Ragnoard & quelques autres Prelats viennent trouuer le Debonnaire à S. Denis & luy remettent la Couronne fur la tefte.

IV. Ragnoard affifta au Concile de Thionuille & à Mets, où fept Archeuefques renouuellerēt la ceremonie du Couronnement.

V. Ebbo Archeuefque de Reims dépofé en ce Concile.

VI. Il eft fait mention de Ragnoard dās le Teftament d'Anfegife.

Loüis le Debonnaire ayant ofté le Royaume d'Aquitaine à Pepin fon fils du premier lit, pour le donner à Charles, le dernier de fes enfans, forty de Iudith fa feconde femme; Pepin & fes deux freres, Lothaire & Loüis, déclarerent la guerre à l'Empereur leur pere, & s'eftans faifis de fa perfonne, le confinerent dans l'Abbaye de S. Medard de Soiffons. Lothaire animé par l'heureux fuccez qu'auoit eu ce noir attentat, paffa encor plus auant; & par vne horrible impieté fit comparoiftre fon pere à vn Parlement qu'il affembla à Compiegne, où il le dépofa honteufement de fa dignité Imperiale; en quoy il fut affifté d'Ebbo Archeuefque de Reims, & de quelques autres Euefques qui (foit par ignorance ou par crainte) contribuërent de leur authorité à l'oppreffion & à la dégradation de ce pauure Prince. Vne action fi indigne irrita tous les bons François, qui s'armerent auffi-toft pour venger l'injure faite à leur Souuerain; & Pepin & Loüis fe joignirent à eux, tant par vn mouuement de repentance, que par l'apprehenfion qu'ils auoient que Lothaire ne s'emparaft feul de l'Empire. Celuy-cy voyant qu'il fe formoit vn orage qu'il auroit peine à diffiper, s'excufa, difant qu'il n'auoit rien fait que par l'aduis des Prelats & des Grands de l'Eftat, & aprés auoir laiffé le Roy fon pere dans l'Abbaye de S. Denis, fe retira à Vienne en Dauphiné. Quelques Euefques, du nombre defquels fut poffible noftre Ragnoard, s'eftant tranfportez en ce Royal Monaftere, remirent la Couronne fur la tefte de ce bon Prince, & le reconcilierent à l'Eglife, de la Communion de laquelle il auoit efté feparé auec tant d'injuftice. Enuiron vn an aprés l'Empereur vint à Thionuille, où il affembla vn Concile, auquel fe trouua Ragnoard, auec quantité d'autres Prelats, qui ayant ratifié ce qui auoit efté fait à S. Denis, accompagnerent l'Empereur à Mets, où en vne Meffe folemnelle qui fut celebrée dans l'Eglife de faint Eftienne, fept Archeuefques (vn defquels fut Ragnoard) renouuellerent la ceremonie de la reconciliation de ce Prince, reciterent chacun fur luy vne Oraifon, au milieu des acclamations du peuple, qui ne ceffoit de rendre graces à Dieu pour l'entier reftabliffement de l'Empereur. De Mets on retourna derechef à Thionuille, où l'on continua le Synode commencé, où ce Prince ayant accufé Ebbo comme complice du crime de fes enfans, & le principal autheur de l'ignominieufe dépofition qu'on luy auoit fait fouffrir à Compiegne, Ebbo demanda qu'il fe pût deffendre en l'abfence de l'Empereur. Ce qui luy ayant efté accordé, il fe fentit fi viuement preffé du remords de fa confcience, qu'il fe condamna luy-mefme; & pour expiation de fon peché, fe démit de l'Epifcopat, dont les fonctions luy furent auffi-toft interdites, par le jugement de toute l'Affemblée, à laquelle eftoit prefent noftre Archeuefque.

Il eft fait mention de Ragnoard dans le Teftament d'Anfegife, Abbé de S. Vvandrille, qui fut vn des grands hommes de fon temps, & qui outre cette Abbaye en gouuerna encor quantité d'autres; comme celles de Luxeüil, de S. Germer, &c. Il fit fon Teftament auant que de mourir, & laiffa plufieurs legs pieux à vn grand nombre d'Eglifes & de Monafteres de France. I'en mettray icy quelques Articles, qui regardent les

lieux

v. Conuentū apud S. Dionyf. & Concilium apud Theodoniffvillam. Conc. Gall. to. 2. an. 834. t) 835. pag. 166.

DES ARCHEVESQVES DE ROVEN.

lieux sacrez de nostre Prouince. Il donna à nostre-Dame de Roüen Ragnoard deux liures, à l'Eglise de S. Martin & aux autres, celles ou Prieurez qui sont en la mesme Ville, vingt-cinq sols. A Ragnoard Archeuesque de Roüen, dix liures; sçauoir cinq liures pour estre distribuez au Clergé de Roüen, & cinq pour les pauures. Il fit en suite de pareilles liberalitez à quelques autres Monasteres, qui subsistoient en ce temps-là, mais qui furent depuis ruïnez: Par exemple, il donna au Monastere de Pentalle quinze sols, à Penante quinze, à Preaux vne pareille somme. A l'occasion dequoy ie diray en passant, qu'il est aisé de conjecturer que l'Abbaye de Preaux, située à vne lieuë du Ponteaudemer, auoit esté construite auant Ansegise; d'où il s'ensuit que ce n'est pas Humfroy de Vieilles qui en a esté le premier Fondateur, l'an 1055. comme on le croit communément, & que ce Seigneur en a esté seulement le Restaurateur; ou si l'on veut, second Fondateur, puisque Robert du Mont le qualifie de ce titre, entant qu'il la rebastit, & qu'il en repara les ruïnes qu'auoient fait les Normands. Ansegise donna semblablement quinze sols au Monastere de l'Isle, & à vn autre nommé Andelagum, qui est possible celuy d'Andely, qui fut fondé par sainte Clotilde, & qui subsistoit encor du temps de ce bon Abbé, bien qu'il ne paroisse plus aujourd'huy.

VII.
Plusieurs donations qu'il fit à diuerses Eglises & Abbayes.

Messieurs de Ste. Marthe mettent cét Ansegise pour le septiéme Euesque de Lisieux, & disét qu'il fut receu à cette dignité l'an 882. Mais outre qu'il n'en est fait aucune mention dans le Cartulaire de S. Wandrille, il est éuident par ce que nous auons dit, qu'il ne vesquit pas jusques à ce temps-là, & que mesme il mourut auant nostre Archeuesque Ragnoard, qui selon nos Catalogues & toutes les anciennes Chroniques, passa de cette vie en vne meilleure, l'an 837. Otdry Vital luy a dressé cét Eloge, où il le loüe de s'estre montré fauorable aux personnes humbles & paisibles, & d'auoir reprimé auec vigueur l'insolence des méchants.

VIII.
Sçauoir s'il fut Euesque de Lisieux.

IX.
Eloge que donne Otdry à Ragnoard.

Ragnoardus huic successit in ordine Fœlix,
Hic aluit mites, compescuit atque rebelles.

^a Ie trouue vn Arricus qui signe en cette Charte de confirmation des Priuileges, d'vne Abbaye de S. Remy, qui estoit autrefois au Faux-bourg de Sens, & qui prend la qualité d'Archeuesque de Roüen; cette Charte est datée de l'an 834. & ainsi nous serions obligez de luy donner rang aprés Ragnoard; mais comme nous n'auons aucuns Memoires qui en ayent fait mention, ie le donne icy comme douteux.

^a *Apud Tauellum.*

Cc

ELOGE
DE GOMBAVT. 33.

GOMBAVT.
An de I. C.
846.
CHAP.
I.
Sommaire.
I.
Coniecture
asses vray-
semblable de
Gombaut
auant sa Pro-
motion.

NOS Memoires ne nous disent rien ny de l'extraction de Gombaut, ny du genre de vie qu'il mena auant que d'estre éleué au
Siege Pastoral. Ie commenceray son Eloge par vne conjecture
que ie tire d'vn passage de Nithard, dans son premier liure des Guerres
ciuiles des enfans de Loüis le Debonnaire. Cét Autheur écrit que Lothaire ayant confiné l'Empereur son pere dans l'Abbaye de S. Medard,
afin que les Moynes luy persuadassent d'embrasser la profession Religieuse; ceux-cy bien loin d'agir conformément aux intentions de ce fils
impie & ambitieux, encouragerent Loüis, & offrirent de le seruir de
tout leur pouuoir, s'il vouloit penser à son restablissement. Quelques

II.
Loüis le De-
bonnaire en-
uoya vnGom-
baut Moyne
de S. Medard,
vers ses deux
fils.

Seigneurs François luy ayant fait la mesme proposition, ce bon Prince
déferant à leur aduis, enuoya vn certain Moyne nommé Gombaut vers
Pepin & Loüis ses deux fils, afin de les solliciter de se reconcilier pleinement auec luy, & de trauailler à le remettre dans sa dignité; lequel Religieux negotia cette affaire auec le succez que nous auons dit en l'Eloge
precedent. Il me semble que l'on peut douter assez raisonnablement si
ce Gombaut n'a point esté le mesme que celuy dont nous faisons l'Eloge, & si suiuant l'vsage de ce temps on ne luy donna point l'Archeuesché de Roüen pour recompense du seruice qu'il rendit dans cette occa-

III.
Qu'il est assez
probable qu'il
eut l'Arche-
uesché de
Roüen pour
l'heureux suc-
cez de sa nego-
tiation.

sion. Surquoy ie n'insisteray pas beaucoup, cette conjecture ne faisant
pas tant d'honneur à nostre Prelat qu'il paroit d'abord, veu que si d'vn
costé ce Gombaut donna des preuues de sa fidelité & de sa suffisance
dans la conduite d'vne affaire si importante; de l'autre, il témoigna
beaucoup d'ambition & vne attache au monde, tres-blâmable à vne personne de sa qualité, lors que se preualant du credit qu'il auoit acquis en
vne si heureuse negotiation, il voulut estre le chef du Conseil de l'Empereur.

IV.
Autre occa-
sion où il est
parlé de Gom-
baut.

Ie pourrois former vn pareil doute touchant vn autre Gombaut, qui
durant la guerre que se firent entr'eux les trois fils de Loüis le Debonnaire, receut ordre de Lothaire de garder le passage de la Seine, conjointement auec plusieurs autres Euesques, Abbez, & Seigneurs; &
d'empescher que l'armée de Charles son frere ne la trauersast. Mais quit-
tons les conjectures, & voyons ce qu'il y a de constant & d'asseuré,
touchant nostre Gombaut.

V.
L'Archeues-
que Gombant
assista à vn
Concile tenu
à Paris en
846.

Il est certain que ce Prelat se trouua en vn Concile qui fut conuoqué
à Paris, l'an 846. le 14. Février, afin d'auiser aux moyens d'arrester entierement, & mettre à execution plusieurs Reglemens tres-justes & tres-
salutaires touchant la reformation des mœurs, qui auoient esté ou faits,

DES ARCHEVESQVES DE ROVEN.

où seulement proposez dans vn autre Concile tenu à Meaux au mois de GOMBAVT. Iuin de l'année précedente, comme il paroit par la Préface des Canons de ce Concile de Meaux, & par vn titre qui est dans les Capitulaires de *De l'Edition* Charles le Chauue, au deuant de 19. Decrets approuuez par ce Prince, *de Mr. Du-* qui ne receut ny ne ratifia pas tout ce que les Euesques de France auoient *Hist. Fr. pag.* ordonné, tant à Meaux en 845. qu'à Paris en 846. en ayant esté empes- *408.* ché par les Seigneurs de sa Cour, qui s'opposerent auec grande chaleur à l'execution des Canons, qui portoient que les Laïques qui joüissoient des reuenus des Abbayes & des autres biens d'Eglise, vuideroient leurs mains, & restituëroient aux Ecclesiastiques ce qui leur appartenoit; surquoy les curieux pourront voir Mr. de Sponde l'an 845. n. 6. & 846. n. 11.

VI.
Il signa aux Priuileges de Corbie & de S. Laumer de Corbion.

Les Prelats de cette Assemblée de Paris en 846. donnerent vn Priuilege en faueur de l'Abbaye de S. Pierre de Corbie, auquel nostre Archeuesque souscriuit en ces termes. Gombaut Euesque de la sainte Eglise Metropolitaine de Roüen, auons receu ce Priuilege, & l'auons signé & ratifié par l'authorité Episcopale, au Nom du Pere, & du Fils, & du S. Esprit. Il signa aussi dans vne autre rencontre à vn pareil Priuilege octroyé au Monastere de S. Laumer de Corbion, (honoré de la sepulture de ce Saint) dont estoit pour lors Abbé Erric ou Henry, autrefois Fauory de Loüis le Debonnaire; c'est à present vn Prieuré dépendant de l'Abbaye de S. Laumer de Blois, où l'on garde l'Original de ce Priuilege.

VII.
Il assista à vn autre Concile de Paris pour la cause d'Ebbo.

L'année suiuante, c'est à dire en 847. Gombaut assista à vn autre Concile tenu à Paris, pour examiner de nouueau la cause d'Ebbo Archeuesque de Reims, dont nous auons parlé cy-deuant, auquel éuenement nostre Prelat ayant eu beaucoup de part, ie tascheray de le déduire icy en peu de mots.

VIII.
Diuers éuenemens de cét Archeuesque.

Ebbo ayant esté déposé à Thionuille l'an 835. pour le sujet que nous auons dit, demeura l'espace de cinq ans dans quelque Monastere proche des Alpes, jusques en 840. qu'ayant appris la mort de Loüis le Debonnaire, il vint trouuer Lothaire fils aisné de cét Empereur, qui le restablit dans sa dignité Archiepiscopale, par vne Declaration donnée à Vvormes, qui fut signée de vingt Euesques. Ebbo en vertu de cette piece alla exercer à Reims les fonctions sacrées, du consentement de ses Suffragans, & confera mesme les Ordres à quelques Clercs, & entr'autres à *Vvlfadus*, *Rodoaldus*, & autres; l'Ordination desquels fut en suite cause de grands troubles, ainsi que nous dirons. Mais ayant eu aduis de l'approche de l'armée de Charles le Chauue (qui faisoit la guerre à Lothaire) il retourna à la Cour de celuy-cy, qui luy donna diuers emplois jusques en 844. qu'il fit le voyage de Rome, pour tascher d'obtenir du Pape Sergius son plein restablissement.

CHAP. II.
Sommaire.
I.
Hincmar mis à la place d'Ebbo Archeuesque de Reims.

Cependant l'Eglise de Reims demeurant tousiours destituée de Pasteur, il fut arresté au Concile de Verberie qu'on pouruoiroit à ce *Conc. Verbenense 2.* Siege vacant depuis dix ans, ce qui fut executé au Synode de Beauuais, *Can. 9. an.* où pour remplir cette place on choisit le fameux Hincmar, Moyne de *844.* S. Denis. Ebbo voyant qu'on luy auoit donné vn Successeur auant qu'il fut mort, eut recours à l'Empereur Lothaire, & le supplia d'interceder

Cc ij

GOMBAVT. **II.** *Le Pape Sergius nomme Gombaut pour aller à Tréues examiner la cause d'Ebbo.*

pour luy auprés du Pape Sergius, lequel à l'inftance de ce Prince écriuit à Charles Roy de France, qu'il permift à Gombaut Archeuefque de Roüen, de fe tranfporter à Tréues auec les Euefques que ce Prelat voudroit choifir, afin d'examiner de nouueau la caufe d'Ebbo en prefence des Legats Apoftoliques. Gombaut receut auffi ordre du Pape de fe rendre aprés Pafque en cette Ville auec les Euefques de France, afin de prononcer vn jugement décifif fur cette affaire. Mais les Legats du faint Siege n'eftans point venus au temps déterminé, à caufe de la mort de Sergius, comme nous l'apprenons de la lettre du Concile de Troye (quoy que Flodoard dife le contraire.) Gombaut auec la permiffion du Roy conuoqua vn Concile à Paris, auquel il fe trouua auec les Suffragans, & où fe rendit auffi Venilo Archeuefque de Sens, Landran Archeuefque de Tours, Hincmar Archeuefque de Reims, pareillement auec les Euefques de leurs Prouinces. Ebbo fut appelé à ce Synode, afin de défendre fa caufe : mais il n'y comparût ny en perfonne, ny par Procureur, & mefme n'enuoya aucune lettre ; ce qui donna fujet à l'Affemblée de luy interdire de nouueau le Diocefe de Reims, auec la deffenfe d'y folliciter perfonne, ny par écrit, ny verbalement, ny par Procureur, jufques à ce qu'il fe fut prefenté deuant eux, conformémét à l'ordonnance du Pape Sergius, & qu'il euft obtenu en plein Concile vn jugemét définitif, fuiuant les Statuts Canoniques & Apoftoliques : laquelle interdiction luy fut fignifiée par vne lettre. Mais oyant cette Sentence, Ebbo ne fit aucune pourfuite ; & le Pape Leon, Succeffeur de Sergius, ayant oüy le rapport de ce qui auoit efté fait deuant les Euefques, & veu les lettres du Roy, & la profeffion de Foy d'Hincmar, confirma l'Ordination de celuy-cy, & pour marque d'vne entiere approbation luy enuoya le *Pallium*. La quatriéme des Epiftres de Hincmar, eft adreffée à noftre Archeuefque Gombaut ; Flodoard en a dreffé le Sommaire, il y eft parlé d'vn certain Preftre touchant la conferuation des droits de l'Eglife.

Ep. Synodica Conc. Tricaffini, an. 867.

III. *Gombaut conuoque vn Concile à Paris pour cette mefme caufe.*

IV. *Diuerfes Sentences rédués contre Ebbo.*

V. *Hincmar confirmé dans la poffeffion de l'Archeuefché de Reims, écrit à Gombaut.*

VI. *Année du decés de Gombaut, qualitez qu'on luy donne.*

Gombaut, que la Chronique de l'Eglife Cathedrale appelle Gondebaut, mourut le 5. Ianuier de l'an 848. aprés auoir gouuerné onze ans fon Diocefe, auec beaucoup de juftice, de moderation & de vigilance, ainfi que nous l'enfeigne Ordry Vital, qui luy donne la qualité de Venerable, laquelle luy eft auffi attribuée dans la Preface du Concile de Meaux. Au refte, ce fut de fon temps que les Normands fous la conduite de Haftingue, prirent, faccagerent, & bruflerent la ville de Roüen, & obligerent les Moynes de S. Oüen au premier bruit de leur arriuée, de s'enfuir auec le corps de leur S. Patron ; comme nous auons raconté dans noftre Hiftoire, liure 2. chap. 5. 6. & 7. Cette horrible calamité qui defola ainfi noftre Ville, arriua au mois de May de l'an 842. felon le témoignage d'Ordry Vital, qui nous a marqué dans ces vers les bonnes qualitez qui éclaterent en la perfonne de noftre Archeuefque Gombaut.

VII. *La ville de Roüen pillée & bruflée de fon temps par les Normads.*

VIII. *Eloge d'Ordry Vital.*

Gombaldus iuftæ tenuit moderamina vitæ,
Profpiciens populo, venerabilis vndique Paftor.

Coluenerius a remarqué dans le 19. Chapitre du fecond liure de

Flodoard, qu'il y eust vn Moderamnus qui est qualifié Archeuesque GOMBAVT. de Roüen dans diuers Exemplaires, lequel dédia vne Eglise de saint Remy en Italie l'an 840. Mais comme le Siege de Roüen estoit occupé en ce temps-là par Gombaut, ce Docteur a trouué la solution de cette difficulté, qui n'est venuë que par la faute de quelque Copiste, lequel au lieu de *Redonensis Episcopus*, qui signifie l'Euesque de Renes, a mis *Rodomensis* Euesque de Roüen ; ce Moderamnus ayant gouuerné en ce temps-là l'Eglise de Renes en Bretagne.

ELOGE DE PAVL. 34.

PAVL.
An de I. C.
849.

CHAP.
I.
Sommaire.
I.
Paul profite beaucoup en la vertu & aux Lettres sous la conduite de l'Archeuesque de Tours.

NOSTRE Archeuesque Paul fut éleué sous la discipline d'Amaurry, qui fut depuis le 49. Archeuesque de Tours. Il eut pour Compagnon d'Eschole vn certain nommé Ioseph, & tous deux profiterent si bien de cette excellente éducation, qu'ils firent de grands progrez dans la vertu & dans la connoissance des bonnes lettres, & s'y rendirent capables des principaux emplois de l'estat Ecclesiastique, & Ciuil. Aussi Ioseph fut honoré de la charge de Precepteur du Prince Loüis, surnommé le Begue, fils de Charles le Chauue, & Paul fut jugé digne de remplir le Siege Metropolitain de la Neustrie apres la mort de Gombaut. Le Fragment de la Chronique que nous auons citée sur la fin de l'Eloge precedent, nous fait juger que l'Archeuesché demeura vacquant l'espace d'vn an : Paul n'ayant esté sacré qu'en 849.

II.
En quelle année Paul fut sacré.

au 6. Ianuier, année qui fut remarquable pour la rigueur de l'Hyuer, qui gela tellement la Seine, qu'on passa dessus ses eauës glacées comme sur vn pont, dit cette ancienne Chronique. Paul assista cette mesme année, qui estoit la deuxiéme du Pape Leon IV. & la dixiéme du Roy Charles le Chauue au quatriéme Concile de Tours, où quatre Metropolitains se trouuerent auec leurs Suffragans : Ce Concile fut assemblé contre Neomene, à qui Loüis le Debonnaire auoit donné, & Charles le Chauue continué le gouuernement de Bretagne, auec qualité de Iuge, ou de Prieur ; mais qui par ses violences, sa reuolte contre son Souuerain, & ses sacrileges, merita le nom de Tyran, que luy attribuent quelques Autheurs de ce temps-là. Ie marqueray en peu de mots ce qui obligea les Euesques de proceder contre luy.

III.
Il assista au quatriéme Concile de Tours contre Neomene, Tyran de Bretagne.

IV.
Ce Seigneur voulant se faire Roy, déposa quatre Euesques qui luy estoient contraires.

Ce Seigneur François voyant la puissance de Charles fort affoiblie par la diuision presque continuelle qui estoit entre luy & ses freres, & par les frequentes inuasions des Normands, resolut de secoüer le joug de l'obeïssance, & de se faire Roy de Bretagne. Les peuples de cette Prouince, qui durant la premiere & seconde Race de nos Roys, ont eu peine à s'assujettir à la domination Françoise, estoient fort disposez à

Duchesne to.
2. page 407.

Cc iij

PAVL.

executer le dessein de Neomene. Mais les quatre Euesques du païs ne s'y montroient nullement fauorables. Pour leuer cét obstacle, ce Tyran leur suscita de fausses accusations, & les ayant menacé de la mort, s'ils défendoient leur innocence, ils furent contraints d'auoüer vne partie de ce qu'il voulut, & sur cette confession forcée, les déposa & chassa de leurs Sieges. Non content de cela, il mit quatre prétendus Euesques à la place de ceux qu'il auoit bannis ; & jugeant bien que ces faux Prelats ne pourroient pas obtenir la benediction Apostolique de l'Archeuesque de Tours, leur Metropolitain, il eut l'audace de créer encor deux autres Euesches, l'vn à S. Brieu *a* & l'autre à Treguier, & vn Archeuesque à Dol, de qui les six autres Euesques, sçauoir les quatres d'ancienne & les deux de nouuelle institution dépendoient ; & enfin ayant assemblé à Dol tous ces Prelats imaginaires, il se fit sacrer & declarer Roy de Bretagne.

V.
Ayant creé six Euesques & vn Archeuesque de Dol, il se fait Sacrer Roy.

a In Monasterio S. Rabutualli.

VI.
Il méprise les lettres du Pape & des Euesques de France.

Le Pape Leon tascha par ses aduertissemens paternels, de le destourner de ses entreprises sacrileges, mais il ne voulut pas seulement lire ce que le Souuerain Pontife luy écriuoit; & ce fut ce qui porta les Euesques de France à s'assembler à Tours, où ils firent vne lettre comminatoire (meslée toutefois de douceur) qu'ils adresserent à Neomene, afin d'essayer de faire quelque impression sur son esprit, & d'arrester le cours de ses crimes. Il est croyable que ce Tyran n'eust pas plus de respect pour les remonstrances des Euesques, qu'il auoit eu pour celles du Pape.

Cette lettre se voit au 3i Tome des Conciles de France, sous l'an 849. & dans Duchesne Tome 2. des Historiës de Fräce, & parmy les lettres de Loup Abbé de Ferrieres, lettre 84.

VII.
Sa mort funeste.

Mais enfin le Ciel termina cette affaire par la mort de cét impie, qui fut frappé à la teste par vn Ange, ou comme d'autres veulent par S. Maurille, jadis Euesque d'Angers.

VIII.
Paul assista au second Concile de Verberie.

Nostre Prelat assista pareillement au Concile second, tenu à Verberie, dans le Palais Royal de Charles le Chauue, l'an 855. au mois d'Aoust, où l'on rendit à Heriman Euesque de Neuers, reuenu en conualescence, le gouuernement & la libre disposition de son Diocese, dont il auoit esté priué six mois auparauant, au Concile second de Soissons, à cause d'vne infirmité corporelle qui luy troubloit le jugement; l'on y empescha l'alienation ou fiesse par forme de Precaire des Terres d'vn certain Monastere dépendant de l'Abbaye de S. Denis, en faueur d'vn Seigneur François ; & on y ratifia ce qui auoit esté arresté au Concile de Soissons, que quelques-vns ont tort de traiter d'illegitime, estant certain que l'vnique chose que le Pape Nicolas y trouua à redire, fut l'article qui regardoit les Clercs ordonnez par Ebbo, lequel fut reformé dans vn autre Concile, & que les autres Decrets n'ont iamais esté improuuez, ainsi que le remarque le Pere Syrmond dans ses Notes sur le troisiéme Tome des Conciles de France, page 680.

IX.
Il fut Intendant de Prouince pour reformer les abus.

L'Archeuesque Paul eut l'honneur d'estre du nombre des Enuoyez ou Commissaires que Charles le Chauue establit dans les diuerses Prouinces de son Royaume, pour administrer la justice, & reformer les abus introduits dans la police Ecclesiastique & Ciuile, contre la disposition des Canons & des Ordonnances. La nomination de ces Officiers extraordinaires se fit au mois de Nouembre 853. Nostre Prelat eut pour

Missi.

DES ARCHEVESQVES DE ROVEN. 207

adjoint Hilmerard Euesque, Herloin & Hungarius, apparemment personnes de qualité, & considerables pour leur suffisance, auec lesquels il eut ordre de visiter le territoire de Roüen ; ce que signifie ce titre qu'ils ont de *Missi in Rotmense*, dans la liste de ces Commissaires, qui se voit dans les Capitulaires de Charles le Chauue, où l'on trouue aussi les Memoires que ce Prince fit dresser pour instruire ces sortes d'Officiers, des choses sur lesquelles ils deuoient principalement veiller, en executant leurs commissions.

X. Année de son deceds. Eloge que luy a donné Ordry.

Au reste, l'Archeuesque Paul ne fut pas long-temps dans cét employ d'Enuoyé, puisque tous les Autheurs qui ont parlé de luy, asseurent qu'il mourut en 855. apres auoir gouuerné six ans l'Eglise de Roüen, qu'il edifia par la doctrine de ses Predications, & par l'exemple de sa bonne vie, si on prend pour vne verité d'Histoire ce qu'Ordry Vital asseure de luy dans ces vers, lors qu'il dit.

Insignis Paulus, Pastoris culmine dignus,
Verbo doctrinæ fulsit, bonitateque vitæ.

ELOGE DE VENILON. 34.

VENILON. An de I. C. 855.
CHAP. I.
Sommaire.
I.
Il y eut deux Venilons Archeuesques en mesme temps, l'vn de Sens, l'autre de Roüen.

IL y eut en mesme temps deux Venilons, qui furent tous deux Archeuesques, l'vn de Sens, & l'autre de nostre ville de Roüen, & qui se trouuerent ensemble en diuerses Assemblées Ecclesiastiques, comme on le peut voir dans le troisiéme Tome des Conciles de France. Celuy de Sens tomba dans la disgrace de Charles le Chauue Roy de France, dequoy nous serons obligez de dire quelque chose dans la suite de ce discours. Le nostre fit paroistre vne grande sagesse dans la conduite de son Diocese, qu'il gouuerna l'espace de 14. ans, durant lesquels il assista à plusieurs Conciles, & eut beaucoup de part aux affaires de l'Eglise Gallicane. La rencontre de ce nom commun à tous deux, fait que par mégarde quelques-vns ont attribué à l'vn ce qui appartenoit à l'autre, comme ont fait ceux qui ont dit que nostre Archeuesque Venilon fut present au Synode de Beauuais, l'an 845. contre le témoignage de l'Historien Flodoard, qui nous apprend que ce Venilon estoit Archeuesque de Sens, & les autres preuues qui nous assurent que Paul predecesseur de nostre Venilon, estoit encor assis sur le Siege de Roüen, en 853. Ils se trouuerent tous deux au Synode de Carisy, tenu l'an 848. mais non pas auec la mesme qualité, car Venilon y assista comme Archeuesque de Sens, & est nommé le premier dans les Actes de cette Assemblée, extraits d'vn ouurage de Hincmar, & nostre Venilon s'y rencontra seulement en compagnie de Ragenarius Euesque d'Amiens,

II.
Plusieurs Escriuains ont attribué à l'vn, ce qui appartient à l'autre.

III.
Nostre Venilon se trouua au Synode de Carisy auant qu'il fust Archeuesque de Roüen.

208　　　　　　HISTOIRE

VENILON. comme estant vn des principaux de son Clergé, & possible aussi de sa maison ; car c'est vray-semblablement de cette sorte qu'on doit entendre ces termes Latins, *Venilo tunc cum Ragenario patre suo, nunc autem Rothomagensium Archiepiscopus*. D'où il est aisé de juger que Hincmar ne composa ce Liure que quelques années après la celebration de ce Concile, & lors que Venilon eut passé du Clergé de l'Eglise d'Amiens au Siege Metropolitain de Roüen. Au reste, ie me contenteray de dire touchant le sujet de cette Assemblée de Carisy, qu'elle fut conuoquée pour examiner la doctrine de Godescalchus sur la matiere de la predestination, lequel fut condamné comme heretique, priué des fonctions du Sacerdoce, & puny corporellement.

Les Prestres appeloient les Euesques qui les auoient consacrez, leur pere, c'est ainsi que Vvilebert nomme Herard Archeuesque de Tours son pere. To. 2. Gall. Christ. in examinatione Vvileberti p. 652.

IV. *Sujet de ce Synode.*

V. *Il est deputé en vn autre Concile de Carisy vers le Roy de Germanie.*

Il est certain que Venilon fut vn Prelat de rare prudence, & né pour le maniement des grandes affaires ; aussi fut-il extrémement consideré dans les Conciles celebrez de son temps. Trois ans apres sa promotion à l'Episcopat, il se trouua à vne autre Assemblée tenuë au mesme lieu de Carisy, l'an 858. & eut l'honneur d'estre choisi & député vers le Roy de Germanie. Ce qui m'oblige à marquer icy le sujet qui donna lieu à la conuocation de ce Synode, & ce qui y fut resolu.

VI. *Reuolte dans la France contre Charles le Chauue.*

La France estant en ce temps dans vn miserable estat, tant par les frequentes inuasions des nations barbares, & les reuoltes de quantité d'esprits turbulents & factieux, que par la conduite trop seuere & trop violente de Charles le Chauue, quelques François s'oublierent tellement de ce qu'ils deuoient à leur Souuerain, qu'ils solliciterent Loüis le Germanique, frere du Roy, de passer en France, afin de les deliurer de leurs miseres, auec promesses de se soûmettre à sa domination. Ce Prince receut fauorablement les plaintes & les demandes de ces Sujets infidelles, s'approcha des confins de la France, fit entendre par tout qu'il ne venoit que pour secourir les affligez, & pour remedier aux desordres de l'Estat: Et pour cet effet inuita les Euesques à se trouuer à Reims à vn certain iour qu'il leur détermina. Mais les Prelats des Prouinces de Roüen & de Reims se deffians justement de luy ; au lieu de se rendre en la ville de Reims, s'assemblerent en la maison Royale de Carisy, d'où ils luy écriuirent, & mesme enuoyerent vers luy deux Euesques, sçauoir Hildegarius de Meaux, & Enée de Paris, & en suite Hincmar Archeuesque de Reims, & nostre Prelat Venilon, afin de le prier instamment de ne point rompre la paix auec le Roy son frere.

Annales Fuldenses ad an. 858.

VII. *Loüis le Germanique promet d'assister les rebelles.*

VIII. *Les Euesques François assemblez à Carisy escriuent & luy deputent Hincmar & nostre Venilon.*

CHAP. II.
Sommaire.
I. *Venilon est derechef deputé pour luy porter vne nouuelle remontrance des Euesques.*

Loüis ne se laissa point fléchir par ces remonstrances, toutefois ils ne se rebuterent point, mais arresterent de luy en faire encor vne par écrit, dont ils dresserent les articles à Carisy, & choisirent nostre Archeuesque Venilon, & Ercanraüs Euesque de Chalons sur Marne, pour en estre les porteurs, & la luy aller presenter en son Palais d'Attigny. Cette derniere remontrance conceuë en forme de lettre, contenoit vne excuse de ce qu'ils ne s'estoient assemblez à Reims, suiuant son desir ; Et en second lieu, vne forte & genereuse exhortation à quitter le dessein qu'il auoit formé de troubler la France, sous pretexte de faire cesser les desordres ; A tourner ses armes contre les Payens & les ennemis de la

II. *Points fort considerables de cette remontrance.*

de la Chrestienté, au lieu de les employer contre le Roy son frere ; à conseruer aux Eglises leurs droits & leurs Priuileges ; à rendre aux Religieux les biens des Monasteres dont on auoit donné la possession & la joüissance aux Laïques ; à pouruoir les maisons de pieté de saints Abbez, les Hospitaux de fidelles Administrateurs, & les charges de Iudicature, de sages & habiles Magistrats ; à donner luy mesme bon exemple à tout le monde, estant necessaire que celuy qui veut se mesler de reformer l'Estat d'vn autre, trauaille auparauant à reformer le sien.

III.
Conclusion de cette remonstrance.

La conclusion estoit, que l'incommodité de la saison, & le peu de temps qui restoit jusques à la Feste de Noël, les empeschant de se rendre auprés de luy pour traiter de ce qui estoit vtile au bien de l'Eglise & du peuple Chrestien, ainsi qu'il les en auoit requis, ils le supplioient d'auoir agreable la liberté qu'ils auoient prise de luy declarer leurs sentimens dans cet écrit ; que quand ils pourroient s'assembler en plus grand nombre, ils delibereroient plus à loisir sur ces matieres ; & que cependant il deuoit estre persuadé qu'ils sçauoient trop bien quel estoit le respect & la fidelité que la Loy de Dieu les obligeoit d'auoir enuers le Roy son frere, pour y manquer iamais.

IV.
Loüis entra en France auec vne puissante armée.

Loüis ne défera point aux remontrances de ces Prelats, il suiuit les conseils pernicieux de quelques malcontens qui le porterent à entrer en France auec vne si puissante armée, qu'il contraignit Charles de se retirer deuant luy, & de luy laisser la campagne libre ; mais il ne fit point de conqueste remarquable, car aussi-tost il fut obligé de retourner en son païs pour y appaiser vne reuolte qui s'y estoit éleuée. Charles se plaignit de cette inuasion de Loüis, tant au Pape Nicolas, qu'à l'Empereur, qui aduertirent celuy-cy de ne point continuer cette injuste entreprise contre son frere. De sorte que Loüis, soit de crainte de les auoir pour ennemis s'il méprisoit leurs conseils, ou comme veut M. de Sponde, ébranlé par les fortes raisons que luy auoient proposées les Prelats de France, ne songea plus qu'à terminer cette guerre par vn accommodement ; & pour cette fin écriuit à ces derniers qu'ils luy enuoyassent quelques-vns de leur corps pour traiter de la paix. Sur cet auis, les Euesques de France s'assemblerent à Mets au mois de May de l'année 859. où ils députerent trois Archeuesques, sçauoir Hincmar, Gunthaire, & nostre Venilon, & six Euesques pour aller trouuer Loüis, & leur prescriuirent la maniere qu'ils deuoient obseruer pour receuoir ce Prince à penitence, aprés qu'il auroit promis de viure en paix auec son frere ; d'éloigner d'auprés de luy les esprits factieux & broüillons qui trauailloient à les diuiser ; & de conseruer l'vnité de l'Eglise & les priuileges des personnes Ecclesiastiques, ainsi qu'il paroist par le memoire donné à ces Députez, qui a esté inseré parmy les Conciles de France, sous l'an 859.

V.
Il mande les Prelats de France pour traiter de paix.

VI.
Venilon fut vn des députez.

VII.
Quel effet eut cette députation.

Cette députation eut presque tout l'effet qu'on eut pû desirer ; car encore que Loüis ne voulut pas leur répondre sur quelques articles des lettres que luy presenterent les Députez, disant qu'il souhaittoit en conferer auec les Euesques de son Estat ; il témoigna estre disposé à la Paix, & quelque temps aprés eut vne conference auec Charles son frere, &

VENILON.
Il est à remarquer que ces remonstrances ne furent pas seulement enuoyées à Loüis mais à Charles pour qui (comme dit Hincmar) elles auoient esté plustost faites que pour son frere, comme si les Prelats eussent voulu monstrer au Roy ses deffauts en les luy faisant voir dans vn discours adressé à vn autre. C'est l'obseruation du P. Syrmond, dans ses notes sur ce Concile, page 685.

Spond. ad an. 859. n. 2.

210 HISTOIRE

VENILON. Lothaire son nepueu, dans vne Isle du Rhin.

VIII.
Il assiste au Concile de Sauonnieres.

Cette mesme année Venilon assista au Concile de Sauonnieres prés de Toul, qui fut composé de tous les Euesques des douze Prouinces, qui estoient sous la domination de Charles Roy de France, de Lothaire Roy d'Austrasie, & de Charles Roy de Prouence. On traita dans cette grande Assemblée de diuerses affaires assez importantes. Celle qui fit plus d'éclat, fut l'accusation solemnelle que le Roy intenta luy-mesme contre Venilon Archeuesque de Sens, le chargeant d'auoir suiuy durant les derniers troubles le party de Loüis le Germanique, au prejudice non seulement de la fidelité qu'il luy deuoit comme Sujet, mais encore de la reconnoissance qu'il estoit obligé d'auoir pour les insignes bienfaits dont il l'auoit comblé; surquoy le Concile nomma quatre juges, sçauoir les Archeuesques de Lyon, de Rouen, de Tours, & de Bourges, pour prendre connoissance de cette cause: Il cita l'accusé pour comparoistre deuant eux, & répondre sur les chefs de cette accusation, qui le rendit tellement infame, que depuis dans les Amadis & les Histoires fabuleuses, le nom de Venilon ou Ganelon a serui à nommer ceux à qui le caprice de l'Autheur a eu dessein de faire joüer le personnage de traistre.

IX.
Nostre Archeuesque, l'vn des Iuges de celuy de Sens, que Charles le Chauue accusoit de trahison.

CHAP. III.
Sommaire.
I.
Lettre écrite en ce Concile aux Bretons, qui refuserent l'obeissance à leur Archeuesque & au Roy de France.

LEs Euesques y écriuirent aussi vne lettre Synodale aux Euesques de Bretagne, qui s'estoient soustraits de la dépendance qu'ils deuoient à l'Archeuesque de Tours, leur Metropolitain, pour leur ordonner de rentrer dans leur deuoir, & d'aduertir Salomon qui faisoit le petit Souuerain dans cette Prouince, de garder le serment de fidelité qu'il auoit juré au Roy Charles, & de se souuenir que dés le commencement la Bretagne auoit esté sujette & tributaire de la France. Verité que les Historiens de ce païs-là ont tant de peine à aduoüer, nonobstant vn témoignage si irreprochable. La lettre fut dressée au nom de cinq ou six des principaux Euesques de l'Assemblée, entre lesquels nostre Venilon est nommé après Remy Archeuesque de Lyon. On leut & confirma dans cette Assemblée de Sauonnieres, les Canons d'vn Concile tenu quinze iours auparauant à Langres par les Prelats des Villes dépendantes de la Couronne de Charles, frere de Lothaire; entre lesquels Decrets il y en a vn fort remarquable, touchant le restablissement des Escholes publiques, pour y expliquer l'Escriture sainte, & enseigner les sciences humaines.

Recordetur gentem Britannorum Francis ab initio fuisse subjectam & statutum dependisse tributum.

II.
Decret du Concile de Langres, pour restablir les Escholes publiques.

III.
Societé de prieres entre les Prelats du Concile de Toul fort remarquable.

Au reste, ces Euesques du Concile de Toul, auant de se separer s'vnirent par vne sainte Confraternité; pour marque de laquelle, ils arresterent que pendant leur vie ils diroient tous, les vns pour les autres, vne Messe tous les Mercredis, & qu'aprés la mort d'vn chacun d'eux, les suruiuans celebreroient aussi pour le repos de son ame sept Messes, & reciteroient sept Vigiles, & feroient dire trois Messes & trois Vigiles par les Curez & les Superieurs des Monasteres. A laquelle societé furent aussi admis les Abbez qui estoient presens à cette Assemblée, comme il se voit dans le Canon treiziéme.

IV.
Venilon assi-

L'année suiuante nostre Archeuesque Venilon assista à deux Conci-

DES ARCHEVESQVES DE ROVEN.

ſte aux Conciles d'Aix la chappelle & de Touſſy.

les, l'vn tenu à Aix la Chappelle, & l'autre à Touſſy prés de Toul. Le ſujet pour lequel on celebra le premier, fut la cauſe de Teutberge épouſe de Lothaire, Roy d'Auſtraſie. Ce Prince ayant conceu du dégouſt & de l'auerſion pour la Reyne ſa femme, vouloit malgré le lien indiſſoluble du mariage ſe ſeparer d'elle, & en épouſer vne autre; quelques Courtiſans appuyans ſon deſſein, inuenterent vne tres-noire calomnie contre cette Princeſſe, faiſans courir le bruit qu'elle auoit commis vn Inceſte auec ſon frere, & adjouſtant crime ſur crime, la ſurprirent & l'intimiderent tellement, qu'ils extorquerent d'elle dans vn Synode conuoqué à Aix, en Ianuier 860. la confeſſion de cét horrible peché, dont elle n'eſtoit nullement coupable. On la fit encore comparoiſtre en vn ſecond Concile tenu au meſme lieu, où par les meſmes artifices & les meſmes violences, on la contraignit d'adoüer cette pretenduë infamie; en conſequence dequoy, ſept Prelats qui compoſoient cette Aſſemblée, du nombre deſquels eſtoit Venilon, la condamnerent à expier ſon crime par vne penitence publique; & écriuirent vne lettre au Pape Nicolas, pour luy donner aduis de ce jugement, qui ſans doute n'eut rien d'injuſte, puiſque ces Eueſques ne firent que prononcer ſur le libelle de confeſſion preſenté par Teutberge, & ne la forcerent pas à ſe confeſſer criminelle. Quant à la ſuite de cette affaire, noſtre Archeueſque n'y eut aucune part, car il ne ſe rencontra pas au troiſiéme Concile d'Aix, aſſemblé en 862. où quelques Eueſques du Royaume de Lothaire, ſe reglant pluſtoſt ſur la paſſion de leur Prince, que ſur la doctrine de l'Euangile, permirent à Lothaire d'épouſer vne autre femme; ny au Synode de Mets, où ceux-cy eurent l'audace de deffendre comme legitime la permiſſion qu'ils auoient donnée à Lothaire, laquelle fut enſuite improuuée & condamnée ſolemnellement dans le Concile Romain. Ce que i'ay crû eſtre obligé de marquer en paſſant, afin que ceux qui ne ſont pas ſi verſez dans l'Hiſtoire Eccleſiaſtique, entendant dire que noſtre Venilon prit connoiſſance de la cauſe de cette Princeſſe à Aix la Chappelle, ne ſe figuraſſent rien de deſauantageux à ſa memoire.

V. *Lothaire ſuppoſe vn crime atroce à Teutberge ſa femme, pour obtenir ſa ſeparation.*

VI. *Les Eueſques la ſeparent ſur la confeſſion que l'on auoit tiré d'elle par violence & par ſubtilité.*

VII. *Suite & iſſuë de cette affaire.*

VIII. *Concile de Touſſy, auquel Venilon aſſiſta, tres-celebre, & ce que l'on y traita.*

Le ſecond Concile de l'an 860. auquel aſſiſta Venilon, fut celuy de Touſſy prés de Toul, qui fut tres-celebre, s'y eſtant trouué des Eueſques de quatorze Prouinces de France, qui y firent quelques Decrets touchant la reformation des mœurs, & y publierent vne lettre Synodale contre les détenteurs des biens de l'Egliſe.

CHAP. IV.

Sommaire.
I. *Venilon & ſes Suffragans ſignent à l'exemption de S. Denis au Concile de Poiſſy.*

MEſſieurs le Preuoſt & de ſainte Marthe, nous parlent d'vn Concile de Poiſſy celebré en 862. auquel ils diſent que Venilon fut preſent, bien que dans les Conciles de France il ne ſoit fait aucune mention de ce Synode. Il y eut bien vne Aſſemblée Politique tenuë l'an 863. ainſi qu'il paroiſt par ce que dit Binius, mais nous n'auons aucune preuue que noſtre Archeueſque s'y ſoit rencontré, comme dans celle de l'année precedente, où Venilon ſe trouue auoir ſigné au Priuilege de l'Exemption de l'Abbaye Royale de S. Denis, auec cinq de ſes Suffragans; ſçauoir Hairard Eueſque de Liſieux, Valbert d'Avranche, Gontbert d'Eureux, Hildebrand de Seez, & Helluin de Coutance; & meſme ce

VINILON. Synode fut appellé Royal, dautant que le Roy & tous les Seigneurs de sa Cour y furent presens ; & General, parce que les Euesques & les Abbez qui le composoient, y estoient venus de diuerses Prouinces, & qu'il y en eut plus de trente qui souscriuirent à ce Priuilege.

II.
Il assiste au Concile de Soissons pour la cause de Vulfadus, & des autres Clercs ordonnez par Ebbo.

Venilon assista en 866. au troisiéme Concile de Soissons, assemblé par l'ordre du Pape Nicolas, pour examiner la cause de Vulfadus & de quelques autres Clercs qui auoient esté ordonnez par Ebbo Archeuesque de Reims ; lors qu'en vertu d'vn Acte de restablissement, signé de vingt Euesques, il fit pendant vn an les fonctions sacrées dans son Diocese, d'où il fut en suite obligé de sortir, & d'en abandonner la conduite, qui fut confiée à Hincmar, élû & sacré Archeuesque de Reims au Concile de Beauuais, de l'an 845. Ce changement fit naistre quantité de difficultez & de contestations ; car Hincmar ne voulut point connoistre pour Prestres ceux qui auoient esté ordonnez par Ebbo, dans ce petit interualle qu'il exerça le ministere Episcopal, prétendant qu'il n'auoit pas esté estably Canoniquement, & qu'ainsi il n'auoit pas eu le pouuoir de conferer les Ordres sacrez. Et comme c'estoit vn Prelat à qui sa profonde doctrine donnoit beaucoup d'authorité, il fit déposer dans vn Concile tenu à Soissons en 853. ce Vulfadus & les autres Clercs, qui auoient receu par les mains d'Ebbo le caractere de Prestrise. Cette procedure n'agréa pas au Pape, qui enuoya ordre à Herard Archeuesque de Tours, d'assembler vn nouueau Concile au mesme lieu pour reuoir cette affaire ; ce qui fut fait le 18. Aoust 866.

III.
Les Euesques écriuent au Pape en faueur de Vulfadus & des autres.

Nostre Archeuesque Venilon s'y trouua auec grand nombre d'autres Prelats, qui jugerent les Clercs déposez dignes d'estre rétablis dans leur degré, & toutefois ne prononcerent point en leur faueur la Sentence de Restitution en entier ; mais supplierent le Pape de leur rendre cette justice, & de vouloir terminer par son authorité Apostolique, cette affaire qu'il auoit commencée. C'est le sujet de la lettre Synodale qu'ils luy adresserent, en datte du 25. Aoust.

IV.
Ils luy escriuent aussi contre les Euesques de Bretagne.

Ils luy en escriuirent vne autre, pour se plaindre des Euesques de Bretagne qui persistoient toûjours dans leur premier déreglement, & refusoient de se soûmettre à l'Archeuesque de Tours, leur Metropolitain.

V.
Priuilege accordé à l'Abbaye de Soulignac, au Concile de Soissons.

Ces mesmes Prelats accorderent dans ce Concile vn Priuilege à l'Abbaye de Soulignac, bastie & donnée à des Religieux de S. Benoist par S. Eloy, mais qui auoit esté ruinée par les Normands : dans lequel rauage, les Priuileges du Roy Dagobert, le testament de ce tres-saint Euesque, & les autres Chartres auoient esté perduës ; ce qui obligea l'Abbé Bernard d'auoir recours à cette illustre Assemblée, pour obtenir vn nouueau Priuilege, afin d'empescher que quelques personnes mal intentionnées ne formassent des entreprises sur son Abbaye, & ne taschassent de la faire secularifer.

VI.
Le Pape fait réponse à la lettre des Euesques pour l'affaire de Vulfadus.

Nostre Archeuesque souscriuit à cét Acte, aussi bien qu'aux lettres écrites au Pape, qui par sa réponse, en date du 6. de Decembre de la mesme année, confirma le rétablissement des Clercs déposez, blâmant fortement les artifices dont Hincmar auoit vsé dans cette procedure ; &

parce que la relation que les Euesques luy auoient enuoyé de la déposi- VENILON.
tion d'Ebbo, & des Clercs que celuy-cy auoit ordonnez, estoit défectueuse, leur ordonna de luy en faire tenir vne qui fut plus ample &
plus estenduë, & qui comprit les circonstances de l'affaire dés son commencement. Pour satisfaire à sa Sainteté, les Prelats du Concile de Soissons s'assemblerent l'année suiuante à Troye en Champagne, où ils écriuirent au Pape vne lettre, contenant vn recit fort exact de toute l'histoire d'Ebbo & des Clercs qu'il ordonna à Reims aprés son rétablissement, & luy demanderent le *Pallium* pour Vvlfadus, pour lors Archeuesque de Bourges.

VII.
Venilon & les autres Euesques demandent le Pallium pour Vvlfadus, le Roy ayant aussi escrit en particulier.

Cette lettre fut signée de vingt Euesques (du nombre desquels estoit
Venilon) & scellée de leurs sceaux.

Il est remarquable que le Roy enuoya aussi de son costé la relation
de cette affaire au souuerain Pontife. Artard Euesque de Nantes fut le
porteur de ces deux lettres; mais lorsqu'il arriua à Rome, il trouua le
Pape Nicolas mort, & Adrian establi en sa place, auquel il la presenta.
Adrian ne manqua pas de rescrire aux Euesques du Synode de Troye,
& de les loüer de la diligence qu'ils auoient apportée à executer les ordres de son Predecesseur. Il les asseura en mesme temps qu'il auoit accordé le *Pallium* pour Vvlfadus, & les aduertit d'écrire le nom du Pape
Nicolas dans les Dyptiques ou Tables sacrées, & de ne point souffrir
que personne attentast contre ses Actes & ses Decrets.

VIII.
Venilon assiste au Concile de Carisy en 868.

La derniere Assemblée où ie trouue qu'ait esté present nostre Archeuesque Venilon, est celle de Carisy, tenuë le 5. Decembre 868. pour l'e-
xamen de Vvillebert nouuellement éleu pour l'Euesché de Chaalons en
Champagne, l'vn des Suffragans de l'Archeuesché de Reims; l'Acte s'en
voit au second Tome des Conciles de France, page 251. Dans le mesme
Liure, parmy diuers exemples des anciennes lettres nommées *Formatas*,

Conc. Call.
to. 2. p. 651
in formulis
antiquis.

IX.
Forme d'vn ancien dimissoire enuoyé à Venilon.

qui estoient vsitées entre les Euesques, il s'en trouue vne de Liutard
Euesque de Vence, en date de la mesme année 868. par laquelle il recommande à nostre Venilon vn Diacré qui estoit passé de Prouence
en la ville de Roüen, & le prie de l'éleuer en vn plus haut degré, c'est à
dire à l'Ordre de Prestrise, l'asseurant qu'il a les qualitez requises pour
cela. Cette lettre finit par vne certaine désignation de nombre, pratiquée ordinairement en ces sortes de Dimissoires, pour empescher les
falsifications qu'il n'est point necessaire d'expliquer icy, le P. Syrmond
qui a donné au public cette piece, s'en estant dignement acquitté.

CHAP. V.

Sommaire.
I.
Diuerses let-tres d'Hinc-mar à Veni-lon, qui mar-quent l'estat qu'il faisoit de nostre Pre-lat.

FLodoard qui a écrit l'Histoire de l'Eglise de Reims, rapporte au Liure
troisiéme chap. 22. plusieurs lettres que Hincmar escriuit à nostre
Archeuesque Venilon, & vne entr'autres, touchant les bastimens qu'il
faisoit à Poissy sur Seine, ou comme asseurent quelques-vns, & plus
vray-semblablement, à Pitres, maintenant vn gros village à trois lieuës
de Roüen, assez proche de la riuiere d'Andelle, qui va se dégorger dans
la Seine. Il luy parle en vne autre, de la cause de Rothade Euesque de Soissons, qui auoit tant éclaté, & de Odo ou Eudes Euesque, sans specifier
d'où; bien que comme ie croy, il designe par là Odo Euesque de

VENILON. Beauuais, qui estoit son intime amy. Le mesme Hincmar fait vne honorable mention dans l'Opuscule des 55. Chapitres, à son neueu Euesque de Laon, de nostre Archeuesque.

II.
Il obtient vne Chartre de Charles le Chauue pour l'Abbaye de saint Oüen.

Ce fut luy qui obtint vne Chartre de Charles le Chauue en faueur de l'Abbaye de S. Oüen, en datte du vingt-quatriéme de son Regne, qui répond à l'an de I. C. 864. par laquelle ce Prince confirme & maintient ce Royal Monastere dans la possession des biens & des prerogatiues dont il auoit joüy par le passé: lesquelles lettres de confirmation estoient dautant plus necessaires, que la plus part des papiers & des tîtres de cette Abbaye auroient esté bruslez ou perdus dans le pillage & l'incendie qu'elle souffrit en 842. lors de la prise de la ville de Roüen par les Normands.

III.
Sçauoir si Venilon a signé au Priuilege de S. Pierre de Beauuais

Le sieur Loysel dans ses Antiquitez de la ville de Beauuais, dit que nostre Venilon signa en l'Assemblée de Soissons au Priuilege de S. Pierre de Beauuais, qui est vne Chartre dressée au nom d'Odo, trente-deuxiéme Euesque de cette Ville, portant confirmation des biens donnez aux Chanoines; à la requisition, & en faueur desquels elle fut expediée, l'an 35. du Regne de Charles le Chauue, qui répond à l'an 875. de I. C. Mais il y a beaucoup d'apparence que la date de cette piece a esté vitiée, ne s'accordant nullement auec les signatures des Euesques qu'on dit y auoir souscrit, entre lesques on en remarque plusieurs qui estoient morts long-temps auparauant, comme Immo Euesque de Noyon, tué par les Normands dés l'an 859. Folquin de Teroüenne decedé dés l'an 855. Thierry de Cambray l'année d'aprés, sans oublier nostre Venilon, qui auoit quitté cette vie mortelle (comme nous l'allons montrer) dés l'an 869. & qui par consequent ne pût pas signer vne Chartre donnée l'an 875. De plus, si on entend par ce mot d'Assemblée de Soissons, vn des Conciles tenus dans ce siecle, cette date ne peut pas subsister; car le second Concile de Soissons fut celebré en 853. & le troisiéme en 866.

Messieurs Ste Marthe mettent Louuet, page 246.

IV.
Que Venilon n'a pas signé en qualité de Chancelier, la Charte de fondation de la Croix S. Leofroy.

Il n'y a pas moins de difficulté en ce que le sieur Robert a écrit de nostre Venilon, disant qu'il signa en qualité de Chancelier à la Charte de fondation de la Croix S. Leufroy. Car outre que cette Abbaye estoit fondée bien auparauant que Venilon vint au monde, nous ne lisons point dans aucun Autheur qui ait traité des Chanceliers de France, que Venilon ait esté honoré de cette charge; & ainsi il est plus croyable qu'il aura signé par commission à quelque Priuilege de cette Abbaye, où il sera fait mention de la fondation, & que l'on l'aura pris pour la Charte de fondation. On découure souuent de semblables fautes dans les Autheurs. C'est ainsi que le mesme Escriuain en fait vne assez considerable, lors qu'il dit qu'aprés les Epistres de Hincmarc, il y en a vne de Heriuée aussi Archeuesque de Reims, *ad Valonem* ou *Vanilonem Archiepiscopum Rothomagensem*, estant certain que Heriuée n'a pû écrire à Venilon ou Valon, puisque celuy cy estoit mort plus de trente ans auant que le premier fut Archeuesque de Reims; ce qui n'arriua qu'en 900. & partant il faut qu'il y ait erreur, & qu'au lieu de *Valonem* il y ait *Vitonem*, comme ie le prouueray dans l'Eloge de l'Archeuesque Viton.

V.
Erreur du sieur Robert touchant vne lettre d'Heriuée à Venilon.

VI.
De l'année du deceds de Venilon.

VII.
Qu'il est mort auant 871.

VIII.
Eloge que luy donne Ordry Vital.

Nous ne ſçauons pas preciſément l'année de la mort de noſtre Archeueſque Venilon, qui eſt rapportée diuerſement par les Autheurs. Le Moyne de S. Wandrille, duquel nous auons vn Fragment de Chronique, dit qu'il auoit receu le Diaconat de noſtre Archeueſque Venilon, l'an 861. au mois de Septembre ; en ſuite dequoy il adjouſte que cét Archeueſque mourut quelque temps aprés, ſans nous ſpecifier autrement l'année de ſa mort. La Chronique de Tournay met le deceds de Venilon en 841. ce qui eſt éuidemment contraire à la verité. Meſſieurs de ſainte Marthe diſent plus probablement que cét Archeueſque décéda l'an 871. toutefois j'y trouue de la difficulté, dautant qu'il faudra retrancher des années de Venilon ou de ſes deux Succeſſeurs, ſelon leurs principes, puiſqu'ils donnent trois ans de Pontificat à chacun de ceux-cy : car ſi Venilon eſt mort en 871. en adjouſtant ces ſix années des deux Archeueſques ſuiuans, il s'enſuiura que l'Archeueſque Iean, troiſiéme en rang aprés Venilon, n'aura pû entrer qu'en 877. bien qu'il tint le Siege de Roüen dés 876. & peut-eſtre auparauant, parce qu'il eſt nommé dans le Concile de Pont ſur Yonne, l'an 876. De plus, il eſt certain qu'Adalard ſucceſſeur immediat de Venilon, fut preſent à celuy de Ducy, l'an 871. ce qui me fait croire que Venilon ayant gouuerné quatorze ans acheuez, ou quinze ans commencez, comme le ſieur Dadré l'écrit, ſera paſſé de cette vie mortelle à l'eternelle, le 18. Septembre de l'an 869. puiſque comme nous auons veu, il eſt entré dés 855. Il nous reſte de mettre icy l'éloge que le Moyne de S. Evroul luy donne en ces deux Vers.

VENILON.
Chez Mr. Duchesne to. 2. de l'Histoire de France.

Venilo vir prudens, diuino Dogmate pollens,
Æternæ docuit commiſſos iura ſalutis.

ELOGE D'ADALARD. 36.

ADALARD.
An de I. C.
869.
CHAP.
I.
Sommaire.
I.
Quel a eſté Adalard.
II.
Diuers noms qu'on luy a donnez.

III.
Ses bonnes qualitez.

ADALARD eſtoit neueu de Gombaut, le trente-troiſiéme de nos Archeueſques, par les ſoins duquel il fut vray-ſemblablement formé à la vertu & aux bonnes lettres, & rendu capable d'eſtre éleué vingt ans aprés la mort de ſon oncle, à la meſme dignité que celuy-cy auoit exercée. La Chronique du liure d'Yvoire de la Cathedrale, où eſt marquée cette circonſtance de ſon extraction, le nomme Adaplardus; & les Tables Eccleſiaſtiques, Adilard ou Adalard, diuerſité aſſez ordinaire dans ces anciens noms. L'Autheur de cette Chronique ne nous apprend rien de particulier de ſa conduite; toutefois il nous a dreſſé ſon Panegyrique en peu de mots, en nous apprenant qu'il fit paroiſtre de la pieté dans toutes ſes actions, *fuit Religioſus in cunctis operibus.* A quoy s'accorde le témoignage d'Ordry; qui nous le repreſente

216 HISTOIRE

ADALARD. comme vn bon Pasteur, qui se montra fidelle & religieux à garder les loix du Sacerdoce.

IV.
Sçauoir si ce fut luy qui assista à vne Assemblée de Prelats tenuë à Conflans.

Ie remarque dans le second Tome des Originaux de l'Histoire de France, qu'il se trouua vn Adalar à vne Assemblée d'Euesques & de Notables, tenuë à Conflans, l'an 860. dans l'Eglise de S. Castor, pour moyenner la Paix entre Charles le Chauue & Loüis le Germanique son frere; ce qui me fait douter si la personne designée par ce Nom, n'auroit point esté nostre Adalard éleu neuf ans aprés pour Archeuesque de Roüen; sur laquelle conjecture ie ne pretends pas beaucoup insister, reconnoissant qu'elle est assez legere.

V.
Il fut present au Concile de Ducy.

Il est beaucoup plus certain qu'Adalard assista au Concile de Ducy, où il signa au Priuilege donné en faueur de l'Abbaye de S. Medard de Soissons, quoy qu'auec vne souscription differente du nom qu'on luy attribuë communément, car il y a Ahallardus. Nous aurions aussi trouué sa signature parmy celles des Euesques des dix Prouinces qui assisterent l'année precedente au Concile d'Attigny, si les malheurs des temps ne les auoient enseuelies dans l'oubly.

VI.
Il confera les Ordres en 872 à vn Moine de S. Vuandrille.

Le Religieux de S. Vvandrille dont nous auons parlé dans l'Eloge precedent, n'a pas oublié d'obseruer dans sa Chronique, qu'il receut l'Ordre de Prestrise de nostre Archeuesque Adalard, le 8. Mars de l'an 872. ce qui confirme nostre Chronologie, & fait voir l'erreur de quelques autres Manuscrits, & du sieur Dadré, qui n'a pas bien marqué la durée du Pontificat de ces deux ou trois Archeuesques. Nous estimons que cette année fut la derniere d'Adalard, & qu'ainsi il ne tint le Siege que trois ans, y estant entré en 869. & l'ayant quitté auec la vie en 872. en quoy nous suiuons Ordry Vital, qui nous dépeint sa conduite par ces deux Vers.

VII.
Ce qui montre l'erreur de la Chronologie de quelques Autheurs.

VIII.
Mort d'Adalard, & son Eloge.

Indole præcipuus, bonitate nitens, Adelardus,
Iura Sacerdotij tenuit, pius atque fidelis.

ELOGE
DE RICVLPHE. 37.

RICVLPHE.
An de I. C. 872.
CHAP.
I.
Sommaire.
I.
Vertus de Riculphe tres-auantageuses à l'Eglise de Roüen.

RICVLPHE sortit d'vne tres-illustre famille, au rapport d'Ordry Vital, nous ne sçauons rien de ses emplois auant son éleuation à la dignité Episcopale: mais nous auons des preuues certaines qu'il marcha sur les pas de son Predecesseur, & qu'il fut pieux, humble, & liberal; ce qui fut suiuant la remarque de Mr. le Preuost, vne singuliere benediction de Dieu sur la ville de Roüen, laquelle auoit alors grand besoin d'estre consolée & secouruë des soins paternels de quelque excellent Euesque, dans le pitoyable estat où elle estoit reduite, ses Temples estant presque entierement ruïnez, & les pierres du Sanctuaire,

DES ARCHEVESQVES DE ROVEN.

ctuaire, ie veux dire les Reliques de ses saints Patrons, dispersées en diuers lieux.

II. *Il visita à Gany les saintes Reliques que l'on y auoit portées de Roüen.*

Nous auons deux pieces qui nous font connoistre les bonnes qualitez de Riculphe; la premiere est vne Charte expediée en son nom, par laquelle il témoigne que le 16. de Nouembre de la premiere année de son Pontificat, il se rendit à Gany pour y visiter les sacrez Ossemens de S. Oüen, de S. Nicaise, de S. Quirin, de S. Escubille, & de sainte Pience; auquel lieu ils auoient esté transportez pour les preseruer du pillage des Normands infidelles.

III. *Explication de ces termes (estoient en exil) parlant des susdites saintes Reliques.*

Le Texte Latin dit que ces Saints estoient en exil dans leur propre fond, *in proprio solo exulabant* : ce qui me semble se contredire ; car on ne doit pas appeller exil, le seiour qu'vne personne fait dans sa terre ; & Gany n'estoit rien moins qu'vn lieu de bannissement au regard des corps de S. Nicaise & de ses Compagnons, puisque c'estoit là qu'ils auoient receu la Couronne du Martyre, & l'honneur de la sepulture. Mais il est facile de resoudre cette difficulté, en disant : 1°. que le mot de propre ne se rapporte pas aux Reliques, mais au Monastere de S. Oüen, situé alors au Faux-bourg de Roüen, d'où elles auoient esté portées à Gany, Prieuré appartenant à cette Abbaye. 2°. que Gany estoit vn exil au regard des ossemens de S. Oüen, & mesme à l'égard des cendres de S. Nicaise & de ses Compagnons, puisqu'elles n'y auoient esté transportées que pour les sauuer des mains des ennemis, & qu'elles auoient esté tirées de l'Eglise Abbatiale de S. Oüen, où elles reposoient depuis plusieurs années, & estoient honorées par les Fidelles.

IV. *Motifs qui luy firent faire ce pelerinage.*

Mais reprenons la suite de nostre Narration. Riculphe fit ce pelerinage à Gany, pour y témoigner ses respects aux Saints, & pour obtenir de Dieu par leur entremise, la grace de pouuoir exercer dignement les fonctions Pastorales.

V. *Il tire quelques ossemens des Chasses de S. Oüen & de S. Nicaise.*

Comme il auoit tousiours eu vne deuotion particuliere enuers S. Oüen, il voulut visiter son Corps, non par vn mouuement de curiosité, mais pour voir si ce riche depost estoit aussi decemment conserué qu'il le meritoit : ce qu'il fit en presence de Sicbar Euesque d'Evreux, & de quelques Chanoines de grande pieté ; & l'ayant trouué entier (comme nous l'apprenons d'vn autre Manuscrit) il en prit quelques petites Reliques, afin qu'elles luy seruissent comme d'autant de gages de la protection de ce glorieux Confesseur.

VI. *Donation qu'il fit pour entretenir vne lampe deuant ces saintes Reliques.*

Il accompagna ses prieres d'vne riche Offrande, applicable à l'entretien des lampes qui brûloient deuant le tombeau du Saint, ayant donné pour cét effet deux heritages assis dans le lieu nommé Bidolidum, auec les Esclaues Bertuin, Vvinetrude, Gimbergue, Raduis, & les autres appartenances, estant au village de Rumilly.

VII. *Serfs anciennement obligez à cultiuer de certaines terres.*

Ceux qui sont versez dans le droit Ciuil, sçauent que ces sortes d'esclaues estoient des Serfs obligez de cultiuer les terres, & qui pour ce sujet estoient censez faire partie du fond auec lequel on auoit accoustumé de les vendre, (*erant serui addicti glebæ*) laquelle espece de seruitude n'est plus en vsage, au moins en France.

VIII. *Riculphe se qualifie Abbé de saint*

Riculphe se prend dans cette Charte le titre d'Abbé du Monastere de S. Oüen, laquelle obseruation jointe à quelques autres raisons que i'ay déduites

Ee

dans l'Histoire de cette Abbaye Royale, me donnent lieu de croire qu'en ce temps-là ce Monastere n'auoit point d'autres Abbez que nos Archeuesques : ce que toutesfois ie ne propose icy que par forme de conjecture. C'est auec raison que dans sa souscription il adjouste à son nom, la qualité d'humble, sa profonde humilité paroissant éuidemment dans toute la suite de cette piece, par les protestations qu'il fait de son indignité, au regard de la charge Épiscopale, de la grandeur de ses pechez, & du besoin qu'il a d'estre protegé du secours de S. Oüen. Cette Charte est aussi souscritte de Sicbar Euesque d'Evreux, & de quantité d'Abbez, de Moynes, & de Laïques, & du Notaire Flodegise ; & enfin scellée de l'Anneau de Ste. Marie, c'est à dire de l'Eglise Metropolitaine.

Ricvlphe. Oüen dans la Charte de donation.

IX. *Autre marque de sa pieté.*

CHAP. II.

Sommaire.

I. *Riculphe obtient de Charles le Chauue vne Charte.*

II. *Qui confirme les donations de l'Archeuesque S. Remy & les siennes.*

III. *Diuerses Metairies specifiées dans cette Charte.*

IV. *Terres dans le Soissonnois, données aux Chanoines pour s'y retirer en temps de guerre.*

V. *Et en temps de paix pour fournir aux ornemens, luminaires, & autres choses necessaires.*

VI. *Martin-Eglise, & Londinieres, anciens Domaines de la Cathedrale.*

VII. *Nombre des Chanoines du temps de Riculphe.*

LA seconde piece où paroist la liberalité & la vigilance Pastorale de Riculphe, c'est vne Charte qu'il obtint de Charles le Chauue Roy de France, par laquelle ce Prince confirme & maintient la Cathedrale dans la possession de tous les biens qui luy auoient esté donnez, tant par S. Remy Archeuesque de Roüen, qui de son temps auoit fait authoriser par l'Empereur Charlemagne les donations qu'il auoit faites, que par les Successeurs de S. Remy, laquelle confirmation s'estendoit aussi aux Domaines que Riculphe auoit liberalement donnez à son Eglise, par le conseil & du consentement de Charles le Chauue. Il est fait mention dans cette Charte d'vn Manoir dans le Beauuoisis, au lieu dit (Friscomore) accompagné de terres, vignes, bois, & prairies, & de dix autres maisons auec leurs appartenances, qui deuoient reuenir aux Chanoines aprés le deceds d'Vrsion, Vassal Royal, qui les tenoit à fief, sans qu'il fust besoin d'aucune assignation ny procedure de justice pour y rentrer. De plus, il y est parlé d'vne Metairie dans le Vexin, nommée Neaufle. D'vn Manoir dans le village de Genoleuille, contenant cinq mesures de terres, ou ce que cinq paires de bœufs pouuoient labourer par an, auec leurs dépendances. D'vn heritage dans le territoire de Soissons, auec terres, vignes, prez, & de quinze autres, auec leurs dépendances ; la jouïssance desquels Domaines fut octroyée par Riculphe aux Chanoines qu'il appelle ses freres, afin qu'ils pussent s'y retirer & en perceuoir totalement les fruits, si la fureur des guerres les obligeoit d'abandonner le sejour de la Ville ; parce qu'aussi en temps de paix (comme il estoit lors de l'expedition de cette Charte) la moitié de tout le reuenu seroit mise entre les mains du Prieur des Chanoines (c'est à dire du Doyen) qui bailleroit ces deniers au Gardien de l'Eglise de nostre-Dame, pour les employer en ornemens & luminaires, & aux autres dépenses necessaires au Seruice diuin.

5. Bouaria terræ.

Ie ne m'arresteray point dauantage à specifier les autres donations mentionnées en cette Charte, me contentant d'adjouster à ce que ie viens de dire, qu'il y est fait mention de l'Eglise de S. Martin, & de la terre de Londinieres, deux des plus anciens Domaines de la Cathedrale, & que nous y apprenons que dés ce temps-là les Freres ou Chanoines n'estoient pas moins de quarante : ce qui montre quelle estoit la dignité & la splendeur de l'Eglise de Roüen au siecle de Riculphe. On

DES ARCHEVESQVES DE ROVEN. 219

ne remarque ny année ny indiction en cette Charte, on y voit seule- RICVLPHE. ment la date du iour des saints Perpetuë & Felicité, qui répond au 7. Mars. Toutesfois on peut dire auec beaucoup de probabilité, qu'elle fut expediée auant 875. qui fut l'année que l'Empereur Charles le Chauue prit le tître d'Empereur : Car si c'eust esté aprés ce temps-là, ce Prince qui aimoit fort la gloire, n'eust pas manqué selon sa coustume, de s'attribuer cette qualité, suiuant l'obseruation de Mr. le Preuost, qui estime que ce Priuilege Royal fut donné en vne des trois années qui se passerent entre 872. & 876.

VIII.
En quelle année cette Charte fut donnée.

Riculphe n'exerça sa Charge que trois ans & quelques mois, selon la Chronologie d'Ordry Vital, qui n'a pas manqué de celebrer dans ses Vers sa pieuse magnificence.

IX.
Mort de Riculphe. Eloge que luy donne Ordry Vital.

Fœlix Riculphus, Præclarâ stirpe creatus,
Contulit Ecclesiæ quam plurima prædia terræ.

Le sieur de Bry en son Histoire d'Alençon, l. 2. chap. 9. & aprés luy le sieur Robert dans son Gallia Christiana [a] ont dit qu'il y eut vn Raoul ou Radulphe Archeuesque de Roüen, lequel assista l'an 878. à la Dédicace de l'Eglise de S. Leonard de Bellesme : Mais il est aisé de voir que la ressemblance de ces deux noms, Radulphe & Riculphe, a causé cét erreur. D'autres ont reculé cette ceremonie jusqu'en 989. & disent que Richard Duc de Normandie, & Richard Euesque de Sez, y furent presens : Mais ce Raoul ne peut non plus trouuer place en cette année, que le Siege de Roüen estoit occupé par Robert de Normandie.

X.
Sçauoir s'il y a eu vn Raoul Archeuesque de Roüen aprés Riculphe.

[a] In Epist. Sag. in Raich. 26.

ELOGE
DE IEAN, premier du Nom. 38.

IEAN I.
An de I. C.
876.
CHAP.
I.
Sommaire.
I.
En quelle année Iean fut éleu Archeuesque.

SI l'on en croit les Tables Ecclesiastiques, Iean I. (qu'Ordry Vital louë pour sa Noblesse) tint le Siege de Roüen depuis l'an 872. jusqu'à la fin de 874. mais cette Chronologie est fausse & erronée, estant visible par ce que nous auons dit de la durée de l'Episcopat d'Adalard & de Riculphe, que pendant cet interualle de temps, ceuxcy gouuernerent nostre Diocese ; joint que l'on a des preuues inuincibles que Iean en auoit la conduite en 876. & mesme en 884. sous le Pontificat d'Adrian III. I'estime donc que la Diuine Prouidence n'appela Iean au Trône Archiepiscopal que vers l'an 876. auquel il assista au Concile de Pont sur Yonne, petite Ville à trois lieuës de Sens.

II.
Il assiste au Concile de Pont sur Yonne.
III.
Le Pape & l'Empereur y vouluvent bri-

Cette Assemblée fut fort celebre, & composée de plus de 50. Prélats. Le Roy Charles le Chauue (qui venoit d'estre couronné Empereur) s'y trouua auec les Legats du Pape Iean VIII. Ceux-cy dés la premiere ,, seance lûrent des lettres, par lesquelles le Souuerain Pontife donnoit ,, à Ansegise Archeuesque de Sens, la dignité de Primat de France &

E ij

IEAN-
ger vne nou-
uelle dignité
de Primat
pour l'Arche-
uefque de
Sens.

„ d'Allemagne, auec pouuoir de conuoquer des Conciles; de signifier
„ aux autres Euefques les Decrets du S. Siege; de faire rapport au Pape
„ des difficultez qui furuiendroient dans les affaires Ecclesiastiques; &
„ enfin d'exercer quantité de fonctions tres-honorables & tres-impor-
„ tantes qu'il n'auoit iamais faites, ny luy ny ses Predecesseurs en l'Archeuesché de Sens. Les autres Prelats de l'Assemblée demanderent à
auoir communication de ces lettres, alleguant que cela estoit juste, puisqu'elles leur estoient adressées. A quoy l'Empereur s'opposa, leur commandant de dire leur aduis. Les Euesques répondirent qu'ils obeïroient
aux Ordonnances du Pape, sauf le droit de chaque Metropolitain, qui
deuoit estre gardé & maintenu suiuant les Sacrez Canons, & les Decrets
des Pontifes Romains, conformes aux mesmes Canons. Cette réponse
n'agreant point ny à l'Empereur (qui portoit entierement les interests
d'Ansegise) ny aux Legats du S. Siege, ils pressent de nouueau les Prelats d'acquiescer aux volontez du Pape, en faueur de leur Confrere; mais
ils ne pûrent tirer d'eux autre réponse que celle que ie viens de rapporter, tous à la reserue de l'Archeuesque de Bordeaux, estant demeurez
fermes dans la resolution de ne point consentir à cette nouuelle Primatie, si préjudiciable à la dignité de leurs Eglises. Il est vray que l'Empereur voulant absolument l'emporter, fit seoir Ansegise au dessus des Archeuesques qui estoient plus anciens que luy, malgré toutes les protestations d'Hincmar Archeuesque de Reims. Mais cet effort de la puissance seculiere, non plus que l'instance que les Legats du Pape firent encore quelques iours aprés pour l'établissement de ce pretendu Primat,
ne luy seruirent de rien; & chacun des autres Metropolitains du Concile, declara en son particulier qu'ils ne déferoient aux ordres d'Ansegise,
qu'autant que leurs Predecesseurs auoient déferé à ceux qui l'auoient
précedé dans la conduite du Diocese de Sens.

IV.
Les autres
Metropoli-
tains s'y op-
posent.

V.
Ce qui en ar-
riua.

VI.
Bulle contre
Formose lûe
en ce Concile.

On leut en la sixiéme seance de ce Synode, vne Bulle du S. Siege contre Formose Euesque de Port, Gregoire, & leurs adherans. Il y a quelque sujet de douter si nostre Prelat n'eut point quelque intelligence
auec le premier de ceux-cy, lequel doute vient de ce qu'il se voit vne
lettre du Pape Iean 8. par laquelle il deffend à l'Abbé Hugues, d'auoir de
communication auec Formose, qui auoit esté excommunié, non plus
qu'auec Iean Archeuesque de Roüen, Adalard Archeuesque de Tours,
& Frotaire Archeuesque de Bourges. Or ce ne seroit pas vne tache à la
memoire de ces Archeuesques, d'auoir eu liaison auec Formose; car il
est remarquable que ce Prelat fut vn Illustre persecuté, qui aprés auoir
rendu de grands seruices à l'Eglise en diuerses Legations où il fut employé, eut le malheur de tomber en la disgrace de Iean VIII. non par
aucune faute qu'il eut commise, mais apparemment par les artifices de
quelques enuieux qui le calomnierent auprés de sa Sainteté: De sorte
que le Pape le condamna & le frappa des Censures Apostoliques, &
mesme confirma cette condamnation par diuerses lettres enuoyées aux
Conciles qui se tinrent sous son Pontificat. Formose demeura ainsi dans
l'opprobre, & priué de son Siege Episcopal jusqu'en 883. que le Pape

VII.
L'Archeues-
que Iean ex-
communié
pour auoir eu
liaison auec
Formose.

VIII.
Innocence de
Formose & de
ses adherans.

DES ARCHEVESQVES DE ROVEN.

IX.
Formose absous & fait Pape.

Marin, Successeur de Iean VIII. ayant reconnu l'injustice qu'on auoit IEAN. exercée contre luy, le remit en sa dignité, qui luy seruit de degré pour monter huit ans après en la Chaire de S. Pierre. Ie ne dois pas obmettre qu'au rapport d'Aimoin, il y eut plusieurs Archeuesques & Euesques qui ne voulurent point se trouuer à cette sixiéme seance du Synode de Pont sur Yonne, où fut leuë la condamnation fulminée par le Pape contre Formose, ce qui arriua peut-estre, parce que quelques-vns de ceux-cy connoissant son merite & son innocence, n'approuuoient point ce que le Pape auoit decerné contre luy.

CHAP. II.
Sommaire.

I.
Sçauoir si l'Archeuesque Iean assista au Concile ou Synode de Troye.

Dans ce mesme Concile les Prelats de France ratifierent les Canons d'vn autre Concile, celebré quelques mois auparauant à Pauie, & témoignerent leur consentement par leurs signatures, entre lesquelles on remarque celle de nostre Archeuesque, qui fut appellé deux ans après, c'est à dire en 878. au Synode de Troye, ainsi que le justifie la lettre du Pape Iean; mais comme sa signature ne se trouue point entre celles des autres Euesques de ce Concile, il y a beaucoup d'apparence qu'il n'y alla point. Nostre Archeuesque Iean obtint de l'Empereur Charles le Chauue des Lettres Patéres en faueur de l'Abbaye de S. Oüen, par lesquelles ce Prince confirmoit & maintenoit les Religieux de ce Monastere, dans la possession & la joüissance des anciens Domaines, qu'ils tenoient de la pieuse liberalité de leurs Fondateurs & bienfaicteurs; ce qui fait voir que ce Prelat n'eut pas moins d'affection pour cette Communauté, qu'en auoit eu Riculphe son Predecesseur. Ces lettres furent données au Chasteau Basiu, Palais Imperial, l'an 36. du Regne de Charles, le premier de son Empire, Indiction neufiéme, laquelle date répond justement à l'année 876.

II.
Il obtient vne Charte de confirmation des biens de l'Abbaye de saint Oüen, par l'Empereur Charles le Chauue.

III.
Réponse de Hincmar Archeuesque de Reims, à l'Archeuesque Iean.

Ce fut enuiron ce temps-là que nostre Archeuesque, qui auoit contracté amitié auec Hincmar Archeuesque de Reims, receut la réponse que l'on peut voir dans Flodoard, liure 3. chap. 21. sur la difficulté qu'il luy auoit proposée, touchant vn certain Clerc qui ayant esté nommé pour gouuerner vne Eglise, n'auoit pas l'âge requis pour receuoir l'Ordre de Prestrise. Hincmar luy écriuit encore vne autre fois, selon que le témoigne le mesme Autheur, où après les ciuilitez ordinaires, & l'auoir conjuré de se souuenir de luy dans ses prieres, il luy demande les Canons ou Decrets du Pape Martin, & le prie aussi de luy enuoyer l'Euangile des Nazaréens pour le transcrire. Quelques personnes doctes croyent que ces Decrets du Pape Martin, estoient la collection des Canons de Martin Euesque Braccarense, ce qui est assez probable. D'icy le Lecteur pourra remarquer que nostre Archeuesque passoit dans l'esprit du Docte Hincmar pour affectionné aux lettres, & qu'ils viuoient dans vn commerce reciproque de liures & d'affection, pour l'entretien de laquelle le mesme Hincmar luy enuoyoit quelques presens, dont il est fait mention dans la lettre que nous venons de citer.

IV.
Autres lettres du mesme.

V.
Le successeur de Hincmar luy écrit, & pourquoy.

Le bien-heureux Foulques, successeur d'Hincmar en l'Archeuesché de Reims, luy succeda pareillement en l'amitié qu'il auoit auec nostre Prelat, à qui il écriuit, comme le témoigne Flodoard, liure 4. chap. 1. sur

Ee iij

vn sujet que nous déduirons en peu de mots. Foulques auoit vn frere nommé Rampo, qui en mourant le pria d'estre l'executeur de son testament, par lequel il laissoit vne partie de ses biens pour estre employez à la fondation d'vn Monastere : Mais aprés son deceds, la vefue se remaria à vn Gentilhomme du territoire de Roüen, appellé Ermenfroy ; qui sans se soucier de la derniere volonté de Rampo se saisit de toute la succession du deffunct, & mesme des heritages qui en auoient esté distraits, comme destinez à la construction & dotation de ce Monastere, qu'on auoit commencé à bastir dans le Diocese de Sens. Cét attentat obligea Foulques d'auoir recours au Pape Martin, qui pour arrester le cours de cette violence adressa deux Brefs, l'vn à Evrard Archeuesque de Sens, & l'autre à Iean Archeuesque de Roüen, ordonnant à ce dernier d'aduertir Ermenfroy de se desister de cette injuste vsurpation des choses sacrées, & en cas qu'il ne deferast point à ses remonstrances, de le punir suiuant la rigueur des saints Canons.

Il y a apparence que ces Brefs Apostoliques ne produisirent aucun fruit, car il se voit dans le mesme Autheur, que Foulques implora encor pour le mesme effet la protection du Pape Adrian, successeur de Marin, le suppliant de commettre de nouueau ces deux Archeuesques, Eurard & Iean, pour essayer de deliurer ce Monastere de l'oppression qu'il souffroit de la part d'Ermenfroy ; ce qui montre éuidemment l'erreur d'Ordry Vital, & des Tables Ecclesiastiques, qui mettent l'an 874. pour le dernier du Pontificat de nostre Iean : estant clair qu'il estoit encor Archeuesque l'an 884. auquel Adrian III. fut establi Pasteur Vniuersel de l'Eglise. Ie croy mesme qu'il continua de tenir le Siege de Roüen du temps du Pape Estienne, c'est à dire aprés l'an 885. & que c'est de luy qu'il faut entendre ce passage de Flodoard, où cét Autheur racontant la suite de l'affaire contre Ermenfroy, dit que Foulques sollicita Estienne III. afin qu'il luy plust enuoyer ses ordres aux Archeuesques de Roüen & de Sens, pour proceder contre cét opiniastre vsurpateur. Il est vray, comme le remarque Mr. le Preuost, que le nom de Iean n'estant point exprimé, cela se peut entendre de son successeur aussi-bien que de luy. Toutesfois ie pense que Flodoard a eu intention de le designer, veu que toute cette narration est contenuë dans le mesme Chapitre, & que s'il eust parlé d'vn autre Archeuesque de Roüen, il l'eust marqué par son nom, afin d'éuiter toute ambiguité. C'est pourquoy me reglant tant sur le texte de cét Historien, que sur le témoignage de la Chronique de S. Vvandrille, ie mettray la mort de Iean en l'an 888. & ie finiray selon ma coustume son Eloge par les Vers du Moyne de S. Evroul.

Nobilis Antistes diuinâ sorte Ioannes,
Ordine Pontificis, virtutum lampade fulsit.

ELOGE DE S. LEON. 39.

S. Leon.
An de I. C.
888.
Chap.
I.
Sommaire.
I.
S. Leon n'a esté connu à Roüen que depuis quelques années.
II.
Raisons de cette ignorance.

CE n'eſt que depuis l'an 1633. que la Feſte de S. Leon eſt celebrée dans le Dioceſe de Roüen; auant ce temps-là, ſon nom n'eſtoit point au Martyrologe, ny dans les Tables Eccleſiaſtiques, & la connoiſſance qu'on auoit de luy, eſtoit ſi obſcure & ſi foible, qu'on le confondoit auec Vitton, comme il paroit par ce qu'en ont écrit Demochares, le P. Taillepied, & le ſieur Dadré. Nous ne ſçauons point comment il eſt arriué que ſa memoire ait eſté ainſi miſe en oubly. On peut toutesfois s'en figurer diuerſes cauſes, en diſant qu'on ne l'a point conté parmy nos Archeueſques, ou parce que les armées des Normands qui faiſoient alors vne cruelle guerre à la France, l'empeſcherent de pouuoir ſe rendre à Roüen après ſon Ordination, ou parce que eſtant venu en cette Ville, on luy conteſta ſa Dignité, & le Clergé ne le voulut point receuoir, comme ayant eſté eſtably par le Pape, & non point éluë par la voye ordinaire, c'eſt à dire par les ſuffrages des peuples, dequoy nous

III.
Exemple d'vn Eueſque enuoyé par le Pape, qui eut peine à ſe faire receuoir.
IV.
Autres raiſons, peut-eſtre qu'il a eſté Eueſque regionnaire.

auons vn exemple en la perſonne d'Optandus, Eueſque de Geneue, qui ayant eſté éleué à cette Charge par Iean VIII. eut peine à s'en mettre en poſſeſſion, & fut maltraité par Ortramius Archeueſque de Vienne; ou enfin parce que S. Leon s'arreſta fort peu à Roüen, & que par ordre du Pape, il alla trauailler à la conuerſion des Infidelles, ainſi que nous dirons. De plus, on pourroit douter s'il n'auroit point eſté vn Eueſque Regionaire ſans titre particulier, & ordonné ſimplement pour preſcher l'Euangile en Biſcaye, & dans les païs voiſins; car on remarque que ces Eueſques ſans Egliſes eſtoient aucunefois nommez du lieu d'où ils eſtoient venus, comme S. Firmin qualifié Eueſque de Meaux, & ſaint Emmeran appelé Eueſque de Ratiſbonne, bien qu'ils ne poſſedaſſent pas le Siege Paſtoral de ces deux Dioceſes, & qu'ils annonçaſſent la Foy Chreſtienne en Allemagne. De meſme, S. Leon qui eſtoit poſſible du Clergé de Roüen, auroit pû eſtre nommé Eueſque de cette meſme Ville, bien qu'il ne l'ait iamais gouuernée en cette qualité, & qu'il n'ait fait les fonctions Epiſcopales que dans les lieux où il porta le flambeau de l'Euangile.

V.
La tradition de l'Egliſe de Bayone l'a fait connoiſtre à Roüen.

Quoy qu'il en ſoit, il eſt certain que ſa memoire s'eſt ſi peu conſeruée parmy nous, que nous ne le connoiſſons que par la tradition de l'Egliſe de Bayone, qui l'honore particulierement; dequoy feu Mr. le Preuoſt qui s'appliquoit à la recherche des antiquitez de Roüen, ayant eſté aduerty, il pria les Chanoines de la Cathedrale de Bayone de luy enuoyer quelques preuues de cette tradition, & principalement les Actes du Saint; après la veuë deſquels (bien que d'ailleurs il y trouuaſt

S. LEON.
VI.
Feu Mr. le Preuost presente requeste à Monseigneur François de Harlay.

quelque chose de peu conforme à l'Histoire de ce siecle-là, il presenta requeste en 1633. à feu Monseigneur François de Harlay, pour lors Archeuesque de Roüen, par laquelle il demandoit au nom de l'Eglise de Roüen, que la Feste du Saint qui n'auoit iamais esté celebrée, ou du moins dont la celebration auoit esté intermise, se solemnisast à l'auenir comme l'on faisoit au Diocese de Bayône. Surquoy mondit Seigneur faisant droit, de l'auis du Venerable Chapitre de sa Cathedralle, accorda ses Lettres Pastorales, portant institution de la Feste du Saint au premier iour de Mars. Ie mettray ces deux pieces parmy quelques autres à la fin de cét Eloge, afin de satisfaire à la pieuse curiosité de ceux qui souhaiteront de les voir. Cecy présupposé, ie déduiray briéuement la vie de ce S. Prelat.

VII.
La Feste est receuë au premier Mars en l'Eglise de Roüen.

CHAP. II.
Sommaire.
I.
Païs, parens, naissance, & éducation de S. Leon.

SAint Leon fut originaire de Carentan, ville du Diocese de Coutance en basse Normandie, & nasquit de personnes considerables par leur noblesse & par leur pieté. Sa mere se nommoit Allicie. On dit qu'vn Ange luy reuela qu'elle auroit le bonheur de mettre au monde cét enfant de benediction. Ses Actes nous assignent le temps de sa naissance, l'an 856. Dés ses plus tendres années il donna des preuues si éclatantes de sa future sainteté, que le bruit s'en répandit de toutes parts; de sorte que quelqu'vn en ayant donné aduis à Loüis [a] le Begue, ce Prince l'appella auprés de luy, le retint quelque temps à la Cour, & afin de le rendre capable de la profession Ecclesiastique, l'enuoya estudier à Paris, Le Saint fit dautant plus de progrez dans les bonnes lettres, qu'outre les instructions qu'il tiroit de la voix de ses Maistres, & de la lecture des liures, il en receuoit de beaucoup plus excellentes & de plus vtiles de l'onction interieure du S. Esprit, qui luy apprenoit & faisoit aimer à mesme temps les veritez celestes. Aprés ses estudes il fut admis aux Ordres sacrez, & s'employa auec grand succez au ministere de la parole de Dieu. Sa Promotion à l'Episcopat est rapportée diuersement. Quelques-vns, qu'estant à Roüen il fut élû selon la forme ordinaire par le Clergé & par le Peuple. D'autres asseurent qu'ayant écrit au Pape pour le supplier de luy donner vne Mission, pour aller trauailler à la conuersion des Infidelles, Sa Sainteté, qui sçauoit que l'Archeuesché de Roüen estoit vaquant, le luy confera, à condition d'aller instruire les peuples d'Espagne. Ses Actes portent qu'estant à Rome, où possible il s'estoit transporté pour visiter les saints lieux, il y fut reconnu de plusieurs personnes qui auoient accompagné le Pape Iean VIII. en son voyage de France; & qu'ayant mesme eu l'honneur de saluër Sa Sainteté, à qui il s'offrit d'entreprendre la publication de nostre sainte Foy en Biscaye, Gregoire, ou plustost Estienne, qui estoit pour lors Souuerain Pontife, le fit Archeuesque de Roüen, & luy permit d'annoncer l'Euangile dans cette Prouince, dont les Habitans estoient idolâtres, ou infectez des erreurs de Mahomet.

II.
Loüis le Begue le fait estudier à Paris, où il auance beaucoup.

[a] Les anciens Actes disent Loüis le Germanique; mais il y a erreur, ainsi que ie le feray voir cy aprés.

III.
Il s'employe à la Predication.

IV.
Diuerses opinions touchant sa Promotion à l'Episcopat.

V.
Et sa Mission en Biscaye.

VI.
Sçauoir s'il vint à Roüen auant que de passer

Il est vray-semblable ou qu'il ne vint point en nostre Ville, ou qu'il n'y demeura que fort peu, & qu'en suite il passa en Biscaye accompagné de Philippe & de Geruais, que l'on nomme ses freres; soit qu'il faille entendre

tendre cecy à la lettre d'vne fraternité selon la chair, ou spirituellement & par rapport à l'vnion que la grace & la societé du mesme ministere auoit mise entr'eux.

en Espagne auec ses deux freres.

S. LEON.

VII.
Il y conuertit vn Seigneur de marque.

Si l'on en croit la Legende Françoise de Gazet, la premiere victoire que S. Leon remporta sur l'Idolatrie, fut la conuersion d'vn Seigneur de marque, qui receut le Baptesme auec toute sa famille. En suite le Saint s'auança vers Bayone, capitale du païs, de laquelle ayant trouué les portes fermées, il se retira dans le creux d'vn rocher, où il passa la nuit en prieres. Le lendemain, tout remply de l'esprit de Dieu, il entra dans la Ville, & ayant assemblé le peuple dans l'vne des places publiques, il se mit à parler contre l'aueuglement & l'impieté du Paganisme, & à releuer au contraire l'excellence & la sainteté de la doctrine Chrestienne. Nostre Seigneur donna vne telle benediction à ses paroles, que par cette premiere Predication le Saint conuertit plus de 700. personnes. Ce merueilleux succez allarma les Sacrificateurs des Idoles, qui jugerent bien que le changement de Religion alloit estre la ruïne de leur credit & de leur fortune. Afin donc de conseruer l'vn & l'autre, ils exciterent vne sedition contre le Saint, & s'estant saisis de sa personne, ils le traisnerent deuant vne statuë de Mars, auec dessein de le contraindre d'offrir de l'encens à cette fausse diuinité. Le Saint ne s'estonna point d'vne violence à laquelle il estoit tout preparé; il tint tousiours son cœur paisiblement vny à celuy dont il défendoit la cause, & ayant imploré son secours par vne humble priere, il souffla legerement contre cét Idole. Ce souffle fit le mesme effet qu'vn coup de tonnerre; car en vn instant il renuersa & reduisit en poudre cette malheureuse figure, & frappa de crainte & d'admiration tous ceux qui estoient presens. Mais cette terreur fut salutaire à leurs ames, elle les disposa à se soûmettre au joug de l'Euangile, que subirent auec joye cent cinquante Payens, & entr'autres ces faux Prestres, qui furent rauis de deuenir les adorateurs du Dieu viuant, aprés auoir si long-temps rendu des deuoirs impies & inutiles à des statuës inanimées.

VIII.
Sa Predication dans la ville de Bayone.

IX.
Grand nombre de Payens conuertis; ce qui irrite les Prestres des Idoles.

X.
Il reduit en poudre l'Idole par son souffle.

CHAP. III.
Sommaire.
I.
S. Leon passe plus auant en Espagne pour y prescher.

SAint Leon les ayant confirmez en la Foy par ses exhortations, alla en Espagne, & y prescha dans plusieurs Villes. Nostre Seigneur benit ses trauaux, & luy donna la joye de se voir Pere spirituel de plusieurs Fidelles, à qui il communiqua la vie de la grace. En suite il voulut reuenir à Bayône, & y visiter l'Eglise qu'il y auoit fondée; mais il trouua en chemin la Couronne du Martyre. Quelques Pyrates qui ne pouuoient souffrir nostre Religion, dont les Loix sacrées condamnoient leurs pilleries & leurs violences, sur l'aduis qu'ils eurent du retour du Saint, resolurent de l'assassiner. Pour executer ce cruel dessein, ils se mirent en embuscade, & dés qu'ils le virent passer, ils se jetterent sur luy comme des bestes feroces, & le frapperent furieusement. Les coups ne furent que les preludes de leur rage; car incontinent aprés ils trancherent la teste à Philippe & Geruais qui l'accompagnoient; & enfin terminerent cette sanglante tragedie, en luy faisant souffrir le mesme genre de mort. La teste du Saint tombant à terre, fit naistre vne source d'eau viue;

II.
Retournant à Bayone, il est mis à mort, & ses Compagnons.

F f

226 HISTOIRE

S. LEON. III.
Prodiges arrivez à sa mort, & apres

& par vn second prodige, son corps l'ayant prise entre les mains, comme s'il eust esté viuant, la porta au lieu qu'il auoit choisi pour sa sepulture. Les Chrestiens l'y enterrerent auec beaucoup de veneration, & y mirent aussi les corps de ses deux freres. Depuis on bastit sur leur tombeau vne Chappelle, que l'on dit auoir esté ruïnée le siecle passé par les Caluinistes. Quant aux Reliques de nostre Saint, elles reposent presentement en vne Chasse d'or dans l'Eglise Cathedrale de Bayône, où elles sont reuerées auec grande deuotion ; & la fontaine dont nous auons parlé cy-dessus, l'vne & l'autre a esté veuë par vne personne d'honneur qui m'en a fait le recit.

IV.
Son corps est gardé en vne riche Chasse dans Bayône.

V.
Le Saint paroit aprés sa mort à ses Grands Vicaires à Roüen.

Ie ne dois pas obmettre que le Saint aprés sa mort apparut à ses Grands-Vicaires, & les exhorta à visiter son tombeau, sans toutesfois enleuer ses sacrez Ossemens ; qu'il vouloit demeurer à iamais dans le territoire de Bayône, comme vn gage de l'affection qu'il portoit aux habitans du païs. Ceux-cy déferant à ce commandement, allerent rendre leurs respects au Sepulchre du Saint, & s'estant informez des particularitez de son Martyre, en firent dresser les Actes, ainsi que nous l'insinuë l'ancienne Legende Latine de Bayône, que l'Autheur dit auoir composée sur le rapport de Iean Pahen Grand Vicaire & Chanoine de Roüen, de Guillaume de S. Laurens, & de Robert Abbé de S. Sauueur en Normandie, à quoy il adjouste que ces trois venerables Ecclesiastiques approuuerent cette relation de la vie & des miracles de S. Leon, par l'ordre du Pape Gregoire (ou plustost Estienne) qui canonisa ce S. Martyr, & fit inserer son nom dans le catalogue des Saints.

VI.
Ceux-cy ont fait dresser les Actes de son Martyre.

VII.
Reflexion sur ces Actes.

Voila ce que contiennent les Actes de S. Leon, dans lesquels il y a sans doute quelque chose qui n'est pas conforme à l'Histoire du siecle où il viuoit : car premierement il n'y a gueres d'apparence que Loüis le Germanique eut appelé auprés de soy vn enfant (tel qu'estoit Leon) âgé seulement de douze ans, sur le recit qu'on luy fit de la grande Sainteté, veu que ce Prince ne fut pas des plus zelez pour la pieté, & qu'il ne pouuoit pas disposer absolument, ny esperer de seruice de S. Leon, qui n'estoit pas son Sujet, & qui à peine estoit sorty de l'enfance. De plus, quand il l'auroit fait venir à la Cour, il ne l'auroit pas enuoyé estudier à Paris, mais en quelque Ville ou Monastere de son Estat. 2. C'est vne erreur manifeste de dire que S. Leon, que l'on assure estre né en 856. ait esté establi Archeuesque de Roüen par le Pape Gregoire, puisque depuis l'an 843. iusques en 996. il n'y eut aucun Souuerain Pontife nommé Gregoire. 3. Il n'est pas vray-semblable, que sur la fin du neufiéme siecle, il y eust encore des Idolatres en Biscaye. C'est pourquoy, pour corriger ces fautes qui se sont glissées dans les Actes de S. Leon, par l'ignorance ou des copistes ou des modernes qui les ont dressées sur quelques vieux memoires (car le stile de cette Legende Latine tient fort peu de la maniere d'écrire des anciens Autheurs Ecclesiastiques.) j'ay tasché d'y suppléer, en disant que ce fut Loüis le Begue, Roy de France, qui appela auprés de luy S. Leon, âgé pour lors de 23. ou 24. ans, & luy donna quelque pension pour vacquer aux estudes : ce qui conuient

VIII.
2. Reflexion sur sa promotion à l'Archeuesché, & sur les Idolatres de Biscaye.

IX.
De quelle façon l'on doit corriger ces fautes.

auec l'Histoire de ce Prince, qui dés son établissement dans le Trône, *S. Leon.*
attira à la Cour quantité de gens de merite, & les gratifia de bons appointemens. 2. Au lieu du Pape Gregoire, j'ay mis le Pape Estienne, qui tint le Siege de S. Pierre depuis l'an 885. jusqu'à 890. & qui pût conferer à S. Leon la dignité Episcopale: Et enfin j'ay dit que les Infidelles qu'il conuertit, estoient vray-semblablement infectez des erreurs de Mahomet, que les Arabes d'Espagne leur auoient enseignées, quoy que possible il y eut aussi quelques Payens qui adoroient l'Idole de Mars.

X.
En quelle année S. Leon est mort.
Au reste, l'opinion de ceux qui veulent que S. Leon soit mort vers l'an 900. ne peut pas subsister, puisqu'alors Vitton occupoit le Siege de Roüen; & c'est auec beaucoup plus de probabilité que nous mettons la fin de sa vie & de son Pontificat en 889.

ILLVSTRISSIMO, ET REVERENDISSIMO
Patri, & Domino D. FRANCISCO Archiepiscopo
Rothomagensi Normaniæ Primati.

Ioannes Prevotius, humillimus eius celsitudinis & sanctæ
Sedis Rothomagensis seruulus.

Benedictionem omnium gentium, & testamentum Domini super caput eius.

ILLVSTRISSIME PRÆSVL,

Quod æternæ Veritatis oraculo monente didicimus, nihil opertum esse quod non reueletur, neque absconditum quod non sciatur, multifariam multisque modis olim comprobatum, nouissimè diebus istis tanto euidentius ostenditur, quanto profundius abdita sacræ antiquitatis notitia passim eruitur. Siquidem benigna summi Opificis prouidentia, quæ facit de tenebris lumen splendescere, tanta sæculum nostrum luce perfudit, vt detersa ignorantiæ caligine Catholica per Orbem Religio clarificata videatur claritate, quam habuit, priusquàm superiorum temporum malitia primæuum doctrinæ disciplinæque nitorem obscurasset. Et hæc quidem admiranda de tenebris ad lucem translatio licet ad omnes Galliarum Ecclesias pertineat, præcipuè tamen in sancta Rothomagensium Metropoli deprehenditur, ex quo pastoralis eminentiæ tuæ splendor venerandam illam Gallici Sanctuarij Mensam ad Septentrionalem plagam positam illustrauit. Exinde enim plures apud nos Dominicæ messis operarij iussis exemplísque tuis incitati, aperiendis Scripturarum arcanis, euulgandísque Cælitum Actis animum adjecerunt: quorum studiis & laboribus effectum est vt, reuelante Domino condensa, omnes in templo eius dicant gloriam, & adauctis Intercessorú suffragiis noua quotidie promerendarum gratiarum occasio Fidelibus oriatur. Sanè memorata soror tua Sponsa inter multiplices supernæ munificentiæ dotes, quibus abundè locupletata refulget, decem veluti Drachmas cælitus accepisse dignoscitur, totidem videlicet gloriosos

Ff ij

Pontifices in Sanctorum album relatos, quorum vita virtutibus claruit, & mors pretiosa in conspectu Domini miraculis demonstratur. Ex quibus nouem primi, licet variis calamitatum procellis à suauissimis custodis amplexibus corporaliter auulsi fuerint, spiritaliter tamen per recordationis affectum quasi in sinu eius censentur repositi; quia nimirum in generationibus gentis suæ gloriam adepti sunt, & in diebus suis habentur in laudibus. Vnus ex denario illo numero beatus Leo, decimus & nouissimus ratione temporum, non comparatione meritorum, ignoratur à ciuibus qui ab alienigenis honoratur. Vnus apud nos natus, nobis destinatus, noster origine, dignitate noster, extraneus factus est fratribus suis, & peregrinus filiis matris suæ, damnóque nostro impletus est in eo prælibatæ Veritatis sermo, qui dicit neminem Prophetam acceptum esse in patria sua. Non quæsiuit mater-familias Drachmam perditam, non accendit lucernam, non euerrit domum donec inueniret. Oblita est sponsa fasciæ pectoralis suæ diebus innumeris, recessit memoria sapientis, & nomen eius non est requisitum. Denique cùm à beati Pontificis morte multa iam sæcula effluxissent, & tam diuturnæ ignorantiæ remedium meritò desperari posset, inuentus est à non quærentibus, palàm apparuit iis qui non interrogabant. Indicatum est tandem Sulamiti vbi dilectus eius pasceret, vbi cubaret in meridie. Noua & inopina vox genitricis nostræ auribus insonuit, dicens: Leo filius tuus, immo Sponsus & Pater tuus viuit, & ipse dominatur in terra Baionensium. Quo audito reuixit spiritus eius, & paruulorum corda quos maternis claudit visceribus, repentina liquefecit exultatio. Quid mirum igitur, Illvstrissime Præsvl, si paternæ gloriæ zelo adolescentulus ego & contemptus extollo de turba vocem meam, & loquor ad Dominum meum, cùm sim puluis & cinis? Vis amoris ipsas infantium linguas facit disertas, & ex eorum ore suam seruorumque laudem perficit Deus, vt inimici superbia mirabilius destruatur. Mirentur in adolescentulo hunc mentis excessum, quibus inueteratum virtutis fastidium cum discendi studio admirationis vsum deprauat: qui tam parum de salutis suæ profectu quàm de alienæ sanctitatis fama solliciti, libenter in Sanctis ignorant quod in se experiri non curant. Nobis verò quos diuina auctoritas attendere iubet ad petram vnde excisi sumus, graue sit parentes habere, nisi agnoscamus, turpe agnoscere, nisi colamus. Non enim doctas fabulas secuti, sed annosa Basilicarum monumenta, canámque populorum traditionem, quod de Leone legimus, quod audiuimus, testamur & annuntiamus tibi. Beati Pontificis Acta è Bajonensis Ecclesiæ deprompta codicibus, omnium oculis patent, omnium manibus euoluuntur. Ipsi Vascones & Cantabri, qui descendunt mare in nauibus, facientes operationem in aquis multis, Patroni sui nomen fœlici commercio littoribus nostris inuexere, dúmque memoriam eius palam extollunt, obliuionem nostram tacitè carpunt. Ex tot tantísque documentis satis supérque constat Leonem ipsum Carentomi in Prouincia tua natum, patria Neustrium, institutione Parisiensem, à Romano Pontifice propter eximias animi dotes Rothomagensibus infulis deco-

DES ARCHEVESQVES DE ROVEN.

ratum, ducémque & præceptorem gentibus datum, dimissa ad tempus hæreditate improperium Christi extra castra portasse, & per beata decessoris vestri AVDOENI vestigia in Hispaniam vsque progressum, Bajonensem vrbem à Dæmonum cultu & pyratica feritate ad veræ Fidei mansuetudinem traduxisse : vbi multis pro Christo affectus iniuriis, & ad extremum impiis sæuientis turbæ gladiis cæsus, iugem corporis mortificationem cruento consummauit sacrificio, quod sibi Deus acceptabile salutaribus erga Fideles miraculis & prodigiosa in persecutores vltione declarauit. Quæ cùm ita sint, ILLVSTRISSIME PRÆSVL, quid adhuc hærent vota nostra, vbi nec obicem deuotio, nec veniam inuenit dilatio ? Cur sanctissimi Martyris nomen Cælitum nostrorum Catalogo non adscribitur, cur annua festiuitate non celebratur ? Induat se vestimentis gloriæ suæ Rothomagus ciuitas Sancti, & ad publicæ gratulationis officium vicinas inuitet Ecclesias, quia Drachmam, quam perdiderat, inuenit. Lætetur princeps in lætitia gentis suæ, laudetur pater-familias cum hæreditate sua. Excipiatur sicut Angelus Dei, homo iste nobilis, qui de longinqua regione, accepto regno reuertitur. Non erit infructuosa tanti peregrini susceptio. Qui magnalia fecit in Ægypto, faciet & hîc in patria sua, nec dedignabitur Sulamitem qui Pallium suum extendit super Moabitidem. Ipsa etiam gregis vtilitas proculdubio recidet in Pastorem. Nam si Ecclesiæ Principibus illorum præcipuè Sanctorum expetendum est patrocinium, in quibus Apostolica forma magis elucet, quis tibi eo nomine vel illustrior vel efficacior Aduocatus contingere potest quàm LEO ? Cæteros quidem beatæ recordationis decessores tuos Apostolicos & Sede fuisse scimus & spiritu, verùm diuersa, & (si dicere licet) impari ratione. NICASIVS disseminato per Vellocasses Euangelio prædicationis laudem Martyrij gloria cumulauit : sed à Christo præuentus in benedictionibus dulcedinis, prius attigit palmam quàm Sedem, Mosísque exemplo nascenti Ecclesiæ suæ Mare Rubrum aperuit, promissionis terram non diuisit. Prædicauit MELLONVS & sedit : sed Martyrium minimè fecit. Fecit aliquando VICTRICIVS : sed in sanguine Chlamydem lauit non Pallium, agoníque suo Cælesti dispensatione superfuit, paulò minoratus à Martyribus, vt Martino Confessor æquaretur. Dilectus Deo & hominibus ROMANVS directus est diuinitùs in pœnitentia gentis, & tulit abominationes impietatis, & in diebus suis corroborauit pietatem : sed intra suæ Diœceseos fines hæc Apostolatus signa conclusit. AVDOENVS potens in opere & sermone, in terram alienigenarum gentium pertransiit : sed eius sterilitatem imbre diuino non sanguine proprio fœcundauit. Vnus ex multis patribus LEO triplicatæ laureæ prærogatiuam assecutus, Sacerdotium sede, peregrinationem fructu, Martyrium morte compleuit : Nec est cur in re tanti ponderis nouitatis metus Religionis studium præpediat. Tardioribus institutis quotidie obstetricatur vtilitas, breuíque censetur antiquum quod nouum esse non debuit. Certè domesticam pietatem similibus exemplis scimus inniti. Beati HVGONIS depositio apud maiores nostros Anno duntaxat MCCCIX.

venerandi Capituli tui decreto celebrari cœpit. Patrum memoria Religiosissimus Eburouicum Antistes CLAVDIVS SANCTIVS B. ÆTERNVM (qui circa Clodouei secundi tempora S. Aquilinum in Episcopatu præcessisse traditur) propriis Kalendariis inseruit. Idem EVODIO, idem Magistro gentium VICTRICIO contigisse docet vetus Ecclesiæ tuæ Martyrologium, in quo vtriusque nomen etiamnum desideratur. Nam quid ampliatos cæteris honores commemorem successu temporum, variáque animorum propensione? Quid Natalem ROMANI diem GVILLELMI primi Archiepiscopi cura referam illustratum, indicta populo à seruilibus operibus abstinentia, propositísque Indulgentiis quibus Fideles ad Tutelaris sui cultum inuitarentur? Quid ANSBERTVM Triplici officio Anno MCCLXXX. à GVILLELMO FLAVACVRIA Vellocassino contribuli suo donatum, quid MELLONI Apostoli nostri Festo peculiares cantus ante pauca sæcula loquar adiectos? Transiuit ad exteros quoque Cœlites citra nouitatis inuidiam nouissimorum temporum feruor: & in illo Ecclesiastici Cursus compendio, quod Victricianæ Regulæ vtilis æmulator edidisti, adiuncta sunt antiquis ex omni tribu, & populo, & natione noua Intercessorum nomina, vt intelligeret populus Orthodoxus Sanctorum communionem locorum interuallis non dissolui, sed dilatari, meritóque singulis Ecclesiæ familiis haberi domesticum quidquid vniuersæ Christi Reipublicæ desiisset esse peregrinum. Ergò quod hospitibus & aduenis copiosè hactenus impendimus, beneficentiæ & communionis obliti, Præpositis nostris audebimus denegare? Auertatur à filiis tuis tantæ ingratitudinis opprobrium, ne populus innocens à sanguine Sacerdotum, mortuis quam viuis iniquiorem se præbeat. Iustum enim est & rationi consentaneum illam in primis Ciuitatem Martyrum fieri participem, quæ se Martyriorum iactat expertem. Exurge igitur, ILLVSTRISSIME PRÆSVL, exurge, & legitimis tuorum petitionibus acquiesce propter nomen Dei. Ecce vox sanguinis Fratris tui LEONIS clamat ad te de terra aliena. Vox illa clamantis in deserto & Pyrenæorum aspera complanantis exaudiri cupit pro sua reuerentia. Excitet te ad tam salubre institutum Apostolicus Pauli spiritus quem ex Areopagitæ consortio tractum venerandus Pater NICASIVS in successores suos hæreditario iure transfudit. Excitet dilecta quondam nutrix nunc alumna tua sacra Parisiorum Schola, quæ generosum hunc catulum tulit ex leunculis suis, & Leonem constituit, vt audiretur vox eius in montibus. Excitent oues pascuæ tuæ illustris Natio Normanorum, omnésque tui Primatus Ecclesiæ, & illa in primis quæ peculiarem sibi Patris affectum longa viduitate conciliat filia tua CONSTANTIENSIS, de cuius tribu LEO noster processisse dignoscitur. Obstringe tibi Intercessorem, quem facit imitatio ducem, dignitas coæqualem. Redde nobis LEONEM, vt Leo & ouis simul morentur, & Rothomagensibus tuis aurei sæculi fœlicitas mystico illo pacis symbolo præsignetur. Venerare in mortuo viuam morum tuorum imaginem, & præsenti gratitudine posteris de te benemerendi præfer exemplum. Transcendes meritis quidquid extollis

DES ARCHEVESQVES DE ROVEN.

officiis, si diu in te vixerit qui per tandem reuiuiscit. Hæc sunt carissi- S. Leon.
mæ Sponsæ tuæ suspiria, hi Columbæ gemitus, hæ Turturis voces au-
diuntur in terra nostra. Hùc venerabilis Cleri tui preces, hùc piissimi
populi vota collimant. His & nos exigui licet & & inutiles, fidenti ani-
mo subscribimus, quia numquam iusta expectatione destituis quos in
solida dilectione instituis.

*Rothomagi in Secretario tuo, Kalend. Iulij. Anno reparatæ
salutis* M. DC. XXXIII. *Pontificatus tui decimooctauo.*

FRANCISCVS ARCHIEPISCOPVS,
Clero Populóque Rothomagensi, dilectis Dei, vocatis sanctis, Rom. 1. vers.
7.

Sanctificare Sanctum Iacob, & congregare illi Sanctos eius qui Is. 29. v. 23.
ordinant Testamentum eius super Sacrificia. Ps. 49. v. 5.

CARISSIMI, *vox Sponsi audita est in terra nostra, Sponsam Rothoma-*
gensem Ecclesiam, de cubilibus Leonum appellantis. Illam proculdubiò, Cant. 4.
quæ (vt cætera Cantici persequar, & cantem dilecto meo canticum patruelis mei vers. 8.
vineæ suæ) Gallionæo è Libano, nunc per caput Amana, quod interpretatur Veri-
tas seu Fides, Pauli nempe cæleste illud fastigium, nunc per verticem Sanir & Her-
mon, cum nouo illo Paulo, Augustino nostro, Hæreticas discordias destruens, mecum
pastoraliter rusticatur. Vox certè, nì me fallit simplicissimum agrorum augurium,
haud aliter quàm illa, prophetantis : Et sanctificabunt Sanctum Iacob, & Is. vbi sup.
Deum Israël prædicabunt: & scient errantes spiritu intellectum, & mus-
sitatores discent legem. *Quid verò fallat, quem nec vigilantissimo somnia illa*
fallunt, nostris rebus imprimis accommodata: Et ecce vigil, & Sanctus de cælo Daniel. 4.
descendit : *quæ non obscurè diligentissimum Notariorum nostrorum Primicerium,* vers. 10.
de sancti Leonis Rothomagensis Archiepiscopi Martyris inuentione à se facta, tan-
quàm de inuenta Euangelica drachma, molli allegoriâ designant, nobis è Secreta-
rio nostro gratulantem ? Immò nos Canonicè admonentem, ac Ecclesiæ nomine,
priscorum more, quàm potest maximè vrgentem (mirum verò in modum & zelo &
stylo gaudemus posse) vt per me vestra Ciuitas, quæ se Martyriorum expertem iacta-
re solet, si non alieno at paterno, Martyris videlicet Archiepiscopi, sanguine, ac
maximè proprio, particeps Martyrum fiat. Cuius quidem diligentiæ ac votis eò li-
bentiùs promptiùsque annuimus, quòd vestra erga Archiepiscopos vestros deuotio
vobis laus est, inquietis his nouitatis temporibus, propè singularis : adeò senescente
Ecclesiâ quamquam vnitas non frangitur, vnio debilitatur. Præclarum sanè di-
uinæ prouidentiæ munus, idque eâ ætate cælitus concessum, quâ toto in Orbe sedet
cui apes & familiæ insignia & diuinæ poëseos laudum apud nos certaminumque ar-
gumenta haud interitura, præmiáque fecere. Quoties enim, antecedentium rerum
semper curiosior posteritas, propositum à me in diuini quidem Pindari, id est, in
Pontificis Vrbani, gratiam, sed in Ecclesiæ sacrarumque literarum gloriam, notum
Rothomagensibus Parthenicis ludis aluearium, cum Leonis nostri inuentione contu-
lerit, exclamatura est : Ecce examen Apum in ore Leonis erat ; ac fauus Iud. 14. v. 8.

S. LEON. Mellis: *illudque mox ex Sampsonico inde problemate, arcano sensu adiectura:*
Ibid. v. 18. Quid dulcius Melle, & quid fortius Leone ; *ut Rothomagensem Leonem tanquàm Romano melle olim rediuiuum declaret? Sanctos quippe facere, Romanum est; reducere autem, nostrum, quibus iure an iniuriâ, haud tanta nunc quanta olim licent. Licuisse námque, oculatissimus Areopagita, quem per Beatissimum Nicasium fælicissimè nobis tribuit auctorem Gallicana Antiquitas, ut qui sub Canone est Preuotius amanuensis noster, rectè in Libello suo supplici seu parænetica ad nos Epistolâ monitum voluit ; grandi illâ primitiuâ Theologiâ & videt & prædicat:*

Dionys. *Vt enim Hierarchiam omnem videmus in Iesum desinere ; sic vnam-*
Eccl. Hier. *quamque in proprium diuinum Hierarcham. Sed missa faciamus illa anti-*
c. 5. *qua: ad Patrem familias veniamus qui profert de thesauro suo non solùm vetera, sed*
[Greek text] *noua: præsertim cùm rectè Stromatæus, Pantæni discipulus ac Origenis magister, non minùs verè quàm subtiliter dixerit, sæpe facere quæ non licet, cui semper licet facere quæ licent. Nusquam peius Ecclesia cessit, quàm cùm de cuiusque iure superstitiosè est disputatum: Nobis seritur, quicquid Superioribus reseruatur. Nunc tempus metendi, dùm ex Baionensi agro, qui Aqua Augusta, qui Gemma olim dictus, Venerabilis noster Canonicus Preuotius, in aream dominicam reportat cum exultatione & Præsulum Gemmam & manipulos suos. Sicut ergò qui lætantur in messe, farre pio, aras cumulemus, Fratresque hortemur Coëpiscopos nostros, ut reduci Martyri sinum pandant, obuiam procedant, nostris humeris in Archiepiscopalem Thronum*

Gen. c. 37. reuehant, ac Patronæ Deiparæ: Vide, vtrùm tunica filij tui sit, an non?
vers. 32. concordi voce dicant. Continget profectò, ut quod Ecclesiæ Annales non modò de ore aureo, eloquentissimo Ioanne, multa passo ac reduce, sed de quamplurimis aliis Archiepiscopis Martyribus in propriam sedem reuectis, memorant, ingenti miraculo, Pace quam Mundus dare non potest, Ecclesiam iterum Pontificaliter salutet. Nos interim Sponsam nostram monebimus, ut nouo illo monili se ornet, neu capillus de capite pereat, neu polymita vestis defluat & ornamentum negligentiâ quærat quæ non tàm maiestatem quàm lasciuiam decet. Quapropter Religiosissimo Tarsensi Episcopo, Suffraganei nostri Abrincensis Coadiutori, nostri Archiepiscopatus Administratori ac Vicario Generali, cui Prouinciam fraternè tradidimus ex quo nobis sacri contra Hæreticos belli summa impensiùs commissa est ; curam delegamus ; ut adhibitis in consilium cæteris Generalibus Vicariis nostris, cum selectis insignioribus viris è gremio venerabilis Ecclesiæ nostræ Presbyterij siue Capituli, de reducendo, auctoritate nostrâ, in Martyrologium, ac sacra Diptycha, Officiumque Ecclesiasticum, sancto Leone Rothomagensi Archiepiscopo Martyre, ritu antiquo synodicè delibretet, ut nouo sensu quod Ezechieli propheticè visum est, & Clero & Populo Rothoma-

Eze. c. 19. gensi tandem quadret: Qui incedebat inter Leones, factus est Leo. *Cæte-*
vers. 6. rùm, ut cum Augustino à quo exorsus sum concludam, Augustino se-se sic ad scribendum colligente, ac Eradio Ecclesiæ suæ vices tradente: Nemo inuideat otio
Ep. 110. Act. in designat. Eradij. meo, quia meum otium, magnum habet negotium. *Datum Gallioni in Arce nostra, Anno Sanctificationis nostræ tertio ac trigesimo supra sexcentesimum ac millesimum, xv. Cal. Sext.*

ELOGE
DE VITTON. 40.

VITTON.
An de I.C.
889.
CHAP.
I.
Sommaire.
I.
En quelle année Vitton est entré à l'Archeuesché de Roüen.

SI nous mettons l'an 889. pour le premier du Pontificat de Vitton, c'est plûtost pour la forme que pour aucune certitude que nous en ayons. Toutesfois nostre conjecture est beaucoup plus supportable que la Chronologie des anciens Catalogues, qui posent le commencement de son Pontificat en 884. & la fin en 885. puisque nous auons justifié que Iean I. gouuernoit l'Eglise de Roüen en 884. & que nous allons montrer que Vitton en auoit encore la conduite en 900. & mesme en 905. Le premier euenement auquel il se trouue que Vitton

II.
Il assista à vn Concile tenu à Reims en 900.

ait eu part, fut vne Assemblée de Prelats tenuë à Reims vers l'an 900. par les soins d'Herué ou Heriuée, qui en estoit Archeuesque. On y excommunia Baudoüin Comte de Flandres, & ceux dont il s'estoit seruy pour faire assassiner Foulques, Predecesseur immediat de Heriuée dans le Siege Metropolitain de Reims.

III.
Punition visible de l'assassin de Foulques, Archeuesque de Reims.
IV.
Amitié entre Heriué Archeuesque de Reims & Vitton.
V.
Ils trauaillent pour la premiere conuersion des Normands.

Il est remarquable que ce foudre Ecclesiastique frappa (pour ainsi dire) tout visiblement le cruel Vinsmar, qui auoit trempé ses mains dans le sang de cét Archeuesque, puisqu'aussi-tost s'estant formé dans son corps vn puant vlcere, il mourut rongé des vers, ainsi que raconte Flodoard, liure 4. chap. 9. Il y a beaucoup d'apparence qu'il y eut entre Vitton & Herué vne liaison & vne amitié particuliere, qu'ils conseruoient par le commerce des lettres, & en s'entr'aidans reciproquement dans les affaires difficiles & épineuses, qui ne suruiennent que trop souuent dans l'administration d'vn grand Diocese. Ils se rendirent tous deux recommandables par le zéle qu'ils apporterent pour conuertir les Normands, plusieurs desquels embrasserent nostre sainte Foy, principalement aprés l'insigne miracle par lequel ils furent repoussez, & obligez de leuer le Siege qu'ils auoient mis deuant la ville de Chartres, qui ressentit en cette occasion, combien est puissante la protection de la sainte Vierge sa Patrone. Mais la pluspart de ces nouueaux conuertis, emportez par le poids de leurs anciennes habitudes, retournerent à leurs premiers desordres, & continuerent à faire la guerre aux Chrestiens, à sacrifier aux Idoles, & à se soüiller par toutes sortes de vices. Toutesfois Dieu, par l'excez de sa misericorde, ayant derechef touché leurs cœurs, ils resolurent de quitter leur meschante vie, & se presenterent aux Ministres de l'Eglise pour auoir l'absolution de leurs crimes.

VI.
Vitton consulte Heriuée sur les relaps & l'idolatrie.

Nostre Archeuesque Vitton se trouua fort irresolu sur la maniere dont il les deuoit traiter; car de si grands pechez sembloient ne pouuoir estre remis qu'en imposant aux penitens vne satisfaction qui y fut proportionnée : De traiter aussi auec tant de rigueur des personnes infirmes en la Foy, c'eust esté les jetter dans le desespoir, & leur fermer à jamais la porte de l'Eglise. Dans cette irresolution, il s'auisa de consulter son Confrere Heriué, lequel n'ayant rien voulu déterminer de sa teste, s'a-

Gg

dressa au saint Siege, & en récriuit au Pape Iean IX. Aprés qu'il eust receu la réponse, il ne tarda gueres de récrire à Vitton. Sa lettre se voit imprimée auec celles d'Hincmar, par le soin du sieur des Cordes Chanoine de Limoges; en voicy l'Abbregé en peu de mots.

Herué commence sa lettre par vne petite reflection sur l'affaire dont il s'agit, & la continuë en suite en faisant vn recueil & vn tissu de Canons Ecclesiastiques, de Passages des Saints Peres, & d'exemples tirez des Actes & des Vies des Saints, pour montrer que les Euesques & les Prestres, doiuent receuoir les pecheurs penitens auec toute sorte de douceur & de charité. Qu'il ne faut exclurre personne de la Fontaine salutaire du Baptesme, mais qu'on se doit bien donner de garde de le reiterer, quand mesme celuy qui l'a receu en auroit esté fait participant par le ministere d'vn Heretique; parce qu'ainsi qu'il n'y a qu'vne naissance naturelle, il n'y a aussi qu'vne renaissance spirituelle. Que si l'on doute si quelqu'vn a esté baptisé, on luy peut administrer ce Sacrement (ce qui s'entend sous condition, selon la pratique de l'Eglise;) qu'à l'égard de ceux qui ont renié la Foy, ou qui se sont abandonnez aux vices & aux déreglemens, ausquels ils auoient si solemnellement renoncé, il les falloit admettre au Sacrement de la Penitence, & la leur imposer, selon qu'il est porté dans les anciens Canons, & particulierement dans les Decrets des Conciles de Nicée & Ancyre, & du Pape Leon; & parce que la discipline contenuë dans ces saintes Loix estoit fort seuere, qu'il estoit de la prudence & de l'authorité des Prelats d'en moderer la rigueur, eu égard à la disposition des penitens, qui souuent par les témoignages qu'ils donnent de la sincerité de leur conuersion, meritent qu'on les traite fauorablement, & qu'on vse enuers eux de douceur & d'indulgence. Qu'enfin dans quelque desordre qu'vne personne eut vécu, on ne deuoit point desesperer de son salut, ny luy refuser à l'heure de la mort la grace de la Penitence. Il finit sa lettre en souhaittant à Vitto le progrez dans la vertu, & toute sorte de prosperité; & en se recommandant à ses prieres. Au reste, la conduite marquée dans la lettre d'Herué, s'accorde auec le Rescrit du S. Siege, où le Pape Iean IX. declare, que si les Normands baptisez qui ont commis cét excez, n'étoient pas si peu instruits des maximes de nostre Religion, & comme il dit, si Nouïces dans la Foy, (*Tyrones ad fidem*) il faudroit leur imposer des penitences selon la seuerité des saints Canons: mais qu'il estoit à propos de les traiter plus doucement en veuë de leur peu de lumiere, & de leur ignorance, afin de ne pas les pousser dans le desespoir; en sorte neanmoins qu'on assujettiroit aux peines Canoniques, ceux qui voudroient bien s'y soûmettre, & expier leurs pechez par vne deuë satisfaction.

Vitton assista en 909. auec dix autres Euesques au Concile, conuoqué à Soissons, au lieu nommé Troslay, par les soins de Herué Archeuesque de Reims. L'occasion de cette Assemblée fut le déplorable, estat où la France estoit alors reduite, & pour essayer d'arrester le cours des calamitez publiques, dont la veritable cause estoit les pechez des peuples; les Euesques dresserent quinze Chapitres, pour le restablissement de

VITTON.

VII.
Réponse de l'Archeuesque de Reims, sur la difficulté proposée.

V. Bar. l'an 905. & les Conc. de France l'an 902.

VIII.
Vitton assiste au Concile de Trosley.

V. la Harangue d'Heruë dans les Actes de ce Concile.

DES ARCHEVESQVES DE ROVEN. 235

IX. *Mauuaise coustume de piller les maisons des Euesques aprés leur mort, abrogée en ce Concile.*

la discipline Ecclesiastique, parmy lesquels ils s'en remarque vn qui contient vne deffense de piller les biens des Euesques aprés leur deceds; sacrilege qui estoit comme passé en coustume, tant en France qu'en Italie, & pratiqué pour l'ordinaire par des personnes puissantes & d'authorité.

X. *Année du temps de Vitton.*

Nous ne sçauons point précisément l'année de la mort de Vitton, mais il est probable qu'il ne vescut pas long-temps aprés la celebration de ce Concile de Troslay, veu que Franco son successeur possedoit le Siege Metropolitain de Roüen en l'an 912. auquel il Baptisa le Prince des Normands; ainsi ie pense que ce sera approcher bien prés de la verité, de mettre en 910. la fin de la vie & de l'Episcopat de Vitton, à qui Ordry Vital donne cét Eloge.

Vitto commissum conscendens Pontificatum,
Claruit in populo, vir prudens dogmate Sacro.

ELOGE
DE FRANCO. 41.

FRANCO. *An de I. C. 910.*
CHAP. I.
Sommaire.
I. *Opinion de quelques anciens Historiens touchant l'arriuée des Normands à Roüen.*

DVDON de S. Quentin, Guillaume de Iumiege, & la plufpart de nos Autheurs, écriuent que les Normands estant entrez en France par l'emboucheure de la Seine, sous la conduite de Rhou leur general; ceux de Roüen ne se voyant nullement en estat de pouuoir resister à de si redoutables ennemis, enuoyerent vers ce Prince leur Archeuesque Franco, pour luy presenter les clefs de la ville, & l'asseurer que les habitans estoient prests de se soûmettre à sa domination, & de luy rendre leur obeïssance, pourueu qu'il eut agreable d'embrasser la Religion Chrestienne, & de les gouuerner auec iustice & selon les anciennes coustumes du païs, & que ce Capitaine Normand qui ne venoit en France que pour tascher de s'y establir, & d'y planter vne colonie de ceux de sa nation qu'il auoit sous ses Enseignes, accepta auec joye les offres que luy faisoit ce Prelat; & ayant défendu à ses soldats de faire du rauage dans Roüen, & dans le territoire voisin, entra en cette ville, &

II. *Que cette opinion est contraire à la Chronologie.*

y bastit vn chasteau pour sa demeure. Mais il est aisé de voir qu'il y a de l'erreur en cecy; car au rapport de quelques Autheurs, cette inuasion de Rhou arriua en 875. auquel temps Franco n'estoit pas encor Archeuesque; & quand au lieu de 875. on mettroit 895. qui est l'année de la venuë de ce Conquerant, selon quelques Chroniques, on pourroit former contr'eux la mesme objection, puisque c'estoit Vitto qui gouuernoit alors

III. *Sçauoir si Franco a esté député vers le Duc des Normands.*

nostre Diocese, & non pas Franco. De sorte qu'il en faut conclurre, ou que cette députation de ce Prelat vers le Prince des Normands est vne circonstance inuentée à plaisir par Dudon, qui ayant écrit l'Histoire de nos Ducs, plustost en faiseur de Romans qu'en Historien, a esté suiuy

Gg ij

inconsiderément des autres ; ou que si Franco alla trouuer Rhou de la part des Roüennois, il n'auoit point encore la dignité de Primat de la Neustrie; ou enfin, que si l'Archeuesque de Roüen fut enuoyé vers ce Prince estranger à son arriuée, cela se doit entendre de Vitto, qui estoit en 895. le Pasteur de l'Eglise de Roüen, & non pas Franco, qui ne fut éleué à cette Charge que plusieurs années après la descente des Normands. De plus, ces mesmes Autheurs semblent n'attribuer qu'à ceux-cy la conuersion de ces Infidelles, quoy que nous ayons justifié par le témoignage de Flodoard, Autheur presque contemporain, que ceux-là s'employa à leur instruction conjointement auec Herué Archeuesque de Reims ; mais il ne faut pas trouuer estrange qu'ils n'ayent parlé que de Franco, parce que ce fut luy qui acheua cét ouurage, que ces deux autres n'auoient fait qu'ébaucher. Ce qu'il est à propos de déduire plus amplement.

FRANCO.

IV.
Que Franco n'a pas trauaillé le premier, ny seul à la conuersión des Normāds.

Il y auoit plus de soixante ans que les Normands faisoient la guerre à la France ; ils en auoient parcouru & rauagé les meilleures Prouinces, & principalement celles qui sont arrosées de la Seine & de la Loire, par le canal desquels fleuues ils entroient dans les terres, & se répandoient en suite dans le païs circonuoisin. Ils auoient à diuerses reprises rauagé & bruslé quantité de grandes Villes ; & bien qu'en des rencontres ils eussent esté repoussez & battus, ils se releuoient incontinent de leurs pertes, & recommençant leurs courses & leurs attaques auec plus de fureur que iamais, ils portoient par tout la derniere desolation. Ce fut donc vn sage conseil qui fut inspiré à Charles le Simple par les Estats de son Royaume, que de tascher d'adoucir ce fier & indomptable ennemy, & de faire deuenir & François & Chrestiens ces estrangers Infidelles, qu'il n'y auoit plus moyen de chasser de France. Pour traiter cette importante affaire, le Roy choisit la personne de nostre Franco, dont il connoissoit la prudence & la fidelité, & qu'il sçauoit auoir beaucoup d'accez auprés du Chef des Normands.

V.
Plus de 60. ans auant luy ils auoient commencé leurs courses en France.

VI.
Sage conseil de faire la paix auec eux

Ce Prelat conduisit sa negociation auec tant d'adresse & de bonheur, que Rhou agrea les propositions de Charles, & promit de se trouuer dans trois mois en tel lieu qu'il plairoit à sa Majesté pour conclurre ce traité de Paix, durant lequel temps il ne se feroit de part & d'autre aucun acte d'hostilité. En execution dequoy, S. Clair sur Epte ayant esté choisi pour estre le lieu de l'entreueuë ; le Roy, accompagné de Robert Comte de Paris, & Rhou, s'y rendirent au iour donné, & jurerent entr'eux vne amitié & vne alliance dont les conditions furent ; que Rhou auroit à l'auenir, tant pour luy que pour ses successeurs, l'entiere possession de la Neustrie, depuis la riuiere d'Epte jusqu'à la mer, dont il feroit hommage à la Couronne de France, & la Souueraineté de la Prouince de Bretagne ; qu'il quitteroit le Culte abominable des Idoles, pour se consacrer au seruice du Dieu viuant, & qu'afin d'affermir la paix d'entre les deux Nations, il épouseroit Gislete, fille aisnée du Roy ; ce qui sortit entierement son effet.

VII.
Franco choisi pour la negotier auec leur commandant.

VIII.
Entreueuë du Roy & du Duc des Normands, où sont conclus les articles de la paix.

CHAP.
II.
Sommaire.
I.
Franco Baptise le Duc des Normāds.

CE Prince s'estant fait suffisamment instruire par nostre Archeues- FRANCO. que, s'enroola dans la Milice sacrée de I. C. & receut le Baptesme des mains de ce Prelat, auec toutes les démonstrations d'vne sincere pieté, ainsi que nous auons desia remarqué ailleurs. Robert Comte de Paris, luy seruit de Parrain, & luy donna son nom ; ce qui fait qu'aucunesfois ce premier Duc de Normandie est appellé Robert par les Autheurs. Rhou pratiqua auec vne humilité exemplaire toutes les ceremonies qui estoient lors en vsage. Il parut en public durant huict jours, couuert de l'habillement blanc qu'il auoit receu en ce Sacrement ; & pour preuue de son respect & de son affection enuers l'Eglise, dont il estoit deuenu l'enfant, il fit de riches presens aux lieux sacrez. Il marqua (pour ainsi dire) chaque iour de la huictaine de son Baptesme, par vne donation faite au profit d'vne des sept Eglises qui luy furent designées par nostre Archeuesque ; sçauoir les Cathedrales de Roüen, de Bayeux & d'Evreux, toutes trois dédiées sous l'inuocation de nostre-Dame ; les Eglises Abbatiales de S. Oüen, du Mont S. Michel, de S. Pierre de Iumiege, & de S. Denis en France.

II.
Liberalité du Duc enuers les Eglises aprés son Baptesme.

III.
Qui est suiuy des autres Seigneurs Normands.

Ce bon exemple fut suiuy des Seigneurs Normands ; ils demanderent, comme à l'enuy, d'estre admis à la profession du Christianisme ; & on vit l'accomplissement de la Prophetie de S. Romain, qui auoit reparty au démon qui le menaçoit de faire vn iour rauager son Diocese par des idolâtres, que ces Infidelles qu'il enuoyeroit, renonceroient à sa tyrannie pour se ranger sous l'obeïssance de I. C. Cét heureux changement satisfit extrémement nostre Archeuesque, & tous les anciens Habitans de la Neustrie, (que nous appellerons desormais Normandie) mais leur joye fut beaucoup plus grande, lors qu'ils virent leur Duc épouser la Princesse de France ; le lien sacré qui vnissoit ces deux illustres personnes, leur paroissant comme le sceau inuiolable de l'alliance des François & des Normands, & vn gage asseuré du repos & de la tranquillité dont ils alloient joüir, aprés vne si longue & si cruelle guerre. Ils ne furent pas trompez dans leur esperance ; car Rhou s'estant dépoüillé de cette humeur barbare & furieuse dont il auoit esté animé jusqu'alors, pour prendre des sentimens plus pacifiques & plus conuenables à vn Prince Chrestien, ne songea plus qu'à gouuerner ses peuples auec justice ; qu'à reparer les desordres qu'auoient produit les troubles passez, & qu'à releuer & restablir les Temples abbatus ; jusques-là mesme que quelques-vns écriuent que ce fut luy qui jetta les fondemens d'vne nouuelle Eglise pour la Cathedrale ; ce qui n'est attesté d'aucun ancien Autheur, mais qui toutesfois est fort vray-semblable au jugement de Mr. le Preuost en ses Memoires, veu la necessité de cét Ouurage, & qu'il est certain que le Duc eut beaucoup d'affection pour la Metropolitaine, & qu'il y choisit le lieu de sa sepulture.

IV.
Mariage du Duc auec la Princesse de France.

V.
Changement en la conduite du Duc aprés son Baptesme.

VI.
Franco l'instruist aux vertus Chrestiennes.

Mais il n'y eut point de vertus Chrestiennes dignes d'vn grand Prince, dont nostre Archeuesque Franco n'apprit la pratique à ce nouueau conuerty, & entr'autres, la justice en l'administration de ses Sujets, & la pieté pour les choses saintes ; vertus dans lesquelles il excella aussi tres-

Gg iij

238 HISTOIRE

FRANCO. parfaitement. Il donna des preuues de l'vne & de l'autre, & particulie-
rement de la derniere, en la veneration des faintes Reliques, en la
VII. Tranflation de celles de S. Oüen, dont nous auons parlé en l'Hiftoire
Sa deuotion de fon Abbaye, & en celles de S. Lo & de S. Romphaire, qui furent
enuers faint transferées à Roüen par Thierry Euefque de Coutance, & pofées dans
Oüen, & les
Reliques des l'Eglife, qui a eu depuis le nom de S. Lo. Pour acheuer l'Eloge de Fran-
Saints. co, il mourut en 919. laiffant fa memoire recommandable à la pofterité,
VIII. pour auoir fi heureufement acheué la conuerfion des Normands : Auffi
Mort de eft-ce l'Eloge que luy donne Ordry Vital.
Franco.

Surrexit Franco, plebis bonus auxiliator.
Rollonem lauit facro baptifmate Chrifti.

ELOGE
DE GONTHARD. 42.

GONTHARD LE Manufcrit couuert d'yuoire des Archiues de la Cathedrale,
An de I.C. nous apprend qu'aprés la mort de Franco, Gonthard, que
919. quelques-vns nomment Gunhard, ᵃ & d'autres Gimard, fut ᵃGuill. Gem-
CHAP. eleué au Siege Metropolitain de Normandie, & qu'il fit paroiftre dans met. Taille-
I. l'exercice de fa dignité vne grande fageffe, & vne vigilance veritable- pied. vocct
Sommaire. ment Paftorale à ne rien obmettre qui pût eftre ou neceffaire ou auan- Guichard.
I. tageux à fon Diocefe ; à quoy s'accorde Ordry Vital, qui le loüe de
Belles quali- s'eftre montré prudent & auifé dans fes refolutions, & zelé à procurer le
te{ de Gon-
thard. bien de fon Troupeau ; ce qui nous donne fujet de croire que Gonthard
II. baftit fur les fondemens que Vitto & Franco fes Predeceffeurs auoient
Qui trauailla pofez, & qu'il confirma dans la Foy les Normands que ceux-cy auoient
à confirmer fi heureufement conuertis. Voila tout ce que nous pouuons dire tou-
les Normands
en la Religion chant les actions de ce Prelat, tant nos Memoires font fteriles, lequel
Chreftienne. deffaut nous deuons fouffrir d'autant plus patiemment, qu'il fe rencon-
III. tre dans la plufpart des Hiftoires des autres Diocefes, ce dixiéme fiecle
Sterilité de ayant porté fort peu d'Efcriuains, & merité pour ce fujet d'eftre quali-
nos Memoi-
res pour cét fié du titre d'obfcur, fuiuant la remarque de Baronius.
Archeuefque.
 Les Autheurs parlent diuerfement du temps de la mort de Gonthard,
IV. Guillaume de Iumiege, qui eft peu exact dans fa Chronologie, le fait
Diuerfité d'o- viure jufqu'à la fin du Regne de Loüis d'Outremer Roy de France. Odry
pinions fur
l'année du Vital & l'Efcriuain Anonyme de la Chronique manufcrite de Roüen,
trépas de affeurent que Gonthard deceda en 942. auec cette difference, que le pre-
Gonthard. mier met fa mort aprés celle de Guillaume Longue Efpée, qu'il dit auoir
V. efté affaffiné en cette mefme année ; au lieu que cét Efcriuain inconnu
Qu'il n'eft rapporte le deceds de Gonthard auant la fin tragique de ce Prince, la-
pas mort
auant Guil- quelle Chronologie nous fuiuons côme eftant conforme au témoignage
laume Lon-
gue-Efpée.

DES ARCHEVESQVES DE ROVEN. 239

du Liure d'Yuoire, qui dit que Hugués succeſſeur de Gonthard fut fait GONTHARD
Archeueſque par l'authorité de Guillaume de Longue-Eſpée, d'où il
s'enſuit que ce Duc ſuruesquit à Gonthard, en memoire duquel Ordry
Vital a compoſé ce Diſtique.

V I.
Eloge que luy donne Ordry Vital.

Sedem Pontificis Gonthardus in ordine ſumpſit,
Vtilis in populo, prudens quoque conſiliator.

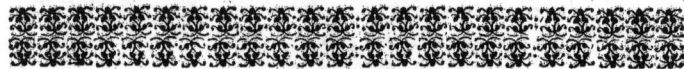

ELOGE
DE HVGVES, deuxiéme du Nom. 43.

HVGVES II.
An de I. C.
942.
CHAP.
I.
Sommaire.
I.
La vie de Hugues a eſté ſcandaleuſe.

NOVS nous plaignions dans l'Eloge precedent que nos Memoires ne nous fourniſſoient rien touchant Gonthard, mais il ſeroit preſque à ſouhaiter qu'ils ne fuſſent pas moins ſteriles à l'egard de Hugues ſon ſucceſſeur, tant la vie & la conduite de celuy-cy fut ſcandaleuſe, & indigne d'vne perſonne qui par le deuoir de ſa charge ſacrée eſtoit obligée de montrer bon exemple à vn grand Dioceſe; de ſorte qu'il faut conſiderer dans le tableau de cette Hiſtoire, ſes actions auſſi bien que celle des deux Prelats ſuiuans, comme autant d'ombres qui eſtant d'elles-meſmes difformes & deſagreables, ſeruent au moins à releuer l'éclat des vertus de nos autres Archeueſques. Cependant il ſemble qu'il y auoit lieu de bien eſperer du gouuernement de Hugues. Il eſtoit de tres-noble naiſſance, lequel auantage le deuoit détourner de faire rien de honteux & d'indigne de ſes Anceſtres; il auoit pû & dû acquerir de la pieté & de la ſcience dans l'Abbaye de S. Denis, où il eſtoit Religieux auant ſa Promotion à l'Epiſcopat; & ce qui n'eſt pas moins digne de remarque, il fut choiſi & éleué au Siege de Roüen par Guillaume de Longue-Eſpée, Duc de Normandie, Prince ſage, pieux, zélé pour la juſtice, & qui d'ailleurs auoit fait paroiſtre ſon affection enuers l'Egliſe Metropolitaine. Mais toutes les eſperances qu'on pût conceuoir de Hugues, ſe trouuerent fauſſes & trompeuſes, ſoit parce qu'il manquoit de vocation pour l'eſtat Paſtoral, ou qu'il n'euſt qu'vne vertu apparente, meſme lors qu'il eſtoit Moyne de S. Denis, ou qu'enfin ſon eſprit accouſtumé au joug & à la pauureté de la vie religieuſe, ſe corrompit parmy les honneurs & les richeſſes.

II.
Qu'il a eu de tres-grands auantages de naiſſance & d'éducation.

III.
Témoignage qu'Ordry Vital a rendu de luy.

Pour proceder auec plus d'exactitude, & ne rien oſter ny adjouſter à la verité de l'hiſtoire, ie marqueray icy ſeparément le témoignage & le iugement que chacun de nos Autheurs a rendu de Hugues. Ordry Vital nous le dépeint dans ſon Diſtique comme vn Prelat qui fut veritablement conſiderable pour la ſplendeur de la famille d'où il ſortit, mais qui fut dépourueu des lumieres de la grace, & qui fit habitude de violer les Loix Diuines. Il adjouſte dans ſon Hiſtoire, qu'il n'a eſté loüé de pas vn Eſcriuain qui ait traitté de luy en particulier, ou de nos Arche-

Hvgves II.
I V.
Et le sieur Doublet en son Histoire de S. Denis.

uesques en general. Il est vray qu'entre nos modernes, Mr. Doublet dans ses Antiquitez de l'Abbaye de S. Denis, nous asseure que Hugues estant Religieux, acquit de l'estime parmy les siens, par les preuues qu'il donna de sa suffisance & de sa capacité, & que ce fut en consideration de sa Doctrine que nostre Duc fit choix de sa personne pour en remplir le Siege de Roüen. Mais ou sa science ne fut qu'vne science humaine & seculiere, ou si elle concernoit les choses sacrées, il n'en fut que dautant plus blâmable d'en auoir si mal vsé, & d'auoir detenu la verité en iniustice, en menant vne vie toute opposée aux saintes maximes dont il auoit connoissance.

V.
La Chronique de S. Evroul.

La Chronique de S. Evroul porte que Hugues eut l'habit de Religieux, mais qu'il n'en eut pas les mœurs. L'Autheur anonyme du liure d'Yuoire, nous explique encore plus distinctement quels furent ses vices & sa mauuaise administration ; voicy comme il en parle. Hugues
„ (dit-il) eut l'honneur d'vne illustre Noblesse, mais il se montra vil &
„ méprisable dans toutes ses actions. Il estoit Moyne à S. Denis quand
„ Guillaume fils de Rhou Duc de Normandie, l'établit dans la Charge
„ Episcopale : Mais méprisant les sages enseignemens de sa sainte Regle,
„ il s'abandonna entierement aux infames plaisirs de la chair, & laissa
„ plusieurs enfans, comme autant de témoins de son impureté. Il mit
„ en desordre l'Eglise, & en dissipa les biens. Il aliena la Terre de Todi-

V I.
Il aliena plusieurs terres de son Eglise, comme Todigny & Douurend.

„ gny, qui estoit du Domaine de l'Archeuesché, en la mettant auec tou-
„ tes ses appartenances, entre les mains de son frere Radulphe, homme
„ puissant, fils de Guillaume de Canalcàm : De sorte que la Cathedra-
„ le se voit encore aujourd'huy priuée de la possession & iouïssance de
„ ce riche heritage.

Outre cette alienation dont parle cét Autheur, il paroit par vn ancien papier inseré au Cartulaire du Chapitre, que ce mesme Archeuesque Hugues disposa iniustement d'vne autre Terre apelée Douurend, qui appartenoit à l'Eglise Metropolitaine, en la faisant seruir de dot à sa sœur, qu'il marioit à vn Gentilhomme nommé Odon : Aprés le deceds duquel cette femme ayant contracté vn second mariage auec vn appelé Henry, Hugues donna encore à celuy-cy cette mesme Terre. Laquelle conduite fait voir que ce Prelat fut plustost l'adultere que l'Epoux legitime ; & le destructeur, que le Pere & le tuteur de son Eglise, ainsi que le remarque Mr. le Preuost en ses Memoires.

VII.
Le corps de Guillaume Longue-Espée enterré de son temps à la Cathedrale.

Ce fut sous le Pontificat de Hugues qu'arriua la funeste & pitoyable mort du Duc Guillaume de Longue-Espée, lequel ayant esté attiré par Arnoul Comte de Flandres, dans vne Isle de la riuiere de Somme, proche de Piquigny, sous pretexte d'vne conference, y fut assassiné auec beaucoup de cruauté & de perfidie. Son corps fut apporté à Roüen, & inhumé dans la Cathedrale. Il eut pour Successeur son fils Richard, premier du nom, à la priere duquel nostre Archeuesque visita le corps de S. Oüen, & le transfera dans vne belle Chasse, dont ce Prince fit la principale dépense. La ceremonie fut des plus solemnelles, ayant esté faite en presence de plusieurs personnes de qualité, entr'autres, de Richard

VIII.
Il transfera le corps de saint Oüen dans vne riche Chasse.

Euesque

DES ARCHEVESQVES DE ROVEN.

HVGVES II.

Euesque de Bayeux. Roger Euesque de Lisieux, Geruold Euesque d'Evreux, Hildebert Abbé de S. Oüen, Fromond Abbé de S. Taurin, & Mainard Abbé du Mont S. Michel, qui contribuerent aussi à l'enrichissement de ce precieux Reliquaire.

IX.
Et établit par ordre de Richard premier Duc de Normandie, des Benedictins au Mont S. Michel.

Afin de ne rien obmettre de ce qui touche nostre Archeuesque Hugues, il est à obseruer que ce fut luy qui secondant le pieux dessein du mesme Prince Richard premier, establit ce Mainard que ie viens de nommer, Abbé du Mont S. Michel, y mettant sous sa conduite treize Religieux qui furent aussi bien que celuy-cy tous tirez de l'Abbaye de S. Vvandrille, & introduits dans ce S. Lieu consacré au Prince des Anges, à la place des Chanoines qui en furent chassez par l'ordre de nostre Duc, qui jugea ce changement auantageux à la gloire de Dieu & à l'edification des peuples. Voila tout ce que nous sçauons de l'Episcopat de Hugues, qui apres auoir occupé l'espace de 47. ans le Siege Metropolitain de Normandie, alla comparoistre deuant le tribunal de I. C. & rendre compte à ce Souuerain Pasteur de la maniere dont il auoit gouuerné son Troupeau. A mon ordinaire ie finiray cét Eloge par le distique d'Ordry Vital.

X.
Combien de temps il a joüy de l'Archeuesché.

> *Hugo succeßit legis Domini violator,*
> *Clara stirpe satus, sed Christi lumine cassus.*

XI.
Sçauoir s'il y a eu vn Arnoul Archeuesque de Roüen.

Le sieur Duplex dit que Lothaire fils de Loüis Doutremer eut vn Bastard nommé Arnoul qui fut Archeuesque de Roüen, & qui ayant esté deposé par Hugues Capet, fut rétably par le Pape Agapet II. l'an 954. Mais outre que le Siege Archiepiscopal de Roüen estoit occupé comme nous le venons de voir par Hugues, cét Arnoul n'estoit pas encor au monde en cette année là; estant certain que Lothaire encore enfant succeda à Loüis Doutremer qui mourut en 954. au mois de Septembre, & ainsi il ne pouuoit pas encore auoir de Bastard qui fut en âge d'estre Archeuesque de Roüen, outre qu'aucun Catalogue ny Autheur ancien ou moderne n'en a parlé que luy & le sieur du Tillet. Ce qui a donné occasion à cét erreur, est qu'ils ont pris Rothomagensis au lieu de Remensis, suiuant la remarque que i'ay fait en de semblables rencontres, puis qu'en effet cét Arnoul fut Archeuesque de Reims, non pas en 954. mais en 990. Baronius, Messieurs Robert, & de Sainte Marthe ont parlé de luy fort amplement. Ces derniers mettent l'an 989. pour 44. Archeuesque de Roüen; ce Raoul qu'ils disent auoir assisté à la Dedicace de l'Eglise de S. Leonard de Bellesme, laquelle (côme i'ay dit en l'Eloge de Riculphe) le sieur de Bry & Mr. Robert mettent en 879. par quelques transpositiôs de chiffres, mais supposé mesme qu'elle ne se soit faite qu'en 989. qui est la premiere année de Robert de Normandie, que tous nos Catalogues font succeder immediatement à Hugues. Ce sera vn erreur de Copiste qui aura mis Rodulphus pour Robertus.

XII.
Et vn Raoul en 989.

ELOGE
DE ROBERT premier de Normandie. 44.

ROBERT I.
An de I. C. 989.
CHAP. I.
Sommaire.
I.
Famille de Robert de Normandie.

ROBERT Archeuesque de Roüen eut pour pere Richard premier Duc de Normandie, & pour mere Gonnor fille d'vn Cheualier Danois, laquelle fut premierement concubine, puis en suite epouse legitime de ce Prince, qui eut encore d'elle Richard, qui luy succeda au Duché, Mauger Comte de Corbeil, & trois filles ; sçauoir Emme, Hauoise, & Mathilde, dont la premiere fut mariée à Ethelred Roy d'Angleterre ; la seconde à Geoffroy Duc de Bretagne, & la derniere à Eudes Comte de Chartres & de Bloye.

II.
Motifs qu'eut Richard I. de procurer l'Archeuesché à ce sien fils.

Le Siege de Roüen estant venu à vaquer par la mort de Hugues, le Duc Richard jugea que sa famille possedant la puissance temporelle du païs, ce seroit en augmenter la splendeur & l'authorité que d'y faire entrer la puissance Ecclesiastique, & que l'ordre & la naissance appellant Richard son aisné à la Couronne Ducale, il ne pouuoit rien procurer de plus honorable ny de plus auantageux à Robert (le second de ses enfans) que la Mitre d'Archeuesque. Pour cet effet il découurit ses intentions au Chapitre de la Metropolitaine, & pria les Chanoines de fauoriser son fils de leurs voix & de leurs suffrages. Mais cette venerable

III.
Le Chapitre de la Cathedrale refuse de luy donner ses suffrages, parce qu'il estoit bastard.

Compagnie le refusa genereusement, alleguant pour raison, que Robert n'estoit point né en legitime mariage, & qu'à cause de ce deffaut il n'estoit point capable du ministere sacré, en estant formellement exclus par la loy de Dieu & par la disposition des saints Canons. Ce refus ouurit les yeux à Richard, & luy fit voir & dans sa conscience & dans sa maison vne tache d'infamie, que la grandeur de sa fortune, les flateries de ses Courtisans, & la longue habitude dans le vice, l'auoient jusques alors empesché de reconnoistre ; de sorte que pour l'effacer, & pour leuer en mesme temps l'obstacle qu'elle opposoit à ses desseins, il resolut d'épouser Gonnor en face d'Eglise, ce qu'il fit en presence des enfans qu'il auoit d'elle, lesquels se mirent sous le voile, & par cette ceremonie acquirent la qualité de legitimes.

IV.
Le Duc ayant épousé Gonnor, & legitimé ses enfans, il est élû pour Archeuesque.

Aprés cette action, qui fut comme le commencement de la conuersion du Duc, qui donna depuis de grandes marques de pieté, & tascha d'expier ses pechez par des œuures de penitence ; il fit nouuelle instance au Chapitre pour la Promotion de son fils, lequel enfin fut élû Archeuesque de Roüen. Ainsi on contenta le Prince, & on accomplit les desseins qu'il auoit sur l'établissement de sa famille ; mais on ne pouruet pas fort bien au besoin de l'Eglise, dont toutesfois le bien & l'auantage deuoit estre vniquement consideré en cette élection. On luy donna vn

V.
Defauts tres-considerables

Pasteur qui manquoit entierement des qualitez Pastorales, car Robert estoit vn jeune Seigneur, nourry & éleué dans la vanité, le luxe, & les delices de la Cour, & nullement formé à la modestie & à la sainteté de la vie Clericale. Aussi ne regardant dans sa dignité que le reuenu, l'éclat exterieur, & la domination, il y entra comme dans vne charge seculiere, & l'exerça long-temps d'vne maniere tout à fait scandaleuse, ne s'appliquant qu'aux affaires & aux intrigues du monde, amassant du bien auec ardeur, & se plongeant encore plus criminellement dans les plaisirs infames de la chair.

en cette élection.

ROBERT.

VI.
Robert se marie en qualité de Comte d'Evreux.

Aprés la mort de son pere, il eut pour partage le Comté d'Evreux; & comme si ce titre de Comte l'eut dispensé de la chasteté & de la continence Sacerdotale, il épousa en cette qualité, vne Dame nommée Herleue, dont il eut trois enfans, Richard, Radulphe & Guillaume, qu'il tascha de rendre grands dans le siecle, en leur partageant sa Comté d'Evreux, & en leur procurant autant qu'il pût, & des honneurs & des richesses; & mesme la passion qu'il eut d'éleuer la fortune de son aisné,

VII.
Il donne à ses enfans la Seigneurie de Douurend, du Domaine de son Eglise.

le porta à luy donner injustement vne bonne partie de cette terre de Douurend dont j'ay parlé cy-deuant, laquelle il auoit auparauant rachetée & reünie au domaine de la Cathedrale; & lors qu'il l'en mit en possession, il appela plusieurs de ses amis, qu'il régala dans vn festin, où il se passa des excez aussi honteux que ridicules, que ie m'abstiens de rapporter icy.

VIII.
Et la terre de Martin-Eglise.

Ce fut encore par sa faute & par son mauuais mesnage, que l'Eglise ou Terre de S. Martin, ancien patrimoine de Nostre-Dame, destiné pour la mense & pour la nourriture des Chanoines (qui vray-semblablement viuoient encore en commun) ou qui auoient cessé depuis peu, fut alienée, ou plustost vsurpée par des personnes seculieres, entre les mains desquelles elle fut jusqu'au Pontificat de Guillaume I. comme ie diray en son lieu.

IX.
Robert commença tres-mal, mais il fit penitence & changea sa conduite.

Guillaume de Malmesbury confirme ce que nous venons de remar-
,, quer, touchant les mœurs & la conduite de Robert, lors qu'il assure
,, qu'il abusa horriblement de sa dignité sacrée, & qu'il la deshonora
,, par quantité d'actions honteuses & criminelles. Par où il paroit qu'il marcha sur les pas, & suiuit le mauuais exemple de Hugues, son predecesseur: Mais il y eut cette difference, que nous n'auons aucune preuue, que celuy-cy se soit repenty de ses déreglemens & de ses vices, au lieu que les anciens Autheurs conuiennent que Robert sur sa vieillesse, fit penitence de ses pechez, & qu'il prit soin de les racheter par de tres-larges aumosnes enuers les pauures, & les lieux de pieté. Si bien qu'aprés auoir parlé de ses desordres, la raison & la justice nous obligent maintenant de raconter ce qu'il a fait de loüable, auec quelques autres éuenemens arriuez sous son Pontificat.

CHAP. II.
Sommaire.
I.
Robert commença

Robert ne pouuoit pas laisser à la posterité vn plus illustre Monument de sa magnificence, que celuy qui subsiste encore à present, & qui fait l'admiration de tous ceux qui le regardent. C'est ce beau & majestueux Temple de la Metropolitaine, à la construction duquel on peut dire qu'il a eu plus de part qu'aucun de nos Archeuesques, puisque

244　　　　　　　　HISTOIRE

ROBERT auança beaucoup l'Eglise Cathedrale. ce fut luy qui en jetta les premiers fondemens, & qui en auança beaucoup l'Ouurage auant que de mourir. Ie ne propoferay icy la queftion, fçauoir s'il en changea la fituation, & s'il l'eftablit au mefme lieu de la Ville où eftoit placé l'ancien, j'efpere de la traitter & de la refoudre ailleurs, auffi bien que la difficulté qui fe trouue en ce que Dudon Doyen de S. Quentin a efcrit touchant ce mefme bâtiment.

II.
Il fit plufieurs faueurs à l'Abbaye de Fécan.

Robert fauorifa auffi l'établiffement de l'Abbaye de Fécan, fecondant en cela les pieux deffeins de Richard I. fon Pere, & de Richard II. fon Frere, qui eurent vne affection extraordinaire pour ce Saint lieu, & qui prirent plaifir à le combler de biens, & à l'honorer de tous les Priuileges & de toutes les prerogatiues qui le pouuoient rendre confiderable. Le premier de ces Princes en bâtit l'Eglife d'vne ftructure tres-belle & tres-folide ; & le fecond en fit les Cloiftres & les lieux reguliers ; & n'eftant pas moins zelé pour l'edifice fpirituel que pour le materiel, aprés auoir mis hors les Chanoines dont la vie eftoit trop licencieufe, il y appella des Moynes Benedictins fous la conduite du B. Guillaume Abbé de S. Benigne de Dijon, leur octroya le droit de haute Iuftice, & afin d'afseurer parfaitement leur repos, & qu'ils ne fuffent inquietez des vifites des Officiers Ecclefiaftiques, pria noftre Archeuefque de les exempter de fa Iurifdiction ; ce que Robert fit tres-volontiers, leur accordant cette grace, tant à l'égard de l'Abbaye que des Paroiffes qui en dépendent, leur faifant expedier fur cela fes Lettres fignées de fa main & de quantité d'Euefques & de Seigneurs, lefquelles ayant efté depuis confirmées par le S. Siege Apoftolique, ont fait & font encore joüir aujourd'huy cette Abbaye de l'effet de cette exemption.

III.
Et à celle de Saint Per en Vallée de Chartres.

Noftre Archeuefque gratifia d'vne pareille faueur les Moynes de S. Per en Vallée de Chartres, qui fe voyant fouuent inquietez par vn certain Archidiacre à caufe de l'Eglife ou Prieuré de Claire-Fontaine [a] qu'ils poffedoient, fupplierent tres-humblement noftre Archeuefque de les vouloir affranchir de cette fujetion : Surquoy Robert leur octroya fes Lettres en vne forme dautant plus autentique, qu'elles furent foufcrites des Euefques fes Suffragans ; en memoire & reconnoiffance duquel bien-fait, & de plufieurs autres dont les Religieux luy eftoient redeuables, ils arrefterent aprés fa mort de faire celebrer des Meffes, & d'exercer des œuures de mifericorde pour le repos de fon ame.

[a] Al. de Fontenido.

IV.
Il figne à quelque donation faite à Dudon Doyen de S. Quentin.

Ce mefme Archeuefque eut auffi part à plufieurs actions de pieté qui fe firent durant fon Pontificat, comme il fe iuftifie par fes fignatures. L'an 1015. il figna aux Lettres de Richard II. Duc de Normandie fon frere, par lefquelles ce Prince (que la pofterité a honoré du titre de Bon) donna à Dudon Doyen de S. Quentin, le reuenu de deux Eglifes, fçauoir Eunard, fur la petite riuiere de Dun, & Sotteuille, fur le bord de la mer, pour eftre vny & annexé à la menfe des freres qui feruent Dieu dans l'Eglife du glorieux Martyr S. Quentin ; ce que j'apprends du fieur Hemeré qui rapporte ce titre en fon *Augufta Viromanduorum*.

V.
Les Abbayes de Iumiege, du

Il fe trouue vne Charte du mefme Duc de 1027. contenant vn dénombrement des biens que luy & fes Predeceffeurs, & autres perfonnes

Bec, & de Sainte Catherine, le reconnoissent pour bien-faicteur. de pieté auoient données à l'Abbaye de Iumiege, dans laquelle piece nostre Prelat est dénommé parmy les bien-faicteurs ; & il est dit de plus qu'il cede à l'Abbé & aux Moynes, du consentement du Duc son frere, les Droits & les Coustumes qu'il auoit droit de perceuoir en leurs Terres, en qualité de Comte d'Evreux. Il souscriuit aussi au Contract de fondation du Prieuré de S. Pierre de Longueüille, dépendant du mesme Monastere de Iumiege, à ceux de l'Abbaye du Bec, & de la Trinité du Mont, dont il consacra l'Eglise l'an 1030. Enfin deux ans auant sa mort, il signa aux lettres que Robert, surnommé le Magnifique, Duc de Normandie, octroya aux Chanoines de la Cathedrale, pour les restablir & confirmer dans la joüissance des biens qui leur appartenoient. ROBERT.

VI.
Il conuertit & Baptise Olaüs Roy de Noruege.

Mais ie ne remarque rien en la vie de Robert qui luy ait esté plus glorieux, ny de plus grand merite deuant Dieu, que la victoire qu'il remporta sur l'idolatrie par la conuersion d'Olaüs Roy de Noruegue. Ce Prince Payen & Barbare estant en Angleterre auec vne puissante armée qu'il y auoit conduite, au secours de Kanut Roy du Pais, fut appellé en Normandie par Richard II. qui le pria de le venir assister contre le Comte de Chartres son ennemy, qu'il sçauoit estre soustenu & protegé secrettement par Robert Roy de France. Olaüs voyant la guerre d'Angleterre terminée, & ne cherchant que de l'employ à ses armes, passa volontiers en nostre Prouince auec toutes ses Troupes. Mais il n'y fut pas si-tost arriué, que les ennemis de nostre Duc parlerent d'accommodement, & luy en proposerent des conditions si raisonnables, que la Paix fut concluë. Cependant ce Roy Estranger faisant son sejour à Roüen, y fut visité de nostre Archeuesque ; qui dans les conuersations qu'il eut auec luy, sçeut si bien luy faire voir l'illusion grossiere & ridicule de l'idolatrie où il estoit engagé, & la verité & l'excellence de la verité Chrestienne, qu'il luy persuada de renoncer à ses faux Dieux, & de se consacrer par le Baptesme au seruice de I. C. Ayant donc esté suffisamment instruit des mysteres de nostre Foy, il receut ce Sacrement auec beaucoup de solemnité par le ministere de nostre Archeuesque, qui le confera à mesme temps à vn grand nombre de Capitaines, & de soldats qui imiterent le bon exemple de leur Prince.

VII.
Lequel fut depuis Martyr.

La suite de la vie d'Olaüs fit paroistre la sincerité de sa conuersion, & jusqu'à quel point il estimoit l'honneur d'estre enrôlé dans la Milice Chrestienne ; son zéle pour la Propagation de nostre Foy fut si ardent, qu'estant de retour en son Royaume de Noruege, il en voulut bannir le Paganisme & la Magie. Il est vray que son dessein ne reüssit pas, & que ses Sujets s'opiniastrant dans leur ancienne impieté, se reuolterent contre luy, & l'assassinerent cruellement. Mais Dieu rendit son tombeau glorieux par tant de miracles, que l'on vit bien que ceux qui pensoient luy auoir osté la Couronne & la vie, luy auoient fait retrouuer l'vne & l'autre d'vne façon infiniment plus excellente dans le sejour & la gloire Eternelle. Ces prodiges si éclatans qui parurent à son sepulchre, rendirent ses Reliques precieuses & venerables, & depuis on en apporta vne partie en nostre Ville, qui meritoit bien d'auoir part à ce riche tre-

VIII.
On apporta depuis de ses Reliques à la Cathedrale.

Hh iij

246 HISTOIRE

ROBERT. for, puifque c'eſtoit dans le premier de ſes Temples que cét illuſtre Martyr auoit commencé à confeſſer I. C. par le vœu public de ſon Baptefme.

CHAP. III.

Sommaire.
I.
Culte rendu par l'Archeueſque Robert aux Reliques de S. Oüen, S. Nicaiſe & S. Romain.

I'Ay remarqué au Chapitre ſixiéme du liure troiſiéme de l'Hiſtoire de S. Oüen, qu'en 1032. vne partie des corps de S. Nicaiſe, de S. Scuuicule, & quelques Reliques de S. Quirin, furent transferez de Vambaſe (Prieuré de cette Abbaye) en Lorraine, en l'Egliſe de S. Oüen; laquelle tranſlation ſe fit auec grande ſolemnité, ces Oſſemens ſacrez ayant eſté receus en preſence du Duc par noſtre Archeueſque Robert, qui les porta en ſuite Proceſſionnellement en l'Auguſte Temple de cét Archimonaſtere. Ce meſme Prelat ouurit auſſi en 1036. le Tombeau de S. Romain, & ayant viſité ſon Corps glorieux qu'il trouua entier, le remit en ſa place pour continuer à y eſtre reueré des peuples.

II.
Pluſieurs actes de pieté & ceremonies extraordinaires où il a eu bonne part.

J'apprends de Guillaume de Iumiege que ce fut Robert qui donna la Benediction Nuptiale à Hauoiſe ſa ſœur, qui fut mariée dans Roüen à Geoffroy Comte de Bretagne; il aſſiſta à la mort de Richard II. & l'ayant porté par ſes ſages aduis à faire dans ſon Teſtament des legs pieux pour le ſoulagement des miſerables, continua enuers luy ſes bons offices, en luy rendant les honneurs de la ſepulture dans l'Egliſe Abbatiale de Fécan.

III.
Mort de Richard II. & de Richard III.

Richard II. eut pour ſucceſſeur Richard III. qui ne joüit pas long-temps de la Couronne Ducale, vne mort ſubite qui ne fut pas ſans ſoupçon de poiſon l'ayant rauy aux eſperances du public, qui ſe promettoit auec raiſon toute ſorte de bonheur & de felicité du gouuernement d'vn Prince qui n'eſtoit pas moins éleué au deſſus du commun par ſa haute generoſité, & par l'éminence de ſa vertu que par la grandeur de ſa fortune. Eſtant mort ſans enfans legitimes, le droit du ſang appella au Duché Robert ſon frere, qui en fut mis ſolemnellement en poſſeſſion, & receut l'épée & les autres marques de la puiſſance Ducale des mains de noſtre Archeueſque, aprés auoir fait le ſerment ordinaire de maintenir l'Egliſe dans ſes droits & dans ſes priuileges, de deffendre ſon peuple & de luy rendre juſtice.

IV.
Robert Duc de Normandie preſte l'oreille à quelques ennemis de l'Archeueſque ſon oncle.

Vn de nos Hiſtoriens modernes louë Robert de ce que dés ſon inſtallation dans ſon Duché, il retint auprés de luy les plus fidelles & les plus experimentez d'entre les vieux Officiers de feu ſon Pere pour ſe ſeruir de leur aduis dans la direction des affaires: mais quelque precaution qu'il apportaſt pour eſtre bien conſeillé, il ne pût ſe donner de garde de la ſurpriſe de certains eſprits adroits, malins & ambitieux (entre leſquels on met Hugues de Bayeux) qui ayant gagné creance auprés de luy, ſoit par vne inimitié qu'ils portoient à noſtre Prelat, ou dans l'eſperance d'auoir d'autant plus de part aux bonnes graces du Prince, que l'Archeueſque ſon Oncle y en auroit moins, entreprirent de les diuiſer & de les mettre mal enſemble. Il ne leur fut pas fort difficile de reüſſir dans ce mal-heureux deſſein, dautant que le Duc eſtoit ardent, vindicatif, & aiſé à préoccuper. Ainſi ils luy perſuaderent ſans beaucoup de peine que l'Archeueſque de Roüen machinoit quelque choſe contre le bien & la tranquillité de ſon Eſtat, & qu'il falloit obſeruer ſes actions, & ne ſe

Le Curé de Maneual en ſon Hiſt. l. 6. p. 109.

V.
Diuiſion entre le neueu & l'oncle.

DES ARCHEVESQVES DE ROVEN. 247

pas confier entierement en luy. En suite joignant la trahison à la calom- ROBERT.
nie, ils firent entendre à ce Prelat, que ses ennemis luy auoient rendu de
mauuais offices en Cour, & irrité par de faux rapports l'esprit du Duc
contre luy. Sur cét aduis, nostre Archeuesque qui connoissoit l'humeur prompte & violente de son neueu, se retira à Eureux, (il possedoit
ce Comté à titre d'Appennage) & afin de pouruoir à tous euenemens,
fit entrer dans la Ville des viures & des gens de guerre, & faire quelques
reparations aux murailles. Mais il suiuit vn mauuais conseil ; sa retraite
& le soin qu'il prit de se fortifier, accrût les soupçons du Duc, qui ne dou-
tât plus que le Comte son oncle ne voulust brouiller & troubler par vne
guerre le repos de sa Prouince, se resolut de le preuenir. En execution dequoy il assembla des troupes, alla mettre le siege deuant, & aprés quelques assauts où il fut repoussé, obligea les assiegez à se rendre par composition, qui fut de sortir vies & bagues saūues.

VI.
L'Archeues-
que s'estant
fortifié dans
Eureux, est
assiegé & con-
traint de ren-
dre la place.

Nostre Prelat se voyant ainsi presque dépouillé de son Comté, se retira auprés de Robert Roy de France, afin d'implorer son secours ; excommunia le Duc, & mit la Normandie en interdit. Ce foudre Ecclesiastique ne fut pas sans effet ; car le Duc en estant estonné, s'informa
exactement de la verité des choses qu'on luy auoit rapportées contre
son oncle ; & ayant clairement reconnu que tout ce qu'on luy auoit dit,
estoit vne pure calomnie, priua de sa faueur, & bannit de sa Cour ceux
qui en estoient les autheurs ; & y ayant rappelé nostre Archeuesque, le
remit en possession de son Comté ; & pour marque de la parfaite confiance qu'il vouloit prendre desormais en luy, l'établit Chef de son
Conseil.

VII.
Il se retire
vers le Roy de
France, & ce
qu'il y fit.

VIII.
Il fait sa
paix.

CHAP.
IV.
Sommaire.
I.
Sçauoir si la
premiere let-
tre que Ful-
bert Euesque
de Chartres
luy a escrit, a
esté pour ce
suiet.

Parmy les lettres de Fulbert Euesque de Chartres, il s'en trouue deux
adressées à nostre Robert, l'vne desquelles, sçauoir la cinquante-
cinquiéme, Messieurs de sainte Marthe estiment luy auoir esté escrite
pour le consoler de la disgrace qu'il souffrit pendant cette petite guerre,
quoy qu'à mon aduis le sujet de cette lettre puisse auoir esté tout autre,
n'estant pas moins vray-semblable de dire qu'elle ne contient qu'vne
exhortation à nostre Robert, d'exercer son authorité de Metropolitain
contre vn de ses Suffragans, qui auoit entrepris sur luy, & s'estoit porté à quelque excez, peu conuenable à son caractere. Comme elle est
courte, j'en donne la traduction, & laisse au jugement du Lecteur la
décision de cette difficulté.

II.
Il le console
sur quelque
déplaisir recen
d'vn Euesque.

„ Saint Pere, ie compatis aux trauerses & aux afflictions que vous
„ auez souffertes auec tant d'indignité, principalement de la part de
„ celuy qui deuoit (confier) & sa personne, & ce qu'il possede, à
„ vostre fidelité. Ie suis aussi tres-sensiblement touché de la chûte de
„ celuy qui estoit nostre frere & nostre Coëuesque, tandis qu'il de-
„ meuroit ferme dans l'accomplissement de son deuoir, & que nous
„ voyons auec regret estre tombé dans le précipice de tant de crimes &
„ de mauuaises actions. Mais au moins (mon Pere) auez-vous cette
„ solide & excellente consolation, que si on vous a rauy (les biens ex-
„ terieurs) on n'a pû vous oster les richesses interieures & spirituelles de

ROBERT. ,, l'ame; s'il s'eſt égaré, vous ayez par la grace de Dieu aſſez de charité
,, pour taſcher de le remettre dans le bon chemin; & s'il refuſe de
,, vous obeïr, vous ayez auſſi le frein de la correction canonique pour
,, le retenir, & meſme la verge Paſtorale pour le frapper, ſeruez-vous-
,, en ſelon qu'il eſt neceſſaire, & juſqu'à ce que le coupable ayant me-
,, rité l'abſolution, nous puiſſe dire auec joye, *voſtre verge & voſtre baſton*
,, *m'ont conſolé.*

III.
Sujet de l'au-
tre lettre du
meſme Ful-
bert.

Quant à l'autre lettre, elle a pour ſujet vne affaire d'Officialité; ſçauoir, vne diuiſion qui eſtoit entre vn mary & ſa femme, touchant laquelle noſtre Archeueſque auoit conſulté Fulbert, qui luy en mande
ſon ſentiment, & le prie de l'excuſer s'il ne luy allegue point les Canons
Eccleſiaſtiques qui concernent cette cauſe, ne le pouuant faire, à cauſe
qu'il eſt dans le trouble & la perſecution.

IV.
La reconcilia-
tion de l'oncle
& du neueu
fut parfaite.

Mais reprenons la ſuite de noſtre Hiſtoire. L'accommodement & la
reconciliation du Duc auec noſtre Archeueſque fut ferme & ſtable, &
depuis ce Prelat eut auprés de ſon neueu tout le credit & tout le pouuoir que la proximité du ſang, la grandeur de ſa dignité ſacrée, & ſon
intelligence dans les affaires luy pouuoient faire eſperer. Auſſi Alain
Duc de Bretagne ſçeut-il bien s'en préualoir pour faire ſa paix auec le
Duc Robert, dont il attira ſur ſoy imprudemment l'indignation & les
armes. Ce Seigneur Breton eſtoit obligé de faire hommage de ſon Duché au Duc de Normandie, mais ſon ambition luy inſpira de refuſer de
rendre ce deuoir, dequoy il eut bien-toſt tout ſujet de s'en repétir. Car ce
refus ayant fait naiſtre la guerre entre ces deux Princes, le noſtre attaqua
en meſme temps la Bretagne auec deux puiſſantes armées, l'vne par mer
& l'autre par terre; de ſorte qu'Alain n'ayant point de forces ſuffiſantes
pour oppoſer à celles de ſon ennemy, ſe vit en danger de perdre ſes
Eſtats. Dans cette fâcheuſe extrémité il eut recours à noſtre Archeueſque, (qui eſtoit ſon oncle comme eſtant frere d'Hauoiſe) & le ſupplia
inſtamment par vn Courrier qu'il luy dépeſcha, de vouloir eſtre le Mediateur du differend qu'il auoit auec noſtre Duc ſon neueu. Noſtre Prelat déferant à ſes prieres, ſe tranſporta auſſi-toſt en Bretagne, & negocia
cette affaire auec tant d'adreſſe, qu'il obligea Alain de venir ſous ſa foy
au Mont S. Michel, où il fit hommage & ſerment de fidelité au Duc de
Normandie, auec lequel il rentra ainſi en paix & en bonne intelligence.

V.
Alain Duc
de Bretagne
refuſe l'hom-
mage au Duc
Robert.

VI.
Alain reduit
à l'extrémité
fait ſa paix
par le moyen
de l'Arche-
ueſque.

VII.
Sçauoir ſi
l'Archeueſ-
que contribua
pour éleuer
Guillaume le
Batard au
Duché.

Si l'on croit Mr. d'Eudemare en ſon Hiſtoire de Guillaume le Batard,
noſtre Archeueſque contribua pour l'eſtabliſſement de ce Prince au Duché de Normandie, & Préſida aux Eſtats de la Prouince, qui furent aſſemblez pour élire vn Tuteur à ce jeune Prince, & pour auiſer aux
moyens de reprimer l'audace de quantité de Gentilshommes qui mépri-
ſant le Duc à cauſe de ſon bas âge, s'imaginoient pouuoir exercer impunément toutes ſortes de violences. Mais ce fait n'eſtant appuyé (que ie
ſçache) du témoignage d'aucun ancien Autheur, ie ne crois pas m'y
deuoir arreſter.

VIII.
Pſaultier
rempli de

Il ſe trouue dans Ordry Vital vn petit éuenement qui regarde noſtre
Archeueſque, que ie ferois difficulté de rapporter en ce lieu, ſi cét Autheur

DES ARCHEVESQVES DE ROVEN.

miniatures donné à l'Archeuesque Robert. theur qui tient le premier rang parmy nos Historiens Normands, ne me mettoit par son exemple à couuert de la censure de ceux qui me voudroient blasmer de grossir ce Volume de choses de trop peu d'importance.

ROBERT.

J'apprens donc de cét Escriuain, que Emme fille de Richard II. & femme de Etelred Roy d'Angleterre, fit present à nostre Archeuesque Robert qui estoit son frere, d'vn gros liure ou grand Psaultier tres-richement enluminé & remply de tres-belles miniatures, & que Guillaume fils de ce Prelat l'ayant obtenu de luy, le donna à sa femme Haduise, qui en gratifia par apres le Monastere de S. Evroul, où depuis il fut long-temps conserué comme vne piece des plus precieuses.

IX.
Vie de Robert meslée de bien & de mal.

Il paroit clairement par ce que nous auons dit jusques icy, que la vie de Robert fut meslée de bien & de mal ; & que si d'abord par l'ignorance de son deuoir, & par la mauuaise habitude que luy auoit fait prendre son education à la Cour, il scandalisa les gens de bien par ses dereglemens & ses vices, du moins estant plus auancé en âge il les edifia par sa penitence & par les bonnes œuures qu'il pratiqua; ce qui excuse aucunement de flaterie les grandes loüanges que luy a données Dudon de S. Quentin, auec ses figures poëtiques & ses entousiasmes ordinaires, ils sont trop longs pour estre inserez icy, où ie me contenteray de mettre, selon ma coustume, le Distique d'Ordry Vital, qui nous asseure que Robert finit ses iours d'vne maniere fort pieuse & fort deuote, & passa ainsi des trauaux de cette vie au repos de l'autre ; ce qui arriua en l'an 1035. en l'Abbaye de

X.
Il se retira sur la fin de ses iours à S. Per de Chartres où il mourut.

S. Per en Vallée, selon qu'il est attesté par le témoignage de l'ancien Manuscrit d'Haganus qui se garde en cette Abbaye, où il vint se preparer pour bien mourir, parmy ces bons Religieux qui le reconnoissoient pour leur singulier bien-faicteur, & qui en cette qualité luy donnerent la sepulture dans leur Eglise. Elle fut trouuée plusieurs années apres, lors que l'on voulut enterrer Arnoul, cinquiéme Abbé, depuis la restauration de cette Abbaye, laquelle a toûjours reconnu & reconnoit

XI.
Quelques singularitez de cette Abbaye au sujet du tombeau de l'Archeuesque Robert.

encore pour ses principaux bien-faicteurs les Ducs de Normandie, dont on voit plusieurs donations dans le Cartulaire du vieil Haganus, & entr'autres vne qui commence, *In nomine sanctæ & indiuiduæ Trinitatis. Ego Richardus Normanorum Comes, &c.* Ce Richard II. eut vne affection toute particuliere pour cette Maison, en consideration d'vn de ses principaux fauoris, nômé Arefastus, qui fut celuy qui découurit l'heresie d'Orleans, lequel se fit Religieux de ce Monastere sous l'Abbé Arnoul, dont nous auons parlé cy-dessus, apres y auoir donné plusieurs grands biens, dont il est fait mention dans le Cartulaire de Paul Moine, qui nous a fourny la principale preuue, que nostre Archeuesque Robert a receu l'honneur de la sepulture en cette Abbaye, deuant l'Autel de S. Laurens Martyr. Ordry Vital luy a donné cét Eloge.

Insignis Præsul claris natalibus ortus
Robertus, Fœlix deuoto fine quieuit.

HISTOIRE

ELOGE
DE MAUGER. 45.

MAUGER.
An de I. C.
1037.
CHAP.
I.
Sommaire.
I.
Naissance & éducation de Mauger.

AUGER de Normandie, Fils de Richard II. & de Papie, que ce Prince épousa aprés auoir repudié Estricte sœur de Canut Roy d'Angleterre, succeda en l'Archeuesché de Roüen à son oncle Robert. Il fut éleué en sa jeunesse dans l'Abbaye de Fécan, où alors les sciences ne fleurissoient pas moins que la pieté, & y porta durant quelque temps l'habit de S. Benoist. Il y fit vn progrez considerable dans l'estude des bonnes lettres, mais il s'y forma peu à la vertu, l'inclination qu'il auoit au vice n'ayant pû estre surmontée par les soins &

II.
Qu'il a esté Moyne & non pas Abbé de Fécan.

les trauaux de ceux qui furent employez à son éducation. Quelques Autheurs le content parmy les Abbez de Fécan, mais ils se trompent, car tout ce siecle ne vit que trois Abbez en ce Monastere; sçauoir le B. Guillaume, Iean son neueu, & Guillaume de Ros. Paradin adjouste vne seconde erreur à cette premiere, lors qu'il dit que Mauger eut pour successeur en l'Archeuesché vn de ses neueux, estant certain qu'aprés sa deposition, Maurile fut mis en sa place.

III.
Par quelle voye il entra à l'Episcopat.

Mauger n'eut point d'autre vocation à l'Episcopat, que l'ambition & l'affection charnelle de ses parens, qui ayant gagné par leur credit & par leurs sollicitations les suffrages de quelques Ecclesiastiques, plus complaisans enuers les Grands, que zélez pour le bien de l'Eglise, le porterent tout jeune & tout incapable qu'il estoit, sur le Trône Archiepiscopal de Roüen. Aussi se conduisit-il dans cette dignité sacrée, d'vne façon encore moins canonique qu'il n'y estoit entré. Au lieu de l'exercer comme vne Charge à luy commise par le choix volontaire du Clergé, pour

Carnali parétum amore & adulatorū suffragio. Scriptor anon gestorum Archiep.

IV.
De quelle maniere il s'y comporta.

„ le gouuernement des fideles, il en abusa (dit Guillaume de Poitiers)
„ comme d'vne chose qu'il croyoit luy appartenir par le droit de sa nais-
„ sance. Il disposa des Benefices, sans auoir égard au merite des person-
„ nes, & auec aussi peu de discernement qu'eut pû faire vn enfant. Il
„ consuma honteusement les reuenus de son Archeuesché au diuertisse-
„ ment de la chasse ; en la nourriture d'oiseaux, qu'il se plaisoit à faire
„ battre les vns contre les autres ; en de folles liberalitez ; en la bonne
„ chere ; & ce qui est la derniere infamie, en la débauche des femmes.
„ Il se picquoit principalement d'auoir toûjours sa table bien couuerte
„ & garnie de mets les plus delicieux que la saison pût fournir, & y ad-
„ mettoit auec joye ceux qui le loüoient auec plus de flaterie, croyant
„ estre bien payé de sa bonne chere quand on le traitoit de l'éloge de
„ liberal & de magnifique. Outre ses reuenus legitimes pour subuenir à

Libr. 1. gestorum Guill. Ducis.

V.
Il dépoüilla l'Eglise pour fournir à ses débauches.

tant de dépenses prophanes & criminelles, il ne fit point de conscience d'y employer le Tresor de l'Eglise, & de la dépoüiller de ses plus riches ornemens. Au reste, il estoit dautant plus coupable deuant Dieu, que MAVGER. tant de vices & d'horribles excez n'estoient pas en luy l'effet d'vne ignorance grossiere & brutale. Il est certain que ce Prelat ne manquoit pas Lib. 3. de de science, & Guillaume de Malmesbury atteste qu'il auoit vn talent Guill. I. particulier pour bien penetrer le sens litteral, & les secrets Mysteres de l'Escriture Sainte. Mais s'il en possedoit la lettre, il n'en possedoit pas l'esprit, & il ne sçauoit ce que c'estoit que d'en faire vsage, ny pour sa conduite particuliere, ny pour la direction des Ames qui luy estoient sujettes.

VI.
Les Papes luy refuserent le Pallium.

Estant si depraué en ses mœurs, il n'eut point toutesfois de honte de demander aux Souuerains Pontifes l'honneur du *Pallium*. Mais le Pape Benoist IX. & ses quatre Successeurs immediats, qui tinrent la Chaire de S. Pierre durant les dix-huit ans que Mauger gouuerna, ou pour mieux dire desola le Diocese de Roüen, luy refuserent constamment cette grace, ne jugeant pas à propos d'accorder ce mysterieux vestement (qui signifie entr'autres choses, la brebis chargée sur les épaules du bon Pasteur) à celuy qui bien loin de paroistre tel par sa pieté, & par sa vigilance Pastorale, commettoit tous les iours des actions qui le faisoient regarder des gens de bien, comme vn loup rauissant.

VII.
Le Duc Guillaume le reprend & l'aduertit, sans effet.

Le Duc Guillaume, que nos Historiens loüent d'auoir monstré dés sa ieunesse vne grande capacité dans l'administration de ses Estats, ne pouuant plus supporter le scandale continuel de la vie de Mauger, le reprit souuent en particulier de tant de desordres, & mesme pour tâcher de l'en retirer par vne confusion salutaire, luy en fit des reprimandes publiques. Mais voyant que ses aduertissemens estoient inutiles, & que son oncle persistoit toûjours dans ses desordres auec plus d'impudence & d'abandonnement, il en écriuit au Pape Leon IX. & aux Euesques de sa Prouince, les conjurant de ne pas souffrir dauantage l'abomination dans le lieu Saint, & d'vser des voyes les plus rigoureuses de la discipline Ecclesiastique pour oster la puissance sacrée à vn homme qui la prophanoit si indignement.

CHAP. II.
Sommaire.
I.
Mauger dans la disgrace du Pape & du Duc, est cité au Concile de Lisieux.

Mauger auoit desia encouru la disgrace du Pape par le mépris qu'il auoit fait de ses ordres, en negligeant de se trouuer aux Conciles de Rome & de Reims, ausquels sa Sainteté l'auoit appellé, possible pour le reprendre de ses excez & de sa mauuaise conduite: Si bien que le Pape émeu d'vne part, de la iuste indignation qu'il auoit conceuë contre luy, & touché de l'autre des plaintes du Duc Guillaume, qu'il sçauoit estre fondées en verité, conuoqua vn Concile Prouincial à Lisieux pour connoistre de la cause de Mauger, & proceder contre luy selon la rigueur des Canons, & enuoya en Normandie Ermenfroy Euesque de Sion, son Legat, pour y presider de sa part. Veritablement quelque temps aprés, ce bon Pape (à qui ses éminentes vertus ont acquis le nom de Saint) mourut, mais son Ordonnance ne laissa pas d'estre executée aprés son decez. Au commencement du Pontificat de Victor II. son successeur, il fut tenu vn Concile à Lisieux, où assisterent le Legat du S. Siege enuoyé par S. Leon & les Euesques suffragans de l'Archeuesché de Roüen. On

HISTOIRE

MAVGER. y examina la vie de Mauger, & son impureté toute publique & toute
II. scandaleuse, l'effroyable dissipation qu'il faisoit des biens de son Eglise,
Après l'examen de sa vie, & le mépris qu'il auoit témoigné de l'authorité du Pape, furent autant
il est priué de de chefs pour lesquels il fut jugé indigne du Sacré Ministere, & priué de
son Siege. son Siege. Entre les Prelats qui se troũuerent à cette Assemblée, on louë
& on releue fort le zele & le desinteressement de Hugues Euesque de Lisieux,
en ce que sans auoir esté touché de la consideration du sang, il
opina genereusement contre Mauger qui estoit son proche parent, &
contribua beaucoup à sa condamnation.

III. Ie sçay que quelques Autheurs écriuent que la deposition de cét Ar-
Sçauoir si les cheuesque fut vne vengeance du Duc Guillaume qui le haïssoit pour
autres causes deux sujets, dont le premier estoit que Mauger & Guillaume Comte
de sa deposi-
tion sont ve- d'Arques son frere luy portoient peu de respect, & le méprisoient à cause
ritables. du vice de sa naissance ; ce qui se justifie par les paroles mesmes de ce
Prince, lequel ainsi qu'il est contenu au septiéme Liure d'Ordry Vital,
faisant vn recit sommairement des principaux éuenemens de sa vie, dit
,, entr'autres choses, Que Mauger & Guillaume d'Arques ses oncles, ne
,, luy rendant aucun respect, & le traitant auec mépris comme vn ba-
,, stard, il auoit banny de sa Cour ce Comte perfide, & fait dégrader
,, par le Decret du Souuerain Pontife, ce Prelat arrogant, qui n'auoit ny
,, de religion pour Dieu, ny de fidelité pour luy. La seconde cause qu'on
allegue du Duc Guillaume contre Mauger, est que celuy-cy auoit excommunié ce Prince pour s'estre marié, contre les Loix de l'Eglise, à Mathilde, fille de Baudoüin Comte de Flandres, sa parente ; ce qui est veritable. A quoy quelques-vns adjoustent que cette Sentence d'Anatheme offença dautant plus le Duc, qu'auant de se marier il auoit obtenu
dispense du S. Siege (ce qu'il ne fit toutesfois, selon la Chronique du
Bec, qu'apres ses nopces) & qu'ainsi le foudre qu'auoit lancé cét Archeuesque, n'estoit pas vn effet d'aucun zéle qu'il eut pour la discipline Ecclesiastique, mais le coup d'vne passion secrete ; sçauoir, du déplaisir
qu'il auoit de voir que ce mariage aneantissoit presque entierement les
esperances que pouuoit auoir le Comte d'Arques, son frere vterin, de
paruenir vn iour à la Principauté de Normandie.

IV. Mais quand quelque ressentiment humain se seroit meslé parmy ces
Iugement du justes motifs qu'eut Guillaume de poursuiure la déposition de Mauger,
Concile de Li-
sieux tres- cela n'empescheroit pas que le jugement que rendit le Concile de Li-
équitable. sieux contre ce Prelat, ne fut tres-équitable, attendu la deprauation de
ses mœurs & tous les autres desordres que nous auons marquez cy-dessus ; & c'est vne extréme imprudence à Mauger de ne s'estre point du
tout corrigé de ses vices, auant que de s'engager à reprendre le Duc, &
à le soûmettre à la plus rigoureuse peine que puisse imposer l'Eglise aux
infracteurs de ses saintes Ordonnances.

V. Ie ne m'arreste point icy, ny à ce qui se trouue dans vne ancienne
Erreur de Chronique de nos Archeuesques ; sçauoir que Mauger fut déposé à cau-
quelques Au-
theurs tou- se du deffaut de sa naissance, puisqu'il est constant qu'il estoit fils legiti-
chant cette
déposition. me de Richard II. ny à ce qu'écrit Guillaume de Iumiege, disant que par

vn trait de folie il rendit son Archeuesché au Duc Guillaume; estant cer-   *Mauger.*
tain, par le témoignage de nos autres Autheurs, qu'il ne se démit point
volontairement de sa charge, & qu'il en fut priué par le Decret du Synode de Lisieux, en punition de ses crimes. Mais ce ne fut pas là son dernier malheur, car après sa déposition il fut relegué en l'Isle de Grenezay
prés de Coutances, où selon Valsingham, il perdit l'esprit, & acheua
ses jours d'vne maniere des plus funestes. Quelques Escriuains, au rap-   *Hist. de Nor.*
port du Curé de Maneual en son Histoire, disent que Mauger dans la   *l. 7. p. 149.*
solitude de son exil s'adonna aux sciences noires, & qu'il auoit vn démon
familier qui l'aduertit de sa mort, lors qu'il estoit dans vne barque pour
jouïr du frais de la Mer; ce qui l'obligea de dire au Batelier, qu'il eut à
aborder à terre, parce qu'assurément vn d'eux deuoit estre noyé ce jour
là, ce qui aduint; car approchant du Port de Vinchaut, il tomba dans
l'eau & se noya miserablement. Quelques jours aprés, son corps ayant
esté trouué, on l'inhuma dans l'Eglise de Cherbourg, où l'on voit encore aujourd'huy son tombeau.

VI. *Mauger accusé de s'estre adonné à la Magie, pour auoir prédit sa mort.*

Surquoy ie diray qu'il ne faut aisément adjouster foy à cette accusation de Magie, dont ces Autheurs sans nom acheuent de noircir la memoire de cét infortuné Prelat. Comme i'ay obserué cy-deuant qu'il
auoit esté fort bien instruit dans les bonnes lettres, il se pût faire que
dans cette retraite deserte où il fut confiné, pour se diuertir il s'adonna à
la Philosophie naturelle, ou aux Mathematiques, & qu'il en pratiqua
quelques secrets, qui passerent dans le sentiment des ignorans pour
autant d'enchantemens & d'operations magiques; Erreur qui a fait souuent médire des hommes d'estude, comme il paroit par plusieurs exem-
ples, & entr'autres par celuy de Sylueftre II. Pape, qui fut soupçonné   *Bacon sur l'an*
de magie, parce que dans vn Siecle d'ignorance, tel que fut celuy où il   *999. n. 2.*
vescut, il estoit versé dans la connoissance de l'Astrologie de Tritheme
& de quelques autres.

VII. *Cette accusation est mal fondée.*

Afin de ne point interrompre la suitte de mon discours, ie me suis
reserué à faire mention icy de quelques articles qui appartiennent à
l'Histoire de cét Archeuesque, lesquels ie déduiray briefuement. Il signa
à la Charte de la Fondation, ou plustost restauration de S. Evroul, faites
par les deux freres, Hugues & Robert de Grantemesnil en 1050. auquel
an il tint à Roüen vn Synode, des Actes duquel il se trouue encore quelques Fragmens, au rapport de Mr. le Preuost en ses Memoires. L'Abbaye
de S. Per de Chartres eut part aux bien-faits de Mauger, qui en exempta
les Moynes d'vn certain peage qui se prenoit deuant le Chasteau d'Andely sur les bâteaux qui montoient ou descendoient la Riuiere, laquelle
grace il leur continua à l'instance de leur Abbé Landry. I'ay parlé dans
l'Histoire de S. Oüen de la donation que Guillaume d'Arques fit du consentement de son frere Mauger de la Baronnie de Periers à ce Monastere; ie pourrois icy adjouster quelque chose de la Fondation de S. Cande le Vieux, de la Chapelle de S. Marc & d'vne Procession où les Reliques de S. Vvlfran furent apportées de l'Abbaye de S. Vvandrille à Roüen
en 1053. mais ces matieres seront traittées lors que l'on parlera des Eglises de Roüen.

VIII. *Quelques actions particulieres ausquelles Mauger a eu part.*

I i iij

254 HISTOIRE

MAVGER. IX.
Fin de son Pontificat.

La fin du Pontificat de Mauger se rencontre en 1055. auquel il fut deposé, ayant tenu 18. ans le Siege de Roüen sans la Benediction Apostolique & sans l'ornement du Pallium. Ordry Vital luy applique ces Vers.

Malgerius Iuuenis sedem suscepit honoris,
Natali clarus, sed nullo nobilis actu.

ELOGE
DE S. MAVRILE. 46.

S. MAVRILE.
An de I. C. 1055.
CHAP. I.
Sommaire.
I.
Necessité qu'il y auoit de donner vn Prelat vertueux à l'Eglise de Roüen.

C'EVST esté peu pour le bien & l'vtilité de l'Eglise de Roüen, de l'auoir deliurée de l'oppression de Mauger, si on ne l'eust pourueuë aussi-tost d'vn pieux & vigilant Pasteur; estant visible par ce que nous auons raconté, que si iamais elle eut besoin d'vn excellent Chef, ce fut au temps où nous nous trouuons, comme on le pourra voir par la suite de cette Histoire. Les desordres & les vices publics & scandaleux qui auoient souïllé la vie des trois derniers Prelats, que la faueur de la Cour auoit mal-heureusement introduits au gouuernement du Diocese, n'y pouuoient auoir causé qu'vne extréme corruption de mœurs parmy le Clergé & le peuple, & il estoit grandement necessaire qu'vne sainte élection y appellast quelque homme Apostolique, qui brûlant de zéle & de charité, ainsi que l'encens au milieu du feu, en chassast par le doux parfum de ses vertus, la mauuaise odeur & l'air contagieux du peché qu'y auoient répandu durant plus d'vn siecle, ses trois Predecesseurs immediats. C'est pourquoy on ne sçauroit assez estimer la grace & la benediction dont Dieu fauorisa l'Eglise de Roüen, en inspirant aux Euesques du Concile de Lisieux, de substituer à la place de Mauger, vne personne aussi éminente en sagesse & en sainteté qu'estoit Maurile Abbé de Fécan; & le Duc Guillaume ne merita pas peu de loüange d'auoir autant contribué qu'il fit à la promotion de cet illustre Archeuesque, dont nous allons rapporter les belles actions auec vne joye qui effacera le déplaisir que nous auons souffert en nous voyant obligez par les loix de l'Histoire, à parler des déreglemens de ceux qui l'auoient précedé.

Sacerdos magnus... quasi thus ardens in igne.
Eccli. 50.

II.
Excellent choix de la personne de Maurile pour ce sujet.

III.
Son païs, sa naissance, son education.

Les Autheurs sont partagez touchant le lieu de la naissance de saint Maurile, que quelques-vns appellent Maurice. Ordry Vital luy donne pour Patrie la ville de Mayence en Allemagne. Vne ancienne Histoire manuscrite porte qu'il estoit du territoire de Reims. Laquelle diuersité se peut concilier, en disant auec le Pere Maynard en son Martyrologe Benedictin, qu'il nasquit veritablement à Reims, mais que ses parens estoient originaires de Mayence. Il sortit d'vne famille Noble, & fut éleué en l'Eglise de Reims, possible en qualité d'Enfant de Chœur. De

DES ARCHEVESQVES DE ROVEN.

IV. *Ses estudes.*

là il fut enuoyé au Liege pour se perfectionner dans les sciences humaines & diuines, où il fit vn tel progrez, qu'il se rendit capable de les enseigner, ainsi qu'il fit depuis au College de l'Eglise d'Alberstad en Saxe, où il passa plusieurs années dans l'estime & l'approbation publique. En suitte nostre Seigneur ayant fortement touché son cœur de l'amour des choses celestes, il quitta cét employ, & renonçant à ce qu'il possedoit, & à toutes les esperances que la noblesse de son sang, sa rare doctrine, & le credit de ses parens luy pouuoient faire conceuoir, il vint prendre l'habit de S. Benoist en l'Abbaye de Fécan, où s'estant appliqué auec ardeur aux exercices Monastiques, il s'auança fort en la vertu, & durant vn assez long espace de temps qu'il y vescut, il y édifia merueilleusement ses Confreres par sa sainteté & sa ferueur.

S. MAVRILE.

V. *Il se fait Moyne en l'Abbaye de Fécan.*

VI. *Il va en Italie & se retire en vn hermitage.*

Le desir de la perfection Euangelique prenant toûjours en luy de nouueaux accroissemens, il supplia son Abbé de luy permettre d'aller en Italie, dans le dessein d'y viure dans vne solitude & vne penitence encore plus rigoureuse qu'il n'auoit pratiqué dans la Communauté de Fécan. Ayant obtenu son congé, il sortit de France & passa en Toscane, où ayant trouué vn Hermitage, il s'y établit, & mena durant quelque temps la vie d'Anachorete, se nourrissant du trauail de ses mains. Il ne pût si bien se cacher, que sa vertu n'éclatast & ne le fist connoistre aux hommes. De sorte que le Marquis Boniface ayant esté informé de son merite, luy voulut donner la conduite d'vne Abbaye de Florence. D'abord, Maurile s'en défendit fortement ; mais sa resistance ayant esté surmontée par les prieres & les exhortations de tous les gens de bien du païs ; il accepta cette charge. Il ne l'eut pas exercée long-temps qu'il reconnut qu'on luy auoit imposé vn trauail des plus penibles. Il trouua les Moynes de son Abbaye fort déreglez, lequel desordre s'estoit glissé parmy eux, par la negligence de son Predecesseur. Et comme il crut que son deuoir l'obligeoit de les reduire à vne plus estroite obseruance, il s'y employa auec beaucoup de prudence & de courage. Mais ceux-cy ne pouuant souffrir de reforme, se resolurent de se deffaire de luy ; & en execution de ce noir dessein, luy presenterent du poison. Dieu, dont la prouidence veille particulierement à la conseruation de ses fidelles seruiteurs, ayant permis qu'il s'apperceut de leurs embusches, il quitta le gouuernement de ces miserables, à l'imitation de son Pere S. Benoist (que S. Gregoire nous assure auoir fait le mesme en vne pareille rencontre) & ayant repassé en France auec vn bon Religieux nommé Gerbert, il s'en reuint en son premier Monastere de Fécan. Quelques-vns escriuent qu'à son retour il y paruint à la dignité d'Abbé : Mais Ordry Vital nous assure au contraire, qu'il n'y fut que simple Religieux, sous l'Abbé Iean, son compatriote.

VII. *On le fait Abbé par force d'vn Monastere fort déreglé.*

VIII. *Il quitte ses Moines qui l'auoient voulu empoisonner, & retourne à Fécan.*

S. Greg. dial. l. 2. cap. 3.

CHAP. II.
Sommaire.
I. *Le Duc Guillaume l'ayant proposé au*

La bassesse de son rang ne pût faire qu'vne aussi haute vertu que la sienne demeurast inconnuë. Sa reputation se répandit de toutes parts, & le Duc Guillaume fit bien voir combien il estimoit son merite, lors qu'il le proposa au Synode de Lisieux, comme vn sujet capable de remplir dignement la place vacante, par la déposition de

Mauger. Ce choix fut incontinét agreé des Euefques de l'Affemblée, qui fe promettant de grandes chofes de fa fainteté & de fa prudence, l'eſtablirent leur Metropolitain, & luy en confererent le caractere par l'Onction Epifcopale. Maurile fe voyant ainfi appellé du repos de la contemplation, aux foins & aux trauaux de l'Epifcopat, acquiefça humblement aux ordres de la Prouidence, & ne fongea plus qu'à honorer fon Miniftere, & à s'acquiter fidellement de fa charge, jugeant bien que fon principal deuoir eſtoit d'effayer de corriger les abus introduits par la negligence de fes Predeceffeurs. Il tafcha d'en venir à bout par deux voyes, dont la premiere fut de donner luy-mefme bon exemple. Au lieu donc de viure dans la pompe & la delicateffe d'vn grand Seigneur, comme auoient fait ceux qui l'auoient deuancé depuis vn fiecle, il fe mit à pratiquer la frugalité, la modeſtie, la penitence, & la charité conuenable à vn Preſtre de I. C. En quoy il n'euft pas beaucoup de peine, s'eſtant formé vne longue habitude de ces faintes vertus dans la condition Religieufe. Sa vie eſtoit vne abſtinence continuelle, il jeufnoit tres-fouuent, il eſtoit affidu à l'Office diuin & à la Meditation des veritez celeſtes; il affiſtoit fort foigneufement les perfonnes miferables, & foulageoit leur indigence par fes aumofnes, lefquelles actions de pieté il exerça auec perfeuerance jufques à la fin de fes jours.

Le fecond moyen dont il fe feruit pour reformer les defordres de fon Diocefe, fut la celebration d'vn Concile Prouincial qu'il affembla la premiere année de fon Pontificat, fçauoir en 1055. Il en tint encore vn autre en 1063. lors de la Dedicace de la Cathedrale de Roüen: car noſtre Archeuefque ne fe monſtra pas moins magnifique à baſtir & à orner le Temple materiel, que zélé & vigilant à reparer & à embellir le Spirituel. Il trouua dans fon épargne, & dans le bon ménage qu'il fit des reuenus Ecclefiaſtiques, du fond pour continuer l'ouurage commencé par Robert de Normandie, & l'acheua heureufement ; en quoy ie ne doute point qu'il ne fuſt aidé des liberalitez du Duc Guillaume, de la Princeffe Mathilde, & des autres perfonnes de condition. Ayant donc acheué cette Auguſte Cathedrale, dont on ne fçauroit affez admirer la vaſte étenduë & la fuperbe ſtructure, il la confacra tres-folemnellement à Dieu, fous l'inuocation de la fainte Vierge, en prefence d'vn grand nombre de Prelats & de perfonnes de qualité qu'il auoit inuitées à cette grande ceremonie. Nos memoires marquent particulierement Guillaume Duc de Normandie, Eudes Euefque de Bayeux, Iean Euefque d'Avranches, Hugues Euefque de Lifieux, Guillaume Euefque d'Evreux, Yues Euefque de Séez, & Geoffroy Euefque de Coutance. Outre plufieurs faintes Reliques qu'il transfera en cette nouuelle Eglife, il y mit auffi le corps de Rollo I. Duc de Normandie, en la Chappelle qui eſtoit anciennement dediée en l'honneur de Saint Romain, felon le témoignage d'Ordry Vital; car il y en a d'autres qui croyent qu'il le fit porter à Fécan, auec fon fils Guillaume II. Mais on conuient que ce fut luy qui compofa deux Epitaphes pour mettre fur le tombeau de ces deux Princes, dont nous faifons mention en l'Hiſtoire de la Cathedrale.

Maurile

DES ARCHEVESQVES DE ROVEN.

VII.
Maurile tint à cette dédicace vn Concile Prouincial.

S. MAVRILE

Maurile se seruant de l'occasion de l'Assemblée de ces Prelats ses Suffragants, traitta auec eux des affaires Ecclesiastiques, & particulierement des moyens de faire obseruer aux Prestres la chasteté sacerdotale & les autres loix sacrées qui regardent la pureté des mœurs. Il est probable que ce fut en ce Concile qu'il dressa vn certain Formulaire de Foy (touchant ce que l'on doit croire de la tres-sainte Eucharistie, par opposition des erreurs de Berenger autheur de l'heresie des Sacramentaires) lequel se trouue dans vn ancien Liure Pontifical de la Metropolitaine, où on lit en Latin ce que ie m'en vay traduire icy en nostre langue.

VIII.
Profession de Foy tres-importante pour le tres-saint Sacrement, qui y fut faite

„ Il faut aussi (nos tres-chers Freres) reciter de nouueau nostre crean-
„ ce touchant le Corps & le Sang du Seigneur, suiuant ce que vous
„ en auez jugé & définy d'vn commun consentement contre l'infame
„ & abominable doctrine de Berenger & de ses Sectateurs (*eiusque suc-*
„ *cessorum*) lors que Maurile de venerable memoire estoit assis sur le
„ Trône de cette Eglise..... Nous croyons de cœur, & nous confessons
„ de bouche, que le pain qui est offert à la Table du Seigneur, est seu-
„ lement du pain auant la Consecration, mais qu'au moment de la Con-
„ secration, la nature & la substance du pain est changée par la puissance
„ ineffable de Dieu, en nature & en substance de chair, mais d'vne chair
„ qui n'est autre que celle qui a esté conceuë du S. Esprit & est née de la
„ Vierge Marie, & qui pareillement a souffert pour nous & pour nostre
„ salut le supplice de flagellation; a esté attachée à vne Croix, a reposé
„ dans le tombeau, & le troisiéme iour est resuscitée & est assise à la
„ droite de Dieu le Pere. (Nous croyons) semblablement que le vin
„ qui est mis auec l'eau dans le Calice pour estre sanctifié, est changé
„ veritablement & essentiellement en ce mesme sang qui a coulé heureu-
„ sement pour la Redemption du monde, de la playe que fit au costé
„ de nostre Seigneur la lance du soldat; & nous prononçons Anatheme
„ contre ceux qui par vn esprit d'orgueil & vne opiniastreté heretique,
„ suiuent des sentimens opposez à cette croyance sainte & Apostolique,
„ & ont l'audace de l'attaquer par des discours impies & temeraires.

IX.
L'Heresie de Berenger y donna suiet.

Au reste, ce qui porta le Concile à dresser ce Formulaire, fut pour empescher que les Fidelles ne se laissassent par surprise infecter de l'heresie de Berenger Archidiacre d'Angers; qui bien qu'il eust abjuré solemnellement son erreur au Synode de Tours, tenu en 1059. y estoit depuis retombé, & auoit publié vne superbe & picquante inuectiue contre la creance de l'Eglise. Mais ce Formulaire ne fut pas le seul remede que l'on prepara pour arrester le cours de cette opinion pestilente... Lanfranc Religieux de l'Abbaye du Bec, la refuta fortement par vn escrit qu'il adressa à cét Heresiarque. Estant à remarquer que nostre Prouince fournit en ce siecle plusieurs grands hommes, tous de l'Ordre de S. Benoist,

X.
Ses erreurs refutées par les Moines Benedictins de Normandie.

qui signalerent leur doctrine & leur éloquence à soûtenir la Foy Orthodoxe, contre l'erreur impie de ce malheureux, tels que furent Lanfranc, que nous venons de nommer, Guitmond Religieux de S. Leufroy, & depuis Archeuesque d'Auerse en Italie, & Durand Abbé de Troar, qui

Kk

S. MAVRILE. nous apprend dans la neufiéme partie de son Traitté *De corpore & sanguine Christi*, que Berenger infecta de son Heresie quelques Normands; & que mesme estant venu en nostre Prouince, l'an 1053. il eut la hardiesse de se produire à la Cour du Duc Henry, & d'y publier sa pernicieuse doctrine; mais qu'il fut contraint d'en sortir auec confusion, ayant esté publiquement vaincu & forcé de reconnoistre la verité par de sçauans Catholiques, qui disputerent contre luy à Briône.

CHAP. III.
Sommaire.
I.
Liaison particuliere de Maurile auec Iean Euesque d'Avranches.

Maurile, dans les Ordonnances qu'il fit, & dans les trauaux ausquels il s'exposa pour le restablissement de la discipline de l'Eglise, eut pour aide & pour cooperateur principal, Iean Euesque d'Avranches, qui luy dédia son Liure des diuins Offices, par vne lettre que j'insereray icy, comme estant vne preuue assez authentique du zéle ardent dont brusloit nostre Archeuesque pour la reformation des abus & des déreglemens que la corruption du siecle, & la mauuaise conduite de ses trois Predecesseurs auoit fait naistre dans son Diocese.

II.
Lettre auec laquelle il luy ennoye son Liure des diuins Offices.

A Monseigneur vrayement saint, & tres-digne d'estre honoré pour son grand merite, le venerable Maurile Archeuesque de la sainte Eglise de Roüen. Iean Euesque d'Avranches, le dernier des Prelats, luy proteste vne parfaite obeissance de corps & d'esprit.

III.
Motifs qu'eut cet Euesque pour composer ce liure.

,, AYant reconnu par les frequentes conferences que j'ay eües auec
,, vostre sainte Paternité, le zéle & la sollicitude continuelle qu'elle
,, auoit pour le bien & la gloire de l'Estat Ecclesiastique, & le déplaisir
,, extrême qu'elle ressentoit de le voir si décheu de son ancienne splen-
,, deur, & que ce qui augmentoit sa tristesse, estoit que souhaittant
,, ardemment de pouuoir remedier à vn mal si déplorable, elle en estoit
,, empeschée par l'indisposition & la foiblesse de sa santé; le profond
,, respect & la sincere affection que i'ay pour elle, m'a fait prendre la
,, part que ie deuois à sa douleur, & ç'a esté par ce motif de compas-
,, sion, plustost que par aucun desir de paroistre & d'acquerir de l'esti-
,, me, que i'ay en mesme temps formé le dessein d'employer le peu
,, que ie puis, à seconder vos iustes & pieuses intentions, & à faire en
,, sorte que les abus & les desordres qu'a introduits la negligence des
,, Pasteurs, soient heureusement renfermez par le remede salutaire de
,, vostre pieté & de vostre vigilance. Me voyant donc appuyé de vostre
,, authorité, ie me suis appliqué à étudier les maximes des Saints Peres,

IV.
Quel suiet il y traite.

,, & à rechercher les diuers vsages des Eglises; & ayant particulierement
,, obserué ce qui concerne la celebration de l'Office Diuin, & les myste-
,, res qu'enferment les ceremonies exterieures; j'ay mis par ordre les
,, remarques que j'auois faites, & ay tâché de representer cette diuersité
,, de pratiques dans ce petit Ouurage, que ie n'ay encore monstré à per-
,, sonne, & que ie presente à vostre sainte Paternité, afin qu'elle se don-
,, ne la peine de le voir & de l'examiner à loisir, esperant qu'elle agira
,, en cela auec tant de bien-veillance & d'exactitude, que j'auray tout

„ ſujet de reconnoiſtre & de reuerer en elle les inſignes qualitez de Pere
„ & de Maiſtre, qu'elle exerce ſi dignement en toutes rencontres. Car
„ s'il y a quelque choſe de bon dans le traitté que ie luy offre, il luy
„ importe ſans doute de l'approuuer auec ſon affection Paternelle; com-
„ me au contraire, elle doit corriger auec la cenſure d'vn Maiſtre, les
„ erreurs & les fautes que i'y auray pû commettre. Que ſi elle l'honore
„ de ſon approbation, & le juge vtile à l'Egliſe, le voyant ainſi authoriſé
„ par vn jugement émané du Siege Metropolitain, ie ne ſeray point de
„ difficulté de le publier ſuiuant la diſpoſition des ſaints Canons, & ie le
„ communiqueray auec aſſurance au Clergé de mon Dioceſe.

*V.
Il montre combien ſon approbation luy ſera auantageuſe.*

S. MAVRILE.

C'eſt auſſi aux ſages & aux pieux conſeils de Maurile, que l'Ordre de
S. Benoiſt (& ie puis dire le Dioceſe de Roüen) ſont redeuables de l'a-
uantage qu'ils ont eu, d'auoir eſté éclairez de la doctrine, & édifiez des
bons exemples de l'illuſtre S. Anſelme Abbé du Bec, (fameux Monaſtere
„ de cette Prouince) & depuis Archeueſque de Cantorbery, de qui Ba-
„ ronius n'a point craint de dire, qu'il auoit égalé les plus ſaints d'entre
„ les Peres, & les plus genereux Confeſſeurs de I. C. dont l'Egliſe cele-
„ bre la memoire. Ce Saint ayant acheué ſes études en l'Abbaye du Bec,
qui eſtoit alors vne fameuſe Eſchole pour les bonnes lettres, ſe trouua
fort irreſolu ſur le choix d'vn genre de vie. Il ne ſçauoit s'il deuoit ſe rendre Religieux, ou ſe faire Hermite, ou demeurer dans la poſſeſſion de
ſon bien, du reuenu duquel il pouuoit aſſiſter les pauures. Pour ſortir de
ce doute il demanda aduis à ſon Maiſtre Lanfranc: Mais cét humble Religieux, quelque docte & prudent qu'il fuſt, ne voulut point luy-meſme
prononcer ſur cette difficulté, & luy perſuada de conſulter là-deſſus
noſtre Archeueſque Maurile. A quoy S. Anſelme ayant conſenty, ils
ſe transporterent tous deux vers ce Prelat, lequel ayant écouté tres-fauo-
rablement ce Saint jeune homme, luy conſeilla d'embraſſer l'eſtat Religieux, comme le plus ſeur pour le ſalut, & le plus propre pour arriuer à
la perfection Euangelique. Le Saint ſuiuit ſon conſeil, prit l'habit de
S. Benoiſt au Monaſtere du Bec, & ſe rendit ſi accomply dans la pratique de ſa Regle, qu'il fut élû Prieur aprés Lanfranc. Dans cét employ
il ſe trouua embaraſſé de diuerſes affaires, dont le poids luy eſtant comme inſupportable, il eut la penſée de ſe démettre de ſa charge. Mais
noſtre Prelat Maurile en eſtant aduerty, le deſtourna de ce deſſein, (luy
repreſentant l'exemple de quantité de perſonnes, qui pour s'eſtre voulu
procurer leur repos particulier au préjudice de leur deuoir & de l'vtilité
commune, s'eſtoient égarez de la droite voye, & auoient eu aprés tout
ſujet de ſe repentir de leur laſcheté) & luy perſuada de continuer coura-
geuſement ſes fonctions ordinaires, & de ſe preparer meſme à ſubir des
trauaux plus penibles & plus glorieux, auſquels Dieu le deuoit appeller
en bref: laquelle prédiction fut accomplie par la Promotion de S. Anſelme, à la dignité d'Abbé du Bec, & en ſuite à celle d'Archeueſque de
Cantorbery.

*VI.
Que Maurile a beaucoup contribué à la vocation de S. Anſelme.*

*VII.
Salutaire aduis que luy donne l'Archeueſque Maurile.*

Kk ij

S. MAVRILE.
CHAP.
IV.
Sommaire.
I.
Diuerses Fondations où ce Prelat a eu bonne part.

II.
Il appaise quelques diuisions en l'Abbaye de S. Euroul.

III.
Et après quelques autres, changemens benit le nouuel Abbé.

IV.
Restitution faite à Maurile de l'Archidiaconé de Pontoise.

V.
Bail à vie d'une terre proche Gisors.

VI.
Il assiste à un Concile tenu à Caën, où furent portées

J'Apprends par la Charte de la Fondation de l'Abbaye de S. Michel du Tresport, que ce fut par le conseil de Maurile que Robert Comte d'Eu entreprit la construction de cette Abbaye. Ce saint Prelat souscriuit aussi aux lettres que Richard Comte d'Evreux fit expedier, lors qu'il fonda l'Abbaye de S. Sauueur pour des Religieuses de l'Ordre de S. Benoist. Guillaume Euesque de la mesme Ville y signa pareillement.

La Communauté de S. Evroul estant troublée par la diuision qui estoit entre l'Abbé Thierry & le Prieur Robert, qui pour auoir fondé en partie ce Monastere, croyoit y dominer absolument. Le Duc Guillaume pria nostre Archeuesque de vouloir se transporter en cette Abbaye, & d'y mettre la paix. Nostre Prelat ayant accepté auec joye cét employ, y alla en compagnie de Hugues Euesque de Lisieux, & de plusieurs personnes de merite & de qualité, y reconcilia les deux parties, & plus par son adresse & ses exhortations que par les voyes de rigueur, fit consentir le Prieur Robert de rendre à l'auenir à son Abbé l'obeïssance qu'il luy deuoit; de sorte que le bon ordre & la tranquillité furent restablis dans cette sainte Maison. Mais ce calme fut de peu de durée, car enuiron vn an après, le trouble recommença par l'humeur imperieuse de Robert ; & le bon Abbé Thierry qui ne souhaittoit rien plus ardemment que la paix & le repos de sa conscience ; pour se procurer vn bien si precieux, abandonna le Monastere, & entreprit le pelerinage de la terre Sainte (ainsi que nous dirons ailleurs.) Aprés sa mort, Robert luy succeda en 1059. & fit voir par sa bonne conduite qu'il eust esté tres-digne de cette charge, s'il ne l'eust point desirée auec tant d'ambition. Mais il ne fut pas long-temps sans estre humilié. Des imposteurs l'accuserent faussement d'auoir mal parlé du Duc Guillaume, & il se vit contraint pour fuïr la cholere de ce Prince, de passer en Italie, & de se retirer en la Cour Romaine. Cependant le Duc choisit pour Abbé de S. Evroul Osberne Prieur de Cormeille, qui receut le baston Pastoral de nostre Archeuesque Maurile, & fut benit par Hugues Euesque de Lisieux.

Gaultier, Comte du Vexin François, fils de Drogon, restitua à nostre Archeuesque Maurile tout ce qu'il possedoit des appartenances de l'Archidiaconé du Vexin, tant au Chasteau de Pontoise qu'au dehors, & luy fit aussi rendre ce qu'il auoit baillé à d'autres ; de sorte que tout ce domaine reuint à l'Eglise, comme il paroit par la Charte expediée lors de cette restitution. Les Archiues de la Metropolitaine font foy que nostre Archeuesque Maurile ceda vne terre située à Gisors, au Comte Raoul ou Radulphe, à condition qu'aprés sa mort elle retourneroit à la Cathedrale : Nous ne sçauons pas les motifs de cette donation, mais nous deuons croire, en veuë de la pieté & de la bonne administration dont on louë Maurile, que ce fut pour le bien de l'Eglise, & non point par vn interest ou par vne affection particuliere, qu'il accorda à ce Seigneur, peut-estre par précaire la joüissance de cette terre.

Le Duc Guillaume ayant conuoqué vers l'an 1061. en la ville de Caën, vn Concile (car c'est ainsi que parlent quelques Manuscrits, & entr'autres le Traité des miracles de S. Oüen) ou pour mieux dire, vne

Ord. vit. l. 3. circa an. 1056.

1061.

plusieurs saintes Reliques.

Assemblée de Notables. Maurile s'y trouua auec ses Suffragans & plu- S. MAVRILE. sieurs Abbez de la Prouince. On y porta la Chasse de S. Oüen, & vn grand nombre d'autres saintes Reliques, sur lesquelles tant les Euesques que les Seigneurs, jurerent d'obseruer les Ordonnances qui y furent faites pour le bien public. Le temps que dura cette Assemblée, qui fut d'enuiron quatre iours, fut appelé, *La Tréue de Dieu*, à cause qu'on eut grand soin d'empescher toutes sortes de querelles, & de faire viure en paix les Députez, & principalement les Nobles, parmy lesquels il n'arriue que trop souuent des differens, qui sont la source des duels & des assassinats. Les loix ou moyens dont on vsa pour faire garder cette tréue, se voyent en plusieurs anciens Manuscrits.

VII.
Et à l'Assemblée de l'Islebonne, pour la conqueste d'Angleterre.

Quelques années aprés, Maurile assista aux Estats generaux de Normandie, assemblez à Lislebonne par le Duc Guillaume, pour déliberer de l'expedition d'Angleterre. La conqueste de ce grand Royaume y fut resoluë, tant pour mettre ce Prince en possession d'vne Couronne qui luy appartenoit, par le testament de S. Edoüard, qui l'auoit institué son heritier, que pour punir la perfidie d'Harald, qui l'auoit vsurpée contre la promesse qu'il auoit faite à Guillaume. Comme cette guerre estoit des plus iustes, & que mesme le Duc ne l'entreprit que par l'adueu du Pape, qui luy enuoya vn Estendard beny, il est croyable que Maurile presenta des vœux au Ciel pour la prosperité de l'armée Normande, & qu'il combatit par ses prieres, tandis que ce genereux Prince combattoit par ses armes. Aussi le Duc reconnut bien depuis que la victoire luy estoit venuë du Ciel, & ne manqua pas à son retour en nostre Prouince, de presenter de riches offrandes aux lieux de Pieté, pour remercier Dieu de l'heureux succez de cette grande entreprise.

1066.

VIII.
Il confirme le priuilege aux Religieux de S. Per de Chartres, de ne rien payer passant deuāt Andely.

Nostre Archeuesque accorda aux Religieux de l'Abbaye de S. Per en Vallée, la mesme grace que leur auoient faite ses deux Predecesseurs immediats, en leur continüant l'exemption d'vn certain droit qu'il perceuoit sur les bateaux passans par la riuiere de Seine deuant Andely, qui estoit pour lors du domaine de l'Archeuesché de Roüen. Ce qui me fait croire que ces Religieux faisoient venir de Normandie, ce qui estoit necessaire pour l'entretien de leur Monastere, ou bien qu'ils faisoient descendre leurs vins à Roüen par le canal de ce fleuue, & de la riuiere d'Eure, qui autrefois portoit les bateaux iusques à Chartres, quoy qu'à present on ne les amene pas plus prés que Nogent-le-Roy, qui est à quatre lieuës de Chartres, autrement ie ne vois pas quel interest ils eussent eu de demander auec tant d'instance cette exemption; & nos Prelats, en la leur octroyant, ne leur eussent pas fait vne grande aumosne. Le Priuilege est rapporté tout au long par Messieurs de Sainte Marthe; & apres la signature de nostre Archeuesque, s'y trouuent aussi celles de quelques Chanoines, sçauoir de Benoist, Archidiacre, Stigand Chantre, Godbert Chanoine, Landry, Vasquelin, & Guillaume, Chanoines.

CHAP. V.
Sommaire.
1.
Maurile dédie l'Eglise de Iumiege.

VNe des dernieres actions de Maurile fut la Dedicace de la grande Eglise de l'Abbaye de Iumiege qu'il consacra à Dieu, sous l'inuocation de la sainte Vierge, le premier Iuillet 1067. en presence de Guil-

1067.

K k iij

laume nouuellement reuenu de la conqueste d'Angleterre; il fut assisté en cette ceremonie de Baudoüin Euesque d'Evreux, & de plusieurs autres Prelats; & enuiron vn mois après il tomba malade de la maladie dont il mourut. Vn peu auant son decez il recommanda au Duc Guillaume, pour lors Roy de la grande Bretagne, vn jeune Ecclesiastique nommé Vachelin, à cause des belles qualitez dont il estoit orné, qui faisoient esperer de luy qu'il pourroit seruir à l'Eglise. Sur laquelle recommandation le Roy le nomma à l'Euesché de Vvintone, dans la conduite duquel il satisfit pleinement à l'attente qu'on auoit conceuë de son rare merite, ainsi que témoigne Guillaume de Malmesbury.

Ce mesme Autheur parlant du decez de nostre Archeuesque Maurile, raconte de luy vne chose prodigieuse, sçauoir qu'il ressuscita après sa mort; miracle que ie craindrois de rapporter icy, si ie ne le voyois attesté de l'Histoire de nos Archeuesques, contenuë au Liure d'Yvoire, d'vn Manuscrit de l'Abbaye de S. Victor, & de plusieurs autres Escriuains. Voicy ce que dit sur ce sujet le Manuscrit de la Cathedrale.

„ La violence de la maladie dont fut attaqué l'Archeuesque Maurile
„ l'ayant reduit à l'extremité, il perdit entierement la respiration, &
„ demeura priué de vie l'espace d'enuiron douze heures, après lesquel-
„ les comme l'on se preparoit à le porter à l'Eglise, il ressuscita, &
„ adressant sa voix à ceux qui estoient dans la chambre, leur dit.
„ Entendez les dernieres paroles de vostre Pasteur; j'estois mort effecti-
„ uement, mais par la permission de Dieu ie suis retourné en vie pour
„ vous apprendre ce que j'ay vû. Ie ne tarderay gueres à mourir de nou-
„ ueau, & c'est aussi ce que ie desire, m'estant doux de m'endormir au
„ Seigneur. Ceux qui me seruoient de guide durant le voyage que j'ay
„ fait, estoient fort beaux de visage, & auoient des habits fort éclatans,
„ rien n'estoit plus charmant & plus agreable que leur entretien, ie mar-
„ chois tout joyeux en leur compagnie, & il me sembloit que c'estoit
„ vers l'Orient. On me promettoit que j'entrerois en bref en Paradis;
„ ayant en vn moment trauersé l'Europe, nous auons passé en Asie, &
„ sommes venus en Ierusalem, où ayant adoré les Saints lieux, nous
„ auons continué nostre chemin vers le Iourdain, estant au riuage qui
„ est au deçà (vers l'Occident) quelques personnes se sont jointes à mes
„ guides, ce qui a augmenté nostre joye. La passion que j'auois de voir
„ le païs qui estoit au delà du fleuue, me faisoit faire des efforts pour
„ auancer promptement, lors que ceux qui m'accompagnoient m'ont
„ dit que le Seigneur auoit ordonné qu'auant que de pouuoir obtenir ce
„ que ie souhaittois si ardemment, il falloit que ie fusse épouuenté par
„ la veuë des démons, afin que la terreur dont ie serois frappé à la ren-
„ contre de ces bestes cruelles & de ces horribles spectres, seruit à me
„ purifier des pechez veniels, dont ie n'auois point esté guery par le re-
„ mede de la Confession. Cette Sentence a esté aussi-tost executée, car
„ à peine auoient-ils acheué de parler, qu'il s'est presenté deuant moy
„ vn si grand nombre de démons qui vomissoient des flammes, & lan-
„ çoient des dards, que l'air en a paru tout en feu, & la terre toute cou-

DES ARCHEVESQVES DE ROVEN.

S. MAVRILE.

,, uerte d'acier; ce qui m'a donné vne telle frayeur, que j'ay crû qu'il
,, n'y auoit point pour moy de seureté, ny au Ciel, ny en la Terre,
,, tremblant ainsi de crainte, & ne sçachant de quel costé me tourner
,, pour m'échapper de ces furieux ennemis. Ie suis ressuscité afin de
,, vous raconter cecy, & de contribuer par-là à vostre salut, pourueu
,, que vous vouliez profiter de cét aduis, aprés lequel ie vous quitte.
En suite desquelles paroles ce Prelat mourut pour vne seconde fois. Il
fut enterré dans la Nef de la Cathedrale deuant le Crucifix, & laissa vne
si bonne odeur de ses vertus, & vne telle opinion de sa sainteté, que
depuis, son Sepulchre fut nommé vulgairement, *La Tombe S. Maurile*.
Ordry Vital nous a conserué son Epitaphe, de la composition d'vn
Chanoine appellé Herluin. Voicy comme il se trouue au quatriéme
Liure de son Histoire.

VI. *Il meurt vne seconde fois.*

VII. *Son sepulchre appellé la tombe saint Maurile.*

VIII. *L'épitaphe qui fut mis sur son Tombeau.*

Humani ciues, lachrymam nolite negare
  Vestro Pontifici, Maurilio Monacho.
Hunc Remis genuit, studiorum Legia nutrix
  Potauit trifido fonte Philosophiæ.
Vobis hanc ædem cœptam perduxit ad vnguem,
  Lætitiâ magnâ, fecit & Encœnia.
Cum tibi, Laurenti vigilat plebs sobria Christi,
  Transit, & in cœlis laurea Festa colit.

IX. *Obseruation touchant ce Tombeau, & l'encensement qui s'y fait à certaines Festes.*

On dit que le tombeau de S. Maurile s'éleua miraculeusement plus
de trois pieds hors de terre, comme si pour faire connoistre la sainteté
de ce bon Prelat, il se fut disposé par ce changement, à seruir d'Autel,
qui estoit vne ancienne forme de canonisation, vsitée encore en ce siecle-là, où l'on mettoit des Autels sur les sepulchres des fidelles qu'on
vouloit declarer Saints, suiuant l'obseruation de Baronius, en l'année
1027. lors qu'il parle de S. Romuald. L'ancien Manuscrit de la Cathedrale couuert d'Yuoire, fait mention de cét éuenement miraculeux.
C'est pourquoy cette place qui a esté autrefois honorée de la sepulture
de ce pieux Archeuesque, & depuis du Cœur de Guillaume Cardinal
d'Estouteuille, & qui maintenant (les choses ayant changé de face) se
voit vuide dans la nef de la Cathedrale, a toûjours esté en vne singuliere
veneration au Clergé de Roüen; & pour ce sujet elle est encensée en de
certains iours. Il est vray qu'on en peut alleguer vne autre raison, que
le respect qui se seroit conserué pour la memoire du bien-heureux Maurile; sçauoir, qu'on vseroit de cette ceremonie en ce lieu, à cause que le
grand Autel de l'Eglise precedente auoit esté en cet endroit, comme le
iustifient éuidemment les lettres des Chanoines de Roüen, adressées au
Cardinal d'Estouteuille, dont la coppie se garde dans les Archiues.

X. *Qu'il y a eu vn autre Maurile.*

Le Pere D. Hugues Menard, dans son Martyrologe Benedictin, fait
mention d'vn S. Gerbert, qu'il dit auoir esté Compagnon de S. Maurile, qui fut depuis Abbé de S. Vvandrille, où il mit la Reforme, &
mourut l'an 1089. au rapport de Guillaume de Poitiers. Il obserue de
plus, que quelques-vns ont confondu nostre S. Maurile auec vn Saint
de mesme nom, Euesque d'Angers, ayant mis la Feste de l'Archeuesque

264　HISTOIRE

S. MAVRILE. de Roüen le 13. Septembre, qui est le iour auquel l'Eglise solemnise celle de S. Maurile d'Angers; quoy que selon la verité, nostre Prelat soit mort le 9. Aoust, veille de S. Laurens, comme enseigne l'Epitaphe rapportée cy-dessus, auquel iour Mr. du Saussay n'a pas manqué de faire honorable mention de luy en son Martyrologe des Saints de France. Ce qui montre aussi l'erreur du Pere Taille-pied, lors qu'il assure que S. Maurile deceda le 8. Iuillet 1066. au lieu que ce fut le 8. Aoust 1067. Ordry Vital luy a dressé ce petit Eloge.

XI.
Eloge que luy donne Ordry Vital.

Præsul Maurilius Doctrinæ luce refertus,
Moribus eximiis præfulsit, & actibus almis.

ELOGE

DE IEAN, second du Nom. 47.

IEAN II.
An de I. C.
1067.
CHAP.
I.
Sommaire.
I.
Lanfranc refuse l'Archeuesché de Roüen.

APRES le decez de S. Maurile, le Clergé de Roüen élût pour Archeuesque Lanfranc, qui de Prieur de l'Abbaye du Bec estoit deuenu premier Abbé du Monastere de S. Estienne de Caen tout nouuellement basty. Comme c'estoit vne personne à qui sa pieté, sa doctrine, sa prudence & ses autres excellentes qualitez, auoient acquis l'estime & l'amour de tout le monde, son élection fut vniuersellement approuuée, & le Duc Guillaume (qu'on louë d'auoir esté fort zélé pour l'établissement de bons Ministres dans l'Eglise) en eut vne satisfaction extraordinaire. Mais Lanfranc qui auoit tant d'auersion pour le commandement & la Prélature, que la simple conduite d'vne Communauté Religieuse luy sembloit seulement vne charge trop pesante (ainsi que nous auons vû dans l'Eloge precedent) estoit bien éloigné de prendre sur soy le fardeau de l'Episcopat, formidable aux épaules des Anges mesme, comme parle S. Bernard. Il resista donc opiniastrement à sa promotion; & pour se tirer de peine, il employa tout son credit & toute son adresse pour faire substituer à sa place Iean Euesque d'Auranches, qui éclatoit par dessus tous les autres Prelats de la Prouince. Nous auons déja dit quelque chose de luy dans la vie de saint Maurile; Il est à propos de le faire maintenant connoistre plus particulierement.

II.
Il fait nommer à sa place Iean Euesque d'Auranches.

III.
Bonnes qualitez de Iean pendant sa ieunesse.

Iean estoit fils de Raoul, Comte de Bayeux & d'Yvrey, & neueu de Richard I. Duc de Normandie. Il auoit esté parfaitement bien éleué dans sa jeunesse, & s'y estoit rendu tres-habile dans les Lettres diuines & humaines. A cette rare doctrine se trouuerent jointes en luy vne vertu non commune, vne haute sagesse pour traiter des choses spirituelles, & vne force & viuacité d'esprit propre pour l'action & le maniement des affaires. Il passa plusieurs années dans la condition de laïque, sans prétendre à l'honneur du Sacerdoce. Mais les Euesques de la Prouince,

Guill. Pict.
in gestis Guill.
ducis & Vuill.
Gemm. Hist.
Norm.
lib. 7. c. 39.

entre

entre lesquels estoit son frere Hugues qui tenoit le Siege de Bayeux, (ayant pour luy vne estime qui passoit jusqu'à l'admiration) le souhaiterent pour Collegue, & l'establirent Pasteur de l'Eglise d'Avranches, l'an 1061. au mois de Septembre, selon la Chronique de S. Estienne de Caën. Dans l'exercice de cette dignité sacrée, il se montra fort zélé pour la restauration de la discipline Ecclesiastique, & comme nous auons dit, il fut vn fidelle & ardent cooperateur des saintes intentions du bien-heureux Maurile, à qui il dédia son liure *De Officiis Ecclesiasticis*, mis en lumiere auec des Notes en 1641. par les soins de Messieurs Ridel, Malet-Brézay, & le Preuost, Chanoines de Roüen.

IEAN II.

IV. *Et depuis qu'il fut éleué à l'Episcopat.*

V. *Il composa vn liure des Offices de l'Eglise*

Iean signala aussi sa liberalité par vne donation qu'il fit d'vne Terre de son patrimoine, à la Cathedrale d'Avranches, & n'obmit rien des deuoirs d'vn bon Euesque, vne si excellente conduite l'ayant mis en haute reputation, & le faisant regarder d'vn chacun, comme vn ornement de la Prouince; le Duc Guillaume & le Clergé de Roüen desesperant de pouuoir l'emporter sur la modestie de Lanfranc, se portoient facilement à desirer Iean pour Primat de Normandie. Mais il y auoit vne difficulté qui les empeschoit de passer outre, sçauoir que ces sortes de Translations de Siege en vn autre, n'estoient pas en ce Siecle-là fort vsitées dans l'Eglise Gallicane, & que nul n'estoit encor entré au Trône Metropolitain de nostre Ville de Roüen par cette voye, que les anciens Canons ne permettoient que pour des causes necessaires ou tres-importantes. Toutefois l'affaire ayant esté meurement considerée, on jugea que la Translation de Iean, tendant au bien general de la Prouince, on pouuoit legitimement l'entreprendre, & que pour suppléer à ce qu'elle auoit de nouueau & d'inusité, il falloit tascher de la faire confirmer par l'authorité du souuerain Pontife. Pour cét effet on députa Lanfranc, tant à cause qu'il auoit vn interest particulier à faire reüssir ce dessein, que parce qu'il estoit instruit de l'vsage de la Cour Romaine, où il auoit esté deux ou trois fois, & on l'enuoya à Rome poursuiure cette dispense. Y estant arriué, il fut presenté au Pape Alexandre II. par l'Euesque, qui exposa à Sa Sainteté l'affaire dont il s'agissoit, & obtint d'Elle des lettres de Translation en faueur de Iean, auec le *Pallium.* Voicy le Bref Apostolique traduit en nostre Langue.

VI. *Et donna la Baronnie de S. Philebert sur Risle à l'Euesché d'Avranches.*

VII. *Difficultez pour le transferer de l'Eglise d'Avranche à celle de Roüen.*

Cap. Mutationes. Cap. Temporis qualitas. causa 7. quæst. 1.

VIII. *Lanfranc va à Rome pour en obtenir la permission.*

IX. *Bref Apostolique pour cét effet.*

„ **A**Lexandre Euesque, *Seruiteur des Seruiteurs de Dieu;* à *Iean, Venerable Euesque d'Avranches, Salut & Benediction Apostolique.*
„ Nous auons appris par le rapport de l'Euesque de Sion, & de
„ l'Abbé Lanfranc, que l'Eglise de Roüen estant destituée de Pasteur,
„ Nostre tres-cher Fils Guillaume Roy d'Angleterre vostre Prince, vous
„ auoit éleu en consideration de vostre probité & de vos bonnes mœurs,
„ pour estre éleué à ce Siege vacant, qui surpasse en dignité celuy que
„ vous possedez, si vous auiez pour cét effet le consentement & la per-
„ mission du Siege Apostolique, sur lequel il a lieu de vous establir.
„ C'est pourquoy ayant égard à leurs supplications, & desirant aussi
„ contribuër au salut de cette Eglise, & de tous ceux de vostre païs; Nous
„ voulons & nous commandons à vostre charité, en vertu de l'autho-

„ rité Apoftolique, que vous vous foûmettiez fans contradiction à ce
„ que la diuine Prouidence a ordonné de vous, & que vous vous mon-
„ triez obeïffant en acceptant l'élection qu'on a faite de voftre perfonne.
„ Nous auertiffons pareillement voftre aimable Fraternité, que fi vous
„ auez efté fidelle en vn petit employ, vous le foyez auffi en vn plus
„ grand; & que continuant à bien trauailler, vous nourriffiez foigneu-
„ fement voftre Peuple de l'aliment fpirituel de la parole Diuine, afin
„ qu'vn iour vous meritiez d'entendre cette douce & fauorable parole
„ du Seigneur : Courage, bon & fidelle Seruiteur; puifque vous auez efté
„ fidelle à mefnager le peu que ie vous auois confié, ie vous en confieray
„ beaucoup dauantage. Quant au refte, nos Legats vous feront entendre
„ amplement & veritablement nos fentimens & nos intentions plus
„ fecrettes.

Chap. II.
Sommaire.
I.
En quelle année il prit poffeffion de l'Archeuefché.

Ean fe voyant authorifé de ce Bref du Pape, & honoré du *Pallium* Archiepifcopal, quitta le Siege d'Avranches qu'il gouuernoit depuis fept ans trois mois, & prit poffeffion de celuy de Roüen vers le commencement de l'an 1069. au grand contentement des gens de bien ; & particulierement de tous les Euefques Comprouinciaux, auffi bien que des Chanoines de la Metropolitaine, qui auoient concouru à fon election auec vne vniformité de fuffrages, & vne ardeur merueilleufe. D'où il refulte que Maurile fon Predeceffeur, eftant mort le 9. Aouft 1067. l'Eglife de Roüen fut fans Pafteur prés d'vn an & demy; lequel temps fe paffa à élire vn Archeuefque, à deliberer fur les difficultez de la Promotion de Iean, & à attendre le retour de Lanfranc, qui eftoit allé à Rome pour obtenir les Lettres Apoftoliques que nous venons de rapporter.

1069.

II.
De quelle maniere il s'y comporta.

Noftre nouueau Prelat répondit par fes actions aux efperances qu'on auoit conceuës de luy, & fuiuit les fages confeils du Pape, qui l'exhortoit dans fon Bref, à continuer ainfi qu'il auoit commencé ; car il fe conduifit en l'adminiftration de noftre Diocefe, comme il auoit fait à l'égard de celuy d'Avranches ; & tant que fa fanté le luy permit, il s'acquitta de fes fonctions Paftorales auec vne application, vne exactitude, & vne vigueur finguliere, *Fortiter & diligenter*, fuiuant l'expreffion d'Ordry Vital.

III.
Son zéle pour combattre le vice & ofter les abus.

Ce mefme Hiftorien releue extrémement fon zéle pour l'extirpation des vices, & pour le rétabliffement des bonnes mœurs ; & nous affure qu'il parut en cela comparable à l'illuftre Phinées, comme il eftoit fort verfé dans l'Efcriture & dans les faints Canons, il reconnoiffoit mieux que les autres l'importance des abus & des defordres qui décoloroient la face de l'Eglife, & tafchoit par fes paroles & par fes actions d'y apporter remede, fans craindre en façon quelconque le reffentiment & la cholere de ceux qui en eftoient les autheurs ; en quoy certes on ne fçauroit affez eftimer fa vertu & fa generofité Epifcopale.

IV.
Et notammet contre les Preftres concubinaires.

Le bien-heureux Maurile auoit trauaillé de toutes fes forces à la reforme de fon Diocefe ; mais il y auoit peu auancé, les déreglemens qui y regnoient eftoient des maux inueterez, & de tres-difficile guerifon: de forte que Iean, qui fut le fucceffeur de fon zéle comme de fa dignité,

trouua encore parmy son Clergé & son peuple quantité de vices à corri- Jean II.
ger. Le desordre le plus déplorable estoit la vie infame de plusieurs Ecclesiastiques, ª qui presumans temerairement que leur condition ne les ª V. Baron.
empeschoit point de se marier, entretenoient chez eux des femmes n. 46.
comme si elles eussent esté leurs épouses legitimes, & scandalisoient le
reste des Fidelles par vn concubinage public. Le mauuais exemple
qu'auoient donné, & donnoient encore quelques Euesques de la Prouince qui estoient mariez, & se glorifioient de la multitude de leurs
enfans & de leur nombreuse posterité, auoit extrémement contribué à
l'accroissement de cette peste des consciences, & les Ministres inferieurs ne rougissoient point de faire ce qu'ils voyoient estre pratiqué
par ceux-là mesme qui leur deuoient seruir de guides & de lumiere.

Si l'on en croit Ordry Vital, ᵇ cette corruption de mœurs estoit ᵇ Lib. 5. p
desia fort ancienne, & depuis le changement arriué à la domination 574.
de la Neustrie par la paix faite auec les Normands, la chasteté Sacerdotale auoit esté comme abolie. Ces peuples & leurs descendans qui
auoient esté promeus aux Ordres sacrez, ayant eu peine à se soumettre
en cela aux saintes Loix de la Religion Chrestienne. Mais les rigoureuses Ordonnances qui furent faites en ce temps-là en plusieurs Conciles
tenus en France, en Italie & en Allemagne, font voir que cette infamie
n'estoit point tant vn vice particulier des Normands, qu'vne malheureuse corruption répanduë en ce Siecle presque dans toute la Chrestienté. Ie me contenteray d'en marquer icy vn en passant, sçauoir le Synode Romain celebré en 1074. où le Pape Gregoire VII. du nom, renou-
uellant les anciens Canons touchant la continence des Clercs, ordonna que les Prestres qui auoient des femmes les quittassent ou fussent
déposez, & que nul ne fut admis au Sacerdoce, qu'il ne fit auparauant
profession de garder le Celibat, & enuoya plusieurs Brefs aux Euesques
d'Allemagne, auec commandement de faire obseruer ce Decret, &
d'employer mesme le glaiue d'Excommunication pour separer les femmes de la compagnie des Prestres.

CHAP.
III.
Sommaire.
I.
L'Archeues-
que Iean ten-
te toutes les
voyes possi-
bles pour pur-
ger son Dioce-
se de ce scan-
dale.
II.
Il assembla
vn Synode &
excommunie
les concubi-
naires.

CEt execrable abus estant donc fort commun dans le Diocese de
Roüen, nostre Archeuesque Iean ne le pût souffrir, & le zéle dont il
brûloit luy fit prendre dessein d'en arrester le cours par tous les moyens
possibles. Il est croyable qu'il n'oublia pas dans ses Sermons de crier
fortement contre ce vice, & qu'il reprit en particulier ceux qu'il sçauoit en estre infectez. Mais voyant que les voyes de douceur ne produisoient aucun fruit, il resolut de mettre en vsage la seuerité des Saints
Canons. Dans cette pensée il assembla vn Synode, où ayant parlé
auec beaucoup de doctrine & de force contre les Clercs qui deshono-
roient ainsi par leur incontinence la saincteté de leur estat, il les exhorta à changer de vie, & leur deffendit sous peine d'excommunication, de retenir dauantage chez eux leurs concubines. Cét Anatheme
au lieu de toucher les coupables d'vne crainte salutaire, & de les porter à quitter leur-honteux commerce, les irrita terriblement, & leur
colere s'estant en vn instant accruë jusqu'à la fureur; au sortir de l'As-

Ll ij

Iean II.
III.
Ils l'attaquerent à coups de pierres, & ce qui en arriua.

semblée ils prirent des pierres, & en attaquerent leur Archeuesque, mais leur attentat ne reüssit pas, Dieu preserua son fidelle Ministre, & luy donna moyen de s'échapper de leurs mains; au milieu duquel peril on dit que Iean faisant sa retraitte, se mit à chanter le Pseaume *Deus venerunt gentes in hæreditatem, &c.* Ce qui fut vne preuue de la fermeté de son ame & de son affection pour l'Eglise, puisque par-là il déploroit le mal-heur de son Diocese, où il y auoit de si indignes Pasteurs, au lieu qu'vn esprit moins asseuré que le sien, n'eust songé en cette rencontre qu'à son propre danger. Il est remarquable que trois ou quatre ans aprés on vid vne pareille rebellion dans le Diocese de Mayence, car l'Archeuesque de cette Ville ayant voulu executer le Decret du Concile Romain tenu en 1074. sous Gregoire VII. & ayant pour cét effet conuoqué vn Synode à Erford, où il commanda à ceux de son Clergé qui estoient engagez dans de pretendus mariages, d'abandonner leurs concubines, ou de s'abstenir du ministere des Autels; ces miserables conspirerent contre luy, & penserent l'assassiner.

IV.
Pareille rebellion à Mayence de là à quelques années.

V.
S. Lanfranc Archeuesque de Cantorbery amy intime de Iean, imite son zèle.

Ce zéle de Iean à exterminer de son Diocese vn desordre si scandaleux, fut non seulement approuué, mais aussi imité par S. Lanfranc, lequel aprés s'estre déchargé du fardeau de la Charge Episcopale à l'égard de l'Eglise de Roüen (comme nous auons veu) ne le pût éuiter depuis, ayant esté éleué par force au Siege de Cantorbery en Angleterre. C'est ce que nous apprenons de sa dix-septiéme lettre adressée à nostre Prelat, pour l'intelligence de laquelle il faut obseruer qu'il y eut vne liaison & vne amitié tres-estroite entre ces deux grands Archeuesques, la distance de leurs Dioceses, & l'Ocean mesme qui les separoit, ne pouuoit empescher leur correspondance. Ils se consultoient tres souuent sur des points de doctrine & de police Ecclesiastique; Ils se faisoient part l'vn à l'autre de leurs joyes & de leurs déplaisirs; Ils s'assistoient reciproquement dans leurs affaires, & se rendoient enfin tous les deuoirs & tous les bons offices qui se pratiquent entre les personnes liées d'vne affection mutuelle.

VI.
Artifice de quelques malveillans pour les broüiller.

Quelques esprits mal faits & mal intentionnez tascherent par de faux rapports de les diuiser, & de faire naistre entr'eux de la broüillerie & de la discorde: Mais autant que nous pouuons juger par nos Memoires, leur sagesse ne se laissa point surprendre aux artifices de ces langues trompeuses, & leur amitié dura autant que leur vie. Quelques-vns ayant donc fait entendre à nostre Archeuesque Iean, que S. Lanfranc auoit blasmé publiquement la conduite qu'il tenoit dans l'administration de son Diocese, & particulierement sa procedure contre les Prestres qui ne viuoient pas dans la continence Sacerdotale, nostre Prelat escriuit au Saint pour estre éclaircy de la verité du fait, & pour sçauoir si en cela ses sentimens estoient differents des siens: Surquoy voicy la réponse que luy fit S. Lanfranc, qui seruira de preuue à ce que nous auons auancé au commencement de cét Eloge.

S. Lanf. Ep. 13. 16. & 17

VII.
L'Archeuesque de Roüen escrit à celuy de Cantorbery.

DES ARCHEVESQVES DE ROVEN. 269

*A Iean, venerable Archeuesque de l'Eglise de Roüen. Lanfranc,
indigne Prelat, luy fait offre de ses seruices,
& du secours de ses prieres.*

VIII.
Réponse à sa lettre.

,, Lors que ie receus celles qui m'ont esté écrites par vostre Paterni-
,, té (pour qui sans doute tous les amateurs des loix Chrestiennes
,, doiuent auoir vn respect & vne affection singuliere) il m'estoit impos-
,, sible d'y répondre, à cause des affaires qui m'occupoient ; & que
,, quand mesme ie n'eusse eu aucun empeschement, on n'eust pû alors
,, trouuer de messager pour vous porter ma réponse. Mais à present que
,, j'ay commodité pour cela, ie n'ay garde de differer plus long-temps
,, à m'acquitter vers vous de ce deuoir. Vous me mandez que plusieurs
,, vous ont rapporté que j'improuuois quelques-vnes de vos actions, &
,, principalement que ie vous accusois de ne pas bien entendre les ma-

IX.
*Qu'il n'a ia-
mais pensé à
improuuer ses
actions ny ses
paroles.*

,, ximes des saints Peres touchant l'obligation qu'ont les Clercs, de gar-
,, der la chasteté, adjoustant aussi que j'assurois que vous régliez mal la
,, discipline Ecclesiastique ; Surquoy ie prie vostre Beatitude, de se sou-
,, uenir que nous nous sommes souuent auertis de viue voix lors que
,, nous estions ensemble ; & par lettres depuis nostre separation, Qu'il
,, y a quantité de personnes qui par vne détestable enuie dont elles sont
,, infectées, voudroient nous pouuoir broüiller & entretenir parmy nous
,, vne diuision éternelle, afin de pouuoir plus librement exercer leurs
,, noires & meschantes pratiques. Vous sçauez que l'employ ordinaire de
,, ces gens-là, est d'inuenter & de publier de fausses nouuelles ; De don-
,, ner aux paroles échappées legerement, & par inaduertance, des in-

X.
*Que c'est vn
artifice de ses
calomnia-
teurs.*

,, terpretations sinistres, & beaucoup plus mauuaises que n'est leur si-
,, gnification naturelle, & mesme de renuerser autant qu'ils peuuent, &
,, d'expliquer à contresens les discours les plus sages & les plus judicieux.
,, Toutesfois ma conscience ne me reproche point, de leur auoir donné
,, en cela de prise sur moy, n'ayant proferé, ny mesme souffert qu'on
,, proferast en ma presence aucune chose sur le sujet de vostre *loüable
,, vie*, que vous n'eussiez vous-mesme entenduë auec agréement si l'oc-
,, casion se fut offerte de la dire deuant vous. Au contraire, ie vous dé-
,, clare, qu'incité par vostre exemple, & par celuy des Saints Peres, j'ay
,, ordonné dans toute l'Angleterre, en vertu de mon authorité Pasto- *S. Anselme*
,, rale, qu'aucun Chanoine, de quelque Ordre & qualité qu'il fust ne *son successeur
fit le mesme,*
,, contractast de mariage ; & pareillement que nul Prestre & nul Diacre *& pareillemēt
S. Godefroy*
,, ne se donnast la licence d'entretenir chez luy de femme, sous peine *Euesque d'A-
miens, &c.*
,, d'estre priué de sa Prebende & de son Benefice, &c.

XI.
*Conclusion de
sa lettre par
les nouuelles
assurances de
ses seruices
auprés du
Roy.*

I'obmets le reste de la lettre, me contentant de dire que S. Lanfranc,
aprés auoir parlé des assistances qu'il auoit renduës à vn nommé Robert
Pultrele, sur vne lettre de recommandation, (possible fausse) que celuy-
cy luy auoit presentée de la part de nostre Prelat, & de la réponse qu'il
auoit faite aux Euesques de Bayeux & de Coutances, à qui il auoit mandé de n'auoir point ny veu ny leu qu'on deust exiger des Archidiacres le

Ll iij

Iean II. ferment de fidelité ; il conclut, en asseurant nostre Archeuesque, qu'il auoit parlé au Roy en sa faueur, & qu'il esperoit qu'à l'aduenir sa Majesté n'adjousteroit point si aisément foy aux calomnies de ses ennemis.

CHAP. IV.
Sommaire.
I. Autre fascheuse rencontre où ce Prelat se besoin de la faueur de saint Lanfranc.

Quelques années aprés ce Synode où nostre Prelat courut ainsi risque de sa vie pour la cause de Dieu, son humeur prompte & ardente l'engagea dans vn malheureux démeslé, où il eut le déplaisir de voir sa personne en danger, & sa dignité violée par des personnes qui luy deuoient toute sorte de respect ; pour la reparation duquel outrage, il eut tout besoin du credit de S. Lanfranc, qui ne manqua pas de porter hautement ses interests, & de luy rendre tous les seruices ausquels il estoit obligé par les Loix sacrées de l'amitié. Le iour de S. Oüen, où par vn ancien vsage nos Archeuesques vont Officier dans l'Eglise Abbatiale, consacrée sous l'inuocation de ce glorieux Confesseur ; Iean, qui estoit fort ponctuel à se trouuer aux ceremonies publiques, fit aduertir les Religieux qu'il ne manqueroit à se transporter en leur Abbaye pour y celebrer les diuins Mysteres. Ceux-cy l'attendirent fort long-temps. Mais voyant qu'il ne venoit point, que l'heure estoit passée, & que s'ils attendoient dauantage ils seroient en quelque façon contraints de retrancher vne partie du seruice ; ce que l'on ne deuoit nullement faire en vne Feste si solemnelle : Ils resolurent de commencer la Messe, & prierent l'Abbé de S. Martin de Sez, [a] d'Officier. Ils se mirent donc à chanter fort posément l'Introite & le *Kyrie eleïson*, en suite ils continuërent par *Gloria in Excelsis*. Cét Hymne Angelique estant acheuée, voila nostre Prelat qui arriue, & qui indigné de ce que l'on ne l'auoit pas attendu, excommunie les Moynes, chasse de l'Autel l'Abbé qui faisoit l'Office, & s'estant reuestu d'Ornemens Pontificaux, recommence luy-mesme la Messe. La plusspart des Moynes se retirerent du Chœur, & mesme sortirent de l'Eglise ; mais il y en eut vn d'entr'eux (*ou vn de leurs seruiteurs*) qui plus violent que les autres monta à la Tour, sonna vne des cloches en forme de Toxain, & estant descendu au Cimetiere, se mit à crier que l'Archeuesque vouloit enleuer le Corps de S. Oüen. A ce bruit le voisiné s'allarme, & quelques Bourgeois mutins & mal-auisez ayant pris des espées & des haches, entrent tout en fureur dans l'Eglise, comme s'il eust esté question d'en chasser l'ennemy. Les vns s'auancent auec impetuosité vers le Chœur ; les autres vers les portaux des aîles ; d'autres s'emparent des galeries qui regnent à l'entour de l'Eglise, & commencent à jetter des pierres. Ce que voyant l'Archeuesque, il sort promptement de l'Autel, & se retire non sans peine vers le grand portail, où ses gens ayant rencontré quelques Moynes ils les frappent. Ceux-cy les repousserent vigoureusement ; si bien qu'il se forma entr'eux vn petit combat, dans le desordre & la chaleur duquel l'Archeuesque couroit grand risque d'estre blessé, si le Viconte auerty du danger où il estoit, ne le fut venu secourir auec vne troupe de gens armez. Mais à l'approche de ce Magistrat, les deux partis se separerent, & nostre Prelat eut toute liberté de s'en retourner à son Palais. A peine y fut-il arriué, qu'il enuoya en toute diligence vn des principaux Officiers de sa Maison à la

1073.

II. L'Archeuesque Iean ayant trop tardé de venir Officier le iour de S. Oüen, ce qui en arriua.

a D'autres disent de Sigy, alors Abbaye, qui n'est à present qu'vn Prieuré dépendant de S. Oüen.

III. Il excommunie les Moynes, & fait chasser de l'Autel l'Abbé de Saiz.

Ex veteri Manuss.

IV. Grand tumulte qui arriua en suite.

V. Le Magistrat tire l'Archeuesque du peril où il estoit.

Cour du Roy Guillaume (qui estoit alors au Mayne) pour l'informer IEAN II. de ce fâcheux démeslé, & pour tâcher, par le moyen des amis qu'il auoit auprés de ce Prince, de le préuenir & préoccuper en sa faueur auant que les Moynes eussent deputé vers luy. Il en écriuit aussi en Angleterre à S. Lanfranc, & le pria de l'assister de son credit & de ses sages conseils pour luy faire auoir satisfaction d'vne injure si atroce. Nous n'auons pas ses Lettres, mais bien deux réponses du Saint, au moins il y a beaucoup d'apparence que la quatorze & la quinziéme Epistre de S. Lanfranc concerne cette matiere, quoy que d'ailleurs les Moynes de S. Oüen n'y soient point positiuement designez par leur nom. Le Saint y console nostre Archeuesque, le louë de son innocence, de sa moderation, & de sa patience à souffrir cét outrage, blâme l'audace & la temerité criminelle de ses ennemis, & l'asseure enfin qu'il a écrit au Roy en sa faueur, & l'a fortement exhorté à ne pas laisser impuny vn si horrible attentat. Ie n'ignore pas qu'au sentiment du P. Dom Luc Dachery qui a fait de doctes obseruations sur les œuures de Lanfranc, on pourroit douter si la quatorziéme Lettre du Saint ne se deuroit point plûtost entendre de ces furieux concubinaires dont nous auons parlé, qui oserent attaquer nostre Prelat à coups de pierre; mais ie suis l'explication qui me paroit la plus vray-semblable.

VI.
Lequel en-
uoye aussi-tost
en Cour, &
écrit à S. Lan-
franc.

VII.
Réponse que
luy fait ce
Prelat, &
sçauoir si ce
fut à ce sujet.

VIII.
Concile Pro-
uincial tenu à
Roüen, où les
coupables de
ce desordre
sont punis.

Iean sollicita si adroitement sa cause auprés du Roy Guillaume, tant par soy-mesme que par l'entremise de ses amis, qu'il luy persuada que les Religieux de S. Oüen estoient les principaux autheurs du desordre Chron. Cadom. qui estoit arriué. Tellement que ce Prince en fut fort irrité contre ad ann. 1073. ceux-cy, & pour les punir, fit juger cette affaire en vn Concile Prouincial tenu à Roüen, où il y eut Sentence, par laquelle quatre Moynes qui auoient le plus contribué à ce tumulte furent bannis de la Ville, & enuoyez dans les quatre plus prochains Monasteres pour y faire penitence. Mais quelque temps aprés, l'Abbé & les Religieux de S. Oüen (qui mesme deuant la celebration de ce Synode auoient déja commencé à mieux informer ce Prince de la verité du fait) ayant continué leurs poursuites auprés de luy, & luy ayant fait connoistre que dans ce qui s'estoit passé, il y auoit bien eu de l'excez & de l'emportement de la part de Iean, il les traita plus fauorablement, & consentit que ceux qui auoient esté releguez dans les Abbayes voisines retournassent en leur Monastere.

IX.
Le Roy estant
mieux infor-
mé de l'affai-
re, traite fa-
uorablement
les Moines de
S. Oüen.

Il est certain que l'issuë de cette affaire ne fut pas auantageuse à nostre Archeuesque, & qu'elle luy porta préjudice, en ce que le Roy, qui d'ailleurs estoit assez édifié de sa sollicitude Pastorale, & des soins qu'il prenoit pour reprimer les vices, & pour rétablir la discipline Ecclesiastique, fut confirmé dans l'opinion qu'il auoit que son zéle n'estoit pas toûjours accompagné de la prudence & de la moderation qui eut esté necessaire, & depuis luy donna moins de part en ses bonnes graces. Il témoigna aussi peu de déference aux volontez de ce Prince, & trop de ressentiment de l'injure receuë, lors que Guillaume luy ayant commandé de reconcilier l'Eglise de S. Oüen, il refusa opiniastrément de le fai-

X.
Iean encourt
la disgrace du
Roy, pour
n'auoir voulu
reconcilier
l'Eglise de
S. Oüen.

IEAN II. re, & souffrit que Michel Euesque d'Avranches qui estoit à Roüen pour le sujet que nous allons dire, fit cette ceremonie par l'ordre du Roy, qui l'en pria.

CHAP. V.
Sommaire.
I.
Concile Prouincial tenu à Roüen, & ce qui s'y traita.

GVillaume Roy d'Angleterre, & Duc de Normandie, à qui nos Autheurs donnent la loüange d'auoir esté merueilleusement zelé pour le rétablissement de la discipline de l'Eglise, fit tenir à Roüen en 1074. vn Concile Prouincial, où assisterent auec luy Iean Archeuesque de Roüen, & ses Suffragans Eudes Euesque de Bayeux, Hugues Euesque de Lisieux, Michel Euesque d'Avranches, Gilbert Euesque d'Evreux, Robert Euesque de Sez, & quantité de pieux & de venerables Abbez. On y traita de plusieurs affaires tant Ecclesiastiques que Ciuiles, & entr'autres du Prieuré de S. Victor en Caux, qui y fut érigé en Abbaye, à la priere de Roger de Mortemer, comme il paroit plus amplement par la Charte expediée au nom de nostre Archeuesque, que j'ay donnée au public parmy les pieces justificatiues de l'Histoire de S. Oüen.

Chron. S. Stephani Cad. ad an. 1074. & Charta Abb. S. Victoris.

II.
Sçauoir si ce Concile est le mesme qu'Ordry Vital dit auoir esté tenu en 1072.

Il y a beaucoup d'apparence que le Concile qu'Ordry Vital dit auoir esté celebré dans la Cathedrale de Roüen en 1072. par les mesmes Euesques que ie viens de nommer, & dont il rapporte bien au long les Decrets, est le mesme que celuy-cy, que la Chronique de S. Estienne de Caën, & ladite Charte de S. Victor, témoignent auoir esté tenu en 1074. au moins est-ce le sentiment de Mr. le Preuost en ses Memoires; à quoy s'accordent aussi Messieurs de sainte Marthe, qui ne marquent point d'autre Concile sous le Pontificat de nostre Archeuesque Iean, que celuy qui fut assemblé en 1074. & qui le confondent mesme auec le Synode où les Prestres concubinaires firent insulte à nostre Prelat. Mais ie croy que ce tumulte arriua en vn Synode Diocesain, & durant l'absence du Roy. Il est vray que parmy les Canons de ce Concile, il y en a

III.
Raisons qui font voir qu'il y en a eu deux.

vn qui renouuelant l'Ordonnance de celuy de Lisieux, défend aux Prestres, Diacres & Sousdiacres, d'entretenir chez eux des femmes; mais c'est seulement sous peine d'estre priuez de l'administration & des fruits de leurs Benefices; au lieu qu'au Synode où nostre Archeuesque Iean fut outragé par quelques Prestres qui viuoient dans l'incontinence, il leur auoit commandé de quitter cét infame commerce, en fulminant Anatheme contre ceux qui refuseroient d'obeïr à son Ordonnance. Outre ce réglement concernant l'honnesteté Sacerdotale, on y leut la Profession Catholique suiuant les décisions des quatres premiers Conciles generaux: On y fit diuers Decrets touchant les Sacremens de Baptesme, de Confirmation, d'Ordre & de Mariage; la distribution des saintes Huyles; la maniere de bien garder le jeusne du Caresme & des Quatre-temps; de l'extirpation de la Symonie, & principalement de la venalité des Cures; le Baptesme general & la celebration de l'Office diuin aux Samedis de Pasque & de la Pentecoste, comme il se voit au liure quatriéme d'Ordry Vital, p. 527.

IV.
L'Archeuesque Iean donne le Voile à la fille du Roy.

Cette mesme année en la Feste de Pasques, le Roy Guillaume ayant presenté à Fécan sa fille Cecile, pour estre consacrée à Dieu dans le Monastere que la Reine Mathilde auoit fait bastir à Caën, à l'honneur de la

Tres-

pour estre Re- Tres-sainte Trinité; ce mesme Prelat luy donna le Voile & la Benedi- IEAN II.
ligieuse en ction Archiepiscopale. Cette jeune Princesse fit de tels progrez dans la
l'Abbaye de piété, & donna tant de preuues de sa sagesse & de sa conduite, qu'aprés
Caën. la mort de l'Abbesse, sous laquelle elle auoit esté éleuée, elle merita de
luy succeder, & gouuerna cette sainte Communauté l'espace de quatorze
    V. ans. Enfin, Iean dédia auec ses Suffragans les deux Eglises Abbatiales de
Il dédie les S. Amand de Roüen, & de S. Estienne de Caën, & les Cathedrales de
Eglises de S.
Amand & de Bayeux & d'Evreux, en presence du Roy Guillaume & des principaux
S. Estienne de Seigneurs de sa Cour.
Caën, &c.

    VI.   Les Escriuains de la vie de S. Gaultier premier Abbé de S. Martin de
S. Gaultier Pontoise, rapportent vn éuenement que ie ne dois pas obmettre. Ce
Abbé de S.
Martin de Saint voulant fuïr les honneurs, qui sont inseparables de la superiorité,
Pontoise quit- & s'appliquer entierement à la contemplation des choses Diuines, aban-
te son Ab- donna ses Religieux & se retira dans l'Abbaye de Cluny, où il estoit in-
baye. connu; son depart affligea infiniment ceux-cy, qui auoient pour sa personne tout l'amour & toute la veneration que pouuoit exiger d'eux son
eminente sainteté, & ce iuste déplaisir leur inspira le dessein de tenter
quelque moyen pour le faire reuenir. Ils n'en trouuerent point de meilleur, que d'interposer pour cela l'authorité du Prelat, de qui S. Gaultier
dépendoit en qualité d'Abbé; de sorte qu'ils s'adresserent non à Mau-
    VII. rice Archeuesque de Paris qui estoit le plus proche, mais à nostre Iean
Ses Religieux Archeuesque de Roüen, qu'ils reconnoissoient pour leur Ordinaire,
s'adressent
à l'Archeues- & le supplierent d'ordonner à leur Superieur de retourner à son Mona-
que de Roüen stere; surquoy nostre Prelat leur accorda ses lettres conformes à leur
pour l'obliger desir, lesquelles ayant esté portées par vn d'eux à S. Gaultier, produisi-
de retourner rent l'effet qu'ils en esperoient, & obligerent le Saint à reprendre la con-
à son Mona-
stere. duite de son Abbaye. Mais en suite la fonction de Superieur estant in-
    VIII. supportable à son humilité, il la quitta derechef iusqu'à trois fois, & les
Ce qu'ils font Moynes implorerent toûjours l'assistance de nostre Archeuesque pour
iusqu'à trois
fois. le faire sortir de sa retraite, & rentrer dans l'exercice de sa Charge.

CHAP.   IL est certain par les Eloges que nos anciens Autheurs ont donné à
  VI. Iean, & que nous auons rapportées cy-dessus, que ce Prelat fut vn
Sommaire. grand homme, & qu'il seruit fort vtilement l'Eglise: mais on le blasme
    I.
Quelques de- d'auoir esté vn peu trop ardent & trop précipité dans ses actions; defaut
fants natu- où il tomba d'autant plus aisément, que sa noblesse, sa doctrine & sa di-
rels de l'Ar- gnité luy ayant enflé le courage qu'il auoit naturellement fier & éleué,
cheuesque
Iean, qui luy il luy fut facile de passer les bornes du zéle que doit auoir vn Pasteur, &
ont esté tres- d'aller souuent iusques à l'excez de la passion. D'où il arriua qu'il ne s'ac-
préiudicia- quit pas l'affection du public, & que Dieu l'ayant frappé d'infirmité cor-
bles. porelle sur sa vieillesse, pour le nettoyer de ses imperfections, peu de
    II. personnes compatirent à ses maux, & mesme à la fin on ne le pût souf-
Causes pour frir, & contre son gré on remplit sa place d'vn Successeur, sans attendre
lesquelles il
fut déposé la fin de ses iours. Peut-estre aussi qu'outre les mauuais offices de ses en-
auant la fin nemis, ce qui contribua à son malheur, fut que dans les fonctions de
de sa vie. son Ministere, il ne se regla pas assez selon ses forces; & qu'ayant voulu
en trop faire, il luy suruint des disgraces qui firent paroistre sa foiblesse

M m

aux yeux de tout le monde, & donnerent sujet au Peuple de le méprifer, & à ses ennemis de le bannir de sa Cathedrale. Il est vray que ce mépris fut des plus injustes, n'estant fondé que sur des accidens de maladie, au lieu qu'il eut esté plus raisonnable de loüer son zéle & sa pieté qui le portoient tout indisposé qu'il estoit à continuër l'exercice de sa Charge, & à sacrifier le reste de sa santé & de sa vie au seruice de son Eglise.

Trois ans aprés le tumulte de S. Oüen, c'est à dire l'an 1076. estant à peine guery d'vne paralysie dont il auoit esté attaqué, il voulut assister à l'Office diuin dans l'Eglise Abbatiale de S. Oüen, le iour qu'on solemnisoit la Feste de ce glorieux Confesseur; & comme il n'auoit pas encore assez de forces pour celebrer la Messe, il pria Gislebert Euesque d'Evreux de tenir sa place, & luy s'alla mettre dans le Chœur pour tascher d'y faire la fonction de Chantre; mais durant l'Office il luy suruint vn tel débordement d'humeurs, qu'il fut contraint de sortir de l'Eglise; ce qui troubla la solemnité, & luy apporta beaucoup de déplaisir, cét accident ayant renouuellé la memoire du fascheux démeslé qu'il auoit eu en ce mesme iour auec les Religieux de ce Monastere. Quelque temps aprés il eut vne rechûte beaucoup plus funeste.

Hugues Euesque de Lisieux estant mort, son inhumation fut differée l'espace de plusieurs iours, par vn different qui suruint entre les Chanoines de sa Cathedrale & les Religieuses de nostre-Dame, touchant sa sepulture. Les premiers soustenoient qu'il deuoit estre enterré dans l'Eglise Episcopale qu'il auoit acheuée de bâtir & enrichir de precieux ornemens: Et celles-cy pretendoient que l'on ne pouuoit sans injustice placer ailleurs le Tombeau de ce bon Prelat que dans leur Chappelle, parce que de son viuant il l'auoit choisie pour cét effet, comme vn lieu qu'il cherissoit beaucoup, estant le Fondateur de leur Monastere, & les ayant toûjours honoré de ses bien-faits. L'affaire fut portée à l'Audience du Roy Guillaume, lequel se reglant sur la volonté du deffunt, prononça en faueur des Religieuses: & ayant mandé nostre Archeuesque Iean, luy ordonna de se transporter en toute diligence à Lisieux, pour rendre à son Suffragant les honneurs funebres, & le faire inhumer en l'Oratoire de nostre Dame, conformément à la Sentence donnée entre les parties. Mais Iean refusa d'obeïr à cét ordre, tant par vn mouuement de son humeur altiere (dit Ordry Vital) que par vn reste d'animosité qu'il auoit euë auec le deffunt, & sortit du Palais Royal pour retourner en son Hostel. Comme il s'en approchoit, & qu'il parloit auec beaucoup de chaleur à ceux qui l'accompagnoient de quelques affaires qui estoient pressées, voila que tout à coup il fut attaqué d'vne paralysie qui le fit tomber à terre de dessus sa Mule au milieu d'vne foule de peuple, & le priua de l'vsage de la parole, laquelle incommodité luy demeura pendant deux ou trois ans qu'il vescut depuis. Cét accident l'empescha de sacrer Gislebert Medecin & Chappelain du Roy qui auoit esté élû Euesque de Lisieux; de sorte qu'il fut obligé d'en donner la commission à Michel d'Avranches, & se contenta d'estre present à cette auguste Ceremonie qui se fit à Roüen dans l'Eglise Me-

VIII. *On sollicite sa deposition.* tropolitaine ; Mais cette infirmité ne fut pas la seule humiliation qu'il eut à supporter, comme on vid que sa maladie continuoit, on sollicita le Pape de luy donner vn successeur, & il y a apparence que ceux qui se meslerent de cette affaire, agirent autant par l'auersion qu'ils auoient contre nostre Prelat, que par le desir de pouruoir au besoin du Diocese de Roüen. Quoy qu'il en soit, Gregoire VII. qui estoit alors Souuerain Pontife, ayant appris son indisposition, enuoya en Normandie Hubert Cardinal de la sainte Eglise Romaine, auec ordre estant à Roüen, de se faire accompagner de quelques Euesques, & de personnes de pieté & de suffisance, & de visiter Iean en leur presence, afin de juger en suite auec eux s'il pouuoit encore exercer les fonctions Episcopales ; & s'il s'en trouuoit incapable, de luy élire canoniquement vn Successeur ; ce que nous apprenons de la Lettre que sa Sainteté écriuit pour ce sujet au Roy Guillaume. L'issuë de cette affaire fut, que le Cardinal Hubert ayant reconnu par la visite qu'il fit de nostre Prelat, que son infirmité ne luy permettoit plus de s'acquiter du ministere Pastoral, en dressa vn Acte, & assembla vn Concile Prouincial, où l'on proceda à l'élection d'vn nouuel Archeuesque pour prendre la place de Iean, qui se retira à S. Philebert (c'est vne Baronnie sur la Riuiere de Rifle vis à vis de Mont- IEAN II.

IX. *Moyens dont on se seruit pour en venir à bout.*

X. *Iean se retira à S. Philebert sur Risle.* fort) qui estoit vne terre de son Patrimoine qu'il auoit donnée à l'Eglise d'Avranches, à la charge d'en joüir le reste de ses iours ; & y ayant encore vescu quelque temps, y mourut le 9. Septembre, l'an 1079. après auoir tenu dix ans & quelques mois, à conter du iour de son Sacre, & douze ans à le prendre de la mort de son Predecesseur. Ie sçay bien qu'Ordry Vital, Liure 5. p. 551. ne luy attribuë que huit ans de Pontificat ; mais au mesme Liure, page 568. il luy en donne dix, conformément à la Chronique de Caën ; ce qui monstre que le premier nombre est faux, & qu'apparemment c'est vne erreur de Copiste. Son corps fut apporté à Roüen, & inhumé auec grand pompe dans la Cathedrale, du costé du Septentrion, auprés du Baptistere. Vn vieux Manuscrit dit que ce fut entre la Chappelle du S. Sacrement & celle de S. Seuer. On graua cét Epitaphe sur vne Tombe de pierre blanche, lequel ne contient point de loüanges qui ne soient justement deuës à la memoire de ce grand Prelat.

XI. *Année de son trépas, & le lieu de sa sepulture.*

XII. *Son Epitaphe.*

Metropolita tuus, jacet hic vrbs Rothomagensis !
 Culmine de summo, quo moriente, tuis !
Ecclesiæ minuuntur opes, sacer ordo tepescit,
 Prouida Religio quem sua constituit.
Hic neglecta diu canonum decreta reformans,
 Instituit castè viuere Presbyteros.
Dona Dei sub eo venalia nulla fuere.
 Hinc & opes largas contulit Ecclesiæ.
Lingua diserta, genus, sapientia, sobria vita,
 Huic fuit, exiguus quem tegit iste lapis.
Nona dies Septembris erat, cum carne Ioannes,
 Expoliatus abit, sit sibi vera quies. Amen.

276　HISTOIRE

IEAN II.
XIII.
Reflexion sur ses vertus.

Le septiéme Vers merite qu'on y face reflexion particuliere, puisqu'il nous asseure que cét excellent Archeuesque n'eut pas moins de zéle pour l'extirpation de la Symonie, que pour le rétablissement de la continence Clericale, & dés autres vsages de la Police sacrée. C'est aussi de cette forte application à faire obseruer les Canons que semble l'auoir loüé Ordry Vital, lors qu'il a dit de luy.

Voyez les Decrets du Concile de Roüen, tenu en 1072. selon Ordry Vital. l. 4.

Peruigil Antistes in eadem sede Ioannes,
Legis Apostolicæ studuit documenta tenere.

ELOGE
DE GVILLAVME, premier du Nom. 48.

GVILLAV-
ME I.
An de I. C.
1079.
CHAP.
I.
Sommaire.
I.
De la naissance, du nom, & des belles qualitez de cét Archeuesque.

GVILLAVME fut fils de Radbodus (qui estant veuf, prit les Ordres sacrez, & fut éleué au Siege Episcopal de Sez) & cousin de Guillaume Euesque d'Eureux. Vn ancien Manuscrit l'appelle Guillaume le Clerc ; mais le surnom que nos Autheurs luy donnent plus communément, est celuy *De bonne Ame*, soit qu'ils vueillent marquer par là, que par vne grace pareille à celle du plus sage des Rois, il receut du Ciel vne bonne Ame, & que dés ses plus tendres années, ses inclinations furent toutes portées à la vertu ; ou qu'ils l'ayent honoré de ce bel Epithete, pour le loüer de cette insigne bonté, de cette douceur d'esprit, & de cette humeur agreable, ~~enjoüée~~, & bien-faisante que luy attribuë Ordry Vital, & qui le rendirent en son temps l'amour & les delices de son Diocese. Aussi estoit-il necessaire qu'il fust orné de ces qualitez, ayant embrassé dés sa jeunesse la profession Ecclesiastique, & contracté par ce genre de vie vne obligation particuliere d'imiter ce diuin Maistre, qui n'a rien plus recommandé à ses Disciples, que d'estre doux & humble de cœur.

Iucundus ac mansuetus ord. l. 5.

II.
Ses premiers emplois.

III.
Il entreprend le pelerinage de Ierusalem.

Ses premieres dignitez furent vn Canonicat & vne charge d'Archidiacre, dont il fut pourueu du temps du bien-heureux Maurile : mais il en quitta l'exercice, s'estant engagé en vn pelerinage qu'il entreprit en Ierusalem par cette occasion. Nous auons parlé cy-dessus page 260. du trouble qui s'éleua dans l'Abbaye de S. Euroul par l'ambition du Prieur Robert de Grantemesnil, & du soin que prit le Roy Guillaume d'y enuoyer nostre Archeuesque Maurile auec plusieurs personnes de condition, pour y mettre la paix. L'entremise de ce Prelat ne fut pas inutile. Robert deferant à son authorité, suspendit au moins pour vn temps la passion qu'il auoit de commander, & se reconcilia auec Thierry Abbé de ce Monastere ; mais cette concorde ne dura qu'vn an, au bout duquel, ce superbe Prieur ayant commencé de nouueau à mal-traiter son Abbé ; celuy-cy ennuyé de tant de contestations & d'insultes qu'il luy

Ord. Vit. l. 3.
p. 475. & liu. 4. p. 529.

IV.
En compagnie de l'Abbé de S. Euroul, qui donna suiet à ce voyage.

falloit souffrir tous les iours, alla trouuer Hugues Euesque de Lisieux, se GVILLAVdémit entre ses mains de sa charge Abbatiale, & resolut de faire le voyage ME I. de Ierusalem. Ayant communiqué son dessein à ses amis, quelques-vns s'associerent auec luy, & entr'autres nostre Guillaume, (porté à cela non point par vne curiosité humaine, mais par vn mouuement de l'amour diuin) & vn Moyne Hebert de Monstrüeil (qui estoit le premier qui auoit pris l'habit dans l'Abbaye de S. Evroul depuis sa restauration.)

V.
Ils sont rencontre d'vn Gentilhomme Normand, Administrateur d'vn Hospital.

Nos Pelerins estant sortis de France, prirent leur chemin par la Lorraine & les confins de la Bauiere, où ils logerent dans vn grand & riche Hospital, fondé par quelques Seigneurs du païs, pour le soulagement des miserables & la commodité des Voyageurs. Là ils trouuerent vn Gentilhomme Normand nommé Ansgot, lequel après s'estre signalé dans la profession des Armes, sous les Ducs de Normandie Richard & Robert, auoit quitté le monde & sa patrie, & s'estant déuoüé en ce lieulà au seruice des pauures, y auoit tant donné de preuues de sa pieté & de sa sagesse, qu'il auoit esté estably Administrateur de cette Maison de charité. Ansgot fit bon accueil à nos Pelerins, (qu'il reconnut pour ses Compatriotes) il les retint plusieurs iours, & n'obmit rien de ce qu'il pût contribuer à leur rafraischissement. Pendant leur sejour en cét Hospital, il y arriua vn Euesque de Bauiere, qui alloit pareillement en la Terre Sainte; ce qu'ayant esté remarqué par Ansgot, il luy parla auantageusement du rare merite de l'Abbé Thierry, & luy proposa de le receuoir en sa compagnie, luy & les autres Normands. A quoy ce Prelat consentit volontiers, & continüa auec eux son voyage jusqu'à Antioche. En cette Ville-là nos Pelerins se separerent; le Moyne Hebert & quelques autres ayant choisi le chemin de terre, auec la permission de son Abbé; cét Euesque, Thierry & nostre Guillaume celuy de mer. Ceuxcy s'embarquerent au Port de S. Simeon, & nauigerent heureusement jusques en l'Isle de Chipre; où estans descendus, ils allerent faire Oraison en l'Eglise d'vne Abbaye dediée à S. Nicolas. Thierry y pria Dieu auec vne ferueur extraordinaire; & se sentant tout las & tout épuisé de forces, se mit sur vn siege. Ce qui ayant donné sujet au Prelat Bauarois de luy demander ce qu'il auoit; il luy repartit, ie pensois deuoir dans peu de iours visiter la Ierusalem terrestre, mais ie crois que nostre Seigneur en dispose autrement, & qu'il m'appelle à la celeste. En effet, l'Euesque estant sorty de l'Eglise pour chercher vn logis où ce bon Vieillard pût se reposer & s'y rafraischir, celuy-cy s'approcha de l'Autel, & ayant recommencé son Oraison, y rendit l'esprit: de sorte qu'il n'eut plus besoin d'autre maison que d'vn tombeau; où ce Prelat, nostre Guillaume, & les autres Pelerins qui connoissoient sa sainteté, le mirent auec beaucoup de larmes & de témoignages de bien-veillance. Mais l'amour & le respect qu'ils luy auoient porté durant sa vie, se changea incontinent après sa mort en vne veneration Religieuse par les miracles que Dieu opera prés de son sepulchre, en faueur des malades qui y trouuerent la guerison de leurs infirmitez. Quelques iours après cette ceremonie funebre, l'Euesque Allemand & Guillaume remonterent

VI.
Et d'vn Euesque de Bauiere qui faisoit de mesme voyage qu'eux.

VII.
Thierry Abbé de S. Evront mourut en l'Isle de Chipre.

VI.
Guillaume continüe son voyage auec

278 HISTOIRE

GVILLAV-
ME I.
l'Euesque
Allemand,
&retournent
heureuse-
ment.

sur Mer, & continuerent leur chemin vers la Palestine, où estant arriuez, ils eurent la consolation de visiter le S. Sepulchre, & les autres lieux que nostre Seigneur a consacrez par ses souffrances. En suite ils retournerent en leur Patrie, sçauoir le bon Prelat en Bauiere, & l'Archidiacre Guillaume en Normandie, où il apprit aux Moynes de Saint Evroul la mort de leur excellent Abbé.

CHAP. II.

Sommaire.
I.
Guillaume se fait Religieux à saint Estienne de Caën, au retour de son pelerinage.

II.
Il fut Abbé du mesme Monastere.

CE pelerinage luy fut fort auantageux, car il rapporta de grands sentimens de deuotion, & vn genereux mépris de tout ce que le monde estime. C'est pourquoy, pour ne point se mettre en hazard de perdre ces precieuses graces du Ciel dans le commerce du Siecle, il resolut de le fuïr entierement, & de se retirer dans l'azile de la vie Religieuse. Pour cét effet, il prit l'habit au nouueau Monastere de S. Estienne de Caën, d'où il fut enuoyé au Bec pour s'y former aux exercices reguliers, en quoy il se rendit si accomply, que S. Lanfranc le prit en affection, & l'ayant rappellé en l'Abbaye de Caën, luy commit l'instruction des Nouices. C'est ainsi qu'on peut concilier ce que disent de luy Ordry Vital au Liure 4. de son Histoire, page 520. & l'Escriuain de la vie de S. Lanfranc chap. 4. entre lesquels il semble y auoir quelque contrarieté. De cét employ de Maistre des Nouices, Guillaume passa à la charge d'Abbé, vacante par la promotion de S. Lanfranc au Siege de Cantorbery en Angleterre, & enfin aprés auoir donné dans le gouuernement de son Monastere de grandes preuues de vertu & de suffisance, il fut éleué au Trône Metropolitain de Normandie.

III.
En quelle année il fut éleu Archeuesque.

Les Autheurs mettent son entrée à cette dignité en 1079. aprés la mort de Iean. Toutefois si l'on s'arreste à ce que dit l'Escriuain anonyme, du tumulte arriué en 1073. dans l'Abbaye de S. Oüen, sçauoir que Iean fut priué & deposé de son Siege Episcopal, & contraint de se retirer en sa Terre de S. Philebert, on en inferera facilement que Guillaume son successeur fut élû mesme auant son deceds, ainsi que nous auons dit, à quoy s'accorde le nombre des années de son Pontificat; car s'il est vray, comme dit Ordry Vital liure 11. que Guillaume mourut le 9. Février 1110. aprés auoir gouuerné son Eglise trente-deux ans, il s'ensuit qu'il en prit la conduite en 1078. laquelle Chronologie se iustifie encore par cette conjecture. Parmy les lettres de Gregoire VII. il s'en trouue vne dont la date respond au 23. de Septembre 1079. par laquelle il mande à Hubert Sousdiacre Cardinal, qui estoit alors en France, qu'on luy a rapporté que l'Archeuesque de Roüen estoit *fils de Prestre*, & que si cela estoit ainsi, il ne consentoit en façon quelconque à sa Promotion; par où l'on peut iuger vray-semblablement qu'on auoit élû & mesme Sacré à Roüen vn Archeuesque plusieurs mois auant cette date du 23. Septembre, & consequemment auant la mort de Iean, qui estoit decedé le 9. du mesme mois en la mesme année.

1078.

IV.
Difficulté que fit le Pape sur la reception de Guillaume.

V.
Que la Lettre du Pape se peut entendre de Guitmond, & pourquoy.

Ie ne dois pas oublier icy, que ces termes de la lettre de Gregoire VII. se peuuent expliquer non seulement de nostre Prelat Guillaume, qui pour auoir eu pour pere l'Euesque de Séez, pouuoit estre nommé *fils de Prestre*, mais encore de Guitmond Moyne de S. Leuffroy, personnage

DES ARCHEVESQVES DE ROVEN.   279

illustre en pieté & en doctrine, sur qui le Roy Guillaume jetta d'abord GVILLAV-
les yeux pour le mettre en la place de Iean; honneur qu'il meritoit ME I.
d'autant plus, que l'amour de la bassesse & de la pauureté Chrestienne
luy auoit desia fait refuser vne fois l'Episcopat. Mais quelques Ecclesiastiques puissants en credit, dont il auoit blasmé hautement l'auarice &
VI. l'ambition, détournerent ce Prince de son dessein, & empescherent que
Que leur Guitmond ne fust establi Archeuesque de Roüen, sous pretexte qu'il a *On reiettoit*
naissance n'a estoit *fils de Prestre*. Ie dis sous pretexte, car si cette circonstance de son *les fils d'Ec-*
pas empesché extraction eut esté la veritable cause de son exclusion du Pontificat, la *clesiastiques*
qu'ils n'ayent dignité à laquelle le Roy le destinoit, n'eust pas esté en suite conferée à *pour empes-*
esté tous deux nostre Guillaume, qui estoit fils de l'Euesque de Séz. Au reste, non- *cher la conti-*
Archeues- obstant cette consideration de la naissance, Guitmond ne laissa pas *nuation des*
ques. d'estre honoré du Chapeau de Cardinal par Gregoire VII. & de l'Arche- *Charges dans*
uesché d'Auerse par Vrbain II. ces deux Papes ayant crû deuoir relâ- *les Familles*
cher quelque chose de la seuerité des Loix sacrées, en faueur d'vn sujet *comme par*
de si grand merite, & si capable de rendre seruice à l'Eglise. Mais retour- *succession.*
nons à nostre Histoire. *C'est pourquoy*
il fut arresté
VII. Nostre Guillaume quittant donc la Croce d'Abbé pour prendre celle *en 1095. au*
Guillaume est d'Archeuesque, fut amené à Roüen par plusieurs de ses amis, & Sacré *Concile de*
Sacré Arche- dans la Cathedrale par Gislebert Gruë Euesque d'Evreux, qu'Ordry *Clermont, que*
uesque de Vital appelle *le grand Gislebert*, adjoustant au mesme endroit que nostre *cette qualité*
Roüen par Prelat fut le 46. Archeuesque aprés S. Nicaise, au lieu qu'il deuoit dire *de fils d'Ec-*
l'Euesque le 48. en suite dequoy il fait vne ample description de ses mœurs & de sa *clesiastique*
d'Evreux. ,, conduite. Ie rapporteray icy ses propres termes. Guillaume (dit-il) *ne preiudicie-*
,, fit paroistre dans ses actions vne grande bonté, vne extréme douceur, *roit point aux*
VIII. ,, & vn certain attrait qui le rendoit agreable à tout le monde; il garda *Religieux qui*
Eloge qu'Or- ,, durant trente-deux ans le Troupeau que Dieu luy auoit commis. Il *seroient esleus*
dry Vital fait ,, enrichit l'Eglise Metropolitaine de toutes sortes d'ornemens neces- *pour le sacré*
de ses vertus. ,, saires au Seruice diuin, & rebâtit de fond en comble, & d'vne fort *Ministere, à*
,, belle structure, le Cloistre Episcopal, & y fit toutes les augmentations *cause que cet-*
,, & tous les edifices conuenables. Il transfera auec beaucoup de pom- *te considera-*
IX. ,, pe & de solemnité le Corps de S. Romain Archeuesque, de l'Eglise *tion cessoit à*
Il transfera ,, où il reposoit, en la Cathedrale, & le mit auec grand respect dans vne *leur égard.*
le Corps de ,, Chasse couuerte d'or & d'argent, & toute éclatante de pierres pre- *Appliquez*
S. Romain, ,, cieuses. Il ordonna que sa Feste seroit celebrée par tout son Diocese *cela à Guil-*
& d'où est ,, le 23. d'Octobre, & que l'on feroit hors la Ville vne station au Corps *laume & à*
venu le Camp ,, du Saint, c'est à dire qu'on le porteroit en Procession; à laquelle ce- *Guitmond.*
du Pardon. ,, remonie il inuita les Fidelles (il y a dans le Latin *Parochianos penè omnes*) Absolutio-
,, par de frequentes exhortations, & par des Indulgences & des graces nibus atque
,, spirituelles. benedictio-
nibus.
X. Il se montra doux, benin & obligeant enuers les Moynes & les Ec- *D'où est venu*
Ses belles clesiastiques, & generalement à l'égard de tout son peuple, & agit au- *le mot du*
qualitez na- tant qu'il pût pour leur bien & pour leur vtilité. Il fut tres-assidu à se *Camp du*
turelles, & trouuer aux Heures Canoniales, & à la celebration des Sacrez Myste- *Pardon (c'est*
ses vertus res. On ne remarqua iamais en luy de mauuaise foy, ny d'aigreur d'es- *à dire) des*
Episcopales. prit; bien loin de faire déplaisir à personne, il tâcha de secourir ceux *Indulgences,*
ainsi que
nous disons
en l'Histoire
de la Cathe-
drale.

GVILLAV-ME I.

qui eſtoient dans quelque neceſſité, ſelon que la raiſon & l'ordre des choſes le demandoit. Outre l'auantage d'vne belle voix dont la nature l'auoit pourueu, il ſçauoit en perfection le chant de l'Egliſe, & eſtoit tres-bien inſtruit des ſaintes Ceremonies. Il ne manquoit pas d'eloquence, & ſon expreſſion eſtoit ſi claire & ſi nette, que dans ſes Predications il ſe rendit intelligible aux moins capables. Il gagnoit les cœurs de tous ceux qui approchoient de luy, par ſa moderation, ſa douceur & ſa patience. Il partageoit ſans enuie les fonctions Paſtorales auec les Doyens & les Archipreſtres, & éleuoit fort volontiers les gens de bien aux honneurs & aux emplois conſiderables.

CHAP. III.
Sommaire.
I. Guillaume fut blaſmé de n'auoir demandé le Pallium, & d'vn autre chef.

Voila le Tableau que nous a laiſſé cét Autheur de la bonne adminiſtration de noſtre Prelat, que toutefois on accuſe de deux choſes; la premiere d'auoir negligé de rendre ſes deuoirs au Souuerain Pontife, & de luy demander le *Pallium* Archiepiſcopal; & la deuxiéme, d'auoir fait le mariage illegitime de Philippe I. Roy de France auec ſa concubine Bertrade. Nous examinerons le ſecond point en ſon lieu; quant au premier, il eſt certain que Guillaume à ſon auenement à l'Epiſcopat, écriuit vne Lettre fort reſpectueuſe à Gregoire VII. qui pour lors tenoit la Chaire de S. Pierre. Mais le Pape ne fut pas ſatisfait de cette ciuilité, & eut mieux aimé voir ſa perſonne, que non pas ſimplement ſa Lettre; eſtant donc irrité contre luy, il luy fit connoiſtre ſon ſentiment par cette réponſe.

Gregoire Eueſque, Seruiteur des Seruiteurs de Dieu, à Guillaume Archeueſque de Roüen, Salut & benediction Apoſtolique.

Liu. 9. Ep. 1. p. 465. edit. Lup. Concil.

II.
Lettre de Gregoire VII. ſur ce ſujet.

„ Vos Lettres marquent aſſez de déference & d'affection, mais
„ vos actions ne s'y accordent pas; car ſi vous auiez pour Nous
„ autant de bonne volonté que vous en témoignez par vos paroles,
„ vous n'euſſiez pas imité la mauuaiſe conduite de vos Suffragans, en
„ differant ſi long-temps à viſiter les Sepulchres des ſaints Apoſtres.

III.
Le Pape ſe plaint de ce que luy, ny ſes Suffragans n'eſtoient venus viſiter les Tombeaux des ſaints Apoſtres.

„ Depuis que la diuine Prouidence nous a appellez (quoy qu'indignes)
„ au gouuernement de ſon Egliſe, nous ne nous ſouuenons point d'a-
„ uoir veu aucun de vous autres, & nous deuons dautant moins nous en
„ eſtonner, que meſme vous ne daignez pas ſeulement aller ſaluër nos
„ Legats, quoy qu'ils ſoient en des lieux aſſez proches de voſtre Prouin-
„ ce. Mais quel eſt le trauail, ou la difficulté particuliere qui vous a dé-
„ tourné juſqu'à preſent de venir icy reuerer S. Pierre, veu que tous les
„ ans de nouueaux Conuertis qui habitent aux extrémitez de la Terre,
„ tant hommes que femmes, font deuotement ce pelerinage? De plus,
„ nous vous declarons que ſi nous n'auions eſté retenus par la douceur
„ & la benignité Apoſtolique, nous aurions procedé rigoureuſement
„ contre vous pour la faute que vous auez commiſe, en attendant juſ-

IV.
Et de ce qu'il n'auoit demandé le Pallium.

„ qu'à preſent à demander (ſelon la couſtume) au S. Siege le *Pallium*, qui
„ eſt le plus inſigne ornement de voſtre Archiepiſcopale dignité. Vous
„ n'ignorez pas auec quelle ſeuerité les ſaints Peres veulent qu'on agiſſe
„ enuers ceux, qui aprés leur conſecration ſont trois mois ſans faire
„ d'inſtance

DES ARCHEVESQVES DE ROVEN.

V.
Il le menace de peines tres-seueres.

„ d'instance pour obtenir le *Pallium*, conuenable à leur ministere. C'est
„ pourquoy nous vous commandons ᵃ par l'authorité Apostolique, que
„ puisque vous auez méprisé les Decrets des saints Peres , vous ne pre-
„ sumiez d'ordonner d'Euesque ny de Prestre, ny consacrer d'Eglise,
„ jusqu'à ce que vous ayez impetré du saint Siege l'vsage du *Pallium*,
„ par lequel vous aurez le plein pouuoir de vostre charge. Au reste, nous
„ vous auertissons vous & vos Suffragans, que vous preniez peine d'ex-
„ pier vostre faute , de peur que continüant à l'aduenir dans vostre ne-
„ gligence , vous n'attiriez sur vous par vostre mépris les justes effets de
„ l'indignation de S. Pierre, laquelle seroit d'autant plus seuere qu'elle
„ auroit esté plus lente & plus tardiue à vous punir.

GVILLAVME I.
ᵃ *Cela n'est à mon aduis que comminatoire.*

VI.
Le Pape traita S. Lanfrãc auec la mesme rigueur pour le mesme sujet.

Gregoire ne traita pas plus fauorablement S. Lanfranc Archeuesque
de Cantorbery, dans ses lettres, où il le reprend de ce qu'il n'estoit pas
venu à Rome, encore qu'il l'eust inuité plusieurs fois à faire ce voyage,
& le menace de le suspendre des fonctions Pastorales, si dans quatre
mois il ne luy fait satisfaction de cette desobeïssance. Cependant, bien
que ie ne prétende pas excuser entierement la conduite de nostre Prelat,
on peut se figurer plusieurs raisons qui rendent sa faute assez legere;
comme sont la longueur & la difficulté du chemin, principalement
durant les guerres, le besoin que son Diocese auoit de sa presence, & la
crainte d'offencer son Prince Guillaume le Conquerant, auec lequel
il luy estoit important pour le bien de son Eglise, qu'il vescût en vnion
& en bonne intelligence. Car il faut obseruer auec le sieur Iuret en ses
Remarques sur la 254. lettre d'Yues de Chartres, que les Rois d'Angleterre, par vne Politique vn peu meslée d'injustice, ne vouloient point que
les Euesques de leur Royaume allassent à Rome, ny assistassent aux Conciles qui se tenoient hors de leurs Estats, sans leur permission, laquelle
ils n'accordoient pas facilement, craignant (à ce que disent quelques-
vns) que leurs Sujets frequentant auec les peuples Estrangers, n'en prissent les inclinations & les maximes , & qu'à leur retour ils ne voulussent
introduire des vsages contraires aux anciennes Loix de leurs païs. C'est
ce qui donne lieu au mesme Gregoire VII. dans la premiere lettre de son
septiéme Liure, adressée à Hubert Sousdiacre de l'Eglise Romaine, de
se plaindre de Guillaume le Conquerant, quoy que d'ailleurs il estimast
fort ce Prince, & qu'il approuuast son zéle pour la justice & pour la discipline Ecclesiastique. Aussi voyons-nous que ses Legats (l'vn desquels
estoit Hugues Euesque de Die) ayant declaré suspens tous les Euesques
de Normandie, à la reserue de l'Archeuesque de Roüen, parce qu'ils
n'estoient pas venus à vn Concile qu'ils auoient conuoqué, & ayant
aussi excommunié plusieurs Gentilshommes qui detenoient des dixmes;
il les reprend de cette trop grande seuerité, & leur ordonne d'agir auec
plus de douceur, en consideration du Roy d'Angleterre, qui meritoit
bien par sa bonne conduite qu'on eut de l'indulgence pour ses Sujets, &
qu'on ne punist pas leurs fautes auec la derniere rigueur. Ioint qu'il
estoit à craindre qu'vn trop seuere chastiment n'endurcist les coupables
dans leur peché, au lieu de les en retirer & de les porter au bien. Ce saint

Lib. 6. Ep 30.
Lib. 9. Ep. 10.

VII.
Raisons qui excusent ces Prelats.

VIII.
Politique des Rois d'Angleterre , pour empescher leurs Euesques d'aller à Rome.

IX.
Gregoire VII. estimoit fort Guillaume le Conquerant à cause de son zéle pour la discipline de l'Eglise.

Nn

GVILLAV-
ME I.

Pontife parle assez auantageusement de Guillaume le Conquerant dans cette lettre, & entr'autres éloges qu'il luy donne, il le loüe d'auoir contraint les Prestres incontinents d'abandonner leurs concubines, & les laïques de se dessaisir mesme auec serment des dixmes qu'ils auoient vsurpées, & de les rendre à l'Eglise.

CHAP.
III.
Sommaire.
I.
Guillaume
presida au
Concile de
Lislebonne.

IL est probable que ces deux Ordonnances du Roy ainsi approuuées par le Pape, ne sont autres que deux Decrets d'vn celebre Concile tenu l'an 1080. à Lislebonne dans le païs de Caux, auquel presida nostre Archeuesque. Il fut assemblé aux Festes de la Pentecoste, par le commandement du Roy Guillaume, qui y appella non seulement les Euesques, mais encore les Abbez, les Comtes, & les principaux Seigneurs de Normandie. On y traita des affaires tant Ecclesiastiques que Ciuiles, & entr'autres resolutions salutaires que l'on y prit, on y dressa quarante-sept Canons touchant la police Sacrée, rapportez par Ordry Vital, & qui se voyent aussi dans vn Manuscrit des Archiues de la Cathedrale. Ie ne pretends pas icy les inserer tous, ie craindrois de me rendre ennuyeux, mais à l'exemple de Mr. Dadré, ie marqueray briefuement les principaux, m'attachant plûtost à la substance qu'aux termes de chaque Article. Il fut donc arresté en ce Concile, que les Euesques procederoient par les voyes de la iustice Ecclesiastique, contre ceux qui tiendroient chez eux des femmes qui leur seroient parentes ou alliées, ce qu'ils feroient d'autant plus librement, que le Roy auoit declaré qu'il n'entendoit en quelque façon proteger les coupables, & qu'au contraire, il exhortoit les Euesques à faire obseruer en cela les Loix Diuines. Qu'il ne seroit permis aux Prestres, Diacres, Sousdiacres, Chanoines & Doyens d'auoir chez eux des femmes; que si quelqu'vn d'eux estant soupçonné d'auoir quelque commerce impudique, estoit mis en action par les Officiers de l'Euesque, il seroit tenu de se purger & de iustifier son innocence en la Cour d'Eglise. Mais s'il estoit accusé par son Seigneur & par ses Paroissiens, [a] on luy donneroit du temps pour en donner aduis à son Euesque, aprés quoy il proposeroit ses moyens de défence & de iustification deuant ses Paroissiens, en presence des Officiers Ecclesiastiques; & s'il demeuroit conuaincu du crime à luy imposé, il seroit priué de son Benefice; laquelle Ordonnance a esté agreée des Euesques, vû la protestation que le Roy a faite qu'il ne pretendoit point entreprendre par ce Reglement sur leur iurisdiction, mais seulement suppléer au peu de soin que plusieurs d'entr'eux auoient iusqu'alors apporté à remedier à ce desordre qui regnoit parmy les Clercs, & que lors qu'il les verroit plus exacts à s'acquiter de leur deuoir, il les laisseroit exercer seuls leur iustice ainsi qu'auparauant.

Celebre Concilium apud Iulian. bonam
Ord. Vit. l. 5.
p. 552.

II.
Decret de ce
Concile touchant la continence Clericale.

III.
Le Conquerant declare
ses intentions
aux Euesques
touchant ces
Reglemens.

[a] Cét article s'entend d'vn Curé.

IV.
Decret pour
le temporel
des Curez.

Que nul Laïque s'attribueroit rien du reuenu de l'Autel, ny du profit des sepultures & enterremens, ny de la troisiéme partie de la dixme, & qu'il ne pourroit non plus tirer aucuns deniers de la vente de toutes ces choses. Que le Prestre ou Curé ne seroit point obligé pour cela à faire aucun seruice, si ce n'est qu'il ne fut enuoyé en quelque lieu par son Seigneur, pour reuenir le mesme iour en sa Paroisse y celebrer l'Office Diuin, parce que si son Seigneur le menoit auec luy, ce seroit aux dépens de celuy-cy, & qu'il y auroit toûjours vn Prestre à l'Eglise pour la deseruir.

V. De ne rien exiger d'extraordinaire des Prestres ou Curez.

Que les Euesques ny leurs Officiers ne contraindroient par force ny par menace les Prestres ou Curez de leur rien payer, outre les droits & les reuenus appartenans justement & legitimement aux Euesques; & qu'on n'exigeroit d'eux, aucunes amendes pecuniaires, à cause des femmes qu'ils pourroient auoir chez eux: Ce qui fut ordonné vray-semblablement, pour empescher la conniuence des Officiers Ecclesiastiques, qui auroient souffert aux Prestres incontinents d'entretenir chez eux des seruantes, moyennant quelque somme d'argent qu'ils auroient tiré d'eux, de temps en temps, par forme d'amende.

VI. Pour les Archidiacres dans leur visite.

Que les Archidiacres visitant les Paroisses de leur district, verroient les ornemens, les Calices & les Liures d'Eglise des Curez, qui seront tenus d'apporter lesdits meubles Ecclesiastiques au plus prochain des trois lieux qui seront designez à cét effet par l'Euesque, dans chaque Archidiaconé; lors de laquelle Visite, lesdits Curez qui s'y trouueront, nourriroient durant trois iours ledit Archidiacre, s'il estoit ainsi expedient.

VII. Origine du droit de la Debite.

Que les Curez viendroient tous les ans vne fois en Procession à l'Eglise Metropolitaine enuiron les Festes de la Pentecoste, & y offriroient sur l'Autel les deniers qu'on a coustume de leuer sur chaque maison pour l'entretien du luminaire de ladite Eglise; & que si quelque particulier faisoit refus de payer ce droit, il y seroit contraint par le ministere de son propre Curé, toutefois sans aucune amende pecuniaire.

VIII. Touchant la presentation des Curez.

Qu'il ne seroit permis à aucun Laïque d'oster ou de donner vn Curé à vne Eglise sans le consentement de son Euesque, lequel toutefois agira auec tant d'équité à l'égard de ceux qu'on luy presentera, qu'il ne refusera point ceux qu'il faudroit admettre, ny qu'il n'admettra point ceux qu'il faudroit refuser.

IX. Pour les Cimetieres des Paroisses.

Que si aprés la celebration du Concile, on bâtissoit quelques Eglises nouuelles hors la Ville, elles auroient pour le moins cinq perches de Cimetiere tout à l'entour, mais qu'on regleroit la grandeur du Cimetiere de celles qui seroient bâties ailleurs, selon la commodité des Seigneurs & des Paroissiens. J'obmets les autres Canons qui ne regardent quasi que certains Reglemens des Curez qui ont des Benefices dépendans des Abbayes, de l'immunité des Eglises, des amendes de diuers crimes & delits, & autres actions de police Ecclesiastique.

X. Remarque d'un Historien Anglois sur ce Concile.

Mathieu Vvestmontier parle aussi de ce Concile de Lislebonne, mais il le met faussement en 1081. & adjouste qu'il arriua cette année en Angleterre vn grand tremblement de terre, accompagné d'vn bruit effroyable, contre le cours ordinaire de la nature; Ce qu'on prit (dit-il) pour vn triste presage des changemens des Loix & des Ordonnances faites en cette Assemblée; ce que ie me contente de marquer en passant,

Triste præsagium mutationum decretorum, legum, & præceptorũ, in prædicto Concilio. Math. Vvest. 1080. en Avril.

Nn ij

HISTOIRE

GVILLAV- ſans m'arreſter à faire voir le peu de vray-ſemblance de cette opinion
ME I. populaire.

CHAP. ENuiron deux mois auant la celebration de ce Concile, noſtre Ar-
IV. cheueſque ſe tranſporta à Fécan, où le Roy tenoit ſa Cour, & y
Sommaire. termina preſence de ce Prince, de la Reine Matilde ſa femme, & des
I. Comtes Robert & Guillaume leurs enfans, le differend qu'il auoit auec
L'Archeueſ- Gaultier Giffard, & Guillaume fils de Godefroy, touchant la Terre nom-
que Guillau- mée Martin-Egliſe, qui auoit eſté autrefois alienée par l'Archeueſque
me retire la Robert de Normandie. Le moyen d'accord fut, que ledit Gaultier &
terre de Mar- Guillaume poſſederoient pendant leur vie cét heritage, par la conceſ-
tin-Egliſe au ſion dudit Prelat & des Chanoines de la Metropolitaine, à la charge de
profit de la rendre les deuoirs & les ſeruices ordinaires à l'Egliſe de Roüen, & que
Cathedrale. lors qu'vn d'eux viendroit à mourir ou à quitter le Siecle par quelque
maniere que ce fuſt, la moitié de ladite Terre retourneroit à l'vſage
des Chanoines : & aprés le decez des deux, tout ledit Domaine ſeroit
entierement reſtitué à la Cathedrale, ſans que leurs parens puſſent
eſtre iamais receus à la clamer.

II. Le R. P. Bondonnet remarque dans ſon Hiſtoire des Eueſques du 1081.p.429.
Il Sacre Hoël Mans, que l'année ſuiuante, c'eſt à dire en 1081. Hoël ayant eſté éleué
Eueſque du au Siege de cette Ville-là, vint à Roüen ſe faire Sacrer par le miniſtere de
Mans. noſtre Archeueſque Guillaume, en vertu de la permiſſion que luy en
auoit donnée Raoul, premier du nom, Archeueſque de Tours, ſon Metropolitain, à qui il appartenoit de luy conferer le caractere Epiſcopal,
mais qui en eſtoit empeſché par Foulques Comte d'Anjou, qui s'eſtoit
emparé de la Touraine.

III. L'année ſuiuante, le Roy Guillaume eſtant à Oyſſel auec pluſieurs
Differend Eueſques, Abbez, & perſonnes de marque, tant Eccleſiaſtiques que ſe-
d'entre l'Ar- culieres, noſtre Archeueſque qui s'y trouua auſſi, eut conteſtation auec
cheueſque de Herbert Abbé de S. Vvandrille, touchant la liberté & exemption des
Roüen & quatre Paroiſſes dépendantes de ladite Abbaye. Mais le Prince donna
l'Abbé de jugement au profit du Monaſtere, & ſa Sentence fut en ſuite confirmée
S. Vvandrille. par le conſentement des Chanoines de la Cathedrale. Auſſi eſt-il certain
que de toute antiquité ces quatres Paroiſſes ont eſté exemptes de la Vi-
IV. ſite & du payement des droits des Archeueſques & des Archidiacres, &
Vuidé en que les Curez qui les deſſeruent ne ſont ſujets à autre choſe, ſinon qu'à
faueur de enuoyer vn d'entr'eux au Synode pour y entendre les Ordonnances qui
l'Abbé, & s'y font pour le reglement de la Police ſacrée ; & à ſon retour en infor-
à quelles mer les trois autres, ſans qu'il ſoit obligé de ſubir d'examen, ny de rece-
conditions. uoir correction, ſi ce n'eſt que quelqu'vn eut violé par quelques paroles
le reſpect qu'il doit à l'Archeueſque, auquel cas l'Abbé ſeroit tenu de le
conduire ou l'enuoyer vers ce Prelat, pour luy faire ſatisfaction conuenable. Il paroit par les lettres où eſt contenuë ladite Sentence donnée
entre noſtre Archeueſque, & cét Abbé de S. Vvandrille, que ce differend prit ſon origine d'vn autre, que ie déduiray icy briéuement.

V. Vn des Canons du Concile de 1080. dont i'ay fait mention cy-deſ-
Autre diffe- ſus, fait voir que la preuue par l'attouchement du fer chaud, eſtoit encor
rend pour le
fer chaud.

DES ARCHEVESQVES DE ROVEN.

auec lequel se faisoient les preuues.

en vsage en Normandie dans ce siecle-là, bien qu'elle eust esté improuuée par le Pape Estienne VI. & par quantité d'autres sçauans Euesques, comme *vne inuention populaire & superstitieuse*, qui tendoit plustost à tenter Dieu & à irriter sa colere, qu'à découurir auec certitude le crime ou l'innocence de l'accusé. Aussi le sçauant Yues de Chartres, Contemporain de nostre Guillaume, auoit-il coustume, estant consulté là-dessus, de rejetter ce prétendu moyen de connoistre la verité, comme on voit par plusieurs de ses lettres. Toutesfois j'obserue que dans la 249. il est d'aduis qu'on s'en serue en certain cas, & qu'en la 252. où il la condamne à son ordinaire, il y adjouste quelque exception.

GVILLAVME I.
Can. Mennam.cap.Consulniss. Caus.2.quæst.4.

VI.
Plusieurs remarques touchant ce fer.

VII.
Celuy de S. Vvandrille ayant esté prophané, l'Archeuesque refuse d'en benir vn autre, & ce qui en arriua.

Ce fer estoit beny par l'Euesque, & ne deuoit point estre employé à autre chose qu'à l'examen des criminels. Or il arriua qu'en l'Abbaye de S. Vvandrille, où il y auoit vne de ces sortes de fers, vn Moyne par inaduertance s'en seruit à quelque vsage prophane; si bien que l'Abbé se vit obligé de prier nostre Prelat Guillaume, de consacrer ce fer par vne nouuelle benediction: ce que nostre Archeuesque refusa, jusqu'à ce que Gerbert luy eut prouué en presence du Roy, que de tout temps immemorial son Monastere estoit en possession d'auoir & de garder ce fer judiciaire.

CHAP. V.
Sommaire.
I.
Grand soin du Conquerant pour les affaires Ecclesiastiques.

CEtte affaire, & plusieurs autres que nous auons déduites cy-deuant, font voir que Guillaume le Conquerant ne s'appliquoit pas moins à l'administration de la justice & au reglement des matieres Ecclesiastiques, qu'aux fonctions militaires; ce qui fait que son nom se trouue souuent dans cette Histoire, dont la suite nous engage à parler encore de ses funerailles: mais auparauant il nous faut rapporter du moins les principales circonstances de sa mort. Estant tombé malade dans la ville de Mante qu'il auoit prise sur le Roy de France, contre lequel il estoit entré en guerre, il reuint à Roüen, & se fit porter au Prieuré de saint Geruais, situé dans vn des Fauxbourgs, afin d'y joüir d'vn air plus pur & d'vn plus grand repos. Là, son mal s'estant augmenté, il tascha de mettre ordre à sa conscience, & se munit des Sacremens de l'Eglise. Il fit son Testament; il laissa tous ses tresors aux pauures & aux lieux de pieté, & ayant commandé à ceux qui estoient dans sa chambre, de s'approcher de son lit, il leur fit vn long discours, & leur traça comme vn tableau racourcy de toute sa vie passée. Il leur parla de ses disgraces, de ses trauerses, de ses combats & de ses victoires; des grandes ruines qu'il auoit causées en plusieurs païs par ses armes, & qui luy faisoient extrémement apprehender les jugemens de Dieu; & enfin de la politique qu'il auoit obseruée dans le gouuernement de ses Estats. J'obmets ce qu'il dit à l'égard des affaires Ciuiles; mais quant à celles qui concernent la Religion, je ne dois oublier qu'il les assura, qu'il auoit tousiours consideré l'Eglise de Dieu comme sa Mere, & l'auoit reuerée auec vne profonde veneration; que bien loin de s'estre souillé par la Symonie en vendant les dignitez Ecclesiastiques, il les auoit tousiours conferées à ceux de ses Sujets qui luy paroissoient les plus éminents en pieté & en doctrine; qu'il s'estoit plû en l'entretien de ces sortes d'excellentes personnes, & qu'il

II.
Estant malade il se fait porter au Prieuré de S. Geruais, où il se prepare à la mort.

III.
Il fit vn discours en abbregé des principales actions de sa vie.

IV.
De quelle maniere il assura qu'il s'estoit comporté enuers les Eglises.

Nn iij

HISTOIRE

GVILLAV-
ME I.

leur auoit donné part à ſes bonnes graces, & entrée dans ſes Conſeils. Qu'il s'eſtoit montré fort affectionné & fort liberal enuers dix Monaſteres que ſes Predeceſſeurs auoient baſtis ; & qu'il en auoit encore ou fondé ou enrichy par ſes faueurs & ſes aumoſnes dix-ſept autres, qui auoient eſté eſtablis ſous ſon Gouuernement. Puis adreſſant ſes paroles à ſes enfans, il les exhorta à ſuiure ſon exemple ; A ne prendre pour conſeillers & pour confidens, que des gens de bien, & d'vne ſageſſe éprouuée ; A fuir l'injuſtice ; A ſoulager les paures ; A deffendre les foibles de l'oppreſſion des plus puiſſans ; A aſſiſter deuotement à l'Office de l'Egliſe ; Et à garder auec vne pieté ferme & conſtante, les Loix diuines, auſſi bien dans l'aduerſité que dans la proſperité. En ſuite il leur partagea ſes Eſtats, & ſans conſiderer le droit d'aiſneſſe qui donnoit à Robert ſon aiſné le Royaume d'Angleterre, il le declara ſeulement Duc de Normandie, & fit Guillaume ſon ſecond, Roy de la grand' Bretagne ; & comme Henry ſon troiſiéme luy demandoit quelque part à ſes biens, il luy aſſigna ſeulement vne penſion pour ſon partage, d'autres diſent vne grande ſomme d'argent, mais il luy prédit qu'vn iour il poſſederoit ſeul les dignitez de ſes freres, & qu'il les ſurpaſſeroit en richeſſes & en puiſſances. Guillaume donna auſſi la liberté à pluſieurs Comtes & Barons qu'il detenoit priſonniers, mais on eut bien de la peine à obtenir de luy la deliurance d'Eudes Eueſque de Bayeux, ſon frere, dont il redoutoit l'ambition & l'humeur violente. Enfin le 9. Septembre au matin, ayant oüy le ſon de la groſſe cloche de la Cathedrale, & demandé ce qu'il ſignifioit, comme on luy eut dit que c'eſtoit l'heure de Prime, il ſe recommanda à la ſainte Vierge, & incontinent aprés auoir acheué ſa priere il expira, non ſans l'étonnement des Medecins, qui l'ayant veu repoſer paiſiblement pendant la nuit, ne s'attendoient pas qu'il duſt mourir ſi toſt.

V.
Nombre des Monaſteres qu'il trouua fondez, ou qui furent fondez de ſon temps.

VI.
Tres-important aduis qu'il donna à ſes enfans.

VII.
De quelle façon il les partagea.

VIII.
Ce qu'il fit vn peu auant de mourir.

IX.
De ce qui arriua aprés ſa mort.

Son deceds jetta le trouble & la conſternation dans les eſprits, chacun craignant que le changement de Duc n'apportaſt quelque dommage à ſa fortune particuliere : Les Seigneurs qui eſtoient à la Cour, en ſortirent promptement, & ſe retirerent en leurs maiſons de campagne, pour les garantir des entrepriſes des voleurs & des mutins ; meſme la pluſpart des Officiers & des domeſtiques du Prince, quitterent le Palais, emportant auec eux ſa vaiſſelle d'argent, ſes habits, ſes armes, & ſes meubles les plus précieux ; car il n'eſtoit reſté perſonne pour empeſcher ce deſordre, les fils du deffunt eſtans tous abſens ; Sçauoir, Robert en France, Guillaume eſtoit allé en Angleterre, & Henry au lieu où eſtoient les treſors de ſon pere pour en prendre poſſeſſion ; ſi bien que (par vn eſtrange cataſtrophe de la grandeur humaine) le corps du Prince demeura pluſieurs heures demy-nud dans ſa chambre, ſans qu'on penſaſt à l'enſeuelir & à luy rendre les derniers deuoirs. Toutesfois le iour meſme le Clergé de la Ville, & les Religieux reueſtus d'habits Sacerdotaux, allerent en proceſſion auec des Croix & des Encenſoirs au Prieuré de S. Geruais, & y preſenterent à Dieu des vœux & des prieres pour l'Ame du Roy. Noſtre Archeueſque commanda qu'on portaſt ſon corps en l'Egliſe Abbatiale de S. Eſtienne de Caën, dont il eſtoit Fondateur.

X.
L'Archeueſque fait porter ſon corps à Caën auec grande pompe.

Cum crucibus & Thuribulis ad S. Georgium proceſſetüt, dit Ordry Vital, p. 661. mais c'eſt vne erreur, il faut S. Geruaſiü.

Tous les gens de Cour l'ayant abandonné après sa mort, il n'y eut que le Cheualier Herluin qui signala sa pieté, en prenant soin de ses funerailles, qui ne laisserent pas d'estre tres pompeuses & tres magnifiques. Nostre Prelat Guillaume, & ses Suffragans, les honorerent de leur presence aussi bien que les Abbez de S. Oüen, de la sainte Trinité du Mont, de Iumiege, de S. Vvandrille, du Bec, & plusieurs autres; & l'Oraison funebre fut prononcée par Gislebert Euesque d'Evreux, qui releua auec vn discours fort éloquent les vertus du deffunct, & principalement sa valeur, sa liberalité & son zéle pour la justice, & pour le maintien de la paix & de la seureté publique. Toutes ces loüanges estoient veritables, & il est certain que l'Eglise perdit beaucoup en la mort de cét illustre Monarque. Neantmoins elles se terminerent par vn sanglant outrage à sa memoire, Dieu l'ayant ainsi permis pour faire voir combien sont défectueuses & soüillées d'injustice les meilleures actions des Grands; car l'Euesque d'Evreux ayant finy son Panegyrique par vne exhortation qu'il fit à ses Auditeurs, de témoigner leur affection au deffunct, en priant Dieu de luy pardonner les fautes qu'il auoit commises par fragilité humaine; vn Bourgeois de Caën se leua du milieu de l'Assemblée, & reclama publiquement le lieu où l'on alloit inhumer le corps du Roy, disant que ce fond luy appartenoit, & que Guillaume n'estant encore que Duc de Normandie l'auoit osté à son pere; de sorte que pour faire cesser vne plainte si injurieuse, les Euesques & les Seigneurs qui estoient presens à l'inhumation, furent obligez de luy payer la valeur, & eurent tout sujet d'estre persuadez de la vanité des choses du monde, voyant que celuy qui par ses grandes conquestes auoit merité le nom de Conquerant, n'auoit pû posseder justement & paisiblement après sa mort le lieu destiné à sa sepulture.

CHAP. VI.
Sommaire.
I. Priuilege d'exemption donné à l'Abbaye du Bec.

VN peu après l'installation de Robert, surnommé Courteheuse, son successeur au Duché de Normandie, nostre Prelat Guillaume, exempta l'Abbaye & la Paroisse du Bec de la jurisdiction Archiepiscopale, les Lettres qu'il fit expedier pour cét effet, sont rapportées au long parmy les obseruations du Pere Dom Luc Dachery, sur les Epistres de S. Lanfranc.

II. Restriction dans ce priuilege, des cas reseruez & du fer iudiciaire.

Nostre Archeuesque declare qu'il accordoit cette exemption pour le repos & la tranquillité de ce Monastere, & en consideration de la tres-sainte vie que menoient les Religieux qui viuoient dans ce lieu sacré, sous la conduite de S. Anselme. Ce Priuilege contient quelques restrictions, & entr'autres vne qui regarde la penitence publique & secrete que les Euesques seuls pouuoient imposer: Ce qui se doit entendre à mon aduis des cas qui leur sont reseruez. Il y est aussi parlé de la preuue judiciaire par l'attouchement du fer chaud, dont nous auons traité cy-dessus, & il est dit que s'il se presente dans la Paroisse du Bec quelque cause qui doiue estre decidée par cette espece d'examen, il sera au choix de l'Abbé d'ordonner que cette procedure se fasse dans l'Eglise Cathedrale (selon le Decret du Concile tenu à Roüen en 1080.) ou de prier l'Archeuesque d'enuoyer à la Paroisse le fer seruant au jugement

GVILLAV-
ME I.
III.
L'Abbé du Bec assistant à l'Office de la Dedicace de la Cathedrale, y denoit Officier en l'absence de l'Archeuesque.

par le ministere de ses Officiers, en presence desquels la cause sera vuidée. De plus, ces lettres en reconnoissance de cette exemption, imposent à l'Abbé du Bec vne obligation, qui est plustost vn honneur qu'vn seruice ; sçauoir que lors qu'il sera inuité par l'Archeuesque de se trouuer à l'Office diuin dans la Metropolitaine le iour de sa Dedicace, il sera tenu d'y assister s'il n'a excuse legitime ; parce qu'y estant present, il tiendra le Chœur si l'Archeuesque celebre la Messe, & si l'Archeuesque ne la celebre pas, il la chantera solemnellement en sa place. Ce Priuilege fut accordé par le consentement du Chapitre, & confirmé non seulement par vn Hugues qui tint le Siege de Roüen quarante-deux ans aprés, mais aussi par les Souuerains Pontifes Alexandre III. & Celestin III. dont les lettres de confirmation ont esté pareillement inserées par le P.D. Luc, dans l'ouurage que nous venons d'alleguer.

IV.
De trois illustres Dames qui vesturent & moururent saintement proche l'Abbaye du Bec, du temps de S. Anselme.

La Chronique du Bec nous apprend que du temps du mesme Abbé S. Anselme, trois Dames de fort noble maison se donnerent à l'Abbaye pour y seruir Dieu le reste de leurs iours ; sçauoir Basile, vefve de Hugues de Gournay, Amfride sa niece, & Eue, vefve de Guillaume Crespin : Basile & Eve (& vray-semblablement aussi Amfride) receurent le Voile par les mains de nostre Archeuesque, non toutesfois en la mesme année ; elles furent logées dans vne maison prés de l'enclos du Monastere, où pratiquant autant qu'elles pouuoient la maniere de viure prescrite par S. Benoist, elles s'adonnoient auec grande feruer au jeusne & à l'Oraison, & s'employoient à blanchir le linge, & à faire ou racommoder les Ornemens de l'Eglise. C'est chose remarquable, que ces trois deuotes personnes aprés auoir mené vne vie fort vertueuse, moururent en vne mesme année, & en trois Dimanches consecutifs, comme si elles eussent demandé cette grace à Dieu, de ne point suruiure long-temps les vnes aux autres.

a S. Anselme fait mention de ces Dames en sa 26. lettre du second Liure, & en écrit vne en particulier à cette Dame Basile, qui est la 238. de son troisiéme Liure.

V.
L'Archeuesque Guillaume reçoit processionnellement les saintes Reliques apportées de Soissons pour l'Abbaye de S. Oüen.

Nous auons dit au 25. Chapitre du second liure de nostre Histoire de S. Oüen, page 202. que le Dimanche de Quasimodo de l'an 1090. vn Religieux de ce Monastere rapportant à Roüen des saintes Reliques qu'Eudes Abbé de S. Medard de Soissons enuoyoit à Nicolas de Normandie Abbé de S. Oüen, nostre Archeuesque fit assembler son Clergé, & marchant en Procession, alla receuoir solemnellement ces précieux gages qu'on auoit deposez en la Chapelle du Prieuré de S. Michel du Mont, d'où il les conduisit en l'Eglise Abbatiale de S. Oüen. Ces Reliques estoient le chef de S. Romain, vn bras de S. Godard, vne partie du Corps de S. Remy, tous trois Archeuesques de Roüen, & quelques ossemens de S. Medard, des saints Innocens, de S. Serene Confesseur de S. Bandard Euesque. Sans doute que cette heureuse Translation qui rendit ainsi à nostre Ville la teste glorieuse de son illustre Patron S. Romain, ne contribua pas peu à exciter & à faire refleurir la deuotion des peuples enuers luy ; & que si sa Feste n'estoit point encore instituée, ce fut vn des motifs qui porterent nostre Prelat à establir en son honneur ce iour de veneration publique.

1090.

VI.
Il fait élire

L'année suiuante vn peu aprés la Pentecoste, Guillaume conuoqua à Roüen

1091.

en vn Synode vn Euesque pour la Cathedrale de Sez.

Roüen vn Synode d'Euesques & d'Abbez, afin d'y deliberer auec eux & en presence du Duc Robert sur l'election d'vn Pasteur, pour remplir le Siege de Sez qui estoit vacant. Les suffrages de l'Assemblée se trouuerent en faueur de Serlon Abbé de S. Evroul, que l'on eut bien de la peine à faire condescendre à sa promotion; mais enfin les prieres & les instances de ceux qui l'auoient élû, l'ayant emporté sur sa modestie, il vint à Roüen le 23. Iuin, & y receut l'Onction Episcopale dans l'Eglise Metropolitaine, par le ministere de nostre Archeuesque.

GVILLAVME I.
1091.
Ord. l. 8. p. 691.

VII.
Donation de l'Abbaye de S. Mellon à l'Archeuesque Guillaume.

VIII.
Philippe I. luy confirme aussi plusieurs autres donations dans le Vexin François.

Enuiron le mesme temps, Philippe I. Roy de France, donna à Guillaume & à ses successeurs l'Abbaye de S. Mellon de Pontoise, pour la tenir & posseder à perpetuité par forme de fief releuant de sa Couronne, & le maintint aussi dans tous ses autres droits, dont luy & ses Predecesseurs en l'Archeuesché de Roüen auoient joüy dans les Eglises du Vexin François, dequoy on peut s'instruire plus particulierement par la lecture de la Charte de ce Prince, rapportée par Mr. Denyau en son liure intitulé *Cathedra Rothomagensis*. Le P. Labbe en fait mention dans ses Eloges Historiques, page 168. Nostre Prelat obtint aussi du Roy la confirmation de l'accord, par lequel le Comte Gaultier fils de Drogon ou Dreux, auoit restitué au bien-heureux Maurile & à ses successeurs, tout ce qui appartenoit à l'Eglise de Roüen dans l'Archidiaconé du Vexin François, pour tenir les Terres renduës par ce Seigneur, ou du Roy ou du Duc de Normandie, selon qu'elles releueroient de l'vn ou de l'autre.

CHAP. VII.
Sommaire.

I.
Diuisions entre les enfans du conquerât aprés sa mort.

II.
Guillaume le Rouxopprime les Eglises d'Angleterre.

III.
S. Anselme élen Archeuesque de Cantorbery, resiste à son élection.

Cependant la Normandie fut fort troublée par les dissensions qui s'éleuerent entre les trois enfans du Conquerant, qui ne suiuirent pas les maximes de leur pere, & s'estant broüillez ensemble, se firent la guerre à diuerses reprises. Mais Guillaume le Roux se rendit sur tout odieux par l'oppression de l'Eglise d'Angleterre, qu'il affligea cruellement. Aprés la mort de S. Lanfranc, pour lequel il auoit conserué quelque respect, le Diocese de Cantorbery demeura destitué de Pasteur l'espace de trois ou quatre ans; mais enfin S. Anselme Abbé du Bec estant passé en Angleterre, tant pour les affaires de sa Communauté qui y possedoit de riches Domaines, qu'à la priere des Euesques & des Seigneurs de ce païs-là; il n'y fut pas si-tost arriué, que ceux-cy obtindrent du Roy (qu'vne violente maladie auoit abbatu & humilié) que cét excellent Religieux fut estably dans la Chaire Métropolitaine, que son Maistre S. Lanfranc auoit si dignement occupée. Mais S. Anselme (qui auoit coustume de dire qu'il eust mieux aimé estre petit Nouice sous la direction d'vn Superieur, que Primat de la Grand' Bretagne) apporta tous les obstacles qu'il pût à sa Promotion, ne cessant de protester qu'il n'estoit pas à soy, qu'il dependoit de l'Archeuesque de Roüen, & que sans sa permission & le consentement de son Monastere, il ne pouuoit accepter vn employ de cette nature. Mais ceux qui l'auoient élû demeurerent fermes dans leur dessein; & comme il en eut écrit à nostre Prelat, il receut de luy cette réponse autant contraire aux sentimens que luy inspiroit sa profonde humilité, que conforme à l'intention des Anglois & au bien de leur Eglise.

Chron. Beccense.

Frere Guillaume Archeuesque, à Anselme son Seigneur & son amy, la Benediction de Dieu & la nostre.

<small>GVILLAV-ME I.</small>

<small>IV.
Lettre de Guillaume Archeuesque, à S. Anselme.</small>

<small>V.
Raisons pour l'obliger à se soûmettre.</small>

<small>VI.
Commandement qu'il luy fait d'obeïr à son élection.</small>

"J'Ay bien pensé à ce que le Roy m'a mandé sur vne chose qui vous touche, & à ce que vous m'en auez récrit vous-mesme, ie l'ay consideree auec toute l'application que meritoit vne affaire d'vne si grande importance, & mesme i'en ay demandé l'aduis à vos amis & aux miens. S'il y eust eu moyen, tous eussent voulu pouuoir joüir à l'aduenir de vostre presence, ainsi qu'ils ont fait le temps passé, & ne rien faire en cela qui eût esté contraire aux ordres de la diuine Prouidence. Mais puisque les choses sont en tel estat, qu'il n'est pas possible d'accomplir l'vn & l'autre, il est juste de preferer la volonté de Dieu à la nostre, & de nous y soûmettre parfaitement. C'est pourquoy, de la part de Dieu & de S. Pierre, & de celle de vos amis, & des miens, qui vous aiment selon Dieu, ie vous commande d'accepter la charge Pastorale de l'Eglise de Cantorbie, & de receuoir la Benediction Episcopale selon l'vsage de l'Eglise, & de trauailler desormais au salut du Troupeau qui vous est commis, ainsi que ie croy, par vne vocation diuine. Adieu mon très-cher amy."

<small>VII.
Il est Sacré Archeuesque de Cantorbery, où il eut beaucoup à souffrir.</small>

Le commandement de nostre Prelat, joint aux pressantes sollicitations de toutes les personnes d'authorité d'Angleterre, forcerent la resistance de S. Anselme, & le contraignirent malgré l'extréme auersion qu'il auoit à l'Episcopat, de consentir à son Ordination ; de sorte qu'après vn refus & vne opposition de neuf mois, il fut Sacré Archeuesque de Cantorbery, au grand contentement de tous les Ordres du Royaume ; mais comme on peut voir par ses Actes, qui sont des plus fideles, il ne tarda gueres à souffrir de rudes persecutions, & ceux qui auoient admiré sa vertu dans la bassesse de la condition Monastique, ne la pûrent souffrir dans l'éclat & la grandeur des fonctions Episcopales.

<small>VIII.
Combien il fut regretté par ses Religieux, ausquels il designa vn Abbé.</small>

Tout au contraire, jamais les Religieux du Bec ne reconnurent & ne reuererent auec plus d'amour & de tendresse l'eminente sainteté de leur pere Spirituel, que quand ils furent priuez de sa presence. Auant son Sacre ils auoient fait tous leurs efforts pour le faire reuenir en Normandie ; mais enfin ayant appris par ses lettres, que desormais il ne seroit plus leur Abbé, ils luy substituerent vn Religieux qu'il leur designa, nommé Guillaume, dont l'élection fut confirmée selon la coustume de ce temps-là par Robert Duc de Normandie, & par nostre Archeuesque.

<small>CHAP.
VIII.
Sommaire.
I.
S. Anselme sollicite Guillaume Archeuesque de Roüen pour faire benir l'Abbé du Bec.</small>

CE nouuel élû gouuerna le Monastere neuf ou dix mois, sans toutesfois porter le baston Pastoral, ny se seoir dans le siege de l'Abbé, parce qu'il n'estoit pas beny, & ne se soucioit pas beaucoup de l'estre ; dequoy S. Anselme estant aduerty, pour ne pas laisser son ouurage imparfait, il pria nostre Archeuesque Guillaume de vouloir honorer de sa benediction, celuy qu'il auoit agreé pour Abbé du Bec, & manda en mesme temps à Baudry Prieur de ce Monastere, d'aller faire la reuerence à nostre Prelat, pour sçauoir de luy quand il luy plairoit faire cette ceremonie, pour l'accomplissement de laquelle nostre Archeuesque luy designa la Feste de S. Laurens. Ce iour donc estant venu l'Abbé du Bec ne manqua pas de se trouuer à Roüen, & de comparoistre à la Cathedrale en habit decent. Desia Guillaume estant à l'Autel reuestu de ses habits Pontificaux, & toutes choses estants prestes, cette sainte action alloit estre faite en la maniere requise, lors qu'on aduertit l'Abbé que nostre Archeuesque ne le beniroit point qu'il ne luy fit profession.

Pour entendre cecy, il faut obseruer qu'en ce temps-là les Euesques donnant la benediction aux Abbez, exigeoient d'eux vn serment de fidelité qui s'appelloit Profession, à quoy les Abbez resistoient autant qu'il leur estoit possible, & sur tout ne vouloient point vser du mot de *Profiteor*, non qu'ils refusassent d'obeïr & d'estre fidelles à l'Euesque, mais parce qu'ils croyoient que c'estoit assez qu'ils y fussent obligez par la disposition du droit commun sans si engager encore par cette protestation solemnelle. Il est parlé de cette pratique dans les Epistres d'Yues de Chartres, à l'occasion de l'Abbé Godefroy de Vendosme, qui ne se vouloit point soumettre à cét hommage, pretendant en estre exempt par vn Priuilege du Pape, & que la coustume qui y assujetissoit les autres Abbez du Diocese de Chartres n'auoit nulle force à son égard. Mais retournons à nostre sujet. L'Abbé du Bec respondit nettement à ceux qui luy portoient la parole, qu'il ne feroit point de Profession, & aussi tost Baudry son Prieur, & quelques Moines allerent trouuer le Duc Robert qui estoit à Roüen, & se plaignirent à luy de la nouueauté que vouloit introduire l'Archeuesque Guillaume en obligeant leur Abbé à luy prester vn serment d'obeïssance que ne luy auoient iamais fait les Abbez precedents; ce qu'entendant ce Prince, il enuoya vers nostre Prelat Guillaume de Bretueil, & Guillaume fils de Richard de Bardouille, & Ernulfe son Chancelier, auec ordre de luy dire qu'il benit sans retardement l'Abbé du Bec; & que sans exiger de luy aucune formalité extraordinaire, il ne luy demandast point d'autres marques de déference que celles que ses Predecesseurs dans l'Archeuesché auoient de tout temps receuës de ceux qui auoient gouuerné cette Abbaye. Ce commandement surprit Guillaume, & d'abord il en fut irrité; toutesfois ne voulant point se commettre auec le Prince, il dóna sa Benediction à l'Abbé, sans l'obliger ainsi qu'il auoit resolu à luy prester obeïssance. En suite l'Abbé luy alla rendre ses deuoirs, & comme il estoit personne non seulement considerable par sa Noblesse, mais encore illustre en vertu & en doctrine, il s'insinua si bien dans son esprit, que nonobstant ce petit démeslé, nostre Prelat conceut de l'estime pour luy, & depuis l'honora de son affection & de sa familiarité plus qu'aucun autre Abbé de Normandie. Il appartenoit à Guillaume de l'installer dans le Siege Abbatial; mais n'ayant point la commodité de se transporter au Bec pour ce sujet, il donna ordre à l'Abbé de Cormeille de faire cette fonction en sa place: Ce qui fut executé au grand contentement des Moines de cette Abbaye.

La mesme année que ce Monastere changea de Superieur, le Diocese de Coutance changea aussi d'Euesque par la mort de Geoffroy qui en

GVILLAV- estoit le Pasteur, & l'élection de Radulphe son Archidiacre, qui fut sacré
ME I.   dans la Cathedrale de Roüen le 3. Avril 1093.
sance dans la
Cathedrale de
Roüen.   Le peu de rapport qu'ont les matieres que nous auons à traiter ne
CHAP.   nous permettant point de leur donner d'autre liaison que la suite de la
IX.   Chronologie; pour ne point nous en departir, il nous faut icy parler
Sommaire. d'vne action injuste & scandaleuse commise par Philippes I. Roy de
I.   France, à l'infamie de laquelle Guillaume eut part, si l'on en croit la dé-
Guillaume position d'vn Autheur Anglois, qui nous decouure cette tache dans la
accusé d'auoir
eu part au vie de nostre Prelat, que nous ne pourrions dissimuler icy sans violer les
scandale de
Philippe I. loix de l'Histoire. Philippes estant deuenu amoureux de Bertrade, fem-
II.   me du Comte d'Anjou, la luy fit rauir par vn Gentilhomme, & s'aban-
Lequel vou- donna tellement à cette passion déreglée, qu'aprés la mort de son mary
loit repudier
sa femme pour il la voulut épouser, mesme du viuant de la Reine Berthe sa femme le-
épouser celle
du Comte gitime. Pour y paruenir, il enuoya demander à Rome vne dispense,
d'Anjou. colorant sa requeste de quelques vains pretextes pour faire juger nul le
         mariage qu'il auoit contracté auec Berthe, dont il auoit déja des enfans.
         Vrbain II. qui gouuernoit alors l'Eglise Vniuerselle, dépescha vn Legat
         en France auec pouuoir de connoistre de cette cause. Celuy-cy (qui
III.   estoit Cardinal nommé Roger) executa l'ordre du Pape, & conuoqua
Le Pape en-
uoye vn Car- en la ville de Senlis vne Assemblée d'Euesques & de Docteurs afin d'e-
dinal pour
examiner cet- xaminer la demande du Roy. Mais & le Legat & la pluspart des Prelats
te affaire. & des Theologiens s'estans laissez corrompre par les presens ou par les
         promesses de la Cour, ou ébranler par l'authorité souueraine, conclu-
         rent meschamment que le Prince pouuoit legitimement se marier à Ber-
         trade. Il y eut quelques Prelats du Royaume qui tascherent de l'en dis-
         suader par leurs sages remontrances. Le sçauant Yues de Chartres agit
IV.   en cette rencontre comme vn genereux deffenseur de la verité, & de
Opposition de
quelques Pre- l'innocence opprimée; mais tous leurs aduis salutaires furent inutiles.
lats, inutile. Philippes ne prenant d'autre loy que sa passion, & la voyant appuyée
         par la réponse du faux Concile de Senlis, épousa solemnellement Ber-
         trade, au grand regret de tous les gens de bien. Les nouuelles en estant
         venuës au Pape, il en fut extrémement indigné; & pour empescher les
V.   mauuais effets d'vn exemple si scandaleux, commanda à Hugues Arche-
Le mariage
declaré nul uesque de Lyon, d'assembler promptement vn nouueau Concile, où l'af-
par l'Arche-
uesque de faire ayant esté jugée selon les loix sacrées du Christianisme, le mariage
Lyon.   de Philippes fut declaré nul, & il fut arresté qu'on luy signifieroit qu'il
         eut à se separer au plûtost de la Comtesse, à peine d'estre retranché de la
         Communion de l'Eglise.
VI.   Quelque temps aprés Vrbain passa luy-mesme en France, afin de pu-
Le Pape as-
semble vn blier la Croisade & d'exhorter les Chrestiens à joindre ensemble leurs
Concile à
Clermont en forces, & à aller deliurer la Terre Sainte de la domination des Infidelles,
Auuergne, où
se presche la qui par leurs diuisions sembloient les inuiter à cette haute entreprise.
Croisade. Pour le faire plus efficacement, il indiqua vn Concile à Clermont en
         Auuergne, où se trouuerent plus de trois cens Euesques qu'il eschauffa
         de son zéle, leur ayant persuadé de prescher sur ce sujet chacun dans
         leur Diocese, & d'exciter les Princes & la Noblesse à signaler leur pieté

& leur courage dans cette expedition sacrée. Hugues le Grand, Comte de Vermandois, frere du Roy Philippes, Robert Comte de Flandres, Robert Duc de Normandie, & quantité de Seigneurs & de Gentils-hommes allerent porter leurs armes au Leuant pour vne si juste cause, & y commencerent vne guerre qui y produisit la fameuse conqueste de Ierusalem, arrachée aux Infidelles par Godefroy de Boüillon. Dans ce mesme Synode on fit diuers Decrets pour le reglement de la discipline de l'Eglise. On y introduisit parmy le Clergé seculier & le Peuple, la pieuse coustume de reciter l'Office de la sainte Vierge, pour l'heureux succez de la guerre d'Orient, à l'exemple de quelques Monasteres de S. Benoist où le Bienheureux Pierre Damian auoit estably cette deuote pratique, & ce qui fait à nostre sujet. On reïtera la Sentence d'excommunication contre le Roy, en punition de ses nopces criminelles. Philippes estonné de ces foudres Ecclesiastiques, se separa, ou pûtost feignit de se separer de Bertrade; & après vn an de poursuite, obtint son absolution du Pape Paschal, Successeur d'Vrbain. Mais ayant rappelé la Comtesse auec plus de scandale qu'auparauant, il fut de nouueau frappé des Censures, dont il ne fut délié qu'en 1104. au Synode de Troye, après auoir juré solemnellement de quitter pour iamais cette femme impudique & ambitieuse, dont l'amour auoit troublé sa vie, soüillé sa conscience, & presque aneanty parmy ses peuples son authorité Royale l'espace de treize ans.

VII. *Robert Duc de Normandie se croise auec plusieurs autres Princes & Seigneurs.*

VIII. *L'Office de Nostre-Dame en vsage parmy les Benedictins, est introduit parmy les seculiers en ce Concile.*

IX. *Philippes estant derechef excommunié, feint de quitter Bertrade, & ce qui en arriua.*

GVILLAV-ME I.

CHAP. X.

Sommaire.

I. *Examen de ce qu'el Autheur Anglois a rapporté touchant cette affaire.*

Or Guillaume de Malmesbury Escriuain Anglois, racontant cecy, dit que Philippes s'estant engagé dans cette passion malheureuse, deuint l'objet du mépris & de la risée de tous les Euesques, (ce qui n'est point estant certain que mesme dans le Clergé il trouua plus de flateurs qui applaudirent à ses sentimens, que de fidelles Conseillers qui luy dirent ,, la verité) & adjouste en suite que les Prelats se mocquans ainsi de luy, ,, il n'y eut que nostre Archeuesque Guillaume qui osa donner au Roy ,, & à la Comtesse la Benediction Nuptiale, & qu'en punition de sa te,, merité il demeura interdit plusieurs ans, & ne fut remis dans la Com,, munion Apostolique qu'auec peine, par l'entremise de S. Anselme.

Vuill. Malm. l. 5. in vita Henrici I.

Vuill. Malm. l. 5. in vita Henrici.

II. *Deux autres Autheurs n'ont donné aucune part à ce mariage à l'Archeuesque Guillaume.*

D'autre part la Chronique de Verdun que le P. Labbe a mise en lumiere, nous apprend que le Roy choisit pour l'accomplissement de son mariage sacrilege Philippes Euesque de Troye, & Gaultier qu'il auoit gratifié de l'Euesché de Meaux; & Ordry Vital dit en termes formels, luy qui viuoit en ce siecle-là, que ce fut Eudes [a] Euesque de Bayeux qui fut le Ministre de ces nopces execrables, & eut pour recompense de ce seruice infame le reuenu des Eglises de Mantes, dont il joüit durant quelque temps; de sorte que preferant la déposition de ce Moyne de S. Evroul, au rapport de celuy de Londres, nous pourrions prononcer à la décharge de nostre Archeuesque Guillaume, n'estoit que constamment il fut interdit, & merita de l'estre : Car le Pape Paschal en vne lettre adressée à S. Anselme, & Edinerus dans la vie de ce mesme Saint, & Yues de Chartres en sa 157. Epistre nous le témoignent ; laquelle Censure il ne souffrit sans doute que pour quelque faute importante, joint que Eudes

a Odo Baiocensis Episc. execrandam desponsationé fecit, &c. Ord. Vit. l. 8. p. 999.

III. *Raisons qui font douter qu'il ne fut pas tous à fait innocent.*

Interdictum iustitia dictante Praelatum. Epist. 8. Ans. l. 3. ep. 140. Metropolita ab officio Episc. suspensus. Iuo Carn. 7. 267.

Euefque de Bayeux affifta au Concile de Clermont, (où fut reïterée l'excommunication du Roy) à laquelle Affemblée noftre Prelat ne comparut point, ce qui me donne lieu de douter s'il n'en vfa point de la forte dans la préuoyance qn'il euft qu'on y deuoit traiter du mariage de ce Prince, à l'accompliffement duquel il auoit peut-eftre plus de part qu'il n'eut efté à fouhaiter pour fon honneur. I'aduouë neantmoins que cette conjecture que ie tire de fon abfence du Concile n'auroit nulle force, & ne meriteroit aucunement d'eftre confiderée, fi elle ne fe trouuoit jointe aux deux autres preuues fondées fur l'authorité de cét Hiftorien Anglois, & la certitude de l'interdiction de Guillaume; car il y eut plufieurs autres Prelats qui ne furent point prefens à cette celebre Affemblée, & qui fe contenterent d'y enuoyer leurs Procureurs; il n'y alla de Normandie qu'Eudes Euefque de Bayeux, Giflebert d'Evreux, & Serlon de Sez, qui porterent les excufes des autres Euefques Comprouinciaux, & en rapporterent les lettres Synodales & les Decrets. Noftre Prelat les pria de venir à Roüen, où fe rendirent auffi les autres Suffragans; fçauoir Giflebert Euefque de Lifieux, Turgis d'Avranches, & Radulphe de Coutances, les Abbez & quantité de Seigneurs du païs; & là fut tenu vn Concile Prouincial au mois de Février de l'an 1096. où non feulement on receut & confirma les Ordonnances faites en celuy de Clermont, mais on y en adjoufta encore d'autres neceffaires au reftabliffement & à la conferuation de la difcipline de l'Eglife & de la paix de la Prouince, lefquels reglemens on peut voir dans Ordry Vital en fon 9. Liure, page 721. & dont voicy l'abregé.

On y ordonna que tous les Habitans de la Prouince, & mefme les enfans âgez feulement de douze ans, jureroient de garder la Tréue de Dieu, c'eft à dire de ne troubler la tranquillité publique par aucune violence, fuiuant le Formulaire rapporté par cét Autheur; & que ceux qui refuferoient de faire le ferment, ou qui le violeroient aprés l'auoir fait, feroient excommuniez. On y prononça auffi anatheme contre les fauffaires, les voleurs, & ceux qui les retiroient dans les Chafteaux & les places fortes, pour tenir la Campagne en fujettion & y exercer impunément des pilleries & des brigandages. On y renouuella les Canons du Concile celebré en 1080. contre les Laïques qui tiroient profit des dixmes & des enterremens, qui donnoient ou oftoient les Cures & les Benefices fans le confentement des Prelats; qui les conferoient à prix d'argent, & qui s'attribuoient vne partie des droits & de la jurifdiction Epifcopale. On y deffendit aux Preftres de fe faire hommes, c'eft à dire vaffaux des Laïques, parce qu'il eftoit indigne que leurs mains fanctifiées par l'Onction facrée & confacrées au feruice de Dieu, fuffent mifes entre les mains profanes, & bien fouuent foüillées des crimes des Seigneurs Temporels; (fuiuant la maniere de faire hommage, obferuée en ce temps-là) mais que fi vn Preftre tenoit vn Fief d'vn Laïque, il l'affuraft par vne autre voye de fa fidelité, lequel Canon eft conforme à la réponfe du Pape Pafchal à S. Anfelme, qui l'auoit confulté fur cette matiere, comme il fe voit par la 45. lettre du troifiéme liure des Epiftres de ce Saint.

IX.
Aux hommes de porter de longs cheueux.

Enfin on y arresta qu'aucun homme ne portast de longs cheueux, mais que chacun se les fit couper & les tint courts, ainsi qu'il est bien seant à vn Chrestien, autrement que la porte de l'Eglise luy fust fermée, & que nul Prestre ne fit l'Office diuin pour luy, ny n'assistast à son inhumation aprés sa mort. Veritablement il y a lieu de s'estonner de cette derniere Ordonnance que fit le Concile, & encore plus de la rigueur des peines sous lesquelles il en commande l'obseruation ; ce qui me donne sujet de croire, que sans doute les hommes portoient alors de si longs cheueux, que cét excez alloit jusques à la difformité, & estoit entierement contraire à la modestie Chrestienne. En effet, Serlon Euesque de Sez preschant quelques années aprés à Carentan, deuant Henry I. Roy d'Angleterre, qui y passoit la Feste de Pasque auec son armée ; comme en suite d'instructions plus importantes, il se mit à parler contre cette mode si desagreable, reprochant à ses Auditeurs qu'ils auoient de grands cheueux comme des femmes. Il est remarquable que ce Prelat, en qui la vertu, l'eloquence, & la bonne mine se rencontroient d'vne façon eminente, leur sçeut si bien prouuer par l'authorité de l'Escriture, & par la force de ses raisonnemens, que ces grosses & longues tresses de cheueux estoient messeantes à la dignité de leur sexe, & fit tant d'impression sur leur esprit, qu'il persuada au Roy de permettre qu'on luy coupast les cheueux ; ce qui fut executé à la fin de sa Predication par cét Euesque mesme qui rendit aussi cét office au Comte de Meulan & aux autres Seigneurs de la Cour. Cét exemple du Prince fut vne loy generale à l'égard du reste des Officiers, & chacun retrancha à l'enuy (comme vn excrement inutile) ce qu'il croyoit auparauant luy estre vn ornement agreable.

X.
Henry Roy d'Angleterre se fait couper les cheueux aprés la Predication de l'Euesque de Sez.

Omnes fœmineo more Criniti estis, quod non decet vos.
Ord. Vit. l. 11. p. 818.

XI.
Et les Seigneurs de la Cour & Officiers à son exemple.

XII.
Ce qui arriua à S. Godefroy Euesque d'Amiens, au sujet de ces grands cheueux.

Au reste, il ne faut pas se figurer que ce Decret si seuere touchant vne chose apparemment indifferente, fut vne conduite particuliere à nos Euesques de Normandie. On lit dans la vie de S. Godefroy Euesque d'Amiens, (qui leur estoit Contemporain) qu'il obseruoit la mesme rigueur en ce sujet ; & qu'vn iour de Noël disant la Messe, il refusa les offrandes des hommes qui auoient de ces longues cheuelures, & que ceuxcy respectant l'authorité de ce venerable Prelat, les couperent aussi tost auec leurs cousteaux, & par cette reforme se mirent en estat d'estre receus à l'honneur de l'Oblation.

CHAP. XI.

Sommaire.
I.
L'Eglise eut beaucoup à souffrir du temps de Robert Duc de Normandie.

Voila quelles furent les Ordonnances de ce Concile tenu à Roüen en 1096. lesquelles ne produisirent pas beaucoup de fruit, l'execution n'en estant pas appuyée autant qu'il eust esté necessaire de l'authorité du Prince. De sorte que les maux & les calamitez dont la Normandie estoit trauaillée, continüerent comme auparauant, & l'estat Ecclesiastique souffrit extrémement parmy les diuisions & les inimitiez des Grands du païs, qui pour vanger leurs querelles particulieres se portoient à mille violences, & n'espargnoient mesme les lieux sacrez ny les Ministres des Autels.

II.
Que le mal s'augmenta pendant la

La Prouince ne fut pas plus tranquille ny mieux gouuernée sous Guillaume le Roux, pendant l'absence du Duc Robert, qui par la persuasion de quelques Religieux se croisa & fit le voyage de la Terre sainte. A son retour les desordres s'accrûrent encore, tant par sa mollesse & sa negligence à maintenir la Iustice & à proteger l'Eglise, que par le malheur de la guerre qui s'ouurit entre luy & son frere Henry, lequel pendant son voyage de la Palestine, s'estoit fait proclamer Roy d'Angleterre à son préjudice. Mais entre tant de choses, que la confusion & le trouble des affaires publiques, ou la foiblesse de celuy qui les conduisoit, donnerent la hardiesse aux meschans d'attenter sur la liberté Ecclesiastique; Il n'y en eut point de plus indigne ny de plus scandaleuse, que l'oppression du Diocese de Lisieux, qui fut prés de cinq ans plûtost entre les dents d'vn loup affamé, que sous la garde d'vn Pasteur legitime. La suite de ma narration fera voir que ie ne m'éloigne point de mon sujet.

Ranulphe Flambard Euesque de Durham, fauory & Surintendant des Finances de Guillaume II. Roy d'Angleterre, ayant esté dépouillé de ses dignitez & de ses richesses aprés la mort de ce Prince, & mis prisonnier dans la Tour de Londres par l'ordre d'Henry I. à son auenement à la Couronne, trouua le moyen d'en sortir auec l'aide d'vne corde, & de se refugier en Normandie auprés du Duc Robert. A peine fut-il arriué qu'il jetta de la diuision entre les deux freres, & fit naistre vne guerre entr'eux, qui d'abord fut terminée par vn prompt accommodement, mais qui se ralluma en suite à la perte de ce dernier. Le Siege de Lisieux estant venu à vacquer, le credit qu'il auoit auprés du Duc luy fit aisément obtenir ce Benefice pour Foucher son frere, à qui nostre Archeuesque confera la Benediction Episcopale. Ce nouueau Prelat ne posseda pas long temps sa Charge, en ayant esté priué par la mort sept mois aprés sa consecration. Ranulphe ne pouuant souffrir qu'vne dignité si honorable & de si bon reuenu sortist si-tost de sa famille, s'en saisit comme d'vn heritage à luy escheu par succession, & commença de gouuerner ce Diocese plûtost en Seigneur Temporel, que comme vn Ministre Ecclesiastique. Son injuste entreprise ne se terminoit pas au seul interest de sa personne, ses pretensions s'estendoient plus loin; il auoit deux enfans à peine âgez de douze ans, ausquels il destinoit cét Euesché; & en effet il les en fit pouruoir par le Duc Robert, qui leur mit en main le Baston Pastoral, en intention que l'aisné possedast seul cette Charge sacrée, & que s'il venoit à mourir, le plus jeune luy fust substitué. S'il m'est permis de parler ainsi, sa bonne fortune luy fit des enuieux; & il se trouua vn Gentilhomme nommé Guillaume de Pacy, qui tascha de le supplanter, se faisant nommer à cét Euesché par le Duc mesme, à qui il donna vne grosse somme d'argent; mais il fut accusé & conuaincu de Symonie deuant le Tribunal de nostre Archeuesque, & en suite en Cour de Rome; si bien que par vn juste jugement de Dieu, outre la perte de sa conscience, il perdit encore son argent, sa peine, & son honneur, sans auoir cette dignité.

Cependant Ranulphe triomphoit, & par vn crime heureux (si toutesfois il peut y auoir du bonheur dans le crime) demeuroit en possession du reuenu de l'Eglise de Lisieux; commandoit absolument dans la ville,

DES ARCHEVESQVES DE ROVEN.

Ville, & y faisoit considerer ses deux petits enfans, comme deux petits Prelats, au grand scandale de tous les gens de bien. Il estoit du deuoir des Euesques de la Prouince d'employer leur authorité pour chasser ce loup de la bergerie du Seigneur: Neantmoins ils n'en faisoient rien, soit manque de courage, ou pour juger plus fauorablement de leur conduite, par l'impossibilité apparente qu'ils voyoient d'y pouuoir reüssir, à cause du credit & de la puissance de Ranulphe; dequoy Yues de Chartres (la gloire & l'ornement de la France en ce siecle-là) estant aduerty, il les reprit de leur negligence, & les exhorta fortement à rompre les mesures & les desseins de cét vsurpateur. Ses aduis furent dautant mieux receus par nostre Archeuesque & par ses Suffragans, que le Duc Robert estant dans vn peril éminent de perdre son Duché par la vigoureuse maniere dont son frere Henry l'attaquoit; il leur fut aisé de luy faire entendre par la bouche de nostre Prelat, accompagné de celuy d'Evreux, que Dieu ne beniroit point ses armes, & le liureroit entre les mains de son ennemy (comme en effet il arriua) s'il permettoit que Ranulphe opprimast plus long-temps l'Eglise.

GVILLAV-ME I.

IX.
Yue de Chartres leur en écrit, & au Pape.

Ep. 157 ad Paschalem.

X.
Nostre Archeuesque s'en plaint vigoureusement au Duc Robert.

CHAP. XII.
Sommaire.
I.
Election d'un nouuel Euesque de Lisieux

II.
Obstacle à cette élection.

III.
Ranulphe suppose vn autre éleu.

IV.
Sa tromperie est découuerte.

Leurs remonstrances firent impression sur l'esprit du Prince, & ils obtindrent de luy que le Clergé de Lisieux pourroit s'élire vn Pasteur, ce qui fut executé par le choix de Guillaume Archidiacre d'Evreux. Yues de Chartres eust de la joye de l'élection de celuy-cy, tant parce qu'il estoit son amy particulier, que pour l'esperance qu'il auoit que l'établissement de ce nouueau Pasteur, mettroit bien-tost fin à l'injuste domination de Ranulphe, & en fit ciuilité à nostre Prelat, & à l'Euesque d'Evreux: ce qui se voit dans la 149. de ses Lettres, & parce que l'accomplissement de cette affaire fut empeschée par quelques obstacles, il leur escriuit de nouueau pour les animer à acheuer genereusement leur ouurage, & à chasser de Lisieux l'impie Ranulphe & ses enfans, qui est le sujet de sa 153. Epistre. Enfin les choses estant si aduancées qu'il ne restoit plus qu'à sacrer l'Archidiacre, on ne pût passer outre à cause que nostre Archeuesque Guillaume, qui deuoit estre le Ministre de cette ceremonie, estoit suspendu des fonctions Episcopales; le retardement donna occasion à Ranulphe d'inuenter vne fourbe pour tirer les choses en longueur, & auoir tousiours du moins quelque mauuais pretexte pour demeurer dans la jouïssance de ce qu'il auoit vsurpé. Il publia que le Duc auoit donné l'Euesché de Lisieux, à vn certain Ecclesiastique. Sur ce bruit on cite celuy-cy deuant le Metropolitain, & on luy demande s'il pretendoit quelque chose au Siege Episcopal de Lisieux, & par quel titre; mais n'ayant pû montrer aucunes pieces, ny iustifier qu'il eust esté nommé par le Prince, ou élû par le Clergé, on reconnut l'imposture, & on le renuoya auec mespris, comme vn suppost de Ranulphe. On leua aisément la difficulté qu'on auoit fait naistre par l'entremise de ce faux pretendant; mais il n'estoit pas si facile de remedier à celle qu'apportoit la suspension de nostre Prelat, & elle n'embarassoit pas peu l'Archidiacre d'Evreux; Quelques Euesques luy conseillerent d'enuoyer vers le Pape, ou mesme d'aller trouuer sa Sainteté

P p

GVILLAV-
ME I.
V.
Nouueaux ef-
forts pour fai-
re reüssir l'é-
lection du
Chapitre, ren-
du inutils.

pour sçauoir d'Elle par qui il deuoit se faire Sacrer. Yues de Chartres luy donna pour cét effet vne lettre de recommandation (qui est la 157. Epistre) nous ne sçauons pas si l'autre s'en seruit, ny ce qui empescha le succez de son affaire : ce qu'il y a de certain, est qu'il ne fut point Euesque de Lisieux, n'ayant pû vray-semblablement joüir de l'effet de son élection, à cause de l'estrange desordre où estoit la Prouince, qu'Henry Roy d'Angleterre estoit prest d'enleuer à son frere Robert. Que si la confusion où la guerre auoit reduit toutes choses, rendit inutile le bon droit de cét Archidiacre, elle mit fin aussi à l'injuste detention de Ranulphe, qui se vit obligé de lascher sa proye apres la bataille de Tinchebray, où Henry défit & prit prisonnier son frere. Il ne s'enfuit pas neantmoins, mais comme vn vieux Courtisan qui sçauoit tirer auantage de tout, auant que l'armée victorieuse s'approchast, il enuoya vn de ses amis vers le Roy d'Angleterre, pour l'asseurer de son tres-humble seruice, & luy offrir la ville de Lisieux qu'il estoit prest de luy mettre entre les mains, si sa Majesté luy vouloit faire grace & le remettre en possession de son Euesché de Durham. Ce qu'Henry accepta tres-volontiers. Ie ne dois pas obmettre que c'est à cette conjoncture de temps qu'il faut rapporter la 154. lettre d'Yues de Chartres, par laquelle il exhorte le Comte de Meulan (en qui ce Prince auoit beaucoup de creance) de donner des conseils salutaires à son Maistre, & de luy persuader de deliurer le Diocese de Lisieux de l'oppression de ce sacrilege vsurpateur. Ce qui sortit son effet en la maniere que nous venons de dire. Henry vint luy mesme à Lisieux, y conuoqua vne Assemblée de Notables, & y establit pour Euesque Iean Archidiacre de Sez, lequel en receut l'Onction & le Caractere des mains de nostre Prelat Guillaume, alors délié de son interdit.

VI.
La victoire de
Henry sur son
frere Robert,
met fin à ce
desordre.

VII.
Ruse dont se
seruit Ranul-
phe pour ren-
trer en son
Euesché de
Durham en
Angleterre.

VIII.
Henry fait
élire vn autre
Euesque à
Lisieux.

IX.
Guillaume
fait les fune-
railles de Si-
bille, femme
de Robert Duc
de Normandie

Apres auoir raconté de suite & sans interruption cét éuenement qui regardoit le Diocese de Lisieux; pour ne rien oublier, nous sommes obligez de retourner vers l'an 1102. pour dire qu'en ce temps-là mourut Sibille, dont nostre Archeuesque celebra les funerailles, & fit placer le Tombeau au milieu de la nef de la Cathedrale. Elle estoit fille de Godefroy de Conuersane, Prince de Brondusse (ou Brinse) & fut mariée au Duc Robert lors qu'il passa par l'Apoüille à son retour de Ierusalem. De leur mariage sortit vn garçon, à qui nostre Archeuesque administra le saint Baptesme, & imposa son nom, l'appellant Guillaume. Il ne succeda pas à son pere ; toutesfois il ne fut pas reduit à la condition de simple Gentilhomme ; & la faueur du Roy de France l'éleuant presque autant que la mauuaise fortune de Robert l'auoit abbaissé, luy acquit la dignité de Comte de Flandres.

CHAP.
XIII.
Sommaire.
I.
Diuerses par-
ticularitez
arriuées du
temps de cét
Archeuesque.

NOus aurions sujet de parler icy de la ville de Gisors, restituée en 1105. à l'Eglise Metropolitaine par Rodulphe fils de Vvalbert, à qui nostre Prelat donna solemnellement l'absolution ; mais nous traiterons cecy plus à propos dans l'Histoire de la Cathedrale, où nous ferons aussi mention du riche present qu'on fit à cette Eglise, des cheueux de la sainte Vierge, & de la grace dont on vsa enuers les Moynes de S. Seuer

DES ARCHEVESQVES DE ROVEN. 299

de Vire, en leur accordant quelque petite Relique de leur saint Patron. Gᴠɪʟʟᴀᴠ-
Noſtre Archeueſque accompagné de quatre Prelats, dédia le 15. de Iuin ᴍᴇ I.
de l'an 1106. l'Egliſe de Fécan, à la priere de l'Abbé Guillaume de Ros,
qui l'auoit preſque entierement rebaſtie d'vne fort belle ſtructure ; &
aprés la mort de ce digne Religieux arriuée en Mars 1107. ordonna
Preſtre & benit en meſme temps Roger ſon ſucceſſeur, au gouuernement de ce Monaſtere. Leſquelles ceremonies juſtifient que noſtre Prelat
fut abſous des Cenſures dont il eſtoit lié, du plus tard en Iuin de l'année
1106. lequel reſtabliſſement dans les fonctions Epiſcopales, luy fut procuré par les ſoins & les offices de ſon amy S. Anſelme, qui ſollicita cette
affaire auprés du ſaint Siege Apoſtolique par des perſonnes enuoyées
exprés ; & ayant obtenu du Pape l'effet de ſa demande, leut publiquement les lettres de Paſchal ſouuerain Pontife, dans vne Aſſemblée du
Clergé, comme nous l'apprend Eadmerus en ſon Hiſtoire des choſes
nouuelles, liure 4. Au reſte, ce n'eſt pas là la ſeule preuue que nous
ayons de l'eſtime & de l'affection particuliere que ce ſaint Archeueſque
auoit pour le noſtre, il s'en voit encore d'autres témoignages dans les
lettres du Saint ; Comme dans la 33. de ſon douziéme Liure, où le Saint
écriuant au Pape Vrbain, aprés luy auoir demandé quelque Priuilege
„ pour ſon Abbaye, à cauſe diſoit-il qu'il ſe trouuoit pluſieurs Eueſques
„ qui ne ſe plaiſoient pas tant à procurer la conſeruation & l'accroiſſe-
„ ment des Monaſteres par les doux effets d'vne bonté paternelle, qu'à
„ les accabler par le poids d'vne ſeuere & imperieuſe domination ; il ad-
„ jouſte que toutesfois pour le preſent il ne craignoit pas ce malheur,
„ dépendant (comme il faiſoit) de ſon ſaint Pere & fidelle amy Guillau-
„ me Archeueſque de Roüen ; & dans la 68. du 3. Liure, où le Saint agiſ-
ſant ſelon les Loix ſacrées de l'amitié Chreſtienne, qui oblige ceux qu'elle
vnit enſemble, de s'entr'exciter au bien par des aduis ſalutaires ; il exhorte
puiſſamment noſtre Prelat à chaſſer de la Prouince vn petit loup, *a* qui *a* Lupulum,
faiſoit du rauage dans la vigne du Seigneur ; c'eſt ainſi qu'il appelle vn
jeune Abbé fort étourdy & violent, qui pilloit & ruïnoit pluſtoſt qu'il
ne gouuernoit vn Monaſtere, dans lequel il auoit eſté intrus par l'entremiſe de l'Abbé de S. Evroul.

Au meſme temps que Roger élû Abbé de Fécan receut l'honneur
du Sacerdoce, c'eſt à dire le iour de S. Thomas Apoſtre de l'an 1107.
noſtre Prelat augmenta la famille de I. C. de prés de 700. Clercs, dont il
y auoit 120. Preſtres & 244. Diacres. Nous ne pouuons point déterminer ſi ce fut en cette celebre Ordination qu'il ſe trouua en doute ſur ce
qu'il deuoit reſoudre d'vn Souſdiacre qui s'eſtoit fait promouuoir à ce
degré ſans eſtre Clerc ; nous ſçauons ſeulement qu'il conſulta ſur cette
difficulté l'Oracle de France en matiere de Canons, ie veux dire le fameux Yues de Chartres, qui luy répondit, que s'il vouloit ſe tenir à la ri- Ep. 185.
gueur des Loix ſacrées, il pouuoit interdire ce Souſdiacre de l'exercice
de ſon Ordre, & l'empeſcher de monter aux plus hauts degrez ; que ſi
toutesfois le merite de ſa perſonne, ou le bien & l'vtilité de l'Egliſe demandoit de luy qu'il en vſaſt autrement, il pouuoit auſſi luy conferer la

Pp ij

HISTOIRE

GVILLAV-MEI.
Clericature qui luy manquoit, & pour expier sa faute l'obliger de comparoistre en vne posture humiliée aux ceremonies de l'Ordination, non pour y estre ordonné de nouueau, mais seulement pour estre confirmé dans le Subdiaconat; & allegue pour justifier sa réponse vn Rescrit d'Alexandre II. portant vne pareille dispense dans vn cas semblable, comme il se voit au Can. *sollicitudo* dist. 52.

VIII.
Il tint vn Concile à Roüen estant desia fort aagé.

Ordry Vital qui fut fait Prestre par nostre Archeuesque Guillaume en cette nombreuse Ordination de Decembre 1107. nous le designe par des Epithetes qui marquent qu'il estoit fort auancé en âge & tout cassé de vieillesse; il vescut neantmoins encore plus de deux ans, pendant lesquels il continua de s'appliquer auec zéle aux fonctions de sa Charge. Au moins j'apprends de cét Autheur qu'il tint vn Concile en 1108. composé des Prelats & des Abbez de la Prouince, auec lesquels il traita durant plusieurs iours des affaires Ecclesiastiques, & qu'enfin il mourut le 9. de Février 1110. laissant vne bonne odeur de ses vertus, & vne honorable memoire de son Pontificat, nonobstant la disgrace de son interdiction. Il fut inhumé dans le Chapitre des Chanoines, qu'il auoit fait bâtir; & pour conseruer le souuenir de sa pieuse magnificence, & des autres belles qualitez qui auoient éclaté en sa vie pendant trente-deux ans qu'il auoit gouuerné son Diocese, on mit cét Epitaphe dans la muraille qui regarde l'Orient.

Grandæuus Metropolita. Silicernius Præsul. Ord. lib. 11. p. 822.

IX.
Sa mort & sa sepulture.

Dautres disent le 26. Ianuier.

X.
Son Epitaphe.

> *Religio tua, larga manus, meditatio sancta,*
>   *Nos, Guillelme, tuum flere monent obitum.*
> *Quod pius Antistes fueris Clerique benignus,*
>   *Interiora docent, exteriora probant.*
> *Ecclesiæ lumen, decus, & defensio cleri,*
>   *Circumspectus eras, promptus ad omne bonum.*
> *Fratribus hanc ædem cum claustro composuisti,*
>   *Nec tua pauperibus ianua clausa fuit.*
> *Contulit ad victum tua magnificentia fratrum,*
>   *Ecclesias, Decimas, rura, tributa, domos.*
> *Exemplo-que tuo subjectos dedocuisti,*
>   *Verba pudenda loqui, turpia facta sequi.*
> *Fine bono fælix, biduo ter solueris ante,*
>   *Quam pisces solis consequerentur iter.*

ELOGE DE GEOFFROY. 49.

Geoffroy.
An de I. C.
1110.

Chap. I.
Sommaire.
I. Naissance & premiers emplois de Geoffroy.

GEOFFROY prit naissance en Bretagne, & eut vn frere nommé Iudicaël, qui fut Euesque de la ville d'Aleth, que l'on appelle aujourd'huy S. Malo. Le merite de sa science & de sa vertu, & selon quelques-vns l'auantage de son extraction noble, luy acquirent la dignité de Doyen de la Cathedrale du Mans, laquelle il posseda l'espace de plusieurs années. Dés ce temps-là il eut liaison & amitié auec

II. Il fait amitié auec Yues de Chartres.

Yues de Chartres, qu'il consultoit dans les difficultez qui se presentoient dans l'exercice de sa charge, comme il se voit par la 52. Epistre de cét illustre Euesque, adressée à nostre Geoffroy, qui luy auoit demandé son aduis touchant vn certain Ecclesiastique nommé Ebrard, lequel aprés auoir passé de la profession de Clerc seculier à celle de Moyne dans l'Abbaye de Marmonstier, par vn nouueau mouuement de legereté & d'inconstance vouloit sortir de son Monastere, & retourner à son premier

III. Et le consulte sur quelques difficultez.

„ genre de vie ; surquoy Yues de Chartres luy répond, que cét Ebrard
„ n'ayant changé de condition, que parce que son humeur aigre & pre-
„ somptueuse le rendoit insupportable à ceux auec lesquels il viuoit ; nul
„ ne le deuoit admettre à aucun employ qu'auparauant il n'eust diligem-
„ ment obserué quelles estoient presentement ses mœurs & sa doctrine ;
„ que s'il craignoit que cét homme luy fust à charge, il pouuoit libre-
„ ment le refuser comme venant d'vn autre Diocese, & suiuant la dispo-
„ sition des Canons luy preferer quelque Clerc du Maine. Que con-
„ noissant sa sagesse & sa prudence, il s'abstenoit de luy marquer les rai-
„ sons dont il luy seroit aisé de combatre l'importunité de cét inconnu,
„ & que pour conclusion il luy conseilloit d'aduertir l'Abbé de Mar-
„ monstier d'abaisser vn peu l'ambition de son Moyne ; & s'il en estoit
„ besoin, d'vser pour cét effet de la seuerité des Loix regulieres.

IV. Le Comte du Maine l'honora de son estime & de son affection.

Nostre Geoffroy fut aussi particulierement honoré de l'estime & de l'affection d'Helie Comte du Maine, & pensa mesme estre porté sur le Siege Episcopal par sa faueur ; mais l'euenement trompa les esperances de l'vn & de l'autre. Hoël Euesque du Mans estant mort l'an 1097. l'authorité qu'Helie croyoit auoir dans son païs, luy fit entreprendre de donner vn Successeur au deffunt ; de sorte qu'il nomma le Doyen Geoffroy, lequel se tint si asseuré de sa promotion, qu'il prepara vn festin pour regaler ses amis, aprés que le Chapitre auroit confirmé par ses suffrages

V. Il le voulut faire Euesque du Mans, à quoy il ne reüssit.

le choix que le Comte auoit fait de sa personne. Cependant les Chanoines, sans auoir égard aux desseins & aux inclinations de leur Seigneur, elisent promptement vn Euesque ; & la pluralité des voix s'estant rencontrée pour l'Archidiacre Hildebert (que ses écrits rendent assez connu

Pp iij

aux doctes) ils le contraignent de s'asseoir dans la Chaire Pontificale, & se mettent à chanter le *Te Deum laudamus* suiuant la coustume.

<small>GEOFFROY.</small>

<small>VI.
Les Chanoines du Mans maintiennent l'élection qu'ils auoient faite de Hildebert.</small>

Le Comte aduerty de ce qui se passoit, en fut fort irrité, & dans les premiers mouuemens de sa colere voulut maintenir la nomination de Geoffroy. Mais le Clergé luy ayant remontré que l'élection d'Hildebert auoit esté faite auec toutes les formes requises par les Canons; & qu'ainsi estant plûtost vn ouurage Diuin, qu'humain, il n'estoit pas juste qu'elle fut destruite par le choix d'vn Seigneur temporel. Comme il estoit homme de probité, il se desista de son entreprise, & consentit à la déliberation du Chapitre.

<small>VII.
Henry Roy d'Angleterre le prend en affection.</small>

Geoffroy demeura donc dans sa charge de Doyen du Mans, sans monter à l'Episcopat, Dieu le reseruant pour vne dignité encore plus sublime; en suite il acquit la connoissance, & eut part aux bonnes graces d'Henry Roy d'Angleterre & Duc de Normandie, soit par son merite personel, ou par l'entremise & la recommandation du mesme Comte Helie, vn des principaux alliez & des plus intimes confidens de ce Prince. Au moins sont-ce-là les causes les plus vray-semblables que nous puissions nous figurer de la bien-veillance qu'Henry luy témoigna, lors qu'après la mort de nostre Prelat Guillaume, il le fit venir en Angleterre, & le nomma à l'Archeuesché de Roüen l'an 1111.

<small>VIII.
Et luy confere l'Archeuesché de Roüen.</small>

CHAP. II.

<small>Sommaire.
I.
Il enuoye à Rome après sa promotion.</small>

APrés qu'il fut Sacré, & pleinement estably dás le gouuernement de son Diocese, il enuoya des Ecclesiastiques vers le Pape pour l'asseurer de ses respects & de ses soûmissions; & non content de cét hommage rendu par Procureur, il obtint, quoy qu'auec peine, permission du Roy d'aller luy mesme protester l'obeïssance au saint Siege, comme s'il eust craint de receuoir vne reprimande pareille à celle que Gregoire VII. auoit fait à son Predecesseur. Toutesfois j'estime qu'il ne fit pas ce voyage, & qu'il en fut détourné par quelque obstacle qui l'arresta en Normandie; du moins le silence de nos Historiens, qui n'en parlent point, me donne lieu d'en douter, & nous aurions ignoré qu'il forma ce dessein, si la 254. lettre d'Yues de Chartres ne nous apprenoit cette particularité. Voicy ce que ce Prelat, qui estoit amy du nostre, écriuit sur ce sujet au Pape Paschal.

<small>II.
Il prend resolution d'y aller en personne.</small>

<small>III.
Yues de Chartres escrit au Pape en sa faueur.</small>

„ NOus prions vostre Sainteté [a] pour Monseigneur Geoffroy Archeuesque de Roüen, lequel enfin a obtenu de son Prince (qui „ est le Roy d'Angleterre) la permission d'aller en personne rendre ses „ deuoirs au Siege Apostolique, qu'il n'a pas manqué de visiter par Pro„ cureur en temps conuenable. S'il a differé jusqu'à present, nous ne „ croyons pas que cela luy doiue estre imputé comme vne espece de „ mépris; & il ne seroit pas juste de s'offenser d'vn retardement que la „ necessité a fait naistre, & qui n'est pas arriué par sa negligence. Nous „ nous employons volontiers à interceder pour luy, sçachant tant par „ nostre propre experience, que par le rapport d'autruy, qu'il est hom„ me d'honneur, & capable de rendre seruice, & qu'il a paru tel dés sa „ jeunesse. C'est pourquoy nous remercions nostre Seigneur de sa pro„ motion, & de ce que l'ayant fait seoir à sa table (par la vocation au

<small>a *Au Latin*, Paternam discretioné.</small>

<small>IV.
Loüanges qu'il luy donne.</small>

DES ARCHEVESQVES DE ROVEN. 303

„ Sacerdoce) il luy a en suite ordonné de monter plus haut, & de GEOFFROY.
„ prendre place ᵃ en vn siege plus éleué, & souhaitant qu'il puisse si bien ᵃ Il fait allu-
„ s'affermir dans cette assiette éminente, qu'il soit dans la Maison de sion à vn pas-
„ Dieu comme vne colomne ferme & inébranlable : Nous supplions Luc chap. 4.
„ auec raison vostre prudence Apostolique, de vouloir contribuer à l'ac-
„ complissement de nos desirs.

V.
Le témoigna-
ge de cét Au-
theur est de
grand poids.

Ces paroles justifient ce que ie viens de dire touchant ce voyage de Rome; mais ce qui m'a encore porté à les produire icy, c'est que Yues de Chartres ayant esté vn Prelat plein de zéle & de sincerité, & qui ne sçauoit ce que c'estoit que de flater personne, on peut faire fondement sur le témoignage qu'il y rend au Pape du merite & des bonnes qualitez de nostre Archeuesque. A quoy s'accorde Ordry Vital, ᵇ lors qu'il as- ᵇ Lib. 12 p.

VI.
Ce qu'Ordry
Vital a escrit
de luy.

„ sure que Geoffroy auoit beaucoup de doctrine & d'éloquence; qu'il 840.
„ employa ses beaux talens à l'instruction du Clergé & de son Peuple,
„ & que son Gouuernement fut auantageux à l'Eglise. Il est vray qu'il
„ eut ses deffauts, & que pour ne s'estre pas estudié à moderer l'impe-
„ tuosité de son naturel prompt & ardent, il fut seuere, rigoureux & fa-
„ cile à se mettre en colere, laquelle passion faisoit degenerer son zéle
„ en des emportemens indiscrets, & son éloquence en vne profusion
„ de paroles inutiles. C'est le jugement qu'en fait cét Autheur à l'oc-
„ casion d'vn accident fascheux où ce Prelat s'engagea, comme nous le
„ dirons en son lieu.

VII.
Il passe en
Angleterre,
où il dédie
l'Eglise de
S. Alban.

Matthieu Paris témoigne que Geoffroy passa en Angleterre l'an 1116. (ce qui estoit assez ordinaire en ce temps-là, que ce Royaume & la Normandie dépendoient d'vn mesme Prince, nos Prelats estant obligez de se transporter à la Cour ou par l'ordre du Roy, ou pour les affaires de leur Diocese) Estant en ce païs, il y consacra l'Eglise de l'Abbaye de saint Alban au Diocese de Herford, qui est vn illustre Monastere de l'Ordre de S. Benoist, fondé vers l'an 755. par Offa Roy des Merciotes, & réta- bly par S. Lanfranc Archeuesque de Cantorbery, lequel y mit pour Abbé vn Moyne de S. Estienne de Caën, comme on peut voir dans cét Historien Anglois qui en estoit Religieux, & qui en a décrit amplement les Antiquitez & les plus remarquables éuenemens. Cette Dédicace se

VIII.
Solemnité de
cette Dédica-
ce.

fit le iour des SS. Innocens, en presence du Roy, de la Reyne, & de plusieurs autres personnes de marque. La vaste estenduë de cét édifice Sacré, fut cause que la ceremonie dura long-temps, & fatigua si bien nostre Archeuesque, qu'il fut obligé de se reposer, & de laisser acheuer à Robert Euesque de Lincolne, la consecration qu'il auoit commencée.

CHAP.
III.
Sommaire.
I.
En quel estat
estoit la Pro-
uince de Nor-
mandie en
1118.

II.
Concile tenu

DEux ans aprés, sçauoir l'an 1118. la Normandie estant attaquée sur la Frontiere, par les armes de Loüis le Gros Roy de France, qui estoit entré en guerre contre Henry, & troublée par la rebellion de quan- tité de Seigneurs qui s'estoient souleuez contre leur Souuerain, tant pour leurs interests particuliers, qu'en faueur de Guillaume fils du Duc Robert qu'ils vouloient mettre en possession de la Couronne Ducale, dont son pere (qui estoit prisonnier en Angleterre) auoit esté dépoüillé; on tint vn Concile, ou comme veulent d'autres, les Estats de la Prouince, à

Roüen, le septiéme d'Octobre, à laquelle Assemblée se trouuerent Henry Roy d'Angleterre, Conrad Legat du Pape Gelase II. Raoul Archeuesque de Cantorbery, nostre Prelat Geoffroy auec quatre de ses Suffragans; sçauoir Richard de Bayeux, Iean de Lisieux, Turgis d'Avranches, Roger de Coutances, & plusieurs Abbez & personnes de condition. Serlon Euesque de Sez ne put y estre present à cause de son infirmité, sur laquelle il se fit excuser, ny Audoüin Euesque d'Evreux, qui se vit reduit à demeurer dans sa Ville pour tascher de la deffendre de l'inuasion des ennemis ; mais elle fut prise le iour mesme de la celebration de ce Concile, où l'on traita des moyens de pacifier les troubles, & de restablir la tranquillité publique. Nostre Archeuesque y harangua sur l'estat où estoient les affaires Ecclesiastiques de la Prouince. Conrard (dont l'éloquence estoit singuliere) y fit de grandes plaintes contre l'Empereur Henry! & l'Antipape Burdin, que ce Prince auoit intrus au S. Siege; & aprés auoir representé auec beaucoup de vehemence, l'horrible persecution que souffroit l'Eglise de la part des Schismatiques qui auoient contraint Gelase de se retirer en France, il exhorta l'Assemblée à prier Dieu pour sa Sainteté, & à la secourir mesme de quelque somme d'argent. Nous ne sçauons pas ce qui fut resolu sur les matieres proposées. Quant à ce qui concerne le Pape, il est certain qu'il ne manqua de rien, ayant esté bien assisté des offrandes des Fidelles ; mais il ne vescut que trois ou quatre mois aprés son arriuée en France, estant mort le 29. de Ianuier de l'an 1119. au Monastere de Cluny.

a Charles, selon Ordry Vital, mais c'est vne erreur.

L'Eglise de Roüen ressentit d'vne façon particuliere les funestes effets de cette guerre d'entre les deux Roys, par la perte d'vn de ses plus riches domaines ; sçauoir de la ville d'Andely, qui fut prise par la trahison d'Ascelin qui en estoit le Gouuerneur, ou du moins vn des principaux Officiers de la Garnison. Nostre Prelat Geoffroy ayant plaidé long-temps contre ce Gentilhomme, & fait saisir son bien faute de rentes non payées, comme veut vn de nos Historiens ; celuy-cy irrité de cette rigoureuse procedure que plusieurs ne trouuoient pas legitime, resolut de s'en vanger hautement ; & pour y paruenir, ferma les yeux à toutes les considerations d'honneur & d'amour pour son païs. Poussé donc de la violence de sa passion, il se transporte à Pontoise, où estoit Loüis le Gros, & luy promet de le mettre en possession d'Andely s'il veut le receuoir au nombre de ses seruiteurs. Ce Prince accepte ses offres auec joye ; conuient auec luy des moyens de prendre la place, & luy donne quelques soldats d'élite. Ascelin reuient auec sa troupe, qu'il cache le soir dans vne grange qui luy appartenoit : Le Roy le suiuit auec vn petit corps d'armée, & se rendit de grand matin auprés de la Ville. A son arriuée les Habitans s'alarment, & taschent de se mettre en deffence; auquel instant Ascelin sort de la grange auec ses soldats, & vsant du cry ordinaire aux Sujets du Roy d'Angleterre, entre dans la place comme pour la deffendre & repousser l'ennemy ; mais dés qu'il est entré il leue le masque, & criant *S. Denis mon joye*, signal des François, se saisit des portes, escarte la garde & les bourgeois, & liure la ville au Roy de France.

DES ARCHEVESQVES DE ROVEN.

VII. *Le Commandant se sauue en l'Eglise de nostre-Dame comme en vn Azile.*

France. Cependant Richard, fils naturel de Henry, surpris d'vne si prompte attaque, se retire auec les siens dans l'Eglise de nostre-Dame, comme dans vn Azile sacré, ce qui luy reüssit; car Loüis par vn sentiment de Religion ne le voulut pas forcer dans ce saint Edifice, & luy permit de sortir & d'aller où il luy plairoit. La Garnison Françoise que le Roy y laissa, ne fut pas si respectueuse enuers cét auguste Temple, puisqu'elle ne craignit point de le prophaner en le faisant seruir d'étable à leurs cheuaux; mais ce sacrilege ne demeura pas impuny, & attira sur ces impies la vengeance Diuine. Nostre Archeuesque touché de cette prophanation & de la perte de cette Ville, les excommunia auec leurs Chefs, mais ceux-cy se mirent peu en peine de telles Censures, & ne se presserent pas beaucoup de s'en faire absoudre.

VIII. *L'Archeuesque excommunie les Soldats qui auoient prophané cette Eglise.*

CHAP. IV. *Sommaire.*
I. *Concile tenu à Reims par le Pape Caliste.*

CEtte mesme année le Pape Calliste, successeur de Gelase, tint au mois d'Octobre vn Concile à Reims, pour tâcher de rendre la paix à l'Eglise, alors fort troublée par les Schismatiques, dont estoit Chef l'Empereur Henry, qui auoit promis de se trouuer en cette auguste Assemblée, & d'y traiter d'accommodement. Outre le souuerain Pontife, il y eut en ce Synode quinze Archeuesques, plus de deux cens Euesques, & quantité d'Abbez, & d'autres personnes de consideration. Henry Roy d'Angleterre permit aux Prelats de son Royaume & de son Duché de Normandie de s'y transporter, leur recommandant de n'y former aucunes plaintes les vns contre les autres, puisqu'il pouuoit luy-mesme leur rendre justice; de saluër en son nom Sa Sainteté, & d'écouter auec respect les propositions & les Ordonnances qu'Elle y feroit, mais de ne pretendre pas à leur retour rien innouer dans la Police de ses Estats. Nostre Archeuesque Geoffroy y alla donc auec ses Suffragans, vn desquels (sçauoir l'Euesque de Bayeux) y fut Sacré par le Pape. Loüis le Gros, Roy de France, s'y rendit aussi; & comme il estoit fort éloquent & fort animé contre le Roy d'Angleterre son ennemy, il fit éclater son ressentiment par vn long discours, l'accusant d'auoir vsurpé la Normandie sur le Duc Robert son pere, qu'il detenoit encore prisonnier; d'auoir dépoüillé son neueu Guillaume de l'heritage de son pere; d'auoir violé le droit des gens, en arrestant Robert de Bellesme son Ambassadeur; d'auoir sousleué contre luy Thibaut Comte de Champagne, Vassal de la Couronne de France, & de plusieurs autres choses de cette nature. Ce qu'entendant nostre Archeuesque, il se leua auec ses Suffragans, & commença à défendre la cause de son Prince, & à répondre aux accusations de Loüis: Mais il s'éleua si grand bruit dans la Salle, qu'il luy fut impossible de continuër sa harangue, les François n'ayant voulu luy permettre de justifier la conduite & les armes de Henry, qui les auoit nouuellement vaincus à Breteüil, comme s'ils eussent crû pouuoir effacer la honte de leur défaite par la foible gloire d'auoir fermé de cette sorte la bouche à nostre Prelat.

II. *Le Roy d'Angleterre permet à ses Prelats d'y assister, sous de certaines conditions.*

III. *Le Roy de France y déclame fort éloquemment contre luy.*

IV. *L'Archeuesque de Roüen s'estant mis en deuoir de défendre la cause de son Prince, en est empesché.*

V. *Le Pape promet de se rendre mediateur de la paix entre les deux Rois.*

Mais Calliste desirant satisfaire les deux partis, promit de s'entremettre pour les accorder, & d'aller mesme en personne vers le Roy d'Angleterre pour le porter à faire la paix, aprés qu'il seroit de retour du

GEOFFROY. Pontamousson, où il deuoit se rendre en compagnie des Archeuesques de Reims & de Roüen pour conferer auec l'Empereur. C'est chose

VI.
Il voulut auparauant conferer auec l'Empereur en compagnie de nostre Archeuesque & de celuy de Reims.

estrange, que le Pape jugea d'abord si auantageusement des intentions de ce Prince Allemand, que ses fourbes & ses violences luy deuoient rendre si suspect, & que dans cette pensée il se mit en chemin pour traiter auec luy; mais s'estant auancé vers la Frontiere de France, il apprit que l'Empereur estoit proche auec vne armée de trente mille hommes. Sur lequel aduis, les Députez du Concile qui estoient auec Calliste, ne voulurent point permettre à Sa Sainteté de passer outre, & luy ayant fait trouuer bon de demeurer dans vn Chasteau dépendant de l'Archeuesché de Reims, ils continuërent seuls leur voyage à Pontamousson. La confe-

VII.
A quoy aboutirent les conferences auec ce Prince.

rence qu'ils eurent auec ce Prince Schismatique fut inutile, & il parut bien que celuy-cy ne l'auoit souhaitée que pour arrester le Pape, comme il auoit fait autrefois à l'égard de Paschal II. Quelques-vns neantmoins disent qu'il consentit de receuoir tous les Decrets du Concile, à la reserue de celuy qui regardoit l'inuestiture des biens Ecclesiastiques. Quoy qu'il en soit, Calliste estant retourné à Reims, fulmina de nouueau Excommunication contre luy.

Anno 1111. Simeon Dunelm. ad an. 1119.
Il est probable qu'il voulust retenir toutes les inuestitures en general, tant celles qui regardoient les dignitez que celles qui regardoient les biens de l'Eglise.

VIII.
Le Pape vient trouuer le Roy d'Angleterre à Gisors.

Aprés la conclusion du Concile, le Pape vint trouuer à Gisors le Roy d'Angleterre, qui receut auec toutes les marques d'vn profond respect & d'vne sincere affection celuy qu'il reueroit comme Pasteur vniuersel de l'Eglise, & cherissoit comme son parent. Calliste l'exhorta fortement à la paix, luy fit recit de ce qui s'estoit passé à Reims, luy exposa les plaintes du Roy de France, & le pressa de deliurer le Duc Robert son frere. A

IX.
Raisons de Henry pour sa iustification.

quoy Henry répondit qu'il n'auoit point priué Robert, ny de sa liberté ny de ses Estats, puisqu'il s'en estoit dépoüillé luy-mesme en s'assujettissant honteusement à de petits Tyrans qui luy commandoient absolument, opprimoient le peuple, & affligeoient l'Eglise de la derniere desolation; qu'il n'estoit venu en Normandie qu'à la priere des gens de bien qui l'auoient appellé pour estre leur Liberateur, & qu'en conquestant cette Prouince, il ne l'auoit pas tant ostée à son frere, que retirée des mains de ces cruels vsurpateurs, qui s'estoient mis en possession de l'heritage de ses peres; qu'aprés sa victoire il auoit tâché de restablir toutes choses dans le païs, & de faire regner la justice & la tranquillité où il n'y auoit auparauant que de la violence, du trouble, & de la confusion. Que quant à son neueu Guillaume, il luy auoit offert trois Comtez en Angleterre; que ce n'estoit point luy qui auoit le premier rompu la paix auec le Roy de France, qu'il ne s'estoit porté à la guerre qu'aprés auoir esté outragé de ce Prince, qui se declaroit le Protecteur de tous ses ennemis, & par ses persuasions & ses promesses excitoit ses Sujets & ses Vassaux à luy dénier obeïssance; & qu'enfin il estoit tout disposé à vn accommodement, pourueu qu'on reparast les dommages qu'on luy auoit causez.

X.
Le Pape conclus la Paix entre les deux Couronnes.

C'est ainsi qu'Henry tâcha d'excuser la rigueur que son ambition luy faisoit exercer enuers son frere, (le mauuais gouuernement duquel ne luy auoit pas donné droit au Duché) & montra la justice de la guerre qu'il

DES ARCHEVESQVES DE ROVEN. 307

auoit contre le Roy de France. Le Pape ne put obtenir de luy la liberté du Duc Robert, mais il le fit condescendre à la Paix auec Loüis le Gros, laquelle ayant esté peu de iours aprés concluë au contentement des deux partis, fut l'heureux fruit du voyage de sa Sainteté aux confins de Normandie.

CHAP. V.
Sommaire.
I. L'Archeuesque Geoffroy tient vn Concile à Roüen.
II. Six Decrets du Concile de Reims y sont renouuelez.

NOstre Archeuesque Geoffroy estant de retour à Roüen, y assembla vn Synode Diocesain, où son humeur seuere & impetueuse luy fit commettre vne action autant digne de blâme, qu'elle causa de scandale parmy les Fideles, & apporta de préjudice à son honneur. On auoit fait six Decrets au Concile de Reims; le premier & cinquiéme contre les Simoniaques; le deuxiéme contre les Laïques qui entreprenoient de conferer l'inuestiture des Euesches & des Abbayes; le troisiéme contre les vsurpateurs des biens d'Eglise; le quatriéme pour empescher la succession hereditaire dans les Benefices; & le dernier contre l'impureté & l'incontinence des Clercs, ainsi qu'on peut voir plus amplement dans Ordry Vital liure 12. page 863. & chez Simeon Moyne de Durham, page 239. Geoffroy publia ces Loix sacrées dans ce Synode, & deffendit

III. Celuy pour la continence des Clercs y cause grand bruit.

sous peine d'excommunication à ses Ecclesiastiques d'entretenir chez eux de femmes; ceux-cy s'offençant de cette Ordonnance qui leur sembloit trop rigoureuse, commencerent à murmurer, & particulierement vn nommé Albert, qui estant homme capable & éloquent, voulut faire quelque remontrance, mais nostre Archeuesque ne luy en donna pas le loisir, car aussi-tost il le fit prendre & mener en prison, au grand estonnement de ses Confreres, qui ne sçauoient s'ils deuoient se retirer ou demeurer en la place. Cependant Geoffroy se laissant emporter à la colere

IV. L'Archeuesque fait mettre prisonnier vn Ecclesiastique qui vouloit parler contre.
V. Autres fascheux accidents arriuez en suite.

& à l'impetuosité de son esprit chaud & ardent, descend de sa Chaire, sort de l'Eglise, & y enuoye des gens armez de bastons & d'épées, qu'il auoit mandez exprés auant l'Assemblée, comme s'il eut craint que la publication de ce Decret touchant l'honnesteté Sacerdotale, n'attirast sur luy le mesme insulte qu'auoit receu cinquante-trois ans auparauant, Iean son Predecesseur. Ces satellites entrent donc tumultuairement dans la Cathedrale, frappent indignement ces Ecclesiastiques qui conferoient ensemble, & les obligent de fuir. Toutesfois les plus resolus, ou pour mieux dire les moins patiens d'entre ceux-cy, s'estans joints, se mirent en deffense, & repousserent à coups de pierre ces hommes armez, qui honteux de se voir ainsi battus, grossissent leurs Troupes de quelques Artisans & valets de leur connoissance, & retournant à la charge, outragent, frappent, & blessent sans distinction tous ceux qu'ils rencontrent dans l'Eglise, ou dans le Cimetiere. En quoy ils agirent auec si peu de discernement & tant d'insolence & de fureur, qu'ils n'épargnerent pas mesme de venerables Vieillards qu'ils trouuerent prians Dieu, du nombre desquels estoient Hugues de Longueuille & Anquetil de Cropus Chanoines, & crûrent leur faire beaucoup de grace de ne les pas tuer. C'est ainsi que la Metropolitaine fut malheureusement soüillée du sang des Prestres, & le Synode Diocesain changé en vne funeste Tragedie.

VI. L'Archeuesque reconcilie

Geoffroy tout confus & tout triste d'vn si grand scandale, se tint

Qq ij

GEOFFROY. *l'Eglise Cathedrale aprés ce desordre.* quelque temps caché dans vne des Chambres de l'Hostel Archiepiscopal ; d'où en suite il sortit, aprés que le tumulte fut entierement appaisé ; & s'estant rendu en la Cathedrale, il prit vne Estole & de l'Eau beniste, & assisté de quelques Chanoines, il reconcilia cette Eglise prophanée.

VII. *Le Roy n'en voulut point prendre connoissance.* Le Roy Henry apprit auec déplaisir ce fascheux accident ; mais soit qu'il fut totalement occupé à d'autres affaires (ainsi que dit Ordry Vital) ou qu'il ne voulut point connoistre d'vn differend qui s'estoit passé entre des Ecclesiastiques, il ne fit justice ny aux particuliers qui auoient esté offensez, ny au public, à qui sans doute il estoit deu vne reparation insigne pour vn desordre si extraordinaire.

VIII. *L'Archeuesque effaça depuis cette tache par plusieurs belles actions.* Cét euenement scandaleux fut vne vilaine tache à la reputation de Geoffroy ; mais il y a beaucoup d'apparence qu'il prit soin de l'effacer, & que se corrigeant sur sa propre faute, il vsa le reste de sa vie d'vne conduite plus sage & plus reglée dans l'administration de son Diocese. Au moins si on excepte le tumulte de ce Synode, nous ne voyons point qu'on le blasme d'aucune action, & les anciens Autheurs qui ont parlé de luy, l'ont tous fait auec éloge.

CHAP. VI.

Sommaire.
I. *Geoffroy establit des Chanoines Reguliers à la ville d'Eu.*

CEtte mesme année il se trouua à l'établissement des Chanoines Reguliers dans l'Eglise de Nostre-Dame d'Eu, fait par les soins de Henry Comte & Seigneur temporel de cette Ville, qui veritablement ne fonda pas de nouueau cette Abbaye ; mais qui fit en sorte par son authorité, que les Chanoines qui viuoient auparauant separément & en desordre, se joignirent ensemble pour viure en commun & sans posseder rien en propre, suiuant l'ancien vsage de l'Eglise, heureusement renouuelé en ce siecle-là par le zéle du sçauant & pieux Yues de Chartres.

II. *Et prend sous sa protection cette Abbaye.* De plus il voulut que cette Abbaye fut sous la protection particuliere de nostre Prelat & de ses Successeurs, comme il paroit par sa Charte. „ Geoffroy y donna son consentement en ces termes. Ie confirme cette „ presente institution de Chanoines Reguliers de la ville d'Eu, & ie dé- „ fends à qui que ce soit sous peine d'excommunication d'y contredire, „ ny de l'empescher en façon quelconque.

III. *Donation faite à l'Abbaye de S. Martin de Pontoise presence de ce Prelat.* I'ay leu dans le Cartulaire de l'Abbaye de S. Martin de Pontoise, que Foulchard ou Foulques frere de Richard, & fils de Thierry de Montmorancy estant malade de la maladie dont il déceda quelque temps aprés, fit venir chez luy Thibault Abbé de ce Monastere pour se confesser à luy, & estre aidé par ses saintes exhortations à mourir de la mort des justes ; & qu'alors en presence de nostre Archeuesque Geoffroy, il donna à cette Abbaye de S. Martin en perpetuelle aumosne pour le repos de son Ame & de celles de ses predecesseurs, l'Eglise de S. Leu, auec toutes les oblations & toutes les dixmes qui en dépendent. A laquelle donation furent encore presens Richard Archidiacre de Roüen, Roger Chanoine, Roger Archidiacre de S. Mellon, Yues Doyen, Guillaume Clerc.

IV. *Il assiste à la Dedicace de la Cathedrale du Mans.* L'Histoire des Euesques du Mans nous apprend aussi que Geoffroy assista à la Dédicace de l'Eglise Cathedrale du Mans, qui fut faite en

1120. sous le Pontificat d'Hildebert Euesque de cette ville-là, & qu'il consacra l'Autel de S. Iulian.

V.
Il signe à vne donation de Henry Roy d'Angleterre pour Bonnenouuelles.

Nostre Archeuesque signa à vne Charte de donation & de confirmation des donations faites auparauant au Prieuré de Nostre-Dame du Pré ou de Bonnenouuelles prés de Roüen, par Henry I. Roy d'Angleterre & Duc de Normandie, en datte de l'an 1122. ainsi que le pourra dire plus amplement celuy qui traitera des antiquitez de cette sainte Maison, s'il employe les memoires que ie luy ay communiqué.

VI.
Boson élû quatriéme Abbé du Bec, refuse de se soûmettre à son élection.

Il se voit dans la vie du venerable Boson quatriéme Abbé du Bec, que nostre Prelat contribua beaucoup à son establissement en cette dignité, & rendit en cela de bons offices aux Religieux de ce Monastere. Aprés la mort de l'Abbé Guillaume, qui fut le troisiéme Superieur de cette celebre Communauté, on assembla le Chapitre pour luy élire vn Successeur, & tous les suffrages appellerent à cét employ Boson, qui exerçoit alors la charge de Prieur; mais il s'opposa opiniastrement à l'effet de son élection, alleguant pour excuse la foiblesse de sa santé. Les

VII.
Les Moynes veulent interposer l'authorité du Roy, qui ne leur est fauorable.

Moynes voulurent interposer l'authorité Royale pour vaincre sa resistance; & à cette fin allerent saluër Henry qui assiegeoit Briosne (car quelques Seigneurs s'estoient reuoltez contre luy pour les interests de Guillaume de Normandie) mais ce Prince bien loin d'aggréer le choix qu'ils auoient fait de Boson, l'improuua, sur l'aduis qu'il auoit eu que si celuy-cy agissoit selon ses maximes, il refuseroit de luy prester serment de fidelité suiuant la coustume du païs.

CHAP. VII.

Sommaire.
I. *Geoffroy & Iean Euesque de Lisieux font proceder à vne nouuelle élection.*
II. *Ils commandent à Boson d'accepter cette seconde élection.*

LEs choses estant en cet estat, nostre Archeuesque Geoffroy, homme prudent & honorable (dit le texte Latin) & Iean Euesque de Lisieux, vinrent au Bec, & exhorterent les Religieux à s'élire vn Chef. On tint Chapitre où ces Prelats furent presens, & les voix se rencontrerent encore pour Boson, deuant lequel toute la Communauté se prosterna, le suppliant d'accepter la conduite de l'Abbaye; Ce que nostre Archeuesque luy ordonna aussi premierement par forme de priere, puis par vn commandement absolu, & comme l'on dit, en vertu de la sainte obedience. Mais Boson demeuroit toûjours ferme dans sa premiere resolution, pretextant son refus de la consideration de son infirmité corporelle, jointe à quelques raisons secretes & importantes qui le rendoient (disoit-il) également incapable & indigne de cette charge.

III. *Il dit à ces Prelats les raisons qui l'obligent de n'y point consentir.*

Alors nostre Prelat luy dit, estes-vous Moyne? ie voudrois bien l'estre, dit le Prieur. En verité repliqua l'Archeuesque, quand vous auriez tué vingt hommes ie ne laisserois pas de vous choisir pour Abbé, voyant l'estime & l'affection qu'ont pour vous vos Confreres. Ie n'ay iamais tué personne repartit Boson, lequel en mesme temps tira en particulier les deux Prelats, & leur dit que la cause principale qui l'obligeoit de resister si fortement à sa promotion, estoit que le Pape luy auoit défendu de faire hommage à aucun Laïque; & que pour cette raison il fuyoit la dignité Abbatiale, de peur qu'en l'acceptant il ne se vit reduit à la triste necessité ou de desobeïr au Souuerain Pontife en prestant serment au Roy suiuant l'vsage, ou d'offenser son Prince

GEOFFROY
IV.
Explication de ces raisons.

en luy refusant cette marque de soûmission. Pour l'intelligence dequoy, il est bon d'obseruer que Boson pouuoit auoir eu cette défense du Pape Vrbain lors qu'il assista en 1095. au Concile de Clermont en qualité de Procureur de Saint Anselme Archeuesque de Cantorbie, si ce n'est qu'on ne l'entende simplement d'vn des Decrets de ce Synode, qui portoit que les Abbez ne receuroient point leur dignité de la main des Princes ny de celle d'aucun Laïque. Mais de quelque façon qu'on le prenne, ce Religieux du Bec ne deuoit estre arresté par cette consideration, dautant que par l'accord fait depuis (sçauoir

V.
Henry auoit renoncé aux inuestitures par l'Anneau & le baston Pastoral.

en 1107.) entre le Pape Paschal & Henry Roy d'Angleterre, celuy-cy auoit veritablement renoncé aux inuestitures *par l'Anneau & le baston Pastoral*; fameux sujet de tant de differents d'entre les Pontifes Romains & les Princes seculiers; mais il estoit conuenu que les Euesques & les Abbez luy feroient hommage, aprés qu'ils seroient élûs. Aussi l'Euesque de Lisieux improuua fort ce scrupule de Boson; mais nostre Prelat quoy que sans doute il fut dans les mesmes sentimens que son Suffragant, condescendit à cette foiblesse d'esprit auec vne sage moderation, & sans luy rien dire de desobligeant, retourna au Chapitre, & declara aux Moynes

Sapientiæ tulit (dit nôtre Texte.)

VI.
On députe de nouueau vers le Roy pour Boson, mais sans effet.

que l'excuse qu'apportoit leur Prieur ne l'empescheroit point (Dieu aidant) d'estre leur Abbé. En suite on députa les plus considerables du Monastere pour aller supplier le Roy d'auoir agreable l'élection de Boson; mais le Prince bien loin de receuoir fauorablement leur Requeste, leur ordonna d'en élire vn autre. Cependant nostre Prelat sollicitoit instamment pour eux; & vn iour qu'il pressoit le Roy de leur faire grace,

VII.
L'Archeuesque obtient enfin du Roy l'effet de leurs prieres.

,, & de ratifier leur deliberation, le Prince luy dit, vous vous employez ,, pour vn Moyne qui ne voudra me faire hommage, ny vous professer ,, obeïssance. Sire, repartit Geoffroy, que vostre Majesté ne regarde en ,, cela que ses interests, car pour les miens, ie m'accommoderay aisément ,, auec ceux du Bec. Pendant que nostre Archeuesque agissoit ainsi pour ces bons Religieux, ceux-cy de leur part estoient dans de continuelles prieres, afin qu'il plûst à Dieu de toucher le cœur du Roy, lequel enfin s'estant laissé fléchir à leurs supplications, confera sans autre formalité que de la simple parole, la charge d'Abbé à Boson, & accompagna cette

VIII.
Paroles fort obligeantes que le Roy dit à ce nouuel Abbé.

faueur de ce mot obligeant, *Gardez le dedans du Monastere, & moy i en garderay le dehors*. L'aduertissant par là de veiller sur tout à y bien faire obseruer la Regle, sur l'asseurance qu'il luy donnoit qu'il protegeroit & conserueroit les biens de sa Communauté; ce qui arriua, Boson ayant receu depuis beaucoup de graces, & esté mesme honoré de la confidence du Prince.

CHAP. VIII.
Sommaire.
I.
Geoffroy installe luy-mesme l'Abbé.

NOstre Archeuesque voyant que le Roy auoit traité si fauorablement les Moynes, voulut faire le mesme. Dans ce dessein il se rendit au Bec le iour de la Pentecoste; & comme le Chantre à l'heure de Tierce entonnoit le *Veni Creator*, il entra au Chœur, & prenant par la main Boson, il le plaça dans la Chaire d'Abbé. Ainsi l'élû fut mis en possession de sa dignité: mais quand à sa Benediction, elle ne se fit que huit iours aprés dans l'Eglise Metropolitaine. Auant la ceremonie, Boson

DES ARCHEVESQVES DE ROVEN. 311

II.
Lequel luy propose ses difficultez touchant la profession.

pria nostre Prelat de ne point le contraindre à luy faire profession, ne pouuant s'y soûmettre dans la connoissance qu'il auoit que toute sa Communauté en seroit fort scandalisée. A quoy Geoffroy repartit, qu'il le laissast faire, & que tout iroit bien. Au milieu de la Messe, Boson se presenta suiuant la coustume pour receuoir la Benediction ; & l'Archeuesque commença à luy faire les interrogations ordinaires, ausquelles il répondit conuenablement & au gré de chacun. Mais lors qu'on vint à cet Article où il est dit, voulez-vous estre obeïssant à cette Eglise, à moy & à mes legitimes successeurs. Comme il eust répondu, *Volo*, ie le veux,

III.
Ce qui arriua pendant la ceremonie & suites de cette profession.

quelques Ecclesiastiques qui estoient presens à la ceremonie, le presserent de dire le mot de *Profiteor*, ie le Professe, mais Boson dit derechef *Volo*, ie le veux. Ceux-cy n'en estant satisfaits, luy firent nouuelle instance, mais l'Abbé ne changea point de langage, & dit pour la troisiéme fois *Volo*, & *ex corde Volo*, ie le veux, & de bon cœur ie le veux. Alors

IV.
Le Legat fait cesser cette contestation, & Boson est beny.

Iean, Legat de la sainte Eglise Romaine, qui assistoit par hazard à cette ceremonie, prit sa deffense ; disant à ces formalistes, n'entendez-vous pas ce qu'il vous dit, que voulez-vous dauantage ? Lesquelles paroles ayant fait cesser cette contestation, nostre Archeuesque benit l'Abbé en la forme accoustumée. C'est ce que nous apprend la vie de Boson, donnée au public par le P. Dom Luc Dachery, conjointement auec les Oeuures de S. Lanfranc. Au reste, ce different touchant le serment d'obedience, se renouuella encore sous le Pontificat du successeur de Geoffroy,

V.
Les Abbez furent auec le temps obligez de faire cette profession.

mais à la fin cét Abbé & tous les autres de la Prouince furent contraints de ceder & de se soûmettre à cette Profession, dont on voit le Formulaire dans la Chronique du Bec, en l'an 1281. comme nous dirons en son lieu.

VI.
Geoffroy dédia l'Eglise Cathedrale de Sez, & celle de Gisors, & de S. Oüen.

Deux ans apres, le 21. Mars, Geoffroy dédia la Cathedrale de Sez en l'honneur de S. Geruais & de S. Prothais Martyrs, ausquels le peuple auoit en ce temps-là vne deuotion particuliere ; car quelque peu auparauant nostre Prelat auoit consacré la principale Eglise de Gisors, sous l'inuocation des mesmes Patrons. Ce fut luy pareillement qui fit la Dedicace de celle de S. Oüen, qui auoit esté commencée par Nicolas de Normandie, & acheuée par l'Abbé Guillaume premier du nom, comme nous auons raconté dans l'Histoire de cette Abbaye, page 260.

1126.

VII.
Il fait plusieurs biens au Prieuré de Sauseuse.

Nostre Archeuesque honora de ses bienfaits le Prieuré de Sauseuse, dans le Vexin François, en faueur duquel il fit achapt d'vn heritage voisin qu'il donna à la Communauté, pour accroistre les bastimens du Monastere. De plus, il confirma l'établissement des Chanoines dans l'Eglise de S. Martin du Tillay, dependant dudit Prieuré, & la gratifia

a *De Tilleyo.*

VIII.
Il donne ses biens aux pauures auant de mourir.

de l'exemption du reuenu Synodal, & de la coustume Episcopale ; il fit aussi vne donation à son Eglise Cathedrale, comme nous dirons ailleurs. Mais il redoubla ses liberalitez, & distribua tout son bien aux paures & aux lieux de pieté, pendant vne longue maladie dont il fut attaqué vers l'an 1128. tachant de pouruoir au salut de son ame & d'acquitter par ses aumosnes les dettes dont il pouuoit estre redeuable à la justice Diuine ; & aprés auoir ainsi enuoyé ses richesses au Ciel, il y alla luy-

GEOFFROY.

GEOFFROY. mesme cette année, le 25. Nouembre, (selon Ordry Vital) ou plus veritablement le 28. du mesme mois, ainsi que l'attestent les Necrologes de l'Eglise de Roüen, & du Prieuré de Sauseuse, & l'Autheur qui a continué Florent de Vorchestre en l'an 1128.

IX.
Matthieu, Legat du S Siege, tient vn Concile à Roüen durant la maladie de Geoffroy.

Geoffroy estant ainsi malade, Matthieu qui auoit esté Moyne de Cluny, & qui estoit alors Cardinal, Euesque d'Albe, & Legat du Pape Honoré II. vint trouuer à Roüen le Roy Henry, auec lequel il confera de plusieurs choses qui concernoient le bien de l'Eglise ; & par son authorité, & sans doute aussi du consentement de nostre Prelat, conuoqua en cette mesme Ville vn Concile Prouincial, où assisterent Geoffroy Euesque de Chartres, & Goislein ou Gauslin le Roux, Euesque de

X.
Noms des principaux qui y assisterent.

Soissons, qui accompagnoient le Legat, & cinq des Suffragans de l'Archeuesché de Roüen ; Richard de Bayeux, Turgis d'Avranches, Iean de Lisieux, Richard de Coutances, & Iean de Sez, & pareillement quantité d'Abbez ; comme Roger Abbé de Fécan, Guillaume Abbé de Iumiege, Rainfroy Abbé de S. Oüen, Varin Abbé de S. Evroul, Philippes Abbé de S. Taurin, & Alain élû Abbé de S. Vvandrille, & plusieurs autres. Le Roy fut aussi present à l'Assemblée, où Matthieu (Legat du S. Siege) publia les Decrets suiuans, pour la reformation de la discipline Ecclesiastique.

XI.
Quelques Decrets qui y furent publiez.

„ Que nul Prestre n'ait chez luy de femme, & s'il s'en trouue quel-
„ qu'vn qui refuse de chasser sa concubine, qu'il n'ait la conduite d'au-
„ cune Eglise, ny mesme de part aux fruits d'aucun Benefice, & que nul
„ fidelle n'entende sa Messe.
„ Que nul Prestre ne desserue deux Eglises, & que nul Clerc ne pos-
„ sede non plus deux Prebendes dans deux Eglises, mais qu'il fasse le
„ diuin Ministere dans l'Eglise dont il perçoit le reuenu, & qu'il prie
„ Dieu tous les iours pour ses bien-faicteurs.
„ Que les Moynes ny les Abbez ne reçoiuent point les dixmes Eccle- *Orderic 9. l.*
„ siastiques des mains des Laïques, mais que les Laïques rendent à l'E- *12. sub finem.*
„ uesque les biens qu'ils auoient vsurpez, & qu'alors les Moynes reçoi- *p. 888.*
„ uent de l'Euesque ce qui leur sera offert, suiuant le vœu & intention
„ des possesseurs ; qu'ils joüissent neantmoins paisiblement par l'Indul-
„ gence du Pape, de ce qu'ils ont retiré cy-deuant en quelque façon que
„ ce soit, mais qu'à l'aduenir ils ne presument point de faire rien de sem-
„ blable sans la permission de l'Euesque Diocesain.

XII.
Mort de Geoffroy, & l'éloge que luy donne Ordry Vital.

Aprés la publication de ces Decrets, le Legat du Siege Apostolique donna à ceux qui estoient presens l'absolution des fautes passées. Ce Concile fut tenu en Octobre, pendant la maladie de Geoffroy, qui déceda le 28. du mois suiuant, ainsi que nous auons dit, & receut les derniers honneurs de la sepulture dans la Cathedrale. Ordry Vital a consacré ces deux Vers à sa memoire.

Floruit eiusdem Gaufredus sedis honore,
Quam multis ditans, multo dilexit amore.

DES ARCHEVESQVES DE ROVEN. 313

HVGVES III.

ELOGE
DE HVGVES III. 50.

HVGVES III.
An de I. C.
1130.
CHAP.
I.
Sommaire.
I.
Vacance du Siege de Roüen, recompensée par la Promotion d'Hugues d'Amiens.
II.
Il fut Moyne de Cluny, où il auança fort aux Lettres & à la vertu.

APRES la mort de Geoffroy, le Siege Metropolitain vacqua plus de 21. mois. Mais cét interualle de temps, pendant lequel l'Eglise de Roüen demeura veufue & sans Pasteur, fut auantageusement recompensé par la Promotion de Hugues d'Amiens, que l'on peut sans doute mettre au nombre des plus excellents Prelats qui ayent gouuerné le Diocese. Ce surnom d'Amiens qu'Ordry luy donne, marque ou sa famille ou plus vray-semblablement le lieu de sa naissance. Dés sa jeunesse il renonça au monde, & se consacra à Dieu par la profession Religieuse dans l'illustre Abbaye de Cluny; d'où il s'ensuit par vne consequence presque necessaire, qu'il eut pour Maistre en la vie Spirituelle le grand S. Hugues, comme assurément il eut pour Compagnon Pierre le Venerable, auec lequel il lia vne amitié tres-estroite. Dans vne si bonne Eschole il s'auança fort en la pieté & dans la connoissance des lettres diuines & humaines, & receut en son ame les premiers traits de ces éminentes qualitez, qui furent depuis honorées des éloges du Pape Innocent II. de S. Bernard, & des Escriuains de son siecle. Estant plus

III.
Il fut enuoyé en Angleterre pour estre Prieur d'vn Monastere de son Ordre.

auancé en âge, on l'enuoya en Angleterre pour y gouuerner le Prieuré de S. Pancrace de Leuues, fondé par Guillaume de Varennes Comte de Surrex, sous le Regne de Guillaume le Conquerant, & où (au rapport de Malmesbury) Lanzon qui en auoit esté le premier Prieur, auoit estably vne tres-exacte & tres-parfaite Obseruance. Le choix qu'on fit de la personne de nostre Hugues pour continüer & affermir dans cette Maison la discipline Monastique, ne passera pas pour vne petite preuue de l'estime où il estoit dans sa Compagnie, si on considere qu'il estoit conuenu mesme par écrit entre S. Hugues & ledit Fondateur, que ce Prieuré venant à vacquer, sa Congregation y mettroit le plus Saint & le plus sage Religieux qu'elle auroit, excepté le grand Prieur de Cluny & celuy de la Charité. La reputation de son merite ne demeura pas enfermée

IV.
Et depuis il fut fait Abbé de Radinges, où il auoit deux cens Moynes sous sa conduite.

dans l'enclos de son Monastere, elle le fit connoistre à la Cour de Henry Roy d'Angleterre & Duc de Normandie, lequel ayant basty l'Abbaye de Radinges, luy en confia l'administration le 15. d'Auril 1123. selon la Chronique de Messieurs le Preuost & sainte Marthe, qui m'est vn peu suspecte, veu qu'il paroit par la Charte de fondation inserée dans le *Monasticon Anglicanum*, page 417. à laquelle souscriuit nostre Archeuesque Geoffroy, que l'establissement de cette Abbaye ne se fit qu'en 1125.

V.
Quelques particularitez de cette Abbaye.

Ie sçay qu'auant ce temps-là il y auoit au mesme lieu vn Monastere, mais c'estoit vn Conuent de Religieuses destruit par les guerres, que ce Prince rebastit auec vne magnificence Royale, enrichit d'vne tres-precieuse

Rr

HVGVES III. Relique, sçauoir de la main de l'Apostre S. Iacques, & dota tant de l'ancien fonds que de celuy de deux autres Abbayes ruïnées, & de quelques
Terres de son Domaine. Cette Maison fut d'abord si spacieuse en ses
bastimens, & si opulente en ses reuenus, qu'elle se trouua suffisante pour
loger & pour nourrir deux cens Moynes, sur lesquels fut préposé nostre
Hugues. Dans l'exercice de Prieur & d'Abbé, il est croyable que quelques affaires l'amenerent à Roüen ; (les Habitans d'Angleterre estant
souuent obligez de venir en Normandie, & ceux de Normandie d'aller
en Angleterre, lors que ces deux païs dépendoient d'vn mesme Prince)
durant le sejour qu'il pût faire en nostre Ville, il y acquit l'estime des
principaux du Clergé, & particulierement des Chanoines de la Cathedrale, & cette estime luy donna tant de part en leur affection, qu'aprés
le deceds de Geoffroy il fut l'objet de leurs vœux, & celuy que leurs suffrages appellerent à la conduite du Diocese. Son entrée au Pontificat fut
en 1128. selon la Chronique d'Alberic, & en 1130. selon Ordry Vital &
Robert Dumont en son Addition à Sigebert, laquelle diuersité se pourroit concilier en disant qu'il fut élû vers la fin de 1128. & ordonné Archeuesque en 1130. n'estoit que ce dernier Autheur parlant de son Sacre
fait en Septembre 1130. dit qu'il estoit nouuellement élû. Il est toutesfois
certain que son élection se fit plusieurs mois (& possible prés d'vn an)
auant son Ordination, ainsi qu'il est aisé de juger par ce que ie vay dire.

VI.
Comment il fut élû du Clergé de Roüen pour estre Arche-uesque, & en quelle an-née.

VII.
Le Chapitre de Roüen de-mande le con-sentement du Roy d'Angle-terre & de l'Euesque de Salisbery.

Le Clergé de Roüen l'ayant nommé pour Archeuesque, obtint là-
dessus le consentement du Roy Henry & de l'Euesque de Salisbery, sous
la jurisdiction duquel estoit Hugues entant qu'Abbé de Radinges. Mais
cela ne suffit pas, il fallut encore auoir l'agreement du Pape, à cause de
sa qualité de Religieux de Cluny, immediatement soûmis au Siege Apostolique. C'est ce que i'apprens de la lettre suiuante, qui se trouue en
Latin dans le troisiéme Tome du Spicilegium de Dom Luc Dachery.

Au Seigneur Honoré, Pape vniuersel de l'Eglise de Roüen,
toute obeïssance en IESVS-CHRIST.

VIII.
Lettre du mesme Chapi-tre au Pape, pour l'effet de cette élection.

„ NOus auons élû d'vn commun suffrage pour nostre Archeuesque,
„ vostre fils Hugues, Abbé de Radinges ; surquoy nous auons de-
„ mandé & obtenu le consentement de nostre Seigneur Henry Roy
„ d'Angleterre. Nous auons aussi prié l'Euesque de Salisbery (sous l'au-
„ thorité duquel il faisoit la fonction d'Abbé) de nous le rendre libre
„ & totalement dégagé de sa jurisdiction, & nous l'auons receu en cét
„ estat de liberté que nous luy souhaittions : Mais il nous a declaré luy-
„ mesme que nous ne le pouuions auoir pour Archeuesque, sans estre
„ expressément authorisez de vostre permission ; ce qui nous a esté en-
„ core confirmé par ces termes que nous auons leus dans vos lettres
„ adressées audit Roy d'Angleterre.... (Nous le retenons donc sous
„ le premier droit & sous vostre puissance, comme estant du Clergé de
„ S. Pierre & de la sainte Eglise Romaine.).... C'est pourquoy nous
„ supplions vostre grandeur de nous le donner, asseurant vostre Sain-

DES ARCHEVESQVES DE ROVEN.

„ teté qu'il nous sera dautant plus cher, que nous le tiendrons d'Elle, & *Hvgves III.*
„ que nous le considererōs comme vn don du Siege Apostolique: Mais
„ nous la conjurons tres-humblement de nous accorder cette grace &
„ cette satisfaction que nous le receuions d'elle, si libre & si exempt de
„ toute puissance superieure, que son vnique dépendance soit d'estre
„ à iamais sous la protection de vostre Sainteté, Tres-cher Pere &
„ Seigneur.

CHAP. II.
Sommaire.
I.
Le Roy d'Angleterre amene à Rouen l'élen qui est sacré Archeuesque dans l'Eglise de S. Oüen.

NOus n'auons point la réponce à cette lettre, & nous ignorons si *Honoré II.* ce fut Honoré II. ou Innocent II. son Successeur, qui octroya *mourut le 14. Feu. 1130.* au Clergé de Rouen l'effet de sa demande. Quoy qu'il en soit, Robert Dumont escrit que le Roy Henry estant venu d'Angleterre en Normandie au mois de Septembre de l'an 1130. il passa la Feste de la Natiuité en l'Abbaye du Bec, & emmena en suite à Rouen Hugues Abbé de Radinges, nouuellement éleu Archeuesque de Rouen, qui fut sacré le iour de l'Exaltation de la sainte Croix, qui estoit au Dimanche, dans l'Eglise de S. Oüen, par Richard Euesque de Bayeux, accompagné d'autres Euesques.

II.
Au commencement de son Pontificat l'Eglise fut trauaillée d'vn schisme.
III.
Quel fut le sujet de ce schisme.

Le commencement du Pontificat de Hugues, se rencontra dans vn temps où l'Eglise estoit trauaillée d'vn dangereux schisme, qui luy donna occasion de signaler son zéle pour la deffence de la bonne cause. En voicy le sujet. Apres le deceds d'Honoré II. les Cardinaux ne pouuant s'accorder en l'élection du Chef de l'Eglise, les vns élûrent Innocent II. qui s'appelloit auparauant Gregoire, Cardinal, Diacre du titre de saint Ange, & les autres Pierre de Leon, qui prit le nom d'Anaclet. Innocent auoit le meilleur droit, parce qu'il auoit esté élû le premier, & par la plus grande & plus saine partie; joint que sa reputation, sa probité & sa science, le faisoient juger digne du S. Siege; au lieu que Pierre Leon auoit esté nommé le dernier, par vne cabale de factieux, & que comme dit S. Bernard, c'estoit *a vn homme de peché*, dont l'ambition, la violen- *a Homo peccati. Ep. 126.* ce & l'auarice n'estoient que trop connuës. Toutesfois celuy-cy attira tant de monde dans son party par l'intrigue de ses partisans, & par ses grandes largesses (car il y auoit long-temps qu'il amassoit de l'argent pour s'en seruir dans cette occasion,) qu'il se rendit maistre de Rome, & obligea Innocent de se retirer en France, qui a toûjours esté le port & l'azyle des Papes persecutez. Mais auant que d'y venir, il y enuoya

IV.
Innocent, le vray Pape, se refugie en France.

son Legat Mathieu de Cluny Euesque d'Albe, personnage d'vne grande sainteté, & d'vne singuliere prudence, pour informer l'Eglise Gallicane de la justice de sa cause. Cét excellent homme s'employa auec tant de fidelité & de diligence pour les interests de son maistre, qu'il le fit reconnoistre pour Souuerain Pontife par toute la France (horsmis vers la Guyenne) toute l'Espagne, l'Allemagne, & l'Angleterre. Il est vray

V.
L'Archeuesque Hugues rend de tres-signalez seruices à Innocent auprés du Roy d'Angleterre, &c.

que S. Bernard fut en France la principale cause de ce bon succez; mais nostre Archeuesque Hugues y contribua aussi beaucoup, comme il paroist par le témoignage mesme d'Innocent, & par les éloges que luy en donne Pierre le Venerable. Le Pape estant arriué en France, tint vn Concile à Clairmont; de là il vint à S. Benoist sur Loire, où le Roy

Rr ij

HVGVES III.

Loüis le receut auec de profonds respects, puis se transporta à Chartres, où le 5. de Ianuier 1131. le Roy d'Angleterre déferant aux exhortations de S. Bernard, luy protesta obeïssance comme au legitime successeur de S. Pierre. Ce Prince rendit encore de grands honneurs à sa Sainteté, lors qu'aprés Pasques Elle vint à Roüen au mois de May, & donna la satisfaction aux habitans de voir dans l'enceinte de leurs murailles le Souuerain Pontife; ce que nous ne lisons point estre arriué que cette fois-là.

VI. Le Pape honore la ville de Roüen de sa presence.

Guill. Gemmetic. l. 8. c. 30. Robert du Mont 1131.

Le Curé de Maneual dit que nostre Archeuesque Hugues fut sacré en presence du Pape; mais il se trompe, estant asseuré qu'il auoit receu le caractere Episcopal huit mois auparauant. Parmy les memoires de ce temps-là, il se trouue vne Bulle confirmatiue d'vne donation d'vne rente de cent marcs d'argent, faite à Roüen en faueur de l'Abbaye de Cluny, par le Roy d'Angleterre; à laquelle liberalité furent presens Innocent, S. Bernard, nostre Prelat, & plusieurs Cardinaux, Euesques & Abbez, au mois de May de l'an 1131. comme il se voit en la Bibliotheque de Cluny, page 1392.

VII. Erreur du Curé de Maneual touchât le Sacre de l'Archeuesque Hugues.

VIII. Donation faite à l'Abbaye de Cluny par le Roy d'Angleterre, presence du Pape & autres.

CHAP. III.

Sommaire.
I. Le Pape confirme par vne Bulle, les droits de l'Eglise de Roüen.
II. Extrémes loüanges que sa Sainteté donne à l'Archeuesque Hugues.

AV commencement d'Octobre, le Pape se trouuant à Blois, y confirma les droits & les prérogatiues de l'Eglise de Roüen par vne Bulle dont ie parleray ailleurs: Mais ie ne dois obmettre de dire icy, qu'outre que sa Sainteté honore dans ses Lettres nostre Prelat du titre de propre & special fils de S. Pierre & de la sainte Eglise Romaine, Elle le loüe encore hautement d'auoir fait paroistre vne insigne fidelité, " & vne extréme soûmission enuers sa personne & le Siege Apostolique, " de s'estre porté en la deffense de sa cause auec vn courage intrepide, " & auec vne sollicitude & vne application infatigable; & de ce qu'ayant " eu en horreur l'ambition de l'vsurpateur Pierre de Leon, il auoit fortement reprimé la fureur de la perfidie Iudaïque, & confirmé par de " frequentes exhortations, & des remontrances appuyées de raisonnemens puissans, les cœurs des Ecclesiastiques, des Princes, & des autres Chrestiens, dans la foy Catholique & dans l'obeïssance deuë au " Chef de l'Eglise.

III. Bulle du mesme Pape, qui contient plusieurs reglemens pour la discipline de l'Eglise.

Outre cette Bulle, il s'en trouue vne autre dans les Archiues de la Cathedrale, que le mesme Pape adressa à Hugues vray-semblablement cette mesme année. Elle contient diuers reglemens pour la discipline sacrée, comme qu'il ne soit permis aux Laïques d'vsurper les droits Episcopaux; de prendre les oblations des Autels; de se saisir des reuenus Ecclesiastiques; ny s'attribuer la qualité d'Archidiacre: Que l'on n'ordonne point de Prestres que sur vn certain titre d'Eglise: Que les Prestres qui se seront chargez du soin des Ames, comparoissent aux Synodes lors qu'ils y seront appelez: Que l'on n'admette aux saints Ordres que ceux que leur naissance & leur condition rendront dignes du ministere des Autels.

Il est remarquable qu'Innocent loüe S. Bernard auec les mesmes termes pour le zéle qu'il auoit témoigné en la mesme affaire en Oct. 1131.

IV. Hugues assiste au Concile de Reims.

Au mesme mois, Innocent tint vn Concile celebre à Reims, où nostre Archeuesque Hugues s'estant transporté, presenta des lettres de la part du Roy d'Angleterre, par lesquelles ce Prince asseuroit Sa Sainteté

DES ARCHEVESQVES DE ROVEN.

de la continuation de ses respects & de sa fidelité vers le Saint Siege. Dans cette sainte Assemblée, l'on excommunia de nouueau l'Antipape Leon, & on couronna Roy Loüis le jeune, au lieu de son frere Philippes, suiuant le desir de Loüis le Gros leur Pere encore viuant. L'année suiuante Hugues se trouua à vn autre Concile tenu à Ioüarre, pour la condamnation des assassins de Thomas, Prieur de S. Victor de Paris, malheureusement tué par les neueux d'vn Archidiacre qu'il auoit souuent repris de ses exactions.

HVGVES III.

Le Cardinal Baronius rapporte cecy en 1135. & d'autres en 1130.

V. Et à vn autre tenu à Ioüarre.

Nous ne sçauons point en quel temps S. Bernard écriuit à nostre Archeuesque sa vingt-cinquiéme lettre, où ce saint Abbé le traitte de Pere illustre, & témoigne auoir vne aussi bonne opinion de son merite & de sa probité, qu'il en auoit vne mauuaise des Habitans de Roüen. Il y a beaucoup d'apparence que cette lettre fut écrite vn peu aprés le Sacre d'Hugues, veu que le Saint se conjoüit auec luy de ce qu'il auoit passé vne partie de sa vie, & s'estoit acquis de fortes habitudes de vertu & de pieté en la compagnie de gens de bien, (par où il entend les Moynes de Cluny) auant que la diuine Prouidence l'eut engagé à viure & à exercer les fonctions Pastorales au milieu d'vn peuple peruers; & adjouste de semblables choses, qui marquent ce me semble, que c'estoit à vn Prelat nouuellement estably que le Saint écriuoit, pour l'exciter à s'acquitter dignement de sa Charge. Il l'exhorte d'abord à la constance & à la generosité Episcopale, mais il luy recommande encore plus expressément la patience & la douceur. Soyez patient, luy dit-il, parce que vous estes auec des meschans; soyez pacifique, c'est à dire procurez la Paix & la Concorde, parce que vous estes préposé au gouuernement des meschans. Que vostre charité ne soit pas sans zéle, mais que la seuerité de vostre zéle ne soit pas sans la moderation conuenable. Vostre conduite dans la correction des vices ne doit estre trop molle ny trop relâchée, mais vous vous deuez aussi vous souuenir qu'il est souuent vtile d'en moderer la rigueur par vn peu d'indulgence, &c. ... Or il y a lieu de s'estonner de cette mauuaise opinion, que S. Bernard s'estoit formée de ceux de Roüen, veu qu'alors (ie veux dire aux dernieres années du Regne de Henry premier) la Religion, le bon ordre, la paix & la justice fleurissoient autant dans le territoire de cette Ville, & mesme dans le reste des Estats de ce Prince, que dans aucun autre lieu de la Chrestienté; ce qui paroistra à ceux qui voudront se donner la peine de lire attentiuement les Autheurs Contemporains, & particulierement les Historiens de Normandie & d'Angleterre.

VI. Lettre fameuse qu'écriuit S. Bernard à nostre Archeuesque, & en quel temps ce fut.

Pater illustris.

VII. Quels sentimens ce Saint auoit des Habitans de Roüen.

VIII. Que la paix & le bon ordre regnoient autant lors dans Roüen, que dans aucune Ville du monde.

CHAP. IV.

Sommaire.
I. Premiere conjecture de ce qui peut auoir causé cette opinion.

Pour moy, ie me figure que ce qui pouuoit auoir donné à S. Bernard vne impression si desauantageuse à la reputation du peuple de Roüen, estoit qu'ayant oüy parler confusément & par le bruit commun du scandale arriué onze ou douze ans auparauant dans la Cathedrale, par la passion & la trop grande seuerité de l'Archeuesque Geoffroy, il attribuoit ce desordre en general à la meschanceté prétenduë des gens du païs; d'où vient qu'apprehendant que si Hugues punissoit auec rigueur les fautes qu'il verroit commettre contre la discipline Ecclesiastique, il

R r iij

Hvgves III. ne fuſt cauſe d'vn tumulte de cette nature, il l'aduertit de fuïr les querelles & les conteſtations, de ſupporter les meſchans auec patience, & de proceder au chaſtiment des crimes d'vne maniere qui ne fuſt pas ſi indulgente, qu'on puſt luy reprocher le defaut de zéle, ny ſi rigoureuſe qu'elle ne fut temperée par la clemence qui produit ſouuent de tres ſalutaires effets. Que ſi la lettre de S. Bernard fut écrite aprés la mort de Henry, il n'eſt pas difficile de rendre raiſon des ſentimens de S. Bernard, puiſqu'auſſi-toſt que ce Prince fut décedé, le bon ordre qu'il auoit eſtably dans ſes Eſtats fut renuerſé par la fureur des guerres Ciuiles, qui s'éleuerent entre ſes heritiers, & que ſuiuant la remarque d'vn Hiſtorien Anglois, les brigands & les ſcelerats (dont le nombre n'eſt touſiours que trop grand en quelque païs que ce ſoit) ſe voyant deliurez de la crainte des ſupplices, ſe mirent incontinent en campagne, & parmy la licence des armes, remplirent tout de meurtres, d'incendies & de deſolation.

Ioannes Prior Hagulſtad. Ad annum.1135.

II.
Seconde conjecture de cét erreur.

On peut s'imaginer encore vne autre cauſe de ce que dit S. Bernard, au deſauantage de ceux de Roüen, & du conſeil qu'il donne à noſtre Prelat d'agir auec patience & moderation. Ie la propoſeray tant par forme de conjecture, que parce que la ſuite de ma narration m'oblige de traiter ce ſujet. Hugues dés ſon entrée à l'Epiſcopat, ſe montra fort zélé à maintenir les droits de ſon Egliſe & de ſa dignité ſacrée; d'où vient que

III.
La trop grande ardeur de Hugues à conſeruer & accroiſtre ſes droits.

dans les lettres qu'il accordoit, il auoit couſtume de faire inſerer ces mots, *ſauf le droit Epiſcopal de la ſainte Egliſe de Roüen*, ſauf en tout le reſpect dû à la ſainte Egliſe de Roüen, de la bonté & de la grace de laquelle l'impetrant a obtenu ce qui luy a eſté octroyé, &c. Cette exactitude à conſeruer ſa juriſdiction, choqua pluſieurs perſonnes; & ceux-

IV.
Luy fit pluſieurs ennemis en Cour.

cy s'eſtant inſinuez dans l'eſprit du Roy, luy perſuaderent que l'Archeueſque entreprenoit ſur ſon authorité, d'où il naſquit ſinon vne diuiſion ſcandaleuſe, du moins de la froideur & de la brouïllerie entre le Prince & ce Prelat. Or il pût arriuer que Hugues ayant entretenu S. Bernard de viue voix, ou par lettres, des differends qu'il auoit auec le Roy & pluſieurs particuliers pour la conſeruation des droits de ſa Charge, & de la diſcipline Eccleſiaſtique, le Saint luy répondit, qu'ayant à viure auec des mauuais eſprits, il deuoit plûtoſt taſcher de les gagner par la dou-

V.
Que c'eſtoit peut-eſtre de la Cour du Roy d'Angleterre dont vouloit parler S. Bernard.

ceur & la patience, que non pas les irriter par vn procedé trop ſeuere & rigoureux, auquel cas il faudroit entendre (par le terme de Roüennois) la Cour du Roy d'Angleterre qui réſidoit ſouuent en cette Ville-là; des Miniſtres de laquelle Cour, auſſi-bien que de pluſieurs Eueſques Anglois, le Saint auoit ſujet d'eſtre mal édifié, à cauſe des efforts qu'auoient fait ceux-cy pour détourner le Prince de reconnoiſtre le Pape Innocent pour ſouuerain Pontife, comme il ſe voit dans la vie de ce S. Abbé.

VI.
Qu'il n'eſt pas croyable qu'il ait dit cela d'eux, parce qu'ils eſtoient Normands.

I'aurois pû alleguer pour toute raiſon de ce que dit S. Bernard, qu'il auroit appelé meſchants ceux du territoire de Roüen, parce qu'ils ſont Normands, & comme tels, haïs des autres François, en memoire des rauages faits par leurs peres. Mais ie n'ay garde d'attribuer vn ſentiment ſi injuſte à ce grand Saint, n'y ayant rien de plus déraiſonnable, ny de

DES ARCHEVESQVES DE ROVEN. 319

VII.
Difference des Normands infidelles, d'auec les Normands Chrestiens.

plus indigne d'vn homme d'esprit, que de confondre ainsi les Normands Chrestiens auec les Normands infidelles, & de charger les vns du blasme, dû aux crimes des autres. Ceux-cy se sont montrez cruels, barbares, & ennemis des Temples & des Autels, ie l'auoüe, mais ceux-là, & principalement nos premiers Ducs, ont paru excellens en pieté, en zéle pour la justice, & en grandeur de courage ; & les Gentilshommes Normands sont celebres dans l'Histoire pour les belles actions qu'ils ont faites dans les guerres saintes, & pour la deffence des Papes contre les Schismatiques. Ce sujet m'emporteroit trop loin, ie reuiens à ma narration.

VIII.
Grands seruices qu'ils ont vendu à l'Eglise.

CHAP. V.

Sommaire.

I.
Hugues renouuelle le different auec les Abbez de son Diocese pour la profession.

II.
Les Abbez ont recours au Roy d'Angleterre lequel escrit au Pape.

III.
Ce que fit l'Abbé de S. Vvandrille sur ce sujet.

IV.
La grande faueur du Pape donne gain de cause à l'Archeuesque.

LE plus fascheux different qu'eut nostre Archeuesque, fut contre les Abbez de son Diocese, qu'il voulut absolument obliger à luy faire profession d'obeïssance. Ses Predecesseurs auoient tenté de les assujettir à cette formalité ; mais il entreprit tout de bon de leur imposer ce joug ; & pour en venir à bout, rechercha l'appuy du Pape Innocent, qu'il sçauoit luy estre fauorable. Ses parties de leur costé sçachant qu'autrefois vn de leurs Confreres, qui estoit Abbé du Bec, s'estoit défendu de cét hommage (qu'ils soûtenoient estre vne pure vexation) par l'entremise de l'authorité du Prince, eurent recours au Roy Henry ; & non contens d'opposer sa puissance simplement aux efforts de Hugues, le porterent à recommander leur cause au S. Siege par vne lettre toute pleine de sentimens d'indignation contre nostre Archeuesque. L'Abbé qui eut plus de part à ce different, fut celuy de S. Vvandrille. Ayant esté éleu, il pria nostre Prelat de le benir ; Hugues y consentit, mais à la charge qu'il luy professeroit obedience. L'autre ne voulut point accepter cette condition ; & encore qu'il ne fut point beny, ne laissa pas de prendre la conduite du Monastere tant au spirituel qu'au temporel. L'Archeuesque en fit plainte à sa Sainteté, qui reprimanda fortement l'Abbé par vn Bref qu'Elle luy adressa. Les Abbez du Diocese donnerent adjonction à leur Confrere, & tous ensemble implorerent la protection du Roy, qu'ils engagerent totalement dans leurs interests. Nous n'auons point de pieces qui nous apprennent asseurément l'issuë de cette affaire ; mais il y a apparence qu'elle fut à l'auantage de nostre Prelat, & qu'à la fin l'Abbé de S. Vvandrille se soûmit à sa volonté. Ie produiray icy en François les lettres qui concernent ce démeslé, pour en instruire plus parfaitement le Lecteur, & pour luy faire voir la haute estime, & l'ardente affection qu'auoit le Pape Innocent pour la personne de Hugues, me conformant en cela à la methode du Cardinal Baronius, qui tenoit que le plus certain témoignage que nous pouuions auoir des éuenemens Historiques, estoit par les lettres, & principalement par celles des Souuerains Pontifes.

HISTOIRE

Hvgves III.

V.
Lettre tres-obligeante que luy écriuit le Pape.

Innocent Euesque, Seruiteur des Seruiteurs de Dieu: A nostre Venerable Frere Hugues Archeuesque de Roüen, Salut & Benediction Apostolique.

VI.
Apres luy auoir donné plusieurs loüanges il l'exhorte à agir auec charité.

VII.
Il luy promet de ratifier ce qu'il aura ordonné.

VIII.
Il l'exhorte à seruir l'Eglise, & luy fait present d'vne Estolle.

„ L'Ardante charité & la Foy ferme & constante que vous auez fait
„ éclater jusqu'à present, selon l'exigence & la necessité du temps,
„ soit enuers les Ecclesiastiques, ou en traitant auec les personnes secu-
„ lieres, ont esté honorées de l'approbation de la sainte Eglise de Dieu,
„ laquelle en a jugé par les fruits mesmes & par les effets salutaires qu'el-
„ les ont produits. C'est à la faueur de ces nobles vertus, qu'estant esta-
„ bly par la diuine Prouidence pour seruir de sentinelle en la maison du
„ Seigneur, vous veillez sur vostre Troupeau auec l'application de la
„ diligence conuenable à vn bon Pasteur, & que vous montrant seuere
„ à corriger les vices, vous tâchez d'accomplir par vos paroles & par vos
„ exemples le deuoir d'vn Euesque. Courage donc, nostre tres-cher,
„ agissez selon le Precepte de l'Apostre; reprenez, conjurez, reprіman-
„ dez fortement, mais prenez garde qu'en toutes ces choses vous obser-
„ uiez bien les Loix de la charité & de la douceur, & la forme prescrite
„ par les saints Canons. Ne pensez pas qu'en vous donnant cét aduer-
„ tissement, nostre intention soit de casser, & d'annuller ce que vous
„ auez justement ordonné, ny de perdre & d'arracher ce que vous auez
„ planté; au contraire, nous voulons que ce que vous auez fait selon
„ Dieu, & l'ordre de la justice, subsiste & soit gardé perpetuellement.
„ Que si l'Abbé de S. Vvandrille continuë jusqu'à la prochaine Feste de
„ la Pentecoste dans le refus qu'il fait de vous obeïr, nous confirmerons
„ par l'authorité Apostolique l'équitable Sentence que vous prononce-
„ rez contre luy. De plus, nostre tres-cher Frere, nous jugeons à pro-
„ pos de vous aduertir par ces presentes, que vous preniez soin de vous
„ preparer à rendre seruice à S. Pierre, aussi-tost que vous aurez receu
„ de nos nouuelles. Pour témoignage de nostre affection, nous en-
„ uoyons à vostre charité par les mains de nos chers Fils R. & G. person-
„ nes capables & qui vous aiment, vne Estolle que nous auons ostée de
„ dessus nostre col, afin que vous puissiez vous en seruir sans cesse en
„ l'honneur de Dieu & de S. Pierre, & en memoire de Nous. Donné à
„ Pise le 20. de Ianvier.

CHAP.
VI.
Sommaire.
I.
Bref d'Innocent IV. à l'Abbé de S. Vvandrille.

LE Bref que le Pape (estant encore en France) auoit adressé à l'Abbé de S. Vvandrille, n'estoit pas écrit en termes si obligeans. En voicy la teneur.

Innocent Euesque, Seruiteur des Seruiteurs de Dieu: A l'Abbé de S. Vvandrille, Salut & Benediction Apostolique.

„ CEluy-là montre bien qu'il ne craint point qu'on le mette au nom-
„ bre des Tyrans, qui par vne auarice & vne ambition criminelle
„ entreprend de commander aux autres, & neglige cependant de satis-
„ faire

DES ARCHEVESQVES DE ROVEN.

"faire aux deuoirs & aux obligations d'vn legitime Superieur. Nous *Hvgves III.*

II. *Il le reprend de ce qu'il s'ingere de faire la charge d'Abbé sans auoir esté beny.*
"auons appris auec beaucoup d'étonnement, qu'encore que vous te-
"niez la place d'Abbé, & qu'en cette place vous gouuerniez les Reli-
"gieux, & disposez comme il vous plaist des biens de l'Eglise de saint
"Vvandrille; neantmoins sous pretexte d'vne mauuaise coustume aussi
"contraire à la sainte Escriture, qu'à la droite raison, vous refusiez
"comme par vne espece de mépris, de faire profession (d'obeissance) *Sacramentum.*
"à vostre Archeuesque, & de receuoir la Benediction sacrée, propre à la
"charge Abbatiale. Puisque vous méprisez ainsi la grace de la Benedi-
"ction, certainement vous estes vn vaisseau vuide, & c'est en vain que
"vous vous attribuez l'honorable titre d'Abbé. Que si vous taschez par
"là d'en faire accroire aux hommes, il est bien asseuré que vous ne
"tromperez pas Dieu. C'est pourquoy nous vous commandons par

III. *Il luy commande de ne differer plus long-temps à se faire benir.*
"ce Bref Apostolique, de receuoir sans delay la Benediction de vostre
"Prelat, & de luy obeïr entierement, ainsi que vous y estes obligé par
"la disposition du droit ; & nous vous declarons que si vous differez

IV. *Il le menace de confirmer la sentence d'excommunication de l'Archeuesque s'il ne luy obeït.*
"plus long-temps à vous acquitter de ce deuoir, nous confirmerons
"au nom de Dieu la Sentence que vostre Archeuesque Hugues (qui
"sans doute est vn homme sage & discret) aura selon droit & justice
"prononcée ou publiée contre vous & contre les Moynes qui vous
"obeissent. Donné à Aucerre le 20. Decembre.

V. *Lettre du Roy d'Angleterre au Pape Innocent IV.*
Voicy ce qu'écriuit le Roy d'Angleterre touchant ce different au Pape Innocent.

A Innocent par la grace de Dieu souuerain Pontife son venerable Pere. Henry par la mesme grace Roy d'Angleterre & Duc de Normandie, Salut & deuë obeïssance.

VI. *Il se plaint de plusieurs griefs contre l'Archeuesque de Roüen.*
JE me plains à vostre Sainteté *a de Hugues Archeuesque de Roüen, *a Paternité.*
qui a inquieté ma personne, opprimé mon Duché de Normandie,
"& fait des entreprises aussi violentes, que peu respectueuses contre
"moy, contre l'estat de mon Duché, & contre ma dignité & mes pré-
"rogatiues, dont mon pere, tous mes predecesseurs & moy, auons joüy
"pleinement & paisiblement jusqu'à vostre dernier depart de Norman-
"die, & du temps des bien-heureux Pontifes Romains qui ont tenu
"auant vous la Chaire de S. Pierre, & des saints Archeuesques de Roüen

VII. *Et de ce qu'il a extorqué des professions des Abbez de Normandie.*
"qui l'ont précedé. Aprés vous auoir proposé ses plaintes dans vn Con-
"cile, il a extorqué hors de mon Duché & de sa Prouince des profes-
"sions par écrit de mes Abbez de Normandie qu'il a benis, quoy que
"d'ailleurs ie les eusse laissez en paix lors que ie m'embarquay il y a peu
"de temps pour passer en mon Royaume d'Angleterre, & que ie le dé-
"putay vers vous dans vn esprit d'vnion & d'amitié. Ie supplie donc

VIII. *Il prie Sa Sainteté de ne souffrir que ses droits & prerogatiues soient diminuez.*
"vostre Sainteté d'y mettre la main, & de corriger tout ce qu'Elle con-
"noistra auoir esté fait contre l'honneur, les vsages, & les prerogatiues
"de mon Royaume & de mon Duché, tant à l'égard des autheurs de
"ces desordres, que de ceux que l'on oblige d'y consentir, de peur, ce

HISTOIRE

Hvgves III.
« qu'à Dieu ne plaise, que ces sortes de nouueautez ne me contrai-
« gnent de m'éloigner de l'affection, de la fidelité, & du seruice que ie
« voudrois rendre à vostre Sainteté & à ceux qui luy appartiennent.
« Elle doit considerer que ie ne puis pas me maintenir dans la posses-
« sion de mes Estats, si ie ne me maintiens dans la possession des hon-
« neurs dont j'ay joüy & deu joüir par le passé, estant bien certain que

IX.
Il luy en remontre fortement les consequences.
« mes Barons & mes Vassaux, sans le conseil & l'assistance desquels ie
« ne puis pas subsister, ne souffriroient pas d'estre gouuernez par vn
« Prince qui se laisseroit ainsi abbaisser & auilir, veu mesme que dés
« cette heure ils me font des reproches & m'insultent en quelque façon
« de ce que par ma negligence & ma mollesse ie me laisse rauir les droits
« & les preeminences de ma Couronne, qui auoient esté jusqu'à pre-
« sent conseruez en leur entier, & ne permettront jamais qu'il y ait de

X.
Il blâme l'Archeuesque de ne luy en auoir parlé en presence de sa Sainteté à Roüen.
« paix & d'vnion entre moy & cedit Archeuesque, si vous & luy ne
« vous appliquez à reformer ce qui a esté fait mal à propos. Si lors que
« nous nous rencontrasmes ensemble à Roüen, ledit Prelat m'eut fait
« la moindre ouuerture là-dessus en presence de vostre Sainteté, j'eusse
« accordé tout ce que j'eusse veu estre selon Dieu, & non contraire à
« mon honneur. Comme donc ie suis & ay esté toûjours prest d'obeïr
« & de contribuer à l'accomplissement des choses qui regardent le ser-
« uice Diuin, le bien de la sainte Eglise Romaine, & la dignité de vo-

XI.
Il conclud par la priere qu'il luy fait, de conseruer son honneur comme il est affectionné à conseruer celuy du S. Siege.
« stre personne, Ie vous demande le reciproque, & que vous vous em-
« ployez pour me conseruer les honneurs qui me sont deubs, & dont
« j'ay joüy jusqu'à present, & pour me mettre en possession de ce qui
« fait le sujet de cette lettre & de nostre differend. Que Dieu conserue
« vostre Apostolat pour sa gloire & pour la paix & le repos de l'Eglise.

To. 2. Spicil. D. Luc. Dachery. p. 457.

CHAP. VII.
Innocent qui auoit interest de se conseruer l'amitié du Roy d'Angleterre, luy fit cette réponce.

Sommaire.
I.
Réponse du Pape au Roy d'Angleterre.

*Innocent Euesque, Seruiteur des Seruiteurs de Dieu: à nostre tres-
cher Fils en I. C. Henry, illustre & glorieux Roy d'Angleterre, Salut & Benediction Apostolique.*

C
Omme nous aimons vostre personne auec vne sincere charité,
« aussi sommes-nous disposez à vous faire office dans toutes les
« choses qui regardent vostre honneur, & où nous pouuons nous em-

II.
Aprés les témoignages de bien-veillance il dit qu'il a écrit à l'Archeuesque de Roüen pour l'affaire des Abbez.
« ployer selon Dieu. Pour preuue dequoy, nous auons écrit & conseil-
« lé à nostre Frere Hugues Archeuesque de Roüen, de se conformer à
« vostre volonté, en ce qui concerne les Abbez, dont vostre Serenité
« nous parle dans ses lettres. Mais estant certain que plus la Prouidence
« diuine a éleué vostre personne en dignité, en sagesse, & en richesses,
« plus aussi Elle se l'est renduë redeuable & étroitement attachée à son

III.
Il luy montre les raisons qui l'obligent à retrancher les abus de ses Estats.
« seruice. Il est à propos que vostre Excellence contribuë son zéle & ses
« soins, à retrancher (auec l'aide du Seigneur) les abus & les mauuaises
« coustumes; à déraciner les vices, & à establir tout ce que le bon or-
« dre & la Iustice semblent exiger dans le Royaume & le Duché dont

DES ARCHEVESQVES DE ROVEN.

„ Dieu vous a confié l'administration, autrement les Abbez & les autres Hvgvs III.
„ Ecclesiastiques ne pourront ny seruir nostre Seigneur d'vne façon qui
„ luy soit agreable, ny pouruoir au salut de leurs ames, & seront reputez
„ acephales & sans chef, s'ils ne se soûmettent à leur Euesque & à leurs
„ Prelats auec l'humilité requise. C'est pourquoy il est de vostre pru-

IV.
Il luy dit qu'il se rend responsable deuant Dieu des maux qui en arriueront.

„ dence de prendre garde que viuans dans la licence & sans joug, ils ne
„ tombent dans vn orgueil & vn éleuement d'esprit, funeste à leurs con-
„ sciences, & que contre nostre desir leur perte ne vous soit imputée
„ deuant le Tribunal du souuerain Iuge. Vous ferez aussi vne chose di-

V.
Il finit en luy representant les excellentes qualitez de l'Archeuesque.

„ gne de vostre Excellence & de vostre sagesse, si vous honorez de
„ vostre estime & de vostre bien-veillance, & si vous tirez de peine &
„ d'inquietude nostredit Frere Hugues Archeuesque; veu que c'est vn si
„ grand homme, si prudent, si discret, & dont la pieté & la sagesse font
„ la consolation & la joye de la sainte Eglise de Dieu. Donné à Cremone
„ le 15. de Iuillet.

En mesme temps le Pape enuoya ce Bref à nostre Archeuesque.

VI.
Bref du Pape à l'Archeuesque de Roüen.
VII.
Il luy fait voir combien le Roy est irrité contre luy pour l'affaire des Abbez.

„ INNOCENT, &c. Nous estimons que vostre Fraternité n'ignore pas
„ de quelle façon il faut s'accommoder auec les Roys & les Princes de
„ la terre, qui par leur puissance & leur justice protegent l'Eglise de Dieu
„ & le peuple Chrestien. Nostre tres-cher Fils Henry Roy d'Angleterre
„ (ainsi que nous auons appris) est extrémement irrité contre vous, de
„ ce que contre la coustume, que luy & les autres Ducs de Normandie
„ ont tousiours fait obseruer dans leurs Estats, vous auez exigé de quel-
„ ques Abbez vne profession d'obeïssance. Or bien que cela soit juste
„ & conforme à ce que nous auons commandé au Concile de Reims, a A nobis in Concilio
„ nous deuons neantmoins relâcher quelque chose de la rigueur du Rhemensi
„ droit pour l'amour de luy, & dans la conjoncture du temps où nous mandatum.
„ sommes, condescendre vn peu à sa volonté; car nous nous promet-
„ tons (suiuant ce qu'on nous a rapporté, & que nous luy auons écrit à
„ luy-mesme) que si vous luy déferez, vous obtiendrez de luy tout ce

VIII.
Il l'exhorte de temporiser & de condescendre aux volontez du Roy.

„ qui appartient à la dignité & au droit de l'Eglise de Roüen, & que
„ vous aurez encore auec cela l'honneur de ses bonnes graces. C'est pour-
„ quoy nous prions & exhortons vostre Fraternité, de consentir à ce
„ qu'il desire, & si auiez lié de Censures quelqu'vn de ses Abbez, de luy
„ en donner l'Absolution.

CHAP.
VIII.
Sommaire.
I.
Que ce fut pour cette affaire que Pierre le venerable écriuit au Pape, en faueur de l'Archeuesque de Roüen.

J'Estime que c'est de ce different qu'eut Hugues auec ce Prince, à l'occasion des Abbez de son Diocese, qu'on doit entendre la fin d'vne
lettre écrite par S. Pierre de Cluny au Pape Innocent, où après luy auoir S. Petri Cluniacensis l. 1.
demandé la confirmation de ce qui auoit esté ordonné à vn Concile Epist. 17. pag.
tenu depuis peu contre les assassins de Thomas Prieur de S. Victor, il 636. Bib.
change de sujet, & recommande à Sa Sainteté les interests de nostre Archeuesque par ces paroles. „ Au reste, il n'est point necessaire de vous ce fut possible
„ dire combien l'Archeuesque de Roüen se montre honneste & irre- ce Concile tenu à Ioüarre
„ prochable en sa vie, ny auec quelle fidelité il a soûtenu la cause de où assista nôtre Archeuesque en 1132.
„ vostre dignité Apostolique, & trauaillé pour vous en procurer la pai-
„ sible possession, puisque vous estes parfaitement instruit de toutes ces

Ss ij

Hvgves III.
,, choses. Nous prions donc vostre Paternité de veiller reciproquement
,, à son repos, & de conseruer son bon droit, en sorte qu'il puisse telle-
,, ment rendre à Dieu ce qui appartient à Dieu, & à Cesar ce qui appar-
,, tient à Cesar, qu'il n'offense ny la Majesté Diuine, ny la Majesté
,, Royale.

II.
Pourquoy ces Abbez refusoient de faire cette Profession.

Que si on demande pourquoy ces Abbez apportoient vne resistance si opiniastre à ne point rendre cette soûmission à nostre Archeuesque, veu que la pluspart dépendoient entierement de sa jurisdiction ; ie diray que nos Memoires n'en marquent aucune raison particuliere, mais que l'on s'en peut figurer diuerses, que ie reduis à trois. 1°. Ces Abbez estant

III.
Ils ne vouloient contreuenir à leur Regle.

de l'Ordre de S. Benoist, faisoient possible difficulté de s'assujettir à cette *Profession* d'obeïssance, parce qu'on l'exigeoit d'eux auec serment, & qu'ils craignoient de contreuenir à leur Regle, qui défend le jurement. Ie fonde cette conjecture sur ce que plusieurs de leur profession faisoient conscience de prester serment mesme deuant les Iuges, encore que cette preuue fut necessaire pour faire valoir leur droit, & conseruer leur Temporel. Mais ils furent depuis deliurez de ce scrupule par le Pape Inno- *Lib.2.tit 24. cap. 26. Decret.* cent III. au chap. *Etsi de jureiurando*, qui leur permit d'vser de serment

IV.
C'estoit vne chose nouuelle qui n'estoit ordonnée par aucun ancien Decret.

en justice quand il en seroit besoin. 2°. Cette *Profession* estoit vne chose nouuelle, nullement fondée en titre ny ordonnée par aucun ancien Decret Ecclesiastique, & qu'on auoit introduite peu à peu & comme par force, suiuant la remarque de Glaber ; ce qui est si veritable, que lors que l'vsage en fut pleinement estably dans les siecles suiuans, on ne l'appella point vn droit ny vn deuoir imposé aux Abbez par les Canons & les Loix sacrées de l'Eglise, mais vne *bonne, ancienne, & loüable coustume*.
Chron. Beccen. ad ann. 1281. Voyez les Epist. de Geoffroy de Vandosme.
D'où il arriua au commencement, que les Euesques ne fauorisant la Promotion que des Abbez qu'ils esperoient deuoir estre faciles à subir ce joug, ceux-cy craignoient que cette facilité ne fut censée comme vn prix de leur Benediction, & ne leur fit commettre vne espece de Symonie.

V.
Ils craignoiët de s'imposer vn nouueau joug, qui tireroit à de grandes consequences.

Enfin ils apprehendoient que ce serment ne fut comme vne seruitude, ou du moins comme vn hommage qui augmentoit leur dépendance, & qui tendoit à les soûmettre aux Prelats, non comme des fils à leurs peres, mais comme des vassaux à leurs Seigneurs ; d'où il naissoit ce semble d'estroites obligations, & de fascheuses suites, ainsi qu'on peut juger par les sentimens de Fulbert au Canon de *Forma. causa. 22. quæst. 5.* C'est pourquoy Gregoire IX. défend aux Euesques d'éxiger des Superieurs des Monasteres *protestation de fidelité*, confirmée par serment. *De excess. Prælat. c. nimis praua*, laquelle deffence est fondée sur la regle de Droit, qui porte que c'est vne chose indigne & éloignée de la pratique de l'Eglise Romaine, de contraindre quelqu'vn de faire hommage pour vne chose spirituelle. *cap. indignum est de regulis iuris.*

VI.
L'Archeuesque Hugues ne laissa de fauoriser les Religieux.

Cette contestation qu'eut Hugues auec ces Abbez, ne le rendit point moins affectionné aux Communautez Religieuses, & n'empescha point qu'il ne les fauorisast aux occasions, & ne consentist aux nouueaux establissemens qui s'en firent de son temps dans le Diocese de Roüen.

DES ARCHEVESQVES DE ROVEN.

VII.
Il fit donner le Prieuré de Bacqueuille aux Moynes de Tyron.

Les Moynes de l'Abbaye du Pin ayant renoncé au Prieuré de Nostre Dame de Bacqueuille, entre les mains de nostre Archeuesque & de Guillaume Martel Seigneur de Bacqueuille, qui en estoit le Fondateur; ce Prelat le fit donner en 1133. à Guillaume Abbé de Thyron, & à son Monastere, presence de Gautier Abbé de S. Vvandrille, & de Fulbert Archidiacre de la Cathedrale. C'est ce que m'apprend le Cartulaire de Thyron touchant ce Prieuré, qui appartient aujourd'huy aux Peres Iesuites du College de Roüen.

VIII.
Il fauorisa fort la Reforme de Cisteaux.

Hugues se montra fauorable à la Reforme de Cisteaux, & fut en partie cause qu'elle fut introduite en plusieurs Monasteres de son Diocese. L'Abbé Alexandre ayant quitté par sa permission le sejour de Beaumont, & estant venu chercher en la Forest de Lyons vne place commode pour s'y establir, & y passer le reste de ses iours dans vne plus austere Obseruance, fit rencontre de trois bons Hermites qui menoient vne vie fort sainte en vn lieu appelé Mortemer; & s'estant adressé à eux, leur declara le sujet de sa venuë & ses desseins. Ceux-cy le receurent auec respect; & par vne charité digne de leur profession, offrirent de l'admettre luy & les siens dans leur Hermitage. Ce qu'Alexandre ayant accepté auec joye, il prit en sa compagnie vn de ces Hermites, vint auec luy trouuer le Roy Henry, & par l'entremise de nostre Prelat, obtint de ce Prince la permission de bastir vn Monastere en cette terre de Mortemer, & de donner l'Eglise de Beaumont qu'ils ne vouloient pas abbatre ny prophaner, aux Moynes de Longueuille. En suite il alla demeurer en ce lieu-là; & pour y introduire & affermir plus aisément la pureté de la discipline Religieuse, il s'vnit à la Congregation de Cisteaux, que S. Bernard qui viuoit en ce temps auoit mise en vne haute estime. Son entreprise fut trauersée par l'Abbé du Pin, qui luy fit vn procez, soûtenant contre luy qu'ayant esté du nombre de ses Moynes, il n'auoit pû ainsi se soustraire de son obeïssance pour passer dans vn autre Ordre. Mais nostre Archeuesque estant interuenu comme Arbitre de ce differend, mesnagea si bien cette affaire, qu'il la fit reüssir à la plus grande gloire de Dieu & à l'auantage de la Reforme de Cisteaux, qui s'estendit encore en d'autres Abbayes, comme Bonport, le Vallasse, & Foucarmond, dont il confirma les Priuileges en faueur des Comtes d'Eu, sans parler de trois Maisons de Religieuses.

IX.
Laquelle fut introduite à Mortemer par ses soins, & à trois autres Abbayes.

CHAP. IX.
Sommaire.
I.
Le Pape luy rend de grāds honneurs au Concile de Pise.
II.
Il s'y employa tres-vtilemēt pour la paix de l'Eglise.

ENuiron ce mesme temps, le Pape Innocent ayant conuoqué vn Concile en la ville de Pise, Hugues s'y transporta; & comme dit ,, expressément Ordry Vital, rendit de tres-grands seruices à Sa Sainteté, ,, laquelle de sa part luy en témoigna la gratitude par des demonstra-,, tions d'vne estime singuliere de sa personne, & par la preseance qu'elle ,, luy donna au dessus de quantité d'autres Prelats. Dans cette Assemblée qui fut tres-celebre, on excommunia de nouueau l'Antipape Pierre de Leon, & on déposa par vne degradation perpetuelle & irreuocable tous ceux qui suiuoient son party. Cét Autheur adjouste que nostre Archeuesque s'occupant ainsi aux affaires du Saint Siege, fut obligé de suspendre pour quelque temps l'application qu'il apportoit au gouuerne-

Hvgves III.

1134. selō Baron. & 1135. selon Ordry Vital p. 900.

HVGVES III.
III.
Le Roy d'Angleterre se formalise de son absence, mais sans sujet.

ment de son Diocese; ce qui déplût extrémement au Roy d'Angleterre; mais c'estoit sans raison que ce Prince se formalisoit en cela de la conduite de nostre Prelat, lequel au contraire estoit tres-loüable de s'employer ainsi au seruice du Souuerain Pontife, & de trauailler auec les autres Euesques à esteindre le Schisme, dont l'Eglise estoit trauaillée. Ce ne fut pas auec plus de justice que le Roy s'offença, de ce qu'ayant nommé à l'Euesché de Bayeux Richard, fils naturel de Robert Comte de Glocestre; Hugues refusa de le Sacrer, pour ne contreuenir aux saints Canons, qui excluent de l'Episcopat ceux qui ne sont pas nez en legitime mariage. Aprés vn retardement de deux ans, ce different fut terminé par vne Dispense du S. Siege adressée à nostre Prelat, qui déferant aux ordres du Pape, donna l'Onction Episcopale à Robert, & au mesme iour Sacra aussi Richard Beaufay Chappelain du Roy, pour l'Euesché d'Avranches.

Ord. Vital p. 897. lib. 18. & p. 900.

IV.
Hugues refuse de sacrer l'Euesque de Bayeux.

V.
Le Roy ne perdit pas l'estime qu'il faisoit de l'Archeuesque pour ces petites difficultez.

Mais ny ce démeslé touchant le Sacre de l'Euesque de Bayeux, ny celuy qu'auoit produit la cause des Abbez, ny le mécontentement que prit Henry du sejour que Hugues fit en Italie lors du Concile de Pise, ne furent que de legeres broüilleries, qui n'empeschererent point que ce Prince ne consideraft tousiours ainsi qu'il deuoit nostre Archeuesque, comme il le témoigna bien dans la derniere maladie qui le priua tout ensemble de la vie & de la Couronne, & changea le bon ordre & la paix dont joüissoit sa Prouince sous sa domination, en vn trouble & vne guerre lamentable. Prenant le diuertissement de la chasse dans la Forest de Lyons, il fut attaqué d'vne fiévre prouenant d'vne indigestion, qu'il eust pour auoir mangé des Lamproyes[a] contre l'aduis de son Medecin; sa maladie qui fut jugée dangereuse, le porta à se confesser à vn de ses Aumosniers. Son mal augmentant, il manda Hugues pour estre consolé par ses exhortations, & aidé de ses conseils, principalement en ce qui regardoit les affaires de sa conscience. Par sa persuasion, pour obtenir plus facilement misericorde de Dieu, il la fit luy-mesme, en accordant grace à plusieurs criminels, en rappellant ceux qu'il auoit bannis, & en restablissant dans leurs biens d'autres qui en auoient esté dépoüillez. Il declara sa fille Matilde Comtesse d'Anjou, sa vraye & legitime heritiere, & assigna soixante mil liures pour payer les gages de ses Officiers, & ce qui estoit dû aux soldats des troupes entretenuës. Il exhorta les Seigneurs de sa Cour à conseruer la paix & à proteger les pauures, receut de nouueau l'absolution de ses pechez, la sainte Euchariftie, & l'Extreme-Onction; & aprés auoir humblement recommandé son Ame à nostre Seigneur, décéda le premier de Decembre 1135. S. Pierre de Cluny dans la lettre qu'il escriuit à Adele sœur du Roy, & Religieuse en l'Abbaye de Marsigny, pour luy donner aduis de sa mort, confirme ce que ie viens de dire des bonnes & saintes dispositions, dans lesquelles ce Prince acheua ses iours, & du zéle de nostre Prelat, à le secourir en ces derniers & importans momens de sa vie. Mais il n'y a rien de plus formel en cette matiere, que la lettre de nostre Archeuesque au Pape Innocent, rapportée par Guillaume de Malmesbury. En voicy la traduction.

VI.
Se sentant malade il l'enuoye querir.

[a] *Ce Prince aimoit le poisson, encor qu'il luy fit toûjours mal, dit l'Abbé Brompton Anglois.*

Ord. Vit. l. 13. p. 901.

VII.
Il donne ordre à sa conscience, & fait plusieurs saintes actions par ses aduis.

VIII.
Aprés auoir receu toutes les assistances de nostre Prelat, & les Sacremens de l'Eglise, il meurt.

S. Pet. Ven. l. 1. ep. 15.

Lib. 1. Hist. Nouella.

DES ARCHEVESQVES DE ROVEN.

CHAP. X.

A son Seigneur & son Pere Innocent Pape, Hugues Euesque de Roüen son Seruiteur, deuoir d'obeissance.

Sommaire.

I. Lettre de l'Archeuesque de Roüen au Pape Innocent IV.

II. Il luy mande que le Roy se sentant malade, le fit aussi-tost venir.

III. Les bons aduis qu'il luy donna, & santes les dispositions qu'il apporta à bien mourir.

„ Nous croyons estre obligez de donner aduis à vostre Sainteté,
„ que le Roy, Monseigneur, auquel nous ne pouuons penser sans
„ douleur & sans larmes, ayant esté attaqué d'vne prompte maladie,
„ nous manda par des Courriers de nous rendre en diligence auprés de
„ sa personne, afin de l'assister & de le consoler dans le triste estat où il
„ estoit reduit. En execution dequoy nous le vinsmes trouuer, & nous
„ passâmes auec luy trois iours dans vne profonde tristesse, l'ayant ex-
„ horté à penser serieusement à son salut : Il se mit à nous confesser ses
„ pechez, à frapper sa poictrine, à renoncer à tout mauuais dessein, & à
„ nous promettre de corriger auec soin les desordres de sa vie, suiuant les
„ inspirations Diuines & les conseils qu'il pourroit receuoir de Nous &
„ des autres Euesques. Sur cette promesse nous luy donnâmes pour la
„ troisiéme fois l'absolution pendant ces trois iours. En suite il adora la
„ sainte Croix, il receut deuotement le Corps & le Sang de nostre Sei-
„ gneur, il ordonna qu'on fit pour luy l'aumosne, disant ces paroles;
„ qu'on acquitte mes debtes, qu'on paye les gages de mes Officiers, &
„ ce que ie dois aux soldats, & qu'on distribuë le reste de mon argent
„ aux pauures. Plûst à Dieu que ceux qui auoient, & ont encore à pre-
„ sent ses tresors, eussent satisfait à ses ordres. Enfin nous luy persuadâ-
„ mes de receuoir l'Onction des malades, authorisée par le témoignage
„ de S. Iacques, & sur la demande qu'il nous en fit auec beaucoup de
„ pieté, nous luy appliquâmes les saintes Huiles, & ainsi preparé il mou-
„ rut paisiblement. Que Dieu luy donne la paix, puisqu'il a aimé la paix.

IV. Hugues fait que les Seigneurs de la Cour n'abandonnent le corps du Roy aprés sa mort.

Apres la mort de Henry, Hugues continuant les offices de sa charité Pastorale, pria les Comtes & les Seigneurs de la Cour de rendre les deuoirs funebres à leur Souuerain. Car il apprehendoit que chacun d'eux préuoyant les troubles dont la Prouince estoit menacée, ne se retirast en diligence dans son Chasteau & sa maison de campagne, comme il estoit arriué aprés le deceds de Guillaume le Conquerant. Sa priere eut son effet, ils demeurerent pour assister à cette triste ceremonie, & le lende-

V. Il fait apporter le corps à Roüen, de là en Angleterre, & ses entrailles à Bonne-Nouuelles.

main pour derniere marque de la grandeur du deffunt, son corps fut conduit à Roüen par vingt-mille personnes, selon le témoignage d'Ordry Vital. Là on le déposa dans la Cathedrale, puis en ayant separé les entrailles, qui furent mises dans l'Église du Prieuré de nostre-Dame de Bonne-Nouuelles, dont il estoit bien-faicteur, on le porta à Caën; puis en Angleterre, où il fut magnifiquement inhumé dans l'Abbaye de Radinges, qu'il auoit fondée & choisie pour estre le lieu de sa sepulture.

VI. Estienne Comte de Bologne se fait couronner Roy d'Angleterre, & son fils receu pour Duc de Normandie.

Cependant Estienne Comte de Boulongne, estant passé en Angleterre, se fit couronner Roy, au préjudice de Matilde Comtesse d'Anjou, fille de Henry. Les Normands ne voulurent non plus reconnoistre cette Princesse pour leur Souueraine; mais d'abord leur inclination se portoit pour Thibaut Comte de Blois, frere aisné d'Estienne. Toutesfois

Hvgves III. ayant appris que celuy-cy estoit maistre de l'Angleterre, pour se conseruer les biens qu'ils auoient en ce païs-là, ils receurent pour Duc son fils Eustache : Et ainsi le Comte d'Anjou seroit demeuré exclus de deux grands Estats qui luy appartenoient au droit de sa femme, si joignant la force des armes à la justice de sa cause, il n'eust acquis huit ou neuf ans aprés par sa valeur, ce qui estoit déja à luy par le titre d'vne succession legitime. Ce que j'ay crû deuoir marquer icy briefuement, afin de me faire mieux entendre lors que ie rapporteray cy-aprés quelques éuenemens communs à l'Histoire, tant Ecclesiastique que Ciuile du Diocese de Roüen.

VII. D'où ils sont chassez par le Comte d'Anjou & Matilde les legitimes heritiers.

CHAP. II.

Sommaire.
I. Le differend pour les Abbez, renouuellé aprés la mort d'Henry.
II. L'Archeuesque veut casser l'élection de l'Abbé du Bec.

LE differend d'entre Hugues & les Abbez de son Diocese ayant esté pluftost surcis, qu'entierement terminé par l'authorité du Roy Henry, qui protegeoit ceux-cy auec tant de chaleur, recommença aprés la mort de ce Prince. Thibaut Prieur du Bec auoit esté éleu par les Moynes de sa Communauté, pour succeder au venerable Boson leur Abbé. Nostre Archeuesque en ayant aduis, voulut casser cette élection, prétendant qu'elle estoit nulle, comme ayant esté faite sans sa permission. Toutesfois il la ratifia, sur la priere que luy en fit Audin Euesque d'Eureux; mais ce démeslé ne fut pas si promptement terminé entre les parties. Hugues & Thibaut tomberent de nouueau en difficulté touchant la ceremonie de la Benediction Abbatiale : Nostre Prelat vouloit que cét Abbé luy *professast obeissance*, sans lequel hommage il refusoit de le benir. Thibaut ne pouuoit se resoudre à se soûmettre à vne formalité dont ses Predecesseurs s'estoient opiniastrement défendus. Quatorze mois se passerent dans cette contestation, laquelle auroit possible duré plus long-temps, si les Moynes du Bec ne se fussent préualus de l'occasion qu'ils eurent d'employer Pierre de Cluny pour concilier les choses. Car ayant appris que ce saint Personnage (qu'ils sçauoient estre amy intime de Hugues) estoit en Normandie, ils le supplierent de s'entremettre pour eux auprés de nostre Prelat, lequel à l'instance du Saint, se contenta de receuoir verbalement de Thibaut cette *Profession d'obeissance*, au lieu qu'auparauant il la vouloit par escrit ; & sous cette condition le benit, & depuis luy témoigna toute sorte d'affection, & dans les rencontres gratifia sa Communauté, comme il se voit par plusieurs Chartes expediées en son nom, qui sont dans les Archiues de cette Abbaye, qu'il confirma dans la joüissance des terres, domaines & possessions qui luy appartenoient.

III. L'Abbé refuse de luy faire la profession d'obeyssance par escrit.

IV. Pierre le venerable fait que l'Archeuesque la reçoit verbalement.

V. Hugues passe en Angleterre, où le Roy eut differend auec quelques Archeuesques.

Il paroit par ce qu'écrit Guillaume de Malmesbury au Liure II. de son Histoire nouuelle, que nostre Hugues fut en Angleterre en 1139. & qu'il s'y trouua meslé dans vn differend qu'eut le Roy Estienne auec les Euesques de son Royaume. La plufpart des Prelats Anglois, & principalement Roger Euesque de Salisbery, & Alexandre son neueu, Euesque de Lincolne, auoient de beaux & forts Chasteaux à la campagne ; quelques Seigneurs Laïques conseillerent au Roy de se saisir de ces Maisons magnifiques, comme estans de fortes places, dont il deuoit s'asseurer auant l'arriuée de Matilde Comtesse d'Anjou, qui se preparoit de passer en An-

1139.

en Angleterre auec Robert Comte de Gloceſtre, pour luy diſputer la Couronne, parce qu'autrement il eſtoit à craindre que ces Prelats, qui eſtoient des creatures de la vieille Cour, & auoient eſté éleuez en dignité par Henry I. ne ſuiuiſſent le party de ſa fille, & ne la miſſent en poſſeſſion de leurs Chaſteaux; ce qui luy apporteroit grand préjudice.

<small>HVGVES III.</small>

<small>VI.
Le Roy s'aſſiure des Chaſteaux & places fortes de ces Eueſques.</small>
 Ces perſuaſions jointes à vn mécontentement qu'eut ce Prince contre ces Eueſques, pour vne querelle arriuée entre les domeſtiques de ceux-cy, & les valets d'Alain Comte de Bretagne, dans vne Ville où il ſe tenoit vne Aſſemblée de notables, le porterent à demander aux Eueſques de Saliſbery & de Lincolne, les clefs de leurs Chaſteaux: Et ſur le refus qu'ils en firent, à les faire arreſter. Par ce moyen, il extorqua de ces Prelats ce qu'il n'auoit pû obtenir d'eux à l'amiable: mais ce procedé rigoureux luy fit perdre les affections du Clergé d'Angleterre. Ceux qui

<small>VII.
L'Archeueſque de Roüen iuſtifie par des fortes raiſons la procedure du Roy.</small>
„ eſtoient le plus attachez à ſes intereſts, diſoient que c'eſtoit auec juſtice
„ que les Eueſques auoient eſté priuez de leurs Chaſteaux, parce qu'ils
„ les auoient baſtis contre la diſpoſition des ſaints Canons, & que leur
„ Caractere les obligeant à eſtre des hommes de paix, & à la preſcher à
„ tout le monde, il ne leur appartenoit pas d'auoir des Places fortes, qui
„ n'eſtoient propres qu'à ſeruir de retraite à des gens de faction & de ca-
„ bale. C'eſtoit (dit Malmeſbury) ce que ſouſtenoit auec beaucoup de
„ chaleur Hugues Archeueſque de Roüen, qui défendoit la cauſe du
„ Roy auec toute l'éloquence dont il eſtoit capable. D'autres au con-

<small>VIII.
L'Eueſque de Vincheſtre frere du Roy s'y oppoſe.</small>
„ traire improuuoient extrémement la conduite du Prince, & particu-
„ lierement Henry Eueſque de Vincheſtre ſon frere, qui diſoit que ſi
„ les Eueſques auoient violé en quelque choſe les Loix Eccleſiaſtiques,
„ ce n'eſtoit pas au Roy à en eſtre le juge; qu'auant de les dépoüiller
„ ainſi de leurs biens, on auoit dû examiner dans vne Aſſemblée publi-
„ que la qualité de cette faute prétenduë, & qu'il n'eſtoit que trop viſi-
„ ble que ce n'auoit point eſté le zéle de la Iuſtice, mais la paſſion & l'in-
„ tereſt qui auoient pouſſé le Prince à s'emparer ainſi par violence de
„ maiſons baſties des purs deniers de l'Egliſe, puiſqu'auſſi-toſt il les auoit
„ miſes entre les mains de perſonnes qui auoient fort peu de pieté & de
„ Religion.

<small>IX.
En qualité de Legat il cite le Roy à vn Synode qu'il aſſemble.</small>
 Non content de condamner ainſi auec courage & generoſité le procedé de celuy que la grandeur du pouuoir Souuerain & la proximité du ſang luy rendoient ſi conſiderable, il aſſembla en qualité de Legat Apoſtolique vn Concile dans ſa ville de Vincheſtre, & y cita le Roy, qui y enuoya d'abord vn de ſes Officiers nommé Alberic le Ver, pour y juſtifier ſa conduite; & quelques jours après, Hugues Archeueſque de Roüen.

<small>Anno 1139.
2. Aouſt.</small>

<small>X.
Le Roy y enuoye l'Archeueſque de Roüen, & ce qu'il y negotia.</small>
„ Ce Prelat eſtant entré dans la Salle du Synode, dit que le Roy conſen-
„ toit que les Eueſques fuſſent remis en poſſeſſion de leurs Chaſteaux,
„ s'ils pouuoient prouuer que par le droit Canonique, il leur fut permis
„ d'auoir de ces ſortes de Maiſons. Ce que ne pouuant montrer, c'eſtoit
„ vne extrême méchanceté de vouloir l'emporter par deſſus l'authorité
„ des Decrets Eccleſiaſtiques; mais, dit-il, quand meſme ils pourroient
„ legitimement poſſeder de tels Chaſteaux; certes, puiſque nous ſommes

Tt

HVGVES III.
,, dans vn temps de guerre, où tout est suspect, il est du bon ordre de met-
,, tre toutes ces forteresses en la disposition du Roy, qui doit veiller &
,, combatre pour le repos & la seureté de tous ses Sujets. De cette sorte,
(dit l'Historien Anglois) toutes les raisons qu'opposoient les Euesques
demeuroient sans force, car ou il leur estoit défendu par les Canons
d'auoir de ces forts Chasteaux, ou s'il leur estoit permis, ils deuoient du
moins en donner les clefs au Roy, à cause de la conjoncture du temps &
de l'estat present des affaires publiques. Alors Alberic qui accompagnoit
nostre Prelat, adjousta encore quelques discours pour les interests du
Prince, contre lequel les Euesques (quoy que fort irritez) n'oserent faire
aucun Decret, tant par la crainte de receuoir quelque outrage, que parce
qu'ils ne vouloient rien entreprendre là-dessus sans le consentement du
Siege Apostolique.

XI.
Il tasche au retour de concilier ces Euesques auec le Roy.

Nostre Archeuesque & Alberic estant retournez chez le Roy, se jetterent à ses pieds, le conjurant de ne pas porter les choses à l'extrémité;
de donner quelque satisfaction aux Prelats; de ne point mettre de diuision entre la puissance Royale & le Sacerdoce; & enfin d'auoir compassion de l'Eglise, de son ame, & de sa propre reputation. Le Prince les
releua d'vne façon ciuile & obligeante, & leur donna de belles paroles,
mais qui ne furent suiuies d'aucun effet, en ayant esté détourné par les
mauuais aduis de quelques faux Politiques, qui eurent plus de pouuoir
sur son esprit, que ces sages & fidelles Conseillers.

CHAP.
XII.
Sommaire.
I.
Quelques actions Episcopales de Hugues, au sujet de l'Euesque d'Evreux, & de l'Abbé de S. Evroul.

HVgues confera en 1139. le caractere Episcopal à Rotrou, nommé   1139.
par le Clergé d'Evreux pour estre leur Euesque, laquelle dignité
luy seruit de degré pour monter au Siege Metropolitain. L'année suiuan-   Ord. Vit. l. 13.
te Ranulphe obtint de nostre Prelat, & de Iean Euesque d'Evreux, des   pag. 919. & pag. 921.
lettres, pour attester que son élection pour l'Abbaye de S. Evroul auoit
esté faite du commun consentement de ceux de son Monastere, auec
lesquelles il passa en Angleterre, & les alla presenter au Roy Estienne;
qui les ayant veuës, luy accorda le gouuernement de cette Abbaye, dont
il prit possession à son retour, apres auoir esté beny par son Euesque.

II.
Il fait restituer des dixmes aux Moynes de S. Pierre de Conche.

Cette mesme année Ebrald Comte de Bretüeil, & Iuete sa mere, qui   1140.
par vn abus fort commun en ce temps-là, auoient joüy des dixmes &
des reuenus de l'Eglise de Harcanuille, dans le Vexin, le restituerent
par la persuasion de nostre Archeuesque, à l'Eglise de S. Pierre de Chastillon, ou de Conche, ainsi qu'il se void par vn escrit qui se garde
dans le Cartulaire de cette Abbaye. Nostre Prelat est aussi nommé en
vn Acte d'association des Prieurez de Falaize, & de S. Lo de Roüen, tous
deux de Chanoines reguliers de l'Ordre de S. Augustin, & dans plusieurs
Chartes du Mont aux Malades.

III.
Il assiste à la Dedicace de l'Eglise de S. Denis en France, à Montebourg & autres.

Hugues ayant esté conuié par l'Abbé Suger, son amy intime, à la De- 1140.
dicace de la nouuelle Eglise de S. Denis, se trouua à cette auguste ceremonie, & consacra l'Oratoire ou Chapelle de S. Romain,[a] les autres   a *Non l'Ar-
Prelats ayant aussi dedié chacun leur Autel. Il assista à vne pareille cere-   cheuesque de
monie qui se fit en l'Abbaye de Montebourg, du mesme Ordre de S. Be-   Roüen, mais
noist, au Diocese de Coutance. Il consacra luy mesme la Chapelle de   S. Romain Moyne, à la
                                                                        mort duquel
                                                                        assista S. Mar-
                                                                        tin.*

DES ARCHEVESQVES DE ROVEN.

Sainte Magdeleine fondée proche Vernon, par S. Adjuteur, en action de graces de sa miraculeuse deliurance de la captiuité des Turcs; comme aussi l'Eglise & le Cimetiere de S. Pierre de Chaumont, dans le Vexin François, erigé en Prieuré par l'Abbé Suger, vers l'an 1145.

Hvgves III.

IV.
Le Comte d'Anjou se rend maistre du Royaume d'Angleterre.

L'année 1141. comme les affaires ciuiles auoient fort changé de face par la prosperité des armes de Geoffroy Comte d'Anjou, tant en Normandie, qu'en Angleterre, où le Roy Estienne auoit esté pris prisonnier en vne bataille; il se tint à Mortain vne grande assemblée des Principaux Seigneurs de nostre Prouince, dont le resultat fut que nostre Archeuesque, & quelques autres deputez iroient trouuer Thibaut Comte de Blois, pour luy faire offre de la Couronne Ducale. Mais Thibaut ne voulut point accepter vn estat pretendu par vn autre, & qui l'eust engagé dans vne guerre; il aima mieux s'accommoder auec le Comte d'Anjou, sous des conditions auantageuses. En suite duquel accord, celuy-cy poursuiuant ses victoires, se rendit maistre de Roüen, & contraignit ceux du party contraire de le reconnoistre pour Duc de Normandie.

V.
Hugues député pour offrir le Duché de Normandie au Comte de Blois.

VI.
Geoffroy prend la ville de Roüen & le reste de la Prouince.

Ce juste hommage que les Seigneurs du païs rendirent à Geoffroy, leur Prince legitime, fut la fin de la guerre, & le restablissement de la paix, & de la seureté publique: mais ce ne fut pas là le seul bien dont le Ciel enrichit la Prouince, elle en reçeut encore vn plus precieux, par l'abondante effusion de graces, que la diuine bonté respandit dans l'esprit des peuples, pour y faire reuiure la charité, & la deuotion que les troubles passez auoient fort refroidie. L'année 1145. est fort celebre dans nostre Histoire pour les grandes & éclatantes actions de pieté que l'on vid pratiquer aux Chrestiens, comme à l'envy & par vne sainte emulation. Il est vray qu'elles commencerent à Chartres: mais les Normands se monstrerent tres-ardens à imiter ce bon exemple, & la ferueur auec laquelle ils s'y porterent fut si agreable à Dieu, qu'elle fut suiuie de miracles & de prodiges, comme il se prouue par le témoignage mesme de nostre Prelat qui en escriuit en ces termes à l'Euesque d'Amiens.

VII.
Pendant la paix les peuples s'adonnent à la pieté.

VIII.
Deuotion assez extraordinaire qui se pratiqua en ce têps-là.

A nostre Reuerend Pere Thierry Euesque d'Amiens, Hugues Euesque du territoire de Roüen, perpetuelle prosperité en IESVS-CHRIST.

CHAP. XIII.
Sommaire.
I. *Lettre de Hugues à l'Euesque d'Amiens.*
II. *Les peuples de Roüen charioyét des pierres & autres materaux pour la construction des Eglises de Chartres & autres.*

„ IL faut auoüer que les ouurages de Dieu sont grands, & que comme
„ sa puissance est égale à sa volonté, il les fait tels qu'il luy plaist; ceux
„ de Chartres ayant commencé à conduire des chariots pour aider à la
„ construction de leur Eglise, nostre Seigneur a recompensé leur humble
„ zele par des miracles, dont le bruit s'estant respandu de toutes parts,
„ a excité les Normands à imiter la pieté de leurs voisins. Nos Diocesains
„ ayant donc pris nostre Benediction, se sont transportez jusques
„ à Chartres, & y ont esté presenter leurs vœux & leurs offrandes: En
„ suite plusieurs de nostre Diocese, & des autres quartiers de la Prouince,
„ ont fait le mesme chacun à l'égard de leur Eglise principale,
„ mais ils n'ont admis personne en leur compagnie, qu'auparauant elle

Ces chariots estoient chargez de bois, de pierres, de viures & de choses semblables, dit Robert du Mont en son addition à Sigebert l'an 1144. C'estoit les Tours de la Cathedrale qu'on bastissoit. Ibid.

Tt ij

332　　　　　　　　　　HISTOIRE

Hveves III. „ ne se soit confessée, & soûmise à la penitence, n'ait renoncé à toute
„ animosité, & à tout desir de vengeance, & ne se soit veritablement re-
„ conciliée auec ses ennemis. Cela estant fait, les associez élisent entr'eux

III.
Auec quelles dispositions l'Archeuesque leur faisoit faire cette action.
„ vn chef, sous la conduite duquel ils tirent eux mesmes leurs charettes
„ auec silence & humilité, & presentent leurs Offrandes en se donnant la
„ discipline, & en versant des larmes. Or ces trois choses que nous auons
„ marquées, sçauoir la Confession auec la penitéce, la reconciliation auec
„ les ennemis, l'humilité dans leur marche jointe à l'obeïssance à leurs
„ Chefs, sont autant de conditions necessaires que nous exigeons de tous
„ ceux qui s'adressent à Nous. Lors que nous voyons qu'ils les veulent
„ bien obseruer, nous les receuons charitablement, Nous les absoluons
„ de leurs pechez, & nous leur donnons nostre benediction: apres cela se

IV.
Que Dieu recompensoit leur foy de plusieurs miracles.
„ mettant en chemin dans ces bonnes dispositions, il arriue tres souuent
„ que leur foy est recompensée de miracles, que Dieu opere principa-
„ lement dans nos Eglises, à l'égard des malades qu'ils amenent auec
„ eux, lesquels ont la joye de retourner chez eux en pleine santé : Nous
„ permettons à nos Diocesains d'aller pratiquer cette deuotion aux au-
„ tres Eueschez, mais nous leur deffendons d'entrer dans les lieux où
„ il y a des excommuniez, & où l'on a interdit la celebration de l'Office
„ Diuin. Ces choses sont aduenuës l'an de grace 1145. Adieu.

V.
Cette deuotiō attestée par vn ancien manuscrit.
　　　Vn Manuscrit ancien atteste encore cecy, en ces termes. En 1145.
„ par toute la Normandie, & en quelques autres païs, des personnes
„ de tous âges, & de tous sexes, precedées de Processions, tiroient eux
„ mesmes & conduisoient aux Eglises auec grande deuotion des charet-
„ tes chargées de diuerses choses; & estant arriuées dans ces Saints lieux,
„ y passoient la nuit à se macerer par de rigoureuses penitences, & à
„ chanter continuellement les loüanges de Dieu; la plusparts laissoient
„ les chariots & leurs charges en Offrandes aux Eglises; d'autres les dé-
„ chargeoient seulement de ce qu'ils auoient apporté, & les rame-

VI.
Les grands biens que Dieu tira de cette deuotion.
„ noient vuides, pour les remplir de nouueau, & les conduire à d'au-
„ tres Eglises. Dieu eust si agreable cette pratique de pieté, qu'il se fit
dans les Eglises, & tres-souuent par les chemins des miracles inombra-
bles, & qui surpassent presque toute creance, en faueur des pauures malades; les haines & les inimitiez furent appaisées, & les hommes les plus
fiers, & les moins traitables en apparence, pardonnerent volontiers les
outrages & les injures qu'ils auoient receuës, soit en leur personne, ou
en celle de leurs amis.

VII.
De quelle maniere en a parlé Robert Dumont.
　　　Robert Dumont en sa continuation de Sigebert, & la Chronique de
Normandie donnée au public par Mr. du Chesne, confirment la mesme chose, mais ils la rapportent en l'an 1144. & disent que ce fut comme vn accomplissement de ce mot du Prophete, *Spiritus vitæ erat in rotis*,
faisant allusion aux roües des chariots qui estoient chargez des aumos-

VIII.
Il dit qu'elle fut en partie cause de la Croisade qui se fit quelque temps apres.
nes de ces charitables penitens. Ils parlent aussi de la lettre écrite par
nostre Prelat à l'Euesque d'Amiens, & adioustent que les grands & frequens miracles, que nostre Seigneur opera en faueur de ceux qui tiroient ces chariots, furent en partie cause[a] de la celebre Croisade, où

[a] *Il en marque 3. causes, 1. les mira-*

DES ARCHEVESQVES DE ROVEN. 333

s'engagerent tant de Princes & de Seigneurs, les années suiuantes pour aller deliurer les Fidelles de la Palestine.

HVGVES III.
clet. 2. les plaintes des Chrestiens de la Palestine.
3. la Predication de saint Bernard.

CHAP. XIV.
Sommaire.
I. Hugues fait plusieurs biens à l'Abbé & aux Moines de Conches.

Nostre Archeuesque fauorisa beaucoup Vincent Abbé de Coches, à qui il écriuit des lettres pleines de témoignages d'amitié, & accorda la confirmation des droits que son Eglise auoit sur des Cures du Diocese de Roüen, y adjoustant ce reglement, que le Curé ne pourroit pretendre ny demander autre chose pour son gros, & son reuenu principal, que la troisiéme partie des dixmes, comme il est porté dans sa Charte dattée de l'an 1147. Il luy donna aussi, & à son Monastere, l'Eglise de Varengeuille, auec les dixmes, & luy fit expedier ses lettres, ausquelles signerent Fraternus Abbé de S. Oüen, Godefroy Osmond, & Robert, tous trois Archidiacres.

II.
Il assiste au Concile de Paris.

Cette mesme année Hugues fut present à vn Concile tenu à Paris en presence du Pape Eugene, pour la condamnation de Gislebert Porée Euesque de Poictiers, qui suiuant plustost les fausses lumieres de la Philosophie d'Aristote, que la Regle de la foy Catholique, osoit soustenir que l'Essence diuine n'estoit pas Dieu, que les proprietez des personnes n'estoient pas les mesmes personnes, &c. En la seconde seance de cette Assemblée, Gislebert ayant esté repris d'vne expression nouuelle dont il auoit vsé dans vne Prose qu'il auoit composée, touchant la sainte Trinité. Nostre Archeuesque dit ce qui suit, au rapport d'Otton de Frisinge, dont nous inserons icy les paroles à cause de la qualité de la matiere, qui n'est que pour les Theologiens. *Ductus pulsatusque (Gislebertus) de nouitate dictionis eo quod in Prosa de S. Trinitate, tres personas tria singularia vocauerit. Hugo Archiepiscopus Rothomagensis causam aggrauauit dicens, Deum potius debere dici vnum singulare quam tria singularia non tamen sine multorum scandalo, cum Hilarius in libro de Synodis dicat sicut duos deos dicere prophanum est, ita singularem & solitarium dicere sacrilegium est, &c. Episcopus verò Pictauiensis in præfatis dictis suis se habuisse simplicem sensum testabatur, affirmans per singularia non Theologicas personas, sed ipsarum excellentiam intellexisse.*

1147.

III.
Et ce qui s'y passa au sujet de la doctrine de Gislebert Porée.

IV.
S. Bernard le côtraignit de se dédire au Concile de Reims où Hugues fut present.

Hugues assista pareillement au Concile de Reims, celebré l'an 1148. où cette affaire ayant esté remise, S. Bernard disputa contre Gislebert, refuta ses erreurs, & par vne victoire auantageuse au vaincu, le contraignit d'y renoncer, & de se soûmettre à la verité Catholique.

V.
Henry II. nouueau Duc donne à l'Archeuesque de Roüen lettres de confirmation des Priuileges de la Prouince.

Geoffroy Comte d'Anjou se voyant paisible possesseur de la Duché de Normandie, la ceda à Henry II. son fils, vers l'an 1150. lequel en fit hommage au Roy de France, & confirma les Priuileges des Habitans de Roüen par lettres adressées à nostre Prelat, & aux autres Euesques de la Prouince. Enuiron ce mesme temps, Hugues assisté des Euesques de Paris & de Senlis fit le troisiéme iour de May la Translation du corps de S. Gaultier, premier Abbé de S. Martin de Pontoise, & permit de celebrer tous les ans vne Feste en memoire de cette ceremonie, & accorda des Indulgences à ceux qui les solemniseroient. Nostre Archeuesque eut different auec les Moynes de Cluny, touchant cette Abbaye de S. Martin, que ceux-cy pretendoient leur appartenir & estre de leur Ordre, sous pretexte que S. Gaultier Fondateur auoit demeuré quelque

1150.

VI.
Hugues transfere le corps de S. Gaultier.

VII.
Il protege les Moynes de S. Martin de Pontoise contre les entreprises de ceux de Cluny.

Tt iij

HVGVES III. temps à Cluny, & qu'ils difoient que la place où eſtoit baſty ce Monaſtere, auoit eſté donnée par les Moynes de S. Martin des Champs de Paris, qui eſt vn Prieuré de Cluny, encore que dés ſa Fondation elle eut eſté ſujette à l'Egliſe de Roüen; ce qui l'obligea d'écrire à Loüis Roy de France vne lettre, rapportée par Mr. Ducheſne en ſon quatriéme Tome, pour le ſupplier de conſeruer à ſon Egliſe le droit qu'elle auoit ſur ce Monaſtere, & d'en maintenir les Religieux dans leurs Priuileges & anciennes libertez. Il le prie auſſi de proteger le Prieur de Vadecour, contre les vexations d'vn certain Hilduin Chanoine de S. Mellon de Pontoiſe. Il ſe trouue dans le Cartulaire de cette Abbaye de S. Martin trois ou quatre Chartes, qui font voir le zéle qu'auoit noſtre Prelat pour la conſeruation & l'accroiſſement de cette Communauté, & la ſincere affection dont il eſtoit lié auec l'Abbé Thibaut; en conſideration duquel il confirma ce Monaſtere dans la poſſeſſion des Terres, Rentes, Biens, & Domaines dont il auoit joüy du temps de ſes Predeceſſeurs en l'Archeueſché de Roüen, Iean, Guillaume, & Geoffroy, & le reſtablit dans la joüiſſance de pluſieurs Egliſes, decimes & offrandes vſurpées par des ſeculiers. Au reſte, j'eſtime que ce démeſlé auec ceux de Cluny arriua aprés la mort de Pierre le Venerable; car ſi ce ſaint Abbé euſt eſté viuant, il y a apparence que noſtre Archeueſque qui luy eſtoit vny d'vne amitié tres-eſtroite, n'eut pas entré là-deſſus en different auec ceux de ſon Abbaye.

Eſt. 203.

a Il mourut en 1157.

VIII. *Et leur fait pluſieurs autres faueurs.*

IX. *Il écrit pluſieurs lettres au Roy de France.*

Outre cette lettre que noſtre Archeueſque écriuit au Roy de France, Mr. Ducheſne en rapporte encore deux dans ce meſme Volume; par la premiere deſquelles, (qui eſt la 201.) aprés luy auoir témoigné ſes humbles ſoûmiſſions, & ſouhaité toute ſorte de proſperité, il dit qu'il ſe ſouuenoit d'auoir ſupplié ſa bonté Royale de luy permettre l'eſtabliſſement d'vn marché à Gozengres dans le Vexin. Surquoy elle luy auoit répondu, qu'auparauant il falloit s'informer ſi cela n'apporteroit point de préjudice aux marchez voiſins: En execution dequoy il auoit fait faire vne enqueſte par des perſonnes qui auoient rapporté que ce nouueau marché ne cauſeroit aucun dommage aux anciens, pourueu qu'il ſe tint le Lundy. C'eſt pourquoy veu cette information, il ſupplioit ſa Majeſté de luy accorder l'effet de ſa Requeſte. Par la ſeconde lettre il aſſure le meſme Prince, qu'il ſe ſouuient de ſa Majeſté dans toutes ſes prieres, tant publiques que particulieres, & qu'il ne manqueroit pas de l'aller trouuer au lieu qu'Elle luy auoit deſigné, mais qu'il la prioit de luy donner temps juſqu'à Mercredy, &c.

X. *L'Abbé Suger ſon intime luy procure la bien-veillance de ce Prince.*

Ces lettres font voir que Hugues eſtoit conſideré du Roy de France, & auoit quelque part en ſes bonnes graces; ce que ie crois eſtre arriué non ſeulement à cauſe de ſa dignité & du merite de ſa perſonne, mais encore par l'entremiſe de Suger premier Miniſtre d'Eſtat, auec lequel il eſtoit lié d'affection, & par vn commerce reciproque de bons offices. Le Pere du Breüil écrit que cét illuſtre & pieux Abbé deſirant voir les ſaintes Reliques poſées en vn des Autels de ſon Royal Monaſtere de S. Denis, deuant le Tombeau de Charles le Chauue, noſtre Archeueſ-

que s'y transporta le iour & Feste de ce grand Apostre de France, & dé- Hvgves III.
couurit ces sacrez gages en presence de Suger.

CHAP. XV.

Sommaire.

I.
Il escrit à l'Abbé Suger pour lors Regent en France, en faueur des Moynes de S. Vvandrille.

LEs Religieux de S. Vvandrille sçachant l'accez que nostre Prelat auoit auprés de ce premier Ministre & Regent en France, (pendant l'absence du Roy qui estoit allé en la Palestine) l'obligerent de luy écrire en leur faueur, pour les faire restablir dans la possession des biens qui leur appartenoient au village de Chaussy, & dont ils auoient joüy dés le temps de S. Ansbert Archeuesque de Roüen, mais qu'vn certain Hugues Chrestien auoit vsurpez sur eux injustement, & par vne pure violence; & pour le prier d'employer pour cét effet la rigueur de la Iustice, qui estoit d'autant plus necessaire en cette rencontre, que ce Hugues estant excommunié, & ne se corrigeant point par cette peine Ecclesiastique, deuoit estre reprimé & contraint par la force du bras seculier.

II.
Il assiste au Concile de Baugency, où se traita la rupture du mariage de Loüis le jeune & d'Eleonor.

En 1152. nostre Archeuesque se trouua en l'Assemblée tenuë à Baugency par l'ordre du Pape, pour la dissolution du mariage de Loüis Roy de France & de la Reyne Eleonor, lequel estoit illegitime à cause de la proximité du sang des deux parties; mais il eust pû estre rendu valide par la dispense du S. Siege; ce qui eust esté auantageux à la France, (à ce que disent les Politiques) car par ce moyen cette Princesse ne se fust pas remariée (comme elle fit) à Henry Duc de Normandie, & ne luy eust pas apporté la Duché de Guyenne & le Poitou, qu'il posseda depuis auec la Touraine, le Mayne, l'Anjou, à quoy il joignit aprés la mort du Roy Estienne la Couronne d'Angleterre, & conquit l'Irlande, lesquels Estats ne le rendirent que trop puissant & trop formidable à ses voisins. Estienne Roy d'Angleterre estant donc décedé, Henry Duc de Normandie fut reconnu Roy par le commun consentement de tous les ordres du païs, & couronné solemnellement dans Vvestmonster le 20. Decembre 1154. par Thibaut, qui d'Abbé du Bec auoit esté fait Archeuesque de Cantorbie; à laquelle ceremonie assista Hugues Archeuesque de Roüen, homme Religieux & craignant Dieu, (dit Robert Dumont) auec Philippes Euesque de Bayeux, Arnoul de Lisieux, & Hebert d'Avranches, soit qu'il y eust esté appellé par Henry, ou que quelques affaires de son Eglise l'eussent obligé de passer en Angleterre, où le Roy fit auec luy vne échange de Terres, dont nous parlerons dans l'Histoire de la Cathedrale.

III.
Et au couronnement de Henry II. Roy d'Angleterre.

IV.
Il assiste à la Translation de S. Firmat à Mortain, & de-là va au Mont S. Michel, où il consacre vn Autel.

Robert Dumont nous apprend encore qu'en 1156. en l'Octaue de la Pentecoste, nostre Prelat accompagné de Rotrou Euesque d'Evreux, Richard Euesque de Coutances, & Humbert d'Avranches, leua de terre & mit en vn lieu plus décent le corps de S. Firmat, dans la ville de Mor-
„ tain; d'où, dit cét Autheur, il vint au Mont S. Michel pour y faire ses
„ deuotions, & nous y visiter : Et aprés nous auoir consolez durant
„ quatre iours par ses saintes exhortations, & son agreable conuersation,
„ il fit consacrer en vn Vendredy par Humbert Euesque d'Avranches,
„ l'Autel qui est deuant le Crucifix, & consacra luy-mesme le Samedy
„ suiuant l'Autel de la sainte Vierge nouuellement rebasty, en la Cha-
„ pelle qui regarde le Septentrion; auquel Autel on remit vne precieuse
„ Relique qui estoit au vieil Autel dans vne boëte de plomb, sçauoir

HVGVES III.

,, vne particule des veſtemens de noſtre-Dame (ainſi que nous croyons.)

V.
Il confirme quelques donations aux Abbayes de S. Denis en France, & de S. Michel du Treſport.

Mr. Doublet dans ſon Hiſtoire des Antiquitez de S. Denis, rapporte vne Charte de noſtre Prelat Hugues, par laquelle il paroiſt qu'eſtant en 1157. au Prieuré de S. Pierre de Chaumont, il confirma Eudes Abbé de S. Denis, & ſon Monaſtere, dans la poſſeſſion des Egliſes, priuileges, droits, & reuenus dont ils auoient joüy paiſiblement juſqu'alors dans le Dioceſe de Roüen, laquelle grace il leur accorda par vn motif de reſpect & de veneration enuers S. Denis, à la Feſte duquel il auoit eſté inuité comme amy ſingulier de l'Abbaye. Il ſe voit vne Requeſte adreſſée à noſtre Hugues par Iean Comte d'Eu, (qui le qualifie ſon tres-Reuerend Pere ſpirituel, & tres-cher Seigneur) par laquelle il le ſupplie d'agréer & de ratifier la donation qu'il auoit faite à l'Abbaye du Treſport, des dixmes d'vne Metairie qu'il auoit nouuellement eſtablie dans la Foreſt de Guerreuille. Il ſe trouue encore vne Charte du meſme Seigneur, par laquelle il confirme à la meſme Abbaye (fondée par ſes Predeceſſeurs) d'autres dons qu'il y auoit faits des dixmes de quelques Noualles, Landes & Eſſarts, & d'autres biens, le tout ſous le bon plaiſir de noſtre Archeueſque, & du Doyen & Chapitre de la Cathedrale.

VI.
Grande liaiſon entre noſtre Archeueſque, & Pierre le Venerable, Abbé de Cluny.

Au commencement de l'année 1157. qu'alors on commençoit à Noël, ſelon la Chronique de Cluny ; Hugues fut priué de ſon cher amy Pierre le Venerable, qui paſſa de cette vie mortelle en vne meilleure. Parmy les lettres de ce ſaint Abbé, il s'en rencontre deux écrites à noſtre Prelat ; par l'vne deſquelles il luy mande les particularitez de la mort de ſon frere nommé Guillaume, decedé à Cluny. Par la ſeconde, aprés s'eſtre eſtendu ſur ſes loüanges, il le prie auec des paroles également pleines de tendreſſe & de reſpect, de le venir voir en ſon Monaſtere. Cette piece pouuant fort éclaircir cette Hiſtoire, ie la traduiray icy.

Lib. 1. Ep. 4. pag. 624.
Lib. 6. Ep. 32. pag. 934.

VII.
Lettre de ce ſaint Abbé à ce Prelat.

A Hugues grand Preſtre de Dieu, & excellent Archeueſque de l'Egliſe de Roüen : Frere Pierre, le veſtement & la Couronne de gloire.

VIII.
Il s'eſtonne qu'il ait eſté ſi long-temps ſans luy écrire, en ayant tant de ſujet.

,, J'Ay couſtume d'admirer les choſes qui paroiſſent dignes d'admira-
,, tion, & meſme de les écrire ſelon que ie le juge à propos. Mais à
,, preſent, ce qui eſt merueilleux, c'eſt moy-meſme que j'admire, oüy
,, j'admire comment ie ſuis demeuré dans le ſilence à voſtre égard, tan-
,, dis que j'ay donné à la pluſpart de mes amis des marques de mon ſou-
,, uenir. J'ay écrit & j'écris encore tous les jours à des perſonnes à qui
,, ie ne ſuis pas ſi vny d'eſprit que ie vous le ſuis, & qui n'occupent pas
,, l'éminente place que vous poſſedez dans mon cœur, dont ie vous puis
,, aſſeurer que ie vous ay reſerué les plus tendres & les plus ſinceres affe-
,, ctions. Certes ie deuois, (& ie me repens de ne l'auoir pas fait) ie
,, deuois dis-je auoir remply mes liures des Copies des lettres que ie vous
,, aurois enuoyées, & les auoir en ſuite ornez de vos Réponſes, comme
,, d'autant de beaux bouquets de fleurs. Ie ne manquois pas de matiere
,, à vous écrire, celle que j'auois n'eſtoit que trop riche & trop abon-
,, dante,

"dante, & ie n'eusse point esté tenté d'inuenter des faussetez ou des
"flateries faute de choses solides & veritables. En effet y auoit-il rien
"qui pût porter plus doucement & plus fortement mon cœur à vous
"aimer, & ma main à vous escrire que cette si sainte, si agreable, & si
"longue perseuerance auec laquelle vous auez pratiqué la vertu, quasi
"depuis les premieres années de vostre jeunesse jusqu'à l'âge auancé où
"vous estes maintenant, & où vous paroissez vieil & cassé, plûtost de
"vos grands trauaux pour le seruice de Dieu, que du nombre de vos
"années. Y auoit-il rien qui me dust plus exciter à vous entretenir par
"mes lettres, que le souuenir des anciennes affaires de Cluny, que ie
"croy n'estre plus connuës que de vous, & de peu d'autres personnes,
"du nombre desquelles ie suis. Il me souuient fort bien de vous auoir
"veu tout jeune tenir vn rang considerable parmy les anciens de nostre
"Congregation, & (s'il m'est permis d'vser de ces termes) parmy les
"plus graues Senateurs de nostre Republique. Ie n'ay pas oublié com-
"bien vostre pieté & vostre doctrine ont fait d'honneur au grand &
"sacré Troupeau de Cluny, ny auec quel éclat elles se sont produites,
"& vous ont fait paroistre presque au dessus de tous les autres dans les
"emplois qui vous ont esté confiez. Ie ne parle point de cette ferme
"perseuerance dans vos premieres serueurs, ny de cette égalité d'esprit
"& de visage dans les diuerses charges & dignitez Ecclesiastiques par où
"vous auez passé. Tant que ie viuray il me souuiendra, que soit que
"vous ayez esté prés ou éloigné de nous, soit Prieur ou Abbé, ou enfin
"Archeuesque, en tous lieux & en tout temps, vous auez esté par le
"merite de vostre vertu & de vostre science, la bonne odeur de I. C.
"selon le langage de l'Apostre. Vous n'auez point redouté dans la cau-
"se de Dieu, ny les plus puissans Seigneurs, ny les plus grands Rois;
"mais autant que vous auez pû, vous auez empesché que l'Eglise que
"Dieu a establie au dessus des nations & des Estats temporels, ne se sou-
"mit indignement à quelque homme mortel. Ie me souuiens aussi que
"pour engagé que vous ayez esté dans le maniement des grandes affai-
"res, iamais vos soins ny vos occupations n'ont pû m'effacer de vostre
"memoire, ny arracher de vostre cœur l'amour de vostre Eglise de Clu-
"ny : C'est pourquoy s'il estoit possible, & qu'il plust à la Diuine Pro-
"uidence de me le permettre, j'aimerois mieux joüir, ie ne dis pas sou-
"uent, mais continuellement de vostre presence, que de celle d'aucun
"autre homme qui soit sur la terre, afin de pouuoir vous entretenir,
"me réjoüir auec vous en nostre Seigneur ; & ce qui seroit mon plus
"ardent desir, comme aussi le plus conuenable à nostre profession, afin
"de gouster sans cesse les delices spirituelles en cette table de la sagesse
"qui ne vous est pas inconnuë, en pensant à Dieu, en parlant de Dieu,
"& en conferant ensemble de ses adorables grandeurs. Puisque ie ne
"suis pas si heureux que de posseder ny toûjours ny souuent vn bien si
"desirable, au moins souhaitterois-je d'en joüir aucunesfois. Ne m'é-
"tant pas permis d'auoir ny mesme d'esperer ces deux premiers auanta-
"ges, ie vous supplie au moins de m'accorder le dernier ; ouy ie vous

HISTOIRE

HVGVES III.
XIII.
Il le prie du moins de les venir visiter, & luy persuade par raison.

„ conjure de nous honorer au plûtost de vostre aimable presence, &
„ d'accomplir en cela mes vœux & mes desirs, & ceux de tous vos en-
„ fans de Cluny, estant juste que vous leur donniez cette satisfaction,
„ & que vous remplissiez leurs desirs pour l'amour de celuy qui remplit
„ de biens les saints desirs de ses seruiteurs; & de peur que quelqu'vn ne
„ pense ou mesme ne dise qu'il est bien plus raisonnable qu'vn Abbé
„ qui est inferieur, aille trouuer vn Archeuesque qui luy est superieur
„ dans l'ordre de la Hierarchie : que non pas au contraire, ie preuiens
„ cette objection, en demeurant d'accord que cela est plus raisonnable
„ & plus conforme à l'ordre des choses : mais l'Abbé allant voir l'Arche-
„ uesque, ne pourroit pas mener à sa suite tout le Troupeau de tous ses
„ Moynes, en consideration desquels neantmoins se deuroit faire la vi-
„ site dont il s'agit; mais l'Archeuesque pourroit bien plus aisément se
„ rendre auprés l'Abbé, & l'honorer de sa presence, n'estant pas besoin
„ qu'il y conduise auec luy tout son Diocese. Ie souhaite mon tres-cher
„ Frere vne parfaite santé à vostre sainte & maintenant toute celeste

XIV.
Il le prie d'obliger vn de ses Clercs Auuergnac de luy noter vne Prose & vn Répons, ainsi qu'il luy auoit promis.

„ personne. Ie vous supplie d'auertir l'Ecclesiastique Airald, qui est à
„ nous par sa naissance, comme à vous par les bienfaits dont vous l'auez
„ obligé, qu'il s'acquite sans plus de retardement de ce qu'il m'a pro-
„ mis, en m'enuoyant le Chant de la Prose que ie composay l'an passé à
„ la loüange de Nostre-Dame, & le Chant du Répons que j'ay fait sur le
„ mesme sujet, qui commence ainsi.

Christe dei splendor, qui splendida cuncta creasti.

„ Estant à Cluny il me promit de m'enuoyer au plûtost ces deux Chants,
„ & toutesfois il ne me les a point encore enuoyez. Faites-moy donc la
„ grace de l'auertir, ou mesme de le presser d'accomplir sa promesse, afin
„ que l'on n'aille pas imputer le mensonge de cét Auuergnac à tous ceux
„ de sa nation, du nombre desquels ie confesse que ie suis.

S. Pierre de Cluny estoit originaire d'vne des plus nobles familles d'Auuergne, comme il se voit en sa vie qui est en la Bibliotheque de Cluny, page 589.

XV.
Il fait encor mention de luy en vne autre lettre.

Ce venerable Abbé parle encore de nostre Archeuesque en la 17. lettre de son deuxiéme liure, & témoigne que Hugues fut du nombre de
ceux qui le consolerent, lors qu'au retour du Concile de Pise, il apprit
en chemin le decés de sa mere, morte fort saintement en l'Abbaye de
Marcigny.

CHAP.
XVI.
Sommaire.
I.
Hugues fut honoré de la dignité de Legat du saint Siege.

LE Pere Dom Luc Dachery, parmy les pieces qu'il a données au pu-
blic, auec les Oeuures de l'Abbé Guibert ; & Messieurs de sainte
Marthe dans leur France Chrestienne, rapportent vne certaine lettre de
nostre Archeuesque Hugues, où il prend la qualité de Legat du Siege
Apostolique ; ce qui justifie qu'il exerça quelque legation au nom du
Pape. Voicy la traduction de cette lettre.

DES ARCHEVESQVES DE ROVEN.

Hugues Archeuesque de Roüen, Legat du Siege Apostolique: A[...]tres-noble Comte de Thoulouse, Duc de Narbonne, Marquis de Prouence. Tout ce que nous pouuons & deuons vous conseiller de bien.

II. *Lettre qu'il écriuit en cette qualité à vn Comte de Thoulouse.*

III. *Il luy marque le lieu de leur conference, & l'exhorte à se reconcilier à l'Eglise.*

„ PVisque Dieu n'a pas moins releué vostre personne par la sublimité
„ des honneurs & des dignitez du monde, que par l'éminence
„ d'vne vertu & d'vne probité singuliere, il est juste que vous tâchiez de
„ plaire & de vous rendre agreable à ce souuerain Maistre, de la bonté
„ duquel vous tenez ces deux grands auantages. Vostre liberalité nous a
„ écrit d'aller au deuant de luy à Lyon ou à Vienne, ou à Valence, vous
„ trouuerez bon que ce soit en cette derniere Ville que nous vous irons
„ trouuer; nous ne manquerons donc pas de nous rencontrer, Dieu
„ aydant, à Valence le 7. de Mars. Nous esperons que vous continuerez
„ à proceder de bonne foy, ainsi que vous l'auez promis à nostre vene-
„ rable Frere l'Euesque de Troye, & que vous nous l'auez declaré par
„ vos propres lettres. Hastez-vous donc de vous reconcilier à l'Eglise
„ vostre Mere, & mettez-vous par ce moyen en estat de croistre tou-
„ jours en honneur & en dignité. Illustre Prince & Seigneur, Adieu.

Il marque par ce souhait cette reconciliation à l'Eglise, à laquelle il l'exhorte par cette lettre.

a Tricasti, selon l'édition de Dom Luc Dachery, ou Tricastrino, de saint Paul des trois Chasteaux, selon Mrs. de sainte Marthe.

IV. *Quel fut ce Comte, & le suiet de cette reconciliatiõ.*

Le sieur Catel dans ses Memoires de Languedoc, estime que par cét A. qui n'est pas remply, il faut entendre Aimery IV. Comte de Thoulouse, qui viuoit en ce temps-là, contre lequel Richard Archeuesque de Narbonne eut de grandes contestations, comme il paroit par vne plainte de ce Prelat, qui se trouue dans les Archiues de cette Eglise. Le principal sujet de leurs differens, fut l'vsurpation qu'auoit fait ce Seigneur de quelques biens d'Eglise, à la restitution desquels Richard ayant tasché de le contraindre par des Censures Ecclesiastiques, il y a apparence que nostre Archeuesque s'entremit pour accorder les parties, & qu'à cette fin il écriuit cette lettre à ce Comte Aimery, pour l'assurer qu'il iroit trouuer à Valence, & pour l'exhorter à rentrer dans la Communion de l'Eglise.

V. *Hugues assista en vne Assemblée tenuë à Neufmarché par ordre du Roy d'Angleterre.*

Il est comme assuré que nostre Archeuesque se trouua en 1160. au mois de May, à vne Assemblée tenuë à Neufmarché, par l'ordre de Henry Roy d'Angleterre & Duc de Normandie, afin d'y reconnoistre pour Pape legitime Alexandre III. & dénier obeïssance à Octauian Antipape, surnommé Victor, puisque Robert Dumont témoigne que ce Prince y appella tous les Euesques de la Prouince, & que vray-semblablement Hugues, quoy que vieil, estoit encore en estat de faire les actions propres à sa dignité, ayant vescu jusqu'au dixiéme Nouembre 1164. qu'il mourut plein d'années & de merites. L'Autheur que ie viens de citer parlant de sa mort, fait ainsi son éloge.

VI. *En quelle année Robert Dumont marque son trépas & l'éloge qu'il luy donne.*

„ Hugues, venerable Archeuesque de Roüen, mourut le quatriéme
„ d'Octobre (il faut le 10. ou 11. de Nouembre) 1164. Ce fut vn homme
„ fort sçauant, & qui a donné au public plusieurs Ouurages écrits d'vn
„ stile agreable. Il se montra fort liberal enuers les vefues, les orphe-

Vv ij

HISTOIRE

Hvgves III. „ lins, & les autres pauures, & gouuerna enuiron trente ᵃ ans l'Eglise ᵃ Trente-qua-
„ de Roüen, auec vne conduite honneste & vigoureuse. Paroles qui tre ans, &
nous marquent fort bien l'éminence de sa doctrine, sa charité enuers près de deux
VII. les miserables, & son zéle également sage & genereux. Il augmenta les mois.
Il augmenta distributions de pain & de vin des Chanoines de la Cathedrale, ordon-
les distribu- nant qu'ils en receussent les iours & Octaues de la Natiuité, de l'Assom-
noines de sa ption, de la Pentecoste, de la Feste de S. Pierre & de S. Paul, & les iours
Cathedrale. de la Transfiguration, de l'Immaculée Conception de la sainte Vierge,
& de S. Gilles.

VIII. De tous ces Ouurages que Robert Dumont dit auoir esté composez
Il y eut plu- par nostre Archeuesque Hugues, il ne se voit aujourd'huy qu'vn Traité
sieurs Hereti- contre les Heretiques de son temps, & principalement contre ceux de
ques de son Bretagne. Car il est à remarquer qu'en ce siecle-là, outre les erreurs
temps. d'Abaïlard & de Gilbert Porée, & les heresies des Apostoliques, dans la
refutation desquels S. Bernard signala son zéle,ᵃ & les sacrileges & dam- ᵃ *Ser. 66. in*
nables opinions de Pierre de Bruis combattuës par les doctes écrits de *Cant.*
S. Pierre Abbé de Cluny; il parut encore en France d'autres monstres
IX. d'erreurs, mises au iour par vn certain Eudes Coulon (dit l'enragé) Breton,
Il fait vn Trai- qui s'estant fait admirer du simple peuple par ses artifices & ses illusions
té contre les diaboliques, corrompit la foy de plusieurs personnes, & eut des secta-
Heretiques de teurs si opiniastres dans leurs resveries & leurs noires pratiques, qu'ils
Bretagne, à
la priere de aimerent mieux estre bruslez que d'y renoncer. Ce fut donc contre ces *Voyez Baron.*
l'Euesque nouueaux Heretiques de Bretagne que nostre Prelat écriuit son Liure, à la *sur l'an 1148*
d'Ostie, Legat priere d'Alberic Euesque d'Ostie, celebre dans l'Histoire, pour les Non-
en France. ciatures & les importantes affaires qu'il negocia au nom du S. Siege, &
probablement vn des anciens amis de Hugues, ayant esté aussi-bien que
luy Moyne de l'Ordre de Cluny. Cela paroist par l'Epistre dedicatoire
qui est à la teste de l'Ouurage. Ie la donneray icy, parce qu'elle contient
quelque chose d'historique.

A Alberic Fils de la sainte Eglise Romaine, Euesque d'Hostie,
honoré plusieurs fois de la charge de Legat du Siege Apostolique. Rothom.
Hugues pecheur & Euesque indigne de l'Eglise de Roüen. vt cumque
 Sacerdos, ou
 Prestre tel
 quel.
X.
Il luy dedie ce „ **M**On Reuerend Pere, si j'ay differé à executer vos ordres, au
Traité, & luy „ moins ie ne l'ay pas obmis; Toutesfois ie veux bien vous de-
écrit cette „ mander pardon de ce retardement, & i'espere que vous me l'accorde-
lettre. „ rez auec cette bonté que i'ay souuent éprouuée si facile à me faire des
„ graces. Ie conserue tousiours auec soin le souuenir de l'honneur que
XI. „ i'eus auec vous à Nantes, aux extrémitez de la France, vers la Mer Bri-
Aprés luy
auoir fait ex- „ tannique. Ce fut là qu'ayant leué de terre les corps des saints Martyrs *Voyez le*
cusé de ce „ Donatian & Rogatian freres, vous les fistes voir à vne grande multi- *Martyrologe*
qu'il a trop „ tude, & les remistes en suite en leur place auec vn profond respect & *Romain, le*
tardé, il luy „ d'humbles actions de graces. Ce fut là que nous vismes vne Comete *24. May.*
fait souuenir
de ce qu'ils „ qui se couchoit en l'Occident par vne chûte precipitée; ce que vous
auoient fait „ pristes fort à propos pour vn presage certain de la ruïne & de la prom-
ensemble à
Nantes.

DES ARCHEVESQVES DE ROVEN.

XII.
Il luy dit qu'à la veuë d'vne Comete il auoit prédit la fin de l'Heresie contre laquelle il prescheoit.

„ pte extinction de l'Heresie nouuellement née en Bretagne. C'estoit-là Hvgves III.
„ que vous combattiez si puissamment ces erreurs par vos Predications
„ orthodoxes, que ceux qui en estoient infectez estoient obligez de las-
„ cher pied & de vous ceder la victoire ; & que l'autheur mesme de cet-
„ te Heresie malheureuse, n'osa comparoistre en vostre presence, tant
„ il redoutoit la doctrine & le zéle qui animoit vos discours.

XIII.
Qu'il luy auoit obei & escrit fort succinctement contre ces Heretiques.

„ Ce fut en cette rencontre qu'il vous plut nous ordonner que nous
„ escriuissions quelque chose touchant cette Heresie naissante ; ce que
„ nous auons fait sous l'authorité de vostre commandement, mais d'v-
„ ne façon abregée, & par vn Traité peu étendu. Il faut donc que le
„ Lecteur raisonnant en Catholique & dans les lumieres du S. Esprit,
„ tire de longues conclusions des principes qu'il verra icy expliquez
„ briefuement, & que multipliant par ce moyen le peu d'enseignemens
„ que ie luy presente comme vn petit plat de viandes spirituelles, il y
„ trouue vne instruction & vne nourriture abondante.

XIV.
Cet ouurage est diuisé en trois Liures. Les matieres qui y sont traitées.

L'Ouurage de nostre Hugues a pour titre (Dogmes de la Foy Chre-stienne contre les Heretiques de son temps.) Il est diuisé en trois Liures ; dans le premier desquels il traite de la Tres-sainte Trinité, de l'Eglise, des Anges, de l'Incarnation, de l'origine des Heresies, du Baptesme des petits enfans (que les Heretiques rejettoient) de la sainte Eucharistie. Dans le second, de la Confirmation & des sept degrez du Sacrement ; de l'Ordre, qu'il explique amplement, faisant voir que nostre Seigneur les a instituez, & en a luy-mesme exercé les fonctions. Dans le troisié-me, continuant le mesme sujet des Ordres sacrez, il parle de la Couron-ne Clericale ; de la Resurrection ; de l'estat de Continence, & du Maria-ge, & derechef de l'Eglise Catholique ; où faisant reflexion sur les auan-tages qu'elle tire des Heresies, il dit (ce me semble excellemment) qu'à la verité les Heretiques la troublent & l'affligent ; mais que cette affliction luy sert d'épreuue, que cette épreuue l'affermit & luy donne de nou-uelles forces ; & que par ces nouuelles forces, elle étend sa domination.

CHAP. XVII.
Sommaire.
I.
Iugement de cét ouurage & de plusieurs autres qu'il a com-posez.

Nostre Prelat traite toutes ces matieres en veritable Théologien, *Lib. 3. c. 7.* par des raisonnemens fondez sur l'Escriture ; & en vn mot, d'vne façon digne de luy, & qui nous fait regretter la perte de ses Ouurages : Car il est certain par vn ancien Catalogue des Liures de la Bibliotheque de l'Eglise de Roüen, qu'il a encore composé vn beau Liure de diuerses questions, dedié à l'Euesque d'Albe, & vne Exposition de la Foy Catho-lique, & de l'Oraison Dominicale ; outre plusieurs lettres adressées à dif-ferentes personnes ; comme celle que nous auons traduite cy-deuant touchant la deuotion de ceux de son Diocese en 1145. à Suger Abbé de S. Denis, qui luy escriuit son Epistre 101. & à Arnoul Euesque de Lisieux, entre les lettres duquel la quinziéme se trouue adressée à nostre Prelat.

II.
Lettre tres-importante de Hugues au Pape Eugene en faueur de l'exemption de l'Abbaye de Vezelay.

Il y a aussi dans le troisiéme Tome du *Spicilegium*, ou Recueil de pieces anciennes de D. Luc Dachery, vne lettre escrite au Pape Eugene par nostre Archeuesque, en faueur de l'Abbaye de Vezelay, alors dependan-te de Cluny ; ce que j'estime auoir esté fait par nostre Prelat, à la priere de Pierre le Venerable, ou de son frere qui en estoit Abbé. Le sujet est

Vv iij

HVGVES III. pour supplier sa Sainteté, de maintenir ledit Monastere dans le priuilege qu'il auoit d'estre immediatement soûmis au S. Siege, comme il paroit par les pieces rapportées par D. Luc Dachery, dans ses Obseruations sur les Oeuures de Guibert, page 653. & par Mr. Duchesne dans ses Notes sur la Bibliotheque de Cluny, page 121. La voicy traduite en nostre langue.

Hugues, humble Euesque de Roüen, A son Reuerend Pere & Seigneur Eugene, par la grace de Dieu Souuerain Pontife, deuë obeïssance & reuerence.

III.
Paroles tres-considerables pour les Priuilegiez.

,, NOus sommes assurez que l'Eglise Romaine confirme & fait valoir
,, les droits & les prérogatiues, que par vne sage conduite elle a ac-
,, cordées à certaines Eglises; & qu'ainsi il ne peut plus estre au pouuoir
,, de personne de les violer. Toutesfois nous auons appris que Mr. l'Euef-
,, que d'Autun, maltraite extrémement l'Eglise de Vezelay, qui appar-
,, tient à vostre Sainteté, & tasche de casser & d'aneantir l'Exemption &
,, la dignité qu'elle possede par la concession gratuite & la pure bonté
,, des Souuerains Pontifes. On dit que nostredit Frere & Euesque soû-

IV.
Nostre Prelat prouue que l'Abbaye de Vezelay estoit priuilegiée, & qu'il y auoit conseré les Ordres & beny des Au-tels.

,, tient que nul Euesque autre que luy, ne peut sans son consentement
,, celebrer d'Ordres ny consacrer d'Autels dans ledit lieu de Vezelay;
,, mais nous nous souuenons d'y auoir exercé ces deux fonctions à la
,, priere & requeste de l'Abbé de cette Eglise, & de sa Communauté:
,, Et nous sçauons aussi que plusieurs autres Euesques ont fait le sembla-
,, ble, en vertu des priuileges de la sainte Eglise Romaine dont joüit ce

V.
Il supplie sa Sainteté de conseruer à cette Abbaye son exemption.

,, Monastere. Nous supplions donc humblement vostre Paternité de
,, conseruer cette Eglise de Vezelay dans la mesme Exemption & la mef-
,, me dignité que l'ont maintenuë vos Predecesseurs, & de ne pas per-
,, mettre qu'on luy diminuë ou oste auec injustice vn droit qu'elle pos-
,, sede si legitimement. Tres-cher Pere & Seigneur.

VI.
Vn Archidia-cre de Roüen donne aduis au Roy de la mort de Hu-gues.

Monsieur Duchesne rapporte en son quatriéme Volume des Me-moires de l'Histoire de France, vne lettre d'vn Archidiacre de Roüen, par laquelle il donnoit aduis à Loüis VII. Roy de France, de la mort de Hugues Archeuesque de Roüen, dont la Foy & les bonnes œuures luy faisoient esperer qu'il estoit parmy les Bienheureux, & en estat d'of-frir à Dieu pour sa Majesté des prieres d'autant plus efficaces, que son esprit estoit déchargé du pesant fardeau de la chair.

VII.
Arnoul Euef-que de Lisieux luy fit son Epitaphe en Vers.

Arnoul Euesque de Lisieux l'ayant honoré durant sa vie, voulut laif-ser à la Posterité vne marque de la veneration qu'il auoit euë pour ses éminentes vertus, en luy dressant cét Epitaphe.

Inter Pontifices speciali dignus honore,
    Hîc nostræ carnis, Hugo, resignat onus.
Consignata breui clauduntur membra sepulchro,
    Non tamen acta viri claudit vterque polus.
Quidquid dispensat & compartitur in omnes,
    Gratia contulerat, præstiteratque, viro.
Fœcundos igitur virtutum copia fructus,
    Fecit, & vltra hominem est magnificatus homo.
Tandem post celebris fœlicia tempora vitæ,
    Sustulit emeritum flebilis hora senem.

Par Martine tibi conforsque futurus, eandem
Sortitus tecum est commoriendo diem.

VIII.
Autre Eloge qui luy fut fait en un Distique.

Vn autre Escriuain a composé en peu de mots son Panegyrique, le loüant ainsi de sa Noblesse, de sa charité Pastorale, de son excellente doctrine, & de sa generosité à traiter auec les Grands.

Huic successit amor plebis, tremor Hugo potentum,
Clarus auis, clarus studiis, recreator egentum.

IX.
Sçauoir si Pierre de Blois a esté Archeuesque de Roüen.

Les Centuriateurs de Magdebourg, Tome 12. page 1574. donnant vn Catalogue des Archeuesques de Roüen, y mettent Pierre de Blois, & à la fin de son Eloge que j'obmets pour n'estre de mon sujet, ils disent qu'encor qu'il eust refusé les Archeueschez de Naples & de Bossen qu'on luy offrit plusieurs fois, enfin il accepta celuy de Roüen, ainsi qu'il se justifioit par son Epistre vingtiéme. Ie ne m'arresteray pas icy à refuter les erreurs qui se trouuent dans cét Eloge; ceux qui les voudront voir, lisent la Preface que Buseus a faite sur les Epistres du mesme Pierre de Blois, où il montre qu'il est aussi peu veritable qu'il ait esté Archidiacre de Cantorbie, ny Medecin, ou qu'il soit mort à Bathone en Angleterre, comme ce qu'ils ont écrit qu'il a esté Archeuesque de Roüen. Et quant à ce qui est de ce dernier il se justifie, parce que les Autheurs de ce temps-là n'en ont rien dit.

Les Centuriateurs écriuent qu'il a succedé à Hugues d'Amiens, ce qui est tres-faux, car ils disent que Hugues mourut en 1165. Or outre que cela est positiuement contraire à tous les Historiens, tant François que d'Angleterre, qui sont plus croyables que ces Escriuains à gages.[a] Il est tres-constant, premierement, qu'en l'année 1165. selon la Chronique d'Alberic, Rotrou estoit Archeuesque de Roüen, dont il auoit esté élû l'année precedente. Secondement, Pierre de Blois n'auoit pas en cette année de 1165. aucune dignité d'Archidiacre, non pas mesme de Bathone, bien que presque toutes ses lettres soient marquées de ce titre; & bien dauantage, il n'auoit pas encore fait le voyage de Sicile, puisque selon Fazelus Historien de ce Royaume, il n'y vint qu'en l'année 1167. en compagnie d'Estienne, Comte du Perche; & partant il est éuident qu'ils ont mal pris leurs mesures de ce costé-là; mais ils n'ont pas mieux rencontré de l'autre, lors qu'ils disent que ce fut Rotrou qui luy succeda, & aprés Rotrou, Gaultier; en quoy ils font paroistre ou leur negligence, ou leur peu de jugement, puisqu'il ne faut qu'auoir leu les trois lettres qu'il a écrites au nom de nostre Archeuesque Rotrou, & celles qu'il adressa à son successeur Gaultier, pour les conuaincre de faux. De plus, ils confessent que Rotrou mourut en 1182. bien qu'ils se soient trompez d'vn an, estant certain qu'il ne mourut que l'an d'aprés le premier Decembre. Mais enfin supposé qu'ils disent la verité en ce point, il est tres-certain que depuis cette année, & plusieurs encore aprés, il écriuit quantité de lettres, où il ne prend que la qualité d'Archidiacre de Bathone, & nommément dans celles qui ne peuuent estre contestées, qu'il adressa aux Papes Vrbain III. & Celestin III. dont le premier mourut en 1187. &

[a] *Centuriæ opus aureū, auro vndique emendicato conflatum.*

344 HISTOIRE

Hvgves III. le second en 1198. & mesme ayant esté choisi depuis pour l'Archidiaconat de Londres, il écriuit au Pape Innocent III. qui mourut en 1216. & ainsi il se justifie qu'ils n'ont pas dit la verité. Ie laisse les autres reflexions que Buseus a faites sur ce sujet.

ELOGE
DE ROTROV. 51.

ROTROV.
An de I. C.
1165.
CHAP.
I.
Sommaire.
I.
Autheurs qui ont parlé de la famille & des parens de Rotrou.

ROTROV le 51. de nos Archeuesques, prit naissance dans la noble & ancienne Maison de Beaumont le Roger, comme l'ont fort bien remarqué les sieurs Duchesne & Souchet, le premier dans la Table Genealogique des Comtes de Meulan & de Varuic, page 1091. de son Recueil des Historiens de Normandie ; & le second en ses Obseruations sur la vie du Bien-heureux Bernard Abbé de Thyron. Il eut pour pere Henry de Beaumont Comte de Vvaruic, fils *Robert du Mont ad annum* 1139. de Roger de Beaumont : pour mere Marguerite, fille de Geoffroy, Comte de Mortain, & sœur de Rotrou Comte du Perche ; & pour freres Roger Comte de Vvaruic, & Robert, Seigneur du Neubourg ; par où l'on peut juger que les sieurs Dadré & Robert, n'ont pas bien entendu sa genealogie lors qu'ils ont dit simplement qu'il estoit sorty de la Maison des Comtes du Perche. Ie ne dois pas obmettre que Marguerite *Ordr. Vit. l.* sa mere fut vne femme de grand merite, & qui se rendit celebre en son *8. p. 709.* temps par sa pieté, par l'honnesté de ses mœurs, & par ses autres excellentes qualitez, ainsi que témoigne Ordry Vital. Estant si sage & si vertueuse, il est croyable qu'elle s'acquitta dignement de son principal deuoir (qui estoit assurément l'éducation de ses enfans) qu'elle eut soin de leur inspirer dés leur jeunesse la crainte de Dieu, & de les faire instruire dans les bonnes lettres & les exercices conuenables à leur naissance. Il y a quelque sujet de douter si nostre Rotrou (qui estoit le second de ses trois fils) ne fut point éleué dans le Prieuré de la Charité sur Loire de l'Ordre de Cluny. Au moins il est certain qu'il y demeura quelque temps, comme il paroit par vne lettre qu'il écriuit estant Archeuesque, au Prieur de ce Monastere, où il regrette la perte du repos dont il auoit autresfois joüy parmy les Religieux de sa Communauté. Ayant appris la langue Latine & la Philosophie, il estudia en Theologie sous Gilbert Porrée Euesque de Poitiers, personnage tres versé dans cette science sacrée ; mais qui se réglant trop par les regles de la Metaphisique d'Aristote, & trop peu par la Doctrine des saints Peres, s'engagea dans des erreurs sur le Mistere de la Tres-sainte Trinité, lesquelles furent condamnées au Concile de Reims de l'an 1148. en sorte neantmoins qu'il ne passa pas pour Heretique, s'estant toûjours soûmis au jugement de l'Eglise.

II.
Sa mere fut vne Dame de tres-haute vertu qui luy donna vne sainte éducation.

III.
Sçauoir s'il fut éleué dans le Prieuré de la Charité.

IV.
Il estudia sous Gilbert Porrée.

DES ARCHEVESQVES DE ROVEN.

V.
Lequel se sert pour sa iustification du témoignage de Rotrou & d'Yues de Chartres.

l'Eglise. Nous apprenons cette particularité de la lettre de Geoffroy Moyne de Cisteaux, au Cardinal d'Albe, rapportée par Baronius, où il est dit que Gillebert ayant esté accusé en ce Concile d'auoir enseigné publiquement quelques fausses propositions, le nia; & pour se iustifier, produisit pour témoins vn excellent *Euesque d'Evreux nommé Rotrou, depuis Archeuesque de Roüen*, & Maistre Yues de Chartres ses Disciples. Surquoy il est bon de remarquer en passant, que par cét Yues Compagnon d'estude de nostre Prelat, il ne faut pas entendre le fameux Yues Euesque de Chartres, lequel estoit mort vers l'an 1115. & auoit eu pour Maistre en Theologie Lanfranc, Prieur du Bec, auant l'an 1063. au rapport de Robert Dumont, en sa continuation de Sigebert, année 1117.

ROTROV. *Ear. an.* 1148.

VI.
Des diuerses dignitez Ecclesiastiques que Rotrou possedu auant que d'estre Archeuesque de Roüen.

Aprés ses estudes, Rotrou ayant embrassé la condition Ecclesiastique fut Chanoine en la Cathedrale de Roüen, & exerça durant quelque temps la charge d'Archidiacre, d'où il fut éleué au Siege d'Evreux, & receut en 1139. le caractere Episcopal des mains de Hugues son Predecesseur en l'Archeuesché de Roüen. Si nous en croyons Messieurs Dadré & Robert, il fut Euesque d'Ely en Angleterre, & gouuerna aussi le Diocese de Bayeux: Mais ne se trouuant de cecy aucune preuue dans les anciens Escriuains, il est plus seur de s'en tenir à la deposition d'Ordry Vital, qui nous assure que Rotrou passa de son Archidiaconé à l'Euesché d'Evreux, & au témoignage de Robert Dumont, qui dit qu'il fut transferé du Siege d'Evreux en celuy de Roüen l'an 1165. immediatement aprés Hugues, encore que les Centuriateurs de Magdebourg se trompent en cecy comme en beaucoup d'autres choses, ayant fait succeder à celuy-cy Pierre de Blois, qui ne fut iamais Archeuesque de Roüen, comme nous l'auons montré cy-deuát. Il est certain par l'enqueste de la Regale imprimée parmy les pieces de l'Histoire de Normandie, page 1057. que nostre Prelat fut estably dans le Trône Primatial de Normandie, *à la priere & par la volonté du Roy Henry*; mais il ne faut pas inferer de ces mots, que son élection fut purement vn effet du commandement absolu de ce Prince. Au contraire, il y a beaucoup d'apparence que la consideration de sa Noblesse, & encore plus celle de son merite, luy acquirent les suffrages du Clergé, & qu'il monta à la Chaire Pastorale par les degrez honorables de la doctrine & de la vertu, bien que d'ailleurs il fut aidé de la faueur Royale. Ie fonde ma coniecture sur les loüanges que luy donnent Robert Dumont & la Chronique de Normandie, disant qu'il fut homme éminent en pieté, orné de bonnes mœurs, & aimé de tout le monde; & sur les grands emplois qui luy furent confiez, tant par le Siege Apostolique, que par le Roy d'Angleterre.

VII.
Erreur de quelques Autheurs sur les Eueschez qu'ils luy attribuent, & des Centuriateurs de Magdebourg.

VIII.
Comment il fut establi Archeuesque de Roüen.

Ad preces & ad voluntatem.

CHAP. II.
Sommaire.
I. *Diuerses rencontres où il parus estant Euesque d'Evreux.*

Rotrou estant Euesque d'Evreux, honora de sa presence l'inhumation de Letard, sixiéme Abbé du Bec, decedé en 1149. & celebra l'Office en cette ceremonie funebre. De plus, en 1161. la veille de l'Assomption, il assista au seruice Diuin dans la nouuelle Eglise de ce Monastere, qui fut la premiere fois que les Moynes y entrerent pour y faire les exercices de nostre sainte Religion. Il est fait mention de Rotrou dans vne Sentence qu'il donna au profit de l'Abbaye de Conches, située

Xx

ROTROU. dans le Diocese d'Evreux, touchant la grange de Varengeuille, presence
d'Arnoul de Lisieux, de Froger de Sez, de Henry Abbé de Fécan, & de
Hugues de Gournay. Il se voit dans la Chronique de Geruais, Autheur
Anglois, page 1379. en l'an 1157. vn Acte dressé au nom de Rotrou, & de
six autres Euesques, pour attester que Syluestre Abbé de S. Augustin de
Cantorbie, aprés vn long procez auoit professé obedience à son Archeuesque, conformément aux ordres du Pape Adrian; par où l'on peut
juger que ce ne fut pas seulement en Normandie où ces sortes de formalitez firent naistre de la contestation entre les Prelats & les Abbez de
leurs Dioceses.

II.
Le different des Abbez fit aussi du bruit en Angleterre.

III.
Rotrou assiste à vne Assemblée à Lislebonne, où il reçoit commission pour la Prouince de Normandie.

Henry Roy d'Angleterre estant à Roüen l'an 1162. y manda tous les
Euesques, Abbez & Barons de Normandie; & aprés auoir témoigné
qu'il estoit mal satisfait de la conduite des Officiers Ecclesiastiques & de
ses Vicontes; pour y remedier conuoqua vn Concile National, ou plûtost vne Assemblée des Estats de la Prouince à Lislebône, dans le païs de
Caux, où l'on fit des Reglemens dont le temps nous a soustrait la connoissance. J'estime probablement que ce fut en execution d'vne Ordonnance qui y fut faite, que nostre Rotrou Euesque d'Evreux & Renault
de S. Valery, allerent par tous les Eueschez de Normandie, pour obliger
les particuliers à reconnoistre les rentes legitimes, & les droits coustu-
miers appartenans tant au Domaine, qu'aux Barons; laquelle commission n'estoit point indigne de la qualité de ce Prelat, puisque vray-semblablement c'estoit pour empescher les exactions que faisoient sur le
Peuple les petits Officiers de Iustice, qui perceuoient ces sortes de rentes
Seigneuriales.

1162.
Selon Robert Dumont.

IV.
Que cette commission pour des choses temporelles ne luy fut pas deshonorable.

V.
Combien de temps il gouuerna l'Eglise d'Evreux.

VI.
Qu'il entra à l'Archeuesché de Roüen en vne fascheuse conjoncture.

Rotrou aprés auoir gouuerné prés de vingt-six ans le Diocese d'E-
vreux, fut éleué au Siege Metropolitain à l'instance du Roy Henry, &
prit possession en 1165. qui estoit vne conjoncture de temps des plus fâcheuses, à cause des differends qui s'estoient formez entre ce Prince &
S. Thomas de Cantorbie, touchant la jurisdiction & les libertez de l'E-
glise d'Angleterre; ce qui faisoit que les Prelats de Normandie auoient
besoin d'vne singuliere prudence pour se conduire en telle sorte auec
leur Souuerain, que d'vn costé ils ne luy témoignassent point de complaisance à l'égard de l'injuste persecution qu'il faisoit au Saint, & de
l'autre ils ne l'irritassent pas aussi mal à propos par vn zéle indiscret, au
prejudice de la paix dont joüissoit l'Eglise en Normandie. Nostre Archeuesque eut beaucoup de part en cette affaire, j'estime que le Pape &
le Roy faisoient de sa probité & de sa suffisance, les ayant portez à l'employer à diuerses reprises pour l'accommodement de cette fameuse
contestation. C'est ce qui m'oblige d'expliquer icy (mais tres-sommai-
rement) l'origine de ce differend, ses suites, & l'estat où estoient les
choses lors de la Promotion de Rotrou à la charge Archiepiscopale.

VII.
Combien il trauailla vrilement pour l'affaire de S. Thomas de Cantorbie.

VIII.
Bref narré de toute cette affaire.

CHAP.
III.
Sommaire.
1.
Difficultez qu'eut ce

THomas Becquet Chancelier d'Angleterre ayant esté éleu Archeuesque de Cantorbie au Concile de Londres de l'an 1162. fut sacré
malgré luy, laquelle répugnance fut également vn effet de son humilité, & du pressentiment qu'il auoit des difficultez qui naistroient entre

DES ARCHEVESQVES DE ROVEN. 347

Saint pour accepter l'Archeuesché de Cantorbie.
II.
Erreur touchant la seance qu'il eut au Concile de Tours.

le Roy & luy touchant les droits de l'Eglise. L'année suiuante il assista au Concile de Tours, & eut seance à la droite, & l'Archeuesque d'Yorch à la gauche; ce que j'obserue en passant, pour corriger vne faute qui s'est glissée dans la Chronique du Bec, où sur le sujet de cét éuenement, au lieu de *Rogerius Eboracensis*, il y a *Rogerius*, & en marge *Rotroldus Ebroicensis*, par où il semble que l'on ait voulu marquer nostre Prelat Rotrou, au lieu qu'il faut entendre Roger Archeuesque d'Yorch, qui fut assis à la gauche ; ce que l'Escriuain de la Chronique a obserué, pour montrer que l'on accorda la preseance à l'Archeuesque de Cantorbie, laquelle les Predecesseurs de ce Roger dans le Siege d'Yorch, auoient autrefois pretenduë. Erreur qui se corrige par le témoignage de *Radulphe de Dicet* Historien Anglois, page 535. de la premiere Edition de Londres.

III.
L'Eglise d'Angleterre opprimée par des abus que l'on nommoit Coustumes Royalles.

A peine S. Thomas fut-il retourné en Angleterre, qu'il entra en contestation auec le Roy, pour la défense de la liberté de l'Eglise, qu'il voyoit estre presque aneantie par de mauuais vsages, que l'on coloroit du specieux nom de *Coustumes Royales*. Il est vray que sur vn faux aduis, & par l'importunité des Euesques ses Confreres, il iura de garder de bonne foy lesdits Vsages en l'Assemblée tenuë à Clarence l'an 1164. Mais en ayant esté repris par son Porte Croix, il s'en repentit ; & se releuant courageusement de sa cheute, il refusa de signer les Articles qu'il auoit juré d'obseruer : Ce qui ayant attiré sur luy la colere du Roy, & la haine des autres Prelats, il fut condamné au Conciliabule de Nortamphton ; de laquelle Sentence il appela au Siege Apostolique. En suite il sortit secretement d'Angleterre, vint en l'Abbaye de S. Bertin en Flandres, & de là se rendit auprés du Pape Alexandre III. (qui estoit en France) & ayant plaidé sa cause deuant sa Sainteté, il y eut jugement, par lequel de 16. Articles enquoy consistoient ces *Coustumes Royales*, il y en eut dix de condamnées comme abusiues, tyranniques, & contraires aux loix de l'Eglise, & aux justes libertez des Ecclesiastiques. Aprés cela Alexandre ayant recommandé S. Thomas à l'Abbé de Pontigny, le Saint se retira en ce Monastere, où il se mit à suiure exactement les exercices de la Religion, & à pratiquer vne merueilleuse penitence, afin d'obtenir du Ciel les forces qui luy estoient necessaires pour ne pas succomber dans le rude combat où il estoit engagé.

IV.
S. Thomas ayant refusé de signer les Articles, est condamné, dont il appelle au Pape.

V.
Il se vient trouuer en France, & fait condamner la pluspart de ces Coustumes Royalles.

VI.
Le Pape l'enuoye à Pontigny, où il mene vne vie penitente & tres-austere.

VII.
Voyes d'accommodemẽt auec le Roy, rendues inutiles.

Cependant le Pape essaya de le reconcilier auec Henry, & pour conclurre plus aisément cette paix, demeura d'accord d'vne entreueuë auec ce Prince. Mais le Roy ne voulant point que S. Thomas se trouuast à cette Conference, & le Saint d'autre part disant que sa presence estoit necessaire, cette proposition d'accommodement fut sans effet, & Alexandre inuité par les supplications du Clergé & du peuple Romain à retourner en son propre Siege, se disposa d'aller à Rome vers la fin de l'an 1164. Voila les termes où estoient les choses lors de l'installation de Rotrou dans la Chaire de Metropolitain.

VIII.
Le Pape estãt sur le point de s'en retourner à Rome, fait faire vne queste.

Le Pape manquant d'argent pour faire son retour, fit faire vne queste par les Eglises de France, & particulierement en Normandie, comme il se justifie par ce Mandement qu'enuoya pour ce sujet nostre Archeuesque à ses Suffragans.

Xx ij

ROTROU. CHAP. IV.
Sommaire.
I. Mandement de l'Archeuesque Rotrou à ses Suffragans.
II. Aprés leur auoir fait voir les trauaux que le Pape Alexandre a soufferts il leur declare sa necessité.

„ VOus estes bien informez (& nous croyons que toute la Terre l'est
„ aussi) de combien de fascheux troubles & de longues calamitez *Petrus Blesen-*
„ l'Eglise Romaine a esté affligée. Nous estimons pareillement que le *sis Ep. 170.*
„ bruit commun a fait connoistre à tout le monde, auec quel zéle &
„ quelle fermeté de courage nostre S. Pere le Pape s'est exposé à toutes
„ sortes de perils pour la deffense de la liberté Ecclesiastique, & de quel-
„ le façon ressentant en sa propre personne tous les coups que l'Eglise a
„ receus de la rage de ses ennemis, il ne se trouue pas moins accablé de
„ dettes, que de soins & d'ennuis. C'est ce qui oblige maintenant l'E-
„ glise nostre Mere, reduite dans la necessité par tant de frais, à vous
„ adresser ses cris & ses plaintes, & à vous demander, sur la confiance
„ qu'elle a en vostre liberalité, que vous luy donniez quelque conso-
„ lation & quelque soulagement au milieu des maux dont elle est tra-
„ uaillée. Il est vray que l'orage du Schisme commence à s'appaiser, &

III. Il les conuie de l'assister de leurs aumosnes, & contribuer à esteindre entierement le Schisme.

„ que le vent estant plus fauorable, il y a esperance que le Vaisseau de
„ S. Pierre pourra gagner le port ; mais il faut que par le secours de vos
„ aumosnes, vous contribuez au rétablissement de la paix & de la tran-
„ quillité dont le S. Siege est priué depuis si long-temps par vn ordre
„ secret de la Prouidence diuine. Nous sçauons par de nouuelles tres-
„ certaines, qu'enfin aprés tant de diuers efforts, la meschanceté & l'aua-
„ rice insatiable des Romains, a esté surmontée par les sages conseils & les
„ magnifiques largesses du Souuerain Pontife ; de sorte qu'il ne manque
„ plus rien pour l'entiere pacification des choses, sinon que vous assi-
„ stiez sa Sainteté, qui se voit entierement épuisée d'argent, & que vous
„ luy fournissiez quelque somme de deniers pour subuenir à la dépense
„ de sa table, & à la nourriture de ses Officiers.

IV. Le Pape auoit enuoyé Rotrou vers le Roy d'Angleterre pour l'affaire de S. Thomas.

Le Pape Alexandre auant son depart de France, ou vn peu aprés son 1165. arriuée en Italie, enuoya nostre Archeuesque Rotrou en Angleterre pour traiter de l'accommodement de S. Thomas auec le Roy Henry ; mais ce Prince ne voulut entendre à aucun accord, qu'à la charge que sa Sainteté confirmeroit par vne Bulle les *Coustumes Royales* dont il s'agis-

V. Les propositions injustes que luy fit le Roy, rendirent sa negociation sans effet.

soit entre les parties ; laquelle condition estoit déraisonnable & injurieuse au S. Siege, mesme dans la simple proposition que l'on en faisoit, puisque c'estoit vouloir assujettir le Pape à se retracter honteusement, en approuuant ce qu'il auoit condamné, & à renuerser les droits & les immunitez de l'Eglise, luy qui en est le Chef & le principal défenseur. La negotiation de nostre Archeuesque fut inutile, & il reuint en Normandie, laissant Henry plus irrité que iamais contre S. Thomas, & dans

VI. Le Roy menace le Pape de quitter son party s'il ne quitte la protection de S. Thomas.

le dessein d'abandonner le party d'Alexandre, & de suiure celuy de l'Antipape Paschal, si sa Sainteté continuoit à proteger cét illustre persecuté. Il se portoit dautant plus aisément à cette resolution impie, qu'il en estoit fortement sollicité par l'Empereur Frideric, autheur du Schisme, au fils duquel il souhaittoit marier la Princesse d'Angleterre sa fille. Toutesfois il ne voulut point se declarer qu'il n'eust eu vn refus solemnel du Pape à l'égard de ses injustes prétentions. Dans ce dessein il enuoya vers sa Sainteté l'Euesque de Londres & Iean d'Oxenefort, auec ordre de luy

VII.
Il luy envoye demander la déposition de ce Saint, & la confirmation des Coustumes.

VIII.
Ses Ambassadeurs gagnez par l'Empereur, reconnoissent l'Antipape au nom du Royaume d'Angleterre.

CHAP. V.
Sommaire.
I.
Rotrou desavoüe ce qu'ils ont fait contre la volonté du Roy.

II.
Il dit que le Roy avoit tousiours refusé l'Empereur, quoy que ses Ambassadeurs l'en eussent tres-fort sollicité.

III.
Combien Mathilde Imperatrice travailla pour retenir son fils au party de l'Eglise.

IV.
Le Pape refusa les trois propositions iniustes que les ennemis du Roy luy firent.

demander la déposition de S. Thomas de sa dignité d'Archeuesque, & ROTROU le pouuoir d'en faire élire vn autre par le Clergé ; la cessation des procedures & Ordonnances du Saint, & la confirmation de ces *Coustumes* si préjudiciables aux droits & aux libertez des Eglises. Ces Ambassadeurs allant en Italie, prirent leur chemin par l'Allemagne, & furent à Vvirtzbourg, où l'Empereur auoit conuoqué vn Conciliabule de Schismatiques. Là ces deux Anglois gagnez possible par les presens de Frideric, reconnurent le faux Pape Paschal pour legitime successeur de S. Pierre, & jurerent au nom de leur Roy, que ce Prince & ses Sujets garderoient la mesme fidelité, & luy rendroient la mesme obeïssance que feroit l'Empereur : Action aussi temeraire, qu'injuste & criminelle, puisqu'ils passerent leur commission, Henry ne leur ayant point commandé de rendre cét hommage à l'Antipape, comme il paroit par les lettres qu'écriuit sur ce sujet nostre Archeuesque Rotrou, au Cardinal des Saints Nerée & Achillée, dont voicy le commencement, rapporté par Baronius sur l'an 1166. n. 6.

„ NOus vous engageons nostre parole, & nous vous assurons hardi-
„ ment au nom du Roy d'Angleterre, qu'il n'a ny juré ny promis
„ par soy ny par ses Ambassadeurs, de quitter l'Eglise pour suiure le
„ party des Schismatiques. Au contraire, nous sommes tres-certains
„ qu'encore qu'il ait esté pressé & sollicité l'espace de trois iours par les
„ Allemands, qui estoient venus traiter du mariage de la Princesse, il n'a
„ voulu leur rien accorder que sauf sa fidelité enuers le Pape, l'Eglise & le
„ Roy de France. Aussi n'auons-nous point craint de conseiller à sa Ma-
„ jesté de se purger au plustost de cette calomnie, dont on a noircy sa
„ reputation, & Madame l'Imperatrice luy a pareillement donné le
„ mesme aduis. Nous nous sommes trouuez à Roüen lors que les Am-
„ bassadeurs de l'Empereur y estoient, mais nous ne les auons point veus,
„ & nous auons seulement oüy parler d'eux. Et le reste, obmis par le Cardinal Baronius.

Par ce mot d'Imperatrice il faut entendre Mathilde mere de Henry Roy d'Angleterre, ainsi nommée, parce qu'elle estoit vefue de l'Empereur Henry IV. quand elle épousa le Comte d'Anjou. Il est encore parlé d'elle aussi-bien que de nostre Prelat Rotrou, dans vne lettre qu'écriuit le Pape Alexandre à Gilbert Euesque de Londres en 1166. où sa Sainteté Baron. an. dit qu'elle auoit souuent exhorté Henry à proteger l'Eglise, & qu'elle 1166. n. 24. s'estoit seruie pour cét effet de l'entremise de ses venerables Freres l'Archeuesque de Roüen, & l'Euesque d'Oxford, & de sa tres-chere fille jadis Imperatrice des Romains, mere de ce Prince ; ce qui montre que nostre Prelat & Mathilde signalerent leur zéle, & firent tout ce qui estoit en leur pouuoir, pour accommoder ce malheureux differend qui partageoit ainsi le Roy & le Primat d'Angleterre. Quant à l'Ambassade de Henry vers Alexandre, ie me contenteray de dire que le Pape ne s'étonna point des menaces de ses Agens ; & que bien loin de leur rien accorder de leurs injustes demandes, il enuoya quelque temps aprés à leur Maistre des lettres, par lesquelles il le reprenoit auec vne generense

X x iij

ROTROV. liberté de son mauuais dessein ; ce qui fit vne telle impression sur l'esprit
V. du Roy, qu'il remercia le Pape de ses bons aduis, & promit de luy con-
Le Roy de- tinuer sa fidelité & son obeïssance. On reconnut par là que sa veritable
meure fort sa-
tisfait de la intention n'auoit point esté de se separer de la Communion du Saint
generosité du Siege, mais seulement d'intimider Alexandre, pour l'obliger à ne plus
Pape. soustenir la cause de S. Thomas, que ce Prince & presque tous les Prelats
d'Angleterre tâchoient d'opprimer & d'abbatre par toutes sortes de
VI. moyens comme leur grand ennemy. Ce que le Pape ayant remarqué,
Sa Sainteté afin d'encourager le Saint, & de l'éleuer au dessus de ses persecuteurs, il
crée S. Tho-
mas son Le- l'establit Legat Apostolique, auec pouuoir d'ordonner par toute l'An-
gat en An- gleterre (excepté le Diocese d'Yorch) tout ce qu'il jugeroit necessaire &
gleterre. vtile à l'honneur de Dieu, au salut des ames, & à la conseruation des libertez de l'Eglise. Saint Thomas fit signifier ses lettres par vn homme
inconnu à l'Euesque de Londres, Doyen des Suffragans de l'Archeuesché de Cantorbie ; & comme il vit que toutes les remontrances qu'il
VII. auoit enuoyées, de sa demeure de Pontigny, tant au Roy qu'aux Prelats
Ce qu'il fit en d'Angleterre, ne produisoient aucun fruit, & que ses parties auoient
cette qualité.
joint l'endurcissement & l'opiniastreté à l'injustice & à la violence, il
condamna & cassa par vn Escrit public ces mauuais vsages qu'on auoit
introduits sous le beau nom de *Coustumes Royales*, au prejudice de la jurisdiction Ecclesiastique ; Excommunia[a] tous ceux qui les obseruoient   a *A Vezelay*
ou entreprendroient de les faire obseruer ; deslia les Euesques de l'Obli-   *le jour de*
l'Ascension.
gation du serment qu'ils auoient fait de les garder, auec menaces de fulminer anatheme contre la personne mesme du Roy s'il ne se corrigeoit,
VIII. & donna aduis de son procedé au Pape, le priant de confirmer sa Sen-
Il en donne
aduis au Pa- tence, & à quelques Cardinaux & Euesques, du nombre desquels fut
pe, & à l'Ar- nostre Archeuesque Rotrou ; mais nous n'auons point la lettre que le
cheuesque
Rotrou. Saint luy escriuit. Baronius qui en fait mention ne la rapporte point,
& dit seulement que c'est la cent quarante-deuxiéme du premier Liure[b] b *Il y a 454.*
d'vn Manuscrit du Vatican, qui contient les lettres qui regardent ce ce-   *lettres en ce*
Recueil.
lebre differend d'entre le Saint, & le Roy d'Angleterre.

CHAP. J'Apprends par la 159. lettre de Iean de Salisbery, que ce Prince estoit
VI. en Touraine lors qu'il eut nouuelle de cette Ordonnance de S. Tho-   *Baron. an.*
Sommaire. mas, & qu'en presence de ses plus confidens seruiteurs qu'il auoit assem-   *1167. n. 23.*
I.
Le Roy estant blez à Chinon, se plaignant du Saint, il leur dit en colere, & toutesfois
en colere dit
des paroles ,, auec des soûpirs & des larmes, *Que l'Archeuesque de Cantorbie luy ostoit le*
tres outrageu- ,, *corps & l'ame tout ensemble, & qu'il tenoit pour traistres tous ceux qui ne vou-*
ses contre
S. Thomas. ,, *loient point entreprendre de le deliurer de la persecution d'vn seul homme.* Ce
II. qu'entendant nostre Archeuesque, il se fascha contre le Roy, & le re-
Rotrou les en-
tendant s'en prit, mais trop mollement, & dans vn esprit de douceur selon sa cou-
fascha & en
reprit le Roy. stume (dit cét Autheur) au lieu que la cause & l'interest de Dieu demandoit qu'il se seruist en cette rencontre de l'authorité Episcopale, & qu'il
fist à ce Prince vne plus seuere reprimande pour guerir la maladie de son
Ame, & réueiller sa raison & sa foy, que l'excez de la passion auoit reduite dans vne langueur & vn assoupissement déplorable. Ie n'ay point
voulu ómettre icy le jugement que fait cét Escriuain de la conduite de

III.
Défense de Rotrou que Iean de Salisbery blasme d'auoir repris le Roy trop mollement.

Rotrou, pour la deffense duquel il me semble qu'on peut dire qu'il n'eut fait qu'irriter la colere du Roy, si à l'instant mesme de son emportement, & aussi-tost qu'il eut prononcé ces paroles, il l'en eust repris auec vehemence & sans respect ny moderation. Ce qui soit dit sans pretendre improuuer entierement les sentimens de Iean de Salisbery, que ie sçay auoir esté vn excellent homme, & vn tres-sincere amateur de la verité, comme il paroit dans ses Ouurages, & principalement dans ses lettres, où il témoigne auoir eu beaucoup de confiance en la probité de nostre Archeuesque; & fait aussi mention d'vn certain Nicolas de Roüen qui estoit sans doute quelque personne éminente en vertu & en sagesse, aux conseils duquel S. Thomas deferoit extrémement. Ce que ie n'ay pû m'empescher de remarquer en passant. Mais ie reprens la suite de ma narration.

ROTROV.

IV.
Nicolas de Roüen intime amy de saint Thomas.

V.
Le Roy renuoye deux Euesques pour signifier vn appel à saint Thomas.

Le Roy d'Angleterre craignant que S. Thomas ne l'excommuniast, & ne jettast vn Interdit dans le païs de sa domination, pressa fort ceux de l'Assemblée de Chinon de luy suggerer quelque expedient pour empescher ces Censures. Surquoy l'Euesque de Lisieux dit que le moyen d'y mettre l'obstacle, estoit d'appeler de la Sentence de sa partie par deuant le Siege Apostolique; lequel aduis ayant esté suiuy de tous, Henry enuoya ce mesme Euesque auec celuy de Sez, à Pontigny, pour y signifier au Saint cét appel. Surquoy Iean de Salisbery remarque fort judicieusement, que le Roy faisoit voir en cela l'injustice de sa cause, en ce qu'il approuuoit par ce procedé, l'vsage des appellations au Pape, lesquelles il taschoit d'aneantir par vn des Articles de ces Coustumes, qui faisoient le sujet de son differend auec l'Archeuesque de Cantorbie.

VI.
Reflexion sur cét appel au S. Siege.

Epist. 159.

VII.
Rotrou se ioint à eux pour negotier quelque accommodemẽt.

Nostre Prelat Rotrou se joignit à ses deux Suffragans, & voulut les accompagner à Pontigny, non pour appeler, mais pour faire quelques propositions d'accommodement, soit qu'il le fit de son bon gré & par vn zéle pour la paix, ou par quelque ordre secret du Roy. Mais leur voyage fut inutile, car ils ne trouuerent point S. Thomas, qui estoit allé à Soissons pour se recommander à la sainte Vierge & au Bienheureux Drance. Si bien qu'ils retournerent vers le Roy sans auoir rien auancé.

VIII.
S. Thomas est conseillé de conferer auec l'Imperatrice, pourueu que Rotrou y soit.

J'estime que ce fut enuiron ce temps que l'Imperatrice Mathilde voulut s'entremettre en faueur du Saint; & pour cét effet le pria de la venir trouuer, comme il se voit par vne lettre de Iean de Salisbery, qui luy conseille d'aggreer cette entreueuë, & de se rendre auprés de la Princesse, pourueu que l'Archeuesque de Roüen consentist de le conduire à cette Conference, & de le ramener en suite au lieu où il faisoit sa demeure. Iene sçay pas si le Saint suiuit cét aduis; quant aux autres incidens de cette affaire, ie les obmets, parce que nostre Prelat n'y eut point de part, & que si quelqu'vn souhaite d'en estre informé, il peut consulter Baronius sur la fin de l'an 1167.

Ep. 160.

CHAP. VII.
Sommaire.
I.
Les deux Legats ne peu-

L'Année suiuante le Pape enuoya en France deux Legats, sçauoir Guillaume de Pauie, & Otton de Bresse, pour negocier la reconciliation de S. Thomas auec Henry Roy d'Angleterre. Mais la guerre qui s'éleua entre ce Prince & le Roy de France les empescha d'executer

1162.

ROTROU *ment trauail-ler à cet accommodemēt à cause de la guerre.*

leur Legation incontinent aprés leur arriuée, & il leur fallut attendre que la paix fut faite, au Traité de laquelle nostre Archeuesque eut quelque part, ainsi qu'il se iustifie par la 233. lettre de Iean de Salisbery, bien qu'elle fut concluë par d'autres. La bonne intelligence entre les deux Rois ayant donc esté restablie, les deux Legats vinrent trouuer Henry à Caën, où ce Prince auoit conuoqué plusieurs Euesques & Abbez; & luy ayant presenté les lettres du Pape, tâcherent de disposer son esprit à vn accommodement. En suite ils deputerent des Ecclesiastiques vers S. Thomas, pour conuenir auec luy du temps & du lieu de la Conference qu'ils arresterent estre faite l'Octaue de S. Martin (ou le 18. de Nouembre) entre Gisors & Trie; auquel iour le Saint, & les Compagnons de son exil d'vn costé; & de l'autre, les Legats accompagnez seulement de nostre Archeuesque, (car le Roy retint à Roüen tous les autres Prelats) ne manquerent pas de se trouuer en ce lieu. Il seroit long de rapporter icy tout ce qui se passa entre les parties, il suffit pour nostre Histoire de dire en general que les Legats ne firent pas leur deuoir. Le premier, sçauoir Guillaume de Pauie, ayant plustost agy comme l'Aduocat du Roy, que comme vn Arbitre & vn Mediateur; & l'autre ne s'estant pas porté auec le zéle & la feruuer qu'on attendoit de sa probité: iusques-là mesme que Guillaume de Pauie n'eut point de honte de demander à S. Thomas, s'il vouloit promettre en presence du Roy d'Angleterre, de garder toutes les Coustumes qu'auoient introduites & fait obseruer les Predecesseurs de ce Prince dans le gouuernement de ce Royaume, du temps des Prelats qui auoient conduit auant luy le Diocese de Cantorbie; & sous cette condition rentrer dans les bonnes graces du Roy & dans son Siege Archiepiscopal, puisqu'enfin il ne deuoit pas presumer estre meilleur que ses Peres. A quoy le Saint répondit, que nul Roy n'auoit exigé de telles promesses d'aucun Archeuesque qui l'eut deuancé, & qu'il *aimoit mieux perdre la vie* que d'authoriser par son consentement des vsages si contraires aux droits de l'Eglise; puis ayant fait lire *ces Coustumes*, il demanda aux Legats s'il estoit permis à vn Euesque non seulement de les obseruer, mais mesme de se taire & de les souffrir en dissimulant, sans mettre au hazard l'honneur de sa dignité & le salut de son ame.

II. *Rotrou trauaille auec beaucoup de succez à la paix entre les deux Couronnes.*

III. *Il est deputé auec les deux Legats pour vne Conference auec saint Thomas.*

IV. *De quelle façon ces Legats se comporterēt en cette Conference.*

V. *Réponse genereuse que leur fit l'Archeuesque de Cantorbie.*

Baron. 1168. n. 23. & seq. & Ioann. Salisb. ep. 224.

Bar. an. 1168. n. 29.

C'est ce qui se voit par la Relation de cette Conference, contenuë dans la lettre du Saint, au Pape Alexandre, où ie trouue encore cecy d'vtile pour l'éclaircissement de nostre Histoire. ,, S. Pere, luy dit-il, puisque ,, le soin de toutes les Eglises a esté commis à vostre Sainteté, qu'Elle ,, porte s'il luy plaist ses yeux vers les Prouinces d'Occident, & qu'Elle ,, regarde & considere attentiuement de quelle façon l'Eglise y est trai- ,, tée par la puissance seculiere. Que Monseigneur Otton son Legat (que ,, nous croyons se conduire selon l'esprit de Dieu) luy dise ce qu'il a veu, ,, touchant l'estat de l'Eglise dans la Touraine; ce qu'il a oüy, de ce qui ,, se passe en Angleterre, & ce qu'il a reconnu luy-mesme en Norman- ,, die; & nous sommes asseurez que vostre Sainteté dira auec larmes, qu'il ,, n'est point de douleur pareille à celle-là; car pour ne point parler des ,, Eglises

VI. *Fragment d'vne lettre qu'il écriuit au Pape.*

VII. *Deplorable estat de l'Eglise dans les Estats de Henry.*

DES ARCHEVESQVES DE ROVEN.

ROTROV.

,, Eglises de Cantorbie & de Tours, dont le Roy a vsurpé le reuenu,
,, comme elle sçait & le pourra sçauoir encore plus particulierement : Il
,, y a sept Euesches de vacans dans le district de nostre Siege Metropo-
,, litain, & de celuy de Rouen, le bien desquels il retient & possede de-
,, puis long-temps, sans permettre qu'on y ordonne de Pasteurs, le
,, Clergé du Royaume est exposé à la vexation, & comme donné en
,, proye à ses satellites. Si nous dissimulons cela, Tres-saint Pere, que ré-
,, pondrons-nous à I. C. au iour du jugement, &c.

VIII.
Grãd nombre d'Eueschez sans Pasteurs en Norman-die & en Angleterre.

CHAP. VIII.

Sommaire.
I.
Rotrou assiste à vne nouuel-le Assemblée en presence du Roy auec les Legats.

LA Conference estant finie, les deux Legats vinrent en l'Abbaye du Bec, de là à Lisieux, puis à S. Pierre sur Diue, & enfin à Argenten, où ils saluerent le Roy, & tindrent conseil auec les Euesques de son par-ty; à laquelle déliberation nostre Archeuesque Rotrou assista. Il y fut arresté qu'on interjetteroit de nouueau appel de toutes les procedures & Ordonnances de S. Thomas, pour empescher par ce moyen le Saint d'vser de Censures Ecclesiastiques, & pour porter toute l'affaire par de-uant le Pape, lequel auerty de la préuarication de ses Legats, les rappel-la & les dépoüilla de l'authorité qu'il leur auoit donnée. Othon de Bresse quelques iours auant son depart, pressa fort le Roy de s'accom-moder auec le Saint : A quoy ce Prince répondit, qu'en consideration de sa sainteté & du sacré College, il luy permettroit volontiers de re-tourner à son Siege de Cantorbie; & que pour ce qui regardoit les *Cou-stumes*, qui faisoient leur differend, il estoit prest de s'en remettre au ju-gement des Euesques d'Angleterre, de l'Archeuesque de Roüen, & des Euesques de Lisieux & du Mans, &c. Mais le Roy dans la suite de l'af-faire, fit bien voir qu'il n'estoit pas si porté à la paix, qu'il le témoignoit par paroles. En effet cette mesme année 1168. il y eut encore vne Con-ference beaucoup plus celebre que la precedente, puisqu'elle se passa entre les deux parties, mesmes en presence de Loüis Roy de France, mais qui fut inutile & qui ne seruit rien qu'à faire éclater la sagesse, le courage, & la patience du Saint, qui refusa la paix que Henry luy offrit sous vne condition tres-raisonnable & tres-auantageuse en apparence; mais ambiguë, pleine d'artifices, & si captieuse, que le Roy de France s'y estant laissé surprendre, conceut de l'indignation contre S. Thomas, & l'abandonna comme vn homme opiniastre & superbe, qui fut à mon aduis vne grande épreuue de la vertu du Saint, & ce qu'il souffrit de plus sensible & de plus humiliant durant tout le cours de sa persecution. Il est vray que sa disgrace ne dura que quelques iours, apres lesquels Loüis jugeant plus équitablement de son procedé, luy demanda pardon, & l'assura derechef de sa protection & de son assistance.

II.
Henry fait feinte de vou-loir s'accom-moder, & s'en rapporte à Rotrou & à quelques au-tres Euesques

Iean Salisb. Ep. 145. & Bar. an.1168 n. 51.

III.
Nouuelle con-ferêce du Roy d'Angleterre auec S. Tho-mas, presence du Roy de France, & ce qui en arriua.

1168.

V. Bar. an. 1168. n. 67.

IV.
Le Pape en-uoye de nou-ueaux Legats qui traitent auec le Roy, presence de Rotrou & d'autres Euesques.

Le commencement de l'année 1169. se passa en sollicitations, pro-messes & menaces que fit le Roy d'Angleterre pour gagner, corrompre ou intimider la Cour Romaine, sans pouuoir rien obtenir qu'vne nou-uelle Legation, par laquelle sa Sainteté nomma Gratian, neueu du def-funt Pape Eugene, & Viuian, fameux Aduocat de l'Eglise Romaine, tous deux recommandables par leur probité & leur doctrine. Ils arriue-rent à Domfront la veille de la S. Barthelemy, & y ayant trouué le Roy,

1169.

Yy

ROTROU. traiterent auec luy de l'accommodement de S. Thomas, laquelle negociation ils continuerent en plusieurs autres audiences qu'ils eurent tant
à Bayeux qu'au parc de Lebour, en presence de quelque Prelats, du
nombre desquels estoit nostre Archeuesque. Mais ils ne pûrent rien
aduancer, ne pouuant se resoudre d'accepter la paix sous la condition
que la leur proposoit Henry, qui n'y vouloit consentir qu'en mettant
cette clause (*Sauf en tout la dignité de sa Couronne Royale* ;) moyen artificieux pour se maintenir toûjours en possession des *Coustumes* dont il
estoit question.

V.
Les Legats reiettent les clauses artificieuses de Henry.

Les Euesques de son party presserent fort les Nonces du Pape de souffrir cette limitation : mais ceux-cy resisterent genereusement à leurs
persuasions. Toutesfois à la fin ils consentirent de l'admettre, pourueu
qu'à cette clause (sauf la dignité de la Couronne) on joignit cét autre,
(sauf la liberté de l'Eglise) ce que refuserent les Prelats. En suite on proposa vne autre façon de conclurre le Traité, dont nostre Archeuesque
écriuit au Roy en ces termes.

VI.
Rotrou propose au Roy vne autre façon de conclurre le Traité.

,, Nous n'auons pû faire condescendre les Legats aux termes d'accord
,, que vostre Majesté nous auoit marquez, à cause de la multiplicité &
,, ambiguité des restrictions qu'on a voulu y apposer de part & d'autre.
,, Mais nous n'auons pas aussi jugé qu'il fut auantageux pour vostre hon-
,, neur & pour vos interests, de rompre auec eux & de les renuoyer sans
,, aucune esperance d'accommodement ; comme donc nous conti-
,, nuyons à conferer ensemble, on a ouuert vn expedient qui ne déroge
,, en façon quelconque à vostre dignité, & qui ne peut point donner
,, pour l'aduenir à l'Archeuesque de Cantorbie matiere de broüillerie &
,, de contestation. Cét expedient est que vostre Majesté, pour l'amour
,, de Dieu & du Pape, luy permette de retourner en Angleterre, & de se
,, remettre en pleine possession de son Siege, de mesme qu'il en joüissoit
,, auant qu'il le quittast, & restablisse aussi en leurs biens ceux qui se sont
,, retirez auec luy, & ont esté obligez de sortir du Royaume à son occa-
,, sion. Nous approuuons fort la breueté & la simplicité de cette forme
,, d'accord, où il semble qu'on ne puisse trouuer ny d'artifice caché, ny
,, de sujet de soupçon & de défiance. C'est pourquoy nous conseillons
,, & nous exhortons vostre Majesté de ne faire point de difficulté d'y
,, donner son consentement.

VII.
Réponse que le Roy fait aux Legats à Roüen, qui rompent leur negociation.

Les deux Nonces qui agissoient auec beaucoup de zéle & de sincerité,
agréerent ces termes d'accord ; & se promettant qu'Henry y condescen-
droit, se transporterent à Roüen, où il les auoit mandez : mais estant
dans l'Hostel Archiepiscopal, ce Prince leur enuoya dire qu'il ne se de-
partiroit point de la premiere condition, qui estoit de n'accorder rien
que sauf le droit de sa Couronne. Ce qu'entendant les Legats, ils rompirent la negociation. Aprés quoy Gratian s'en alla, mais le Roy eut
l'adresse d'arrester encore Viuian en France, tant par ses lettres que par

VIII.
Henry retient par le moyen de Rotrou vn des Legats, sans effet.

celles de nostre Prelat Rotrou, & de conferer de nouueau auec luy à
S. Denis, en suite à Montmartre ; où S. Thomas s'estant rendu, il fit faire
à Henry des ouuertures d'accommodement par l'entremise de nostre

DES ARCHEVESQVES DE ROVEN.

Archeuefque & de l'Euefque de Sez. Mais on ne fçeut tirer raifon de ce Prince artificieux, qui accordoit tout en apparence, & n'accordoit rien en effet, tant il exigeoit de claufes obfcures, & de conditions rudes & infupportables.

IX. *Autre Conference prefence du Roy de France renduë inutile.*

Il ne fe montra pas plus fincere & plus raifonnable dans vne autre Conference, tenuë deuant le Roy de France & deux Nonces de fa Sainteté, ne voulant point fe reconcilier auec le Saint, *qu'à la charge qu'il promift purement & fimplement d'obferuer les Couftumes que les faints Archeuefques de Cantorbie fes Predeceffeurs auoient gardées.* Propofition captieufe, que le Saint auoit rejettée dés l'année precedente.

CHAP. IX.
Sommaire.
I. *Le Pape choifit Rotrou & deux autres pour fes Legats, pour terminer cette affaire.*

C'Eft chofe merueilleufe, qu'aprés tant de Conferences inutiles, le Pape Alexandre ne fe rebuta point, & decerna au commencement de l'an 1170. vne nouuelle Legation, pour moyenner l'accord de S. Thomas auec vn Prince qui y témoignoit fi peu de difpofition. Il choifit pour Legats Rotrou Archeuefque de Roüen, Guillaume Archeuefque de Sens, & Bernard Euefque de Neuers ; Prelats (dit Baronius) recommandables par les preuues qu'ils auoient données de leur bonne foy & de leur probité dans la conduite des affaires ; Sa Sainteté leur prefcriuit les Articles qu'ils deuoient traiter auec le Roy. Que S. Thomas feroit reftably dans fon Siege, & dans la poffeffion de tous les reuenus oftez à fon Eglife. Que ceux qui auoient efté bannis à fon occafion, feroient rappellez & remis en joüiffance de leurs biens. Que les *Couftumes* qui détruifoient les libertez Ecclefiaftiques, feroient reuoquées & abolies. Que le Roy donneroit le baifer de paix au Saint, & que fi on ne pouuoit obtenir cela de luy, à caufe qu'il auoit juré de ne luy accorder jamais cette grace, il fift accomplir par fon fils ce qu'il auroit promis. Qu'ils abfoudroient de leur ferment les Euefques qui s'eftoient foûmis de garder ces mauuais vfages, & en cas d'efperance de paix, pourroient auffi donner l'Abfolution aux excommuniez ; toutes lefquelles chofes ils obtiendroient du Roy dans quarante jours, à faute dequoy ils jetteroient vn Interdit dans le païs de deçà la mer où fe trouueroit ce Prince, c'eft à dire en Guyenne, comme ie conjecture de la 278. lettre de Iean de Salifbery, ou dans les autres Prouinces qu'il poffedoit en France.

II. *Articles que le Pape leur ennoya.*

III. *Nouueau differend qui retarde la negociation de Rotrou.*
IV. *Henry fait Couronner fon fils par l'Archeuefque d'Yorch.*

Les Legats fe preparant à executer les ordres de fa Sainteté, il furuint vn nouueau differend entre les parties, le Roy ayant fait Couronner fon fils par l'Archeuefque d'Yorch nonobftant les deffenfes du Pape & de S. Thomas, & les droits de l'Eglife de Cantorbie aux Archeuefques, de laquelle appartenoit le Priuilege de mettre la Couronne fur la tefte des Princes Anglois. Les Euefques de Londres & de Salifbery (tout excommuniez qu'ils eftoient) affifterent à cette ceremonie, qui fut plûtoft vne execration qu'vne Confecration, (difent les Autheurs) & la caufe funefte de tous les maux qui parurent depuis, tels que furent la Sufpenfion & Excommunication des Prelats, l'affaffinat du S. Archeuefque, la reuolte du fils contre le pere, & la mort du jeune Prince ainfi Couronné arriuée en la fleur de fon âge. Radulphe de Dicet & autres, difent neantmoins que l'Euefque de Londres, auant d'eftre prefent à fon

ROTROU. Sacre, auoit efté le iour de Pafque abfous par noftre Archeuefque Rotrou dans la Cathedrale de Roüen, du confentement mefme de fa Sainteté, & rapporte le Bref en vertu duquel fe fit cette abfolution; mais outre que Baronius contefte ce fait, au moins quant à ce qui touche l'agréement du Pape, S. Thomas fouftint que cette abfolution eftoit nulle, les conditions neceffaires pour la faire valoir n'eftant point accomplies à l'Octaue de la Pentecofte, que fe fit ce Couronnement facrilegue.

V.
Le Pape punit cét attentat fait contre S. Thomas, & ce qui en arriua.

Alexandre & le Saint auertis de cét attentat du Roy & des Euefques, refolurent d'agir contre les coupables auec plus de feuerité qu'ils n'auoient fait jufqu'alors ; & pour commencer, fa Sainteté de fa part enuoya des lettres à Henry, par lefquelles elle le menaçoit de prononcer contre luy, la mefme Sentence qu'elle auoit autrefois fulminée contre l'Empereur Frederic, fi dans vn certain iour qu'elle luy marquoit, il ne faifoit la paix auec l'Archeuefque de Cantorbie, qui de fon cofté fignifia aux Euefques d'Angleterre, qu'il interdiroit dans quinze iours tout le Royaume, fi vn prompt accommodement n'arreftoit cette Cenfure. Le Roy eftonné de ces dénonciations comminatoires, rentra en luy-mefme, & preuenant le terme prefcrit, adreffa la lettre fuiuante à nôtre Prelat.

VI.
Lettre du Roy d'Angleterre à l'Archeuefque de Roüen Rotrou.

„ Ayant informé le Pape tant par nos Agents que par nos lettres, des
„ termes felon lefquels on pourroit eftablir la paix entre Nous & l'Ar-
„ cheuefque de Cantorbie, conformément à vos aduis & aux fentimens   *Bar. an.*
„ de nos fidelles Barons ; Sa Sainteté nous a écrit qu'elle auoit agreable *1170. n. 20.*
„ ce moyen d'accord, conçeu en la mefme teneur que vous nous l'auiez
„ confeillé & declaré cy-deuant (aux Nonces) & après nous en auoir
„ remercié, nous a mandé, aduerty & fupplié inftamment de l'effectuer
„ par voftre médiation & celle de l'Euefque de Neuers. Nous vous de-
„ clarons donc, que nous fommes tres-contens d'acheuer cette affaire
„ par voftre entremife, & de conclurre entierement ce Traité, fans nous
„ departir en façon quelconque de la forme d'accommodement que
„ vous nous auez confeillée. A Vveftmonftier, témoin Richard de Lacy.

VII.
Les Legats déferent à Saint Thomas de dreffer les Articles de l'accord.

Les trois Legats ayant ainfi parolé du Roy, en écriuirent au Saint, luy déferant l'honneur de dreffer luy-mefme les Articles de cét accord fi defiré, lefquels S. Thomas recueillit des Conferences qu'ils auoient euës auec le Prince, & des lettres du Pape, & les leur enuoya, y joignant des aduis tres-judicieux & tres-importants de la maniere dont ils deuoient traiter auec le Roy, & entr'autres, celuy-cy, qu'ils fe donnaffent

VIII.
Aduis tres-importans qu'il leur donne pour traiter auec le Roy.

de garde de furprife, eftant certain que fi Henry pouuoit prendre quelqu'auantage fur eux par fes artifices, ou par fes promeffes, il les méprifero it en fuite ; & que fi au contraire ils tenoient ferme, il feroit femblant d'eftre en peine, il jureroit, il détefteroit, il changeroit d'autant de formes que Prothée, puis voyant qu'il ne pourroit rien aduancer, tout d'vn coup il reuiendroit à foy, leur accorderoit ce qu'ils luy demanderoient, & les auroit en eftime & en veneration. Aduis tres-remarquables & vtiles à ceux qui ont à traiter auec des efprits fourbes & violents.

CHAP. X.
Sommaire.
I.
Rotrou & ses Collegues vont trouuer le Roy à Amboise, qui accepte le Traité.

NOstre Archeuesque & les deux autres Legats munis de ces sages conseils, allerent trouuer le Roy à Amboise, confererent auec luy dans vne agreable prairie (mais nommée par vn mauuais augure le pré des traistres) & aprés de grandes contestations obtindrent de luy ce qu'ils voulurent. S. Thomas ayant appris l'heureux succez du traité, vint saluer Henry, qui le receut auec de grands témoignages de reconciliation, de joye & de bienveillance: Mais quand il fallut executer les Articles dont les trois Legats estoient demeurez d'accord, le Roy voulut souftraire à l'Eglise de Cantorbie quelques Terres qu'il deuoit restituer, selon les conuentions reciproques. Ce qui donna sujet de justes plaintes à S. Thomas, qui de sa part procedoit auec toute sincerité. Il se remarque que ce genereux Prelat estant allé trouuer Henry à Tours, le Roy alla veritablement au deuant de luy, mais il l'accueillit assez froidement, & le lendemain il commanda à son Aumosnier de dire vne Messe pour les deffunts, de peur que si l'Archeuesque y eust assisté, il n'eust esté obligé suiuant l'vsage, de luy donner le baiser de paix, qu'il n'eust pû luy refuser sans passer pour *Apostat*, & ennemy de I. C. De plus, comme le Saint le pressa de faire rendre à l'Eglise de Cantorbie ses possessions, il ne luy donna que des paroles, luy disant qu'il les luy feroit restituer lors qu'il seroit en Angleterre.

ROTROV.

II.
Nouvelles difficultez qu'il fait naistre en l'execution.

III.
Le Pape suspend l'Archeuesque d'Yorch qui auoit Couronné le jeune Henry.

Cependant le Pape frappa de suspension l'Archeuesque d'Yorch, pour auoir couronné le jeune Henry, & renouuella l'Excommunication contre les Euesques de Londres & de Salisbery, que nostre Prelat Rotrou n'auoit absous que conditionnellement: Lesquelles Sentences leur furent signifiées par S. Thomas, du consentement du Roy.

IV.
Il ordonne à Rotrou d'aller trouuer le Roy pour de certains points.

De plus, sa Sainteté écriuit aux Archeuesques de Roüen & de Sens, & leur commanda en vertu d'obeïssance, que dans vingt iours aprés la reception de ses lettres, ils se rendissent auprés du Roy, & l'exhortassent puissamment à la restitution des biens de l'Eglise de Cantorbie, ainsi qu'il auoit promis, & à l'abolition des Coustumes, contraires aux libertez Ecclesiastiques; & que si vn mois aprés leur aduertissement, ce Prince n'y obeïssoit point, ils défendissent dans toute l'estenduë du païs qu'il possederoit deça la mer, la celebration des Diuins Offices, & l'administration des Sacremens, excepté le Baptesme des enfans, & la penitence[a] pour les personnes mourantes. Le Pape ordonna encore à nostre Prelat & à l'Euesque de Neuers, d'excommunier les détenteurs des biens d'Eglise s'ils ne les rendoient dans la quinzaine. Quatre iours aprés, sa Sainteté adressa d'autres lettres à tous les Euesques de Normandie, de Guyenne, & des autres Prouinces de deça la mer, appartenant à l'Anglois, pour leur mander de tenir la main à l'execution de l'Interdit, en cas que le Roy n'accomplist exactement les Articles de la paix faite auec S. Thomas, & ne restituast les possessions dont il s'agissoit entre les parties. Il est croyable que les Legats satisfirent aux ordres du Pape, en aduertissant le Roy; mais qu'ils ne se seruirent point de la contrainte de ces Censures, en ayant esté empeschez par la promesse que fit Henry d'effectuer cette restitution dans vn certain temps, comme il

V.
Et d'excommunier les detenteurs des biens d'Eglise.

a *En Octobre 1170.*

VI.
Il ordonne aux Euesques de Normandie, &c. de ietter vn Interdit si le Roy n'accomplissoit sa promesse.

Yy iij

ROTROU.

paroit par la derniere lettre du Saint au Roy, écrite vn peu auant qu'il passast la mer pour retourner en son Eglise de Cantorbie, c'est à dire vers la fin de Nouembre 1170. Puisque la suite de nostre discours nous a porté jusque-là, nous dirons en peu de mots comment il y receut la couronne du Martyre. A peine le Saint fut-il reuenu en son Diocese, d'où il estoit absent depuis sept ans, que les Officiers du Roy sollicitez par les Euesques excommuniez, le pressent d'absoudre ces Prelats. Ce qu'il refusa d'abord, n'estant pas, disoit-il, au pouuoir d'vn Iuge inferieur, de réuoquer la Sentence d'vn Superieur; puis il consentit de les délier de leurs Censures, pourueu qu'ils jurassent d'obeïr au Mandement du Pape. La condition estoit raisonnable, & les Euesques s'y soûmettoient, lors que l'Archeuesque d'Yorch les en empescha, disant qu'ils ne deuoient prester ce serment sans la permission de leur Souuerain. Sur cét aduis les Euesques viennent trouuer Henry qui estoit en France, & par leurs plaintes injustes l'animent & l'irritent contre le Saint; de sorte que ce Prince transporté de colere, éclatoit souuent en des paroles terribles, & pareilles à celles dont nostre Archeuesque Rotrou l'auoit repris à Chinon, disant qu'il maudissoit tous ceux qu'il auoit nourris & éleuez en sa Cour, & honorez de ses graces & de ses bienfaits, de ce qu'ils ne le vangeoient point d'vn Prestre qui troubloit ainsi ses Estats, & s'efforçoit d'aneantir son authorité Royale. Ce qu'entendant quatre de ses Gentilshommes, ces malheureux conspirerent la mort du S. Archeuesque, passerent en Angleterre & l'assassinerent; ou, comme dit vn Autheur Anglois, l'immolerent deuant l'Autel de son Eglise Cathedrale, lors qu'il se disposoit à chanter Vespres auec ses Moynes, ainsi qu'on voit dans la relation tres-exacte de Herebert, inserée dans Baronius en l'an 1170. n. 46. & par les lettres de Iean de Salisbery son Secretaire.

VII.
S. Thomas repasse en Angleterre où on le presse d'absoudre les Euesques excommuniez.

VIII.
Ils irritent le Roy contre le Saint, lequel lasche quelques paroles en fureur contre le Saint.

IX.
Quatre Gentilshommes vont en Angleterre l'assassiner.

Radulphus de diceto imag. Hist. p. 513. an. 1171. stilo Anglico. Monachi Cathedrales v. ep. 27. Pet. Blesensis & notae Busai.

CHAP. XI.

Sommaire.
I.
Dieu honore son Tombeau de plusieurs miracles.

LEs Miracles que Dieu opera prés de son Tombeau & au lieu de son Martyre, furent si grands & si manifestes, que d'abord ses ennemis défendirent au nom du Roy de les diuulguer, comme s'il eut esté en leur pouuoir de supprimer ces témoignages celestes de l'innocence & de la gloire du Saint, & de l'injustice de leur persecution. Le bruit de la mort du Saint se répandant de tous costez; les Euesques de Normandie, & vray-semblablement aussi ceux des autres païs sujets à la domination de Henry, s'assemblerent, & se seruant de la plume de l'Euesque de Lisieux, écriuirent au Pape vne lettre Synodale pour excuser ce Prince, qui de sa part enuoya à Rome nostre Prelat Rotrou, & les Euesques de Vorchestre & d'Evreux; l'Abbé du Vallasse, les Seigneurs du Neufbourg, Barre, & autres Députez, pour asseurer sa Sainteté que ce n'estoit point par ses ordres que l'Archeuesque de Cantorbie auoit esté tué. Ces Députez passerent par la ville de Sens, où Guillaume qui en estoit Archeuesque, pressa fort le nostre de mettre en Interdit les Prouinces de deçà la Mer, appartenantes à l'Anglois; mais Rotrou n'approuua point cét aduis, ne jugeant point à propos d'aigrir l'esprit du Roy, & de troubler les consciences des Fidelles par la rigueur de cette Censure. Toutesfois Guillaume passa outre, & prononça la Sentence d'Interdit en qualité de Le-

II.
Henry enuoye Rotrou & d'autres Prelats au Pape pour l'excuser.

Iean Brompton. p. 1066.

III.
L'Archeuesque de Sens presse Rotrou de jetter vn Interdit deçà la Mer.

DES ARCHEVESQVES DE ROVEN.

gat Apostolique, de l'aduis des autres Euesques & des Abbez de S. Denis, ROTROV. de S. Germain des Prez, de Pontigny, & autres, & en informa le Pape. Cependant Rotrou continua son voyage vers Rome : mais estant à moitié chemin, il fut obligé par vne maladie & l'infirmité de sa vieillesse, de reuenir en son Diocese, où par l'authorité du Pape, luy & l'Euesque d'Amiens donnerent à Aumale l'Absolution à Roger Archeuesque d'Yorch, le iour de S. Nicolas, selon Radulphe de Dicet, où le 13. de Decembre selon d'autres.

IV. Rotrou tombe malade en chemin, & ne peut acheuer son voyage.

Quant aux Députez de Henry, ils eurent peine à auoir audience de sa Sainteté, iustement irritée du détestable assassinat du Saint. Toutesfois ils l'obtindrent par la faueur de quelques Cardinaux, après auoir iuré au nom de leur Maistre, qu'à l'égard de cette affaire il se soumettoit totalement au iugement du Pape, qui ne laissa pas d'excommunier generalement les meurtriers de S. Thomas, & tous ceux qui leur auoient donné conseil ou secours, ou qui les receuroient en leurs Terres, & protegeroient en façon quelconque. De plus, il destina deux Legats pour informer de ce crime ; sçauoir Theodin Cardinal du titre de S. Vital, & Albert du titre de S. Laurens, personnages éminents en doctrine & en pieté. Ces deux Nonces de sa Sainteté estant venus en Normandie, saluerent Henry à Gornant, receurent de luy le baiser de paix, le Mardy auant les Rogations : Le lendemain ils se rendirent à Sauigny, où ils rencontrerent nostre Archeuesque auec quantité d'autres Prelats, & les principaux Seigneurs de la Cour. Là ils confererent auec le Roy touchât le Mandement du Pape dont ils estoient porteurs, & ne pûrent rien obtenir de luy, ce Prince n'ayant pû se resoudre à s'y soûmettre, & à en iurer l'obseruation. En suite quelque Euesque s'estant entremis pour disposer les choses à la paix, Henry & les Cardinaux arresterent de se trouuer le Vendredy suiuant à Avranches, où le Dimanche des Rogations le Roy iura sur les Saints Euangiles qu'il n'auoit, ny voulu, ny commandé qu'on tuast l'Archeuesque de Cantorbie, & qu'il estoit neantmoins prest d'accomplir telle penitence qu'on luy ordonneroit, en consideration des paroles qui luy estoient eschappées, d'où les assassins auoient pû prendre occasion d'attenter à la vie du Saint ; ce qu'il effectua depuis auec vne exactitude & vne humilité des plus édifiantes. Il reïtera ce mesme serment le iour de S. Cosme & de S. Damian, dans l'Eglise Cathedrale de la mesme Ville, en presence de ces deux Legats, de nostre Prelat Rotrou, & de tous les Euesques & Abbez de Normandie, qui y celebrerent le lendemain vn Concile Prouincial, dont voicy les Decrets.

V. Ce que le Pape ordonne aux députez de Henry.

VI. Deux Nonces enuoyez en Normandie, conferent auec le Roy presence de Rotrou & autres Prelats.

1172. *Gornant, c'est en basse Normandie.*

VII. Le Roy se purge par serment, & accomplit la penitence qui luy est imposée.

VIII. Decrets d'vn Concile tenu à Auranches où Rotrou assista.

,, Que l'on n'admette point d'enfans à la conduite des Eglises (c'est à
,, dire aux Benefices) ayant charge d'Ames.
,, Que l'on ne donne point aux fils des Prestres les Benefices de leurs
,, peres.
,, Que les Laïques ne prennent point de part aux oblations des Eglises.
,, Que l'on ne commette point le gouuernement des Eglises à des
,, Vicaires annuels.

ROTROV. „ Que les Prestres des grandes Paroisses ayent sous eux vn autre Pre-
„ stre, pourueu qu'ils ayent le moyen de le nourrir.
„ Que les Prestres ne soient ordonnez sans vn certain tître.
„ Que les Eglises ne soient baillées à fermes annuelles.
„ Que l'on ne retranche rien aux Curez de la tierce partie des dixmes.
„ Qu'il soit permis à ceux qui possedent des dixmes à tître de succes-
„ sion, de les donner à tel Clerc qu'il leur plaira, pourueu qu'il ait les
„ qualitez requises, & à condition aussi que lesdites dixmes retournent
„ en suite à l'Eglise à qui elles appartiennent de droit.
„ Qu'vn mary n'entre point en Religion sa femme encore viuante,
„ ny la femme durant la vie de son mary, s'ils ne sont tous deux hors
„ d'âge de cohabitation.
„ Qu'au temps de l'Aduent de nostre Seigneur, on ordonne de jeus-
„ ner & de s'abstenir de viande à ceux qui pourront pratiquer cette œu-
„ ure de pieté, mais principalement aux soldats.[a]   [a] *C'est à dire à mon aduis aux personnes Nobles, non obligées de trauailler de leurs bras pour gagner leur vie.*
„ Que l'on n'établisse point les Iuges Ecclesiastiques pour tenir la Iu-
„ risdiction des Seculiers, & que si quelqu'vn a la présomption de vio-
„ ler ce Decret, qu'il soit priué de ses Benefices.

CHAP. XII.

Sommaire.
I.
Pourquoy i'ay donné de suite l'Histoire de S. Thomas.

I'Ay voulu raconter de suite cette Histoire de S. Thomas, entant qu'il a esté necessaire pour faire connoistre les diuers emplois qu'eut Rotrou à l'occasion de ce fameux different, & de la funeste issuë où il se termina. Maintenant il faut remonter vers les premieres années de son Pontificat, & rapporter ce que i'ay obmis, pour ne pas interrompre ma narration. I'estime que ce fut peu de temps aprés sa Promotion qu'il écriuit à Henry II. Roy d'Angleterre, vne lettre qui est la 47. entre celles de Pierre de Blois, pour persuader à ce Prince de faire instruire aux bonnes lettres Henry son fils, & le presomptif heritier de ses Estats. Il tâche de le porter à cela par de puissantes considerations, dont voicy l'abbre-

II.
Raisons dont se seruit Rotrou pour persuader le Roy de faire estudier le Prince son fils.

gé. 1. Que luy (c'est à dire Henry le pere) auoit appris les sciences, d'où il auoit tiré vn grand secours pour la prudence Politique, & qu'il deuoit procurer le mesme auantage à son fils, afin qu'il ne fust pas moins le successeur de sa sagesse que de son Royaume. Qu'outre son exemple, celuy des Cesars & des Alexandres faisoit voir que les lettres seruoient infiniment à rendre l'esprit capable de la conduite des affaires publiques, & du commandement des armées. Que les Rois estant obligez de prendre la Loy de Dieu pour principale regle de leurs actions, il estoit à propos qu'il fit estudier son fils, afin qu'il pust grauer dans sa memoire & mettre dans son cœur ces Ordonnances saintes, ainsi que les Rois d'Israël aprés leur installation les décriuoient eux-mesmes dans vn Liure, comme il est dit au Deuteronome.[b]   [b] *Deuter. 17. v. 18.*

III.
Il luy apporte l'exemple des plus illustres Princes du vieil & nouueau Testaments.

Ce qu'il confirme par l'exemple des plus illustres & plus saints Princes, tant de l'ancien Testament, tels qu'ont esté Dauid, Ezechias, & Iosias, que de ceux qui sont sortis de l'Eschole[c] de l'Euangile, comme Constantin, Theodose, &c. qui tous se sont appliquez auec vn soin particulier, à apprendre à mediter & à pratiquer les Loix diuines dans le gouuernement de leurs Estats. Qu'vn des meilleurs moyens d'attirer les benedictions du Ciel sur vne Famille Royale, estoit de bien éleuer   [c] *De Schola Euangelij.*

DES ARCHEVESQVES DE ROVEN. 361

éleuer les jeunes Princes, à qui Dieu ne conseruoit ordinairement le Sceptre de leurs peres, que tant qu'ils gardoient son Testament & ses preceptes; ce qu'ils ne pouuoient faire s'ils n'en auoient connoissance, que l'incapacité des Rois les precipitoit dans mille fautes, qui estoient suiuies de la desolation des Royaumes, & du malheur des peuples. Que la commune opinion des personnes de pieté estoit, que son fils ne monteroit point sur le Trône aprés luy, s'il ne le faisoit soigneusement instruire dans les lettres & dans la Loy du Seigneur. Aduis tres-remarquable, & qui fut comme vne Prophetie de ce qui arriua depuis. Qu'enfin l'estude corrigeroit ce qu'il y auroit de vicieux en son naturel, & le formeroit aux actions loüables & vertueuses.

ROTROU.

IV.
Aduis remarquable & Prophetique, & ce qui en arriua.

Ie ne sçay pas si Henry défera aux sages conseils de Rotrou, mais il ne paroistra que trop éuidemment par ce que nous dirons, que s'il se mit en deuoir de les executer, la mauuaise inclination de son fils rendit ses soins presque inutils.

V.
Henry ordonne vne Taxe pour la Terre Sainte, en vne Assemblée où Rotrou fut present.

Geruais Moyne de Cantorbery, témoigne dans sa Chronique imprimée à Londres 1652. que Henry Roy d'Angleterre tint au Mans en 1166. vne Assemblée de Notables, où se trouuerent les Archeuesques de Roüen, de Tours, de Bordeaux, & onze ou douze autres Euesques, & y ordonna vne leuée de deniers sur ses Sujets, pour le secours de l'Eglise Orientale, aprés auoir juré entre les mains de nostre Prelat, de se soûmettre luy-mesme à la mesme Loy & à la mesme Taxe qu'il imposoit à son peuple. Cette cottisation publique obligeoit vn chacun à payer deux deniers pour liure de tout son bien, de l'année presente 1166. & vn denier pour les quatre années suiuantes, sans qu'il y eut personne d'exempt. Il deuoit y auoir en chaque ville & village vn Tronc fermé de trois clefs, où chacun mettroit son aumosne aprés auoir juré, & s'estre engagé sous peine d'excommunication de proceder fidellement, & de ne rien soustraire de ce qu'il sçauoit estre obligé de donner en sa conscience, suiuant l'Edit du Prince, que l'on peut voir au long dans cét Autheur Anglois. Ie me contenteray d'adjouster à ce que ie viens de dire, que Loüis Roy de France fit faire vne pareille leuée dans ses Estats, & que les Fidelles qui y satisfaisoient exactement, estoient en recompense déchargez de la troisiéme partie des peines qu'ils eussent dû subir pour leurs pechez.

Geruasius Mon. Dorober. p. 1399. an. 1166.

VI.
Sur qui, & de quelle maniere se faisoit cette leuée.

VII.
Guerre entre les Rois de France & d'Angleterre, au sujet de ces deniers, & de quelqu'autres differends.

Cette Queste generale pour les Chrestiens de Syrie, fut vne des causes de la guerre qui s'ouurit l'année suiuante, entre les Rois de France & d'Angleterre. Le premier vouloit que les deniers qui estoient dans l'Eglise de Tours, fussent mis entre les mains de ses Officiers, pour estre enuoyez au Leuant, conjointement auec les aumosnes de ses Sujets, & fondoit sa pretention sur ce qu'il estoit Patron & Fondateur de cette Eglise. L'Anglois soustenoit au contraire, qu'estant Comte de Touraine, c'estoit aux Commissaires qu'il auoit establis, à procurer le transport de cét argent. Ce differend, joint aux interests du Comte d'Auuergne, que Loüis protegeoit contre Henry, rompit la paix qu'ils auoient faite depuis peu. Chacun d'eux ayant donc pris les armes, ils conduisirent reciproquement des troupes dans les terres l'vn de l'autre. Henry brûla

1167.

VIII.
Actes d'hostilité qu'ils firent.

Z z

Chaumont, magazin des François. Loüis entra dans le Vexin, se saisit de Gany, & rauagea Andely, vn des Domaines de l'Archeuesque de Roüen, non sans perte de plusieurs de ses soldats.

CHAP. XIII.

Sommaire.
I. *Le Pape console Rotrou pour la perte d'Andely & la ruine de quelques autres biens de son Eglise.*
II. *Il luy donne plusieurs salutaires auertissemens.*

LE Pape Alexandre ayant eu nouuelle de cette guerre, consola par vn Bref Apostolique nostre Prelat Rotrou (ainsi que ie l'apprends d'vne lettre de Iean de Salisbery, rapportée par Mr. Duchesne) & aprés l'auoir exhorté à souffrir auec resignation à la volonté de Dieu, ce rauage de son Diocese, l'aduertit de continuer à s'acquitter toûjours dignement du deuoir de sa charge Pastorale ; de s'entremettre pour procurer la paix entre les deux Couronnes ; de corriger les fautes de ses Suffragans, des Doyens, des Archidiacres, des Abbez, des Clercs, & des Laïques ; de retrancher les excez de ses Chanoines, & particulierement des Dignitez, s'il en trouuoit de notables, & de les porter par des instructions salutaires, à la pratique des vertus conuenables à leur profession; de frapper d'Anatheme, & de declarer publiquement pour excommuniez, les Laïques qui tueroient ou frapperoient les Ecclesiastiques ; & enfin de se remettre en possession des droits de son Eglise, qui auroient esté alienez ou soustraits & perdus, &c.

III. *Rotrou enuoye Pierre de Blois à la Reine de Sicile, qui le fait Chacelier & Precepteur du Roy.*

Enuiron ce mesme temps, Marguerite Reyne de Sicile, & mere du Roy Guillaume, ayant demandé à l'Archeuesque Rotrou quelqu'vn de leur famille, pour prendre soin de l'education du jeune Prince, nostre Prelat luy enuoya Estienne, fils du Comte du Perche, accompagné de Pierre de Blois, qui fut Chancelier & Precepteur du Roy. Mais ce sçauant homme n'exerça pas long-temps ces deux Charges, sa vertu luy ayant fait des enuieux qui voulurent l'éloigner, sous pretexte de le faire élire Archeuesque de Naples : Luy qui haïssoit les dissensions, & fuyoit la dignité Episcopale, pour éuiter ces deux objets de son auersion, se retira de la Cour de Sicile, & reuint vn ou deux ans aprés en Angleterre.

1167.
Baron. n. 72.

IV. *Rotrou Couronne en Angleterre le ieune Henry, & Marguerite de France sa femme.*

Le jeune Prince Henry, & la Princesse Marguerite sa femme, fille de Loüis Roy de France, estant passez en Angleterre le iour de S. Barthelemy de l'an 1172. nostre Archeuesque Rotrou les y accompagna, & le Dimanche suiuant les Couronna tous deux dans l'Eglise de S. Suuithon de Vinchestre, en laquelle ceremonie il fut assisté de Gilles Euesque d'Evreux, & de Roger de Norchestre, auec lesquels il reuint en Normandie enuiron la Feste de la Natiuité de Nostre Dame. Ce Couronnement de Henry fut suiuy d'estranges troubles, excitez par l'ambition & la temerité de ce jeune Prince ; car à peine eut-il repassé la mer, que non content d'estre ainsi associé auec son pere à la puissance souueraine, il voulut qu'il luy cedast la Normandie ou l'Angleterre, ou l'Anjou, pour y dominer absolument & s'y retirer auec la Princesse sa femme. Ce que n'ayant pû obtenir, il s'abandonna tellement à sa passion, qu'il eut l'impieté de se reuolter contre son pere, & l'artifice d'engager sa mere Eleonor & ses deux freres dans le crime de sa rebellion. A quoy contribuerent extrémement les persuasions de Loüis Roy de France son beaupere, qui se declara ouuertement pour luy, aussi bien que Guillaume Roy d'Escosse, Philippes Comte de Flandres, Thibaut Comte de Blois,

1172.

V. *Ce Couronnement fut suiuy de plusieurs malheurs.*

VI. *Puissante ligue contre le vieil Henry Roy d'Angleterre.*

Ioan. Brompton & alij.

DES ARCHEVESQVES DE ROVEN.

& quantité d'autres Princes & Seigneurs de qualité. De sorte que le vieil Henry vit en peu de temps tous ses Sujets divisez en deux partis, les vns se souleuant contre luy pour les interests de son fils, & les autres demeurans dans l'obeïssance & la fidelité qu'ils luy deuoient. Il ne perdit pourtant pas courage, il se prépara à la défense, & fit venir des troupes estrangeres pour opposer aux François, qu'il sçauoit estre plus adroits & mieux aguerris que ses Anglois. De plus, afin d'employer contre ses ennemis les armes spirituelles, en mesme temps que les materielles, & les faire frapper des foudres de l'Eglise, il eut recours au Pape Alexandre, & le conjura de défendre l'Angleterre, comme le *Patrimoine de S. Pierre, & vn Fief releuant du Siege Apostolique*, adueu & declaration que sa disgrace & la necessité de ses affaires extorquerent de luy, & qu'il n'eust pas passé si aisément les années precedentes, lors qu'enflé de prosperité il persecutoit S. Thomas, & méprisoit les aduertissemens des Ministres de l'Eglise. Sa Sainteté receuant fauorablement ses soûmissions & ses prieres, enuoya vn Mandement, portant permission d'excommunier tous ceux qui troubleroient la paix de ce Prince. En execution dequoy, Richard Archeuesque de Cantorbie estant à Caën, fulmina Anatheme contre les ennemis du Roy.

Rotrov.

VII.
Il prie le Pape de proteger l'Angleterre comme le patrimoine de S. Pierre, & vn Fief releuant du saint Siège.

Petrus Blesensis. Ep. 136.

VIII.
Il fait excommunier ceux qui troubleroient la paix.

CHAP. XIV.
Sommaire.
I.
Rotrou écrit au jeune Henry d'vn stile fort & pressant.

MAis auant de lancer ce foudre, il enuoya des lettres comminatoires au jeune Henry : ce que fit pareillement nostre Archeuesque Rotrou, qui se seruit pour cét effet de la plume de Pierre de Blois Archidiacre de Bathe-Vvelles, & Secretaire du vieil Henry. Nous ne rapporterons pas icy tout au long ses lettres, mais nous tascherons d'en exprimer la substance en peu de mots. Dans la premiere, qui est loüée & rapportée par Baronius dans ses Annales, il supplie d'abord le jeune Henry de ne pas trouuer mauuais si estant chargé du soin des Ames par sa qualité de Pasteur, il prend la liberté de luy adresser des prieres comme à son Seigneur, des remontrances comme à son Roy, & des instructions salutaires comme à son fils. En suite il l'exhorte à suspendre vn peu la passion qui le transporte, & à considerer qu'il prend les armes non contre des barbares ou des estrangers, mais contre ses Sujets & ses domestiques ; non contre vn Prince ennemy, mais contre son propre Pere, ou plustost contre soy-mesme. Il luy represente qu'il y a tout à perdre, & rien à gagner dans son entreprise, puisque d'vne part il ne peut pas conquester de nouueau, ce qui luy appartient par l'auantage de sa naissance, & par le titre de son Sacre, & qui ne luy est contesté de personne ; Et que de l'autre persistant dans son dessein, il se rend coupable d'estre parricide, & de tyrannie, & merite d'estre priué de ses justes droits, & mesme de sa succession paternelle, selon les Saints Canons & les loix Ciuiles. Enfin il tasche de luy faire conceuoir & détester tout ensemble son impieté, son ingratitude, & son imprudence, en luy remontrant qu'il s'attaque à Dieu, s'attaquant à son pere ; qu'il viole toutes les regles du droit Naturel, Diuin, Ecclesiastique & humain ; qu'il outrage son bien-faicteur & celuy qui l'a nourry, instruit, & éleué à la dignité Royale ; qu'il ruïne & affoiblit la Normandie, accomplissant en cela le

Petr. Blesensis. Ep. 47.

Petr. Blef. Ep. 33. Baron. an. 1173. n. 12.

II.
Il luy represente les inconueniens dans lesquels il se iette.

III.
Il luy fait voir toutes les fautes qu'il fait à la foie.

Zz ij

364　HISTOIRE

ROTROV.　plus ardent defir des François, qui auoient jufqu'alors redouté la force de cette Prouince, & que fans doute il fe repentiroit vn iour, mais inutilement, d'vne conduite fi imprudente & fi pernicieufe.

IV.
Apoftrophe tres pathetique qu'il luy adreffe.

„ Plûft à Dieu (dit-il fur la fin de fa lettre) que la mort que vous me
„ contraignez de fouhaiter, m'euft tiré de ce monde auant ce temps mi-
„ ferable, où ie vous vois perfecuter voftre Patrie & voftre pere; eftre
„ ennemy de vos amis, & amy de vos ennemis, & dans le mefme eftat
„ que fi vous vous mettiez vn poignard dans la gorge. Au refte, fçachez
„ qu'Andely eft l'vnique fouftien de ma vie, & la feule Terre dont ie
„ tire dequoy m'entretenir; ie le confie à voftre fauuegarde, & à voftre
„ protection, fi vous l'expofez à la fureur des voleurs & des incendiai-
„ res, vous m'ofterez le moyen de viure, vous qui me faites enuie de
„ mourir.

V.
Rotrou & fes Suffragans écriuent à Eleonor, pour luy faire connoiftre la fauffe qu'elle auois faite.

La feconde lettre eft adreffée à la Reyne Eleonor, & écrite au nom *Petr. Blef. Ep. 154.* de noftre Archeuefque, & de fes Suffragans. Elle commence par la confideration de la fidelité d'vne femme enuers fon mary, & de l'vnion qui doit eftre entre deux perfonnes jointes d'vn lien auffi eftroit & auffi facré qu'eft le mariage; d'où faifant reflexion fur le malheur de la Maifon Royale, ils témoignent le regret extrême qu'ils ont de fa retraite, & de ce que non feulement elle a quitté fon époux, mais ne craint point d'armer encore contre luy fes propres enfans. Ils l'exhortent à retourner,

VI.
Motifs tres-preffans pour la faire retourner auec fon mary.

finon par déference à leurs prieres, au moins par vn fentiment de compaffion enuers l'Eglife & la Prouince, qui vont fouffrir vne horrible defolation, fi par vn prompt retour elle ne détourne les calamitez qui les menacent; ils l'affurent de l'affection du Roy, & d'vne entiere feureté de fa perfonne; ils la prient de donner de fages confeils à fes enfans, & de les difpofer par fes aduertiffements à auoir l'affection & la gratitude qu'ils doiuent pour vn pere, qui a pris tant de peine pour eux. Pour
„ conclufion Madame (luy difent-ils) vous eftes de noftre Prouince
„ auffi-bien que le Roy voftre Efpoux, nous ne pouuons pas abandon-
„ ner la défenfe de la Iuftice? ou vous retournerez à voftre mary, ou nous

VII.
Ils la menacent de l'excommunication.

„ vous y contraindrons par la rigueur des faints Canons, & nous pro-
„ cederons contre vous par des Cenfures Ecclefiaftiques? C'eft auec beau-
„ coup de repugnance que nous vous faifons cette declaration, com-
„ me ce fera auec douleur & auec larmes que nous en viendrons aux ef-
„ fets, fi vous ne rentrez dans voftre deuoir.

VIII.
Rotrou écrit à l'Archeuefque de Sens pour la confervation des biens de l'Eglife de Roüen

Ce fut dans cette mefme conjoncture d'affaires que Rotrou écriuit à Guillaume Archeuefque de Sens, & Legat du Siege Apoftolique, pour le prier d'employer fon credit pour la conferuation du Temporel de l'Eglife de Roüen, & particulierement de la ville d'Andely. Cette lettre eft la 28. de Pierre de Blois. Noftre Prelat y follicite fon Confrere de luy rendre cét office, par la confideration de l'vnité de l'Eglife, & de la charité qui doit eftre entre les Fidelles, comme entre les membres d'vn mefme corps, & s'eftend fort fur fes loüanges, comme fans doute ce Guillaume Archeuefque de Sens eftoit vn grand perfonnage, & qui auoit beaucoup de pouuoir à la Cour.

DES ARCHEVESQVES DE ROVEN.

IX.
Raisons qui obligent le Roy de France de le conseruer.

„ Que le Seigneur Roy de France se souuienne (luy dit-il) que l'Eglise Rotrou
„ de Roüen est toute à luy, que sans cesse elle fait des prieres particulie-
„ res pour sa Personne, comme pour son vnique Roy, & qu'elle recon-
„ noist que ses biens & ses Domaines releuent de sa Iurisdiction? Ce seroit
„ chose indigne de la Majesté d'vn si grand Prince de rauager ce qui luy
„ appartient, & de faire la guerre aux Eglises dont il est le Tuteur & le
„ Patron. Si vn autre que luy nous attaquoit, nous chercherions le re-
„ mede à nos maux dans sa faueur & son assistance. Nous mettons donc

X.
Il finit sa lettre par vne Apostrophe fort-affectiue.

„ sous sa protection & sous la vostre, Andely, & nos autres Terres. Certes
„ puisque tout l'estat de la France dépend aujourd'huy de la sagesse de
„ vos conseils; que vous auez dans vos mains le cœur des Rois, & que
„ vous estes l'arbitre de la fortune des peuples, vous estes obligé de pro-
„ curer la paix, ou si vous ne pouuez appaiser les diuisions presentes, de
„ preseruer du moins du pillage des gens de guerre, les possessions de l'E-
„ glise, que nous recommandons à vos soins. Nous & ceux que nous
„ admettons à nostre table ne subsistons que du reuenu d'Andely. Si
„ vous voulez conseruer nostre vie, conseruez la Terre qui nous fournit
„ dequoy l'entretenir.

CHAP. XV.
Sommaire.
I.
L'Anglois depute Rotrou & l'Euesque de Lisieux vers le Roy de France.

LA mauuaise intelligence s'augmentant de iour en iour entre les deux partis, Henry le vieil qui en apprehendoit l'issuë, enuoya nostre Archeuesque Rotrou & Arnoul Euesque de Lisieux vers Loüis Roy de France, pour faire quelque proposition d'accommodement. Ces deux Prelats s'acquitterent en diligence de leur Commission, & (comme il paroist par la Relation de leur Ambassade, qui est la 153. lettre de Pierre de Blois) employerent toute leur éloquence pour representer les auantages de la paix, & les malheurs inseparables de la guerre. Mais

II.
Motifs dont se seruit Loüis pour leur refuser ce qu'ils demandoient.

ils ne firent aucune impression sur l'esprit de Loüis, qui estoit irrité de ce qu'Henry ne permettoit point que la jeune Reine vint trouuer le Roy son Espoux, luy refusoit sa dot, auoit souleué quelques-vns de ses Sujets, & receu à hommage le Comte de S. Gilles, au préjudice des droits de sa Couronne, & qui auoit peine à se fier aux paroles qui luy estoient portées de la part de l'Anglois, dont il reconnoissoit les artifices, & auoit éprouué en plusieurs traitez le peu de sincerité. C'est pourquoy pour derniere réponse, il protesta & jura mesme à ces deux Ambassadeurs, qu'il ne feroit point de paix auec luy que du consentement d'Eleonor sa femme, & de ses enfans. C'est ce que dit cette Relation que Rotrou &

III.
Rotrou donne aduis au Roy d'Angleterre de la resolutiō de Loüis.

son Confrere luy enuoyerent, incontinent aprés qu'ils eurent eu leur Audience du Roy de France, l'aduertissant de pouruoir promptement à la deffense des places plus exposées aux ennemis, & à la seureté de sa Personne; de se rendre Dieu fauorable par vne vraye conuersion; d'vser de clemence enuers ceux qui l'auoient offensé; de satisfaire à ceux dont il auroit pris les biens & les possessions; d'auoir recours aux prieres de l'Eglise; & s'il en auoit vsurpé les Terres, de les restituer exactement.

IV.
Et joint plusieurs conseils tres-saints de satisfaire à Dieu & à son Eglise.

„ L'Eglise (disent-ils à ce Prince) est l'Epouse de I. C. qui se ressent de
„ toutes les injures qu'elle reçoit, & les repute siennes: Il n'y a rien qui
„ encourage plus nos ennemis, & qui les incite plus fortement à vous

ROTROU.
„ attaquer, que la creance qu'ils ont que vous auez peu de pieté, &
„ qu'ainsi le Ciel ne fauorisera pas vos armes. Nous vous souhaittons
„ toute prosperité, & que vous puissiez terrasser ceux qui s'éleuent con-
„ tre vous auec tant d'orgueil ; mais que vostre Majesté se souuienne
„ qu'elle ne remportera cette victoire que par le secours du Tres-haut.

V.
Henry suit ces bons aduis, & Dieu luy donne la victoire de ses ennemis.

Conseils sages & genereux, tout à fait dignes de la pieté de ces deux grands Prelats, & qui furent suiuis de Henry, qui édifia toute l'Eglise par cette admirable penitence qu'il alla faire au tombeau de S. Thomas Archeuesque de Cantorbie, *par l'assistance* duquel il triompha glorieusement de tous ses ennemis, comme dit Pierre de Blois en sa 66. lettre,

VI.
Rotrou assiste le Roy d'Angleterre au Siege de Verneüil.

& que le témoignent les Autheurs de l'Histoire d'Angleterre. I'obmets les diuers euenemens de cette guerre, me contentant de dire que nostre Archeuesque Rotrou se trouua engagé à suiure le Roy Henry lors qu'il alla secourir Verneuil assiegé par les François, & que la ville de Roüen ayant esté affligée d'vn horrible incendie en 1173.[a] eut encore le mal-

Radulphus de diceto. pag. 591. Imag. Hist.

VII.
La ville de Roüen souffre vn incendie, & le Siege que le Roy de France y met, & ce qui en arriua.

heur de souffrir vn siege l'année suiuante : Il est vray qu'elle ne fut pas prise, & que les habitans se défendirent si vigoureusement, que le Roy de France voyant que ses armes n'auoient pas le succez qu'il s'en estoit promis, s'en montra plus facile à consentir à la paix, qui fut concluë entre luy & le vieil Henry, par Guillaume Archeuesque de Sens, & Thibaut Comte de Blois son frere. L'armée Françoise se retira de deuant la Ville, la veille de l'Assomption de Nostre Dame, à l'intercession de laquelle Robert Dumont qui viuoit en ce temps-là, attribuë l'heureux succez du Traité, qui remit en bonne intelligence les deux partis : aussi, dit-il, les habitans celebrerent sa Feste en grande deuotion dans la Cathedrale qui luy est dédiée, où ils firent également éclater la joye de leur deliurance, & leur gratitude enuers leur bienfaictrice. Par ce moyen, le calme fut rendu à la Prouince, & les places prises restituées à leurs premiers possesseurs. Le jeune Henry, Richard & Geoffroy ses freres

[a] *Le feu prit le Iendy Saint lors que Gilles Euesque d'Eureux consacroit le S. Cresme en l'absence de nostre Prelat, & brûla 14. Paroisses.*

VIII.
Le ieune Henry & ses freres rentrent en grace auec leur pere par l'entremise de Rotrou.

rentrerent aussi en grace auec leur pere ; & luy ayant demandé pardon de leur desobeïssance, luy firent hommage de quelques Villes ou Terres qu'il leur donna. L'aisné des trois se vint jetter à ses pieds, & se reconcilier auec luy à Bures, le Samedy de deuant le Dimanche des Rameaux de l'an 1175. en presence de nostre Prelat Rotrou, qui le cautionna & répondit en quelque façon au Roy de sa conduite, comme il paroist par vn Acte rapporté par Radulphe de Dicet.

CHAP. XVI.
Sommaire.
I.
Les Moynes de la Charité inuitens Rotrou de se retirer chez eux pendant les guerres.

JE ne dois pas oublier que pendant cette funeste diuision qui alluma vne si sanglante guerre au milieu de la Normandie, le Prieur & les Moynes de la Charité, Ordre de Cluny, ayant inuité nostre Archeuesque à se retirer dans leur Monastere, il les remercia de ces offres si obligeantes, leur répondant entr'autres choses, qu'il croiroit estre vn mercenaire, & non pas vn vray Pasteur, s'il abandonnoit son Troupeau dans vne si fascheuse conjoncture. „ Si nous ne pouuons pas (leur dit-
„ il) faire la paix, nous en ferons du moins les propositions; nous nous

II.
La réponse qu'il leur fait.

„ acquitterons du deuoir d'vn Euesque ; nous nous affligerons auec les
„ viuants ; nous mourrons auec les mourants, & nous nous rendrons

DES ARCHEVESQVES DE ROVEN.

„ propres les maux publics par la compaſſion que nous en aurons! Plûſt ROTROV.
„ à Dieu que nous puſſions remedier à tant de miſeres par l'effuſion de
„ noſtre ſang, & qu'il n'y euſt qu'à donner noſtre vie pour arreſter le
„ cours de cette calamité commune! Nous ſouffririons volontiers ſeuls,
„ ce qui va accabler vne infinité de monde, &c.

III.
Rotrou reçoit ordre de conduire la Princeſſe d'Angleterre en Provence.

En 1176. la Princeſſe Ieanne, fille du vieil Henry Roy d'Angleterre, ayant eſté accordée pour épouſe à Guillaume Roy de Sicile, noſtre Prelat Rotrou receut ordre de l'accompagner juſques à S. Gilles, ville de Prouence; mais ie croy que ſa vieilleſſe l'empeſcha d'executer cette commiſſion, & qu'il n'y eut que l'Archeueſque de Cantorbie & l'Eueſque d'Ely qui firent ce voyage. *Iean Brompt p. 1111.*

IV.
Il dédie la nouuelle Egliſe du Bec.

La Chronique du Bec nous apprend que l'Egliſe de cette fameuſe Abbaye fut dédiée le 20. Mars, quatriéme Dimanche de Careſme de l'année 1178. par noſtre Archeueſque, aſſiſté des Eueſques de Bayeux, d'Avranches & d'Evreux, en preſence des deux Henrys Rois d'Angleterre pere & fils, leſquels Prelats ordonnerent du conſentement de l'Abbé Roger, que l'anniuerſaire de la Dédicace ne ſe feroit point en Careſme, mais le Mardy d'aprés l'Octaue de Paſques.

V.
Pluſieurs Chartres où il eſt fait mention de luy.

Rotrou eſt nommé dans pluſieurs anciennes Chartres des Monaſteres de Normandie; il en fit expedier vne en faueur des Moynes du Bec, pour confirmer les donations faites à leur Communauté. Il eſt parlé de luy dans vne Tranſaction paſſée entre les Religieux de cette Abbaye, & ceux du Prieuré de Sauceuſe, dattée de l'an 1170. Il accorda auſſi à Hubert Abbé de Conches, & à ſes Moynes, des lettres pour les maintenir dans la joüiſſance des biens qu'ils poſſedoient dans ſon Dioceſe, & fut leur Arbitre en vn different qu'ils eurent contre les Clercs de la Paroiſſe de Varengeuille, qui fut terminé au contentement des parties, comme il paroit par vn eſcrit ſigné de noſtredit Archeueſque, de Robert du Neubourg Doyen, d'Amy Archidiacre de Roüen fils de Roger de Vvaruich & neueu de Rotrou, & de Guillaume Prieur de S. Lo; outre quel Acte, il y en a encore vn ſigné de noſtre Prelat & de Robert Archidiacre, Richer d'Andely, & Me Renault Milon Chanoines. *De S. Eſtienne de Caen, & Iumiege.*

VI.
Il transfere les Reliques de S. Romain en vne nouuelle Chaſſe, preſence de Pierre de Blois Chanoine, & autres.

Le 17. de Iuin de l'an 1179. Rotrou aſſiſté d'Arnoul Eueſque de Liſieux, & de Froger Eueſque de Sez, transfera le venerable corps de ſaint Romain, de ſon ancienne Chaſſe en vne nouuelle, enrichie d'or & de pierres précieuſes, à laquelle ceremonie furent preſens Auguſtin Eueſque de Vvaterfort, pluſieurs Abbez & Eccleſiaſtiques de qualité, du nombre deſquels eſtoit le celebre Me Pierre de Blois, comme nous dirons plus particulierement dans l'Hiſtoire de la Cathedrale, où nous parlerons encore de quelques autres effets de la pieuſe liberalité de Rotrou, & de quelques petits éuenemens domeſtiques arriuez ſous ſon Pontificat. I'infere du temps de cette Tranſlation que noſtre Archeueſque n'alla point ^a au Concile de Latran, tenu en 1179. bien qu'il y euſt eſté appelé dés l'année precedente par le Cardinal Octauian, enuoyé en Normandie de la part du Pape Alexandre, parmy les Decretales duquel il s'en remarque deux, données ſur la conſultation de Rotrou. *a De ſes Suffragans, il n'y eut que Gilles Eueſques d'Evreux qui y alla. Baron. a. 1178. n. 12.*

VII.
Decretales premiere ſur la conſultation de Rotrou.

368 HISTOIRE

ROTROV. La premiere est le chap. *Ad nostram*, au titre *De Iure iurando*, addressée à nôtre Archeuesque & à ses Suffragans, par lequel il est décidé qu'vn Debiteur qui a promis par serment à son Creancier de le laisser en paisible possession du fond qu'il luy a engagé, jusqu'à ce qu'il luy ait payé ce qu'il luy doit, ne peut point legitimement estre admis à rentrer dans la terre engagée, en compensant les fruits auec le sort principal, mais doit premierement payer toute la dette, & en suite redemander ledit fond auec les fruits perceus par le creancier, lequel procez auoit esté vray-semblablement porté par deuant le tribunal de nostre Archeuesque, à cause de l'obligation du serment.

VIII.
La seconde dont le titre est, qui Filij.

La seconde est le Chapitre *Transmissæ*, au titre *qui Filij sint legitimi*, par lequel il est dit qu'il faut s'en croire à la parole d'vn mary & de sa femme, lors qu'ils desaduoüent quelqu'vn pour leur enfant, si on ne justifie le contraire par des témoins & des marques certaines. Quant au Chapitre *Ad reprimendam*, au titre *de Officio iudicis*, comme c'est vn iugement rendu par Innocent III. qui ne fut éleué au Souuerain Pontificat qu'en 1198. il n'a pas esté adressé à Rotrou, (comme disent Messieurs de sainte Marthe) mais à Gaultier son Successeur.

CHAP. XVI.
Sommaire.
I.
Reuelation qu'eust vn domestique de l'Abbé de S. Germer.

Bien que ie ne me plaise pas fort à rapporter des visions & des choses extraordinaires, qui sont toûjours suspectes aux personnes iudicieuses, à moins qu'elles ne soient bien attestées; ie ne puis me dispenser de dire quelque chose d'vne reuelation miraculeuse, dont fait mention vn celebre Historien Anglois. Eustase, ou plûtost Lambert Abbé de S. Germer en Flaix, auoit vn seruiteur nommé Gaultier, lequel en vne certaine nuit qu'il estoit endormy, entendit par trois fois vne voix venant du Ciel, qui luy disoit: *Va & dy à Henry Roy d'Angleterre, au nom de I. C. efface, efface, & declare-luy que s'il ne le fait, ses enfans & luy mourront.* A quoy Gaultier répondit, & qui suis-ie moy, pour aller porter vos ordres au Roy. Cette voix repartit, va trouuer Rotrou Archeuesque de Roüen, & son Chappelain, & Eustase Abbé de Flaix, ils osteront les ronces & les épines de ton chemin; si tu ne te hastes tu mourras de mort. Cét auertissement reïteré par trois fois, fit impression sur l'esprit de Gaultier, & l'obligea de se transporter vers l'Archeuesque de Roüen, & en suite vers son Chappelain & l'Abbé de Flaix. Mais nostre Prelat & le Chappelain estant tout abbatus de maladie & de vieillesse, & méprisant possible cét aduis, comme vn songe ou vne pure extrauagance, le renuoyerent vers l'Abbé de Flaix, qui le conduisit au Palais Royal, où Gaultier aprés auoir fait la reuerence à Henry, luy raconta ce qu'il auoit oüy, mais ce Prince se mit peu en peine de cette reuelation. Cependant quelque peu aprés, la mort luy enleua deux de ses enfans, sçauoir le ieune Roy Henry, & Geoffroy Comte de Bretagne. La perte du premier luy fut des plus sensibles, tant parce qu'il finit ses iours en la fleur de son âge, que parce que ce fut par la violence d'vne maladie, que sa seconde rebellion contre son pere fit iuger à tout le monde estre vne punition Diuine, & comme vn coup de foudre que la vengeance Celeste lança sur sa teste criminelle.

II.
Il a ordre de s'adresser à Rotrou, à son Chappelain, ou à l'Abbé.

III.
L'Abbé le presente au Roy, qui le méprise, & ce qui en arriua.

Rogerus Hoüeden.

1183.

Le

DES ARCHEVESQVES DE ROVEN. 569

IV.
Seconde reuolte du jeune Henry contre son pere.

Le vieil Henry ayant donné la Bretagne à Geoffroy, & la Guyenne à Richard, tous deux freres du jeune Henry, auquel il destinoit la Couronne d'Angleterre; Celuy-cy mal satisfait de cét auantage present, fait à ses puisnez, tandis que luy n'auoit pour partage que des esperances, ne craignit point de violer les loix de la Nature, & les promesses si solemnelles, (dont nostre Archeuesque s'estoit rendu le garant) & de prendre vne seconde fois les armes contre le Roy son pere. L'argent luy manquant, il pilla l'Eglise de sainte Marie du Roch S. Amateur, & découurit la Chasse du Saint; puis se iugeant trop foible, & que quoy qu'il fist, il ne pouuoit point nuire autant au Roy son pere, qu'il en auoit de volonté, de dépit il en tomba malade à Martel prés de Limoges: vn flux s'estant joint à la fiévre qui le brûloit, en peu de temps il fut reduit à l'extrémité, & perdit toute esperance de la vie. Dans ce funeste estat, Dieu luy ayant ouuert les yeux, il reconnut la grandeur de ses crimes, & enuoya vers Henry son pere, pour le supplier tres-humblement de luy pardonner, & le consoler de sa visite; mais le Roy apprehendant quelque surprise, se contenta de luy enuoyer vn anneau qu'il tira de son doigt, pour marque de reconciliation & de bien-veillance. La grace Diuine agissant de plus en plus dans l'esprit du Prince malade, il appella l'Archeuesque de Bordeaux & quelques autres Euesques, receut l'absolution de ses pechez aprés les auoir confessez en secret, & publiquement: donna sa Croix à Guillaume le Mareschal, son fauory, pour la porter en Hierusalem, & commanda à ceux qui l'assistoient, de le dépoüiller de ses habits delicats, & de le reuestir d'vn cilice, & luy passer vne corde au col: puis estant en cét équipage de penitent, il éleua sa voix, & s'adressant aux Euesques & aux personnes de pieté qui l'enuironnoient, leur dit:

„ Ministres de Dieu, ie me liure à vous par cette corde, indigne, coupa-
„ ble, & punissable pecheur que ie suis, demandant par vos prieres que
„ nostre Seigneur I. C. qui a pardonné au bon larron en croix, daigne
„ par son ineffable misericorde auoir pitié de mon ame tres-malheureuse.

VII.
Il ordonne auant de mourir qu'on enterre son corps en la Cathedrale de Roüen.

En suite, ayant ordonné qu'on le tirast de son lit auec cette corde, il se coucha sur des cendres, fit apporter deux grosses pierres, dont l'on en mit vne sous sa teste, & l'autre sous ses pieds; choisit l'Eglise de Roüen pour le lieu de sa sepulture, contre l'aduis des assistans qui l'en dissuadoient, à cause de l'éloignement; receut en cette posture humiliée le sacré Viatique, & rendit l'ame à Dieu. Heureux de s'estre jugé & puny soy-mesme, auant que de comparoistre deuant le Tribunal redoutable de la Iustice diuine! Aprés sa mort on enterra ses entrailles à Martel, puis on embauma son corps, & on le conduisit auec vne suite magnifique vers la ville de Roüen; mais comme le conuoy passoit par le Mans, les Habitans de cette Ville se saisirent de son cercueil par force & violence ouuerte, & l'enterrerent dans l'Eglise de S. Iulian. Ce qu'estant rapporté à nostre Archeuesque & au Chapitre de Roüen, les Chanoines en allerent faire plainte au Roy Henry, qui ordonna que le corps seroit déterré & transporté à Roüen, suiuant la derniere volonté du defunct; en execution dequoy, leurs Deputez qui estoient Robert du

VIII.
Ceux du Mans retiennent (y) enterrent le corps, & ce qui en arriua.

[a] *Attestée au Pape Lucius*

Aaa

Neubourg Doyen, & Yues Archidiacre, se rendirent au Mans; & estant entrez dans l'Eglise de S. Iulian, en fermerent les portes, & en tirerent le corps du jeune Henry, qui fut inhumé à nostre-Dame de Roüen, du costé gauche de la Chappelle de la Vierge, auec vne pompe Royale; à laquelle ceremonie assisterent nostre Archeuesque Rotrou, l'Archeuesque de Cantorbie, & plusieurs Euesques & Abbez de la Prouince. Geoffroy Duc de Bretagne, & Comte d'Enrichemont son frere, fonda vne Chappelle en la mesme Eglise pour le repos de son Ame, & donna du reuenu pour l'entretien des Chappelains, lequel fut encore augmenté par la liberalité de Marguerite de France espouse du deffunct.

ROTROV.

par l'Euesque d'Agen, le Duc de Bourgogne, de Narbonne, & autres Seigneurs, qui furent presens à sa mort, & en recrurent audit Papa Lucius.

IX.
Fondations faites à la Cathedrale pour le repos de son Ame.

X.
Année du trespas de Rotrou, & ce qu'en a dit Robert Dumont.

Rotrou ne suruescut que quatre mois ce jeune Prince, estant décedé (non en 1178. comme porte la Chronique de Mr. Duchesne) mais en 1183. le 26. Nouembre, selon la continuation de Robert Dumont, où nous lisons dans le Chapitre qui appartient à cette année, mourut nostre tres-illustre Seigneur Rotrou Archeuesque de Roüen; d'autres au lieu de tres-illustre (*Clarissimus*) lisent tres-cher (*Charissimus*) mais l'vn & l'autre Epithete luy conuiennent tres-bien, puisqu'outre les grands emplois où il signala son zéle & sa prudence; sa pieté, sa douceur, & sa probité, luy acquirent les affections de tout le monde. Baronius en son addition à l'an 1173. qui est à la fin de son dernier Volume, luy applique vn magnifique Eloge, que Pierre de Blois fait de l'Archeuesque de Roüen en sa lettre, à Iean Euesque de Vvolchestre, imprimée sous le titre de *Canon Episcopalis*, mais il se trompe, estant certain que c'est de Gaultier successeur de Rotrou, que se doiuent entendre toutes ces loüanges. Nos Anciens qui ont pris plaisir à imiter & continuer les Distiques qu'Ordry Vital auoit faits, touchant nos Archeuesques, nous ont laissé ceux-cy pour Rotrou.

XI.
Diuers Eloges qu'on luy a donnez.

Rotroldus successit ei cui sanguis auorum,
Grande dedit nomen, sed majus gratia morum.
Irradians meritis & sanguine Clarus, amari
Elegit potius Rotroldus quam dominari.

Vn Manuscrit de la Bibliotheque de Monsieur Bigot, nous fournit encore ces quatre Vers.

Rotroldus successit Hugo, vir pacis amicus,
Nobilis in summo, largus pius atque benignus.
Rotroldus, vita, doctrina, sanguine Clarus,
Extitit Ecclesia mentis dulcedine charus.

CHAP. XVII.
Sommaire.
I.
Quelques remarques touchant S. Thomas de Cantorbie.

I'Ay crû auant que de finir cét Eloge, que ie ne deuois pas obmettre quelques éuenemens assez considerables arriuez sous le Pontificat de Rotrou; à cause de la liaison qu'ils ont auec ce que nous auons rapporté cy-dessus du S. Archeuesque de Cantorbie, à l'honneur duquel j'estime que l'on bastit à Roüen la premiere, ou du moins vne des premieres Eglises qui ayent esté construites sous son Inuocation, puisque ayant souffert le Martyre l'an 1170. & le Pape Alexandre III. l'ayant mis au nombre des Saints le Mercredy des cendres de l'an 1173. il paroit de plusieurs anciennes Chartres du Prieuré du Mont aux Malades, qu'il portoit déja le titre de ce S. Archeuesque & glorieux Martyr, auant l'année 1176.

II. Fondation de l'Hospital du Mont aux Malades.
Cét Hospital auoit esté fondé sous le nom de S. Iacques, enuiron l'an 1130. durant le Pontificat de Hugues d'Amiens.

La Lepre, maladie contagieuse qui courut fort en ce temps-là, ayant infecté la ville de Roüen, & plusieurs autres lieux de la campagne ; la necessité qu'il y auoit de separer ceux qui en estoient frappez, d'auec les autres, obligea les habitans de vingt & vne Paroisses de la Ville & des lieux circonuoisins, d'acheter conjointement vne place commode proche de Roüen, où ils pourroient mettre ceux qui seroient affligez de cette maladie. Ils firent choix de la montagne opposée à celle de sainte Catherine, & luy donnerent le nom du Mont aux Malades ; & l'on voit dans vn Arrest donné par Charles VI. l'an 1396. au sujet de l'immunité de ce Prieuré, violée par les gens du Bailly de Roüen, *Qu'en ce lieu, outre les Lepreux & Malades de ces vingt & vne Paroisses qui y seroient nourris & entretenus, on y deuoit en outre receuoir tous les malades, passans, ou qui n'auroient autre lieu à eux gouuerner, de quelque païs qu'ils fussent.*

III. Diuerses donations qui y furent faites.
On donna la conduite de l'Hospital & des Malades, à des Chanoines Reguliers de l'Ordre de S. Augustin, qui sont nommez dans deux anciennes Chattres de 1170. les Freres de la bonne Congregation de S. Iacques du Mont aux Malades, & pour fondation ou dotation du lieu, on leur acheta vn Fief-noble, qui s'estendoit sur les Paroisses de Sotteuille sous le Val, Igouuille, Pitre, & les Authieux, lequel fut eschangé cent ans aprés, à la Seigneurie de S. Aignan, qui estoit fort à leur bien-seance ; laquelle terre ils acquirent d'vn Laurens Chambellan, & de Mathilde sa femme. Ce lieu se vit en peu de temps enrichy par les aumosnes & par l'économie de ceux qui en auoient la conduite : Les Rois d'Angleterre & plusieurs Seigneurs de leur Cour y laisserent des marques de leur liberalité ; & Mathilde, dont nous auons parlé cy-deuant, eut tant de compassion des Lepreux, qu'outre plusieurs riches aumosnes qu'elle leur fit auant que de mourir, elle leur laissa jusques à la courtepointe de son lit.

IV. Eglise de S. Gilles fondée au Mont aux Malades.
Cét Hospital ayant commencé d'estre frequenté, & plusieurs estans venus demeurer proche de là, Roscelin, Chambellan de Henry II. Roy d'Angleterre, & fils de Clarembauld le Roux, y fonda enuiron l'an 1162. vne Eglise sous le titre de S. Gilles ; il donna sa maison & son jardin proche S. Sauueur, les cens & rentes d'vne maison à la boucherie, & d'vne autre proche le donjon. Cette donation fut confirmée par Hugues d'Amiens, où il met pour témoins Gilles, Laurens, & Berard Archidiacres. Roscelin auoit choisi ce lieu pour sa sepulture, & voulut qu'il fust desseruy par vn des Chanoines Reguliers de l'Hospital voisin ; ce qui luy fut accordé ; & mesmes obtint sur ce des lettres de l'Archeuesque de Roüen.

V. Henry II. Roy d'Angleterre, donne vne Foire le iour de S. Gilles.
Henry II. à l'imitation de son Chambellan, fit plusieurs donations aux Chanoines & aux Lepreux du Mont aux Malades, & entr'autres, il leur donna l'an 1176. vne Foire pour le iour de S. Gilles, premier Septembre, laquelle deuoit durer jusqu'à la Feste de Nostre-Dame ; & nos

ROTROU. Archeuesques Hugues & Rotrou pour exciter les peuples à visiter l'Eglise du Mont S. Iacques, donnerent des Pardons, & relascherent des penitences enjointes à ceux qui viendroient y faire leurs deuotions, & qui aumosneroient de leurs biens aux pauures Lepreux.

VI.
Il fait rebastir le Prieuré en vn lieu plus commode.
VII.
Il fait dedier l'Eglise en l'honneur de S. Thomas.

Enfin ce Prince voulut se rendre de nouueau Fondateur de cét Hospital, l'ayant fait édifier plus ample, & en vn lieu plus commode, sous le Titre de S. Thomas Archeuesque de Cantorbie, nouueau Martyr, & ayant fait transport à cette nouuelle Eglise de toutes les donations qu'il auoit faites, & des Aumosnes, Acquisitions, Patronages, & autres biens qui auoient appartenu à l'ancienne Eglise. Il fut porté à cette seconde Fondation par le grand nombre de miracles qui se faisoient au tombeau de S. Thomas, par les insignes Victoires qu'il remporta sur ses ennemis, tant en Angleterre qu'en Normandie, dont il attribuoit les heureux succez aux merites & intercessions de ce glorieux Martyr, & par nostre Archeuesque Rotrou; lequel ayant eu vne connoissance particuliere de ses vertus & de sa sainteté, creut qu'il estoit de son deuoir de seconder les pieuses intentions du Prince, & de procurer des premiers, & dans son Diocese, le culte & la veneration qui auoit esté decerné par le saint Siege à ce saint Prelat.

VIII.
Ce Prieuré est visité par Pierre de Colmieu.

En 1237. Pierre de Colmieu n'estant pour lors que éleu, & non pas confirmé du S. Siege, ne laissa pas de faire la Visite personnellement en ce Prieuré, qui estoit entierement descheu de l'Obseruáce Reguliere: On voit dans l'Acte de Visite, qu'il y auoit des Religieux, & des Religieuses en des lieux separez, & lesquelles seruoient les malades; il dressa plusieurs Statuts pour remettre les choses en estat.

IX.
Il tomba dans vne tresgrande misere par les guerres.

Iean de Lesselie Euesque de Rosse, Suffragant & Vicaire general du Cardinal de Bourbon, y fit pareillement Visite l'an 1586. & trouua ce Prieuré reduit en vne extréme pauureté par les guerres & autres miseres du temps, le nombre des Moynes estant reduit à trois, qui ne pouuoient faire le Seruice diuin. Il ordonna que l'on en receuroit pour le moins jusqu'au nombre de six: Il fit plusieurs autres Ordonnances, particulierement pour les Ornemens de l'Eglise, dont elle estoit dans la derniere necessité.

X.
On trauaille à les reparer.

Et c'est vn sujet de benir Dieu, de voir qu'aprés tant de diuers succez, cette maison repare si auantageusement ses ruïnes, & renouuelle si heureusement les pertes que les reuolutions des années luy auoient causé.

DES ARCHEVESQVES DE ROVEN. 373

ELOGE
DE GAVLTIER, dit le Magnifique. 52.

GAVLTIER.
An de I. C.
1184.
CHAP.
I.
Sommaire.
I.
Pourquoy on a donné le nom de Magnifique à Gaultier.

PVISQVE la voix publique, attestée par la déposition de tous nos Autheurs, a Honoré Gaultier du titre de Magnifique, il y auroit de la temerité à luy vouloir contester cette qualité glorieuse; mais il nous sera permis d'y donner vne explication, & de dire (aprés Messieurs le Preuost & de sainte Marthe) qu'on ne luy a pas tant imposé ce beau surnom en veuë de sa liberalité, (y ayant eu plusieurs de nos Archeuesques qui ne luy ont point cedé en cette vertu) que pour la grandeur de ses actions,[a] ou plûtost à cause de la Noblesse & de la fermeté de courage, qui semble luy auoir esté propre, qui le rendit aussi doux & aussi humble enuers les petits, que genereux & redoutable enuers les Grands, & qui l'éleuant au dessus des choses humaines, ne luy laissa d'autre crainte que celle de manquer à l'accomplissement de son deuoir, en quoy consiste assurément la veritable[b] magnanimité.

[a] Magnificus quia magna fecit.

II.
Son pays & ses parens.

Il naquit en Angleterre, qui parut l'auoir donné à la Normandie, comme par gratitude & en échange des excellents Prelats qu'elle auoit receus de nostre Prouince, depuis que ces deux païs estoient sous vne mesme domination. Son pere s'appelloit Rainfroy, & sa mere Gonille. Quelques Autheurs disent que celuy-cy estoit descendu de Maddane fils de Locrin, second Roy de la grande Bretagne, & de Gondolene fille de Corineus. Outre le nom de Vvaultier ou (comme nous écriuons en François) de Gaultier, il est encore qualifié de celuy de Constance, commun possible à toute sa famille. Ie ne m'arreste point icy à marquer les erreurs de quelques Historiens, dont les vns l'ont nommé Guillaume, comme Matthieu Paris, & Polidore Virgile, repris par Buseus, & d'autres Valentin, comme le Pere Taillepied en ses Antiquitez de Roüen.

[b] Noui magnanimitatem vestram &c. Petr. Bles. Ep. 124 ad Valserinum.

Buseus in Historiis ad Epistolam. 124. Petr. Bles.

III.
Son education & ses premiers emplays à la Cour.

Il ne se dit rien de particulier de son éducation, mais les preuues que nous auons de sa suffisance à l'égard des sciences & des affaires, nous insinüent assez, ou qu'il fut éleué auec soin, ou qu'estant né auec vn excellent esprit, il se forma de luy-mesme & acquit auec vne heureuse facilité, ce que les autres n'acheptent qu'au prix de leurs trauaux, & par vne application qui emporte leurs plus belles années. Il est aussi fort probable que dés sa jeunesse il s'engagea dans la condition d'Ecclesiastique, & suiuit la Cour d'Henry II. Roy d'Angleterre, dont il fut Clerc; ou comme on parle aujourd'huy, Aumosnier, laquelle charge il exerça pareillement auprés du jeune Henry, & posseda la Chappelle de Blie dans le Diocese de ....

IV.
Il est fait Cha-

Radulphe de Vvarneüille Chanoine, & Sacriste ou Tresorier de l'E-

1173.

GAVLTIER. glise de Roüen, ayant esté establi Chancelier d'Angleterre, non seule- *Radulphus de*
noine de ment se démit de son Canonicat en faueur de Gaultier, mais mesme *diceto pag.*
Roüen, & Vi-ce Chancelier se plaisant peu à la Cour où il se voyoit obligé de tenir table, & de quit- *514. & 567.*
d'Angleterre, ter la simplicité de la vie priuée qu'il aimoit fort ; afin d'y estre moins
ou garde des Sceaux. assidu il fit agréer au Roy qu'il pust commettre Gaultier en sa place, &
luy donner les Sceaux, pour expedier & sceller en son absence, les Char-
tes & les lettres qui seroient dressées au nom de sa Majesté : de sorte qu'il
fut honoré de la qualité de Garde des Sceaux, ou de Vice-Chancelier dés
l'an 1173. au rapport de Radulphe de Dicet Doyen de Londres. Roger en *Sigilli ser.*
parle aussi l'an 1177. lors qu'il dit que le Roy Henry enuoya Gaultier de *Radulphus de diceto.*
Constance son garde des Sceaux, & Ranulphe de Glanuille vers Philip- *Vicecancella-*
pes Comte de Flandres, afin d'estre témoins du serment que fit le Comte *rius Rog. hou.*
en leur presence, de ne point marier ses niepces, Filles de Matthieu, *an. 1177. pag. 561.*
Comte de Boloigne, que du conseil & par la volonté du Roy d'Angle-
terre. Mais il ne garda pas ce serment.

V.
Il fut aussi De plus, Gaultier fut Chanoine de Lincolne & Archidiacre d'Oxford,
Chanoine de & il prend seulement ce dernier tître en vne de ses lettres écrite à Barthe-
Lincolne, & Archidiacre lemy Euesque d'Exchester, qu'on trouue parmy celles de Pierre de Blois,
d'Oxford. qui vray-semblablement la dressa à son nom, car il auoit coustume de
rendre ce seruice aux personnes de Condition, ainsi que nous l'auons
remarqué dans l'Eloge precedent. Le sujet qu'auoit Gaultier d'écrire à
ce Prelat, estoit pour le prier d'executer le Mandement du Pape, en declarant nul le mariage contracté entre le nommé Robert, & Ismene sa
proche parente, en quoy il prenoit d'autant plus d'interest, que ce Robert estoit, dit-il, le fils aisné de son frere aisné, & que leur famille se
nuant principalement en luy, il apprehendoit que le vice de cette conjonction incestueuse ne passast à la posterité, & que (suiuant l'Escriture) *Lenit. 18.*
il n'en sortit des enfans abominables.

VI.
Il est enuoyé L'an 1180. Richard Euesque de Vinchestre allant en Ambassade vers
en Ambassade Loüis Roy de France, pour affermir la Paix qui estoit entre ce Prince &
vers le Roy de France pour le Roy d'Angleterre, Vaultier luy fut donné pour Adjoint. Ces deux
traitter de la Paix. Députez se transporterent à Paris auprés de Loüis, qu'ils trouuerent fort
malade, ce qui me fait croire ou que leur negociation fut remise à vn
autre temps, ou qu'ils disposerent seulement l'esprit de Philippes (que
Loüis son pere auoit fait couronner Roy de France) à l'entreueuë & à la
conference qu'il eut trois mois [a] aprés auec l'Anglois prés de Gisors, à *a Sçauoir sur*
laquelle assista Richard, & peut-estre aussi Gaultier son Associé. *la fin de Iuin 1180. Rad.*

VII. *de diceto, pag.*
Longue va- Toutes ces charges & tous ces emplois luy seruirent de degré pour *610.*
cance de l'E- monter à la dignité Episcopale, & au gouuernement du Diocese de
uesché de Lincolne conferé Lincolne, (& non pas de Dunelme ou Durham, comme dit Mr. Dadré.)
à Geoffroy, ba- Il y auoit 17. ans que cette Eglise estoit sans Pasteur. Le Roy par vn estran-
stard de Hen- ge desordre en auoit perceu les reuenus depuis l'an 1167. qu'estoit mort
ry. Robert de Chenney ou Casney, le dernier Euesque, jusqu'en 1175. qu'il
luy fit élire pour successeur Geoffroy son fils naturel, dont l'élection fut
confirmée auec dispense du Pape, tant à l'égard du vice de sa naissance, *Rad. de dic.*
que de l'âge qui luy manquoit. Ce jeune homme sans estre Sacré, joüit *pag. 613. 615. & 618.*

DES ARCHEVESQVES DE ROVEN. 375

VIII.
Il y renonça, & Gaultier fut éleu en sa place.

sept ans du bien de cét Euesché, jusques au iour de l'Epiphanie de l'an 1182. qu'il y renonça volontairement. Enuiron seize mois après, les Chanoines de Lincolne tinrent Chapitre le Dimanche de *Iubilate*, c'est à dire le troisiéme d'aprés Pasque de cette mesme année de 1183. qui estoit le 8. de May, & y élurent pour Euesque nostre Gaultier leur Confrere, & Archidiacre d'Oxford, en presence des Commissaires enuoyez par le Roy & par Richard Archeuesque de Cantorbie, par le commandement desquels ils s'estoient assemblez. En suite dequoy ils donnerent aduis de leur deliberation, tant au Prince, qu'à leur Metropolitain, & à Gaultier, qui estoient tous trois dans les Prouinces de deçà la Mer, & en

IX.
Son élection confirmée, il est Sacré & prend possession.

obtindrent la confirmation le Samedy de la Pentecoste. Gaultier fut ordonné Prestre par Iean Euesque d'Eureux, authorisé du consentement dudit Archeuesque de Cantorbie, duquel il receut aprés le caractere Episcopal à Angers dans l'Eglise de S. Lo, le quatriéme Dimanche aprés la Pentecoste ; puis ayant passé en Angleterre, & s'estant rendu à Lincolne le Dimanche auquel on chante *Gaudete in Domino* (sçauoir le troisiéme de l'Aduent) de 1183. il y prit solemnellement possession de la Chaire Pastorale. Toutes lesquelles choses, i'ay crû deuoir marquer exactement par les dates, suiuant la tres-fidelle Relation de Radulphe de Diceto, afin qu'on puisse par ce moyen corriger les erreurs, & concilier la diuersité qui se trouue dans les autres Escriuains Anglois, tant anciens que modernes.

CHAP. II.

Sommaire.
I. Gaultier eut crainte d'accepter cét Euesché à cause d'vne fausse prophetie.

AV reste, ce ne fut pas sans quelque apprehension que Gaultier entra dans cette nouuelle dignité. Vn certain frere Conuers du Monastere de Tame, poussé d'vne vaine temerité, auoit predit que l'Eglise de Lincolne n'auroit plus d'Euesques. La longue vacance du Siege donna credit à cette fausse prediction, dont toutesfois on commença à douter lors de l'élection de Geoffroy : mais comme on vit qu'aprés auoir mangé l'espace de sept ans le reuenu de ce riche Benefice, sans faire la charge de Pasteur, il l'auoit quitté, & on en auoit remis le Temporel entre les mains des Receueurs Royaux, la plus part des Habitans du païs adjousterent foy aux paroles de ce frere, comme à vn Oracle venu du Ciel. Tellement que Gaultier en ayant esté aduerty, fut d'abord touché de quelque crainte, comme s'il eust apprehendé d'agir contre la volonté de Dieu, declarée par la bouche de ce Prophete, & qu'il ne luy en arriuast malheur s'il passoit outre : Toutesfois il est croyable qu'ayant l'esprit fort & beaucoup de lumiere, il se défit de ce scrupule, & montra par son exemple aux peuples de son Diocese, à ne pas ériger en propheties, les imaginations de ce frere Conuers, auquel on ne voyoit rien d'extraordinaire qui dûst authoriser ce pretendu esprit prophetique.

Guill. Neubr. lib. c. 8. Ioan. Brompton, p. 1060.

II.
Difficulté en l'élection d'vn successeur à Rotrou.

Cependant, le Siege Metropolitain de Normandie demeurant vuide par la mort de Rotrou, la Cour & le Chapitre de Roüen ne pouuoient s'accorder touchant la personne qui le deuoit remplir. Radulphe de Diceto escrit qu'en 1148. le Roy, les Euesques Suffragans, & plusieurs personnes de pieté s'assemblerent d'vne part, & le Doyen & les Chanoines, de l'autre, & qu'il fut procedé de chaque costé à la nomination

HISTOIRE

GAULTIER. d'vn Archeuesque ; mais qu'en suite aprés diuerses Conferences tenuës tant deuant le Prince, que dans le Chapitre, comme on ne pouuoit conuenir ny déterminer quelle élection auoit esté faite canoniquement, on quitta la voye du droit commun, & on resolut de terminer le different par des Arbitres ; & qu'enfin par l'accord tel quel de toutes les parties (ce sont ses propres termes) Gaultier Euesque de Lincolne fut élu Archeuesque de Roüen. Mais nous auons vne Relation encore plus nette & plus exacte de ce qui se passa en cette affaire, laquelle est contenuë en l'enqueste du droit de Regale, dans le Recueil des Historiens de Normandie de Monsieur Duchesne, page 1056. En voicy vne simple traduction.

III. De quelle maniere ce different fut terminé.

Omnium pace, tali quali, &c. Rad. de Dic. p. 619.

IV. Relation plus exacte comment se fit cette élection.

„ L'Archeuesque Rotrou estant mort, il y eut de la contestation en-
„ tre le Roy & le Chapitre, (de l'Eglise de Roüen) en ce que le Chapi-
„ tre élut Robert du Neubourg, Doyen ; & deux autres Chanoines pré-
„ tendant que ledit Robert fut Archeuesque ; & d'autre part le Roy crai-
„ gnant qu'ils n'accomplissent pas sa volonté (s'ils les eust laissez dans
„ vne liberté entiere de faire l'élection,) il ne le voulut pas souffrir, mais
„ élut luy-mesme Gaultier de Coutance, & deux autres Euesques d'An-
„ gleterre desirant absolument que ledit Gaultier fust Archeuesque. Le
„ Chapitre resista au Roy de toute sa force ; mais enfin voyant le Roy
„ irrité & en colere, ils luy demanderent si c'estoit par droit de Regale
„ & de pouuoir souuerain, ou bien par priere, qu'il prétendoit que la
„ chose se fist ; A quoy le Roy répondit, Ie veux & vous prie que la cho-
„ se soit ainsi : En suite le Chapitre acquiesçant à la volonté du Roy, re-
„ ceut ledit Gaultier, & l'établit Archeuesque, &c.

Henry II. Roy d'Angleterre.

V. En quelle année, & ce que les Chanoines firent ensuite.

Tous les Autheurs conuiennent que son élection se fit en 1184. Aprés qu'elle fut concluë & arrestée, les Chanoines enuoyerent vers le Pape Lucius, deux Deputez de leur Corps, pour obtenir de luy la translation de Gaultier du Siege de Lincolne, en celuy de Roüen ; ce que sa Sainteté leur accorda par ce Bref.

1184.

VI. Bref du Pape Lucius au Chapitre de Roüen pour cette élection.

„ **L**Vcius Euesque, Seruiteur des Seruiteurs de Dieu : A nos Fils bien-
„ aimez le Doyen & le Chapitre de Roüen, Salut & Benediction
„ Apostolique. Vous nous auez enuoyé nos chers Fils Me Humbert
„ Archidiacre d'Evreux, & Elie Chanoines de vostre Eglise, que nous
„ auons accueillis auec tout l'honneur que sembloit exiger vostre respect
„ (enuers le S. Siege) & leur merite personel. Nous auons aussi receu

VII. Il témoigne combien elle luy a esté agreable.

„ fauorablement leur Requeste, & nous leur en auons octroyé l'effet
„ selon que Dieu & la Iustice nous l'ont pû permettre. Certainement ç'a
„ esté auec joye que nous auons admis l'élection que vous auez faite Ca-
„ noniquement & par vn commun suffrage, de nostre venerable Frere
„ l'Euesque de Lincolne, & nous l'auons agreée dautant plus volontiers,
„ que nous auons vne ardente affection pour sa personne, & vne sincere
„ volonté de pouruoir auec l'aide de Dieu à sa promotion, & à tout ce
„ qui luy peut faire honneur. Quant au *Pallium*, qui est la marque de la
„ plenitude de la charge Pontificale, nous auons resolu de l'enuoyer par
„ nostre fils bien-aimé *Vbaldus* Sousdiacre, & de satisfaire ainsi à la sup-
„ plication

DES ARCHEVESQVES DE ROVEN.

VIII.
Il leur recommande celuy qui portera le Pallium à leur éleu.

„ plication que vous nous auez presentée sur ce sujet. Receuez donc „ auec bien-veillance ledit Vbalde, qui nous est cher & agreable, & ren- „ dez-luy l'honneur qui luy est deu en consideration du Bien-heureux „ Apostre S. Pierre, & de nous qui vous le recommandons tres-particu- „ lierement. Donné à Veronne le 18. Nouembre.

GAVLTIER.

CHAP. III.
Sommaire.
I. *En quelle année Gaultier prit possession du Siege Archiepiscopal.*

EN vertu de ces Lettres Apostoliques, Gaultier prit possession du Siege Archiepiscopal, & fut receu en Procession solemnelle dans l'Eglise Cathedrale le iour de S. Mathias de l'an 1185. comme porte la Chronique manuscrite de Roüen, & l'Histoire manuscrite d'Angleterre[a] de Treuet, à quoy s'accorde Radulphe de Dicet, lors qu'il compte vn an & onze semaines cinq iours, depuis son installation dans la Chaire Episcopale de Lincolne, (qui fut au troisiéme Dimanche de l'Aduent de 1183.) jusques à sa reception dans la charge de Metropolitain. Roger Hoüeden témoigne aussi, que le Pape luy enuoya le *Pallium* en 1185.

[a] *Manusc. de Mr. Bigot.*

Pag. 630.

II. *Refutation d'vn Historien Anglois, qui taxe Gaultier d'ambition.*

Ie ne dois pas obmettre que Guillaume de Neubrige, par vn iugement vn peu trop seuere, taxe aucunement d'ambition nostre Prelat, l'accusant d'auoir quitté l'Eglise de Lincolne sa nouuelle Espouse, qu'il auoit dit-il recherchée auec ardeur, à cause de l'opulence de ses reuenus, pour prendre l'Eglise de Roüen moins riche, mais d'vne dignité plus releuée. A quoy l'on peut répondre en faueur de Gaultier, qu'il est plus seur de juger de l'intention par les œuures, & de la cause par les effets. Pour l'ordinaire, les hommes exercent les charges auec le mesme esprit qu'ils y entrent; Comme Gaultier parut dans toutes ses actions fort éloigné de faste & d'orgueil, & en des rencontres ne craignit point de perdre les bonnes graces des Grands, & d'hazarder (comme dit Pierre de Blois) son honneur, son repos, & la fortune de ses amis, pour le bien & l'auantage de son Eglise; il y a apparence que ce fut vn bon zéle, & non point l'ambition qui conduisit ses desseins; joint que ce changement fut auantageux aux deux Dioceses, celuy de Lincolne ayant esté commis aux soins de S. Hugues, qui le remplit durant sa vie des bons exemples de ses vertus, & aprés sa mort de l'éclat de ses miracles, & que sa haute generosité à deffendre les droits Ecclesiastiques fit appeller *Malleum Regum*. Et celuy de Roüen confié à Gaultier, qui posseda aussi en vn éminent degré le courage & la force Episcopale, & dont la conduite fut si sage & si parfaite, que Pierre de Blois (qui sçauoit assurément juger des hommes) le proposa pour exemple à vn jeune Euesque qu'il vouloit instruire. D'où il y a sujet d'inferer que cette Translation d'vn Siege à vn autre, arriua par vn ordre de la Prouidence diuine, & par vne benediction particuliere du Ciel sur ces deux Eglises, & de s'écrier auec Mr. le Preuost en quelques-vns de ses écrits, *à Domino factum istud & est mirabile in oculis nostris*.

Guill. Neubr. lib. 3. c. 8.

III. *Son changement fut auantageux à l'Eglise de Lincolne, & à l'Eglise de Roüen.*

Petr. Bles. in Can. Episc.

IV. *Le Roy luy remet la Regale aprés sa Promotion. Reflexion sur ce droit.*

Il paroist par l'enqueste de Regale alleguée cy-dessus, qu'aprés la promotion de Gaultier, le Roy Henry luy remit entre les mains les biens & les droits de l'Archeuesché dont il s'estoit saisi comme par forme de Regale; mais il est incertain s'il les rendit par grace, ou par obligation de Iustice, ainsi qu'il est porté dans la mesme information faite aprés sa mort par ordre de Philippes Roy de France, alors possesseur du Duché,

Bbb

GAVLTIER. lequel n'ayant pas laiſſé de ſe préualoir de cette enqueſte, comme d'vn
tître, a donné ſujet à vn Autheur [a] moderne, de dire qu'il auoit ou eſta- [a] *Mr. de Mezeray.*
bly ou trouué en Normandie le droit de Regale. Nous produirons ail-
leurs vne lettre de Viuian Eueſque de Coutances, eſcrite à ce Prince,
pour luy remontrer que pendant la vacance du Siege, l'adminiſtration
du ſpirituel & du temporel de l'Archeueſché de Roüen, auoit toûjours
appartenu ſans contredit au Chapitre de la Cathedrale.

V.
Le Pape Lucius luy adreſſe deux Brefs pour la conduite de ſon Dioceſe.

Outre le Bref du Pape Lucius, que nous auons traduit cy-deſſus, il 1185.
s'en trouue encore deux autres dans le Cartulaire de la Metropolitaine,
donnez à Veronne le 16. d'Octobre, par l'vn deſquels ſa Sainteté mande à noſtre Archeueſque Gaultier, de ne point permettre qu'vn ou deux
Moynes demeurent en vne Paroiſſe hors leur Conuent, ny que les enfans ſuccedent à leur pere dans l'adminiſtration des Egliſes Paroiſſiales,
ny pareillement que les Egliſes ſoient partagées à pluſieurs. Par l'autre,
il eſt défendu d'admettre à la charge de Vicaire des Paroiſſes, ceux qui
ne ſeront point en eſtat d'eſtre au plûtoſt promeus au Sacerdoce, & ordonné que ſi les Patrons ne preſentent point de perſonnes capables
pour les Cures, l'Archeueſque y pouruoira.

VI.
Vrbain III. luy en adreſſe deux autres, l'vn pour la Reforme des Monaſteres de Religieuſes

Vrbain III. Succeſſeur de Lucius, addreſſa pareillement deux Mandemens à noſtre Prelat, l'vn pour l'authoriſer à reformer ſelon ſa prudence, les Monaſteres de filles, & autres de ſon Dioceſe, & à bannir de
ces ſaintes Maiſons, les deſordres & les abus que la corruption du ſiecle
y auoit introduits, luy preſcriuant particulierement de ne point ſouffrir que les Religieuſes vſaſſent à l'auenir de peaux & de fourrures de prix
conſiderable. L'autre eſt pour luy donner pouuoir de proteger ceux qui

VII.
Et le ſecond pour proteger ceux qui appelloient à Rome.

appelloient au S. Siege, & d'empeſcher que leurs parties ne ſe ſaiſiſſent
point des biens qu'ils poſſedent, & ne faſſent des innouations à leur préjudice. Ils furent tous deux expediez à Verone; celuy-cy le 22. de Iuillet,
& l'autre le 19. de Decembre de 1186. ou enuiron.

VIII.
Quelques changemens d'Abbez & d'Abbayes faits par l'Archeueſque Gaultier.

Robert Dumont, ou plûtoſt celuy qui a continué ſa Chronique, té- 1185.
moigne qu'en 1185. Gaultier obtint du Roy Henry II. que l'Abbaye de
S. Eloy ou S. Elier, de l'Ordre des Chanoines Reguliers, fut vnie à celle
du Vœu du meſme Inſtitut, ſituée prés de Cherbourg, encore que la
premiere fut trois fois plus riche que la ſeconde, & qu'elle eut de grands
biens tant en Normandie qu'en Angleterre. Il y eſtablit pour Abbé ſon
Chappelain, qui eſtoit Chanoine du meſme Ordre. Le meſme Autheur
adjouſte en ſuite que noſtre Prelat cheriſſant particulierement Guillaume Hubaut Moyne du Bec, & Abbé de Greſtein, ſon compatriote, le
fit transferer en l'Abbaye de S. Martin de Pontoiſe, quoy que beaucoup
inferieure en reuenus à l'autre, afin de l'auoir auprés de ſoy, & de diſpoſer de luy dautant plus aiſément, qu'il ſeroit dans ſon Dioceſe. Il confirma auſſi Hugues III. Abbé de S. Germer, & ſa Communauté, dans la
jouïſſance des poſſeſſions qui leur appartenoient.

CHAP.
IV.
Sommaire.
I.
Henry tient vne Aſſem-

HEraclius, Patriarche de Hieruſalem, aprés auoir trauerſé l'Italie &
la France, eſtant venu en Angleterre pour exhorter le Roy Henry
à ſecourir les Chreſtiens de Ieruſalem. Il ſe tint vne celebre Aſſemblée

DES ARCHEVESQVES DE ROVEN.

blé à Londres pour le secours de la terre Sainte.

à Londres le premier Dimanche du Caresme, pour deliberer sur cette importante affaire; à laquelle ce Prince ne voulant point encore s'engager, permit cependant à ses Sujets de se croiser, c'est à dire d'entreprendre le voyage de la Terre Sainte en leur particulier : Ce qui donna lieu à plusieurs Prelats & Seigneurs de qualité, de prendre la Croix, du nombre desquels fut nostre Prelat Gaultier; mais il n'executa pas si-tost ce pieux dessein, ayant esté arresté dans son Diocese, par les differens qui s'éleuerent entre Henry, & Philippes Auguste Roy de France, pour l'accommodement desquels, il fut enuoyé vers Philippes, auec Guillaume de Mandeuille Comte d'Aumale, & Rannulphe de Granuille Iusticier ou Seneschal d'Angleterre. Le fruit de leur negociation fut vne tréue entre les deux partis, jusques à la prochaine Feste de S. Hilaire. I'estime que c'est de cét Ambassade que parle Radulphe de Dicet, lors qu'il dit que nostre Archeuesque desirant conseruer la tranquillité de la Prouince, & empescher que les meschans ne la vinssent troubler par leurs courses & leurs rauages, confera le iour de S. Denis auec le Roy de France, duquel il se separa auec vne tres-foible esperance de paix; & ayant passé par la Flandre monta sur mer & aborda à Douures en Angleterre le 18. d'Octobre, où il alloit rendre compte au Roy de son Ambassade. Mais (comme il est plus exact en ce qui touche nostre Gaultier, que les autres Autheurs) il est écrit en suite que ledit Rannulphe, Gillebert Euesque de Rochestre, Bernard de S. Valery, & Roger Aumosnier du Roy, faisans fonction d'Ambassadeurs de Henry; se transporterent vers le Roy de France, qu'ils trouuerent à Noyon, dont ils furent receus moins honorablement que ne sembloit exiger la Majesté du Prince qu'ils representoient, & ne pûrent tirer que des paroles douteuses, & qui ne marquoient point de disposition à la Paix; & que toutesfois Philippes renuoya auec eux en Angleterre deux Gentilshommes, sçauoir les sieurs de Pissi & de Furniual ; ce qui me fait douter si les autres Autheurs n'ont point confondu ensemble ces deux differentes députations.

II. *Gaultier prend la Croix, quoy qu'il n'executa pas si-tost son væu.*

III. *Il est enuoyé en Ambassade vers Philippes Auguste, duquel il obtient vne tréue.*

1186.
Roger. p.638.
Pag. 631.

IV. *Vn Autheur Anglois a confondu cét Ambassade auec vn autre*

V. *Differend de Gaultier auec l'Abbé de Fécan.*

Henry Abbé de Fécan mourut en 1187. Pendant son Administration il eut quelque differend auec nostre Prelat Gaultier, principalement à l'occasion d'vn certain Moyne demeurant à Euesquemont,ᵃ Prieuré dependant de cette Abbaye, que nostre Archeuesque accusoit d'auoir communiqué auec des personnes qu'il auoit excommuniées, & mesme de les auoir receuës dans l'Eglise dudit Prieuré pendant la celebration du diuin Office. Les deux parties par vn compromis s'en rapporterent au jugement de leur Prince Henry Roy d'Angleterre; lequel ayant pris conseil des Euesques & des Barons qui se rencontrerent à la Cour, prononça sa Sentence, ordonnant que ledit Moyne demanderoit absolution à Gaultier, & que ledit Prelat la luy donneroit sans l'obliger à aucune peine ny à prester serment; que certains Autels seroient démolis par ordre dudit Archeuesque, & reparez par ledit Abbé. Que l'Euesque d'Evreux porteroit ou feroit porter de l'Eau beniste pour recócilier ladite Eglise, & qu'à l'aduenir nul Moyne ne seroit preposé au gouuernement de ce Prieuré, qu'il ne jurast deuant ledit Archeuesque, ou à son

a *Proche Meulant.*

VI. *Le Roy termine ce differend sous plusieurs conditions, sauf les droits des deux Eglises.*

Bbb ij

HISTOIRE

GAVLTIER. " absence deuant son Official; qu'il n'admettroit point dans son Eglise
" ceux qu'il sçauroit auoir esté excommuniez par ledit Prelat; qu'il ne
" communiqueroit point auec eux; qu'il n'empescheroit ou n'arresteroit
" point l'execution des jugemens que ledit Archeuesque rendroit contre
" ceux de son Diocese, mais qu'il l'appuyeroit autant qu'il seroit en son
" pouuoir; le tout sauf les droits des deux Eglises, comme il paroist par la
Charte de Henry II. qui se trouue aux Archiues de la Metropolitaine.

VII.
Renaut de Pauilly fonde l'Abbaye de l'Isle-Dieu.

Nous joindrons à cette affaire Monastique, ce qui regarde la Fondation de l'Abbaye de l'Isle-Dieu, de l'Ordre de Premonstré, au Diocese de Roüen, dans la Vallée d'Andelle; Renault de Pauilly en fut le Fondateur, mais Gaultier y contribua aussi par ses liberalitez; il en posa la

VIII.
Gaultier eut bonne part à cette Fondation.

premiere pierre, souscriuit à la Charte de Fondation de Renaut, consacra l'Eglise, & donna à ce Monastere cinq Eglises; sçauoir S. Denis, Grainuille, Greuuille, S. Oüen prés Brachy, Burnambusc, & plusieurs autres choses, comme il se prouue par le Necrologue ou Obituaire de cette Maison.

CHAP.
V.
Sommaire.
I.
Les Chrestiens estant defaits en la Palestine, le Pape enuoye vn Nonce aux Rois de France & d'Angleterre.
II.
Les deux Rois se voyent, font la Paix, & se croisent.
III.
Diuerses particularitez touchant cette croisade & les Croix.

CEpendant les Rois de France & d'Angleterre estant en dissension 1187.
& en guerre l'vn contre l'autre, les Chrestiens de la Palestine furent entierement défaits, & la sainte ville de Ierusalem prise par Saladin Sultan d'Egypte, le 28. Septembre 1187. Ce qui obligea le Pape Clement de solliciter & de presser fortement ces deux Princes de s'accommoder, & de tourner leurs armes contre les Infidelles. Guillaume Archeuesque de Tyr, Nonce de sa Sainteté, fit tant d'instances en la Cour de l'vn & de l'autre, qu'il obtint d'eux qu'ils confereroient ensemble entre Trie & Gisors. L'effet de cette entreueuë fut la conclusion de la Paix entre les deux Rois, & vne promesse solemnelle qu'ils firent de secourir les Chrestiens d'Orient, & de ne rien attenter l'vn sur l'autre auant leur retour de la Terre Sainte. Radulphe de Dicet remarque que *Pag. 636.* le Roy Henry prit le premier la Croix des mains des Archeuesques de Tyr & de Roüen, & qu'aprés le Roy de France la receut par le ministere du mesme Archeuesque de Tyr, & de celuy de Reims; ce qui pût arriuer plûtost par rencontre, ou parce qu'on se défioit de Henry, & qu'on voulut l'obliger à commencer, que par ordre legitime de ceremonie, estant bien certain que les Rois d'Angleterre déféroient totalement aux Rois de France, comme ie le pourrois justifier par vne infinité de preuues; joint que Geruais, Autheur Anglois, dit que ce fut Philippes qui (bien que le plus jeune, mais plus deuot) prit le premier la Croix: pour se distinguer, les François la prirent rouge, les Anglois de couleur blanche, & les Flamands porterent vne Croix verte, si l'on en croit Roger Hoüeden & Geruais. Le Ciel mesme fut de la partie, ayant paru en l'air vne Croix miraculeuse, composée de cinq Estoiles, qui parurent nonobstant la lumiere du Soleil.

IV.
Decime ordonnée pour la guerre Sainte.

A l'exemple des deux Princes, plusieurs Prelats & Seigneurs se croiserent, du nombre desquels fut nostre Gaultier, qui se trouua aussi auec Iean d'Evreux & Lisiard de Sez, ses Suffragans, à l'Assemblée du Mans, où Henry ordonna que tous ses Sujets qui ne se croisoient point, payeroient cette année la dixiéme partie de leurs meubles & de leurs re- GAVLTIER. uenus, pour fournir aux affaires de la guerre Sainte ; (laquelle dixme fut appellée Saladine) & establit des Loix fort équitables & fort vtiles pour l'heureux succez de cette pieuse & noble entreprise. Cette leuée de de- **V.** *Sentimens de Pierre de Blois touchant cet-te leuée de deniers.* niers qui se faisoit aussi-bien sur le Clergé que sur les Laïques, incommo- dant les Eglises & les pauures, n'agréa pas à plusieurs personnes, & en- tr'autres à Pierre de Blois, qui poussé d'vn zéle (que Baronius approuue) en écriuit à Henry de Dreux Euesque d'Orleans, & quelque temps aprés à Iean Doyen de Roüen & neueu de Gaultier, qui auoit depuis peu suc- *Petr. Bles. Ep. 112.* cedé à Robert du Neubourg, & les exhorta puissamment à s'en plaindre, le premier au Roy de France, & l'autre au Roy d'Angleterre, de qui il estoit fort consideré.

VI. *La guerre se rallume entre les François & les An-glois.* Il declame plus fortement dans la derniere, parce que (selon l'opi- nion de Baronius) elle fut écrite en 1189. aprés la rupture de la Paix nou- uellement concluë entre les deux Rois, laquelle fut de tres-peu de durée. A peine trois mois furent-ils passez, que Richard Comte de Poictou, fils de Henry, attaqua le Comte de Tholose, Vassal de la Couronne de Fran- ce. Philippes irrité de cét attentat, entra auec vne armée dans les Terres **VII.** *Henry enuoye Gaultier auec deux autres vers Philip-pes Auguste, & ce qui en arriua.* de l'Anglois, & y prit diuerses places. Henry resolu de se vanger, en- uoya auparauant vers Philippes, Gaultier Archeuesque de Roüen, Iean Euesque d'Evreux, & Guillaume le Marescal, pour luy en demander reparation, autrement qu'il luy feroit la guerre. A quoy Philippes ayant répondu qu'il ne mettroit bas les armes que quand il auroit conquis le Berry & le Vexin Normand, Henry conduisit ses Troupes dans le Ve- xin François, & le rauagea entierement ; de sorte que la guerre s'alluma plus que jamais entre ces deux puissans ennemis.

VIII. *Le Pape en-uoye vn Car-dinal, lequel auec Gaultier & quelques autres Depu-tez trauail-lent à la Paix* Le Pape en ayant aduis, enuoya vers ces Princes le Cardinal Iean d'A- 1189. nagny, qui fit tant par ses sollicitations & ses instances, qu'ils le pren- droient pour Arbitre de leurs differents, auec les Archeuesques de Reims, de Bourges, de Roüen, & de Cantorbie, & s'entreuerroient à la Ferté Bernard à l'Octaue de la Pentecoste, afin d'empescher les mau- uais conseils de quelques Seigneurs, qui trouuoient leurs auantages dans la guerre. Ce Prelat & les quatre Archeuesques excommunierent tous ceux à qui il tiendroit que la Paix ne se fist, soit Ecclesiastique ou Laïque, excepté toutesfois les personnes des deux Rois, qui s'estant trouuez au iour & au lieu arresté, ne purent s'accorder, & se separerent plus enne- **IX.** *Mort du vieux Henry.* mis qu'auparauant. Toutesfois peu de temps aprés, Henry ayant acce- pté les conditions que luy prescriuit le Roy de France, la Paix fut con- cluë au contentement des gens de bien. Mais le premier de ces deux Princes n'en joüit pas long-temps, estant decedé à Chinon le 6. de Iuil- let de la mesme année ; il fut inhumé dans l'Abbaye de Fontevrault, où il auoit choisi sa sepulture.

CHAP. VI.
Sommaire.
I. *Richard cœur de Lyon, suc-*

Richard Comte de Poictiers, son fils & son successeur, (que sa haute generosité fit nommer Cœur de Lyon) aprés s'estre acquité vers luy des derniers deuoirs, & auoir pourueu à la seureté des Prouinces de Guyenne, de Touraine, d'Anjou, & du Mans, vint en Normandie ; &

Bbb iij

GAULTIER
cesseur de
Henry, est ab-
sous de l'ex-
communica-
tion par
Gaultier.

rencontra à Sez les Archeuesques de Roüen & de Cantorbery ; là il fut absous par ces deux Prelats de l'excommunication qu'il auoit encouruë, pour auoir leué les armes contre son pere, aprés auoir pris la Croix, & s'estre engagé au voyage de la Terre Sainte. En suite il se rendit à Roüen, y fut reconnu pour Duc de Normandie, & y receut des mains de nostre Archeuesque, deuant le grand Autel de N. Dame, l'Epée & l'Etandard du Duché, en presence d'vn grand nombre d'Euesques, de Barons & de Seigneurs du païs, laquelle ceremonie se fit le 20. Iuillet de l'an 1189.

Rad. de Dic.
p. 646.

Ioan. Brom-
ptom, p. 1155
Rog. p. 656.

II.
Il est receu
auec pompe à
Roüen, où
Gaultier luy
donne les
marques de
Duc.

III.
Il passe en
Angleterre
où il est Cou-
ronné Roy ;
Gaultier assi-
ste à la cere-
monie, &
conseille au
Roy de pour-
uoir aux
Euesche vac-
cans.

Les affaires de Normandie estant réglées, il passa en Angleterre, & se fit solemnellement Couronner à Vvestmonstier le troisiéme de Septembre, par le Ministere de Baudoüin Archeuesque de Cantorbie, assisté de nostre Prelat & des Archeuesques de Tours & de Dublin. Dix ou douze iours aprés son Couronnement, Richard tint vne celebre Assemblée en l'Abbaye de Pippeuelle, où par le conseil des Euesques qui s'y trouuerent, & particulierement de Gaultier, il nomma des Pasteurs pour remplir quelques Sieges Episcopaux qui estoient vacants ; car c'auoit esté vn des desordres du Regne de son Predecesseur, de ne se pas presser de pouruoir aux riches Benefices, pour joüir cependant du Temporel à droit de Regale. Nostre Prelat souscriuit à vne Charte Royale expediée en faueur de Hugues Euesque de Durham, & accompagna aussi le Roy à Cantorbie, dont le Diocese estoit fort troublé par la diuision qui estoit entre l'Archeuesque Baudoüin & les ᵃ Moynes de la Cathedrale. Baudoüin irrité contre ceux-cy (desquels il estoit Abbé) leur auoit donné vn certain Roger pour Prieur, à qui ils refuserent d'obeïr ; & par vne entreprise assez extraordinaire, faisoit bastir vne Chappelle qu'il vouloit ériger en Eglise Collegiale, & mesme en Metropolitaine ; ce qu'il pretendoit faire peu à peu en y establissant des Chanoines seculiers, & en y faisant en suite les fonctions Archiepiscopales. Les Religieux auoient imploré la protection du Siege Apostolique ; il s'estoit fait diuerses procedures rapportées fort au long par le Moyne Geruais, mais le different continüoit toûjours au grand scandale du peuple. Richard qui taschoit de pacifier toutes choses auant son depart pour la Palestine, resolut de le terminer entierement, & dans ce dessein se transporta à Cantorbie sur la fin du mois de Nouembre, où il mena auec luy nostre Archeuesque Gaultier & plusieurs Euesques d'Angleterre, afin de s'en seruir comme de Mediateurs pour accommoder les parties. En effet dés le lendemain, sçauoir le 28. du mois, il enuoya Gaultier & quelques autres Prelats premierement vers l'Archeuesque Baudoüin, puis vers les Moynes, afin de les disposer à la Paix & à vne mutuelle reünion. Ceux-cy declarerent que si auant toutes choses on leur vouloit rendre justice sur les deux principaux articles, en déposant le Prieur & en razant la Chappelle, ils se remettroient au jugement du Roy & des Euesques, touchant les autres dommages dont ils pretendoient la reparation. Ce moyen d'accord fut approuué du Prince & des Prelats, toutesfois auec cette modification que les Religieux se contenteroient de l'accomplissement des premiers Articles ; sçauoir de la déposition de Roger & du razement de la nou-

ᵃ Les Arche-
uesques étoiët
Abbez des
Moynes Cha-
noines de la
sainte Trinité
de Cantorbie.
Chron. Ger-
uasij, p. 15.
23. 54.

IV.
Different en-
tre l'Abbé
Archeuesque
de Cantorbie,
& ses Moy-
nes.

V.
Gaultier me-
diateur de
leur accom-
modement.

27. Nouemb.

Chron. Geru.
p. 1559.
Rog. p. 662.

DES ARCHEVESQVES DE ROVEN. 383

uelle Eglise, mais que du reste ils se soûmettroient à la discretion de GAVLTIER. l'Archeuesque, & luy demanderoient grace & misericorde.

VI. *Re Roy veut conseruer l'honneur de l'Archeuesque & le droit des Moynes.*
On eut bien de la peine d'obtenir là-dessus le consentement de Baudoüin, qui voyoit qu'on luy faisoit perdre sa cause dans le principal, au grand préjudice de son honneur & de sa dignité. Le Roy pour le satisfaire & luy épargner cette honte, jugea qu'il ne falloit pas proposer d'abord l'accommodement aux termes qu'on auoit arresté de le faire, mais d'vne façon qui fust plus à l'auantage de ce Prelat: toutesfois il eust cette „ bonté d'en aduertir en secret quelques Moynes, & de leur dire qu'ils „ ne trouuassent pas étrange si pour conseruer l'honneur de l'Archeuesque, on faisoit quelque ouuerture contraire à ce que l'on auoit proposé „ auparauant. Il vint en suite au Chapitre où les Religieux estoient assem-

VII. *Gaultier suiuant l'intention du Roy parle en faueur de l'Archeuesque.*
„ blez, & y prit seance auec Baudoüin & plusieurs Euesques. Gaultier „ qui estoit de ce nombre (parlant ainsi qu'il est tres-vray-semblable par „ l'ordre du Roy) adressa sa parole aux Moynes, & leur dit qu'il falloit „ remercier Dieu, de ce qu'après tant de troubles qu'auoit causez en „ l'Eglise de Cantorbie le different d'entre l'Archeuesque & leur Com-„ munauté, on auoit enfin trouué moyen d'y rétablir le calme & la bon-„ ne intelligence : Que le Roy & les Euesques auoient jugé que leur Ar-„ cheuesque pouuoit nommer vn Prieur, & bastir vne Chappelle où il „ luy plairoit, & que c'estoit à eux à implorer sa clemence, afin de me-„ riter par cette soûmission, qu'il leur pardonnast & les receut en son „ amitié.

VIII. *Les Moynes fort surpris de cette procedure, & ce qui en arriua.*
Les Moynes furent fort surpris d'vn langage si different de ce qu'ils esperoient; vn des plus anciens voulut parler, & commença de representer qu'on estoit demeuré d'accord de la destruction de la Chappelle, & de la déposition du Prieur, mais le Roy l'interrompit, & commanda à luy & à tous ses Confreres de se mettre à genoux, & de demander pardon à l'Archeuesque, ce qu'ils firent. Aprés cela l'Euesque de Rochestre prononça la Sentence d'accommodement, suiuant ce qui auoit esté arresté; sçauoir, que le Prieur seroit démis, & la Chappelle razée, & l'Archeuesque Baudoüin donna le baiser de paix aux Moynes.

IX. *Geruais ignorant la conduite du Roy, accuse Gaultier de trahison.*
Geruais racontant cét euenement, traite de termes injurieux nostre Archeuesque Gaultier, l'appellant *traistre*, & sa conduite vne *trahison*, qualifiant ainsi l'adresse & la dissimulation dont il vsa, selon l'intention du Roy, pour estonner d'abord & humilier les Moynes, & pour empescher que l'Archeuesque son Confrere, qui dans le fond perdoit sa cause, ne souffrit de préjudice en son honneur. Mais si cét Autheur est croyable quant à la simple déduction du fait, auquel il fut, ou du moins pût estre present, puisqu'il viuoit en ce temps-là, il ne l'est pas à mon aduis quant au jugement qu'il forme des personnes, dautant qu'il est vne des parties en qualité de Moyne & de Sacristain de l'Eglise de Cantorbie, & que

X. *Sa justification.*
nostre Prelat eut depuis des démeslez auec sa Communauté; joint qu'à prendre droit de sa seule narration, il est évident que Gaultier ne les trahit point, ny ne s'opposa point au dessein qu'on auoit de leur faire justice, encore que par son discours il les intimida d'abord, afin de les dis-

GAVLTIER. poser à rendre la déference & le respect qu'ils deuoient à vn Prelat qui estoit leur Archeuesque & leur Abbé, & qu'il parut que cét accommodement estoit en quelque façon vne grace & vn effet de sa bonté; en quoy, ou il n'y eut rien de mal, ou ce fut tout au plus vne figure & vn petit artifice de Cour, qui surprit d'abord la simplicité de ces bons Religieux, toutesfois qui ne merite point vn nom aussi odieux que celuy de *trahison*; mais ce n'est pas seulement à l'égard de nostre Archeuesque que cét Escriuain témoigne sa passion, il ne traite gueres plus obligeamment le Cardinal Iean Anagny, Legat du Siege Apostolique. Retournons à nostre Histoire.

CHAP. VII.

Sommaire.
I.
Richard confirme à Gaultier la Chappelle de Blie en Angleterre.

II.
Ce Prelat repasse en France auec Richard, pour se preparer au voyage de la Terre Sainte.

III.
Il tient vn Concile Prouincial.

CEtte mesme année, Iean Comte de Mortain frere de Richard, donna à nostre Prelat Gaultier & à l'Eglise de Roüen, la Chappelle de Blie auec toutes ses appartenances, de laquelle donation ie parleray ailleurs. I'adjousteray seulement qu'elle fut confirmée à VVestmonstier par le Roy, & le Nonce de sa Sainteté. Nostre Archeuesque souscriuit à la Charte, par laquelle Richard accorda à Guillaume Roy d'Ecosse, quantité de choses fort auantageuses, moyennant dix mille marcs Sterlins; car ce Prince ne songeoit qu'à amasser de l'argent pour son voyage de la Palestine. Quelques iours aprés, Richard ayant repassé la Mer à Calais, Gaultier le suiuit, & reuint auant Noël en Normandie, où aussi-tost il s'appliqua en diligence à regler son Diocese, afin de le laisser en bon estat lors qu'il luy faudroit accompagner le Roy en Orient, suiuant l'engagement solemnel de l'vn & de l'autre. Pour cét effet il conuoqua à Roüen vn Concile Prouincial pour le 11. de Féurier de l'an 1190. à conter selon l'vsage d'aujourd'huy, qui est de commencer l'année le premier de Ianuier, comme aussi selon la coustume qui estoit alors en Angleterre, où la Feste de Noël estoit prise pour le premier iour de l'an; ce que j'obserue, dautant qu'en ce temps-là plusieurs commençoient l'année le iour de l'Annonciation, laquelle diuersité se remarque dans les Autheurs, surquoy on peut voir ce que dit Geruais en sa Chronique, & les modernes qui ont traité de cette matiere. Ce Concile fut fort celebre, Gaultier y presida, & tous ses Suffragans, auec quantité d'Abbez & de personnes de Condition & de merite y assisterent: On y fit plusieurs Ordonnances pour la discipline Ecclesiastique, contenuës au Manuscrit couuert d'Yuoire de la Cathedrale, dont voicy la traduction que j'en donne, à l'imitation de Mr. Dadré.

1189.

1190.

IV.
Articles du Concile de Roüen, tenu sous l'Archeuesque Gaultier l'an 1189.

,, L'an de l'Incarnation de Nostre Seigneur 1189. l'onziéme de Féurier,
,, le Bien-heureux Clement III. Pape estant assis dans la Chaire de S. Pier-
,, re le tres-glorieux Roy Philippes regnant en France, l'inuincible Roy
,, d'Angleterre Richard gouuernant la Normandie. Au nom de la sainte
,, & Indiuisible Trinité, a esté tenu & celebré vn Concile Prouincial
,, dans le Siege Metropolitain de Roüen, auquel a presidé nostre Vene-
,, rable Pere Gaultier Archeuesque de Roüen, & ont esté presens tous ses
,, Suffragans, & grand nombre d'Abbez & de personnes sages & pruden-
,, tes, & où l'on a fait les Decrets suiuans.

Les Eglises de la Prouince
,, 1. Marchant sur les pas & nous reglant sur les exemples de nos an-
,, ciens

DES ARCHEVESQVES DE ROVEN.

doiuent se conformer à l'Eglise Metropolitaine.
„ ciens Perés, nous ordonnons en premier lieu que tous les Suffragans
„ de nostre Eglise imitent dans le Chant des Leçons & en la Psalmodie,
„ l'vsage de cette sainte Eglise Metropolitaine.

Pour les Ornemens & Calices.
„ 2. Item, il a esté arresté que chaque Eglise soit fournie conuena-
„ blement de Liures & d'Ornemens sacerdotaux, & que l'Eucharistie
„ ne soit consacrée que dans des Vases d'or ou d'argent, & qu'aucun
„ Euesque ne benisse de Calice d'étain, si au jugement du mesme Eues-
„ que, la necessité ne paroist toute éuidente.

On ne doit porter le Corps de N. Seigneur sans lumiere.
„ 3. Il a esté aussi ordonné que le Corps de Nostre Seigneur ne soit
„ porté de iour ou de nuit sans luminaire & sans Croix & Eau beniste,
„ & sans la presence du Prestre, s'il n'en est excusé par vne extrême &
„ vrgente necessité.

Contre les concubinaires.
„ 4. Il a esté pareillement arresté que nul Ecclesiastique, de quelque
„ ordre qu'il soit, n'ait l'insolence de tenir de concubine en sa maison.

Pour la Tonsure des Ecclesiastiques.
„ 5. Que les Prestres & les Clercs portent leurs Couronnes larges, &
„ les cheueux d'alentour dans la décence requise. Que ceux qui contre-
„ uiendront à cette ordonnance, soient suspendus de leurs Benefices
„ Ecclesiastiques, & s'ils n'ont point de Benefices, qu'ils ne puissent
„ joüir du Benefice de la Clericature.

Qu'on ne doit substituer les fils des Prestres aux Benefices de leurs peres.
„ 6. N'ordonnant rien de nouueau, & ne faisant que remettre en
„ memoire la disposition des anciens Canons, nous défendons tres-
„ estroitement que les fils de Prestres soient establis dans les Benefices
„ que l'on sçait auoir esté desseruis par leurs peres, ny qu'ils les obtien-
„ nent pour quelque occasion que ce soit, à moins qu'il n'y ait quel-
„ qu'vn qui succedant à leurs peres, les empesche de luy succeder imme-
„ diatement.

De ceux qui se font ordonner hors leur Euesché.
„ 7. Quant aux Clercs, qui ou pour leur ignorance, ou à cause du
„ defaut de leur naissance, ou peut-estre pour le desordre & l'impureté
„ de leur vie, ou par vn mouuement d'obstination & de desobeïssance,
„ refusent l'examen de leur propre Euesque, & se font ordonner par les
„ Euesques qui sont hors la Prouince, ou mesme dans les païs de delà la
„ Mer, bien qu'ils apportent les lettres scellées des Sceaux des Prelats ᵃ ᵃ l'Angle-terre.
„ qui les ont ordonnez, pour preuue & témoignage de leur Ordination;
„ Nous ordonnons neantmoins qu'ils ne soient en façon quelconque
„ admis par leurs Euesques à exercer les fonctions des Ordres qu'ils ont
„ ainsi receus.

Que nul Recteur d'Eglise ou Curé, selon le Glossaire, ne puisse sortir hors la Prouince sans permission.
„ 8. Que nul Curé ou Vicaire ᵇ perpetuel ne sorte hors de sa Prouince ᵇ Persona.
„ sans le congé & la permission de son propre Euesque, ou de ses Offi-
„ ciaux.

Contre les Ecclesiastiques trafiquans. Et ceux qui exercent des Offices de Iudicature.
„ 9. Nous ordonnons aussi que nul Moyne ou Clerc ne fasse de tra-
„ fic & de comerce, pour en tirer profit, & que les Moynes ne tiennent
„ à ferme des Clercs ou des Laïques des reuenus d'Eglise, ou des Terres.
„ 10. Nous défendons aussi aux Prestres de prendre & d'exercer des
„ Offices de Viconte ou de Preuost, & s'ils se donnent la licence de le
„ faire, qu'ils soient suspendus de leur Ministere, & priuez de tout Be-
„ nefice d'Eglise.

GAVLTIER. *Pour les preuues en Iugemens.*

"11. La Couſtume qui ſe trouue contraire à vn Eſcrit & à vn Titre
"authentique, n'eſt point ſuffiſamment authoriſée pour eſtre generale
"ou pour durer depuis long-temps. Comme donc ſelon la nature des
"choſes, celuy qui ſe défend & nie le fait, n'eſt point tenu de faire preu-
"ue; parce que le demandeur ne juſtifiant point ſa demande, le défen-
"deur bien qu'il n'auance rien pour ſa décharge doit eſtre abſous, prin-
"cipalement ſi le demandeur n'eſt aidé d'aucune preſomption proba-
"ble : Nous ordonnons que deſormais, tant aux Cauſes Ciuiles, qu'aux
"Criminelles, il ſoit permis au demandeur d'vſer de la foy des témoins,
"& de l'authorité des pieces & des Eſcritures, pour l'eſtabliſſement de
"ſon droit ; leſquelles preuues luy manquant, le défendeur ſera chargé
"ou de ſe purger, ou de faire preuue quand la Cauſe du demandeur ſera
"aidée & ſouſtenuë, ou de la commune renommée, ou de quelqu'autre
"preſomption probable.

Du logement des Archidiacres pendant leur Viſite.

"12. Nous ordonnons & commandons que conformément aux
"Decrets du Concile de Latran, les Archidiacres viſitans leurs Archi-
"diaconez, ne ſoient point à charge aux Beneficiers qui dépendent
"d'eux, qu'ils n'ayent point plus de ſix ou ſept cheuaux, & qu'ils ne
"prennent rien pour leur nourriture d'aucun Clerc, qui n'aura du re-
"uenu ſuffiſamment pour porter cette dépenſe. Nous ordonnons auſſi
"qu'à l'égard des Clercs chez qui ils ne pourroient loger honneſtement
"ſans les incommoder beaucoup, ils ne prennent d'eux que trois ſols,
"monnoye d'Anjou, en recompenſe du logement ; & que s'ils veulent
"loger chez de pauures Beneficiers, ou parce que le lieu eſt commode
"& agreable, ou à cauſe de la qualité des affaires qu'ils ont à traiter,
"Nous voulons en ce cas que quatre ou cinq des plus prochains Bene-
"ficiers portent en commun la charge & la dépenſe du logement.

Vid. C. Cum Apoſtolus de cenſibus & exactionibus.

Pour les appellations aux Iuges Superieurs.

"13. Nous ordonnons auſſi que les Eueſques & leurs Officiaux ne ſe
"montrent trop difficiles à octroyer des Apoſtres (ou lettres de renuoy
"par deuant le juge Superieur) à ceux qui appellent de leurs Sentences,
"& que meſme ils les offrent à ceux qui ſeroient aſſez ſimples pour ne
"les pas demander.

De ceux qui doiuent eſtre excommuniez.

"14. Suiuant les maximes des ſaints Peres, nous ordonnons & vou-
"lons qu'on prenne bien garde de n'exclurre deſormais perſonne de
"l'entrée de l'Egliſe, ou de la participation de quelque Sacrement, juſ-
"qu'à ce qu'ayant eſté legitimement appellé deuant le Iuge, il ait eu la
"liberté de répondre, afin qu'eſtant conuaincu & ayant confeſſé &
"auoüé le fait, ou de viue voix ou par interpretation de droit, il ait Sen-
"tence de ſon Iuge ſelon la qualité de l'excez qu'il aura commis.

Des Teſtamens des Clercs.

"15. Nous ordonnons auſſi que les Teſtamens des Clercs ſoient ob-
"ſeruez & executez inuiolablement, & que les biens de ceux qui mour-
"ront ſans faire de teſtament, ſoient diſtribuez en œuures pieuſes par
"les mains des Eueſques.

De ceux qui décederont aprés Paſques.

"16. Nous ordonnons pareillement qu'il ſera permis aux Clercs qui
"décederont aprés Paſques, de diſpoſer par teſtament des fruits de
"l'Automne ſuiuant.

DES ARCHEVESQVES DE ROVEN.

De ceux qui se sont croisez.

„ 17. Quant aux femmes, aux familles, & aux biens de ceux qui se sont GAVLTIER
„ croisez pour aller à la guerre contre les infidelles, nous voulons qu'on
„ garde exactement ce qui en a esté ordonné par nos Saints Peres les
„ Papes, Vrbain, & Gregoire d'heureuse memoire, & par nostre S. Pere
„ Clement. ᵃ

ᵃ *Alors Pape.*

De l'immunité des Eglises & des Cimetieres.

„ 18. Les personnes opprimées, & les criminels qui se refugient aux
„ Eglises de Dieu deuant auoir vne seureté entiere, il est tout à fait ab-
„ surde & contraire à la raison, que l'on traite dans ces Eglises, ou dans
„ leurs Cimetieres, dés causes seculieres où il s'agit d'éfusion de sang,
„ ou de peine corporelle, & pour ce sujet nous defendons sous peine
„ d'excommunication qu'on n'en vse de cette sorte à l'auenir.

De ne bailler à ferme aux Laïques les reuenus Ecclesiastiques.

„ 19. Nous défendons sous la mesme peine aux Clers & aux Moy-
„ nes, & quelques autres Ecclesiastiques que ce soit, de bailler à ferme
„ aux Laïques les reuenus de l'Eglise, ou les dixmes, ou les autres Benefi-
„ ces Ecclesiastiques.

Contre les pensions sur les Benefices.

„ 20. Que personne ne presume de payer, ou de receuoir de pen-
„ sions particulieres & fausses, ou des portions d'Eglise, ou de benefices
„ Ecclesiastiques, autrement qu'il soit priué de tout benefice Ecclesiasti-
„ que, & frappé d'excommunication.

De la Iurisdiction Ecclesiastique.

„ 21. Toutes personnes Ecclesiastiques de quelque profession qu'ils
„ soient, qui auront la presomption de tirer quelqu'autre Ecclesiasti-
„ que deuant vn Iuge seculier, pour vne affaire Ecclesiastique, perdent
„ entierement leur cause, soient punis d'excommunication, & ne re-
„ çoiuent l'absolution de leurs Euesques, qu'ils n'en ayent auparauant
„ fait satisfaction conuenable.

Défense d'engager les biés d'Eglise.

„ 22. Nous defendons encore sous peine d'excommunication d'en-
„ gager ou d'aliener en quelque façon que ce soit, les reuenus & les
„ terres de l'Eglise, sans le consentement des Euesques, ou de leurs
„ Officiers.

Contre ceux qui ne payent les dixmes.

„ 23. Toutes les dixmes de la terre, soit de grains, soit de fruits, ap-
„ partiennent au Seigneur, & luy sont consacrées. Mais parce qu'il
„ s'en trouue beaucoup qui ne les veulent point payer, nous ordon-
„ nons que suiuant le commandement du Seigneur, on aduertisse vne,
„ deux & trois fois, de payer entierement lesdites dixmes de grain, vin,
„ fruits d'arbres, & portées d'animaux, foin, lin, laine, chanvre, fro-
„ mages, & de tout ce qui se renouuelle chaque année, & qu'apres
„ auoir esté aduertis, s'ils ne se corrigent, ils soient excommuniez par
„ le Mandement de l'Euesque.

Contre ceux qui font cabale & pact de se défendre.

„ 24. Il se trouue des Clercs & des Laïques qui contractent ensemble
„ societé, par laquelle ils promettent de s'entr'aider les vns les autres en
„ toutes leurs causes & toutes leurs affaires, & ordonnent certaine peine
„ contre ceux qui contreuiendront aux termes de leur association; mais
„ parce que telles societez & confraternitez entre les personnes de l'vn &
„ l'autre ordre, sont detestées & reprouuées par l'authorité des saints
„ Canons, à cause que le desir d'obseruer exactement les pactions reci-
„ proques, en portent quelques-vns à commettre le crime du parjure;

Ccc ij

GAVLTIER.
„ Nous défendons fous peine d'excommunication, qu'on ne fasse plus
„ de telles societez à l'aduenir, ou si on en fait, qu'on ne les obserue plus.

Contre ceux qui font de faux sermens.
„ 25. Pour reprimer la malice de ceux qui sans auoir aucune crainte
„ de Dieu s'efforcent de nuire à son Eglise, & d'oster au prochain son
„ heritage en faisant de faux sermens, soit en Cour Laïque ou Ecclesia-
„ stique : Nous ordonnons que chaque Dimanche, tant en la Cathe-
„ drale, qu'aux Paroisses, on excommunie les chandelles allumées, tous
„ ceux qui sciemment feront faux serment, en Cour Ecclesiastique ou se-
„ culiere, au préjudice de l'Eglise, ou pour priuer qui que ce soit de son
„ heritage, & pareillement ceux qui les auront engagez à faire de tels
„ faux sermens, soit par force ou par priere ou par argent, en quelque oc-
„ casion que ce soit, & que nul Prestre n'entreprenne de donner l'abso-
„ lution, & d'imposer penitence à ceux qui contreuiendront à ce Decret,
„ si ce n'est à l'article de la mort. Mais que tels parjures & excommu-
„ niez soient renuoyez à leurs propres Euesques, pour en estre absous &
„ punis aussi rigoureusement, que l'exige l'enormité de leur crime, ou
„ mesme au Siege Apostolique, afin de les charger d'vne plus grande
„ confusion.

Contre ceux qui sont in- trus aux Be- nefices sans merite.
„ 26. Il faut aussi excommunier ceux qui se seront poussez & intrus
„ dans les Benefices Ecclesiastiques, soit par leur propre temerité ou par
„ la puissance seculiere, sans l'authorité des Euesques ou de leurs Offi-
„ ciers, à qui il appartient d'ordonner de telles choses.

Plusieurs cri- mes excom- muniez.
„ 27. Qu'on excommunie pareillement ceux qui falsifient les Sceaux,
„ & qui sciemment se seruent de fausses pieces d'écriture ; comme aussi
„ les incendiaires, empoisonneurs, sorciers, & qui communiquent
„ sciemment auec ceux qui sont nommément excommuniez.

Contre ceux qui osent cele- brer estans interdits.
„ 28. On doit encore excommunier les Clercs & les Prestres, qui par
„ vn effet de leur contumace & opiniastreté, osent celebrer le diuin
„ Office contre la défense de l'Euesque ou de ses Officiers.

Et qui auront souftrait les biens de l'Ar- cheuesque.
„ 29. Enfin il faut excommunier tant les Clercs que les Laïques, qui
„ ont souftrait frauduleusement au Seigneur Archeuesque de Roüen ses
„ biens & ses reuenus, depuis qu'il est paruenu à la dignité Archiepisco-
„ pale, ou qui trauaillent à les souftraire, ou les luy souftrairont pendant *C'est à dire*
„ son absence ; comme aussi ceux qui ont diminué & affoibly ses droits *pendant son voyage de la*
„ & ses prérogatives, ou qui taschent presentement de les diminuër & *Terre Sainte, où il se dispo-*
„ affoiblir, ou l'entreprendront à l'aduenir, s'ils ne luy satisfont auant *soit à aller auec le Roy.*
„ son depart. *Fin*.

CHAP. VIII.
Sommaire. I.
Reglement du Roy d'Angle- terre contre les infra- cteurs de la Tréve.

Richard Roy d'Angleterre estant à Chinon, donna des lettres da- 1190.
tées du premier iour de May, par lesquelles il regloit à l'égard de
l'Archeuesque & de l'Eglise de Roüen, & pareillement des autres Eues- *Cette preuue*
ques & Cathedrales de Normandie, la maniere de proceder contre ceux *par le duel a esté reprouuée*
qui tuëroient quelqu'vn durant les Tréves & la Paix de l'Eglise. Cette *par le droit*
Ordonnance portoit, que si quelqu'vn vouloit appeller en duel ce *Canon.*
meurtrier & infracteur de la Tréve, ce duel se feroit en la Cour du Roy; *Cap. cura suscepti de*
& que si par le succez de ce duel, l'accusé estoit conuaincu, l'Euesque *purgatione*
dans le Diocese, duquel le crime auroit esté commis, receuroit par les *vulgari. Et Can. 29. 5. 6. Monoma- chiam.*

mains de la Iustice Royale son amende ; sçauoir neuf liures des deniers GAVLTIER. du conuaincu, & que le surplus de l'argent de celuy-cy, seroit confisqué au profit du Roy; que si son argent ne se montoit point jusqu'à cette somme de neuf liures, le tout seroit pour l'Euesque; mais que s'il ne se trouuoit personne qui voulut conuaincre l'accusé par la voye du duel, celuy-cy se purgeroit & justifieroit son innocence dans l'Eglise de Dieu par le jugement de l'Eglise ; & s'il demeuroit conuaincu, l'amende de l'Euesque & du Roy seroit reglée ainsi que dessus. Que s'il arriuoit qu'vn meurtrier & infracteur de la Tréve, fuyant les mains de la Iustice, sortit hors de la Terre du Roy, le mesme fut executé à l'égard de l'amende ; en suite dequoy si le coupable faisoit sa paix auec le Roy, (c'est à dire obtenoit grace & remission) il ne seroit pas déchargé par cette paix de l'amende qu'il deuroit à l'Euesque, mais ou il la luy payeroit, ou il traiteroit d'accommodement auec luy.

II. Ils deuoient payer neuf liures à l'Euesque, comme vne amende.

Il se voit des lettres dans le Cartulaire du Chapitre, datées du 5. de ce mesme mois, par lesquelles il est attesté que Hugues Seigneur de Vaux, renonça à perpetuité pour soy & pour ses heritiers, au droit de Patronnage de l'Eglise de Vaux, en presence de nostre Archeuesque Gaultier, & passa d'autres Declarations dont nous parlerons ailleurs.

III. Hugues de Vaux remet le Patronnage de l'Eglise de Vaux à l'Archeuesque Gaultier. 1190. 5. May.

Cependant le Roy Richard se preparoit auec ardeur pour le voyage de la Terre Sainte ; ayant disposé toutes choses, & receu le bissac & le bourdon de Pelerin des mains de Guillaume Archeuesque de Tours, il alla joindre le Roy de France à Vezelay ; auec lequel il continua son chemin jusqu'à Lyon ; d'où s'estant separez pour se transporter chacun vers son armée Nauale, Richard se rendit à Marseille, y monta sur Mer, & fit voile vers la Sicile. Comme il estoit au Port de Pise le 20. d'Aoust, l'Archeuesque Gaultier l'y vint trouuer, ayant laissé malade à Pise Iean Euesque d'Evreux, auec lequel apparemment il estoit party de Normandie. Les deux Rois arriuerent ensemble à Messine & y passerent l'Hyuer, durant lequel Richard eut differend auec Tancrede Roy de Sicile, pour le dot de sa sœur Ieanne, vefue du feu Roy Guillaume, predecesseur de celuy-cy. Les Sujets prenant part à la querelle de leur Prince, chasserent de leur Ville les Normands & les Anglois, qui pour se vanger attaquerent la place, laquelle couroit grand risque si Richard, sans l'ordre duquel ils se portoient à cette entreprise, ne les eut fait promptement retirer. Le lendemain l'Archeuesque de Messine, de Montreal, & de Pise, craignant les suites de ce differend, pour y remedier prierent le Roy de France de s'entremettre pour eux auprés du Roy d'Angleterre, & solliciterent aussi nostre Prelat Gaultier, Iean Euesque d'Evreux, (qui estoit pour lors à la Cour) & quelques autres personnes d'authorité, de contribuer de leur credit & de leur adresse à l'accommodement de ce fâcheux démeslé. On entra en conference de part & d'autre ; mais comme on estoit prest d'arrester la Paix, Richard eut aduis d'vne conspiration de quelques Siciliens contre sa personne, ce qui l'ayant contraint de rompre le Traité, il fit prendre les armes à ses soldats, & se saisit de la Ville. Par ce moyen il eut raison de Tancrede, de qui il retira le dot de la Reine,

IV. Richard se met en chemin pour la Terre sainte.

V. Gaultier le va trouuer à Pise, & de là en Sicile, où il y eut sedition. 20. Aoust. 1190.

VI. Gaultier prié de s'entremettre pour la Paix. Rog. p. 667. Bromptom, p. 1174.

VII. Richard se rend maistre

Ccc iij

GAVLTIER. & obtint d'autres auantages, comme on peut voir par l'Acte de leur ac-
de Messine. commodement, inseré dans l'Histoire de Roger de Hoüeden; l'obser- Pag. 678.
Gaultier iure uation duquel fut promise & jurée par nostre Archeuesque Gaultier, &
pour le Roy
d'Angleterre quelques autres Prelats & Seigneurs au nom du Roy d'Angleterre, en
de garder les
Articles. la forme rapportée par le mesme Autheur.

VIII. Ce different estant terminé, les deux Rois Philippes & Richard s'ap-
Les deux Rois
sont des Loix pliquerent à faire des loix pour établir vn bon ordre dans leurs armées,
pour leur ar- & en bannir le vice & le déreglement. Ils permirent à tous les pelerins
mée.
qui les accompagnoient, de disposer par testament & derniere volonté
de leurs habits, armes & cheuaux, & de la moitié de leur argent & de
IX.
Gaultier leurs autres meubles; parce que l'autre moitié seroit mise entre les mains
commis pour de nostre Prelat, du grand Maistre des Cheualiers du Temple, & d'au-
receuoir les
legs de ceux tres Commissaires, pour estre employez selon leur prudence, aux plus
qui mour-
voient. vrgentes necessitez de la Terre Sainte. Gaultier, Iean Euesque d'Evreux,
X. son Suffragant, & quelques autres Prelats & Seigneurs, furent aussi pre-
Il assiste à la
loy de Vua- sens à l'établissement de la loy de Vvarech, c'est à dire touchant les cho-
rech que fit ses que les flots de la mer jettent & apportent sur le riuage. Ce Prince
Richard.
corrigeant par l'équité naturelle, l'vsage trop rigoureux qui s'obseruoit
là-dessus dans ses Estats, où ces sortes de choses estoient saisies & con- Rad. de Dicet
fisquées au profit des Seigneurs, les ceda & declara libres pour l'amour de Iean Brom-
& la Chron.
,, de Dieu, pour le salut de son Ame, & pour le repos de celles de son ptom.p.1187.
Rog. Hoüed.
,, pere & de ses parens, ordonnant que celuy qui auroit fait naufrage, pag. 678.
,, & viendroit viuant à terre, auroit tous ses biens & tous ses meubles
,, qui eschapperoient de la mer, sans qu'il fut loisible à personne de les
,, luy oster ou contester; & s'il mouroit dans le vaisseau; que sa femme
,, & ses enfans, freres ou sœurs, seroient substituez à son droit selon le
,, degré de proximité; & qu'à leur defaut, le tout seroit acquis & con-
,, fisqué au profit du Roy: Laquelle Ordonnance fut faite le second iour
,, d'Octobre à Messine.

CHAP. SI Richard fit paroistre en cela sa bonté & sa justice, il témoigna en-
IX. core plus d'humilité dans la penitence publique qu'il fit de ses pe-
Sommaire.
I. chez, afin de se disposer par ces vertus à s'acquitter dignement de son
Actes de Pe- Pelerinage. Ayant assemblé tous les Archeuesques dans la Chappelle de
nitence tres-
ensignes du Renault de Moyac, & tous les autres Prelats qui estoient à la Cour, il se
Roy d'An-
gleterre. presenta deuant eux les épaules nuës, tenant en ses mains trois trous-
seaux de verges, se jetta à leurs pieds, & confessa ses fautes auec tant de
marques de contrition, que personne ne douta que sa douleur ne fut
sincere & veritable, & que (comme dit Brompton) ce ne fut vn ouurage de celuy qui par le moindre de ses regards, fait trembler les grands de
la terre aussi facilement, que les moindres de ses creatures. Aprés sa confession, il receut des Euesques vne penitence conuenable.

Depuis cette heure (continué cet Autheur) il vescut dans la crainte
de Dieu, fit quantité de bonnes œuures, & ne retourna plus aux pechez & aux desordres de sa vie passée. Ce qui ne s'accorde pas auec ce
qu'il dit en vn autre lieu.

II. Richard estant en Sicile, eut la curiosité d'appeller auprés de luy Ioa-
Prophéties de

DES ARCHEVESQVES DE ROVEN. 391

l'Antechrist refuté par Gaultier & autres. chim Abbé de Curiacio, qu'vn peu de science, beaucoup de presom- GAVLTIER. ption, & la credulité des peuples auoient érigé en Prophete. Le Roy *Rog. Hou.* l'entendoit volontiers, ou pour se diuertir, ou parce qu'effectiuement il *p. 681. & 682.* adjoustoit foy à ses prédictions. Entre ses réueries, la plus insigne estoit la prochaine domination de l'Antechrist, qu'il disoit estre desia né à Rome. Il auoit pour contredisans, Gaultier Archeuesque de Roüen, Girard Archeuesque d'Ausch, Bernard Euesque de Bayonne, & quelques autres Prelats & Ecclesiastiques versez dans les saintes lettres; qui par de puissans raisonnemens tirez de l'Escriture, taschoient de montrer clairement la fausseté de sa prétenduë Prophetie. Cette matiere seruit à diuertir & à exercer les esprits de nos Pelerins, qui attendoient auec impatience le retour de la saison nouuelle, pour continuer leur voyage vers la Terre Sainte, bien que quelques-vns écriuent que l'Abbé Ioa-

III. *Reflexion sur ces Prédictions & sur la fin du monde.*
chim prédit des choses qui arriuerent en suite. L'éuenement fit voir combien estoit mal fondé ce qu'il voulut persuader de la naissance de l'Antechrist; les Histoires sont pleines de semblables Propheties, & il ne s'est presque point passé de siecle où l'on n'en ait publié, & où elles n'ayent trouué de la creance & jetté de la terreur dans l'esprit des peuples. Il est bien certain que la fin du monde s'approche tous les iours, mais comme on n'en voit point encore de signes bien éuidens, au lieu de s'allarmer si legerement de prédictions pareilles à celles que ie viens de rapporter, les hommes feroient bien mieux de prendre la chose d'vn autre biais, & de croire que veritablement la fin du monde est toûjours preste; mais c'est entant que la vie est fort courte, & qu'en la mort le monde finit à l'égard de chaque particulier, cette reflexion seroit & plus raisonnable & plus salutaire.

IV. *Le Roy donne des lettres à Gaultier pour la conseruation de ses droits en Normandie.*
Pendant que le Roy estoit à Messine, Gaultier obtint de luy des lettres datées du 6. de Decembre; par lesquelles ce Prince ordonnoit au Seneschal de Normandie, aux Barons & à tous ses Baillifs, de conseruer à l'Archeuesque de Roüen tous ses droits, dignitez & possessions, en la meilleure sorte que ses Predecesseurs en auoient joüy, & qu'il en joüissoit luy-mesme quand il s'estoit mis en chemin pour faire le voyage de la Terre Sainte; & leur mandoit qu'il n'entendoit point que le droit de l'Eglise de Roüen, ou dudit Prelat, souffrit de préjudice ny de diminution pour ce qui s'estoit passé, à l'égard de R. Mansel élû Abbé de Iumiege, qui est vn éuenement dont le temps nous a osté la connoissance, bien qu'il y ait lieu de conjecturer du troisiéme article de la piece suiuante, que cela se doit expliquer de l'élection de cét Abbé, qui s'estoit faite sans la participation de l'Archeuesque. I'estime que ces lettres fu-

V. *Sujet pour lequel ces lettres furent données.*
rent données à l'occasion de quelques entreprises des Iuges & des Officiers Royaux, sur la jurisdiction Ecclesiastique. Gaultier ayant eu sur ce sujet diuers differends, principalement auec le Seneschal de Normandie; pour les terminer, Iean de Constance son neueu, Doyen de la Cathedrale, qui en son absence gouuernoit le Diocese, tint vne Assemblée, où se trouuerent Henry Euesque de Bayeux, Guillaume d'Avranche, Lisiard de Sez, Radulphe de Lisieux, & Guillaume de Coutances, plu-

fieurs Barons & personnes notables du païs, par l'aduis desquels les choses dont il estoit question, furent reglées en cette sorte.

A tous les Fidelles Chrestiens, le Clergé de Normandie, Salut.

VI. *Assemblée tenuë à Roüen, pour regler les differens entre le Seneschal & les Eglises de Normandie.*

„ NOus voulons vous faire sçauoir à tous, que le differend meu entre
„ l'Eglise de Roüen nostre Mere, administrée en l'absence de nô-
„ tre Reuerend Pere Gaultier Archeuesque, par Iean de Coutances
„ Doyen de Roüen, d'vne part; & Guillaume fils de Radulphe, Seneschal
„ de Normandie, de l'autre, touchant certains chefs dont l'Eglise de
„ Dieu se plaignoit, a esté enfin terminé deuant Nous & en la presence
„ des Barons du Seigneur Roy, & de plusieurs Officiers de Normandie.

Cette piece est en Latin dans les Images Historiques de Radulphe de Dicet, p. 637. an. 1191.

VII. *Cas ausquels les Clercs peuuent estre pris par la Iustice seculiere.*

„ Premierement, il a esté jugé que les Clercs ne pourront estre pris ou
„ arrestez par les puissances seculieres, sinon en cas d'homicide, de larcin,
„ d'incendie, ou de quelqu'autre semblable crime énorme, qui appar-
„ tienne à la Iustice Criminelle; & encore alors s'ils sont redemandez
„ par les Iuges Ecclesiastiques, ils leurs seront rendus & mis entre les
„ mains pour estre jugez en la Cour d'Eglise. Item, tous les procez qui

Imag. Hist. Rad. de Diceto, p. 637.

VIII. *Cas du ressort de la Iustice Ecclesiastique*

„ regarderont le parjure & la violation du serment, seront vuidez en la
„ mesme Cour; mais quant à l'infraction de la Tréue, on gardera l'an-
„ cienne coustume, & ce qui est porté dans les Chartes & Declarations
„ de Henry, & Richard, Illustres Rois d'Angleterre.

„ Item, les differens touchant le dot ou la donation en faueur de
„ Mariage, seront de la competence de l'Eglise, lors qu'il ne s'agira que
„ des meubles; quant à la connoissance des mesmes causes, lors que la
„ demande se fera d'immeubles, elle est reseruée au jugement de nos
„ Seigneurs, le Roy, & l'Archeuesque.

IX. *Pour l'élection des Abbez & Prieurs.*

„ Item, dans les Eglises Conuentuelles, les Abbez, ou Prieurs, ou Ab-
„ besses, seront elûs auec le consentement de l'Euesque Diocesain.

X. *Pour la possession des Eglises.*

„ Item, il ne se fera aucune reconnoissance en la Iustice seculiere, à l'é-
„ gard de la possession des biens, que les Religieux & autres Ecclesiasti-
„ ques, quels qu'ils soient, auront possedez vingt ans ou plus. Sembla-
„ blement, il ne se fera non plus aucune reconnoissance, s'ils peuuent
„ justifier par vne Charte, ou par quelqu'autre moyen, que ledit bien
„ qu'ils possedent, leur ait esté donné en aumosne; mais ils seront ren-
„ uoyez par deuant des Iuges Ecclesiastiques.

XI. *Des legs pieux & des biens des Ecclesiastiques.*

„ Item, la distribution des choses laissées par Testament, se fera par
„ l'authorité de l'Eglise, & on n'en soustraira point la dixiéme partie
„ comme on faisoit autresfois. Quant aux biens des Ecclesiastiques,
„ encore mesme qu'on les diffamast, en disant qu'ils auroient esté vsu-
„ riers, ou préuenus de quelque genre de mort que ce fust, il n'en appar-
„ tiendra rien à la puissance seculiere, mais ils seront employez en œu-
„ ures de pieté par l'authorité de l'Euesque.

XII. *Des donations & alienations.*

„ Item, les donations & les alienations de quelque espece qu'elles
„ soient, qu'auront faites les Laïques durant leur vie, ne seront point
„ reuoquées aprés leur mort, bien qu'ils soient en reputation d'estre
„ vsuriers;

DES ARCHEVESQVES DE ROVEN.

„ vsuriers; mais quant aux choses qu'on trouuera aprés leur decez n'a- GAVLTIER.
„ uoir point esté alienez, elles seront confisquées si l'on reconnoit
„ qu'ils ayent esté vsuriers au temps de leur mort.

XIII.
De ceux qui ont quelque gage, & de ceux qui meurent subitement.

„ Item, si le deffunt a entre ses mains quelque gage, (sur lequel il ait
„ presté) & qu'il ait receu son sort principal, ce gage retournera à celuy
„ qui l'auoit baillé ou à ses heritiers; on fera le mesme des parts & por-
„ tions de sa femme, & de ses enfans aprés leur mort. Que si quelqu'vn
„ est préuenu de mort subite, ou de quelqu'autre accident, en sorte
„ qu'il ne puisse disposer de ses biens, la distribution s'en fera par l'au-
„ thorité de l'Eglise. C'est ce qui fut arresté en cette Assemblée.

CHAP. X.
Sommaire.
I.
Richard reçoit des plaintes d'Angleterre; qu'on luy fait de l'Euesque d'Ely.
II.
Sa naissance & son eleuation à la souueraine dignité.

Tandis que Richard hyuernoit auec son armée nauale, & ses autres ᵃ Reg. Houed.
troupes au port de Messine, attendant le retour du Printemps p. 680. &
pour continuër sa route vers la Palestine, il receut par l'entremise de la Brompton.
Reine Eleonor, diuerses plaintes de la mauuaise conduite de Guillaume Nic. Harp-
de Lonchamp Euesque d'Ely, son Chancelier, qu'il auoit estably Regent ſſeldius 12.
en Angleterre durant son absence. Ce Prelat auoit pris naissance en Nor- Guill. Neubr.
mandie (d'autres disent au Diocese de Beauuais) dãs vne famille des plus
basses & des plus obscures, mais il s'estoit éleué par son esprit & par son
adresse, presque au comble des honneurs. Ses rares qualitez & son assiduité à la Cour, luy ayant acquis le premier degré dans les bonnes graces de Richard, ce Prince s'estoit déchargé sur luy du soin & de l'administration de son Royaume; & pour estendre encore dauantage son authorité, luy auoit obtenu du Pape Clement la charge de Legat Apostolique dans toute l'Angleterre. Mais son ambition croissant auec ses dignitez, à peine le Roy fut-il party pour le voyage de la Palestine, qu'il
commença d'vser mal de cette double puissance, & d'exercer dans le
païs vne violente & imperieuse Domination. Il changeoit les Gouuer-

III.
Le mauuais vsage qu'il fit de son authorité Ecclesiastique, & seculiere.

neurs des Prouinces, & en mettoit de nouueaux à sa deuotion; il s'assu-
roit des Chasteaux & des places de deffense, & mesmes fit de grands frais
pour fortifier la Tour de Londres; il marchoit à la campagne auec vn
équipage magnifique, & accompagné pour le moins de mille cheuaux;
il auançoit ses proches qu'il auoit fait venir en Angleterre, leur procu-
roit des alliances & des mariages considerables, & les enrichissoit des
dépoüilles de ceux qu'il auoit priuez de leurs biens, par des pratiques se-
crettes, ou par force ouuerte; il ruïnoit & épuisoit par ses exactions les
Monasteres & les Colleges, & par vn logement & la demeure d'vn iour
ou deux, il les incómodoit pour plusieurs années. Il employoit le foudre

IV.
Coniontures qui luy furent fauorables.

spirituel de l'excommunication contre ceux qui s'opposoient à ses desseins, & auoit imprimé vne telle terreur dans tous les esprits, que nul
Euesque ne luy osoit contredire. A quoy il auoit trouué la conjoncture
fauorable, & les choses toutes disposées, à cause que les deux Eglises
Metropolitaines estoient dépourueuës de Chef; Baudoüin Archeuesque de Cantorbie, estant allé en Orient où il mourut, & Geoffroy élû

V.
De quelle façon il traita le Clergé & les seculiers.

Archeuesque d'Yorch, en France, & fort empesché à surmonter les obstacles qu'on luy auoit suscitez pour son Sacre. Enfin (comme dit ᵇ vn ᵇ Brompton.
Autheur) Guillaume se montroit plus que Roy enuers les Laïques, &

Ddd

GAVLTIER. plus que Pape enuers le Clergé; & ce qui augmentoit l'indignation des gens de bien, c'estoit qu'il couuroit toutes ses injustices du specieux pretexte de la conseruation de l'authorité Royale.

VI.
Ce qu'il fit pour ruiner le Comte de Mortain.

L'vnique obstacle qu'il voyoit à ses desseins, estoit Iean Comte de Mortain, frere de Richard: il apprehendoit que si Richard venoit à mourir en son voyage, il ne luy succedast & ne luy ostast l'administration des affaires: pour preuenir cette disgrace, il traitoit secretement auec le Roy d'Escosse pour éleuer au Trône le neueu de Iean, qui sembloit auoir plus de droit au Sceptre, que luy, comme estant sorty de Geoffroy Comte de Bretagne, aisné de celuy-cy; laquelle intrigue n'estoit pas inconnuë au Comte de Mortain, mais il la dissimuloit, attendant l'occasion de faire éclater son ressentiment & sa vengeance. Voila

VII.
Ce que les Historiens Anglois & Baronius ont dit de luy.

le tableau que les Historiens d'Angleterre nous font de la conduite du Regent, en quoy, comme j'auoüe, il peut y auoir vn peu de passion & d'enuie, aussi ne sçauroit-on nier qu'il n'y ait beaucoup de verité, & que c'est en vain que Mr. de Sponde, après le Cardinal Baronius, a tasché de nous dépeindre sa chute & son infortune, comme vne persecution faite à *vn homme éminent en prudence, & à vn fidelle Gouuerneur du Royaume*. La suite fera voir la necessité de cette digression.

VIII.
Richard renuoye Gaultier de Sicile en Angleterre auec de nouueaux ordres.

Richard ayant donc receu plusieurs lettres remplies d'accusations & de plaintes contre Guillaume; pour en preuenir les suites, & empescher que son Royaume ne fut troublé par la rebellion de quelques mescontens, jetta les yeux sur nostre Archeuesque Gaultier, *personnage recommandable par sa sagesse & par sa modestie* (dit l'Histoire) & l'enuoya en Angleterre à Iean Comte de Mortain son frere, & à ses plus confidens serviteurs, auec ordre de déposer le Regent, & de mettre en sa place Gaultier, en cas que les aduis qu'on luy auoit donné fussent veritables, & que s'ils ne l'estoient point, ils ne laissassent pas neantmoins d'associer au Chancelier l'Archeuesque de Roüen, le Comte de Strugueil, & vn autre Seigneur; en sorte que la direction des affaires dépendist de ces quatre personnes. Gaultier retourna de Sicile, & aborda en Angleterre au port de Sorchant, vers la fin du mois d'Auril de l'an 1191. auec ces lettres rapportées par Rad. de Dicet.

Brompton, p. 1194.

p. 459.

Richard Roy d'Angleterre, à Guillaume son Chancelier, à G^a. fils de Pierre, V. V. le Mareschal, & H. Bardolf, & V. V. Breuues, Pairs ^b & Collegues.

a C'estoit le Comte de Strugueil.
b Apparibus.

CHAP. XI.
Sommaire.
I.
Lettre du Roy d'Angleterre à ses Ministres d'Estat, du suiet pour lequel il renuoyoit Gaultier.

,, SCachez que parce que nous aimons nostre venerable Pere Gaultier Archeuesque de Roüen, & que nous nous confions entierement en luy, nous l'auons fait reuenir de son pelerinage, & nous vous
,, l'auons renuoyé, par l'aduis & le consentement du Souuerain Pontife,
,, afin qu'il s'applique au gouuernement & à la deffense de nostre
,, Royaume, comme vn homme capable de cét employ, & dont la
,, prudence, la discretion & la fidelité nous sont tres connuës. C'est
,, pourquoy nous vous mandons & vous enjoignons tres-expressément

,, de luy donner part à l'administration de nos affaires, & de prendre GAVLTIER.
,, son conseil en toutes choses qui regardent la conseruation & la dé-
,, fense de nostre Estat, sans en executer aucune que vous ne luy ayez
,, communiquée; car nous voulons & nous commandons que tant
,, qu'il sera en Angleterre, & nous au voyage que nous auons entrepris
,, pour le seruice de Dieu, il agisse en tout de concert auec vous, & vous
,, auec luy. Nous vous ordonnons aussi d'executer ce que nous sauons
,, chargé de vous dire touchant l'Archeuesque de Cantorbie, en la ma-
,, niere qu'il vous le proposera de nostre part, témoin moy-mesme. Le
,, 23. Février à Messine.

II.
Gaultier ne se seruit point de ces lettres & d'vn autre ordre secret.

Outre ces lettres, il y auoit encore vn ordre secret adressé seulement à Guillaume Mareschal, & à ses deux Collegues, que j'obmets. Gaultier arriué en Angleterre, ne trouua point les choses en estat de se seruir de ses lettres, tant la domination du Regent estoit bien establie. Il en confera auec ses amis, & principalement auec Guillaume le Mareschal Comte de Strugueil; mais leur aduis fut de differer & d'attendre l'occasion, de peur d'irriter le mal au lieu de le guerir. Ainsi, nonobstant son arriuée, l'Euesque d'Ely continua de manier seul les affaires auec vn pouuoir absolu; & auec tant de jalousie, que Gaultier ayant voulu aller à Cantorbie, peut-estre pour exhorter le Chapitre à élire vn Archeuesque (car le Siege estoit vacant par le decez de Baudoüin, mort depuis peu en la terre Sainte) le Regent s'y opposa, & luy défendit au nom du Roy de se transporter en ladite Ville jusqu'à ce qu'il luy eut parlé. Voicy sa lettre.

Roger, p. 687.
I. Brompton, p. 1194.

A Gaultier Archeuesque de Roüen, Guillaume Euesque d'Ely.

III.
Lettre du Regent à Gaultier, pour l'empescher d'aller chez les Moynes de Cantorbie.

,, LOrs que nous nous vismes à Londres, & que nous vous deman-
,, dasmes pourquoy vous vouliez aller à Cantorbie, nous nous sou-
,, uenons que vous nous répondistes, qu'ayant oüy dire que les Moynes
,, de Cantorbie estoient faschez contre vous, vous souhaitiez vous in-
,, former si cela estoit vray, & quelle estoit la cause de leur mécontente-
,, ment, & apprendre aussi si le Prieur estoit déposé; mais on nous a fait
,, entendre que vous auiez vn autre dessein, & que le veritable sujet qui
,, vous menoit en cette Ville, estoit pour traiter auec les Moynes de l'é-
,, lection d'vn Archeuesque. Certes cette nouuelle nous a donné de l'é-
,, tonnement, & nous n'auons pas esté peu surpris de voir que vous vou-
,, lussiez prendre l'occasion de nostre absence, pour executer vne chose
,, qui ne se peut, ny ne se doit faire sans nous, qui gouuernons tout l'E-
,, stat à la place du Roy, & qui par le droit de nostre charge de Chance-
,, lier, tenons en nostre main cét Archeuesché auec ses dépendances.
,, Comme donc vne affaire si difficile, si importante, & qui sans doute
,, regarde tout le Royaume, ne doit point estre traitée qu'en la presence
,, du Roy, ou du moins en la nostre; Nous aduertissons vostre Sagesse,
,, nous vous conseillons pour vostre honneur, & enfin nous vous en-
,, joignons tres-expressément de la part du Roy, de ne point aller en l'E-
,, glise de Cantorbie, ny pour ce sujet ny pour quelqu'autre que ce soit,

Rad. de Dicet. p. 639.

Osbert. de Brist ol. 7. Geru. Chron. pag. 1570.

Cancellaria-tus sic exponit Glossar.

Ddd ij

GAULTIER. ,, jufqu'à ce que nous vous puiſſions parler ; car autrement nous ne le
,, pourrions ſouffrir auec patience, ny nous empeſcher de vous en faire
,, paroiſtre noſtre reſſentiment.

IV.
Conduite du Regent trop violente.

Mais la conduite du Chancelier eſtoit trop violente pour eſtre de durée ; & comme il choquoit indifferemment tout le monde, & qu'il trauailloit ſans ceſſe à eſtablir de plus en plus ſa fortune ſur les ruïnes de celle d'autruy, il ſe fit tant d'ennemis, qu'il ſe vit contraint de ſe bannir luy-meſme, & de faire place à noſtre Archeueſque. Il voulut auoir le Chaſteau de Lincolne ; Gerard de Camuille, qui en eſtoit Gouuerneur à titre onereux, (car il auoit acheté le gouuernement de cette place & du terri-

V.
Il veut auoir le Chaſteau de Lincolne, qu'il aſſiége.

toire d'alentour) ne pût ſe reſoudre à luy ceder ce qu'il auoit ſi bien payé ; & pour oppoſer puiſſance à puiſſance, eut recours à Iean Comte de Mortain, qui eſtoit repaſſé en Angleterre contre le gré du Roy ſon frere ; (comme dit Baronius) car encore qu'il eut eu d'abord défenſe d'y aller, il en auoit en ſuite obtenu permiſſion. Iean promit ſa prote- *I. Brompton, p. 1171.* ction à Gerard, qui ſe voyant ainſi appuyé, mépriſa les ordres du Regent.

VI.
Le Comte de Mortain l'oblige de leuer le ſiège.

Celuy-cy ramaſſe la Milice du païs, & aſſiége le Chaſteau ; le Comte de Mortain ſe met de ſon coſté en Campagne, & aprés s'eſtre ſaiſi de deux places fortes qu'il trouua dégarnies de viures & de munitions, enuoye dire au Chancelier que s'il ne leuoit le ſiege de deuant Lincolne, il iroit attaquer luy-meſme. A ces menaces, le Chancelier ſe retire, & quelques iours aprés ſe reconcilie auec Iean, par l'entremiſe de Gaultier & de quelques autres Prelats. Il paroiſt par leur accord, dont les Articles ſe voyent

VII.
Gaultier Mediateur de la paix du Regent, auec le Comte de Mortain.

dans l'Hiſtoire de Roger, que noſtre Archeueſque fut le principal Mediateur de leur accommodement ; auſſi ce fut entre ſes mains que le Comte, le Regent, & quatorze Barons de part & d'autre, iurerent de le garder & obſeruer de bonne foy. Mais cette paix dura peu, & fut bien-toſt rompuë par vne nouuelle entrepriſe du Chancelier, dont le faſte & l'orgueil croiſſoit toûjours, tant à cauſe de la continuation dans la charge de Legat du S. Siege, qu'il auoit obtenuë du Pape Celeſtin ſucceſſeur de Clement, que par la creance commune où l'on eſtoit en Angleterre, que le Roy ne retourneroit point de ſon voyage. Cette derniere

VIII.
Le Regent ſe broüille derechef auec le Comte de Mortain, au ſuiet de Geoffroy Archeueſque d'Yorch.

conſideration le deuoit attacher aux intereſts de Iean, que ſa naiſſance & l'inclination des peuples appelloient à la Couronne ; mais il eut cét aueuglement de ſe broüiller encore auec luy, en mal-traitant Geoffroy ſon frere naturel. Il auoit employé tous ſes efforts pour empeſcher que celuy-cy, qui auoit eſté élû Archeueſque d'Yorch, ne ſe fit Sacrer ; mais Geoffroy auoit enfin obtenu du Pape la confirmation de ſon élection, le *Pallium*, & la permiſſion de receuoir le caractere Epiſcopal par le miniſtere de l'Archeueſque de Tours. Eſtant Sacré, il voulut paſſer en Angleterre, veritablement contre le ſerment qu'il auoit fait au Roy de n'y point aller durant ſon abſence ; mais il crût poſſible en eſtre ſuffiſamment diſpenſé par l'obligation que luy impoſoit ſa dignité Paſtorale, de reſider dans ſon Dioceſe, & de prendre ſoin de ſon Troupeau. Le Chancelier ayant appris ſon deſſein, ſe ſaiſit de toutes les Terres & les poſſeſſions de l'Archeueſque d'Yorch, & donna ordre qu'on mit des gardes

Il receut le Pallium auât d'eſtre ſacré, v. I. Brompton Harpsfeld. Hiſt. Ang. 12. ſec. cap. 42. p. 400. Rad. de Dicet raconte les particularitez de ſon ſacre & de ſa priſon, p. 663.

aux portés du Royaume, pour luy en empefcher l'entrée.   GAVLTIER.

CHAP. XII.
Sommaire.
I. Le Regent fait prendre prifonnier l'Archeuefque d'Yorch, au fortir de l'Autel.
II. Le Comte de Mortain écrit au Regent qu'il ait à le deliurer.
III. Gaultier & plufieurs Euefques prient le Regent de faire satisfaction à l'Archeuefque d'Yorch.
IV. Les coupables de cét attentat excommuniez.
V. Gaultier fait lecture des lettres du Roy en vne Affemblée de Notables.
VI. Gaultier receu premier Miniftre d'Eftat.

GEoffroy, bien qu'aduerty des embufches qu'on luy dreffoit, ne laiffa point de s'embarquer & d'aborder à Douures; où estant arriué, il monta fur vn cheual tres-vifte & courut à vn Monaftere [a] de cette Ville; mais la Sainteté du lieu ne le garantit pas de la fureur de fes ennemis, qui le prirent quelques iours après à l'Autel, où il venoit d'acheuer la Meffe, & eftoit encore reueftu des Ornemens Sacerdotaux, & le traifnerent ignominieufement en prifon, au fcandale de toute la Ville. Le bruit d'vn procedé fi violent s'eftant auffi-toft répandu dans le païs, le Comte de Mortain frere de Geoffroy en conceut vne extrême indignation, & ayant affemblé quelques Troupes, écriuit au Chancelier, que s'il ne deliuroit promptement l'Archeuefque d'Yorch, il l'iroit deliurer luy-mefme. Plufieurs Euefques, & mefme deux ou trois qui auoient efté jufqu'alors tres-attachez au feruice du Regent, irritez de cét outrage fait à leur Confrere, renoncerent à fon amitié; de forte qu'eftonné des menaces du Comte, & de l'éloignement de fes amis, il rendit la liberté à Geoffroy, lequel auffi-toft vint à Londres, où il fe plaignit au Prince fon frere, à noftre Prelat Gaultier, & aux Euefques d'Angleterre, de l'injure qu'il auoit receuë du Chancelier; fur lefquelles plaintes, Gaultier & les autres Prelats aprés auoir prié diuerfes fois le Regent de faire satisfaction à l'Archeuefque d'Yorch, voyant qu'ils n'auançoient rien par les voyes de douceur, luy marquerent vn certain terme, dans lequel s'il ne fatisfaifoit conuenablement à Geoffroy, ils le menacerent de l'excommunier. Ce iour venu, les Archeuefques de Roüen, d'Yorch, & plufieurs autres Euefques s'eftant affemblez en l'Abbaye de Radinges, monterent au Iubé de l'Eglife, & là les chandelles allumées, fulminerent anatheme contre ceux qui auoient confeillé, ordonné, ou executé l'emprifonnement de Geoffroy, & nommément contre Alberic de Marines & Alexandre Pointel, principaux autheurs de cét attentat. En fuite, ayant appris que le Chancelier s'eftoit retiré dans la tour de Londres, ils fe tranfporterent en cette Ville auec le Comte de Mortain, lequel conuoqua le lendemain lefdits Prelats, & quantité de Comtes & de Barons dans le Chapitre de S. Paul de Londres. Aprés que l'on eut fonné la cloche ordinaire, afin que cette Affemblée ne paffaft pas pour vne cabale fecrete de factieux, on y traita de plufieurs affaires, & Gaultier y prefenta les lettres, par lefquelles le Roy luy commettoit le gouuernement de l'Eftat, en cas que l'Euefque d'Ely fon Chancelier, abufaft de fon authorité; ce qui n'eftant que trop veritable au fentiment de tous, le Chancelier fut depofé, & noftre Archeuefque mis en fa place. Sur la fin de l'Affemblée, le Comte Iean fit ferment de fidelité au Roy Richard, les Archeuefques de Roüen & d'Yorch, & les autres Prelats fuiuirent fon exemple, auffi bien que les Comtes & les Barons; mais l'Euefque de Londres fe monftra fingulier, en ce que luy feul adjoufta à fon ferment (fauf mon ordre & la jurifdiction Ecclefiaftique.) La Communauté des Bourgeois de Londres confentit auffi à l'établiffement de Gaultier dans la dignité de premier Miniftre: de forte que noftre Prelat commença à gouuerner;

[a] Vn Prieuré de S. Martin.

Roger,p.701.

Ddd iij

GAVLTIER. mais par vn effet de sa sagesse & de sa modestie, il ne voulut point auoir seul la direction des affaires, & n'entreprit rien qu'auec le conseil & la participation de ceux que le Roy luy auoit associez, & des Barons de l'Eschiquier, dont la propre fonction estoit de se mesler des Finances; ce qu'il fit, afin de ne donner de prises aux calomnies de ses enuieux, & qu'on ne le pust soupçonner d'auarice & de desir de s'enrichir des deniers publics. Aussi les Autheurs le loüent de son integrité & de la fidelité auec laquelle il s'acquitta d'vn employ si important. *Rog. hou. p. 702. & Rad. de Diceto. V. le glossaire sur le mot scaccarium.*

VII.
L'Euesque d'Ely assiegé dans la tour de Londres, en sort par capitulation.

Le Chancelier ayant esté ainsi déposé, le Comte de Mortain jugea qu'il le falloit chasser de la tour de Londres, où il s'estoit retiré: à ce dessein il enuirona de soldats, & forma vne espece de siege deuant cette forteresse. Le succez de cette petite guerre fut, que l'assiegé demanda quartier; nostre Prelat, le Comte & quelques autres personnes de leur party, luy parlerent de loin, & luy accorderent la liberté, à condition qu'il rendroit la place, & tous les Chasteaux dont il s'estoit saisi, & qu'il auoit donnez en garde à ses creatures: & que quant à ceux que le Roy luy auoit mis entre les mains, il les retiendroit; mais que les Gouuerneurs qu'il y auoit establis, feroient serment d'estre fidelles à leur Souuerain. Ce que le Chancelier ayant accepté, à la caution de ses freres & de son Camerier, qui furent les ostages de l'execution du traité, il sortit de la tour, & cinq ou six iours après tascha de passer secretement la mer au port de Douures; mais s'estant déguisé en femme, il fut reconnu, outragé, & traisné en prison, iustement au mesme lieu où il auoit fait maltraiter l'Archeuesque d'Yorch, ainsi qu'a fort bien remarqué vn pieux & sçauant moderne. *Rad. de Diceto, p. 665.*

VIII.
Il est mis prisonnier, s'étant déguisé en femme.

CHAP. XIII.

Sommaire.
I.
Gaultier s'employe pour le mettre en liberté.

II.
Il passe en Flandres, de là en Normandie, où il est traité comme excommunié.

III.
Il a recours au Pape, & enuoye vn Mandement à S. Hugues.

LE Comte de Mortain par vn sentiment peu Chrestien, fut rauy d'auoir attrapé son ennemy, & s'en fust vangé à loisir, si nostre Archeuesque & les autres Prelats n'eussent intercedé pour leur confrere, & obtenu sa deliurance. Aussi-tost qu'il fut en liberté, il monta sur mer & aborda en Flandres. I'obmets ses diuerses auantures, me contentant de dire qu'estant venu en Normandie, il n'y receut aucun honneur; au contraire, par le Mandement exprés de Gaultier, on le traita d'excommunié, chacun éuita sa rencontre, & lors qu'il entroit en vne Eglise, dés qu'il estoit reconnu, les Prestres cessoient l'Office. Cependant, comme son principal appuy estoit la Cour de Rome, il y enuoya de ses confidens pour se plaindre au Pape de sa déposition, & de toutes les injures qu'il auoit receuës, se soûmettant de justifier au Roy sa conduite. Ses Deputez agirent si bien pour luy auprés de Celestin III. qui tenoit alors la Chaire de S. Pierre, qu'ils obtindrent de luy des lettres, par lesquelles sa Sainteté mandoit aux Euesques d'Angleterre, d'informer des faits énoncez en la plainte de l'Euesque d'Ely, Legat & Chancelier, & que s'il se trouuoit que le Comte de Mortain eust, ou donné ordre de l'arrester, ou seulement troublé la paix du Royaume, ils l'excommuniassent luy & tous ses adherants. Le Chancelier commit l'execution de ce Mandement Apostolique, à S. Hugues Euesque de Lincolne; & dans l'Ordonnance qu'il luy addressa pour ce sujet, mit le nom de nostre Archeues- *Nic. Harsfeldius, p. 291. Hist. Angl. Ecclef.*

DES ARCHEVESQVES DE ROVEN. 399

que Gaultier, & de plusieurs autres, comme notoirement coupables des GAVLTIER.
choses portées dans les lettres du Pape, & consequemment frapez d'A-
natheme : mais quant au Comte de Mortain, il suspendit l'effet de la
Censure jusqu'à vn certain temps, dans lequel il pourroit se reconnoistre & corriger sa faute. Il manda au mesme Saint de saisir l'Archidiaconé & tous les reuenus de Iean Archidiacre d'Oxfort, neueu de Gaultier,
qu'il qualifie par dérision *Archipræpilatus Rothomagensis*, ne considerant *Ou Pilatus*
pas que cette raillerie retournoit sur luy, & qu'il se montroit par là *simplement,*
tres-indigne de l'Episcopat, qu'il reueroit si peu en autruy. Il enuoya *selon Roger.*
les mesmes ordres à quelques autres Prelats d'Angleterre, en qui il se
fioit ; mais ny S. Hugues, ny les autres, n'executerent ny le Mandement
du Pape ny le sien, d'autant qu'ils ne le reconnoissoient plus ny pour
Legat, ny pour Chancelier, mais comme vn homme qui auoit rüiné
le Royaume & dissipé les Finances de l'Estat ; ce qui fut cause que Gaultier & ses Associez confisquerent les reuenus de l'Euesché d'Ely, & les
mirent au coffre du Roy.

IV.
Il veut mal-
traiter Gaul-
tier & son
neueu, de pa-
roles & d'effets

V.
S. Hugues re-
fuse d'execu-
ter ses ordres.

Le Chancelier voyant que ses lettres de Rome n'auoient produit aucun fruit, recherche secrettement d'acord la Reine mere & le Comte de
Mortain, à qui il paya ou promit vne somme d'argent tres-considerable (sçauoir quinze mil marcs) & auant l'entiere conclusion de ce traité, il repassa en Angleterre : toutesfois pour ne point trop se hazarder,
il s'arresta au Chasteau de Douures, où il auoit pris port comme en vn
lieu de seureté pour luy, à cause que son beaufrere en estoit Gouuerneur ; de là il enuoya de ses Officiers vers la Reine Eleonor, le Comte
Iean, l'Archeuesque de Roüen, & les autres Conseillers d'Estat, demandant par leur entremise d'estre rétably en ses biens, auec offre de justifier
sa conduite par les voyes de droit, & de se soumettre aux volontez du
Roy. La Reine & le Comte qu'il auoit gagnez, s'employerent pour luy,
& taschérent par diuers moyens de faire sa paix, representant que le Roy
trouueroit mauuais qu'on l'eust déposé de sa charge, sans vn ordre exprés
& particulier (ce qui n'estoit pas, puisqu'il auoit esté démis en vertu des
lettres rapportées cy-dessus.)

VI.
Il tasche de
faire sa paix
par argent,
auec Eleonor,
& le Comte
de Mortain.

Mais Gaultier, & les autres Euesques & grands Seigneurs d'Angleterre ayant representé à la Reine les desordres & les excez qu'auoit commis le Chancelier, & l'extréme misere où estoit reduit le peuple sous
son gouuernement, luy firent changer d'aduis, & l'empeschérent de
proteger dauantage vne personne si peu digne de sa bienveillance : Pour
ce qui est du Comte, ils l'attirerent aussi à eux, tant par leurs raisons,
que par vn present qu'ils luy firent de deux mille marcs d'argent qui furent pris dans les coffres du Roy du consentement de nostre Archeuesque, & des autres Ministres d'Estat. Si bien que par le commun suffrage de tous, il fut resolu qu'on ne permettroit point à l'Euesque d'Ely
d'entrer plus auant dans le Royaume, & qu'on luy signifieroit qu'il
eust incessamment à se retirer & à sortir du païs, comme vn perturba-
teur du repos public. A quoy il fut contraint d'obeïr ; & estant repassé
en France le Ieudy Saint, il se refugia auprés du Roy Philippes Auguste,

VII.
Il trouue des
obstacles à ses
desseins.

VIII.
Il est contraint
de repasser en
France.

GAVLTIER. qui estoit de retour de l'expedition de la Terre Sainte.

CHAP. XIV.

Sommaire.
I.
Gaultier enuoye à Reims pour se iustifier.

Gaultier & les Euesques d'Angleterre auoient enuoyé quelques mois auparauant, des Deputez à Rome pour y défendre leur cause; mais ceux-cy trouuerent le Pape Celestin & la pluspart des Cardinaux préoccupez en faueur du Chancelier, & eurent beaucoup de peine à desabuser sa Sainteté qui leur objectoit sans cesse, que le Roy d'Angleterre ne luy auoit point fait de plaintes de l'Euesque d'Ely, & qu'au contraire ç'auoit esté à la priere de sa Majesté, de l'Archeuesque de Roüen, & des Prelats d'Angleterre, qu'Elle auoit continué ledit Euesque dans la charge de Legat Apostolique, & qu'absolument Elle ne luy osteroit point cette Legation, qu'il ne luy parut par les propres lettres du Roy d'Angleterre que ce Prince l'eut priué de l'honneur de ses bonnes graces, en punition de sa mauuaise conduite. Aprés plusieurs sollicitations

II.
Le Pape absout des Censures les deux partis.

de part & d'autre, le Pape donna son jugement, par lequel il declara ledit Euesque absous de la dénonciation de Gaultier, & de son neueu, Doyen de l'Eglise de Roüen; & reciproquement jugea nulle la Sentence que ledit Euesque auoit portée contre Gaultier; ledit Doyen & ses autres parties. Il confirma ledit Euesque dans la charge de Legat, & luy permit de l'exercer, auec cette limitation, qu'il ne pourroit interdire, suspendre, ny excommunier l'Archeuesque ny le Doyen de Roüen, non plus que les Ministres d'Estat & les principaux Seigneurs d'Angleterre; à quoy sa Sainteté adjousta qu'Elle enuoyeroit des personnes de qualité pour reconcilier les esprits diuisez, & negotier vn accommodement entre Gaultier & l'Euesque d'Ely. Tout cecy est raconté plus au long dans les lettres qu'écriuirent à nostre Archeuesque, ceux qui solliciterent pour luy cette affaire en Cour de Rome, lesquelles on peut voir dans Roger, l'Abbé Brompton, p. 1232. Baronius en l'an 1192, &c.

III.
Il enuoye deux Legats pour les reconcilier.

Le Pape ne manqua pas, suiuant sa promesse, de députer en Normandie deux Legats; mais par malheur cette Legation fut inutile, ainsi que nous dirons. Il faut maintenant repasser en Angleterre, où nostre Gaultier exerçoit auec beaucoup de sagesse & d'integrité la charge de premier Ministre d'Estat. Il ne sçauoit ce que c'estoit que de receuoir de presens;

Rad de Dicet, p. 671.

IV.
Vertus que Gaultier fit paroistre dans le gouuernement de l'Estat.

il rendoit exactement la justice à tout le monde; on ne remarquoit point en ses actions de vanité ny d'orgueil; il ne se croyoit pas Grand pour estre en vn lieu éleué; & comme sa dignité Ecclesiastique ne luy auoit point fait perdre sa premiere moderation, il ne la perdit pas aussi dans cette Magistrature Ciuile, qu'il sçauoit estre beaucoup inferieure à l'Episcopat; par où l'on peut juger que c'estoit plûtost la conjoncture du temps, & le peril où estoit l'Estat pendant l'absence du Prince, que l'ambition & le desir de dominer, qui le tenoient attaché à cét employ.

V.
Changement dans les expeditions des Chartes & lettres patentes.

Il est remarquable qu'aprés la déposition du Chancelier, les nouueaux Ministres d'Estat changerent la forme des Chartes & des expeditions du Conseil; & au lieu qu'elles estoient auparauant dressées au nom de l'Euesque d'Ely (en qualité de premier Ministre d'Estat) & scellées de son Sceau, elles furent en suite faites au nom du Roy Richard, signées de Gaultier, & scellées d'vn petit Sceau Royal, ainsi qu'il estoit du bon ordre,

DES ARCHEVESQVES DE ROVEN.   401

ordre, comme le reconnoift Geruais, d'ailleurs peu fauorable à noftre GAVLTIER.
Prelat. Cét Autheur en rapporte vn exemple au sujet des procedures, *Chron. Geru. nas. p. 1578.*
qui furent faites pour l'élection de l'Archeuesque de Cantorbie. Il ra-
conte fort au long cette affaire, mais ie me contenteray de la dire sommairement.

VI.
Differend en- tre les Suffra- gans de Can- torbery, & les Moynes de la Cathedrale, pour l'éle- ction d'vn Archeuesque.

Il y eut en ce siecle-là vne longue & celebre contestation entre les
Suffragans du Siege de Cantorbie; & les Religieux qui estoient Chanoi-
nes ᵃ de la mesme Eglise, sur le sujet que ie viens de marquer. Les pre- *ᵃ Monachi Cathedrales.*
miers soustenoient qu'ils deuoient auoir part à l'élection de leur Metro-
politain, & donner leurs suffrages conjointement auec le Chapitre. Les
Religieux disoient au contraire, que ce droit appartenoit à eux seuls, le
Siege estant vacquant par la mort de Baudoüin decedé en Orient. Le
Roy enuoya au Chapitre des lettres de recommandation, en faueur de
Guillaume de Montreal, & exhorta les Moynes à luy donner leurs suf-
frages; ceux-cy n'y deferant point, les principaux de leur Communauté

VII.
Les Moynes refusent de nommer celuy que le Roy leur designoit.

furent mandez à Londres par Gaultier, & les autres Ministres d'Estat; A
qui le Prieur allegua pour raison de leur refus, qu'il n'estoit pas juste
d'exclurre les personnes de merite du Clergé d'Angleterre, de la charge
de Metropolitain, & d'aller mandier vn Sujet dans vn Royaume étran-
ger pour l'établir dans cette haute dignité; & qu'aprés tout ils n'admet-
toient ny ne refusoient absolument cét Archeuesque de Montreal, mais
qu'ils differoient à deliberer là dessus, jusqu'à ce qu'ils connussent
mieux cét inconnû, & que par leurs prieres ils eussent attiré sur eux le
secours du Ciel pour terminer heureusement vne affaire si importante;
laquelle réponse satisfit Gaultier & les autres Ministres, qui l'ayant ren- *Geru. Chron. p. 1579. & Rad. de Dicet. p.647.*
uoyé, luy ordonnerent quelque temps aprés, de proceder à l'élection
en vn certain iour, auant lequel nostre Prelat & les Euesques de Bathe,
de Chester, de Rocestre, de Conuentre, le Comte de Mortain & autres se
rendirent à Cantorbie, pour y traitter quelque affaire publique; d'où les
Moynes ayant pris ombrage, & jugé que c'estoit possible pour élire
entr'eux vn Metropolitain, & les obliger en suite à consentir à leur deliberation, ils allerent trouuer ces Prelats dans l'Hostel de l'Archeuesché
où ils estoient assemblez, & leur dirent par la bouche de leur Prieur,
qu'ils estoient prests d'élire vn Archeuesque, conformément à l'ordre
qu'ils en auoient receu; & pour n'vser point dauantage de retardement,

VIII.
Ils élisent l'Euesque de Bathe, qui mourut vn mois aprés.

qu'ils élisoient tous l'Euesque de Bathe qui estoit present. En effet, ils se
saisirent aussi-tost de luy, & l'ayant enleué par force, le porterent à l'E-
glise, & le mirent dans la Chaire de Metropolitain. Ce qui surprit fort
Gaultier, si l'on en croit Geruais, alors Sacriste de cette Cathedrale, qui
ne se pût empescher de faire toûjours éclatter sa passion contre nostre
Prelat par quelque trait de plume, & quelque epithete injurieux. Il se
fit en suitte des protestations de part & d'autre, tant en ce lieu, qu'à
Londres, où Gaultier manda quelques iours aprés l'Euesque de Bathe,
dont l'élection fut confirmée par le Pape, mais la vacance du Siege ne
laissa pas de continuer. Ce Prelat estant mort enuiron vn mois aprés
l'Assemblée de Cantorbie, dequoy le Roy ayant aduis, escriuit qu'on

Eee

pourueut au plûtoſt à l'Egliſe d'Angleterre par l'établiſſement d'vn Metropolitain, & recommanda pour cét effet la perſonne de Hubert Eueſque de Sareſbery. En execution duquel ordre, la Reyne Eleonor & noſtre Archeueſque firent ſignifier aux Moynes qu'ils euſſent à ſe trouuer le Dimanche 29. de May à Londres, pour élire vn Archeueſque. Mais ceux-cy pour ſe maintenir dans leur droit, tinrent leur Chapitre le Samedy, & donnerent leur ſuffrage à l'Eueſque de Sareſbery, puis le lendemain leur Prieur ſe tráſporta à Londres, & preſenta l'éleu aux Eueſques aſſemblez, qui de leur coſté élûrent pareillement Hubert, en diſant au Prieur, qu'ils luy auoient obligation de leur auoir amené celuy qu'ils auoient élû, laquelle élection fut confirmée par Gaultier en qualité de premier Miniſtre d'Eſtat, ainſi que dit Radulphe de Dicet, qui comme Doyen de Londres, parle dans ſon Hiſtoire pour l'intereſt des Eueſques, comme Geruais fait pour ſon Chapitre, lequel à la fin gagna ſa cauſe en 1206. deuant le Pape Innocent III. ainſi que témoigne Mathieu Paris : par là on peut juger que les Moynes n'auoient pas tant de tort que le veut perſuader Pierre de Blois en ſa 27. Lettre.

GAVLTIER.

IX.
Ils nomment par vne autre élection, l'Eueſque de Sareſbery.

X.
Gaultier confirme l'élection de l'Eueſque de Bathe-Vvelles faite par les Moynes de Bathe.

Il y eut vne conteſtation ſur vn pareil ſujet entre les Religieux de Bathe, & le Clergé de Vvelles, touchant l'élection d'vn Eueſque pour le Dioceſe de Bathe-Vvelles, ainſi nommé, à cauſe que ſous le Pontificat de S. Lanfranc Archeueſque de Cantorbie, le Siege Epiſcopal auoit eſté tranſporté de Vvelles à Bathe, comme en vn lieu plus digne. Les Religieux auoient éleu Sauaric Archidiacre de Northampton, à quoy les Eccleſiaſtiques de Vvelles s'oppoſoient, mais noſtre Prelat Gaultier authoriſa & confirma cette élection, & Sauaric ayant eſté à Rome, ſe fit aggréer par le Pape.

Rad. de Dicet.
p. 668.
Gerv. act.
Pont. Cant.
p. 1654.

XV.
Sommaire.
I.
Philippes Auguſte demande ſa ſœur & quelques Villes au Seneſchal de Normandie.

PHilippes Roy de France eſtant de retour de ſon voyage d'Orient, vint ſur les confins de la Normandie, & confera auprés de Giſors auec Radulphe Seneſchal de cette Prouince, à qui il fit voir vn accord paſſé entre luy, & le Roy Richard, en la Ville de Meſſine ; En vertu duquel il demandoit qu'on luy rendit la Princeſſe Alix ſa ſœur, qui eſtoit ſoigneuſement gardée dans le Chaſteau de Roüen, & qu'on luy mit auſſi entre les mains les Comtez d'Aumale, & d'Eu, & le Chaſteau de Giſors auec toutes ſes appartenances ; mais ledit Seneſchal & les principaux Seigneurs de Normandie qui l'accompagnoient, reſpondirent à Philippes qu'ils n'auoient pas d'ordre de cela du Roy leur Maiſtre, & que pour cette raiſon ils ne pouuoient ſatisfaire à ce qu'il deſiroit d'eux : ce qu'entendant Philippes, il ſe retira aprés les auoir menacez d'emporter par force, ce qu'ils luy refuſoient de gré. En ſuitte il ſollicita le Comte de Mortain de le venir trouuer, luy faiſant eſperer qu'il luy donneroit en mariage Alix ſa ſœur, & le mettroit en poſſeſſion de toutes les Prouinces que le Roy d'Angleterre ſon frere poſſedoit en France. Duquel traitté la Reyne Eleonor ayant eſté aduertie, elle paſſa promptement en Anglererre, & s'employa conjoinctement auec noſtre Archeueſque & les autres Miniſtres pour détourner ce Prince de la reſolution qu'il auoit déſia priſe de ſe rendre auprés du Roy Philippes, & de

1192.

I. Prompton
p. 1256.

II.
La Reyne & Gaultier diſſuadent le Comte de Mortain de ſe liguer auec Philippes Auguſte.

DES ARCHEVESQVES DE ROVEN.

se liguer auec luy contre Richard, alors prisonnier en Allemagne. Le GAVLTIER. Comte défera à leurs remonstrances, mais il ne fit que suspendre vn peu son dessein, & l'executa quelque temps aprés, comme nous dirons.

III. *Deux Legats du Pape pour l'accommodement des Ministres d'Estat mal receus à Gisors.*

Les choses estant en cét estat, le Pape Celestin enuoya deux Cardinaux en Normandie; sçauoir, Octauian Euesque d'Ostie, & Iourdain Abbé de Fosseneuue, pour accommoder le differend d'entre Gaultier & l'Euesque d'Ely. Ces deux Legats estant venus à Gisors, le Gouuerneur du Chasteau & les Bourgeois leur refuserent la porte par ordre du Seneschal de Normandie, leur alleguant pour raison, que le Roy d'Angleterre leur Prince, n'estoit point reuenu de la Terre Sainte, & qu'il

IV. *Raison du refus que leur fit le Seneschal.*

auoit mis toutes ses Terres sous la protection du S. Siege, mais qu'il ne leur auoit point donné permission de receuoir de Legat de la part du Pape; à quoy les Cardinaux repartirent, Que puisqu'ils estoient enuoyez par sa Sainteté, qui s'estoit engagée à proteger la Prouince, on ne deuoit auoir aucune deffiance d'eux; Que le sujet de leur legation estoit

V. *L'vn d'eux jette vn interdis sur la Prouince.*

l'establissement de la paix entre les principaux Ministres du Roy, & qu'on ne pouuoit leur dénier l'entrée sans faire injure au Souuerain Pontife, & sans témoigner par là qu'on aimoit le trouble & la discorde, dont on empeschoit le remede. Quelques fortes que fussent leurs raisons, ils ne pûrent rien obtenir, & mesmes quelques-vns de leurs gens s'estant trop auancez, furent repoussez par les Soldats. Octauian picqué de cét outrage, excommunia le Seneschal & ses complices, & jetta vn Interdit dessus la Normandie, à laquelle Censure Iourdain de Fosseneuue son confrere ne voulut point souscrire, afin de ne pas desobliger le Roy d'Angleterre: ce qui fut cause, dit l'Abbé Brompton, que le Roy de France le chassa de son Royaume.

I. Brompton, p. 1239.

VI. *L'Euesque de Durham refuse d'aller trouuer les Legats.*

La Reine Eleonor & nostre Archeuesque, ayant eu aduis de ce qui s'estoit passé, n'approuuerent nullement la conduite du Seneschal, & pour reparer sa faute, commanderent à Hugues Euesque de Durham de passer promptement en France, & d'aller saluër & faire excuse de leur part à ces deux Cardinaux: mais il leur respondit qu'il ne pouuoit quitter l'Angleterre à cause du differend qu'il auoit auec Geoffroy Archeuesque d'Yorch. Cette Princesse & Gaultier auoient desia tâché d'accommoder ces deux Prelats, mais inutilement: Hugues s'estoit pourueu par deuant le Pape, & auoit fait declarer nulle, l'excommunication que Geoffroy auoit prononcée contre luy; il luy restoit encore à retirer les terres de son Chapitre saisies par l'Archeuesque; le besoin qu'on auoit de luy pour cette deputation, fut cause que la Reine &

VII. *La Reine & Gaultier l'obligent d'aller les trouuer à Paris, & ce qui en arriua.*

nostre Prelat entreprirent de nouueau de l'accorder entierement auec Geoffroy, dequoy ils vinrent à bout. Aprés cela Hugues s'embarqua, & estant abordé en France vint en diligence à Paris, où ayant trouué les deux Legats, comme il estoit homme adroit & nourry à la Cour, il les appaisa par ses ciuilitez, & obtint d'Octauian, qu'il leueroit l'excommunication & l'interdit qu'il auoit jetté, si le Seneschal de Normandie

VIII. *Le Legat refuse de leuer l'interdit.*

vouloit jurer de les satisfaire par les voyes de droit, & luy permettre d'aller auec son Collegue jusqu'à Roüen, sinon comme Cardinaux, au

Eee ij

404 　　　　　　　　　HISTOIRE

GAVLTIER. moins comme estrangers. Mais le Seneschal ayant refusé ces conditions, le Legat refusa aussi de leuer lesdites Censures : ce qu'il fit toutesfois quelques temps aprés par ordre du Pape sans entrer dans la Prouince.

CHAP. XVI.
Sommaire.
I.
Richard arresté prisonnier à son retour de la Terre Sainte.

II.
Ce que fit Gaultier ayāt appris ces nouuelles.

III.
Gaultier & plusieurs autres en escriuent au Pape.

IV.
Le Roy est visité de plusieurs Prelats & de l'Euesque d'Ely.

ENuiron ce temps-là on eut aduis de la captiuité du Roy Richard, lequel au retour du voyage de Hierusalem auoit fait naufrage en la Mer Hadriatique, & pour surcroist de malheur, comme il pensoit trauerser l'Allemagne pour reuenir en Normandie ou en Angleterre, auoit esté recognu & arresté par Leopold Duc d'Austriche, & mis entre les mains de l'Empereur Henry. Ces tristes nouuelles affligerent extrémement ses fidelles Sujets, mais Gaultier en fut touhé d'vne façon toute particuliere, comme il paroit par les Lettres qu'il escriuit à Hugues Euesque de Durham, toutes pleines de sentimens de tendresse enuers son Prince ; de resignation à la volonté de Dieu, & de generosité pour empescher les fâcheuses suittes de la detention de leur Souuerain. Il luy mande de venir en diligence à Oxford, & quelle affaire qu'il puisse auoir, de s'y rendre auant le quatriéme Dimanche de Caresme, afin d'assister à l'assemblée qui s'y deuoit faire de plusieurs des veritables seruiteurs du Roy. Roger rapporte vne Lettre que nostre Archeuesque & ses Suffragans adresserent au Pape Celestin sur le mesme sujet, afin de l'exhorter à prendre en main l'épée de S. Pierre, & à soustenir les interests d'vn Prince, qui par sa qualité de Pelerin estoit sous la protection speciale du Siege Apostolique. On trouue cette piece parmy les Epistres de Pierre de Blois qui la dressa, & en escriuit encores d'autres à sa Sainteté au nom de la Reine Eleonor. Toutes lesquelles sollicitations furent cause que le Pape aprés plusieurs menaces, excommunia Leopold Duc d'Austriche qui auoit pris Richard, & commanda de frapper l'Empereur des mesmes Censures, & de mettre toutes ses terres en Interdit, s'il ne deliuroit promptement le Roy d'Angleterre, lequel en sa prison fut visité de quantité d'Ambassadeurs & de personnes de consideration, & entr'autres de Hubert Euesque de Saresbery (depuis Archeuesque de Cantorbie, comme nous auons dit) & de son Chancelier Guillaume Euesque d'Ely. Ie ne doute point que ce dernier ne luy fit de grandes plaintes de sa deposition, & de ce que Gaultier auoit esté mis en sa place : toutefois il ne pût diminuer rien de l'affection & de la confiance que Richard auoit en nostre Archeuesque, & qu'il luy témoigna bien clairement, en luy ordonnant de ne pas mesme deferer à ses ordres, s'il les jugeoit contraires au bien de ses affaires, comme il paroit par ce Billet rapporté par Radulphe de Dicet.

1192.
Selon Baronius, ou plustost 1193. selon les Hist. d'Angleterre.
a Au Golphe de Venise.

Richard Roy d'Angleterre, à Gaultier Archeuesque de Roüen.　　　pag. 671.

V.
Lettre de Richard R. D. à Gaultier.

,, TOutes les fois que nous vous enuoyons des Courriers en Angle-
,, terre auec des Lettres de creance, par lesquelles nous vous or-
,, donnons de leur adjouster foy dans les choses qu'ils vous propose-
,, ront de nostre part ; Nous le faisons en intention que vous les croyez
,, seulement en tout ce qui sera vtile pour la conseruation de nostre

,, honneur & de nos interests, & nullement à ce qui y fera contraire,   GAVLTIER.
,, & tendra à nostre desauantage.

VI.
Philippes Auguste assiege & prend plusieurs Villes.

Richard estant ainsi detenu prisonnier, eut affliction sur affliction: 1196. car Philippes Auguste Roy de France, par vn procedé, que mesme nos Historiens de France ont peine à excuser, se preualant de sa disgrace, luy declara la guerre, sous pretexte de repeter le dot de sa sœur Marguerite, & entra auec vne puissante armée en Normandie. Il prit Eu, Aumale & le Neufchastel, & vint assieger Roüen, mais le Comte de Licestre s'estant jetté dans la place, releua si bien le courage des Habitans, que Philippes sçachant leur resolution n'osa l'attaquer.

VII.
Philippe fait reuolter le Comte de Mortain qui demande la Couronne d'Angleterre.

De plus, Iean Comte de Mortain se reuolta contre Richard, & se joignit auec Philippes, aprés auoir tiré promesse de luy, qu'il appuyeroit les desseins que luy inspiroit son ambition, & luy aideroit à vsurper sur son frere la Couronne de la grande Bretagne, ou le Duché de Normandie. Il eut la temerité de venir trouuer à Londres nostre Archeuesque & les autres Ministres, & de leur demander la Couronne & le serment de fidelité, assurant que le Roy son frere estoit mort; mais on ne le crût pas, & chacun detesta son crime. Irrité de ce refus, il amassa vne brigade de vagabonds & de bandis, plûtost qu'vne armée de soldats, & surprit en Angleterre Vindesore & quelques autres Chasteaux: Mais Gaultier & les autres Ministres le reprirent aussi tost. Nostre Prelat alla en personne assieger le Chasteau de Vindesore, si l'on s'en rapporte au Moyne Geruais, lequel auec sa passion ordinaire le traitte de perfidie,   *Chron. Germ.* encore que tous les autres Autheurs l'ayent loüé de la vertu contraire;   *p. 1382.* & adjouste qu'il fit durer le Siege, & differa plusieurs iours à se rendre maistre de la place, à cause qu'il y auoit dedans de ses proches parens.

VIII.
Il assiege & prend quelques Chasteaux que Gaultier luy reprend.

IX.
Grande constance de Richard dans ses aduersitéz.

Tous ces troubles & ces reuoltes dont Richard estoit bien aduerty, & la perte de sa liberté, ne luy pûrent abbatre le courage, & lors que les Abbez de Boneley & de Pont-Robert, que Gaultier & les autres Seigneurs d'Angleterre auoient enuoyez vers luy, pour traitter de sa deliurance, le vinrent saluër, il les receut auec de grandes demonstrations de joye, & auec toutes les marques d'vn esprit constant, & comme inuincible dans son aduersité.

CHAP. XVII.
Sommaire.

I.
La rançon du Roy arrestée, ses Agens retournent en Angleterre.

Par l'accord conclu entre luy & l'Empereur, il fut arresté qu'il payeroit pour sa rançon cent mille marcs de pur argent, au poids de Cologne, & autres cinquante mille marcs pour la conqueste de la Poüille. Le traitté conclu, les Abbez retournerent en Angleterre auec les ordres   *Rad. de Dice-* du Roy, pour faire la leuée de cette somme, alors tres-considerable. Le   *to, p. 670.* Chancelier dont l'adresse auoit beaucoup contribué à la negotiation de cét accord, ne tarda guere à les suiure, & estant arriué, presenta à la Reine Eleonor, à Gaultier, & aux autres Ministres d'Estat, la Bulle d'Or   *Roger, p. 727.* de l'Empereur, aprés les auoir assurez qu'il n'estoit point entré dans le Royaume en qualité de Legat ou de Chancelier, mais seulement d'Euesque & d'Agent du Roy. On trauailla en suitte à la leuée des deniers,

II.
Gaultier trauaille pour la leuée des deniers.

qui estoient déposez & mis entre les mains de deux Prelats, de deux Comtes, & du Maire de Londres, sous les Sceaux de la Reine & de

Eee iij

GAULTIER. Gaultier, que Richard manda quelque temps après. En execution dequoy cette Princesse, nostre Archeuesque & plusieurs Seigneurs ayant passé la Mer, s'acheminerent en Allemagne au commencement de l'an 1194. Ils celebrerent la Feste des Roys à Cologne, d'où ils se rendirent à Mayence, où l'Empereur sollicité par les promesses du Roy de France & du Comte de Mortain, voulut se dédire de l'accord qu'il auoit fait auec Richard; mais enfin pressé par les remonstrances de plusieurs Prelats & Seigneurs, il accorda la liberté à ce Prince: Surquoy Gaultier escriuit cette Lettre à Radulphe de Dicet son amy intime, qui l'a rapportée dans ses Images Historiques, p. 672.

1194.

III.
Le Roy le mande en Allemagne auec la Reine & autres.

IV.
Lettre de Gaultier à Raoul de Dicet.

,, Vostre Charité sçaura que depuis que nous nous sommes rendus
,, auprés de nostre cher & Illustre Seigneur Roy, nous n'auons escrit à
,, personne en Angleterre, ne s'estant rien offert de remarquable, ny
,, qui meritast de vous estre mandé jusqu'au lendemain de la S. Blaise,
,, auquel iour il a plû à Dieu de visiter son peuple à Mayence, & de
,, disposer les choses pour la liberté du Roy. Nous auons esté ce iour-là
,, auec sa Majesté jusqu'à vne heure d'après midy, tandis que les Arche-
,, uesques de Mayence & de Cologne, se portant comme Mediateurs
,, entr'elle d'vne part, & l'Empereur & le Duc d'Austriche de l'autre,
,, trauailloient auec beaucoup d'ardeur à obtenir sa deliurance.

V.
Il luy mande la deliurance du Roy.

Enfin, aprés beaucoup d'inquietudes & de peines, ces mesmes Prelats sont venus trouuer le Roy, & en presence de la Reine, de nous, & des Euesques de Bathe, d'Ely & de Saintes, & de plusieurs Seigneurs de qualité, luy ont dit le bon mot, & fait vn compliment fort court, mais fort agreable, en l'assurant que si l'Empereur l'auoit gardé longtemps, il ne vouloit plus le garder, & qu'il le laissoit aller en liberté où il luy plairoit.

VI.
Gaultier & quelques autres laissez pour Ostages à l'Empereur.

Richard aprés vne prison de prés de quatorze mois, s'en retourna en diligence en Angleterre, & y arriua le vingtiéme de Mars, ayant laissé en Allemagne nostre Archeuesque, l'Euesque de Bathe, Baudoüin Gath, & quelques autres personnes de condition, pour seruir d'Ostages pour dix mille marcs, qui restoient à payer de sa rançon. Ces Illustres pleges jurerent de ne point sortir d'Allemagne à l'insceu de l'Empereur, jusqu'à l'entier payement de cette somme. Guillaume du Neubourg Historien qui viuoit en ce temps-là, releue fort le zele & l'affection que Gaultier fit paroistre en cette rencontre, pour le seruice de son Roy,
,, aprés la deliurance & le retour duquel ce Prelat (dit-il) satisfit à l'Em-
,, pereur de ses propres deniers, & reuint glorieux en Angleterre. l'aurois peine à croire que nostre Archeuesque fournit toute cette somme; mais il y a apparence, veu le témoignage de cét Autheur, qu'il en fournit vne partie. Quoy qu'il en soit, les dix mille marcs ayant esté payez à l'Empereur, Gaultier retourna à Londres le iour de l'Ascension, & fut receu en Procession solemnelle dans l'Eglise de S. Paul, où il prescha, puis la Messe estant acheuée, il fut conduit au Palais Episcopal, & traitté fort splendidement. Le Lundy de la Pentecoste il monta sur Mer & reuint à Roüen vers le commencement de Iuin, où sans doute le Clergé

VII.
Il paye de ses deniers le reste de la rançon du Roy.

Guill. Neubrigensis l. 5. cap. 27.

VIII.
Il est receu auec joye à Londres, & de là à Roüen au retour d'Allemagne.

Rad. de Dicet, p. 673.

le receut auec d'autant plus de joye que depuis long-temps il estoit pri- GAULTIER.
ué de sa presence.

CHAP. XVIII.
Sommaire.
I.
Gaultier acquist l'de l'Empereur pendant son sejour en Allemagne.

IE ne dois pas obmettre que pendant le sejour de Gaultier en Allemagne, ses eminentes qualitez luy acquirent les bonnes graces de l'Empereur Henry, qui eut depuis pour luy vne estime & vne affection particuliere, ainsi qu'il se void par les Lettres que Henry luy escriuit, pour luy apprendre l'heureux accouchement de l'Imperatrice, & la prosperité de ses affaires dans la Poüille & la Sicile, & pour luy demander reciproquement de ses nouuelles.

v. Rad. de Diceto,p.674. & 678.

Il est fait encore mention de Gaultier dans vne Lettre de l'Empereur à Richard Roy d'Angleterre, par laquelle Henry s'excusoit enuers Richard de ce qu'il ne deferoit point à la priere qu'il luy auoit faite par l'entremise de Gaultier & de l'Euesque de Bathe, de receuoir à sa suitte ordinaire le Ieune Prince Othon ᵃ fils du Duc de Saxe, luy alleguant pour raison, que le Duc son Pere luy estoit suspect, & qu'il apprehendoit qu'il ne tirast auantage de l'accez que son fils auroit auprés de sa personne pour luy rendre quelque mauuais office; mais qu'à sa recommandation, il auoit donné à Othon trois Gentilshommes pour le seruir & l'accompagner.

ᵃ Il fus depuis Empereur.

II.
Changemens de fortune de Gaultier, qui fait paroistre sa vertu dans l'aduersité.

Iusques icy nous auons veu Gaultier dans la prosperité & en haute faueur auprés des Princes & des Grands de la terre; maintenant nous l'allons voir durant quelques années dans les peines & les trauerses, & mesme en prise auec son Roy. Vicissitude qui estoit comme necessaire pour exercer & faire paroistre sa vertu, que nous n'aurions connuë qu'à demy, sans cette espreuue qui nous apprendra que s'il eut de la sagesse & de la moderation dans la bonne fortune, il n'eut pas moins d'egalité d'esprit & de constance, dans la mauuaise.

P. Blesensis in ep. 124. ad Galt.

III.
Sedition arriuée contre l'Eglise Cathedrale de Roüen.

Tandis qu'il estoit en Angleterre & en Allemagne, il s'éleua vne tres-funeste dissension entre le Chapitre de Roüen & les Bourgeois de la mesme Ville. Ceux-cy par vn estrange emportement de passion, firent vne guerre ouuerte à l'Eglise Metropolitaine & à ses Ministres, & renuerserent les murs de la place qui est deuant cét Auguste Temple, nommé (Aitre) & quelques boutiques (alors appellées échoppes) qui y estoient attachées. Ils furent souuent auertis par les Euesques de Bayeux, d'Avranches, de Seez & de Coutances, & par le Doyen de la Cathedrale, de reparer par vne satisfaction conuenable vn si horrible excez: mais refusant de le faire, ces Prelats du consentement de nostre Archeuesque les excommunierent. Ce foudre, bien loin d'arrester la fureur des coupables, ne fit que l'irriter dauantage; de sorte que la semaine Sainte plusieurs d'entr'eux firent main-basse sur les Chanoines, en tuerent quelques-vns, & en outragerent & blesserent quelques autres, & mesme, le saint iour de Pasques, brûlerent la plusart de leurs maisons, ruïnerent leurs iardins, & en arracherent les arbres. Enfin ayant esté pressé par diuerses Lettres du Roy Richard alors prisonnier, & par les exhortations des Prelats & des gens de bien qui n'auoient point eu de part en leur crime, ils iurerent sur les Euangiles de se soûmettre au

Aitre est pris du Latin Attium.

IV.
Les Euesques Suffragans excommunient les coupables.

V.
Ils entrent en fureur, & commettent d'autres excez.

jugement de l'Eglise, touchant la satisfaction qu'ils deuoient faire. En suitte les quatre Euesques que nous venons de nommer s'estant rendus à Roüen à la priere de Gaultier, & ayant appellé dans leur Assemblée des personnes judicieuses & versées dans les Loix, prirent connoissance de l'affaire, & ordonnerent que la Communauté des Bourgeois seroit tenuë de reparer les dommages faits à la Cathedrale; de rebastir les murs de l'Aitre auec les boutiques, les maisons, & les jardins, brûlez, ou démolis, & que ceux qui auoient tué ou frappé les Prestres & les autres Ministres de l'Eglise, s'iroient jetter aux pieds de sa Sainteté pour obtenir absolution d'vn attentat si execrable, & satisferoient (autant qu'il se pourroit) à ceux qu'ils auoient offencez. Laquelle Sentence fut confirmée en suitte par deux Bulles du Pape Celestin, qui sont dans les Archiues de la Cathedrale. Gaultier estant de retour en son Diocese, trauailla fort à esteindre cette lamentable diuision, & à remedier aux desordres qui en estoient arriuez, ne pouuant souffrir que la reparation des murailles de la place de deuant l'Eglise, & des bastimens qui y estoient attachez, fut plus long-temps differée. Il tira promesse des Bourgeois de la faire dans vn temps limité, à quoy ceux-cy s'engagerent en presence du Roy, comme il paroit par cét Acte que rapporte Radulphe de Dicet.

„ Richard Roy d'Angleterre à tous ses fidelles Sujets, Salut. Vous
„ sçaurez que par l'accord fait entre le Seigneur Gaultier Archeuesque
„ de Roüen, & les Chanoines de la mesme Eglise d'vne part, & les Bour-
„ geois de ladite Ville de l'autre, il est conuenu que les murailles & les
„ boutiques de l'Aitre de l'Eglise, seront refaites dans le prochain iour
„ de Noël, aux despens desdits Bourgeois, & remises au mesme estat
„ qu'elles estoient auant qu'elles fussent abbatuës, & que l'ouurage sera
„ visité par le Seneschal de Normandie, & par nos Baillifs. Fait à Ar-
„ gentan, la veille de S. Martin.

CHAP. XIX.

Sommaire.
I. Diuisió entre les deux Roys, augmentée, pour plusieurs raisons.

Outre ce trouble domestique qui fit beaucoup de peine à Gaultier, il eut encore le déplaisir de voir son Diocese affligé du double fleau, de la guerre & de la famine. Philippes Auguste Roy de France, & Richard Roy d'Angleterre estoient si animez l'vn contre l'autre, que quelque effort que fit sa Sainteté pour les mettre d'accord, non seulement ils ne pouuoient se reconcilier, mais mesme leur diuision & leur inimitié croissoit de iour en iour. Le premier auoit tasché d'empescher la deliurance de Richard, s'estoit preualu autant qu'il auoit pû de l'absence de ses Estats, & auoit attiré à son party Iean Comte de Mortain son frere: Le ressentiment qu'auoit l'Anglois de tant d'outrages & de mauuais Offices, s'augmenta encore par les nouuelles conquestes que vint faire en Normandie Philippes, contre les traittez faits entr'eux vn peu auparauant. Aussi-tost que Richard nouuellement reuenu en Angleterre en eut eu aduis, il passa la Mer, & ayant fait leuer le Siege de Vernüeil à son ennemy, il le contraignit de se retirer en France. Gaultier qui voyoit son Diocese seruir de Theatre à cette funeste guerre, s'employa auec beaucoup de zéle pour en arrester le cours, & (comme dit

Pierre

Pierre de Blois) se porta pour Mediateur & pour Ange de Paix entre les deux Princes. En vn certain iour arresté par les parties, il alla au Pont-delarche auec le Seneschal & le Conestable de Normandie, pour traiter auec les Agens de Philippes Auguste; mais ceux-cy manquerent à leur promesse, & firent defaut. Vn peu aprés il y eut vne autre Conference entre les Deputez des deux Roys, du nombre desquels estoit nostre Prelat, & Guillaume Archeuesque de Reims, où l'on cõuint seulement d'vne trefue d'vn an; mais quand il en fallut signer les articles, Auguste y voulut mettre vne clause, laquelle ayant esté rejettée par l'Anglois, la guerre recommença au grand malheur de la Ville d'Evreux, qui fut prise & brûlée. L'animosité des deux partis fut en suitte suspenduë pendant vn an, par le moyen d'vne trefue, laquelle finie, le territoire de Roüen fut de nouueau exposé à la fureur des armes jusques à la paix, qui fut proposée à Issoudun, vers la fin de l'an 1195. & concluë au commencement de l'année suiuante, mais dont la durée ne fut pas longue, ainsi que nous dirons. Or durant tout le cours de cette guerre, ces deux Princes chargerent fort leurs Subjets de subsides & d'impositions, sans épargner mesme le Clergé; & Richard ayant maltraitté les Chanoines de S. Martin de Tours, à cause de leur fidelité enuers la France, & rauagé d'autres Eglises pour ce mesme sujet; Philippes fit le reciproque à l'égard des Eglises situées dans le païs de l'Anglois, desordre qui n'arriue que trop souuent, dans les diuisions que les interests humains font naistre entre les Princes Chrestiens; ceux-cy ne prenant loy que de leur passion, & déchargeant leur colere sur les Eglises & les Ecclesiastiques des terres des ennemis, comme si au lieu de faire simplement la guerre à vn Seigneur temporel, ils auoient entrepris de la faire aussi à l'Eglise de Dieu.

Les outrages que l'armée Françoise auoit faits au Clergé de Roüen, furent cause que Gaultier mit en Interdit cette partie de son Diocese, qui estoit sous la domination de France. A quoy quelques Prestres ayant desobeï par vne espece de mespris, & continué de celebrer le Seruice Diuin comme auparauant, ils attirerent sur eux l'indignation de nostre Archeuesque, & meriterent d'estre excommuniez. L'opiniastreté de ceux-cy (aussi-bien que celle des Bourgeois de Roüen, qui negligerent de faire satisfaction à la Cathedrale, des dommages & des injures qu'elle auoit receu d'eux) porta Gaultier à implorer l'authorité du Pape Celestin, qui par sa Bulle datée du 14. de May, confirma la Sentence que nostre Archeuesque auoit donnée contre les Habitans qui estoient coupables de ces excez, auec ordre à ses Suffragans de la publier dans leurs Dioceses les Dimanches & iours de Festes, & de l'y faire obseruer, jusqu'à ce que les criminels fussent venus à Rome auec les lettres & attestations de Gaultier, afin de s'y faire absoudre, aprés auoir accepté la penitence qu'on leur imposeroit. Sa Sainteté ratifia aussi l'Interdit que Gaultier auoit jetté sur le Vexin, & qu'il reuoqua l'année suiuante, aprés s'estre accommodé auec Philippes Roy de France.

Il y a mesme sujet de douter si cét Interdit ne fut point reuoqué, puis ordonné de nouueau en suite, veu vn certain accord que Roger dit

Fff

HISTOIRE

GAVLTIER *autres Ecclefiastiques, des biens pris pendant la guerre.*

auoir esté fait entre ce Prince & nostre Prelat cette année 1195. par lequel Philippes rendit à Gaultier les Terres qu'il auoit prises pendant la guerre, moyennant la somme de mille liures monnoye d'Anjou. Radulphe de Dicet rapporte aussi que Richard Roy d'Angleterre, restitua aux Chanoines de Tours & aux autres Ecclesiastiques, ce qu'il auoit confisqué sur eux, & qu'il fit cette restitution entre les mains du Legat de sa Sainteté; en suite dequoy il produit deux pieces qui justifient que Richard en vsa de mesme enuers nostre Archeuesque, mais il ne parle point des mille liures Angeuines. Voicy ces deux pieces en François.

Rog. p. 249.

CHAP. XX.
Sommaire.
I.
Lettre de Gaultier au Doyen de Londres.

Gaultier Archeuesque de Roüen, à Radulphe Doyen de Londres.

„ APrés que Monseigneur le Legat & nous, auós obtenu justice tou-
„ chant les biens & les reuenus des Ecclesiastiques, habitans dans
„ les Terres de Monseigneur le Roy de France, lesquels sa Majesté a auoit
„ confisquez; Nous auons crû deuoir solliciter & presser par nos prieres
„ & nos exhortations, ledit Seigneur Roy de France, de rendre pareille-
„ ment à Nous, & aux autres Ecclesiastiques demeurans dans les Prouin-
„ ces sujettes au Roy d'Angleterre, les biens qu'il auoit pris à nous & à
„ eux. Cecy a esté fait à Sens.

a *Le Roy d'Angleterre.*

II.
Lettres de Philippes Auguste pour cette restitution.

Philippes Roy de France, à ses Baillifs, Salut.

„ SCachez que nous auons receu en nostre grace & en nostre amitié,
„ nostre cher Gaultier, venerable Archeuesque de Roüen. C'est
„ pourquoy nous vous mandons & ordonnons qu'à la veuë des pre-
„ sentes, vous rendiez tout ce que vous auez entre vos mains des biens
„ dudit Archeuesque, & des Chanoines de Roüen, des Religieux & des
„ Religieuses, des Prestres & des Ecclesiastiques de Normandie, & que
„ vous les en laissiez joüir paisiblement à l'aduenir, & que s'il arriue que
„ quelqu'vn les outrage, soit en leur personne ou en leurs biens, vous
„ l'obligiez aussi-tost de leur en faire reparation. Commandez aussi aux
„ Gentilhommes b que ledit Archeuesque vous nommera, qu'ils agissent
„ auec ce Prelat en la maniere accoustumée, & comme ils doiuent.

b *Possible qui tenoient des Fiefs de l'Archeuesché.*

Le Roy Philippes adressa de pareilles lettres, tant aux Baillifs, qu'aux Barons qui detenoient les biens & les possessions de l'Archeuesché de Roüen, & des autres Ecclesiastiques de Normandie.

III.
La paix des deux Roys jetta Gaultier dans le trouble.

Il est rare de voir que la paix produise le trouble & le scandale, & qu'elle qui rétablit toutes choses, & rappelle pour l'ordinaire les exilez, fasse naistre vn desordre qui oblige vn Prelat à se bannir luy-mesme de son Diocese, d'où la guerre ne l'auoit pû faire sortir. Cependant, ce fut la triste necessité où se vid reduit nostre Archeuesque, par la paix qui fut concluë à Issoudun, entre les Roys de France & d'Angleterre, & il pût s'appliquer auec raison ces paroles de l'Escriture; c *Ecce in pace amaritudo mea amarissima.*

c *Isaye 38.*

IV.
Article de la paix prejudiciable à l'Eglise.

Par vn des Articles de ce traitté, il estoit dit que ces deux Princes se tiendroient quittes l'vn l'autre des dommages faits aux Eglises, & que les Censures d'Interdit ou d'Excommunication ordonnées pour cét effet, seroient reuoquées, sans que nul d'eux fut tenu à satisfaction.

Ie sçay que cét Article, de la maniere qu'il est couché dans le Traité de GAVLTIER. paix, imprimé dans le Recueil des Historiens de Normandie, ne contient autre chose, sinon que les Roys se tiendront reciproquement quittes de ce qui a esté pris sur les Eglises, &c. Mais il y a apparence qu'il fut changé & mis en la maniere qu'on le voit aujourd'huy par l'accommodement que nostre Archeuesque fit auec les deux Roys; joint qu'en l'estat où il est, il pouuoit encore paroistre injuste & desauantageux à l'Eglise, en ce qu'il n'y est point parlé de satisfaction ; mais Gaultier fut beaucoup plus irrité de cét autre.

V. *Et particulierement au sujet d'Andely, de l'Eglise, & de l'Archeuesque de Roüen.*

"Quant à la Ville d'Andely, il a esté arresté ce qui suit. Le Seigneur "Roy de France, ny nous, n'en reclamons point le Fief ou le Domaine. "Que s'il arriue que l'Archeuesque de Roüen mette en Interdit la Terre "dudit Roy de France, ou excommunie ses Subjets, le Seigneur Roy "pourra prendre son dédommagement sur Andely, & sur tout ce que "l'Archeuesque y possede, ou qui en dépend, & garder ce qu'il aura "saisi, jusqu'à ce que deux Prestres ou deux Diacres que le Roy de "France choisira de bonne foy, suiuant son serment, & deux autres "que nous élirons de nostre costé, ayent jugé si la Sentence d'excom"munication ou d'Interdit, aura esté donnée justement ou injustement. "S'il se trouue qu'elle soit legitime, le Roy de France rendra Andely "audit Archeuesque, & tout ce qu'il en aura enleué, & luy fera telle "recompense que lesdits Deleguez ordonneront. Si au contraire cette "Sentence est declarée injuste, tout ce que le Roy de France aura pris "d'Andely, & de ses dépendances, sera perdu pour ledit Archeuesque, "qui de plus, sera obligé de reuoquer l'Interdit ou l'excommunication. "Il en sera de mesme de nous. Si quelqu'vn desdits Deleguez meurt de "part & d'autre, on en mettra vn autre en sa place, en la mesme forme "qu'il auoit esté choisi. Quand l'Archeuesque de Roüen viendra à "mourir, les reuenus d'Andely & des lieux qui en dépendent, seront "mis entre les mains du Chapitre de nostre Dame de Roüen, jusqu'à "ce que le Siege vacquant soit remply d'vn Successeur. Nous ne mal"traitterons point lesdits Deleguez par ressentimens de ce qu'ils pour"ront juger contre nostre gré. Andely ne pourra point estre fortifié, &c.

Ie ne m'arresteray point icy à faire des reflexions sur l'injustice de cét Article ; il est plus à propos de faire parler nostre Prelat, qui nous apprendra luy-mesme par vne de ses Lettres, quels furent ses sentimens sur ce sujet, & de quelle maniere il agit pour la conseruation des droits de sa dignité & de son Eglise.

Gaultier Archeuesque Roüen, à Radulphe Doyen de Londres.

VI. *Lettre de Gaultier au Doyen de Londres, sur l'injustice de l'Article pour Andely.*

Rad. de Dicet, p. 586.

"AYant tant de preuues de la sincere affection que la Charité de "I. C. vous donne pour nous, & de la pieuse tédresse auec laquelle "vous compatissez à nos maux, comme nous vous en aimons dauan"tage ; aussi vous communiquons-nous auec plus de confiance les dé"plaisirs qui nous affligent, l'estat où nous nous trouuons, & la con-

HISTOIRE

GAVLTIER. „ duite que nous auons tenuë en la conference d'entre les Roys de
„ France & d'Angleterre. Nous eſtant donc tranſportez dans l'Octaue
„ de la Feſte des Roys, au lieu deſtiné à l'entreueuë des deux Princes:
„ Le premier jour d'aprés noſtre arriuée, le Roy d'Angleterre ne ceſſa

VII.
Le Roy d'Angleterre preſſe Gaultier de le continuer ſous des conditions tres-iniuſtes.

„ depuis le matin juſqu'au ſoir, de nous prier & de nous preſſer auec
„ toute l'inſtance poſſible, tant par luy-meſme, que par l'entremiſe de
„ pluſieurs Eueſques, Abbez & Barons, que Nous & noſtre Chapitre
„ nous rendiſſions pleges & cautions pour luy, qu'en cas qu'il n'obſer-
„ uaſt préciſément & entierement les articles contenus dans le Traité
„ de paix fait entre luy & le Roy de France ; nous ſerions obligez de
„ payer audit Roy de France deux [a] (mille) marcs d'argent, & qu'à cette   [a] *Peut-eſtre deux mille, car il n'eſt exprimé en l'original.*
„ fin nous luy en fournirions vn Breuet ſeellé de nos Sceaux. Mais parce
„ que nous n'auions pas veu l'original du traitté, dont il auroit fallu faire
„ mention dans nos lettres, qui en deuoient eſtre vne ſuitte & vne dé-
„ pendance, & en tirer toute leur force, nous ne voulûſmes ratifier par
„ noſtre conſentement vn eſcrit que nous ne voyions point, & que
„ nous n'euſſions pû voir ſans l'improuuer, le contredire, & meſme
„ l'auoir en horreur. Le Roy & ceux de ſa Cour n'ayant rien gagné ſur
„ nous par toutes leurs ſollicitations ; l'effet de noſtre fermeté à leur re-
„ ſiſter, fut qu'on nous communiqua ſur le ſoir les Articles de la Paix,
„ leſquels ayant eſté leus par le Doyen de Roüen, & quelques-vns des
„ noſtres, nous remarquaſmes entr'autres choſes qu'il y eſtoit dit, qu'il

VIII.
Article tres-préiudiciable qui ſoumettoit l'Archeueſ-que au iugement de quatre Clercs.

„ ne ſeroit point permis à l'Archeueſque de Roüen d'vſer d'Interdit ou
„ d'excommunication contre les Terres ou les Subjets du Roy de Fran-
„ ce, ou du Roy d'Angleterre, ſans le conſentement de quatre Clercs
„ que nommeroient leurs Majeſtez, & qui par ce moyen ſeroient mis
„ (pour ainſi dire) au deſſus de la teſte de l'Archeueſque ; Qu'en cas
„ qu'il ordonnaſt quelqu'vne de ces Cenſures, ces quatre Deputez ju-
„ geroient ſi la Sentence déuoit ſortir ſon effet, ou non ; & s'ils la de-
„ claroient injuſte & donnée ſans fondement, le Roy dont la Terre où
„ les Subjets auroient eſté frappez de Cenſure Eccleſiaſtique, pourroit
„ mettre en ſa main les meubles & immeubles de l'Archeueſque, & s'en
„ ſeruir comme de choſe ſienne, juſqu'à ce qu'il euſt reuoqué ſa Senten-
„ ce, & luy euſt ſatisfait, ſelon que le trouueroient à propos leſdits qua-
„ tre Clercs, erigez en autant de Primats. De plus, il eſt dit dans ce Traité

IX.
Autre article qui oblige Gaultier à frapper d'excommunication ceux qui l'auoient conſeillé.

„ ſigné deſdits Roys, & ſcellé de leurs Sceaux, que l'on pardonnera &
„ remettra tous les dommages faits aux Eccleſiaſtiques ou aux Reli-
„ gieux, & qu'on relaſchera toutes Cenſures, ſoit d'Interdit ou d'ex-
„ communication fulminées pour ce ſujet, ſans que les coupables ſoient
„ tenus de faire aucune ſatisfaction. Voyant de ſi horribles attentats ſur
„ les droits de l'Egliſe de Dieu, nous portaſmes auſſi-toſt Sentence d'ex-
„ communication contre les inuenteurs ou approbateurs de cét execra-
„ ble traitté, excepté les deux perſonnes des Roys, & pour ne rien ob-
„ mettre d'vne forte oppoſition à ces pactions injuſtes, nous en appel-
„ laſmes par deuant le Siege Apoſtolique, tant pour noſtre perſonne,
„ que pour l'Egliſe, & pour toute noſtre Prouince.

DES ARCHEVESQVES DE ROVEN.   413

CHAP. XXI.
Sommaire.
I.
Gaultier fait vne nouuelle proposition au Roy de France, qui la rejette.

GAVLTIER.

"LE second iour de la Conference, nous fusmes engagez à nous y trouuer, en partie par les prieres des deux Princes, & en partie aussi par quelques propositions qu'on nous fit, non moins pleines d'artifices & de déguisemens, que meslées d'injures & de menaces. Estant donc sortis du logis vn peu aprés ᵃ midy auec la Croix qu'on portoit deuant nous, nous passasmes au trauers d'vne grande foule de monde, qui nous suiuoit pour estre spectateurs de nostre conduite, & qui nous témoignoit de l'affection, dans la creance que nous combattions pour les interests de l'Eglise : & nous estant auancez jusqu'au lieu où estoit le Roy de France, aprés l'auoir salüé, nous luy demandasmes si sa Majesté auroit agreable de nous receuoir pour pleges & pour cautions du Roy d'Angleterre, sauf nostre ordre & nostre dignité, & sauf pareillement les droits & la jurisdiction de l'Eglise de Roüen. A quoy ayant contredit à haute voix, & adjousté à sa réponse des paroles injurieuses, nous le quittasmes & nous retirasmes peu aprés de l'Assemblée. Le lendemain nous fismes demander au Roy par l'entremise de l'Euesque d'Evreux, permission de nous en retourner en nostre Cathedrale, où nous nous refugiasmes promptement, comme en vn azile & en vn lieu de seureté. La nuict du Samedy suiuant, estant couchez, & essayant de prendre vn peu de repos, voila deux Officiers de la maison du Roy qui nous viennent commander de sa part, que le lendemain au matin nous eussions à comparoistre deuant sa Majesté; mais nous penetrasmes son dessein, & jugeasmes qu'indubitablement, aussi-tost que nous serions arriuez, il s'efforceroit de nous gagner, tant par des ciuilitez extraordinaires (jusqu'à se mettre à genoux deuant nous) que par le moyen d'vne troupe de Prelats, d'Abbez, de Comtes & de Barons ; & de nous faire consentir à sa volonté, & encore plus à celle du Roy de France. C'est pourquoy aprés auoir meurement deliberé sur ce que nous deuions faire, nous conclusmes qu'il valloit mieux nous retirer de nuict & secretement, que de mettre au hazard les droits & les libertez de l'Eglise, nostre reputation & nostre conscience. Ayant donc pris à nostre suitte seulement vn Chappelain & vn seruiteur, nous nous sommes transportez à Cambray, où nous attendons l'éuenement des choses, & qu'il plaise à Dieu mettre nos affaires en meilleur estat, resolus cependant de souffrir toutes sortes de disgraces & de malheurs pour la défence de la Iustice. Ainsi nous trouuant presentement au milieu d'vne infinité de déplaisirs qui nous affligent, & de maux qui nous accablent, nous vous supplions instamment de prendre part aux peines & aux interests d'vne personne qui vous est parfaitement acquise ; de nous apprendre par vos lettres, ce que nous deuons faire dans cette extremité, & de joindre à vos bons aduis, tous les bons offices dont vous pourrez nous assister.

ᵃ *Sur l'heure de None.*

II.
Richard enuoye querir Gaultier qui s'estoit retiré en son Archeuesché.

III.
Gaultier se refugie à Cambray pour ne s'exposer aux sollicitations violentes des deux Roys.

IV.
Il prie son amy de comparoir à son affliction, & de l'assister de ses prieres.

V.
Response du Doyen de Londres à Gaultier.

Radulphe ne manqua pas de l'assurer par ses lettres, de la continuation de ses respects & de ses seruices, adjoustant que pour preuue de la compassion qu'il luy portoit, & du desir sincere qu'il auoit que la

Fff iij

GAVLTIER. diuine bonté luy fuſt fauorable, il recitoit tous les iours à genoux cette priere.

> *Serua clerum, Rex inſignis,*
> *Votis tentum, laude dignis,*
> *Ne conſumat vorax ignis,*
>   *Tuæ laudi deditos.*
> *Legem pone regnaturis,*
> *Si ſtatutis inſtent duris,*
> *Ad radicem ſtat ſecuris,*
>   *Motus frænans vetitos.*

Il luy prédit auſſi ſa victoire & ſon heureux retour dans ſon Dioceſe, & qu'au lieu de la priere que ie viens de rapporter, ſes amis auroient la joye d'honorer ſon triomphe de ce Cantique.

> *Fœlix homo,   qui pro domo*
> *Dei, murum   ſe futurum,*
>   *Dicto,   Facto,*
>   *PVBLICAT.*
> *Ante Reges   Prauas leges*
> *Execrando,   Deteſtando,*
>   *Cælum   Sibi*
>   *VENDICAT.*

Ce qui arriua en effet, mais il ne remporta vne pleine victoire qu'aprés vn ſecond combat, ainſi que nous dirons.

VI. *Roger rapporte ce differend d'vne autre maniere.* Roger parlant du differend qu'eut Gaultier auec les deux Roys, dit *Roger, p. 765.* „ que Philippes Auguſte vouloit qu'il l'accommodaſt d'Andely; ce que „ ce Prelat n'ayant jugé à propos de luy accorder, ce Prince demanda „ qu'il euſt à luy faire hommage de cette partie de ſon Dioceſe, qui dé- „ pendoit de la Couronne de France; ſçauoir du Vexin François; la- „ quelle ſoumiſſion, dit-il, paroiſſant fâcheuſe & peu honorable à Gaul- „ tier, il en appella au Pape, pour l'intereſt de ſon Egliſe, & ſe retira, „ dans la crainte que le Roy d'Angleterre ſon Seigneur ne le côtraigniſt „ d'accomplir la volonté du Roy de France. Mais ce qui eſt porté dans les Lettres de noſtre Prelat, eſt beaucoup plus vray-ſemblable, car quelle apparence que le Roy d'Angleterre, ait voulu permettre que Gaultier euſt cedé au Roy Philippes vn poſte auſſi auantageux qu'Andely, qui tenoit alors lieu de place frontiere, & qu'il ſçauoit luy eſtre important de bien conſeruer, comme il témoigna bien peu aprés par les fortifications qu'il y fit?

VII. *Lettres de Pierre de Blois à Gaultier.* Pendant cét exil volontaire, Gaultier receut deux Lettres de Pierre de Blois, dans la premiere deſquelles cét excellent amy luy témoigne le reſſentiment qu'il a de la triſte neceſſité où il a eſté ainſi reduit, d'abandonner ſon Dioceſe, & luy fait de nouuelles proteſtations d'amitié, l'aſſure qu'il défendoit auec chaleur ſa cauſe contre les Officiers du Roy, & meſme quelques Eccleſiaſtiques qui blâmoient ſa retraitte, & vouloient faire paſſer ſon zele à ſouſtenir les intereſts de ſa dignité & de ſon Egliſe, pour vn emportement d'orgueil, & pour vn effort temeraire de

DES ARCHEVESQVES DE ROVEN. 415

s'éleuer au dessus du Prince. Enfin, il l'exhorte à demeurer ferme dans GAVLTIER. sa resolution, à preferer les injures & les opprobres qui luy en pour-roient arriuer, à toutes les caresses & tous les honneurs de la Cour, & à mettre vniquement son esperance en IESVS-CHRIST, qui n'abandon-ne iamais ses veritables seruiteurs.

VIII.
Seconde lettre du mesme.

Dans la seconde, il l'aduertit & le presse fort de fuïr l'oisiueté pen-dant son exil, de s'appliquer soigneusement à la priere, & à de sainctes lectures, & d'y chercher de la consolation à ses maux; il luy dit d'vne façon libre & digne de la sincerité de son affection, qu'il luy auoit sou-uent conseillé par ses lettres, de se dégager du maniment des affaires, & d'employer plus vtilement vne chose aussi precieuse que le temps; mais qu'il benit Dieu de ce que sa disgrace l'a éloigné de la Cour, de la fami-liarité du Roy, & des fonctions publiques (qui sont des chaisnes d'autant plus pernicieuses, qu'elles sont éclatantes & agreables) & l'a reduit dans vne espece de necessité de vacquer à l'Oraison, & à la lecture des Liures sacrez. Il conclud, en l'assurant qu'il fait prier Dieu pour luy dans toutes les Eglises où il a quelque pouuoir.

CHAP. XXII.
Sommaire.
I.
Gaultier ren-tre dans les bonnes graces des deux Roys.

CEs prieres ne furent pas inutiles, & la Diuine Prouidence disposa les choses en sorte, que les deux Roys considererent plus Gaultier absent, que present, & traiterent ciuilement par leurs lettres, celuy qu'ils auoient méprisé, & voulu opprimer en la Conference d'Issoudun. Nous ignorons qui fut le Mediateur de cét accommodement; il y a toutefois apparence que l'Archeuesque de Cantorbie & l'Euesque de Cambray y contribuerent. Quoy qu'il en soit, il est certain que le Roy de France deputa vers nostre Prelat Anselme, Doyen de Tours, & vn de ses Chambellans, pour luy témoigner sa bien-veillance, & de quelle maniere il luy auoit rendu justice, comme il paroit par cette Lettre.

II.
Lettres tres-obligeantes du Roy de France à Gaultier.

Philippes Roy de France, à Gaultier Archeuesque de Roüen.

„ NOus nous souuenons bien de vous auoir enuoyé nos chers & fi-
„ delles Anselme Doyen de Tours, & Vrson Chambellan, qui
„ vous auront declaré nos intentions, & appris que vous estiez en nos
„ bonnes graces, & que nous vous auions rendu Andely; vostre autre
„ Terre, & tous les biens qui vous appartenoient. Nous vous l'écriuons
„ de nouueau, & assurons que nostre affection vers vous s'augmente de
„ iour en iour, en preuue dequoy nous vous faisons sçauoir que si vous
„ souhaittez venir en nostre Royaume, vous le pouuez faire librement:
„ Toutes les terres de nostre obeïssance vous sont ouuertes, & vous y se-
„ rez auec la mesme seureté que les principaux Ecclesiastiques de nostre
„ Estat, & les plus intimes de nos amis.

De plus, Philippes luy enuoya aussi vne espece de passe-port & de sauf-conduit adressé à ses Baillifs, par lequel il l'inuitoit encore à passer en France.

Le Roy d'Angleterre ne le traita pas moins obligeamment, comme le justifie cette lettre.

Richard Roy d'Angleterre, à Gaultier Archeuesque de Roüen.

GAVLTIER.

III. Lettres du Roy d'Angleterre au mesme.

„ QVe voſtre Sainteté ſçache, que quelque beſoin que vous ayez
„ de nous, nous ne manquerons point de vous aſſiſter : ſi vous
„ ſouffrez quelque perte à noſtre occaſion, ſoyez certain que nous
„ vous dédommagerons. Quant à voſtre retour auprés de nous, jugez
„ vous meſme ce qui vous eſt plus expedient, & ne doutez point que
„ nous n'ayons agreable tout ce que voſtre Sainteté reſoudra là deſſus.
„ Il eſt bon que vous parliez au Seigneur Roy de France, pour l'intereſt
„ du Clergé, & des Laïques; mais auparauant conſultez voſtre pruden-
„ ce, & voyez s'il eſt meilleur de traitter auec luy en voſtre nom, qu'au
„ noſtre, & de vous entremettre ſeul de cette affaire, comme ſi vous
„ agiſſiez à noſtre inſçeu, & ſans nous en auoir communiqué.

IV. Il nomme le Neueu de Gaultier à l'Eueſché de VVorcheſtre.

Ce fut encore vn effet du deſir qu'auoit Richard de gagner l'eſprit
de Gaultier, que la nomination qu'il fit de Iean Doyen de Roüen, &
neueu de noſtre Prelat, à l'Eueſché de VVorcheſtre; car bien que Iean
fuſt vne perſonne de merite, il y a neantmoins grande apparence que le
Roy ſuiuant l'abus du ſiecle, luy confera en partie ce Benefice pour l'accommodement & l'vtilité de ſes affaires.

V. Gaultier donne aduis de ces heureux ſuccez au Doyen de Londres.

Les choſes changeant ainſi de face, Gaultier ne manqua pas d'en
donner aduis à ſon intime amy Radulphe, dans la lettre qu'il luy en-
„ uoya ſur ce ſujet. Il luy auoüe vne verité remarquable, & d'édification
„ pour les mœurs; ſçauoir que dans ſa plus grande proſperité il n'auoit
„ iamais eſté ſi joyeux que dans ſon affliction : Que le monde par ſa ma-
„ lice (qui s'augmente ſans ceſſe) & par ſes perſecutions, nous apprenoit
„ à mépriſer les faux biens qu'il nous preſente, & à n'aſpirer qu'à ceux
„ de l'Eternité; & que nul des maux dont il nous attaque, n'eſtoit capa-
„ ble de nous eſtonner, ny de nous nuire, pourueu que par vne foy
„ viue & ferme, nous nous attachaſſions à celuy à qui nous apparte-
„ nons neceſſairement, ſoit dans la vie, ſoit dans la mort. Il luy parle
auſſi d'vne lettre qu'il eſcriuoit à l'Archeueſque de Cantorbie, mais
elle ne ſe trouue point parmy les pieces de noſtre Hiſtoire. Voyons
maintenant de quelle façon Gaultier auança ſes affaires.

V. Gaultier va trouuer le Roy de France, qui le reçoit auec beaucoup d'affection.

Ayant le paſſe-port du Roy de France, il vint ſaluër ſa Majeſté à Pontoiſe le Mercredy de la ſemaine Sainte, qui eſtoit le 17. d'Avril en cette
année-là. Le Roy le receut auec de grandes marques d'eſtime & d'affection, l'entretint en particulier, luy promit de conſeruer les prérogatiues de ſa dignité, & les droits de ſon Egliſe, & luy fit meſme l'honneur de le reconduire. Enuiron douze iours après Gaultier, ſe rendit à
Paris, & alla derechef faire la reuerence au Roy (auprés duquel il trouua
Frere Bernard de Vincennes) & le ſupplia d'auoir compaſſion de l'Egliſe,

1196.

VI. Il luy accorde ſa demande de décharger les Egliſes.

& d'oſter du Traité de paix, les Articles qui eſtoient ſi contraires à l'authorité de ſa charge Epiſcopale, & aux juſtes libertez de l'Egliſe. A quoy
ce Prince luy reſpondit d'vne façon reſpectueuſe & obligeante. Sçachez
„ (mon cher Archeueſque) que pour l'amour de Dieu, & pour voſtre
„ conſideration, non ſeulement, nous voulons vous accorder l'effet de

vos

DES ARCHEVESQVES DE ROVEN. 417

,, vos prieres, bien que ce soit contre l'aduis de ceux de nostre Conseil, GAVLTIER.
,, mais encore nous consentons de décharger de leur caution, tous les
,, Euesques, Abbez, Chapitres & Eglises de nostre Prouince qui ont res-
,, pondu pour le Roy d'Angleterre, pourueu qu'il fasse la mesme grace à
,, ceux de mon Clergé qui se sont engagez pour moy. Car il est messeant
,, & contre les regles de la Iustice, que les Lieux sacrez, & les Ministres
,, de Dieu portent la peine des desordres qui peuuent arriuer de nostre
,, part ou de celle du Roy d'Angleterre, & qu'ils demeurent ainsi liez
,, & obligez par la pure volonté des Princes, sans le consentement de
,, l'Eglise.

VII. *Il continue son accommodement auec le Roy d'Angleterre.*

Vne responfe si fauorable contenta extrémement Gaultier, qui se retira dans cette partie de son Diocese qui est hors le Duché de Normandie, comme en vn sejour commode pour solliciter l'accomplissement des promesses du Roy de France, & négocier en mesme temps par des personnes interposées, son accommodement auec le Roy d'Angleterre. Son dessein réüssit, & (comme il dit luy-mesme en vne de ses lettres) Dieu qui tient en ses mains le cœur des Roys, & leur imprime tel mouuement qu'il luy plaist, les disposa à luy faire justice, & à reformer leur traitté. Par ce moyen l'Eglise de Roüen obtint pour recompense des dommages qu'elle auoit soufferts, vn reuenu annuel & perpetuel de cinq cens liures; les Abbez de la Prouince receurent assurance du Roy d'Angleterre, qu'il leur donneroit vne satisfaction conuenable. Ce Prince promit aussi d'indemniser les autres Ecclesiastiques de moindre qualité, selon l'estimation qui seroit faite par nostre Archeuesque, lequel ayant ce qu'il pouuoit raisonnablement pretendre, de l'aduis de quelques Euesques, & autres personnes sages & intelligentes, reuoqua l'Interdit qu'il auoit mis dans le Vexin François. Enfin aprés auoir receu des deux Roys de grands témoignages de bien-veillance, inuité & pressé par les prieres des Prelats ses Suffragants, & du Clergé de Roüen, il retourna en cette Ville, & entra solemnellement dans sa Cathedrale, le Dimanche que l'on chante à l'Introite de la Messe, *Dominus illuminatio mea*, auquel jour il auoit esté Sacré à Angers Euesque de Lincolne; ce qui fut pris pour vn bon augure. La joye de son retour fut encore augmentée par les ciuilitez que luy rendirent S. Hugues Euesque de Lincolne, & les Euesques de Salisbery & d'Excheftre qui s'y rencontrerent par hazard.

Rad. de Dicet, p. 692.

VIII. *Dédommagement fait à l'Eglise de Roüen, & aux autres de la Prouince.*

IX. *Il leue l'Interdit, & retourne à Roüen, où il est receu auec joye.*

X. *Qu'il est probable que ce fut lors que Richard donna les 300. muids de Vin.*

Par ce reuenu annuel & perpetuel de cinq cens liures, qu'obtint l'Eglise de Roüen, en recompense des pertes qu'elle auoit souffertes, j'estime qu'on doit entendre vne rente de trois cens Muids de Vin, que Richard donna à la Metropolitaine, sçauoir de cent pour l'Archeuesque, & de deux cens pour les Chanoines; laquelle donation fut faite selon les vns en 1195. & selon les autres l'année suiuante, nous en rapporterons la Charte dans l'Histoire de la Cathedrale. Ie crois aussi que la Lettre suiuante fut escrite en suitte de cét accord, bien que j'y trouue pareillement quelque difficulté à cause de la date.

Vt lex compositionis inter eos ipsos Reges diffiniuit, Ecclesia nostra in damnorum suorum recompensatione annuo & perpetuo 500. librarum redditu est ditata. Pualtherus Arch. ad Radulphum.

Ggg

GAVLTIER.

XI.
Lettre de Richard Roy d'Angleterre, à Gaultier, où il le remercie d'auoir leué l'Interdit.

Richard par la grace de Dieu Roy d'Angleterre, Duc de Normandie & de Guyenne, Comte d'Anjou. Au Venerable Pere en Iesus-Christ, Gaultier, par la mesme grace, Archeuesque de Roüen, Salut.

„ NOus vous remercions auec grande affection de ce que vous
„ auez leué si-tost & d'vne maniere si obligeante, l'Interdit des
„ terres du Roy de France : mais parce que le Comte de Lycestre, que
„ son zele & sa fidelité pour nostre seruice a engagé dans beaucoup de
„ disgraces, est encore detenu prisonnier à cause que vous n'auez point
„ déchargé le Roy de France des choses qui vous ont porté à ordon-
„ ner cét Interdit ; Nous vous prions, que pour l'amour de nous, &
„ pour faciliter la deliurance dudit Comte, vous dressiez & enuoyiez au
„ Seigneur Roy de France des Lettres Patentes, par lesquelles vous le
„ déclariez quitte, & entierement déchargé de tout ce qui a donné
„ sujet à l'Interdit, & renonciez à luy en demander iamais rien. Ce qui
„ est raisonnable, puisque nous vous auons satisfait là dessus en son
„ nom. Témoin moy-mesme à S. le 10. Février.

CHAP.
XXIII.
Sommaire.
I.
Cause de l'association des Archeuesques de Roüen auec les Euesques de Cambray.
II.
Richard fortifie Andely, Patrimoine de l'Eglise de Roüen.
III.
Gaultier jette vn Interdit sur la Normandie, & va à Rome.
IV.
Richard y enuoye trois Euesques, l'vn desquels estoit excommunié.

PEndant que Gaultier estoit retiré à Cambray par vn exil que sa cause rendoit glorieux, il contracta cette celebre association d'entre les Eglises de Roüen & de Cambray, dont ie parleray amplement dans l'Histoire de la Cathedrale. La bonne intelligence d'entre le Roy d'Angleterre & ce Prelat ne fut pas de longue durée. La paix que ce Prince auoit faite auec Philippes Auguste s'estant rompuë, Richard pour mieux deffendre la Normandie contre les courses des François, entreprit de fortifier Andely, ancien Patrimoine de l'Eglise de Roüen. Gaultier qui vid que ces fortifications luy portoient grand préjudice, & diminueroient beaucoup de son reuenu, s'y opposa par ses prieres & ses remonstrances. Mais nonobstant son opposition, le Roy passa outre, & commença de bastir deux Chasteaux, l'vn dans l'Isle, & l'autre au bord de la Seyne, sur la Roche nommée depuis Chasteau-Gaillard. Ce que voyant Gaultier, il en appella deuant le Siege Apostolique, mit la Normandie en Interdit, & s'en alla à Rome. La Chronique de Roüen porte que la complaisance qu'eurent ses Suffragans pour le Prince, les empescha de déferer à cette Censure, qui apporta bien du trouble dans la Ville, & depluft fort à Richard, qui auoit peine à voir les corps de ses Sujets decedez, estendus dans les ruës sans sepulture, & les autres suites funestes de cette seuere Ordonnance. Pour remedier à ce desordre, il enuoya vers sa Sainteté trois Deputez, sçauoir Guillaume Euesque de Lisieux (que nostre Prelat auoit excómunié) l'Euesque d'Ely son Chancelier, ancien ennemy de Gaultier, & Philippes élû Euesque de Durham. Nous dirons quelle fut l'issuë de cette affaire, mais auparauant il est à propos d'apprendre de nostre Archeuesque mesme, quelques particularitez de son depart & de son voyage. Voicy ce qu'il en escriuit au Doyen de Londres.

DES ARCHEVESQVES DE ROVEN.

Gaultier Archeuesque de Roüen, à Radulphe Doyen de Londres, Salut.

V. Lettre de Gaultier au Doyen de Londres.

„ VOus sçauez que depuis long-temps que l'Eglise de Roüen est
„ affligée d'vne infinité de pertes & de calamitez, nous esperions
„ que nostre Roy y auroit égard, & en seroit au moins touché de quel-
„ que sentiment & compassion. Mais bien au contraire, fauorisant le
„ desordre, il s'est saisi d'Andely, qui est l'vnique Patrimoine de nostre
„ Eglise, & contre nostre défence, a commencé d'y construire de nou-
„ uelles fortifications, monstrant assez par cét outrage fait au chef du
„ Clergé de la Prouince, de quelle façon il opprimera en suitte les Ec-
„ clesiastiques de moindre qualité, qui sont ses membres. Nous l'auons
„ supplié plusieurs fois, tant par nous mesmes, que par l'entremise
„ d'autres personnes, de se desister de son entreprise, de nous indemni-
„ ser des ruïnes faites dans nos Fermes, qui ont esté rauagées & brûlées
„ par ses Troupes, & de nous restituer nostre Chapelle de Blie qu'il nous
„ detient depuis plus d'vn an, auec tous les fruicts qu'il en a perçeus.
„ Pour toute satisfaction, nous auons eu de luy quelques responses plai-
„ nes de subtilité & d'artifice, mais dépourueuës de raison & d'équité,
„ & toutes nos supplications sont demeurées sans effet. Certainement
„ s'il auoit eu quelque bonté pour nous, & qu'il eust voulu conseruer
„ nostre vie, il nous auroit conserué Andely, qui est l'vnique terre
„ dont nous subsistons, & dont nous subuenons aux necessitez des
„ pauures. Mais ce qui rend tout à fait son procedé inexcusable, c'est
„ que mesme aprés l'opposition que nous luy auons signifiée, non seu-
„ lement il nous retient nostre Isle, mais s'est encore emparé tout nou-
„ uellement d'vne bonne partie de nostre Domaine qu'il pretend forti-
„ fier de fossez, & par la construction d'vn Chasteau. Voyant que ces
„ violences s'augmentoient de iour en iour, nous l'auons encore esté
„ saluër, & de peur qu'on ne nous accusast d'agir auec imprudence &
„ emportement, nous auons pris en nostre Compagnie les principaux
„ de nostre Eglise, & l'auons tous ensemble supplié instamment de se
„ montrer fauorable à nos demandes, & de nous rendre nostre Isle
„ & nostre Domaine, & de reparer les dommages qu'il auoit cau-
„ sez à nous & à nostre Eglise; adjoustant enfin que s'il ne nous faisoit
„ justice dans trois iours, nous ne pourrions fermer les yeux à vn tel de-
„ sordre, ny laisser impuny vn tel endurcissement: Mais pour surcroist
„ de malheur, & afin que l'Eglise de Normandie ne fust pas moins af-
„ fligée d'vne dissension domestique que d'vne guerre estrangere, Guil-
„ laume Euesque de Lisieux poussé d'vn esprit d'orgueil, & d'autres
„ mouuemens que le Demon seul peut inspirer, s'est éleué contre l'E-
„ glise de Roüen sa mere, de laquelle il a merité d'estre retranché par
„ le glaiue d'Anatheme, dont aprés plusieurs admonitions nous l'auons
„ frappé de l'aduis de nos Venerables Freres & Coëuesques, en punition
„ de ses excez criminels & de son opiniastre desobeïssance. Comme
„ donc nous n'auons pû fléchir le Roy, ny par nos prieres, ny par nos

VI. Il luy rend compte de tous les griefs, que l'Eglise de Roüen a re-ceüe du Roy d'Angleterre.

VII. Il rapporte toutes les di-ligences qu'il a faites pour les détourner.

Au Latin, Barbacanis, qui signifie vn Chasteau, d'où vient le mot de Barba-cane, pour de-signer le lieu du Chasteau de Roüen qui est hors le Pont.

VIII. Il se plains de l'Euesque de Lisieux.

GAVLTIER. „ remonstrances, ny par les autres moyens que nous auons tentez, &
„ que le terme que nous luy auons donné pour nous satisfaire, est passé;
„ les loix de la necessité & les aduis de personnes sages & judicieuses
„ nous portent à nous opposer fortement à ses desseins, & à reprimer
„ par vne juste punition, tant d'outrages, s'il ne se haste de changer de
IX. „ conduite. Au reste, voyant qu'absolument il nous falloit aller au Siege
Pour l'affaire „ Apostolique pour nostre demeslé contre l'Euesque de Lisieux, nous
duquel il al- „ nous sommes mis en chemin le Ieudy d'aprés la Feste de Tous les
lois trouuer
le Pape. „ Saints, nous promettant bien auec l'aide de Dieu, de charger de con-
„ fusion cét Euesque, en presence de sa Sainteté, pour les desordres in-
„ supportables qui nous ont contraint (ainsi que nous auons dit) de le
„ punir si seuerement. Nous vous conjurons pour l'amour de Dieu d'a-
„ uoir pour nous vne compassion fraternelle, & de nous aider de vos
„ saintes prieres.

CHAP. XXIV.

Sommaire.
I.
Pluye de sang
qui tombe sur
ceux qui tra-
uailloient aux
fortifications
d'Andely.

Cependant on trauailloit en diligence aux fortifications d'Andely, le Roy auoit tant à cœur cét ouurage, qu'il se transportoit souuent sur le lieu pour presser les ouuriers, & auoir le plaisir de le voir auancer & s'éleuer sur ses fondemens. Vn iour qu'il y estoit, il tomba vne pluye meslée de sang, dont ses habits furent tachez. Mais ce prodige (qui est raporté par tous nos Autheurs) ª qui fut vn presage de sa mort violente, ne le pût détourner de son entreprise. Lors que cette forteresse fut ache- uée, il s'en glorifioit extrémement, & la regardant auec satisfaction, & pour ainsi dire, auec vne tendresse paternelle, il disoit aux Seigneurs de sa Cour, *Cette fille, pour n'auoir qu'vn an, n'est-elle pas grande & belle.* Quant aux Deputez qu'il auoit enuoyez vers sa Sainteté, il n'y eut que les Euesques de Lisieux, & celuy qui auoit esté élu Euesque de Durham, qui firent le voyage, car le Chancelier mourut en chemin dans la Ville de Poitiers, & fut inhumé en l'Abbaye du Pin. Gaultier d'vne part, & ces deux Prelats de l'autre, se presenterent deuant le Pape Celestin & „ plaiderent chacun leur cause. Nostre Archeuesque representa à sa „ Sainteté, les pertes & les ruïnes qu'auoit souffertes en ses biens l'Eglise „ de Roüen, par la guerre des deux Roys, & l'extrême violence auec „ laquelle Richard s'estoit saisi d'Andely, qui luy appartenoit; y faisoit „ des fossez & des fortifications contre sa volonté; & par cette injuste „ entreprise, aneantissoit ses reuenus, & luy ostoit le moyen de subsister, „ & de subuenir aux necessitez des pauures de son Diocese. Laquelle plainte de Gaultier estoit mieux fondée qu'elle ne paroistra à plusieurs, qui ne consideront que ce qui s'obserue aujourd'huy, au lieu qu'il faut auoir égard à l'vsage de ce temps-là, où les Seigneurs estoient com-

II.
Gaultier plai-
de la cause de
son Eglise de-
uant le Pape,
presence des
Euesques en-
uoyez par Ri-
chard.

III.
Ce qu'ils
respondent à
Gaultier pour
iustifier la
procedure du
Roy.

me de petits Souuerains. A quoy les Deputez de Richard respondi- „ rent que si l'Eglise de Roüen auoit eu des pertes, c'estoit vne disgrace „ qui luy estoit commune auec toutes les autres de la Prouince, & vn „ effet du rauage des François, dont le Roy ne deuoit pas respondre, „ vû principalement que toute la terre sçauoit auec quel soin, quelle „ prudence, & quelle valeur sa Majesté s'appliquoit à défendre ses „ Sujets contre les attaques de ses ennemis. Qu'à la verité le desir de

a Rad. de Di-
ceto, Guill.
Neubr. Ioan.
Brompton.
Harpsfel-
dius.

En 1206. il
arriua encore
la mesme cho-
se à Andely le
1. Mars, au-
quel iour il y
eut vne Ecly-
pse de Soleil.
Ms. Roth.
Chron.

DES ARCHEVESQVES DE ROVEN.

GAVLTIER.

„ défendre & de conseruer ses Estats, ainsi que doit vn bon Prince,
„ auoit porté Richard à fortifier l'Isle d'Andely, parce que c'estoit vn
„ poste de grande consequence, & vn passage par où les François
„ auoient coustume d'entrer en Normandie; mais qu'il estoit clair qu'il
„ n'auoit fait en cela que ce qu'vne juste necessité & le deuoir de Sou-
„ uerain demandoit de luy, & qu'il meritoit plûtost de la loüange que
„ du blâme, d'apporter tant de vigilance à la conseruation de ses Estats.
„ Que quant au dommage que cette entreprise causoit à l'Eglise de
„ Roüen, le Roy auoit eu la bonté de le vouloir reparer selon l'estima-
„ tion de personnes de probité & de suffisance, & qu'il en auoit fait
„ porter parole à Gaultier par des Euesques, des Abbez & des Seigneurs
„ de sa Cour, lesquelles offres il auoit refusées. Qu'enfin il estoit abso-
„ lument necessaire que sa Majesté retint & fortifiast Andely, afin d'em-
„ pescher de ce costé-là l'inuasion de ses ennemis, & que cette raison
„ qui regardoit l'vtilité generale, deuant preualoir à l'interest particulier
„ de l'Archeuesque de Roüen, il deuoit aussi cesser de s'opposer dauan-
„ tage à la volonté du Roy, au bien du public, & à l'accomplissement
„ d'vn ouurage approuué de tous les ordres de la Prouince.

IV. *Le Pape conseille à Gaultier de s'accommoder auec le Roy.*

En suitte les parties declarerent qu'ils se soûmettoient au jugement du Pape & de l'Eglise Romaine. Sa Sainteté aprés vne longue conference auec les Cardinaux, decida le different plûtost en Arbitre qu'en Iuge. suiuant la remarque de Baronius, & conseilla Gaultier de s'accommoder auec le Roy, parce qu'à prendre les choses à la rigueur, il estoit permis à vn Prince de fortifier tel lieu qu'il luy plaisoit de ses Estats, pour pouruoir à sa seureté & à celle de ses Sujets : lequel aduis fut suiuy de nostre Archeuesque.

V. *Le Pape Sacre l'Euesque de Durham, leue l'Interdit qu'auoit jetté Gaultier, donne vne Bulle en sa faueur.*

1197.

Le 20. d'Auril le Pape sacra celuy des deputez du Roy d'Angleterre, qui auoit esté élû Euesque de Durham, puis leua l'Interdit que Gaultier auoit mis en Normandie; & aprés auoir exhorté ces trois Prelats à l'vnion & à la concorde, les renuoya en France. Il y a quelque sujet de douter si Gaultier partit si-tost de Rome, veu qu'il se trouue des lettres du S. Siege en date du deuxiéme du mois de Iuillet de cette mesme année, par lesquelles sa Sainteté luy permit d'vser d'Interdit ou d'excommunication, pour reprimer l'audace de ceux qui enuahiroient, brûleroient ou rauageroient les possessions des Eglises de sa Prouince; le tout nonobstant appel; excepté toutesfois les personnes des Rois de France & d'Angleterre, & celle des Officiers de leur Maison. Toutesfois, il se

VI. *Reflexion sur cette Bulle, & sur le retour de Gaultier auec l'Euesque de Lisieux.*

peut faire que cette Bulle fut expediée aprés son depart. Il y a beaucoup d'apparence qu'il l'obtint afin de conseruer son authorité dans son Diocese, & qu'il ne parut pas que le Pape l'eust voulu diminuer, en leuant l'Interdit que Gaultier auoit ordonné. Bien que ie ne remarque rien dans les Autheurs de la reconciliation de l'Euesque de Lisieux auec nostre Prelat, je tiens neantmoins pour asseuré que sa Sainteté les remit en bonne intelligence, veu qu'ils reuinrent ensemble en Normandie, au rapport de Roger.

Nostre Archeuesque estant de retour en son Diocese, tous ses amis

HISTOIRE

GAVLTIER
VII.
Propositions
d'accommodement, pour
la Terre
d'Andely.

luy conseillerent de s'accommoder auec le Roy, & de faire vn échange
d'Andely contre d'autres Terres que sa Majesté luy donneroit; justifiant
leur aduis par des exemples de semblables permutations des biens Ecclesiastiques, faites pour de semblables causes, & mesme luy faisant voir
comme en de certains Dioceses on auoit transferé le Siege Episcopal
d'vn lieu à vn autre, pour éuiter les troubles & les incommoditez des
guerres. Hubert Archeuesque de Cantorbie, Iean Euesque de Vvorchestre, & Eustache nommé à l'Euesché d'Ely, furent les principaux
autheurs de ce Conseil, & ceux qui en solliciterent auec plus d'ardeur
l'execution, comme j'apprens d'vne lettre de Gaultier au Doyen de
Londres, où il adjouste que pour éuiter tout soupçon d'orgueil & d'opiniastreté, il acquiesça entierement à ces aduis le 16. d'Octobre; & que ce
mesme iour en presence dudit Archeuesque de Cantorbie, de l'Euesque
de Vvorchestre, de tous les Euesques de Normandie & de plusieurs Abbez & personnes de qualité, il entra solemnellement dans l'Eglise Metropolitaine.

*Galt. Arch.
Roth. Epist.
apud Rad. de
Dic. p. 697.*

VIII.
Gaultier s'y
soûmet, &
rentre dans
l'Eglise de
Roüen.

CHAP.
XXV.
Sommaire.
I.
Eschange fait
de la ville
d'Andely &
dépendances,
auec d'autres
terres que
donna le Roy
d'Angleterre.

LE mesme iour se fit ce fameux Contract, par lequel Richard Roy
d'Angleterre ceda à nostre Archeuesque le Domaine de Dieppe,
de Louuiers, de Bouteilles, d'Aliermont, & les Moulins de Roüen, pour
auoir la ville & dépendances d'Andely; par lequel échange l'Eglise de
Roüen gagnoit plus de 500 liures, ainsi que dit Gaultier dans vne autre
lettre à Radulphe, laquelle somme estoit tres-considerable en ce temps-
là. Voicy ce celebre Contract traduit en François, sur la copie inserée
dans les Images Historiques de ce mesme Radulphe, laquelle est vn peu
plus ample que celle qui est dans le recueil des Historiens de Normandie,
page 1052.

*Vvals. Roth.
Arch. ad Rad.
de Dic. p.
700.
Rad. de Dic.
p. 698.*

II.
Contract pour
cét échange.

*Richard par la grace de Dieu Roy d'Angleterre, Duc de Normandie & de Guyenne, Comte d'Anjou: Aux Archeuesques,
Euesques, Abbez, Prieurs, Comtes, Barons, Iusticiers,
Seneschaux, Vicomtes, Preuosts, Officiers, & à tous ses
Baillifs & fideles Sujets, Salut.*

III.
Motifs qui
obligerent Richard à le
faire.

„ LA sainte Eglise estant l'Espouse du Roy des Rois, & ayant seule
„ l'honneur d'estre la bien-aimée de celuy, par qui les Rois regnent,
„ & les Princes gouuernent. Nous voulons luy témoigner d'autant plus
„ d'affection & de reuerence, que nous sommes plus fortement persua-
„ dez de cette verité, & que nous reconnoissons que non seulement la
„ puissance Royale, mais encore toute autre de quelque espece qu'elle
„ soit, tire son origine, & releue de la Souueraineté de Dieu. Comme
„ donc la venerable Eglise de Roüen (qui est si celebre, & qui éclatte
„ auec tant d'auantage parmy toutes celles qui sont dans nos Estats) se
„ porte à nous assister si vtilement, & d'vne maniere si conuenable au
„ besoin de nos affaires, & à la necessité du temps; aussi jugeons-nous
„ raisonnable & digne de nous, de luy en faire vne digne recompense,
„ & la traitant comme nostre Mere, de luy accorder les choses qui la

DES ARCHEVESQVES DE ROVEN. 423

GAVLTIER.

„ peuuent accommoder, & accroistre ses reuenus. La ville d'Andely, &
„ quelqu'autres lieux d'alentour qui appartenoient à l'Eglise de Roüen,
„ n'estant pas suffisamment fortifiez, nos ennemis entroient aisément
„ par là, dans nos Terres de Normandie, & les desoloient aucunesfois
„ auec vne estrange audace, par les incendies, les rauages, & les autres
„ actes d'hostilité. C'est pourquoy nostre venerable Pere Gaultier Ar-
„ cheuesque de Roüen, & le Chapitre de sa Cathedrale, ayant égard aux
„ dommages qu'il en arriuoit à nous & audit païs, il a esté fait vn échan-
„ ge dudit lieu d'Andely, entre l'Eglise de Roüen & Gaultier Archeues-
„ que de Roüen d'vne part, & nous de l'autre, en cette forme: Sçauoir
„ que ledit Archeuesque aduoüé & authorisé de nostre S. Pere le Pape
„ Celestin III. du consentement du Chapitre de l'Eglise de Roüen, &
„ des Euesques ses Confreres, & du Clergé dudit Archeuesché, a cedé &
„ quitté à perpetuité, à nous, & à nos heritiers, ledit lieu d'Andely, auec le
„ nouueau Chasteau de la Roche, la Forest, & toutes ses autres apparte-
„ nances & libertez, excepté les Eglises, Prebendes & Fiefs-Nobles, ex-
„ cepté aussi le manoir de Fresne auec ses appartenances ; toutes lesquel-
„ les choses ledit Archeuesque a retenuës pour l'Eglise de Roüen, pour
„ soy & pour ses successeurs, auec toutes leurs franchises & libres coustu-
„ més, entierement & à jamais. En sorte que tous les ᵃ Nobles, Vassaux,
„ que les Ecclesiastiques, & tous les hommes des Fiefs-Nobles & des
„ Prebendes, feront moudre aux Moulins d'Andely, ainsi qu'ils ont de
„ coustume & y sont obligez, & la moulture nous appartiendra; mais
„ l'Archeuesque & ses hommes de Fresne, feront moudre où il plaira
„ audit Archeuesque, & s'ils veulent moudre à Andely, ils donneront
„ leurs moutures comme font les autres qui y vont moudre. Or en es-
„ change dudit lieu d'Andely, auec ses appartenances ; Nous auons
„ cedé & quitté à perpetuité à l'Eglise de Roüen & audit Archeuesque
„ & à tous ses Successeurs, tous les moulins que nous auions à Roüen
„ lors de cét eschange, entierement, auec les moutures, & tout ce qui
„ en dépend, sans nous rien reseruer de ce qui appartient ausdits Mou-
„ lins ou à ladite mouture, auec toutes les franchises & libertez accou-
„ stumées & qu'ils doiuent auoir, sans qu'il soit permis à quelqu'autre
„ de bastir là vn Moulin, au préjudice desdits Moulins, parce qu'aussi
„ ledit Archeuesque sera tenu de faire les aumosnes, dont ledits Moulins
„ sont chargez d'antiquité. Nous leur auons aussi cedé & delaissé la
„ Ville de Dieppe, & la Ville de Bouteilles, auec toutes leurs appartenan-
„ ces, franchises, & libres coustumes, excepté les aumosnes establies par
„ nous & par nos predecesseurs sur le Manoir de Dieppe, qui se montent
„ à 372. liures, monnoye d'Angers, qui doiuent estre payées par ledit
„ Archeuesque & ses successeurs, à ceux à qui elles ont esté assignées.
„ Nous leur auons encore cedé le Manoir de Louuiers auec toutes ses
„ appartenances, franchises & libres Coustumes, auec le ᵇ Ministere de
„ Louuiers, sauf pour nous le droit de chasse, & la ᶜ couppe de la Forest;
„ en sorte toutefois qu'elle ne soit point sujette à la ᵈ garde & à la visite de
„ nos Officiers. Nous leur auons aussi cedé & quitté toute la Forest d'A-

IV.
Clauses de cét
eschange à l'é-
gard de l'E-
glise.

V.
Ce que l'Ar-
cheuesque se
retint en cét
eschange.

VI.
Ce que le Roy
donna.

VII.
Restriction
faite à cette
donation.

ᵃ Au Latin
(milites)
c'est à dire
ceux qui doi-
uent à leur
Seigneur ser-
uice de guer-
re, differés en
cela des vi-
lains (villa-
ni) ou rotu-
riers, qui doi-
uent d'autres
seruices, de
moindre con-
sideration.

ᵇ In Ministe-
rio.
ᶜ Destructio-
nem forestæ.
Ce mot pour-
roit aussi si-
gnifier essar-
ter & défri-
cher la forest.
ᵈ Quod non
fit in regardo

424 HISTOIRE

GAVLTIER „liermont, auec toutes les beftes fauues, & les autres appartenances &
„libertez, comme nous l'auons poffedée; toutes lefquelles chofes ayant
„efté ainfi données en échange dudit Manoir d'Andely, auec toutes les
„appartenances; l'Eglife de Roüen demeurera à perpetuité en paifible
„poffeffion de tout ce qui a efté mentionné cy-deffus; Et enfin autant

VIII. „qu'il eft au pouuoir d'vn Roy, nous prononçons Anatheme contre
Claufe de cette „celuy qui contreuiendra à ce qui a efté arrefté icy, & nous voulons *Voyez fur cer-*
Charte affez „bien qu'il encoure l'indignation de Dieu tout-puiffant. Témoins *Defponde fur*
extraordinai- HVBERT *Archeuefque de Cantorbie.* Iean *Comté de Mortain.* *l'an 1197.*
re, & les té- *n. 13.*
moins qui y Jean *Euefque de Vvorchefter.* Otton *Comté de Poitou.*
ont figné. Hugues *Euefque de Conuentre.* Radulphe *Comte d'Aumale.*
Sauaric *Euefque de Bathe.* Radulphe *Comte d'Eu.*
Henry *Euefque de Bayeux.* Guill. *Marefchal Comte de Striguel.*
Lifiard *Euefque de Sez.* Guill. *fils Radulphe Senefchal de Norman.*
Guillaume *Euefque de Lifieux.* Robert *de Turn. Senefchal d'Anjou.*
Guillaume *Euefque de Coutance.* Guill. *de Humet Conneftable de Normand.*
Guillaume *élû Euefque d'Avranche.* Hugues *Brun.*
R. *Abbé de la Sainte Trinité du Mont* G. *de Leziman.*
de Roüen. Guill. *des Roches.*
Renaut *Abbé de S. Vvandrille.* Radulphe *de Tancarville.*
Victor *Abbé de S. Georges.* Guillaume *Martel.*
Artus *Abbé du Tréport.* Radulphe *Teffon.*
Ofbert *de Preaux.* Guillaume *de Sez.*
Abbé d'Auge. d'Ev. Gillebert *fils de Rainfroy.*
Abbé de Corneville. Robert *de Harcour & plufieurs autres.*

Donné par les mains d'Euftache élû Euefque d'Ely, faifant alors la
fonction de Chancelier, à Roüen, l'an de l'Incarnation de noftre Seigneur 1197. le 18. iour d'Octobre, de noftre Regne l'an huitiéme.

CHAP. IL se trouue dans le Cartulaire de l'Eglife de Roüen, trois originaux de
XXVI. ce contract d'échange, auec leurs Sceaux, à l'vn defquels il y a vn grand
Sommaire. anneau d'or, où eft enchaffée vne efcarboucle qui fert de perpetuel mo-
I. nument de la pieté & de la juftice de ce grand Prince, & qui eft auffi
Charte fcellée vne marque éclatante de l'admirable generofité, & du rare bon-heur de
d'vn anneau noftre magnifique Prelat, lequel ayant imité dans la défenfe des inte-
d'or, marque refts de fon Eglife, le courage inuincible du fameux Samfon, trouua
de la iuftice comme luy le rayon de miel, non dans la gueule, mais dans le *Cœur du* a *Richard fur-*
de Richard,& *Lyon,* [a] & tira ainfi de la nourriture [b] de celuy qui deuoroit tout, & de *nommé Cœur*
fté de Gaultier la douceur de celuy qui fembloit n'auoir que de la fougue & de la vio- *de Lyon.*
II. lence. [b] *De comedente exiuit cibus, & de forti egreffa eft dulcedo.* [c] Le contract *b Andeliacū*
Application d'échange que nous venons de traduire fut ratifié, & confirmé le mefme *dium vitæ*
d'vn paffage iour, par Iean Comte de Mortain, frere de Richard, dont les Lettres fe *noftræ. Rotr.*
du L.des Iuges trouuent auffi dans les Archiues de la Cathedrale. *apud Petri-*
à Richard. *Blef. Ep. 38.*
c Iud. 14.

III. Pour conferuer dans la memoire de la pofterité le fouuenir de cette
Croix placée glorieufe victoire de noftre Archeuefque, on mit en quelques places
dans Roüen, publiques de la Ville de Roüen, des Croix de pierre, au haut defquelles
où furent gra- on graua les Vers fuiuans.
uez des Vers
touchant cét
échange.

Vicifti

Vicisti (Galtere,) tui sunt signa triumphi,
Deppa, Locoueris, Alacris mons, Butila, Molta.
Deppa, maris portus, Alacris mons Lucus amœnus,
Villa Locoueris, rus Butila, Molta per urbem.
Hactenus hæc Regis Richardi jura fuere.
Hæc Rex sanciuit, hæc Papa, tibique tuere.

IV.
Gaultier reconcilie quelques-uns de ses Suffragās qu'il auoit interdits.

Mais ces monumens anciens furent détruits (à ce qu'on croit au Siecle passé par la fureur des Caluinistes.) Radulphe de Dicet témoigne que ce fut Hubert Archeuesque de Cantorbie qui reconcilia l'Eglise de Roüen, où l'on auoit cessé la celebration du Diuin Office, à cause de ce different touchant la Ville d'Andely. Afin de restablir toutes choses, le iour de la Conception de la Vierge, Gaultier délia des Censures, les Euesques qu'il auoit suspendus pour n'auoir obeï à l'Interdit qu'il auoit ordonné dans la Prouince. Nostre Prelat assistant à la Procession, ils vinrent se jetter à ses pieds, & pour marque de leur repentir & de leur soûmission, luy mirent entre les mains leurs Mitres, & leurs Bastons Pastoraux, qu'il leur rendit en suite, les receuant en sa grace, & les remettant dans l'exercice de leur dignité; c'est ce que porte la Chronique de Roüen.

V.
Gaultier escrit au Doyen de Londres & à Pierre de Blois touchāt cét heureux succez.

Gaultier ne manqua pas de donner aduis à son cher amy Radulphe du bon succez de son affaire, & de luy enuoyer vne copie de son contract, que cét Autheur a inserée dans son Histoire, auec la Bulle de confirmation du S. Siege. Il est croyable qu'il fit le mesme à l'égard des autres personnes auec qui il estoit lié d'affection, & principalement enuers Pierre de Blois, qui luy rescriuit sa 138. Lettre, où il loüe le zéle

1197.

VI.
Loüanges que luy donne Pierre de Blois, qui blâme tres-fort les Euesques qui l'auoient abandonné.

auec lequel il auoit défendu les droits de son Eglise, & hazardé pour cét effet sa reputation, ses biens, la fortune de ses parens, & mesme de sa propre vie; puis il blâme la conduite de ceux, qui bien qu'ils luy fussent obligez, l'auoient lâchement abandonné, crainte de souffrir quelque perte à son occasion, & s'estoient soûmis au joug & à la seruitude qu'on leur vouloit imposer, au lieu qu'ils deuoient auoir d'autant plus de veneration & de fidelité pour luy, qu'ils le voyoient plus persecuté & plus constant, n'y ayant (dit-il) rien de plus venerable, en toute dignité, que le mépris mesme que l'on fait de l'honneur pour la défense des libertez de

VII.
Plusieurs salutaires aduis que luy donne cét Autheur.

,, l'Eglise. Il rend en suitte raison pourquoy Dieu permet que les gens de
,, bien soient affligez, disant que sa bonté paternelle l'ordonne ainsi, afin
,, que les hômes apprennent à se cōnoistre, qu'ils corrigent leurs deffauts,
,, qu'ils seruent d'exemple aux autres, que l'affliction les rende plus sages
,, & plus vigilans, & que par leur sagesse & leur vigilance, ils puissent
,, acquerir vne gloire immortelle. Il se réjoüit auec luy de l'auantage que l'Eglise de Roüen tire de cét échange, & du notable accroissement qu'elle en reçoit en ses biens & en ses reuenus. Enfin, il l'aduertit d'attribuer non à sa prudence & à son courage (comme faisoient quelques flatteurs,) mais à Dieu seul, l'honneur d'vn si vtile & si glorieux accommodement; de le seruir auec crainte, & de s'appliquer aux exercices de pieté; d'éuiter la vaine joye, & la fausse assurance; de s'adonner à la

Hhh

GAVLTIER. meditation des choses celestes, & en vn mot de faire vn bon vsage de la paix que le Ciel venoit de rendre à son Eglise. Cette Lettre me donne occasion de dire en passant, que Pierre de Blois luy en escriuit encore vne autre, qui est la 141. pour le supplier qu'il eust à interposer son authorité, pour luy faire auoir raison d'vn certain Me Elie Chapelain, qui luy detenoit depuis plus de cinq ans, les fruicts de son Benefice.

VIII.
Autre Lettre que luy escriuit le mesme.

CHAP. XXVII.
Sommaire.
I.
Gaultier fait confirmer ce traitté par le S. Siege.
II.
Le Pape luy escrit qu'il ne souffre l'Article des quatre Ecclesiastiques, Iuges de l'Interdit.

L'Année suiuante, Gaultier fit confirmer par le S. Siege l'échange d'Andely, & obtint pour cét effet vne Bulle du Pape Innocent III. en datte du 26. d'Auril, que Radulphe de Dicet rapporte en son Histoire page 701. bien que par cét accord le differend d'entre Richard & nostre Archeuesque, fust entierement terminé, & leurs esprits si parfaitement reconciliez, qu'il n'y auoit presque plus à craindre qu'ils entrassent en nouueau démeslé; toutefois le Pape ne laissa pas d'exhorter nostre Prelat par ses Lettres en datte du 2. de Iuin, d'exercer courageusement sa Iurisdiction ; de ne point s'estonner des menaces des Princes, & sur tout de ne point souffrir l'execution de cét Article du traitté de paix de 1196. par lequel il estoit dit, que quatre Ecclesiastiques jugeroient si les Sentences d'Interdit ou d'Excommunication qu'il pourroit donner aux occasions, contre les terres où les hommes des Roys de France & d'Angleterre, seroient bien ou mal données. Sa Sainteté ayant égard à ses prieres, luy accorda aussi, que lors qu'il prononceroit Sentence d'Interdit contre son Diocese, tous ses Diocesains seroient obligez de l'obseruer inuiolablement, s'ils ne montroient n'y estre tenus, soit par quelque priuilege special, ou par quelqu'autre raison legitime, & confirma vne Sentence d'Excommunication & d'Interdit qu'il auoit renduë contre quelques Clercs & Laïques de son Diocese, ordonnant en punition de la contumace des coupables, qu'elle seroit exactement gardée, nonobstant appel, auec permission de punir de peines Canoniques, ceux qui au prejudice de cét Interdit entreprendroient de faire l'Office Diuin. Il luy permit aussi par vn Bref du 22. d'Auril, de contraindre par Censures Ecclesiastiques les Chanoines de la Cathedrale à y faire residence.

1198.

V. Epistolas. Innoc. III.

III.
Sa Sainteté oblige ses Diocesains à garder l'Interdit qu'il aura jetté.

IV.
Decretales adressées à Gaultier, touchans les Abbez, qui peuuent conferer la Tonsure.

Il se trouue aussi quelques Decretales adressées à Gaultier, par le mesme Pape, comme le Chapitre *Cum contingat. De ætate & qualitate & ordine præficiendorum* ; Qui porte qu'vn Abbé qui est Prestre, & qui a receu la Benediction de son Euesque, peut conferer la Tonsure Clericale à ses Moynes. Le Chapitre *Ad reprimendam. De officio Iudicis ordinarij*, par lequel sa Sainteté mande à nostre Archeuesque & à ses Suffragans, d'obseruer & de faire obseruer la Sentence d'Excommunication qu'auoit donnée l'Euesque de Lisieux, en sorte qu'eux & leurs Diocesains éuitassent la compagnie de ceux que leur Confrere auoit juridiquement frappez d'Anatheme, & prescrit en particulier à Gaultier de quelle façon il doit agir enuers les excommuniez qui appelleroient deuant luy; & s'il jugeoit la Sentence mal donnée, de ne les point absoudre qu'au refus qu'en feroit son Suffragant, vers lequel il les auroit premierement renuoyez.

Decret. l. 10. tit. 24. c. 11.

V.
Autre Decretale pour ceux que ses Suffragans auoient excommunié.

Decret. l. 1. tit. 31. c. 8. Messieurs de Ste Marthe disent qu'elle fut adressée à Robert.

Le Chapitre *Ex parte tua. De his quæ fiunt à maiori parte capituli*, fut don-

Decret. l. 5. tit. 11. c. 4.

né sur le sujet de la Fabrique de l'Eglise de Roüen. En voicy la tra-duction.

VI. *Touchant la Fabrique de l'Eglise Cathedrale de Roüen.*

GAULTIER.

Mon Frere Archeuesque.

„ ON nous a fait entendre de vostre part, qu'en déliberant auec
„ vostre Chapitre touchant la restauration de la Fabrique de
„ Roüen, vous auiez requis que chaque Chanoine contribuast & four-
„ nist auec vous, quelque portion de son reuenu pour estre employé à
„ vn ouurage si Saint & si necessaire ; (mais parce qu'il s'est trouvé là-
„ dessus quelque diuersité entre vos sentimens & ceux des Chanoines
„ nos fils ; de peur qu'vne si bonne œuure ne soit negligée par vostre
„ differend,) Nous ordonnons (Frere Archeuesque) que si quelqu'vn
„ d'entre vous veut s'opposer, à ce que vous & la plus grande & plus sai-
„ ne partie du Chapitre auez deliberé, l'aduis qui sera appuyé du plus
„ grand nombre des suffrages soit suiuy & mis en execution.

Ce rescrit ou réponse du Pape fut donné en 1198. mais deux ans aprés il fallut bien que nostre Prelat, & ses Chanoines, augmentassent leurs liberalitez pour la reparation de l'Eglise, laquelle fut bruslée la nuit de Pasques auec les Ornemens, les Cloches & les Liures, comme nous dirons ailleurs.

VII. *Qu'il n'est permis à personne de se nommer à vn Benefice.*

Voicy le Chapitre *Per nostras, de iure Patronatus*, adressé aussi à nostre Archeuesque par le mesme Pape ; il est traduit en nostre langue.

Innocent III. à l'Archeuesque de Roüen.

„ VOus auez souhaité d'apprendre par nos lettres, si vn Ecclesiasti-
„ que, Patron d'vne Eglise qui est vacante, peut s'y nommer & s'y
„ presenter luy-mesme ; s'il est capable de le gouuerner ; mais comme
„ nul, ne se doit ingerer dans les fonctions de la Prelature Ecclesiasti-
„ que ; Nous répondons qu'il ne peut point se presenter au Personat ou
„ Cure d'vne Eglise, quelque habile qu'il soit, & quelque auantage de
„ science, & de merite, qu'il possede.

VIII. *Reflexion Chrestienne contre ceux qui briguent les Benefices.*

I'ay bien voulu traduire ce Chapitre en François, parce que la raison sur laquelle est fondée la décision qu'il contient, ne tend pas seulement à condamner celuy qui auroit la présomption de se nommer soy-mesme, pour estre pourueu d'vn Benefice dont il seroit Patron ; mais encore ceux qui briguent, & sollicitent pour se faire admettre dans les charges Ecclesiastiques, sans attendre d'y estre appellez par le choix & le jugement des Prelats, & des autres Patrons ; Desordre qui n'est que trop commun aujourd'huy, & dont peu font conscience ; mais qu'ils se souuiennent que, comme dit S. Bernard, celuy qui brigue & qui prie de la sorte, se condamne luy-mesme, & merite d'estre rejetté.

D. Bernardus de consf. L. 4. n. 9.

IX. *Gaultier permet la Translation de l'Euesque d'Auranche, au Siege d'Angers.*

Si Gaultier eut consulté le Siege Apostolique sur vn cas alors nouueau, & qui n'auoit point encore esté décidé, il en eust receu des loüanges, au lieu qu'il eut le déplaisir d'en éprouuer la seuerité. L'exposition du fait, fera voir que la faute fut assez legere. Guillaume de Chimelcy ayant esté éleu Euesque d'Avranche, & son élection confirmée par nô-

Hhh ij

GAVLTIER. tre Prelat, commença d'exercer sa Charge, & en fit quelques fonctions qui regardoient *la Iurisdiction*, car pour celles de *l'Ordre*, il n'en eut pû faire, n'estant pas sacré ; mais il ne continua pas long-temps. Comme apparemment c'estoit vne personne que la reputation de son merite rendoit celebre, il fut appelé par les suffrages du Chapitre d'Angers, à la conduite de leur Diocese qui estoit destitué de Pasteur ; & du consentement de Gaultier, l'Eglise d'Avranche fit agréer à l'Archeuesque de Tours sa seconde election, & receut de luy, comme de son Metropoli-

X.
Le Pape s'en offense, & le mit en Interdit auec l'Archeuesque de Tours, & l'élû d'Angers.

tain, le caractere Episcopal en qualité d'Euesque d'Angers. Le Pape Innocent ayant sceu ce qui s'estoit passé, s'en offença, parce, qu'ainsi qu'il dit en vne de ses lettres, & au Chapitre *Cum ex illo de Translat. Episcop.* vne Translation d'vn Diocese à vn autre, estant vne cause majeure, ne se peut faire sans la permission du S. Siege, & pour ne point laisser impunie cette entreprise sur son authorité, il enuoya ordre à l'Archeuesque de Bourges de suspendre les Archeuesques de Roüen & de Tours, du pouuoir de confirmer & de consacrer, & l'Eleu d'Avranche, de toute exercice de la charge Pontificale. Ce que l'Archeuesque de Bourges

XI.
Le Pape leue l'Interdit & reçoit leurs excuses.

executa, mais cette suspension ne fut pas de durée ; nostre Prelat & son Confrere l'Archeuesque de Tours s'excuserent par lettres à sa Sainteté, & leurs excuses ayant esté admises, furent desliez de cette Censure. Cette affaire est amplement déduite au Chapitre *inter Corporalia de Translatione Episcopi.* Par la lecture duquel on pourra voir qu'il n'y auoit pas tant de faute de la part de ces Prelats, puisque le Pape y reconnoit qu'en ce temps-là il n'y auoit point de loy particuliere qui reseruast au Siege Apostolique la Translation des Euesques seulement éleus, les Canons ne parlant que de ceux qui auoient esté sacrez Euesques (*Vsque ad tempora ista, quod cautum fuerat de Episcopis, expressum non fuerat de electis.*) De sorte qu'ils pouuoient croire, que ce qu'ils ne voyoient point défendu, leur estoit permis, mais Innocent en jugea autrement ; & comme il dit par la Regle des semblables, en étendant à ceux qui estoient éleus Euesques, ce que les saints Decrets auoient determiné touchant les Euesques, dequoy il rend cette raison ; qu'après vne élection & vne confirmation canonique, il y a vn mariage spirituel entre celuy qui est éleu Euesque, & l'Eglise qui l'a éleu, lequel ne peut estre rompu que par celuy-là seul, qui est le successeur de S. Pierre & le Vicaire de I. C. ainsi qu'il dit au Chapitre *licet in tantum. eod. tit.* Cét éuenement est rapporté par le Pere

Decret. l. 1. tit. 7. c. 2.

XII.
Gaultier execute la Sentence pour la soumission de l'Eglise de Dol à celle de Tours.

Raynault, sur l'an 1198. n. 21. §. *similem*, qui parle aussi ailleurs ; sçauoir au nombre 52. de l'an 1199. des lettres qu'Innocent écriuit à nostre Prelat, sur le sujet de la sujettion de l'Eglise de Dol en Bretagne, au Siege Archiepiscopal de Tours ; ancien differend heureusement terminé par la sagesse de ce grand Pape, lequel apparemment commit à Gaultier l'execution de sa Sentence.

Roger. p. 797.

CHAP.
XXVIII
Sommaire.

I.
Gaultier confirme la fondation de

ENuiron ce temps-là, Hugues de Gournay fonda au Diocese de Roüen, l'Abbaye de Nostre-Dame de Bellosanne, Ordre de Premonstré, & la dota de bons reuenus ; laquelle fondation fut ratifiée par nostre Archeuesque, qui fit aussi la faueur à d'autres Abbayes anciennes,

1198.

DES ARCHEVESQVES DE ROVEN.

l'Abbaye de Bellosanne, & les donations d'autres Abbayes. comme sont S. Oüen, Iumiege, & le Bec, de confirmer les donations GAVLTIER. qui leur furent faites, ainsi qu'il paroist par les Chartes, & signa aussi quelques années auparauant vn priuilege octroyé par le Roy Richard à l'Abbaye du Vœu, qui ratifioit les donations que Henry son pere auoit faites à ce Monastere.

II.
Gaultier reçoit ordre du Pape de reconcilier l'Archeuesque d'Yorch auec le Roy.

III.
Richard tué deuant Chalus.

IV.
Sa clemence enuers celuy qui le tua.

Richard Roy d'Angleterre, & son frere Geoffroy Archeuesque 1199. d'Yorch estant mal ensemble, le Pape Innocent prit soin de les accorder, & entre diuers moyens qu'il tenta pour cét effet, il exhorta nostre Archeuesque de s'employer diligemment à vne si bonne œuure. Mais peu de temps après, Geoffroy se vit deliuré de ce fascheux differend par la mort de Richard, qui fut tué deuant Chalus qu'il assiegeoit, ou pour punir quelques rebelles, ou pour auoir vn riche tresor que Guidomar Vicomte de Limoges auoit trouué, & qu'il pretendoit luy appartenir en qualité de Seigneur du païs. Bien que les vertus de ce Prince ayent esté meslées de grands vices, toutesfois j'obserue que plusieurs Autheurs ont bonne opinion de son salut, à cause des grands trauaux qu'il supporta en la guerre sainte, de sa prison en Allemagne, & principalement de cette admirable clemence auec laquelle il pardonna sa mort à Bertran de Guedon, qui l'auoit tué plustost pour vanger ses injures particulieres, que pour deffendre la place; car la Ville ayant esté prise par force, comme on amena deuant luy Bertran, qui ne craignit de l'outrager encore par des reproches, & de le deffier d'exercer sur luy les plus cruels supplices; Richard se vaincant soy-mesme, & estouffant par l'assistance de la grace de Dieu son ressentiment, qui ne pouuoit estre que tres-grand dans vn Prince aussi colere que luy. Va, luy dit-il, ie te pardonne ma mort, qu'on le deslie & luy donne cent sols sterlins.

Après la mort du Roy, on ne laissa pas de l'arrester & le punir.

V.
Erreur d'vn Historien Anglois touchant la maladie & la mort de ce Prince.

Valtier de Gisabourn, cité par l'Abbé Iean Brompton, dit que ce Prince fut tué deuant Andely, mais il se trompe, & est contredit par tous les autres Historiens. Il adjouste que la playe du Roy, qui d'abord paroissoit assez legere, s'estant depuis montrée mortelle, nostre Archeuesque Gaultier le vint trouuer, & l'exhorta à penitence, à quoy (dit-il) Richard ne respondit que par des railleries, & toutesfois qu'en suitte touché des remonstrances de nostre Prelat, il confessa ses pechez auec de grandes marques de douleur & de contrition, se fit lier les pieds & donner la discipline, receut la Sainte Eucharistie, & autant qu'il estoit en luy, liura son ame pour estre tourmentée dans le Purgatoire jusqu'au jour du jugement. Mais bien qu'il puisse y auoir quelque chose de veritable en cette narration, ce qu'il dit de la responce faite à nostre Archeuesque est faux, veu qu'alors Gaultier n'estoit pas dans le Limosin. Cette erreur vient de ce que cét Escriuain mal-informé des choses, confond ce qui se passa en la mort de ce Prince, auec ce qui s'estoit passé vn an auparauant entre luy & Foulques, cét Illustre Curé de Nully, qui éclata si fort en ce temps-là par sa Sainteté & par ses miracles; surquoy l'on peut voir le Pere Raynaud en sa continuation de Baronius en l'an 1198. n. 40. La reuelation qu'on raconte de la deliurance de Richard des peines du Purgatoire, est beaucoup plus asseurée, on la peut lire en ce mesme

Hhh iij

GAVLTIER. Autheur en l'an 1232. n. 31. Il voulut que son corps fut inhumé à Fonte- *Lib.14.Hist.*
VI. vrault, & son cœur porté en l'Eglise de Nostre-Dame de Roüen, Ville *Angl.*
Son cœur fut (dit Polidore Virgile) qu'il auoit toûjours aimée à cause de sa fidelité,
porté à Roüen qu'il aimoit & où il se plaisoit extremément. Ce precieux gage de son affection fut
fort, & mis en vne Caisse receu auec beaucoup de respect, & mis à costé du grand Autel dans vne
d'argent. grande caisse d'argent, que l'on vendit depuis pour aider à payer la rançon de S. Loüis. Nous rapporterons dans l'Histoire de la Cathedrale,
quelques Epitaphes dont on honora sa memoire.

VII. Cette mesme année Gaultier termina le differend qu'il auoit auec Al- *1260.*
Accommodement de l'Ar- beric Comte de Dammartin, reconnoissant que le Patronnage de S. Ger-
cheuesque pour le Pa- main d'Alizy appartenoit à ce Seigneur, qui ceda deux gerbes des dixmes
tronnage d'Alizy. à l'Eglise & à l'Archeuesque de Roüen.

VIII. Richard eut pour successeur Iean Comte de Mortain son frere, le-
Iean reçoit la Couronne Du- quel estant venu à Roüen, receut dans l'Eglise de nostre Dame, l'Espée
cale de Normandie par Ducale des mains de Gaultier Archeuesque de Roüen, qui mit aussi sur
les mains de sa teste vn cercle ou Couronne d'Or, enrichie de plusieurs roses d'Or en *Roger. p.792.*
Gaultier. sa partie superieure; en suitte dequoy le nouueau Duc jura sur les Reli- *in Matrici*
ques des Saints & sur les SS. Euangiles, qu'il protegeroit l'Eglise, en con- *Ecclesia.*
serueroit sincerement les droits & les prerogatiues, feroit bonne justice,
aboliroit les mauuaises loix, & en establiroit qui seroient justes & auantageuses au public.

CHAP. CE Prince confirma l'année suiuante l'échange d'Andely, moyen-
XXIX. nant six cens liures, monnoye d'Anjou, qui luy furent payées par
Sommaire. Gaultier. Voicy la traduction de cette Charte.
I.
Iean confirme l'échange d'Andely.

Iean par la grace de Dieu Roy d'Angleterre, Seigneur d'Irlande,
Duc de Normandie, de Guyenne, & Comte d'Anjou,
aux Archeuesques, &c. Salut.

„ SCachez que nous auons accordé & ratifié par ces presentes à Dieu,
„ à la Sainte Vierge, & à Gaultier Archeuesque de Roüen, & à ses
„ Successeurs à perpetuité, l'échange fait d'Andely entre le Roy Ri-
„ chard nostre frere, d'heureuse memoire, & le mesme Archeuesque;
„ pour lequel lieu d'Andely, ledit Archeuesque a receu les Villes de
„ Dieppe, de Bouteilles, & de Louuiers, la Forest d'Aliermont, & les
II. „ Moulins de Roüen, auec toutes leurs appartenances, comme il est atte-
Il termine „ sté par la Charte du Roy nostre Frere, & que nous auons aussi terminé
plusieurs dif- „ les differens qui s'estoient meus entre nous, & ledit Archeuesque, au
ferends susci- „ sujet de ladite Charte; sçauoir, touchant la prise ou impost du Vin de
tez, dās l'exe- „ Dieppe, la Haye de Dampierre, le Viuier qui est à Roüen, prés la
cution du traité. „ Chaussée, les Pleds de l'espée, de l'Arriere-ban. Quant à la prise ou im-
„ post du Vin de Dieppe, il a esté arresté ce qui suit. Veu qu'on a justi-
„ fié publiquement deuant nous & ledit Archeuesque, que ça esté sans
„ droit & injustement qu'on auoit coustume de perceuoir, & qu'on a
„ perçeu ladite prise, il a esté accordé tant de nostre part, que de celle
„ dudit Archeuesque, que ny nous, ny nos heritiers, ny ledit Prelat,
„ ny ses Successeurs, ne la perceurons plus à l'aduenir, ny en temps

DES ARCHEVESQVES DE ROVEN.

III.
Pour la Haye de Dampierre & le Viuier de Roüen.

„ de guerre, ny en temps de paix. Pour la Haye de Dampierre, il a esté GAVLTIER.
„ dit, que soit que ledit Archeuesque ait eu droit en cette Haye, par la
„ Charte dudit Roy nostre Frere ou non, nous la luy quittions, & la
„ luy auons quittée, à luy & à ses Successeurs à perpetuité, afin qu'à
„ l'aduenir il ne puisse naistre de different entre nous ou nos heritiers,
„ & ledit Archeuesque ou ses Successeurs, à l'occasion de ladite Haye.

IV.
Il luy accorde la haute Iustice.

„ A l'égard du Viuier de Roüen, il a esté resolu que nous retiendrons
„ en nos mains ledit Viuier, & la pesche d'iceluy; en sorte toutefois que
„ nous ne pourrions disposer de l'eau dudit Viuier, au préjudice des
„ Moulins dudit Archeuesque. Pour ce qui concerne les Plaids de
„ l'espée, ᵃ il en sera ainsi, estant obligez de reuerer, cherir & proteger
„ l'Eglise de Roüen par dessus toutes celles de Normandie, puis qu'elle ᵃ *Plaids de l'espée, jus gladij. Haute Iustice selon Terrien.*
„ est nostre Mere, & que c'est dans cét Auguste lieu que nous & nos
„ Predecesseurs auons receu les marques de la dignité Ducale, soit que
„ ladite Eglise ait eu cy-deuant droit de tenir lesdits Plaids, ou non,
„ nous auons octroyé, pour l'honneur de Dieu & de la Sainte Vierge,
„ audit Archeuesque, & à ses Successeurs à perpetuité, tous lesdits Plaids
„ & toute la justice qui en dépend; en sorte toutefois que la justice s'y
„ rendra par le ministere du grand Seneschal de Normandie, s'il est au
„ païs, ou du prochain Baillif, qui sera appellé par ledit Archeuesque,
„ parce que ledit Baillif ne sera simplement que voir de quelle façon la
„ Iustice y sera administrée; les amendes & semblables profits proue-
„ nans desdits Plaids, appartiendront audit Archeuesque. Et si vn Baillif
„ ayant esté appellé ausdits Plaids par ledit Archeuesque, refuse de s'y
„ transporter, ce sera à Nous à l'en punir, comme nous le jugerons à
„ propos, & Nous ou nostre Seneschal en estant requis, enuoyerons
„ sans delay quelqu'vn qui verra rendre la justice dans la Cour de l'Ar-

V.
Pour l'arriereban & le passage de Dieppe.

„ cheuesque. Quant à l'arriereban, il a esté determiné que quand il
„ faudra conuoquer l'arriereban, selon l'vsage du païs, l'Archeuesque en
„ sera aduerty par Nous ou par nos Lettres, ou par nostre grand Senes-
„ chal, ou par ses Lettres; & en suitte de cét aduertissement, conuo-
„ quera l'arriereban, selon l'vsage du païs, & le conduira ou fera con-
„ duire. Que si quelques-vns manquent à s'y trouuer, ce sera à luy à les
„ poursuiure par justice, & les amendes & confiscations luy appartien-
„ dront; en sorte neantmoins que ledit Archeuesque ne pourra faire
„ grace, ny relascher rien de la rigueur de la justice sans nostre permis-
„ sion. De plus, au regard du passage de Dieppe, il a esté resolu que
„ tous ceux qui apporteront nos Lettres à nostre Bureau, auront liber-
„ té de passer, en payant les droits qui nous sont deubs. Témoin Raoul

VI.
Seigneurs qui ont signé à cette Charte.

„ Comte de Chester, Guillaume le Mareschal Comte de Pembrok, Ro-
„ bert Comte de Séez, Guillaume de Homet Connestable de Norman-
„ die, Roger de Thony, Robert de Harcour, Iean de Preaux, & Pierre
„ son frere, Robert de Turnehan. Donné par les mains de Hubert Ar-
„ cheuesque de Cantorbie, nostre Chancelier, à Argentan le 7. de Iuin,
„ & de nostre Regne le 2.

Vn manuscrit de la Bibliotheque de Mr. Bigot, dit que Messire Iean

GAVLTIER VII.
Fondation du Prieuré de Beaulieu.

de Preaux, Cheualier, Seigneur, Chastelain de Preaux, fils d'Aubert de Preaux, & de Mahaut, fonda sur son propre fond le Prieuré de Beaulieu, en presence & du consentement de nostre Archeuesque Gaultier l'an 1200. Enuiron ce mesme temps, Iourdain, Seigneur de Sauqueuille au païs de Caux, signala sa pieté par la donation qu'il fit de sa terre de Helmigehan à l'Eglise Collegiale de Nostre-Dame, située dans son Village de Sauqueuille, en intention que le reuenu seruist à l'entretien de quatre nouueaux Chanoines, outre deux qui y estoient d'ancienne fondation faite par ses predecesseurs. Il attribua encore plusieurs droits tant au Chapitre en general qu'en particulier, au Doyen, Chantre & Tresorier, qui deuoient estre du nombre desdits six Chanoines; lesquelles donations furent authorisées par nostre Archeuesque, comme il se void par ses Lettres en datte du 17. Ianvier 1200. qui contiennent aussi la confirmation des Statuts de cette Eglise.

VIII.
Et de quatre Chanoines à Sauqueuille.

CHAP. XXX.

Sommaire.

I. Differends de Gaultier auec les Moynes de S. Martin de Pontoise.

II. Ils élisent & font benir un Abbé sans la permission de leur Archeuesque.

III. Philippes Auguste fait leur prix, moyennant cette lettre de non préjudice.

Monsieur Denyau parlant de l'Abbaye de S. Martin de Pontoise, accuse les Moynes de s'estre voulu soustraire de la Iurisdiction de l'Eglise de Roüen, quoy que peut-estre l'affaire fut moins criminelle qu'il nous la dépeint; veritablement nous n'auons aucun Autheur qui nous la raconte distinctement, mais nous en jugeons par trois ou quatre anciennes pieces, d'où nous conjecturons qu'elle se passa de la sorte. Gaultier estant en Angleterre l'an 1191. ou 1192. les Religieux de ce Monastere élûrent pour leur Abbé Herluin, sans le consentement de nostre Archeuesque; & par l'entremise d'Octauian Euesque d'Ostie, & alors Legat du S. Siege, d'autant plus disposé à appuyer leur dessein, qu'il estoit extrémement en colere contre les Normands, à cause de l'injure qu'il auoit receuë à Gisors, ils firent benir leur Abbé par Maurice Euesque de Paris. Nostre Prelat aduerty de cette entreprise faite sur ses droits, s'en plaignit hautement, il fallut appaiser sa juste indignation. Pour cét effet, les Moynes interposerent l'authorité de Philippes Auguste, Roy de France, en consideration de laquelle, Gaultier se contenta d'vne lettre de non préjudice qui luy fut enuoyée par les Religieux, en cette forme.

In Cathedra Rothom.

A tous les fidelles Chrestiens qui verront cét escrit, le Prieur & le Conuent de S. Martin de Pontoise, Salut en nostre Seigneur.

„ SCachez que nostre Monastere estant destitué de Superieur, & ayant éleu d'vn commun suffrage Monsieur Herleue pour nostre
„ Abbé. Nostre venerable Pere Gaultier Archeuesque de Roüen, à la
„ priere de nostre Seigneur Philippes, illustre Roy de France, a agreé
„ ledit Herleue, & a confirmé nostre Election, qu'il disoit auoir esté
„ faite contre son droit & celuy de son Eglise, sauf son droit & celuy de
„ son Eglise & le nostre à perpetuité : De sorte que nous luy auons ac-
„ cordé & promis que tout ce qui a esté fait en cette Election ou con-
„ firmation, n'apportera aucun préjudice audit Seigneur ny à son Eglise,
„ ny à ses Successeurs.

L'Euesque de Paris passa aussi cette declaration en faueur du droit de Gaultier.

DES ARCHEVESQVES DE ROVEN.

Au venerable Pere & Seigneur Gaultier par la grace de Dieu Archeuesque de Roüen, Maurice humble Ministre de l'Eglise de Paris, Salut, & toute sorte de bons offices.

IV. *Declaration de l'Euesque de Paris qui auoit beny cét Abbé.*

„ AFin que l'on ne pense pas que ç'ait esté par présomption & par
„ vne injuste entreprise que nous auons beny l'Abbé de S. Mar-
„ tin de Pontoise, nous declarons à vostre charité que nous ne nous
„ sommes point ingerez à cela de nous-mesmes, mais que ç'a esté par
„ l'authorité & par l'ordre exprés du Seigneur Octauian Euesque d'O-
„ stie, alors Legat du S. Siege, que nous auons fait cette Benediction
„ en la forme requise : c'est ce que nous auons bien voulu attester icy,
„ de peur qu'il ne semble que nous ayons fait quelque chose au préju-
„ dice de l'Eglise de Roüen.

V. *Philippes Auguste veut reformer cette Abbaye, mais sans effet.*

Trois ou quatre ans aprés, Philippes Auguste ordonna du consentement de nostre Prelat & de l'Abbé Herluin, que l'Abbaye seroit reduite en Prieuré, & assujettie à celle de S. Denis en France, afin de reformer par ce moyen les Moynes, qui ne viuoient pas dans l'obseruance de leur Regle. J'apprends cette particularité d'vne Charte rapportée par Monsieur Doublet dans ses Antiquitez de S. Denis; mais l'Ordonnance de ce Prince ne sortit point son effet, possible par quelque incident qui empescha l'execution.

VI. *Les Moynes élisent derechef vn Abbé sans la permission de l'Archeuesque.*

Quelque temps aprés, la Charge d'Abbé estant vacante par le decez d'Herluin, les Religieux élûrent pour la seconde fois vn Superieur, sans la permission de Gaultier; lequel en estant indigné, ils le firent prier par le Roy & par Octauian, qui estoit encore Legat, de se contenter derechef d'vn Breuet de non préjudice; ce qu'il accepta, n'ayant pû rien refuser à de si illustres intercesseurs, & benit le Moyne Estienne qu'ils auoient choisi pour leur Abbé, aprés qu'ils luy eurent donné cette declaration.

VII. *Secude Lettre de non préjudice qu'ils donnent à Gaultier.*

A tous les Fidelles Chrestiens qui verront ce present escrit, le Prieur & le Conuent de S. Martin de Pontoise, Salut en nostre Seigneur.

„ DIfferend s'estant meu entre nostre venerable Pere, le Seigneur
„ Gaultier Archeuesque de Roüen, d'vne part, & nous de l'autre;
„ Ledit Seigneur Archeuesque disant qu'il deuoit, ou assister, ou enuoyer
„ quelqu'vn qui assistast en son nom à l'élection de nostre Abbé, &
„ nous soustenant au contraire que nous pouuions proceder à cette
„ élection en son absence, & que sans qu'aucun de sa part y fut present,
„ ledit Seigneur Archeuesque deferant aux prieres du Seigneur Octa-
„ uian Euesque d'Ostie, & Legat du S. Siege Apostolique, & à celles
„ du Roy de France, a differé sa plainte quant à present, & a confirmé
„ & beny Estienne que nous auions éleu, sauf son droit & le nostre pour
„ l'aduenir. Donné l'an de l'Incarnation 1201. le 29. Iuillet à Vaux.

VIII. *Gaultier confirme la fondation des*

Guillaume Mallet ayant eu deuotion d'établir vne Communauté de Chanoines Reguliers au Village de Girardville, dont il estoit Seigneur,

434   HISTOIRE

GAVLTIER. en demanda permiſſion à noſtre Archeueſque, qui la luy ayant accor-
Chanoines de
Girardville. dée, confirma ſa Fondation, comme le témoigne la Charte expediée
pour ce ſujet, le 13. de Nouembre 1203.

CHAP.   La liaiſon qu'il y a entre l'Hiſtoire Eccleſiaſtique & l'Hiſtoire Ciuile,
XXXI.   ne nous permet pas d'obmettre icy vn éuenement auſſi remarqua-
Sommaire. ble que cette reuolution, par laquelle la Normandie retourna du temps
I.
La Norman- de Gaultier ſous la domination Françoiſe, aprés en auoir eſté ſeparée
die retourne
ſous la domi- prés de trois Siecles. Bien que Iean Comte de Mortain euſt eſté reconnu
nation Fran-
çoiſe du temps pour heritier du Roy Richard ſon frere; & en cette qualité eut pris
de Gaultier.
poſſeſſion du Royaume d'Angleterre, & du Duché de Normandie;
Toutefois cette riche ſucceſſion luy fut diſputée auec juſtice par ſon
neueu Artus, Comte de Bretagne, fils de Geoffroy, frere aiſné de Iean.

II.   Ce jeune Seigneur voyant qu'il auoit plus de droit que de force, im-
Artus Comte
de Bretagne, plora l'aſſiſtance de Philippes Auguſte, & aidé des armes Françoiſes, fit
diſpute la ſuc-
ceſſion de Ri- la guerre à ſon Oncle: mais il eut le malheur d'eſtre ou ſurpris dans la
chard au
Comte de   Ville de Mirebeau, ou comme diſent d'autres, pris dans vn combat,
Mortain.   & en ſuitte amené au Chaſteau de Falaiſe. Dans cette priſon, Iean
l'eſtant venu viſiter, l'exhorta à quitter le party d'Auguſte, & à s'attacher à ſes intereſts, ainſi qu'exigeoit de luy la proximité du ſang. Mais
III.   Artus conſiderant trop la juſtice de ſa cauſe, & trop peu le pouuoir que
Artus fait
priſonnier de l'eſtat de la captiuité donnoit à ſon ennemy ſur ſa perſonne, rejetta ſes
guerre,eſt me-
né à Roüen. conſeils, & luy jura hautement qu'il ne feroit jamais de paix auec luy,
Sa mort.
qu'il ne luy euſt rendu toute la ſucceſſion de ſon Oncle Richard. Vne   Raynald. in
contin. Baro-
ſi imprudente reſponſe luy couſta la vie, car ayant eſté transferé de Fa- nij ad an.
1202. n. 25.
laiſe à Roüen, il y mourut, les vns diſent de regret & d'ennuy, les autres Arthurus
euanuit mo-
par accident, eſtant tombé dans la Seine, & d'autres, enfin de mort do ferè omnibus igno-
violente, qui luy fut procurée par ſon Oncle. Mathieu Paris n'oſant pas rato. vtinam
non vt fama
le nier, dit qu'il diſparut d'vne façon inconnuë.   refert, inui-
dia.
IV.   La Princeſſe Conſtance ſa mere ayant appris, auec la douleur qu'on Math. Paris.
Sa mere de-
mande juſtice peut s'imaginer, vn ſi cruel parricide, s'en plaignit à Philippes Auguſte,
à Philippes
Auguſte, & & luy demanda vengeance du ſang de ſon fils. Philippes fit aſſigner
ce qui s'en
enſuiuit.   Iean à ſa Cour, pretendant qu'il y deuoit comparoiſtre, tant à cauſe
qu'il eſtoit ſon Vaſſal, que parce que le crime auoit eſté commis en
France. Iean ne comparoiſſant point, il fut declaré atteint & conuaincu
de l'aſſaſſinat à luy impoſé, & toutes ſes terres de deça la mer confiſ-
quées. Pour executer vn ſi juſte Arreſt, Philippes entra auec vne puiſ-
V.   ſante armée en Normandie, & aprés la priſe de quelques places moins
Il aſſiege
la Ville de importantes, mit le Siege deuant Roüen: les Habitans demanderent
Roüen, &
la prend à delay d'vn mois, pour prier Iean de les venir deliurer, parce que ſi dans Cette conuen-
de certaines   tion eſt dans
conditions. ce temps ils ne receuoient point de ſecours, ils ſe rendroient à ſa Ma- le Recueil des
jeſté. Iean leur ayant manqué, ils ne manquerent pas d'ouurir leurs Hiſt.de Nor-
man.p.1037.
portes à Philippes, & par vn heureux changement, ils paſſerent de la Nic. Harpſ-
domination d'vn des plus mauuais Princes que l'Angleterre ait porté, en feld.ſect.13.
c. 2.
VI.   celle d'vn des plus excellens Monarques qui ait gouuerné la France.
Le Pape écrit
à Gaultier en Pendant tous ces troubles, le Roy Iean ayant donné quelque eſperance
faueur du
Roy d'An- de ſe corriger de ſes vices; le Pape Innocent qui deſiroit auec paſſion de
gleterre.

DES ARCHEVESQVES DE ROVEN. 435

pouuoir faire la paix entre luy & Auguste, afin de les obliger de tourner leurs armes contre les Infidelles, ordonna à nostre Archeuesque de reprimer, punir, & faire rentrer à leur deuoir les Seigneurs Normands, qui se reuoltoient contre Iean. Mais ce Prince, bien loin de se conduire auec plus de justice & de moderation, s'estant mis à persecuter de nouueau les Euesques de ses Estats, & entr'autres celuy de Sez, & à vsurper les biens de l'Eglise de Roüen; Sa Sainteté, par vn ordre bien differend du premier, manda à nostre Prelat d'essayer de remettre son Suffragant aux bonnes graces de ce Prince, & s'il estoit necessaire, d'employer mesme la rigueur des Censures Ecclesiastiques contre sa personne, pour r'auoir ce qui auoit esté vsurpé sur son Eglise.

GAVLTIER. Raynald. ad an. 1202. n. 26. & 1205. n. 61.

VII. *Mauuaise conduite de ce Prince.*

Au reste, l'Eglise de Normandie receut cét auantage de ce changement de domination, qu'elle recouura son ancienne liberté d'élire ses Prelats, dont les Roys d'Angleterre l'auoient presque entierement priuée, mais qui luy fut renduë par la pieté de Philippes Auguste, comme nous apprend Guillaume le Breton au 8. Liure de sa Philippide.

VIII. *Philippes Auguste rend au Clergé le droit d'élection des Pasteurs.*

 Præterea motu proprio nullo suplicante,
Indulsit Monachis & Clero, vt fiat ab illis,
Canonico deinceps Pastorum electio, ritu.
 Nam Rex Anglorum ius vsurpauerat illud,
Vsque modo, vt solus Pastores ipse crearet.
Nam quoties Pastore Cedens, Prælatica sedes
Ciuili letho, naturaliue vacasset:
Protinus Ecclesiæ bona cuncta vacantis, ab ipso
Vsurpata, suos conuertebantur in vsus.
Sicque Dei sponsam Viduam, quantum ipse volebat,
Cogebat, placito sibi demum nubere sponso.
Istaque causa fuit alijs specialior, ob quam
Ense trucidauit Thomam, trux ille, Beatum,
Qui tam peruersos ritus abolere volebat.
Hæc Rex vt iuri contraria, Iuris amator,
Filius Ecclesiæ, ob Matris reuocauit amorem.

CHAP. XXXII.
Sommaire.
I. *Assemblée de notables à Roüen, pour informer des droits du Roy & des Ecclesiastiques.*

L'Année suiuante, c'est à dire en 1205. le Dimanche d'aprés l'Octaue de Tous les Saints, il se tint à Roüen vne assemblée de quelques-vns des principaux Seigneurs du païs, lesquels ayant fait serment sur les SS. Euangiles, declarerent ce qu'ils sçauoient, & auoient veu pratiquer du temps de Henry & Richard Roys d'Angleterre & Ducs de Normandie, à l'égard de plusieurs points de Police, sur lesquels il pouuoit y auoir de la difficulté & de la contestation entre le Roy & le Clergé. Cette information se trouue dans le recueil des Histoires de Normandie; Il s'y remarque quelques articles aucunement préjudiciables aux droits de l'Eglise, & particulierement celuy-cy; Que l'vsage estoit que l'Archeuesque, Euesque ou autre personne Ecclesiastique de moindre qualité, ne pouuoient porter de Sentence d'Excommunication contre les Barons, Baillifs, Officiers & Aumosniers du Roy, sans en demander permission à sa Majesté. Ce qui n'empesche pas, au sentiment

1205.

Page 1059.

II. *Article préjudiciable à la liberté de l'Eglise.*

Iii ij

GAVLTIER. de plusieurs personnes doctes, qu'à considerer ensemble toutes les parties de cette piece, elle ne puisse passer pour vn illustre témoignage de la veneration qu'auoient en ce temps-là les plus qualifiez d'entre les Laïques, pour la liberté de l'Eglise.

III.
Gaultier confere la Prestrise & l'Episcopat à R. d'Ablagel.

Maistre R. d'Ablagel ayant esté éleu Euesque de Bayeux, fut enuoyé 1205. de la Cour de Rome vers Gaultier son Metropolitain, pour receuoir de luy l'Ordre de Prestrise & le caractere Episcopal, que nostre Prelat luy confera vers la fin du mois de Mars.

IV.
Donation ou restitution faite à Gaultier de la Chappelle de Blye en Angleterre.

L'an 1200. le Roy Iean auoit donné à Gaultier, à l'Eglise & au Chapitre de Rouen, la Chappelle de Blye auec toutes ses appartenances, sçauoir l'Eglise d'Harencour, &c. comme il se voit par sa Charte en date du 25. de Septembre; laquelle donation estoit vray-semblablement vne pure restitution, veu ce qui est porté dans vne des lettres de nostre Prelat à Radulphe traduite cy-dessus, où Gaultier se plaint que le Roy Richard, Predecesseur de Iean, luy detenoit sa Chappelle de Blye. Quoy

V.
Il la donne à son Chapitre.

qu'il en soit, nostre Archeuesque donna en 1206. cette Chappelle au Chapitre de Rouen, se reseruant neantmoins à luy & à ses successeurs la collation de quatre Prebendes, dont chacune doit estre de quinze marcs. Cette donation est attestée par ses lettres, en date du iour de l'Annonciation, & par vn Manuscrit qui adjouste; & quant à la donation de cent sols sterlins aux Clercs du Chœur, & cent sols aux pauures de la Ville, elle se fera par les mains du Chapitre.

VI.
Il ratifie vne autre donatiõ faite au mesme Chapitre.

Enuiron vn an aprés l'échange d'Andely, Gaultier auoit donné au Chapitre de son Eglise la dixiéme partie du reuenu de Dieppe & de Bouteilles, en reconnoissance de la fidelité & de la generosité auec laquelle les Chanoines auoient porté ses interests, tandis qu'il combattoit contre les Rois & les Grands du siecle, pour la conseruation du Patrimoine de son Eglise; estant juste (dit sa Charte) que ceux qui auoient eu part au combat, eussent aussi part aux fruits de sa victoire; laquelle donation auoit esté confirmée en 1202. par le Pape Innocent: mais l'effet de la liberalité de nostre Prelat ayant esté empesché par les troubles & les miseres que causa en Normandie la guerre d'entre les Rois de France & d'Angleterre, comme la Prouince commença à estre plus tranquille aprés sa reünion à la Monarchie Françoise, Gaultier ratifia derechef cette donation le iour de S. Michel de l'an 1206. en presence de Robert Euesque de Bayeux nouuellement Sacré, & de quelques autres de ses Suffragants.

VII.
Auquel il donne l'Eglise de Prenenborse.

Vn Gentilhomme nommé Guillaume de S. Oüen de Prenenborse, ayant esté excommunié, en punition des injures & des outrages qu'il auoit faits à l'Eglise de S. Oüen, & de son opiniastreté à n'en point vouloir faire de satisfaction; s'estant reconnu & presenté deuant Gaultier, receut absolution des Censures dont il estoit lié, le 8. de May à Grandmont prés Rouen, & renonça à tout ce qu'il pretendoit de droit aux biens & au Patronnage de cette Eglise, laquelle nostre Prelat donna aux Chanoines de Rouen pour estre canoniquement possedée par toute leur Communauté, & le reuenu appliqué à leurs vsages, sauf vne honneste

DES ARCHEVESQVES DE ROVEN.

Vicarie ou pension, reseruée pour le Vicaire que Gaultier establiroit dans cette Paroisse, sur la presentation du Chapitre.

VIII. *Plusieurs autres donations & fondations qu'il fit à la mesme Eglise.*

Cette liberalité fut suiuie encore d'autres en 1207. comme si par vne prudence Chrestienne nostre Archeuesque se fust hasté de faire de bonnes œuures, preuoyant bien qu'il ne luy restoit plus gueres de temps à viure. Le iour de l'Annonciation il donna au Chapitre, l'Eglise de S. Pierre de Bourdainuille, qu'il auoit emportée en Iustice, non sans beaucoup de peines & de dépenses sur Gaultier de Bourdainuille Escuyer, à condition qu'il seroit pris sur le reuenu de ladite Eglise cent sols pour l'Obit de sa mere, & la moitié du reste pour l'Anniuersaire de l'Archidiacre Richard son neueu. Il donna en vne autre Feste (sçauoir en celle de S. Matthieu) l'Eglise de Saxetot, pour seruir à entretenir vn Cierge ardent iour & nuit deuant le S. Sacrement, & deuant le grand Autel de la Cathedrale; parce que s'il restoit quelque chose cette dépense payée, il seroit employé ou à la decoration de l'Autel, ou pour augmenter le luminaire, selon que le Chapitre le jugeroit à propos. De plus, il restablit au profit des Chanoines quelques gratifications[a] & distributions de pain & de vin, que Rotrou son Predecesseur leur auoit faites suiuant la coustume, en certains iours & en quelques Festes solennelles, mais que Gaultier auoit retranchées possible, parce qu'il ne les deuoit pas en rigueur de Iustice, laquelle grace il leur octroya par ses lettres données à Grandmont proche de Roüen.

[a] *Procurationes, gratificationes d'argent ou de festins.*

IX. *Il donne auant de mourir au Tresor de son Eglise, ses liures & son argenterie pour compensation.*

Enfin, pour se deffaire de tout scrupule, & mourir auec plus de tranquillité, il donna à l'Eglise tous ses liures, tout son or & tout son argent monnoyé & non monnoyé, & ses pierreries, en recompense du Tresor de ladite Eglise qui auoit esté distrait & employé par ses ordres à l'vsage & au seruice du Roy; ce qui arriua vray-semblablement, lors qu'il fallut contribuer à la rançon du Roy Richard; car j'apprens de Radulphe de Dicet, qu'on vuida les Tresors des Eglises, & qu'on vendit jusqu'aux Calices d'argent pour fournir la somme promise à l'Empereur, & cinq iours aprés cét Acte ou de donation ou de restitution, il alla receuoir en l'autre vie la recompense de ses bonnes œuures, le 16. de Nouembre 1207.

Rad. de Dic. p. 670.

CHAP. XXXIII.

Sommaire.
I. *Mort de Gaultier, combien il a gouuerné l'Eglise de Roüen.*
II. *Il a receu trois Rois à Roüen.*
III. *Donation que sa mere fit à l'Eglise de Roüen.*

Gaultier gouuerna l'Eglise de Roüen 22. ans 8. mois 23. iours; il fut inhumé dans la Chapelle de S. Pierre & de S. Paul, & mis dans vn riche tombeau de marbre, dit vn ancien manuscrit de la Bibliotheque de Mr. Bigot, où il est encore remarqué que nostre Prelat receut durant sa vie trois Roys à Roüen; sçauoir Richard Cœur de Lyon Roy d'Angleterre, le iour de Ste Marguerite de l'an 1189. Iean sans terre son successeur l'an 1200. Et Philippes Auguste Roy de France, qui conquit la Normandie en 1205. I'y apprens aussi que dans l'Octaue de S. Estienne aprés Noël, Madame de Gonnil, mere de Mr. Gaultier Archeuesque de Roüen, donna à chaque Chanoine deux liures de pain & deux gallons de Vin, la terre d'Estigny, & cent sols de rente.

Il n'est point besoin de parler icy des mœurs & des grandes qualitez de Gaultier. On en peut assez juger par ses actions, & par ce que nous en auons dit en diuers lieux de cét Eloge. Que si toutefois on en veut

GAVLTIER

voir vn tableau racourcy, il ne faut que lire ce passage de Pierre de Bloys, tiré de sa Lettre intitulée *Canon Episcopalis*, où donnant à Iean Euesque de Vvorchestre, des aduis salutaires touchant l'exercice de sa charge Pastorale, il luy dit.

IV.
Eloge de ses vertus que Pierre de Blois a fait.

„ Il n'est point necessaire que vous alliez chercher bien loin des exem-
„ ples de vertu: vous n'auez qu'à suiure la doctrine & les maximes qu'ob-
„ serue en sa conduite vostre Oncle Archeuesque de Roüen, vous y trou-
„ uerez vn modele accomply du deuoir Episcopal. Si vous marchez
„ exactement sur ses pas, vous serez reglé en vos mœurs, liberal, affable
„ & benin, sage en vos resolutions, & courageux à les executer, discret
„ à commander, modeste en vos paroles, retenu & timide dans la prospe-
„ rité, asseuré & constant dans l'aduersité, doux & tranquille parmy les
„ personnes fascheuses, pacifique auec les ennemis de la paix, liberal en
„ vos aumosnes, moderé en vostre zele, feruent à pratiquer les œuures
„ de misericorde, ny trop inquiet, ny trop negligent dans le soin de vos
„ affaires domestiques, circonspect en toutes choses, & imitateur de ces
„ quatre animaux, dont S. Iean parle en son Apocalypse, qui auoient des
„ yeux deuant, derriere & à l'entour, afin de preuoir & pouruoir à toutes
„ choses.

V.
Qu'il n'est rien resté de ses ouurages.

Il seroit à desirer que comme nous connoissons aucunement ses excellentes qualitez par cét Eloge de Pierre de Bloys, qui ne sçauoit ce que
c'estoit que de flatter, nous pûssions aussi juger de sa doctrine, par les
Liures qu'il auoit composez, mais dont il ne nous est resté que le Catalogue, que ie donneray Dieu aydant dans l'Histoire de la Cathedrale.

Il protegea & fauorisa les gens de Lettres, & entr'autres vn excellent
Poëte Normand nommé Iean Architren. Il est croyable que suiuant la
coustume de ce temps-là, sa memoire ne manqua pas d'estre honorée
de quelques Eloges, dont il ne m'est seulement tombé entre les mains
que ces quatre Vers.

VI.
Vers qui ont esté faits pour luy.

Largus successit Galterius, & bona gessit,
 Quæ sanxere duces, commemorantque Cruces.
Hunc similem sensit Clerus, Regesque seuerum,
 Fratribus hic cœpit perpetuare merum.

Le second Vers se doit entendre à mon aduis de l'échange d'Andely,
& des Croix sur lesquelles on escriuit *Vicisti Galtere*, &c. à quoy vray-
semblablement Mr. Dadré n'a pas pris garde dans sa traduction. Le
dernier Distique, marque sa liberalité enuers les Chanoines de la Cathedrale. Messieurs de Ste Marthe rapportent ces deux autres Vers tirez de
la Chronique d'Alberic.

VII.
Noms des Papes & des Rois sous lesquels il gouuerna l'Eglise de Roüen.

In specula Christi speculum Prudens speculator,
 Surgit Galterus, decus vrbis, Præsule dignus.

Auant que finir cét Eloge, le Lecteur pourra remarquer que cét Archeuesque estant entré au Siege de Roüen l'an 1183. il paroist qu'il le
gouuerna sous le Pontificat de Lucius III. qui fut Pape le 27. Aoust 1181.
& mourut en 1185. D'Vrbain III. De Gregoire III. De Clement III. De Celestin III. & qu'estant mort en 1207. il arriua jusqu'au neusiéme d'Inno-

DES ARCHEVESQVES DE ROVEN. 439

cent III. qui auoit esté creé Pape l'an 1198. Il eut aussi beaucoup de part GAVLTIER. dans le gouuernement Politique, & dans la direction des affaires d'Estat, sous les Roys d'Angleterre & les Ducs de Normandie, Henry II. fils de Geoffroy & de Mathilde, Richard Cœur de Lyon, & Iean sans Terre; & aprés que ce Prince infortuné eust esté despoüillé de ce riche appennage qu'il auoit receu de ses Predecesseurs, ce Prelat vescut encore trois ans sous la domination de Philippes Auguste.

ELOGE
DE ROBERT POVLLAIN. 53.

ROBERT POVLLAYN. An. de I. C. 1208.
CHAP. I.
Sommaire.
I. Dieu sçait tirer du bien des defauts qui se trouuent dans les élections.

SOVVENT dans les assemblées qu'on tient pour élire les Ministres de l'Eglise, les interests de la terre se meslent parmy ceux du Ciel, & les passions humaines agitent des personnes, qui ne deuroient estre animées & conduites que par l'inspiration du S. Esprit : mais Dieu qui sçait tirer le bien du mal, & le bon ordre du desordre, disposant les choses auec force & douceur, fait naistre aucunefois l'vnion & la concorde de la diuersité des sentimens, & tomber le sort de l'élection sur ceux à qui les capitulans ne pensent point, & que cependant son adorable Prouidence destine au gouuernement de son Eglise.

II. Philippes Auguste rend le droit d'élire leur Pasteur aux Chanoines de la Cathedrale.

Il se void dans l'Histoire, plusieurs exemples qui confirment cette verité, mais en voicy vn assez remarquable en la personne de Robert Poullain successeur de Gaultier. Philippes Auguste, ou pour s'acquerir la bien-veillance du Clergé de Roüen, ou pour ne point choquer les Chanoines de la Cathedrale, qu'il auoit reconnu dans vne affaire que nous dirons ailleurs, estre fermes & resolus, & d'humeur à ne rien relâcher de leurs droits, ou par vn motif de pieté & de justice, ne voulut point à l'imitation des Roys d'Angleterre, se seruir de son authorité pour éleuer vne de ses creatures à la dignité de Primat de Normandie;

III. Differend arriué en l'élection.

Le Chapitre se voyant donc dans vne entiere liberté, s'assembla pour s'élire vn Chef, & donner en mesme temps vn Pasteur au Diocese; mais il y eut de la diuision, & les Capitulans ne pouuoient s'accorder; ce qui fit durer presqu'vn an la vacance du Siege. On dit mesme que le Pape Innocent pour reünir les esprits, y enuoya ses Legats. Enfin, le moyen d'accorder, fut que nul de ces partis ne l'emporteroit l'vn sur l'autre. Chacun renonça à son dessein particulier; & tout au moins, la plufpart, par vn commun suffrage, élurent pour Archeuesque, Robert Poullain, dont l'élection fut d'autant plus Sainte & plus Canonique, qu'il n'estoit considerable, ny par sa naissance, ny par son credit, ny par ses autres auantages exterieurs, que l'on estime trop pour l'ordinaire, mais seulement par le merite d'vne doctrine, d'vne probité & d'vne deuotion solide, que les hommes communément n'estiment pas assez.

IV. Les esprits se reünissent & élisent Robert Poullain.

V. Le Roy agrée

La promotion de Robert Poullain ne pût estre que fort agreable au

440 HISTOIRE

ROBERT POVLLAIN, cette élection, & pourquoy.

Roy, à qui il importoit que le Siege de Roüen fuſt remply d'vn Prelat doux, facile, & nullement ambitieux, afin de ne point trouuer d'obſtacle à l'affermiſſement de ſa domination dans la Prouince. La facilité de noſtre Prelat à condeſcendre aux choſes vtiles à la Police Ciuile, & ſa defference enuers ſon Souuerain, paroiſſent par ces Lettres, où il ordonne aux Doyens d'aider aux Baillifs, à faire les informations du Patronnage des Egliſes ; il permet qu'on rende à Dieppe juſtice aux Iuifs, & promet de ne point excommunier les principaux Baillifs du Roy, ſans en aduertir auparauant ſa Majeſté.

Robert par la grace de Dieu Archeueſque de Roüen.

VI. Charte de Robert Poullain en faueur du Roy & de ſes Officiers.

„ SCachez que nous auons accordé au Seigneur Roy de France, que
„ toutes les fois que ſes principaux Baillifs manderont à nos Doyens
„ de venir chacun auec quatre Preſtres, pour dreſſer des informatiōs tou-
„ chant le Patronnage de certaines Egliſes, afin de ſçauoir à qui le droit
„ appartient, & pour faire ſortir les fugitifs des Egliſes ſelon la couſtume
„ de Normandie ; Noſtre volonté eſt, que leſdits Doyens ſans vſer d'au-
„ cun delay, viennent au iour qui leur ſera marqué par les Baillifs du
„ Roy, & s'ils y manquent, nous ordonnons qu'ils payent neuf liures
„ d'amende, applicables à la maiſon des Lepreux de Roüen, ſans qu'ils
„ en puiſſent eſperer aucune diminution. De plus, nous auons accordé
„ que les Plaids des Iuifs ſe tiennent dans la Ville de Dieppe, meſme
„ contre les Habitans de Dieppe, ainſi qu'on auoit couſtume de les tenir
„ du temps de Gaultier Archeueſque de Roüen. Nous auons auſſi ac-
„ cordé pour l'amour du Roy, pour autant de temps qu'il nous plaira,
„ que ny nous, ny nos Officiers, n'excommunierons les principaux
„ Baillifs du Roy ſans l'en requerir auparauant. Fait le 16. de Mars 1208.

VII. Fondation de l'Abbaye de Gomer Fontaine.

L'Abbaye de Gomer Fontaine ayant eſté fondée cette meſme année pour des Religieuſes de l'Ordre de Ciſteaux, par Hugues de Chaumont, du conſentement de ſa femme & de ſes enfans, Iean, Iacques, Geruais, & Hugues de Chaumont, dans le Vexin François, noſtre Archeueſque en ratifia la Fondation, comme eſtant faite dans ſon Dioceſe.

VIII. Heretiques Albigeois du temps de Robert Poullain.

Le zéle qu'auoit Robert pour le bien de l'Egliſe, luy inſpira vn genereux deſſein, dont ſon naturel porté à la douceur n'euſt pas eſté capable, s'il n'euſt eſté échauffé de ce feu celeſte. Au commencement de ſon Pontificat, il s'enroola dans la Milice ſacrée contre les Albigeois. Ces malheureux Heretiques qui s'eſtoient extrémement multipliez, infectoient alors les Prouinces Meridionales de France ; ſçauoir la Prouence, le Languedoc, & la Gaſcogne. On auoit taſché d'arreſter le cours de cette peſte par des remedes doux & benins. Douze Abbez de l'Ordre de Ciſteaux, & quantité de Religieux du meſme Inſtitut, y auoient trauaillé par leurs Predications ; & meſme le grand S. Dominique auoit déja commencé à faire éclater contre eux ce noble zéle, qui luy fit depuis remporter tant de victoires ſur l'erreur, & gagner tant d'ames à I. C. Mais le mal s'augmentant de iour en iour ; & comme l'Hereſie eſt vioente & cruelle,

IX. Moyens dont on ſe ſeruoit pour les exterminer.

V. Rayneld. contin. Bar. an. 1206. n. 28. 29. & 2108. n. 15.

cruelle, ces miserables ayant assassiné Pierre de Chasteau-Neuf Legat du ROBERT POVLLAIN. Pape; Sa Sainteté enuoya en France vne Bulle, par laquelle il exhortoit le Roy, les Princes, & les Seigneurs, & toutes sortes de personnes à se croiser, & à prendre les armes pour exterminer les Heretiques, auec concession de pareilles Indulgences, qu'il auoit octroyées à ceux qui estoient allez en Orient combattre les Sarrazins.

X.
Croisade publiée contre les heretiques.

CHAP. II.
Sommaire.
I.
Robert Poullain se croise, & conduit plusieurs de ses Sujets à l'armée.

NOstre Robert ayant donc assemblé plusieurs de ses Vassaux, partit de Normandie, & s'alla joindre auec Robert nommé à l'Archeuesché de Lyon, Guillaume Archidiacre de Paris, & quantité de Gentils-hommes & de Pelerins, & tous ensemble s'acheminerent en Languedoc. Comme ils furent à Carcassone, le Comte de Montfort General de l'armée de la Croisade, eut aduis de leur arriuée, & enuoya au deuant d'eux Guy son frere, & Guy Mareschal, afin de commander ces nouuelles Troupes, & de faire comme vn petit corps d'armée; en suite ils assiegerent & prirent diuers Chasteaux & plusieurs places fortes, qui seruoient de retraite aux ennemis. Puis par ordre du Comte de Montfort, ils s'acheminerent vers luy, & les deux armées estant jointes ensemble, ils allerent attaquer le Chasteau de la Penne dans l'Agenois, où Hugues d'Alfar s'estoit retiré auec quatre cens hommes d'élite. La resistance des assiegez fit durer le Siege, & fut cause que plusieurs Prelats aprés les quarante iours de Milice qui estoient necessaires pour gagner les Indulgences, se retirerent & s'en retournerent en leurs Dioceses, malgré toutes les remontrances du General. Mais nostre Archeuesque qui estoit d'vn naturel assez obligeant, défera aux prieres du Comte, & estant encore demeuré en l'armée, acquit beaucoup d'honneur en cette expedition; puis voyant arriuer vne grande & nombreuse Troupe de Croisez, il prit congé du General, & s'en reuint en Normandie, où il s'appliqua auec vigilance pour empescher que l'Heresie n'infectast son Troupeau; & ayant découuert quelques personnes qui osoient la publier, aprés auoir fait ses efforts pour les conuertir, il les abandonna aux Iuges seculiers, qui en firent brûler plusieurs à Paris, à Roüen, & ailleurs.

1209.

II.
Diuers exploits de guerre de cette Croisade.

III.
L'Archeuesque y demeure auec sa troupe, aprés le terme expiré.

IV.
Ce qu'il fit estant de retour.

V.
Sçauoir s'il sacra l'Euesque de Lincolne Anglois.

Mathieu Vvestmontier écrit que Hugues Archidiacre de Vvelles, & Chancelier de Iean Roy d'Angleterre, ayant esté éleu Euesque de Lincolne, receut deçà la Mer le caractere Episcopal par les mains de nostre Prelat. Mais j'apprens d'vn autre Autheur, que veritablement Hugues aprés son élection demanda permission à son Prince d'aller en Normandie, & de s'y faire Sacrer par l'Archeuesque de Roüen; à quoy il consentit tres-volontiers; mais que le Chancelier ayant passé la Mer, se rendit auprés d'Estienne Archeuesque de Cantorbie son Metropolitain, & par son ministere fut honoré de l'Onction Episcopale; ce qui attira sur luy la colere du Roy, lequel pour se vanger confisqua le reuenu de l'Euesché de Lincolne.

Nic. Harpsfeldius. sect. 13. c. 24. Math. Paris 1209. ibid.

VI.
Innocent III. luy donne vne Bulle, qui confirme ses droits.

Le Pape Innocent III. adressa à Robert vne Bulle le douziéme de son Pontificat, qui conuient auec l'an de grace 1209. par laquelle il confirme & ratifie toutes les anciennes & raisonnables coustumes, dont les Archeuesques de Roüen & ses Predecesseurs auroient joüy à l'égard des Mo-

Kkk

ROBERT POVLLAIN. nasteres de son Diocese, non exempt de sa Iurisdiction.

Ce mesme Pape luy en adressa vne autre le 12. Aoust de la mesme année, par laquelle il doit refuser ceux qu'il ne trouuera point capable de posseder les Benefices de son Diocese, & donner aduis aux Patrons d'en nommer d'autres dans certain temps ; lequel estant expiré, il pourra y pouruoir nonobstant toutes appellations.

VII. *Embrasemens arriuez dans Rouen de son temps.*

L'an 1210. plusieurs maisons des deux Paroisses, S. Cande & S. Denis, furent brûlées, & l'année d'aprés vne autre horrible incendie desola presque toute la Ville de Rouen, & brûla l'Hostel Archiepiscopal. L'Eglise de Nostre-Dame fut conseruée comme par miracle, aussi-bien que celle de S. Oüen, de S. Lo, & quelques édifices de pierre qui furent exempts de ces embrasemens. Cette année Robert fut delegué Iuge auec Guillaume de la Chappelle Châtellain d'Arques, par Philippe Auguste, pour terminer vn different suruenu entre le Chapitre & le Châtelain du Roy, au sujet du priuilege de la deliurance du Prisonnier le iour de l'Ascension. Ce fut luy qui fit vn nouueau village dans la Forest d'Aliermont, entre S. Aubin & Envremeux : Enuiron ce mesme temps Innocent III. adressa la Decretale *Ad reprimendam de Officiis ordinarij*, à ce Prelat, du pouuoir qu'ont les Archeuesques d'absoudre ceux qui ont esté excommuniez par leurs Suffragans.

VIII. *Quelques actions particulieres de ce Prelat.*

1211.

CHAP. III.

Sommaire.

I. *Different de l'Archeuesque auec son Chapitre, & ce qui s'en ensuiuit.*

CE bon Archeuesque eut le malheur de se broüiller auec le Chapitre de sa Cathedrale, à l'occasion de la dixiéme partie du reuenu de Dieppe & de Bouteilles, que Gaultier son Predecesseur auoit donnée aux Chanoines : le Chapitre la luy ayant demandée, il differa long-temps à la payer, ou mesme à leur faire responfe. Ce delay irrita les Chanoines, & leur fit prendre vne estrange resolution, qui fut de cesser l'Office Diuin ; de sorte que depuis l'Octaue de la Natiuité de Nostre-Dame jusqu'au iour de S. Michel, l'Eglise fut comme en Interdit, & on n'y celebra point le Seruice à l'ordinaire. Enfin Lucas Euesque d'Evreux s'entremit pour accorder les parties, & obtint des Chanoines qu'ils feroient l'Office le iour de S. Michel. Le lendemain l'Archeuesque Robert & le Chapitre conuindrent d'Arbitres, qui furent l'Abbé de Beaubec, le Doyen d'Avranche, Thibaut Tresorier, Nicolas de Laigle, & Robert le Begue Archidiacre de Roüen, & promirent reciproquement de s'en tenir à ce qu'ils jugeroient, sans en appeller. En suite, le Doyen du Chapitre, ou simplement de l'adueu de sa Compagnie, ou par l'Ordonnance des Arbitres, fit quelque sorte de satisfaction à nostre Prelat, luy disant ces paroles en presence de ses Confreres. Monsieur, il est vray que nous ,, auons cessé ces iours passez le Seruice, dans la creance que nous auions ,, & que nous auons encore qu'il estoit à propos d'en vser de la sorte, ,, mais nous n'auons rien fait par passion & par animosité. Que si toutes-,, fois, comme c'est l'ordinaire des hommes, vous auez conceu quelque ,, indignation contre nous à cause de la conduite que nous auons tenuë, ,, nous vous supplions pour l'amour de Dieu de vous reconcilier auec ,, nous, & nous receuoir en vostre amitié & en vos bonnes graces.

II. *Ce different terminé par Arbitres.*

L'issuë de cette affaire fut, que Robert pour retrancher desormais tout sujet de different, consentit par ses lettres en date du iour de S. Martin du mois de Nouembre suiuant, que le Chapitre perceust la dixiéme partie des reuenus de Dieppe & de Bouteilles, tant presentes qu'à venir, qui estoient en ce temps-là baillez à ferme, conformément à la Charte de Gaultier son Predecesseur. Il accorda aussi au Chapitre vne rente annuelle de vingts liures tournois, payables en quatre termes, au lieu d'autres reuenus qui estoient deubs aux Chanoines, en vertu desdites lettres de Gaultier, sauf en tout le droit de son successeur, celuy du Chapitre, & ce qui estoit porté dans leurs Chartes. Il se trouue dans les Archiues du Chapitre deux Bulles du Pape Innocent, adressées à Robert Archeuesque de Roüen, touchant l'Abbaye de Montiuillier; l'vne donnée le 12. de May & le 18. de son Pontificat, & l'autre le lendemain du mesme mois & an, sur vn conflict de iurisdiction.

III. *Bulles touchant la Iurisdiction de l'Abbaye de Montiuillier.*

Mais leur differend n'estant point entierement vuidé, & en restant quelques points à juger, ils furent décidez en 1218. par accord de parties, & la transaction fut confirmée au mois de May suiuant, par des Iuges nommez par le Siege Apostolique.

IV. *Autre accommodement touchant cette mesme Iurisdiction.*

Le Pape Honorius III. successeur d'Innocent, par sa Bulle donnée à Viterbe le 20. de Nouembre, & l'an quatriéme de son Pontificat, exhorta nostre Archeuesque & ses Suffragans, à prendre soin de la discipline de l'Eglise, principalement en ce qui regarde le culte & la veneration du S. Sacrement, leur ordonnant de recommander aux Curez qu'ils eussent à garder la sainte Eucharistie dans vn lieu net, décent & remarquable, & qu'ils enseignassent au peuple de s'encliner & d'adorer humblement l'Hostie lors qu'on l'éleue en la sainte Messe, &c.

V. *Bulle d'Honoré III. touchant le respect & la deuotion au Tres-saint Sacrement.*

Robert eust quelque differend auec les Bourgeois de Roüen, dont nous ignorons le sujet. Nous sçauons seulement qu'en l'Eschiquier de Falaise de 1228. il fut dit qu'il ne seroit point tenu de répondre ausdits Bourgeois, sur ce dont ils s'estoient plaints, qu'en presence du Maire de la Ville; en l'Eschiquier de la S. Michel, de la mesme année, il fut maintenu dans la possession du Patronnage d'vne Eglise, sur le serment de certains témoins qu'on examina; il obtint le mesme, en 1220. ou 1221. contre le Roy.

VI. *Differend de l'Archeuesque auec plusieurs personnes de Roüen, terminé à son auantage.*

Il est fait mention de Robert dans plusieurs Chartes des Monasteres de Iumiege & de S. Vvandrille. La Chronique du Bec m'apprend que Guillaume Abbé de ce Monastere, estant mort en 1211. les Religieux éleurent en sa place Richard de S. Leger, qui fut beny dans l'Eglise de Nostre-Dame, par nostre Prelat le iour de S. Remy. Il est parlé de Robert dans vne Charte de cette Abbaye, faite en 1209. au sujet de l'Eglise d'Herbouuille, en vne échange que firent les Moynes auec Guillaume de Garlande en 1220. & en deux donations, l'vne d'Eustache & l'autre de Claude de Meulent en 1216. L'an 1218. au mois de Iuin, Enguerrand de S. Remy en la Campagne sur Eu, Cheualier, donna à Robert Archeuesque de Roüen & à ses Successeurs, le droit de Patronnage de deux des portions de la Cure dudit S. Remy, & en retint deux pour luy, & pour ses heritiers, & sont lesdits Curez sujets de desseruir en personne ledit Benefice.

VII. *Chartes des Monasteres où il est fait mention de luy.*

Kkk ij

ROBERT POULLAIN. VIII.
Combien de temps il gouuerna l'Eglise de Roüen, & sçauoir s'il a basty l'Abbaye de Iumiege.

Vn ancien Manuscrit de Mr. Bigot, dit que Robert tint la Chaire Archiepiscopale douze ans, qu'il se montra doux & benin enuers toutes sortes de personnes, & qu'il rebastit de neuf l'Abbaye de Iumiege en 1210. ce qui se doit entendre à mon aduis de quelques nouueaux édifices, à la construction desquels il contribua.

IX.
Translation des Reliques de S. Thomas de Cantorbie faite de son temps.

La Chronique du Bec marque la Translation du glorieux Martyr S. Thomas de Cantorbie en 1220. le 7. de Iuillet. Estienne son successeur dans le Siege Primatial d'Angleterre, tira ce sacré depost du caueau où il auoit esté mis 50. ans auparauant, & le transfera dans vne magnifique Chasse, en presence d'vn grand nombre de Prelats du Royaume & des païs estrangers; Nostre Archeuesque Robert ne pût se transporter en cette Ville, pour se trouuer en cette Auguste ceremonie, mais Radulphe & Iean Archidiacres, Guillaume Chancelier du Chapitre de Roüen, & plusieurs Chanoines y assisterent en sa place, & rapporterent des Reliques du Saint, qu'ils mirent décemment dans le Tresor de Nostre-Dame.

1220.

Bref d'Honoré III. à l'Archeuesque de Roüen, & à ses Suffragans.

LEs Chrestiens estant engagez en la guerre contre les Sarrasins d'Egypte, le Pape Honorius enuoya vn Bref à l'Archeuesque de Roüen ,, & à ses Suffragans; par lequel il leur ordonnoit de recommander aux ,, Predicateurs de leurs Dioceses, qu'ils eussent à bien exhorter le peuple ,, à prendre la Croix, & à passer en Orient, pour se joindre à leurs Freres, ,, & à combattre les Infideles : Mais ie crois que Robert ne vit point ces Lettres Apostoliques, & qu'il fut préuenu de la mort ; puisque ie trouue que l'année suiuante fut la derniere de la vie & du Pontificat de Robert, qui mourut le quatriéme de May. Trois iours aprés, son corps fut porté & enseuely en l'Abbaye de Mortemer, ainsi qu'il auoit ordonné, où l'on voit son Tombeau. Vn Manuscrit dit qu'il tomba malade & déceda dans ce Monastere ; ce qui est assez vray-semblable. Il faut bien se donner de garde de le confondre auec le Cardinal Robert Poullain Anglois, le plus ancien des Theologiens Scholastiques, qui viuoit du temps de S. Bernard, & dont les Oeuures ont esté depuis quelques années, mises en lumiere par les soins du R.P. Dom Hugues Mathoud Religieux de la Congregation de S. Maur. Bien que nostre Robert fust aussi Theologien, ie crois toutesfois qu'il se rendit plus recommandable par sa vertu que par sa science. Il laissa au Chapitre le Fief de l'Incestre, situé en la ruë de Nostre-Dame, Paroisse de S. Maclou, qui valoit en ce temps-là 29 liures 4 sols. Vn Manuscrit l'appelle homme simple, doux & pieux, *virum simplicem, mansuetum & pium*, lesquelles qualitez s'accordent auec celles que luy attribuerent ces deux anciens Distiques d'Alberic en sa Chronique.

Odor. Raynald an. 1221 n. 1. lib. 5. Epist. 356.

X.
Mort de Robert Poullain, qu'il ne faut pas confondre auec vn autre du mesme nom.

1221.

XI.
Eloges qu'on luy a donnez.

  Successit non laude minor, nec moribus impar,
  Forma Gregis, vitâ clarus, verboque, Robertus.

Et cét autre.

  Successit Robertus ei, quem vita probauit
  Sobria, recta fides, mens pia, larga manus.

DES ARCHEVESQVES DE ROVEN. 445

ROBERT POVLLAIN.

Le Manuscrit de la Cathedrale luy a donné vn Eloge plus ample dans ces trois Vers suiuans.

Isti successit Præsul Robertus, egenos,
Veste, cibis recreans, cleri defensor, amator
Iuris, in Ecclesiis deuotus, atroxque Tyrannis.

ELOGE
DE THIBAVT d'Amiens. 54.

THIBAVT.
An. de I. C.
1222.
CHAP.
I.
Sommaire.
I.
Election de Thibaut.

L'EGLISE de Roüen joüissant paisiblement de ses libertez & de ses priuileges par la pieté & la justice de Philippe Auguste, aprés la mort de Robert, le Chapitre resolut de proceder à l'election d'vn Archeuesque ; pour cét effet, on appella tous ceux qui auoient droit de suffrages, entre lesquels quelques-vns s'excusent, d'autres mirent des Procureurs en leur place, *Iuxta formam Concilij generalis*, c'est à dire, selon qu'il auoit esté ordonné au Concile general de Latran, tenu en 1215. sous Innocent III. la pluspart y assistent en personne, & par vn commun consentement, élurent pour Pasteur Thibaut d'Amiens. Aprés l'élection, le Chapitre en enuoya l'Acte & le Decret signé de tous les Capitulans au Pape Honoré III. pour le supplier de leur en accorder la confirmation. Mais sa Sainteté ne leur octroya pas l'effet de leur demande aussi facilement qu'ils eussent souhaité, à cause qu'il ne comparut deuant Elle qu'vn seul des Electeurs (vray-semblablement, parce que le Chapitre n'en auoit point deputé dauantage) ce qui ne suffisoit pas, pour examiner si l'élection auoit esté faite selon les formes, sans lequel examen, le Siege Apostolique n'auoit point accoustumé de confirmer les élections. C'est pourquoy le Pape nomma trois Commissaires ; sçauoir Geruais Euesque de Sez, Henry Grand Archidiacre de Reims, & Iean Doyen d'Amiens, ausquels il manda d'informer de l'élection, & des qualitez de celuy qui auoit esté éleu, & s'ils trouuoient que l'élection eust esté faite Canoniquement, & que ledit Thibaut éleu, eust la suffisance requise pour vne telle dignité, de confirmer ladite élection, par l'authorité du S. Siege, cessant tout obstacle d'appel. Ces trois Commissaires citerent Thibaut éleu, pour se presenter deuant eux à Meulan, dans l'Eglise de S. Nicaise, afin de luy estre fait droit tel que de raison, & adresserent vn Mandement aux Abbez de S. Oüen & de Ste Catherine, & au Prieur de S. Oüen, donné à Reims, le lendemain de la Translation de S. Benoist ; afin que ceux-cy assignassent en leur nom, le Doyen & le Chapitre de Roüen, à comparoistre en leur presence, audit lieu de Meulan, le Vendredy d'aprés la S. Laurens, dans lequel Mandement se voit inseré le Bref de sa Sainteté, en date du 18. de May, le 6. de son Pontificat, c'est à dire, l'an 1222.

II.
Retardée en Cour de Rome.

III.
Commissaires deputez pour informer de l'élection.

Cap. quia propter §. Illud. eod. tit.

KKK iij

THIBAVT.
IV.
L'élection de Thibaut est confirmée.

Cette piece jointe à la conſequence que nous tirons de ce que ſon Sacre fut fait peu aprés cette information, nous faiſant connoître qu'il entra fort paiſiblement dans le Trône Metropolitain. Il eſt difficile d'accorder noſtre Hiſtoire auec ce qui eſt porté au Chapitre *Eccleſia* 48. *de electione & electi poteſtate*, où il ſe voit que le Siege de Roüen eſtant

V.
Difficulté touchant cette élection.

vacant, le Chapitre proceda à l'élection d'vn Prelat, & fut partagé en diuers ſuffrages, quelques Chanoines ayant nommé Thibaut, d'autres le Chancelier du Chapitre, & quelques particuliers chacun quelqu'autre de leurs Confreres. Que parmy cette diuiſion, il y eut appel interjetté deuant le Pape, nonobſtant lequel on ne laiſſa pas de porter & d'inſtaller vn des éleus dans le Siege Archiepiſcopal, mais que ſa Sainteté declara nulles toutes ces procedures, & ne jugea en faueur d'aucun, parce que nul n'auoit les ſuffrages de la plus grande partie du Chapitre, ainſi qu'il eut eſté requis par le Chapitre (*quia propter* 42. *eod. tit.*) & que cette inſtallation dans la Chaire Pontificale, ne deuoit point paſſer pour vne élection Canonique. Il eſt aiſé de juger que ce differend n'a point de rapport à la maniere dont nous venons de dire, que Thibaut paruint à l'Archeueſché de Roüen, & qu'il y a grand ſujet de douter qu'il ne ſe ſoit gliſſé quelque erreur au titre de ce Chapitre; car de dire que ce démeſlé arriua auant l'élection de ce Prelat, il me ſemble que la Chronologie y repugne, & que la vacance du Siege qui fut plus d'vn an, euſt encore duré plus long-temps.

S'il y auoit 36. Chanoines. 25. nommeront Thibaut, 12. le Chancelier, & 9. chacun vn autre Chanoine.

VI.
Naiſſance & autres qualitez de Thibaut auant ſa promotion.

Nous ne ſçauons rien de l'extraction de Thibaut, pluſieurs eſtiment que ſa qualité d'Amiens nous marque également le nom de ſa famille, & le lieu de ſa naiſſance. Meſſieurs de Ste Marthe diſent que ſa mere s'appelloit Humeline. Lors qu'il fut éleu, il eſtoit Chanoine de l'Egliſe de Roüen, & exerçoit la charge de Treſorier. Sa doctrine & ſa probité l'auoient mis en reputation, & ce furent ces deux excellens auantages qui le firent preferer à ſes Competiteurs. Il fut Sacré le 4. de Septembre

VII.
En quelle année il fut Sacré, & receut le Pallium.

1222. & receut le *Pallium* le 29. de Ianvier de l'année ſuiuante, à compter ſelon l'vſage d'apreſent. Pour conſeruer la memoire de ce jour, auquel le S. Siege l'honora de cette marque de la plenitude de l'Office Ponti-

1222.

VIII.
Fondation d'vne Meſſe le iour qu'il receut le Pallium.

fical, il fonda vne Meſſe de la Ste Vierge, qui ſeroit celebrée tous les ans en ce meſme iour 29. Ianvier, au grand Autel, & donna pour cet effet, cent ſols de rente, pour eſtre diſtribuez aux Chanoines qui y aſſiſteroient. Cette Meſſe s'appelloit du *Pallium* de Thibaut. Il eſt facile de corriger, parce que nous venons de dire de la Chronique de Normandie, imprimée dans le Recueil de Mr. du Cheſne, laquelle met la mort de Robert Poullain en 1217. & celle de Thibaut en 1221. auquel temps il n'eſtoit pas encore Archeueſque, il y a pluſieurs ſemblables erreurs dans cette Chronique.

CHAP. II.
Sommaire.
I.
Thibaut receuoit deux Bulles du Pape Honorius III.

CEtte meſme année 1222. noſtre Archeueſque receut deux Bulles du Pape Honorius III. vne datée du 17. de Nouembre 1222. & l'autre expediée cinq iours aprés. Par la premiere, ſa Sainteté luy deffend de receuoir dans l'Egliſe de Roüen ceux qui ne ſeroient point nez de legitime mariage; & par l'autre elle luy donne pouuoir de décharger les

Eglises qui payoient de trop grandes pensions.

II.
Il est inuité de se trouuer en vn Concile contre les Albigeois.

Conrad Euesque de Port tint en 1223. vn Synode à Paris contre les Albigeois, & en indiqua vn autre à Sens contre ces mesmes Heretiques, qui ayant infecté de leur pestilente doctrine les confins de la Hongrie, Croatie & Dalmatie, & engagé mesme dans leurs erreurs quelques Euesques, auoient eu l'audace de créer vn Antipape, & d'élire vn Scelerat nommé Barthelemy, pour le chef infame de leur infame corps; Surquoy Conrad adressa ses Lettres à nostre Archeuesque, lesquelles apparemment furent circulaires, & enuoyées aussi aux autres Metropolitains de France, l'inscription changée.

Au Venerable Pere Thibaut, par la grace de Dieu Archeuesque de Roüen, & à ses Suffragans, Salut en nostre Seigneur I.C.

III.
Des desordres que le Chef de ces Heresiques faisoit.

"EStant obligez de vous demander secours pour l'Espouse de Iesus Crucifié, nous nous sentons arrestez par l'excez de nostre douleur, qui nous contraint de gemir & de verser des larmes. Nous vous disons ce que nous voyons, & vous témoignons ce que nous sçauons. Cét homme de perdition qui s'eleue sur tout ce qui est adoré & appellé Dieu, a desia pour auant-coureur de sa perfidie, vn Heresiarque que les Heretiques Albigeois nomment leur Pape, demeurant vers la frontiere des Bulgares, de la Croatie, & de la Dalmatie, proche la Hongrie, vers qui les malheureux de la mesme secte abordent de tous costez, pour le consulter & receuoir ses responses. Barthelemy natif de Carcassone, Euesque des Heretiques, se portant pour Vicegerent de cét Antipape, a eu cette funeste déference pour luy, que de luy accorder pour Siege & pour lieu de sa residence, la Ville nommée Porlas, & de se transferer luy-mesme dans le territoire de Tolose. Ce Barthelemy dans les Lettres qu'il enuoye de toutes parts, les commence de cette sorte. Barthelemy, Seruiteur des Seruiteurs de la sainte Foy, à vn tel. Entre ses diuers attentats il se remarque qu'il crée des

IV.
Le Legat redouble ses prieres pour l'inuiter à ce Concile.

"Euesques, & est si insolent, que d'oser consacrer des Eglises. Nous vous supplions donc tres-instamment, par le respect que vous auez pour le Sang precieux de I.C. & nous vous enjoignons étroitement par l'authorité du Pape, dont nous representons la personne, que vous vous trouuiez à Sens dans l'Octaue de S. Pierre & de S. Paul, où se rendront aussi auec l'aide de Dieu plusieurs autres Prelats de France, pour donner conseil & assistance à l'égard de cette affaire des Albigeois, autrement nous ne manquerons pas d'aduertir sa Sainteté de vostre negligence. Donné à Planes le 2. de Iuillet. I'estime que l'on ne tint pas ce Synode à Sens, la mort de cét Antipape ayant fait cesser le desordre, comme dit Mathieu Paris.

V.
Thibaud Sacre Richard de S. Leger Euesque d'Evreux.

Richard de S. Leger Abbé du Bec, ayant esté éleu Euesque d'Evreux le 17. de Iuillet, fut Sacré le 17. d'Aoust dans l'Eglise de Roüen, par nostre Archeuesque Thibaut, qui benit aussi le 28. de Iuillet Henry de S.ᵗ Leger, successeur de Richard dans sa charge Abbatiale.

HISTOIRE

THIBAVT.
VI.
Il dédie l'E-glise de S. Nicolas, au Cimetiere de S. Maur.

L'année suiuante, Thibaut dedia l'Eglise de S. Nicolas de Beauregard, dans le Cimetiere de S. Maur prés de Roüen, & accorda dix iours d'Indulgences à tous Fidelles Chrestiens qui s'estant deuëment confessez de leurs pechez, visiteroient tous les ans ladite Eglise, le iour & pendant l'Octaue de la Dedicace, & y feroient des prieres & des aumosnes.

VII.
Et achepte le Fief de Pormor pour son Eglise.

Il se voit par vne piece du Cartulaire de l'Archeuesché, qu'au mois d'Octobre de la mesme année, Guillaume de Mauquency vendit à son Seigneur Thibaut Archeuesque de Roüen, tout le Fief qu'il tenoit à Pormor, auec tout ce qui eust pû échoir ou appartenir à luy & à ses heritiers, à raison dudit Fief, qui seroit à l'aduenir possedé par ledit Archeuesque, ou par telles personnes à qui il luy plairoit de le donner. Ce Fief & terre de Pormor fut destiné pour la mense & table Archiepiscopale.

1224.

VIII.
Le Pape le depute pour informer des miracles du B. Laurens Archeuesque de Dublin.

La sainteté du glorieux S. Laurens Archeuesque de Dublin, qui auoit esté inhumé dans l'Eglise de sainte Marie d'Eu, éclatant tous les iours de plus en plus par les guerisons surnaturelles que Dieu operoit par son intercession: le Pape Honorius manda à Thibaut par vn Bref en date du septiéme de Decembre, d'informer de la vie, des mœurs, & des miracles de ce S. Prelat, & luy donna pour Associez en cette commission, le Doyen de l'Eglise de Roüen, qui fut depuis Euesque de Bayeux; le Tresorier de la mesme Eglise, & le Prieur des Freres de la sainte Trinité de Dublin, lesquels ayant fait cette information auec l'exactitude & la diligence requise, supplierent le Pape de vouloir canoniser ce saint Archeuesque, la sainteté duquel estoit tres-bien attestée, tant par l'éminente pieté qui auoit paru en toutes ses actions, que par les insignes miracles dont Dieu l'honoroit incessamment. Il y eut encore plusieurs autres Archeuesques, Euesques, Abbez & Religieux qui rendirent le mesme témoignage, & presenterent la mesme supplication à Honorius,

1224.

O Raynaldus ad an. 1224. n. 47. & 1225. n. 37.

IX.
Lequel est mis publiquement au Catalogue des Saints.

lequel aprés les deliberations & les formalitez accoustumées, mit S. Laurens au Catalogue des Saints, & ordonna que sa Feste fust celebrée le 14. de Nouembre, auquel iour on fait de luy Office semidouble dans le Diocese de Roüen. On peut voir dans Surius la vie de ce Saint, & vne partie de la Bulle de sa Canonisation dans Raynaldus, continuateur de Baronius; laquelle porte entr'autres choses, que ce Saint auoit ressuscité sept morts, dont vn estoit decedé il y auoit desia trois iours.

X.
Thibaut transfere ses Reliques.

Le 6. de May de l'an 1226. Thibaut tira du Tombeau le corps du Saint, & le transfera solemnellement dans vne riche Chasse, en presence de Geoffroy Euesque d'Amiens, & d'vne grande multitude de peuple.

CHAP. III.

Sommaire.
I.
Accommodement des Abbez de S. Per & de S. Germer auec l'Archeuesque Thibaut.

LA vigilance de Thibaut à maintenir ses droits, fut singuliere, & jusqu'à le faire passer dans l'esprit de quelques-vns pour trop exact & trop rigoureux. On en verra icy des exemples entre les pieces dont se sert Mr. Denyau, pour justifier la Iurisdiction de nos Archeuesques. Dans le Vicariat de Pontoise il s'en trouue deux de Thibaut; la premiere est vn accommodement fait en 1224. entre luy & Guy Abbé de S. Per en Vallée, & sa Communauté, du consentement du Chapitre de Roüen, touchant la Visite du Prieuré de Lyancour, membre dependant de cette Abbaye.

Mr. Denyau Cathed. Roth. p. 246.

Il

DES ARCHEVESQVES DE ROVEN.

Il est dit par cét Accord, que quand l'Archeuesque & ses successeurs visi- THIBAVT.
teroient en personne ledit Prieuré, le Prieur & les Moynes seroient tenus
de luy payer la somme de quatre liures monnoye de Paris pour sa dépense, & luy fourniroient le logement & les meubles necessaires ; lesquelles
quatre liures ils ne seroient obligez de payer plus d'vne fois par chacun
an. L'autre est vn Escrit de pareille nature, daté du mois de May 1225, 1225.
par lequel Guillaume Abbé de S. Germer, & son Conuent, accordent que
quand ledit Prelat visitera le Prieuré de Serent en personne, le Prieur
sera tenu de luy payer 70. sols monnoye de Paris, & de luy preparer les
chambres & les meubles de la Maison pour son logement, l'vn & l'autre
de ces Prieurez estant dans le Vexin François.

II.
Il assiste à l'Assemblée du Clergé tenuë à Bourges.

Matthieu Paris témoigne que Thibaut se trouua au Concile ou Conference de Bourges, conuoquée en 1226. par Romain Cardinal, Diacre 1226.
du titre de S. Ange, Legat du Pape Honorius ; les Archeuesques de
Lyon, de Bourges, d'Ausche y assisterent aussi auec plusieurs de leurs
Suffragans. Ie dis Concile ou Conference, dautant que l'Archeuesque
de Lyon, qui est nommée premiere Lyonnoise, prétendant auoir
la presseance sur celuy de Sens & de Roüen, comme leur Primat ; de
crainte que telle dispute ne tirast les affaires en longueur, on jugea à
propos de ne point nommer cette Assemblée Concile, mais seulement
Conseil, ou Conference (*non Concilium, sed Consilium.*) On y traita de
l'affaire des Albigeois, pour laquelle les Deputez des Chapitres accor-

III.
Decime accordée pour la guerre contre les Albigeois.

derent vne demy Decime, pour subuenir aux frais de la guerre que le
Roy Loüis VIII. alloit recommencer contre ces malheureux Heretiques : Mais ce Prince estant decedé quelque temps après, cette subuention fit naistre de la difficulté entre les Chapitres de Sens, de Roüen,
Reims & Tours, & la Reyne Regente Blanche, Mere du jeune Roy
S. Loüis : Toutesfois, à la fin ce differend se termina à l'aduantage de la
Cour, & le Clergé paya la Decime entiere en faueur de l'expedition
qu'on entreprit contre les Albigeois ; surquoy on peut lire le Pere Raynaut, sur l'an 1227. n. 56. & suiuans. 1227.

IV.
Differend de l'Archeuesque Thibaut auec les Officiers du Roy.

L'ancienne Chronique de l'Eglise de Roüen fait mention d'vne autre difficulté qu'eut nostre Archeuesque Thibaut auec le Roy de France
pour du bois à bâtir que ce Prelat auoit fait couper dans la Forest de
Louuiers. Ie traduiray icy fidellement les termes Latins de cét original.

V.
Le Roy se plaint de ce qu'il auoit excommunié le Bailly du Vaudreüil, & de plusieurs autres Chefs.

„ L'année 1227. l'Archeuesque Thibaut voulant faire apporter à Roüen
„ du merrain ou bois à bâtir qu'il auoit fait couper & preparer dans la
„ Forest de Louuiers, le Baillif du Vaudreüil arresta ce merrain. Dequoy
„ l'Euesque d'Evreux Vvaultier estant aduerty, il Excommunia le Baillif.
„ Ce qui donna sujet au Roy de France de citer & appeller en sa presence
„ ledit Archeuesque, disant qu'il l'auoit offensé en faisant ainsi excom-
„ munier son Baillif sans l'en aduertir. Item, ledit Roy se plaignoit de
„ ce que ledit Archeuesque auoit pris le Foüage de la Villette, qui est
„ dans le territoire de Louuiers, bien que ce Foüage luy appartint, à
„ raison du Fief releuant de luy, comme il se iustifioit par les Adueux du
„ proprietaire dudit Fief, qui le reconnoissoit pour Seigneur. Item,

LLl

THIBAVT. ,, ledit Seigneur Roy difoit qu'il ne deuoit point faire de merrein dans
,, la Foreſt de Louuiers, ſinon pour l'vſage du ſeul Manoir de Louuiers,
,, & non d'autres. Item, ledit Seigneur Roy ſe plaignoit de ce que ledit
,, Archeueſque auoit Excommunié le Doyen & quelques Chanoines
,, de Gournay qui ſont ſous ſa protection, & dont il eſt Patron. De
,, plus, il fit adjourner le meſme Archeueſque, pour rendre raiſon de
,, ce qu'il ne venoit pas à l'Eſchiquier pour répondre ſur ce qui luy eſtoit
,, objecté, ainſi que faiſoient les autres Eueſques & Barons de Norman-
VI. ,, die. Pour cette cauſe, ledit Prelat fuſt cité à comparoiſtre deuant le
Thibaut com-
paroit à l'ad- ,, Roy à Vernon, où il comparut, & dit qu'il n'eſtoit point tenu de ré-
journement,
& ſes réſpon- ,, pondre en ſa Cour ſur les matieres dont il s'agiſſoit ; tant parce qu'il y
ſes. ,, en auoit qui regardoient le Spirituel, qu'à cauſe qu'il ne tenoit de ſa
,, Majeſté aucun Fief qui l'obligeaſt de répondre en ſa Cour. De laquelle
,, réponſe le Roy & la Reyne témoignerent d'eſtre fort irritez, & cepen-
,, dant l'Archeueſque ſe retira ſans ſe mettre en deuoir de les ſatisfaire.
,, Ce qui porta le Roy à aſſembler pluſieurs Barons, à qui il demanda
,, leur aduis, touchant la maniere dont il procederoit contre l'Arche-
,, ueſque de Roüen, qui luy auoit fait vne telle réponſe. On cita de nou-
,, ueau ledit Archeueſque, & en preſence des Barons on luy demanda
,, s'il reſpondoit du moins ſur quelque choſe en la Cour du Seigneur
,, Roy. A quoy il reſpondit qu'il n'auoit rien oüy dont il fut tenu de
,, reſpondre, d'autant qu'il ne poſſedoit rien qu'en pure aumoſne, &
,, que pour ce ſujet le Pape eſtoit ſon Seigneur." (L'imprimé du Pere *a* Vnde Do-
,, Dom Luc d'Achery dit qu'il ne poſſedoit rien que ſon Egliſe[b]) ce qui habebat Pa-
,, ayant mis le Roy en cholere, ſa Majeſté, du conſeil de ſes Barons, *b* Nihil tene-
VII. ,, confiſqua tous les reuenus & tout le temporel dudit Archeueſque, bat niſi pu-
Le Roy con-
fiſque le reue- ,, qui de ſon coſté ayant pris l'aduis des Eueſques ſes ſuffragans, mit en ſiam vnde
nu de l'Ar- ,, Interdit tous les Chaſteaux & tous les Domaines que le Roy auoit ſuum tene-
cheueſché de
Roüen, & ce ,, dans ſon Archeueſché, excepté les Villes, & par vn exil volontaire *termo 2. p.*
qui en arriua. ,, s'en alla à la Cour Romaine, mais vne maladie l'ayant arreſté à Reims, 820.
,, il enuoya vn de ſes domeſtiques à Rome, & par ſon entremiſe il obtint
,, que le Legat du Pape nommé Romain qui venoit alors en France, *Raynaldus*
,, prendroit connoiſſance de l'affaire. L'Archeueſque ayant eſté auant *n. 23.*
,, toutes choſes reſtably en ſes biens, comme par prouiſion, le Legat
,, luy fit en ſuite reſtituer pleinement, & par rigueur de juſtice, tous ſes
,, meubles & immeubles, auec les fruits perceus, & contraignit le Cha-
,, ſtellain du Vaudreüil de rapporter à Roüen le merrein qu'il auoit ar-
,, reſté ; de cette ſorte l'Archeueſque ſortit de ce differend, & demeura
en paix, à la loüange de N. S. I. C. Ie laiſſe les reflexions que l'on peut
faire ſur cette piece, que ie me ſuis contenté de rapporter comme ie
l'ay trouuée & dans les Manuſcrits & dans l'Autheur que j'ay cité.

CHAP. IV.

Sommaire.
I.
Accommode-
ment de l'Ar-
cheueſque
Thibaut auec

EN 1228. noſtre Archeueſque Thibaut s'accommoda auec l'Abbé & 1228.
le Monaſtere de S. Martin d'Aumale, & termina le differend qui
eſtoit entr'eux touchant le Doyenné d'Aumale, les Amendes & les Pro-
uiſions des Egliſes vacantes du meſme Doyenné, & autres points de ju-
,, riſdiction qui eſtoient en litige, parce qu'il feroit ſerment de fidelité,

DES ARCHEVESQVES DE ROVEN. 451

l'Abbé de S. Martin d'Aumale.

„ tant à l'Archeuesque qu'à l'Abbé, touching les choses dont il seroit
„ tenu, à l'égard des deux. Qu'il seroit obligé de jurer à l'Abbé, qu'il
„ conserueroit en tout son droit d'Abbé, & pareillement à l'Archeues-
„ que le droit appartenant à sa dignité ; qu'il executeroit fidellement &
„ selon son pouuoir ses Mandemens, & luy payeroit la moitié des amen-
„ des prouenantes de son Doyenné, & l'autre moitié à l'Abbé. Que
„ l'Archeuesque pourroit déposer ledit Doyen quand il voudroit, &
„ qu'en ce cas l'Abbé luy presenteroit vne autre personne, suiuant la
„ forme cy-dessus mentionnée. Que si l'Abbé, par vn effet de l'obeïs-
„ sance & de la fidelité qu'il est tenu de garder à l'Archeuesque, l'aduer-
„ tissoit de l'insuffisance du Doyen, & de sa mauuaise conduite dans
„ l'exercice de sa charge, l'Archeuesque seroit obligé de destituer le
„ Doyen sur la denonciation dudit Abbé.

II. Plusieurs Reglemens touchât le Doyenné de l'Abbé d'Aumale.

„ Que ledit Doyen ne pourroit connoistre du Mariage, de l'Heresie,
„ du Sacrilege & des autres causes majeures, mais seulement des moin-
„ dres qui viendroient pardeuant luy, en sorte que l'affaire ayant com-
„ mencé à estre traitée deuant luy, les parties ne pourroient euoquer à
„ la Cour de l'Archeuesque ou de son Official, que par le seul moyen
„ d'appel, & encore en ce cas, il ne cônoistroit point du principal, sinon
„ aprés auoir reconnu que l'appel auroit esté legitimement interjetté ;
„ autrement qu'ils renuoyeroient les parties pardeuant le Doyen ; mais
„ que par simple plainte, ils connoistroient sans contredit des causes
„ tant majeures que mineures. Que ledit Archeuesque pour le bien de
„ la paix, accordoit à l'Abbé l'institution du gouuernement des Egli-
„ ses, du Chasteau d'Aumale, & de S. Martin d'Anchy ou d'Alcy, & de
„ S. Saturnin, en sorte neantmoins que ledit Abbé seroit tenu d'y esta-
„ blir seulement des personnes qui auroient receu les Ordres de l'Arche-
„ uesque de Roüen, ou d'vn autre auec sa permission ; & ceux qui se-
„ roient instituez par ledit Abbé, aprés leur institution jureroient de
„ garder fidelité, & d'obeïr audit Archeuesque, à l'Abbé, & à leurs Of-
„ ficiers, de venir à son Synode, & tant à ses assemblées qu'à celles de
„ leur Doyen ; & que s'ils n'auoient point dequoy suffisamment s'en-
„ tretenir, l'Archeuesque pourroit contraindre l'Abbé à leur donner du
„ supplément. Que l'Abbé quittoit l'institution & prouision de toutes
„ les autres Eglises qu'il reclamoit dans le mesme Doyenné, & remet-
„ toit absolument à l'Archeuesque toute la jurisdiction Episcopale, sauf
„ les Patronnages, les portions de dixmes & des oblations qu'il auoit,
„ ou deuoit auoir dans les Eglises du mesme Doyenné.

III. Et pour la jurisdiction sur ses Sujets.

IV. Pour les Curez qui dependent de luy.

Ce fut sous le Pontificat de Thibaut que vinrent s'établir à Roüen les Religieux de S. Dominique & de S. François, dont les Ordres auoient esté confirmez au Concile general de Latran, tenu en 1215. Les Peres Cordeliers demeurerent d'abord dans la Paroisse de S. Maclou, en de certaines maisons qui leur furent octroyées en 1228. par la pieuse liberalité de Geoffroy de Quievreville Chanoine, qui en donna la proprieté à nostre Archeuesque, au Doyen, & au Chapitre de Roüen, & l'vsage ausdits Religieux tant qu'il leur plairoit y demeurer, parce qu'au

V. Les Peres Cordeliers établis dans Roüen du temps de Thibaut, & en quel lieu.

THIBAVT.

LLl ij

THIBAVT. qu'ils se retirassent ailleurs, la Chapelle & vne place pour vn petit edifice, seroit pour vn Prestre de la Paroisse de S. Maclou, & le reste du fond appartiendroit au Doyen & au Chapitre de Roüen, comme il paroit par les Lettres dudit Geoffroy, données en Iuillet le iour de la Translation de S. Thomas, sous le Sceau de Roger Abbé de S. Oüen.

VI.
Incendie arriué de son temps.

La Ville de Roüen, qui a esté si souuent desolée par l'accident du feu, souffrit encore vne horrible incendie cette mesme année 1228. la veille de S. Laurens, la pluspart des maisons qui sont depuis la Paroisse de S. Patrice jusqu'à la riuiere de Seine, ayant esté ou consommées, ou extremément endommagées par cét élement impitoyable.

VII.
Deuotion de cét Archeuesque enuers la Ste Vierge.

Thibaut se montra fort zelé à accroistre le culte & la veneration des Fidelles enuers la sainte Vierge, comme marquent ces deux Vers de la Chronique d'Alberic.

Huic est scribendus, Theobaldus obinde canendus,
Quod laudare piam satagebat vbique Mariam.

Dequoy nous auons desia rapporté vn témoignage en cette Fondation, que nous auons dit qu'il fit d'vne Messe *de Beata*, le iour qu'il receut le *Pallium*.

Il fit encore paroistre sa deuotion enuers S. Firmin, glorieux Patron d'Amiens sa chere Patrie, en procurant vne Association particuliere entre les deux Cathedrales ; dont vn des principaux points fut, que l'Eglise de Roüen celebreroit auec Office Triple, la Feste de S. Firmin, & que reciproquement celle d'Amiens solemniseroit auec les mesmes marques d'honneur le iour de S. Romain, Patron de Roüen : en recompense dequoy Thibaut eust la consolation de passer de cette vie à l'autre en 1229. le 25. de Septembre, auquel la pieté de l'Eglise reuere S. Firmin. Il laissa quelques rentes pour la celebration des Festes de ces deux Saints, fit quelques fondations, dont nous parlerons ailleurs, & donna vne cloche qui porte encor aujourd'huy son nom.

VIII.
Il fonde à la Cathedrale de Roüen la Feste de Saint Firmin, & celle de Saint Romain à Amiens.

IX.
Diuerses occasions où il est fait mention de luy.

Il est fait mention de Thibaut en diuerses Chartes ; dans le Cartulaire de Conches il y a vn Acte, par lequel il confere la Cure de Varengeuille sur la presentation de l'Abbé de Conches ; il est nommé dans vn autre de Robert Escuyer, Seigneur de Seruauille, faite touchant vne Terre que ce Gentilhomme auoit venduë à Geoffroy de Cappreuille (ou plûtost Quievreuille) Chanoine de Roüen, & en vne donation de la moitié de l'Eglise de Cappeval ou Cappeuille, faite en 1227. par le Seigneur du lieu, à l'Abbaye du Bec, & en vn compromis passé en 1229. entre l'Abbé de ce mesme Monastere & celuy du Tresport.

X.
Epithetes donneZ à Thibaut par deux Poëtes.

Guillaume le Breton au 12. Liure de sa Philippide, faisant le denombrement des Prelats qui assisterent aux funerailles du Roy Philippe Auguste, marque nostre Thibaut & nous le depeint comme vn homme seuere & inexorable.

Et qui Rothomago Theobaldus præsidet vrbi,
Vir precibus vix flexibilis, nimijque rigoris.

Ce que nous auons raconté cy-deuant, montre qu'il fut ferme & courageux à défendre ses droits ; ce qui peut auoir donné fondement

DES ARCHEVESQVES DE ROVEN.   453

aux Epithetes de ce Poëte, que nous ne croirons pas entierement,
puisqu'il est attesté par vn autre que Thibaut fut affable, obligeant &
liberal.

> *Post sedem tenuit Theobaldus Pontificalem,*
> *Quo, non exhibuit se quisquam, plus socialem;*
> *Mentis præclaræ, nihil vnquam gessit auare:*
> *Cui fuit absque pare, res pretiosa, dare.*

ELOGE
DE MAVRICE. 55.

MAVRICE.
An. de I.C.
1231.
CHAP.
I.
Sommaire.
I.
Naissance et
autres quali-
tez de Mau-
rice, en sa
jeunesse.
II.
Il est fait Ar-
chidiacre à
Troye, &
comment il
s'y comporta.

C'EST rendre justice à la memoire de Maurice, que de le conter
parmy les plus excellens Prelats qui ayent gouuerné l'Eglise
de Roüen; Nous ne sçauons rien de sa naissance, & toutes les
conjectures que nous en pouuons former, se reduisent à dire qu'il fut
vray-semblablement originaire de Champagne, & nasquit de parens
fort pauures. En sa jeunesse il fut nourry des aumosnes d'vn Monastere
de Religieuses de S. Benoist. Aprés ses estudes (où il fut possible entretenu par la charité des mesmes personnes) il receut les Ordres Sacrez,
& fut honoré d'vne charge d'Archidiacre dans l'Eglise de Troye; il en
exerça durant quelque temps les fonctions auec vne vigilance & vne
modestie des plus exemplaires. Il visitoit les Eglises du Diocese, & y
alloit prescher d'vne façon Apostolique, marchant à pied, vn baston à
la main, soit par humilité ou pour ne pas estre à charge aux Curez. En
suite il quitta son Archidiaconé, & se retira vers les Religieuses ses bien-
faictrices, tant pour les reformer & établir dans vne plus parfaite Obseruance, que pour annoncer la parole de Dieu aux peuples circonuoisins,
qui estoient fort grossiers, & auoient tout-à-fait besoin d'instruction.
Il reüssit heureusement dans ce dessein, & montra tant de pieté & de sagesse en toute sa conduite, que l'éclat de ses excellentes vertus le rendit
celebre, & porta son nom dans les autres Prouinces de France.

Thomas
Cantiprat.
pb. l. 9. c.
2. p. 4.

III.
Il est éleu
Euesque du
Mans
d'vne façon
extraordinai-
re.

IV.
Reuelation
faite à vne
Religieuse,
touchant son
élection.

Cependant l'Euesché du Mans estant venu à vacquer par la mort de
Nicolas vingt-vniéme Euesque de cette Ville, Maurice fut éleu pour
luy succeder, mais par vne élection que Thomas de Cantiprat, Autheur
contemporain, a raison de nommer admirable. Pendant la vacance
du Siege, vn Chanoine extrémement zélé pour le bien du Diocese,
alla trouuer vne Religieuse qui viuoit recluse, & estoit en grande reputation de sainteté, & la supplia de demander à Dieu vn bon Pasteur
pour le peuple du Mans. Cette bonne fille deferant à ses prieres, se mit
en Oraison, & ayant esté rauie en extase, elle apprit que la Ste Vierge
Patrone de cette Cathedrale, auoit obtenu de I.C. que Maurice cy-
deuant Archidiacre de Troye seroit éleué à ce Siege Episcopal. Elle

LIl iij

HISTOIRE

MAVRICE.

découurit sa reuelation au Chanoine, qui la crût, bien qu'il y eut peu d'apparence, & que son Chapitre diuisé en plusieurs parties par l'ambition & le credit de quelques vns de ses Confreres, fut tres-éloigné de penser à Maurice. Mais ce qu'il croyoit estre vn obstacle à la promotion de ce S. Prestre, en fut la cause & le moyen.

V.
Chapitre du Mans diuisé pour l'élection de deux Contendans.

Le Chapitre s'estant assemblé pour élire vn Prelat, les Suffrages furent partagez, les vns ayant nommé le Doyen qui estoit considerable par ses richesses & par sa doctrine, & les autres le Preuost, moins opulent & moins sçauant que celuy-cy, mais de meilleure maison, & d'vn esprit beaucoup plus sage & plus judicieux. Nul des deux ne voulant ceder à
,, son competiteur, le Preuost dit au Doyen, Qu'auons-nous à faire vous
,, & moy de pretendre à l'Episcopat, contentez-vous de vos grands biens,
,, & moy de l'auantage de ma naissance. Ie ne suis pas d'humeur à vous
,, le ceder, & ie n'attens aussi cette deference de vous. Que reste-il donc,
,, sinon que nous entrions dans vn long & fascheux procez, au préjudice
,, de l'Eglise. Prenons vne resolution plus Chrestienne & plus salutaire;
,, si vous m'en croyez, nous jetterons les yeux sur quelque homme de
,, bien, aussi petit par son humilité, qu'éleué par son merite, & nous so-
,, liciterons le Chapitre en sa faueur. Ce sera le moyen de reparer les dom-
,, mages que nostre differend a causez dans le Diocese. Vous connoissez

VI.
Qui conuiennent pour faire élire Maurice sous de certaines conditions.

,, le venerable Maurice, vous sçauez que c'est vn homme juste, qui possede
,, en vn éminent degré toutes sortes de vertus, & dont la prudence est
,, telle, qu'on pourroit auec seureté luy confier le gouuernement de toute
,, la Terre. Ie suis prest d'employer mes amis pour luy obtenir les Suffrages
,, de nos Confreres; à moins de vouloir passer pour l'ennemy de Dieu,
,, & de son propre salut, nul ne pourra s'opposer à l'élection d'vn si saint
,, personnage.

Le Doyen aggrea cette proposition, à la charge toutefois que si Maurice refusoit la dignité Episcopale, il seroit mis en sa place; à quoy le Preuost ayant consenty, ils agirent de concert pour faire élire Maurice, vers lequel on deputa deux Chanoines pour le supplier d'accepter cette Charge. Ceux-cy le rencontrent dans vn chemin, marchant à pié selon sa coustume, pour se rendre en vn Village où il deuoit prescher, & luy presenterent les Lettres du Chapitre du Mans. Maurice les pria de s'aller reposer en son logis, auec asseurance qu'il retourneroit les y trouuer vers le soir, ce qu'il fit; mais après s'estre acquité vers eux des ciuilitez ordinaires, il monta en sa chambre sans manger, & y ayant passé la nuit en prieres, le matin il dit aux Chanoines, l'élection que vous
,, auez faite est vn ordre du Ciel, & vn effet de l'intercession de la Ste
,, Vierge, ie n'y puis resister, disposez de moy comme il vous plaira.
Ainsi il fut Sacré Euesque contre l'attente du Doyen, qui esperoit que son humilité l'empescheroit d'accepter l'Office Pastoral, & qu'à son refus il y seroit estably : mais Dieu confondit l'esperance de cét ambitieux, & l'humble Maurice respondant par ses actions à la haute estime que l'on auoit conceuë de sa vertu, exerça sa Charge auec tant de pieté & de vigilance, que l'Autheur que nous venons d'alleguer, témoigne

VII.
De quelle maniere Maurice accepte son élection.

DES ARCHEVESQVES DE ROVEN. 455

qu'au jugement de ceux qui viuoient en ce temps-là, depuis 500. ans il **Maurice.**
n'auoit point paru d'Euesque qui luy fut semblable.

VIII.
Presta le premier serment de fidelité pour le Temporel de son Euesché.

Le Pere Bondonnet en son Histoire des Euesques du Mans, obserue que Maurice fut le premier qui presta serment de fidelité au Roy en consequence d'vn Arrest du Parlement qui n'estoit point encor sedentaire à Paris. Ayant tenu ce Siege 16. ans, il fut transferé en 1231. à l'Archeuesché de Roüen, où il paruint par vne rencontre pareille à celle qui auoit donné sujet à sa promotion à l'Euesché du Mans.

CHAP. II.
Sommaire.
I.
Differend arriué aprés le mort de Thibaut pour luy donner vn Successeur.

LA Chaire Metropolitaine de Normandie estant vacante par la mort de Thibaut, le Chapitre ne pût s'accorder en l'élection d'vn Successeur. La pluralité des Suffrages fut en faueur de Thomas de Freauville Doyen : mais quelques-vns des Capitulans s'y opposerent fortement. Sur ce differend les parties se pouruerent pardeuant le Pape Gregoire IX. en presence duquel comparurent plusieurs Chanoines & deux Archidiacres, dont vn estoit pour faire passer l'élection, & l'autre pour la maintenir. Le premier proposa diuerses choses contre le Doyen, & principalement qu'encore que par le Concile general de Latran, tenu sous Innocent III. il eut esté defendu de posseder deux Benefices ayant charge d'ames ; ledit Thomas auoit toûjours retenu plusieurs Cures, dont il joüissoit auant le Concile ; & s'estoit encor fait pouruoir d'vn Archidiaconé d'Amiens, duquel il s'estoit veritablement desfait, mais en gardant lesdites Eglises Paroissiales, en quoy il auoit contreuenu aux Decrets de cette sainte assemblée, & s'estoit rendu coupable d'vne auarice honteuse, & d'vne espece de larcin, par la retention de ces diuers Benefices qui estoient vacans de droit, car le Concile auoit ordonné que qui retiendroit deux Benefices incompatibles, les perdroit tous deux.

II.
Thomas de Freauville éleu, fut rebuté à Rome, & pourquoy.

III.
Maurice est nommé à sa place, son élection confirmée.

L'autre Archidiacre tascha d'excuser le Doyen, mais en vain, de sorte que le Pape manda à l'Euesque de Senlis & à Iean de Montmiral Archidiacre, & Sous-Chantre de Paris d'informer du fait, & s'il se trouuoit veritable, de casser l'élection. Les Commissaires ayant procedé suiuant leur pouuoir, donnerent Sentence contre le Doyen, & nommerent pour Archeuesque Maurice Euesque du Mans, mais sous pretexte de quelque grief il y eut appel deuant sa Sainteté, laquelle estant preste de prononcer son jugement definitif ; le Doyen, pour éuiter la honte d'estre condamné pour la seconde fois, renonce à toutes ses pretentions, & l'élection de Maurice fut pleinement confirmée par le Pape, comme il est amplement rapporté au Chapitre *Dudum Ecclesia Roth.* 54. **Decret. lib. 2.** *De electione & electi potestate.* Ainsi aprés que le Siege Metropolitain eut **tit. 6. c. 54.** vaqué vingt & deux mois, cét excellent Prelat y fut transferé, & fit son entrée dans Nostre-Dame le Dimanche deuant la Feste de la Magdeleine, l'an 1231.

IV.
Thomas de Freauville Sacré Euesque de Bayeux par Maurice.

Cette mesme année Thomas de Freauville Doyen de Roüen, ayant **1232**
esté éleu Euesque de Bayeux (aprés auoir corrigé le défaut qui l'auoit **Chron. Ma-**
rendu incapable de l'Episcopat) fut confirmé & Sacré par nostre Ar- **nusc. Roth.**
cheuesque, dans l'Eglise de Roüen, le Dimanche de la Passion. Sa

MAVRICE.
V.
Qui nomme vn Doyen à sa place.

charge de Doyen vacqua plus d'vn an, & ne fut remplie qu'en 1233. de la personne de Me Estienne de Chasteaudun, que Maurice seul nomma en vertu d'vn compromis de son Chapitre. Aprés la mort d'Alix Abbesse de Montiuiller, les Religieuses procederent à l'élection d'vne Superieure, & s'estât trouuées partagées dans leurs Suffrages, au lieu d'vne, en éleurent deux. Maurice prit connoissance de cette affaire, & ayant

VI.
Different touchant l'élection d'vne Abbesse à Mōtiuiller.

examiné leur deliberation auec l'équité & la diligence conuenable, jugea quelle n'auoit point esté faite selon la forme prescrite par le dernier Concile de Latran, & ayant cassé toutes les deux élections, priua pour cette fois seulement leur Chapitre du droit d'élire, & vsant de ce droit à luy deuolu, par la disposition du mesme Concile, nomma pour Abbesse Alix de Beulemoncel : Mais les Religieuses refuserent de la receuoir ; & ayant eu recours au Roy, en obtindrent vn Arrest fauorable à leurs desseins, ce qui porta nostre Prelat à Excommunier celles qui obeïssoient en cela à l'authorité Royale, & s'opposoient à l'installation de l'Abbesse qu'il leur auoit nommée.

Ne pro thesectu. 41. de electione & electi. potestate.

VII.
Autre different auec les Officiers du Roy.

Ce ne fut pas là le seul démeslé qu'eut Maurice auec la puissance seculiere, il en eut encore vn autre beaucoup plus fascheux, & qui fit bien plus d'éclat. Le Roy ayant fait saisir au mois de Iuillet de l'an 1233. les biens de l'Archeuesché de Roüen pour les mesmes causes qu'ils furent arrestez sous le Pontificat de Thibaut, & pour d'autres semblables. Nostre Archeuesque tâcha par ses prieres & ses remontrances d'en auoir la restitution. Mais voyant qu'on ne daignoit pas seulement luy faire

1233.

Plusieurs autres Euesques eurent different auec les Officiers de S. Louis, & furent obligez d'auoir recours au S. Siege Apostolique.

VIII.
Images de la Sainte Vierge ostées de leurs places & enuironnées d'espines.

response, afin de faire comprendre au peuple par quelque signe exterieur, l'indignité & la grandeur de l'outrage que souffroit la Metropolitaine, qui est consacrée sous le tiltre de Nostre-Dame ; il manda aux Doyens de se transferer aux Eglises Regulieres & Seculieres de leur Doyenné, & aprés auoir fait oster de leur place toutes les Images de la Ste Vierge, de les mettre dans la Nef sur quelque banc, & de les enuironner d'espines, auec commandement de faire le mesme dans la quinzaine, à l'égard des Images de nostre Seigneur, s'il ne leur enuoyoit ordre contraire. Quelque temps aprés voyant que ses plaintes ne produisoient aucun fruit, il adressa cette Lettre à ses Doyens.

Voyez dans les Notes sur Guibert pag. 882 vn semblable exemple touchant les Images déposées & enuironnées d'espines.

L'Archeuesque de Roüen, à tous ses Doyens qu'il aime en I. C.

CHAP.
III.
Sommaire.
I.
Lettre de Maurice à sous les Doyēs de son Archeuesché.

II.
Motifs de l'Interdit qu'il jettoit, & sur qui.

„ LE Seigneur Roy ayant esté suffisamment aduerty de nous rendre
„ nos biens qu'il detient sans autre raison que de sa pure volonté,
„ & de mettre entre nos mains l'Abbé de S. Vvandrille, & quelques-vns
„ de ses Moynes que nous auons Excommuniez il y a long temps, pour
„ vn peché manifeste, & de les obliger de comparoistre en justice sui-
„ uant la coustume de Normandie. Puisqu'il n'a point plû à la Majesté
„ Royale d'auoir égard à nos remontrances & d'exaucer nos prieres, de
„ peur que si nous vsions d'vne plus longue dissimulation, on ne nous
„ accusast de negliger la défense de la liberté Ecclesiastique, attendu
„ que nous sommes dépoüillez de nos biens depuis le iour de la Transla-
„ tion de S. Benoist, & que quelques-vns de ces Moynes sont Excom-
„ muniez

*Spicil. d. Lu.
d'Achery,
to. 2. p. 521.*

DES ARCHEVESQVES DE ROVEN.

„ muniez dés le commencement du Caresme, suiuant l'aduis de per- MAVRICE.
„ sonnes de vertu. Nous mettrons en Interdit toutes les Chapelles qui
„ appartiennent au Seigneur Roy dans le Diocese de Roüen, si ce n'est
„ lors que leurs Majestez y viendront, auquel cas il n'y aura nul Inter-
„ dit, tandis qu'elles y seront presentes. Nous prononcerons aussi In-
„ terdit contre les Baillifs & Vicebaillifs Royaux du Diocese de Roüen,
„ leurs Clercs, leurs femmes & toutes leurs familles. Nous mettons en
„ Interdit tous les Cimetieres situez dans le Domaine du Roy, audit
III. „ Diocese, défendant sous peine d'Excommunication d'y enseuelir des
Interdit sur „ corps, soit dans terre ou sur la terre, soit dans du plastre ou dans des
la sepulture „ cercueils de bois ou de pierre, ou en quelqu'autre maniere que ce
des morts. „ soit, ou de les mettre sur les arbres desdits Cimetieres, si ce n'est des
„ Religieux ou des Clercs ayant Benefice, & promûs aux Ordres Sacrez,
„ que nous permettons quant à present d'estre inhumez dans leurs Ci-
„ metieres. Nous défendons aussi, sous peine d'Excommunication,
„ d'inhumer dans les autres Cimetieres (non plus que dans les Cimetie-
„ res Interdits) les corps de ceux qui demeurent dans le Domaine du
„ Roy en nostre Diocese. Nous interdisons aussi & priuons toutes les
„ Eglises & Monasteres dudit Diocese, sujets à nostre jurisdiction, situez
IV. „ dans ledit Domaine, du son des cloches, de la celebration de l'Office
Sur les Egli- „ Diuin auec Notes, de peur que si on fermoit les Eglises, & qu'on
ses & Mo- „ cessast entierement le seruice, les Heresies ne prissent accroissement,
nasteres,&c. „ & le peuple ne s'endurcist en ce qui concerne le culte de Dieu. C'est
„ pourquoy nous voulons qu'on admette dans les Eglises ceux qui ne
„ sont point Interdits ou Excommuniez, & pareillement les corps des
„ deffunts, pour le repos desquels on celebrera à basse voix & sans No-
„ tes l'Office ordinaire. Nous accordons aussi que l'on fasse les bene-
„ dictions des Nopces & les releuailles, ou purifications des femmes.
„ Nous ordonnons aussi que par tout nostre Diocese lors qu'on cele-
V. „ brera la Messe dans les Eglises, après l'Oraison Dominicale, auant de
Maurice or- „ commencer *Libera nos, &c.* le Prestre fléchisse les genoux deuant l'Au-
donne vne „ tel, & exhorte le Clergé & le peuple de faire le mesme, & de prier
priere à la „ pour la liberté de l'Eglise de Roüen. Pour cét effet, le Prestre & le reste
Messe pour „ du Clergé chantera le Psaume *Ad te leuaui, & Gloria Patri, & Kyrie eleïson,*
la liberté de „ & *Pater noster, & ne nos, &c. Mitte nobis &c. Dominus vobiscum. Orat. Ec-*
l'Eglise. „ *clesiæ tuæ quæsumus Domine preces placatus admitte, &c.* Le Pseaume estant
„ dit, qu'on tinte les cloches ª afin d'exciter la deuotion du peuple qui ª *Pulsrentur*
„ sera hors l'Eglise, & l'obliger à se mettre en prieres, & qu'il ne soit per- *campanæ.*
„ mis en façon quelconque de sonner ny de tinter les cloches dans le
„ Domaine du Roy. C'est pourquoy nous vous commandons en vertu
VI. „ d'obedience, & nous vous enjoignons tres-expressément, que chacun
Diuers autres „ de vous assemble au plûtost les Prieurs & tous les Curez de son Doyen-
ordres tou- „ né, les face comparoistre deuant eux le Mardy veille de S. Mathias,
chant cét In- „ leur explique deux ou trois fois en François la terreur de nostre Man-
terdit. „ dement, & leur ordonne sous peine de suspension & de perte de leurs
„ Benefices, de l'obseruer & faire obseruer tres-exactement, tenant pour

Mmm

MAVRICE.
,, certain, que si nous les trouuions auoir contreuenu ou dissimulé les
,, contrauentions des autres, nous ne manquerons pas de leur en faire
,, porter la peine. Nous voulons aussi que chacun de vous commande
,, par nostre authorité aux Abbez de son Doyenné, demeurans dans les
,, terres du Domaine du Roy, de garder & faire garder ledit Interdit par
,, tous ceux qui dépendent d'eux, & qui habitent dans le mesme Do-
,, maine. Que si dans le iour de Mercredy prochain d'aprés la Feste de
,, N. vous ne receuez d'autre Mandement de nostre part, Nous en-
,, joignons tres-estroitement à chacun de vous de faire obseruer ledit
,, Interdit dans l'etenduë de son Doyenné, & que vous ordonniez le
,, mesme aux Curez le Mardy, en sorte qu'il ne soit point necessaire que
,, nous vous en reiterions le commandement, ny que vous attendiez
,, de Nous, de nouueaux ordres là dessus. Adieu.

VII.
Maurice estend l'Interdit sur tout le Diocese.

Maurice esperoit que ces Censures toucheroient le cœur des Offi- 1233.
ciers du Roy : mais voyant qu'elles n'auoient point produit le fruit qu'il
s'en promettoit, il se resolut de faire vn dernier effort, & d'augmenter
& étendre cette rigueur Ecclesiastique sur tout le Diocese, ordonna à
ses Doyens de faire cesser generalement le seruice dans toutes les Eglises
de leurs Doyennez, & mesmes dans celles qui estoient basties dans les
Fiefs de l'Archeuesché, en sorte qu'on n'y celebrast en façon quelconque l'Office Diuin, qu'on n'y administrast point la Ste Eucharistie, ny
aucun autre Sacrement, à la reserue du Baptesme des petits enfans, &
de la Penitence pour les personnes mourantes. Il permit toutefois qu'v-
ne fois la semaine les Curez leussent au peuple à voix basse & huis clos,
l'Introite, l'Epistre, l'Euangile, distribuassent du Pain benit, expli-
quassent les Commandemens de Dieu & de l'Eglise, & l'excusassent
(dit-il) enuers les Fidelles, de ce qu'auec tristesse & douleur il auoit mis
cét Interdit, non pour offenser le Roy, mais pour défendre la liberté
de l'Eglise de Roüen. Cét Interdit fut ordonné le iour de S. Michel
l'an 1233.

VIII.
Le Pape rescrit au Roy & à ses Ministres en faueur de l'Archeuesque Maurice.

J'apprends des Annales du Pere Raynault en cette mesme année, que
Maurice s'estant plaint au Pape Gregoire IX. de l'injure qu'on luy auoit
faite, Sa Sainteté adressa des lettres aussi fortes & pressantes que respectueuses, au Roy S. Loüis, à la Reine Blanche, & aux Ministres d'Estat,
pour les exhorter à luy rendre justice, & à le remettre en possession de
ses biens.

IX.
Maurice vemis dans ses biens, leue l'Interdit.

Enfin vn an aprés, soit par la recommandation du S. Siege ou par la 1235.
seuerité des Censures dont nous venons de parler, ou par quelqu'autre
voye, nostre Prelat eut restitution des terres qu'on luy auoit prises, &
des fruits perceus depuis la saisie, au moyen dequoy il leua l'Interdit le
25. d'Octobre, iour des saints Crespin & Crespinian, aprés auoir duré
enuiron treize mois.

X.
Il a different auec l'Euesque de Coutance pour le Prieuré de S. Lo.

Cét Interdit fit naistre vn different entre Maurice & Hugues Euesque
de Coutances pour l'Eglise du Prieuré de S. Lo de Roüen, que Hugues
prétendoit n'estre point tenuë d'obseruer l'Interdit ; mais il reconnut
qu'elle n'auoit point aucun priuilege sur ce suiet, & que l'Interdit estant

DES ARCHEVESQVES DE ROVEN. 459
general, les Chanoines Reguliers qui la desseruoient, estoient obligez Maurice.
de le garder, & de cesser l'Office diuin, comme il paroit par les lettres
données le Ieudy deuant la Feste de Noël, l'an 1233.

CHAP.
IV.
Sommaire.
I.
Maurice ne jetta point cét Interdit par interest.

II.
Son extréme charité enuers les pauures.

AV reste, il ne faut pas s'imaginer que cette fermeté auec laquelle Maurice poursuiuit la restitution des biens de son Eglise, fut vn effet d'vn amour déreglé des biens de ce monde. Bien loin d'estre sujet à ce vice, il possedoit en vn degré tres-éminent la vertu contraire ; & on peut dire que s'il n'a surpassé, il a du moins égalé en ce point les plus saints de ses Predecesseurs. Il donnoit tous les ans plus des trois quarts de son reuenu aux pauures, & à peine osoit-il toucher au reste, tant il estoit bien persuadé que les possessions de l'Eglise sont le patrimoine des miserables ; & que (comme disent les Conciles [a]) les Euesques n'en sont que les dispensateurs, & non pas les maistres & les proprietaires. C'est ce que nous apprend Thomas Cantipratensis au Chapitre huitiéme de ses Abeilles Mystiques [b], où il raconte qu'vn iour l'Intendant de la maison de Maurice ayant acheté vne fourrure vn peu grossiere pour Robert son Chapelain, qui estoit âgé & infirme ; & ce bon vieillard en demandant vne autre plus fine & plus chaude. Nostre Archeuesque se fit apporter cette fourrure, la retint pour son vsage, & commanda à son Intendant d'en acheter vne autre à Robert, telle qu'il la souhaitoit. (C'est chose

a Conc. Cartag. 4. anno 398.
Turon. 3. an. 813.

b Apum. c. 8.

III.
Il estoit chiche pour soy, & liberal pour ses prochains.

,, merueilleuse, dit cét Autheur) qu'il fut si resserré & si auare pour ses
,, besoins particuliers, & si liberal à soulager les pauures. A peine pou-
,, uoit-il souffrir qu'on dépensast pour l'entretien de sa maison trois ou
,, quatre liures en vn iour ; & toutesfois son Aumosnier distribuoit tous
,, les iours dix ou douze liures aux personnes necessiteuses. On remar-
,, quoit aucunefois plusieurs pieces en sa chaussure, & au harnois de son
,, cheual. Quant à des habits, il en changeoit souuent, mais c'estoit
,, pour les donner à des bons vieux Prestres, & à d'autres pauures Eccle-
,, siastiques. Lors que les principaux Officiers de sa maison luy rendoient

IV.
Il diuise le reuenu de son Archeuesché en deux parts.

,, compte du reuenu annuel de son Diocese, qui se montoit en ce temps-
,, là à douze mille liures, il leur disoit mettez à part deux ou trois mille
,, liures précisément, pour fournir aux necessitez de nostre famille, car
,, pour le reste ie n'y ay rien, il appartient aux pauures, & ie vous com-
,, mande de l'employer pour leur soulagement ; & encore ie ne pretens
,, pas vser de ce que ie reserue pour moy, comme en estant maistre &
,, Seigneur absolu, mais comme simple dispensateur, autrement j'au-
,, rois crainte d'en estre repris au iour du Iugement, & que n'ayant rien
,, à alleguer pour ma défense, ie ne fusse reduit à me taire comme vn
,, seruiteur inutile, lors que I. C. juste Iuge, m'en demandera vn com-
,, pte tres-exact. I'obmets les reflexions de ce pieux Escriuain, cét illu-

V.
Reflexion sur la conduite de cét Archeuesque.

stre exemple parle assez de luy-mesme ; mais pour en entendre la voix, il faut auoir des oreilles (*aures-audiendi*) & l'esprit détrompé des fausses maximes qu'inspirent aux hommes l'orgueil du siecle, l'amour du luxe, & des plaisirs de la vie, la passion pour l'aggrandissement des parens, & ce qui est encore plus dangereux, la Theologie accommodante du temps, dont toutes les conclusions vont à flater les personnes, & à les

Mmm ij

MAVRICE.

VI.
Statut en faueur des Chanoines qui se feroient Religieux.

VII.
Diuerses occasions, où il est fait mention de cét Archeuesque.

VIII.
Il fonde la Feste de S. Iulian Euesque du Mans.

IX.
Il meurt en estime de sainteté.

décharger des obligations les plus indispensables de leur profession.

Il paroit par vn Manuscrit de la Cathedrale, que Maurice & le Chapitre de Roüen firent en 1233. vn statut en faueur des Chanoines qui embrasseroient la profession religieuse, ordonnant que durant leur année de nouitiat, ils joüiroient des fruits de leurs Prebendes & des distributions communes, & qu'ils en pourroient disposer au profit de qui bon leur sembleroit, ainsi que leurs Confreres mourants auoient coustume de faire par testament & derniere volonté.

Il est fait mention de Maurice en diuerses pieces anciennes, & en vne Charte expediée pour les Religieuses de Maubuisson proche de Pontoise, par laquelle il cõfirme l'acquisition qu'elles auoient faites des dixmes d'Herouville. Dans vne autre touchãt l'Eglise de Heugleville, conferée à l'Abbé & aux Religieux de Coches, ou de S. Pierre de Chastillon, en 1231. en vne Sentence donnée au profit de l'Abbaye du Bec, pour la dixme de l'Eglise de Barneville, qu'vn certain Nicolas de Beaulieu disputoit au Monastere, dans vn accommodement passé entre l'Abbé du Bec & le Vicaire de Bermonville, dans vn accord fait entre l'Abbé & le Conuent de S. Vincent aux Bois, & l'Abbé de sainte Marie de Corneville.

Le Pere Raynaut dans ses Annales, rapporte vne Lettre du Pape Gregoire, datée du 7. Decemb. 1234. par laquelle sa Sainteté exhorte l'Archeuesque de Roüen de secourir l'Eglise affligée par la reuolte des Romains.

La veneration qu'auoit Maurice pour S. Iulian premier Apostre du Mans, dont il auoit eu l'honneur de tenir le Siege, auant d'estre transferé en celuy de Roüen, le porta à faire celebrer dans son Diocese la Feste de ce S. Martyr, auec Office Triple, à cause dequoy il laissa quelques deniers dont on acheta en partie vn Fief, ou Vauassorie à Pormor; De sorte qu'on en establit vn reuenu annuel pour la celebration de cette Feste, & pour vn Obit qu'il auoit fondé. Ce bon Archeuesque [a] mourut à Sauceuse, Prieuré de l'Ordre de S. Augustin, le 10. de Ianvier 1235. en opinion de grande sainteté : Iusques-là mesme qu'Herman Schedelius en sa Chronique de Nuremberg, asseure que Dieu opera plusieurs miracles par son intercession, au rapport de Mrs Robert & de Ste Marthe. De Sauceuse, son corps fut apporté à Roüen, & enterré dans l'Eglise Cathedrale, dont le Manuscrit luy attribuë cét Eloge, qui s'accorde parfaitement auec le témoignage de Cantipratensis, allegué cy-dessus, le dernier Vers marque aucunement le iour de son decez, en ce qu'il porte que ce S. Prelat passa du trauail de cette vie au repos du Ciel, aprés le Baptesme de nostre Seigneur, c'est à dire dans l'Octaue de l'Epiphanie, en laquelle l'Eglise celebre cét auguste Mystere auec celuy de l'adoration des Roys.

[a] En 1234. selon l'ancienne façon de compter.

> Successit Christi seruus Mauritius isti,
> Qui multis annis, Præsul fuerat Cenomantñsis.
> Iustus, deuotus, parcus sibi, largus egenis.
> In Domino totus, nunquam vixit sine pœnis,
> Queis saluaretur, sic Christo perfrueretur,
> Quo Baptisato, requiescit fine beato.

ELOGE
DE PIERRE DE COLMIEV. 56.

Pierre de Colmiev.
An. de I. C.
1239.
CHAP. I.
Sommaire.
I.
Diuerses opinions touchãt la patrie de cét Archeuesque.

LES Autheurs parlent differemment de la patrie de Pierre de Colmieu (ou comme d'autres disent, de Collumiers, & de Colmoyen) Successeur de Maurice. Quelques-vns, comme Ciaconius, Frison, Cesar Alexius, & Dadré, le font originaire de France. Bzouius, Robert, & d'autres, escriuent qu'il estoit Italien. Son Eloge qui se voit composé en Vers dans vn Manuscrit de la Cathedrale porte qu'il estoit Champenois de naissance : Mais cét Epithete ambigu qui marque aussi bien vne personne de Champagne, Prouince de France, qu'vne née dans la Campagne de Rome, laisse indecise la difficulté au lieu de l'éclaircir. Monsieur Denyau dans le *Cathedra Rotomag.* reprend ceux qui le disent Italien ; & cependant il le confond auec le Cardinal Colomna, qui fut chef de l'armée du Pape contre l'Empereur Frideric ; mais il s'abuse, car ce Colomna estoit sans doute Italien, se nommoit Iean, possedoit la dignité de Cardinal auant l'an 1218. & conduisit les Troupes de Gregoire IX. contre le Batard de l'Empereur, l'an 1239. auquel temps il se justifie que nostre Pierre de Colmieu estoit en France, & ne changea sa qualité d'Archeuesque de Roüen en celle de Cardinal, que quatre ou cinq années après.

De Collemedio.

Page 19.

V. Odor. Raynaldus, sur l'an 1218. &c. S. & 1239. n. 33.

II.
Preuues qu'il estoit Italien.

Il me semble que Messieurs de sainte Marthe décident la question, lors qu'ils asseurent que nostre Prelat nasquit à Colmedio, en la Campagne de Rome, & alleguent pour preuue, qu'en plusieurs lettres du Pape Innocent à Iean, sorty de la noble Race des Seigneurs de Frusin, au mesme territoire, ce Gentilhomme est qualifié parent de Pierre de Colmieu ; surquoy on peut voir Ferdinand Vghellus, dans son Italie Sacrée, lors qu'il traite des Euesques d'Albe. Nous inferons de cecy, que Pierre estoit personne de naissance, mais il éclata beaucoup plus par son propre merite, ayant excellé en doctrine, en pieté, & en sagesse.

III.
Ses diuers emplois auant sa promotion.

Il passa quelque temps en Angleterre à la suite de Pandulphe, éleu Euesque de Noruvic, Legat du S. Siege en 1218. puis il vint demeurer à Paris. Il fut Chanoine de Theroüane, & en suite Preuost (& non pas Euesque de S. Omer ;) car cette ville ne fut érigée en Euesché qu'en 1559. par l'authorité de Paul IV. ce qui montre l'erreur de ceux qui le font Euesque de S. Omer. Il eut aussi l'honneur d'estre Chapelain d'Honoré III. & de Gregoire IX. Ce dernier Pape l'eut en estime singuliere, & luy confia des emplois fort importans. Raymond Comte de Tholose ayant abjuré son Heresie, & fait sa paix auec S. Loüis en 1228.

Raynaldus ar. 1228. n. 27.

IV.
Il préside à vn Concile à

Pierre alla à Tholose en qualité du Legat du S. Siege, reconcilia cette Ville auec l'Eglise Romaine, & y restablit l'exercice de la Religion Ca-

Mmm iij

PIERRE DE COLMIEU.
Tholose en qualité de Legat.

tholique : En suite il y tint vn Concile où assisterent les Archeuesques de Narbonne, de Bourges, de Bordeaux, d'Aufche, & grand nombre d'autres Prelats, en presence desquels le Comte de Tholose, & ceux de son party, jurerent solemnellement l'obseruation du Traité, & on fit diuerses procedures contre les personnes soupçonnées d'Heresie. Outre ce Concile, il en assembla encore vn autre à Orange, qui fut composé de quantité d'Euesques.

V.
Le Pape luy escrit au suiet de Raymond Comte de Tolose.

Par les Articles de la paix concluë auec Raymond, il estoit porté qu'il payeroit dix mille marcs d'argent pour compensation des dommages & des ruïnes que sa rebellion auoit causées aux Eglises, & qu'il iroit en la Terre Sainte. On luy auoit donné du temps pour satisfaire à ces conditions ; mais le terme estant court, il s'adressa au Pape pour en auoir la prolongation. Surquoy sa Sainteté ordonna à nostre Pierre de Colmieu d'informer de la justice de ses demandes, & d'apprendre là-dessus les sentimens du Roy & de la Reine Blanche, & des autres Conseillers d'Estat, comme il paroit par vn Bref Apostolique inseré dans la troisiéme compilation de pieces anciennes du P. D. Luc d'Achery. Le Comte supplia encore le Pape de permettre que le corps de son Pere decedé, il y auoit sept ou huit ans, sçauoit en 1222. fut transferé en terre Sainte, assurant qu'auant de rendre l'esprit, il auoit donné des signes de Penitence ; ce qui obligea sa Sainteté d'écrire à Pierre son Legat d'informer du contenu en cette Requeste, ainsi qu'il se voit par vn Mandement rapporté dans le mesme Recueil. Mais comme il n'estoit que trop vray & trop notoire que le Pere de Raymond auoit finy ses iours par vne mort subite & sans aucunes marques de repentir, ie crois que l'information ne fut pas fauorable aux intentions de ce Seigneur, lequel dix-sept ans après tascha de nouueau d'obtenir cette grace sous le Pontificat d'Innocent IV. mais inutilement. *Sc. en 1247.*

VI.
Il refuse l'Euesché de Therouäne & l'Archeuesché de Tours.

Tandis que Pierre estoit employé aux affaires Ecclesiastiques du Languedoc, les Chanoines de Therouäne ses Confreres luy offrirent la dignité de Pasteur de leur Diocese, mais il la refusa, ainsi qu'il auoit desia fait d'autres Prelatures, & mesme l'Archeuesché de Tours, en quoy on peut admirer son humilité. Les Chanoines de S. Omer l'ayant souhaité pour Preuost de leur Eglise ; il accepta cette qualité, mais après l'auoir exercée durant quelque temps, il la quitta selon quelques-vns, & se rendit Religieux dans l'Abbaye du mont S. Eloy d'Arras, dont il accrût le temporel par ses aumosnes & ses bien-faits. l'ay toutefois peine à croire qu'il se défit de sa Preuosté pour entrer dans vn Monastere, vû que les Manuscrits de Roüen n'en disent rien, & que celuy qui parle de sa Promotion à l'Archeuesché, le qualifie Preuost de S. Omer ; joint qu'il est certain qu'il exerçoit encores cette fonction, & estoit dans le maniment des affaires en 1239 comme il se justifie par l'honorable Commission que luy donna le Pape Gregoire IX. en le nommant pour terminer le differend d'entre le Roy S. Loüis & l'Euesque de Beauuais qui „ auoit esté dépoüillé de son Temporel. Ce petit Eloge que fait de luy „ sa Sainteté dans ses Lettres adressées à ce Prince, merite bien d'estre

VII.
Il est fait Preuost de S. Omer, & sçauoir s'il a esté Religieux.

VIII.
Il est député du Pape pour terminer vn differend en-

DES ARCHEVESQVES DE ROVEN.   463

tre le Roy & l'Euesque de Beauuais. ,, remarqué icy. Nous auons jugé à propos (dit le Pape) de choisir pour PIERRE DE COLMIEV.
,, Mediateur d'entre voſtre Majeſté & l'Egliſe de Beauuais, noſtre Fils
,, bien aimé Mre Pierre de Colmieu noſtre Chapelain, Preuoſt de l'E-
,, gliſe de S. Omer, perſonnage d'vne probité reconnuë, & d'vne ſageſſe
,, éprouuée, que nous ſçauons auoir beaucoup de zéle, d'affection & de
,, fidelité, pour voſtre honneur & pour voſtre ſeruice ; & de la pruden-   *Od. Rayn. 1234. n. 12.*
,, ce & adreſſe duquel voſtre Majeſté eſt pleinement informée.

VIII.
Et entre l'Abbé de S. Denis en France & les Chanoines de S. Paul.
Pierre fut auſſi vn des Iuges d'vn autre differend d'entre l'Abbé & les Moynes de S. Denis d'vne part, & les Chanoines de S. Paul de l'autre. La Sentence qu'il donna ſur ce ſujet auec l'Abbé & le Prieur de S. Corneille de Compiegne, fut confirmée par le Pape Gregoire IX. Ils arreſterent qu'aucun Chanoine ne pourroit receuoir toute la Prebende, s'il n'auoit fait pour le moins ſix mois de reſidence. Maintenant il faut voir comme il fut éleu Archeueſque de Roüen.

CHAP. II.
Sommaire.
I.
Difficulté pour l'élection d'vn Archeueſque de Roüen, apres la mort de Maurice.

II.
Suiet de l'élection de Pierre de Colmieu.
III.
Il refuſe l'Archeueſché de Roüen.

APrés le decez du venerable Maurice, le Chapitre de Roüen eſtant aſſemblé pour luy donner vn Succeſſeur, les Suffrages de la plus grande partie des Chanoines ſe trouuerent en faueur de Mre Guillaume [a] *a Alius Petr. Dunel.* de Dunelme, mais quelques vns contredirent ſon élection, & luy-meſme par vn rare effet d'humilité, ne la voulut pas accepter entierement, mais declara qu'il s'en rapportoit à la volonté du Pape. L'affaire ayant eſté portée en Cour de Rome, les parties firent choix d'Arbitres, à qui ſa Sainteté ordonna de demander ſolemnellement à Guillaume s'il aggréoit l'élection que l'on auoit faite de ſa perſonne. Mais ce bon Ecclesiaſtique ayant reſpondu que non, le Chapitre fut obligé d'en élire vn autre, qui fut Pierre de Colmieu, Preuoſt de S. Omer en Flandre, (dit vn Manuſcrit) ce qui montre qu'il n'eſtoit pas alors Religieux. Son élection ſe fit d'vn commun conſentement le 4. d'Auril 1236. Mais en eſtant aduerty, luy qui auoit déja comme fait habitude de refuſer l'Eſpiſcopat, ne voulut point accepter la charge qui luy eſtoit deferée. Heureux ſiecle où il ſe trouuoit des hommes de merite, qui eſtant appellez à ces dignitez ſublimes, les fuyoient auec plus d'opiniaſtreté que n'en ont les ambitieux de ce ſiecle, à les rechercher malgré les oppoſitions de leurs Competiteurs. Le Chapitre ne ſe rebutant pour ce refus, eut recours au S. Siege, vers lequel ayant deputé, le Pape Gregoire enuoya vn Bref à Meſſire Pierre de Colmieu, par lequel il luy commandoit en vertu d'obeïſſance de receuoir la charge Archiepiſcopale. Ce

IV.
Le Pape luy commande de l'accepter.
commandement abſolu du Souuerain Pontife vainquit la reſiſtance de Pierre, & le porta à conſentir à ſon élection à Paris en l'Hoſtel du Temple, en vn des iours de l'Octaue de S. Denis. Mais comme par ce Bref, il luy eſtoit ordonné de venir à Rome pour y eſtre Sacré Archeueſque, il ſupplia par lettres ſa Sainteté de le diſpenſer de ce voyage : ce qu'Elle luy accorda tres-volontiers. Cependant il ne laiſſa pas d'adminiſtrer le Dioceſe, tant pour le Spirituel que pour le Temporel, juſqu'à ce

V.
Il eſt ſacré Euesque & fait les autres ceremonies.
qu'ayant receu cette diſpenſe, il fut ſacré auec beaucoup de ſolemnité dans l'Egliſe de Roüen la veille de S. Laurens 1237. par Guillaume Euesque d'Avranches, en preſence de ſes Suffragans, (à la reſerue des Eues-

PIERRE DE COLMIEU. ques de Bayeux & de Coutance, qui eſtoient malades) en preſence auſſi des Archeueſques de Reims & de Sens, & des Eueſques de Paris, de Senlis, de Chartres, d'Amiens, de Soiſſons, de Noyon, de Meaux, de Cambray, du Comte de Montfort, & de pluſieurs Seigneurs François & Flamands. Aprés qu'il fut Sacré, il alla receuoir le *Pallium* en l'Egliſe de S. Oüen, & retourna en ſuite à Noſtre-Dame, où il fut receu auec les ceremonies accouſtumées.

VI.
Il abſout des Cenſures les Religieuſes de Montiuillier.

Ce meſme iour il deſlia des Cenſures les Religieuſes de Montiuillier, qui auoient eſté Excommuniées par ſon Predeceſſeur Maurice: & s'eſtant accordé auec elles, leur donna pour Abbeſſe Marguerite de Guerres (peut-eſtre de Hieres) en Brie, & la Benit dans ſa Chappelle. Nous

VII.
Il confirme l'élection de l'Eueſque d'Amiens.

n'auons pas voulu interrompre cette narration, pour dire que Guillaume Eueſque d'Avranches (dont nous venons de parler) ayant eſté éleu Eueſque de ce meſme Dioceſe, de Doyen qu'il eſtoit, noſtre Prelat (qui n'eſtoit pas encore ſacré) confirma ſon élection, & luy permit de receuoir en ſa preſence les Ordres ſacrez, & l'Onction Epiſcopale, par le miniſtere de l'Eueſque de Senlis, aux Quatre-temps de l'Aduent de l'an 1136.

VIII.
Fait pluſieurs accommodemens auec l'Eueſque de Sez.

La premiere occaſion où il eſt fait mention de luy dans le Chartrier de la Cathedrale, eſt vn compromis entre luy qui n'eſtoit encore que nouuellement éleu, & Hugues Eueſque de Sez, par lequel ils choiſirent vn autre Hugues Archidiacre de Mr. Guillaume de Rouures Official de Sez, & promirent au deſdit de deux cens marcs d'argent de s'en tenir à ce que les Arbitres ordonneroient, touchant quelque different qui auoit eſté meu entre leurs Predeceſſeurs ſur vn conflict de Iuriſdiction; leſquels terminerent ce differend, & firent trois Articles; dont le premier fut, que l'Archeueſque ny ſon Official, ne receuroient les appellations faites ou à faire des Archidiacres ou Doyens Ruraux de l'Eueſché de Sez, qui n'auroient comparu deuant leur Eueſque; les deux autres que j'obmets pour eſtre trop longs, ſont pour le meſme ſujet; ſçauoir pour le Reglement des cauſes qui deuroient venir deuant l'Archeueſque, pendant ou aprés ſa Viſite, ou ſon Official; cette Sentence arbitrale fut donnée le iour de S. Benoiſt 1236.

IX.
Dépendance du College de S. Mellon de Pontoiſe, de l'Archeueſque de Roüen.

Monſieur Denyau dans ſon Liure intitulé *Cathedra Rothomagenſis*, Chapitre 15. rapporte trois Actes en date de l'an 1137. par leſquels les Chanoines de l'Egliſe Collegiale de S. Mellon de Pontoiſe, reconnurent qu'ils dépendoient de l'Archeueſque de Roüen, comme de leur propre Paſteur & Dioceſain; laquelle reconnoiſſance ils firent du conſentement de S. Loüis Roy de France, en preſence de venerables Peres Henry Archeueſque de Reims, Guillaume Eueſque de Paris, Adam Eueſque de Senlis, Odon Abbé de S. Denis, Preuoſt de S. Omer, (car il auoit ſuccedé à noſtre Prelat en cette Preuoſté) Henry Archidiacre de Reims, Meſſire Pierre Colomne, & Pierre de Pauie Chanoine de Paris, comme il ſe voit par vn de ces Actes fait au Bois de Vincennes; fut confirmée & ratifiée par tous les Chanoines le 7. de Decembre de la meſme année. Leſquelles pieces jointes à quantité d'autres, ſont autant de

1237.

preuues

DES ARCHEVESQVES DE ROVEN.   465

preuues inuincibles qui détruisent l'opinion fabuleuse de ceux qui sans Pierre de Colmieu.
fondement quelconque ont osé auancer que la Ville de Pontoise & le a Choppin &
Vexin François, n'estoient soûmis au Siege de Roüen, que par forme de Taillepied, &
depost & de sequestre; lequel sujet j'ay déduit assez amplement dans ma autres.
Preface. Ie ne manqueray pas de parler ailleurs de l'accommodement
touchant la difficulté qu'eut nostre Prelat auec son Chapitre, pour confirmer l'election du Doyen de cette venerable Compagnie.

CHAP. III.
Sommaire.
I.
Accommode-
ment auec
le Roy pour
quelques
droits dans
la Forest de
Roumare.

IE trouue en cette année de 1238. vn accommodement fait auec le   1238.
,, Roy S. Loüis en ces termes. Loüis par la grace de Dieu Roy de Fran-
,, ce; Sçauoir faisons, Que pour l'vsage que nostre amé & Feal Pierre
,, Archeuesque de Roüen, auoit en la Forest de Roumare & dans ses
,, appartenances, de sa volonté & de son consentement, Nous luy auons
,, assigné cent acres de bois d'vne part, & depuis six acres pour les places
,, vuides proche Déville, suiuant la mesure qui en a esté faite de nostre
,, commandement, par nos Arpenteurs, signée de nostre main, & sui-
,, uant les bornes qui ont esté posées, pour en joüir par luy & ses Succes-
,, seurs, franc & quitte & paisiblement : En consequence dequoy, ledit
,, Archeuesque pour soy & ses Successeurs, nous a quitté entierement
,, & à nos Successeurs, le susdit droit d'vsage : de telle sorte que luy, ny
,, ses Successeurs ne pourront à l'aduenir pretendre ou reclamer aucun
,, droit en ladite Forest, & appartenances. Fait & passé à Pontoise, l'an
,, de grace 1238. au mois de Février.

II.
Arrest pour
la confirma-
tion de ces
droits.

Guillaume de Flauacour II. obtint depuis vn Arrest en date de 1347.
de Charles Duc de Normandie, sur la plainte qui luy auoit esté faite
que les Receueurs de la Regale ruinoient ces bois. Défence leur fut faite
d'en couper dauantage que la coupe ordinaire.

III.
Quelques
actions par-
ticulieres de
nostre Arche-
uesque.

Nostre Archeuesque confirma à Vernon aux Religieuses de l'Abbaye
de Maubuisson prés Pontoise, l'acquisition qu'elles auoient faite de la
dixme de Cherchemont prés Magny, du sieur de l'Estrade Escuyer.
Cette mesme année le Pape luy ordonna par vn Bref Apostolique, de
conferer auec les Archeuesques de Sens & de Reims, & l'Euesque de
Clermont, des moyens d'empescher l'effet des conseils de quelques
Politiques, lesquels à ce que pretend le Pere Raynault, portoient le
Roy à entreprendre sur les libertez de l'Église.

Nostre Prelat estant party de Roüen vn peu aprés Pasques de l'an   1239.
1239. pour aller en Cour de Rome, ne pût acheuer son voyage à cause
des guerres d'entre le Pape & l'Empereur Frederic, & ne passa point la   Od. Raynald.
Ville de Lyon. L'année suiuante ayant esté appellé au Concile general   art. 1241.
que le Pape Gregoire auoit indiqué à Rome, il partit de France auec   n. 53.
                                                                       1241.
IV.
Allant à
Rome il est
fait prison-
nier.

quantité d'autres Euesques en 1242. & s'embarqua sur les Galeres de
Gennes, lesquelles ayant esté rencontrées par celles de l'Empereur, il y
eut entr'elles vn rude combat. La victoire demeura aux Imperiaux, &
nostre Prelat fut pris prisonnier aussi bien que les Archeuesques de Bordeaux, d'Ausche, six Euesques, cinq Abbez François, dont estoit celuy de Fécan & plusieurs autres Ecclesiastiques. Ces illustres captifs furent tous conduits à Naples ; & si l'on en croit Mathieu Paris, traitez

Nnn

tres-indignement, & auec vne extréme barbarie. Les nouuelles de leur disgrace affligerent infiniment le Pape Gregoire, lequel ne manqua pas de les consoler par ses lettres que l'on peut voir dans les Annales du P. Raynault. S. Loüis fit grande instance auprés de Frederic pour leur liberté, tant par ses Ambassadeurs que par ses lettres, & le menaça de luy declarer la guerre, s'il ne les deliuroit au plûtost : à quoy ce Prince ayant respôdu d'abord d'vne façon assez orgueilleuse, craignant en suite d'attirer sur luy les armes de France, accorda enfin la deliurance des Prelats François ; de sorte que nostre Archeuesque reuint en Normandie. La tristesse que le Pape Gregoire conceut de leur malheur fut si grande, que quelques-vns la font passer pour cause de sa mort, arriuée au mois d'Aoust de cette année 1241. Il eut pour Successeur Celestin IV. lequel n'ayant gouuerné l'Eglise que 16. ou 17. iours, le Siege de S. Pierre vacqua prés de deux ans, jusqu'au mois de Iuin de l'an 1243. qu'il fut remply de la personne d'Innocent IV.

La premiere année de son Pontificat, nostre Archeuesque luy ayant representé que lors qu'il visitoit la Prouince de Roüen, suiuant le deuoir de sa Charge, quelques Chapitres des Eglises Cathedrales de cette Prouince ne vouloient point ny souffrir sa Visite, ny luy donner le droit de Procuration qui luy estoit dû à raison de sa Visite. Sa Sainteté luy accorda vne Bulle qui l'authorisoit pleinement à l'égard de toutes ces choses, & en depescha vne autre du mesme iour & an aux Euesques, Abbez, Prieurs, Chapitres des Cathedrales & autres, & aux Superieurs des Eglises non exemptes dans le Diocese de Roüen ; par laquelle il leur enjoint qu'ils ayent à receuoir le susdit Archeuesque auec soubmission, lors qu'il viendra à faire sa Visite chez eux, & qu'ils le laissent exercer sa Charge entierement & librement, & luy payent sans difficulté le droit de Visite, ou les Procurations qui luy sont deuës.

Monsieur Dadré en rapporte encore vne autre donnée à Lyon le dernier de Nouembre, par laquelle il fut ordonné qu'il pourroit mener à sa suite quelques Ecclesiastiques, sans que leur non-residence leur fit perdre le reuenu de leurs Prebendes & Benefices, excepté toutefois les distributions quotidiennes. Le Siege d'Evreux estant vacquant, le Pape & les Cardinaux declarerent que la Prouision en estoit deuoluë à nostre Prelat, parce que les Chanoines d'Evreux auoient negligé de faire vne élection Canonique dans le temps prescrit par les Regles de l'Eglise. Nostre Archeuesque nomma Maistre Iean de Cour Doyen de S. Martin de Tours, & par ses Lettres données le iour de S. Gregoire Pape, l'an 1244. manda à l'Archidiacre du Vexin son grand Vicaire, de signifier au Chapitre d'Evreux qu'il eut à receuoir ledit Iean nommé à cette Eglise, & de luy obeïr comme à leur Pasteur & à leur Euesque.

CHAP. IV.

Sommaire.
I.
Le Pape l'enuoye Legat vers l'Empereur.

LE Pape desirant redonner la paix à son Eglise persecutée depuis tant de temps par l'Empereur, enuoya vers luy trois Legats ; sçauoir, Pierre Archeuesque de Roüen, Guillaume qui auoit esté Euesque de Modene, & Guillaume Abbé de S. Facond. Mais ils ne pûrent rien conclure auec ce Prince, dont les intentions n'estoient point droites,

DES ARCHEVESQVES DE ROVEN. 467

& qui estant comme demeuré d'accord de certaines conditions, s'en   Pierre de Colmieu.
resilia, & mesme viola son serment. Quoy que ce Traité n'eust point
de succez, sa Sainteté ne laissa pas d'estre fort satisfaite de la conduite
de nostre Prelat, & lors qu'elle fut arriuée à Lyon sur la fin de l'an 1244.

II. Il le crée Cardinal aprés cette Legation.
elle le crea Cardinal aux Quatre-temps de l'Aduent, aussi bien que les
deux autres Legats, qui auoient esté auec luy en Allemagne; l'Autheur
de l'origine des Cardinaux, dit qu'il fut le premier des six François, qu'il
fit à la premiere creation, & qu'il auoit esté Chapelain des Papes Honoré III. & Gregoire IX.

Il est fait mention de ces Legats, tant dans la Bulle que fulmina le Pape
contre l'Empereur, au Concile tenu en cette mesme Ville, l'année suiuante, qu'en vn Priuilege Apostolique donné au mesme lieu, en faueur
du Monastere de Vezelay, le 23. Ianuier 1244. selon l'ancienne façon de
conter, car autrement il faut 1245. auquel temps il est ainsi appellé
par le P. Raynault, n. 77. dans ces deux pieces où il est qualifié Euesque d'Albe, à cause qu'il fut transferé du Siege de Roüen en cét Euesché.

III. Erreur des Historiens Anglois touchant cette Promotion.
Mathieu Vvestmontier dit qu'il obtint cette dignité comme en recompense d'vn secours considerable d'argent dont il assista le Pape dans
la necessité de ses affaires, & qu'il laissa l'Eglise de Roüen tellement
dépoüillée *a* & épuisée de bien, qu'elle ne put de long-temps se remet-   *a Relinquens irrestaurabiliter pecunia spoliatam.*
tre en sa premiere opulence; Mais ie laisse à iuger si les grandes qualitez
de Pierre de Colmieu, les seruices qu'il auoit rendus au S. Siege, & ceux
qu'on pouuoit encore attendre de sa fidelité & de sa haute suffisance,
n'estoient pas des motifs assez puissans, pour porter sa Sainteté à l'admettre dans le sacré College, sans s'imaginer qu'il merita cét honneur par

IV. Refutation de cés erreur.
ce pretendu secours d'argent. Pour fournir cette somme importante,
il luy eust fallu alliener quelque fond de son Eglise, ou commettre quelque desordre qui luy auroit fait perdre les affections de son Chapitre &
du peuple; cependant il ne se voit rien de cela dans les Manuscrits de
la Cathedrale; au contraire, les Chanoines estoient tellement satisfaits
de sa conduite, qu'ils firent de grandes instances auprés du Pape, pour
le rappeller dans le Diocese; & bien loin de dissiper le temporel de son
Eglise, il est certain qu'il l'accrut par ses bien-faits, tant durant sa vie,
que par son testament; témoin la fondation d'vn College de dix Chapelains, nommé d'Albane en memoire de luy.

V. Autheurs qui ont fait vne honorable mention de luy.
Sigonius Liure 8. du Royaume d'Italie, & Locrius, font vne honorable mention de Pierre de Colmieu, & disent qu'il excelloit également
en pieté & en science. Il vécut jusqu'à l'an 1253. Vadinghe dans les An-   1253.

VI. Le iour de son trépas luy fut prédit.
nales de l'Ordre de S. François, dit qu'vn Religieux nommé Frere Eleu,
qui auoit le don de Prophetie, estant allé visiter ce Cardinal qui estoit
en bonne santé, luy prédit qu'il mourroit le iour mesme; ce qui arriua,
estant decedé de mort subite le 25. de May 1253. Frizon & d'autres met-

VII. En quelle année il mourut.
tent son decez en 1254. Mais, cóme obseruent Messieurs de Ste Marthe,
estant fait mention de luy comme d'vne personne trépassée, dans vne
Lettre d'Innocent IV. datée du trentiéme Octobre, l'onziéme de son
Pontificat, qui répond à l'an 1253. il faut tenir pour constant qu'il ne
passa pas cette année.

Nnn ij

468 HISTOIRE

PIERRE DE COLMIEV.

Les eminentes qualitez de cét excellent Archeuesque, & la perte que fit l'Eglise de Roüen par sa Translation au Siege d'Albe, sont à mon aduis tres-bien expliquées dans cét Eloge, tiré du Manuscrit couuert d'Yuoire, si souuent cité dans cét Ouurage.

VIII. Son Epitaphe.

> Hanc sedem Petrus Medio de Colle subiuit,
> In quo jus, pietas, ratio, lex, gratia fulsit.
> Ortu campanus, sensu cato, dogmate canus.
> Cujus larga manus ; ad summa negotia Ianus.
> Inclytus athleta fidei, propriâ nece spretâ,
> Sulcans classe freta, fuit hosti præda quieta.
> More rapax pardi, tulit hunc vrbs, & sibi Cardi-
> Nalem fecit eum, viduæ rapiens Eliseum.

Ce Distique a esté fait pour ce mesme Prelat.

> Turones Morinique Petrum petiere, meretur
> Rothomagus, sed Roma rapit, donatque Galero.

ELOGE
D'ODO CLEMENT. 57.

Odo Clement. An. de I. C. 1245.
CHAP. I.
Sommaire.
I. Diuers sentimens des Autheurs du Païs & de la naissance d'O. de Clement.

DO Clement fut, selon quelques-vns, fils de Henry Clement surnommé le Petit, Seigneur d'Argentan en Normandie, Mareschal de France, & possible aussi neueu d'Hugues Clement, Doyen de l'Eglise de Paris en 1215. au rapport du sieur Hemeré en son Traité de l'Academie de Paris : Au moins ie trouue en cecy plus de vray-semblance qu'au témoignage de Mathieu Paris, qui le fait Anglois de nation, si ce n'est qu'on n'entende par là que sa famille estoit originaire d'Angleterre. Vn autre Manuscrit l'appelle Eudes Contier, dit qu'il estoit Anglois, que ses Predecesseurs estoient de Bourgogne, & qu'il estoit mal-appelé Clement ; qu'il portoit en ses Armes de Gueulle à vne fasce d'Or, accompagnée de trois testes de Leopard lampassée de Gueulle : Mais toutesfois j'estime que ce que nous auons dit est plus certain.

II. Il fut fait Prieur, & depuis Abbé de S. Denis.

Aprés auoir exercé durant quelque temps la Charge de Prieur de l'Abbaye de S. Denis en France, il monta à celle d'Abbé de ce Royal Monastere, ayant esté éleu le iour de sainte Scholastique de l'an 1228. confirmé par Romain, Legat du S. Siege ; gratifié de la Regale par le Roy S. Loüis, & le lendemain beny par l'Euesque de Chartres. Son merite

III. Le Roy saint Loüis luy rend de grands honneurs.

luy acquit l'estime & les bonnes graces de sa Majesté, qui luy fit l'honneur de l'admettre dans ses Conseils, & de le choisir pour Parrain de son fils aisné, que ce bon Abbé nomma Loüis en la ceremonie de son Baptesme. Guillaume de Nangis rapporte qu'Odo, à la persuasion de ce grand Prince, & de la Reine Blanche sa mere, commença à rétablir l'Eglise de S. Denis l'an 1231. & que l'année suiuante le S. Clou de nostre

IV. Il l'enuoye consoler pour la perte du S. Clou, qui fut retrouué peu après.	Seigneur, qui se garde au Tresor de cette illustre Abbaye, ayant esté <small>ODO CLE- MENT.</small> perdu dans vne foule extraordinaire de peuple qui l'estoit venu reuerer. Le Roy eut la bonté d'enuoyer consoler l'Abbé & les Religieux ex-trémement affligez d'vne si grande perte. Mais leur tristesse fut peu de temps aprés changée en joye par le bonheur qu'ils eurent de retrouuer comme par miracle vn si précieux gage. Odo assista auec sa Commu-
V. L'Abbé Odo assiste auec ses Religieux à vne Procession solemnelle des Saintes Reli-ques.	nauté à la celebre Procession qu'on fit pour transporter du Bois de Vin-cenne en la sainte Chapelle, la Couronne d'Espines, auec les autres Reli-ques qui auoient esté apportées de Constantinople. Le mesme Roy estant tombé malade à Pontoise en Decembre 1244. & sa maladie s'e-stant tellement accruë, que les Medecins auoient perdu toute esperan-ce de le guerir ; ce pieux Prince, & la Reine Blanche, manderent à l'Abbé Odo de tirer du Tresor les corps de S. Denis, S. Rustique, &
VI. Il expose le corps de S. De-nis & de ses Compagnons pour la santé du Roy.	S. Eleuthere, & de les porter en Procession, afin de fléchir le Ciel par les prieres de ces glorieux Apostres de France. Laquelle deuotion fut si agreable à Dieu, que peu de temps aprés le Roy recouura sa santé. Les Religieuses de Montiuiller s'estant relaschées de l'Estroite Obseruance
VII. Il est enuoyé pour reformer l'Abbaye de Montiuiller.	de leur Regle, ce bon Abbé fut enuoyé pour les reformer ; par où l'on peut juger qu'il estoit zélé pour le maintien de la discipline Monastique. Il ne se rendit pas moins recommandable par sa charité enuers les pau-ures, & entr'autres preuues qu'il en donna, on remarque particuliere-ment qu'il establit de leur distribuer chaque jour vn nombre conside-rable de pains.
VIII. Sa charité en-uers les pre-miers Reli-gieux de saint François.	Il pratiqua excellemment cette vertu par les bons offices dont il gra-tifia les Religieux de S. François, qui (pour vser de leurs termes) estant venus à S. Denis comme de pauures Pelerins, & n'ayant pas où reposer leur teste, trouuerent en luy vn amy, vn Pere, & vn Protecteur, qui les reçeut, les logea, leur permit d'auoir vne Chapelle, & les combla de graces & de bienfaits, comme il se voit par les lettres de Frere Gregoire leur Prouincial, en date du 26. d'Octobre 1231. Il exerça sa charge Ab-batiale jusqu'au mois d'Avril 1245. qu'il fut estably dans le Siege Metro-politain de Normandie, par l'authorité du Pape Innocent IV. Ce qu'il nous faut déduire vn peu plus au long.
CHAP. II. Sommaire. I. Difficultez arriuées à son élection.	L'Eglise de Roüen estant destituée de Pasteur par la promotion de Pierre de Colmieu au Cardinalat, & sa translation au Siege d'Albe, le Chapitre s'assembla pour faire élection d'vn Chef. Les aduis, ainsi qu'il arriuoit presque toûjours, furent diuisez, vne partie des Capitulans voulant qu'on suppliast le Pape de rendre à l'Eglise Pierre de Colmieu son Epoux ; & les autres ayant élu pour Archeuesque Odon de saint Denis leur Confrere. Il faut prendre garde de ne pas confondre Odo
II. Qu'il n'est pas le mesme qu'vn Cha-noine de Roüen du mesme nom.	Abbé de S. Denis, dont nous venons de parler, auec cet Odo Chanoi-ne de Roüen, de la famille & des qualitez duquel ie n'ay pû auoir con-noissance, si ce n'est peut-estre qu'il n'ait esté cet Odo de saint Denis Docteur en Theologie, Chanoine de Paris, & Custode de S. Quentin en Vermondois (qui estoit la seconde dignité de cette Eglise) Chape-lain de S. Loüis, qui l'assista durant sa maladie, & élu, mais non pas

Nnn iij

ODO CLE-MENT.   admis à l'Euesché de Paris, dont parle le sieur Hemeré dans son Traité[a] de l'Academie de Paris. [a] Page 128.

III.
Le Pape refuse de rendre à l'Eglise de Roüen Pierre de Colmieu, & pourquoy.

Quoy qu'il en soit, cette diuersité de sentimens fut cause que l'affaire fut portée deuant le Tribunal du Pape, lequel d'vn costé ne jugea point à propos d'accorder l'effet de la suplication de ceux qui redemandoient le Cardinal Pierre de Colmieu, afin de ne pas priuer le Siege Apostolique du secours qu'il pouuoit receuoir de la probité & de la prudence des conseils de ce grand homme; & de l'autre ne voulut point aussi confirmer l'élection d'Odon le Chanoine, pour les justes raisons qu'opposerent ceux d'entre ses Confreres qui auoient demandé le retour du Cardinal: Mais pour ne point laisser le Diocese sans Pasteur, il nomma pour Archeuesque Odon Abbé de S. Denis, personnage (dit-il) recommandable par sa bonne vie, par sa grande science, & par sa sage conduite; & l'ayant absous & délié de l'attache qu'il auoit à son Monastere de S. Denis, luy permit d'en quitter le gouuernement pour prendre possession du Siege Metropolitain; luy fit conferer le caractere Episcopal, & luy donna le *Pallium*, comme il paroit par la Bulle datée du 30. de Mars, année seconde de son Pontificat, c'est à dire 1245. selon l'vsage d'apresent. Car Innocent IV. fut creé Pape au mois de Iuin de l'an 1243. Sa Sainteté dans ses Lettres, releue l'Eglise de Roüen par vn Eloge assez remarquable, lors qu'elle la loüe de seruir aux autres Villes du païs d'exemple pour la pratique de la vertu, & de flambeau pour la lumiere de la science; mais elle luy attribuë vne prerogatiue qui merite bien d'estre obseruée, quand elle dit qu'elle est du nombre de celles qu'on sçait estre immediatement soûmises[a] à l'Eglise Romaine, ce qui prouue sa Primatie contre les pretentions de l'Eglise de Lyon. Ces Lettres Apostoliques finissent par vn commandement absolu au Chapitre de receuoir Odo pour Pasteur, autrement que le S. Siege ne manqueroit pas de ratifier la Sentence d'Excommunication que leur Archeuesque fulmineroit contr'eux comme contre des rebelles; laquelle menace fut intentée vray-semblablement, parce qu'il estoit à craindre que les Chanoines n'agreassent pas la promotion d'Odo, qui entroit dans vn Siege par vn effet de la puissance Souueraine du Pape, & non point par la voye ordinaire de l'élection. Voila de quelle maniere Odo paruint à l'Archeuesché de Roüen, car il ne faut pas estre si credule que Monsieur Dadré, qui s'en rapportant à Mathieu Paris, le fait passer pour Simoniaque, ny adjouster foy à Mathieu de VVestmonstier, que nous auons refuté en l'Eloge precedent, en ce qu'il dit de Pierre de Colmieu. Les Doctes connoissent assez le Genie de Mathieu Paris, & auec quel emportement il censure & calomnie souuent sans raison & sans verité la Cour de Rome; ce qui a fait dire à Monsieur de Sponde aprés Baronius, que Mathieu Paris sembloit n'auoir escrit son Histoire que pour reprendre les Papes. Quant au second Autheur, n'ayant vécu que sur la fin du Siecle suiuant, son témoignage n'est pas de grande consideration: mais ,, voyons ce que disent ces Anglois. Pierre de Colmieu Archeuesque de ,, Roüen, & Odo Abbé de S. Denis (dit VVestmonstier) sçachant que

IV.
Il nomme à sa place Odo Abbé de saint Denis, qu'il loüe fort.

Ipsius probitate, suique maturitate consilij, sedem eandem Apostolicam carere nolentes. Innoc. in litteris datis Lugd. 3. Kal. Apr.Pont.3.

V.
Il luy donne le Pallium.

VI.
Loüange que donne Innocent IV. à l'Eglise de Roüen.

[a] Quæ Romanæ noscuntur Ecclesiæ nullo medio subjacere.

VII.
Ce Pape escrit en sa faueur au Chapitre de Roüen.

VIII.
Erreur de quelques Historiens Anglois qui l'ont accusé de Simonie.

V. Desponde an. 1197. n. 5.

IX.
Quelle estime on doit faire du témoignage de Mathieu Paris.

Ad an. 1254.

DES ARCHEVESQVES DE ROVEN. 471

X.
Ce qu'il dit contre Pierre de Colmieu, & Odo Clement.

Odo Clement.

,, les Abbez de Cluny & de Cisteaux auoient fait des dons au Pape qui
,, les auoit exhorté de secourir l'Eglise Romaine toute accablée de dettes,
,, ils voulurent surpasser la liberalité de ceux-cy, & mirent dans le Tre-
,, sor de sa Sainteté vne si grande somme d'argent, que chacun en fut
,, étonné, d'où en suite il aduint que cét Archeuesque ayant laissé son
,, Eglise pauure & épuisée irreparablement, merita d'estre Cardinal, &
,, d'auoir beaucoup de part à la faueur du Pape, & l'Abbé receut aussi
,, auec beaucoup de pompe & d'éclat la mitre Archiepiscopale, & luy
,, succeda au Siege de Roüen, &c. I'ay fait voir cy-dessus qu'il n'estoit

Irrestaurable liser.

XI.
Est refuté par de bonnes raisons.

point vray-semblable que l'Archeuesque Pierre eut secouru sa Sainteté
de cette prodigieuse somme d'argent, ny qu'il eust épuisé de biens l'E-
glise de Roüen; & on peut dire le mesme d'Odo à l'égard de son Abbaye: mais quand il seroit vray qu'ils auroient assisté le Pape dans la
necessité où il estoit reduit, bien loin de les blâmer, on leur en deuroit
donner de la loüange; car ayant paru jusqu'alors personnes d'honneur
& de vertu, il faut rendre cette justice que de bien juger de leurs
intentions, & croire que s'ils secourrurent sa Sainteté, ce fut par vn bon
zéle, & non point pour en acheter des dignitez, que le Pape n'estoit
pas disposé à leur vendre. Aussi n'est-ce pas proprement sur cela qu'on
accuse Odo de Simonie, mais on pretend qu'il se souilla de ce crime
infame, en ce qu'il ne jouit de l'Eglise de Roüen qu'en apparence,
(*Sophisticè*, dit Mathieu Paris) & à l'égard de l'honneur exterieur; tandis qu'il en laissa perceuoir les fruits à Pierre de Colmieu son Predecesseur. Mais si cela auoit esté, on en verroit sans doute quelque chose
parmy les Manuscrits de la Cathedrale, & on ne seroit pas reduit à apprendre vne particularité si importante d'vn Autheur estranger: Ce qui
pourroit auoir donné occasion à sa calomnie, est que possible le Pape
Innocent desirant fournir dequoy subsister honorablement au Cardinal de Colmieu (qui estoit vn grand Genïe pour les affaires, *ad summa
negotia Ianus*) dit l'ancien Eloge, & dont il jugeoit le conseil luy pouuoir beaucoup seruir pour le gouuernement de l'Eglise, luy reserua possible vne pension sur l'Archeuesché de Roüen, lors qu'il en pouruent
l'Abbé Odo, laquelle reseruation, bien que juste & legitime, n'estant
pas alors si ordinaire qu'elle est aujourd'huy, auroit passé dans l'opinion
de cét esprit critique pour vne Simonie. C'est pourquoy je ne pense pas
qu'on doiue adjouster foy à vn témoin si suspect, ny condamner sur sa
deposition nostre Archeuesque Odo, dont la vertu & la pieté nous est
connuë par tant d'autres preuues.

CHAP. III.
Sommaire.
I.
En quelle année cét Archeuesque fut receu.
II.
Bulle que le Pape luy adressa.

ODo fut receu & installé dans la Cathedrale le 4. Dimanche d'aprés
Pasques de l'an 1245. & assista au Concile general de Lyon, tenu
cette mesme année, Le Pape Innocent luy permit par vne Bulle datée
du premier de Février, l'an deuxième de son Pontificat, de bailler à Em-
phiteose, ou de permuter ou aliener du consentement de son Chapitre, la
Forest d'Aliermont du Domaine de Nostre-Dame, nonobstant le serment ordinaire qu'il auoit fait en sa reception, de ne point aliener les
biens de son Eglise. ᵃ

1245.

ᵃ Il y a appa-rence que cette permission ne fut pas execu-tée, comme on le pourra voir.

Odo Clement III.
III.
Il visite & reforme l'Eglise Collegiale d'Andely.

L'Eglise Collegiale d'Andely estoit alors fort en desordre, tant pour le Spirituel que pour le Temporel. Les Archeuesques Maurice & Pierre de Colmieu, auoient bien pris resolution de la remettre en meilleur estat; mais le premier ayant esté préuenu de la mort, & son successeur occupé aux affaires de l'Eglise Vniuerselle, n'auoit pû accomplir ce dessein. L'execution en estoit reseruée à Odo, lequel s'y estant transporté à la Feste de S. Martin le 11. de Nouembre, y restablit le bon ordre, & entr'autres Reglemens, y institua vn Doyen, comme il se voit par ses Lettres données le mesme iour. L'an 1245. il fit encore paroistre son zéle pour la discipline Ecclesiastique dans le Synode d'Hyuer de la mesme année, y prescriuant diuerses choses aux Doyens Ruraux, afin qu'ils s'acquittassent plus exactement de leurs Charges, lesquels Statuts se trouuent dans l'ancien Liure des Synodes de Roüen.

IV.
Et fait plusieurs Reglemens pour le bon ordre de son Eglise.

V.
Il reçoit quatre Bulles du Pape Innocent, & pour quel sujet.

1246.

L'année suiuante, le Pape Innocent luy adressa quatre Brefs ou Lettres Apostoliques données à Lyon; sçauoir vn du 15. de May, par lequel sa Sainteté luy mandoit qu'il eust à obliger les Titulaires des Prieurez Conuentuels, d'y faire residence. Vn autre du 13. de Iuin, touchant le rachapt des dixmes engagées à des Seculiers. Vn troisiéme, du 13. de Septembre, en faueur de ces Ecclesiastiques qui deuoient estre ordinairement à la suite dudit Archeuesque; laquelle Bulle est (à mon aduis) la mesme dont j'ay fait mention en l'Eloge precedent, sur le rapport de Mr. Dadré, qui suppose qu'elle fut enuoyée à Pierre de Colmieu. De plus, Innocent IV. enjoignit à Odo & à ses Suffragans, par ses lettres du dernier de Ianvier 1247. de commander aux Pasteurs & aux Predicateurs, de faire entendre aux Fidelles auec combien de fureur & d'impieté l'Empereur Frederic persecutoit l'Eglise, & de les exhorter fortement à contribuer tout ce qui dependoit d'eux, pour la secourir & la défendre contre vn si puissant ennemy, & à prendre garde de ne point communiquer auec luy ou auec les siens, ny encore moins de les fauoriser en quoy que ce fust, parce que ce Tyran estoit excommunié, luy & tous ceux qui l'assistoient & suiuoient son party. Il y eust aussi vn Bref particulier adressé à l'Eglise de Roüen, qui contenoit les mesmes aduertissemens.

1247.

VI.
Il signe à l'accommodement fait entre vn Archidiacre & les Moynes de S. Oüen.

J'ay parlé dans l'Histoire de l'Abbaye de S. Oüen, du differend qu'eut l'Abbé & sa Communauté auec vn Archidiacre nommé Henry de Pise, touchant quelques droits de Visite que celuy-cy prétendoit luy estre deubs par les Prieurez dependans de ce Royal Monastere, & quelques autres demandes qui furent reglées par des Arbitres, dont la Sentence fut ratifiée par nostre Archeuesque au mois de May de l'an 1246. Il confirma le mois de Mars de la mesme année, l'acquisition qu'auoient faite les Religieuses de Maubuisson, de la dixme d'Herouville, & permit aux Freres Mineurs de quitter leur premiere demeure du Clos de S. Marc (où ils estoient depuis l'an 1226.) pour s'aller establir en la Paroisse de S. Clement le 9. de Novembre. Il consentit que le reuenu de la Cure ou Personat d'Ebelon, Diocese de Roüen, dont le Patronnage luy appartenoit, fust employé à l'aduenir au Seruice du grand Autel, & de celuy de la

VII.
Et permet aux Cordeliers de quitter le Clos S. Marc, où ils demeuroient.

DES ARCHEVESQVES DE ROVEN.

de la Chappelle de la sainte Vierge, & distribué aux Chanoines ainsi qu'il appartiendroit.

VIII. *Sentiment d'vn Historien Anglois touchant la mort de cét Archeuesque.*

La mort d'Odo arriua le 5. de May l'an 1247. selon la Chronique du Bec; d'autres la mettent en 1248. mais c'est vn erreur. Matthieu Paris ,, dit qu'il mourut subitement, frappé comme on croit de la main de ,, Dieu, aprés auoir exercé à peine vn an la dignité Archiepiscopale, ,, dont il auoit possedé seulement le nom & le tître, & donné le reuenu ,, à Pierre son Predecesseur, & qu'il laissa sa maison chargée de debtes.

1247. Diuino percussus judicio. Math. Paris.

IX. *Refutation de ce que dit cét Autheur.*

Nous auons justifié sa memoire pour ce qui regarde la pension qu'on l'accuse d'auoir payé au Cardinal de Colmieu; quant au genre de mort dont il deceda, c'est auec bien peu de fondement que cét Historien qui explique tout en mal, la fait passer pour vne vengeance Diuine; à moins que la mort subite ne soit accompagnée de quelques circonstances extraordinaires, & de quelques marques funestes, on ne la doit pas prendre pour vne punition du Ciel. Combien de personnes de pieté ont-elles finy leurs jours de cette sorte? Il y a mesme eu des Saints, qui ont esté deliurez des liens du corps par vn coup de foudre? Souuent il est auantageux de ne pas languir si long-temps; & si d'vne part on est priué de l'auantage qu'il y a de se pouuoir preparer à comparoistre deuant le Tribunal de la Iustice Diuine, de l'autre aussi on est moins exposé aux tentations dont le Démon a de coustume d'attaquer les hommes en cette derniere heure. C'est pourquoy dans les prieres communes de l'Eglise, les Fidelles ne demandent pas simplement d'estre preseruez d'vne mort subite, mais d'vne mort subite, & impreueuë. Pour ce qui est des debtes d'Odo, il en pût contracter quelques-vnes pour les frais de son installation dans le Siege de Roüen, desquelles il ne se pût acquitter entierement à cause du peu de durée de son Pontificat; mais il n'y a rien en cela de criminel, & qui ne puisse arriuer aux plus sages. Au reste, nous n'en voyons rien dans les anciens Memoires, & ie ne sçay pas qui en auoit tant appris à cét Historien Anglois. Nous trouuons au contraire, qu'il laissa au Chapitre de l'Eglise de Roüen quelques parties de rente pour vn Obit annuel, à prendre sur les Moulins de Déville qu'il auoit fait bâtir; lesquelles seroient distribuées aux Chanoines, & aux Clercs de Chœur.

X. *Responseà l'objection qu'il fait pour ses debtes.*

XI. *Autheurs qui ont fait vne honorable mention de luy.*

Arnault Vuion, Tritheme, Democare, Belleforest, font honorable mention de luy, & ce dernier dit que sa mort changea la grande joye que chacun auoit conceuë de sa promotion, en vne grande tristesse: C'est ce qui est exprimé dans les deux Vers suiuans.

Extulit Odonem Martyr Dionysius, ast hunc
Rotomago quem Roma dedit, celer exitus aufert.

Ooo

HISTOIRE

ELOGE
D'ODO RIGAVT. 58.

ODO RI-
GAVT.
An. de I. C.
1247.
CHAP.
I.
Sommaire.
I.
Odo Rigaut
Religieux, &
l'vn des pre-
miers fruits
de l'Ordre de
S. François.
II.
Sa naissance,
& ses parens.

III.
Il eut vne
sœur Abbesse
du Paraclit.

L eftoit bien jufte que l'Ordre du grand S. François qui auoit efté planté dans la ville de Roüen depuis vingt ans, monftraft fa fecondité & fa fainteté, en donnant au Diocefe non feulement quantité de bons Religieux, mais mefme quelque excellent Prelat qui y répandift les lumieres & les ardeurs de l'Amour diuin dont cét Inftitut Seraphique fut fi embrafé en fa naiffance. Auffi ne manqua-t'il pas de nous produire l'illuftre Odo Rigaut qui parut par fes vertus & par fa rare doctrine, vn digne fruit de cette plante celefte. Nous ignorons fa patrie; fi l'on en croit Mathieu Paris, il eftoit François. On tient qu'il fortit d'vne famille noble, & eut pour pere vn Seigneur nommé Rigaut. I'apprends des Notes fur les œuures de Pierre Abaylard, qu'il eut vne fœur nommée Marie, qui fut l'onziéme Abbeffe du Paraclit, qui eftoit vn Monaftere de Filles vers Troye, proche Nogent fur Seine, Chef d'Ordre tres-celebre, fondé par ledit Abaylard, & qu'elle en prit le gouuernement enuiron l'an 1249. Il y a vn Bref d'Innocent IV. adreffé au Treforier de Sens en fa faueur, dans lequel le Pape témoigne qu'à la priere de fon frere, il luy a accordé ce qu'elle auoit defiré.

IV.
Il se fit Religieux de
S. François.

V.
Il estudia à
Paris fous
Alexandre de
Ales.

VI.
Témoignage
que S. Antonin rend de
luy.

Noftre Odo ayant preferé à l'exemple de Moyfe, les trauaux de la penitence aux delices paffageres du peché, & l'ignominie & la pauureté de I. C. aux honneurs & aux richeffes du fiecle, il embraffa la vie Religieufe, & s'enrolla dans la nouuelle milice du Patriarche S. François. Aprés les exercices du Nouitiat, il fit fes eftudes à Paris, & fut vn des Auditeurs d'Alexandre de Ales Anglois, vn des plus celebres Docteurs de cet Ordre. Il fe montra digne Difciple de cét excellent Maiftre, & ayant fait de grands progrez dans les faintes Lettres, il tafcha de rendre fa fcience vtile au public par fes doctes & pieufes Predications : C'eft ce que nous apprend S. Antonin en fa Somme Hiftoriale, où il dit que „ fous le troifiéme General des Freres Mineurs, il entra dans cét Ordre „ quantité d'hommes fçauans, qui furent depuis Docteurs en Theolo-„ gie, entre lefquels on compte frere Odo fils de Rigaut, noble d'ex-„ traction, mais bien plus noble par fes vertus; grand Predicateur, & „ qui fut depuis contraint d'accepter la dignité d'Archeuefque de Roüen.

Hebr. 11. 26.

VII.
Il prefcha
auec beaucoup de fruit
& d'eftime.

Il annonça la parole de Dieu en diuers lieux de France, & entr'autres à Orleans ; où au rapport de Lucas Vvadinge dans fes Annales, il conuertit vne femme engagée dans vne impureté horrible & monftrueufe. En fuite fes Superieurs l'enuoyerent à Roüen, où il demeura au petit Conuent de S. Marc, & trauailla comme auparauant à l'inftruction du

DES ARCHEVESQVES DE ROVEN. 475

peuple. Lors qu'il ne pensoit qu'à gagner des Ames à Dieu, il arriua contre le dessein de son humilité, qu'il acquit de la reputation.

CHAP. II.
Sommaire.

I. Opinion commune touchāt sa promotion à l'Archeuesché de Roüen.

IL est tres-probable que ce fut l'estime singuliere que le Chapitre de Roüen auoit conceuë de son merite, qui disposa les choses à sa promotion au Siege Metropolitain. Si l'on en croit la tradition populaire, il y paruint plûtost par hazard, ou pour parler Chrestiennement, par vne conduite secrete de la diuine Prouidence, que par le choix des Capitulans; & son élection eut beaucoup de rapport à celle de S. Nicolas, car on dit que les Chanoines estant assemblez pour élire vn Prelat, ils furent comme inspirez de donner leurs Suffrages au premier Ecclesiastique qui viendroit prier Dieu dans la Cathedrale. La resolution prise, on posa quelques députez de la Compagnie pour obseruer ceux qui entreroient; & il se trouua que le premier qui parut, fut le Pere Odo, qui s'en allant prescher à la campagne, passoit par l'Eglise pour y saluër le S. Sacrement.

II. N'est point arrestée par aucun ancien Escriuain.

Il fut donc arresté (& quelque resistance qu'il pust apporter) éleu Archeuesque. Voila ce que l'on conte de son élection; dequoy ie ne veux pas répondre, n'en voyant rien dans les anciens Memoires. Mais il est bien constant que ce fut par vne benediction particuliere de Dieu sur le Diocese, qu'Odo en eut la conduite; & que comme disoit feu Monsieur le Preuost, cét excellent Cordelier honora l'Eglise par son humilité, & l'enrichit par sa pauureté. Son élection ayant esté confirmée par le Pape Innocent, Odo l'alla trouuer à Lyon, où il fut sacré, & receut le *Pallium* au mois de Mars de l'an 1248. Puis estant retourné à Roüen, il fit son entrée dans la Cathedrale le premier Dimanche aprés Pasques. Dés qu'il se vit establi dans la Charge de Pasteur, il commença à en faire vigoureusement les fonctions; à quoy il se trouua dautant plus disposé, qu'outre sa pieté & son zéle, il estoit sçauant, éloquent, genereux, & accoustumé au trauail & à l'action. Il prit soin de se montrer irreprehensible en toutes choses, & de ne rien faire qui ne fut édifiant & de bon exemple, pratiquant comme par auance ce bel enseignement, que le Concile de Trente a depuis donné aux Euesques d'agir en toutes rencontres d'vne maniere si conforme à leur deuoir, que toutes leurs actions soient autant de predications muettes. Aussi nostre Prelat par cette exactitude à rendre sa conduite exemplaire, merita-t'il d'estre appelé *la regle de bien viure*, *Regula viuendi*, qui est à mon aduis le plus glorieux titre qu'on puisse donner à vn Euesque.

III. Il va trouuer le Pape à Lyon, où il est sacré, & reçoit le Pallium.

1248.

IV. Ses dispositions à la dignité Episcopale.

Conc. Trid. Sess. 19. Can. 1. de refor.

V. Pourquoy il fut appelé, La regle de bien viure.

VI. Sa diligence extraordinaire pour connoistre son Diocese.

Sa diligence à visiter son Diocese fut singuliere, & il s'est trouué peu de Prelats qui ayent esté aussi soigneux que luy de bien connoistre la face de leur Troupeau. Il s'en voit encores des preuues dans vn ancien Pollier qu'il dressa & diuisa par Archidiaconez & Doyennez, où sont marquez tres-exactement les noms des Eglises, la valeur des Benefices, le nombre des Paroissiens, & les noms des Patrons de ceux qui ont nommé ou qui auoient esté nommez les derniers ausdits Benefices. Il reste aussi quelques fragmens du Iournal de ses Visites, lesquels font regretter la perte d'vn Liure, d'où les Curieux de l'antiquité eussent pû tirer des instructions fort importantes.

Ooo ij

HISTOIRE

ODO RIGAUT.
VII.
Il perſuade à vn Curé pendant ſes Viſites, de quitter vne des deux Cures qu'il tenoit.

Monſieur Dadré raconte qu'Odo faiſant vn iour ſa viſite, il rencontra vn Curé qui tenoit deux Cures auec Diſpenſe, & ſe plaignoit neantmoins qu'il auoit bien de la peine à viure. Ce qu'entendant noſtre Archeueſque, il luy conſeilla d'en quitter l'vne ou l'autre, & la reſigner à ſon Vicaire, l'aſſurant qu'il en ſeroit plus riche, & qu'il viuroit plus commodément d'vne ſeule, que de toutes les deux. Le Curé ſuiuit cét aduis, & luy auoüa l'année ſuiuante qu'il experimentoit ce qu'il luy auoit dit. Il ne ſeroit pas auſſi facile de perſuader le meſme à quantité d'Eccleſiaſtiques qui ont peine à ſubſiſter, encore qu'ils ayent pluſieurs Benefices; & ne voyent pas que ce n'eſt pas le bien, mais la benediction du Ciel qui leur manque, & que Dieu punit leur cupidité, qui non contente de ce qui eſt neceſſaire pour viure honneſtement ſelon leur condition, les pouſſe à s'emparer d'autant de Benefices qu'ils en peuuent attraper, & à en exclurre cependant des perſonnes de merite, qui rendroient de bons ſeruices à l'Egliſe, s'ils auoient quelque eſtabliſſement raiſonnable.

VIII.
Reflexion Chreſtienne ſur cette action.

CHAP. III.
Sommaire.
I.
Le Pape luy adreſſe pluſieurs Bulles.

IL ſe trouue pluſieurs Bulles du Pape Innocent adreſſées à noſtre Odo, qui les obtint afin d'eſtre plus pleinement authoriſé à reformer les abus qui s'eſtoient gliſſez dans ſon Dioceſe. Sa Sainteté luy en enuoya deux, en date du 7. Octobre 1248. par l'vne deſquelles il eſt ordonné qu'on pourra contraindre les Recteurs des Egliſes, ou Curez, de ſe faire promouuoir aux Ordres, ou quitter leurs Benefices: & par l'autre, que nul ne ſera receu en la charge de Treſorier de l'Egliſe de Roüen, s'il ne veut, & ne peut y reſider en perſonne, & s'engager dans le Sacerdoce, pour y rendre, tant à l'Archeueſque qu'à l'Egliſe, les ſeruices conuenables.

II.
Combien il eſtoit exact & vigilant ſur les beſoins de ſes Curez.

Nous auons vne preuue aſſez remarquable de la vigilance & du ſoin Paſtoral de noſtre Archeueſque, dans la ſupplication qu'il preſenta au S. Siege pour auoir permiſſion de diſtraire du Domaine de ſon Egliſe quelques Terres de petite valeur, & de les donner à des perſonnes qui en auoient grande neceſſité; Sçauoir, au Curé de Louuiers vne petite maſure, aux Lepreux d'Aliermont (qui eſtoit vn Village appartenant à l'Egliſe de Roüen) vne place pour y baſtir vne maiſon à leur vſage. Et aux Habitans du meſme lieu, vne autre place pour y conſtruire vne Egliſe, vn Cimetiere, & vn logis pour le Curé: Sur laquelle Requeſte le Pape adreſſa Mandement au Doyen & au Chancelier de l'Egliſe de Paris, pour informer de la qualité des demandes dudit Archeueſque, & pour ſçauoir ſi le Chapitre les agréeroit; bref, ſi l'execution n'en porteroit point notable préjudice à l'Egliſe de Roüen; auec commiſſion de luy en accorder l'effet, s'ils n'y voyoient aucun inconuenient. Ces Lettres ſont datées du 13. d'Octobre, l'an 1248.

III.
Fondation de la Chapelle du Palais Archiepiſcopal.

La Chapelle du Palais Archiepiſcopal dediée ſous l'inuocation de la ſainte Vierge, n'ayant point de Chapelain ordinaire, d'où il arriuoit qu'en l'abſence de l'Archeueſque on n'y celebroit point la ſainte Meſſe; Odo y voulut pouruoir d'vn Preſtre aſſuré, afin que cét Autel ne fuſt iamais ſans Sacrifice. A cette fin il ſe preualut d'vne occaſion qui ſe pre-

DES ARCHEVESQVES DE ROVEN. 477

senta. Simon, Chanoine de Roüen auoit depuis peu laissé par son testa-ment quelque somme de deniers pour en fonder vne Chapelle, sans designer le lieu où il desiroit que se fist cette Fondation. Nostre Prelat obtint de Guillaume Tresorier de la Cathedrale, Executeur des dernieres volontez du deffunt, que l'argent legué par le sieur d'Estelant, seruist à dotter la Chapelle de l'Archeuesché : Et parce que le reuenu qu'on acheta de ces deniers estoit assez mediocre, il l'accrut par ses liberalitez, en imposant toutefois quelques nouuelles obligations au Chapelain, & entr'autres que tous les Samedis de l'année, excepté les Festes Triples, il y reciteroit les Vespres de Nostre-Dame.

IV.
Bulle pour la residence des Beneficiers de la Cathedrale.

Le Pape Innocent IV. par sa Bulle donnée à Lyon le 20. d'Octobre 1249. luy accorda que nul ne seroit desormais pourueu d'aucune Dignité ou Prebende de l'Eglise de Roüen, en vertu de Lettres du S. Siege, ou de celles des Legats Apostoliques, qu'au iour mesme qu'il en seroit requis, il ne jurast de resider personnellement en ladite Eglise. Le 15. du mesme mois, Odo impetra du Pape, que lors que faisant sa Visite il seroit appellé & obligé de se transporter auprés du Roy ou de la Reyne de France, ou des Legats du S. Siege, ou d'aller à la Cour de Rome ; il pourroit retourner au lieu où il auroit interrompu sa Visite, afin de la continuer, nonobstant la Constitution faite par le mesme Pape sur ce sujet. Sa Sainteté luy octroya la mesme chose à l'égard de la Visite qu'il pouuoit faire dans toute la Prouince en qualité de Metropolitain, luy permettant de retourner du consentement de l'Euesque Diocesain, au mesme lieu où il auroit discontinué sa Visite, encore que cela parut contraire au Chapitre *Romana Ecclesia de Censib. in sexto*. Par vne autre Bulle en date du 13. de Nouembre 1250. Il est porté que si aprés auoir visité l'Eglise de S. Lo de Roüen, que l'on disoit appartenir à l'Euesque de Coutances, à raison de quelques droits, il alloit faire la Visite dans les autres Eglises du Diocese de Roüen, cela n'empescheroit pas qu'il ne visitast le Diocese de Coutance, lors qu'il feroit la Visite dans toute la Normandie : Et par vn autre du 27. du mesme mois, qu'aprés qu'il auroit visité la Ville de Roüen, son Diocese & sa Prouince, & celebré vn Concile, il pourroit de nouueau recommencer cette Visite s'il le jugeoit expedient.

V.
Autres Bulles touchant les visites de son Diocese.

VI.
Pour celle de la Prouince.

VII.
Et pour l'Euesché de Coutances, au sujet de l'exemption de S. Lo.

1250.

VIII.
Quelque differend auec ses Suffragãs, touchant l'absolution des excommuniez.

Odo eut differend auec ses Suffragans touchant la jurisdiction, comme il paroit par le Chapitre *Venerabilibus. De sententia excommunicationis. In sexto*, où il est dit en quel cas l'Archeuesque peut, ou ne peut point absoudre ceux qui ont esté excommuniez par les Archidiacres ou autres Officiers de ses Suffragans & choses semblables.

CHAP. IV.
Sommaire.
I.
Il passe en Angleterre pour quelques biens de son Eglise.

CE vigilant Pasteur s'appliquoit auec tant d'exactitude aux affaires spirituelles & temporelles de son Diocese, qu'il ne s'en fioit qu'à ses propres yeux ; & qu'autant qu'il pouuoit, il faisoit tout luy-mesme. Nous en auons vne preuue bien éuidente au voyage qu'il fit en Angleterre en 1249. pour tascher de rauoir certains reuenus dont son Eglise auoit esté dépoüillée : Ce qu'il poursuiuit & negotia si adroitement auprés du Roy Henry III. qu'il en fut remis en possession, & aprés

1249.

Ooo iij

HISTOIRE

ODO RI- luy en auoir fait hommage, reuint heureusement en Normandie.
GAVT.

II. La mesme année il transigea auec la Reine Blanche (mere de saint
Accommode- Loüis, pour lors Regente en France, à cause de l'absence du Roy, tou-
ment pour la chant le droit & Patronnage de l'Eglise de Vatteville qui estoit vacante,
Cure de Vate- come le monstre la Transaction rapportée par Messieurs de Ste Marthe.
uille, fait La question estoit, sçauoir si ce droit appartenoit au Roy ou à l'Arche-
auec Blanche uesque, mais elle ne fut pas vuidée au fond; il fut accordé simplement
Reine de par prouision, que l'Abbé de Foucarmond, Ordre de Cisteaux, Dio-
France. cese de Roüen, y presenteroit pour cette fois seulement vne personne
capable, sauf & sans préjudice des pretentions du droit des parties; lequel accommodement fut fait à Melun le 27. de Février.

III. La Chronique du Bec porte qu'en 1250. nostre Prelat Odo & l'Euef-
Il assiste à la que de Paris assisterent à la Translation du corps de sainte Honorine, *1250.*
Translation laquelle ceremonie fut faite le Dimanche de deuant la S. Michel, au
des Reliques Prieuré de Conflans, où ce précieux depost se conserue. Il reforma en
de Ste Hono- 1255. & remit en meilleur ordre l'Eglise Collegiale de Nostre-Dame de
rine.
IV. la Ronde de Roüen, & fit des Statuts pour conseruer la discipline Cle-
Et reforme ricale parmy les Chanoines; laquelle reforme se fit au mois de Mars à la
les Chanoines priere de S. Loüis, qui cette mesme année, le Dimanche de la sainte Tri-
de la Ronde. nité, donna à l'Eglise de Roüen, à nostre Archeuesque, & à ses Succes- *Par ses Let-*
seurs à perpetuité, l'Archidiaconé de Pontoise, dont la collation ap- *tres inserées*
dans le Gal-
partenoit auparauant à la Couronne de France; & Odo promit de sa *lia Christia-*
na de Mrs de
V. part, que luy & ses Successeurs, commettroient vne certaine personne *Ste Marthe.*
S. Loüis luy residente à Pontoise pour connoistre de toutes les causes des Bourgeois
restitue l'Ar- de cette Ville adjournez par simple plainte en matiere Ecclesiastique;
chidiaconé de & les juger & decider au mesme lieu, excepté celles qui regarderoient
Pontoise, qui le crime d'Heresie ou de faux, parce que lesdits Bourgeois pourroient
estoit passé en appeller de sa Sentence par deuant ledit Archeuesque ou l'Official de
main seculie- Roüen: & qu'il seroit tenu d'obseruer toutes les coûtumes anciennes
re & laïque. & raisonnables dont vsoient lesdits Bourgeois. Surquoy l'on peut
voir les 18. & 28. Chapitres de Monsieur Denyau de son Liure intitulé
Cathedra Rothomagensis, & ce que nous en disons en nostre Preface, &
en l'Histoire de la Cathedrale.

VI. Cette mesme année les Chanoines de Nostre-Dame ayant commen-
Donation cé de nouueau à celebrer tous les iours l'Office de la Ste Vierge, excepté
tres-consi̇de- quelques Festes & autres iours où ils estoient trop occupez ou empes-
rable de 13. chez par d'autres causes, Nostre Prelat leur donna en faueur de cette
muids de Bled
pour les Cha- deuotion, vne rente annuelle de 13. Muids de Bled qu'il auoit acquis sur
noines qui les Moulins de Messire Guillaume de Gisors Cheualier, situez à Gi-
assisteroient sors, dans le Fief appartenant à l'Eglise de Roüen, & dont il luy estoit
à l'Office de loisible de disposer à quelque œuure de pieté, suiuant la permission que
la Vierge. luy en auoit donnée le Pape Innocent IV. par ses Bulles; lequel reuenu
seroit distribué aux Chanoines qui assisteroient à la celebration dudit
Office, comme on peut apprendre des Lettres de donation expediées le
Ieudy deuant la S. Barnabé, l'an 1255.

La veille de S. André de l'an 1256. nostre Prelat s'estant transporté

DES ARCHEVESQVES DE ROVEN. 479

VII.
Il contribuë à la restauratiō de l'Hospital de Vernon.

à Vernon pour seconder les pieuses intentions du Roy S. Loüis, qui vouloit faire rebâtir l'Hospital de cette Ville, transfera & vnit du consentement de son Chapitre, les reuenus d'vn autre petit Hospital construit sur le Pont de Vernon, à cét autre plus grand & plus commode, dont ce Prince charitable souhaitoit d'estre le Restaurateur. Il se voit dans la Chronique du Bec, que cette mesme année le Roy estant venu en cette Abbaye y faire ses deuotions le iour de l'Annonciation, eut la bonté de visiter les Religieux, & de disner dans leur Refectoire auec nostre Archeuesque ᵃ & les Barons & Seigneurs de la Cour.

ODO R 12 GAVT. 1256.

VIII.
Et accompagne le Roy S. Loüis en l'Abbaye du Bec.

ᵃ La Chronique dit que Odo estoit à la ganche du Roy, & l'Abbé Robert à la droite.

CHAP. V.
Sommaire.
I.
Different de l'Archeuesque Odo auec quatre de ses Suffragans, terminé.

ODo ayant eu quelque different auec quatre de ses Suffragans ; sçauoir, Guy Euesque de Bayeux; Foulques de Lisieux; Iean de Coutances, & Guillaume d'Avranches, touchant des matieres de Iurisdiction Ecclesiastique. Il s'accommoda auec les trois premiers le Lundy d'aprés la Natiuité de S. Iean Baptiste, l'an 1256. au Ponteaudemer, & auec Richard Euesque d'Avranche, successeur du dernier, le Vendredy de deuant Noël de l'an 1257. lesquels traitez furent ratifiez pas les Chapitres de leurs Eglises, & se trouuent dans le Cartulaire de la Metropolitaine.

1257.
1257.

II.
Et auec l'Abbé de S. Oüen pour l'usage des Ornemens Pontificaux.

Nous auons parlé dans l'Histoire de l'Abbaye de S. Oüen, p. 166. du demeslé qu'eut Odo auec l'Abbé Nicolas de Beauuais, à qui le Pape Alexandre IV. auoit permis de porter des Ornemens Pontificaux ; le procez fut terminé le Mercredy deuant la Magdeleine, par vn accommodement, dont le principal article fut, que ledit Abbé & ses Successeurs pourroient se seruir desdits Ornemens dans leur Abbaye & les Prieurez qui en dépendent, & dans les autres lieux de la Ville & Diocese de Roüen (si aucunes y auoit) où ils eussent Iurisdiction Ecclesiastique & comme Episcopale, parce que neantmoins il ne leur seroit point licite d'vser desdits Ornemens en presence dudit Archeuesque & de ses Successeurs.

III.
On luy donne le Patronage d'Alizy, &c.

Si Odo Clement dissipa le temporel de son Eglise, comme nous le veut faire croire Mathieu Paris ; ce desordre fut reparé sous le Pontificat d'Odo son Successeur. Mathilde Comtesse de Bologne donna en pure & perpetuelle aumône, tant à luy qu'à l'Eglise de Roüen, le Patronnage de la Paroisse d'Alizy, auec tous les droits qui luy appartenoient, le 12. de Nouembre 1258. Deux ans aprés Odo acheta pour son Eglise la Seigneurie de Pinterville proche Louuiers, de Pierre de Meulan Eschanson du Roy, & de sa femme Ligarde (autrefois il s'estoit tenu vn Synode en cette Terre auant le Concile de Nostre-Dame du Pré) Cette Terre fut venduë 3200. liu. tournois, ainsi que le témoigne le Contract qui est dans le Cartulaire de l'Archeuesché. Il échangea en 1261. du consentement de son Chapitre, la Maison de S. Mathieu aux Fauxbourgs de Roüen auec le Roy S. Loüis, qui luy quitta quarante liures de rente deubs à sa Majesté, à cause du Viuier de Martainuille ; cent sols sur Pinteruille & la Haute-Iustice de ce village. Cette Maison fut donnée par ce Prince aux Religieux de S. Dominique, & ceux-cy estant venus s'établir à Roüen prés du Prieuré des Filles-Dieu ; aux Religieuses du mesme

1258.

IV.
Il acquiert Pinterville pour son Eglise.

V.
Et échange la Maison de S. Matthieu auec S. Loüis.

HISTOIRE

Odo Ri- Ordre, dites les Emmurées, à cause de la closture qu'elles ont eu dés
gavt. leur Institution.

VI.
Il acquiert depuis du mesme Roy, Gaillon aussi par échange.

Mais il fit auec le Roy vn autre échange beaucoup plus important, par le moyen duquel il acquit à l'Eglise de Roüen la Seigneurie de Gaillon, en cedant de sa part quelques Moulins, & donnant en outre la somme de quatre mil liures tournois. Voicy le Contract traduit en François.

A tous ceux qui ces presentes Lettres verront, Frere Odo, &c.

VII.
Charte ou Contract de cette permutation.

"NOus faisons sçauoir que nous auons fait vn échange auec tres-excellent Prince, Loüis par la grace de Dieu Roy de France, à raison duquel nous luy auons donné à luy & à ses Successeurs à perpe-tuité, tous nos Moulins & nostre Viuier de Roüen, auec les dépen-

VIII.
Ce que l'Ar-cheuesque donna au Roy.

dances & tout le droit & justice, sans nous rien reseruer à la mouture dés Bourgeois de Roüen, ou des Habitans des Fauxbourgs: Nous nous sommes toutesfois retenus franche mouture ausdits Moulins, tant pour nostre Hostel de Roüen que pour Nous, en quelque lieu que nous logions, soit en la mesme Ville. Et de plus, nous auons don-né au Roy quatre Moulins à Deville, & nous auons aussi donné au

IX.
Les Terres & Seigneuries que S. Loüis donna pour échange.

Roy 4000 liures tournois argent comptant. A cause dequoy le Roy nous a cedé son Chasteau & sa Terre de Gaillon, sa Tour & sa Terre des Noéz; les Terres de Douvrend & de Humesnil, auec leurs apparte-nances, Iurisdiction & Iustice, pour estre tenuës & possedées à per-petuité par Nous & par nos Successeurs en pure aumosne, sans en rien retenir, fors & excepté les Fiefs & membres de Haubert, assis hors des Terres que nous cedons, dans lesquelles le Roy a retenu toute Iusti-ce Haute & Basse hors lesdites Terres, à condition aussi que l'Eglise de Roüen estant vacante, la joüissance desdites Terres appartiendroit au Roy à droit de Regale. Nous & nos Successeurs seront tenus de ga-rantir à l'aduenir au Roy & à ses Successeurs, tous & chacunes les cho-ses que nous luy auons cedées par le present Contract. Que s'il arriue qu'on fasse guerre en Normandie contre le Roy, soit auec grandes ou petites forces, nous serons obligez de mettre entre ses mains & celles de ses Successeurs, ledit Chasteau de Gaillon & la Tour de Noéz, auec les munitions qui y seront, lors que nous en serons requis par ses Lettres Patentes; mais la guerre estant appaisée, ou y ayant tréves, lesdits Princes seront tenus de rendre à Nous & à nos Successeurs ledit Chasteau & la Tour, en aussi bon estat qu'ils auront esté liurez, tant à l'égard des fossez, murailles, bastimens, armes, munitions, qu'autres choses. De plus, nous ne pourrons receuoir personne dans ledit Cha-steau contre le seruice du Roy, & Nous & nos Successeurs seront tenus & obligez d'accomplir ce qui est mentionné cy-dessus, touchant ledit Chasteau, sauf le serment de fidelité que nous leur prestons en receuant la Regale, les appartenances de Gaillon, de Noéz, de Humesnil, & de Douvran, sont telles; le droit de Patronnage des Prebendes que le Roy auoit à Gaillon, & le droit de Patronnage de la Paroisse de

Douvran,

DES ARCHEVESQVES DE ROVEN. 481

ODO RIGAVT.

„ Douvran, les Terres labourables, les Vignes, les Moiſons ou Modia-
„ tions de Vin; les Prez, les Bois, les Garennes, le Foüage, les Rentes
„ de Froment, Auoine, Bled, Noix, &c. Fait à Neuers l'an de Noſtre
„ Seigneur 1262. au mois de Iuillet.

CHAP. VI.
Sommaire.
I.
Il Sacre pluſieurs Eueſques de ſa Prouince.

L'Année ſuiuante, enuiron la Feſte de la Magdeleine, Odo ſacra dans l'Egliſe Metropolitaine, Odo de Horrez pour Eueſque de Bayeux, & Radulphe de Cheurieres pour Eueſque d'Eureux; & l'an 1267. Guy de Merles Chantre de Roüen, & Archidiacre de Coutance, pour Paſteur du Dioceſe de Liſieux. Cette derniere Ceremonie ſe fit le 21. d'Aouſt, en preſence des autres Eueſques de la Prouince.

1267.

II.
Il ſe croiſe & accompagne S. Loüis en la guerre contre les Infidelles.

Le deplorable eſtat des Chreſtiens du Leuant, ayant porté S. Loüis à entreprendre vne ſeconde expedition pour les aller ſecourir, quantité de Princes, de Seigneurs, & meſme de Prelats, prirent la Croix (ſelon l'vſage de ce ſiecle-là) pour l'accompagner dans cette guerre ſainte, entre leſquels on marque noſtre Odo. I'eſtime que ce fut à cette occaſion que deux ou trois mois aprés s'eſtre croiſé, ſçauoir le 30. d'Aouſt

III.
Il tient vn Concile Prouincial auant ſon voyage.

ſelon le Manuſcrit de Mr. Bigot, il tint vn Concile Prouincial au Ponteaudemer, afin de pouruoir auant ſon depart aux affaires Eccleſiaſtiques de Normandie, & de les laiſſer du moins en bon ordre. Trois ans s'eſtant paſſez dans l'appareil d'vne ſi haute entrepriſe, l'armée Françoiſe ne partit qu'en 1270. A peine fut-elle arriuée en Affrique, que la chaleur de l'Eſté, & diuerſes autres incommoditez y cauſerent des maladies; la contagion n'eſpargna pas meſme S. Loüis, lequel aprés auoir donné d'admirables exemples de conſtance & de pieté, alla receuoir dans le Ciel vne Couronne immortelle. Enuiron vn mois aprés ſon

IV.
Philippes le Hardy luy donne vne Charge fort honorable.

decez, Philippes ſurnommé le Hardy, ſon fils & ſon Succeſſeur, eſtant au Camp deuant Cartage, & conſiderant qu'il pouuoit mourir dans cette guerre & ne reuoir jamais la France, voulut pouruoir au gouuernement de l'Eſtat; & pour cét effet declara que s'il venoit à déceder auant que Loüis ſon fils aiſné euſt atteint l'âge de quatorze ans, les affaires du Royaume ſeroient adminiſtrées par Pierre Comte d'Alençon ſon frere, qui ſe ſeruiroit du Conſeil d'Odo Archeueſque de Roüen, & de quelques autres perſonnes de qualité marquées dans ſon Ordonnance, inſerée par Meſſieurs de ſainte Marthe dans leur *Gallia Chriſtiana*. Voicy la traduction de ce qui concerne noſtre ſujet.

Philippes par la grace de Dieu Roy de France, &c.

V.
Lettre du Roy en forme de Teſtament pour ce ſujet.

„ Nous declarons qu'eſtant ſain d'eſprit & de corps, Nous auons
„ fait ce Reglement touchant noſtre Royaume; ſçauoir que s'il
„ arriue que nous ſoyons preuenus de mort auant que Loüis noſtre fils
„ aiſné, ou quelqu'autre de nos enfans ait acheué le quatorziéme de ſes
„ ans, Nous voulons & ordonnons que noſtre tres-cher Frere Pierre ait
„ la garde de noſtre Royaume, & de tout ce qui en dépend; & nous le
„ declarons le principal Tuteur, défenſeur & Gardien, juſqu'à ce que
„ l'aiſné de nos enfans ait acheué la quatorziéme année. Mais nous luy
„ donnons & eſtabliſſons pour Conſeil dans la direction des affaires,

Ppp

ODO RI-
GAUT.

„ venerables personnes Odo Archeuesque de Roüen, Estienne Euesque de Paris, Odo Euesque de Bayeux, Philippes d'Evreux, Mathieu
„ Abbé de S. Denis en France, Simon Seigneur de Néelle, Erard de
„ Valery, Pierre Chambellan, Iulian de Peronne Cheualier, M^e... de
„ Vezelay, & Iean de Troye Archidiacre de l'Eglise de Bayeux, Nicolas
„ d'Autueil, & Iean Sarrazin, &c. Fait au Camp deuant Cartage, le
„ Ieudy d'aprés la S. Remy, l'an de Nostre Seigneur 1270.

VI.
S. Loüis l'auoit nommé vn des executeurs de son Testament.

En quoy Philippes ne fit que suiure le jugement & les sentimens de son pere, de sainte memoire, lequel auoit vne telle confiance en la fidelité & en la sagesse d'Odo, qu'il l'auoit nommé pour vn des executeurs de son Testament, au rapport de Messieurs de sainte Marthe, dans leur Histoire Genealogique de France. Ces Messieurs parlant dans leur *Gallia*

VII.
Bulles d'Alexandre IV. à l'Archeuesque Odo.

Christiana, de la Croisade de 1267. font mention de certaines lettres du Pape Alexandre IV. données à Viterbe le quatriéme de son Pontificat, c'est à dire l'an 1258. touchant la connoissance des causes de ceux qui s'estoient engagez en la guerre sainte. Ce qui se doit plustost entendre de ceux qui s'estoient croisez, lors du premier voyage de S. Loüis, encore qu'il y ait de la difficulté, puisque ce fut en 1248; que non-pas de ceux qui prirent la Croix en 1267. Nous ne laisserons pas de mettre icy ces lettres.

Alexandre Euesque, Seruiteur des Seruiteurs de Dieu: A nostre venerable Frere l'Archeuesque de Roüen, Salut & Benediction Apostolique.

VIII.
Differend touchant les causes de ceux qui s'estoient croisez.

„ VOstre Fraternité nous a fait remontrer, que sous pretexte de l'Indulgence accordée par le S. Siege Apostolique en faueur de ceux
„ qui se sont Croisez, laquelle porte que nous les prenons, eux, leur fa-
„ mille, & leurs biens, sous la protection dudit S. Siege, & la nostre; il
„ s'est éleué vn differend entre nostre tres-cher Fils en I. C. l'Illustre Roy
„ de France, & ses Barons & Baillifs de la Prouince de Roüen d'vne part,
„ & Vous & nos venerables Freres les Euesques vos Suffragants de l'au-
„ tre. Le Roy, les Baillifs, & lesdits Barons alleguant que les Laïques
„ (qui ont pris la Croix) refusent de s'assujettir à leur Iurisdiction, se
„ voyant soustenus des Iuges Ecclesiastiques, qui veulent les en exem-
„ pter sous pretexte de telle Indulgence; ce qui va à la destruction de
„ leurs Droits & de leur Iustice seculiere: Et vous & lesdits Euesques
„ soustenant au contraire, que vous deuiez connoistre des affaires des-
„ dits Croisez en vertu de ladite Indulgence, & qu'ils doiuent compa-
„ roistre en vostre Cour Ecclesiastique, tant en matiere Ciuile que Cri-
„ minelle, & qu'ils sont exempts de la Iurisdiction de leurs Seigneurs
„ temporels, surquoy vous desiriez estre instruit par le S. Siege. C'est

IX.
Intention du Pape sur ce sujet.

„ pourquoy nous respondons à vostre consultation, que ladite Indul-
„ gence n'exempte aucunement lesdits Croisez de la Iurisdiction de
„ leurs Seigneurs temporels, si ce n'est qu'ils ne soient fondez en Coû-
„ tume authorisée par vne prescription legitime, ou en quelque autre

DES ARCHEVESQVES DE ROVEN.

,, droit ou priuilege particulier. Donné à Viterbe le 6. d'Aouſt, le qua- ODO RI-
,, triéme de noſtre Pontificat, c'eſt à dire l'an 1258. GAVT.

CHAP.
VII.
Sommaire.
I.
Il aſſiſte au Concile de Lyon.

ODo retourna de ſon voyage l'an 1271. & fut receu ſolemnellement dans l'Egliſe Cathedrale le iour de la Tres-ſainte Trinité, & l'année ſuiuante il benit Pierre de Caniba, 17. Abbé du Bec. Puis en 1274. il aſſiſta au Concile general de Lyon, conuoqué par l'ordre du Pape Gregoire X. où les Grecs s'eſtant trouuez, ſouſcriuirent à l'Article de la Foy Catholique, qui porte que le S. Eſprit procede du Pere & du Fils, & reconnurent la Primauté de la Chaire de S. Pierre. Noſtre Prelat fut

II.
Où il eut vn employ tres-honorable.

fort conſideré en cette celebre & nombreuſe Aſſemblée, (où il n'y euſt pas moins de cinq cens Eueſques) & S. Bonauenture qui y fut fait Cardinal, ayant eſté chargé d'examiner les plus importantes & difficiles affaires que l'on deuoit y traiter, on luy donna pour Adjoint noſtre Odo, auec l'Eueſque de Tripoly, qui eſtoit auſſi Religieux de S. François.

III.
Sçauoir s'il a eſté Cardinal.

Friſon, dans ſon Liure intitulé *Gallia Purpurata*, met Odo Rigaut au nombre des Cardinaux, & prétend qu'il fut honoré de cette dignité en 1248. par le Pape Innocent IV. mais ſans en apporter de preuue ſolide. Veritablement celuy qui a fait le Supplément de Ciaconius, parle d'vn certain Regnault Frere Mineur, qu'il dit auoir eſté Archeueſque de Roüen, Lecteur du ſacré Palais, & éleué au Cardinalat par Boniface VIII. en 1303. Mais c'eſt vne erreur, n'y ayant point eu en ce temps-là de Regnault Archeueſque de Roüen, joint qu'Odo eſtant mort 28. ans auparauant, (comme ie vay dire) le témoignage de cét Autheur eſt inutile au preſent ſujet.

IV.
En quelle année il mourut & du lieu de ſa ſepulture.

L'Archeueſque Odo Rigaut mourut en 1275. le 2. de Iuillet, iour des ſaints Proceſſe & Martinian, ſelon l'ancien Manuſcrit, aprés auoir gouuerné le Dioceſe trente ans; le Calendrier de S. Denis, & le ſieur Dadré, mettent ſon decez en 1276. mais la premiere Chronologie eſt plus certaine. Il fut inhumé ſolemnellement dans la Cathedrale, en la Chapelle de derriere le Chœur, à l'entrée du coſté du Midy, auquel lieu eſt ſon ſepulchre de ſtructure magnifique, dit le Manuſcrit; mais nous n'en

V.
Ouurages qu'il a compoſez.

voyons plus rien, & il aura eſté ruïné en 1562. par les Heretiques. Il laiſſa quelques Ouurages où l'on voit des preuues de ſa doctrine & de ſa pieté; ſçauoir, vn Commentaire ſur le Maiſtre des Sentences & des Sermons du temps, appelez la Regle de bien viure, ſelon Rodolphe, en ſon Hiſtoire Seraphique. Sa vigilance Paſtorale à viſiter les Paroiſſes de

VI.
Du grand ſoin qu'il a eu pour le temporel, auſſi bien que du ſpirituel de ſon Egliſe.

ſon Dioceſe, & ſon œconomie à conſeruer le Temporel de ſon Egliſe, ſe remarquent aiſément par quelques Manuſcrits du Cartulaire de Noſtre Dame. Outre le Iournal de ſes Viſites dont j'ay fait mention cy-deuant, on voit des Memoires aſſez amples des Fiefs & Arriereſiefs dependans de l'Archeueſché, principalement dans le Vexin, leſquels

VII.
Il donna à la Cathedrale vne tres-riche Croix, & vne des plus belles Cloches.

furent dreſſez par ſon ordre. Il donna à ſon Egliſe vne belle Croix d'or, qui eſt vn des plus riches meubles qui ſoit reſté dans le Threſor de Noſtre-Dame aprés le pillage de 1562. La Croix, auec le pied, qui eſt de fin or, peſe bien ſeize marcs quatre onces & demie; elle eſt enrichie de quatre-vingt-ſeize perles Orientales, & de pluſieurs Saphirs : mais ce

Ppp ij

ODO RI-
GAVT.

qui la rend beaucoup plus précieuse, est vne portion assez notable du bois de la sainte Croix, & quantité de Reliques. Cette grosse Cloche que le peuple de Roüen connoit assez sous le nom de Rigaut, publie encor sa liberalité; Sa memoire est aussi en veneration dans le grand Conuent des Peres Cordeliers de nostre Ville, enuers lequel il se montra fort affectionné & fort reconnoissant, comme il paroit par quantité de Chartes de leurs Archiues, dont quelques-vnes ont esté données au public en Latin & en François par le Pere Mathieu Castain Procureur de leur Maison, à laquelle il a rendu de tres-notables seruices prés de cinquante ans, s'estant toûjours employé auec vn grand zéle pour procurer ce qu'il a pû, & de plus auantageux pour l'ornement & pour l'vtilité de son Conuent, & pour faire reuiure la memoire de leurs anciens Fondateurs & Bien-faicteurs.

VIII.
Il fit plusieurs grands biens au Conuent des Peres Cordeliers.

IX.
Fondations qu'il a faites à la Cathedrale de Roüen.

Odo auoit fondé de son viuant quatre Anniuersaires en sa Cathedrale: Le premier pour estre celebré le iour de son decez, qui fut le second de Iuillet, le second pour le troisiéme d'Octobre, le troisiéme pour le 20. de Ianuier, qu'on auance d'vn iour à cause de la Feste de S. Sebastian, & le troisiéme pour le huitiéme d'Auril; ausquels iours on a coustume de se seruir d'vne ancienne Chappe que l'on croit auoir esté donnée par cét excellent Prelat. Le Chapitre de Roüen ordonna que pour marque du respect qu'il auoit pour sa memoire, on celebreroit son Annuel seul sans y en joindre d'autres. On se souuient de luy auec le mesme honneur dans l'Eglise d'Amiens, comme ie l'apprends d'vn ancien Obituaire de cette Eglise, où se lisent ces mots; *Obit de Reuerend Pere de sainte memoire le Seigneur Odo, surnommé Rigaut, Archeuesque de Roüen,* „ en l'Anniuersaire duquel on partage six liures; sçauoir 45 sols pour les „ Vigiles, pour la Commendace du Matin 30 sols, & pour la Messe „ 45 sols, laquelle somme sera prise à Dury sur les terres que Mᵉ Thibaut „ de Chastillon Archidiacre de Ponthieu, qui auoit esté son Chapelain, „ a achetées d'Enguerran du Cugny; & le Chapitre a ordonné qu'en „ consideration de l'excellence de sa personne, on ne joindra aucun „ autre Anniuersaire à celuy-là; mais il sera celebré seul. Voicy son „ Distique tiré de quelques Memoires de feu Mr. le Preuost.

X.
Obit solemnel en la Cathedrale d'Amiens, fondé pour luy.

Regula viuendi, vilis decus Odo cuculli,
Extulit abjectus Cathedram, ditauit egenus.

ELOGE
DE GVILLAVME DE FLAVACOVR. 59.

G. DE FLA-
VACOVR.
An. de I. C.
1276.
CHAP.
I.
Sommaire.
I.
Election de
Guillaume de
Saana reiet-
tée.

ENVIRON deux mois aprés la mort d'Odo Rigaut, le Chapitre s'estant assemblé le 9. Septembre de l'an 1275. éleut pour Archeuesque Guillaume de Saana Tresorier de Roüen : mais parce qu'il se trouua qu'il auoit possedé en mesme temps outre sa Tresorerie, plusieurs autres Dignitez sans dispense, le Pape Gregoire X. luy conseilla de renoncer à l'élection qu'on auoit faite de sa personne. A quoy ce Chanoine défera par vn motif d'obeïssance & de vertu, car il a laissé de belles marques de pieté, & il eut soin d'expier par des fondations fort vtiles au public, & par d'autres œuures de charité, la faute qu'il auoit commise en tenant ainsi plusieurs Benefices. Sa Sainteté permit au Chapitre de choisir vn autre Pasteur ; ce qu'il fit le Lundy d'aprés le troisiéme Dimanche de Caresme de l'an 1276. Les suffrages

Mss. Rotom.

II.
Difficultez
qui se trouue-
rent à la nou-
uelle élection
de Guillaume
de Flauacour.

de prés des deux tiers du Chapitre furent pour Messire Guillaume de Flauacour. Il y eut de la difficulté touchant son élection ; ce qui l'obligea d'aller trouuer le Pape Nicolas III. lequel escriuit en sa faueur au Roy Philippes le Hardy. Ce different fut cause qu'il ne put obtenir sa confirmation du S. Siege que le 9. de May de l'an 1278. Sa Sainteté la

III.
Le Pape luy
confere le ca-
ractere Epis-
copal.

luy ayant accordée, luy donna le Caractere Episcopal le 22. du mesme mois, qui estoit le Dimanche deuant l'Ascension, & le *Pallium* le Mercredy suiuant ; & huit iours aprés, sçauoir le premier de Iuin, ce nouueau Prelat reprit le chemin de France. Auant de passer outre, il est à propos de parler de sa naissance & de ses emplois auant l'Episcopat.

IV.
Ses parens, &
sa naissance.

Guillaume de Flauacour, que quelques Manuscrits nomment de Flauencour, sortit de la noble & ancienne famille des Seigneurs de Flauacour dans le Vexin François à vne lieuë de Gisors, son pere s'appeloit Guillaume, Cheualier & Seigneur du lieu, & sa mere Iuliane. Il se trouue en 1220. parmy les Abbez de S. Germain des Prez, vn Hugues de Flauacour, que ie crois auoir esté de cette famille. Dés sa jeunesse il

V.
De ses diffe-
rents emplois
auant sa pro-
motion à l'Ar-
cheuesché de
Roüen.

s'engagea dans la condition Ecclesiastique, & fut pourueu d'vn Canonicat dans la Cathedrale de Roüen. Messieurs de sainte Marthe, Tritheme, Demochares le Chenu, le font Euesque de Langres ou de Lincolne ; ce qui peut auoir esté ; mais c'est vne erreur prouenuë de l'inaduertance de ces Escriuains, qui l'ont confondu auec vn autre Guillaume de Flauacour qui gouuerna l'Eglise de Roüen en 1356.

VI.
Sa gratitude
enuers l'Egli-
se de Roüen
où il auoit esté
chanoine &
Archidiacre.

Outre son Canonicat, Guillaume posseda encore l'Archidiacre du Petit Caux qu'il exerçoit en 1266. (comme il se justifie par les Archiues de Nostre-Dame.) Il parle dans ses Chartes auec beaucoup de tendresse & de reconnoissance du bonheur qu'il auoit eu d'auoir passé ses premie-

Ppp iij

HISTOIRE

G. DE FLA-VACOUR.

res années, & esté nourry dans la Metropolitaine; par exemple en vne
„ donation de l'an 1293. Nous donnons, dit-il, à nostre Mere & Espou-
„ se l'Eglise de Roüen, qui nous ayant éleué dans son sein, & honoré
„ de ses bienfaits, tandis que nous estions dans vn rang inferieur; &
„ nous a pris en suite, quoy qu'indigne, pour son Pere & son Espoux,
„ par la permission diuine : Et en vne autre Charte touchant la fonda-
„ tion des Chapelains du S. Esprit; Nous nous ressouuenons auec com-
„ bien d'affection l'Eglise de Roüen nous a receus au nombre de ses en-
„ fans, & nous a nourris dés nostre jeunesse, &c.

VIII. Diuerses actions où il a eu part, & où il est fait mention de luy.

Au commencement de son Pontificat, se voyant en necessité d'argent, il fit abatre du bois à Deuille & à Fresne, de l'agréement du Chapitre, qui y consentist d'autant plus volontiers, qu'il ne doutoit point
que les deniers qui en prouiendroient ne fussent employez pour le bien
de l'Eglise.

Guillaume de Flauacour est nommé dans le partage des biens de Guy
de Mauuoisin Seigneur de Rosny, & d'Isabelle de Mellot sa femme.

L'ancien Manuscrit de l'Eglise de Roüen nous apprend que le Lundy
de deuant la S. Thomas de l'an 1278. Henry Prieur de la Magdeleine
rendit la clef de la Fontaine de Nostre-Dame à nostre Archeuesque,
qui la redonna au Chapitre, qui est depuis demeuré en paisible possession
de ladite fontaine.

CHAP. II.

Sommaire.

I. Il tient vn Concile Prouincial au Ponteaude-mer.

NOstre Prelat celebra vn Concile Prouincial au Ponteaudemer, le
Ieudy de deuant l'Ascension de l'an 1279. où il fit des Ordonnances fort salutaires pour le bien de la Prouince; & cette mesme année
confirma l'élection de Philippes d'Ambleuille, élu par voye de compromis pour Doyen du Chapitre de Roüen, laquelle Dignité estoit vacante par le decez de Guy de Bourbon, yssu de l'illustre & Royale famille de Bourbon. L'année suiuante, ce nouueau Doyen & son Chapitre
touchez du zéle de la beauté de la Maison de Dieu, firent vn eschange

II. Eschange du Chapitre auec l'Archeues-que.

auec nostre Prelat, luy baillans deux maisons appartenans au Chapitre,
situées en la Paroisse de S. Estienne, au lieu desquelles Guillaume leur
ceda vne partie de son Palais entre la ruë de S. Romain & Nostre-Dame;
en suite duquel accommodement ils firent vne porte à l'Eglise du costé
du Septentrion, c'est ce qu'on nomme aujourd'huy le Portail des Li-
braires, lequel fut encore embelly deux cens ans aprés, ainsi que ie le
dis dans l'Histoire de la Cathedrale.

Dit la grande Eglise.

III. Il fait cele-brer auec so-lemnité la feste de saint Ansbert.

Nous auons remarqué dans la vie de S. Ansbert, que nostre Guillaume de Flauacour, porté de deuotion particuliere enuers ce grand Saint
son predecesseur & son compatriote (car ils estoient tous deux originaires du Vexin François) ordonna que sa Feste seroit celebrée auec pareille ceremonie que les Festes Triples, ou du troisiéme ordre, ayant attribué pour cét effet huit liures tournois de rente à prendre sur les Nauires
de Dieppe qui luy payoient certaine redeuance.

IV. Il est commis pour informer des miracles, & pour la

La gloire de S. Loüis éclatant chaque iour de plus en plus par les miracles que Dieu operoit en faueur de ceux qui auoient recours à son intercession, le Pape Gregoire, & Nicolas III. en auoient fait informer

DES ARCHEVESQVES DE ROVEN.

Canonisation de S. Loüis.

fort exactement ; ce qui obligea les Prelats de l'Eglise Gallicane à demander sa canonisation à Martin IV. l'an 1281. Mais Sa Sainteté desirant apporter à la conclusion d'vne affaire si importante, toute la précaution & l'exactitude possible, adressa cette année-là vne Bulle à nostre Archeuesque, & à l'Euesque d'Authun & de Spolete, inserée dans les Annales du P. Raynault, par lesquelles elle leur mandoit d'informer de nouueau de la vie, des mœurs & des miracles de cét illustre Monarque ; & aprés y auoir procedé auec toute sorte de soin & de discernement, de luy enuoyer sous leurs Sceaux l'Acte d'information. Nostre Archeuesque & ses deux Confreres ne manquerent d'executer auec la diligence requise cette honorable commission, & receurent & examinerent des témoins sur soixante-trois miracles, ainsi qu'il est porté dans vn Sermon de Boniface VIII. dont le P. Raynault rapporte vn extrait au nombre 58. de l'an 1297. que se fit la ceremonie de la Canonisation.

G. DE FLA-
VACOVR.
1281.

Od. Rayn. an
1281. n. 19.
& an. 1297.
n. 58.

V.
Il benit Emeric Abbé du Bec.

Emeric de S. Ymer, ou S. Emery, Prieur du Bec, ayant esté éleu Abbé par ceux de sa Communauté, son élection fut confirmée à Pontoise le Mardy d'aprés la S. André 1281. par nostre Archeuesque, lequel le benit à Fresnes, le Dimanche suiuant, & le lendemain receut de luy la profession d'obedience accoustumée. Ie rapporteray icy la forme du serment qu'il presta, comme estant vtile pour esclaircir quelques passages des Chapitres precedens ; car le Lecteur se souuiendra que cette profession auoit esté autrefois vn fameux sujet de differens & de procez entre nos Prelats & les Abbez de la Prouince qui ne s'y vouloient point assujettir, mais qui peu à peu auoient depuis suby ce joug.

VI.
Serment que fit cét Abbé à sa reception.

„ Moy Frere Emery, par la permission diuine Abbé du Monastere
„ de Nostre-Dame du Bec, suiuant la bonne, ancienne & approuuée
„ coustume dudit Monastere, Ie jure, &c. que tant moy, que par les
„ personnes dudit Monastere ie deffendray, garderay, conserueray &
„ administreray bien & fidellement, & selon mon pouuoir pour l'hon-
„ neur de Dieu & l'vtilité dudit Monastere, ladite Abbaye du Bec &
„ tous ses membres & appartenances, tant à l'égard du spirituel que du
„ temporel, & tous ses droits, jurisdictions, libertez, chartes, priuileges,
„ coustumes anciennes & approuuées, ainsi Dieu me soit en aide, &c.

VII.
Il fait vn accommodement auec Philippes le Hardy Roy de France.

Messieurs de sainte Marthe rapportent vn Accord passé entre le Roy Philippes le Hardy, & nostre Prelat, pour préuenir & empescher les differends qui arriuoient souuent entre les Officiers Royaux & ceux de l'Archeuesque. Voicy cette Charte en François.

Philippes par la grace de Dieu Roy de France.

VIII.
Charte de cét accommodement.

„ NOus faisons sçauoir à tous, tant presens qu'à venir, que desirant
„ arrester le cours des démeslez & differends qui s'éleuent souuent
„ entre nos Officiers & ceux de nostre bien aimé l'Archeuesque de
„ Roüen, à l'occasion des Droits à nous appartenant au Polet de Diep-
„ pe, & aux enuirons, en certains lieux exprimez cy-aprés ; Nous auons
„ quitté & cedé à perpetuité audit Archeuesque & à ses Successeurs, tout

G. DE FLA-
VACOVR.
,, ce qui nous appartenoit audit lieu du Polet, auec la Haute-Iustice &
,, le Droit de Foüage; ensemble les jardins & places qui estoient à Nous,
,, & tout ce que la mer couure & découure en ladite Ville, & de ladite
,, Ville jusqu'aux bornes du Prieuré de Longueuille du costé du païs, &
,, le Droit de Pesche en la maniere que nous en joüissons en l'eau de
,, Dieppe; en sorte neantmoins qu'il ne pourra pescher en ladite eau
,, entre la mer & la ville d'Arques; mais les Pescheurs qui se seruiront
,, de grands filets, & qui viendront pescher, abordant au Polet, pour-
,, ront mettre à terre leurs filets & leurs rets, & les secher, sans crainte
,, des Garenniers, à la charge qu'ils n'entreront pas bien auant dans la
,, Garenne, sauf en tout le droit de trauers ou passage d'Arques que
,, nous retenons; Accordant aussi, autant qu'il dépend de Nous, & con-
,, firmant en faueur dudit Archeuesque & de ses successeurs, l'achapt que
,, son Predecesseur a fait de la Haute-Iustice, de ses sujets, qui sont à
,, Dieppe, laquelle luy a esté venduë par le pere de Nicolas de Hotot
,, Cheualier : Sauf en tout le droit d'autruy, &c. Fait à Paris l'an de no-
,, stre Seigneur 1283.

CHAP.
III.
Sommaire.
I.
Le tonnerre tombe dans l'Eglise de Nostre-Dame l'Archeuesque celebrant.

L'An 1284. Guillaume celebrant la Messe dans Nostre-Dame le iour de Pasques, & le Chantre entonnant l'Introite, le tonnerre tomba deuant le Crucifix qui est au milieu de l'Eglise, blessa quelques personnes, & frappa du moins d'estonnement le reste de l'assistance : La frayeur de plusieurs fut si grande, qu'ils en tomberent à terre, & perdirent l'vsage de la parole, qu'ils recouurerent aprés auoir esté releuez & conduits deuant le grand Autel. Huit ans auparauant il estoit arriué vn pareil accident à Basqueuille la Martel en presence de nostre Archeuesque, comme il paroit par la Chronique de Roüen.

II.
Il reçoit quelque commissiô pour vne decime accordée au Roy.

Vne Charte du Prieuré de S. Memoire de Troye, donnée le Samedy Feste de tous les Saints 1291. nous apprend que nostre Prelat fut delegué par le Pape, auec l'Euesque d'Auxerre, pour faire la collecte de la dixme accordée au Roy de France pour subuenir aux affaires des Royaumes de Valence & d'Arragon.

III.
Fondation qu'il fait à la Cathedrale.

Le iour de la Decollation de S. Iean Baptiste de l'an 1293. nostre Archeuesque Guillaume donna à son Chapitre les dixmes de tout le Pré de la Mare Yuelent, située prés des Paroisses de Roquemont & de Beaumont, Doyenné de Cailly, pour celebrer tant qu'il viuroit, vne Messe du S. Esprit par chacun an ; & pareillement deux parts de dixmes des fruits de la Paroisse de Bosquieruille prés du Bourgtheroude, auec le droit de Patronnage, dont il retint neantmoins l'vsufruit durant sa vie, laquelle donation il fit pour augmenter son Anniuersaire aprés sa mort.

IV.
Il transfera les Reliques de S. Mellon.

Nostre Archeuesque assisté de Hugues Euesque de Bethléem son Grand Vicaire, transfera de l'ancienne Chasse à vne nouuelle, le Corps de S. Mellon Apostre de Roüen, le 29. de Iuin de l'an 1296. laquelle ceremonie se fit en l'Eglise Collegiale de Pontoise, qui est honorée du titre & des Reliques d'vn si glorieux Patron.

1296.

Deux diuers Manuscrits, dont vn est de Mr. Bigot, attestent que la riuiere

1296.

DES ARCHEVESQVES DE ROVEN.

G. DE FLA-VACOVR.

V. *Miracle arrivé de son temps, de la Seine enflée extraordinairement.*

riuière de Seine s'estant enflée extraordinairement, & ayant rompu le Pont, & inondé vne partie de la Ville, on ne trouua point de meilleur remede pour arrester ce deluge, que de porter en Procession le bras de S. Romain, en la presence duquel l'eau se retira promptement, à la veuë de tous les assistans, qui remercierent Dieu de cette faueur miraculeuse.

VI. *Il tient vn Concile à Bonne-Nouuelles.*

L'an 1299. Guillaume tint vn Concile Prouincial au Prieuré de Nostre-Dame du Pré, aujourd'huy appellé de Bonne-Nouuelles prés de Roüen, le Ieudy d'aprés l'Octaue de la Pentecoste.

VII. *Il termine vn different au profit des Chanoines de S. Quentin.*

Le Patronnage des Cures de Bourgdun & de Sotteuille, donnez par vn de nos anciens Ducs à l'Eglise Collegiale de S. Quentin, estant disputez aux Chanoines par vn Gentilhomme, nostre Archeuesque jugea la question au profit du Chapitre, comme il paroist par vne Sentence donnée à Liancourt, l'an 1296. laquelle fut confirmée la mesme année par l'Eschiquier de Roüen, tenu à la S. Michel. Depuis, Raoul de Clermont Cheualier, ayant pretendu le Patronnage de Sotteuille, & s'estant inscrit en faux contre la Charte de donation du Duc Richard, nostre Archeuesque donna commission à quatre Ecclesiastiques, & à pareil nombre de Gentilshommes, d'examiner ladite Charte. Ces Ecclesiastiques estoient, Estienne d'Angiens, Iean Dumesnil Doudan, Robert Dumesnil Guillaume, Renaut de sainte Colombe du Bailliage de Caux. Et les Gentilshommes, Guillaume de Vvasin, Robert de Dampierre, Renaut de Marteuille, Guillaume de Gondecour. Sur leur rapport, nostre Archeuesque declara ladite Charte veritable & authentique, & accorda aussi cét Acte, tiré des Registres de l'Archeuesché.

VIII. *Il commet quatre Ecclesiastiques & quatre Gentilshommes pour verifier vne Charte.*

IX. *Lettre pour le Patronnage de Sotteuille, en faueur des Chanoines de S. Quentin.*

„ Vous sçaurez que (comme l'enseignent nos anciens Registres, aus-
„ quels nous nous confions entierement) le droit de Patronnage de
„ l'Eglise de Sotteuille au Doyenné de Canville, appartient au Chapitre
„ de S. Quentin en Vermandois, & nos predecesseurs, Pierre & Odo
„ Rigaut d'heureuse memoire, ont receu à la presentation du Chapitre,
„ Pierre, &c. Donné à Gaillon l'an 1301.

CHAP. IV.
Sommaire.
I. *Le Pape dispense Guillaume de Flauacouer d'aller à Rome.*

BOniface VIII. ayant ordonné à tous les Prelats de France de se transporter à Rome pour y tenir vn Concile, & y deliberer sur les differends qu'il auoit auec Philippes le Bel, dispensa nostre Archeuesque à cause de sa vieillesse.

II. *Concile tenu au Ponteaudemer.*

I'apprends par vne piece du Cartulaire du Bec, que Guillaume conuoqua vn Concile au Ponteaudemer le Lundy deuant la Feste de saint Denis, en execution du Bref du Pape Clement V. donné l'an 1305. sur les plaintes du Clergé de Normandie, contre les Officiers Royaux qui opprimoient les Ecclesiastiques, & les chargeoient de Taxes & d'Impositions.

III. *Bel exemple de la charité de ce Prelat pendant vne famine.*

La disette de bled (qui valoit jusqu'à huict ou dix liures la somme) ayant causé vne grande famine dans le territoire de Roüen, l'an 1304. nostre Archeuesque s'acquitta dignement de son deuoir Pastoral, en faisant distribuer chaque iour aux pauures la valeur de trois cens liures, tant que dura cette necessité publique. A quoy nostre Manuscrit adjouste, si ses Officiers par leurs frequentes persuasions n'eussent mis

1304.

Qqq

G. DE FLA- quelque borne à sa liberalité, il euſt encore donné dauantage; bien
VACOVR. qu'aſſurément cette aumoſne fuſt extrémement conſiderable, & comme extraordinaire, ſi on en iuge par rapport au peu d'argent qui eſtoit alors en France, en comparaiſon de ce qu'il y en peut auoir aujourd'huy.

IV.
Il fonde ſix Chapelains à la Cathedrale, & augmente la fondation de ceux de Derneſtal.

Il donna encore des preuues de ſa haute pieté l'année ſuiuante, par la 1305. fondation de ſix Chapelains appellez du S. Eſprit ou de Flauacour, pour le ſeruice de la Cathedrale. Cinq ans auparauant, ſçauoir en 1300. il accrût le reuenu des ſeize Chapelains des Matines du Chœur, autrement appellez de Derneſtal, afin de les obliger à faire leurs fonctions auec plus de zéle & d'exactitude.

V.
Année de ſon trepas.

Enfin, aprés auoir ſemé tant de bonnes œuures en terre, il en alla recueillir le fruit & la recompenſe au Ciel le 6. Auril 1306. Vn ancien Manuſcrit met ſa mort vn an deuant, ſçauoir en 1305. dans les Vers qui ſont auſſi rapportez par le Pere Labbe, dans la Chronique de Roüen qu'il a fait imprimer.

M. ſemel & tres C. & V. conjungere diſce,
Splendor in expenſis, G. de Flauacuria Præſul,
(Rothomagenſis) corpore tunc fragili, nonis deceſſit Aprilis.

Mais j'eſtime qu'au lieu d'vn V. le Poëte auoit mis *ſex* VI. au premier Vers, & que quelque Copiſte y aura changé (*ſex* en V.) auec la meſme licence qu'il a adjoûſté *Rothomagenſis* au troiſiéme; le iour deſigné par le mot *nonis* eſt le cinquiéme d'Auril, & non pas le ſixiéme, mais cette difference eſt de peu d'importance. Vn autre Manuſcrit de Mr. Bigot met ſa mort en 1309. ce qui eſt vne erreur de chiffre. Ie me ſuis reglé par le date de l'inſcription de ſon tombeau, qui eſtoit placé à l'entrée de la nouuelle Chappelle de Noſtre-Dame. Voicy cette Epitaphe.

VI.
Son Epitaphe.

Cy giſt homme de bonne memoire Monſeigneur Guillaume de Flauacour, jadis Archeueſque de Roüen, qui trepaſſa en l'an de grace 1306. le 6. jour d'Avril.
Priez Dieu pour l'Ame de luy.

VII.
Son tombeau fut pillé par les Heretiques.

Lors du pillage de l'Egliſe par les Heretiques, la lame de cuivre ou autre matiere ſur laquelle eſtoit grauée cette Epitaphe, fut arrachée de deſſus ſa tombe, qui eſt de marbre noir, & ſe voit encore aujourd'huy ſous vne voute enuironnée de baluſtres de fer, auec quelques figures & reſtes d'antiquité. Les Ornemens Pontificaux dont il eſtoit reueſtu, eſtoient ſemez des Armes de la famille de Flauacour, qui ſont d'argent à deux Quintefueilles de Gueulles, au franc-Canton, de meſme, à vne Croix fleuronnée d'argent. L'ancien Manuſcrit de Mr. Bigot dit qu'il ,, tint le Siege & Chaire Archiepiſcopale vingt-ſept ans en bonne paci- ,, fication, & qu'au commencement de ſon Archiepiſcopal, il fut ordon- ,, né par le ſieur Archeueſque & Chapitre de Roüen, que depuis la veille ,, de la Trinité juſqu'à l'Aſſomption Noſtre-Dame, les Matines ſeroient ,, dites en ladite Egliſe incontinent aprés Veſpres, & de iour aux Feſtes ,, Triples & ſolemnelles.

VIII.
Armes de Flauacour, & combien il a tenu le Siege Archiepiſcopal.

IX.
La cloche de Rigaut fonduë de ſon temps.

Ce fut auſſi de ſon temps, ſçauoir en 1282. dans l'Octaue de l'Aſcenſion, que fut fonduë la groſſe cloche nommée Rigaut, du deffunt Odo Rigaut, qui auoit laiſſé de l'argent pour ce faire.

DES ARCHEVESQVES DE ROVEN. 491

X.
Obits qu'il a fondez.

G. DE FLAVACOVR.

Guillaume n'estant encore qu'Archidiacre du petit Caux, fonda deux Obits, pour lesquels il donna Magneuille prés de S. Romain. L'vn se dit en Ianvier, & l'autre en Mars. Depuis il en fonda encore quatre autres, l'vn le 9. d'Avril, deux les 6. Iuillet & Octobre, & le quatriéme pour estre dit le 7. Ianvier; en la celebration desquels, on a de coustume de se seruir des anciens ornemens que l'on croit auoir esté donnez par luy, aussi-bien que le Calice & la Patene de fin or, du poids de trois marcs sept onces cinq gros, auec la cuillier d'argent doré, dont le pied estoit chargé de plusieurs riches émaux. Outre les Epitaphes que nous auons rapporté cy-deuant, ces deux Vers donneront le racourcy de son Eloge.

XI.
Ornemens & Calice d'or qu'il donna à sa Cathedrale.

Guillelmus sedem meritis, altaria cultu,
Muneribus fratres, populum sustentat amore.

B. DE FARGIS.
An de I. C. 1306.

BERNARD DE FARGIS. 60.

CHAP. I.
Sommaire.
I.
Le Chapitre depute vers le Roy pour obtenir permission d'élire.
II.
Requeste presentée au Roy pour ce suiet.

QVATRE iours aprés la mort de Guillaume de Flauacour, le Chapitre de Roüen voulant garantir le Diocese des dommages qu'apportent ordinairement la vacance des Sieges Episcopaux, députa vers le Roy Philippes pour le supplier de luy permettre d'élire au plustost vn nouueau Prelat. Voicy sa Requeste rapportée par Messieurs de sainte Marthe.

Au Serenissime Prince & Seigneur Philippes, par la grace de
Dieu, Illustre Roy de France.
Ses tres-affectionnez Sujets Adam Doyen, & le Chapitre de l'E-
glise de Roüen, se recommandent humblement à sa bonté
Royalle, & souhaittent qu'il puisse viure heureusement, &
regner auec celuy qui seul peut sauuer les Rois.

„ L'Eglise de Roüen vacquant depuis peu par le decez du Seigneur
„ Guillaume, cy-deuant Archeuesque & Pasteur; Aprés luy auoir
„ rendu les deuoirs de la sepulture en la maniere conuenable, desirant la
„ preseruer des pertes & des dommages qui arriuent aux Eglises par les
„ longues vacances, Nous supplions vostre bonté Royale de nous ac-
„ corder auec sa pieté ordinaire, la permission de nous élire vn nouueau
„ Pasteur & Archeuesque, dans l'esperance que Dieu nous fera la grace
„ d'en choisir vn, propre, & digne de cette eminente dignité. C'est pour-
„ quoy nous auons député vers vostre Majesté, Venerables & discretes
„ personnes Maistre Iean le Duc, & Thomas de Basly nos Confreres,
„ afin de s'entremettre pour nous auprés de vostre bonté Royale, &
„ d'en obtenir la grace qui nous est necessaire, priant Nostre Seigneur
„ I. C. qu'il luy plaise agrandir l'Empire de vostre Majesté, & la conser-

Qqq ij

B. DE FAR-
GIS.
„ uer longues années. Donné sous le Sceau de nostre Chapitre, le Di-
„ manche de Quasimodo, l'an de Nostre Seigneur 1306.

III.
Bernard de Fargis transferé de l'Euesché d'Agen à l'Archeuesché de Roüen.

Nous ne sçauons point si les Chanoines joüirent de leur droit d'élection, ou si le Pape nomma de sa propre authorité vn Successeur à Guillaume. Ce qu'il y a de certain, est que Bernard de Fargis Gascon & neveu de Clement V. souuerain Pontife, fut transferé de l'Euesché d'Agen en l'Archeuesché de Roüen, & la Regale qui auoit esté ouuerte le 6. d'Avril, finit le premier d'Aoust.

IV.
Le Chapitre consent qu'il fasse couper des bois pour s'acquitter de ses debtes.

Les Archiues de la Cathedrale nous apprennent, que Bernard au commencement de son Pontificat se trouuant endebté de la somme de quarante mille Florins & dauantage, & pressé de ses creanciers, obtint du Chapitre qu'il pust faire couper des bois dépendans de son Eglise, afin de s'acquitter de l'argent qui en prouiendroit, comme il paroist par les Actes du consentement des Chanoines, & de l'acceptation de ce Prelat, datées du Mercredy d'aprés la S. Michel 1306.

V.
Il reçoit ordre pour se trouuer au Concile de Vienne.

Le Pape Clement V. (qui fut le premier qui transfera le Siege Apostolique à Auignon) ordonna à nostre Archeuesque & aux Euesques de Bayeux & de Coutances, par ses Lettres données à Poictiers le troisiéme de son Pontificat, de se trouuer à Vienne pour y assister au Concile qu'il y deuoit tenir dans deux ans, à compter du premier d'Octobre prochain. *1308.*

VI.
Les Moynes du Bec cedent leur Manoir d'Escoüy à Enguerrand de Marigny.

Cét Archeuesque est aussi nommé dans le Cartulaire du Bec, en vn échange que fit l'Abbé du Bec & son Monastere, auec Enguerrand de Marigny, du Manoir d'Escoüy; où depuis ce Seigneur fit bastir vne Eglise sous le titre de Nostre-Dame, & y fonda vn College de douze Chanoines, y compris trois dignitez, de Doyen, Chantre, & Tresorier, dont il se reserua la Collation à ses successeurs alternatiuement, & aux Seigneurs du Plessis, aussi-bien que la presentation à la Vicairerie-Cure,

VII.
Conditions pour les Chanoines d'Escoüy, qui regardent les Archeuesques de Roüen.

aux conditions inserées dans la Charte de fondation; entre lesquelles il se lit, que le Doyen ayant esté nommé, viendroit se presenter à l'Archeuesque de Roüen, pour receuoir de luy le soin des Chanoines & des Clercs du College de ladite Eglise, sans toutesfois estre obligé de subir l'examen. Et que pour la Cure de la Paroisse, vn Chanoine la gouverneroit en qualité de Vicaire, lequel seroit tenu d'enuoyer quelque Ecclesiastique au Synode, pour y apprendre les Statuts qui s'y feroient, & s'acquitter des droits.

VIII.
Galliard de la Mothe Archidiacre en l'Eglise de Roüen, depuis Cardinal.

Clement ne se contenta pas d'auoir conferé l'Archeuesché de Roüen à Bernard de Fargis, il gratifia Galliard de la Mothe d'vn Canonicat & de l'Archidiaconé du grand Caux, lequel fut depuis creé Cardinal du titre de sainte Luce, par le Pape Iean XXI.

IX.
Bernard de Fargis resida fort peu à Roüen.

Dans la Profession d'obeïssance faite par l'Abbé de S. Martin de Pontoise, entre les mains des Grands Vicaires de l'Archeuesque de Roüen, il est dit, que Bernard estoit alors en païs éloigné; ce qui me fait juger qu'il ne resida pas fort exactement, & que son Oncle luy donna des emplois qui l'obligerent de s'absenter de son Diocese.

X.
Il informe contre les Templiers.

Le Pape ayant ordonné aux Prelats de France d'informer des crimes des Templiers, & de proceder contr'eux dans des Conciles Prouin-

Odor. Rayn. ad an. 1308. n. 2. & 1310. n. 40. & Ms.

DES ARCHEVESQVES DE ROVEN. 493

ciaux ; nostre Archeuesque assembla ses Suffragans à Pontoise, ou selon la Chronique du sieur de Maneual au Pontdelarche, & y executa les ordres de sa Sainteté contre les coupables. Enfin le Pape qui tenoit son Siege à Auignon, desirant auoir plus prés de luy nostre Prelat qui estoit son Neveu, afin d'estre assisté de ses conseils & de ses seruices, consentit qu'il permutast son Archeuesché de Roüen auec Gilles Aiscelin, qui luy ceda son Archeuesché de Narbonne, dont Bernard prist la conduite après auoir possedé la dignité de Primat de Normandie enuiron cinq ans.

B. DE FARGIS.

XI.
Et permute son Archeuesché pour celuy de Narbonne.

Ce fut sous son Pontificat, sçauoir en 1309. que fut instituée la Feste de S. Hugues Archeuesque de Roüen, laquelle auparauant n'estoit celebrée dans le Diocese, sinon en l'Abbaye de Iumiege, où le Saint auoit porté l'habit de S. Benoist. I'obmets les autres actions de Bernard, qu'on peut apprendre des Autheurs qui ont écrit l'Histoire des Archeuesques de Narbonne. Ie diray seulement en passant, qu'il fonda à Paris le College de Narbonne, l'an 1317. & mourut l'an 1340.

XII.
La Feste de S. Hugues Archeuesque de Roüen instituée de son temps.

V. Mr Catel en ses Memoires du Languedoc.

Ie mettray fin à son Eloge par ce Distique.

Charo subtrahitur vasco Bernardus Ouili ;
Ingentem, exiguo sortitus tempore, laudem.

GILLES AISCELIN. 61.

GILLES AISCELIN. An de I. C. 1311. CHAP. I. Sommaire. I. *Erreur de quelques Escriuains touchant Gilles Aiscelin.*

Il faut prendre garde de ne pas confondre nostre Gilles Aiscelin 61. Archeuesque de Roüen, auec deux, ou trois Prelats du mesme nom, qui vescurent au mesme Siecle que luy, comme ont fait quelques Escriuains, dont ie ne marqueray point icy les erreurs, me contentant de declarer la verité autant que les anciens memoires m'en donneront de connoissance.

II. *De son pais & de ses parens.*

Gilles Aiscelin, ou Anselin, prit naissance en Auuergne, selon l'opinion commune, & sortit de la Noble famille des Montaigus Bellemaires, ou comme le veut le Pere du Breüil en ses Antiquitez de Paris, de la Maison des Montaigus l'Istenois qui a esté dans le Duché de Bourgongne. Mais comme vn des premiers emplois qu'il exerça, fut celuy de Preuost de l'Eglise Cathedrale de Clermont en Auuergne ; c'est vn préjugé qu'il estoit plûtost Auuergnat de naissance, que Bourguignon. D'autres veulent que sa famille soit marquée par son nom d'Anselin, qui fut vne des bonnes maisons d'Auuergne, & qu'il nasquit à Billion au mesme pays. Le sieur Catel, Liure 5. de ses Memoires du Languedoc, page 805. escrit qu'il fut consacré pour Archeuesque de Narbonne, par Simon de Suilly Archeuesque de Bourges, l'an 1290. & que durant le temps qu'il fut Archeuesque de Narbonne, il tint trois Conciles Prouinciaux dans la Ville de Beziers, aux années 1295. 1299. & 1303.

Il portoit de sable à trois testes de Lyon, arrachées d'Or, deux & vne, & lampassées de Gueulles.

III. *Il fut fait Archeuesque de Narbonne.*

Nous apprenons du Registre quatriéme du Tresor des Chartes de

Qqq iij

G. AISCE- France, qu'il exerça la dignité de Garde des Sceaux en l'an 1309. sous le
LIN.
IV. Regne de Philippes le Bel, par le titre du Cahier commençant à la 14.
Il fut Garde
des Sceaux de lettre.   Lettres Regiftrées depuis le iour du Vendredy 27. de
France.
 " Février, auquel Monfieur l'Archeuefque de Narbonne a eu le Sceau,
 " l'an 1309.

V.   Monfieur du Chefne au Liure troifiéme de fon Hiftoire de Mont-
Et Confeiller
d'Eftat. morancy, fait auffi mention d'vn Regiftre du Trefor de l'an 1296. où
il eft dit que Gilles Archeuefque de Narbonne eftoit prefent au Louure
auec plufieurs autres Prelats & Seigneurs, lors que Pierre Flotte
recita les Lettres de Guy Comte de Flandres, reuoquant tous fes Procureurs eftablis pour traitter la Paix auec le Roy.

VI.   Le fieur Catel remarque de plus, qu'vne ancienne Chronique de
Diuerfes oc-
cafions où il S. Paul de Narbonne rapporte que le Pape Clement V. vint à la priere
eft fait men-
tion de luy. de l'Archeuefque de Narbonne au Chafteau des Montils, le premier
Dimanche de Carefme. Et Monfieur Robert adjoufte qu'il figna auffi
en cette qualité à des Indulgences accordées à la Sainte Chapelle de
Paris en 1306. le 16. May, & qu'vn fien Neueu nommé Aubert Aifcelin
fut promû en 1307. à l'Euefché de Clermont en Auuergne. Il fit plufieurs belles Fondations en fon Eglife de Narbonne, ainfi que ie l'apprens d'vn ancien Regiftre de l'Eglife de Narbonne, en ces termes.

VII.   " Le 23. de Iuin de l'an 1318. en la veille de S. Iean Baptifte, le trépas
Fondations
qu'il fit aux " de Gilles Anfelin, jadis Archeuefque de Narbonne, qui fonda la
Eglifes de
Narbonne. " Meffe de Noftre-Dame, & deux Prebendes Sacerdotales en la grande
 " Eglife. Il fit en outre vne Fondation de deux Chapelles en l'Eglife
 " neuue de Narbonne, & ordonna qu'on diroit pour le repos de fon
 " Ame & de fes Parens, quatre Anniuerfaires, en chacun defquels le
 " Chapitre doit diftribuer deux deniers tournois aux Clercs de l'Eglife
 " qui y affifteront. Et il fonda de plus en l'Eglife de S. Paul de la mefme
 " Ville, vne Chapelle & deux Anniuerfaires en l'Eglife Collegiale de
 " Chef-d'Eftang, comme il auoit fait en celle de Narbonne. Aprés
VIII.   auoir fait toutes ces belles Fondations, il fut transferé à l'Archeuefché
En quelle
année il fut de Roüen, par l'authorité du Pape Clement V. qu'il gouuerna fept ans;
transferé en
l'Eglife de fçauoir depuis l'an 1311. & non-pas comme Mr. Dadré l'a efcrit depuis
Roüen.
en 1307. puis que les Tables Ecclefiaftiques de Narbonne font plus
croyables en ce point. Ie fçay que Mr. Robert, dans fon Catalogue des
Archeuefques de Roüen, l'a auffi mis en 1307. mais il ne s'en faut pas
étonner, puis qu'il a fuiuy l'opinion du fieur Dadré.

CHAP. Nous ne fçauons pas les motifs de fon changement ou tranflation
II.   du Siege de Narbonne à celuy de Roüen, il eft croyable qu'il y
Sommaire. confentit pour contenter le Pape, qui vouloit auoir fon Neueu Bernard
I.
Motifs de ce de Fargis proche de foy, le S. Siege eftant pour lors à Auignon, & que
changement.
l'Eglife de Roüen luy eftoit plus commode pour les feruices que le Roy
tiroit de luy. Ce changement arriua en 1311. le 13. May. Il prit poffeffion
par Procureur le 12. Iuin de la mefme année, & le 29. d'Aouft perfonnel-
II.   lement, aprés auoir tenu celuy de Narbonne pendant douze ans.
Il affifte au
Concile de   Il affifta l'année fuiuante au Concile de Vienne auec Robert Euefque
Vienne.

DES ARCHEVESQVES DE ROVEN.

de Coutance, comme il paroist par les lettres que le Pape Clement V. G. Aisce- leur adressa ; on en voit plusieurs chez Binius Tome 7. des Conciles, dans lesquelles en consideration des peines qu'ils ont euës, & de la dépense qu'ils ont faite, le Pape leur accorde quelques graces: Dans la premiere, il permet que les trois Chapelains qui sont à sa suite, perçoiuent le reuenu de leurs Prebendes, quoy qu'ils n'ayent fait ou ne puissent faire pendant trois ans residence au Chœur. Dans la seconde, il leur donne permission d'ériger vn Tabellionnage ou Notariat, qu'ils pourront commettre à deux personnes, dont ils connoistront la probité, & aprés leur auoir fait prester serment de se comporter fidellement. Dans la troisiéme, il leur donne pouuoir de faire choix d'vn Confesseur, auquel il permet de les absoudre de toute sorte de cas reseruez. Ces lettres estoient circulaires, & données aux Prelats qui assisterent à ce Concile, & sont specifiées dans l'Autheur cy-deuant nommé.

III.
Grace que le Pape luy accorda.

Nostre Archeuesque tint l'an 1313. enuiron la Feste de S. Luc, vn Concile en l'Eglise de Nostre-Dame de Bonne-Nouuelles, ou du Pré, lieu assez consideré en ce temps-là, pour auoir esté choisi par plusieurs de nos Archeuesques pour y conuoquer de semblables Conciles.

IV.
Il tint vn Concile à Bonne-Nouuelles.

Ce fut cét Archeuesque qui fit celebrer la Feste du Tres-saint Sacrement en la Cathedrale, auec la mesme ceremonie que les Festes Triples solemnelles. Il donna 120 liures pour faire vne fondation de deux cierges, qui brûleroient continuellement pendant la Messe, & d'vne distribution à ceux qui assisteroient à l'Office le iour de cette Auguste Feste. Elle auoit esté depuis peu instituée dans l'Eglise Vniuerselle par le Pape Vrbain IV. comme on le peut voir dans la Bulle de son Institution. Il paroist par vne autre Bulle que donna le Pape Clement VI. que l'an 1313. nostre Archeuesque fit la Dedicace de l'Eglise de Nostre-Dame d'Escoüy, que Enguerran de Marigny Comte de Longueuille, auoit fait bastir comme nous l'auons dit. Il se trouua en cette ceremonie vn Cardinal, & vn grand nombre de Prelats, qui donnerent cent iours d'Indulgence à ceux qui visiteroient cette Eglise à certaines Festes. Elle a esté renduë depuis fort celebre par ce fameux Iubilé qui s'y gagne, lors que la Feste de l'Annonciation échet à quelque iour de la Semaine Sainte.

V.
Il fait celebrer la Feste du Tres-saint Sacrement auec grande solemnité.

VI.
Il assiste à la Dedicace de N. Dame d'Escoüy, bâtie par Enguerran de Marigny.

L'Archeuesque Gilles Aiscelin fit l'année suiuante vn accommodement auec l'Abbesse & Conuent de Montiuiller, touchant plusieurs procez & conflict de Iurisdiction, qui auoient commencé du temps de son Predecesseur, & furent terminez au contentement des parties. Les Officiaux ayant esté respectiuement sommez, celuy de l'Archeuesque à Montiuiller, & celuy des Religieuses au Chapitre de la Cathedrale, (lors que lecture seroit faite du traité ou accommodement) de promettre qu'ils le garderoient & feroient obseruer, sauf les Sentences d'Innocent III. qui demeureroient dans leur force & vigueur comme auparauant 1317.

VII.
Accommodement de quelques differents auec l'Abbesse de Montiuiller.

Le Roy Philippe le Long ayant eu differend auec Eudes Duc de Bourgongne, Iean Comte de Ioigny, Erard Sire de Nantueil, Dreux Sire de Traisnel, Iean Sire de Plancy, Iean de S. Florentin Sire de

VIII.
Il preside à vn accommodement de plusieurs Seigneurs qui

G. Aisce-
lin.
auoient diffe-
rend auec le
Roy.

Dauges, & vn autre Iean de S. Florentin qui estoit Sire de Vevres, & Iean Sire de Garchy, pour raison de quelques hommages : la décision en fut remise à vn Parlement ou assemblée de plusieurs personnes notables, Archeuesques, Euesques, Princes & Seigneurs, dont nostre Gilles Aiscelin fut le chef.

IX.
Lettres du Roy en faueur de la Iustice de l'Archeuesque de Roüen.

Il se trouue dans le Cartulaire de l'Archeuesché deux Lettres Patentes, l'vne de Philippe IV. Roy de France, & l'autre de Loüis X. La premiere, c'est vne défense en date du 13. Ianvier 1313. à Loüis de Villepierreuse, & Geoffroy le Danois Maistres des Eaux & Forests en Normandie, & Intendans de la Monnoye, d'inquieter les Officiers de Iustice de l'Archeuesque de Roüen Gilles, qui luy en auoit fait plainte, ains de les laisser exercer leurs fonctions librement & sans aucun trouble dans la ville de Dieppe, & autres lieux de sa jurisdiction, à moins qu'il ne parut éuidemment que lesdits Officiers negligeassent de rendre la justice, suiuant & conformément aux Ordonnances. La deuxiéme est vne Lettre de ciuilité de Loüis Hutin Roy de France & de Nauarre, adressée à nostre Archeuesque, dans laquelle il le remercie de ce qu'il s'est acquité auec beaucoup de fidelité & de diligence, de ce dont il l'auoit prié, qui estoit de luy procurer de l'assistance dans sa Prouince, pour la guerre qu'il auoit en Flandre, luy promettant que la contribution qu'ils auoient faite, ne leur préjudicieroit à l'aduenir, & ne luy acquerroit aucun nouueau droit. Comme il parut en effet ; dautant que ce bon Prince honora de cette Charte ou Priuilege autentique la Prouince de Normandie, qui l'a fait depuis nommer la Chartre aux Normans ; laquelle fut donnée à Cressy, le Dimanche auant la Magdeleine, cette mesme année de 1315.

X.
Lettres de remerciment du Roy Loüis Hutin à cét Archeuesque.

XI.
Origine de la Chartre Normande.

CHAP.
III.
Sommaire.
I.
Gilles Aiscelin Fondateur du College des Capetes à Paris.

LA memoire de nostre Archeuesque est en benediction dans l'Vniuersité de Paris, à cause du College de Montaigu, dont il fut ,, Fondateur, comme escrit le Pere du Breüil en ses Antiquitez de Paris, ,, qui nous apprend qu'en l'an 1314. Gilles Aiscelin Archeuesque de ,, Roüen, issu de la famille de Montaigu, autrement dite de Listenois, ,, acheta vne place auec les cens & dependances d'icelle (excepté quel- ,, que petite somme ou rente annuelle) de l'Abbé & Conuent de ,, Sainte Geneuiefue du Mont, à qui elle appartenoit : où il fonda & ,, fit édifier vne Maison d'estude, laquelle fut long-temps aprés surnom- ,, mée Aiscelins, & enfin de Montaigu, comme elle l'est encore du ,, nom, & de celuy de la famille dont sondit Fondateur estoit descendu ,, & portoit le titre. Ce premier bastiment tombant en ruïne, fut resta-

II.
En quel téps ce College fut restably, & par qui.

,, bly en l'an de grace 1388. par les liberalitez de Pierre de Montaigu, ,, Cardinal, Euesque de Laon, descendu de la mesme lignée, que le pre- ,, mier Fondateur (où ie diray en passant, que ce Pierre de Montaigu ,, estoit frere de Gilles Aiscelin de Montaigu, Cardinal de Tuscule,) ainsi ,, qu'on le peut voir chez le sieur Frison.

III.
Nouuelle augmétation qui y fut faite depuis.

,, Enfin ce Cardinal & Euesque de Laon estant mort auant que d'a- ,, uoir pû acheuer son dessein, il laissa vn sien cousin Euesque d'Evreux ,, (nommé Pierre des Moulins) chez Mr. Robert, executeur de son Te- ,, stament.

DES ARCHEVESQVES DE ROVEN.   497

,, ftament, tant pour la conſtruction des baſtimens, que pour la fonda- G. Aiscæ
,, tion de quelques Bourſiers, lequel s'en acquitta fidellement & con- LIN.
,, formément aux intentions du Fondateur. Ie ne dis rien dauantage des

IV. diuers éuenemens de ce College, que l'on pourra voir chez le Pere du
L'Admiral de Breüil en ſes Antiquitez de Paris. Ce qui nous touche encore, eſt que
Grauille y l'Admiral de Grauille en augmenta la fondation, & y fit faire de bons
fait faire
pluſieurs Re- Statuts, qui furent approuuez par le Legat George d'Amboiſe.
glemens.
V.   Noſtre Prelat fit encore paroiſtre ſa liberalité vers ſon Egliſe, à la-
Gilles Aiſce quelle il laiſſa (ainſi que ie l'apprends des Regiſtres de la Cathedrale)
lin fonde
quelques cinquante-cinq liures de rente, à prendre à Bonne Ruë, Paroiſſe de
Obits en la Claye, qui ſe diſtribuent moitié le 23. Iuillet, & l'autre le iour de l'Illa-
Cathedrale. tion comme ie croy, & non pas de la Tranſlation de S. Benoiſt; car la
            Tranſlation ſe celebre le 12. de Iuillet, & l'Illation le 4. de Decembre.
VI. L'année de ſa mort a eſté marquée generalement de tous le 24. Iuin
L'année de ſa en 1318. Ce Diſtique fait mention de ſes principales actions.
mort.
        Te Narbona prius, plebs poſtea Rotomagenſis,
            Per te, ſacra nouo recolit myſteria ritu.

ELOGE
DE GVILLAVME de Durefort. 62.

GVILL. DE   **G**VILLAVME de Durefort gouuerna l'Egliſe de Roüen aprés
DVREFORT.   Gilles Aiſcelin. Il eſtoit Gaſcon, de la noble famille des Dure-
An de I.C.
1319.   forts. L'ancienne Chronique de S. Evroul dit qu'il auoit eſté
CHAP. Moyne, ſans ſpecifier en quelle Prouince ou de quel Ordre. Il fut le
  I.   70. Eueſque de Langres; & Clement V. eſtant au Concile de Vienne
Sommaire.
I.   en 1311. luy eſcriuit vne lettre, où il l'honore de la qualité de Vicaire Ge-
Quel a eſté   neral du S. Siege, tant au Spirituel qu'au Temporel; ce qui marque la
cit Archeueſque auant ſa confiance que le Pape prenoit en ſa probité & en ſa ſuffiſance. Il aſſiſta
Promotion à   en qualité de Duc & Pair, au Parlement qui fut tenu à Paris contre
l'Archeueſché.   Robert de Bethune Comte d'Artois, au mois de Iuin en 1315. Et comme
II.   il donnoit tous les iours de nouueaux témoignages de ſa capacité, l'Ar-
Il paſſe de   cheueſché de Roüen eſtant venu à vacquer par la mort de Gilles Aiſce-
l'Eueſché de
Langres à   lin, il fut transferé de l'Eueſché de Langres à la Metropolitaine de Nor-
l'Archeueſché mandie par le Pape Iean XXI. non pas en 1315. comme l'eſcrit le ſieur
de Roüen.   Dadré, ny en 18. comme dit Mr. Robert, mais en 1319. comme l'a fort
              bien remarqué Mr. le Preuoſt dans ſon Catalogue, auſſi-bien que
              Meſſieurs de ſainte Marthe, aprés que le Siege euſt vacqué dix mois,
              ſon Predeceſſeur eſtant mort le 24. Iuin 1318. & luy ayant pris poſſeſſion
              le 25. Avril 1319.
III.   Nos Memoires ne nous fourniſſent preſque rien touchant ſes actions,
Il fut fort   ce qui me fait croire qu'il fut pluſtoſt employé aux affaires du Pape & de
employé pour
les affaires la Cour de Rome, qu'à celles de ſon Archeueſché. Il fut preſent à la
du Pape.   celebre diſpute qui fut faite pour les Priuileges & libertez de l'Egliſe, con-
IV.
Diuerſes   tre Pierre de Cunieres: Et ie trouue dans vn ancien Manuſcrit, que du
actions parti-
                                                                        Rrr

HISTOIRE

GVILL. DE DVREFORT. *culieres où il parut.* temps de cét Archeuesque, les Prelats de Normandie obtindrent des Patentes du Roy Philippes VI. confirmatiues de leurs Priuileges, lesquelles commencent par ces mots, *Philippus Dei gratia Francorum Rex, &c.* elles sont inserées au Registre des Arrests [a] 1319. Vn Manuscrit de Monsieur Bigot nous aprend qu'il apporta des Reliques de S. Disier à Roüen, & qu'il ordonna qu'on en feroit la Feste dans son Diocese.

[a] In Archiuo Archiepiscopali.

V. *Preuue pour l'Eschiquier & la Iustice des Hautes Iours des Archeuesques de Roüen; sur des differents arriuez du temps de ce Prelat.*

Le Bailly de Dieppe ayant fait adjourner deuant soy vn Iean de Bractuit. Celuy-cy, pour decliner la jurisdiction de ce Bailly, se pourueut deuant le Vicomte d'Arques, lequel receut sa complainte, & le fit sortir des prisons de l'Archeuesque pour le conduire dans celles du Roy à Arques, & donna adjournement personnel au Bailly de Dieppe deuant le Bailly de Caux. Celuy-cy fit responce qu'il estoit Iuge incompetent, que si le prisonnier pretendoit estre greué, ou qu'il eust manqué de luy rendre justice, il deuoit se pouruoir à l'Eschiquier de l'Archeuesque de Roüen, & non ailleurs ; ainsi il demadoit estre renuoyé deuant ses Iuges naturels, qui estoient & auoient esté de temps immemorial les Officiers de l'Archeuesque de Roüen, & que le prisonnier fust rendu aux prisons dudit Seigneur Archeuesque. Sur ces entrefaites le Bailly de Caux ayant differé l'affaire, receut Lettres Patentes du Roy données à Lery, le 17. Aoust 1320. qui luy enjoignoient de se desister de cette poursuite, s'il luy paroissoit que ledit Seigneur Archeuesque & ses Predecesseurs eussent esté en possession de ce droit, qu'il les en laissast joüir paisiblement. En consequence dequoy, le Bailly de Caux ayant fait faire enqueste par son Lieutenant, & trouué que c'estoit la verité, rendit le prisonnier au Seneschal, & le laissa dans vne paisible possession de la Iustice. Le Bailly de Gisors ayant pareillement troublé la possession de la Haute & Basse Iustice de l'Archeuesque dans la Paroisse d'Aubeuoye, il fut remis dans vne entiere joüissance par vn Arrest de l'Eschiquier de Pasque, de l'an 1327. De plus, il se voit que l'année 1330. ledit Archeuesque ayant eu procez contre le Comte d'Evreux au Parlement de Paris, il obtint vn deffaut contre luy du 22. Nouembre 1330. d'où il paroist que la Chronique que i'ay citée cy-deuant ne dit pas vray, lors qu'elle met sa mort en 1338. non plus que ceux qui la mettent en 1330. puisque mesme le sieur Hemeré en son *Augusta Viromanduorum,* rapporte l'an 1331. vn Iugement donné par nostre Archeuesque Guillaume de Durefort, en faueur du Chapitre de S. Quentin, touchant la Cure de Sotteuille en Caux, dont les droits leur auoient esté déja souuent contestez, ainsi qu'il paroist par ce que nous auons dit cy-deuant. Enfin le differend fut terminé à Courcelle proche de Gisors, l'année 1331. Ce qui fait voir bien clairement qu'il estoit encore plein de vie en ce temps. Monsieur Robert met sa mort en 1238. en quoy il est suiuy par les sieurs Taueau & Buretel, qui ont escrit l'Histoire des Archeuesques de Sens. La verité est que sa mort arriua en 1331. auquel temps Pierre Roger Archeuesque de Sens luy fut substitué. Cette diuersité de Chronologie, vient de ce que quelques-vns ont jugé de l'année du decez de nostre Prelat par rapport à l'Histoire de Pierre Roger, qu'ils ont crû auoir succedé à Guillaume de Brosse en l'Arche-

VI. *De l'année de son trespas.*

DES ARCHEVESQVES DE ROVEN. 499

ueſché de Sens, au lieu que Meſſieurs de ſainte Marthe (aprés Mr. de GVILL. DE
Sponde) font voir qu'il le preceda, & qu'il fut Succeſſeur de Guillaume DVREFORT.
de Melun en 1329. ledit de Melun eſtant mort le iour de S. Simon S. Iude
audit an. Voicy le Diſtique de Guillaume de Durefort.

A Grege Lingonico, Normanna ad paſcua tranſit
Guillelmus, non tam factis, quam nomine notus.

ELOGE
DE PIERRE ROGER. 63. Arch.
& depuis Pape. Clement VI.

PIERRE
ROGER.
An de I. C.
1331.
CHAP.
I.
Sommaire.
I.
Deſſein de
l'Autheur en
cet Eloge.

LEs differends eſtats où s'eſt rencontré ce grand homme, me
fourniroient aſſez de matiere pour groſſir ce Volume, ſi ie voulois rapporter exactement toutes ſes actions; mais ie croy qu'il
ſuffira d'en marquer icy quelques-vnes des plus conſiderables, & qui
auront plus de rapport au ſujet de cét Ouurage, renuoyant ceux qui
deſireront vne plus ample inſtruction aux Autheurs qui ont eſcrit l'Hiſtoire des Souuerains Pontifes.

II.
Du pais &
des parens de
Pierre Roger.

Pierre Roger, que quelques-vns ont nommé mal à propos de la
Monſtre, prit naiſſance en vn petit Village de Limoſin appellé les Ro-
ziers, dependant du Chaſteau de Malmont, duquel ſon Pere eſtoit Seigneur. Sa Mere s'appelloit Marie de Chambon (& non pas Guillemette)
de la famille de la Monſtre. Il eſtoit frere de Guillaume Roger Comte
de Beaufort, Pere de Gregoire XI. Dieu le deſtinant pour eſtre vn iour
Succeſſeur de S. Pierre, voulut qu'il entraſt dés ſa jeuneſſe dans vn Monaſtere de S. Benoiſt pour s'y eſtablir de bonne heure dans cét amour
celeſte, ſur lequel ce grand Apoſtre fut interrogé par trois fois, auant de
receuoir de I. C. le gouuernement de l'Egliſe Vniuerſelle. Ce fut dans
l'Abbaye de la Chaiſe-Dieu en Auuergne qu'il prit l'habit, & aprés auoir
paſſé par l'épreuue du Nouitiat, fut admis à faire profeſſion. Ses Superieurs reconnoiſſant en luy vn eſprit excellent & capable de grandes
choſes, l'enuoyerent à Paris pour y continuer ſes eſtudes. Le Pere du
Breüil en ſes Antiquitez de Paris, parlant des Colleges de l'Vniuerſité,
dit qu'il fut receu par diſpenſe, Bourſier au College de Narbonne. Il fit
de grands progrez dans les bonnes Lettres, & s'appliqua fort à la Phi-
loſophie; mais il ſe rendit inſigne en la connoiſſance des ſciences Diuines. Outre la viuacité d'eſprit, il auoit la memoire ſi excellente, qu'au
rapport de Petrarque, il n'oublioit point ce qu'il auoit vne fois leu, &
ce qui eſt encor remarquable, c'eſt qu'on dit que ce rare auantage
n'eſtoit pas tant vn don de Nature, que l'heureux effet d'vn grand coup
qu'il receut eſtant jeune, ſur ſa teſte, & dont il porta toute ſa vie la mar-

III.
Il fut Moyne
de la Chaiſe-
Dieu, de l'Or-
dre de ſaint
Benoiſt.

IV.
Il fut enuoyé
eſtudier à Pa-
ris, où il
auança fort
dans les hau-
tes ſciences.

V.
Il fut doüé
d'vne memoi-
re prodigieuſe.

Rrr ij

PIERRE ROGER.

que & la cicatrice. Saint Auguſtin parle d'vn certain Simplicius, à qui vn pareil accident procura le meſme bien. C'eſt au Liure 4. de l'Ame.

VI.
Il eſt fait Docteur & Prouiſeur de Sorbonne.

Il paſſa par tous les degrez d'honneur de l'Vniuerſité, & au rapport de Papire Maſſon, il prit le bonnet de Docteur en la celebre Maiſon de Sorbonne, enuers laquelle il ſe montra fort liberal. La memoire de ſes bien-faits s'y eſtoit d'autant plus aiſément conſeruée, qu'en vne des Vitres de l'ancienne Chapelle, on l'y voyoit dépeint & repreſenté à genoux, les mains éleuées vers vn Image de la ſainte Vierge, auec cette inſcription, *Clement VI. Pape, Prouiſeur de cette Maiſon.* Depuis cette Chappelle a eſté abbatuë, le Cardinal de Richelieu en ayant fait conſtruire vne autre fort magnifique.

VII.
Il fut volé vn venant de Paris.

On dit qu'en retournant de Paris en ſon Monaſtere de la Chaiſe-Dieu, il fut volé & dépoüillé par des brigands dans le Bois de Randan, & qu'aprés cette diſgrace il ſe refugia dans le Prieuré de Turet, dépendant de l'Abbaye de S. Allyre de Clermont, Ordre de S. Benoiſt, & pria vn Moyne nommé Aldebrand qui y faiſoit ſa reſidence, de luy rendre les deuoirs de charité, qu'il auoit comme droit d'eſperer d'vn Religieux de ſon Ordre. Celuy-cy le receut d'vne maniere fort obligeante, & luy donna des habits & de l'argent pour continuer ſon voyage. Pierre prenant congé de luy le remercia fort de ſes bons offices, & proteſta qu'il ne deſiroit rien plus que de pouuoir rencontrer quelque iour l'occaſion de luy en témoigner ſa reconnoiſſance. Quand vous ſerez Pape, repliqua Aldebrand, vous m'en recompenſerez; & aprés cette parole qui fut comme vne Prophetie, ils ſe ſeparerent l'vn de l'autre. Depuis, Pierre Roger eſtant paruenu au ſouuerain Pontificat, ſe reſſouuint de ſon ancienne diſgrace, & de l'officieuſe charité d'Aldebrand; & ayant appellé à Auignon ſon Bien-faicteur, le fit ſon Camerier, & enſuite le pourueut de l'Archeueſché de Tholoſe, qu'Aldebrand gouuerna pluſieurs années aprés la mort du Pape Clement; ſçauoir juſqu'à l'an 1363. auquel eſtant venu en l'Abbaye de S. Allyre y viſiter ſes anciens Confreres, il y mourut & fut enterré. Il y laiſſa de grands reuenus, dont ledit Monaſtere joüit encore à preſent.

VIII.
Son extréme reconnoiſſance enuers vn Moyne qui l'aſſiſta dans cette neceſſité

IX.
Prediction de ſon éleuation au Souuerain Pontificat.

L'Empereur Charles IV. auant d'eſtre paruenu à l'Empire, s'entretenant vn iour auec noſtre Pierre Roger qui eſtoit alors Cardinal, Pierre luy dit qu'il ſeroit Roy des Romains: mais ce Prince de ſon coſté l'aſſura qu'auparauant il ſeroit Pape, ce qui aduint; deſquelles Prédictions on ne doit point chercher d'autres cauſes, que la connoiſſance mutuelle qu'ils auoient de leurs bonnes qualitez.

CHAP. II.
Sommaire.
L'amitié du Cardinal de Poictiers luy procure des habitudes auprés du Pape, & des Benefices.

IL ne demeura pas long-temps à la Chaiſe-Dieu, Pierre de Mortemer Cardinal de Poictiers, qui le cheriſſoit à cauſe de ſon merite, l'ayant appellé auprés de luy. Depuis ce Cardinal luy donna accez auprés du Pape Iean XXII. qui eſtimoit fort les gens de lettres; & ayant acquis quelque reputation à la Cour, il fut pourueu par ſa Sainteté du Prieuré de Baſle qui eſt à Niſmes, & quelque temps aprés de l'Abbaye de Fécan, & de celle de la Chaiſe-Dieu. L'an 1328. il fut Sacré Eueſque d'Arras le iour de S. George, & non pas Archeueſque d'Arles, comme l'a eſcrit vn

DES ARCHEVESQVES DE ROVEN.

moderne, qui l'appelle Pierre Robert, qui sont plustost fautes d'Escriture, P. Rogeri ou comme l'on dit, vice de Clerc, que de Doctrine, puisque il a esté aisé de prendre dans le Latin *Arelatensis* pour *Atrebatensis*, & Pierre Robert pour Pierre Roger.

II. *Le Roy de France le fait Garde des Sceaux.*

Les preuues qu'il donna de sa capacité dans le maniement de plusieurs affaires importantes, où il fut employé par Philippes de Valois, luy ayant acquis les bonnes graces de ce Prince, sa Majesté luy confia l'éminente dignité de Garde des Sceaux, au rapport de Papire Masson. Ie sçay que le sieur Feron ne l'a point inseré dans son Catalogue des Chanceliers; Mais tous les autres Escriuains qui parlent de luy, assurent qu'il exerça cette fonction sublime. Le Pere Labbe en ses Eloges Historiques, fait mention d'vn Arrest du 19. Iuin 1339. portant que la Tresorerie de Laon, vacante par la mort de Mr. Guillaume de Sainte Maure Chancelier de France, fut donnée au Cardinal de Roüen, lequel eut

III. *Il fut transferé de l'Euesché d'Arras à l'Archeuesché de Sens, & défendit l'Eglise contre Pierre de Cunieres.*

aussi les Sceaux aprés la mort dudit Chancelier de Sainte Maure. De l'Euesché d'Arras, il fut transferé à l'Archeuesché de Sens. Il défendit la cause de la jurisdiction Ecclesiastique auec Pierre Bertrand Euesque d'Autun, contre Pierre de Cunieres Aduocat General du Parlement de Paris. Le Roy Philippes de Valois ayant entendu les Plaidoyers qui furent faits de part & d'autre, declara par son Arrest qu'il desiroit plutost accroistre que diminuer les droits de l'Eglise Gallicane.

IV. *Il passa de l'Eglise de Sens à celle de Roüen.*

Enfin, nostre Archeuesque Guillaume de Durefort estant decedé, le Pape Iean XXII. transfera de nouueau Pierre, du Siege de Sens, en celuy de Roüen, qu'il posseda huit ans. Voicy ce qui se passa de memorable sous son Pontificat.

1330.

V. *Differend qu'il eut pour rendre serment de fidelité au nouueau Duc de Normandie.*

Philippes de Valois ayant donné la Normandie en appennage à Iean son fils aisné, qu'il auoit marié à Bonne, fille du Roy de Boheme ; ce nouueau Duc vint aussi-tost prendre possession de son Duché, & établit sa Cour à Roüen, où il fut receu auec les Ceremonies accoustumées. Aprés son installation, Philippes ordonna à nostre Archeuesque de prêter de nouueau serment de fidelité au Ieune Duc en la mesme forme qu'il auoit fait à luy-mesme. Nostre Prelat doutant d'y estre tenu, supplia sa Majesté de luy accorder quelque temps pour en conferer auec son Chapitre, ce qu'il obtint ; le terme passé, le Roy voyant que l'Archeuesque ne luy donnoit point de réponse, jugea bien que ce delay estoit vn refus, & pour en tirer raison, fit saisir le temporel de l'Archeuesché de Roüen. Cette procedure rigoureuse obligea Pierre Roger d'aller à la Cour, où il eut Audience du Roy, & luy remontra que de tout temps immemorial ses Predecesseurs n'auoient fait serment qu'aux Roys de France, & nullement aux Ducs de Normandie ; que mesme ils leur auoient rendu ce deuoir, sous la domination des anciens Ducs ; que sa Majesté pouuoit s'en informer, & que la chose estant ainsi, il la supplioit de ne le point assujettir à cette soûmission, au préjudice des droits de son Eglise. Nonobstant ces raisons, le Roy persista dans sa premiere volonté, & ordonna que l'Archeuesque & ses Successeurs prêteroient serment de fidelité au Duc de Normandie son fils, à condition

Rrr iij

P. ROGER toutefois, que si le Duché venoit à tomber entre les mains d'vn autre que d'vn fils de France, les Archeuesques rendroient alors hommage au Roy comme auparauant. C'est ce que nous apprenons des Lettres Patentes de Philippes de Valois, gardées dans les Archiues de la Cathedrale, lesquelles sont en François, & données à Sainte Marie la Royale prés Pontoise, que l'on appelle aujourd'huy Maubuisson, au mois de Iuin de l'an 1334. Celles de Iean Duc de Normandie furent expediées proche le Pont sainte Maxence, au mois de Iuillet de la mesme année.

VI.
Reflexion sur ce refus.

Au reste, il y a lieu de s'étonner que nostre Prelat soûtint que ses Predecesseurs auoient toûjours juré fidelité aux Roys de France, & non pas aux anciens Ducs, vû le refus que fit Gaultier le Magnifique, de rendre hommage à Philippe Auguste pour le Vexin François, & qu'il n'est pas croyable que nos premiers Ducs, qui estoient tellement jaloux de leur authorité, qu'ils s'estoient attribuez le pouuoir de nommer des Archeuesques, eussent souffert que ceux qu'ils auoient ainsi éleuez à l'Episcopat, prestassent serment particulier aux Roys de France, qui leur auoient cedé entierement la Normandie, sans en rien retenir autre chose qu'vn simple hommage. Quoy qu'il en soit, cette conduite de Pierre Roger est sans doute vne marque de l'ancienne affection que l'Eglise de Roüen a toûjours conseruée enuers les Roys de France ses Patrons & bien-faicteurs, mesme parmy les fascheuses reuolutions qui ont separé la Prouince de la Couronne Françoise, pour la soûmettre au joug d'vne domination étrangere.

Odor. Rayn. ad. an. 1333. n. 1.

VII.
Le Roy l'enuoye vers le Pape au sujet de la Croisade, & prend la Croix de sa main à son retour.

Le Roy ayant esté exhorté par le Pape Iean XXII. de passer en la Terre Sainte pour la retirer des mains des Infidelles, enuoya vers sa Sainteté Pierre Archeuesque de Roüen, Iean Euesque de Beauuais, Guido Baudery Doyen de Paris, & deux Seigneurs de sa Cour, pour luy promettre que dans trois ans, luy ou Iean Duc de Normandie son fils aisné, monteroit sur mer auec vne armée pour aller en la Palestine, & qu'il employeroit à cette expedition, les deniers des Decimes dont elle luy auoit permis la leuée pour six ans. Nostre Prelat estant retourné à la Cour, presenta au Roy la Croix, que sa Majesté prit pour marque d'vn entier engagement, & dressa en suite vn grand appareil de guerre : mais les démeslez qu'il eut auec l'Anglois, l'empescherent d'executer sa resolution.

VIII.
Il fut employé pour la question celebre de la beatitude des Saints.

La celebre question touchant la Beatitude des Saints auant le jour du Iugement, estant alors fort agitée entre les Theologiens, il se tint dans le Chasteau de Vincenne en presence du Roy vne Assemblée de Docteurs, à laquelle nostre Archeuesque assista. Le Pape auoit fait vn Recueil des Textes de l'Escriture Sainte, & des passages des Saints Peres, que l'on pouuoit alleguer pour & contre, & l'auoit enuoyé à nostre Prelat. Cette piece donna sujet à quelques-vns de publier, que sa Sainteté estoit de sentiment contraire à la veritable Doctrine. Mais le Pape escriuit au Roy pour le desabuser de la mauuaise impression qu'on luy auoit donnée, & pour le prier de laisser la liberté aux Theologiens de disputer de cette matiere, jusqu'à ce que la question fut décidée par le

DES ARCHEVESQVES DE ROVEN.

S. Siege, auec ordre à nostre Archeuesque de traduire en François, & d'expliquer à sa Majesté si elle auoit agreable l'extrait des Passages qu'il luy auoit adressé.

PIERRE ROGER.

CHAP. III.
Sommaire.
I.
Il fonde deux Chapelains à la Cathedrale de Roüen.

Le 20. de Ianuier de l'an 1334. nostre Prelat fonda deux Chapelains dans la Chappelle de Nostre-Dame qui est derriere le Chœur de la Cathedrale, à l'honneur de la sainte Trinité, de la sainte Vierge, de S. Romain, & de S. Oüen, & de tous les Saints ; parce que ceux qui les possederoient, seroient nommez les Chapelains de l'Archeuesque Pierre Roger, & celebreroient deux Messes par chacun an ; l'vne le iour de S. Gregoire qu'il auoit esté Sacré, & l'autre le 14. Decembre qu'il auoit esté transferé au Siege de Roüen : lesquelles Messes apres sa mort seroient changées en Obit.

II.
Et fut député pour traiter la Paix auec l'Anglois.

Pierre eut l'honneur d'estre député par le Roy auec les Euesques de Langres & de Beauuais, pour traiter à Arras la Paix auec les Ministres du Roy d'Angleterre, qui estoient l'Archeuesque de Cantorbie, & les Euesques de Lincolne & de Durham, le Comte de Haynaut, & Guillaume de Montaigu, en presence de deux Cardinaux ; mais cette negociation n'eust aucun effet.

III.
Il acquist le Fief de Fresne l'Archeuesque.

Il acquit de Guillaume du Fresne Gentilhomme, & de Ieanne sa femme, le Fief de Fresne l'Archeuesque. Ce Fief fut adjugé à nostre Prelat, par vne somme notable de deniers à luy deubs par ledit Guillaume, pour la Ferme du Manoir du Fresne.

IV.
Et fut député pour empescher de nouueaux imposts sur la Prouince.

La guerre d'entre les Couronnes de France & d'Angleterre, ayant esté cause que la Normandie fut chargée en ce temps là de nouueaux subsides & de nouuelles impositions, qui tendoient à l'affoiblissement des droits de la Prouince & de ses Priuileges, les principaux du Clergé, de la Noblesse, & du tiers Estat, s'assemblerent à diuerses reprises, tant à Roüen, qu'au Ponteaudemer, pour la conseruation de leurs communs interests, & deputerent nostre Archeuesque, lequel fit plusieurs voyages à la Cour auec Guillaume Bertrand Euesque de Bayeux, Iean Hautefune Euesque d'Avranches, Raoul Comte d'Eu Connestable de France, Iean Comte d'Harcour, & Robert Bertrand Mareschal de France. Ses soins & ses trauaux ne furent pas sans succez, car il obtint de Philippes de Valois la confirmation des Priuileges de la Prouince. En reconnoissance dequoy, les Normands luy donnerent vne pension à vie de mil liures par chacun an, lors de sa Promotion à la dignité de Cardinal, dont il fut honoré par le Pape Benoist XII. le 17. Decembre 1338. laquelle pension luy estoit d'autant plus necessaire, qu'il se vit obligé de quitter sa charge Archiepiscopale, pour aller exercer sa nouuelle dignité auprés du Souuerain Pontife. L'Autheur de l'Origine des Cardinaux, dit que Iean XXII. le voulut faire Cardinal malgré le Roy de France, qui se vouloit seruir de son conseil : ce qui ne fut toutefois executé qu'aprés la mort de ce Pape par son Successeur.

1337. 38. & 39.

Ms. Chron. Rotom.

V.
Il obtint la confirmation des Priuileges de la Prouince, qui luy donna pension à vie.

VI.
Il fut fait Cardinal, & depuis Pape.

Il fut toûjours appellé le Cardinal de Roüen jusqu'en 1342. qu'il succeda au Pape Benoist XII. dans le gouuernement de l'Eglise Vniuerselle. Il fut éleu par le Sacré College le septiéme de May, & quelques iours aprés, sçauoir le iour de la Pentecoste, il receut la Couronne Pontificale dans le Conuent des Iacobins d'Auignon, en presence de Iean Duc de Normandie & fils de Philippes Roy de France, de Iacques Duc de Bourbon, Philippes Duc de Bourgongne, & de plusieurs autres Princes & Seigneurs. Ie sortirois de mon sujet si j'entreprenois de raconter icy les belles choses qu'il fit pendant dix ans sept mois qu'il fut assis dans la Chaire de S. Pierre. Ie me contenteray de dire en passant qu'il prit le nom de Clement VI. & que ce fut luy qui acheta de Ieanne Reine de Sicile, la Ville & le territoire d'Auignon, où sept Papes (desquels il fut le quatriéme) tinrent leur Siege durant l'espace de 70. ou 72. ans. Ce memorable achapt se fit l'an 1348. auquel temps presque toute la terre fut desolée par la plus horrible peste dont l'Histoire face mention. Le mal s'estant répandu dans Auignon, Clement eut grand soin des malades, & quant à sa cóseruation particuliere, il se garantit de cette cruelle Epidimie, par vn grand feu qu'il tint sans cesse allumé dans sa Chambre.

Odor. Rayn. 1342. n. 6.

VII.
Il acquit la Ville & le Territoire d'Auignon aux Papes ses Successeurs.

VIII.
Sa grande charité pendāt vne peste generale.

CHAP. IV.
Sommaire.

I.
Ses excellentes qualitez.

IL se montra doux, pacifique, liberal enuers les pauures honteux, & Clement de nom & d'effet ; ce qui a fait dire à Petrarque parlant de luy dans vn Poëme adressé au Cardinal Colomne.

Nulli major inest Clementia, nomen ab ipsis,
Dignum rebus habet, &c.

II.
Rare exemple de sa clemence.

Sur quoy on raconte qu'vn homme qui l'auoit outragé en sa personne, auant qu'il fut éleué aux Dignitez, luy ayant presenté vne Requeste lors qu'il fut paruenu au Souuerain Pontificat, il la receut assez benignement, & que comme en suite il fut tenté de se vanger, en refu-
„ sant à cét ancien ennemy la grace qu'il luy demandoit ; il repoussa la
„ tentation en s'écriant, retire-toy Sathan, il ne sera pas en ton pou-
„ uoir de faire que ie me vange de qui que ce soit : & aussi-tost il signa
„ cette Requeste, & en accorda l'effet à celuy qui la luy auoit presentée.

III.
Il reduit le Iubilé à 50. ans.

Ce ne fut pas vne des moindres marques de sa pieté enuers le S. Sacrement, que l'Indulgence qu'il octroya en faueur de ceux qui l'accompagnent quand on le porte aux malades, & la Constitution par laquelle il ordonna que le Iubilé accordé vne fois par chaque Siecle, à ceux qui visiteroient S. Pierre de Rome, seroit octroyé deux fois, c'est à dire de 50. en 50. ans.

IV.
Et fonde le College des Clementins à la Cathedrale de Roüen.

Nous auons dans Roüen vne illustre preuue de sa magnificence & de son affection enuers la Cathedrale ; sçauoir le College des Chapelains des Clementins, desquels nous parlerons amplement en son lieu. Aprés auoir tenu le Pontificat dix ans sept mois, il mourut d'vne fiévre continuë de peu de iours, aprés s'estre confessé, & auoir receu ses Sacremens, le 6. Decembre 1352. & fut regreté de tout le monde, & particulierement de ceux de sa Cour, & des gens de lettres qui l'auoient en singuliere veneration, à cause de ses éminentes qualitez & de sa rare doctrine, de laquelle il laissa des preuues dans quelques Opuscules marquez par Tritheme, ainsi que ie le fais voir ailleurs.

V.
Sa mort.

Odor. Rayn. 1352. n. 21.

VI.
Ses Obseques.

Le Manuscrit du Vatican allegué par le Pere Raynaud, nous apprend que son corps fut d'abord déposé dans l'Eglise de Nostre-Dame d'Auignon,

Odor. Rayn. n. 16. n. 24.

DES ARCHEVESQVES DE ROVEN. 505

uignon, où il fut jusqu'à l'Esté prochain, auquel temps on le porta, sui- *Pierre Roger. En l'Histoire de la Cathed.*
uant sa derniere volonté, en l'Abbaye de la Chaise-Dieu, où il auoit esté
Moyne. Le Conuoy fut accompagné de cinq Cardinaux, sçauoir de son
Frere, de trois de ses Neueux, & d'vn autre de ses parens, qu'il auoit
honoré de cette dignité. Il fut mis dans vn Tombeau de marbre noir
qu'il auoit fait faire de son viuant, & sur lequel il estoit representé en
vne figure de marbre blanc au naturel.

VII.
Son Tombeau en l'Abbaye de la Chaise-Dieu, violé par les Heretiques.

Papire Masson, & aprés luy Messieurs de Sainte Marthe, ont escrit *P. Masson in Clemente VI.*
qu'en l'an 1562. les Caluinistes violerent son Sepulchre, en tirerent son
corps qui estoit couuert & comme tout reuestu de plomb, & le jetterent au feu, disant par insulte & par raillerie, (*Pense-tu, Pape, vaincre le
Démon auec ton armure de plomb,*) ne considerant pas que cette raillerie
retomboit sur eux, puis qu'ils se comparoient eux-mesmes à Sathan,
dont en effet ils imitoient la fureur & l'impieté en rauageant ainsi les
lieux Sacrez, & en troublant ainsi le repos des morts. Toutefois m'estant
informé plus exactement de la verité du fait, j'ay appris que le Tombeau
de Marbre où l'on auoit mis son corps, estoit demeuré entier, à la reserue
de la teste de la figure qui estoit au dessus, d'où le Marquis de Curton,
alors grand Heretique, & vn des chefs de ces Sacrileges, tira le crane de
ce Pape, & en fit vn Gobelet, & par derision obligeoit ceux de sa cabale
de boire dedans, afin, leur disoit-il, *qu'ils pûssent se vanter d'auoir bû dans
la teste d'vn Pape.* En sorte qu'ils ne toucherent point au reste du corps
qui est enseuely dans vn cuir de Cerf, où par occasion il a esté vû de
plusieurs personnes. Il est vray que s'ils l'épargnerent, ce ne fut pas par
retenuë, ny par quelque sorte de moderation, mais parce qu'ils ne le
croyoient pas Saint, & qu'ils faisoient particulierement la guerre aux
Reliques des bien-heureux, que les Catholiques honoroient d'vn culte
public. Ce qui parut bien en ce qu'ils brûlerent dans cette mesme Abbaye les ossemens sacrez de S. Robert, Fondateur & premier Abbé de
ce Monastere, qui y estoient gardez auec grand respect dans vne riche
Chasse d'argent. Mais la main de Dieu punit visiblement cét attentat,
car celuy qui tira ces saintes Reliques du lieu de leur repos, pour les jetter
dans le feu, perdit aussi-tost le sens, & deuint enragé; tellement qu'il le
fallut lier, & attacher auec de gros crampons de fer, qu'on voit encore
aujourd'huy au logis d'vn des Habitans de la Chaise-Dieu.

VIII.
Cette Abbaye a conserué plusieurs marques de son affection.

Ce Monastere, pour conseruer la memoire de Clement VI. & de ses
bien-faits, a pris ses Armes portant six Roses & trois Fleurs-de-lys en
chef. Monsieur Masson dit qu'on y voit encore d'anciennes Tapisseries
données par le Pape, lequel se rendit des plus recommandables par la
douceur de son esprit, par sa liberalité, par sa doctrine & son éloquence, ainsi que le témoigne l'ancien Manuscrit du Vatican, dont
voicy les termes. *Hic fuit vir magnæ dignitatis,* * *scientiæ, atque fons sermoci-* * *Al. diuinitatis. Odor. Rayn. 1342. n. 6.*
nationum, hic largissimus fuit, atque in omnibus placidus & affabilis, nec non
commensabilis. Nous finirons son Eloge par ces deux Vers.

IX.
Eloge qui luy est donné dans vn Manuscrit du Vatican.

Abbas ex Monacho, Petrus, ex Antistite Papa,
Sedis Apostolicæ culmen, quod scandit, honorat.

Sss

HISTOIRE

ELOGE
D'AIMERIC GVENAVD. 64.

AIMERIC GVENAVD.
An de I.C.
1338.
CHAP. I.
Sommaire.
I.
Naissance, education d'Aimeric, son progrez dans les Hautes sciences.
II.
Il fut honoré de plusieurs charges chez le Roy auant que d'estre Euesque.

L'HISTOIRE des Euesques d'Aucerre, que le Pere Labbe a fait imprimer dans le premier Tome de sa Bibliotheque de Manuscrits, nous donnera les commencemens de l'Eloge de nostre Archeuesque Aimeric, qu'elle appelle Guenaud, & non pas Guenent, comme font la plus-part de nos Chroniques & nos autres Memoires. Il prit naissance à Poictiers, & sortit de parens Nobles qui eurent grand soin de son éducation. Ils luy donnerent de bons Maistres, sous lesquels il s'auança tellement dans l'estude des plus hautes sciences, qu'il se rendit tres-habile, particulierement dans la connoissance des Loix, dont il fit profession, & qu'il enseigna auec succez. Son merite l'ayant mis en estime & en faueur auprés de Philippe de Valois, ce Prince le choisit pour vn des Conseillers ordinaires de son Hostel, où il exerça aussi assez long temps la Charge de Maistre des Requestes. Ayant embrassé la condition Ecclesiastique, il paruint à l'Euesché d'Aucerre, lequel estant venu à vaquer vn an aprés la Promotion de Talerand, qui fut fait Cardinal, on voulut veritablement en la Cour du Pape substituer à celuy-cy Estienne de Mornay Chancelier de France; mais dautant qu'il y eut plusieurs oppositions, cette affaire ne pût reussir; ce qui donna lieu au Roy & à la Reyne d'interposer leurs prieres auprés de Iean XXI. en faueur d'Aimeric Guenaud, lequel ayant esté agreé par sa Sainteté, le fut aussi par le Clergé & par le peuple d'Aucerre, qui le receurent auec beaucoup de joye.

III.
En quelle année il fut Sacré Euesque d'Aucerre, & de quelle maniere il s'y comporta.

Il fut donc Sacré le Samedy des Quatre-Temps de l'Aduent, l'année 1331. quoy que selon quelques-vns il n'en prist possession que le 25. Octobre 1333. Ce fut vn Prelat qui se rendoit aimable à tout le monde, qui se montroit benin & accessible à vn chacun, & qui estoit amy de la paix, & ennemy des procez, quoy qu'il maintint genereusement les droits de son Eglise. Il consacra le grand Autel de S. Estienne l'an 1334. D'autres disent qu'il consacra la Cathedrale le 9. Iuillet 1338. Il fonda vne Chap-

IV.
Diuerses fondations qu'il fit à Aucerre.

pelle de 20 liures de rente à l'Autel de S. Martin de la mesme Cathedrale, qu'il assigna sur plusieurs acquests qu'il auoit faits. Il laissa vne pareille somme pour son Anniuersaire dans ladite Cathedrale, qu'il gouuerna huit ans, & fut le 71. Euesque d'Aucerre, d'où il fut transferé à l'Archeuesché de Roüen par le Pape Benoist XI. le 15. Février 1338. Et ie

V.
Les deux Euesques qui succederent à l'Eglise d'Aucerre furent tous deux Normands.

diray icy en passant, que les deux Euesques qui luy succederent à l'Euesché d'Aucerre furent tous deux Normands; l'vn Iean de Blangy, Docteur tres fameux de l'Vniuersité de Paris, Chanoine & Archidiacre du Vexin de l'Eglise de Roüen, lequel ayant pris le bonnet de Docteur

DES ARCHEVESQVES DE ROVEN.

au College de Nauarre en la faculté de Paris, auec Benoist XI. le Pape AIMERIC GVENAVD.
voulut honorer son merite de l'Episcopat. Mais ne pouuant quitter l'application qu'il auoit à ses liures & à son estude, il resigna bien-tost son Euesché à vn autre Normand, Pierre de Villaine, de qui il reconnoissoit la capacité & les talents pour cette Charge. Toutesfois il ne l'exerça pas long-temps à Aucerre, car il fut transferé à Bayeux, cette plante de Normandie n'ayant pû prendre racine dans le terroir de Bourgongne.

VI.
De quelle fa-çon & en quelle année il fut éleué au Siege de l'Eglise de Roüen.

Pour retourner à Roüen, Aimery Guenaud fut donc transferé le 15. Février 1338. par le mesme Benoist XI. lequel ostant à l'Eglise de Roüen son Pasteur, qu'il jugeoit necessaire pour le seruice de l'Eglise Vniuerselle, crût estre obligé de l'en pouruoir d'vn autre. Il en prist possession par Procureur le Samedy de Pasque de la mesme année 1338. Ce fust luy qui benit le Successeur de Iean Mardargent, Robert du Quesné Abbé de S. Oüen, comme ie l'ay dit dans l'Histoire de cette Abbaye. Le sieur Dadré escrit qu'il fonda deux Chappelains à l'Autel de S. Pierre & de S. Paul, & donna au Chapitre la moitié des Nouales de la Forest de Lyons. Il auoit terminé vn peu auparauant vn procez, qui auoit long-temps duré entre ses Predecesseurs & le Doyen & Chapitre d'Escoüy, touchant les dixmes des Nouales de toute ladite Forest, qui n'estoient point dans les bornes d'aucune Paroisse qu'ils pretendoient leur appartenir, en vertu d'vne donation qui leur auoit esté faite par Bernard de Fargis, & qui auoit esté confirmée par le Siege Apostolique. Nostre Archeuesque Aimery prétendant au contraire, que les susdites donations & confirmations estoient de nulle valeur pour plusieurs raisons, & ne deuoient point sortir leur effet; & enfin les parties ayant choisi pour Arbitres Pierre d'Arquier Doyen, & Guillaume d'Albusac Chantre de l'Eglise de Roüen, & Grand Vicaire. Ceux-cy ordonnerent que la moitié des Terres qui estoient déja défrichées, & en valeur aux lieux dits, vulgairement Bellelande & Bellefourche, appartiendroient à l'Archeuesque, & l'autre moitié au Doyen & Chapitre d'Escoüy par indiuis; & pour tout le droit qu'ils pretendoient dans le reste de la Forest, ils leur adjugerent la dixme de vingt-cinq acres, qui leur seroient bornées dans la Lande de Marigny, le reste défriché ou à défricher seroit au profit de l'Archeuesque. Ce qui fut executé, & donna lieu (comme nous auons dit) à l'Archeuesque d'en faire part à son Chapitre.

VII.
Fondation qu'il fit à la Cathedrale de Roüen.

VIII.
Il termine vn procez contre le Chapitre d'Escoüy pour des Nouales de la Forest de Lyons.

IX.
Quelques autres actions particulieres de ce Prelat.

Le 8. Octobre 1341. il approuua la fondation de la Chappelle de Nostre-Dame & de S. Sauueur, faite en l'Eglise de S. Iacques de Dieppe. Aimery auoit vn frere nommé Yoland Guenaud, qu'il pourueut d'vn Canonicat dans sa Cathedrale, au lieu d'vn que celuy-cy possedoit auparauant dans S. Martin de Tours. Nostre Prelat portoit tant d'affection à ce S. Euesque, qu'il institua sa Feste pour estre celebrée, comme les Festes Triples & solemnelles. Enfin, aprés auoir gouuerné l'Eglise de Roüen quatre ans, il mourut à Pinteruille, Manoir Archiepiscopal proche Louuiers, le Samedy 17. de Ianvier, iour de S. Sulpice. Son corps fut apporté le Mercredy suiuant, & déposé en l'Eglise de S. Paul au Fauxbourg de Martainville, où tout le Clergé de Roüen fut le receuoir

X.
Son decez & sa pompe funebre.

Sss ij

AIMERIC GUENAUD.

auec vne pompe funebre fort solemnelle. De là on l'apporta procession-nellement en l'Abbaye de S. Oüen, auec soixante torches, où l'Abbé le receut de la maniere que nous auons dit en l'Histoire de cette Abbaye, & non pas comme l'a escrit le Pere Taille-pied, du moins à l'égard de plusieurs circonstances qu'il mesle dans son recit, lesquelles ne sont pas veritables, comme ie l'ay iustifié. Il fut porté le lendemain à la Cathedrale, & son corps fut mis en vn des Tombeaux derriere le Chœur, en la Chappelle de la Vierge, proche de celuy d'Odo Rigaut, comme l'assure la Chronique du sieur Masselin, qui a esté Doyen de la Cathedrale, bien qu'il soit incertain en quel lieu, parce qu'il n'y a aucune inscription à quatre ou cinq Tombeaux de nos Archeuesques, notamment depuis le pillage de l'Eglise en 1562. Voicy le Distique qui a esté fait pour luy.

XI.
Le lieu de sa sepulture.

Martini ciuis, Germani Præsulis hæres,
Rotomagensis tandem fit Pastor ouilis.

ELOGE
DE NICOLAS ROGER. 65.

N. ROGER.
An de I. C.
1342.
CHAP.
I.
Sommaire.
I.
Erreur du sieur Frison touchant ce Nicolas Roger.

C'EST sans aucun fondement que le sieur Frison dans son Histoire des Cardinaux François, met le 65. de nos Archeuesques parmy les Cardinaux de France, & il paroist bien par ce qu'il dit de Nicolas de Besse Limosin, dans la suite de son discours, qu'il n'a pas tousjours eu des memoires bien fideles. Car il a attribué à ce Nicolas de Besse l'Archeuesché de Roüen, qui ne luy appartient pas, & l'a confondu auec nostre Nicolas Roger, qui fut non-pas Neueu de Clement VI. (comme l'ont pareillement escrit le Pere Taillepied, le sieur Chenu, & quelques autres) mais Oncle Paternel dudit Pape. Ainsi donc il a escrit de ce Nicolas de Besse, ce qu'il deuoit dire de Nicolas Roger, & c'est ce qui vray-semblablement a causé cét erreur.

II.
Et de quelques autres Autheurs touchant les diuers emplois de cét Archeuesque.

L'appendice de la Chronique de Bernard Guido qui a aussi parlé de ce Nicolas de Besse, l'appelle Iacques, & le sieur Frison qui luy a donné auec l'Euesché de Limoge auquel il estoit nommé, lors qu'il fut creé Cardinal, a escrit qu'il fut en suite fait le 65. Archeuesque de Roüen; puis il adjouste plusieurs occasions où il parut, & dit qu'il mourut & fut enterré à Rome, l'an 1369. Ce qui ne conuient en aucune façon à nostre Archeuesque Nicolas Roger, qui fut frere de Guillaume des Rosiers, Pere de Clement VI. Il ne fut pas éleu Euesque de Limoges auant que d'estre nommé à l'Archeuesché de Roüen, mais estoit seulement Abbé de la Grasse, Abbaye de l'Ordre de S. Benoist, dans l'Euesché de Carcassone. Cela est en outre confirmé par nostre ancien Manuscrit, qui a esté fait par vn Autheur Contemporain, & qui finit à cét Archeuesque. Il dit donc qu'il estoit desia fort âgé lors qu'il fut nommé à l'Ar-

III.
Parens de Nicolas Roger: ses dignitez dans l'Eglise.

DES ARCHEVESQVES DE ROVEN. 509

IV.
Son grand âge ne luy permet pas de venir à Roüen.

cheuesché par le Pape son Neueu, & qu'il auoit bien 80. ans, qu'il fut N. Roger. le dernier de sa famille, que Clement éleua aux dignitez; Il est aisé de justifier qu'il ne fit pas residence en son Archeuesché, & qu'il fut toûjours à Auignon. Car Philippes de Valois qui gouuernoit pour lors la Monarchie Françoise, en faueur du Pape son Neueu, & en consideration de son extrême vieillesse qui l'empeschoit de faire de grands voyages, luy permit par ses Lettres Patentes données à Paris le 14. Decem-

V.
Le Roy luy permet de receuoir par Procureurs les hommages deubs à son Eglise.

bre 1343. de demander & receuoir par tels Procureurs qu'il voudroit, les foy & hommage, serment de fidelité, & tels autres deuoirs, seruices ou redeuances qui luy seroient deubs à raison du Temporel de son Eglise. Ce qu'il executa en effet selon la teneur des Patentes du Roy, ayant enuoyé d'Auignon des Procurations en bonne forme, en date du 4. Février 1345. par lesquelles on donnoit pouuoir, commission & authorité en general & en particulier pour cét effet à Martin la Chapelle son Vicaire general au Spirituel & au Temporel, & à Mathieu Campion, Cheualier, Seneschal de la Iustice, & de tout le Temporel de son Eglise. Il est vray que la date de ces Procurations semble estre bien éloignée, & il faudroit dire qu'il auroit attendu long-temps apres sa nomination, puis qu'il est certain que son Predecesseur mourut le Vendredy 17. Ianvier de l'année 1342. sur la fin de l'an, suiuant la coustume de l'Eglise Gallicane.

VI.
En quelle année le Pape luy donna cét Archeuesché.

Vn Manuscrit de la Cathedrale, dit que Nicolas Roger fut consacré Euesque le 4. Février, sans exprimer si ce fut Février prochainement suiuant; en quoy il n'y auroit pas de repugnance, puis que du 17. Ianvier jusqu'au 4. Février, il y eut assez de temps pour sçauoir à Auignon la vacance du Siege, & il fut aisé au Pape qui se reserua ce Benefice, de le conferer à son Oncle. Il y a d'autres Lettres du Duc de Normandie dans les Archiues de la Cathedrale, datées du 7. Iuillet 1343. qui font mention de luy, comme estant desia Archeuesque, & qui prouuent par consequent qu'il ne tarda pas à en estre pourueu.

VII.
Qu'il n'y fit aucune residence, dont on blâme celuy qui luy auoit conferé.

Il semble que cét Archeuesché luy fut plûtost donné pour en tirer le reuenu, que pour la conduite du Diocese, & pour l'auancement spirituel du Troupeau de I. C. Aussi auons-nous plusieurs Escriuains qui ont accusé le Pape Clement VI. d'auoir enrichy ses parens des biens d'Eglise. Le defaut de residence de Nicolas, joint aux troubles & aux calamitez dont la ville de Roüen fut affligée durant la guerre contre les Anglois, est cause de la sterilité de nos Annales, où il ne se rencontre rien qui merite de trouuer place dans l'Histoire.

VIII.
Il fait quelques fondations dans sa Cathedrale auant de mourir.

Apres donc que ce bon vieillard eust joüy des reuenus de l'Archeuesché de Roüen quatre ans & dauantage, il mourut à Auignon, & y fut enterré. Il auoit fait Testament quelque temps auparauant de mourir, le 17. Aoust 1347. dans lequel il laissa au Chapitre de Roüen 1000 Florins d'or de Florence : Et en vn autre article 1600. autres Florins pour l'Institution de deux Chappelains, ausquels fut donnée par le Chapitre la Chappelle de S. Seuer proche de celle de S. Iulian, comme il se voit par les lettres de fondation gardées dans les Archiues de ladite Cathe-

S ss iij

HISTOIRE

drale, où le Viconte de Beaufort est nommé heritier & executeur de son Testament. Ces deux Vers finiront son Eloge.

Inuisæ plebis, Pastoris cura supremi,
Te facit extremâ patrem Nicolae senectâ.

Roger portoit d'argent à la bande d'azur accompagnée de six Roses de gueules, trois en chef & trois en pointe posées en orle.

ELOGE DE IEAN DE MARIGNY. 66.

APRES la mort de Nicolas Roger, Iean de Marigny fut substitué en sa place; il estoit d'vne ancienne & tres-Noble famille de Normandie, assez connuë par son seul nom. Il eut pour pere Philippe de Marigny Seigneur d'Escoüy, & pour frere Philippe Euesque de Cambray, & depuis Archeuesque de Sens; Enguerran de Marigny Comte de Longueuille, grand Chambellan sous Philippe VI. vn des principaux Ministres d'Estat. La vie de ce dernier est aux gens de Cour vn exemple de la bonne & mauuaise fortune, ou plûtost de l'inconstance des choses de ce monde. Iean de Marigny qui estoit le cadet, fut dés sa jeunesse destiné par ses parens pour la profession Ecclesiastique, & fut Chantre de l'Eglise de Paris. Quelques-vns ont escrit qu'Enguerran son frere qui estoit dans la haute faueur, luy obtint du Pape Clement V. la suruiuance de l'Euesché de Beauuais à Simon de Néelle, à qui mesme il fut donné pour Coadjuteur l'an 1312. & que ce fut la premiere Dignité qu'il posseda, bien qu'vn ancien Fragment d'Histoire Manuscrite, porte que son frere ayant obtenu que le premier Euesché qui viendroit à vacquer seroit pour luy; il arriua que l'Euesque de Beauuais tomba aussi-tost malade, & mourut trois iours aprés, auquel il fut substitué.

Estant Euesque de Beauuais, il eut part aussi aux affaires d'Estat; car il fut enuoyé par le Roy Philippe de Valois l'an 1332. en Angleterre auec Raoul Comte d'Eu vers le Roy Edoüard, pour le presser de faire le voyage de la Terre Sainte. Le Roy ayant fait choix de sa personne, d'autant qu'il sçauoit qu'il estoit bien porté à entreprendre cette expedition; & en effet, il fit bien-tost aprés le voyage, puis que ie trouue que l'an 1335. il en retourna en compagnie de Sire Iean de Cepoy, qui y auoit esté depute pour reconnoistre le païs, & obseruer les routes que deuoit tenir l'armée qu'on pretendoit y enuoyer de France.

Il y a beaucoup d'apparence que cét Euesque apprit le mestier de la guerre en cette expedition, car nous lisons que dans ces longues & fascheuses guerres que le Roy de France eut auec les Anglois; Iean de Marigny y parut dans la fonction, non-pas d'vn Euesque, mais d'vn vaillant & genereux Capitaine, & ce l'an 1342. Il est bien vray que cette humeur Martiale n'empescha pas qu'il ne s'appliquast en temps de paix

DES ARCHEVESQVES DE ROVEN.

VI.
Plusieurs actions de pieté qu'il fit en temps de paix.

aux actions de pieté, dont il a laiſſé à la Poſterité pluſieurs témoignages ; car ce fut luy qui fit richement enchaſſer en argent, les bras des ſaintes Maure & Brigitte, Vierges, qui ſont à Nogent. Il réueilla la deuotion des peuples vers ſainte Angadreſme, Patronne de Beauuais, & obligea ſes Diocesains de celebrer ſa Feſte qui eſtoit entierement negligée, ayant pour ce ſujet employé la douceur & la rigueur, car il donna des Indulgences à ceux qui la celebroient deuotement, & menaça d'Excommunication ceux qui ſe rendroient rebelles à ſes ordres.

IEAN DE MARIGNY.

VII.
En quelle année il fut transferé à l'Egliſe de Roüen.

Aprés donc qu'il euſt gouuerné prés de 35. ans l'Egliſe de Beauuais, l'Archeueſché de Roüen ayant vacqué par la mort de Nicolas Roger, il y fut transferé par le Pape Clement VI. en la meſme année 1347. enuiron la S. Iean, quoy qu'il n'en priſt poſſeſſion que le 18. Nouembre ſuiuant, qu'il vint à Roüen en compagnie de Iean Duc de Normandie. Son frere fonda l'Egliſe Collegiale d'Eſcoüy; Meſſieurs de ſainte Marthe rapportent l'Acte de Fondation tout au long, mais comme j'en ay déja parlé cy-deuant, ie me contenteray de marquer en paſſant ce qui regarde nos Archeueſques. Il eſt dit dans le Contract de Fondation, que le Doyen ayant obtenu la Collation de ſon Doyenné par les Seigneurs de Marigny, ſera tenu de s'aller preſenter auec ſes lettres à l'Archeueſque de Roüen qui ſera pour lors, duquel il receura l'Inueſtiture & la Charge ſpirituelle des Chanoines & des Clercs dudit College, &c. ſi l'Archeueſque ordinaire du lieu, veut ou en perſonne, ou par ſes Grands Vicaires y faire la Viſite, pour quelque crime qui merite la priuation à perpetuité de l'Office ou Benefice ; qu'il luy ſoit permis, &c. Le Pape Clement VI. confirma des Indulgences qui auoient eſté données à la Dédicace de l'Egliſe d'Eſcoüy par vne Bulle, dont voicy la teneur.

VIII.
Son frere fonda l'Egliſe Collegiale d'Eſcoüy, ſous les conditions qui regardent les Archeueſques de Roüen.

Clement Eueſque, Seruiteur des Seruiteurs de Dieu, pour memoire perpetuelle.

IX.
Le Pape confirme des Indulgences qui auoient eſté données à la Dédicace de cette Egliſe.

„ LA Requeſte qui nous a eſté preſentée par noſtre venerable Frere
„ Iean Archeueſque de Roüen, contenoit qu'il y a quelque temps
„ que Nicolas, de bonne memoire Preſtre, Cardinal du titre de S. Eu-
„ ſebe, & Gilles Archeueſque de Roüen, Philippe de Sens, Guillaume
„ Eueſque de Bayeux, Robert de Coutance, Iean de Chartres, Pierre
„ d'Aucerre, Iean de Beauuais, Guy de Liſieux, Guillaume de Paris,
„ Geoffroy d'Evreux, Simon de Meaux, Pierre du Mans, Vvlfran de
„ Bethléem, tous Eueſques qui aſſiſterent à la Dédicace de l'Egliſe
„ d'Eſcoüy, au Dioceſe de Roüen, fondé ſur le patrimoine du meſme
„ Archeueſque de Roüen. Iean de Marigny & ſon Frere aiſné, auroient
„ octroyé & relaſché à tous fidelles Chreſtiens vrayement penitens &
„ confeſſez, qui viſiteroient deuotement tous les ans ladite Egliſe à pa-
„ reil iour qu'elle a eſté dédiée, & à toutes les Feſtes de la ſainte Vierge &
„ leurs Octaues, ſix-vingts iours des penitences qui leur auront eſté en-
„ jointes. Nous donc receuant fauorablement la demande dudit Arche-
„ ueſque Iean, & agreant & ratifiant ladite Indulgence qui a eſté accor-

IEAN DE MARIGNY.

„ dée par les mesmes Cardinaux, Nous la confirmons derechef de l'au-
„ thorité des saints Apostres, & de certaine science la fortifions par la
„ protection de cette presente Bulle. Qu'il ne soit donc permis à person-
„ ne, &c. Donné à Auignon le 24. Avril, de nostre Pontificat l'an
„ quatriéme ; c'est à dire l'an 1346. Dom Luc d'Achery nous fournit
dans le septiéme Tome de ses Recueils, vne Lettre que le mesme Pape
adressa à Iean de Marigny, l'an 1347. dans laquelle il le prie d'interposer
son credit auprés du Roy de France, à ce qu'il fasse restituer au Roy des
Isles Majorques, quelques Places qu'on luy retenoit dans le Roussillon.

CHAP. II.

Sommaire.

I.
Le mesme Pape luy permet de leuer vne Taxe sur le Clergé de son Diocese.

II.
Il declare sa Cathedrale exempte de ce subside.

III.
Il fit quelques acquisitions pour son Eglise.

IV.
Il y employa le reste de l'argent prouenant des biens vendus en Angleterre.

V.
Il acquit de nouueau plusieurs Terres, Dixmes, & Patronnage.

LE mesme Pape Clement VI. accorda à nostre Archeuesque qu'il pût leuer sur les Benefices & personnes Ecclesiastiques de son Diocese, vne Taxe moderée par forme de subuention, pour l'aider à supporter les grandes Charges qui luy estoient suruenuës pour plusieurs causes connuës au Pape qui luy donnoit ladite permission. Or le Chapitre de sa Cathedrale luy ayant demandé ses intentions, sçauoir s'il entendoit qu'ils payassent ce subside ; Il leur donna ses Lettres, dans lesquelles il leur declara que ce n'auoit esté nullement son intention, que le Chapitre ou les Chanoines de sadite Cathedrale payassent quelque chose de ladite Taxe pour les Benefices qu'ils pouuoient auoir dans son Diocese, ny que les Sentences d'Excommunication contre les rebelles portées dans les Procez verbaux, les liassent ou obligeassent en façon quelconque. Et il y a beaucoup d'apparence qu'il fit plusieurs biens à l'Eglise de Roüen & à celle d'Escoüy, des deniers prouenans de ce subside, & de quelques autres que ie diray incontinent. Car il acquit l'an 1350. en son propre & priué nom le Fief de Corny, situé dans vn Village qui releuoit de la Iurisdiction de l'Archeuesché, auec le Patronnage de l'Eglise de Richard du Mesnil, Seigneur du lieu, pour le prix & somme de deux mil liures Parisis, à l'Escu d'Or au Coing du Roy, compté pour quinze sols Parisis.

L'année d'aprés, qui fut l'an 1351. nostre Prelat considerant (comme il le dit luy-mesme dans ses Lettres) les graces & les faueurs extraordi-
„ naires qu'il auoit receuës de la Diuine Misericorde &c. Et afin que luy
„ & les Executeurs de son Testament & ses heritiers demeurassent quittes
„ du residu qui pouuoit rester, ou restoit encore, de certaine quantité de
„ Florins prouenans de la vente de quelques possessions, que l'Eglise de
„ Roüen auoit en Angleterre, dont la vente auoit esté faite par vn de ses
„ Predecesseurs Archeuesques & par le Chapitre, auec l'authorité & la
„ permission expresse du S. Siege ; laquelle somme luy auoit esté mise en-
„ tre les mains, pour estre employée au profit & vtilité de son Eglise, &
„ de ses Successeurs à perpetuité ; à quoy il montroit auoir desia satisfait,
„ par plusieurs acquisitions & achapts qu'il auoit faits de nouueau à Grand-
„ cour, de la plus grande portion de Harquenville & de Corny, & mes-
„ me pour les Droits & Patronnages de ces Eglises de son Diocese, qui
„ estoient de long-temps en contestation auec ses Predecesseurs & luy, &
„ de quelques autres biens qu'il auoit acquis à grand frais auec grands tra-
„ uaux qu'il auoit conueu supporter pendant vn si long-temps: Comme
aussi

DES ARCHEVESQVES DE ROVEN.

„ aussi pour vne certaine Maison qu'il auoit achetée de nouueau à Dieppe. Iean de Marigny.
„ Il donna & delaissa à perpetuité à son Eglise & à ses Successeurs les Ar-
„ cheuesques de Roüen, toute la terre qu'il auoit acquis au Village de
„ Corny de son Diocese, excepté la portion qu'il auoit desia donnée au
„ Doyen & Chapitre de l'Eglise Collegiale d'Escoüy, pour augmentation

VI.
Fondation des Obits à la Cathedrale.

„ de dot de ladite Eglise. Il chargea cette terre & ses appartenances de
„ Trois cens liures tournois de rente, pour faire son Obit à perpetuité; de
„ laquelle somme, moitié de payement seroit fait par les Archeuesques ses
„ Successeurs, huit iours deuant le Vendredy dans l'Octaue de l'Ascension;
„ & pour l'autre moitié, huit iours deuant le deuxiéme de l'Aduent: c'est
ce qui se trouue dans les Lettres qu'il fit expedier en son Manoir Archiepiscopal de Déville.

VII.
Il y donna plusieurs riches ornemens.

Outre le zéle que ce Prelat fit paroistre pour augmenter les droits &
les reuenus de son Eglise, il s'est encore conservé plusieurs marques de sa
magnificence dans la Sacristie de la Cathedrale, où se voyent quantité
de riches Ornemens, chargez des Escussons & des Armes de sa famille, *Il porte d'a-*
& entr'autres vne ancienne Chasuble semée de Perles Orientales sur *zur à deux faces d'argent.*
vne Broderie de fin Or.

VIII.
Plusieurs endroits où il est fait mention de luy.

Il est encore fait mention de luy dans quelques Actes des Chartriers
de S. Vvandrille, de Iumieges & du Bec, comme aussi dans celuy de la Cathedrale l'an 1349. L'année suiuante, le 12. de Ianvier, Iean Seigneur d'Y-
uetot, fonda trois Prebendes en l'Eglise Paroissiale d'Yuetot, à l'honneur de S. Iean Baptiste: Et ayant presenté la Fondation à nostre Archeuesque, ce Prelat la confirma conformément à ses pieuses intentions.

IX.
Peste generale, & mortalité extraordinaire arriuée de son temps.

C'est ce que nous auons de plus memorable du gouuernement de
Iean de Marigny, qui escheut en vn temps fort fascheux, & auquel presque toute la terre fut desolée par la plus effroyable peste dont il soit fait
mention dans l'Histoire, & qui aprés auoir emporté les deux tiers des
hommes, imprima vne telle malignité dans l'air, & dans les autres Ele-
mens, que la vigueur & la force des hommes en fut affoiblie: de sorte
qu'on remarqua que les enfans qui nasquirent aprés la cessation de cette
horrible Epidimie, auoient beaucoup moins de dents qu'auparauant;
laquelle calamité est cause en partie que nostre Histoire est fort sterile.

X.
Année de son decez.

Nostre Archeuesque échapa pour cette fois le coup de la mort, mais il
ne la pût éuiter le 26. ou 27. Decembre de l'an 1351. aprés auoir gouuerné enuiron quatre ans l'Archeuesché de Roüen. Son corps fut porté
auec pompe en l'Eglise Collegiale d'Escoüy, qui estoit le lieu où sa famille auoit choisi sa sepulture; Il fut mis à costé du Iubé dans vn riche
Mausolée, proche de son frere; l'on y voit vne statuë de Marbre blanc,
& vn Epitaphe attaché à la muraille, où se lisent ces Vers, que ie rap-

XI.
Epitaphe sur son Tombeau en l'Eglise d'Escoüy.

porte plûtost pour vn monument d'antiquité, que pour marquer le
Genie de celuy qui les a composez, qui n'estoit pas grand Poëte.

Hoc marmor claudit sub Nobilis ossa Ioannis,
Gnari Pastoris, qui rexit pluribus annis,
Hinc Belouacenses, hinc Cleros Rotomagenses.
Constans, Consultus, Iustis quoque fœdere fultus,

Ttt

Firmus in aduersis, dolis, & fraude reuersis.
Armis præcinctus, mentisque caractere cinctus.
Dux fuit in bellis, Anglis virtute rebellis,
Testatum soluit viuens, ac vincla resoluit,
Pauperibus dando, Christo se consociando,
Germanus cuius, fundi dator extitit huius,
Infra quem pulchrum subijt cum carne sepulchrum;
Post natale Dei Martis sub luce diei,
In quinquageno primo C. ter atque C. deno,
Oretis Christum, quod patrem collocet istum,
In cæli sede, fœliciter, & sine Cæde.

Ie fais suiure à cét Epitaphe ces deux autres Vers, qui ont esté faits pour luy.

Prodit Ioannes duplici celebrandus honore,
Longius ast referent nomen scoyensia templa.

ELOGE
DE PIERRE DE LA FOREST. 67.
Cardinal.

Pierre de la Forest. An de I. C. 1351.
CHAP. I.
Sommaire.
I. Diuersité d'opinions touchant la naissance & les parens de cét Archeuesque.
II. Ses études & ses premiers emplois selon le sieur Courvaisier.

IE trouue trois opinions toutes differentes touchant les premiers emplois de nostre Archeuesque Pierre de la Forest. Le Pere Labbe en ses Eloges Historiques, dit qu'il estoit natif de la Suze au Mayne, à quatre lieuës du Mans; qu'il estoit fils de Philippe de la Forest, & de Marguerite sœur de Geoffroy de la Chapelle, Euesque du Mans; qu'il eut deux freres, Philippe & Guillaume, dont le premier fut Euesque de Chaalon; c'est ce que le sieur Frison, Monsieur du Chesne dans l'Histoire de Montmorancy, & l'Histoire des Euesques du Mans, écriuent de sa famille & de sa naissance. Le sieur Couruaisier adjouste que dés l'age de douze ans il acheua ses Humanitez & son Cours de Philosophie, & s'appliqua à la Iurisprudence, ayant obtenu ses licences en Droit Canon & Ciuil; qu'il fut fait Professeur, & enseigna publiquement à Orleans & à Angers auec applaudissement; que Guy de Laual ayant connoissance de son merite, luy confera la Cure de Chemeré le Gaudin; qu'il resolut de pousser sa fortune plus auant, & suiure le Barreau à Paris; que le Roy le choisit pour estre son Aduocat general, & que pendant qu'il exerçoit cette Charge, il obtint diuers Benefices, car il fut premierement pourueu de la Chapelle d'Ahenay, & d'vne Prebende à S. Pierre de la Cour, puis de la Preuosté de Varenne, dependante de S. Martin de Tours; du Doyenné d'Ernée, & de l'Archidiaconé de Montfort, en l'Eglise du Mans; qu'il fut enfin Chanoine de Roüen & de Paris; & que Iean Duc de Normandie l'ayant choisi pour son Chancelier, & fait Euesque de Tournay, Philippe de Valois le demanda à son fils pour le mettre à la place de Pierre de Cherchemont,

IV. Il fut Chancelier du Duc de Normandie, & depuis de France.

DES ARCHEVESQVES DE ROVEN.

Chancelier du Royaume; qu'estant éleué à cette dignité, il fut incontinent pourueu de l'Euesché de Paris, & quelque temps aprés de l'Archeuesché de Roüen, c'est ce que dit le sieur Couruaisier. Enfin la troisiéme opinion est de ceux qui le font premierement Moyne, & depuis Abbé de la Royale Abbaye de S. Denis, dont le sieur Couruaisier ne fait point de mention, quoy qu'il ait parlé assez exactement de luy, & comme il est croyable sur la foy des anciens Manuscrits de l'Eglise du Mans. Monsieur Doublet dans ses Antiquitez de cette Abbaye, ne l'a toutesfois pas oublié, & le met le 52. Abbé qui succeda à Gilles Rigauld. Il cite encore pour autres garands le Chenu, Froissard, du Tillet, & les vies & gestes des Papes; ce que presque tous les Autheurs qui ont parlé de nos Archeuesques, ont assuré. Ainsi donc pour concilier ces Autheurs, on peut dire qu'il a passé par ces differents estats, qui n'ont pas esté incompatibles, successiuement en vne mesme personne; car il a pû estre Aduocat du Roy, & ayant depuis voulu embrasser la condition Ecclesiastique, la faueur de son Oncle luy aura fait auoir le Canonicat & Archidiaconé du Mans; & depuis s'il eust desir de se retirer entierement du monde, il s'est pû faire Moyne à S. Denis, où il aura esté élû Abbé en consideration de son rare merite, & aprés cela Euesque de Tournay. C'est ce que l'on peut dire de ces diuerses opinions, touchant les premiers emplois de nostre Archeuesque.

Enfin le Roy de France voulut l'auoir plus prés de luy, dans l'esperance qu'il pourroit rendre de bons seruices à l'Estat; & comme la mort de Iean des Prez, Euesque de Paris, luy en fournit vne occasion assez fauorable, il ne la laissa pas eschapper, l'ayant fait transferer de l'Euesché de Tournay à celuy de Paris. Il auoit esté Chancelier du Duc de Normandie, & il le continua dans la charge de Chancelier de France, aprés la mort de son pere, qui auoit toûjours eu vne particuliere confiance en ses soins & en son experience. Il fut nommé executeur du Testament de ce mesme Roy Philippe de Valois, du 2. de Iuillet de la mesme année 1350. Et dans le Thresor des Chartres de France, il y a plusieurs de ses lettres, pour son aimé & feal Chancelier l'Euesque de Tournay; d'où il paroist qu'il exerça cette charge sous le pere & le fils. Il se qualifie Pierre par la grace de Dieu Euesque de Paris, & Chancelier de France, au Traité de Paix qu'il fit de la part du Roy Iean, le 17. Septembre 1351. auec l'Anglois, entre Guynes & Calais. Le Pape Clement VI. luy donne la mesme qualité. On voit dans quelques anciens Registres de la Chambre des Comptes de Paris, qu'il auoit deux mille liures parisis d'appointement, à cause de son Office de Chancelier; & aprés qu'il eust esté honoré de l'Archeuesché de Roüen au mois de Ianuier 1352. selon nostre façon de compter, il ne laissa de continuer à prendre les mesmes appointemens sur les Deniers ou Emolumens de la Chancellerie; & sur ce qu'il arriua, qu'ayant voulu rendre ses comptes, la Chambre luy déduisit ladite somme de 2000 liures parisis par an; cela l'obligea d'obtenir Lettres de descharge & Quittance desdits deniers. Donnée à Rheims en Octobre.

PIERRE DE LA FOREST.

V.
Sçauoir s'il a esté Moyne & Abbé de S. Denis en France.

VI.
Il fut transferé de l'Euesché de Paris à celuy de Tournay.

VII.
Plusieurs emplois honorables & occasions où il paruit, & où il est fait mension de luy.

VIII.
En quelle année il fut fait Archeuesque de Roüen.

HISTOIRE

PIERRE DE LA FOREST.
IX.
Difficulté touchant sa charge de Chancelier de France.

Le sieur Frison semble s'estre mespris, lors qu'il dit aprés Mr. Feron, que Pierre de la Forest fut Chancelier de France sous le Roy Iean, dés l'an 1330. puisqu'il est certain que le Roy Iean ne gouuerna le Royaume qu'aprés la mort de son pere, c'est à dire en 1350. au mois d'Aoust ; & ainsi donc il se pourroit faire qu'au lieu de Chancelier de Normandie, ils ont dit de France.

Parmy les Chartres de S. Denis, il y en a vne du Roy Iean, qui est inserée au second Chapitre du troisiéme Liure, ainsi datée. Fait & passé à S. Denis en France l'an du Verbe Incarné 1353. de nostre Regne le qua-,, triesme. Et moy Pierre Chancelier Archeuesque de Roüen, ay leu & ,, releu ces lettres, & les ay signées pour tesmoignage de la verité, & se voit encore son écriture à l'Original de ladite Chartre.

CHAP. II.
Sommaire.
I.
Il est employé pour traiter de la paix auec l'Anglois, & aux Estats du Royaume.

NOstre Archeuesque fut député vers le Pape Innocent VI. au mois de Nouembre en 1354. auec le Duc de Bourbon, pour adviser des moyens d'vne bonne paix entre les deux Couronnes de France & d'Angleterre, auec le Duc de Lanclastre qui y estoit venu pour l'Anglois. Tout ce qu'ils purent gagner en cette negociation, fut vne Tréve de trois mois. L'année suiuante il assista en vne Assemblée generale de tous les Estats du Royaume, que le Roy conuoqua à Paris, & exposa comme le principal organe de sa Majesté, l'estat present des affaires du Royaume ; il remontra les besoins que le Roy auoit de Finances pour les grandes despenses qu'il luy falloit faire, pour l'entretien de ses armées contre les ennemis de l'Estat.

II.
Il reçoit Duc de Normandie, & fait la ceremonie pour l'acceptation de Charles fils du Roy Iean.

Le Roy Iean auoit aussi-tost qu'il fut paruenu à la Couronne, reüny le Duché de Normandie qu'il auoit en appanage ; mais il le donna depuis à Charles son fils aisné & Dauphin de Viennois, qui luy en fit hommage le 8. Decembre 1355. à Paris en l'Hostel de Martin de Marle Chanoine de la Cathedrale. Le nouueau Duc en prist possession du temps de nostre Archeuesque, qui luy mit sur la teste, le Cercle Ducal & l'Espée, auec les ceremonies accoustumées.

III.
Il assiste aux Estats aprés la prise du Roy Iean.

Enfin, la funeste guerre des Anglois s'estant rallumée auec plus de chaleur que jamais, il arriua par vn estrange malheur que le Roy Iean fut fait prisonnier de l'Anglois en la journée de Poictiers. Charles Duc de Normandie son fils estant de retour à Paris, assembla les Estats du Royaume, & leur representa par la bouche du Chancelier & Archeuesque de Roüen, le sujet pour lequel il les auoit appellez, qui estoit pour adviser promptement aux remedes que l'on pourroit apporter aux miseres de la France, & particulierement à la perte qu'elle auoit receuë dans la disgrace arriuée tout nouuellement. Le Prince demanda conseil & ayde pour la deliurance du Roy son pere, & pour la conduite de la guerre.

IV.
Propositions impertinentes faites par quelques députez de l'Assemblée.

Or comme dans les grandes calamitez il y en a toûjours qui pensent à pescher en eau trouble, & à profiter des occasions, soit pour se vanger, soit pour bâtir leur fortune sur la ruïne de celle des autres, qui leur font ombrage : Ces Deputez qui auoient esté reduits à cinquante, pour éuiter la confusion ; aprés plusieurs assemblées, firent entendre au Dauphin & Duc, qu'ils auroient quelque chose d'importance à luy remon-

V.
Ce que le Dauphin leur repartit.

trer, au cas qu'il fist serment de ne pas reueler ce qu'ils luy diroient. Le Duc leur fit voir qu'ils auoient mauuaise grace de le contraindre à iurer de leur garder secret, sans sçauoir la qualité des choses qu'ils luy vouloient décounrir, vû qu'ils luy en pourroient proposer de préjudiciables au bien de l'Estat. Surquoy ils repliquerent qu'il y auoit eu beaucoup de maluersation dans les Finances, beaucoup de desordres dans les Monnoyes, & autres Offices du Royaume, & demanderent qu'il fust accordé Commission contre ceux qu'ils nommeroient, & que ceux-cy fussent punis, & leurs biens confisquez, & qu'il changeast aussi plusieurs Officiers, du nombre desquels estoit Pierre de la Forest Archeuesque de Roüen, Chancelier de France, & autres qui estoient coupables, comme disent les Annales de Nicole Gilles, Gaguin, & Froissard, & à cette cause ils demandoient qu'ils fussent punis. Pour ceux qu'ils nommeroient, s'ils estoient innocens, si vouloient-ils qu'ils perdissent leurs biens, & demeurassent sans Office. Ils presserent si fort le Dauphin, qu'il escriuit de sa propre main au Pape, à ce qu'il donnast des Commissaires qu'il nommeroit, pour faire & parfaire le procez à l'Archeuesque de Roüen, sur les Chefs d'accusation qu'ils fourniroient. Mais les affaires n'ayans pas esté comme ils se l'estoient imaginé, ils en furent fort honteux, & entr'autres Robert le Cocq Euesque de Laon, qui estoit le Coriphée (pour me seruir des termes de cét Historien) qui estoit dis-je le Chef & principal Autheur de ces propositions.

PIERRE DE LA FOREST.

VI.
Ils demandent la deposition du Chancelier, & de plusieurs autres.

VII.
Ils pressent le Dauphin d'écrire au Pape de luy donner des Commissaires.

VIII.
Erreur de Ciacon, qui a écrit que Pierre de la Forest estoit Cardinal lors que cecy arriua.

Le Lecteur remarquera icy en passant, que nostre Archeuesque n'estoit pas encore Cardinal, quoy qu'en dise Ciacon, qui a esté suiuy du sieur Frison, lequel a voulu corriger l'Appendice de Bernard Guido, qui à la verité doit estre corrigé, mais non-pas de la façon qu'il l'a fait; sçauoir en disant qu'il fut creé Cardinal par le Pape Clement VI. l'an 1350. vn an auparauant qu'il fut fait Archeuesque de Roüen ; ce qui ne se trouuera point, quoy que Messieurs de sainte Marthe l'ayent dit aussi; car il est tres-certain, & par ce que nous allons dire tout incontinent, & par les anciens Monumens de l'Eglise de Roüen, qu'il fut creé Cardinal bien depuis sa Promotion à l'Archeuesché de Roüen. C'est ce que témoignent les Autheurs Contemporains, lors qu'ils ont parlé de la prison du Roy Iean, & de l'Assemblée des Estats tenuë en 1356. où ils n'ont fait mention de luy qu'en qualité d'Archeuesque de Roüen. Mais reprenons le fil de nostre narration.

CHAP. III.
Sommaire.

I.
Le Dauphin enuoye l'Archeuesque de Roüen vers le Pape, qui le fait Cardinal.

II.
Il est receu auec grande

Nostre Archeuesque donc ayant apperceu la Cabale & les pratiques de l'Epuesque de Laon, & de quelques autres factieux, capables pendant vne si estrange confusion d'affaires, de luy donner de la peine, resolut de se retirer ; ce qui luy fut d'autant plus aisé, qu'il receut ordre du Duc de Normandie d'aller vers le Pape Clement VI. alors seant à Auignon, lequel à la sollicitation (comme il est croyable) du Duc & Regent, luy donna le Chapeau dans la Creation qu'il fit le 24. Decembre veille de Noël, de six Cardinaux ; Dignité qui le rendit plus formidable à ses ennemis, & plus venerable aux peuples. Et de fait, le 26. de Ianvier de la mesme année 1356. à compter de Pasque en Pasque, Monsei-

518 HISTOIRE

PIERRE DE LA FOREST, pompe à Paris, en compagnie du Dauphin, Duc de Normandie.

,, gneur de Normandie retourna à Paris (escrit Nicole Gilles) de deuers
,, son Oncle l'Empereur, où il estoit allé à Mets, & estoit en sa compa-
,, gnie l'Archeuesque de Roüen, Chancelier de France, lequel auoit
,, esté nouuellement fait & prononcé Cardinal, Prestre du titre des douze
,, Apostres; (& non pas de S. Syluestre & S. Martin, comme le sieur Dadré
,, l'a escrit) & allerent vers luy le Preuost des Marchands & Habitans de
,, Paris en grand nombre, pour l'honneur dudit nouueau Cardinal.
,, Plusieurs Ordres & Colleges de ladite Ville allerent en Procession jus-
,, qu'à S. Antoine des Champs hors Paris.

III. Le Cardinal se retire de Paris pour quelque temps.

Le Duc s'accommodant sagement au temps dans l'extréme necessité où estoient reduites les affaires, accorda à ces factieux ce que la raison & la Iustice ne luy eussent pas permis dans vne autre rencontre; & pour satisfaire aux differentes passions de ces interessez, congedia plusieurs anciens Officiers de son pere & de la Couronne, & pria mesme le Chancelier de ceder à la fureur de ces mutins pour vn temps. A quoy il obeït, & ne parut plus dans Paris.

IV. Il va en Angleterre auec deux autres Cardinaux pour traiter de la rançon du Roy, & de la paix.

Or parce qu'auparauant on auoit deliberé, que ledit sieur Chancelier & autres yroient à Bourdeaux, pour les traitez des Roys de France & d'Angleterre; ils firent grande instance que ceux qui auoient esté nommez n'y allassent point, & que leur Commission fut reuoquée. Il falloit que le Prince en passast par où ils voulurent, il n'y eust que le Chancelier seul qui fut reserué, parce qu'il estoit necessaire qu'il y allast, pour
,, rendre au Roy les Sceaux de la Chancellerie. L'année suiuante, enui-
,, ron la S. Iean, les Cardinaux d'Vrgel & de Roüen (d'autres disent de
,, Perigord, & y mettent vn troisiéme, qui est l'Archeuesque de Sens)
,, allerent en Angleterre deuers le Roy de France, pour faire conclurre
,, le traité pour la rançon & la paix, où ils demeurerent longuement, &

V. Iustification de la conduite de l'Archeuesque de Roüen, & des preuues de sa fidelité.

,, vn peu aprés l'Assemblée desdits Estats, les gens des bonnes Villes
,, connurent que les douze qui auoient esté commis pour le gouuerne-
,, ment des deniers de l'Aide, n'estoient pas loyaux, & que les poursuites
,, qu'ils en auoient faites, estoient tendantes à leur profit, parquoy ne
,, vouloient plus rien faire, & furent la pluspart de ceux qui auoient esté
,, ostez, remis en leurs Estats & Offices: parquoy Robert le Cocq s'en
,, retourna à Laon, voyant qu'il auoit tout gasté. D'où il est aisé de voir la justification de nostre Archeuesque, lequel seruit toûjours tres-fidellement son Roy, quoy que l'enuie & la jalousie attachées inseparablement à la condition des grands de la Cour, eussent voulu ternir sa reputation.

VI. Il fut à Auignon, où le Pape le fit Legat en Sicile.
VII. Sa mort.

Enfin il fut obligé d'aller à Auignon auprés du Pape Innocent VI. qui l'employa pour le seruice de l'Eglise, & le fit son Legat au Royaume de Sicile; d'où estant retourné à Auignon, il y mourut de la peste le 25. de Iuin de l'an 1361. âgé de 55. ans. Il est vray que l'Obituaire de l'Eglise de Paris, marque le iour de son Anniuersaire qu'il fonda en cette Eglise, & celuy de son frere Philippe Euesque de Chaalons, le premier Nouembre de la mesme année 1361. Ce qui a pû se faire, parce que le 25. de Iuin estoit le iour de la Feste de S. Iean, & ne souffroit pas que l'Eglise pût satisfaire à cette Ceremonie. Ie trouue de la diuersité entre les Autheurs,

DES ARCHEVESQVES DE ROVEN.

VIII. *Armes de sa famille.* touchant les armes de sa famille. Il portoit de gueules, disent quelques- **Pierre de la Forest.** vns, à la Croix, pommetée d'Hermines. Ciacon luy en donne d'autres, & disent qu'il portoit d'argent à l'arbre de Sinople. Et enfin le sieur Frison dit qu'il portoit écartelé au premier & dernier de gueule parsemé de molettes d'argent ; & au second & au troisiéme à l'Aigle d'or, onglé & becqueté d'argent. Il auoit fait Testament en son Hostel de Villeneuue, **IX.** *Il fit plusieurs fondations.* trois iours auant qu'il mourut, par lequel il auoit fondé plusieurs Seruices dans les Eglises de Roüen, de Paris, du Mans, & de Tournay; & dans ces deux dernieres deux Chappellenies, & vne troisiéme en la Paroisse de la Suze. Ie finis son Eloge par ce Distique.

Abbas ex Monacho, Petrus, ex Antistite Primas
Effulsit, gemina titulis spectabilis aulæ.

ELOGE
DE GVILLAVME DE FLAVACOVR,
second du Nom. 68.

G. DE FLAVACOVR II. *An de I. C. 1356.* **CHAP. I.** *Sommaire.* **I.** *Famille de cet Archeuesque.*

L'ARCHEVESCHE' de Roüen fust donné par la démission qu'en fit le Cardinal Pierre de la Forest, à Guillaume de Flauacour. C'est le second de mesme nom & surnom, & de la mesme famille, qui a gouuerné l'Eglise de Roüen. Il estoit fils de Guillaume, Seigneur de Flauacour, & de Iacqueline du Fay, petit Neveu du premier, frere d'Ida de Flauacour, qui fut mariée à Anselme de Chantemelle, auquel passa la succession de la maison de Flauacour, laquelle (à ce que l'on disoit) possedoit cinquante villages. Depuis Iean de Chantemelle ayant épousé Marie de Boues, laquelle par le decez de Guyon de Boues son frere, estoit demeurée heritiere de la Terre de Flauacour ; enfin elle est passée à la Maison de Foüilleuse par le mariage que contracta Guillaume de Foüilleuse, dit le Begue, auec cette Marie de Boues heritiere dont nous venons de parler.

Pour retourner à nostre Guillaume de Flauacour, il fut Chanoine & Grand Archidiacre en l'Eglise de Roüen ; & l'on voit dans le Chartrier du Bec, que l'an 1306. il eust quelque different en cette qualité auec l'Abbé & les Religieux de cette Abbaye.

II. *Il fut Archidiacre de Roüen, Chancelier du Comte de la Marche, & Euesque du Vinarez.*

Charles Comte de la Marche, fils du Roy Philippe le Bel, & petit fils de S. Loüis, ayant reconnu sa grande suffisance dans les affaires spirituelles & temporelles, le fit son Chancelier; & l'Euesché de Viuarez estant venu à vacquer par la mort de Loüis de Poictiers, VI. Euesque de cette Ville, il fut élû en sa place le 24. Nouembre 1319. comme le tesmoignent les Registres du Vatican. Les Bulles de prouision que Iean XXII. luy donna, qui se voyent encor dans les Archiues Royales, disent qu'il

GVILL. DE FLAVACOVR.

estoit d'vne famille Noble, recommandable pour sa science & ses bonnes mœurs. Il ne demeura pas trois ans entiers auec cette premiere Espouse, car il passa à l'Eglise de Carcassone l'an 1322. le 4. Aoust, & fut le 24. Euesque de cette Ville, ayant succedé à Pierre de Rochefort, où il ne resta pas non plus bien long-temps.

III.
Il passe de l'Euesché de Carcassone à l'Archeuesché d'Ausch.

L'Archeuesché d'Ausch estoit demeuré vacant deux ans durant, depuis la mort d'Amanée d'Armagnac, qui arriua (selon Messieurs de sainte Marthe) en 1318. Ils disent donc que les Chanoines jetterent les yeux sur luy, & l'élûrent pour leur Prelat l'an 1320. bien que dans la liste des Euesques de Carcassone, ils escriuent qu'il ne le fut qu'en 1322. ce qui ne se pourroit pas accorder facilement s'ils n'assuroient en traitant des Archeuesques d'Ausch, qu'il ne prist possession qu'en 1323. ou 24. Il dédia l'an 1326. le 18. de May, l'Eglise de S. Iacques de l'Hospital, & l'Autel de la Chartreuse de Paris en 1332. Mais où parut dauantage sa pieté, fut dans l'Institution ou nouuelle Fondation de huit Prebendes, pour huit Chapelains dans sa Cathedrale d'Ausch, afin que le Diuin seruice y fut celebré auec plus de decence & de majesté.

IV.
Plusieurs actions qu'il fit en cette qualité.

V.
En quelle année il fut transferé à l'Eglise de Roüen.

Enfin l'Archeuesché de Roüen estant venu à vacquer par la promotion de Pierre de la Forest au Cardinalat, on jetta les yeux sur luy pour l'approcher de son lieu natal, pour le mettre dans le Siege que son Oncle auoit remply si dignement, & en l'Eglise où il auoit desia seruy en qualité de Chanoine & de Grand Archidiacre. Il fut mis en la place du Cardinal de la Forest. C'est merueille que le sieur Dadré n'a point parlé de luy, & que le Pere Taillepied ne l'a pas obmis, encore que son dessein ne fut pas de traiter auec exactitude des Archeuesques de Roüen. Vn ancien Manuscrit de Mr. Bigot, & le sieur Denyau dans son *Cathedra Rothomagensis*, rapportent bien au long vne Patente ou Lettre d'institution d'vne Confrairie des Pelerins de S. Iacques en Compostelle à Pontoise, donnée comme il croyoit par nostre Guillaume de Flauacour : toutefois il y a de l'erreur, d'autant que si cette piece luy appartenoit, il faudroit dire qu'il n'auroit esté Archeuesque qu'aprés Philippes d'Alençon, puis qu'il la met comme estant donnée à Paris le 5. de Iuillet 1378. Ie dis donc qu'il faut absolument qu'il se soit glissé faute dans l'Ouurage du sieur Denyau, & que ce qu'il attribuë à Guillaume de Flauacour, doit estre donné à Guillaume de Lettrange, lequel en effet estoit Archeuesque en 1378. Et ce qui luy a donné occasion de faillir, est que dans ces anciennes Pancartes ils ne mettoient pour l'ordinaire que la premiere lettre du nom, comme G. *Arch*. ou de plus *Guillelmus*; ce qui se peut remarquer dans les anciens tiltres : & ainsi il a esté aisé de prendre Guillaume de Flauacour pour Guillaume de Lettrange, ainsi que la date le justifie clairement.

VI.
Erreur du sieur Denyau, qui luy attribuë vne Patente qui n'est pas de luy.

VII.
Cause de cét erreur, & de plusieurs autres semblables.

VIII.
Mort de Guillaume de Flauacour.

Les miseres du temps tres-fascheux & assez court, que ce Prelat gouuerna l'Eglise de Roüen, ont laissé peu de memoires de ses actions. Il mourut le premier iour de May 1359. c'est ce que nous apprend l'Obituaire de la Cathedrale, qui ne dit point s'il y fut enterré, ou s'il fut porté autre part. Il donna vn Calice d'or, comme il paroit des Registres

DES ARCHEVESQVES DE ROVEN.   521
giſtres du Chapitre. Il fut engagé dans vn beſoin pour deux cens Eſcus GVILL. DE
d'or. Voicy ſon Eloge en abregé.   FLAYACOVR

Quadruplici cinxit Guillelmus tempora vittâ,
Stemmata qui factis antiqua, recentibus auxit.

ELOGE
DE PHILIPPE D'ALENCON. 69.
Cardinal.

PHILIPPE
D'ALENÇON.
An de I. C.
1369.
CHAP.
I.
Sommaire.
I.
*Naiſſance de
Philippe d'A-
lençon; ſa fa-
mille.*
II.
*Son aiſné ſe
fit Religieux
de S. Domini-
que, & fut
depuis Arche-
ueſque de
Lyon.*

III.
*Philippe fut
Eueſque de
Beauuais, &
non pas Ar-
cheueſque
d'Auſch.*

IV.
*Il poſſeda en
outre pln-
ſieurs biens
de patrimoine
& autres qui
luy furent
donnez.*

PHILIPPE d'Alençon fut creé Archeueſque de Roüen, l'an *Manuſcrit de*
1359. Il eſtoit de la Royale Maiſon de France, Neueu & Filleul *Monſieur Bi-*
de Philippe de Valois, fils de Charles II. Comte d'Alençon,   *got.*
& de Marie d'Eſpagne, de la Maiſon de Lacerda, qui tiroit ſon origine
du ſang Royal de Caſtille. Son aiſné Charles d'Alençon, pouſſé d'vn
ſaint deſir de ſeruir Dieu auec plus de perfection, & d'ailleurs ennuyé
des troubles qui auoient continuellement affligé la France depuis la
mort de ſon pere, abandonna genereuſement toutes les grandeurs que
ſa naiſſance & ſes éminentes qualitez luy pouuoient faire eſperer. Il ſe
fit donc Religieux de S. Dominique, & quoy que ſa mere eut interpoſé
le credit du Pape Innocent VI. pour l'obliger à retourner au monde, &
gouuerner les Eſtats que ſon pere luy auoit laiſſez, tous ſes efforts furent
inutiles, & elle ne pût empeſcher qu'il ne demeuraſt dans cette humble
& ſainte Profeſſion, où il acquit les vertus Paſtorales, qu'il fit depuis
éclater dans le gouuernement de l'Egliſe de Lyon, dont il fut eſtably
Archeueſque. Philippe embraſſa pareillement le party de l'Egliſe, & fut
fait Eueſque de Beauuais en 1356. Le ſieur Friſon s'eſt meſpris, lors qu'il a
dit qu'il fut en ſuite Archeueſque d'Auſch, & enfin transferé à l'Archeueſché de Roüen, puis qu'il eſt certain qu'il eſtoit Eueſque de Beauuais
lors qu'il fut choiſi pour eſtre Metropolitain de la Normandie, ainſi
qu'on le peut voir chez le ſieur Loiſel qui a eſcrit les Antiquitez de Beauuais, & dans les anciennes Tables de l'Egliſe de Roüen, où il eſt dit
qu'il fut fait Archeueſque de Roüen. Outre les biens d'Egliſe qu'il poſſeda, il joüit encore de pluſieurs grands reuenus; car ie trouue dans quel-
„ ques anciens Memoires, que Philippe de Valois ſon Oncle & Par-
„ rain, luy donna és années 1343. & 1344. ſix mil liures de rente, à heri-
„ tage en la Terre que feu Robert d'Artois Comte de Beaumont poſſe-
„ doit venuë au Roy par confiſcation. De plus, que l'an 1362. Loüis d'E-
vreux, Comte d'Eſtampes ſon frere, luy donna la ville de Gien ſur
Loire, Lunel en la Seneſchauſſée de Beaucaire en Languedoc, Gallar-
don en l'Eueſché de Chartres, & autres Domaines.

V.
Son zéle pour

Il ſe montra fort genereux & fort zélé pour la defenſe des droits & des

Vuu

Philippe d'Alençon. les droits de l'Eglise.

libertez de l'Eglise, dequoy nous auons quelques exemples assez remarquables ; dont le premier est vne Lettre de concession de la Haute Iustice, qu'il obtint pour son Manoir Archiepiscopal, aussi-tost qu'il fut élû & confirmé. Et comme cette piece est d'importance pour justifier ce que nous auons auancé dans nostre Preface, touchant les Droits & la Iustice de nos Archeuesques, j'ay crû qu'il estoit à propos de la donner icy toute entiere, & dans le stile qu'elle a esté écrite.

VI.
Lettre pour la Iustice des Archeuesques.

„ CHarles ainsnés fils du Roy de France, Regent le Royaume, Duc
„ de Normandie, & Dalphin de Vienn. Sçauoir faisons à tous
„ presens & auenir, que de la partie nostre tres cher & amé cousin Phi-
„ lippe d'Alençon Esleu confermé de Roüen nous a esté exposé, que
„ comme du temps ancien de la fondation & dotation de l'Eglise
„ Nostre-Dame de Roüen, le Palais & Manoir Archiepiscopal dudit
„ Archeuesché joignant & prés de ladite Eglise, auec toutes les maisons
„ contiguës & adherens, soient de si noble fundement, que es dits
„ lieux ait & aient eu ses predecesseurs Archeuesques de Roüen toute
„ Iurisdiction espirituele & temporele, haute, moyenne, & basse, pei-
„ siblement de tant de temps, qu'il n'est memoire du contraire. Et ou
„ dit Palais ou autre edifice dudit Manoir, quelque part que bon leur
„ semble, comme en lieu franc & souuerain, & aussy comme chief de
„ toute la temporalité dudit Archeueschié, les dis Archeuesques aient
„ du temps passé dessus dit tenu & fait tenir leur Eschequier de toutes
„ les causes de leurs subgets & iusticiables, & iurisdiction temporele
„ la deuolues comme en audience souuerain. Et tout ce qui ou dit
„ Eschequier est iugé & ordené, prent fin de querele, sans iamés ail-
„ louts ressortir par quelque voye. Neantmains enuiron huit ans a pas-
„ sés, ou temps de l'Archeuesque Pierre [a] à present Cardinal, pour oc- *a de la Forest.*
„ casion d'vn multre fait & perpetré par vne laie personne oudit Ma-
„ noir, ou lieu que l'en appelle la Court l'Official, ou l'en tient & exer-
„ ce la Iurisdiction esperituelle, matere de descort & question ou debat
„ de Iurisdiction temporele se mist par entre les gens & officiers dudit
„ Archeuesque P. d'vne part, & nostre Bailly & Procureur du Bailliage
„ de Roüen d'autre, pour laquelle chose ledit Archeuesque P. fist aucun
„ pourchas & empetra lettres de nostre tres cher seigneur & pere, &
„ apres la translation dudit Archeuesque a estat de Cardinal, le tem-
„ porel de l'Eglise estant en la main de nostredit seigneur, à cause de re-
„ gale, nostredit Bailly fist prendre de fait, non de droit, ledit multrier
„ estant es prisons dudit Archeuesque, & mettre en nos prisons : & sur
„ ce l'Archeuesque Guillaume [b] derrenierement trespassé obtint de nous *b de Flauacourt.*
„ ou de nostredit Seigneur lettres de restitution : lequel Archeuesque
„ G. trespassa ladite question non determinée ne mise a fin : parquoy le
„ droit, saisine, & possession de la Iurisdiction & franchise du dit Ma-
„ noir sont demourés empeschiés & perturbés contre raison : & pour-
„ roit porter prejudice, & estre matere de descort ou temps auenir, se
„ par nous n'y estoit pourueu. Si nous a nostredit Cousin supplié, que
„ sur ce luy veuillons pouruoir de remede gratieux & conuenable. Nous,

DES ARCHEVESQVES DE ROVEN. 523

„ qui voulons & sommes tenus garder & defendre les franchises, droits, PHILIPPE D'ALENÇON.
„ libertés, saisines, & possessions de nostre mere saincte Eglise, par
„ especial de l'Eglise dessus dite, laquelle est chief & Metropolitaine de
„ toutes les Eglises de nostre Duché de Normendie, & pour contem-
„ plation de nostredit cousin, sur ce plus à plain enfourmés, les cho-
„ ses dessus dites a nous exposées par iceluy estre vrayes: desirans pour
„ la grant & bonne affection que nous auons à luy, les droits, franchi-
„ ses, libertés, & appartenances de la dite Eglise a son temps estre par
„ nous, nos officiers & subgets especialement & honorablement gar-
„ dés, aamplis, & augmentés, & non diminués: eüe sur ce bonne &
„ meure deliberation, & aduis auec plusieurs des gens de nostre Con-
„ seil, voulons, declarons, & decernons par ces presentes, tant du deu
„ de justice, comme de grace especial, se mestier est, puissance & authori-
„ té Royal, dequoy nous vsons, les libertés, franchises, droits, & Iurisdi-
„ ction dessus dites appartenir a l'Eglise dessus dite es lieux dessus nom-
„ més, & que nostredit cousin & ses successeurs Archeuesques de Roüen
„ pour le temps auenir ou Palais, Manoir, edifices, & Court dessus dis,
„ & en chacun d'iceux, aient paisiblement & honorablement, comme
„ pure & perpetuelle aumosne, toute Iuridiction, haute, moyenne, &
„ basse; & puissent exercer & vser par eux, ou par leurs officiers ou com-
„ missaires, de toutes les choses, droits, franchises, & appartenances
„ dessus dites, en la maniere que dit est, & que exposé nous a esté par
„ nostredit cousin, Nonobstant le fait du dit multre, procés, explet,
„ ne chose qui s'en soit ensuie, ou quelconques autres fais, empesche-
„ mens, ou emplois attentés ou fais au contraire par aucuns de nos
„ Baillis ou Officiers, en quelque maniere que ce soit, les quielx nous
„ rappellons & mettons du tout au neant par ces presentes: & a nos dis
„ Officiers, sur ce imposons perpetuel silence de certaine science, &
„ pour cause, & de grace especial, se mestier est. Si donnons en man-
„ dement au Bailly de Roüen, qui a present est, & qui pour le temps
„ auenir sera, & a tous nos autres Iusticiers, ou a leurs Lieuxtenans, &
„ a chacun d'euls, si comme a luy appartendra, que nostre dit cousin,
„ & ses successeurs Archeuesques de Roüen laissent joir & vser paisible-
„ ment de nostre presente grace, ou ordenance, & du contenu es ces
„ presentes lettres; & que contre ce ou aucunes choses du contenu en
„ icelles ne viennent, ne sueffrent, ou facent venir par euls, ou par au-
„ tre, comment que ce soit, ou temps present ne auenir. Et ou cas que
„ nous y arions aucun droit, nous iceluy à nostredit cousin, pour luy
„ & ses successeurs à perpetuité, de nostredite grace auons donné &
„ donnons, sans ce que iamés par nous ou nos successeurs y soit empes-
„ chié ou temps auenir en aucune maniere. Et pour ce que ce soit ferme
„ chose & estable a tousiours, nous auons fait mettre nostre seel a ces
„ presentes. Sauf le droit de nostredit Seigneur & le nostre en autres
„ choses, & l'autrui en toutes. Donné a Roüen le v.ᵉ iour d'Octobre,
„ l'an de Grace mil ccc. cinquante nuef. Ainsy signées. Par Monsieur
„ le Regent. Iulianus.

V v u ij

HISTOIRE

PHILIPPE D'ALENÇON.

Le second exemple que nous auons, est d'vne autre nature & en vne matiere bien differente; & ce fut vn effet de la Prouidence de Dieu, que Charles V. luy accorda, n'estant encore que Duc de Normandie & Regent du Royaume, ce qu'il luy eust sans doute refusé aprés ce fâcheux démeslé, que nostre Archeuesque eust auec luy depuis qu'il fut paruenu à la Couronne. En voicy le sujet.

VII.
Il refusa de conferer vn Benefice à vne personne qu'il iugeoit indigne, quoy que le Roy l'en priast.

Le Roy Charles V. luy recommanda vn certain Clerc de sa Cour, afin qu'il le pourueut d'vn Benefice vacant dans son Eglise Cathedrale; nostre Prelat l'en ayant trouué incapable, faisoit conscience de luy accorder sa demande, protestant qu'il ne pouuoit se resoudre à introduire dans les charges de l'Eglise, vne personne qui en estoit indigne, & qu'il craignoit d'en estre responsable deuant Dieu; suppliant sa Majesté de ne pas trouuer mauuais, s'il ne faisoit pas ce qu'Elle témoignoit desirer de luy. Le Roy n'agréa pas cette excuse; & comme les Souuerains

VIII.
Le Roy fit saisir le Temporel de son Archeuesché, & ce qui en arriua.

veulent que leurs prieres ou recommandations tiennent lieu de commandement, il prit ce refus pour vne desobeïssance, & pour la punir fit saisir le Temporel de nostre Archeuesque. Ce Prelat tascha par toutes les soûmissions imaginables, & par le credit de ses amis d'appaiser le Roy, & de détourner les effets de sa colere. Mais voyant que toutes ses deferences & toutes ses sollicitations estoient inutiles, il prononça vne Sentence d'Interdit, laquelle augmenta infiniment le courroux du Roy; & preuoyant bien qu'il n'auroit pas de repos ny de seureté, demeurant en France, il s'en alla trouuer le Pape Vrbain V.

IX.
Autre exemple de sa fermeté dans les fonctions de sa charge.

Vn peu auparauant ce different, il en eut vn autre assez considerable auec son Chapitre; son zéle & sa fermeté dans l'exercice des fonctions de sa charge, le fit resoudre de visiter son Chapitre, soit pour corriger quelque desordre auquel le Doyen negligeoit de remedier, ou simplement pour faire acte d'Archeuesque, selon laquelle qualité il pretendoit auoir droit de faire cette Visite.

X.
Il entreprend de visiter le Chapitre de sa Cathedrale, les oppositions qu'il eut sur ce sujet.

Comme il se presenta pour la commencer, les Chanoines s'y opposerent, soustenans qu'ils n'auoient jamais esté visitez que par leurs Doyens; sur laquelle responce il les fit assigner à Auignon, deuant le Pape Vrbain V. qui ordonna que par prouision il feroit la Visite, sauf audit Chapitre à produire par escrit ce qu'ils voudroient alleguer pour leur deffense dans certain temps. Et en effet, ie trouue dans le Cartulaire de l'Archeuesché, que le 16. Decembre 1365. l'an quatriesme d'Vrbain V. estant entré dans le Chapitre il leur exposa le sujet de sa venuë, qui estoit

XI.
Abbregé de l'Acte de la Visite qu'il fit par prouision.

pour visiter le Doyen & Chapitre & l'Eglise de son authorité ordinaire; & parce que le S. Pere luy auoit enjoint par ses Lettres Apostoliques, dont lesdits sieurs Doyen & Chapitre auoient eu connoissance, & en auoient copie, &c. En suite dequoy, ledit Seigneur Archeuesque commença sa Visite sans aucun contredit; il visita donc à l'Eglise le Tres-saint Sacrement, & ordonna qu'à l'aduenir on le renouuellast tous les Dimanches, &c. Il retourna dans son Palais Archiepiscopal, jusques au lendemain qu'il rentra aprés Prime dans le Chapitre, & renouuella l'Ordonnance qu'il auoit faite le iour precedent; & discours s'estant meus

DES ARCHEVESQVES DE ROVEN. 525

XII.
L'Archeuesque & le chapitre prennent des Arbitres pour terminer leurs differends.

de part & d'autre des differens qui estoient entre ledit Seigneur Archeuesque & le Doyen & Chapitre, ledit Seigneur leur témoigna qu'il souhaittoit & seroit fort aise de voir tous leurs differens reglez, & de viure en bonne vnion & intelligence auec eux, & qu'ils choisissent quatre personnes du Chapitre ayant pouuoir, & que luy de sa part en choisiroit quatre autres, & ce que ces huict personnes conuiendroient par ensemble, ils s'y tiendroient ; ce qui fut accepté par le Chapitre, & procederent incessamment au choix de leurs Arbitres.

PHILIPPE D'ALENÇON

Cependant ledit Pape Vrbain vint à mourir auant la décision du different, auquel succeda Gregoire XI. Neueu de Clement VI. qui auoit esté autresfois Archidiacre du Vexin Normand en l'Eglise de Roüen.

XIII.
Le Pape Vrbain estant mort, ils obtiennent de son Successeur la Bulle d'Exemption.

Celuy-cy donna audit Chapitre des Bulles d'Exemption de la Iurisdiction des Archeuesques ; les Chanoines ayant profité du temps & de l'occasion qui leur estoit fauorable, & s'estant préualus aduantageusement, tant de la faueur du Roy qui recommanda leurs interests au Pape, que de celle du Pape mesme, lequel fut aussi bien aise de gratifier le Chapitre où il auoit autresfois tenu rang. Ce sont les motifs que Gregoire employa dans la Bulle qu'il leur fit expedier le premier de son Pontificat, qui escheut à l'an 1370. Ie la donneray, Dieu aydant, toute entiere dans l'Histoire de la Cathedrale.

CHAP. III.
Sommaire.
I.
Il souffre plusieurs vexations des Officiers Royaux.

EN suite le Pape Gregoire XI. jugeant bien que l'esprit de nostre Archeuesque ne s'accommoderoit pas auec celuy du Roy, ny sa conduite auec celle de son Chapitre, pensa qu'il seroit plus à propos pour le bien de la paix & pour la satisfaction des vns & des autres, de le retirer de sa Charge. Philippe s'y trouua d'autant plus porté, qu'il ne pouuoit joüir de son reuenu qui estoit toûjours arresté, nonobstant toutes les diligences qu'il faisoit, & que ceux mesme de Paris eussent gardé quelque temps l'Interdit qu'il auoit jetté pour ce sujet. Les vexations du Bailly de Roüen & de son Viconte, durerent jusques à l'an 1373. qu'à la

II.
Le Roy luy restitue ses biens.

priere du Pape, le Roy Charles V. par ses Lettres données au Bois de Vincennes au mois de Iuillet, declara & ordonna que toutes les poursuites faites contre l'Archeuesque & la Iurisdiction de l'Eglise de Roüen, ne luy porteroient aucun prejudice pour le passé non plus qu'à l'aduenir, en la possession & propriété de sa Iurisdiction temporelle, & n'acqueroient aucun droit à sa Majesté ou à ses Officiers contre ladite Eglise de Roüen, mais que toutes les procedures seroient cassées, & toutes choses remises en mesme estat qu'elles estoient, le premier iour de Iuillet de l'an 1372. Et que pour la reuerence du susdit S. Pere, main-leuée seroit accordée pour les biens qui auoient esté arrestez ; c'est ce que ie trouue dans les Registres de l'Archeuesché. Quoy que cette reparation semblast

III.
Il quitte l'Archeuesché de Roüen, & est fait Patriarche de Ierusalem, & Archeuesque d'Ausch.

aduantageuse à nostre Prelat, toutesfois s'estant enfin lassé des outrages que l'on auoit commis contre sa dignité, il la quitta de luy-mesme, & fut à Auignon, où le Pape le receut fort humainement, l'honora d'abord du titre de Patriarche de Ierusalem ; & depuis ayant nommé à sa place Pierre le Iuge, Archeuesque de Narbonne, & substitué à l'Eglise de Narbonne Iean Roger, qu'il tiroit de l'Eglise d'Ausch, il luy confera l'Archeuesché de ce dernier.

Vuu iij

PHILIPPE D'ALENÇON.
IV.
Il rentre dans les bonnes graces du Roy.

Or comme il est des personnes qui sont meilleurs amis de loin que de prés, & que le temps adoucit les maladies d'esprit, l'amitié d'entre le Roy & nostre Prelat fut plus aisée à renoüer pendant son éloignement, que s'il fust tousiours demeuré en Normandie, & leur reconciliation fut si publique & manifeste, que le Pape escriuit l'année 1377. au Roy de France, & se conjoüit auec luy par lettres en date du 12. de Decembre, de ce qu'il auoit receu en ses bonnes graces le Patriarche de Ierusalem, Philippe d'Alençon, qui auoit l'honneur d'estre son parent: & ce qui est de merueilleux, est que le mesme Roy auoit écrit au Pape, pour le prier de le créer Patriarche d'Aquilée, & Cardinal. Ie ne vous diray point les motifs qui engagerent le Roy à faire cette demande, dont les Historiens n'ont point parlé. Ce que nous sçauons, est que le Pape luy donna des raisons pour lesquelles il ne pouuoit pas satisfaire à son desir. Quant à Philippe d'Alençon, il fut le premier Prince du sang Royal de France, creé Cardinal, Prestre du titre de sainte Marie de là le Tybre, par le Pape Vrbain VI. qui creut par ce moyen gratifier le Roy de France, de l'appuy duquel il auoit besoin, à cause du Schisme que Clement VII. Antipape auoit excité en l'Eglise. Dans cette fascheuse conjoncture où le Pape se voyoit, craignant que le Roy ne fauorisast le party de son aduersaire, il fit son possible pour conseruer son amitié, & mesme à sa consideration, il le fit Legat du Patrimoine de S. Pierre, auec vne souueraine authorité de vendre, & d'engager les biens de l'Eglise, à cause de l'extreme necessité du S. Siege, & de leuer des soldats quand il le iugeroit à propos. Depuis il fut creé Euesque Sabin: & enfin Marquardus Patriarche d'Aquilée estant mort, il fut substitué en sa place; ce qui ne se passa point sans beaucoup de bruit, la Noblesse & le Clergé n'ayant pû souffrir que cette dignité qui demandoit residence personnelle, & en laquelle ceux du païs estoient bien aises de ne pas voir vn estranger, fust donnée en commande à vn Cardinal. C'estoit vne des raisons qui auoit obligé le Pape Gregoire à le refuser au Roy de France, lors qu'il luy en auoit écrit, d'autant (disoit le Pape) qu'il sçauoit que le Patriarche d'Aquilée auoit vn grand peuple sous sa Iurisdiction, & de differentes conditions, & par consequent vn grand Temporel, & qu'il est enuironné de toutes parts de Seigneurs puissants: Enfin qu'il ne jugeoit vray-semblable que les droits de cette Eglise pûssent estre soustenus que par vn Prelat qui fust originaire du païs qui fit residence, & auec tout cela qui fut vne personne puissante. Philippe d'Alençon l'experimenta bien, car il eut besoin des armes temporelles du Pape, & de celles de Loüis Roy de Hongrie son cousin, pour ranger au deuoir quelques-vns de la Noblesse qui ne le vouloient pas reconnoistre, & qui ne s'estoient pas beaucoup mis en peine des armes spirituelles & des Censures de l'Eglise. Mais comme il est bien difficile de se retenir dans les bornes d'vne juste moderation, lors que l'on poursuit la reparation d'vn tort que l'on croit auoir receu de ses sujets, & particulierement dans la chaleur des armes, où il est aisé de se laisser emporter dans l'excez de la vengeance ou du chastiment.

V.
Le Roy prie le Pape de le faire Patriarche d'Aquilée & Cardinal.

VI.
Il fut fait Cardinal & Legat.

VII.
Et Patriarche d'Aquilée.

VIII.
Il poursuit auec trop de vigueur quelques rebelles.

DES ARCHEVESQVES DE ROVEN.

CHAP. III.
Sommaire.
I. Et encourt la disgrace du Pape.

PHILIPPE D'ALENÇON.

LE Pape Vrbain l'ayant souuent aduerty qu'il agist auec plus de douceur, & traitast plus moderément ceux d'Aquilée, qui en auoient fait leurs plaintes au Pape; & le Patriarche ne déferant pas à ses aduertissemens reïterez, encourut sa disgrace. Ie sçay qu'il est des Autheurs qui l'attribuent à d'autres causes; car les vns disent qu'il luy deuint suspect, à cause que Charles Roy de France fauorisoit Clement VII. son ennemy, & qu'il crût que Philippe estant son parent & François de naissance, ne manqueroit de suiure ses sentimens. D'autres (comme Ciaconius) disent qu'il se retira d'auprés le Pape Vrbain sans auoir pris congé de luy, parce qu'il l'estimoit trop austere & insupportable; en suite dequoy, le Pape le déposa & priua de tous ses honneurs, & de toutes ses dignitez Ecclesiastiques; toutesfois il y fut depuis restably par Boniface IX. Successeur d'Vrbain VI. lequel mesme le fit Euesque d'Ostie. Enfin, aprés auoir esté employé dans plusieurs Legations en Italie, & auoir eu en commande deux Abbayes, toutes deux de S. George, l'vne à Veronne, & l'autre à Ferrare, du reuenu desquelles il faisoit vn tres-bon vsage, il mourut à Rome.

II. Il est remis dans ses biens & honneurs, & meurt à Rome.

III. Estant Archeuesque de Roüen il fit dresser vn Poulier des Benefices du Diocese.

Il auoit quitté l'Archeuesché de Roüen dés l'année 1374. On conserue encore vn Poulier des Benefices de l'Archeuesché de Roüen, qu'il fit dresser de son temps, qui est dans vn ancien Liure dans le Chartrier de l'Eglise de Roüen, & qui a pour tiltre, *Copie des Lettres de l'Archeuesché, dressé, escrit & diuisé en six parties, par le commandement du tres-Reuerend Pere en Dieu, Monsieur Philippe d'Alençon.*

IV. Il escriuit à l'Vniuersité de Paris en faueur de Boniface IX.

Nous auons veu cy-deuant que le Pape Boniface IX. le remit dans les premieres grades, honneurs & dignitez dont son Predecesseur l'auoit déposé pour quelque different. Mais Philippe n'en demeura pas ingrat, s'estant depuis attaché fortement au party du mesme Boniface, pendant le dangereux Schisme de Pierre de la Lune; & ayant escrit du 8. Iuillet 1394. à l'Vniuersité de Paris, il loüa beaucoup la constance qu'elle fit paroistre dans vn temps si fascheux, & de ce qu'elle ne s'estoit laissée ébranler ny par promesses ny par menaces, pour quitter le party du vray Pape. Il la conjura qu'elle s'employast instamment auprés du Roy, pour le porter à embrasser l'affaire de l'Vnion. Le sieur Hemeré dans son *Augusta Viromanduorum*, dit qu'en l'an 1365. nostre Archeuesque Philippe d'Alençon prononça Sentence d'excommunication contre le Chapitre de S. Quentin, à cause du refus qu'il faisoit de payer vn certain subside que le Pape auoit accordé au Roy; mais qu'ayant examiné les Priuileges de l'Eglise de S. Quentin, il leua l'excommunication, & declara qu'elle estoit exempte de cette contribution; que l'Abbé de S. Oüen fut vn des examinateurs députez par nostre Archeuesque, conjointement auec les Abbez de S. Ansbert de Cambray, & de S. Faron de Meaux, lesquels ayant fait leur rapport, il prononça son Iugement.

V. Different qu'il termina en faueur des Chanoines de S. Quentin en Vermandois.

VI. On luy donna la qualité de genereux défenseur des libertez de l'Eglise.

Vn ancien Manuscrit luy donne cette loüange, d'auoir esté vn genereux deffenseur de la Iurisdiction de l'Eglise, & de ses libertez, contre les Iuges Laïques, & principalement contre le Bailly de Roüen, Oudard d'Otteuille, peut-estre à raison des procez qu'il auoit eu luy & ses Offi-

528   HISTOIRE

PHILIPPE D'ALENÇON

ciers contre ledit Bailly, le Viconte, & autres Officiers du Roy, qui furent de tres-longue & fâcheuse consequence, & particulierement au sujet d'vn Bref qui fut donné; lesquels procez furent enfin terminez par l'entremise du Pape, l'an 1375. & c'est de cette affaire que l'on doit entendre ce que rapporte le Pere Raynaut, continuateur de Baronius sur cette mesme année.

VII. *Témoignage que rend de luy vn ancien Manuscrit.*

,, Perceual de Caigny en son Histoire Manuscrite de la maison d'A-
,, lençon, dit de luy, qu'estant à Rome, il eust le plus grand gouuerne-
,, ment entant le fait de l'Eglise, que tous ceux qui y estoient deuers le
,, Pape, & là vesquit, & se gouuerna si saintement, & honnestement,
,, que le Pape, les Cardinaux, & tout le College le reputoient homme
,, de tres-sainte vie, & aussi tout le peuple qui auoit connoissance de
,, luy. Il adjouste que deuant le trespassement d'iceluy, & mesme apres,

VIII. *Il dit que Dieu l'honora de miracles deuant & apres sa mort.*

,, Dieu fit de grands miracles par luy à Rome, où il fut enterré à sainte
,, Marie la Ronde (quoy que d'autres ayent escrit qu'il receut les der-
,, niers honneurs de la sepulture dans l'Eglise de sainte Marie delà le
,, Tybre.) Il fut mis dans vn tombeau de marbre, auec son effigie &

IX. *Epitaphe mis sur son tombeau.*

,, l'Epitaphe suiuant, proche l'Autel qu'il auoit fait faire.

Francorum genitus Regia de stirpe Philippus
Alenconiades, Ostia titulatus ab vrbe.
Ecclesiæ Cardo, tanta virtute reluxit,
Vt sua supplicibus cumulentur marmora votis.
Anno milleno G. C. quater abde, sed Iter
Occubuit. qua Luce Dei, pia virgo que mater.

1397. Sed Ciaconius 1402.

Outre les Autheurs cy-dessus, S. Antonin fait vne honorable mention de luy, & plusieurs autres. Les armes d'Alençon sont d'azur aux Fleurs-de-lys d'Or sans nombre, qui estoit de France auant Charles VI. à la bordure de gueules, chargée de besans d'Or, 8. selon aucuns. I'adjousteray à l'Epitaphe que ie viens de rapporter cy-dessus, ces deux Vers.

a p.3. tit. 22. c. 12.

Liligera stirpis Germen Regale Philippus,
Inuicti specimen pastoris, facta reliquit.

Le sieur Frison nous donne vn Archeuesque de Roüen dans son *Gallia purpurata*, qu'il nomme Pierre de Crosson, Cardinal Limosin, sous Innocent VI. c'est à dire enuiron l'an 1356. Il le met apres Philippe d'Alençon, & cite pour garand Ciaconius. Mais outre qu'il est euident par ce que nous venons de dire, qu'il n'a pû tenir ce Siege qui n'estoit pas encore occupé par Philippe d'Alençon en 1356. mais par Guillaume de Flauacour, qui le laissa auec la vie en 1359. il faudroit renuerser toute la Chronologie; joint qu'il n'est fait mention de luy dans aucun Catalogue ancien, ou moderne.

ELOGE

ELOGE
DE PIERRE DE LA MONTRE,
ou le Iuge. 70.   Cardinal.

P. DE LA MONTRE.
An de I. C.
1375.
CHAP.
I.
Sommaire.
I.
En quelle année Pierre de la Montre prit possession de l'Archeuesché de Roüen.

LE sieur Robert donne ces deux Noms à cét Archeuesque, qui fut surrogé à Philippe d'Alençon dés l'an 1374. selon la façon de compter Romaine, ou 75. suiuant la Françoise, ainsi qu'il se iustifie par vn ancien Manuscrit de l'Eglise de Roüen, & encore plus euidemment dans l'Acte que ie produiray cy-apres, que le Pape Gregoire XI. donna au Roy de France Charles V. qui est en date du 28. Aoust, le 5. de son Pontificat, & répond à l'an 1375. puisqu'il est certain que ce Pape commença de prendre le gouuernement de l'Eglise le 30. Decembre 1370. Le mot de (*Nuper*) inseré dans cét Acte, semble remarquer qu'il y auoit desia quelque temps que Pierre estoit pourueu de l'Archeuesché; ce qui me fait croire que ce fut sur la fin de l'année 74. & au commencement de l'an 75. Il estoit Limosin, & Moyne de l'Ordre de S. Benoist, mais nous ignorons de quel Monastere. Messieurs de Ste Marthe le font

II.
Les autres emplois qu'il ent auant d'estre Archeuesque de Roüen.

aussi Euesque de Sarragosse dés l'an 1346. Toutesfois ie ne connois aucun autre Autheur qui luy ait donné ce titre. Onufre ne fait aucune mention de l'Archeuesché de Roüen, lors qu'il parle de luy, & qu'il le met le premier des Cardinaux que Gregoire XI. fit en la seconde creation au mois de Decembre 1375. & dit simplement, qu'il estoit Archeuesque de Narbonne; quoy qu'il soit veritable qu'estant à Auignon, proche du Pape, lors que Philippe d'Alençon se démit de l'Archeuesché de Roüen, que sa Sainteté en pourueut Pierre de la Montre, sous le bon plaisir du Roy de France, comme il paroist de l'Acte que ie vay donner incontinent.

III.
Le Roy le dispense de venir en personne luy rendre l'hommage pour le temporel de son Eglise.

Pierre estant alors cassé de vieillesse, & rendant actuellement seruice au Pape, qui le retenoit prés de luy à Auignon; le Roy en consideration de son âge, & pour gratifier le Pape, luy accorda le Droit de Regale, sans qu'il fust obligé de venir personnellement luy prester foy & hommage pour le temporel de son Eglise, l'en ayant dispensé iusques à vn long terme qu'il luy donna, & se contentant qu'il le fit par Procureur: Mais afin que cette gratification ne préiudiciast en rien aux droits Royaux, le Pape luy en donna cette Declaration.

Gregoire Euesque, Seruiteur des Seruiteurs de Dieu, pour seruir de memoire du present Acte.

IV.
Lettre de non preiudice pour cette dispense.

„ LA préuoyance du Pontife Romain, qui agit toûjours auec beau-
„ coup de circonspection, recherche volontiers suiuant le deuoir
„ de sa Charge, les choses qui sont vtiles & auantageuses aux Eglises, &
„ aux personnes Ecclesiastiques, & qui tendent à conseruer à chacun
„ son bon droit. Ayant donc dernierement iugé à propos, du conseil
„ de nos Freres, & de la plenitude du pouuoir & authorité Apostoli-

HISTOIRE

P. DE LA MONTRE.

„ que, de transferer au Siege Archiepiscopal de la ville de Roüen, qui
„ estoit pour lors vacant, Pierre Archeuesque de Narbonne, apres l'a-
„ uoir absous du lien qu'il auoit contracté auec cette Eglise, dont il
„ auoit le gouuernement pour luy donner la charge de cét autre Arche-
„ uesché, ainsi qu'il est porté plus au long dans nos Lettres que nous luy
„ auons fait expedier : & ledit Pierre éleu qui est obligé, comme l'on
„ dit, à faire l'hommage, & serment de fidelité pour le temporel de son
„ Archeuesché à nostre tres-cher Fils en I.C. Charles, illustre Roy de Fran-
„ ce, ne pouuant presentement s'acquitter de ce deuoir, & à cét effet
„ aller trouuer le Roy. Et comme on nous a fait entendre, sa Majesté
„ ayant intention de gratifier le susdit éleu Pierre nostre proche parent,
„ qu'elle veut luy remettre pour cette fois, tous & vn chacun les droits
„ que l'on dit luy competer & appartenir, à cause & en consequence

V.
Cette grace consistoit aussi au droit de Regale.

„ de la Regale & vacance de ladite Eglise de Roüen, & par vne faueur
„ speciale le receuoir par Procureur, pour luy faire l'hommage & ser-
„ ment de fidelité, ou du moins luy donner vn terme assez long &
„ assez suffisant pour luy rendre personellement ces deuoirs. Nous donc
„ agreants toutes ces choses, accordons, de l'authorité Apostolique, par
„ ces presentes, que le Roy luy faisant grace à l'égard de ce droit de Re-
„ gale pour cette fois, soit qu'il se contente de receuoir par Procureur,
„ la foy & l'hommage qui luy sont deubs, ou qu'il luy donne terme pour
„ luy rendre ses deuoirs en personne, cela ne portera aucun préjudice
„ à ladite Regale, & autres droits, en quoy qu'ils puissent consister, ny
„ au Roy, ny à ses successeurs, ou à la Couronne de France ; ny que
„ cela ne pourra tirer à consequence pour l'aduenir. Qu'il ne soit donc,
„ &c. Donné à Ville-neuve d'Auignon le 28. Aoust, de nostre Pontifi-
„ cat l'an cinquiéme.

VI.
Il fut receu à la Cathedrale auec protestation.

Cette piece justifie parfaitement ce que nous auons dit cy-dessus, & sert à faire connoistre l'estat où estoient les affaires de l'Eglise. Le nouuel élû fut receu au Chapitre, sans préjudice des droits de la Cathedrale, qui sont les protestations ordinaires, & ce qui luy restoit, se voyant dépoüillée du droit qu'elle auoit eu d'élire son Pasteur. Il fut receu le 9. Octobre

VII.
Il ne visita point le Troupeau dont il fut Pasteur.

1375. par son Procureur ou Grand Vicaire, nommé Pierre Begon, auquel il auoit donné à cét effet commission, ainsi qu'il est porté dans les Registres Capitulaires. Mais il ne garda pas long-temps cette nouuelle dignité, & ne visita pas le Troupeau dont on luy auoit donné la charge,

VIII.
Il fut créé Cardinal, & mourut allant à Rome.

car le Pape le créa Cardinal du titre de sainte Marie la Neuve. Trois mois aprés la prise de possession de l'Eglise de Roüen, & ayant suiuy le mesme Pape Gregoire XI. lors qu'il retourna à Rome, il mourut en chemin le 21. Nouembre de l'année suiuante 1376. à Pise, où il receut les derniers

IX.
Erreur de quelques Autheurs touchant l'année de son trépas, & le lieu de sa sepulture.

honneurs de la sepulture ; d'où il est évident que ceux-là se sont trompez, qui ont dit qu'il auoit esté enterré en l'Eglise Cathedrale de Narbonne, & qui ont differé son decez jusques à l'an 1379. Ces deux Vers finiront son Eloge.

Narbonæ, Petrus sacri fit Pastor ouilis;
Postea Rotomagi ; quem tandem Purpura vestit.

DES ARCHEVESQVES DE ROVEN. 531

ELOGE
DE GVILLAVME DE LETTRANGE. 71.

GVILL. DE
LETTRANGE
An de I. C.
1375.

CHAP.
I.
Sommaire.
I.
Guillaume
de Lettrange
prend posses-
sion par Pro-
cureur, & de-
puis, en per-
sonne.
II.
Sçauoir s'il
fut Nonce
auant que
d'estre Arche-
uesque de
Roüen.

LES anciens Catalogues de nos Archeuesques substituent à Pierre de la Montre au 22. Decembre de la mesme année, Guillaume de Lettrange ou des Estranges, aussi Limosin, lequel prit possession par Procureur sur la fin de Ianuier ; & il est fait mention dans les Archiues de la Cathedrale du Doyen de Saintes , & de Gerard de la Roche Cellerier d'Aurillac , & Tresorier de l'Archeuesché, qu'il enuoya à ce dessein , & la prit personellement le 20. Octobre 1375. Quelques-vns l'ont fait Nonce du Pape auant qu'il fust élû Archeuesque , quoy qu'il n'en soit parlé dans aucun Autheur qui ait escrit de luy. Bien au contraire, celuy qui s'en est expliqué plus clairement , a esté Mr. de Sponde au supplément de Baronius, lequel ne luy donne cette qualité de Nonce qu'en 1377. deux ans aprés qu'il eust esté nommé Archeuesque de Roüen. Il dit donc que Gregoire XI. quoy que pressé de plusieurs extrémes & tres-vrgentes necessitez , ne voulut jamais souffrir que les Eglises de France fussent chargées d'aucuns nouueaux subsides ; & comme Pierre Euesque de Maguelonne, son Tresorier, qu'il auoit laissé à Auignon pour le pouuoir secourir dans ses besoins , eut voulu leuer quelque decime sur les biens des Ecclesiastiques de France , il luy deffendit de passer outre par ses lettres escrites d'Anagnye, le dernier de Iuillet 1377. & par d'autres datées du mesme iour , & adressées à Guillaume Archeuesque de Roüen, Nonce du Siege Apostolique auprés du Roy Tres-Chrestien , & luy declara qu'il n'entendoit point qu'on fit de nouuelles impositions, ny qu'on exigeast de nouueaux droits de subsistance ou nourriture, quoy qu'il luy pust arriuer ; & encore que tout dûst perir, il ne vouloit point qu'on tirast autre chose que ce que les Prelats deuoient à la Chambre Apostolique , ou par redeuance & seruitude, ou à ceux qui seroient pourueus de nouueau de leur Benefice , à raison de la vacance.

III.
Le Pape luy
écrit en cette
qualité pour
vne taxe
nouuelle.

IV.
Il luy écriuit
aussi de prier
l'Empereur
& le Roy
d'assister l'E-
glise oppri-
mée.

Le Pape escriuit l'année suiuante aux mesmes, le 12. Ianuier , & plus particulierement à nostre Archeuesque, luy recommandant qu'il eust à s'employer tres-soigneusement auprés de l'Empereur Charles IV. qu'il auoit appris deuoir venir en bref à Paris , & auprés du Roy de France, pour tâcher de leur persuader de secourir l'Eglise & son Pasteur Vniuer„ sel, & qu'ils ne souffrissent pas (adjouste-il auec beaucoup de douleur)
„ qu'elle gemist plus long-temps sous la tyrannie de ces Scelerats, Impies,
„ Sodomites , Vsuriers , & Heretiques manifestes , lesquels s'estans en-
„ graissez de rapines & de faueurs qu'ils auoient receuës, en auoiët abusé;
„ & aprés auoir perdu la crainte de Dieu & des hommes, tâchoient d'é-

Xxx ij

HISTOIRE

Gvill. de Lettrange touffer la Foy Orthodoxe, & aneantir le droit Diuin & naturel, donnant affez à entendre de qui il vouloit parler.

V.
Le Roy le députa pour aller au deuant de l'Empereur, auec quelques autres Prelats.

Noftre Archeuefque s'employa conformément aux intentions du Pape, qu'il feruit tres-fidellement auprés du Roy, car il eftoit fort bien venu en Cour, & fut député auec les Euefques de Bayeux, Lifieux, & Evreux, fes Suffragants, pour aller au deuant de l'Empereur Charles IV. qui venoit trouuer le Roy de France en l'Abbaye de S. Denis, où il fut receu auec beaucoup de magnificence. Le Roy donna à noftre Prelat feance au Parlement, tenu le 16. & 19. Decembre de la mefme an-

VI.
Le Roy l'honora de la charge de Confeiller d'Eftat.

née 1378. & l'honora depuis de la charge de Confeiller d'Eftat: Cela fe juftifie par de certaines Lettres Patentes que le Roy luy donna pour l'amortiffement de 200 liures de rente que ledit Archeuefque vouloit employer à fonder des Chappelles, ou à quelque autre pieux vfage. Le Roy ,, le qualifie fon tres-aimé & tres-fidelle Confeiller : & en confideration ,, des agreables feruices qu'il luy auoit rendus, & rendoit encore actuel- ,, lement dans les plus difficiles & importantes affaires de fon Royaume, ,, comme l'experience luy faifoit voir, il luy accorde tres-volontiers ce ,, qu'il auoit defiré de fa Majefté. Il en faifoit encore la fonction en 1381. ainfi qu'il fe juftifie par les anciens Regiftres de la Chambre des Comptes de Paris. En cette mefme année il alla à Bologne auec l'Euefque de

VII.
Il eft député pour traiter la paix auec l'Anglois.

Bayeux, Meffire Arnaut de Corbie Prefident au Parlement de Paris, & le Comte de Braine, pour y traiter au nom du Roy, vne Tréve ou fufpenfion d'armes auec l'Anglois.

VIII.
Il Baptifa vn des enfans de Charles VI. & auoit efté parrain d'un de ceux de Charles V.

L'Hiftoire de Charles VI. donnée au public par Mr. le Laboureur, porte que le Dauphin fut Baptifé par l'Archeuefque de Roüen, & tenu fur les Fonds par le Comte de Dammartin. Il auoit defia eu l'honneur de tenir fur les faints Fonts de Baptefme le 25. Septembre 1386. vn des enfans de Charles V. lequel vefcut fort peu, & alla changer le Royaume de France auec celuy du Ciel.

CHAP. II.
Sommaire.
I.
Le cœur de Charles V. fut receu & enterré de fon temps dans l'Eglife Cathedrale de Roüen.

CE fut pendant que ce Prelat gouuernoit l'Eglife de Roüen, que Charles V. furnommé le Sage, ayant voulu que fon cœur fut enterré à la Cathedrale de Roüen, tant à caufe des motifs fpecifiez dans l'Eloge precedent, qu'à raifon du grand amour qu'il auoit toufiours eu pour la ville de Roüen, en reconnoiffance de la fidelité qu'elle luy auoit toufiours gardée, il y fut apporté auec grande pompe, & placé dans vn riche Tombeau de marbre au haut du Chœur.

II.
Il fut Fondateur de la Chartreufe de Roüen.

Mais l'action la plus éclatante de toute la vie de ce pieux Archeuefque, & celle qui luy fut fans doute la plus meritoire deuant Dieu, fut la Fondation de la Chartreufe de Roüen, appellée Noftre-Dame de la Rofe, de laquelle j'efperois donner plufieurs remarques affez curieufes, dans l'Hiftoire des autres Monafteres & Eglifes de Roüen; mais cét honnefte Ecclefiaftique, dont j'ay parlé dans ma Preface, m'ayant déchargé de ce trauail, s'en pourra acquitter auec plus de fatisfaction du Public.

III.
Nicolas Orefme luy prefte le ferment pour l'Euefché de Lifieux.

Guillaume de Lettrange eut la fatisfaction de voir pour Doyen de fon Eglife Nicolas Orefme, perfonnage des plus habiles & des plus confiderez de fon temps, grand Philofophe & grand Theologien, comme mar-

DES ARCHEVESQVES DE ROVEN. 533

quent les emplois pour lesquels il fut choisi ; sçauoir l'education & in- GVILL. DE
struction du Roy Charles V. en faueur duquel il traduisit en François les LETTRANGE
Politiques d'Aristote. Le Roy honora son merite de l'Euesché de Lisieux,
dont il fut pourueu, & en presta le serment accoustumé entre les mains
de Guillaume de Lettrange son Metropolitain, le 18. Ianvier 1386. Il or-
IV. donna que les Colleges d'Albane, des Clementins, & Dernetal, portas-
Il ordonna sent pour l'aduenir en ladite Eglise de Roüen des Chappes noires de
que les Cha-
pelains de la drap, & des Aumusses fourrées, comme les Chanoines d'icelle Eglise,
Cathedrale
portassent des mais non pas si somptueuses ny si riches. Il est toutesfois hors de doute
Chappes noi-
res & des que long-temps auparauant lesdits Chappelains se seruoient de ces
Aumusses.
Chappes ; car il se trouue que l'Archeuesque Pierre de Colmieu qui fut
depuis Cardinal d'Albane, ordonna que les Clercs ou Chappelains qu'il
auoit fondez, eussent tous les ans vne Chappe pour le Chœur, qui ne
passast point la somme de vingt sols tournois, si faire se pouuoit. Le sieur
V. Frison a écrit que ce fut Guillaume de Lettrange qui obtint la Bulle du
Que ce ne fut
pas luy qui Deport l'an 1388. mais j'ay fait voir le contraire, lors que j'ay parlé du
fut l'Autheur
du Deport. Deport en ma Preface.
VI.
Sa mort, le Enfin estant tombé malade à Gaillon, aprés s'estre muny des saints
lieu de sa se-
pulture, son Sacremens de l'Eglise, il rendit son Ame à Dieu, pour receuoir la Cou-
Epitaphe. ronne de tous ses trauaux. Son corps fut porté (selon quelques anciens
Manuscrits) en la Cathedrale de Roüen, où se firent les Ceremonies de
la Pompe funebre, quoy que d'autres assurent qu'il fut depuis enterré à
la Chartreuse de la Rose, où se voyoit l'Epitaphe suiuant, qui fut ruiné
comme plusieurs autres par la fureur des Heretiques.

*Hic jacet R. in Christo Pater & Dominus Guillelmus de Estrangiis, Diœcesis Le-
mouicensis, Archiepiscopus Rotomagensis, Fundator à primo lapide istius Domus.
Obiit Gallioni, Die secunda Martij, Anno Domini 1388.*

VII. Il mourut le 2. de Mars 1388. Il laissa aussi vne marque perpetuelle de
Fondations
qu'il fit à la sa pieté & de sa liberalité dans son Eglise Cathedrale, en y fondant deux
Cathedrale.
Chappelains en la Chappelle de S. Iean proche des Fonts, & donna
40 liures de rente pour son Anniuersaire, & vne Messe de la Vierge, qui
se dit le 12. Mars.

VIII. Le Reuerend Pere Prieur de la Chartreuse de Roüen, m'a commu-
Quelques ar-
ticles de son niqué le Testament de cét Archeuesque, leur Fondateur, & vn compte
Testament, &
de la dépense general que rendit Mᵉ Guy Rabascher, Chanoine d'Evreux, ordonné
faite pour ses
funerailles. & commis au gouuernement & administration de tous les biens dudit
Archeuesque : l'vn & l'autre est escrit dans de grands cahiers de parchemin fort exactement, & il y a plusieurs choses dignes de remarque.
I'en toucheray icy quelques vnes fort legerement, y en ayant plusieurs
qui sont pour la Chartreuse, que pourra donner celuy qui en traitera.
Il paroist par quelques articles de ce compte, qu'il mourut à Gaillon,
parce qu'il est chargé de la somme qui fut donnée au bastelier, pour
auoir apporté le corps dudit sieur Archeuesque deffunct, de Gaillon à
Roüen : Qu'il fut fait pour accompagner le cercueil vingt-six torches de
quatre liures piece, à trois sols six deniers la liure, & le jour de la sepulture on en fit 60. de six liures, pour conduire le corps en l'Abbaye de

X x x iij

534   HISTOIRE

GVILL. DE LETTRANGE IX.
Legs pieux & donations à diuers Monasteres & Eglises.

S. Oüen, &c. Ie trouue dans les mises de ce Compte, qu'on leua jusques à 456. aulnes de brunette pour le dueil : Qu'il y eust mil liures donnez aux pauures dans les halles : Qu'il y eust mille Messes dites à Roüen pour le repos de son Ame; autant à Paris; 500 liures à Limoges; & 500 liures à Auignon. Que l'on donna aux Monasteres de S. Oüen, de S. Lo, de S. Amand, la Magdeleine, les Beguines, les Filles-Dieu, les Billetes, au College des bons Enfans, chacun dix liures, & qu'il fut payé pour vn annuel à Nostre-Dame, 26 liures. Qu'à la requeste du Doyen & Chapitre de Roüen, on auoit mis en depost 2400 liures pour la fondadation de deux Chappelles, & pour l'amortissement de 40 liures de rente acquises, pour deux Obits en ladite Eglise : Et à chacun Conuent des Mandiants de Roüen, 25 liures.

X.
Remarque sur les meubles & l'argent qu'il laissa.

C'est vne chose surprenante de voir l'Inuentaire des meubles qu'il auoit, tant à Paris, qu'à Roüen, & autres lieux, puis que l'argent estant si rare, & les meubles, ou especes à si bas prix, il ne laissa pas de monter à 48092 liures quatre sols six deniers, y compris quelques payements de Fermiers, de sommes fort petites. La seule argenterie fut prisée à pres de 8000 liures, quoy que le Marc ne fust mis que pour six liures deux sols. Pour la vaisselle qui estoit en tres-grande quantité, & pour sa grande Crosse qui pesoit 26 marcs, & estoit d'argent doré, & cizelé fort delicatement, auec quelques autres pieces de sa Chappelle, elles estoient prisées à neuf liures dix sols le marc.

XI.
Ses heritiers & les executeurs de son Testament.

Il laissa diuerses pieces de cette argenterie à ses proches parens, & entr'autres à Mr. de Lettrange son pere, à Mr. l'Euesque de Saintes son frere, au Prieur de sainte Herene son frere, à la Dauphine de Lettrange, à Marguerite de Lettrange, à Raoul de Lettrange son frere aisné, Cheualier, son heritier & executeur testamentaire en partie; ie dis en partie, parce que ie trouue vn Messire Richard de la Roche, Limosin, Abbé de Vallemont, qui est aussi nommé executeur. (il auoit esté son Receueur) Outre ces deux, il y en eut encore cinq autres honoraires, le Chancelier de France, les Euesques de Langres, de Bayeux, de Saintes, de Teroüenne, & le Prieur de la Chartreuse de Roüen. Voicy son Distique.

Spectandum te Regis amor, sed Rothomagensis,
Clarius ipsa tuum reddit Carthusia Nomen.

XII.
Sçauoir si Guy de Roye a esté Archeuesque de Roüen.

Le sieur Robert, dans le Catalogue des Archeuesques de Sens, met pour 90. vn Guido de Roye, lequel d'Archidiacre de cette Eglise, en fut éleu Archeuesque, l'an 1388. & enfin fut transferé au Siege Metropolitain de Normandie, l'an 1390. Il cite le sieur du Verdier dans sa Bibliotheque. Toutesfois, comme il n'en est parlé dans aucun autre Autheur, & qu'en cette année de 1390. Guillaume de Vienne gouuernoit l'Eglise de Roüen. Ie ne vois pas que sur le seul témoignage de cét Autheur nous luy deuions donner rang parmy nos Archeuesques.

DES ARCHEVESQVES DE ROVEN. 535

ELOGE
DE GVILLAVME DE VIENNE. 72.

Gvill. de Vienne.
An de I. C.
1388.
CHAP.
I.
Sommaire.
I.
Famille de Guillaume de Vienne île Bourgogne.

GVILLAVME de Vienne succeda immediatement à Guillaume de Lettrange, & fut le 72 de nos Archeuesques. Il estoit d'vne tres illustre famille, ayant eu pour pere Guillaume, Seigneur de Roulans, & pour mere Dame Claude de Chandenoix. La famille estoit originaire de Bourgogne, plûtost que de Normandie, comme quelques Manuscrits de l'Eglise de Roüen le marquent, qui disent que cette famille fut d'auprés de Bayeux, bien qu'en effet elle soit reconnuë notoirement de tous les Autheurs pour Bourguignonne. Les curieux le pourront voir dans les meslanges Historiques du sieur de S. Iulian, qui traite de la pluspart des anciennes Familles de Bourgogne ; & mesme j'ay appris qu'elle subsiste encore, & que Monsieur le Comte de Commarin Lieutenant de la Prouince, est de la maison des Viennes, & en porte les armes. Ainsi donc il faudroit dire qu'il y a eu deux Archeuesques de ce nom, dont l'vn ait esté Bourguignon, & l'autre Normand, dautant que la plus grande partie des Autheurs ont attribué plusieurs choses à nostre Guillaume de Vienne le Bourguignon, qui ne luy appartiennent point, & que les anciens Manuscrits ont dit de Guillaume de Vienne Normand. Ie sçay qu'il s'est aussi pû faire que cette Famille ait possedé quelque terre proche de Bayeux, ou que quelque cadet, & mesme par alliance, ait donné le nom de Vienne à cette terre proche de Bayeux, ce qui aura causé cét erreur.

II.
D'autres la font de Normandie.

III.
Quelques-uns de ses proches parens.

I'apprends d'vn ancien Manuscrit, qu'il eut vne sœur nommée Ieanne de Vienne, Dame de Nant, qui fut mere de Iean de Nant Archeuesque de Vienne, & de Marguerite de Vienne qui espousa en premieres nopces Robert de sainte Beuue Cheualier, Seigneur du lieu ; & en secondes, Georges, Seigneur de Cleres. Quoy qu'il en soit de nostre Archeuesque, celuy dont nous parlons fut nepueu de Iean de Vienne Archeuesque de Besançon, & frere d'vn autre Iean de Vienne Admiral de France, assez connu dans l'Histoire.

IV.
Il fut Moine de S. Martin d'Autun, dont il fut depuis Abbé, & de S. Seine.

Il prit les premieres instructions des Lettres & de la pieté dans vn des anciens Monasteres de S. Benoist, qui est en Bourgogne, S. Martin d'Autun ; & de simple Moyne qu'il estoit, il deuint auec le temps Pere des Moynes, & Abbé de ce celebre Monastere, qui est aujourd'huy annexé à la Congregation de S. Maur, aussi-bien que celuy de S. Seine, Diocese de Langres, à cinq lieuës de Dijon, duquel il fut aussi Abbé enuiron l'an 1375. & principal bien-faicteur, y ayant construit plusieurs bastiments, comme le font voir ses Armes posées en diuers endroits. Il y a eu encore depuis en 1530. vn Antoine de Vienne, Euesque de Chaalon,

HISTOIRE

GVILL. DE VIENNE.

qui a esté Abbé en la mesme Abbaye de S. Seine.

V.
Il fut Euesque d'Autun, de Beauuais, & depuis Archeuesque de Roüen.

Au sentiment de Mr. Robert, il y auroit sujet de douter si ce Guillaume de Vienne qui fut nostre Archeuesque, fut transferé comme l'on dit de l'Euesché de Beauuais à l'Archeuesché de Roüen le 71. à cause qu'il se trouue de la difficulté en la Chronologie : A quoy on peut respondre qu'il n'y a personne qui le mette le 71. mais le 72. ou 73. De plus, que tous nos Memoires & Manuscrits, & le sieur Loysel en ses Antiquitez de la ville de Beauuais, disent tous assez clairement que c'est le mesme, & qu'il fut transferé de l'Euesché d'Autun à celuy de Beauuais, & de ce dernier à la Metropolitaine de Normandie par Clement VII. Antipape,

VI.
Il y fut transferé par Clement VII.

suiuant la pratique de ce temps-là. Et cela est si veritable, que Charles VI. ne voulut pas qu'il assistast auec quelques autres à cette celebre Assemblée qui fut tenuë à Paris, pour tascher d'esteindre le Schisme qui affligeoit l'Eglise depuis vn si long temps ; & la raison qui obligea ce Roy d'en vser de la sorte, fut (comme l'a fort bien remarqué Monsieur de Sponde) qu'il sçauoit que ces Prelats estoient attachez aux interests de Clement VII. qui leur auoit conferé les Benefices qu'ils possedoient. Ce fut donc le 29. de Mars de cette année 1388. qu'il fut transferé à l'Eglise de Roüen. Nous auons fort peu de connoissance de ses actions.

VII.
Il obtint vne decime sur les Benefices de son Diocese.

Il obtint au commencement de son Pontificat vne Decime des Curez des Paroisses de son Diocese en pur don, & de leur liberalité, sans aucune contrainte, pour luy aider à suppléer aux reuenus de son Archeuesché, qui estoient peut-estre en mauuais ordre à cause des guerres passées, ou pour satisfaire aux dépenses qu'il auoit faites ; tant y a que les vns y contribuerent d'vne Decime, selon la nouuelle reduction ; les autres d'vne Decime & demie ; Où il est remarqué dans les Registres de la Cathedrale, que ses Grands Vicaires n'exigerent rien des Chanoines & des autres Benefices du Chapitre. Il se trouue de plus dans les mesmes Archiues de certaines lettres de l'Archeuesque de Narbonne Camerier

VIII.
Et des lettres pour la iouissance du Deport.

de l'Antipape Clement VII. aux Collecteurs & Sous-collecteurs des reuenus de la Chambre Apostolique en la ville & Diocese de Roüen ; par lesquelles il leur commande qu'ils ayent à laisser cueillir & perceuoir à Guillaume Archeuesque de Roüen, les Annates & premieres années des Benefices de la ville & Diocese de Roüen, vacants par le decez ; lesquelles Annates estoient appelées Deport, de mesme façon que ses deuanciers en auoient joüy de toute antiquité ; de telle sorte toutesfois, que eux Collecteurs receuroient l'année d'aprés les fruits desdits Benefices, pour autant de temps qu'ils seroient reseruez à la Chambre Apostolique.

CHAP. II.
Sommaire.
I.
Il fit la ceremonie du Couronnemet de la Reine de France, femme de Charles VI.

LE Roy Charles VI. faisant couronner sa femme dans la sainte Chappelle ; de tous les Prelats de France il ne s'y rencontra que deux Euesques & l'Abbé de S. Denis, qui assisterent à cette ceremonie en habit Pontifical, & seruirent à l'Autel, où Messire Iean de Vienne Archeuesque de Roüen chanta la Messe, & auant la consecration fit le Couronnement, cette Pompe ayant esté des plus magnifiques. C'est ce que dit l'Histoire de Charles VI. mise en lumiere par Mr. le Laboureur,

de

DES ARCHEVESQVES DE ROVEN. 537

GVILL. DE VIENNE..

de laquelle j'apprens encore que le mesme Prince voulant accomplir vn Vœu qu'il auoit fait, presenta aux Religieux de S. Denis vne Chasse de fin or, du poids de 252. marcs, que le Roy son pere auoit commencée pour transferer les Reliques de S. Loüis, son Predecesseur & Ancestre.

II.
Et de la Translation des Reliques de S. Loüis, en vne Chasse de fin or.

,, Elle arriua de Paris dans vne littiere couuerte, aux premieres Vespres,
,, où l'Archeuesque de Roüen Officia; & le Roy qui ne vouloit point que
,, rien manquast à la solemnité d'vne si grande Feste, auoit assemblé les
,, principaux Prelats du Royaume : C'est à sçauoir, Messire Iean de Cra-
,, maut Patriarche d'Antioche ; Messire Guillaume de Vienne Archeues-
,, que de Roüen ; Messire Guillaume de Dormans Archeuesque de Sens;
,, Messire Pierre Dorgemont Euesque de Paris; Messire Nicolas du Bosc
,, Euesque de Bayeux, &c. tous ces Prelats reuestus Pontificalement, se
,, rendirent le lendemain à la Chappelle de S. Clement dans le Cloistre de

III.
Le Roy donne vn oßement de ces saintes Reliques aux Prelats qui assisterent à cette ceremonie.

,, ladite Abbaye, & le Roy aussi vestu de ses habits Royaux, qui tira les
,, saintes Reliques de l'ancienne Chasse. Le Roy fut trop liberal de ces
,, saintes Reliques, en ayant donné vne aux Prelats, qui la partagerent le
,, lendemain entr'eux, & quelques autres, au grand déplaisir des Religieux.
,, On fit la Procession; les Princes & Seigneurs porterent à leur tour la
,, Chasse neuve; après la Procession l'Archeuesque de Roüen celebra la
,, Messe, & le Seruice finy, les Prelats furent magnifiquement traitez au
,, Refectoire de l'Abbaye, où ils partagerent leur Relique auant de pren-
,, dre congé du Roy.

IV.
Il confirma la fondation des Chanoines de Charlemesnil, & leur donna quelques Statuts.

Du temps de nostre Archeuesque Guillaume de Vienne, sçauoir l'an 1402. Iean d'Estouteuille Seigneur de Charlemesnil, frere de Guillaume Euesque de Lisieux, de Thomas Euesque de Beauuais, & d'Estolde Archidiacre d'Eu dans l'Eglise de Roüen, fonda vn College de huit Chanoines dans vne ancienne Chappelle de sainte Catherine, proche son Chasteau de Charlemesnil, par la permission de nostre Archeuesque, qui érigea ledit College, leur donna quelques Statuts qu'il confirma, & la susdite Chappelle ou Eglise Collegiale, par ses Lettres données à Deville le 30. Iuin 1402.

V.
Il fit renouueller ses Droits à Dieppe.

I'apprens d'vn ancien Manuscrit en parchemin, qu'il fit renouueller les Droits & Coustumes qui luy estoient deubs en la ville de Dieppe, l'an 1396. comme ils estoient specifiez dans les Registres anciens de la Viconté dudit lieu, lesquels droits sont en tres-grand nombre; & sur tous les mestiers & marchandises, places, marchez & autres choses, sur lesquelles l'Archeuesque a droit, & ses Fermiers reçoiuent certaine somme d'argent. On lit au commencement ; Ce Liure, fit faire tres-Reuerend

VI.
Où il fit faire plusieurs bâtimens.

,, Pere en Dieu Monseigneur Guillaume de Vienne, par la grace de
,, Dieu Archeuesque de Roüen en l'an 1396. en celuy-lieu acheta ledit
,, Seigneur la court sur le Hable, jouxte ladite court, & par son com-
,, mandement son Receueur fit faire la massonnerie & la porte sur ledit
,, Hable, jouxte ladite court, & fit faire Poriot, le degré qui est en la
,, court, & l'entrée de la sale, & plusieurs autres notables édifices en son
,, Hostel de ladite ville de Dieppe.

VII.
Il fonda vne

Il auoit vne affection particuliere pour son Abbaye de S. Seine; &

Yyy

GVILL. DE VIENNE.
Messe quotidienne en l'Abbaye de S. Seine.

quelques Memoires que l'on m'en a communiqué, m'apprennent qu'il enuoya aux Religieux vne Mitre fort riche, & qu'il y a fondé à perpetuité vne Messe quotidienne à cinq heures, donnant à ce sujet deux mil liures. Il y fit encore depuis plusieurs grands biens, comme nous dirons.

VIII.
Il fut nommé executeur du Testamens de l'Admiral son frere.

Le sieur Duchesne, en son Histoire de la Maison de Bourgogne, dit que nostre Guillaume fut nommé executeur du Testament de Iean de Vienne Admiral, son frere, auec Ieanne Doiseleur vesue du deffunt, & Pierre de Montaigu. Demochare asseure qu'il assista au Concile de Constance; mais il est aisé de voir qu'il s'est mespris, puisqu'il mourut sept ou huit ans auant que le Concile commençast, sçauoir l'an 1414. Or il est

IX.
Erreur de quelques Autheurs, touchant l'année de son decez.

certain que l'an 1406. ayant dédié proche Vernon l'Eglise de la Magdeleine, & estant allé de là à Paris, il y mourut le 18. Février. D'où il est aisé de voir, que celuy-là s'est trompé dans sa Chronique qui a esté adjoustée à l'Histoire du sieur Curé de Maneual, qui a dit qu'il estoit mort en 1386. Messieurs de sainte Marthe nous ont donné le Testament qu'il fit auant que de mourir, qui merite bien d'estre inseré icy.

Au nom de la sainte & indiuiduë Trinité, Pere, Fils, & S. Esprit.

CHAP.
III.
Sommaire.
I.
Testament de cet Archeuesque.

„ SCachent tous & vn chacun qui verront ce present Testament, que l'an du mesme Seigneur 1406. Indiction 15. & le 18. du mois de Février, du Pontificat de nostre S. Pere le Pape Benoist XIII. l'an 13. Comparant personnellement en presence de moy Notaire public, & des témoins cy-aprés nommez, Reuerend Pere en Dieu Monseigneur Guillaume Archeuesque de Roüen, &c. Ne voulant pas sortir de ce monde sans auoir disposé de sa derniere volonté, en faisant vn Testament. Pour à quoy paruenir, il a en effet ordonné, fait Testament & declaré des choses à sa derniere volonté à luy appartenantes, & des biens que Dieu luy a donnez, en la forme & maniere cy-aprés specifiée. En premier lieu, il a recommandé deuotement son Ame, quand elle sortira de ce monde, à Dieu Tout-puissant son Createur, &c.

„ Item, il a voulu qu'auant toutes choses ses debtes fussent payées.

II.
Il ordonna que son corps fut porté en l'Abbaye de S. Seine.

„ Item, il a ordonné que son corps fut porté en l'Abbaye de S. Seine, Diocese de Langres, de laquelle il a esté autresfois Abbé, & qu'il soit là inhumé dans la sepulture qu'il a choisi & fait preparer en ce lieu dés il y a long-temps. Item, il a voulu que le Seruice de son enterrement & funerailles, soit fait & accomply suiuant la disposition & volonté des executeurs de son Testament, cy-aprés nommez, ou de deux d'entr'eux.

III.
Il donna à son Eglise de Roüen les biens qu'il auoit acquis à Louuiers, Dieppe, &c. pour ses Obits.

„ Item, il a legué à son Eglise de Roüen tous les biens qu'il a acquis, quels qu'ils soient, en la ville de Dieppe, à Louuiers, & à leurs confins, pour estre faits les Anniuersaires & autres Seruices annuellement en ladite Eglise pour le repos de son Ame & de ses bien-faicteurs, ainsi que lesdits Executeurs en ordonneront. Item, il a voulu presence du venerable Pere Iean Abbé du Monastere de S. Seine cy-dessus dit, lequel luy a aussi de sa part accordé benignement, qu'il soit fait & fondé en ladite Eglise ou Monastere, vn Anniuersaire solemnel pour le salut de l'Ame de tres-illustre Prince Monseigneur Iean Duc de Bour-

IV.
Il fonda vn Obit à S. Seine pour Iean Duc de Bourgogne.

DES ARCHEVESQVES DE ROVEN. 539

"goigne, & de ses amis; lequel Seigneur & Duc, à l'instance du present <small>Gvill. de Vienne.</small>
" Testateur, a amorty en perpetuité cent liures de rente en faueur dudit
" Monastere. Item, il a voulu que ses Executeurs testamentaires payent
" les gages, donnent recompense, satisfaction & contentement à ses
" Seruiteurs, Domestiques & Officiers, à vn chacun selon ses merites,
" & suiuant que selon leur conscience lesdits sieurs Executeurs jugeront

V. *Il laissa le reste de ses biens à l'Abbaye de S. Seine pour augmentation de dot.*

" leur deuoir estre donné. Pour le reste de tous & vn chacun ses biens,
" tant meubles, qu'immeubles, quels qu'ils soient, & où ils puissent
" estre, il les a donnez & les laisse purement & librement au Monastere
" de S. Seine, pour augmenter la fondation de sa Chappelle, & para-
" cheuer les bastimens qui ont esté commencez par ledit Testateur dans
" ce Monastere. Et quant à l'execution & accomplissement entier &
" parfait des choses cy-dessus mentionnées, il a fait, constitué, nommé
" & ordonné en presence de moy Notaire souscrit, & des témoins

VI. *Executeurs de son Testament*

" nommez cy-dessus, pour ses Executeurs Reuerend Pere en Dieu Guy
" par la grace & misericorde de Dieu Archeuesque de Reims, & Iean
" de Vienne, & le cy-deuant nommé Iean Abbé de S. Seine; Venerable,
" discrete & docte personne Mᵉ Hugue le Renoise Doyen de Roüen, &
" Laurens Poitillot dudit S. Seine, Amis dudit Testateur: En sorte tou-
" tesfois que s'ils ne peuuent tous vacquer, ou ne veulent, à l'execution
" des presentes, que deux qui en voudront prendre la charge, puissent
" accomplir & executer le tout en general & en particulier, &c. Item,
" le susdit Testateur a réuoqué, & par la teneur du present Testament
" reuoque tous les autres testamens, codicilles & dernieres volontez qui
" auroient pû estre faites autresfois par luy, &c. Ce fut fait & passé en

VII. *Ce Testament fut fait à Paris en l'Hostel des Archeuesques de Roüen.*

" l'Hostel Archiepiscopal du susdit Reuerend Pere Archeuesque de
" Roüen, estant situé en la Paroisse des saints Cosme & Damian pro-
" che la Porte de S. Germain des Prez, les an, Indiction, mois, iour &
" Pontife cy-dessus dits, presence de tres-Reuerend Pere en Dieu Guy
" Archeuesque de Reims, Dom Iean Abbé du Monastere de S. Seine cy-
" deuant nommez, & autres.

VIII. *Reflexion sur ce Testament.*

Ce Fragment de la derniere volonté de ce bon Prelat, montre assez sa pieté & sa vertu singuliere, & fait voir qu'il n'auoit pas beaucoup d'atta-che pour ses parens, ausquels il ne laissa rien, ayant disposé de tous les biens d'Eglise qu'il possedoit, ou en faueur de ses creanciers, & seruiteurs, qui est vn acte de Iustice; ou pour l'Eglise, qui est vn acte de pieté. D'où nous pouuons aussi remarquer, qu'il fut soigneux de ne rien laisser depe-rir du bien de son Eglise, lequel au contraire il augmenta de plusieurs nouuelles acquisitions faites à Dieppe, à Louuiers, & autres lieux adja-cents du Domaine de l'Archeuesché; en outre, que les Archeuesques auoient de son temps vn Manoir ou Hostel Archiepiscopal dans Paris.

IX. *Il fut mis dans vn Tombeau fort magnifique en l'Abbaye de S. Seine.*

Le corps dudit Archeuesque fut enterré en l'Abbaye de S. Seine, au costé Septentrional de l'Eglise, proche du grand Autel, dans vn magnifique Tombeau éleué enuiron de quatre pieds, sur lequel il est representé cou-ché de son long, vestu de ses habits Pontificaux, vn Religieux à sa teste presentant son Ame à la sainte Vierge, dont l'Image est posée à ses pieds

Yyy ij

GVILL. DE VIENNE.

dans vne niche. Au deſſus dudit Tombeau il y a vne voûte éleuée de plus de quinze pieds, ſouſtenuë de ſix pilliers. On voit deſſus cette voûte les douze Apoſtres, le tout fait d'vne pierre tres-blanche, & d'vne bonne main; de ſorte qu'il peut paſſer pour vn des beaux Mauſolées de la Bourgogne. Ce qui me fait croire que ce que ie trouue dans vn Manuſcrit de la Biblioteque de Mr. Bigot, ſçauoir que Guillaume de Vienne eſt enterré dans l'Egliſe de Vienne, proche Bayeux, qui eſt le lieu de ſa naiſſance, & qu'il fut mis dans vn Tombeau de pierre blanche qui fut ruïné en 1562. que cela dis-je ſe doit entendre d'vn autre Guillaume de Vienne, & non pas de celuy dont nous venons de faire l'Eloge. Il y a eu vn Antoine de Vienne dont j'ay parlé cy-deſſus, qui a eſté Abbé de S. Seine, de Moleſme, & Eueſque de Chaalons, qui mourut en 1547. & fut enterré à Moleſme. Ie finis l'Eloge de noſtre Archeueſque par ce Diſtique.

X.
Que ce ne peut pas eſtre cét Archeueſque qui a eſté enſerré prés de Bayeux.

Abbatis titulos tibi dat Burgundia, ſed te,
Primatis ſummo Normannia munere donat.

ELOGE
DE LOVIS D'HARCOVR. 73.

LOVIS D'HARCOVR
An de I. C.
1406.
CHAP.
I.
Sommaire.
I.
Famille de Loüis d'Harcour, ſes Terres & Seigneuries.

II.
Il fut éſlû Archeueſque de Roüen, quoy qu'il n'euſt l'âge.

III.
Son élection fut fort trauerſée à cauſe du Schiſme.

OVIS d'Harcour eſtoit fils de Iean III. Comte d'Harcour, & de Catherine de Bourbon ſœur de Ieanne de Bourbon, qui fut femme de Charles V. & ainſi il auoit l'honneur d'eſtre allié du Roy Charles VI. Il eut pour frere Iean IV. Comte d'Harcour, & ſa ſœur Blanche fut Abbeſſe de Fontevrauld. Il fut Vicomte de Chaſtelraud en Poictou, Seigneur d'Arſcot, de Meſſiere en Briue, & de l'Iſle Sauary. Aprés la mort de Guillaume de Vienne, le Chapitre de la Cathedrale le poſtula par voye de compromis, le Vendredy 18. Mars 1406. où il euſt les ſuffrages de vingt-huit Chanoines, quoy qu'à la verité parlant en rigueur de droit, il ne pût pas eſtre élû à cauſe du defaut de l'âge, car il n'auoit que vingt-ſix ans, & eſtoit Preſtre & Protonotaire Apoſtolique. Mais ſes excellentes qualitez auoient fait paſſer les Capitulants par deſſus cette conſideration, qui pouuoit eſtre ſuppleée par diſpenſe. Le deplorable eſtat où eſtoit reduite la Police & le gouuernement exterieur de l'Egliſe Catholique, pendant le plus long & le plus pernicieux Schiſme qui ait jamais eſté, auoit jetté toutes les choſes dans vne telle confuſion & dans vn tel deſordre, que cét élû ou poſtulé ne pût que tres-difficilement, & aprés de longues pourſuites, obtenir la confirmation de ſon élection & la diſpenſe pour l'âge. Les Antipapes eſtoient en poſſeſſion de ſe reſeruer les Benefices qui venoient à vacquer, & les conferoient à leurs Creatures & à leurs Partiſans, ou à des perſonnes puiſſantes, pour s'aſſurer de leur protection ; ce qui cauſoit des maux irreparables.

DES ARCHEVESQVES DE ROVEN. 541

IV.
Pierre de la Lune auoit nommé Iean d'Armagnac.

Benoist XIII. autrement dit Pierre de la Lune, aussi-tost qu'il eust appris les nouuelles de la mort de Guillaume de Vienne, auoit nommé à l'Archeuesché de Roüen Iean d'Armagnac, qui estoit prés de luy à Auignon, & estoit desia Archeuesque d'Ausch.

LOVIS D'HARCOVR

V.
Cette nomination fut de nul effet, les François ayãs embrassé la Neutralité.

Les François ayant refusé l'obedience à Benoist, & ayant embrassé la Neutralité pour obliger les deux Papes à se demettre volontairement, & donner lieu à vne élection Canonique, qui pust mettre fin à tous ces maux, ce Iean d'Armagnac porta par consequent le seul titre d'Archeuesque imaginaire, & sans aucun effet. Les Chanoines de Roüen estoient assez empeschez dans vne si fascheuse conjoncture, & ne sçauoient à qui s'adresser pour faire confirmer leur élection, dautant qu'ils ne pouuoient auoir recours au S. Siege, duquel dépend immediatement l'Eglise de Roüen. Ainsi donc, ils se virent contraints d'vser d'vn nouueau remede, dont ils ne s'estoient jamais serui. Ce fut d'auoir recours à l'Archeuesque de Lyon, qui prend la qualité de Primat des Gaules; & il se trouue dans les Archiues de la Cathedrale, vne Lettre de Philippe de Thury qui l'estoit pour lors, où l'énoncé de la Requeste portoit qu'ils auoient fait les poursuites necessaires auprés du S. Siege, pour faire terminer l'affaire de leur élection, jusques à ce que tout fraischement l'Eglise Gallicane auoit refusé l'obedience à tous les deux Papes, lequel empeschement leur ostoit le moyen de passer outre, & de continuer leurs diligences auprés du Siege Apostolique. La passion qu'ils auoient de voir leur élû confirmé, les auoit portez à s'adresser à luy; surquoy Philippe de Thury ordonna par ses Lettres expediées à S. Iean de Lyon le 17. jour d'Aoust 1408. que l'on publiast hautement dans la Metropolitaine & dans les Paroisses de S. Maclou, de S. Viuian, & de la Ronde à Roüen, vn recit de ce qui s'estoit passé dans l'élection, & qu'on eust particulierement à le notifier à Iean d'Armagnac, se disant Archeuesque d'Ausch, ou à ses Procureurs, si aucuns y auoit, ou enfin à personnes qui luy pûssent faire sçauoir. Que si luy ou autres auoient quelque chose à dire contre la susdite élection, ou la personne de l'élû & postulé, ou contre les formes qui doiuent estre obseruées, pour empescher qu'elle ne sortist son plein & entier effet, qu'ils eussent à comparoir deuant luy dans trente jours à Pontoise, dans la Maison Archiepiscopale du Diocese de Roüen, ou si l'adjournement n'estoit juridiquement fait, au plus tard à la fin du prochain mois, qu'il auoit élû domicile audit Palais Archiepiscopal pour entendre leurs raisons.

VI.
Les Chanoines de Roüen sont contraints de s'adresser à l'Archeuesque de Lyon, pour confirmer leur élection.

VII.
On publie l'élection dans Roüen, & elle est signifiée à la partie.

VIII.
Les parties sont citées au Palais Archiepiscopal de Pontoise.

CHAP. II.

Sommaire.

I. *Les Chanoines s'adressent au Concile assemblé à Paris.*

AV reste, l'affaire n'ayant pû reüssir par aucune de ces deux voyes, les Chanoines en prirent vne autre, qui leur donna vn plus heureux succez. Ce fut qu'ils s'adresserent au Concile qui estoit assemblé cette année à Paris, pour poursuiure l'vnion de l'Eglise Vniuerselle, & pour le bon reglement des Eglises particulieres du Royaume, & du Dauphiné. Leur Requeste fut proposée le 20. Septembre de la mesme année 1408. Indiction 14. à l'Assemblée qui se tenoit dans la Salle du Palais qui regarde sur la riuiere de Seine, où estoient les Prelats, les Députez des Vniuersitez & Chapitres des Eglises de France, & du Dauphiné. Les

Yyy iij

HISTOIRE

LOVIS D'HARCOVR

Ducs de Berry & de Guyenne, le Comte de Vandosme, le Connestable & le Chancelier de France, tous en general & en particulier firent réponse, qu'ayant égard aux formalitez & aux procedures apportées en l'élection, les demandes qui auoient esté faites tant pour admettre la postulation que pour la dispense de l'âge, deuoient estre accordées, & furent en effet admises, receuës & approuuées : Et de plus, afin que les choses

II. *Le Concile députa des Commissaires pour examiner l'élection, & l'élû.*

cy-dessus pûssent estre plus justement & plus raisonnablement executées, ils députerent les tres-Reuerends Peres en Nostre Seigneur, Messieurs le Patriarche d'Alexandrie, les Archeuesques de Bourges, de Tours, de Tholose, & de Sens ; comme aussi les Euesques de Lisieux, & d'Evreux, & l'Abbé du Mont S. Michel, au peril de la Mer, pour voir & examiner pleinement la maniere de cette postulation, auec le Procez verbal qui en auoit esté dressé, & la personne de l'élû ou postulé, & tout ce qui concernoit l'affaire ; ausquels à deux ou trois d'entr'eux ils donnerent pleine & entiere puissance, & Mandement special, d'admettre ladite postulation, & de faire au nom, & de l'authorité dudit Concile, ladite dispense, & mesme passer plus outre, selon les bornes du droit, & comme le portent les Ordonnances Canoniques.

III. *Le Concile déclare l'élection Canonique.*

Iusques icy, l'Acte qui fut dressé pour ce sujet se confirme aussi par l'Histoire de Charles VI. de Mr. le Laboureur, & se rapporte auec ce qui est écrit dans vn autre papier, où sont contenus les aduis ou deliberations sur le fait du regime de l'Eglise Gallicane, durant la Neutralité, prises & conclues à Paris par le Concile, &c. De l'onziéme Aoust jusqu'au 5. „ Nouembre, où il est dit, que ceux qui Presidoient au Concile, auoient „ ordonné sur la fin de Septembre, que Mr. Loüis d'Harcour qui auoit „ l'honneur d'estre du sang Royal, & qui auoit esté élû par le Chapitre „ de l'Eglise de Roüen, deuoit estre confirmé, & l'Archeuesque d'Ausch „ debouté de ses prétentions, parce qu'il suiuoit le party de Pierre de la „ Lune, & qu'il auoit accepté de luy depuis peu le Cardinalat, aprés mes- „ me que la Neutralité auoit esté diuulguée. Il est aisé de ce que dessus,

IV. *Erreur de Chronologie, touchant la Promotion & la mort du Cardinal d'Armagnac.*

de corriger vne faute de Chronologie qui s'est glissée dans Ciaconius, & quelques autres, qui comptent Iean d'Armagnac Archeuesque d'Ausch parmy les Cardinax que Benoist XIII. créa l'an 1409. Car outre ce que nous auons dit, l'authorité des Registres & papiers de l'Eglise d'Ausch est plus croyable. Or ils mettent la mort de ce Iean d'Armagnac le 8. Octobre 1408. & elle arriua fort à propos pour les affaires de nostre élû, & luy facilita l'entrée, & rendit paisible sa prise de possession.

V. *Plusieurs autres formalitez obseruées pour terminer cette affaire.*

On fit depuis à Roüen les proclamations accoustumées par trois Notaires, la mesme année aux iours des Festes de S. André, le Dimanche ensuiuant, & de S. Nicolas, sans qu'il y eust aucune opposition ; & le 13. Decembre les Procureurs du Chapitre & de l'élû comparurent à Lisieux deuant l'Euesque du lieu, & celuy d'Evreux, députez du Concile, où firent apparoistre des pieces justificatiues en bonne forme ; & ne s'estant trouué personne qui contredit, ils firent instance ausdits Commissaires, qu'ils eussent pareillement à s'enquester touchant la susdite postulation. Il y a en outre les Lettres des deux Euesques, où l'on voit

DES ARCHEVESQVES DE ROVEN.

plusieurs Fragments des Procez verbaux, qui auoient esté faits touchant cette élection & demande. Or il paroist par ce qui s'en ensuiuit, que les Députez la declarerent faite juridiquement & selon les Canons, & qu'elle fut authorisée & confirmée par le Concile; car le 16. Ianuier ensuiuant, Robert de Liuet Chanoine, fut receu comme Procureur; & ayant Commission speciale de Loüis, nouuel élû & confirmé, & general Administrateur de l'Eglise de Roüen pour en prendre possession. Voicy l'Acte qui fut lors dressé, du moins quant aux clauses qui regardoient l'authorité du Chapitre.

VI.
Loüis d'Harcour fait prendre possession par Procureur, en vertu du Decret du Concile.

VII.
Acte de la prise de possession, de la part du Chapitre.

,, Nous Doyen & Chapitre de ladite Eglise de Roüen, sauf les Priui-
,, leges accordez au Chapitre par les Papes, & nos Statuts, obseruances,
,, & loüables coustumes, auons receu Reuerend Pere Mr. Loüis d'Har-
,, cour, en la personne de Me Robert de Liuet, cy-deuant nommé Pro-
,, cureur, & ayant Commission & pouuoir special de luy pour l'admini-
,, stration des droits de l'Archeuesché, & pour prendre toute telle posses-
,, sion qui peut estre donnée de droit, & dont est capable vn élû & con-
,, firmé. Et en signe de cette reception & possession, vous auons assi-
,, gnées en cette qualité de Procureur, les places qui ont accoustumé
,, d'estre données aux Archeuesques; & ce en vertu de l'authorité des
,, Lettres émanées & signées de tres Reuerends Peres & Seigneurs du
,, sacré Concile, Simon par la misericorde de Dieu, Patriarche Alexan-
,, drin, Amelie Archeuesque de Tours, Pierre Abbé du Mont S. Michel,
,, au peril de la Mer, Ordre de S. Benoist, Diocese d'Avranche, Com-
,, missaires conjointement auec leurs autres Associez, sous la clause
,, énoncée dans l'Arrest, au cas que tous ne puissent vacquer, trois, ou
,, pour le moins deux la puissent terminer.

VIII.
Que l'Archeuesque de Lyon n'a pû tirer grand auantage de cette affaire.

En suite dequoy, luy furent assignées les places accoustumées, tant au Chœur qu'au Chapitre. C'est tout ce qui se passa touchant l'élection & postulation de nostre Archeuesque Loüis d'Harcour, qu'il a esté à propos de rapporter bien au long, pour justifier d'vne part la procedure du Chapitre de Roüen, pource qu'il eut recours à l'Archeuesque de Lyon, lequel en tout cas ne fit pas grand effet, comme nous auons veu, ayant esté plûtost vne tentatiue de personnes embarrassées, qui se seruoient de toutes les voyes qu'ils pouuoient s'imaginer pour faire reüssir leur dessein, qu'vn titre bien authentique sur lequel on pût fonder le droit de Primatie de l'Eglise de Lyon, sur celle de Roüen.

CHAP. III.
Sommaire.
I.
Loüis d'Harcour differe prés de trois ans son entrée solemnelle.

NOus ne sçauons point les motifs qui le pûrent faire differer vn si long espace de temps (qui fust prés de trois ans) à prendre possession personnellement de son Archeuesché, & à faire son Entrée solemnelle, si ce n'est les diuisions & calamitez publiques, dont la France estoit alors affligée, & la crainte qu'il pouuoit auoir que les Papes ne luy fissent de la peine.

Loüis d'Harcour estoit auec le Duc de Berry à Poictiers, lors que le Roy & le Duc de Bourgogne luy députerent vne Ambassade solemnelle, pour le porter à poser les armes & le venir trouuer, comme ie l'apprends de l'Histoire de Mr. le Laboureur; & les Registres de la Cathedrale por-

1410.

HISTOIRE

LOVIS D'HARCOVR II.
Le Roy l'honore de sa presence, & le mis en possession.

tent, que ce ne fut que l'an 1411. que nostre Prelat vint à Roüen, & fit son Entrée; laquelle ceremonie fut honorée de la presence de Charles VI. Roy de France, qui conduisit par la main le nouueau Prelat, comme pour le consigner entre les mains de son Espouse, l'Eglise de Roüen. Les mesmes Registres remarquent vne action qui arriua pendant cette ceremonie, qui fait voir combien ces bons Chanoines estoient exacts à conseruer leurs anciennes coustumes; car l'Archeuesque s'estant assis

III.
Different qui arriua touchant la seance de l'Archeuesque dãs le Chœur de sa Cathedrale.

dans la Chaire Archiepiscopale, & y ayant demeuré pendant qu'on chantoit la Messe, les Chanoines soustenoient qu'il ne deuoit pas y estre, mais qu'il deuoit prendre rang dans la Chaire du Chœur, où il auoit esté instalé en qualité de Chanoine; l'Archeuesque protestoit du contraire. Enfin pour le respect & la presence du Roy, ils souffrirent qu'il demeurast auec la Mitre & les ornemens Pontificaux dans la Chaire Archiepiscopale, sans prejudice toutesfois de l'Eglise de Roüen & des Chanoines, ce qu'il leur accorda; & reciproquement il protesta de sa part que s'il auoit fait quelque chose par simplicité ou mesme par ignorance contre ses droits, qu'il ne luy pourroit aucunement nuire ny prejudicier pour le present, ny à l'aduenir.

IV.
Erreur touchant vn Concile Prouincial, qu'vne Chronique met en 1405.

La Chronique de la Mare met l'an 1405. vn Concile Prouincial tenu à Roüen en la grande Eglise pour reformer le Clergé, bien qu'il n'en soit fait mention dans aucun autre Autheur, ny d'aucun autre Concile, sinon de celuy de Constance en Allemagne, qui fut commencé le mois de Nouembre 1414. où nostre Archeuesque enuoya deux députez, Iean Basire & Iean Vipard, Chanoines.

V.
Sedition arriuée à Roüen, où le Baillif & plusieurs autres Officiers furent tuez.

L'année d'aprés qu'il eut pris possession personnellement, les Partisans du Bourguignon ayans excité vne sedition en la Ville, le Baillif de Roüen Messire Raoul de Gaucourt, & son neueu nommé Iean Leger, son Lieutenant, & dix autres des principaux Officiers de la Ville furent tuez & jettez de dessus le Pont dans la riuiere de Seine. Le Roy Charles vint à Roüen en personne pour chastier cette insolence, lequel eust sans doute traité auec beaucoup plus de rigueur la Ville; & comme il arriue

VI.
Le Roy estant venu à Roüen pour chastier la Ville, l'Archeuesque le fléchit à misericorde.

ordinairement dans ces malheureuses conjonctures, les innocens eussent pâty pour les coupables, si l'Archeuesque n'eust fait en ce rencontre les deuoirs d'vn bon Pasteur, & n'eust employé le grand credit que sa naissance, son rang & son merite luy donnoient auprés du Roy Charles VI. à interceder pour son peuple. Et en effet il porta ce Prince à la clemence, & fut cause que ces seditieux ne furent pas punis auec la seuerité que sembloit exiger la grandeur de leur crime.

VII.
La ville de Roüen, aprés vn long siege, est prise par l'Anglois.

Cette calamité de la ville de Roüen fut suiuie d'vne autre. Henry V. Roy d'Angleterre estant venu en personne y mettre le siege, & luy ayant fait ressentir les incommoditez qu'vn long & fascheux siege apporte pour l'ordinaire à vne grande Ville & bien peuplée, la reduisit enfin sous sa puissance, & y entra victorieux le 20. Ianuier 1418. Il fut receu de tous les Ordres, & conduit à l'Eglise Cathedrale. Ie laisse à celuy qui donnera l'Histoire Ciuile, de traiter des particularitez de ce siege, n'estant pas de mon sujet d'en parler, ayant voulu seulement remarquer

que

DES ARCHEVESQVES DE ROVEN.

VIII.
Le Roy d'Angleterre fait saisir le temporel de l'Archeuesque.

que nostre Loüis de Harcour auoit eu le déplaisir pendant son Pontificat, de voir la ville de Roüen, & en suite presque toute la Prouince, passer sous la domination estrangere. Trois ans aprés, Henry fit saisir le temporel de l'Archeuesché en vertu de ses Lettres, pour la Regale ouuerte, le 21. Iuillet 1421. lesdites Lettres données à Mante, en consequen-
„ ce de ce que la personne qui se disoit, ou qui pretendoit estre Arche-
„ uesque de Roüen, ne luy auoit presté serment de fidelité depuis qu'il
„ auoit conquis la Normandie.

IX.
Loüis d'Harcour meurt dans le Poictou, & fut enterré aux Cordeliers de Chastelraud.

Ce fut peut-estre ce qui l'obligea de se retirer dans le Poictou, en sa Vicomté de Chastelraud, où il mourut le 19. Nouembre 1422. & fut enterré au Conuent des Cordeliers de cette Ville-là, où reposoit desia le corps d'Alix de Brabant son Ayeule. Il auoit laissé plusieurs marques de ses liberalitez enuers ce Conuent, car il y auoit donné de riches Ornemens, & fait plusieurs belles donations ; & quoy que l'on trouue dans

X.
Que ç'a esté le Patriarche d'Harcour qui a fondé les quatre Obits à la Cathedrale, & non pas l'Archeuesque.

quelques anciens Manuscrits, que Loüis d'Harcour fonda quatre Obits dans la Cathedrale de Roüen, ceux-là se sont trompez qui ont crû que c'estoit de nostre Archeuesque, estant certain que ce Loüis (ou pour mieux dire Iean d'Harcour) qui fonda ces quatre Obits qui se disent aux Quatre-Temps, fut Abbé de Lyre, Patriarche de Ierusalem, & Euesque de Bayeux, Archeuesque de Narbonne, & Cardinal, President aux Estats de Normandie & à l'Eschiquier de Roüen, lequel faisant pour lors sa residence à Roüen, mourut sur la Paroisse de S. Godard, où il demeuroit, & non pas de nostre Loüis d'Harcour; pour preuue dequoy, il y a encore proche ladite Eglise de S. Godard vne grande maison, que l'on nomme la maison du Patriarche. Ie finis cét Eloge par ce Distique.

Rebus in aduersis plebis Lodoicus azilum,
Conciliat Regem, vindictam ciuibus arcet.

ELOGE
DE IEAN IV. DE LA ROCHE-
Taillée. 74.

IEAN DE LA ROCHE-TAILLE'E.
An de I. C.
1422.
CHAP. I.
Sommaire.
I.
Naissance de cét Archeuesque, & ses premiers employ.

IEAN de la Roche-Taillée, que le sieur Dadré appelle Roche-Taillade; & les sieurs de sainte Marthe dans le Catalogue des Euesques de S. Papoul, Iean de Roque-Taillade, prist naissance en vn village à deux lieuës de la ville de Lyon, appellé Roche-Taillée, & non pas en Gascogne comme l'écrit le sieur Dadré. Il fut Enfant de Chœur en la grande Eglise de Lyon. Ie sçay que quelque curieux a fait autresfois l'objection qu'il n'auoit pû estre Enfant de Chœur, si on n'y chantoit point la Musique, mais ce n'est pas vne suite necessaire, car il y a pû estre pour faire les petits Offices que font les Enfans de Chœur dans

Zzz

546 HISTOIRE

IEAN DE LA ROCHE-TAILLE'E. les autres Eglises; comme de porter les Cierges, de faire l'Encens, & autres fonctions. De là il fut mis aux Escoles, où il fit vn tel progrez, qu'il deuint vn des habiles hommes de son temps, & fut fait Docteur en Droit Ciuil & Canon : Et comme les personnes qui faisoient Profession de cette sorte de science estoient fort recherchez, il ne fut pas long-temps sans auoir de l'employ. Il fut Official ou Iuge de la Cour Ecclesiastique de Roüen ; de là estant allé en Cour de Rome, il y fut honoré de la charge de Correcteur des Lettres Apostoliques; il se rendist auec le temps si recommandable pour ses excellentes perfections, qu'il fut député pour assister au Concile de Constance, où il se trouue auoir esté en qualité de Patriarche de Constantinople.

II. Il fut Docteur en Droit Canon, Official de Roüen, & Correcteur des Lettres Apostoliques.

III. Euesque de S. Papoul & non pas de S. Paul, & eut le titre de Patriarche de Constantinople.

Le sieur Frison le met Euesque de S. Paul des trois Chasteaux, mais il y a apparence qu'il s'est trompé, & qu'au lieu de S. Paul il a voulu dire S. Papoul; d'où Messieurs de sainte Marthe disent, qu'il fut le huitiéme Euesque en 1412. encore qu'il ne l'ait pas esté long-temps. Nous ne sçauons quand ny par qui le tiltre de Patriarche luy fut donné ; ie l'appelle tiltre seulement, qui n'estoit que pour l'honneur, dautant que les Papes depuis la separation de l'Eglise Grecque d'auec la Latine, auoient toûjours retenu auprés d'eux les quatre Patriarches, qui en portoient du moins le nom, n'ayant point d'autres reuenus que ceux que le Pape leur departoit pour soustenir cette qualité, laquelle ne se donnoit aussi ordinairement qu'à ceux qui auoient quelqu'autre Benefice, qui leur fournist les moyens de subsister. Il eut l'honneur parmy vn si grand nombre de Cardinaux, Archeuesques, Euesques, & autres députez qui estoient au Concile de Constance, d'estre nommé conjointement auec les Cardinaux, par vn Decret donné expressément à ce sujet, pour élire vn Pape aprés la démission des Contendants : Et en effet, Martin V. fut élû le 18. Decembre 1417. au grand contentement de tous les gens de bien. Le sieur Frison assure qu'il fut élû Patriarche d'Aquilée en ce Concile, mais il y a beaucoup d'apparence qu'il s'est trompé, ayant pris Aquilée pour Constantinople, puisqu'il n'y a que luy qui le dise, & que dans le Concile il est specifié de Constantinople; Messieurs de sainte Marthe le disent aussi expressément.

IV. Il eut vne fort honorable commission au Concile de Constance.

V. Il fut Euesque de Geneve.

Nous ne sçauons pas s'il estoit aussi Euesque de Geneve lors qu'il fut à ce Concile. Tant y a qu'il semble que Ciaconius & le sieur Robert l'assurent, quoy que le dernier parle de luy sans auoir mis son surnom, & presque sans le connoistre ; toutesfois il est hors de doute qu'il gouuerna cette Eglise de Geneve jusques à l'an 1421. qu'il la permuta à cette occasion.

VI. Iean Courtecuisse fut obligé de luy ceder l'Euesché de Paris, & de prendre celuy de Geneve.

Iean Courtecuisse, Originaire de Normandie, appellé l'Illustre Theologien, auoit esté éleué au Siege Episcopal de Paris, tant en consideration de son merite, que de l'authorité de Iean Duc de Berry, son Mecenas & son principal bienfaicteur. Mais il ne gouuerna pas long-temps cette Eglise, y estant entré en vn fascheux temps, & dans vne malheureuse conjoncture; car il deuint suspect à l'Anglois, qui s'estoit rendu Maistre de Paris, & fut tellement mal-traité, que perdant toute

DES ARCHEVESQVES DE ROVEN.

esperance de pouuoir viure en paix auec ce Prince Estranger, il se retira à S. Germain, & enfin fut contraint de permuter auec l'Euesque de Geneve, Iean de la Roche-Taillée, en 1421. Ce dernier prist le tître d'Administrateur perpetuel de l'Eglise de Paris, dans vn Priuilege par lequel il confirme les Statuts du College de la Marche à Paris, le 19. May 1423. Il fut aussi honoré du Roy, de l'Office de Conseiller d'Estat & Priué, aux gages de mille liures tournois; ce qui me fait croire qu'il joüissoit encore, & qu'il garda l'Euesché de Paris & la qualité d'Administrateur, qu'il auoit pris, aprés mesme qu'il eust esté élû Archeuesque de Roüen. Son élection se fit le troisiéme Février de l'année 1422. & ce seulement par vne partie du Chapitre, qui fut partagé en ses sentimens, les autres Chanoines ayant donné leurs suffrages à Nicolas de Venderes Archidiacre d'Eu en l'Eglise de Roüen. Mais enfin ce Competiteur fut contraint de luy ceder; il ne voulut pas toutesfois accepter son élection, que premierement il n'eust eu le consentement de Henry VI. Roy d'Angleterre, duquel il estoit confident. Il prit donc premierement possession par son Procureur & Grand Vicaire, nommé Iean Cheurot, Chanoine de Besançon, le 27. de Septembre de l'année suiuante 1423. & fut receu solemnellement en personne dans son Eglise le 22. Octobre, Présidant pour lors au Chapitre Iean Broüillot Chantre de la Cathedrale, & en presence des Euesques d'Avranche, & de Londres, qui assisterent à la Messe qu'on celebra Pontificalement à cette Reception.

IEAN DE LA ROCHE-TAILLÉE.

VII. *Il garda cét Euesché estāt Archeuesque de Roüen, & fut Conseiller d'Estat de l'Anglois.*

VIII. *Son élection pour l'Archeuesché de Roüen.*

CHAP. II.

Sommaire.
I. *Les Anglois ruinerent Gaillon.*

II. *Le Lieutenant de Roüen s'accuse deuant le Duc de Bethfort.*

III. *L'Archeuesque l'ayant conuaincu de faux, il est contraint de luy venir faire satisfaction*

IL se trouua cette mesme année au Concile general en qualité de President du Clergé de l'Eglise Gallicane. Ce Concile se celebra à Sienne, quoy qu'il eust esté indiqué à Pauie par le Pape Martin V. Cette mesme année de 1423. Iean Duc de Bethford, Oncle du jeune Henry VI. Roy d'Angleterre, & Regent du Royaume de France; en son nom ayant fait passer deça la mer vne armée, ses soldats mirent le siege deuant le Chasteau de Gaillon, Patrimoine de l'Eglise de Roüen; & qui auoit esté fortifié: Aprés qu'ils l'eurent pris par force, ils le ruinerent entierement.

Les Archiues de la Cathedrale rapportent que le Lieutenant du Baillif de Roüen ayant donné l'an 1425. quelques Articles au Duc de Bethford contre Iean Archeuesque de Roüen & ses Officiers.; l'Archeuesque se purgea des calomnies que le Lieutenant luy auoit imposées en presence du Duc & de son grand Conseil, & couurit de confusion son accusateur: Toutesfois estant touché des prieres que luy firent les Seigneurs du Grand Conseil & l'Euesque de Londres, qui interceda pour le Lieutenant, il voulut bien faire grace à sa partie, & se contenter d'excuses & de satisfactions verbales. Ce Lieutenant fut donc obligé de venir en la Chambre du Parlement, & depuis en la grande Salle de l'Archeuesché: estant à deux genoux, il dit à haute voix, presence de la ,, compagnie; Reuerend Pere, & Monseigneur tres-redouté, ie sçay que ,, j'ay failly en donnant de certains Articles contre vous & vos Officiers ,, à Monsieur le Regent; ce qui n'est pas seulement prouenu de moy, ,, mais par le mauuais conseil de quelques-vns, dont ie me repens. C'est ,, pourquoy, tres-Reuerend Pere & Monseigneur tres-redouté, ie supplie

Zzz ij

HISTOIRE

IEAN DE LA ROCHE-TAILLE'E.

,, voſtre Paternité, qu'elle daigne bien me vouloir pardonner.

IV.
Paroles que l'Archeueſque repartit à ce Lieutenant

Aprés quoy le ſuſdit Archeueſque luy fit réponſe, & luy dit entr'au-
,, tres choſes, que tant qu'il voudroit viure en paix & en bonne intelli-
,, gence auec luy, il luy ſeroit amy; mais que s'il ſe portoit à luy faire in-
,, ſulte & à machiner quelque choſe à ſon préjudice, ou au deſauantage
,, de ſon Egliſe, il deuoit s'attendre qu'il deffendroit ſes droits par tou-
,, tes les voyes poſſibles & raiſonnables : & il adjouſta qu'il entendoit
,, luy accorder le pardon qu'il demandoit à telle condition, que s'il ve-
,, noit à attenter quelque choſe à l'aduenir contre luy, qu'il ſeroit com-
,, me non accordé : Et ces conditions acceptées, il luy dit qu'il luy par-
,, donnoit; & l'ayant pris par la manche, le fit leuer preſence de Raoul
Rouſſel Treſorier de la Cathedrale & Conſeiller du Roy, Iean Cheurot
Grand Vicaire & Official, Iean Broüillot Chantre, Gilles des Champs
Chancelier, tous Chanoines de Roüen, & pluſieurs autres témoins qui
ſe trouuerent à cette ſatisfaction le 19. Aouſt. C'eſt ce qui ſe paſſa en
cette rencontre, & de la façon qu'il eſt couché dans les Regiſtres du
Chapitre.

V.
Sa promotion au Cardinalat.

La dignité Archiepiſcopale ne fut pas le dernier degré d'éleuation de
noſtre Prelat, à l'exemple de pluſieurs de ſes predeceſſeurs. Il arriua juſques à la pourpre Romaine, & fut creé Cardinal, Preſtre du titre de
S. Laurens in Lucina, & appellé le Cardinal de Roüen, & ce en la ſeconde promotion qu'en fit le Pape Martin V. qui fut le 23. Iuin 1426. Et

VI.
*Et aux pre-
miers hôneurs
de la Cour
Romaine.*

pour comble de faueur, Iean de Bronhiac Cardinal d'Oſtie, & Chancelier du S. Siege, eſtant mort, noſtre Archeueſque fut auſſi-toſt pourueu
de ſon Office, qu'il exerça juſqu'à la mort; comme auſſi la Legation de
Bologne. Ce bon Pape voulut faire vn acte de gratitude & de juſtice tout
enſemble, honorant les merites de celuy qui auoit contribué à ſon élection au Concile de Conſtance, comme nous auons dit cy-deſſus.

VII.
*Difficulté de
Chronologie
touchant le
temps qu'il
fut fait Car-
dinal.*

Ie ſouſcrirois tres-volontiers au ſentiment du ſieur Friſon, qui met ſa
promotion au Cardinalat deux ans aprés qu'il euſt eſté éleu Archeueſque de Roüen, qui auroit eſté à ſon compte en 1424. ſi ie n'auois d'autres raiſons qui me font croire que ce que nous auons dit eſt plus veritable. Ie ſçay que pour prouuer ſa Chronologie, il ſe fonde ſur ce qu'il
trouue pluſieurs actions qu'il fit en qualité d'Eueſque de Paris en 1423.
& qu'il n'auroit pû tenir deux Benefices incompatibles, comme eſtoient
l'Eueſché de Paris & l'Archeueſché de Roüen, ſans qu'il euſt eſté obligé
d'en quitter vn, ou du moins ſans Diſpenſe, de laquelle il n'apparoiſt
point, ny que le Chapitre de Roüen luy euſt fait difficulté, ainſi que depuis il luy fit, eſtant creé Cardinal.

VIII.
*Réponſe à cet-
te obiection.*

Mais outre l'authorité des Tables Eccleſiaſtiques de l'Egliſe de Roüen,
& de preſque tous ceux qui ont parlé de luy, qui mettent ſon élection
dés 1423. aprés auoir conſideré de plus prés les actions qu'il fit encore
en qualité d'Eueſque de Paris; & d'ailleurs, l'élection de ſon ſucceſſeur
Iean de Nant, j'ay trouué qu'il eſtoit tres-aiſé d'accommoder ce differend, ſi nous diſons que Iean de la Roche-Taillée, encore qu'il euſt eſté
éleu par vne partie du Chapitre de la Cathedrale de Roüen, toutesfois

l'autre ayant fait opposition, & l'affaire estant demeurée indécisé, il gar- IEAN DE LA
da cependant son Euesché de Paris jusqu'à l'année suiuante 1423. en la- ROCHE-
quelle le 19. de May il confirma les Statuts du College de la Marche: & TAILLE'E.
le different entre luy & son competiteur ayant esté terminé, il quitta
l'Euesché de Paris pour lors. En effet, soit par démission, ou que le Chapitre eut procedé à vne nouuelle élection, il se trouue que Iean de Nant
fut nommé Euesque de Paris le 9. Octobre, iour de S. Denis, & que
l'Archeuesque de Rouen prit possession le 22. du mesme mois & an. Que
si le sieur Frison escrit qu'il consacra l'année suiuante l'Eglise Paroissiale
de S. Pierre des Assis dans Paris, ce fut sans doute auec la permission de
son Successeur qui le luy permit, en veuë de son grand pouuoir, & parce qu'il faisoit la plus grande partie du temps sa residence à Paris pour
satisfaire à sa Charge de Conseiller d'Estat: De plus, on pourroit ce me
semble répondre qu'il ne prend que la qualité d'Administrateur, & non
pas d'Euesque; & qu'ainsi auec cette qualité, qui estoit pour toucher plûtost les reuenus, & pour le temporel, que pour le spirituel. Il put mesme encore retenir auec l'Archeuesché de Rouen, l'Euesché de Paris; &
nous n'auons eu que trop d'exemples de cette malheureuse pluralité de
Benefices.

CHAP. C'Est ce que ie croy que l'on peut dire probablement pour resoudre
III. cette difficulté, que ie trouue assez embrouillée dans la pluspart
Sommaire. des modernes qui ont écrit de nostre Archeuesque. Estant donc creé
I. Cardinal, bien que le Pape luy eust donné dispense ou declaration dans
Le Chapitre ses Bulles, de tenir l'Eglise de Rouen à laquelle il presidoit, jusqu'à ce
de Rouen
s'oppose à sa qu'il plûst au S. Siege d'en ordonner autrement, & qu'il eust aussi obtenu
prise de pos- des Lettres Patentes de Charles VI. Nonobstant cette Declaration & ces
session de
l'Archeues- Lettres, le Chapitre ne laissa de luy signifier vne opposition, & de luy
ché. declarer qu'il ne pouuoit point retenir son Archeuesché auec le titre de
II. Cardinal. Ainsi donc, quoy que les Chanoines fussent tres-bien fondez
Nonobstant
leurs raisons en leur prétention, toutesfois nostre Archeuesque ayant la faueur du
il garda l'Ar- S. Siege & celle du Roy d'Angleterre, il fallut que le Chapitre s'accom-
cheuesché
auec le Car- modast au temps, & qu'il souffrist ce qu'il ne pouuoit empescher, com-
dinalat. me il paroist par le Registre des Actes Capitulaires de l'Eglise de Rouen,
du 22. Février 1426.

III. Il receut donc le Chapeau de Cardinal dans l'Eglise de Paris le 26. de
Il fut receu Février de la mesme année 1426. & le mesme iour presta le serment de
auec pompe
en qualité de fidelité au Roy d'Angleterre, entre les mains de l'Euesque de Therouen-
Cardinal en ne son Chancelier: En suite estant venu à Rouen le 9. d'Avril, il fit son
son Eglise, où
il fit les Or- Entrée dans la grande Eglise en habit de Cardinal, du consentement du
dres. Chapitre, & fut receu auec les ceremonies accoustumées, les Chanoines & les autres estans reuestus en Chappes. Le Registre du Secretariat
où il est parlé des Ordinands, fait foy qu'il passa la Feste de Pasque à son
Eglise; qu'il tint les Ordres; & que le Ieudy Saint, qui estoit le 17. d'Avril,
il fit quarante-trois Tonsurez. Peut-estre que Matthieu Euesque d'Hip-
pone ou de Bonne, qui luy seruoit de Coadjuteur, & faisoit ses fonctions
Episcopales en son absence, pût faire les Ordres Majeurs, n'estant pas

Zzz iij

IEAN DE LA ROCHE-TAILLE'E. croyable qu'il euſt fait l'vn ſans l'autre, quoy qu'il n'en ſoit rien dit en cét endroit.

IV.
Il termine vn different auec les Habitans de Louuiers.
Les meſmes Regiſtres de la Cathedrale remarquent, qu'en cette année de 1426. noſtre Archeueſque termina le procez qu'il auoit trouué lors qu'il priſt poſſeſſion, & qui auoit eſté intenté & pourſuiuy par ſes Predeceſſeurs au Parlement de Paris, contre les Habitans de Louuiers, qui auoient fait baſtir vn Chaſteau, & y vouloient inſtituer & deſtituer vn Gouuerneur ſans y appeller l'Archeueſque, leur Seigneur; le procez diſie fut terminé par accord de parties le 14. Auril.

V.
Raiſons qui obligerent le Pape de le transferer à l'Archeueſché de Beſançon.
Il y a beaucoup d'apparence que le Cardinal de Roüen voyant que le terme de trois ans porté dans la Sentence donnée par les trois Arbitres (ſçauoir l'Eueſque de Beauuais, Philippe de Ruilly Treſorier de la ſainte Chappelle, & Quentin Maſſué, tous trois Conſeillers du Roy, & Maiſtres des Requeſtes de ſon Hoſtel) eſtoient preſts d'expirer, & qu'il y auoit des clauſes dans ladite Sentence qui ne luy eſtoient pas bien fauorables, il ſe ſeruit de l'occaſion qui ſe preſenta, & qui fut telle.

Il arriua que Thibaut de Rougemont Archeueſque de Beſançon, eſtant à Rome, y mourut, & fut enterré dans vne Chappelle du Vatican le 16. Septembre 1429. Le Pape donc preuoyant bien que le Cardinal de Roüen n'auroit pas de repos auec ſes Chanoines, qui ne pouuoient ſupporter que leur Archeueſque fut le premier qui ouurift la porte à vn abus qui a depuis paſſé en couſtume, trouua moyen de l'en tirer honneſtement, car il luy confera en plein Conſiſtoire l'Archeueſché de Beſançon.

VI.
Le Chapitre procede à nouuelle election, & crea de nouueaux Officiers pendant la vacance.
Le Chapitre de Roüen en ayant eu nouuelles, aprés auoir oüy & conſideré les témoignages & le procez qui auoit eſté receu à l'occaſion de la retention de l'Archeueſché, auec le titre & dignité de Cardinal, declara que le Siege eſtoit vacant, & proceda en ſuite à nouuelle élection. Cependant, ſelon ce qui s'eſtoit touſiours pratiqué durant les vacances, il créa de nouueaux Officiers, comme il ſe voit dans les Regiſtres dudit Chapitre, comme l'a auſſi remarqué le ſieur Denyau en ſon *Cathedra Rothomagenſis*, à l'égard du Grand Vicariat de Pontoiſe, auec plein pouuoir à celuy qui y eſtoit enuoyé, d'en ordonner come bon luy ſembleroit.

VII.
Particularité que le ſieur Friſon rapporte de ce Cardinal.
Le ſieur Friſon rapporte que noſtre nouueau Cardinal fut appellé par Charles VII. à vn grand Conſeil tenu pour accepter la ville de Geneve, qui ſe vouloit mettre ſous la protection de la Couronne de France, bien que ie ne trouue aucun de nos Hiſtoriens qui en faſſe mention.

VIII.
Il fonda quelques Obits à Beſançon.
Le Cardinal Iean de la Roche-Taillée, deux ans auant ſa mort, ſçauoir l'an 1435. le 13. Septembre, conuint auec le Chapitre de Beſançon, touchant la fondation de quatre grands Obits par an à perpetuité, pour le repos de ſon Ame & de ſes amis & bienfaicteurs. Son decez arriua le 23. Mars de l'année 1437. & non pas 36. comme le dernier Catalogue des Archeueſques de Roüen le met, & aprés luy Meſſieurs de ſainte Marthe, leſquels n'ont pas pris garde que dans la liſte des Archeueſques de Beſançon, ils auoient mis ſa mort au meſme iour, mois & an, que nous auons dit. Il paroiſt auſſi que le ſieur Dadré s'eſt méprîs, lors qu'il a écrit que

IX.
Erreur de quelques auteurs touchans l'année de ſon trépas, & du ſieur Dadré pour le Concile de Baſle.

DES ARCHEVESQVES DE ROVEN.

ledit Archeuesque Presida au Concile de Basle, ainsi qu'il se voit dans la Session premiere; dautant qu'il n'est pas veritable qu'il ait Presidé à ce Concile de Basle, mais le Cardinal de S. Ange, qui auoit esté deputé à cette fin; & il est bien fait mention que Iean Archeuesque de Roüen Presida à la Nation Françoise, mais ce fut au Concile de Sienne, dont le Decret fut reperé & releu en la premiere Session de ce Concile de Basle.

IEAN DE LA ROCHE-TAILLÉE.

X. *Differentes opinions de Ciaconius & de Seuert, touchans le lieu du decez & de la sepulture de ce Cardinal.*

Enfin donc le Cardinal de Roüen estant mort à Boulogne la grasse en Italie, où il faisoit la fonction de Legat du S. Siege, son corps fut apporté ainsi qu'il l'auoit ordonné, en l'Eglise de Lyon, où il fut enterré sous vne simple tombe de pierre sans aucun ornement; c'est ce qu'en dit Ciaconius. Il est vray que le sieur Seuert, dans son Histoire des Archeuesques de Lyon, en parle d'vne autre façon au paragraphe 6. d'Amedée, en l'an 1429. car il rapporte vn Escrit tiré des Archiues de l'Eglise de Lyon, qui est en ces termes. L'an 1437. le Dimanche des Rameaux 24. Mars, Reuerend Pere Iean de la Roche-Taillée, Cardinal de la sainte Eglise Romaine, du tître de S. Laurens, *in Lucina*, Vichancelier & Archeuesque de Besançon, ayant esté instruit & Chanoine en l'Eglise Primatiale de Lyon, mourut en la ville de Geneue, & fut inhumé en l'Eglise des Augustins; & l'année suiuante 1439. suiuant la supputation de la Cour Romaine, au iour que l'on chante en la Messe *Lætare Ierusalem*, le 25. Mars, fut apporté en l'Eglise de S. Iean de Lyon, & fut receu Processionnellement de tous les Corps de la Ville, & posé dans le Chœur de ladite Eglise, toutes les cloches sonnantes, la Messe fut celebrée solemnellement. Il donna au Chapitre sa Croix Archiepiscopale dorée, deux Chandeliers d'argent, deux Carreaux, deux Nappes, vne Chasuble, Tunique, Dalmatique, vn Drap de velours noir, le tout semé de Dauphins en broderie d'or, & huit cens Ducats de bon or, pour faire tous les ans quatre Anniuersaires aux Ieudis des Quatre-Temps, auec leurs Vigiles; & on distribuera à chaque Anniuersaire huit liures de monnoye du Roy, des reuenus qui seront achetez de ladite somme, & seront distribuez à Messieurs les Chanoines & autres Ministres de l'Eglise. C'est ce que porte l'Escrit tiré des Archiues de cette Eglise, auquel (ce me semble) on doit deferer dauantage qu'à Ciacon, qui écriuoit en Italie de ce qui s'est passé en France, veu mesme que cela a beaucoup de suite auec ce que nous auons dit cy-dessus de ce Cardinal, pour lequel font ces deux Vers.

XI. *Donations qu'il fit à l'Eglise de Lyon.*

Lugduni puerum cleri te vestis honorat,
Purpureâ sed veste senem, te Roma decorat.

HISTOIRE

Hvgve d'Orge ov d'Ovrges, ov d'Alorge.
An de I. C. 1430.

ELOGE DE HVGVE D'ORGE. 75.

CHAP. I.
Sommaire.
I.
Vacance d'vn an au Siege de l'Eglise de Rouen, aprés la démission du Cardinal de la Roche-Taillée.
II.
Hugue d'Orge transferé de l'Eglise de Chaalons à celle de Rouen.

L'ELECTION que fit le Chapitre de Rouen, aprés que le Pape eust nommé le Cardinal de la Roche-Taillée à l'Archeuesché de Besançon, ne pût sortir son plein & entier effet qu'aprés plus d'vn an ; elle fut retardée par les nouuelles difficultez qui suruenoient, tant à cause des diuers sentimens des Capitulans qui ne pouuoient s'accorder, qu'à raison des guerres & des troubles publics, & qu'il falloit faire tout auec l'agréement du S. Siege. Tellement que Hugue d'Orge Euesque de Chaalons, à qui les Chanoines auoient donné leurs voix, ne fut declaré élû Canoniquement pour Archeuesque de Rouen, que le 19. de Ianvier, auquel temps par l'authorité du Pape Martin V. il fut transferé de l'Euesché de Chaalons sur Saone où il estoit, à la Metropolitaine de la Normandie.

III.
Diuerses particularitez qui suiuirent son élection.

Il arriua que le Pape Martin estant mort vn peu auparauant Eugene IV. luy en fit expedier ses Bulles, qui se gardent encore dans les Archiues de l'Eglise Cathedrale ; elles furent données à S. Pierre de Rome le 29. de May, le premier de son Pontificat. Hugue fit serment entre les mains du Duc de Bethford, Regent en France, & obtint souffrance pour vn an par Lettres données à Paris le 8. Iuillet 1432. comme il se voit dans les Registres de la Chambre des Comptes de Paris. Or il ne fut pas seulement

IV.
Qu'il gouuerna long-têps l'Eglise de Chaalons.

élû de l'Eglise de Chaalons, mais il en fut fort long-temps Euesque, ainsi qu'il se justifie par le sieur Robert, qui dit qu'il fut élû par compromis dés l'an 1416. & qu'il prist possession personnellement au mois d'Aoust de l'année suiuante 1417.

Cela est encore plus clairement exprimé dans l'Oraison Funebre qui fust prononcée aprés sa mort, en presence des Peres assemblez au Concile de Basle. Ce sera de cét Eloge que nous tirerons vne partie de ce que nous dirons icy, & suppléerons au reste par ce que nous aurons remarqué chez les Autheurs qui ont parlé de luy.

V.
Païs & parens de Hugue d'Orge.

Hugue d'Orge sortit d'vne maison originaire de Bourgogne ; il prist naissance en vn village nommé Villeberne, au territoire de Moruent, Diocese d'Authun ; ses parens estoient d'vne Noble & ancienne famille, & tres-consideree dans son païs, mais il prefera sagement la Noblesse des mœurs & des sciences à celle que le sang & la naissance seule luy auoient acquises. Dés ses plus tendres années il s'appliqua auec beaucoup d'ardeur à l'estude des bonnes lettres, & à la pratique de la vertu. Ayant esté enuoyé à Paris pour y estudier, il ne se laissa pas emporter à la débauche & aux débordemens d'vne vie licentieuse, comme font la plûpart des Escoliers, qui ne sont point retenus par la crainte de Dieu, ou de leurs

VI.
Le progrez qu'il fit aux sciences & à la vertu.

parens,

DES ARCHEVESQVES DE ROVEN.

HVGVE D'ORGE

parens, mais il employa si bien son temps qu'il se fit bien-tost graduer dans le Droit Canon. Depuis Dieu luy toucha le cœur, & luy fit connoistre qu'il se vouloit seruir de luy dans l'estat Ecclesiastique. Il fut donc Chanoine à Chaalons; d'autres disent qu'il l'auoit aussi esté à Beaune; en suite son Euesque ayant reconnu son merite, le fit Archidiacre. On ne sçauroit exprimer auec quel soin & quel zéle du salut des Ames il exerça cette charge, faisant paroistre dans ses jeunes ans vne maturité & vne sagesse de Vieillard ; car lors qu'il faisoit la Visite dans vne Eglise, tous ses soins ne se terminoient pas seulement que les Vases dédiez au seruice Diuin fussent decemment conseruez, que les bastimens fussent bien entretenus, que les Calices & les autres Ornemens fussent nets au dehors : Mais il passoit outre, & s'informoit diligemment si les Prestres dans la celebration des diuins Mysteres, & dans l'administration des Sacremens de Baptesme, Penitence, & autres, s'acquittoient de leur deuoir, & obseruoient les Regles prescrites par l'Eglise ; car il estimoit auec beaucoup de raison, qu'il est beaucoup plus necessaire de veiller sur ces choses, que non pas de prendre garde seulement à l'exterieur, si les Ornemens sont vsez, ou si l'Eglise est découuerte, bien qu'à la verité il faille aussi auoir soin de ce qui regarde les meubles Ecclesiastiques, & la reparation des lieux Sacrez.

VII.
Il fut fait Chanoine & Archidiacre à Chaalons.

VIII.
Maniere toute sainte dont il exerça la charge d'Archidiacre.

CHAP. II.
Sommaire.

I.
Il est éleu Euesque de Chaalons.

TElle estoit la conduite de ce jeune Archidiacre, qui montroit assez par là quels seruices il estoit capable de rendre à l'Eglise, si Dieu l'esleuoit à vn plus éminent degré, ainsi qu'il arriua apres la mort de Iean d'Arsonual, le 66. Euesque de Chaalons, à qui il fut donné pour Successeur par les Chanoines ses Confreres. Son élection se fit par voye de compromis, au mois de Septembre de l'an 1416. & fut confirmé à Lyon par le Metropolitain. En suite il receut le caractere Episcopal, par le ministere de l'Euesque d'Autun le 15. Ianuier suiuant; il ne s'ingera point ,, impudemment dans cette Charge sacrée ; il n'vsa point de brigues ny ,, de faueur pour l'obtenir, mais il y fut (comme dit l'Apostre) appellé ,, de Dieu comme vn autre Aaron, ainsi que ses actions le firent paroi- ,, stre ; car tant s'en faut que cette nouuelle dignité luy inspirast des sen- ,, timens d'orgueil & d'éleuement, qu'au contraire sa moderation, sa ,, douceur à supporter les imperfections des personnes auec lesquelles ,, il traitoit, sa pieté, sa deuotion, & son zéle pour ce qui regardoit le ,, culte Diuin, & ses autres vertus, éclaterent plus qu'auparauant. Enfin il gouuerna son Eglise de Chaalons presque quatorze ans, auec tant de sagesse, qu'il s'acquit les affections de son Clergé & de son Peuple. Il fit paroistre son courage & sa fermeté en la défense de ses Droits, & de sa Iurisdiction, n'ayant point eu de crainte de s'opposer aux personnes puissantes, lors qu'il s'agissoit de maintenir les interests de Dieu & de son Eglise, & mesme de toutes les Eglises du Duché de Bourgogne, dont il estoit comme l'Aduocat & le Défenseur.

II.
Ses vertus Episcopales.

III.
Combien il gouuerna l'Eglise de Chaalons, & auec quelle fermeté.

IV.
Quelques actions Episcopales qu'il exerça.

Il dédia estant Euesque l'Eglise du lieu de sa naissance, & est encore fait mention de luy en 1429. dans les permissions qu'il donna pour bâtir la Chappelle de Nostre-Dame, de la leuée d'Auxonne, qui est le dernier

Aaaa

554   HISTOIRE

HVGVI D'ORGE.

Acte que nous ayons de luy en qualité d'Euesque de Chaalons ; car l'année suiuante il fut (comme nous auons dit) transferé à l'Eglise Primatiale de la Normandie, ayant pris possession par Procureur le 4. Avril, & personnellement le 22. Aoust 1432. sans qu'il eust fait ny fait faire aucunes sollicitations ou brigues, pour monter à cette nouuelle dignité. Les calamitez qui affligerent son Diocese, luy seruirent à exercer sa vertu ; & c'est vne chose merueilleuse que dans la confusion & le desordre de la guerre, il conserua vigoureusement les droits & les libertez de son Eglise, lesquels subsistent rarement parmy la fureur & la licence des armes.

V. En quelle année & de quelle maniere il fut éleu pour l'Archeuesché de Roüen.

VI. Il fut mandé au Concile de Basle, où il trauailla auec grand zéle pour la reformation de l'Eglise.

On garde dans les Archiues de l'Eglise de Roüen, les Lettres que Iulian Cardinal de S. Ange luy adressa en qualité de Legat du S. Siege en Allemagne, & President du Concile de Basle, en date du 5. Nouembre 1431. & du Pontificat d'Eugene IV. l'an premier, par lesquelles il luy mandoit qu'il eust à assembler ses Suffragans, & à venir au Concile. Il obeït donc, & se rendit à Basle, où estant arriué il se mit à trauailler & à s'employer de toutes ses forces, pour procurer la reformation de l'Eglise Vniuerselle ; & lors qu'on parla de l'vnion si souhaitée de l'Eglise Grecque auec la Latine, il ne se contenta pas d'en poursuiure l'execution de parole & par ses soins & ses bons aduis, mais il passa plus outre, & contribua de son propre argent la somme de quatre cens Florins, pour l'auancement d'vne affaire si importante. Son zéle ne le rendoit point chaud ny emporté ; sa maniere d'agir estoit douce & obligeante ; il sçauoit accorder en sa personne vne grande modestie auec l'éminence de sa Charge, & auec la fermeté de son courage. Il estoit vieil quand il alla au Concile ; & comme les maladies sont les suites ordinaires de la vieillesse, il s'y trouua attaqué de diuerses infirmitez ; il porta ses maux fort patiemment, & sans perdre cette constance, qui luy estoit si propre.

VII. Il contribua d'vne somme notable pour l'vnion de l'Eglise Grecque.

VIII. Ses vertus particulieres & personnelles.

CHAP. III.

Sommaire.

I. Sa maladie & ses dispositions à mourir saintement.

Enfin voyant que sa maladie s'augmentoit, & que sans doute Dieu vouloit l'appeler à vne meilleure vie, il prit soin de s'y bien preparer, & dans la semaine qu'il mourut, s'approcha trois fois du Sacrement de penitence. Le Dimanche au matin ayant desiré d'entendre la Messe, on la celebra en sa presence ; mais ayant esté attaqué d'vne foiblesse pendant la celebration de ce S. Sacrifice, aprés auoir donné de grandes marques de penitence & d'amour enuers Dieu, il passa de la figure de ce monde, dans les veritez de l'autre. Son decez arriua le 19. Aoust 1436. il receut les derniers honneurs de la sepulture en l'Eglise de S. Pierre de la ville de Basle, où estoient pour lors assemblez les Peres pour la confirmation de ce Concile : On publia hautement ses loüanges dans vn Panegyrique prononcé par vn celebre Orateur.

II. Sa mort, sa sepulture.

III. Témoignage qu'vn Autheur celebre a rendu à sa vertu.

Thomas Basin Euesque de Lisieux, duquel ie parleray parmy les Chanoines celebres de l'Eglise de Roüen, fait vne honorable mention de luy dans son Apologetique, & dit que pour éuiter les mauuais traitemens de Charles VII. & les broüilleries qui estoient pour lors dans l'Estat, à l'exemple de quelques autres Prelats qu'il nomme, il auoit mieux aimé demeurer dans des lieux éloignez comme à Basle, que de retour-

DES ARCHEVESQVES DE ROVEN.

ner dans la confusion & dans le desordre.

IV. *Que ce n'a pas esté de son temps que la pucelle d'Orleans a esté bruslée dans Roüen.*

Au reste, il semble que le sieur Robert s'est mépris lors qu'il a dit que ce fut de son temps que la Pucelle d'Orleans fut prise & bruslée dans Roüen, puisqu'il paroist par les procez verbaux que ce fut pendant la vacance du siege que Pierre Cauchon Euesque de Beauuais, & le reste des Commissaires Anglois, ou de naissance ou d'interest, firent l'instruction du procez par territoire emprunté, comme parle Duplex aprés nos anciens Historiens. Cette injuste procedure ayant cōmencé le 9. Ianuier, & nostre Hugue d'Orge n'ayant pris possession que le 4. Auril, & personnellement que le 29. Aoust 1432. d'où il est euident qu'il n'eut aucune part à tout ce mystere d'iniquité, & qu'il ne contribua nullement à la condemnation de cette innocente & genereuse Amazone.

V. *Le Duc de Bethfort mourut sous son Pontificat, & fut enterré à la Cathedrale.*
VI. *Combien d'années il a tenu le Siege de Roüen.*

Sous son Pontificat, le Duc de Bethfort mourut dans le Chasteau de Roüen, & receut les honneurs de la sepulture dans la Cathedrale le 15. Septembre 1435. tandis que nostre Archeuesque estoit au Concile de Basle; lequel comme nous auons dit, aprés auoir tenu le Siege prés de sept ans, mourut l'an 1436. quoy que la Chronique de S. Vvandrille dise 38. mais nous nous en deuons plûtost tenir à ce que les Tables Ecclesiastiques de Roüen, & tous les Autheurs nous en témoignent.

VII. *Il escriuit la vie de S. Adiuteur.*

Le Manuscrit de Monsieur Bigot dit qu'il estoit homme d'esprit, fort vertueux & tres-charitable aux paures, & qu'il escriuit la vie de S. Adiuteur; lequel Saint eut pour pere Guillaume de Vernon: & ayant esté miraculeusement deliuré des mains des Sarrazins, se fit Religieux de l'Ordre de S. Benoist en l'Abbaye de Tyron. Hugue d'Orge fonda dans la Cathedrale quatre Obits par an, & donna la somme de mille liures pour estre employée en fond, ou constituée en rente pour le payement desdits Obits. Voicy son Distique.

VIII. *Obits qu'il a fondez à la Cathedrale.*

Te Basilea colit, verbo factisque potentem,
Hugo, te Patrum cœtus post funera laudat.

ELOGE
DE LOVIS DE LVXEMBOVRG,
Cardinal. 76.

Lovis de Lvxemb. An de I. C. 1496.

CHAP. I. *Sommaire.*
I. *Famille de Louis de Luxembourg.*

LOVIS de Luxembourg, ou comme d'autres écriuent de Lutcembourg, estoit d'vne tres-illustre Famille, car il eust pour pere Iean Seigneur de Beaureuoir, & pour mere Marguerite d'Enguyen, ou Marie selon le sieur Frison, fille & heritiere de Iean Comte d'Enguyen, de Conuersane en la Poüille, & de Brienne, vefue de Iacques de S. Seuerin. Ses freres furent Pierre de Luxembourg, premier Comte de S. Paul, & Iean Comte de Ligny; le sieur Robert dit qu'il fut fils de Guy Comte de S. Paul, & de Mathilde; mais ce que nous auons dit est

HISTOIRE

LOVIS DE LVXEMB. le plus certain, & conforme aux curieuses recherches de Messieurs de sainte Marthe dans leur Histoire Genealogique, & de Vignier dans sa Chronique.

II.
Il fut Protonotaire, Chanoine de Roüen, & depuis Euesque de Teroüenne.

Son premier employ dans l'estat Ecclesiastique, fust en l'Eglise de Roüen, où il fut receu en qualité de Chanoine, estant desia Protonotaire Apostolique. Il y demeura jusqu'en 1414. que mourut Mathieu, 49. Euesque de Teroüenne; Ville comme chacun sçait qui fut ruïnée par l'Empereur Charles-Quint en 1553. & le Siege Episcopal qui y estoit pour lors, fut transferé à Boulogne, quand à ce qui est resté du territoire de France. Aprés le decez de ce Mathieu, Loüis fut subrogé à sa place, comme il se prouue par la Benediction qu'il fit en 1415. d'vn Cimetiere, où furent enterrez ceux qui furent tuez en la sanglante Bataille d'Azincourt. Or comme les affaires de la France estoient reduites en vn estat tres-déplorable, & que les Peuples aussi-bien que les Grands Seigneurs estoient desunis & attachez, les vns au seruice de leur Roy & de leur Prince naturel, les autres à la fortune naissante de l'Anglois; nous ne sçauons comment ny par quel malheur ce Prelat se trouua separé du party du Roy de France, pour suiure celuy de Henry VI. lequel auoit esté declaré heritier au préjudice du legitime & veritable Successeur du Royaume.

III.
Il se trouua engagé dans le party Anglois.

IV.
Remarque faite sur ce suiet par le sieur Hemeré.

Le sieur Hemeré en son *Augusta Viromanduorum*, dit que l'année 1429. Iean Cauchon Euesque de Beauuais, & Luy, furent chassez de leur Siege & de leur Ville, sans dire pour quel sujet, sinon peut-estre qu'ils estoient suspects; tant y a que l'Anglois le considera tousiours depuis, ainsi que nous dirons cy-aprés. Il se seruit de luy en de grandes & importantes affaires, & luy procura de belles Charges, & de bons Benefices.

V.
L'Anglois le fit President à la Chambre des Comptes, & depuis Chancelier.

Il auoit esté President en la Chambre des Comptes de Paris en 1420. Le Pere Labbe en ses Eloges Historiques, assure qu'il fut aussi Chancelier de ce mesme Henry VI. & qu'il fut creé le 7. Février 1425. Il dit de plus, que les sieurs Miraumont & du Bouchel se sont trompez, de dire qu'il estoit paruenu à cette dignité par le decez de son Predecesseur Iean le Clerc, qui vescut encore plusieurs années, & ne mourut que l'an 1438.

VI.
Tres-ample pouuoir que luy donna le Roy d'Angleterre, en l'absence du Regent le Duc de Bethfort.

La mesme année, le 26. Nouembre, le mesme Henry VI. Roy d'Angleterre luy donna pouuoir en l'absence du Duc de Bethfort Regent, de disposer par l'aduis des autres Conseillers d'Estat, des Offices de Bailliff, Seneschal, & au dessous, & d'administrer la Iustice & les autres affaires, excepté les dons des Terres ou Finances & les alienations de Domaine, les Lettres verifiées du 13. Decembre 1429. Suiuant ce pouuoir, le Chapitre de Paris luy demanda permission d'élire vn Euesque, l'an 1426. Ce qu'il luy accorda.

VII.
Il assista au Couronnemēt de Henry VI.

Il fut present au Couronnement de Henry VI. qui fut fait dans la Cathedrale de Paris par le Cardinal de Vincestre, l'an 1432. Et comme le Roy reconnoissoit de iour en iour la fidelité & la bonne conduite de son Chancelier, aussi ne se lassoit-il point de luy faire de nouuelles graces; car il luy donna pouuoir l'an 1433. le 5. Février, de tenir vne fois la semaine les Requestes generales auec tel nombre de gens du grand Con-

DES ARCHEVESQVES DE ROVEN. 557

VIII.
Nouueau pouuoir donné à sa charge de Chancelier, plus ample que le premier.

seil que bon luy sembleroit, & de vacquer à l'exposition de toutes affai- Lovis de Lvxemb. res reseruées au Regent de Bethford, des dons des Offices à gage, Collations & Presentations de Benefices, Amortissemens, Lettres de Noblesses, dons de Finances, Terres, Pardons & remissions de trahisons, & autres crimes de Leze-Majesté.

Quelques iours aprés en vne affaire de l'Vniuersité, la Cour manda ledit Chancelier, qui y vint aux plaidoyers, & y fit publier certaines Lettres sans en demander aduis à la Cour. Il estoit encore Chancelier le 10. Avril 1435. ainsi qu'il paroist par les Registres de la Cour & des Chroniques de S. Denis; & exerça cét Office jusqu'à l'Automne de l'an 1435. Cét Autheur adjouste, que le Lundy 16. Avril 1436. il sortit de Paris auec les Presidens Moruiller & Piedfort, ayant esté fait Gouuerneur du Royaume de France & premier Ministre d'Estat, au lieu du Duc de Bethfort qui estoit retourné en Angleterre, & ce par Lettres données à Calais le vingt-sixiéme May 1433. qui estoit le plus haut degré d'honneur qu'vne personne de sa condition pouuoit esperer, selon le monde.

IX.
Il fut fait Gouuerneur du Royaume de France, le Duc de Bethfort estant retourné en Angleterre.

CHAP. II.

Sommaire.
I.
Il souffrit vne petite disgrace passant par S. Denis, aprés la prise de Paris.
II.
Le Roy d'Angleterre l'en recompensa.
III.
Le Roy sollicita le Chapitre pour le mettre à la place de Hugue d'Orge.

" Mais comme les affaires humaines sont sujettes au changement, il
" luy arriua quelque petite disgrace ; car (ainsi que le remarque la Fol. 125.
" grande Chronique de France) lors que la ville de Paris fust reprise par 3. vol.
" Charles VII. l'année 1436. il se retira auec quelques Anglois en la Ba-
" stille; & lors qu'il s'en alloit en Normandie, passant par S. Denis, la po-
" pulace se mit à crier aprés luy, au Renard : c'est ce que rapporte le Pere
" Labbe.

Cette petite confusion qu'il luy fallut essuyer lors qu'il se retiroit à Roüen, qui appartenoit encore à l'Anglois, fut amplement recompensée par celuy pour lequel il l'auoit soufferte ; car Hugue d'Orge estant mort au Concile de Basle, comme nous l'auons dit dans l'Eloge precedent, l'Anglois qui auoit interest que l'Archeuesché de Roüen fust entre les mains d'vne personne qui fust dans ses interests, pour conseruer en son obeïssance cette Capitale de la Normandie, porta sans doute le Chapitre à demander l'Euesque de Teroüenne ; au moins il est bien certain que les Chanoines ne procederent à l'élection d'vn nouueau Prelat, qu'en vertu de la Lettre du Roy, en date du 7. de Septembre 1436. Ils ne furent point partagez en leurs suffrages, mais tous d'vne voix & d'vn consentement vnanime, (ce qu'on appelle la voye du S. Esprit) ils élûrent Loüis de Luxembourg le 19. Octobre de la mesme année. Celuy-cy estoit alors au Pontdelarche. Ce que sçachant Messieurs du Chapitre, ils luy députerent quelques-vns de leur Clergé, pour le prier d'agréer son élection.

IV.
Les Chanoines chantent le Te Deum, parce que le Pape auoit confirmé leur élection.

Il paroist que les Chanoines souhaiterent auec beaucoup d'ardeur de l'auoir pour Prelat, puisque le 20. Nouembre ils chanterent le *Te Deum*, pour remercier Dieu de ce qu'Eugene IV. s'estoit montré fauorable à leurs intentions, & auoit transferé Loüis de l'Euesché de Teroüenne, à la Metropolitaine de Normandie. Pasquer Euesque de Meaux, prist possession en son nom le 11. d'Avril 1437. & la mesme année le 9. Aoust,

Aaaa iij

HISTOIRE

IEAN DE LVXEMB.

V. *Entrée fort solennelle que fit le nouuel Archeuesque.*

il fit luy-mesme son Entrée solennelle dans sa Cathedrale, presence de plusieurs Princes & Seigneurs, tant Anglois que François, & des Bourgeois de la Ville, comme dit le Manuscrit de Mr. Bigot. Celuy de la Cathedrale, adjousté presence de Pierre Euesque de Lisieux, Iean d'Avranche, Pasquer de Meaux, & des Abbez de Iumiege, de S. Vvandrille, & de S. George, &c.

VI. *Qu'il n'assista pas au Concile de Basle, mais à celuy de Florence.*

Le sieur Dadré écrit qu'il assista au Concile de Basle, encore qu'il y ait plus d'apparence que ce fut à celuy de Florence, qui auoit esté commencé le 9. Avril 1478. à Ferrare, & fut depuis transferé à Florence, & dura quinze mois. Loüis de Luxembourg, qui estoit homme d'experience & grand politique, voyant que le Ciel fauorisoit les François, & que le Roy Charles VII. remportoit tous les iours de nouuelles victoires sur ses anciens ennemis, craignit de se voir reduit à suiure la fortune du Roy d'Angleterre; & ayant passé la mer auec luy, n'y ayant pas d'apparence qu'il pust demeurer dans la paisible possession de son Archeuesché, si le Roy de France se rendoit le maistre de la Normandie; car comme s'il eut apprehendé de manquer de retraite, il se fit pouruoir de l'Euesché d'Ely en Angleterre, pour en joüir en qualité d'Administrateur; mais ce ne fut pas-là le comble de ses honneurs. Tant d'illustres emplois deuoient estre Couronnez du Chapeau de Cardinal. Ce fut donc au Concile de Florence le 20. Decembre 1439. que le Pape Eugene IV. l'éleua au Cardinalat, & l'honora de la pourpre, auec Iean Archeuesque d'Yorch, aussi Anglois, en la troisiéme creation de Cardinaux, faite dans vn Consistoire public.

VII. *Le Roy d'Angleterre luy donne l'Euesché d'Ely en Angleterre.*

VIII. *Et Eugene IV. le Chapeau de Cardinal.*

CHAP. III.

Sommaire.

I. *Qu'il y a eu plusieurs Cardinaux de sa famille.*

IL ne fut pas le premier de sa Famille qui fut honoré de cette dignité, car il y en auoit déja eu deux autres qui l'auoient esté; l'vn qui est tenu dans l'Eglise pour bien-heureux & assez reconnu pour les miracles que Dieu a fait pour honorer sa Sainteté; sçauoir le B. Cardinal Pierre de Luxembourg: & vn autre qui fut Cardinal sous Alexandre VI. dont il paroit que Ciaconius qui a nommé nostre Loüis de Luxembourg, Loüis de Bar, s'est mépris, puisqu'il est certain qu'il ne portoit point d'autre nom, que celuy qui luy est donné communément par tous les Autheurs.

II. *Le Pape luy permet de retenir l'Archeuesché de Roüen & l'Euesché d'Ely auec le Cardinalat.*

Au reste, le Pape declara qu'il n'entendoit point par cette nomination & par le consentement que nostre Archeuesque y deuoit donner, le décharger de l'Eglise de Roüen, ny l'absoudre du lien dont il luy estoit attaché, aussi-bien qu'à celle d'Ely: & reciproquement il ne voulut pas accepter le Chapeau de Cardinal, & protesta de ne point receuoir cette dignité sans le consentement du Roy d'Angleterre, & qu'auec dispense de tenir ensemble l'Archeuesché de Roüen, & l'Euesché d'Ely; en quoy le Pape qui estoit bien informé de ses intentions l'auoit préuenu, sans attendre qu'il le luy declarast: & ainsi estant asseuré de la volonté du Pape, il n'eut pas de peine de l'obtenir du Roy, qui octroya tres-volontiers ce qu'il voulut pour se l'attacher encore plus estroitement par ce nouueau bien-fait; surquoy il luy fit expedier ses Patentes données à Vuestmonstier en Angleterre, le 8. Février 1440. quelques iours aprés sa promotion.

DES ARCHEVESQVES DE ROVEN.

III.
Proteſtation du Chapitre à la leſture de ſes Bulles.

Le Chapitre fut contraint de ceder à vne force majeure, & d'obeïr aux commandemens du Roy, & aux diſpenſes du Pape, leſquelles furent inſinuées dans les Regiſtres du Chapitre, auec les proteſtations accouſtumées, qu'au cas qu'il vint à quitter l'Archeueſché, ou à deceder, que le Chapitre n'en ſouffriroit aucun préjudice en ſes droits.

LOVIS DE LVXEMB.

IV.
Le Pape luy donne vne permiſſion bië ample pour conferer des Benefices.

Le Pape le gratifia en outre, d'vne faueur nouuelle & fort ſinguliere, ce fut qu'il luy donna permiſſion, & comme il eſt porté dans les Archiues de la Cathedrale, la prérogatiue de pouruoir & de nommer juſques au nombre de vingt de ſes domeſtiques ou familiers aux Benefices, des Chapitres & des Abbayes de ſon Archeueſché de Roüen. Il eut ſoin de faire inſinuer ce Priuilege du Pape au Chapitre de ſa Cathedrale le 25. Février 1442.

V.
Il changea de titre de Cardinal, & fut fait Eueſque de Tuſcule.

VI.
Son deceż.

Il auoit eſté creé Cardinal du titre des quatre Saints Couronnez: Il changea depuis ce titre en celuy des Saints Pierre & Marcellin, & enfin il fut creé Eueſque de Tuſcule l'an 1442. Eueſché qu'il ne garda pas long-temps, car il mourut le 18. Septembre 1443. & fut enterré dans la Cathedrale de ſon Eueſché d'Ely en Angleterre où, il eſtoit paſſé.

VII.
Seruice qui luy fut fait à la Cathedrale de Roüen.

L'Egliſe de Roüen après auoir appris les nouuelles de ſa mort, ſe diſpoſa pour luy faire vn Seruice ſolennel & conuenable aux merites de ſa perſonne. On chanta trois grandes Meſſes dans le Chœur de la Cathedrale; dont la premiere de la Vierge, fut celebrée par Iean Fabry Docteur en Theologie, de l'Ordre de S. Auguſtin, Eueſque de Dimitre, & Suffragant de l'Archeueſché de Roüen: la ſeconde du S. Eſprit, par Martin Eueſque d'Avranche: & la troiſiéme des Morts, par Zanon Eueſque de Bayeux. Les deux Vers ſuiuans marquent aſſez diſtinctement les principaux points de ſon Eloge.

VIII.
Abbregé de ſon Eloge.

Clarus auis, triplicique potens Lodoïcus honore
Enituit, Mitrâ, Pileo, Regiſque ſigillo.

ELOGE
DE RODOLPHE ROVSSEL. 77.

RODOLPHE ROVSSEL.
An de I. C.
1443.

CHAP.
I.
Sommaire.
I.
Rodolphe Rouſſel éleu par la voye du S. Eſprit.

APRES la mort du Cardinal de Luxembourg, les Chanoines de Roüen s'aſſemblerent dans le Chapitre le 4. Decembre; & ayant commencé à implorer l'aſſiſtance du S. Eſprit par le chant de l'Hymne *Veni Creator*, comme ils eurent acheué le troiſiéme Verſet, ils élûrent tous d'vn commun ſuffrage par la voye, appellée du S. Eſprit, Rodolphe Rouſſel, Chanoine & Treſorier de la grande Egliſe, pour eſtre leur Archeueſque; & auſſi-toſt eſtant courus vers luy, le porterent ſur le marche-pied du grand Autel, & chanterent le Cantique *Te Deum laudamus*; c'eſt ce que les Regiſtres du Chapitre nous apprennent tou-

560　　　　　　　　HISTOIRE

RODOLPHE ROUSSEL.
II.
Sçauoir s'il fut Euesque d'Evreux.

chant son élection. Il estoit Docteur en Droit Ciuil & Canonique, & auoit exercé la charge de Maistre des Requestes. Quelques Memoires disent qu'il fut élû Euesque d'Evreux aprés la mort de Martial, premier Chancelier du Duc de Bethfort; mais il y a beaucoup d'apparence que cette élection ne sortist pas son effet, parce que dans la liste des Euesques d'Evreux il n'en est fait aucune mention, & ce fut Pasquer de Vaux qui fut transferé de l'Euesché de Meaux à celuy d'Evreux, & qui succeda à Martial. De plus, tous les Catalogues & tous les autres Registres qui ont parlé de luy, ont tous dit qu'il estoit Chanoine & Tresorier de la Cathedrale, lors qu'il fut élû Archeuesque de Roüen.

III.
En quelle année il fut élû & prist possession de l'Archeuesché de Roüen.

Son élection se fit le 4. Decembre 1443. Le sieur Dadré la met en 1444. mais il a voulu marquer le temps auquel il fut receu solemnellement en son Eglise, qui fust le Dimanche 26. Iuillet, aprés qu'il eust esté consacré dans l'Eglise de S. Oüen par les Euesques de Bayeux, d'Avranche, & de Lisieux, auquel lieu il receut en mesme iour & dans la mesme Eglise le *Pallium*, par les mains de Zanon Euesque de Bayeux, & de Martin de Sez, qui auoient ordre exprés du Pape de luy donner cét ornement Archiepiscopal. En suite de cette ceremonie, les Religieux, Abbé & Conuent de S. Oüen, selon l'ancienne coustume, le conduisirent Processionnellement en la Cathedrale, où il fut receu par son Chapitre, & mis en possession par Iean Basset, en presence des Euesques cy-dessus nommez, & de ceux de Coutance & de Dimitrie. On garde encore dans le Cartulaire de la Cathedrale, des Lettres du Pape Eugene IV.

IV.
Fragment d'vne Lettre du Pape Eugene IV. au suiet de son élection.

„ du dernier de Ianvier 1443. où il est dit, qu'ayant voulu aprés la mort
„ du Cardinal de Luxembourg, que l'Eglise de Roüen fust pourueuë d'vne
„ personne qui fust digne d'vne Charge si éminente; c'estoit auec beau-
„ coup de raison qu'il auoit reserué au S. Siege d'y pouruoir cette fois là
„ specialement, declarant tout ce qui se feroit contre la teneur de son
„ Bref, par quelque authorité & par qui que se pust estre, sciemment, ou
„ par ignorance, seroit nul & sans aucun effet, &c. en suite dequoy il

V.
Ses vertus Episcopales.

ratifioit leur élection. La suite des choses montra que le S. Esprit auoit vrayement presidé à cette nomination; car Rodolphe fit paroistre dans l'exercice de l'Episcopat, vn zéle & vne generosité extraordinaire, vne assiduité merueilleuse, vne haute pieté & vne prudence tres-rare; & il est fascheux que le temps nous ait dérobé la memoire de ses plus belles actions. Pendant huit ans cinq mois & cinq iours qu'il gouuerna l'Egli-

VI.
Grand nombre d'Ordinations qu'il fit, quoy qu'il examinast tres-exactement.

se de Roüen, nonobstant les troubles & les guerres continuelles, il tint luy seul plus souuent les Ordres, que n'auoient fait tous ensemble les quinze derniers de ses Predecesseurs, veu qu'il se trouue qu'il les celebra quarante-sept fois en personne, & vne fois par l'Euesque de Dimitrie, qui estoit son Suffragant; quarante-cinq à Roüen, & la plufpart dans le Chœur de sa Cathedrale, & vne fois dans l'Eglise de S. Iacques à Dieppe. Mais afin qu'on ne croye pas qu'il fist cela pour en profiter, ou par vn desir de s'acquerir de la reputation, on remarque qu'il auoit coustume de n'admettre aux degrez Ecclesiastiques que fort peu de personnes à la fois, & encore aprés vn Examen rigoureux, prenant garde de n'imposer

point

DES ARCHEVESQVES DE ROVEN.

point legerement les mains à qui que ce fuſt, dans la connoiſſance qu'il auoit, que ſuiuant l'aduis de S. Chryſoſtome, les Eueſques rendront compte au iour du Iugement, non ſeulement de la Doctrine qu'ils auront preſchée, & du ſoin qu'ils auront eu des pauures, mais encore de l'examen de ceux qu'ils auront ordonné, & de mille autres choſes. De ſorte qu'en l'ordination qu'il fit l'an 1445. le Samedy Saint, au Chœur de la Cathedrale, il n'y auoit que trois Acolithes, quatre Diacres, & trois Preſtres.

RODOLPHI ROVSSEL. *οὐχὶ ὀλίγως ἀλλὰ πολλοὺς ταλαντεύειν καὶ Χορηγίας δωμεν ἔλεως τῶν Χρυſſer. de decem milliam debitore 10. s. p. 9. edit. Par.*

VII.
Il tint vn Concile Prouincial pour reformer les abus qui s'eſtoient introduits.

Cette meſme paſſion qu'il auoit pour la diſcipline Eccleſiaſtique qui eſtoit aucunement decheuë depuis que les Archeueſques auoient eſté plus employez dans les affaires de l'Egliſe Vniuerſelle, ou dans celles de l'Eſtat, que dans le gouuernement de leur Dioceſe, luy fit aſſembler vn Concile Prouincial à Roüen le 26. de Nouembre, à quoy Henry VI. Roy d'Angleterre ſe montra fauorable. D. Luc Dachery nous a donné vne lettre que Charles VII. eſcriuit au Pape Nicolas V. du nom, dans laquelle ſa Majeſté l'aſſure que les Prelats de ſon Royaume eſtoient aſſemblez à Roüen pour le bien de l'Egliſe; il met là date de cette lettre l'an 1449.

VIII.
Il propoſe des Arbitres pour terminer quelques differeds auec ſon Chapitre.

Comme le Chapitre de la Cathedrale auoit eu quelque different touchant les reglemens de Iuriſdiction auec les Archeueſques precedens, les Chanoines eurent peut-eſtre crainte que celuy-cy ne ſe voulut preualoir de l'authorité qu'il auroit en ce Concile pour ordonner quelque choſe à leur deſauantage. Il eſt vray-ſemblable que ce fut cette conſideration qui obligea les Députez du Chapitre qui s'eſtoient trouuez à la Salle Archiepiſcopale, de proteſter que leur comparence & tout ce qu'ils feroient ou diroient audit Concile, ne pourroit porter aucun préjudice à l'exemption de leur Egliſe. Mais noſtre Prelat fit bien voir qu'il eſtoit d'vn eſprit paiſible, & que ce n'eſtoit pas ce qu'il cherchoit; car il propoſa au Chapitre qu'ils euſſent à faire choix de perſonnes de probité & de ſuffiſance, capables d'examiner & de terminer leurs differends, que de ſa part il leur remettoit tres-volontiers ſes intereſts. Ce qui fut fait comme ils l'auoient propoſé, les Arbitres ayant reglé pluſieurs Articles auec beaucoup de prudence & auec la ſatisfaction reciproque des parties. Nous les rapporterons dans l'Hiſtoire de la Cathedrale.

CHAP. II.
Sommaire.

I.
Il portoit à regret la domination Angloiſe, & ce qu'il fit pour en deliurer la ville de Roüen.

Noſtre Archeueſque portoit auec regret la domination Angloiſe, bien que Henry VI. l'euſt honoré comme nous auons dit, de l'Office de Maiſtre des Requeſtes, & eut permis ſa nomination à l'Archeueſché. Cette ſincere affection qu'il auoit pour la France, auſſi bien que pluſieurs des plus conſiderables de Roüen, ne contribua pas peu à ce memorable changement, par lequel cette Capitale de Normandie retourna ſous l'obeïſſance de ſon Prince naturel & legitime. Voicy ce qu'en a eſcrit Alain Chartier dans ſa Chronique.

II.
Recit d'Alain Chartier de la negociation de noſtre Archeueſque.

„ Aucuns de la Cité qui vouloient le bien du Royaume de France, fi-
„ rent ſçauoir au Roy que s'il vouloit enuoyer ſes gens au deuant de la-
„ dite Cité, ils les mettroient dedans certaines tours, & garderoient vn
„ pan de mur vers la porte S. Hilaire. L'affaire ne reüſſit pour ce coup;

Bbbb

HISTOIRE

RODOLPHE ROUSSEL.

„ mais l'Archeuefque ayant eu depuis fauf-conduit auec quelques nota-
„ bles de la Ville, fut au Port S. Oüen où eftoit le Confeil du Roy, où
„ l'Archeuefque de Roüen parlementa tant, qu'à la fin fe confentit, &
„ plufieurs de la Cité, de la rendre & mettre en l'obeïffance du Roy, &
„ fe hafta ledit Archeuefque de retourner à Roüen pour faire fon rap-
„ port ce jour-là : mais ayant efté trop tard, le Samedy dix-huitiéme
„ d'Octobre de grand matin, prefence de grande multitude là affem-
„ blée, relata ledit Archeuefque, & ceux qui eftoient allez auec luy, ce
„ qu'ils auoient appointé, quoy que les Anglois en fuffent tres-mal
„ contens, & negotia fi prudemment toute cette affaire, que l'armée
„ du Roy s'eftant prefentée, malgré les efforts des ennemis, la Ville fut
„ renduë fans beaucoup de refiftance de la part des Anglois. L'année
d'aprés le refte de la Normandie fut reduit fous la puiffance de Charles
VII. en memoire dequoy on inftitua la Proceffion qui fe fait tous les ans
le 12. Aouft fous le nom de la Reduction de Normandie.

III. *Il réduifit la Ville fous l'obeiffance du Roy Charles.*

IV. *Il receut le Roy dans fa Cathedrale lors qu'il fit fon entrée.*

Ce fut noftre Archeuefque qui receut le Roy Charles lors qu'il fit
fon entrée triomphante dans Roüen, & vint fuiuant la couftume, def-
cendre dans la Cathedrale, où il fut accueilly auec pompe & réjoüiffan-
ce publique. Ce fut pareillement auec grande joye que quelques années
aprés, le Cardinal Guillaume d'Eftouteuille fut auffi receu par luy & le
refte du Clergé dans la Metropolitaine, & qu'il luy fut fait prefent de
leur part d'vne piece d'écarlatte, de cinquante efcus d'Or; pour vn heureux préfage de l'alliance fpirituelle qu'il deuoit bien-toft contracter
auec l'Eglife de Roüen, qui luy offroit ce petit prefent, comme les pré-
mices de fes hommages & de fes refpects.

V. *Et de là à quelque temps le Cardinal d'Eftouteuille.*

VI. *L'année & le iour de fon decez.*

Enfin, aprés que noftre Prelat euft tenu le Siege de l'Eglife de Roüen
huit ans cinq mois, il mourut le dernier de Decembre 1452. Son corps
fut enterré dans l'Eglife Metropolitaine, dans la Chappelle de Noftre-
Dame au cofté droit, auec cét Epitaphe.

VII. *Son Epitaphe.*

„ Cy gift Monfeigneur Rodolphe Rouffel, perfonnage de bonne
„ memoire & d'eminente fcience, Docteur excellent en l'vn & l'autre
„ Droit, jadis Reuerendiffime Archeuefque de cette Eglife, qui mourut
„ le dernier Decembre 1452. C'eft le fecond en entrant qui a reffenty la
rage des Heretiques en 1562. Il laiffa pour executeur de fon Teftament
Charles Rouffel Chanoine de fon Eglife, & Confeiller à l'Efchiquier,
comme les Tables de l'Eglife de Roüen en font foy. Il auoit fondé au
mois de Ianuier vn Obit folennel, fonné de la groffe cloche, pour lequel
il donna 240 écus d'or, & 426 liures dix fols de vaiffelle d'argent; il donna de plus vne Chappelle complette d'Ornemens blancs, Chafubles,
Tuniques, & cinq belles Chappes, & cinq Aubes garnies; vn riche
joyau, trois Images, l'vne de la fainte Vierge, la feconde de S. Nicolas,
& la troifiéme de S. Romain; deux autres paremens d'Autel rouge, où
font les Armes de Normandie, & les fiennes, qui font d'argent, à vne
face de gueulle, chargée de trois croifettes d'argent, & pour deuife
Iefus Maria. Son Neueu Guillaume Rouffel donna trois cens liures pour
vn autre Obit, & donna vn Ornement blanc, Chafuble & deux Tuni-

VIII. *Fondations qu'il a faites, & Ornemens qu'il a donnez à la Cathedrale.*

IX. *Autres donations qu'a faites fon Neueu.*

ques, semées de racines d'or, qui seruent encor à la Cathedrale. Le ser- RODOLPHE ROUSSEL.
uice le plus considerable que ce Prelat ait rendu, & à la France & à la
ville de Roüen, est compris dans ces deux Vers.

Conuersis rerum satis atque vrbe recepta,
In procurata Radulphus pace quieuit.

ELOGE
DE GVILLAVME D'ESTOVTEVILLE. 78.

G. D'ESTOV-
TEVILLE.
An de I. C.
1453.

CHAP.
I.

Sommaire.
I.
Combien ce Cardinal a honoré son Siege.

IL y a sujet de douter si la premiere dignité de Normandie a plus honoré ce grand Cardinal, qu'il ne l'a honorée luy-mesme par son illustre Naissance, par sa Capacité & sa Doctrine, par sa Vertu & sa Pieté, & par tant de belles & d'éclatantes actions qui ont rendu sa memoire precieuse & venerable à la Posterité, & qui luy ont acquis dans le Ciel (ainsi que nous l'esperons) vne gloire & vne Couronne immortelle. Cét excellent Prelat, l'ornement de son siecle, & vn des grands Hommes que nostre Prouince ait produit, prist naissance dans vne maison qui estoit déja assez connuë, & dans la Normandie, & dans tout le Royaume de France; mais dont à la verité, la reputation s'accrût beaucoup par l'éclat des Vertus & des Dignitez de ce merueilleux Cardinal. Il eut pour pere Iean second, Seigneur d'Estouteuille & de Valemont; sa mere estoit sœur de Loüis d'Harcour, le 73. de nos Archeuesques, laquelle auoit eu pour mere Catherine de Bourbon, sœur de Charles V. & par consequent il auoit l'honneur de ce costé-là, d'estre allié à la Maison Royale de France.

II.
Ses parens.

III.
Il fut mis ieune dans l'Ordre de S. Benoist.

Ses parens qui remarquerent dans sa jeunesse qu'il auoit de l'inclination pour l'estat Ecclesiastique, eurent soin de l'éleuer dans la crainte de Dieu, & luy faire donner les instructions conformes à son âge; & Dieu qui le destinoit pour se seruir de luy dans les plus grandes & éminentes charges de l'Eglise, voulut qu'il suçast le laict de la solide pieté dans l'Ordre de S. Benoist, ainsi qu'ont fait tant d'illustres personnages. Il fut donc fait Moyne à S. Martin des Champs à Paris, & y apprist à obeïr auant que de commander. Ie sçay que quelques-vns en ont douté; mais outre l'authorité du sieur Frison, celle du Reuerend Pere Marrier, Religieux de cette Maison, dans l'Histoire qu'il en a composée, intitulée *Martiniana*, & ce que nous dirons cy-aprés de l'Epitaphe qui est dans l'Eglise des Peres Augustins de Rome; il est bien croyable qu'en ayant esté élû Prieur, & le Prieur estant regulier & non pas encore en commande, il en auoit esté aussi Religieux: Ce n'est pas que ie le veüille soûtenir opiniastrément, parce qu'il y a aussi des raisons en faueur de ceux qui tiennent le contraire. Quoy que c'en soit, comme ce jeune homme estoit né pour de plus grandes choses, & qu'vn chacun desiroit l'auoir

Bbbb ij

G. D'ESTOU-　pour Pasteur, il ne fut pas long-temps sans auoir beaucoup d'autres
TEVILLE.　Benefices.

　　Il est aisé de voir de ce que nous auons dit, la fausseté de ce qu'a écrit Scipione Mazela Italien, touchant vn voyage imaginaire que fit Guillaume d'Estouteuille estant encore jeune, qu'il accompagna le Cardinal de Bourbon allant à Rome, où il épousa vne Noble Romaine qu'il amena en France, & en eust plusieurs enfans; ce qui n'est qu'vne pure fable, comme l'a remarqué le sieur Tristan l'Hermite, en sa Naple Françoise, page 386.

　　Il fut Docteur en Decret, & Bochel dit que dés l'an 1439. il auoit la qualité d'Archidiacre de deça la Loire dans l'Eglise d'Angers.

IV.　　Il paroit de la souscription qu'il fit au Concile de Florence, que non
Sçauoir s'il a　seulement il fut Archidiacre, mais que cette mesme année-là, il estoit
esté Euesque　élû & confirmé Euesque d'Angers; car il signa en cette qualité, & non
d'Angers, &　pas d'Euesque de Therouenne, comme ont escrit quelques-vns, puis-
de Digne.　que dans ce mesme Concile, Iean Orateur du Duc de Bourgongne & Euesque de Therouenne se trouue y auoir aussi signé. Il est vray que Messieurs de sainte Marthe disent qu'il n'a pas esté Euesque d'Angers, mais seulement Archidiacre, lors qu'ils parlent de luy dans les Euesques de Digne, où ils escriuent qu'il fut Administrateur perpetuel de cét Euesché par la démission de Pierre de Vercelle, qui fut transferé à l'Euesché de Meaux l'an 1439. & qu'il en joüit six ans, jusques en 1445. mais pour concilier ces deux opinions contraires, il s'est pû faire qu'il ait esté éleu & confirmé Euesque d'Angers, & toutefois que cette élection n'ait pas eu son effet, & qu'il n'en prit pas possession.

V.　　Vn Manuscrit adjouste qu'il fut Archidiacre de Coutance, qu'il eut
Diuers autres　l'Abbaye du Mont S. Michel en 1444. aprés la mort de Robert Ioliuet,
Benefices qu'il　30. Abbé, & qu'il auoit possedé le Prieuré Conuentuel de Cunault sur la
posseda.　riuiere de Loire, entre Angers & Saumur. Il est certain qu'il fut aussi Prieur de Grammont lez-Roüen, ainsi que le pourra dire celuy qui traitera de cette Maison.

VI.　　Messieurs de sainte Marthe asseurent que par la cession que luy fit le
Sçauoir s'il a　Cardinal de la Palu ou Varembon, il fut Euesque de Maurienne en Sa-
esté Euesque　uoye, bien que ledit Varembon ne receut le Chapeau de Cardinal de
de Maurienne
en Sauoye.　Felix V. qu'en 1443. & par consequent quatre ans aprés le Cardinal d'Estouteuille, qui le fut dés 1439. comme nous allons dire : Il n'en est fait aucune mention dans diuers Catalogues de cet Euesché de Sauoye; & au contraire, ils donnent pour successeur audit Varembon, Pierre de Foix.

VII.　　Les sieurs Dadré & Robert font mention seulement de l'Euesché de
Et de Beziers,　Beziers qu'il posseda; à quoy s'accordent aussi presque tous ceux qui ont
& de Lodesue　parlé de luy, & qu'il auoit cét Euesché lors qu'il fut honoré de la pourpre au Concile de Florence par le Pape Eugene IV. en la troisiéme promotion qui fut faite pendant ce Concile Vniuersel, l'an 1439. selon le sieur Frison; car Messieurs de sainte Marthe disent en 1437. le 9. Aoust, & mettent son entrée à l'Euesché de Beziers bien plus tard, sçauoir en

DES ARCHEVESQVES DE ROVEN.

G. D'ESTOV-TEVILLE.

1451. & qu'il le quitta en 1453. & celuy de Lodesue en 1448. d'où il fut transferé à celuy de Maurienne en 1453. Il fut donc éleu Cardinal Prestre du tître des SS. Syluestre & Martin és Monts, par Eugene IV. le 18. Decembre 1439. mais il changea depuis ce titre en celuy de l'Euesché de Port, ou de sainte Rufine, par l'authorité de Nicolas V. l'an 1453. & depuis encore Pie II. le fit Euesque d'Ostie en 1461.

VIII. *Divers tiltres de Cardinal qu'il a eu successivement.*

Il fut prés de 44. ans Cardinal, & enfin Doyen du Sacré College; & dans l'election qui fut faite aprés la mort de Calliste III. il eut six voix; celuy qui fut Pape ne l'ayant passé que de trois.

CHAP. III.
Sommaire.
I.
Ses vertus luy procurerent tous les biens & honneurs, dont il usa tres-bien.

SEs excellentes vertus, sa doctrine, sa pieté extraordinaire, son experience, & tant de belles qualitez de nature & de grace dont il estoit orné, l'auoient mis en telle estime, qu'il ne se faut pas estonner si les biens & les honneurs luy venoient de tous costez, & si les plus hautes charges le demandoient comme à l'enuie. Que s'il posseda plusieurs Benefices à la fois, ce ne fut point par auarice ou par le desir d'auoir dequoy satisfaire au luxe & à la vanité du siecle, ou pour enrichir ses parents du Patrimoine des Pauures, qu'il joüit de ces grands reuenus, mais il ne les accepta iamais que pour auoir plus de moyen de faire du bien & d'exercer des actions de pieté & de magnificence, de sorte qu'il semble qu'il ait esté (ainsi qu'il le deuoit estre) plûtost le fidelle œconome de ces riches Benefices, que non pas le possesseur & le maistre.

II.
La Ville de Roüen luy a de grandes obligations.

Comme nôtre Ville de Roüen est entre plusieurs autres, vne de celles qui a esté plus comblée de ses faueurs & de ses graces, aussi conserue-t'elle plus cherement le souuenir des obligations éternelles qu'elle a, à ce pieux & liberal bien-faicteur, lequel si nous croyons quelques anciens Registres de la Cathedrale, obtint l'Archeuesché par la cession que luy en firent deux Contendans, l'vn & l'autre luy ayant cedé son droit. Voicy en peu de mots comme la chose arriua.

III.
Il en fut éleu Archeuesque par la cession de deux Contendans.

Apres la mort de Raoul ou Rodolphe Roussel, le Chapitre ayant procedé à nouuelle élection, les voix & suffrages furent partagez; la moitié ayant choisi Philippe de la Rose Thresorier de la grande Eglise, & les autres ayant choisi Richard Oliuier Archidiacre d'Eu & Protonotaire; enfin aprés plusieurs contestations, & les Capitulans ne pouuant tomber d'accord, d'autant que chacun tenoit ferme dans sa premiere resolution, ils conclurent enfin, que le lendemain celuy qui pourroit estre porté le premier sur le grand Autel seroit Archeuesque, à eux permis de faire si grand amas de monde qu'ils voudroient. Mais comme il est bien difficile que dans ces assemblées populaires & dans l'execution des affaires dont on abandonne l'euenement plûtost à la force & à la violence, qu'au discernement de la raison, il n'arriue quelque desordre; cette voye n'eust point d'autre effet, sinon que l'Archidiacre & Protonotaire ayant crû que sa partie n'auoit pas procedé de bonne foy, & estoit entré plûtost par la fenestre que par la porte, il interjetta appel, & s'en alla à Rome, où il ceda tout le droit qu'il auoit, ou qu'il pouuoit prétendre, à l'Archeuesché de Roüen, au Cardinal d'Estouteuille, auquel mesme le Pape Nicolas V. confirma, ou pour mieux dire conferaa tout de nouueau ledit

Bbbb iij

Archeuesché. Philippe de la Rose ayant sçeu ce qui se passoit à Rome, luy ceda de son costé ses prétentions & ses auantages, quoy qu'il semblast que son droit fut plus certain que celuy d'Oliuier, comme ayant esté éleu par la plus grande & plus saine partie, & qu'en effet le Chapitre eust deliberé de deputer en Cour, le Doyen Messire Iean de Gonnis Chanoine, pour presenter au Roy ledit Philippe de la Rose, & les actes de l'élection ; Sçauoir le Decret, la Confirmation & autres, quoy qu'il eust esté appellé Eleu iusqu'au 24. May, & qu'il se fut opposé le 5. Iuin 1453. lors que l'on fit lecture dans le Chapitre de certaines lettres que le Cardinal d'Estouteuille auoit écrites de Rome, prétendant qu'elles préjudicioient au droit qu'il disoit auoir à la dignité Archiepiscopale.

G. D'Estouteuille.

IV.
Le Cardinal prend possession par Procureur.

Toutefois voyant que ses efforts feroient inutiles, il y acquiesça, & ceda aux puissances Superieures ; & quoy que le Chapitre eust fait quelques protestations, le Cardinal d'Estouteuille ne laissa pas de se mettre en possession par Procureur (sçauoir par Loüis Archeuesque de Narbonne le 8. Iuillet 1453) & personnellement l'année suiuante le 28. du mesme mois qu'il fit son Entrée solemnelle. Loüis Seigneur d'Estouteuille estoit present lors que l'Archeuesque de Narbonne prist possession comme Procureur de nôtre Cardinal ; il s'y trouua grand nombre de Noblesse, les Conseillers & les Procureurs de l'Hostel de Ville y assisterent, comme le remarque l'ancien Registre de la Cathedrale, & fut receu par Nicolas du Bosc Doyen, qui présidoit lors, auec les protestations suiuantes.

1453.

V.
Protestations qui furent faites de la part du Chapitre.

,, Que cette reception ou translation ne préjudicieroit à l'aduenir en
,, aucune façon au Chapitre ny à l'Eglise de Roüen, attendu que lesdits
,, sieurs du Chapitre disoient auoir des Lettres émanées du S. Siege Apo-
,, stolique, en vertu desquelles l'Eglise de Roüen ne doit point estre con-
,, ferée à Messieurs les Cardinaux, ou estre mise en commande. Que cette
,, Reception n'apporteroit aucun préjudice à la Pragmatique Sanction,
,, à laquelle lesdits sieurs Capitulans ne vouloient nuire en façon quel-
,, conque, mais seulement obeïr aux Lettres & aux Mandemens qu'on
,, leur presentoit, à cause que ledit sieur Cardinal est de sang Royal,

VI.
Pour la conseruation du droit d'élection & autres.

,, qu'il a obligé l'Eglise de Roüen, & qu'il est originaire du païs. Que s'il
,, arriuoit que ledit sieur Cardinal quittast en quelque maniere que ce
,, pût estre, soit par promotion ou par mort, ou autrement, cela ne
,, pourroit empescher lesdits sieurs d'élire vn autre Archeuesque. Que
,, la clause contenuë dans les Lettres missiues, ou du Seigneur Pape
,, adressées au Chapitre, pour obeïr audit sieur Cardinal Archeuesque,
,, n'apporteroit aucun préjudice à Messieurs du Chapitre, attendu qu'ils
,, sont exempts de l'Archeuesque.

VII.
Que l'administration de l'Archeuesché fut commise en son absence à des personnes de merite.

,, De plus, ils requirent audit Seigneur Archeuesque, & aux autres
,, parens & Procureurs dudit Seigneur Cardinal & Archeuesque, que
,, jusqu'à ce qu'il vint personnellement resider, ils commissent des per-
,, sonnes habiles, propres & agreables au peuple ; & qu'il plust audit Sei-
,, gneur Archeuesque de Narbonne, & aux autres parens dudit sieur
,, Cardinal, de récrire sur ce sujet ; & faire en sorte que leurs Procureurs

DES ARCHEVESQVES DE ROVEN. 567

G. D'ESTOU-
TEVILLE.

,, eussent des Bulles du Pape, par lesquelles sa Sainteté declarast qu'Elle
,, n'entendoit point prejudicier à l'Eglise & à ses priuileges par cette
,, Promotion. Tout cecy est tiré des Registres du Chapitre.

VIII.
Bref Apostolique pour le droit d'élection du Chapitre, lors que le Cardinal quitteroit l'Archeuesché

Quant à ce qui est du droit d'élection, que le Chapitre demandoit luy estre conserué en cas de vacance, soit par la mort dudit Cardinal ou autrement ; les Chanoines receurent cette année 1453. le 17. Aoust, vn Bref Apostolique du Pape Nicolas V. par lequel il fut ordonné que le Chapitre aprés le decez dudit Cardinal, arriué en Cour de Rome ou ailleurs, pourroit proceder à l'élection de l'Archeuesque futur, & que l'élection seroit aussi valable, que si le S. Siege n'auoit fait aucune reseruation.

IX.
Lettre du Roy pour la reception dudit sieur Cardinal.

Messieurs de Chapitre eurent aussi égard aux intentions du Roy, qu'il eust la bonté de leur témoigner par cette Lettre de cachet, à eux adressée pour ce sujet.

A nos chers & bien-Amez les Doyen & Chapitre de Roüen:
De par le Roy.

,, CHers, & bien-Amez les gens de nostre cousin, le Cardinal d'E-
,, stouteuille, sont venus par deuers Nous ; & nous ont fait dire &
,, remontrer, comme nostre S. Pere a promeu nostredit Cousin à l'Arche-
,, uesché de Roüen ; Lequel nostre Cousin nous a écrit qu'il veut venir
,, demeurer sur le lieu, & y faire residence ; & pour ce que auons grand
,, interest qu'à icelle Eglise soit pourueu de personne à Nous seure &
,, feale, & que nous sçauons nostredit cousin estre tel, & qu'il est deliberé
,, (ainsi qu'il nous a écrit) de venir demeurer sur le lieu. Nous auons esté,
,, & sommes contens, que nostredit cousin le Cardinal, ou ses gens &
,, Procureurs portans les Lettres de ladite Procuration, soient receus à la
,, possession & saisie d'icelle Eglise, comme il est accoustumé à faire en
,, tel cas ; si vous signifions ces choses, afin qu'en ce ne faissiez aucune dif-
,, ficulté. Donné à S. Iean d'Angely ce 21. de Iuin. Signé, CHARLES.
,, Et plus bas, CHALIGANT.

CHAP.
III.
Sommaire.
I.
Le Pape luy donne vne Bulle pour visiter les Eglises de sa Prouince, &c.

NOstre grand Cardinal n'auoit pas encor pris possession de son Eglise, lors qu'il fut gratifié par le Pape d'vne Bulle qu'il luy enuoya le
huitiéme an de son Pontificat, le 14. Auril 1454. dans laquelle il le qualifie du titre, de Membre honorable de l'Eglise Romaine. Cette Bulle luy
,, permettoit de visiter vne fois seulement par soy ou par quelque per-
,, sonne capable, les Cathedrales, Monasteres, Prieurez, & autres lieux
,, sacrez de sa Prouince de Normandie, & les personnes où la Visite luy
,, appartiendroit par la coustume & possession, ou par le Droit com-
,, mun ; auquel cas il pourroit visiter vne ou plusieurs Eglises en vn seul
,, iour, & receuoir les droits accoustumez pour la Visite, qui consistent
,, en la dépense pour la reception & procuration du visiteur, & de son
,, train, qui pourroit estre eschangée en argent aux lieux où il ne pren-
,, droit point ses repas.

II.
Il reçoit la Regale & preste serment pour le temporel de son Eglise.

Le 18. Iuillet de la mesme année 1454. il receut la Regale ou main-
leuée du temporel de son Archeuesché, aprés auoir presté le serment de
fidelité entre les mains de Charles VII. Roy de France. Le Pape Nicolas

Spic. t. 7. p. 258.

G. D'ESTOU-
TEVILLE.

V. auoit dressé vn Bref au Roy l'an 1452. dans lequel il prioit sa Majesté de permettre à nostre Cardinal & Archeuesque de perceuoir le reuenu de l'année courante de son Archeuesché, bien qu'il n'eust pas encore fait l'hommage.

III.
Il visite son Chapitre, & donne plusieurs riches ornemens.

Le 28. de Iuillet de l'an 1454. il fit son Entrée solemnelle dans sa Cathedrale, où il fut presenté selon l'ancienne coustume par l'Abbé & les Moines de S. Oüen. Cette mesme année il assista à vn Chapitre general qui fut tenu en l'Eglise Cathedrale, où furent faits plusieurs Reglemens vtiles pour la police exterieure & le bon ordre dans la maison de Dieu. Ce fut en cette occasion que nostre Archeuesque donna les premieres preuues de son zéle pour l'ornement de la maison de Dieu; car il fit faire plusieurs riches Vestemens sacrez de drap d'or, & autres précieuses étoffes dont il gratifia son Eglise. Le sixiéme du mois de Septembre, & le septiéme, il les employa à faire la Visite personnellement dans le Chapitre, suiuant la Bulle que le Pape Nicolas luy auoit enuoyée pour ce sujet, comme nous auons dit cy-dessus. Les Registres de la Cathedrale où se trouue le Procez verbal de cette Visite, rapportent par le menu les formalitez qui furent obseruées en cette action. Il auoit dédié l'Eglise du Prieuré de S. Lo dés le 28. May de la presente année.

IV.
Son retour en Italie.

Tandis qu'il sejourna en France, il prit soin de mettre toutes choses en bon estat, estant obligé d'en sortir, parce que la qualité qu'il auoit de Cardinal, l'obligeoit de trauailler pour l'Eglise Vniuerselle. Il laissa en son absence dans son Diocese, vn Euesque suffragant, pour agir en sa place & faire ses fonctions Episcopales, & nous en trouuons trois qui se succederent. Le premier fut Iacques Euesque de Dimitry; le second Michel Euesque de Megare, qui resta depuis 1464. jusqu'à 1469. Le troisiéme Robert Euesque de Bonne, qui furent tous trois tirez de l'Ordre de S. Augustin, dont ce Cardinal estoit protecteur.

V.
Grand nombre de Chasubles, Tuniques & autres Ornemës tres précieux qu'il donna.

Il se montra fort liberal enuers l'Eglise de Roüen, & les autres dont il joüissoit, outre vn grand nombre de riches & précieux ornemens, comme Chasubles, Tuniques, paremens d'Autel, Chappes, & autres de drap d'or & de soye, de riche broderie, parsemez de perles, dont vne bonne partie se conserue encore dans la Sacristie de la Cathedrale, & qui se montent à plus de 38. Chappes; pour le moins six Chappelles complettes de Chasubles & Tuniques, grands Draps d'or de tenture, deuants d'Autel, & autres de moindre prix, comme rideaux, Aubes tresriches, Carreaux, tous ornemens d'étoffe précieuse & de grand prix. Il

VI.
Fondation de douze Obits à la Cathedrale, où il fit fondre deux grosses cloches.

donna 4800. livres, qui estoit vne somme assez considerable en ce temps-là, pour acheter vne Terre qu'il destina pour la fondation de 12. Obits Solemnels, à l'instar de ceux de Charles V. lesquels Obits seroient dits à pareil iour du mois qu'il decederoit. Il fit faire deux excellentes Cloches & des plus grosses de l'Eglise de Roüen, qui sont appelées, vne Marie, & l'autre Guillaume d'Estouteuille.

VII.
Il donna au Tresor de la Cathedrale ses Ornemens

L'an 1470. il donna par donation entre vifs, & irreuocable, au Tresor & Fabrique de l'Eglise de Roüen, son Baston Pastoral, sa Mitre, & ses Ornemens Pontificaux, pour l'vsage des Archeuesques de Roüen ses Successeurs,

DES ARCHEVESQVES DE ROVEN.

Pontificaux, auec vne condition. G. D'ESTOV-TEVILLE.

seurs, dans la collation des Ordres, & autres actes de solemnité qui se celebrent dans l'Eglise, ou Chapelle Archiepiscopale, pourueu neantmoins qu'ils ne fussent pas simples Titulaires, & aux conditions que toutes ces choses ainsi données seroient appretiées; qu'il seroit expedié des Lettres de cette appréciation, qu'elles demeureroient à perpetuité à l'Eglise, & ne pourroient estre alienées pour quelque cause que ce fust; & en cas qu'elles vinssent à l'estre contre sa disposition, il en faisoit semblablement don à l'Abbaye de S. Oüen, luy permettant de les prendre quelque part où elles seroient trouuées, & d'agir contre le Procureur de la Fabrique pour la restitution d'icelles, ou payement du prix de l'estimation, comme il appert par l'Acte de donation passé à Rome, & les Actes Capitulaires de l'Archeuesché, rapportez à l'onziéme de Iuillet de la mesme année.

VIII.
Il fit faire la Chaire Archiepiscopale du chœur.

La Chaire Archiepiscopale dans le Chœur de la grande Eglise fut faite à ses dépens; le mesme Chœur ayant esté enrichy de son temps des belles Chaires qui y sont encore à present.

CHAP. IV.
Sommaire.
I.
Il fit bastir la Bibliotheque, vne grande partie du Palais Archiepiscopal de Roüen, & celuy de Pontoise.

MAis ces liberalitez ne furent que de petits essais en comparaison des dépenses qu'il fit encore depuis dans les grands & somptueux bâtimens qui furent construits de ses deniers; car ce fut luy qui fit faire la Bibliotheque Archiepiscopale auec son Vestibule, qui fit commencer & acheuer quant à la plus grande partie, le Palais de l'Archeuesché, vn des riches ornemens de la Ville de Roüen; qui fit bâtir le Manoir Archiepiscopal au Grand Vicariat de Pontoise, lieu de sa Iurisdiction, & l'ancien Domaine de ses Predecesseurs & Archeuesques, qui ont eu de tout temps pleine & entiere Iurisdiction spirituelle dans cette Ville & district du Grand Vicariat.

Ce que nous venons de dire icy du Palais Archiepiscopal de Roüen, me donne occasion de produire vne Lettre qu'il adressa à Messieurs du Chapitre lors qu'il estoit à Rome, elle est dattée du 8. Nouembre 1461.

Venerables & discretes personnes, nos tres-chers amis, Salut.

II.
Lettre qu'il escriuit de Rome à Messieurs du Chapitre, au suiet du Palais Archiepiscopal.

„ VOus sçauez que nous auons fait construire vn riche & somptueux
„ ouurage, dans nostre Palais Archiepiscopal de Roüen, & qui se
„ continuë tous les iours; & nous ne doutons point que vous ne l'agree-
„ rez beaucoup, puisqu'il ne contribuë pas peu à la beauté & à l'hon-
„ neur de l'Eglise, & à la satisfaction de toute la Ville. Et parce qu'en ce
„ qui dépend de Nous, nous auons resolu de le faire accomplir de tout
„ ce qui y est necessaire, & qui le peut rendre agreable; & qu'à cét effet

III.
Il leur demande vne partie de l'eau de leur fontaine, pour son Palais.

„ l'abondance des eaux y est necessaire, Nous exhortons vos bienveil-
„ lances, & les prions autant qu'il nous est possible, que fauorisant de
„ toute vostre affection cette nostre loüable entreprise, vous nous don-
„ niez vne partie de l'eau qui coule à vostre Sacristie en abondance, en
„ sorte qu'il vous en reste suffisamment, & que vous ayez le contente-
„ ment de voir vn ouurage accomply de tout point, &c.

Ie ne dis rien des autres liberalitez cachées & secretes de ce grand

Cccc

S. D'ESTOU- Cardinal, de ses aumosnes & de ses charitez enuers les pauures & les mi-
TEVILLE. serables, (puisqu'elles luy estoient d'vn deuoir & d'vne obligation indis-
IV. pensable) des Fondations dans les Eglises, & autres bonnes œuures dont
Autres libe- le temps & le secret nous ont dérobé la connoissance, mais qui auront
ralitez & esté veuës & recompensées de Dieu, pour la gloire duquel il les auoit
actions de
pieté de ce faites. Il donna mille écus pour augmenter le reuenu du College des
Cardinal. Clementins en sa Cathedrale, & institua deux Enfans de Chœur, pour
l'entretenement desquels il donna vne pension sur la Cure de S. Maclou.

V. Que s'il se montra si liberal enuers l'Eglise Cathedrale, il n'oublia pas
Donations à l'Abbaye de S. Oüen, dont il fut Abbé, y ayant donné plusieurs Chap-
ses Abbayes
de S. Oüen & pes & Ornemens de drap d'or. Il fit faire le Pulpite ou Iubé de l'Eglise,
du Mont vne partie de la Nef, & plusieurs autres biens, ainsi que nous l'auons ob-
S. Michel. serué dans l'Eloge que nous luy auons donné parmy les Abbez de cette
Royale Maison. Mais, comme nous auons dit, ses bienfaits ne furent
pas renfermez dans l'enceinte des murailles de nostre ville de Roüen;
le Monastere du Mont S. Michel, dont il fut Abbé, en est encore vn
illustre monument, & c'est à sa magnificence que la Normandie est redeuable de ce fameux Edifice, dont l'admirable structure (jointe à la
sainteté du lieu) attire auec raison cette foule de Voyageurs & de Pelerins qui y abonde de toutes parts, puisqu'il est impossible de s'en bien
imaginer les merueilles, à moins que de s'en rendre le spectateur.

VI. Il répandit aussi ses bienfaits dans Rome; il donna plusieurs beaux
Plusieurs Vases d'or & d'argent à l'Eglise de sainte Marie Majeure, & l'enrichit de
marques de
sa magnifi- plusieurs reuenus tandis qu'il y exerçoit la fonction d'Archipreftre. Ce
cence dans fut luy qui y fit faire ce riche Tabernacle de marbre, si estimé pour estre
Rome. party de la main de Minius Florentin. Vghellus dans son *Italia Sacra*,
parle d'vne Epitaphe de marbre que les Chanoines de sainte Marie Majeure ont fait mettre, qui porte que sous le Pontificat d'Vrbain VIII. &
„ du viuant d'Antoine Barberin Cardinal, son Neueu, Archipreftre de
VII. „ cette Eglise, la Chappelle dédiée à S. Michel & à S. Pierre aux Liens,
Chappelle de „ & bastie autrefois par le Cardinal Guillaume d'Estouteuille, ayant esté
S. Michel
qu'il y auoit „ racourcie & faite plus petite, afin qu'elle eust plus de proportion &
bastie. „ de symmetrie auec celle de l'autre costé; ce qui estoit vtile pour l'em-
„ bellissement de l'Eglise, mais que pour ne nuire en rien à la memoire
VIII. „ de ce grand Homme, qui auoit eu l'honneur d'estre allié à la Maison
Marbre qui a „ de France, & qui s'estoit montré fort liberal enuers ce lieu Sacré, le
esté posé lors
que le Cardi- „ Chapitre & les Chanoines luy auoient dressé ce monument de leur
nal Barberin „ gratitude, comme à celuy qu'ils reconnoissoient pour leur singulier
a changé cet-
te Chappelle. „ bienfaicteur, l'an de salut 1636. Voila ce qu'en dit cét Historien.

CHAP. IE pourrois rapporter ce qu'en ont pareillement écrit Ciaconius &
V. Onuphre, lesquels s'estendent sur les loüanges de ce grand person-
Sommaire. nage, & releuent particulierement sa magnificence vrayement Royale.
I.
Historiens Tous les Autheurs qui ont écrit de la ville de Rome, ou des Cardinaux,
qui ont loüé n'ont pas manqué de rendre aussi ce deuoir à sa memoire, laquelle depuis
sa magnifi-
cence, & ce enuiron trente-neuf ans, les Peres Augustins du grand Conuent de
qu'il a fait Rome, ont renouuellé par cét Eloge graué en lettres d'or sur vne Table
dans Rome. de marbre.

DES ARCHEVESQVES DE ROVEN.

A Dieu tres-Bon & tres-Grand.

II.
Eloge tres-magnifique en l'Eglise des Augustins de Rome.

„ AV Seigneur Guillaume d'Estouteuille Normand François, Euef-
„ que Cardinal de Roüen, Camerier de la sainte Eglise Romaine,
„ sorty de la Congregation de Cluny, Ordre de S. Benoist, lequel estant
„ Protecteur de l'Ordre de S. Augustin auprés du S. Siege, a basty ce
„ Temple de fond en comble, l'a doté tres-richement, & y a fait mettre
„ au grand Autel l'Image de la sainte Vierge, peinte par S. Luc; a meublé
„ la Sacristie de tres-precieux Ornemens; a agrandy le Conuent; a com-
„ blé tout l'Ordre de S. Augustin de graces & de faueurs singulieres, &
„ luy en eust encore fait dauantage, si la mort n'eust arresté le cours de
„ ses liberalitez. M. F. Hyppolite du Mont, General, Prieur, & les Peres
„ de ce Conuent, pour marque eternelle de leur reconnoissance enuers
„ ce Prelat, leur bienfaicteur, non moins illustre par sa Doctrine, par
„ l'integrité de ses mœurs, & par l'éclat de ses vertus, que par sa haute
„ naissance, par ses dignitez & par ses richesses, luy ont érigé ce monu-
„ ment, l'an de salut 1627.

III.
Autres Ouurages insignes qu'il fit ou procura à Ostie & à Rome.

Il fit encore vne dépense tres-considerable à reparer le Port & le Chasteau d'Ostie, & à bastir la Maison de S. Apollinar de Rome ; & ce fut par
ses soins, que le marché qui se tenoit sous le Capitole, fut changé de
place, & transferé en vn autre plus commode ; sçauoir dans le Cirque
Agonal, du temps de Xiste IV. l'an 1477.

IV.
Diuerses Nonciatures & Legations où il fut employé

Si toutes ces choses montrent éuidemment sa pieté, sa magnificence & son zéle pour le bien public, les Nonciatures & les Legations importantes qu'il exerça, ne firent pas moins éclater sa sagesse, sa suffisance
dans les affaires, & son affection enuers le Siege Apostolique.

Il fut enuoyé par le Pape Nicolas V. vers Charles VII. auec qualité de
Cardinal *à Latere*, pour trauailler à la paix d'entre les Couronnes de
France & d'Angleterre, & negocier d'autres affaires pour le bien de l'E-
glise. Le Tome premier des Libertez de l'Eglise Gallicane, remarque que
ce Cardinal voulant entrer en France comme Legat, donna des lettres
au Roy par lesquelles il declaroit que tout ce qu'il en faisoit, venant ainsi
en France, & marchant auec la Croix deuant luy pour marque de sa qualité, estoit par sa permission, & promettoit que le tout seroit sans préjudice des droits de sa Majesté, de sondit Royaume, & de l'Eglise de
France.

V.
Difficulté touchant l'année qu'il vint en France comme Legat.

Le sieur Frison met ce voyage en 1450. l'année du Iubilé, & dit que
le Cardinal partant de Rome, auoit en sa compagnie Loüis d'Harcour
Euesque de Verdun. Le sieur de Sponde, & le Compilateur des Libertez Gallicanes estiment que cette Legation fut en 1451. bien que Messieurs de sainte Marthe la mettent en 1453. qu'ils disent que le Pape
voyant la ville de Constantinople prise par les Turcs, & les Chrestiens
extrémement affligez & opprimez par la tyrannie du Turc, auoit enuoyé deux Cardinaux, l'vn en Angleterre, & l'autre en France, pour
conjurer ces deux grands Princes d'entendre à vne bonne paix, & de
tourner leurs armes contre cét Ennemy commun du nom Chrestien,

Cccc ij

G. D'ESTOU-TEVILLE.

auquel il seroit à la fin bien facile de se rendre maistre du reste de la Chrestienté, tandis que les Princes Chrestiens seroient en diuision & se feroient de si longues & de si cruelles guerres. Le Cardinal de Roüen

VI.
Suiet de cette Legation, & ce que le Cardinal negotia.

trouua l'esprit du Roy assez disposé à la paix, & sa Majesté luy témoigna son déplaisir de la disgrace & de la misere des Chrestiens de Grece, & qu'elle n'estoit pas si animée contre l'Anglois, qu'elle ne s'accommodast volontiers auec luy sous des conditions raisonnables, comme elle luy auoit offert; auquel cas elle aideroit & presteroit secours aux Chrestiens affligez, & leur enuoyeroit des armes, des soldats & de l'argent. Ce Traité estoit assez bien commencé, & eut pû se conclurre, si le Roy d'Angleterre eut eu de la disposition à la paix; mais il répondit qu'aprés que les Anglois auroient autant gagné de païs sur les François, que les François en auoient conquis sur eux, que pour lors ils penseroient à vn accommodement: & ainsi cette negotiation fut inutile, mais non pas le sejour du Legat & Cardinal d'Estouteuille à Paris.

VII.
Il fut prié de reformer l'Vniuersité.

Les troubles dont l'Estat auoit esté trauaillé dans ce siecle-là, ayant causé beaucoup de confusion dans l'Vniuersité, il fut prié d'y apporter remede, ce qu'il entreprit tres-volontiers. L'affaire estoit fort difficile; mais il la conduisit auec vne telle prudence, que contre l'attente de tout le monde, il la termina heureusement, ayant esté soûtenu de l'authorité du Pape & de celle du Roy de France.

Il dressa pour cét effet les Statuts, qui portent pour titre dans le Manuscrit, „ S'ensuiuent les Articles de la Reformation de nostre bonne Mere l'Vni-„ uersité qui regardent la faculté de Theologie, dressez depuis peu par tres-Reuerend „ Pere en Dieu Monseigneur Guillaume, par permission diuine, &c. Et com-

VIII.
Statuts qu'il dressa pour cét effet.

„ mencent ainsi. Quelle grauité doiuent faire paroistre en leurs mœurs, & de „ quelle integrité de vie doiuent estre ornez, ceux qui font profession de cette diui-„ ne Sagesse, la maistresse de toutes les sciences, & la Reine de toutes les vertus, „ qui est la Theologie, &c.

Gaguin remarque qu'il declara excommuniez ceux qui contreuiendroient aux Statuts & aux Ordonnances qu'il auoit faites, & nommément ceux qui acheteroient à prix d'argent le Rectorat, qui est la premiere charge de l'Vniuersité, & ne s'accorde que pour trois mois. Les Escoliers furent pareillement astraints à ces mesmes loix, afin que les autres Offices ne fussent point vendus, ou octroyez dans le tumulte, & les brigues ordinaires. Il fit d'autres semblables Regles tres-vtiles & tres-avantageuses pour le bon ordre de l'Vniuersité.

CHAP.
VI.
Sommaire.
I.
Il fait la paix du Duc de Sauoye auec le Roy de France.

CEs choses estant acheuées, & le Legat s'en retournant à Rome vers le Pape Nicolas, il s'employa auec plus de succez à procurer la paix du Duc de Sauoye, lequel auoit offensé le Roy, & alloit attirer les armes de la France sur ses Estats. Sa Majesté estoit preste d'entrer dans la Sauoye, lors que le Cardinal fust trouuer le Duc, & l'obligea de reconnoistre sa faute, & d'en faire satisfaction au Roy; vers lequel le Legat estant retourné, & luy ayant fait rapport de la disposition en laquelle il auoit laissé le Duc de Sauoye, le Roy retira son armée, & le Cardinal poursuiuit son chemin.

DES ARCHEVESQVES DE ROVEN. 573

II.
Il presida à l'Assemblée de Bourges pour la Pragmatique Sanction.

Il auoit auparauant ce voyage presidé à vne grande Assemblée de G. D'ESTOV-TEVILLE. Prelats qui s'estoit tenuë à Bourges, où il fust traité de la Pragmatique Sanction, & des moyens de la faire obseruer; bien que (comme nous verrons) ces belles resolutions n'eurent gueres d'effet, & ne furent pas de longue durée, Loüis XI. l'ayant entierement abolie malgré l'opposition & la resistance de tous les ordres de l'Estat.

III.
Calliste nouuellement éleu, luy écrit vne lettre fort obligeante.

Nostre Cardinal estoit de retour en France, lors que le Pape Nicolas passa de cette vie à vne meilleure, qui fut le 4. Mars 1455. ainsi qu'il paroist de ce Bref que luy adressa Calixte III. son Successeur, vn peu aprés son éleuation au Pontificat.

Calixte Seruiteur des Seruiteurs de Dieu, à nostre Fils bien-aimé Guillaume, Cardinal du titre de S. Martin aux Monts, d'Estouteuille, Archeuesque de Roüen, Salut & Benediction Apostolique.

,, Nous n'ignorons pas combien de satisfaction & de joye vous don-
,, nerent les nouuelles de nostre Promotion au S. Siege, tant à cau-
,, se de vostre zéle pour le bien de l'Eglise, que pour l'amitié qui nous lie
,, ensemble ; c'est pourquoy nous auons trouué bon de vous le faire sça-
,, uoir par ces presentes, pour vostre consolation ; comme à vne person-
,, ne que nous auons toûjours aimée pour ses rares & excellentes vertus,
,, & qui a toûjours eu pour nous vne affection reciproque. Et dautant

IV.
Il l'exhorte à s'employer à la paix entre les Rois de France & d'Angleterre.

,, que d'ailleurs nous sommes assurez de l'amitié que vous porte nostre
,, tres-cher Fils, Charles Roy de France, tant pour la proximité du sang
,, qui vous attache à luy, que pour tant de belles & de grandes qualitez
,, qui vous feroient considerer, mesme de ceux qui ne vous connoi-
,, stroient pas, & que pour cette raison nous estimons que vous pouuez
,, beaucoup seruir à la Chrestienté ; dans les lieux où vous estes, Nous
,, auons jugé à propos d'exhorter vostre Sagesse à ne pas abandonner la
,, negociation de la paix que vous auez commencée, & à voir s'il n'y a
,, pas moyen de porter les Princes à vne bonne Vnion, & à vne Con-
,, corde salutaire. Prenez aussi la peine de vous employer auprés de Char-
,, les Roy Tres-Chrestien, pour obtenir de luy qu'il maintienne la li-
,, berté de l'Eglise, dans son Royaume Catholique, lequel a toûjours

V.
Loüange que le Pape donne au Roy & au Royaume de France.

,, marché dans les voyes du Seigneur, & qu'il rende l'obeïssance au
,, S. Siege Apostolique, comme il conuient à la Royale Maison des Rois
,, de France, lesquels ont toûjours fait paroistre vne affection filiale en-
,, uers l'Eglise Romaine, & le S. Siege, comme nous auons sujet de l'es-
,, perer de vostre vertu & de vostre entremise. Et parce qu'il est expe-
,, dient pour les affaires de l'Eglise, que vous vous trouuiez auprés de

VI.
Sa Sainteté donne ordre au Cardinal de retourner à Rome.

,, Nous, pour nous assister de vos sages conseils, aprés que vous aurez
,, tenté les choses que nous vous venons de marquer ; si elles ne vous se-
,, condent pas, quittez tout par-de-là, & mettez-vous en chemin pour
,, vous rendre en nostre Cour, où nous vous verrons auec joye, & nous
,, aurons égard à vostre merite, comme nous vous le ferons paroistre par

Cccc iij

G. D'Estou-
teville.
VII.
Il refuse d'y aller, comme Ambassadeur du Roy.

,, les effets. Donné à Rome l'an 1455. & de nostre Pontificat le premier.

Ce fut de l'execution de ce Bref, que le Cardinal de Pauie écriuit en vne de ses lettres, qui est la quatriéme que le Roy Charles VIII. l'ayant voulu obliger d'accompagner ses Ambassadeurs, qu'il enuoyoit rendre l'obeïssance au Pape Calixte nouuellement éleu; le Cardinal s'en excusa honnestement, & fit entendre au Roy, que sa Qualité de Cardinal ne luy permettoit pas de seruir de Legat qu'au Pape, & pour les affaires de l'Eglise.

Voicy ce qu'vn de nos plus sçauans Historiens a dit, au sujet de cette action, que i'ay crû ne deuoir pas obmettre, puisqu'il ne fait pas peu pour la gloire de nostre Archeuesque; c'est le sieur Mathieu, (en la vie de Loüis XI.) lequel parlant de nostre Guillaume d'Estouteuille, dit ces pa-

VIII.
Histoire tragique d'vn pauure Prestre François, qu'vn Officier fait seruir de bourreau dãs Rome.

,, roles: Il fut l'ornement des Cardinaux de son siecle, & jamais la peur
,, du peril, ny la crainte du mal, ne l'empescherent de faire le bien, &c.
,, Il fut merueilleusement jaloux de la dignité de sa robe; en suite dequoy
,, il rapporte le refus qu'il fit au Roy, & adjouste vne autre affaire qui se
,, passa à Rome, où ce Cardinal demeura vingt-huit ans.
,, Du mesme courage qu'il maintint l'honneur du Chapeau, il soûtint
,, celuy de l'Eglise & de la France. Le Barigel de Rome ayant rencon-
,, tré vn homme in flagrant delict, & n'ayant point de bourreau pour le
,, faire mourir sur le champ, contraignist vn pauure Prestre qu'il trouua
,, demandant l'aumosne sur le paué, de faire cét office. En vain il luy
,, remontre qu'il est Prestre, qu'il est François, qu'il n'a iamais fait acte
,, indigne de l'vn, ny de l'autre; le Barigel qui auoit quitté le timon de la
,, raison, à l'orage de la colere, n'écoute plus l'innocent, & le menace de
,, luy faire joüer le personnage de criminel, s'il ne vouloit faire celuy de
,, bourreau. La crainte de la mort le fait resoudre à cette infame execu-
,, tion, aprés laquelle il se retire les yeux baissez de honte, en la maison
,, du Cardinal d'Estouteuille, se plaint de cette injure, & luy demande
,, justice.

IX.
Le Cardinal vange l'outrage fait à ce Prestre, & ce qui en arriua.

,, Le Cardinal considerant qu'en l'offence de ce pauure homme, la
,, dignité de l'Eglise & l'honneur de la nation estoient blessez, enuoya
,, querir le Barigel, & luy ayant fait connoistre sa faute, commanda à
,, son muletier de le pendre à vne croisée de la salle auec le cheuestre de
,, l'vn de ses mulets. A la veuë de ce Barigel pendu aux fenestres, les Of-
,, ficiers du Pape en firent de grandes plaintes, & le Cardinal d'Estoute-
,, uille fut sur le point de se retirer en France; mais comme le Pape Ni-
,, colas V. en fut aduerty, il blasma la cruauté & l'injustice du Barigel,
,, &c. & il loüa la justice du Cardinal, & le pria de ne sortir de Rome.

CHAP.
VII.
Sommaire.
I.
Il va au deuant de Pie II. & assiste au Conclaue aprés son trépas.

LE Cardinal Iacques Amanat qui fut depuis transferé dans la famille des Picolomini, par Pie II. son bien-faicteur, fait mention de nostre Guillaume, Cardinal de Roüen, dans le commencement du premier Liure de ses Commentaires, où il dit que le Pape Pie II. s'en-allant à petites journées par eau, pour s'embarquer à Ancone contre les Turcs, fut rencontré par les Cardinaux Guillaume de Roüen, & Bernard de Terame, le iour de S. Iean Baptiste. Ils estoiét venus exprés de Rome pour

DES ARCHEVESQVES DE ROVEN.

l'accompagner; mais le Pape estant mort bien-tost après, ils furent con- G. D'ESTOV-
traints de retourner à Rome pour proceder à vne nouuelle election, en TEVILLE.
laquelle nostre Cardinal eut bonne part, comme estant le second du
sacré College, & Euesque d'Ostie, ainsi qu'il est nommé auec plusieurs
beaux Eloges, entre ceux qui élûrent Paul II. Le mesme Autheur luy

II.
En quelle esti-me le Cardinal Amanat, & Philelphe l'ont eû.
addresse encore quelques-vnes de ses lettres, dans lesquelles il fait assez
voir l'estime qu'il faisoit de son merite. Philelphe, vn des plus sçauans
hommes de son temps, luy escriuit plusieurs lettres pleines de loüanges
qu'il luy donne: Ie sçay que ces lettres ne se trouuent pas dans quelques éditions.

III.
Il eut plu-sieurs suffra-ges après la mort de Paul II. & Sacra Xiste IV.
Aprés la mort du Pape Paul II. les Cardinaux estant entrez dans le
Conclaue, nostre Cardinal Guillaume d'Estouteuille eut encore grand
nombre de suffrages. Toutefois Xiste IV. luy fut preferé. Sa Sainteté
luy fit l'honneur de le choisir pour estre consacré de sa main, encore
qu'il ne fut pas le premier dans le College des Cardinaux à qui cela
estoit deu. Le mesme Xiste donna, à la priere de nostre Archeuesque, le
9. May 1480. la dispense d'vser de laictage pendant le Caresme dans son
Diocese, luy ayant accordé la Bulle dont nous parlons en l'Histoire de
la Cathedrale.

IV.
Il obtint vne place pour faire dresser vn tombeau dans la Ca-thedrale.
Deux ans auant que de mourir, il obtint de son Chapitre vne place
au milieu de la nef de la grande Eglise, où l'on croyoit vulgairement que
nostre Archeuesque S. Maurille auoit autrefois esté enterré; on l'appeloit la tombe de S. Maurille; c'estoit pour y faire vn riche Mausolée où
son cœur deuoit estre placé pour marque de l'affection qu'il auoit eu
pour l'Eglise de Roüen. Or il arriua le 10. Auril 1480. lors que les mas-
sons creusoient dans la terre sous cette tombe, ils rencontrerent vn cercueil de pierre: l'ouuerture en fut faite presence de quelques-vns des
Chanoines: on y trouua des ossemens auec quelques morceaux d'vne

V.
On y trouua les ossemens de S. Maurille en y fouillant dans la terre.
Croix de bois, & d'vn Chasuble, ce qui pouuoit donner assez à connoistre que c'estoit de l'Archeuesque S. Maurille qui auoit esté mis dans ce
cercueil. L'affaire fut mise en deliberation le lendemain au Chapitre,
où il fut dit, qu'attendu qu'on n'auoit rien veu ny trouué dans l'ouuerture de ce tombeau, qui pûst faire retracter la concession qui auoit esté
faite de cette place, pour y bastir le Mausolée, l'on continüeroit & ache-
ueroit l'ouurage: mais comme cette place & l'ancienne tombe qui estoit
dessus s'appeloit la tombe de S. Moril, Prelat de tres-sainte vie (encore
qu'il n'ait esté canonisé après sa mort, & qui a fait de grands biens à
cette Eglise) il fut resolu que l'on feroit quelque Epitaphe ou escriture
sur le tombeau, afin que la memoire en pûst estre conseruée à la posterité, & qu'à la premiere occasion on donneroit aduis à Monseigneur le
Cardinal & Archeuesque, de ce que l'on auoit trouué, pour sçauoir son
sentiment. Les Registres du Chapitre ne font point mention de la réponse qu'il fit, que l'on peut toutefois conjecturer par ce qui s'en
ensuiuit.

VI.
Il meurt âgé de 80 ans à Rome.
Enfin le 23. Ianuier de l'an 1482. ce grand homme estant paruenu à
l'âge de 80. ans & dauantage, quitta cette vie mortelle pour aller joüir

576　HISTOIRE

G. D'Estou- de l'immortelle, & recueillir dans le Ciel le fruit de tant de bonnes
teville. actions qu'il auoit pratiquées sur la terre. Son corps fut enterré auec
beaucoup de solemnité dans l'Eglise des Ermites de S. Augustin, qu'il
auoit fait bastir fort somptueusement, comme nous auons dit, quoy
que la pompe du Conuoy fut troublée par vn fascheux accident qui arriua sur vne contestation de droits, (comme cela se voit assez souuent
dans ces grandes & extraordinaires ceremonies) car le corps du defunt
qui estoit porté en Pompe Funebre, estant reuestu de riches paremens
de drap d'or, & ayant les doigts ornez de plusieurs bagues de grand prix,
l'éclat de ces pierreries donna dans la veuë des Chanoines de l'Eglise de
sainte Marie Majeure, & leur fit naistre vn si violent & si impatient desir
de s'en rendre les possesseurs, qu'ils se jetterent dessus, & commencerent

VII. à les luy arracher des doigts. Ce que voyant les Ermites de S. Augustin,
Fascheux ac- conceurent de l'indignation de l'attentat des Chanoines, & pour en em-
cident arriué
à son Conuoy. pescher l'effet, tascherent de leur costé de se saisir de ses bagues ; tellement que dans cette contestation, les vns tirant d'vn costé, les autres
de l'autre, peu s'en fallut que le corps du Cardinal ne demeurast nud,
au grand scandale de tous les gens de bien. Toutefois le desordre
ayant cessé, on luy donna la sepulture ; quelques-vns de ses domestiques

VIII. Beneficiers à Roüen, apporterent son cœur, qui fut receu auec grande
Son cœur est pompe du Clergé, lequel alla au deuant jusques sur le Pont, la Ceremo-
apporté &
mis dans nie ayant esté faite par Robert Euesque de Bonne, à la priere de Mes-
l'Eglise de
Roüen, dans sieurs du Chapitre. On l'apporta dans le lieu qu'il auoit tant chery pen-
le Tombeau
qu'on luy dant sa vie, & pour lequel il auoit eu vne affection si tendre & si sincere.
auoit preparé Il fut donc placé dans la Cathedrale, & posé dans vn sepulchre de marbre blanc, sur lequel il estoit representé au naturel ; on auoit couuert ce
Tombeau d'vn treillis de fer au milieu de la Nef, pour le mieux conseruer, & il y demeura jusques en l'an 1562. que les Troupes fanatiques des
nouueaux Reformateurs (à qui l'Euangile de Caluin apprenoit à violer
les Temples & les sepulchres des Morts) s'auisa de le piller & le destruire,
ainsi que plusieurs autres monuments, dont la perte nous est encore fort
sensible. C'est la remarque qui en a esté faite dans le Manuscrit de Mr.
Bigot. Ces deux Vers feront la fin de son Eloge.

　　　Guillelmi meritis obliuia posse nocere,
　　　Difficilè est, sileat Normannia, Roma loquetur.

ELOGE

ELOGE
DE ROBERT DE CROISMARE. 79.

ROBERT DE CROISMARE
An de I. C.
1428.

CHAP. I.
Sommaire.
I.
Le Chapitre reçoit defense de proceder à nouuelle election.

APRES la mort du Cardinal d'Eſtouteuille, le Chapitre s'eſtant aſſemblé pour proceder à nouuelle élection le 30. Ianuier de l'année 1482. Iean Goüel Lieutenant General du Bailly de Roüen ſe preſenta par ordre du Roy, & expoſa à Meſſieurs du Chapitre que l'Archeueſque de Roüen eſtoit mort, & toutesfois qu'ils ne pouuoient proceder à nouuelle election, ſans auoir ſur ce l'expreſſe licence & conſentement du Roy. C'eſt pourquoy en vertu des Lettres Patentes, dont il leur fit ouuerture en plein Chapitre, il leur fit defenſe de paſſer outre à l'élection d'vn nouuel Archeueſque; & en outre il leur preſenta d'autres Lettres de cachet de la part du Roy, après la lecture deſquelles ils firent réponſe audit ſieur Lieutenant, par la bouche du Doyen, qu'ils n'entendoient point proceder à aucune election ſans auoir aupréalable obtenu la permiſſion du Roy, en ſuite dequoy il ſe retira. Voicy la teneur de cette Lettre de cachet.

II.
Lettres de cachet adreſſées au Chapitre, ſur le fait de leur élection.

„ Chers & bien-aimez, ſi-toſt que nous fuſmes aduertis du trefpas de
„ feu noſtre couſin le Cardinal d'Eſtouteuille, en ſon viuant Archeueſ-
„ que de Roüen, nous écriuiſmes à noſtre S. Pere le Pape, & à ſon Col-
„ lege, qu'il leur pluſt pouruoir noſtre Amé & Feal Conſeiller (Mᵉ Robert
„ de Croiſmare) d'iceluy Archeueſché, & le luy conferer; & auec ce,
„ commandaſmes nos Lettres Patentes portant faire inhibition de ne
„ proceder à aucune election, &c. Et depuis ayant eſté aduertis qu'auez
„ en voſtre Chapitre certain Indult & Lettres Apoſtoliques, octroyées
„ par le feu Pape Nicolas, &c. Depuis aucun temps noſtre S. Pere le Pape
„ moderne nous a écrit & enuoyé ſon Bref, contenant que le cas offrant
„ de la vacation dudit Archeueſché, il garderoit le contenu audit Indult,
„ ainſi qu'il appert par ledit Bref. Et pource que plus ſeur & plus agreable

III.
Le Roy prie leſdits ſieurs de Chapitre d'élire Robert de Croiſmare.

„ à Nous n'y pourroit eſtre élû que ledit Mᵉ Robert de Croiſmare, Ar-
„ chidiacre & Chanoine, tant pour les vertus & merites de ſa perſonne,
„ comme en faueur des bons, loyaux, & recommandables ſeruices que
„ nous a faits continuellement (depuis noſtre aduenement à la Couron-
„ ne) noſtre amé & feal Conſeiller & Chambellan Guillaume Picart,
„ ſieur d'Eſtellan, noſtre Bailly de Roüen, frere de mere dudit Mᵉ Robert,
„ ou fait de nos guerres, à l'entour de noſtre Perſonne, & en nos plus
„ grands & principaux affaires, &c. Nous vous prions que vous éliſiez
„ ledit Mᵉ Robert, &c. Donné au Pleſſis du Parc le 18. Février 1482.

IV.
Ils députent vers le Roy, & obtiennent main-leuée pour leur election.

Meſſieurs de Chapitre ſe voyant en eſtat de ne pouuoir paſſer outre, députerent deux de leur Corps pour aller trouuer le Roy, leſquels negocierent ſi heureuſement cette affaire, qu'il rapporterent main-leuée de

Dddd

ROBERT DE CROISMARE la defense qui leur auoit esté faite ; & aprés auoir rendu compte de leur negociation, le Chapitre arresta le iour de l'élection au 20. Mars prochain, auquel aprés les formalitez que l'on a coustume d'obseruer en tel cas, les Chanoines estant assemblez, & ayant commencé de chanter l'Hymne *Veni Creator*, Robert Goupil Chantre se leua, & prononça à haute voix, Robert de Croismare Chanoine & Archidiacre du grand Caux, absent, pour estre Archeuesque & Pasteur de l'Eglise de Roüen; & en vn mesme instant, le Doyen & les autres Chanoines le nommerent aussi, & s'estant leuez marcherent Processionnellement au Chœur chantans le *Te Deum laudamus*: aprés quoy le Doyen monta au Iubé pour publier au Peuple l'élection de la personne de Robert de Croismare.

V. Robert de Croismare élû auec les formalitez ordinaires.

VI. Sa famille, ses emplois auant son élection.

Il estoit d'vne riche & ancienne famille du païs de Caux, son pere s'appeloit Guillaume de Croismare, Seigneur des Alleurs, qui faisoit pour lors sa residence à Roüen, & auoit passé par les premieres Charges de la Ville, & sa mere Perrette Roussel, niepce de Rodolphe ou Raoul Roussel, predecesseur du Cardinal d'Estouteuille. Il y a vn Robert de Croismare Procureur du Roy, nommé dans les Regiftres du Chapitre en l'an 1423. sous Henry VI. Roy d'Angleterre, quoy qu'il n'y ait gueres d'apparence que ce soit le nostre : Ce qui est de certain, c'est comme nous auons dit, qu'il estoit Chanoine & Archidiacre du grand Caux. Ce n'est pas vne petite preuue de son merite & de l'approbation où il estoit, que la recommandation que luy donna Loüis XI. dans la lettre de Cachet qu'il addressa au Chapitre, & qu'il fut élu estant absent, & que tous d'vne voix & sans aucune contestation, concourrurent au choix qui fut fait de sa personne. Renaud Chaffes, Chanoine de la Cathedrale, apporta l'Acte de consentement qu'il auoit donné à son élection, passé par deuant Notaire, & le presenta au Chapitre le Ieudy Saint 27. de Mars, & le Samedy suiuant le nouuel élu vint en personne pour remercier l'Assemblée de l'honneur qu'elle luy auoit fait.

VII. Formalitez obseruées auant qu'il prist possession.

Les Archiues du Chapitre nous apprennent qu'il fit serment de fidelité pour le temporel de son Archeuesché au Roy Charles VIII. le 6. Ianuier 1483. le Roy estant pour lors aux Montils lez-Tours. Estant de retour de ce voyage le 5. May ensuiuant, il fut receu dans le Chapitre en la personne de Guillaume Mezard son Procureur, par Robert Goupil Chantre, qui presidoit pour lors à l'Assemblée ; & le 6. Septembre de la mesme année il vint personnellement prendre possession de son Archeuesché, où il fut receu auec les ceremonies ordinaires, par Robert du Bosc Doyen, presence de Robert Euesque de Bonne, Iean Abbé de la sainte Trinité du mont, Thierry de S. George, Pierre de S. Germer, de George Baron de Cleres, Iean de Dreux, Baron & Vidasme d'Esneual, & plusieurs autres.

VIII. Son entrée solemnelle, & prise de possession.

CHAP. II.

Sommaire.
I. Diuerses particularitez qui se sont faites de son temps à sa Cathedrale.

CE fut sous son Pontificat qu'on jetta les fondemens de la magnifique Tour (nommée de Beurre, pour la raison que ie diray ailleurs) laquelle est vn des principaux ornemens de l'Eglise Metropolitaine. Il eut l'honneur de receuoir dans la Cathedrale, auec les ceremonies accoustumées, le Roy Charles VIII. qui estoit venu en sa ville de Roüen

DES ARCHEVESQVES DE ROVEN.

le 14. Avril 1485. Il receut aussi en 1491. le 6. Mars, Loüis Duc d'Orleans ROBERT DE CROISMARE
Lieutenant du Roy en Normandie, qui auoit fait son Entrée en cette
qualité dans Roüen.

II.
Il fit faire ce grand ieu d'Orgues.
C'est des liberalitez de cét Archeuesque, que la mesme Eglise tient ce
prodigieux jeu d'Orgues, qui sont des plus gros qui soient en France,
& qui ne pûrent sans doute estre disposez & fabriquez qu'à grands frais;
mais il n'eut pas le contentement de les oüir joüer, n'ayant commencé
à estre touchez qu'en 1493. Son temps est aussi remarquable par l'établissement du Puy de l'Immaculée Conception. Il auoit succedé au
Cardinal d'Estouteuille au Prieuré de Grammont, qu'il laissa en mourant à Messire François Pericard. Ce fut aussi nostre Archeuesque (qui
estoit fort porté à la decoration & à l'embellissement de son Eglise)
qui donna les Tapisseries pour estre tendües dans les Chaires du Chœur,
dans lesquelles estoit representée d'vn costé la vie de Nostre-Dame, &
dans l'autre celle de S. Romain. Elles ont esté renouuelées depuis par la
liberalité de Messieurs les Chanoines. Son frere, qui estoit Chanoine de
la mesme Eglise, y fonda le College des quatre Chantres Musiciens
nommez des quatre parts. Le Manuscrit de Mr. Bigot donne cette
loüange à nostre Archeuesque, qu'il s'appliqua fort pendant son Pontificat à maintenir l'Eglise & le païs dans la paix & la tranquillité.

III.
Il donna vne tenture de tapisserie pour les Chaires du Chœur.

IV.
Loüage qu'on luy donne d'auoir gouuerné son Diocese en vne grande paix.
Aprés tant de bonnes & de loüables actions, il décéda en son Palais
Archiepiscopal le Ieudy 18. Iuillet 1493. & fut honorablement inhumé
en son Eglise, en la Chapelle de la Vierge, le 28. Iuillet 1493. aprés auoir
gouuerné l'Archeuesché douze ans.

Messieurs de Chapitre firent paroistre aprés sa mort des marques extraordinaires de reconnoissance pour leur illustre Prelat, puisqu'ils ne
se contenterent pas de celebrer à son intention deux Seruices solemnels
en deux iours differents, mais ils indiquerent de plus, vne Procession
solemnelle pour obliger le peuple à prier Dieu pour le repos de son ame;
laquelle Procession partit de la Cathedrale pour aller en l'Eglise des Peres
Iacobins, où le Prieur de ce Conuent, qui estoit vn des celebres Predicateurs de la Ville, fit vne Oraison funebre, dans laquelle il publia les
vertus de cét illustre Deffunt. Le vieil Obituaire de la Cathedrale rapporte de luy au 18. Iuillet ce qui suit.

*Obiit bonæ memoriæ Reuerendissimus quondam in Christo Pater Dominus Ro-
bertus de Croismare, hujus Ecclesiæ pius Pastor, Clementiæ, Humilitatis, ac totius
Bonitatis singulare exemplar qui dedit nobis Mille & ducentas libras Turonenses,
exponendas in emptionem reddituum ad fundationem Quatuor Obituum pro ipsius
ac suorum Nobilium progenitorum & benefactorum animabus, Anno quolibet, singulis 18. diebus mensium Iulij, Octobris, Ianuarij & Aprilis, ad instar Quatuor
obituum Domini quondam Patriarchæ Episcopi Bajocensis celebrandorum.*

Ce qui nous apprend qu'il fonda quatre Obits, pour estre celebrez
les 18. des mois de Ianuier, d'Avril, de Iuillet & d'Octobre.

V.
Sa mors, le lieu de sa se- pulture, & les Obits qu'il fonda.
Il fit plusieurs autres donations specifiées dans son Testament, que
j'ay bien voulu rapporter icy, parce qu'il y a plusieurs choses assez curieuses pour l'Histoire du temps. Le voicy comme ie l'ay recouuré.

Ddddij

HISTOIRE

Testament de Monsieur Robert de Croismare Archeuesque de Roüen, fait le vingt-neufiéme de Mars auant Pasque, l'an mil quatre cens nonante & deux.

ROBERT DE CROISMARE

VI.
Copie de son Testament.

"AV Nom de la sainte & indiuiduë Trinité. Ie Robert par la mise-
"ricorde Diuine Archeuesque de Roüen. Considerant l'heure de
"la mort incertaine, & en premier lieu aprés auoir rendu graces à Dieu
"mon Createur, pour tous les biens & honneurs que sa bonté tres-libe-
"rale m'a en toutes façons departies tres-amplement & abondamment,
"& luy auoir recommandé mon corps & mon Ame tres-humblement
"& deuotement; & aussi à la tres-glorieuse Vierge Marie Mere de Dieu,
"aux Bien-heureux Apostres S. Pierre & S. Paul, & à S. Romain Patron
"de cette mienne Eglise, & enfin à toute la Cour Celeste. Ie choisis ma
"sepulture en la susdite Eglise, au lieu & endroit qui sera trouué plus
"commode, honneste, & pour le mieux, par Messieurs du Chapitre,
"& les Executeurs de cette mienne derniere volonté, qui seront cy-aprés

VII.
Diuers Articles de son Testament.

"nommez. Or, premier & auant que de passer outre, ie veux & entends
"que mes debtes soient payées, & les torts que j'ay faits (si aucuns y a)
"soient reparez, priant tres-instamment tous & vn chacun de ceux que
"j'auray pû offenser, qu'ils me le pardonnent. Ie veux que l'on
"prenne sur tous les biens qu'il a plû à Dieu me donner, & qu'il a con-
"fiez à ma dispensation, la somme de mil liures tournois pour mon En-
"terrement, gardant en toutes choses au plus prés que faire se pourra,
"& se reglant conformément aux Funerailles & Ceremonies qui ont
"esté faites pour les Obseques de feu de bonne memoire, tres-Reuerend
"Pere Monseigneur Raoul, par la misericorde Diuine Archeuesque de
"Roüen, mon Predecesseur; surquoy mes Executeurs cy-aprés decla-
"rez s'informeront diligemment, & prendront conseil de ce qu'il y aura

VIII.
Il fait plusieurs legs à diuerses personnes.

"à faire. En outre, ie laisse & donne à Messieurs mon Grand Vicaire
"& à mon Official, deux ponçons de Vin de Paris, & à mes autres Of-
"ficiers vn ponçon de ce mesme Vin, s'il y en a suffisamment; car au
"defaut, on prendra de mes autres Vins. Pour le reste de tout & vn
"chacun mes biens & meubles, aprés que mes debtes auront esté payées
"& les torts & griefs (si aucuns ay fait) auront esté compensez, & les
"frais de mes Funerailles pris; ie laisse & abandonne à la disposition

IX.
Il laisse le reste de son bien en œuures pies, à la disposition de ses Executeurs.

"pure & entiere de mes principaux Executeurs, sçauoir de mes bien-
"aimez & tres-chers, mes vniques & parfaits amis Me Iean Masselin
"mon Official, & Doyen de ma susdite Eglise de Roüen, & aussi de
"Messire Renaud Chaffes Archidiacre d'Eu, tous deux Chanoines
"en la mesme Eglise, pour estre par eux conuerty & employé en œuures
"pieux, au profit & pour le salut de mon Ame, de celles de mes parens,
"amis, & de ceux qui m'ont esté recommandez, donnant pleine faculté
"& pouuoir aux susdits Executeurs d'augmenter ou diminuer ce pre-
"sent mien Testament & derniere volonté, & de l'executer & disposer
"de mes biens, toutefois en gardant ma volonté cy-dessus declarée,

DES ARCHEVESQVES DE ROVEN. 581

ROBERT DE CROISMARE

„ comme ils le jugeront plus expedient. Voulant & confentant expref-
„ fément que mes fufdits Executeurs prennent la charge & commiſſion
„ d'executer mondit Teſtament purement & ſimplement, ou par bene-
„ fice d'inuentaire, ou comme il leur plaira, interdifant à tout & vn cha-
„ cun mes heritiers la connoiſſance, ny qu'ils ayent à s'entremettre de
„ ladite execution, dont ie leur oſte la faculté autant qu'il eſt en moy, &
„ que ie le peux: Toutefois ils pourront aſſiſter mes principaux Execu-
„ teurs cy-deuant nommez, à la pourſuite de l'execution dudit Teſta-
„ ment, & les ſoulager & épargner leurs peines & trauaux. Et pour va-
„ quer à de certaines choſes qui concernent ladite execution, ſuiuant
„ & conformément à la volonté deſdits principaux Executeurs, Ie leur
„ joints Mᵉ Pierre de Croiſmare, & Pierre Meſange mon Treſorier, Cha-
„ noines de Roüen. Fait & paſſé en mon Prieuré de Grandmont à
„ Roüen, l'an de grace 1492. le 9. Mars auant Paſque.

  Signé, R. DE CROISMARE.
 Voicy ſon Diſtique.

  Gaudia ſorte tuâ, Roberte, domeſtica claudis,
  Vltimus ex nato Patriæ, Pater, ex oue Paſtor.

ELOGE
DE GEORGE D'AMBOISE,
Cardinal. 80.

GEORGE D'AMBOISE.
An de I. C.
1494.
CHAP.
I.
Sommaire.
I.
Eloge en raccourcy de ce Prelat.

IL ne faudroit pas ſeulement vne partie de cette Hiſtoire, mais
vn Volume entier, pour raconter dignement les actions du
fameux George d'Amboiſe, de qui neantmoins ie croiray
auoir fait l'Eloge en peu de mots icy, ſi ie dis qu'il a eſté entre les Miniſtres
d'Eſtat, ce que Loüis XII. Roy de France (ſurnommé le Pere du Peuple)
a eſté entre les Princes, & qu'il a fait en ſon temps le bonheur non ſeulement du Dioceſe de Roüen, mais de toute la France. Il fut fils de Pierre
d'Amboiſe, Seigneur de Chaumont ſur Loire, Chambellan de Charles VII. & de Loüis XI. & d'Anne de Bueil fille de Iean, Seigneur de
Bueil, & de Marguerite Dauphine, & ſœur de Iean Comte de Sancerre,
Admiral de France. Il eut huit freres plus aiſnez que luy, & huit ſœurs, &
entre ſes freres il y en eut quatre Eueſques; ſçauoir Iean Eueſque de Langres, Loüis Eueſque d'Alby, (par le miniſtere duquel Charles VIII. épou-
ſa Anne de Bretagne au Chaſteau de Langeais ſur Loire) Pierre Eueſque
de Poictiers, & Iacques Eueſque de Clermont & Abbé de Cluny.

II.
Ses parens, leurs emplois.

VII.
Ses grades dans les hautes ſciences, & ſes pre-

Aprés ſes Eſtudes, Georges alla à la Cour, où ſon merite luy donna
place dans les bonnes graces de Charles VIII. Il eſtoit alors Docteur en
Droit Canon, Protonotaire Apoſtolique, Aumoſnier ordinaire, &

D d d iij

HISTOIRE

GEORGE D'AMBOISE. *miers honneurs en la Cour.*

Chappelain de sa Majesté; quoy que quelques-vns le fassent Euesque de Montauban, lors que le Roy qui estoit encore fort jeune recitoit ses Prieres & ses Heures de l'Eglise auec luy, & l'honoroit de sa conuersation.

IV. *Il prend party & s'attache à Loüis Duc d'Orleans.*

Auec le temps il fit habitude & prit party dans la maison d'Orleans, & suiuit les interests du Duc Loüis, le plus proche heritier de sa Coutonne. Ce jeune Prince ne pouuant souffrir que toute l'authorité & toute la conduite du Royaume fust entre les mains du Comte de Bourbon & de la Comtesse de Beaujeu sa femme, sœur aisnée du Roy, qui auoient éloigné tous les autres Princes du maniement des affaires, s'estoit retiré auec François Comte de Dunois en Bretagne, d'où par ses intrigues & par ses sollicitations auprés des malcontens, il forma vne ligue contre son competiteur. Nostre George d'Amboise qui luy estoit vny d'amitié, entra dans ses sentimens, & sans sortir de la Cour, entretenoit des secretes pratiques auec luy. On dit que le Roy qui estoit fort jeune, eut bien voulu que le dessein que Loüis auoit pris de l'enleuer & de le retirer de dessous la conduite de sa sœur eut reüssi, & qu'il donna ordre à George d'Amboise lors qu'ils recitoient ensemble l'Office Diuin, de rescrire au Duc d'Orleans qu'il poursuiuist son entreprise. Mais comme ces desseins sont extrémement perilleux, ce commerce ayant esté découuert par vne creature du Gouuerneur d'Aucerre, & par quelques lettres interceptées, la Dame de Beaujeu le fit arrester, & auec luy l'Euesque de Perigueux; Bussy frere de George d'Amboise, & Philippes de Commines (si celebre par son Histoire.) On leur donna des Commissaires du Parlement, lesquels interrogeans George d'Amboise, luy demanderent s'il estoit de ceux qui auoient voulu enleuer le Roy. A quoy il répondit qu'il s'en rapportoit au Roy, qui sçauoit l'affection qu'il auoit à son seruice, & qu'il ne vouloit autre témoin que luy. Ils furent donc mis prisonniers vers le commencement de l'année 1487. & y demeurerent prés de deux ans entiers. Vn bon esprit comme luy ne manqua pas sans doute de faire son profit, & de tirer auantage de cette disgrace, aussi bien que de plusieurs autres petites trauerses que luy procurerent quelques personnes enuieuses qui luy rendirent de mauuais offices à la Cour, & le mirent mal auprés du Roy. Enfin au bout de deux ans, le Pape ayant interposé son authorité, par ses Nonces, pour le faire sortir, il fut deliuré auec les autres prisonniers.

V. *Ce Prince s'étant retiré mécontent de la Cour, George d'Amboise ne laisse de luy écrire.*

VI. *Ce commerce découuert il est arresté, & ce qu'il répondit estant interrogé.*

VII. *Combien il demeura prisonnier, & comment il en sortit.*

VIII. *Il fut éleu Archeuesque de Narbonne.*

Messieurs de sainte Marthe produisent vn Acte Capitulaire de l'Eglise de Narbonne touchant l'élection de George d'Amboise, duquel (s'il est veritable) il s'ensuit qu'il ne fut pas Euesque de Montauban, qu'aprés auoir esté éleu Archeuesque de Narbonne, du moins la premiere fois, soit qu'il en ait pris possession, ou qu'il en eust esté empesché; ce qu'ils estiment plus problable, & mesme qu'il ne put obtenir ses Bulles en Cour de Rome : Ce que ie dis, dautant que dans cette élection faite le 18. Iuin 1482. il n'est fait aucune mention de son Euesché de Montauban.

IX. *Acte de cette élection.*

„ Voicy ce qu'en disent les Registres. Aprés auoir trauaillé long-temps „ pour l'élection d'vn nouueau Prelat, mais sans aucun effet, tous d'vn

DES ARCHEVESQVES DE ROVEN. 575

„ commun accord, & inspirez comme nous le croyons du Esprit, auons GEORGE
„ porté nos vœux & nos suffrages en faueur de noble & genereuse per- D'AMBOISE.
„ sonne Mr. George d'Amboise Docteur és Decrets, Protonotaire du
„ S. Siege Apostolique, personnage d'vn âge meur & entier, Prestre re-
„ commandable pour son bon naturel, pour sa prudence, pour la con-
„ noissance des Lettres, pour sa vie & sa probité, & generalement pour
„ ses vertus, procreé en legitime mariage ; enfin tres-considerable tant
„ par les belles qualitez de son esprit, que par l'auantage de sa naissan-
„ ce, par l'entremise duquel nous esperons plusieurs grands biens en
„ nostre Eglise.

CHAP. II.
Sommaire.
I. Sçauoir si cette élection sortit son effet.

Cette élection ne sortit pas son effet, tant pour les raisons que nous venons de dire, que parce qu'il se troque que François Hallé, d'Archidiacre de Paris, fut en ce temps-là aussi nommé Archeuesque de la mesme Eglise : Peut-estre que George d'Amboise luy ceda son droit, auec reseruation de la suruiuance. En effet, Ialigny escrit que George d'Amboise aprés la mort de François Hallé, se démit de l'Archeuesché de Narbonne en faueur de Pierre d'Albezac, ou de la Douze, bien que ce ne fut qu'en 1494. & que Hallé fust mort en 1491. & ainsi faudroit qu'il eust joüy trois ans durant de l'Archeuesché de Narbonne : mais ayant esté trauersé ou à Rome ou en France, il ne le garda pas long-temps, puisque Pierre d'Albezac en demeura en possession moyennant vne pension qu'il deuoit faire à George d'Amboise, lequel fut en suite

II. Et s'il estoit Euesque de Montauban auparauant.

pourueu de l'Euesché de Montauban. Ie sçay que cela est vn peu em-broüillé dans les Autheurs, puisqu'il y en a beaucoup qui asseurent que lors qu'il fut prisonnier en 1487. jusqu'en 1489, il estoit déja Euesque de Montauban : ce qui me fait dire, pour donner quelque ordre à cette difficulté, qu'il fut premierement éleu Archeuesque de Narbonne en 1482. mais que n'en ayant joüy, & ayant cedé son droit à François Hallé mort depuis en 1491. il quitta l'Euesché de Montauban, & voulut joüir de sa suruiuance ; & en effet fut appelé Archeuesque de Narbonne, qu'il

III. De quelle maniere, & en quel temps il fut transferé en l'Eglise de Roüen.

ceda quelque temps aprés à Pierre d'Albezac de la Douze ; auquel temps la mort de Robert de Croismare estant arriuée, il fut nommé à l'Archeuesché de Roüen par quarante-trois Chanoines, le 21. Aoust de l'an 1493. faisant pour lors la charge de principal Conseiller de Loüis d'Orleans Lieutenant du Roy en Normandie. Le Pape Alexandre VI. accorda tres-volontiers ses Bulles pour le transferer, quoy qu'absent, de l'Eglise de Narbonne à l'Archeuesché de Roüen. Elles furent données à Rome le premier Iuin 1494. le second de son Pontificat, par lesquelles le Pape donnoit commission aux Euesques de S. Malo & de Coutance, de receuoir du nouuel élû le serment de fidelité enuers le S. Siege.

IV. De sa prise de possession, & autres formalitez que l'on garde en ces occasions.
V. Combien cette élection fus

Il prit possession par Procureur, qui fut Godefroy Euesque de Coutance, & fit son Entrée solemnelle le 21. Septembre ensuiuant. Il paroit par les Lettres Patentes de Charles VIII. données à Lyon le 17. Iuillet de cette année de 1494. qu'il presta serment de fidelité pour le temporel de son Eglise ; & par les Registres de la Chambre des Comptes de Paris, qu'il bailla adueu l'an 1501. le 28. Septembre : on vit bien-tost combien cette élection qui auoit esté faite conformément aux intentions du Roy & du Lieutenant de la Prouince, fut suiuant sa promesse, aduantageuse à l'Eglise de Roüen, par les grands biens qu'elle apporta non seulement à l'Estat Ecclesiastique, mais mesme au Seculier. Ils ne pûrent pas estre renfermez dans l'enceinte de la Ville, mais s'estendirent jusques dans le reste de la Normandie, puisque tout ce que Roüen, & mesme toute la Prouince ont de plus beau & de plus auguste, ils le doiuent sans doute aux bontez de cét illustre Prelat, ainsi que nous le ferons voir cy-aprés.

GEORGE D'AMBOISE. auantageusé la ville de Roüen, & à toute la Normandie.

Il retourna en Cour aprés sa prison, & mesme il accompagna Charles VIII. au voyage d'Italie, lors que la bataille de Fornoüe fut donnée au retour du mesme Roy en France. Depuis il employa le credit de ses amis, & le sien, & trauailla puissamment pour faire sortir de prison son bon Maistre Loüis d'Orleans, lequel auoit esté pris en la Bataille de saint Aubin du Cormier, & mis dans la Tour de Bourges, dans vne cage de fer, qui s'y voit encore. Pour cét effet il prist alliance auec ceux qui estoient en faueur auprés du Roy, & conduisit son dessein auec tant de prudence, qu'il en vint à bout. Le Duc luy sçeut gré de cét important seruice; & le Comte de Dunois qui tenoit le premier rang dans son Conseil, estant mort, il le substitua à sa place, & luy donna le premier rang dans son amitié & sa confidence; ce qui se reconnut bien-tost, comme le remarque S. Gelais, par la libre entrée que George eust à sa chambre, & en son cabinet, dont la porte luy estoit ouuerte quand elle estoit fermée à tout autre. Ce fut enuiron ce temps que nostre nouueau Prelat fut honoré d'vne nouuelle dignité, le Duc d'Orleans qui n'auoit pas moins de preuues de sa suffisance que de sa fidelité, s'estant déchargé sur luy du Gouuernement de Normandie, & l'en ayant estably son Lieutenant. Mais ces dignitez exciterent bien-tost contre luy l'enuie & la jalousie, de ceux ausquels son éleuation commençoit de faire ombrage, & qui preuoyoient que ces honneurs seroient des degrez pour monter à d'autres encore plus sublimes. Ils firent entendre au Roy & à son Conseil, que le Duc d'Orleans s'attribuoit comme vne souueraineté de Roy dans la Normandie, & que l'Archeuesque de Roüen (son Lieutenant & principal Conseiller) estoit l'autheur de ce desordre; & pour donner quelque couleur à leur calomnie, ils firent venir ses Baillifs & les deputez de la Prouince s'en plaindre à sa Majesté. Ils auoient tellement préoccupé l'esprit du Roy & du Conseil, qu'ils ne donnoient lieu ny à l'vn ny à l'autre de se justifier; ce qui auoit fait que Loüis s'estoit retiré mécontent à Blois. Mais enfin le Duc par son authorité, & son Lieutenant par sa prudence, estant venus en Cour, dissiperent ces nuages, à la confusion de ceux qui eussent voulu que l'Archeuesque de Roüen eust esté éloigné du Duc d'Orleans, & banny en Italie à Rome, ou au Comté d'Aste, si la Prouidence Diuine n'en eust ordonné autrement; car Loüis d'Orleans estant par la mort subite & inopinée de Charles, monté au Trosne Royal, l'Archeuesque de Roüen participa aux prosperitez de son Maistre, comme il auoit fait à ses afflictions & à ses disgraces.

VI. Il retourne en Cour, & s'employe pour faire sortir de prison Loüis d'Orleans.

VII. Ce Prince le fait Chef de son Conseil & son Fauory.

VIII. Il le fait Gouuerneur de Normandie.

IX. Ses ennemis l'accusent en Cour, & le Prince.

X. Ils dissipent cette calomnie, à la confusion de leurs ennemis.

Loüis

DES ARCHEVESQVES DE ROVEN. 585

GEORGE D'AMBOISE

CHAP. III.

Sommaire.

I.
Loüis d'Orleans estant paruenu à la Royauté par la mort de Charles VIII. George d'Amboise participe à sa prosperité.

Loüis XII. signala l'entrée de son Regne par de belles Ordonnances en faueur de la Iustice, & pour le soulagement du Peuple, à l'establissement desquelles nostre Archeuesque eut grande part. Il fit des Loix pour abbreger les longueurs des procedures du Palais; il remedia aux desordres de l'Vniuersité, où quelques Escoliers mutins auoient excité du trouble & de la dissension; il deschargea le Royaume d'vne partie des impositions & des subsides, & remit au peuple le don ordinaire pour le ioyeux Aduenement; il arresta les desordres & les violences des gens de guerre.

II.
George apres auoir trauaillé au soulagement du peuple, s'employe pour le mariage du Roy.

Aprés que nostre Archeuesque eut trauaillé à mettre les affaires du Royaume en bon estat, il s'employa à procurer la satisfaction que le Roy desiroit il y auoit si long-temps, qui estoit la dissolution de son premier mariage, qu'il protestoit auoir esté fait par violence, & qui fut en effet declaré nul. Le Pape Alexandre VI. députa quatre Commissaires pour informer du fait, vn desquels fut Loüis d'Amboise Euesque d'Alby, frere de nostre Prelat. La force majeure alleguée par le Roy, ayant esté iustifiée par les informations, la Sentence des Commissaires interuint en faueur de sa Majesté, laquelle fut separée de la Princesse Ieanne, fille de Loüis XI. & ayant esté mise en liberté de se remarier, épousa Anne Duchesse de Bretagne; laquelle Prouince fut par ce moyen reünie à la Couronne.

III.
Le Roy luy donne vn tres-ample pouuoir en Normandie.

Loüis, dés le commencement de son Regne auoit fait nostre Prelat Lieutenant & Gouuerneur en Chef de la Normandie, auec vn tres-ample pouuoir exprimé dans les Lettres de son Institution, lesquelles furent leuës & enregistrées en vne Assemblée publique, tenuë en l'Hostel de Ville le 9. de Iuillet 1498. mais ce ne fut que le commencement des honneurs qu'il luy preparoit, car cette mesme année il luy procura le Chapeau de Cardinal, qui luy fut enuoyé par le Pape Alexandre VI. & apporté par le Neueu du mesme Pape, Cesar Borgia, auec la Bulle du diuorce, dont nous auons parlé cy-dessus. Il receut seul la Pourpre en la septiéme Promotion qu'en fit ce Pape, le Mercredy 12. Septembre 1498. ayant esté creé Cardinal du titre de S. Sixte, de laquelle dignité il receut à Paris le Bonnet de la main de Iulien de Ruuere, Cardinal du titre de S. Pierre aux Liens, qui fut depuis Pape Iules II.

IV.
Il luy procure la dignité de Cardinal.

V.
Le Roy l'enuoye grand Reformateur de Normandie où il vient les Estats.

Sa Promotion donna de la ioye à ceux de son Diocese, tant parce qu'ils estoient rauis de voir sa vertu honorée, que parce qu'ils sçauoient par experience que plus il croissoit en honneur & en pouuoir, & plus il se montroit officieux & bien-faisant. Il est presque incroyable combien d'auantages il a procurez à son Eglise & à la ville de Roüen; il y vint sur la fin de l'année 1498. par ordre exprés du Roy, auec la qualité de Reformateur General de la Normandie, & y arriua le 10. de Mars en compagnie de Loüis son frere, Euesque d'Alby, & de plusieurs autres Seigneurs. Il tint là les Estats Generaux de la Prouince, & ce fut en cette Assemblée où il fut deliberé de rendre l'Eschiquier perpetuel, qui estoit la Iustice où se terminoient les procez en dernier ressort, & ne se tenoit que deux fois l'année, à Pasque & à la S. Michel, pendant quelques

VI.
Il obtient du Roy que l'Eschiquier fut perpetuel, nommé depuis Parlement.

Eeee

GEORGE D'AMBOISE.

jours; d'où il arriuoit souuent à cause de la briéueté du temps, que les affaires ne pouuoient estre vuidées, au grand préjudice des Habitans de la Prouince; ce qui obligea le Roy par ses Patentes données proche de Blois, de le rendre sedentaire & perpetuel à Roüen. Il donna le Sceau de la Chancellerie à nostre Cardinal, auec pouuoir pendant sa vie de presider à cette illustre Assemblée, toute fois qu'il luy plairoit assister, & pour ses Successeurs Archeuesques auoir seance en qualité de premiers Conseillers nez. Les Registres de la Cathedrale disent que le premier Octobre fut celebrée vne Messe solemnelle, où assisterent les Officiers du nouuel Eschiquier perpetuel, au sortir de laquelle ils marcherent auec pompe au Palais, où ils presterent serment entre les mains d'Aimeric d'Amboise, grand Prieur de France, & député du Roy.

VII. *Le rang que le Roy luy donna en ce Parlement, & à ses Successeurs.*

VIII. *Il fit venir vne bonne partie des fontaines dãs Roüen.*

C'est à la magnificence de ce grand Cardinal que le peuple de Roüen doit vne bonne partie de ces tresors publics de ces belles & claires fontaines qui coulent sans cesse dans la Ville, si necessaires pour sa commodité, & si agreables pour son ornement, qui ne pûrent estre conduites en tant d'endroits qu'auec des frais extraordinaires. La dépense qu'il fit pour enrichir son Eglise Cathedrale de tant de somptueux & de magnifiques ornemens de draps d'or & de soye, couuerts de perles & pierreries fut encore plus grande; & entr'autres il donna vne Chappe, Chasuble & Tunique de drap d'or, estimez à trois mil six cens escus, qui estoit vne somme fort considerable pour le temps. Ce fut luy qui acheua ce grand & superbe Palais Archiepiscopal que le Cardinal d'Estouteuille auoit commencé: Et mesme dés son entrée à l'Archeuesché, il en separa le reuenu en trois parties, dont la premiere estoit pour distribuer aux pauures, la seconde pour les reparations ou reedifications de l'Eglise & des bastimens de l'Archeuesché, & la troisiéme pour la dépense de sa maison, laquelle dispensation si Canonique & si édifiante, jointe à la maxime qu'il obserua durant la vie, de n'auoir qu'vn seul Benefice, montre bien que le haut rang où il estoit, ne luy auoit pas fait oublier ce qu'il auoit appris en sa jeunesse dans l'Ecole du Decret où il fut fait Docteur.

IX. *Plusieurs effets de sa liberalité & magnificence enuers son Eglise.*

X. *Il separe le reuenu de son vnique Benefice en trois portions.*

CHAP. IV.
Sommaire.
I. *Il exerça fort long temps la dignité de Legat.*

IL auoit receu la qualité de Legat du S. Siege Apostolique en toute la France (la Bretagne exceptée) pour 18. mois au commencement, laquelle luy fut continuée à diuerses reprises; en sorte qu'il le fut le reste de sa vie, & mesme dans Auignon, où il fit battre de la monnoye; sçauoir des escus, testons & douzains: de sorte qu'il est appelé souuent le Legat par excellence, pour auoir exercé cette charge si long-temps; pendant laquelle il fit plusieurs choses dignes de remarque, & qui ont esté rapportées par diuers Autheurs. En vertu de ses Bulles, il auoit permission de reformer quelques Maisons Religieuses, qui ne viuoient pas conformément à leur Institut. Ce qu'il executa fort exactement, comme le remarquent nos Chroniques, où ie trouue que dans la ville de Roüen, il reforma les Conuents des Iacobins & des Cordeliers, que l'on appelle à la grande manche, ayant mis à leur place des Obseruantins: Et il pouuoit en outre dispenser & permettre auec meure deliberation, ce qu'il jugeroit à propos pour les besoins & les necessitez tant publiques que particulieres.

II. *Il reforma les Conuents des Iacobins & des Cordeliers.*

DES ARCHEVESQVES DE ROVEN.

III.
Il obtint vn Iubilé pour la ville de Roüen & le reste de son Diocese.

Il obtint vn Iubilé pour sa ville de Roüen lors du grand Iubilé de Rome de l'an 1500. & estendit cette faueur au reste de son Diocese. C'é-toit vn des Articles pour gagner ce Iubilé qu'il falloit oüir vne Messe solemnelle en l'Eglise de Nostre-Dame de Roüen, qui seroit celebrée par ledit Seigneur Legat, ou telle autre personne qu'il luy plairoit; & pource, encore que l'Eglise soit des plus spacieuses, comme elle ne pouuoit pas contenir vne si grande affluence qui abordoit de tous costez, il suffisoit d'estre dehors en deuotion pendant que ladite Messe se disoit. L'Euesque de Coutance eut ordre du Legat de dire la Messe le iour de la Conception.

IV.
Fascheux accident qui arriua dans l'Aitre de Nostre-Dame à cette ceremonie.

La multitude du peuple qui vint pour gagner ce Iubilé fut si grande, que la pluspart des assistans furent contraints de se tenir dans l'Aitre ou Paruis de l'Eglise, & dans les ruës voisines, encore qu'il y fist extrémement froid, & que tout y fust plein de glace, & particulierement dans l'Aitre, à cause de la fontaine qui y coule; d'où il arriua qu'à la fin de l'Office, ceux qui estoient dans l'Eglise venant à sortir tout d'vn coup, plusieurs de ceux qui estoient à genoux dans la place, furent ou tuez ou griefuement blessez. Ce que j'ay bien voulu remarquer, pour montrer combien il est important de préuoir à de pareils desordres, & de conuoquer les peuples en diuers lieux, ou du moins à diuers temps, lors qu'à cause de la dignité du lieu on veut que chacun s'y rende. Il falloit aussi pour gagner ledit Iubilé, visiter sept iours durant quatre Eglises; sçauoir celle de Nostre-Dame, des Celestins, de sainte Claire, & des Emmurées, & dire cinq *Pater* & *Aue* en chacune de ces Eglises.

V.
Il donna à la Cathedrale cette fameuse Cloche, qui a porté son nom.

L'année suiuante, ledit Archeuesque donna à son Eglise Cathedrale cette fameuse Cloche nommée George d'Amboise, qui est vn des plus gros & des plus pesans vaisseaux qui ait iamais esté fondu. Comme j'en fais la description ailleurs, ie n'en parleray point dauantage icy.

VI.
Diuerses receptions ou Entrées qu'on luy a faites auec ceremonie dans Roüen.

Nous auons dit cy-deuant qu'il auoit esté honoré du Pape Alexandre VI. de la dignité de Legat Apostolique en France pour six mois; mais qu'elle luy fut continuée toute sa vie. Le 21. de Ianuier il fit son Entrée en cette qualité dans la ville de Roüen, comme il l'auoit déja faite à Lyon, à Paris, & autres bonnes Villes du Royaume. Ce fut la seconde Entrée des trois qui luy furent faites, la premiere à la prise de possession; & la troisiéme aprés sa mort, lors que l'on apporta son corps pour luy rendre les honneurs funebres. Entrant à cette seconde par la porte du Pont, on luy presenta vn riche poisle porté par quatre des plus notables Bourgeois de la Ville. Pour rendre cette ceremonie plus remarquable, on auoit dressé au bout du Pont vn eschaffaut où estoit representé vn S. George, qui auoit à ses pieds vn serpent si naïfuement fait, qu'il sembloit estre animé, comme disent nos anciens Memoires. Le Legat pour donner toûjours de nouuelles preuues de sa pieté, celebra Vespres, Matines, & la Messe dans la Cathedrale, la veille & le iour de la Purification, & donna deux Chappes d'Or tres-riches. Les Registres de la Cathedrale donnent comme vne preuue de sa modestie, qu'il voulut assister au Chœur auec la Chappe d'Hyuer noire, telle que la portent les autres Chanoines; & comme s'il n'eust eu d'autres pensées qu'à enrichir son

VII.
Il donna de nouueau plusieurs riches Chappes, & précieux ornemens à sa Cathedrale.

Eeee ij

GEORGE D'AMBOISE.

Eglise, le iour de la Conception de la sainte Vierge, l'année suiuante, il donna encore deux autres Chappes, vn Chasuble, & deux Tuniques, deux Carreaux de drap d'argent, tres-riches, auec le Contre-Autel d'vn beau velours brun, sur lequel il y a vne riche broderie qui represente l'Adoration des trois Rois.

VIII.
Il ne voulut que le seul Archeuesché de Roüen.

Ce qu'on trouue admirable dans la conduite de ce grand homme, est ce que j'ay déja obserué, & que ie ne sçaurois m'empescher de repeter icy ; Sçauoir qu'estant premier Ministre d'Estat, en haute faueur auprés du Pape & du Roy, & ayant le pouuoir de se faire donner autant d'Eueschez & d'Abbayes qu'il en eust souhaité, laquelle pluralité de Benefices, eut esté approuuée par les gens du monde, à cause du bon vsage qu'il faisoit de ses reuenus ; nonobstant ces considerations, il se contenta tandis qu'il vescut, *vnico Sacerdotio*, dit Genebrard, du seul Archeuesché de Roüen, auquel on peut dire qu'il employa deux fois le reuenu qu'il en retira pendant qu'il fut Archeuesque, tant à ce que nous auons dit qu'il fit faire, comme en ce qu'il fit encore depuis au retour de son voyage d'Italie.

CHAP. V.
Sommaire.
I.
Plusieurs effets de sa bonne conduite pour les affaires d'Estat.

LE Roy ayant pris resolution de passer de-là les Monts, ce sage Ministre eut premierement soin de bien establir la paix au dedans de son Royaume, & de la luy procurer aussi auec ses voisins sur la Frontiere. Il est vray que Maximilian, Roy des Romains, voulut luy susciter du trouble dans la Champagne, & dans la Bourgogne, mais il ne tarda pas long-temps à calmer cét orage. Encore que les coffres du Roy fussent presque vuidez de finances, & qu'il n'y eust pas suffisamment pour vne telle entreprise, il eut tant de soin de conseruer les interests du pauure peuple, que jamais il ne voulut souffrir qu'on imposast de nouuelles maltotes ou leuées de deniers, quoy qu'en l'estat où estoient reduites les affaires du Roy, elles semblassent ne pouuoir subsister autrement. De là

II.
Loüange tres-rare qu'on luy donne, d'auoir conserué les interests du Roy auec ceux du peuple.

vint aussi cette extréme confiance qu'il s'estoit acquis dans l'esprit des peuples, qui auoient coustume de dire dans les affaires les plus épineuses & les plus difficiles, laissez faire à George ; ce qui a passé depuis en Prouerbe, & donné sujet à vn moderne de s'écrier, *rara auis in terris*, qui ne se trouuoit gueres d'oyseaux de ce plumage, ny de personnes qui sçachent si bien accorder le zéle qu'ils ont pour le seruice du Roy & pour la gloire de l'Estat, auec l'affection qu'ils ont pour la felicité des peuples, & qui puissent trauailler à l'vn sans porter de préjudice à l'autre, l'interest particulier, & le desir qu'ont ceux qui gouuernent, d'agrandir leur maison, les empeschant pour l'ordinaire d'accomplir ce chef-d'œuure de Politique.

III.
Il fut enuoyé Vice-Roy à Milan.

Il fut donc enuoyé Vice-Roy à Milan, aprés que cette Ville eut esté reduite pour la seconde fois à l'obeïssance du Roy, en suite de la reuolte que firent les Milanois, en faueur de leur Duc Ludouic qui auoit esté pris à Nouare déguisé, aussi-bien que son frere le Cardinal Ascaigne Sforze. Il auoit renuoyé auec beaucoup de seuerité les députez de Milan, qui l'estoient venu trouuer à Verceil, pour le supplier de leur faire grace ; il entra dans cette Capitale du Duché le iour du Vendredy Saint, où il fut

DES ARCHEVESQVES DE ROVEN. 589

receu auec les acclamations de toute la Ville, dont les Habitans s'é- GEORGE D'AMBOISE.
toient diuisez en trois Processions, pour demander pardon de leur reuolte & des cruautez qu'ils auoient commises contre les François. Ils
auoient mis les petits enfans à part, comme plus capables d'exciter à
compassion, qui crioient pitoyablement, France, France, misericorde,
misericorde. Le Vice-Roy leur accorda le pardon, la vie, & les biens sau-
ues, veilla trois nuits entieres pour empescher que le soldat ne pillast la
Ville; & le Roy qui estoit à Lyon y estant venu, aprés en auoir receu les
nouuelles de la prise, fit ressentir aux Milannois, par les sages coseils de son
Ministre, les effets de sa bonté, & leur fit connoistre combien ce changement de Maistre leur estoit auantageux, les déchargeant de la moitié des
Tailles & des subsides qu'ils payoient auparauant, y restablit l'Vniuersité, & rappella tous les grands Hommes pour y continuër les Leçons publiques.

IV.
Grande bonté dont il vsa, & à laquelle il porta le Roy enuers cette Ville rebelle.

V.
Son zéle pour auancer les gens de Lettres & de merite.

Et c'est encore vne des marques de la prudence de George d'Amboise,
qu'il a toûjours fauorisé les gens doctes, & honoré les personnes d'Eru-
dition, qu'il faisoit rechercher en toutes parts pour les presenter au Roy,
puisqu'il ne laissa dans la Lombardie aucun homme de Lettres ou de valeur & merite, qu'il ne gratifiast de bons appointemens ou de quelque
charge considerable. Ie pourrois faire vn long Catalogue, s'il estoit besoin, de ceux qui receurent l'auancement de leur fortune, par l'entremise & la faueur de ce grand Cardinal ; tels que furent parmy les sçauans
Seissel, Lascaris, Emile, Gaguin, d'Authon, de Ris, & autres qui
sont assez connus ou par leurs Ouurages ou pour estre nommez dans
l'Histoire.

VI.
Diuers succez qu'il eut en Italie où il se trouua à l'élection d'vn Pape.

Dans tous ces voyages d'Italie, tant à Naples qu'à Genes, & dans le
Milannois & autres lieux, il eut diuerses auantures ; & s'il eut des succez
heureux, il en eut aussi qui ne succederent pas suiuant ses desirs. Le Roy
ayant enuoyé vne puissante armée à Naples, il arriua que le Pape Alexandre VI. mourut d'vne mort aussi prompte que funeste. Le Cardinal
d'Amboise se trouua assez heureusement pour assister à l'élection d'vn
nouueau Pape. Desia vne grande partie des Cardinaux auoient jetté les
yeux sur luy, & estoient portez à le créer Pape; sa brigue estoit forte, &
l'armée Françoise qu'il auoit fait arrester autour de Rome par les ordres
du Roy, la rendoit encore plus puissante. Loüis XII. eust souhaité passionnément que son fidelle Ministre eust eu cét honneur, tant pour l'a-
mitié qu'il luy portoit que pour l'interest de ses affaires dans l'Italie, qui
eussent merueilleusement auancé si cela eust reüssi. Il y auoit desia long-
temps qu'il projettoit ce dessein, & le Cardinal ayant procuré la liberté
que le Roy accorda à sa priere, au Cardinal Ascaigne Sforze, frere de
Ludouic, Duc de Milan, ce ne fut que sous la promesse qu'il luy fit,
qu'il porteroit les interests de France en Cour de Rome, & sur tout dans
le Conclaue, si l'occasion s'en presentoit, & agiroit en faueur du Cardinal d'Amboise. Ce parjure fit tout le contraire, aussi-bien que le Duc Valentinois Borgia, & Iulian de la Ruuere, qui estoit vn rusé Genois, qui
auoit receu d'extrémes faueurs de Charles VIII. & de Loüis XII. & qui

VII.
Plusieurs causes qui concouroient à son élection.

Eeee iij

GEORGE D'AMBOISE. VIII.
Ruſe du Cardinal de la Ruuere pour l'empeſcher.

faiſoit le paſſionné pour le ſeruice de la France. Celuy-cy fut trouuer le Cardinal d'Amboiſe ſuiuant qu'il eſtoit conuenu auec ces deux que ie viens de nommer, & luy témoigna par vn diſcours eſtudié, la joye qu'il receuoit de voir que tous les eſprits ſe portoient à le créer Pape, & obeïr en cela à la volonté de Dieu, qui le vouloit pour ſon Vicaire en terre; Mais afin que l'élection fuſt plus libre, & qu'on n'euſt pas ſujet de dire qu'elle euſt eſté faite par violence, qu'il luy conſeilloit de faire retirer l'armée.

CHAP. VI.
Sommaire.
I.
Cette élection ne luy reüſſit pas, non plus qu'vne ſeconde qui ſe fit bien apres.

LE Cardinal d'Amboiſe qui eſtoit auſſi franc & auſſi ſincere, que ce Genois eſtoit diſſimulé & artificieux, ſe laiſſa ſurprendre à ce langage trompeur, & fit marcher l'armée à Naples ; mais il reconnut bien-toſt ſa faute par l'élection qui fut faite de Pie II. lequel ne dura que 25. iours au Pontificat. Or quoy qu'il penſa pour vne ſeconde fois eſtre élû, ayant eu vingt-quatre voix, toutefois les brigues & les adreſſes de ce meſme Genois, Iulian de la Ruuere ou de Rouere, jointes à ſon credit, & à la multitude de ſes Partiſans l'emporterent par deſſus luy : de ſorte que cét Italien fut fait Pape du nom de Iules II. & donna beaucoup d'exercice à la France du temps de ſon Pontificat, bien que d'ailleurs il redoutaſt toûjours le Cardinal d'Amboiſe. Or les affaires de Naples ayant ſuccedé à l'ordinaire, c'eſt à dire tres-malheureuſement pour la France, laquelle n'a iamais bien reüſſi dans ces guerres d'Italie, le Cardinal fut trouuer l'Empereur Maximilian à Haguenau, pour traiter de paix & former vne ligue du Pape, de l'Empereur, & du Roy, contre les Venitiens. Toutefois elle ne s'executa pas ſi promptement, dautant qu'elle fut trauerſée par pluſieurs rencontres qui arriuerent. Cette diſgrace fut ſuiuie d'vne autre, qui fut à la verité de moindre importance, mais qui d'abord luy donna du déplaiſir & de l'inquietude, quoy qu'à la fin elle tourna à la confuſion de celuy qui la luy auoit procurée.

II.
Succez des affaires d'Italie, & de la ligue que fit le Cardinal.

III.
Le Mareſchal de Gyé taſche de perdre le Cardinal qui eſtoit en Allemagne.

Le Roy eſtant fort malade, & comme abandonné des Medecins, le Mareſchal de Gyé rendit de tres-mauuais offices au Cardinal, qui eſtoit en Allemagne, & taſcha de le perdre; mais Dieu permit que ſes deſſeins ne reüſſirent pas, & qu'il ſe trouua engagé dans le malheur qu'il vouloit cauſer à autruy ; car à meſme temps il encourut la diſgrace de la Reine, & fut accuſé du crime de leze-Majeſté, dont il eut bien de la peine à ſe juſtifier. Enfin le Roy ayant recouuré ſa ſanté, & le Cardinal eſtant reuenu d'Allemagne, il diſſipa bien-toſt cét orage, & laiſſa le Mareſchal dans la calamité qu'il auoit attirée ſur luy meſme par ſon imprudence & par ſa jalouſie. Cela donna occaſion à vne raillerie ſur ſa mauuaiſe fortune, & fit que le peuple affectionné au Cardinal, diſoit communément, *que le Mareſchal auoit voulu ferrer Roüen, & que Roüen luy auoit donné vn ſi grand coup de pied, que de la Cour il l'auoit jetté dans le verger*, dautant que ce Seigneur auoit eſté relegué à ſa maiſon du Verger, & que le Cardinal d'Amboiſe s'appeloit le Cardinal de Roüen.

IV.
Il tombe luy-meſme dans la diſgrace de la Reine, & le Cardinal à ſon retour diſſipe cét orage.

V.
Le Cardinal accompagne le Roy en Italie.

Les Genois s'eſtant reuoltez, à la ſollicitation de Iules ; Loüis XII. fut obligé de paſſer de-là les monts pour dompter ces rebelles ; ce qu'il fit auec vne facilité & vne promptitude incroyable, pour le bon ordre, les

soins & la diligence du Cardinal d'Amboise, qui estoit le premier mo- GEORGE
bile de toutes ses victoires. On luy donne en outre cette loüange, qu'il D'AMBOISE.
portoit toûjours l'esprit du Prince plûtost à la clemence qu'à la rigueur,
ainsi mesme qu'il arriua en cette occasion. Ie sçay que quelques autheurs
VI. Italiens ont escrit que Georges d'Amboise engagea le Roy dans ce voya-
Erreur de ge, pour déposseder le Pape Iules II. lequel en effet auoit donné sujet de
quelques Ita- le faire à tout autre qu'à vn Roy Tres-Chrestien, fils aisné de l'Eglise, &
liens touchãt
ce voyage. que Iules estoit dans vne juste crainte que le Cardinal qu'il auoit joüé de
la façon que nous auons dit, ne se ressentist de cét outrage, & ne voulust
dereches se seruir des armes & de la presence du Roy, pour executer cette
fois ce qu'il n'auoit pû la premiere, & que ce fut ce qui obligea le Pape
VII. de s'enfuir à Rome, de Boulogne, où il auoit promis d'attendre le Roy.
Que c'est vne
calomnie que Mais il est tres-certain, comme remarqué tres-judicieusement le sieur
le Cardinal se Baudele, que ce n'est qu'vne calomnie, & que le veritable but du Roy
voulust faire
Pape par estoit le recouurement de Genes, & la punition des Genois; qu'à la verité
force. si le Pontificat eust écheu par les voyes legitimes à nostre Cardinal, &
non pas par violence, il l'eust accepté, comme on ne peut pas nier qu'il
ne l'eust souhaitté pour les raisons que i'ay dites cy-dessus. Quelques-vns
disent que dans l'esperance qu'il auoit d'y paruenir, il prist pour deuise
ce mot du Pseaume, *Non confundas me ab expectatione mea* ; comme s'il eust
demandé à Dieu par ces paroles de ne pas décheoir de son attente, du
moins c'est la Glose qu'ils donnent : mais d'y apporter de la force, & de
se seruir des moyens qui eussent esté estimez violents & scandaleux, &
VIII. qui eussent pû susciter vn Schisme dans l'Eglise, c'est dont il fut bien
Combien cette éloigné, ainsi qu'il le fit paroistre à la mort d'Alexandre VI. & mesme
conduite
estoit éloignée Hubert, en l'Appendice de Gaguin, dit que Cesar Borgia voulut persua-
de son esprit. der à nostre Cardinal de briguer cette souueraine dignité, l'asseurant qu'il
gagneroit les Electeurs par argent, & les porteroit à luy donner leurs
suffrages ; mais que ce pieux Prelat auoit detesté vne action si noire & si
indigne ; & comme il estoit tres-modeste, il luy auoit respondu que cette
dignité ne luy estoit pas deuë, mais à vn autre qui la meriteroit mieux
que luy.

CHAP. OR les affaires de Genes ayant succedé au contentement du Roy, &
VII. à la satisfaction de son Ministre, & le Roy ayant demeuré là encore
Sommaire.
I. quelque temps, il y fust visité de Ferdinand Roy de Naples, qui le vint
Le Roy l'en- receuoir à Sauonne, & luy enuoya le Cardinal d'Amboise, qui traita auec
voye traiter
de plusieurs luy d'affaires importantes, le Roy de France l'ayant presque toûjours
affaires d'E- laissé en la compagnie & dans l'entretien de son Ministre, lequel aprés
stat auec le
Roy de Na- le départ de Ferdinand, accompagna le Roy qui s'en retournoit dedans
ples, & re- le Milanois, où il fut receu auec pompe & magnificence. Il ménagea
noüer l'allia-
ce auec les en suite l'esprit des Suisses, qui estoient sollicitez par le Roy des Ro-
Suisses. mains, pour l'assister dans le passage qu'il vouloit faire en Italie, & fit si
bien qu'ils demeurerent dans les interests du Roy son Maistre.
II. Enfin les Venitiens ayant depuis long-temps rendu plusieurs mauuais
Il va à Cam-
bray conclur- offices à la Couronne de France, le temps de la retribution estant arri-
re la ligue ué, le Cardinal fut enuoyé à Cambray, où se conclut la Ligue, qui leur
contre les
Venitiens.

HISTOIRE

GEORGE D'AMBOISE. fut tres-defauantageufe. Le Roy differa d'en declarer l'iffuë à l'Ambaffadeur de Venife qui eftoit en Cour, jufqu'au retour de fon Miniftre, lequel en prefence du Roy, qui donnoit audience à cét Ambaffadeur, luy fit vn long recit de toutes les occafions dans lefquelles ils auoient outragé la France; qu'ils auoient femé le trouble & la difcorde dans l'Italie prés des Villes qui eftoient du Domaine de Milan, & d'autres au Pape & à l'Empereur, & qu'ainfi il n'y auoit pas grand auantage de les auoir pour amis. La guerre eftant donc declarée, le Roy y fut en perfonne,

III. *Il accompagne le Roy en cette guerre, quoy qu'il fut tres-malade, & donne les ordres neceffaires.* & le Cardinal quoy que incommodé de la goutte, & des ardeurs d'vne fiévre, preferant le feruice du Roy à fa fanté, ne laiffa pas de fuiure & de donner les ordres neceffaires auec autant de prefence d'efprit, que s'il euft efté fans indifpofition. Aprés la memorable défaite des Venitiens en la bataille d'Agnadel, le Roy s'eftant mis à genoux fur le champ, fe tourna vers le Cardinal, & luy dift qu'il auifaft à ce qu'il faudroit faire pour rendre à Dieu de folemnelles actions de graces de la victoire qu'il luy auoit donnée.

Georges agit depuis dans les diuerfes brouïlleries que le Roy eut auec le Pape & auec l'Empereur, & donna par tout des marques de fa fidelité & de fa fageffe.

IV. *Il baftit les Chafteaux de Vigny, de Gaillon, & autres.* Quand aux biens qu'il receuoit du Roy en recompenfe de fes feruices, il les employoit honorablement; ce qui parut particulierement dans les Domaines de fon Archeuefché de Roüen, où il fit des dépenfes tres-notables; car outre celles que nous auons rapportées cy-deffus, il baftit le Chafteau de Vigny, lequel ouurage ne fut encore rien en comparaifon de ce qu'il fit au Chafteau Archiepifcopal de Gaillon, qu'il rendit vne des plus belles maifons de France. Ce fut là où il employa l'amende que les Genois reuoltez payerent au Roy, qui la luy donna ; il en fit conftruire & meubler ce Chafteau, qui égale les plus magnifiques Palais des Rois, & y fonda vn College de Chanoines. Ie fçay bien que

V. *Reflexion Chreftienne du fieur Dadré fur la dépenfe que fit le Cardinal au Chafteau de Gaillon.* le fieur Dadré grand Penitencier de Roüen, par vn effet d'vn zéle dont il eftoit animé, rapporte aprés Robert Cenal Euefque d'Avranche, que ce bon Cardinal s'en repentit fur la fin de fes iours, & en verfa des larmes, tant parce qu'il confideroit que de l'argent qu'il y auoit employé il en euft pû baftir & doter beaucoup d'Hofpitaux, de Seminaires & de Monafteres, & faire beaucoup d'autres œuures de charité vtiles pour le falut de fon Ame, que parce qu'il preuoyoit que ce lieu delicieux feroit vn iour vne occafion de non refidence à fes Succeffeurs, & les éloigneroit fouuent de leur Cathedrale. I'obmets quelques autres reflexions de ce bon Penitencier, lefquelles tendent bien à condamner l'abus de ces maifons de campagne; mais non pas l'vfage legitime, ny la promenade où la retraite qu'y fait vn Euefque, ou pour y mediter la Loy de Dieu, à l'imitation de Iofeph, dont l'Efcriture dit,[a] *egreffus fuerat ad meditandum in agro*, ou pour y prendre vn peu de repos, à l'exemple des Apoftres,[b] aprés auoir trauaillé dans les fonctions Paftorales.

[a] Gen. 24.
[b] 63.
[b] Marc. 6.30.

On peut joindre icy la remarque du fieur Pafquier dans fes Recherches, lequel a efcrit que ce Cardinal en mourant regrettoit auec pleurs & larmes

DES ARCHEVESQVES DE ROVEN.

& larmes, le temps qu'il auoit employé plus à la suite de la Cour d'vn Roy, qu'à instruire & ~~endoctriner~~ ᵃ ᶜᵒⁿᵈᵘʸʳᵉ les brebis; d'où l'on peut inferer que les hommes enuisagent d'vne autre maniere les actions de leur vie dans ce dernier periode qui la doit terminer, que durant le cours de leurs prosperitez; & qu'au reste, ces sentimens sont des marques de son humilité & de sa penitence, qui deuoient seruir d'instruction à ses proches ausquels il les disoit, & aux Prelats qui n'ont point de legitimes emplois qui les dispensent de resider & de rendre par eux-mesmes les assistances qu'ils doiuent aux Ames qui sont sous leur conduite. En quoy si ce Cardinal a manqué comme homme en suiuant le torrent où il s'estoit engagé, on ne peut nier qu'il n'ait tiré de l'auantage de sa faute par vn desaueu si public qu'il en a fait, & par les pleurs & les larmes que le sieur Pasquier dit qu'il versa auant que de mourir.

VI.
Action tres-genereuse du Cardinal d'Amboise à l'égard d'vn Gentilhomme son voisin.

La pluspart des Grands qui ont des Terres à la campagne, où ils se plaisent, ne laissent pour l'ordinaire passer aucune occasion de les accroistre & de les embellir, & s'ils ont vn voisin incommodé dans ses affaires, ils ne manquent pas de se préualoir de sa necessité, sçachant bien que dans la vie ciuile, aussi-bien que dans la nature, la corruption de l'vn est la generation de l'autre: mais nostre grand Cardinal agissoit par des principes plus nobles & plus dignes de son Caractere; & ie ferois conscience d'obmettre icy vne action de charité & de generosité qu'il fit estant vn iour dans son Chasteau de Gaillon. Vn Gentilhomme de ses voisins ayant affaire d'argent, resolut de vendre son Fief & sa Terre, & en fit l'ouuerture à vn des principaux domestiques de nostre Prelat, le priant d'en parler à son maistre. Celuy-cy jugeant sa proposition auantageuse, en auertit nostre Archeuesque, qui luy répondit qu'il estoit content de traiter auec son voisin, & qu'il luy donnast heure pour le faire venir. Ce Gentilhomme estant venu disner auec le Cardinal, aprés le repas George le tira en particulier, & luy demanda pourquoy il vouloit se défaire de sa Terre; il luy representa que c'estoit vn ancien patrimoine qu'il ne pouuoit vendre sans se perdre d'honneur & de reputation. Le Gentilhomme luy répondit qu'il estoit rauy de l'en accommoder, sçachant qu'il estoit à sa bienseance; & que pour luy parler franchement, il auoit besoin d'argent pour marier sa fille qu'il auoit accordée depuis peu. Empruntez-en, ou constituez vous en rente, repliqua le Cardinal. Ie ne serois plus que le Fermier d'autruy, dit le Gentilhomme, & ie ne tarderois gueres à estre consumé par les interests qu'il me faudroit payer. Mais ne pourriez-vous pas trouuer quelqu'vn qui vous en prestast gratuitement, & sans pretendre autre chose sinon que de vous obliger, repartit nostre Prelat. Où rencontre-t'on de tels amis, dit le Gentilhomme, & y a-il en nostre siecle des personnes si officieuses? Ouy dea, il y en a, répondit le Cardinal, & il n'est pas necessaire que vous en alliez chercher bien loin, vous en auez trouué vne, & c'est moy qui vous preste l'argent dont vous auez affaire, & vous ne me le rendrez que quand vostre commodité vous le permettra. Le Gentilhomme demeura tout surpris & tout confus de la bonté extraordinaire du Cardinal, qui luy fit

Ffff

HISTOIRE

GEORGE D'AMBOISE.

compter à l'heure-mesme la somme qu'il luy venoit d'offrir. Aprés qu'il se fut retiré auec la joye qu'on se peut imaginer, ce domestique qui auoit fait la proposition de l'achepter, demanda à son maistre s'il auoit traité auec le Gentilhomme. A quoy nostre Prelat luy répondit qu'il auoit fait

VII.
Paroles tres-remarquables du Cardinal sur cette action.

vn traité fort auantageux, en ce qu'il auoit acquis non pas vne Terre, mais vn amy ; qu'il auoit secouru vn homme pressé d'affaires, & qu'il auoit conserué son honneur en l'empeschant de se deffaire de son bien.

Vouloir releuer cette loüange de nostre Cardinal, ce seroit vouloir adjouster des rayons au Soleil ; la chose parle trop d'elle-mesme pour en parler dauantage. Ce grand homme qui meritoit de viure des siecles entiers, à peine en acheua-t'il la moitié d'vn ; mais si sa vie fut courte quant au nombre des années, elle fut fort longue, si l'on en juge par la multitude de ses belles actions. *Longa fuit gestis, tempore vita breuis.*

VIII.
Il dispose de ses biens sur la fin de sa vie.

Aprés auoir gouuerné le Royaume, joüy de la faueur du Roy, & esté l'Arbitre de la paix & de la guerre l'espace de trente ans, se voyant approcher de sa fin, il fit son Testament (disent Messieurs de sainte Marthe) le dernier d'Octobre 1509. par lequel entr'autres choses il ordonnoit que les pauures fussent ses heritiers, & qu'ils joüissent de tout ce qui se trouueroit parmy son bien estre proueru de l'Eglise. Il ne mourut toutefois que l'année suiuante le 25. May, âgé de cinquante ans.

IX.
Memoire d'vn domestique du Cardinal, de ce qui se passa en sa derniere maladie, auant qu'il mourust.

Le sieur Baudier rapporte vn certain Memoire écrit pendant la derniere maladie dudit sieur Cardinal, par quelqu'vn de ses domestiques, qui represente assez naïuement ce que celuy qui l'a escrit a veu & oüy ; ie le donne dans les propres termes de l'Autheur.

CHAP. VIII.
Sommaire.
I.
Conference qu'il eut auec le Roy qui le vint visiter.

,, IL est à noter que quatre iours auant la mort dudit sieur Legat, le
,, Roy le vint voir aux Celestins de Lyon où il estoit logé ; ils eurent
,, ensemble plusieurs paroles secretes en faisant plusieurs pleurs & lamen-
,, tations, mondit sieur le Legat par experience. Il est à noter que deuant
,, tout le monde, Monsieur le Legat dit au Roy, Sire, ie vous prie ne ve-
,, nez plus, & ne prenez plus de peine pour moy ; & ledit Sire luy respon-
,, dit, Pourquoy Monsieur le Legat, auez-vous peur ? Ledit Legat luy ré-
,, pondit, non Sire, car ie suis tout asseuré de la mort, & prens sur Dieu
,, & mon Ame que ie ne fis chose en ma conscience que i'en aye enfraint
,, vostre commandement & volonté ; & si quelquefois i'ay differé en
,, pensant à vostre profit & honneur, ie vous prie le moy pardonner. En

II.
Pensions qu'il leua licitement d'Italie, que le Roy aduoüe.

,, suite dequoy il confessa les dons qu'il auoit eu des Estrangers, (ce qu'il
,, pouuoit pour lors licitement, pourueu qu'ils ne fussent ennemis de la
,, Couronne) voicy donc ce qu'il dit en suite : Sire, il est vray que depuis
,, la conqueste de Milan, i'ay eu des païs des Italiens & leué cinquante
,, milles Ducats de pensions renduës à Lyon ; c'est à sçauoir des Mila-
,, nois, Genois, Boullonnois, & Lucquois, des Romains & Neapolitains
,, du Royaume de Sicile & Calabre, Sardaigne & Florentins, qui depuis
,, ledit temps n'ont failly me donner par chacun an, trente mille Ducats,
,, & m'ont fait lesdits Florentins plusieurs presens & dons. Pareillement
,, Sire, i'ay eu par vostre moyen la Legation en vostre Royaume de Fran-

DES ARCHEVESQVES DE ROVEN.

GEORGE D'AMBOISE

„ ce, & depuis la pension qu'il vous plaisoit me donner, ensemblément
„ l'Archeuesché de Roüen; & ne pense, Sire, auoir ma conscience char-
„ gée, & n'auoir pillé vostre Royaume, quelques biens que i'aye amas-
„ sé. Et à cette heure-là le Roy respondit, Monsieur le Legat, il n'est
„ question de cela, & ce qu'auez fait ie l'auoüe. Item, que ledit Legat

III. *Derniere Requeste qu'il presenta au Roy.*

„ dist au Roy, Sire, pour ma derniere Requeste, ie vous supplie accepter
„ mon Neueu Archeuesque de Roüen, fils de Mr. de Bussy mon frere,
„ & pareillement qu'il vous plaise auoir pour agreable mon Testament,
„ des biens que i'ay gagnez en vostre seruice; & sur ce propos le Roy
„ print congé de luy, & s'en alla en faisant de grandes lamentations,
„ ayant les larmes aux yeux.

IV. *Derniere parole & aduertissemēt qu'il donna à ses parens & amis.*

„ Et est à noter, que mondit sieur le Legat appella tous ses parens &
„ amis, en leur disant ; mes parens & amis, vous auez veu en ma vie la
„ Fortune du monde, c'est à sçauoir les grandes aduersitez & prosperitez
„ que Dieu m'a donnez, & la gloire en laquelle ie vay mourir. Ie vous
„ supplie & commande à tous, que vous n'entrepreniez de vous mettre
„ là où ie me suis mis; car (comme ie croy) il n'y a celuy de vous qui en
„ échappast, & qui ne fust cause d'amoindrir l'honneur que ie laisse en-
„ tre vos mains. Aprés ces remontrances, il leur laissa ses biens en cette
suite; sçauoir ceux dont il n'auoit desia disposé ; (puisque comme nous
auons desia veu, il auoit partagé les pauures de tout ce qui se trouueroit
venir du bien d'Eglise) de sorte, que tout ce dont il disposa, estoit des
bienfaits du Roy, & autres. Voicy comme il en ordonna, suiuant cét
ancien Memoire, & dans son stile.

V. *Ce qu'il laissa par Testament à son Neueu & successeur à l'Archeuesché de Roüen.*

„ Ie laisse & ordonne à mondit Neueu mon Archeuesché de Roüen,
„ (dont il auoit eu permission & parole du Roy, & vray-semblablement
„ de son Chapitre, de disposer en faueur de son Neveu) mon Pontificat,
„ & toute ma deserte, laquelle est prisée deux millions d'or ; ensemble
„ les meubles de Gaillon, & l'accommodement de la Maison tel

VI. *Plusieurs Articles tres-considerables à ses autres Neueux, Nieces, & autres parens*

„ qu'il est. Item, à mon Neveu Mr. le Grand Maistre, Chef de mes ar-
„ mes, ie luy donne cent cinquante mille Ducats d'or, du coin de ma
„ belle Coup, prisez deux cens mille écus ; mes cent pieces d'or, cha-
„ cune d'icelle valant cinq cens écus ; ma vaisselle dorée, & cinq mille
„ marcs en vaisselle d'argent. Item, à son fils George d'Amboise mon
„ Filleul, ie luy donne tous & chacuns les acquests & conquests que i'ay
„ faits, ensemble mon patrimoine. Item, à mon Neveu le Comte de
„ Brienne, sieur de Commersy, ie luy donne trente mille écus pour soy
„ acquitter. Item, à sa sœur trente mille francs pour son mariage,
„ d'estre mariée auec le fils de Messire Robert de la Marche. Item, à sa
„ mere Dame de Crequy, luy a donné dix mille écus, & à ses autres
„ Neveux, ce qui monte à deux cens mille écus. Item, il donne dix

VII. *Ce qu'il donna aux quatre Religions des Mandiās, & autres aumosnes considerables.*

„ mille francs aux quatre Ordres des Mandians de France. Item, il a
„ commandé à marier cent-cinquante filles, en l'honneur des cent-cin-
„ quante *Aue Maria* du Psautier Nostre-Dame, & des cent-cinquante
„ Pseaumes contenus au Psautier. Depuis laquelle heure a esté deux iours
„ en sa chambre sans parler à quelconques, hors à ses beaux Peres, & est
„ mort Ecclesiastiquement.

Ffff ij

596   HISTOIRE

GEORGE D'AMBOISE VIII.
Ses dernieres dispositions à bien mourir.

Où ie diray en passant, que par le mot de beau-Pere il entend son Confesseur & les personnes Ecclesiastiques qui l'assistoient en cette derniere heure, où rappellant toutes les forces de son esprit, qu'il eust present jusqu'à la fin, il tascha de mourir dans des dispositions Chrestiennes. Il s'entretint quelque temps dans la pensée des souffrances du Fils de Dieu, prononçant deuotement vn Hymne de sa Passion, & pour sceller sa vie par vn acte de Foy, il se mit à reciter le *Credo*, & en le recitant rendist le dernier soûpir.

CHAP. IX.
Sommaire.
I.
Combien il fut regreté aprés sa mort.

SA mort affligea toute la France, & on ne connut jamais mieux combien il estoit aimé, que quand on l'eust perdu. Toute la Cour le regretta infiniment, il n'y eut que le Pape Iules II. (dit Bembe) qui s'en réjoüit, se voyant desormais en seureté, ayant tousiours redouté ce Cardinal. Celuy qui ressentit plus viuement la perte d'vn si fidelle Seruiteur, fut Loüis XII. son Roy, duquel (comme escrit Guichardin) il estoit la Voix, l'Oracle, & l'Authorité. L'Autheur de l'Histoire du Chevalier Bayard, dit que c'estoit tout le gouuernement du Roy Loüis, & du Royaume; tres-Sage Prelat & Homme de bien, qui ne voulut auoir qu'vn Benefice; Homme tres-Excellent & accomply de Sens, d'Experience, de Loyauté, & de bonne vie; & tandis qu'il vescut le Royaume fut bien gouuerné.

a *Cap. 4t.*

II.
Eloges tres-rares donnez à sa vertu.

III.
Derniers témoignages d'affection de Loüis XII. pour honorer ses funerailles.

Le Roy ayant eu nouuelle de sa mort à Colombiers prés de Lyon, où il estoit pour lors, témoigna par ses soûpirs & ses larmes combien il estimoit la perte de ce grand Ministre. Il commanda que ses funerailles fussent honorées de la presence des Princes & des plus grands Seigneurs de la Cour, & que le corps fust enuironné de ses Gardes. Il fit partir d'auprés de luy le Duc de Lorraine, & presque toute sa Cour auec luy, & les enuoya à Lyon. Ils assisterent tous au Seruice, & aprés accompagnerent le corps tout le long de cette grande Ville. Cent Archers de la garde du Corps l'enuironnerent, conduits par Messire Gabriël de la Chastre leur Capitaine. Le corps ayant esté ouuert, son cœur & ses entrailles furent mises en l'Eglise des Celestins de Lyon, & fut mené vne statuë „ & personne en veuë, par toutes les grandes Eglises de Lyon, (poursuit „ cét ancien Escrit) estant en la stature & semblance de mondit sieur le „ Legat, accompagnée d'vn grand nombre de Prelats & Ecclesiastiques, „ & bien de deux cens Gentilshommes (il met 1200. Prelats & 11000. „ Prestres.) Le Roy oüit la premiere Messe, & aprés s'en alla à la Chasse. „ Et au grand düeil estoient douze, dont Monsieur menoit par la main „ Mr. de Cluny; Monsieur de Lorraine menoit par la main Mr. de Bussy, „ & plusieurs autres, comme Mr. le Chancelier menoient les autres „ Sieurs. Toute l'Eglise des Celestins estoit surceinte de velours noir & „ de ses Armes, pendant qu'on enterroit ses entrailles ausdits Celestins, „ & monta la dépense dudit Obit à trente-mille francs.

IV.
Ceremonies de l'enterrement & du Seruice fait aux Celestins de Lyon.

V.
Ordre qui fut gardé pour conduire le corps, de Lyon à Roüen.

„ Ledit Legat ordonna trois cens francs par jour pour la dépense de „ ceux qui le meneroient depuis Lyon jusqu'à Roüen, & se sont allez „ conduire cent hommes pauures, vestus de noir, portant torches, „ cinq Euesques & vn Cardinal, Mr. d'Ausch, Mr. de Cluny, Mr. de

DES ARCHEVESQVES DE ROVEN. 597

,, Buſſy, & Meſſieurs ſes Neveux, montant à cinq cens cheuaux, qui ſe GEORGE
,, menoient tous houſſez de noir juſqu'en terre, & quatre Chantres des D'AMBOISE.
,, quatres Mandians, & vn perſonnage en Archeueſque tout reueſtu de
,, ſes habillements qu'il portoit en ſon viuant, & marchoit chacun en
,, ſon ordre.

VI.
Reflexion
pour les nom-
bres exprimez
dans la nar-
ration cy-deſ-
ſus.

Voila ce qu'en dit le memoire de ce domeſtique, auquel toutefois, ou aux coppies, j'eſtime qu'il s'eſt pû gliſſer erreur dans les chiffres ou nombre, tant en ce que nous auons dit cy-deſſus, pour les ſommes d'or & d'argent laiſſez par le deffunt à ſes parens, qui ſont bien éloignez de celles dont François de Beaucaire fait mention, que le Pape vouloit auoir, qui eſtoit de trente mille eſcus: Comme auſſi quant au nombre de Pre-lats qui aſſiſterent à Lyon à ſon enterrement, qu'il dit auoir eſté de dou-ze cens, & dix mille Preſtres, ce qui ſurpaſſe la croyance commune.

VII.
Honneurs
qu'on luy ren-
dis par ordre
du Roy dans
les lieux où il
paſſa.

Quoy qu'il en ſoit, comme diſent nos Memoires, le corps ayant eſté mis dans vn coffre de plomb pour eſtre apporté à Roüen ſur vn Char couuert d'vn grand poiſle de Velours, à vne Croix de Damas blanc, il receut par ordre exprés du Roy dans toutes les Villes & Places par où il paſſa, les meſmes honneurs que l'on euſt rendu à ſa Majeſté. Il y auoit cent pauures portant chacun vne torche qui accompagnerent le corps juſqu'à Roüen; ils auoient cinq ſols par iour, & on leur donna à cha-cun vne piſtole auec leur robbe de dueil pour s'en retourner. Aux lieux

VIII.
L'on faiſoit
tout les iours
vn Seruice au
lieu où il
auoit poſé la
nuit.

où ils logeoient ſur leur route, le corps eſtoit poſé le ſoir dans l'Egliſe, & le lendemain auant que de partir, on faiſoit vn Seruice, où l'on offroit les cent torches qu'auoient porté les cent pauures, auſquels on en don-noit cent autres toutes neuues; ce qui ſe pratiqua pendant le voyage de Lyon à Roüen, où ils arriuerent le 27. Iuin. Le corps fut poſé au Faux-bourg de-là le Pont, en l'Egliſe des Emmurées; auquel lieu ledit iour aprés midy, vindrent le querir tous ceux qui s'enſuiuent.

CHAP.
X.
Sommaire.
I.
Ordre tenu
par le Clergé
de Roüen
pour aller au
denant du
corps.
II.
Grand nom-
bre de pau-
ures en dueil.

,, PRemierement, partirent du lieu des Emmurées, les quatre Religions
,, des Mandians; puis aprés marchoient toutes les Paroiſſes de Roüen;
,, aprés eux les Prieurs & Religieux de S. Lo & de la Magdeleine; aprés
,, l'Abbé & Religieux de S. Oüen; puis marchoient Meſſieurs de Noſtre-
,, Dame, tant Chanoines, Chapelains, que habituez en ladite Egliſe,
,, auec la Croix & Beniſtier. Aprés l'Egliſe, marchoient deux cens hom-
,, mes reueſtus en dueil, dont il y en auoit cent de Lyon, & cent de ladite
,, Ville, qui tous furent veſtus aux dépens dudit Seigneur; puis aprés cent
,, autres hommes reueſtus en dueil comme les autres, qui portoient cha-
,, cun vne torche où eſtoient les Armes de la ville de Roüen, le tout aux
,, dépens de ladite Ville. Aprés marchoient les bons Enfans reueſtus de
,, neuf, de bon drap gris aux dépens dudit Seigneur, & portant chacun

III.
Officiers qui
marchoient en
leur rang au
connoy.

,, vne torche: aprés marchoient les ſeruiteurs domeſtiques dudit Seigneur,
,, reueſtus en dueil, portant chacun vne torche de cire blanche. Aprés
,, marchoient cinq perſonnages veſtus en dueil, dont les quatres por-
,, toient chacun vne Maſſe ſur leurs eſpaules, & le cinquiéme portoit vne
,, Eſpée à demy tirée, & ce fit (adjouſte le Pere Taille-pied) à raiſon de
,, ſon Office de Legat. Aprés alloit vn homme ſemblablement veſtu en

Ffff iij

GEORGE D'AMBOISE.

„ dueil, lequel portoit vn carreau de drap d'or, fur lequel eſtoit le
„ Chapeau de Cardinal dudit Seigneur deffunt; Et aprés venoit le corps

IV.
Le corps & l'Effigie du deffunt portée par douze Chapelains.

„ dudit deffunt dans vn coffre de plomb, couuert d'vn drap d'or à
„ vne Croix de Damas blanc, & fur ledit drap d'or eſtoit l'Effigie du-
„ dit Seigneur, pourtraite au vif, ornée d'habits Archiepiſcopaux. Le-
„ dit coffre & Effigie eſtoit porté par douze Chapelains de ladite Egliſe,
„ en ſurplis ſur leurs eſpaules, & les quatre coins du drap de corps

V.
Marche des Seigneurs & des Compagnies Souueraines & autres Corps de la Ville.

„ portez par quatre Eueſques. Aprés marchoient les Seigneurs de
„ France, que le Roy y auoit commis & enuoyez. Aprés eux mar-
„ choient Meſſieurs du Parlement & Cour des Aydes, tant Preſidens que
„ Conſeillers, que Poſtulans à ladite Cour. Aprés la Cour, ceux tant du
„ Bailliage, que de la Viconté, & aprés eux les Bourgeois de la Ville en
„ bon ordre : Et faut entendre que les Sergents auoient chacun vn baſton
„ de torche peint de noir, leſquels mettoient ordre par les bandes. Puis

VI.
On luy preſente vn poiſle à l'entrée de la Ville.

„ aprés la Cour de l'Egliſe, tous veſtus en dueil pour le trépas de leur bon
„ maiſtre. En tel ordre marcherent depuis les Emmurées juſqu'à la Ville;
„ & quand ce vint à l'entrée de la porte de la Ville, fut mis ſur ledit corps
„ vn poiſle de Damas noir à vne grande Croix de Damas blanc, duquel
„ poiſle portoient les quatre baſtons, quatre des Conſeillers de la Ville,
„ & fut apporté enuiron quatre heures aprés midy à l'Egliſe de Noſtre-
„ Dame de Roüen, & fut poſé au Chœur de ladite Egliſe entre la tombe
„ du Roy & le Candelabre à ſept branches. Sans ceſſer, juſqu'à Matines

VII.
Le corps fut apporté le lendemain, de la Cathedrale à S. Oüen.

„ du lendemain, furent grand nombre de Chapelains des Colleges d'icel-
„ le Egliſe, à pſalmodier le Pſautier, ainſi qu'on a accouſtumé pour les
„ Treſpaſſez. Le lendemain 28. Iuin au matin, aprés le Seruice du Chœur
„ accomply, auec le Conuoy que deuant a eſté dit, fut porté le corps du-
„ dit Seigneur deffunt à l'Egliſe de S. Oüen, comme c'eſt la couſtume, &
„ deliuré à l'Abbé & Religieux, pour vne nuit eſtre veillé en leur Egliſe, &
„ fut baillé par le Doyen à l'Abbé, en diſant *Ecce, &c.* & l'Abbé deman-
„ da *eſt hic*, le Doyen répondit, vous nous l'auez baillé vif, nous vous le
„ baillons mort.

VIII.
Le corps repoſé à S. Amand & eſt reporté à la Cathedrale.

„ Le lendemain 29. dudit mois de Iuin, tout le Conuoy deſſus dit,
„ partit de Noſtre-Dame pour aller à S. Oüen querir le corps pour eſtre
„ inhumé à Noſtre-Dame, & paſſant par deuant l'Abbaye des Religieuſes
„ de S. Amand, il fut poſé dans l'Egliſe durant que le Religieuſes chan-
„ toient le *Libera*, ainſi qu'on a de couſtume. L'Eueſque d'Avranche fit
„ l'enterrement en la Chapelle de la Vierge derriere le Chœur, & cedit
„ iour aprés midy que les Veſpres du Chœur furent dites, on commença

IX.
Deſcription des autres ceremonies de l'enterremẽt, du luminaire & de l'auſmoſne generale.

„ *Placebo* & *Dirige*, & fut dit ſolemnellement, ainſi qu'il eſt accouſtumé
„ de faire pour l'Archeueſque ou pour le Doyen d'icelle Egliſe, auec l'Aſ-
„ ſemblée du Conuoy deſſus dit, dans le Chœur & l'enuiron des carolles
„ & allées du Chœur en grande magnificence & pompe funebre, & te-
„ noient Chœur quatre des Chanoines. Le dernier de Iuin on dit trois
„ Meſſes grandes pour l'intention du deffunt. L'Eueſque de Ciſteron dit
„ la premiere, celuy de Liſieux la ſeconde, & celuy d'Avranche la troiſié-
„ me. Me Artus Foulon, Docteur en Theologie, Chanoine de Roüen,

DES ARCHEVESQVES DE ROVEN.

GEORGE D'AMBOISE

„ & Curé de S. Maclou, qui fut depuis Euesque de Senlis, fit son Oraison
„ funebre. L'ordre du luminaire estoit fort honorable : Premierement
„ estoit en Chœur *Castrum doloris*, que nous appelons Chapelle ardente,
„ qui estoit en forme d'Eglise, où estoit croisée & aiguille, le tout couuert
„ de cierges blancs, jusqu'au nombre de trois cens soixante-six. Item, au
„ Pulpitre & sur les Chaires des Chanoines fourny de cierges. Item, le
„ grand Candelabre du Chœur, & les deux portes dudit Chœur, & tou-
„ tes les allées de l'Eglise fournis de luminaires, ainsi qu'on fait aux Festes
„ Triples. Item, tous les pilliers de l'Eglise, auec ceux des Chapelles des
„ deux costez fournis de cierges. Item, en la nef, aux basses allées des se-
„ condes voûtes, entre deux pilliers, à chacun d'iceux cinq grands cier-
„ ges : Il y a dix allées à chaque costé, qui font deux cens. Item, en la
„ Chapelle de Nostre-Dame, & en plusieurs autres lieux, y auoit des cier-
„ ges ; le tout aux dépens dudit deffunt. Item, ledit iour fut fait vne don-
„ née à S. Maur, près les murs de Roüen, à l'intention dudit deffunt, où
„ on donnoit à tous douze deniers tournois, & aux gens d'Eglise chacun
„ cinq sols. Il resta encore deux mines de douzains, qu'on donna par
„ aprés.

CHAP. XI.
Sommaire.
I.
A quoy la description de cette ceremonie peut estre vtile.

Voila la Relation desdites funerailles qui est dans les Registres de la Cathedrale, & que le Pere Taille-pied a décrites fort au long, ainsi qu'il a pû voir ou apprendre de personnes qui les auoient veuës. I'ay bien voulu en rapporter la ceremonie dans le détail, tant afin de montrer la magnificence de cét Enterrement, que pour seruir en de pareilles rencontres d'instruction des ceremonies anciennes. Le corps fut mis dans le sepulchre, qui se voit aujourd'huy dans la Chappelle de Nostre-Dame, & qui est vne des plus belles & des plus magnifiques qui se soient faites en ce temps-là ; il se presentera occasion d'en parler en l'Histoire de l'Eglise Cathedrale. On luy fit cét Epitaphe, lequel quoy qu'il ne contienne que quatre Vers, comprend toutefois beaucoup en peu de mots.

II.
Epitaphe mis sur le Tombeau de ce Cardinal.

Pastor eram Cleri, populi Pater, aurea sese
Lilia subdebant, Quercus & ipsa mihi,
Mortuus en jaceo, morte extinguuntur honores.
At Virtus mortis nescia, morte viret.

I'estois Pere du peuple, & Pasteur du Clergé,
Ie gouuernois le Roy, ie faisois peur au Pape,
Ie suis mort, en mourant ces honneurs ont changé,
Mais ma vertu, la mort, triomphamment eschappe.

On explique communément ce mot de *Quercus* dans le second Vers du Pape Iules II. qui s'appelloit Iulian de Ruueré, ou en Latin de *Roboré*, & qui portoit en ses Armes vn Chesne ; tout le reste est assez facile.

Pour ne rien oublier qui face à la gloire de ce grand Cardinal, ie donneray deux Epitaphes qui furent faites pour luy parmy les Epitaphes de la Cathedrale.

III.
Le Cardinal de Pauie on

Iacques Amanat Cardinal de Pauie, dédia à nostre Archeuesque ses Commentaires (ou comme veulent quelques Doctes) aprés la mort

GEORGE D'AMBOISE. *ses amis mettent sous la protection du Cardinal George d'Amboise ses Ouvrages.*

dudit Cardinal, quelques-vns de ses amis adressèrent cette Epistre dedicatoire à nostre Prelat, pour mettre sous sa protection les Ouurages de ce grand Homme, qu'ils sçauoient deuoir estre expoſez à l'enuie & à la vengeance des personnes puiſſantes, qui ſe tiendroient offenſées de la liberté que cét Autheur auoit priſe, de parler franchement & ſans flaterie de beaucoup d'abus qu'il auoit improuuez dans la Cour Romaine. Or ſoit qu'elle ait eſté écrite par ce Cardinal, ou par Alexandre Minutianus, qui en fait ſuiure vne autre adreſſée à Eſtienne Poncher Eueſque de Paris, (ce que le ſtile qui eſt fort ſemblable donne aſſez à connoiſtre) & dans laquelle il luy dit que les Ouurages de ce grand homme qui auoient eſté diſperſez & comme mépriſez, ayant eſté depuis recueillis auec ſoin, ſe preſentoient à luy auec d'autant plus de confiance, que les Manes de cét Autheur deffunt (qui s'eſtoit enuolé au Ciel) s'eſtoient venus refugier ſur la terre, dans le ſein de cét illuſtre Cardinal de Roüen George d'Amboiſe, &c. Et ce qui l'auoit porté à rechercher ſa bien-veillance, eſtoit pour auoir occaſion de publier les excellentes loüanges du Prelat de Roüen, pour qui il auoit luy-meſme vn reſpect & vne veneration extraordinaire, & dont il ne pouuoit ſe laſſer de loüer tous les iours la Sageſſe preſque diuine, & les autres vertus qu'il faiſoit paroiſtre dans la conduite des affaires, lors qu'il eſtoit à Milan en leur compagnie; & il ne croyoit pas qu'il euſt autre deſſein en retenant les perſonnes de Lettres auprés de luy & en les careſſant, que de leur donner occaſion d'employer leur ſtile & leur plume pour laiſſer à la Poſterité le recit des glorieuſes actions de Loüis, le plus grand Roy des Rois, & du Cardinal de Roüen, au deſſus duquel, aprés la Majeſté Royale, il n'y auoit rien de plus éminent dans toute la France. Enfin qu'ayant eu intention de publier ſes loüanges, il ſe voyoit engagé de changer de deſſein, & par vne digreſſion qui ne luy ſeroit pas deſagreable, raconter celles de cét illuſtre Cardinal, adouüant qu'il s'eſtoit preſenté vne telle foule de magnifiques Eloges à luy donner, & qu'vn ſi grand nombre de choſes ſublimes & releuées s'eſtoient offertes à ſon eſprit, qu'il confeſſoit que ſon éloquence eſtoit trop foible pour les exprimer dignement; car pour ne rien dire de ſa Nobleſſe, laquelle auoit long-temps paru en France comme vne brillante lumiere, il falloit aduoüer que ſes incomparables vertus eſtoient ſi éclatantes, qu'elles ébloüiſſoient les eſprits les plus clair-voyans. Car qui eſt-ce qui pourroit exprimer dignement ou ſa Conſtance & ſa fermeté dans la mauuaiſe fortune, ou ſa rare Modeſtie dans la proſperité? Qui eſt-ce qui pourroit aſſez loüer ſa Fidelité & ſa ſincerité dans ſes paroles, la Maturité de ſes conſeils, & enfin cette Sageſſe plus qu'humaine qu'il apporte dans la conduite & l'execution de tant de grandes & importantes affaires qui paſſent par ſes mains? De ſorte, que le Roy tres-ſage ayant reconnu en luy tant d'éminentes vertus, luy a confié toute l'adminiſtration de ſes Eſtats & la ſurintendance de ſes affaires; & ce qui eſt de merueilleux, eſt que ce grand Homme ayant toutes choſes à ſa diſpoſition, & voyant meſme ſon Roy ſuiure auec tant de bonté ſes aduis, il ne recherche toutefois point d'autre ſatisfaction aprés tout cela,

que

DES ARCHEVESQVES DE ROVEN. 601

que de donner à tout le monde des preuues de sa generosité. Y eut-il jamais de frugalité & de moderation comparable à celle de cét excellent homme, qui pouuant par la faueur du Roy, posseder tous les plus riches Benefices du Royaume de France, (où par l'ancienne pieté de nos Peres, il y en a vne infinité de tres-opulents) s'est contenté d'vn seul, capable de soustenir fort mediocrement la dignité de Cardinal? Moderation qui fait qu'il n'affecte pas beaucoup de s'éleuer au dessus de ceux qui sont recommandables pour leur Noblesse, tant il a esté soigneux dés ses plus tendres années de garder inuiolablement cette maxime, que ce n'étoient pas les honneurs excessifs qui rendoient les hommes illustres, mais que c'estoient les vertus & les belles actions qui leur acqueroient vne gloire & vne reputation immortelle.

GEORGE D'AMBOISE

V.
Obligation que cét Autheur reconnoit, que les Milanois ses Compatriotes auoient à ce grand Cardinal.

Et passant plus en particulier à ce qui le touchoit de plus prés, en qualité de Citoyen de cette grande ville de Milan, il dit qu'il sera impossible „ de raconter les infinis bien-faits de ce tres-clement Pere enuers les Ha- „ bitans de cette Capitale de Lombardie, laquelle estant en danger „ d'estre exposée au pillage des gens de guerre, il l'a par sa seule presence „ & par son authorité deliurée de cette funeste calamité, &c.

Voila pour ce qui regarde l'Epistre de ce Milanois Alexandre Minutian, qu'il adressa à Estienne Poncher intime amy de nostre Cardinal, & qui auoit esté establyy premier President, Chef, & Intendant de la Iustice du Milanois, laquelle Lettre est datée de l'an 1507. c'est à dire enuiron trois ans auant que nostre Cardinal mourust.

VI.
Autre Eloge que l'on croit luy auoir esté donné dans vne lettre du Cardinal de Pauie.

L'autre dont nous auons parlé auparauant, & dont on doute qu'elle soit l'Ouurage du Cardinal de Pauie, est sans aucune date; celuy qui l'a escrite dit entr'autres choses, parlant à nostre Prelat, vous tenez le pre- „ mier rang parmy vne Nation si glorieuse, (parlant des François) puis „ qu'vn Roy tres-sage a fait choix de vostre personne pour luy confier „ la conduite d'vn si grand Royaume, aprés auoir receu des preuues cer- „ taines de vostre fidelité, laquelle a tousiours esté égale enuers luy dans „ les differentes rencontres de la Fortune, qui s'est montrée bien chan- „ geante à son égard, & bien remarquable par les diuers accidents qui „ luy sont arriuez; & maintenant il vous reconnoit pour vn parfait „ amy, lequel ne refuit point les difficultez qui se trouuent dans les „ affaires les plus épineuses, qui est infatigable dans le trauail, & „ qui possede son esprit en vn point, qu'il ne le laisse emporter aux „ mouuements d'ambition, que la souueraine authorité a de coustu- „ me d'inspirer aux testes foibles; & c'est ce qui fait confesser auec ve- „ rité parmy les Nations les plus éloignées, qu'il n'y a rien aprés la Ma- „ jesté Royale de plus digne d'admiration dans toute la France, que „ le Cardinal de Roüen; qu'il n'y a point de prudence égale à la sienne, „ ny de fermeté d'esprit comparable à celle qui soustient & anime ses „ actions.

Voila les loüanges que ces Escriuains donnent à George d'Amboise, qui sont comme vne recapitulation & vn abbregé de toutes celles que les Autheurs, tant François qu'Estrangers, luy ont donné à l'enuy, &

Gggg

GEORGE D'AMBOISE. dont nous auons recueilly vne partie dans la briéueté de cét Eloge, que ie finiray par ce Diſtique.

Sacra, prophana regens vtroque Georgius enſe,
Conſulit Imperio, populum fouet, excolit aras.

GEORGE II.
An de I. C.
1510.
CHAP.
I.
Sommaire.
I.
Raiſons qui porterent les Chanoines de la Cathedrale à deſirer George II. pour Succeſſeur de ſon Oncle.

ELOGE
DE GEORGE D'AMBOISE
ſecond du Nom, Cardinal.   81.

E Legat d'Amboiſe porta ſi haut la reputation extraordinaire de ſon Nom & de ſa Famille, que l'Egliſe de Roüen tint à honneur d'auoir aprés luy vne perſonne qui le touchoit de ſi prés, & qu'il luy auoit voulu laiſſer comme vn cher & precieux gage de ſon affection. Ce fut vn autre George qui le repreſenta auſſi-bien par ſes ver-

II.
Ses parens, & le ſoin qu'ils prirent de l'auancer dans les hautes ſciences.

tus que par ſon Nom; il eſtoit fils de Iean de Buſſy d'Amboiſe, Lieutenant du Roy dans la Picardie, & de Catherine de S. Belin, frere de Iean Euesque & Duc de Langres, & de Geoffroy Abbé de Cluny. Il fut éleué auec tous les ſoins que l'on peut s'imaginer, & comme celuy ſur lequel on iettoit les yeux pour en faire vn Succeſſeur de la dignité de ſon Oncle. Il eut pour Maiſtres en Droit Canon (qui eſtoit dans les ſiecles paſſez la ſcience des Beneficiers) Philippe Dece celebre Iuriſconſulte, qui luy dédia depuis ſes Commentaires des Reſcripts; & Iean de Selue, qui fut premier Preſident de l'Eſchiquier au Parlement de Roüen, comme il le dit luy-meſme, en la lettre qu'il eſcriuit à ſon Oncle le Legat, qui eſt au deuant d'vn Traité des Benefices de ce Iean de Selue. Le premier

III.
Les premieres dignitez Eccleſiaſtiques qu'il poſſida.

degré par où il monta aux grandes dignitez où il fut éleué depuis, fut de Chanoine de la Cathedrale; l'Office de Treſorier eſtant venu depuis à vacquer il en fut pourueu, & en ſuite, de celuy de Grand Archidiacre. Il fut depuis Adminiſtrateur du Bourg-Dieu, qui eſtoit vne tres-ancienne & riche Abbaye de l'Ordre de S. Benoiſt, qui fuſt ſeculariſée en l'an 1623. par Henry de Bourbon, Prince de Condé, quoy qu'il ſe fuſt paſſé des choſes tres-remarquables, & vrayement miraculeuſes, lors que l'on en oſta tout à fait l'obſeruance Reguliere.

IV.
Il fut le dernier que le Chapitre éluſt.

Au reſte, noſtre George fut le dernier qui fut élû par le Chapitre, & demandé au Roy pour Archeueſque de Roüen, eſtant vray-ſemblable (comme nous auons dit dans l'Eloge precedent) que ſon Oncle eſtoit bien aſſuré des bonnes volontez du Chapitre, lors que dans ſon lit mortel & pour derniere faueur qu'il demanda au Roy, il le ſupplia d'agréer ſon Neveu pour eſtre ſon Succeſſeur à l'Archeueſché de Roüen. Tant y a que le 30 Iuillet de la meſme année, ayant eu du Legat diſpenſe d'âge pour eſtre Preſtre, & pouuoir eſtre poſtulé Archeueſque, dautant qu'il

DES ARCHEVESQVES DE ROVEN.

V.
Son élection est confirmée, & en quelle année.

n'auoit encore que vingt-trois ans, il fut éleû du Chapitre qui s'estoit assemblé au nombre de quarante-quatre Chanoines, ausquels Estienne Haro Theologien fit vne harangue, & prist pour titre *Ostende quem elegeris*; aprés quoy ayant pris la voye du S. Esprit, il fut tout d'vne voix élû; & les Registres portent qu'il ne donna ny ne refusa son consentement à son élection, mais qu'il renuoya toute l'affaire au S. Siege. La demande fut confirmée en plein Consistoire, & ses Bulles accordées par Iules II. le 8. Aoust 1511.

VI.
Il prend possession, & fait les autres ceremonies accoustumées.

Il prit possession la mesme année le 22. de Nouembre par Procureur, qui estoit Iacques de Castignoles Chancelier, & Chanoine de la mesme Cathedrale; Loüis le Gras Doyen presidant pour lors au Chapitre, qui fit faire lecture des Bulles du Pape, par lesquelles il paroissoit que l'élû auoit esté confirmé pour Administrateur de l'Eglise de Roüen, jusqu'à ce qu'il eust atteint l'âge de vingt-sept ans, que pour lors il seroit Archeuesque. Il fit serment pour le Temporel de son Archeuesché entre les mains de Loüis XII. le 14. d'Octobre de cette année de 1511. Il ne fut consacré que le onziéme de Decembre 1513. à Gaillon, & fit son Entrée solemnelle huit jours aprés, & fut presenté (selon la coustume) par l'Abbé & le Conuent de S. Oüen. Le 9. d'Avril ensuiuant, le Dimanche des Rameaux, il receut le *Pallium*, & celebra Pontificalement la Messe, ayant publié les Indulgences Plenieres que le Pape auoit données à tous ceux qui y assisteroient deuotement, & feroient les choses specifiées dans la Bulle.

VII.
Il n'assista que par Procureur à l'Assemblée des Prelats que Loüis XII. fit faire.

Le Manuscrit de Mr. Bigot dit qu'il tint l'Archeuesché quarante ans, & qu'aprés son élection il fut l'espace d'vn an en la Cour du Roy Loüis XII. auant que prendre possession, pendant lequel temps le Roy ayant fait assembler vn Concile des Prelats de son Royaume, nostre Archeuesque qui n'auoit encore receu le *Pallium* & ses Prouisions de Rome, ne s'y trouua pas en personne, mais seulement par Procureur; sçauoir par Mᵉ Iean Masselin Doyen de l'Eglise Cathedrale, qui auoit fait les diligences en Cour de Rome, & en apporta luy-mesme les dépesches, qui furent admises & receuës auec beaucoup de joye du Roy; en suite dequoy il prit possession personnellement, & receut les honneurs accoustumez.

VIII.
François I. luy donne le gouuernement Temporel de la Normandie.

Le Roy François I. le gratifia l'an 1515. du gouuernement Temporel de la Normandie, comme il auoit desia le Spirituel, les Peuples ayant en singuliere veneration le seul nom de George d'Amboise; il fut receu en cette qualité, & fit son Entrée dans Roüen le troisiéme Aoust 1515. Le Pere Taille-pied luy donne encore la qualité de Chancelier du Parlement ou Eschiquier; c'est à dire Garde des Sceaux de la Chancellerie qui auoit esté establie prés du Parlement de Roüen.

CHAP. II.

Sommaire.
I.
Il tint vn Concile Prouincial en l'année 1514. qui le feu

IL tint vn Concile Prouincial en 1514. selon le sieur Dadré, quoy que Messieurs de sainte Marthe ne le mettent qu'en 1522. Cette année de 1514. eust esté funeste à l'Eglise de Roüen, si la magnificence de son Archeuesque, & de ceux dont ie parleray tantost, n'eust reparé si glorieusement les ruïnes, qu'on peut appeller heureux l'incendie qui les causa. Le feu y ayant pris à huit heures du matin le 4. Octobre par la

604 HISTOIRE

GEORGE II. *brûla le Pira- mide de la Cathedrale.* negligence de certains plombiers qui trauailloient fur les toits de la grande Eglife, l'éguille & la tour de la croifée de l'Eglife fut brûlée jufqu'à la voûte, & la charpente du Chœur fouffrit la mefme difgrace; les couuertures eftoient de plomb, qui furent fonduës, & quatre cloches penduës au Beffroy de cette Eglife. Le feu dura feulement l'efpace de

II. *Defcription de cét incendie, & de l'ordre que l'on apporta pour l'éteindre.* cinq heures, & toute l'Eglife eftoit en grand danger & vne partie de la Ville, fi on n'y eut promptement apporté remede. Meffire Robert Raulin Procureur du Roy en la ville de Roüen, fit amaffer beaucoup de terre le long de l'Eglife & du Cimetiere, pour conduire l'eau dedans l'Eglife qui y entra, & furmonta la fepulture de Mr. d'Eftouteuille Cardinal, fituée au milieu de la nef, ce qui contribua beaucoup à efteindre le feu, bien que quelque diligence qu'on y pûft apporter, il fut impoffible d'empefcher que le feu ne brûlaft vne partie des chaires & la tour qui eftoit treshaute, auec les galeries & les quatre tourelles d'alentour, en forme de couronne Imperiale. Ce fut vn bon-heur dans cette difgrace qu'il n'y eut perfonne de bleffé, & (comme remarque le Manufcrit) difoit alors la Meffe vn nommé Mᵉ Eftienne Hato Chanoine, & Penitencier de cette Eglife.

III. *Proceffion & autres particularitez qui furent faites aprés que le feu fut éteint.* Le Lundy enfuiuant on fit Proceffion Generale autour de la Ville, où furent portées les Chaffes des faintes Reliques qui eftoient à la Cathedrale, & en l'Abbaye de S. Oüen, auec grand nombre de torches allumées, chaque Chanoine ayant vn cierge en main. Maiftre Artus Fillon Chanoine de Roüen, Docteur en Theologie, & Curé de S. Maclou, prefcha & prift pour fon théme ce paffage du troifiéme des Lamentations de Hieremie, *Mifericordiæ Domini, quia non fumus confumpti.* Le Seruice de Noftre-Dame fut celebré vn iour & demy dans la Chappelle de l'Archeuefché, & le refte en la Chappelle de Noftre-Dame, jufqu'au iour de S. Mellon 21. Nouembre. Le Chapitre auoit député deux Chanoines au

IV. *Le Roy & plufieurs autres perfonnes contribuerent pour reparer cette perte.* Roy aprés cette difgrace pour implorer fon affiftance, lequel fe montra fauorable à leur requefte, car il donna douze mille liures payables en fix ans; les Abbez du Diocefe, les Chanoines & Officiers de la Cathedrale & Archeuefché, contribuerent chacun de leur cofté pour reparer ces ruïnes; & mefme Leon X. donna des Indulgences à ceux qui feroient certaines aumofnes pour ce fujet.

V. *Plufieurs perfonnes de marque qui furet receuës folemnellement par nôtre Archeuefque.* Noftre Archeuefque eut l'honneur de receuoir l'an 1511. dans fa Cathedrale Philippe de Luxembourg Cardinal & Legat du S. Siege, & vn mois aprés François I. & fa femme, laquelle retourna pour vne feconde fois à Roüen le 6. Février 1532. Deux iours auparauant il auoit receu François Dauphin, qui venoit en compagnie de fes deux freres prendre poffeffion du gouuernement de la Prouince. Le Cardinal & Chancelier de France Antoine du Prat, auoit receu pareil honneur dans la mefme Eglife en qualité de Legat du S. Siege, le 25. Ianvier de la mefme année.

VI. *Il fut prefent lors que le corps de faint Oüen fut tiré d'vne ancien-* Quant aux actions de pieté & de deuotion, noftre Archeuefque ne manqua pas de s'y appliquer; il fut prefent au changement qui fut fait l'an 1517. du corps de S. Oüen, de fon ancienne Chaffe en vne nouuelle, couuerte de riches lames d'or fort bien trauaillées. Le Chapitre de la

DES ARCHEVESQVES DE ROVEN.

ne chaſſa pour le mettre en vne plus riche.
VII.
En quelle année il fit faire le tombeau de ſon Oncle.
VIII.
Il tint deux Conciles Prouinciaux.

Cathedrale obtint vn oſſement de *l'index* de ce S. Prelat, que noſtre Archeueſque fit richement enchaſſer dans vn grand Reliquaire qui peſoit treize marcs. Les Regiſtres de la Cathedrale diſent que ce fut l'an 1522. qu'il fit poſer ce riche Mauſolée qu'on voit ſur les cendres de ſon Oncle. On employa ſept ans à acheuer cette magnifique piece. Ce fut auſſi cette meſme année (comme nous auons dit cy-deſſus) qu'il tint deux Conciles Prouinciaux, dont le premier fut aſſemblé dans le Palais Archiepiſcopal le Lundy d'aprés le Dimanche que l'on chante à l'Introite de la Meſſe *Miſericordia*; les Actes commencent par ces mots, *Adhortatur tuba illa, &c.* Le ſecond fut tenu le 20. Février de la meſme année, pour certaines affaires d'importance qui regardoient la liberté de l'Egliſe, pour le ſouſtien de laquelle noſtre Archeueſque fit paroiſtre qu'il ne vouloit en rien ceder à ſes Predeceſſeurs qui l'auoient maintenuë auec tant de generoſité; & en effet, il luy fallut beaucoup ſouffrir de François I.

IX.
Diſgrace qu'il eut à ſouffrir de François I.

Car ce Prince luy ayant demandé la ſomme de vingt mille eſcus; ſur le refus qu'il fit de les payer, parce qu'il n'y croyoit pas eſtre obligé, & que ſi l'Egliſe auoit quelque choſe, il deuoit eſtre employé à l'entretien des Miniſtres des Autels, au ſoulagement des pauures, & à la reparation des lieux ſacrez; il fut arreſté dans Paris. Le Chapitre enuoya ſes députez pour le viſiter pendant ſa détention, & trauailla auec le reſte de ſes amis à luy procurer la liberté. En effet, eſtant depuis retourné, le 7. Février il entra en plein Chapitre, & remercia l'Aſſemblée de la conſolation qu'ils luy auoient donnée par leurs enuoyez. Ayant depuis reconnu que le trop grand nombre de Feſtes que l'on auoit augmenté de temps en temps dans l'Egliſe, ſembloit donner matiere au menu peuple d'offenſer Dieu auec plus de licence, comme c'eſt la miſere des hommes de faire vn mauuais vſage des choſes les plus ſaintes; aprés auoir pris conſeil de ſon Chapitre, & d'autres perſonnes de pieté & de ſuffiſance, il fit oſter

X.
Il oſta pluſieurs Feſtes du Calendrier.

du Calédrier celles qui ſuiuent; 1. & 2. les deux Chaires de S. Pierre. 3. S. Iean porte Latine. 4. Saints Geruais & Protais. 5. S. Martial. 6. La Tranſlation de S. Martin. 7. S. Pierre aux Liens. 8. L'Inuention de S. Eſtienne. 9. S. Clement. 10. S. Thomas Martyr. 11. La quatriéme Feſte de Paſque. 12. Et celle de la Pentecoſte. En quoy il ſuiuit les intentions du deffunt Cardinal ſon Oncle, qui l'auoit ainſi arreſté dans vn de ſes Synodes Diocesains.

CHAP. III.
Sommaire.
I. *Heretique blaſphemant contre la ſainte Vierge puny dans Roüen.*
II. *Proceſſion Generale pour reparer ces blaſphemes.*

COmme les Heretiques Lutheriens commençoient à courir par la France, & à y ſemer le venin de leur peruerſe doctrine, il s'en trouua vn à Roüen qui fut aſſez inſolent que de vomir des blaſphemes contre la ſainte Vierge; laquelle impieté ayant donné de l'horreur à ceux qui l'entendirent, il fut ſaiſi, on luy fit ſon procez, & il fut condamné au feu pour expier ce crime. On fit en ſuite vne Proceſſion Generale, qui alla de l'Egliſe Cathedrale en l'Egliſe des Carmes, où l'on porta vn Reliquaire de la meſme Vierge, pour luy faire quelque ſorte de reparation; la Proceſſion s'arreſta deuant ſon Image qui eſt placée dans le coin du Palais Archiépiſcopal, l'an 1533. Noſtre Archeueſque fit le procez à vn autre qui eſtoit Curé au Dioceſe de Sez; il eſtoit aſſiſté de l'Eueſque de

Gggg iij

GEORGE II. Bonne, de cinq Abbez, tous reueſtus pontificalement, & aſſis ſur vn
III. grand Theatre qui auoit eſté preparé dans l'Aitre de la Cathedrale, où
Autre Heretique auquel fut fait le procez publiquement, & qui fut degradé. aprés que noſtre Prelat eut prononcé ſa Sentence, & l'euſt declaré Heretique, pertinace & obſtiné, il fut degradé & liuré au bras ſeculier auec vne Tunique fenduë en deux. Il fut en outre aſſiſté à l'inſtruction de ce procez, du Doyen de la Cathedrale, de quelques Chanoines des plus capables, des Conſeillers & Aduocats qui eſtoient comme ſes Aſſeſſeurs.
L'année ſuiuante, aprés que l'on eut découuert vn ſtratagême diabolique dont l'Hereſie ſe ſeruoit pour ſurprendre les plus ſimples, qui eſtoit
IV. de ſemer des libelles par la Ville, où eſtoient contenus les principaux
Heretiques découuerts qui ſemoient des liurets. Proceſſion generale faite pour reparation. points de leur peſtilente doctrine, il fut arreſté que, pour détourner la juſte colere de Dieu & pour réueiller la deuotion du peuple, l'on feroit vne Proceſſion generale, où Antoine Bohier pour lors Archeueſque de Bourges porta le Tres-ſaint Sacrement, aſſiſté des Eueſques de Bonne & de Teſſalonique, dont le premier eſtoit Suffragant de l'Archeueſque de Roüen, & le ſecond de celuy d'Evreux.

V. J'ay fait mention cy-deſſus de quelques rencontres où la liberalité de
Pluſieurs effets de la liberalité de noſtre Archeueſque pour ſon Egliſe Cathedrale. ce magnifique Prelat parut tandis qu'il gouuerna l'Egliſe de Roüen, dans laquelle il fit des décorations tres-conſiderables, comme cette riche & merueilleuſe Cloſture de cuiure jaune qui ferme le Chœur, & cette autre Baluſtrade de pierre de taille à claire-voye qui regne en dehors autour du Chœur, en façon de Couronne ſur l'entablement de la voûte. De plus, les Regiſtres de la Cathedrale marquent en l'année 1540. la dépenſe tres-notable que fit noſtre Archeueſque à faire couurir de plomb le Chœur de la Cathedrale. Cette couuerture fut accompagnée de pluſieurs riches ornemens, & de cette belle figure de S. George qui y eſt repreſenté ſous la forme de Caualier. Ce fut luy qui fit auſſi refaire la Charpente, & couurir de plomb la Chapelle de Noſtre-Dame qui eſt derriere le Chœur, comme on la voit aujourd'huy. De plus, il fit trauailler à l'admirable Pyramide ou Eguille de la meſme Egliſe, que l'Architecte Robert Becquet natif de Roüen, commença de poſer le 13. Septembre 1543. & acheua le 29. Aouſt 1544. Toutefois la Croix de fer qui en fait le couronnement, ne fut miſe que le 12. Septembre, & le Coq qui eſt poſé ſur cette Croix, le 29. Octobre enſuiuant.

VI. Mais ce qui a acquis vne gloire immortelle à noſtre Prelat, eſt la
Sa grande charité enuers les Pauures pendant vne cherté extraordinaire. grande charité qu'il exerça enuers les Pauures de la ville de Roüen, qui eſtoient reduits à vne miſere extréme par la cherté & diſette de bled d'vne mauuaiſe année qui cauſoit vne famine horrible. Il eſt ſans doute qu'il en fuſt mort vn grand nombre, ſi noſtre excellent Prelat ne les euſt aſſiſtez. Il fit donc diſtribuer tous les jours vne quantité notable de pain, & faire l'aumoſne generale dans le Cimetiere de S. Maclou, tandis que cette cherté dura, qui eſt vn exemple bien conſiderable pour ſes Succeſſeurs, & pour tous les autres, tant Eccleſiaſtiques que ſeculiers, de ce qu'ils doiuent faire en ces occaſions que Dieu leur preſente pour pratiquer la Charité, & pour obtenir la felicité éternelle, en ſoulageant la miſere temporelle des Membres de Ieſus-Chriſt.

DES ARCHEVESQVES DE ROVEN.

VII.
Reception qu'il fit au Roy & à la Reine d'Escosse, & au Cardinal Farnese.

Nous auons peu de nos Archeuesques qui ayent veu de leur temps tant d'Entrées, qu'il s'en est fait pendant que nostre George second gouuerna l'Eglise de Roüen. Nous en auons déja rapporté cy-deuant vn bon nombre; en voicy encore quelques-vnes. Le 19. Mars 1536. Iacques Roy d'Escosse estant passé en France pour son mariage auec Magdeleine de France, fille aisnée de François I. Après les réjoüissances des nopces, lors qu'il s'en retournoit pour s'embarquer, vint à Roüen, où il fut receu selon ses merites lors qu'il alla à Nostre-Dame, où nostre Archeuesque & son Clergé reuestu des plus précieux ornemens, l'attendoient. La mesme reception & le mesme honneur fut rendu à son Espouse, laquelle n'arriua qu'vne heure aprés luy.

Le Cardinal Alexandre Farnese fut aussi solemnellement receu dans la mesme Eglise en qualité de Legat du S. Siege, lors qu'il fit son Entrée, accompagné d'vn autre Cardinal, de plusieurs Euesques, & d'vn grand nombre de Noblesse.

VIII.
Le Roy luy donne Commission de lenner l'Interdit jetté sur le Parlement.

L'année suiuante luy fut aussi glorieuse, par la Commission expresse qu'il eut de François I. de relascher l'Interdit que le Roy auoit jetté sur le Parlement, à la suscitation du Chancelier Poyet. Le Roy donc ayant reconnu la verité, delegua nostre Archeuesque pour remettre la Cour dans l'exercice de ses fonctions ordinaires, & pour y continuer l'ouuerture du Sceau de la Chancellerie. Ce qui fut executé auec la joye de toute la Ville, & mesme de toute la Prouince, qui prit part au rétablissement de la Iurisdiction de cette celebre Compagnie.

CHAP. IV.
Sommaire.
I.
Il fut cité Cardinal contre son attente.

Es vertus de George meritoient bien d'estre couronnées d'vn Chapeau de Cardinal; cependant il semble que sa modestie luy inspiroit d'autres sentimens, & qu'il ne s'attendoit nullement d'estre estably dans cette dignité, veu qu'ayant fait placer sa figure dans le mesme Mausolée qu'il auoit fait bastir dés l'an 1520. pour honorer la memoire de son Oncle qui y estoit representé, priant en habit de Cardinal; il ne voulut point que cette figure qui exprimoit sa personne, fust semblable à l'égard des habits à celle de son Predecesseur, mais qu'elle le montrast seulement auec les vestemens d'Archeuesque, comme estant la dignité dans laquelle il croyoit deuoir mourir, mais il la fallut changer après son decez, car cette année de 1545. le Pape Paul III. l'honora de la Pourpre en la Promotion qui fut faite aux Quatre-Temps de l'Aduent. Il receut le Chapeau à Bourges, & le 30. Ianvier ensuiuant il fit son Entrée solemnelle auec pompe dans la Metropolitaine de son Diocese & de la Prouince, & fut receu dans son Eglise auec vne démonstration de joye extraordinaire, après auoir receu les ciuilitez des principaux de tous les Ordres, qui luy furent au deuant pour le feliciter, & luy témoigner la satisfaction qu'ils auoient de ce que le Pape auoit enfin rendu Iustice à son merite, en luy accordant vn honneur qui luy estoit deub il y auoit vn longtemps. Quelques-vns ont crû que n'y ayant point de titre vacant lors qu'il fut creé, qu'il le fust comme disent les Canonistes, *sub expectatione tituli*, en attendant vn tître; nous n'en auons rien de certain, du moins il paroist par vne Charte de 1549. qu'il portoit celuy de Cardinal de

II.
Reception qui luy fut faite en cette qualité dans Roüen.

GEORGE II. sainte Susanne. L'Autheur de l'Origine des Cardinaux dit qu'il y en a eu trois de la Maison d'Amboise, qui ont esté honorez de la Pourpre; le premier, George d'Amboise l'ancien, ou le Legat, duquel nous auons parlé dans l'Eloge precedent. Le second, Loüis d'Amboise Euesque, Abbé, Prestre, Cardinal du tître des saints Marcellin & Pierre. Et le troisiéme, George d'Amboise, celuy dont nous traitons presentement, qu'il dit auoir esté Cardinal sous le mesme tître, quoy qu'il soit veritable qu'il y a eu de l'erreur en cela, & que l'on a attribué à deux ce qui n'appartient qu'à vn, qui fut nostre Archeuesque George second du nom.

Page 135. Il faut dire Euesqueu'Al. by & non pas EuesqueAbbé qui fut frere de George I.

Ce mesme Autheur a parlé en des termes peu auantageux de la Legation du premier, laquelle à ce qu'il dit, fut fort trauersée, quoy qu'à la fin la volonté absoluë du Souuerain luy fit surmonter toutes les oppositions, & vaincre les difficultez que faisoient naistre sous diuers pretextes, ceux qui luy estoient contraires.

III.
Il va à Rome où il assiste au Conclaue, à l'élection de Iules III.

Il fit en cette qualité le voyage d'Italie, & fut à Rome l'an 1549. où il se trouua à la mort de Paul III. qui arriua sur la fin de Decembre, & assista dans le Conclaue à l'élection que l'on fit de son Successeur, qui prist le nom de Iules III. Il y a apparence que ce fut luy qui changea le tître de Cardinal de sainte Susanne qu'il auoit, en celuy des saints Pierre & Marcellin, qu'il ne garda pas toutefois long-temps; car au retour de ce voyage, ayant passé quelque temps en son Chasteau de Vigny prés de Pontoise, il tomba malade, & mourut le 26. Aoust de l'an 1550. depuis son élection le 40. & de sa Consecration le 37. le cinquiéme an depuis sa Promotion au Cardinalat. Son cœur fut mis dans l'Eglise des Cordeliers de Pontoise, auec cette inscription grauée sur vne lame de cuiure posée dans le Chœur: Cy gist le cœur de deffunt Messire George, Reuerendissime Cardinal d'Amboise, en son viuant Archeuesque de Roüen, Abbé des Abbayes du Bourg Dieu de Deols, & de Cerisé, és Dioceses de Bourges, & Bayeux, & Lieutenant General pour le Roy au Duché de Normandie, lequel trépassa le 26. iour d'Aoust, demy-heure après minuit 1550. Priez Dieu pour luy.

IV.
Il tombe malade au retour, (b) meurt au Chasteau de Vigny.

V.
Epitaphe mis dans l'Eglise des Cordeliers de Pontoise, où fut enterré son cœur.

VI.
Ses entrailles furent mises en l'Eglise de Vigny.

VII.
Son corps apporté à Roüen où il recent les honneurs de la sepulture.

Ses entrailles furent enterrées dans l'Eglise de Vigny, auec vne pareille Epitaphe que celle qui est aux Cordeliers. Pour son corps, on le mit dans vn basteau sur la riuiere, & fut apporté aux Fauxbourgs de Roüen en l'Eglise des Emmurées, le soir du 26. Septembre; le lendemain il fut porté auec grande pompe en la Cathedrale, & le 18. du mesme mois en l'Abbaye de S. Oüen, d'où il fut reporté le 19. au matin à la grande Eglise pour estre mis dans le mesme Tombeau qu'il auoit fait preparer pour son Oncle & pour luy; l'Euesque de Coutance ayant celebré Pontificalement en cette ceremonie, qui fut ordonnée par la volonté des Executeurs du Testament, qu'il fit trois iours auant que de mourir. Voicy l'abbregé de son Eloge, en ces deux Vers.

Nomine, sede, Toga, Pileo, meritisque, Nepotem
Exhibuit Patruo, Patruumque Georgius vrbi.

DES ARCHEVESQVES DE ROVEN. 609

CHARLES DE BOVRBON.

ELOGE
DE CHARLES I. DE BOVRBON,
Cardinal. 82.

CHARLES
DE BOVRBON
An de I. C.
1550.
CHAP.
I.
Sommaire.
I.
Famille des
Bourbons a
fourny plu-
sieurs Prelats
à l'Eglise de
Roüen.
II.
Parenté de
Charles de
Bourbon.

CE n'est pas le premier de cette illustre & Royale Maison qui a esté assis sur le Siege de l'Eglise de Roüen, ainsi que nous auons veu dans les Eloges precedens, bien qu'à la verité il n'y en ait point eu encore qui aye touché de si prés à la personne sacrée de nos Rois que Charles I. de Bourbon, le 82. de nos Archeuesques, qui s'appela premierement le Cardinal de Vendosme, & depuis prit le nom de Cardinal de Bourbon. Il eut pour pere Charles de Bourbon, Duc de Vendosme, & fut le cinquiéme de ses enfans : Sa mere fut Françoise d'Alençon, fille de René Duc d'Alençon, & de Marguerite de Lorraine, Fondatrice & Religieuse du Monastere de sainte Claire d'Argenten. Il eut pour frere Antoine de Bourbon, Roy de Nauarre, l'heureuse posterité duquel comme vne sacrée tige de la Race de S. Loüis, est aujourd'huy assise sur le Trône de la France. Nostre Charles prit naissance dans le Chasteau de la Ferté sous Ioarre le 22. Decembre 1523. & fut baptisé le mesme iour, ayant eu pour Parrains son frere Antoine que nous venons de nommer, lequel mourut au Siege de la ville de Roüen en 1562. & le sieur de Hames ; & pour Marraines les Dames de Pleumesan & de Torsy. Il receut la premiere teinture des Lettres & des bonnes mœurs, au Chasteau de la Fere en Picardie : de là estant venu à Paris, il fut mis au College de Nauarre auec Charles de Lorraine son cousin, qui fut depuis Archeuesque de Reims, & Cardinal. Ils eurent pour Precepteur vn celebre Docteur appelé Iean Hannoyer, lequel pour son grand merite fut depuis pourueu à l'Euesché de Lisieux, qu'il gouuerna sagement. Comme ce jeune Prince auoit esté destiné à l'Eglise, il ne fut pas long-temps sans auoir plusieurs Benefices les vns aprés les autres.

III.
Il fait ses
estudes au
College de
Nauarre.

IV.
Diuers Euesches qu'il
possida successiuement.

V.
En quelle année il fut creé
Cardinal.

Le premier Euesché dont il fut pourueu, fut celuy de Neuers, aprés la mort de Iacques d'Albret son parent, qui arriua en 1539. & comme il n'estoit pour lors âgé que de seize ans ou enuiron, il eut besoin de dispense. Cinq ans aprés il fut nommé à l'Euesché de Saintes, & fut creé le 27. de Iuillet 1547. Cardinal du titre de S. Sixte, par le Pape Paul III. bien que le continuateur d'Onuphre ne mette que deux ans aprés, sa promotion, sçauoir en 1549. Toutefois Monsieur de Thou dit que ce fut en 1547. Henry II. retournant à Reims, le Cardinal de S. George luy apporta en qualité de Legat du S. Siege, deux Chappeaux de Cardinal à Compiegne, qu'il donna à l'Euesque de Saintes & à l'Archeuesque de Reims. Il prit le titre de Cardinal de Vendosme, tandis que son oncle qui estoit appelé le Cardinal de Bourbon vescut ; & aprés sa mort en

Hhhh

HISTOIRE

CHARLES DE BOURBON. 1557. il se fit nommer comme luy le Cardinal de Bourbon. Il joüit aussi de l'Abbaye de S. Oüen, en Commande, après la mort de Iean Cardinal de Lorraine. Enfin le Siege Primatial de la Normandie estant venu à vacquer par la mort de George d'Amboise second du nom, il fut le premier qui en fut pourueu à la nomination du Roy, ses Predecesseurs ayant esté élûs par le Clergé, tandis que la Pragmatique Sanction fut obseruée, c'est à dire jusqu'au Concordat de Leon X. auec François I. Il entra donc dans le Siege de Roüen par cette voye nouuelle, & en vertu des Bulles du Pape Iules III. données à S. Pierre le 20. Septembre de la mesme année, & le 3. Octobre ensuiuant fit prendre possession par Procureur par deux diuerses fois, le 9. Octobre & le 18. Nouembre. La premiere se fit par René Desbuas Chanoine de la Cathedrale, & Conseiller Clerc au Parlement de Normandie, Claude Chappuis Chantre de ladite Eglise, Presidant pour lors au Chapitre en l'absence du Doyen. Cette possession se prit en vertu des Lettres de Iules III. données en forme de Bref à Rome sous l'Anneau du Pescheur, le 20. Septembre de la mesme année, par lesquelles le Pape qui voyoit les oppositions qu'on faisoit à l'execution du Concordat, n'auoit peut-estre pas voulu tout de grand accorder les Bulles, jusqu'à ce que les affaires s'establissent peu à peu, se contentant de luy donner par l'entremise du Roy, & en vertu desdits Concordats, permission d'administrer cette Eglise, comme elle auoit coustume d'estre gouuernée, par vn vray Euesque, attendant qu'il le pûst nommer Consistorialement; ce qu'il n'auoit pû encore, parce qu'il auoit esté indisposé.

VI. Il fut nommé le premier à l'Archeuesché de Roüen après le concordat de Leon X. en 1550.
VII. Il prit possession deux fois par Procureurs.

VIII. Il fut receu pour la seconde fois en la personne de Michel le Bret Chanoine & Tresorier de ladite Eglise, son Procureur special, le 18. Nouembre ensuiuant, en vertu des Bulles ou Lettres Patentes dudit Pape, qui luy donnoient prouision & administration du Spirituel & Temporel de l'Archeuesché de Roüen, Guillaume Gombaut Tresorier & Chanoine, Presidant lors que ledit le Bret fit cét Acte de prise de possession.

Il fut receu la seconde fois en vertu des Bulles de Iules III.

CHAP. II.
Sommaire.
I. Son Entrée solemnelle, & celle de Henry II. & de Catherine de Medicis.

IL fit son Entrée solemnelle l'onziéme d'Avril de l'année suiuante, où il fut receu auec grande pompe dans sa Cathedrale, en la compagnie des Euesques de Bayeux, Evreux, Sez, & de plusieurs autres personnes de qualité. Les Registres de la Cathedrale remarquent que ce mesme iour, il receut l'Obedience ou serment de fidelité de Charles de Humieres Euesque de Bayeux. Le Mardy premier iour d'Octobre ensuiuant, le Roy Henry II. & la Reyne Catherine de Medicis firent leurs Entrées dans la Capitale de leur Duché de Normandie, auec vn appareil aussi magnifique que l'on eust veu dans les siecles precedents. On rapporte de cét Archeuesque, que faisant son Entrée dans la Ville, & jettant les yeux sur la Cathedrale, lors qu'il apperceut les enrichissements & les dorures qui paroissoient au dehors de cette magnifique Eglise, il dit que le Cardinal d'Amboise en auoit doré le dehors, mais qu'il auroit soin de la dorer par dedans; & en effet, tant de rares qualitez qui se trouuoient en luy faisoient esperer vn siecle d'or à l'Eglise & au Peuple

II.
Ce qu'il dit voyant les riches dorures qu'auoit fait George d'Amboise, sur la couuerture de la Cathedrale.

DES ARCHEVESQVES DE ROVEN.

CHARLES DE BOVRBON.

III. *Ses vertus & bonnes qualitez.*

de Roüen, si les malheurs, & principalement la fureur des Caluinistes, n'en eussent empesché les effets ; & il est certain, par l'adueu de ceux qui ont parlé de luy, qu'il fut vn Prelat fort pieux, tellement affectionné à la Religion Catholique & au S. Siege, que parmy tant d'orages qu'excita l'Heresie dans l'Eglise & dans le gouuernement Ciuil, il n'y eut aucune consideration, soit d'interest, soit de proximité de sang, qui l'empescha de soustenir auec vigueur les interests de l'Epouse de IESVS-CHRIST.

IV. *Les Heretiques abbatēt vne Image de la sainte Vierge ; ce que l'on fist pour reparation.*

Nous auons veu dans l'Eloge precedent, que l'Heresie commençoit desia à répandre son venin dans l'Estat, mais elle n'osoit pas encore se produire au iour comme elle fit sous le Pontificat de nostre Charles de Bourbon, au commencement duquel on fut obligé de reparer deux de ses attentats. Quelques malheureux qui s'estoient laissez surprendre à ses faux charmes, ayant abbatu vne Image de la Tres-sainte Vierge placée au coin de l'Archeuesché, pour faire satisfaction à celle qu'on auoit deshonorée en deshonorant son Image, on porta sa Chasse & on fit vne station au lieu où estoit cette Image ; en suite dequoy Iean Sequart Docteur en Theologie, Chanoine, & Vicaire General, monta en Chaire & fit vn discours en faueur de l'vsage legitime des Images.

V. *L'Archeuesque fait faire vne Procession Generale, & remettre vne Croix abbatue par les mesmes Heretiques.*

Le second arriua l'année suiuante, que quelques impies scierent vne belle Croix de bois qui estoit placée dans vn champ sur la coste de sainte Catherine, & la jetterent par terre auec l'Image de Iesus crucifié. Nostre Archeuesque saintement jaloux de la gloire de Dieu, & extrêmement picqué de l'outrage fait à nostre sainte Religion, conuoqua vne Procession Generale le 18. Iuillet, où il assista en personne, & fut suiuy de plus de 80. mille Catholiques jusques au lieu, où il érigea de nouueau ce venerable trophée de la victoire de IESVS-CHRIST.

VI. *Diuerses occasions où ce Prelat parust.*

Ce fut vne marque de la grande confiance que le Roy auoit en luy, que l'honneur que sa Majesté luy fit de luy commettre le gouuernement de Paris en 1560. en vn temps où les humeurs de ce grand corps estoient fort broüillées & fort disposées à la sedition. Il assista au Colloque de Poissy l'année suiuante, qui fut rendu presque inutile par l'obstination des Heretiques, & qui ne produisit d'autre bon effet sinon que de les faire auancer d'vn petit pas en la matiere du S. Sacrement, suiuant la remarque de feu Monseigneur l'Archeuesque François de Harlay.

On leur arracha le mot de substāce, &c. Voyez le Catechisme des Cont. 2. part, ch. 7. p. 389.

VII. *Il donna vn balustre de cuiure à sa Cathedrale.*

Pendant ces confusions nostre Cardinal ne laissa pas d'orner sa Cathedrale de balustres de cuivre qui enuironnent le grand Autel, lequel ouurage fut fait en 1561. Il fut enuoyé en 1562. pour accompagner jusques aux confins du Royaume, Elisabeth de France, épouse de Philippe II. Roy d'Espagne. Cette mesme année les Estats ayant esté conuoquez à Orleans, il s'y trouua, & depuis à ceux de Roüen, lors que Charles IX. fut declaré majeur l'an 1563. Ce jeune Prince faisant son Entrée par la porte de S. Geruais, alla droit en l'Eglise de Nostre-Dame, où il fut receu par nostre Archeuesque, & presta entre ses mains les sermens accoustumez, de conseruer les Priuileges de l'Eglise, & aprés les ceremonies ordinaires il le conduisit au Chœur de la Cathedrale, & de là en

VIII. *Il reçeut Charles IX. dans sa Cathedrale.*

Hhhh ij

HISTOIRE

CHARLES DE BOURBON.
IX.
Abus estranges des Heretiques, & des desordres qu'ils causerent dans Roüen.

son Palais qui estoit preparé à S. Oüen.

Ces Estats estant en partie pour apporter quelque remede aux desordres que les guerres plus que ciuiles auoient causées dans tout le Royaume, & particulierement dans nostre ville de Roüen, laquelle tout fraischement auoit éprouué la rage sacrilege d'vne troupe de ses Habitans, que l'Heresie auoit peruertis. Il y auoit desia long-temps que l'orage se formoit, il éclata l'année precedente, qui fut tres-funeste à nostre Ville, aussi-bien qu'à plusieurs autres de France, pour les horribles excez & les effroyables desordres qu'y exercerent ces nouueaux Reformateurs, qui protestoient de viure selon la *pureté de l'Euangile*, (c'est ainsi qu'ils parlent au titre de leur Confession de Foy, dressée en 1559.) comme si la Loy de I. C. estoit vne Loy de pillerie & de brigandage; & s'il n'estoit pas visible que posé que l'Eglise eust eu besoin de Reforme, (ce qui ne peut pas estre à l'égard de la Foy, puis qu'estant la Colomne de verité elle ne peut errer) cette Reforme n'eust pas deu estre establie par les mesmes voyes que l'Eglise a esté fondée dans les premiers siecles du Christianisme, c'est à dire par vne authorité legitime, par les miracles, par la persuasion du discours, par l'exemple d'vne sainte vie, par la douceur & la patience, & non pas par l'attentat de gens sans Mission, par l'impudence de personnes, (qui se disoient[a] suscitez extraordinairement sans le pouuoir prouuer) par la force, par la violence, par la dissolution des mœurs, & par des reuoltes contre les puissances Souueraines.

X.
Combien faussement ils ont pris le nom de Reforme & de Reformateurs.

[a] *Art. 1. de lad. Confess. de Foy.*

CHAP. III.

Sommaire.
I. *Pitoyable estat de la France aprés la mort de Henry II.*

A Prés la mort funeste d'Henry II. arriuée par la blessure qu'il receut dans le diuertissement d'vn tournoy public; la France (comme si elle eust esté frapée en mesme temps que son genereux Monarque) de forte & vigoureuse qu'elle estoit sous son gouuernement, deuint foible & languissante par la jeunesse de François II. qui en eut la conduite durant seize mois, par la minorité de Charles IX. son frere & son Successeur, & par la discorde des Grands de l'Estat qui s'entredisputoient l'administration des affaires; mais elle ne tarda gueres à tomber de cette foiblesse & de cette langueur dans vne longue & fascheuse maladie, par la rage & les artifices de l'Heresie, laquelle pour s'accroistre ne manqua pas de se préualoir d'vne conjoncture aussi fauorable qu'estoit la dissention de la Cour.

1559.

II.
Merueilleux progrez que fit l'Heresie pendant les troubles.

Vn mois ou deux auant le decez d'Henry, en May 1559. les principaux disciples de Caluin eurent la hardiesse de s'assembler à Paris pour y donner vne forme certaine à leur nouuelle Religion, & pour y fabriquer la Confession de Foy & l'ordre de la discipline, que leurs descendans suiuent aujourd'huy. Ce fondement posé, leur audace s'augmenta extrémement par la mort du Roy, & par la faueur du Prince de Condé & de quelques autres Seigneurs, qui par Polytique s'étoient jettez dans leur party. Ils commencerent à se produire auec vne merueilleuse insolence, & ils entreprirent de tout renuerser pour introduire & pour affermir leur pretenduë Reforme. L'on sçait quelle fut la conspiration de la Renaudie, & comme elle fut découuerte & dissipée à Amboise. I'obmets cét éuenement aussi-bien que tous les autres, qui n'appartiennent pas précisé-

DES ARCHEVESQVES DE ROVEN.

III. *Desordres que les Heretiques commirent dans Roüen du temps de Charles de Bourbon.*

ment à mon sujet. Durant les premieres années du Pontificat de nostre Archeuesque, les Heretiques auoient commis dans Roüen plusieurs desordres & plusieurs excez, pour lesquels quelques-vns d'entr'eux auoient esté punis exemplairement, mais ces chastimens ne purent empescher qu'en 1560. ils ne causassent beaucoup plus de troubles qu'auparauant. Ils se mirent à tenir leurs Presches dans les ruës, dans les places publiques pendant la nuit, & mesme dans le Cimetiere de la Cathedrale, & hors la Ville durant le iour. La feste de l'Annonciation de 1560. ils s'assemblerent en grand nombre à trois quarts de lieuë de la Ville vers la Forest de Rouueray, où plusieurs Catholiques qui estoient sortis pour visiter l'Eglise de Nostre-Dame de Bonnes-Nouuelles, à cause de la Feste, les estant allez trouuer par curiosité, la chose se passa auec tant

IV. *Heretique preschât vers la Forest de Roueeray qui fut brûlé à Roüen.*

de scandale, que Mr. de Villebon Baillif en chef, ne pouuant souffrir cette injure faite à la Religion, fit arrester le Docteur en Heresie, (comme parle la Chronique Manuscrite) & le fit brûler au marché aux Veaux, où le feu n'épargna pas ce miserable Predicant, encore qu'il se fust vanté & eut persuadé à quelques-vns des siens que cét Element ne l'endommageroit point. Monsieur de Thou raconte aussi autrement cette Histoire, mais il dit que ce Ministre estoit vn Anabaptiste, qui auoit acquis vne grande reputation par vne methode nouuelle & inoüye, qu'il sçauoit pour apprendre les langues Hebraïque, Grecque & Latine, & qui estoit fort éloquent, qui feignoit d'auoir des reuelations, qui auoit deux freres qui furent pendus à mesme temps, ausquels il auoit fait croire que

V. *Ils vomirent des paroles outrageuses contre l'Archeuesque.*

le feu ne le brûleroit point. Vn autre iour les Caluinistes s'assemblerent au nombre de sept à huit cens dans le petit bois de Grandmont, & malgré les Moynes du lieu ils celebrerent leur Presche; aprés lequel, retournant à la Ville en chantant, ils fraperent à coups d'épée quelques Catholiques qui voulurent interrompre leur chant prophane ; & ayant rencontré au mesme temps nostre Archeuesque qui reuenoit de Gaillon, ils l'offenserent par des paroles & des railleries injurieuses, lequel excez Mr. de Thou attribuë aux Auditeurs de l'Anabaptiste ; mais ie rapporte ce que dit le Bourgeois de Roüen dans sa Chronique. Ils signale-

VI. *Quelques autres insolences qu'ils commirent.*

,, rent encore leur impieté en troublant la Procession du S. Sacrement,
,, & en jettant des ordures sur le Clergé & les Paroissiens de S. Maclou,
,, qui la faisoient dans la ruë Martainuille : Ils se mocquoient, (dit nostre
,, Manuscrit) car ils estoient soustenus & fauorisez d'aucuns, c'est à dire
,, de personnes de qualité, qui trahissoient leur deuoir, tant à l'égard
,, de la Religion que de la fidelité enuers le Roy.

VII. *Punition exemplaire d'vn seditieux.*

Toutefois cette mesme année 1560. quelques Caluinistes estans entrez dans les Cordeliers durant le Sermon, & ayant eu l'impudence de donner vn démenty à haute voix au Predicateur, ils furent mis en prison, & vn d'eux nommé Gilles Keef valet de Barbier, fut pendu deuant la Fonteine du Chasteau.

VIII. *Ils abbatent les Croix & Images dans la Ville.*

L'année 1561. ne fut pas plus paisible, les Caluinistes continuerent leurs rauages pendant la nuit, & abbatirent grand nombre d'Images & de sculptures qui estoient hors les Eglises & dans les places publiques, &

Hhhh iij

CHARLES DE BOVRBON. mesme vne grande & magnifique Croix qui estoit deuant Nostre-Dame la Ronde auprés de l'Hostel de Ville. Ils firent l'exercice de leur prétenduë Religion dans les Halles qu'ils vsurperent sans permission quelconque, & dans des jeux de paulmes couuerts. Ils attaquerent les portes de la Cathedrale pendant le Caresme, tandis que le Pere Hugonis Cordelier y preschoit, & firent insultes aux Catholiques qui alloient au Sermon.

IX. *Prodige qu'ils dirent leur auoir apparu dans le Cimetiere de S. Patrice.* Tenant leur Assemblée dans le Cimetiere de S. Patrice, ils virent vn prodige ainsi qu'ils dirent, (ou quelque diable qui s'apparut à eux en forme de feu) & le Prédicant ne manqua pas de leur faire accroire que c'estoit le S. Esprit; mais (dit la Chronique) ce n'estoit qu'vne Comete qui présageoit la future ruïne de la Ville. Ils exciterent plusieurs seditions, & entreprenoient tout impunément; parce que (porte nostre Manuscrit) la troisiéme partie de la Ville les fauorisoit, sans nulle consideration de la prochaine calamité, c'est à dire qu'il y auoit outre les Heretiques plusieurs Catholiques de nom & Politiques de Religion, qui se mettoient peu en peine des interests de l'Eglise parmy cette confusion; quelques personnes de pieté taschoient de s'opposer au torrent, & le Dimanche 15. de Iuin on commença l'Association du S. Sacrement dans l'Eglise de S. Amand, où Mr. d'Ablon fit le premier Sermon.

CHAP. IV.
Sommaire.
I. *Ils pillerent les Chartreux, & en frapperent si cruellement vn qu'il en mourut.*

L A fureur des supposts de Caluin ne parut en rien dauantage qu'en l'insulte qu'ils firent aux Chartreux, laquelle violence ils ne pouuoient couurir d'aucun pretexte, la vie solitaire de ces bons Religieux les mettant en estat de n'auoir rien à démesler auec les gens du monde, à moins qu'on ne les aille chercher. Le iour de S. Laurens ils allerent rauager leur Conuent, & y rompre & briser tout ce qui leur déplust; & pour comble d'impieté & de rage, ils entrerent dans leur Eglise tandis qu'ils celebroient la Messe, attaquerent le Prestre à l'Autel, & le frapperent en sorte, que peu aprés il mourut de ses blessures; dequoy il y eut plainte renduë en Iustice, & le 18. du mesme mois les coupables furent criez à ban. Quatre iours aprés, on publia & verifia vn Edit au Parlement, que ie crois auoir esté celuy de Iuillet, par lequel sa Majesté défendoit à ses Sujets de professer vne autre Religion que celle de l'Eglise Catholique, Apostolique & Romaine; auec défense aux Heretiques de s'assembler, & commandement aux Ministres de sortir hors le Royaume: à laquelle verification assista & présida Mr. Lallemand troisiéme President, dequoy on rendit graces dans la Cathedrale, & on chanta vn *Te Deum* solemnel. Ce Reglement estoit des plus justes, mais il estoit difficile qu'il subsistast, veu la minorité du Roy Charles IX. & la diuision de la Cour. Aussi nos prétendus Reformateurs ne s'en estonnerent pas beaucoup, & ne laisserent pas de faire au mois de Septembre de nouueaux rauages à S. Geruais & à S. Seuer. En Nouembre on commanda aux Bourgeois de porter leurs armes à l'Hostel de Ville, par ordre de Mr. de Bouïllon Gouuerneur de Normandie; à quoy tous les bons Chrestiens obeïrent, (dit le Manuscrit de S. Vincent) mais non pas les Caluinistes; de sorte que les Catholiques demeurerent desarmez, & on prepara vn magazin d'armes qui seruit quelques mois aprés aux Ennemis de l'Estat &

II. *Edit publié contre les Heretiques dans Roüen.*

III. *Ils continuët leurs rauages contre les défenses, les Catholiques ayant esté desarmez à Roüen.*

DES ARCHEVESQVES DE ROVEN.

IV.
L'Edit est reuoqué, & ils ont permission de tenir leurs Presches.

de la Religion. Le mois de Ianvier ensuiuant, l'Admiral de Coligny (grand protecteur de l'Heresie) obtint de la Reyne Regente la reuocation de l'Edit de Iuillet, par vn autre Edit qui permettoit aux Caluinistes de tenir leurs Presches dans les Fauxbourgs, auec deffense aux Ministres d'vser de paroles injurieuses contre la Messe & l'Eglise Apostolique; cét Edit joint à la conniuence du Gouuerneur de Prouince, acheua de tout perdre, & enfla tellement le courage des Heretiques de Roüen, qu'ils executerent auec autant d'audace que de succez, les ordres qu'ils receurent deux mois après du Prince de Condé, Chef de leur party.

CHARLES DE BOVRBON.

V.
Ils se rendent maistres de la Ville.

Ce Prince ayant surpris Orleans le 29. de Mars, enuoya des lettres Circulaires à tous les Caluinistes, pour les exhorter à prendre les armes, afin de deliurer le Roy qu'il disoit estre detenu captif par les Ennemis de la veritable Foy; cette exhortation fut suiuie de la prise de vingt ou trente des meilleures Villes de France, dont les Religionnaires se saisirent à moins de trois mois. Ils se rendirent maistres de Roüen le Ieudy 16. d'Avril 1562. en cette maniere.

VI.
Ils se saisissent de l'Hostel de Ville & du Magazin des armes.

Ces rebelles ayant pris leurs mesures, & s'estant bien assurez de ceux de leur cabale, se mirent sous les armes à minuit; & ayant fait vn gros de cinq cens hommes, allerent à l'Hostel de Ville, firent semblant de rompre vne porte, & aussi-tost en receurent les clefs de quelques Officiers de dedans qui estoient de leur intelligence; en suite ils se saisirent de toutes les armes, tant offensiues que deffensiues, & de toutes les munitions qui estoient dedans en grand nombre, & assiegerent Mr. de Villebon dans le Chasteau, qui fut obligé de se rendre & de sortir. Ils s'assurerent auec la mesme facilité du vieil Palais, & de toutes les autres Tours & places importantes de la Ville. S'ils en fussent demeurez là, ce n'eust esté qu'vne simple reuolte contre leur Prince legitime; mais la partie estant faite par d'aueugles deserteurs de l'ancienne verité, qui font consister le principal point de leur fausse Reforme, à ne point auoir d'Autel ny de Sacrifice, & à démentir S. Paul, lors qu'il dit que *les Chrétiens ont vn Autel*. Pour fruit de leur victoire, ils se mirent à piller les Eglises, & à renuerser les Autels. En vn Ieudy ils rauagerent le Monastere des Celestins, rompirent les Images, blesserent & tuerent des Religieux; (quelques-vns disent qu'il n'y eut que le Prieur de blessé) & ce qui est remarquable, quelque temps après firent decapiter le Chef de cette attaque des Celestins, qui fut assisté à sa mort par la Roche & Pasquier Ministres, & mirent sa teste deuant ledit Monastere. Le Samedy de deuant les Rogations, ils saccagerent l'Eglise de S. Geruais prés Roüen, & se saisirent des Reliques, des Ornemens & des Cloches. Le Dimanche huitiéme de May, comme pour sanctifier le iour à la mode de Caluin, ils pillerent generalement toutes les Eglises de la Ville. Ils firent faire ce rauage sacrilege par ceux d'entr'eux, qui estoient de la lie du peuple, tandis que les plus considerables alloient dans les maisons des Catholiques, pour se saisir du reste des armes qui y pouuoient estre. Il est certain, tant par Mr. de Thou que par le Manuscrit de S. Vincent, que le Gouuerneur de la Prouince & son Lieutenant, estoient dans la Ville

VII.
Ils pillent en suite les Eglises, & ce qui arriua à celle des Celestins.

a Hebr. vlt.

VIII.
Conniuence des Gouuerneurs & autres personn-

CHARLES DE BOURBON.
nes d'authorité contraires aux Catholiques.

pendant ce defordre, & que ce dernier eftoit prefent lors que la Cathedrale fut faccagée ; ce qui montre que cette calamité n'arriua pas tant par le peu de courage des Habitans Catholiques, que par la conniuence des Chefs ; & l'Autheur du Manufcrit parlant du tranfport des armes dans l'Hoftel de Ville, lequel produifit vn fi mauuais effet, dit : Ie crois ,, à ma confcience que ce fait eftoit fait à la main, comme pour infinuër qu'il y auoit eu de la trahifon.

CHAP. V.
Sommaire.
I.
Continuation des pillages & voleries qu'ils firent dans toutes les Eglifes.

CEs Rebelles profanerent nos Temples auec vne fureur extraordinaire ; ils les dépoüillerent de toutes leurs richeffes, & ne firent pas moins paroiftre leur auarice que leur impieté. Ils violerent les Tombeaux & les Sepulchres ; ils briferent les Images, & lors qu'ils ne les pouuoient abbatre, ils leur ofterent la tefte, en les tirant auec des cordes, de la cheute defquelles on dit que quelques-vns furent tuez, & bleffez. Ils enleuerent tous les Calices d'or & d'argent, les Chaffes & les Reliquaires, & fe faifirent mefme de l'éteing & du plomb, des Orgues, pour en faire des bales de moufquet. Quant aux meubles les moins importans,

II.
Ils brûlerent des liures facrez, des ornemens, menuiferies, & autres meubles.

comme des liures de Chœur, des fieges & des baluftres de bois, ils les brûloient deuant les Eglifes. Ils allumerent mefme du feu dans Noftre-Dame & dans S. Oüen, pour y brûler les cloftures des Chappelles, les formes & les Chaires. Eftant entrez dans la Cathedrale lors que Mr. Martin difoit la grande Meffe, & en ayant chaffé les Preftres, y commirent tous les excez dont nous parlerons plus commodément en l'Hiftoire de la Cathedrale : Ie diray feulement icy en paffant, que de l'or & de l'argent

III.
Ils pillerent la Cathedrale, S. Oüen, Dernetal, & autres lieux.

qu'ils emporterent, tant de la Cathedrale que des autres Eglifes, ils en firent battre de la monnoye, dont leurs foldats furent payez. Ils ne firent pas vn meilleur vfage des Ornemens facrez, dont ils reueftirent leur milice facrilege, & l'enuoyerent piller le Bourg de Dernetal alors fort riche, où ils brûlerent les Eglifes de Caruille & de Lompan, auec quarante maifons, & particulierement vne où des Preftres s'eftoient enfermez, pillerent & rauagerent tout, & (comme dit noftre Manufcrit) firent vn mal incroyable.

Ce Bourg fut faccagé le 5. Iuin 1562.

IV.
La Ville affiegée & prife par l'armée Royale, & le Seruice diuin reftably.

Ie ne parleray point icy du changement qu'ils firent des Efcheuins, de leurs preparatifs de guerre, de leurs Confreres qu'ils firent venir de Geneve, & de quantité d'autres chofes qui regardent l'Hiftoire Ciuile ; ie diray feulement que la Ville fut affiegée par l'armée Royale le 18. Septembre 1562. & le Roy eftant venu au Camp le iour de S. Michel, la Ville fut emportée par affaut le 26. Octobre ; on reftablit dans les Eglifes la celebration du Seruice diuin, & toutes chofes changerent de face.

V.
Noftre Archeuefque trauailla fort pour reconcilier les Princes à l'Eglife.

On ne fçauroit croire combien noftre Archeuefque trauailla pour remettre dans les bonnes graces du Roy & dans le giron de l'Eglife, quelques Princes qui s'en eftoient feparez. Il obtint pour cét effet du Pape Gregoire XIII. la permiffion de les abfoudre, & de les receuoir au nombre des Enfans de l'Eglife.

VI.
Le Pape l'eftablit Commiffaire pour leuer vn Octroy accordé au Roy, fur les Ecclefiaftiques.

Henry III. voyant fes Finances épuifées par de longues & de funeftes guerres, & qu'il eftoit dans l'impuiffance de reprimer les Heretiques, s'il n'eftoit promptement fecouru d'argent, il s'adreffa au Pape Pie V.

par

DES ARCHEVESQVES DE ROVEN.   617

par son Ambassadeur: Le Pape considerant que c'estoit vne affaire où il y CHARLES DE BOVRBON.
alloit de la gloire de Dieu & des interests de l'Eglise, luy accorda que tant
que ces guerres pour la Religion dureroient, les Ecclesiastiques pûssent
aliener tous les ans jusqu'à la somme de cent cinquante mille liures, pour
assister le Roy dans ses besoins, & en adressa ses Bulles à nostre Cardinal, qui fut, auec quelques autres, député Commissaire pour executer
VII.   cét Octroy, en date du premier Aoust 1568. La mesme année il eut l'Ad-
Il a l'Admi-   ministration de l'Euesché de Beauuais, à cause qu'Odet de Chatillon
nistration de
l'Euesché de   s'estoit tellement laissé surprendre, soit aux fausses persuasions des nou-
Beauuais,   ueaux Prédicants, ou aux conseils de ceux de sa famille, que sans consi-
qu'Odet de
Chatillon   deration de sa naissance, de son âge, de son caractere, & des dignitez
auoit quitté.   qu'il possedoit dans l'Eglise, il auoit renoncé à la Religion de ses Peres,
& ayant embrassé le phantosme de la Reformation de Geneve, estoit
passé en Angleterre pour viure auec plus de licence, & pour y sollicker
les affaires de ceux de sa Cabale.

VIII.   Ce fut nostre Prelat qui fiança dans le Louure son Neveu Henry de
Plusieurs ce-   Bourbon, pour lors Roy de Nauarre, auec Marguerite sœur de Char-
remonies
Nuptiales   les IX. Et le mariage qui fut fait le lendemain deuxiéme iour de Septem-
que ce Cardi-   bre 1572. à la porte de l'Eglise Cathedrale de Paris, ne pûst estre cele-
nal fit.
                    bré qu'aprés qu'il eut obtenu la dispense du S. Siege, à cause de la proxi-
mité du sang, & elle ne leur fut accordée que dans l'esperance que ce
mariage pourroit ramener ce jeune Prince à la Communion de l'Eglise,
& rendre la paix à l'Estat. Et en effet, nostre Archeuesque trauailla si
heureusement, qu'enfin il eut le contentement de le voir abjurer son
Heresie, du moins pour vn temps, & attendant que Dieu luy touchast
entierement le cœur, & l'obligeast de se donner à luy irreuocablement.
Ce mariage me fait souuenir de celuy d'Henry III. auec Loüise de Lorraine, auquel nostre Cardinal donna sa Benediction au mois de Février
1575. Il auoit fait la mesme Ceremonie dés le 24. Avril 1558. à celuy du
Dauphin François II. auec Marie Stuart Reyne d'Ecosse.

CHAP.   APrés la mort d'Henry II. François II. & Charles IX. estant pour
VI.   lors jeunes, & par consequent incapables de pouuoir encore vac-
Sommaire.
I.   quer aux affaires d'Estat, nostre Archeuesque leur fut donné pour Tu-
Il fut donné   teur; de laquelle charge il s'acquitta auec beaucoup d'integrité. Le desir
pour Tuteur
à François II.   qu'il auoit d'embellir la Maison de Dieu, & de gagner de plus en plus
& Charles IX.   l'affection des Chanoines de sa Cathedrale, le porta à donner à cette
II.
Il donna vne   Eglise vne grande Croix de cristal garnie d'or, de perles, & de quelques
Croix & deux   pierreries, & deux grands chandeliers d'or richement trauaillez en for-
chandeliers à
la Cathedrale,   me de Nauire, qui ont chacun vn Horloge au milieu, quoy que quel-
auec quelques   ques-vns ayent écrit que ce fut pour compensation d'vn gros Rubis qui
riches Orne-
mens.   seruoit d'agrafe à vne des plus riches Chappes de la Cathedrale, duquel
il auoit fait present à la Reyne Mere Catherine de Medicis. L'année suiuante, qui estoit 1571. le 14. Aoust, il donna vn riche parement d'Autel
de velours chargé de fleurs de lys en broderie, & quatre Tableaux d'or
nué, qui representoient quatre des principaux Mysteres. Il proposa à
son Chapitre le dessein qu'il auoit, d'assembler vn Concile Prouincial

Iiii

CHARLES DE BOVRBON. dés l'année 1570: mais de sçauoir s'il l'executa en effet, c'est ce que nous ne trouuons point dans les Regiftres de la Cathedrale.

III.
Il fit venir à Roüen les Reuerends Peres de la Compagnie de Iesus.

J'apprens de ces mefmes Regiftres qu'il fe montra fort zélé pour empefcher le progreź de l'Herefie dans fon Diocefe; & il y a beaucoup d'apparence que ce fut pour cette fin qu'il introduifit dans Roüen les Reuerends Peres Iefuites, pour y tenir College, comme vn excellent moyen pour bannir l'ignorance, mere des erreurs & des vices, & pour y faire refleurir l'Eftude des bonnes Lettres & la pieté Chreftienne. Les Hiftoriens racontent de luy vne action, laquelle fans force & fans violence produifit de bons effets, & fit voir qu'en matiere de Religion, il n'eft rien de plus efficace & de plus falutaire que la Penitence & la parole de l'Euefque. Ayant exhorté les principaux Bourgeois de Roüen d'empefcher les Miniftres de tenir leurs Prefches dans la Ville, & de continuer ainfi qu'ils faifoient à fe joüer de la credulité des peuples, par les fophifmes & les artifices de leur doctrine peftilente; Il apprift le Dimanche fuiuant, que nonobftant tous fes foins, les Heretiques s'eftoient affemblez prés des Celeftins, & que mefme quelques Catholiques (par vne curiofité pernicieufe) s'eftoient rendus au mefme lieu. Sur cét aduis, il fortit à fept heures de matin de l'Hoftel Abbatial de S. Oüen, où il demeuroit alors, eftant accompagné de Mr. de Saintes Euefque d'Evreux, (fi celebre parmy les fçauants par fon excellent Ouurage de l'Euchariftie) de quatre Chanoines, vn defquels eftoit Mr. de Martimbos, de Meffieurs de Rouge-Pré, & de Mainneuille. Chacun croyoit d'abord qu'il alloit à Noftre-Dame, mais il tourna vers les Celeftins, & entra dans le Prefche auec fa Croix qu'on portoit deuant luy. Il y trouua le Miniftre en Chaire, mais à fon arriuée ce Pafteur loup, comme parlent les Grecs: Λύκος ποιμήν. *Prou. Grec.* ou fi l'on veut, ce phantofme de Pafteur, difparut & s'enfuit. Le refte de l'Affemblée fe preparoit à faire le mefme, mais noftre Prelat les arrefta, en les affurant fort ciuilement qu'il n'eftoit pas venu pour leur faire déplaifir; fans perdre temps il monta dans la Chaire du Miniftre & leur fit vne Exhortation Chreftienne, leur reprefentant que c'eftoit à eux vne grande imprudence & vn aueuglement déplorable, de fe foûmettre à la conduite d'vn petit temeraire de Prédicant, homme fans Miffion, fans Ordination, fans Authorité, & qui par vn horrible attentat ofoit s'ériger en Pafteur, encore qu'il ne fuft qu'vn loup deuorant; Qu'il ne pouuoit y auoir dans le Diocefe de Roüen qu'vn Pafteur & qu'vne Chaire legitime; que cette qualité luy appartenoit à l'exclufion de tout autre, comme eftant affis dans le Siege de S. Nicaife & de S. Mellon, enuoyez par les Succeffeurs de S. Pierre, pour fonder l'Eglife de Roüen; qu'en vain ils s'attendoient de receuoir de bonnes inftructions de leurs Miniftres, qui eftoient gens gagez pour les feduire, & pour les repaiftre de fauffes & illufoires explications qu'ils donnoient à l'Efcriture; & que comme les plus courtes folies eftoient les meilleures, ils deuoient retourner promptement à l'Eglife Catholique, pour y apprendre la vraye & faine doctrine, & y perfeuerer jufqu'à la mort, comme dans l'vnique Arche où ils pouuoient trouuer le Salut eternel.

IV.
Son zéle pour empefcher que les Heretiques ne fiffent leur Prefche dans Roüen.

1576.

V.
Il va en vne maifon proche des Celeftins, où il fçeut qu'vn Miniftre faifoit le Prefche.

VI.
Le Miniftre s'eftât enfuy, il monte en Chaire, & leur fit vne Exhortation fort patetique.

DES ARCHEVESQVES DE ROVEN.

VII.
Le fruit que nostre Prelat tira de cette action, & ce que le Roy en dit.

Cette Exhortation toucha les Assistans, & les obligea d'abandonner le Presche, & de retourner paisiblement chez eux; quelques-vns mesme abjurerent leur Heresie, & se conuertirent. Et Mr. Dadré obserue, que les Heretiques n'oserent tenir (au moins si publiquement) leur Presche dans la Ville. Le Roy ayant appris cette conduite de nostre Prelat, en ,, fut fort satisfait, & dist, que Mr. de Roüen auoit chassé les Huguenots ,, de la Ville auec le baston de la Croix, & qu'il voudroit que l'on pûst ,, aussi chasser tous les autres de France, y deust-on encore employer le ,, Benistier.

CHARLES DE BOURBON.

VIII.
Autheurs qui ont dit qu'il l'auoit refterée vne autre fois.

Il y a sujet de douter si nostre Prelat n'vsa pas deux fois de cét expedient, pour empescher l'assemblée des Heretiques; veu qu'vn Manuscrit, & Mr. de Thou rapportent cette actió à l'an 1576. le 17. Iuillet; & Mr. Dadré à l'an 1578. le Dimanche du bon Pasteur, qui est le deuxiéme d'aprés Pasque. Le Pere du Brüeil Religieux de S. Germain des Prez, en parle aussi dans la Preface de son Edition de l'Isidore, & suppose que la chose atriua en l'an 1575. laquelle date est erronée.

CHAP. VII.

Sommaire.

I.
Le Pape luy adresse vn Bref pour tenir vn Concile Prouincial.

L'An 1580. Gregoire XIII. luy adressa vn Bref Apostolique en date du 15. Avril, par lequel il l'exhortoit de conuoquer au plûtost vn Concile Prouincial, pour y traiter auec le soin & la diligence requise, des matieres que le Concile de Trente a ordonnez estre reglées dans ces sortes de Synodes. En execution dequoy, il indiqua par ses lettres Circulaires adressées aux Euesques Suffragans, & au reste du Clergé, vn Concile Prouincial qui seroit tenu le Dimanche premier de l'Aduent, en son Eglise Metropolitaine; ses lettres estoient écrites à Fontainebleau le 17. Septembre. Toutefois estant depuis tombé malade, & jugeant que sa presence estoit necessaire en cette Assemblée, il en prolongea le terme, & la differa jusqu'au Dimanche de l'Octaue de Pasque, comme il paroist dans ses Lettres données à Gaillon le 28. Octobre de cette mesme année. L'an 1581. qui estoit le 9. du Pontificat de Gregoire XIII. & de Henry III. l'an 7. le Dimanche 23. Avril tous les Prelats, Abbez, Prieurs, Procureurs, & Députez des Chapitres & Communautez, estant assemblez dans la Cathedrale, on commença ledit Concile Prouincial, auquel nostre Archeuesque presida. Il y fut ordonné plusieurs choses tres-importantes pour la gloire de Dieu & l'estat present de la Prouince, comme l'on peut voir par les Decrets imprimez en Latin & en François, & confirmez l'année suiuante par le Pape Gregoire IX.

II.
Estant tombé malade il en differe l'execution.

III.
Il assiste luy-mesme à ce Concile, où furent faites plusieurs salutaires Ordonnances.

IV.
Il fait reformer(s) imprimer le Breuiaire & les Missels du Diocese.

Quelque temps auparauant, il auoit fait réimprimer le nouueau Breuiaire Diocesain de l'Eglise de Roüen, auquel aprés plusieurs deliberations de son Chapitre, & aprés auoir pris l'auis de personnes des plus capables, l'on fit les changemens que l'on crust deuoir apporter de l'ornement à l'Office diuin, & le rendre plus conforme au Decret du Concile de Trente. Il fit dresser pour ce sujet neuf Regles generales ou Rubriques, que les curieux pourront voir dans l'Edition de ces anciens Breuiaires. Afin d'exciter le Clergé de sa Cathedrale à mieux celebrer le diuin Seruice, il leur fit donation des dixmes de toutes les Terres essartées ou à essarter dans la Forest de Lyons, qui luy pouuoient competer

V.
Donations qu'il fit à sa Cathedrale.

Iiii ij

CHARLES DE BOVRBON. & appartenir, tant pour l'augmentation des reuenus de ladite Cathedrale, que pour la nourriture, entretenement, instruction, & éducation de quatre Enfans de Chœur, outre ceux qui estoient desia fondez.

VI.
Il preside à diuerses Assemblées du Clergé.

Le Roy Henry III. ayant donné ordre de conuoquer à Paris vne Assemblée du Clergé, le lieu fut destiné en l'Abbaye de S. Germain des Prez; il s'y trouua enuiron soixante personnes, qui eurent l'honneur d'auoir pour Chef de leur Assemblée nostre Cardinal, qui presida aussi à celle de Melun. Le 28. Mars 1581. il eut la consolation de voir à ses pieds vne brebis errante, qui retournoit à la Bergerie de l'Eglise, ou plûtost vn Pasteur & Docteur celebre abusé, qui reconnoissant sa faute en vint demander pardon & abjurer son Heresie. Il s'appelloit Toussaint Gi-

VII.
Il reçoit l'abjuration d'vn fameux Docteur Heretique.

boult, & estoit Docteur de la Faculté de Paris; il auoit esté éleué dans cette illustre Academie, & comme il estoit homme de Lettres, il estoit capable de faire bien du mal. Il estoit (selon Genebrard) Chanoine & Archidiacre de Tholose. Il fit donc son Abjuration & Profession de la Foy Catholique entre les mains de nostre Archeuesque dans l'Eglise de S. Oüen, deuant vne grande multitude de peuple; & ayant prié nostre Prelat de luy permettre de monter en Chaire, & de publier hautement le desaueu de la doctrine de Caluin, où il s'estoit malheureusement engagé. Aprés auoir obtenu cette permission, il fit vn discours en forme de Sermon, pour protester qu'il vouloit viure & mourir dans l'Eglise Catholique, Apostolique, Ancienne & Romaine, ainsi que porte l'Acte qui s'en voit. Ce qui édifia & réjoüit extrémement tous les bons Catholiques.

VIII.
Quelques emplois honorables de ce Prelat, & ses principales vertus.

Nostre Cardinal auoit assisté dans le Conclaue à la Promotion de Paul IV. qui fut fait en 1555. Depuis il deuint Doyen des Cardinaux, & il fut fait Legat du S. Siege par Pie IV. Il fut loüé publiquement de sa pieté enuers Dieu, de sa modestie parmy les grandeurs, de sa douceur & de sa charité enuers le prochain. Nous auons desia fait voir quelques preuues de sa liberalité enuers son Eglise Cathedrale. Il estoit dans le dessein de la gratifier encor dauantage, comme il paroist d'vn riche Orfroye, pour vn ornement qu'il auoit fait commencer, & qui demeura imparfait.

IX.
Autres preuues de sa liberalité pour l'Eglise de Roüen.

Gaillon, le sejour de nos Archeuesques, fust aussi augmenté par luy dans ses bastimens, & ses jardins. Il contribua aussi par son zéle & sa pieté à la fondation de plusieurs Maisons Religieuses, tant dans son Diocese que ailleurs.

CHAP. VIII.
Sommaire.
I. *Grand nombre d'Abbayes qu'il posseda.*

OR j'estime que les miseres du temps auoient contraint la plusparts des bonnes Abbayes de se mettre sous la protection de ce bon Prelat, afin de tascher de viure paisiblement & de maintenir leur bien sous son authorité, & que ce fust plûtost par le desir de les conseruer que par auarice & par l'amour des richesses, qu'il en posseda vn si grand nombre ensemble, puisqu'il fut Abbé Commendataire ou Administrateur perpetuel de S. Germain des Prez, (où il fit bastir le logis Abbatial, & donna plusieurs beaux Ornemens) de Iumiege & S. Vvandrille, Corbie, Vendôme, S. Lucian de Beauuais, S. Michel en Lerme, S. Pierre de la Cousture, S. Germer de Flay, (& non pas S. Germain comme

DES ARCHEVESQVES DE ROVEN.

quelques-vns ont dit) de Noſtre-Dame des Chaſteliers, celle de Froidmont, S. Eſtienne de Dijon, Montebourg, Vallemont, Signy, Ourcamp, Perſeigne, & autres.

II.
Foibleſſe où il tomba ſur la fin de ſes iours.

Il n'auroit rien manqué à ce grand homme, & pour eſtre mis au nombre des plus illuſtres Prelats de noſtre France, ſi ſur la fin de ſes iours il n'euſt terny ſa reputation d'vne tache, laquelle toutefois paroiſtra beaucoup moins conſiderable, ſi l'on vient à peſer les circonſtances dans leſquelles il ſe rencontra. Ce Bon Prelat eſtoit d'vn naturel doux, facile, & qui ſe laiſſoit gouuerner par ſes ſeruiteurs ; & d'ailleurs trop attaché aux Prédictions de quelques Mathematiciens, qui pour le flater l'auoient aſſeuré qu'il ſeroit Roy de France. D'ailleurs, il eſtoit fort zélé pour le maintien de la Religion, & pour l'extirpation de l'Hereſie. Ceux de la ligue le connoiſſant de cette humeur, n'eurent pas beaucoup de peine à l'engager dans leur party, & à luy faire croire que la Couronne luy appartenoit, & non pas au Nauarrois, (c'eſt ainſi qu'ils appelloient Henry) & qu'ils luy dépeignoient d'ailleurs comme vn relaps, & indigne de porter le Sceptre, & meſme comme plus éloigné que luy à l'égard des degrez de conſanguinité, car Charles eſtoit Oncle de Henry. Préuenu de cette perſuaſion, il ſe laiſſa declarer Roy par les Ligueurs qui abuſerent aſſez long-temps de ſa bonté, le nommerent Charles X. & firent battre de la monnoye ſous ſon nom dans les premieres Villes de France. Enfin ayant eſté appellé à Blois, il y fuſt arreſté ; & de là aprés auoir changé pluſieurs fois de demeure, il fut conduit à Fontenay en Poictou, où aprés auoir ſouffert de mortelles douleurs de la pierre & d'vne retention d'vrine, il rendit l'ame à Dieu âgé de ſoixante & ſept ans. Il mourut fort Chreſtiennement, ſon corps fut apporté à la Chartreuſe de Gaillon, qu'il auoit commencé de baſtir. Son cœur & ſes entrailles furent enterrées à Fontenay dans vne Egliſe de S. Nicolas dans les Fauxbourgs, par les ſoins de Marian de Martimbos, Chancelier de la Cathedrale de Roüen, ſon Grand Vicaire & Agent ſpecial. Le Chapitre ayant appris les nouuelles de ſa mort par l'enuoyé de ſon Neueu, luy fit vn Seruice ſolemnel. Ce Diſtique finira ſon Eloge.

III.
Ceux de la ligue abuſent de ſa facilité par diuers motifs.

IV.
Il fut declaré Roy par la Ligue.

V.
Ses maladies mortelles.

VI.
Sa ſepulture.

Dum Carolum in Carolo, Paſtorem in Principe cernis,
Tempora ſi damnas, hominem laudare memento.

ELOGE
DE CHARLES II. DE BOVRBON,
Cardinal. 83.

Charles II.
An de I. C. 1582.
Chap. I.
Sommaire.
I.
Quelques particularitez de la naiſſance de ce Prelat.

CHARLES II. de Bourbon eſt conté le 83. Paſteur de l'Egliſe de Roüen, bien qu'il n'en aye jamais pris poſſeſſion en perſonne, mais ſeulement par Procureur, ainſi que nous dirons cy-aprés. Il eſtoit fils de Loüis de Condé, & de Leonor de Roye, Comteſſe

CHARLES II. de Roucy, laquelle s'en allant de Meaux à Muretz en Picardie, qui estoit vne de ses Terres, fut contrainte de s'arrester à Gandaloup en Brie, où elle accoucha de frayeur qu'elle auoit eu des seditions populaires, qui n'estoient que trop frequentes en ces malheureux temps. Elle eut deux enfans gemeaux au septiéme mois de sa grossesse, qui écheust au 30. de Mars 1562. Nostre Charles en fut vn; l'autre, qui fut nommé Loüis, mourut l'année suiuante, à cause qu'il estoit d'vne complexion extrémement foible; qualité qui demeura aussi à son frere, lequel eust en recompense vn excellent esprit, quoy que dans vn corps delicat & infirme. Il fut

II. *Son Oncle prist soin de le bien faire instruire.*
éleué auec des soins particuliers, tant à l'égard de la vertu que des bonnes Lettres, lequel aduantage luy fut procuré par la vigilance de son Oncle, qui le destinoit pour estre son Successeur, ainsi qu'en effet il le fut dans la plusrart de ses Benefices; car ayant égard à sa vieillesse qui le me-

III. *Il le fit son Coadjuteur auec dispense.*
naçoit d'vne mort prochaine, & voyant son Neveu bien éleué & porté à la vertu, il prit resolution de le faire son Coadjuteur en l'Archeuesché de Roüen, dont il eust le consentement du Roy & des Bulles du Pape Gregoire XIII. en date du premier Aoust 1582. dans lesquelles, outre la dispense de l'âge qu'il n'auoit pas encore, (car estant né seulement en 1562. il n'auoit alors que vingt ans) le Pape luy accordoit que decez aduenant du Cardinal de Bourbon son Oncle, il ne seroit point obligé de demander & obtenir de nouuelles Bulles, mais qu'il pourroit joüir, & en effet demeureroit dans vne vraye & paisible possession, dans laquelle il s'estoit mis par Reuerend Pere en Dieu Messire Iean de Lesselie Euesque de Rosse, Grand-Vicaire dudit Cardinal de Bourbon, le 11. d'Octobre 1582. lequel Grand-Vicaire il retint aussi-bien que son Oncle tandis qu'il vescut.

IV. *Aprés la mort de son Oncle il écrit au Chapitre, & la réponse qui luy fut faite.*
Incontinent aprés sa mort, son Neveu enuoya le Valet de chambre du deffunt au Chapitre de Roüen, auec les attestations des Medecins & des Notaires, pour asseurer les Chanoines de la mort de l'Archeuesque son Oncle, & leur presenter des lettres de sa part, qui estoient fort ciuiles & officieuses. Le Chapitre les enuoya au Gouuerneur & au Conseil de la Ligue, & mesme au Parlement. Déliberation prise, on fut d'aduis de ne faire aucune réponse; le Chapitre dit seulement au porteur de ces lettres, ,, qu'ils estoient fort marris que le Cardinal de Bourbon fauorisoit le par- ,, ty des Heretiques, & qu'il ne s'estoit pas tenu du party de la sainte Li- ,, gue, ce qui les obligeoit de n'auoir aucun commerce auec luy; qu'ils ,, ne souhaitoient rien plus passionnément que de le voir dégagé & de- ,, suny des ennemis de l'Eglise; que du moment qu'il auroit abandon- ,, né leurs interests, le Chapitre luy obeïroit auec toute sorte d'affection.

V. *Le Chapitre élit de nouueaux Officiers.*
Cela estant fait, le Chapitre proceda à l'élection des nouueaux Officiers, dautant que l'on croyoit que le Siege estoit vacant, parce que la possession que l'on auoit prise du viuant de nostre Archeuesque, estoit vne possession de droit, & non pas de fait; & ainsi son droit demeura en contestation, tandis que la Ville fut du party de la Ligue.

VI. *Le Cardinal s'en offensa.*
Le jeune Cardinal se tenant offensé du refus que le Chapitre auoit fait de le reconnoistre, aussi tost qu'il sçeut leur resolution, il institua vne

DES ARCHEVESQVES DE ROVEN. 623

nouuelle Cour Archiepiscopale à Caën; parce que cette Ville estoit du CHARLES II. party de Henry IV. Il créa des Officiers, des Grands Vicaires qui eussent soin du Spirituel, ce qui partagea les esprits des Prouinciaux, les vns prenans party du costé du nouuel Archeuesque, & ayant recours à ses Officiers: Les autres s'adressant à ceux que le Chapitre auoit establis. Cependant la Ville ayant souffert toutes ces incommoditez, qu'vn long & facheux Siege pouuoit apporter à vne grande Ville, & d'autre part le Cardinal qui auoit la force en main & la campagne libre, ayant saisi vne bonne partie du Temporel; les Chanoines se voyant reduits aux extremitez, & que la conuersion inesperée du Roy, jointe à ses victoires, auoient abbatu le courage des Ligueurs, ils commencerent à faire ouuerture de quelque accommodement auec le Cardinal. Toutesfois Philippes Sega Cardinal & Legat du S. Siege en ayant oüy parler à Paris, où il estoit pour lors, récriuit au Chapitre qu'ils n'eussent à passer outre sans l'aduis du Pape. Le Chapitre députa deux Chanoines pour s'informer de l'estat des affaires, il demanda terme de deux mois pour leur faire réponse. Sur ces entrefaites, Henry IV. ayant pris la Ville par composition le 30. Mars 1594. le Chapitre obligé de ceder au temps, rentra en grace auec le Cardinal; on dressa quelques Articles le 9. Avril, pour faciliter l'accommodement, lesquels furent acceptez & signez le 14. dudit mois & an, par Marian de Martimbos Chancelier de la Cathedrale, & Grand Vicaire du Cardinal, lequel donna main-leuée des saisies du Temporel; enfin il fut reconnu pour Archeuesque par le Chapitre, quoy qu'il fust absent, & toutes choses furent ainsi pacifiées.

VII.
Il saisit le Temporel des Chanoines.

VIII.
Le Legat oblige les Chanoines de differer leur accommodement auec l'Archeuesque.

IX.
Henry IV. ayant pris la Ville de Roüen toutes choses s'accommodent.

CHAP. II.

IL fut honoré de la Pourpre Romaine à l'instante priere de Henry III. & de son Oncle le Cardinal de Bourbon, par Gregoire XIII. l'an 1583. le Lundy 12. Decembre, en la septiéme Promotion qu'en fit le Pape, quoy qu'il n'eut aucun titre, & qu'il fut appellé seulement le Cardinal de Vendosme, & aprés la mort de son Oncle Cardinal de Bourbon. Il fut aussi depuis fait Cardinal Prestre, n'ayant non plus de titre. Ce qui auoit meu particulierement le Roy & son Oncle à en solliciter le Pape, estoit outre ses merites & sa naissance, pour luy donner plus d'authorité & de credit dans le Conseil, ou par ordre exprez du Roy Henry III. qui l'affectionnoit vniquement; il présidoit souuent, & estoit porté d'vne passion extraordinaire pour le soustien de l'Estat qui estoit alors en grand danger. Il ne fut pas moins chery de Henry IV. qu'il l'auoit esté de son Predecesseur; & on peut dire auec verité, que le zéle de ce jeune Prelat pour les interests de la Religion Catholique, ne contribua pas peu à la conseruer dans ce Royaume. Il employa ses vœux & ses prieres auprés de la Diuine Majesté, afin d'obtenir d'elle qu'il luy plûst ouurir les yeux de ce grand Monarque, & luy faire connoistre qu'il ne pouuoit faire son salut que dans la Communion de l'Eglise Romaine, à laquelle tous les Fidelles de la terre doiuent estre vnis, à cause de la préeminence de sa dignité & de son pouuoir, comme parle vn des plus anciens, des plus saints, & des plus sçauants Prelats de nostre France. Aussi ne sçauoit-on exprimer la joye qu'il receut, quand il apprist les agreables nou-

Sommaire.
I.
En quelle année il fus fait Cardinal, & de quel titre.

II.
Son zéle pour le bien de l'Estat, & pour le soustien de la Religion.

III.
Combien il contribua pour la conuersion de Henry IV.

S. Irenæus aduersus hæreses, l. 3. c. 3.

uelles & les actions de grace qu'il en rendit à Dieu, bref la maniere tendre & respectueuse dont il s'en réjoüit auec sa Majesté.

IV.
Il empescha qu'on ne crèast vn Patriarche en France.

Le zéle qu'il auoit pour le S. Siege, fit que pour en maintenir l'authorité, il luy fallut extrémement trauailler à diuertir l'esprit du Roy, du dessein que luy auoit inspiré l'esprit des Ligueurs, de créer vn Patriarche en France: ce qui eust esté tres-préjudiciable au Pape; & en effet, l'affaire estoit déja fort aduancée & preste à estre concluë, si nostre Cardinal ne s'y fut opposé auec tant de vigueur, & par des raisons si fortes & déduites auec tant de chaleur & de fermeté, que la pluspart de ceux du Conseil les ayant oüies, & les Religionnaires voyant sa resolution, se retirerent sans bruit de l'Assemblée, & le Roy lacera l'Edit qui en estoit déja dressé; & ainsi ce dessein s'éuanoüit, & fut heureusement dissipé par la courageuse resistance de ce Religieux Prelat, qui sans doute rendit en cette rencontre vn tres bon office au Siege Apostolique.

V.
De l'amour qu'il eut pour les Lettres, pour la Religion, & pour son Eglise.

Il s'acquist de la gloire par l'affection qu'il eut pour les bonnes Lettres, & pour les gens doctes. Il auoit esté curieux de dresser vne belle & riche Bibliotheque, qu'il auoit amassée de tous costez, & fournie des liures les plus rares, sans auoir égard aux grands frais & à la dépense qui estoit necessaire pour les faire chercher & apporter des païs plus éloignez, comme dit le sieur Dadré. Tous les Ecclesiastiques jettoient les yeux sur luy, comme sur vn Prince & vn Prelat amateur de la Religion, ennemy mortel des Heretiques, orné de tres-belles qualitez, qui portoit vne singuliere affection à ceux de son Eglise de Roüen, & qui estoit aussi reciproquement aimé d'eux, aussi-bien que de toutes les personnes vertueuses.

VI.
Moyen dont il se seruit pour enrichir la Chartreuse de Gaillon.

Voyant que la Chartreuse de Gaillon, qui auoit esté fondée par son Oncle, n'auoit pas de reuenus suffisans pour vn si grand dessein, il vsa d'vn moyen qui ne luy cousta pas beaucoup pour enrichir en vn moment cette Chartreuse, qui fut de dépoüiller l'Ordre de S. Benoist, pour donner à celuy de S. Bruno. Ce Cardinal estoit Abbé de S. Ioüin, situé aux confins de l'Anjou dans le Poictou; il la permuta pour auoir celle du Mont sainte Catherine lez Roüen; le reuenu de laquelle il fit annexer à ladite Chartreuse. I'ay rapporté dans l'Histoire de cette Abbaye, que

VII.
Oppositions qu'il y eust à ce dessein.

i'ay jointe à celle de S. Oüen, les artifices dont se seruirent ceux qui estoient interessez à cette affaire, pour la faire reüssir à leur gré: Ils ne manquerent pas d'oppositions à vne chose si nouuelle & si peu pratiquée en ce temps-là; toutesfois les Moynes furent contraints de ceder au pouuoir & à l'authorité, & de s'accommoder d'vne partie, pour ne point perdre le tout, ayant esté dit qu'ils joüyroient à perpetuité des biens qui leur auoient esté quittez pour leurs partages, pour en viure selon la Regle de S. Benoist, suiuant ce qui estoit dans le Concordat & dans la Bulle d'Homologation. Mais il est arriué depuis peu, que les successeurs de ceux qui s'estoient opposez auec tant de vigueur à l'extinction de leur Monastere, ayant (par des sentimens bien contraires à ceux de leurs Predecesseurs) consenty aux propositions auantageuses qui leur ont esté faites par les Peres Chartreux; ceux-cy ont obtenu de nouuelles Bulles, qui auroient esté desia executées, si le zéle de quelques
person-

DES ARCHEVESQVES DE ROVEN.   625

personnes de pieté ne l'auoit empesché jusques icy, par l'opposition qu'ils y ont faite. Charles II.

VIII. *Témoignage que Mr. de Thou a rendu de ses qualitez, bonnes & mauuaises.*

Au reste, Mr. de Thou dans son Histoire confirme ce que nous auons dit cy-dessus, & adjouste que ce fut vn Prince d'vne humeur libre, „ agreable & ciuile, qui parloit auec vne grace & vne facilité merueil- „ leuse, amateur des bonnes Lettres, & de ceux qui en faisoient profes- „ sion; grand ennemy des Religionnaires, & que tant qu'il suiuit les „ conseils des personnes sages & intelligentes, il se montra irreprocha- „ ble dans ses actions; mais que sa legereté naturelle l'ayant fait changer „ de conduite, & prester l'oreille aux pernicieux discours des flateurs, il „ se perdit & s'engagea malheureusement dans le tiers party; & voyant „ que le succez ne répondoit point à ses esperances, & que les siens le „ trahissoient, il en conceut vn chagrin & tristesse mortelle; de sorte, „ que comme autrefois on l'auoit crû né pour l'ornement & la gloire de „ la France, on jugea en suite qu'il estoit mort fort à propos pour le bien „ de la paix & de la tranquillité de l'Estat, qu'il n'eut iamais cessé de „ troubler tant qu'il eust vécu.

IX. *Estant venu saliier Henry IV. il tombe malade & meurt à Paris.*

Toutesfois, lors qu'il mourut il estoit bien auprés du Roy; car la ville de Roüen s'estant renduë à Henry IV. & les affaires estant pacifiées dans la Normandie, aprés que sa Majesté eut fait profession de la Religion Catholique, & fut arriuée à Paris; nostre Cardinal pour luy faire voir la part qu'il prenoit à la joye publique, partit de Gaillon, où il faisoit son séjour, & s'en vint à son logis Abbatial de S. Germain des Prez, où estant tombé dans vne langueur mortelle & vne fiévre lente, comme il estoit d'vne complexion fort foible & infirme, sa maladie se changea en vne hydropisie, laquelle le porta au Tombeau en la 32. année de son âge, & le trentiéme Iuillet de l'année 1549. auant qu'il eut esté fait Prestre, & qu'il eut pris possession en personne de son Archeuesché de Roüen.

X. *Honneurs funebres qui luy furent rendus.*

Son corps receut les honneurs de la sepulture en la Chartreuse de Gaillon, où il ne fut porté que deux mois douze iours aprés sa mort, ayant reposé dans l'Abbaye de S. Germain jusqu'au douziéme Octobre. Il fut loüé par vne Oraison funebre, que Iulian de S. Germain, Euesque de Cesarée, fit en presence d'vne tres-celebre compagnie, qui assista à cette pompe funebre. Vn peû aprés sa mort, Henry IV. fut à l'Abbaye de S. Germain, où estoit le corps du defunt; il fit sa priere pour le repos de son ame, & suiuant la coustume de l'Eglise, ietta de l'Eau benifte sur le corps du deffunt. Papire Masson a fait son Eloge en Latin.

XI. *Si ce qu'on dit d'vn certain qui le cita à comparoir deuant Dieu dans l'an, est veritable.*

Quelques-vns ont écrit qu'vn certain Puccius Theologien, qui estoit sçauant, mais temeraire, l'estant venu trouuer pendant les guerres excitées par les Religionnaires, comme pour se rendre mediateur des deux partis, & concilier les differens de la Foy; nostre Prelat qui vid que sa doctrine estoit mauuaise, & nullement Orthodoxe, ne luy fit pas vn accueil fort obligeant, & le rebuta en quelque façon; dequoy l'autre s'estant offensé sortit hors du Royaume, & du lieu où il se retira écriuit des lettres plaines de menaces, qu'il adressa au Cardinal, dans lesquelles il le citoit luy & les siens principaux de son Conseil, à comparoistre dans

Kkkk

CHARLES II. l'année deuant le Tribunal du souuerain Iuge ; & que la mort du Cardinal estant arriuée cette année, auoit donné sujet à plusieurs de faire cette obseruation, laquelle toutesfois fut estimée pour vaine & nullement importante ; parce que Duret & du Perron qui estoient du Conseil de ce Prince, vécurent bien long-temps aprés cét adjournement personel. Voicy son Distique.

Liligeri Carolus decus ingens, sed breue, campi.
Nascitur in spinis, candet, fragrat, excidit, aret.

ELOGE
DE CHARLES III. DE BOVRBON,
Cardinal. 84.

CHARLES III.
An de I. C. 1594.

CHAP. I.
Sommaire.
I. Henry IV. distribuë à plusieurs les Benefices du deffunt Cardinal de Bourbon.

V OILA le troisiéme du mesme Nom, & de la mesme Famille, qui a possedé l'Archeuesché de Roüen. Monsieur de Thou remarque qu'aprés la mort de Charles II. de Bourbon, son Predecesseur, Henry IV. departit à plusieurs personnes les grands & riches Benefices dont il estoit pourueu, ne jugeant point à propos de les donner à vn seul, de peur qu'il ne fut trop puissant & trop opulent, & que son pouuoir & ses richesses ne luy fissent entreprendre des choses contraires au repos de l'Estat. Il nomma donc à l'Archeuesché de Roüen

II. Il nomme à l'Archeuesché de Roüen son frere naturel : ses estudes & bonnes qualitez.

Charles de Bourbon, son frere naturel, & luy en donna le Breuet. Il auoit parfaitement bien estudié, estant mesme, Docteur en droit Ciuil & Canon ; il auoit eu pour Maistre vn des celebres Iurisconsultes de son temps, nommé François Baudoüin. Son premier Benefice fut vn Prieuré de S. Orence de l'Ordre de Cluny, dans l'Archeuesché d'Ausch ; en suite il fut Euesque de Comminge, & puis de l'Ectoure, bien qu'il soit croyable qu'il ne tenoit qu'en Commande ces Eueschez, n'estant encore sacré. Enfin il fut nommé à l'Archeuesché de Roüen par vn Breuet, le 5. Nouembre 1594. Il est vray qu'il ne pût obtenir en Cour de Rome, ny ses Bulles, ny le *Pallium*, que Henry IV. ne fust rentré dans la Communion de l'Eglise Catholique. Il en joüit donc sur ce Breuet que ie viens de dire, en suite duquel il y eut vn Arrest du Grand Conseil du 18. du mesme mois & an, lesquels ayant esté signifiez au Chapitre, il fut receu par Procureur le 24. de Decembre ; sçauoir à la joüissance du reuenu Temporel, en la personne de Charles de Balsac Abbé Commendataire de S. George de Boscharuille, son Procureur ; par Guillaume de Pericard, pour lors Doyen de la Cathedrale. Mais le Pape ayant declaré que le Siege estoit vacant pour n'y auoir esté pourueu selon les formes ordinaires, & les Loix de l'Eglise, & la signification en ayant esté faite le 29. May de 1596. enfin il obtint des Bulles de prouision de Clement VIII. données à S. Pierre de Rome le 26. Mars 1597. & le 24. Iuin ensuiuant fut

III. Benefices qu'il posseda.

IV. Il joüit de l'Archeuesché sur vn Breuet, & vn Arrest, & depuis obtiet les Bulles.

DES ARCHEVESQVES DE ROVEN.

V. *Il prist de nouueau possession, & créa des Officiers.*

receu, & prit possession par vn nouueau Procureur, Iacques de la Sauſ-ſaye, Prieur des Vertus au Diocese de Langres, Antoine Marc preſi-dant pour lors au Chapitre. Il establit auſſi toſt pour Vicaires Generaux Mᵉ Marin le Pigny, Archidiacre du Vexin, & François Guernier Cha-noine de la meſme Cathedrale, qui firent publier leurs Lettres en la Cour d'Eglise le 11. Iuillet.

CHARLES III.

VI. *En quelle an-née il fut fait Prestre, & sacré Arche-uesque.*

Noſtre Archeuesque n'estoit encore alors que Diacre, quoy qu'il fut âgé de quarante ans; il fut donc fait Prestre le 26. Decembre, & deux iours apres fut consacré Archeuesque de Roüen. Nous ne sçauons point ce qui l'obligea de differer son Entrée solemnelle juſqu'au 24. May 1599. on le receut le lendemain auec pompe dans sa Cathedrale, la cere-monie ayant esté renduë plus celebre par la presence des Euesques de Noyon & d'Evreux, & de Henry de Bourbon Duc de Montpensier, Lieutenant du Roy dans la Normandie. La satisfaction & l'allegreſſe

VII. *Ioye extraor-dinaire du Peuple de Roüen à sa reception.*

que le Clergé & le Peuple firent paroiſtre à sa reception par le son de toutes les cloches, & par les feux de joye qui furent allumez dans les ruës, & les places publiques, luy toucha tellement le cœur, qu'il en conserua depuis long-temps le souuenir, & en remercia Meſſieurs du Chapitre: Auſſi depuis rechercha-il toutes les occasions de témoigner au peuple de Roüen sa gratitude & sa bien-veillance, ce qui luy acquit les affe-ctions de tous ceux de son Diocese.

VIII. *Combien il occupa le Sie-ge, & pour-quoy il le quitta.*

Il occupa le Siege juſqu'en l'année 1604. sur la fin, ou comme veut le sieur Dadré 1605. que par la volonté expresse du Roy, ou bien ce qui eſt plus croyable, connoiſſant que ses épaules estoient trop foibles pour soûtenir vne telle Charge, en vn temps particulierement où l'Eglise auoit besoin d'vn Pasteur vigilant & éclairé; il resigna l'Archeuesché au Car-dinal François de Ioyeuse, lequel luy donna reciproquement les Ab-bayes de Marmonstier, & de S. Florent de Saumur. Il témoigna dans les dernieres lettres qu'il écriuit au Chapitre, qu'il auoit esté contraint d'aller chercher vn air qui fut plus propre pour sa santé, que n'estoit ce-

IX. *Il se retira à Marmonſtier où il mourut.*

luy de Roüen, où il ne se portoit pas bien. Il alla faire sa demeure sur le bord de la riuiere de Loire dans l'Abbaye de Marmonſtier, où il mena vne vie douce & éloignée des affaires du monde & des intrigues de la Cour; où il voulut auoir ſi peu de commerce, qu'il quitta meſme quel-que temps apres l'Office de Chancelier de l'Ordre, que le Roy luy auoit donné, & mourut l'an 1610. Ces deux Vers finiront son Eloge.

Vt tria Rotomagus benè lilia jungeret agro,
Succeſſit geminis Carolus, flos tertius aulæ.

HISTOIRE

ELOGE
DE FRANCOIS DE IOYEVSE,
Cardinal. 85.

FRAN. DE
IOYEVSE.
An de I. C.
1604.

CHAP.
I.
Sommaire.
I.
Des parens,
& l'année de
la naissance
de François
de Ioyeuse.

FRANCOIS de Ioyeuse, que son Extraction, ses Vertus, ses Dignitez, & ses Emplois illustres ont rendu également celebre en France & en Italie, eut pour pere Guillaume, Vicomte de Ioyeuse, Mareschal de France, Lieutenant & Gouuerneur pour le Roy dans le Languedoc; sa mere fut Marie de Batarnay, de la Maison des Comtes de Bouchage. Il vint au monde en l'an 1559. selon le sieur Frison, quoy que Messieurs de sainte Marthe[a] ne mettent sa naissance que trois ans aprés, sçauoir en 1562. le 24. Iuin, propre iour de S. Iean Baptiste; il fut le second de leurs enfans. Ie ne m'arresteray point icy à déduire au long toute leur Genealogie, mon dessein ne demandant pas que ie traite ce sujet, joint qu'il y en a assez d'autres qui en ont parlé amplement.

[a] Messieurs de
Ste Marthe
in Gall.
Christ.

II.
Son éducation, ses estudes.

Ses parens l'éleuerent auec vn soin particulier, aprés auoir receu à Tholose les premieres instructions des bonnes Lettres, de Theodore Marcilly, Professeur public. Il fut enuoyé à Paris auec ses freres, & y acheua ses Humanitez. Depuis il estudia en Philosophie dans le College de Nauarre, sous vn habile Professeur, André Guyon; lequel par vne reconnoissance tres-loüable, & en veuë de sa capacité & de son merite, il fit depuis son Vicaire General en l'Archeuesché de Roüen. Il estudia en suite à Orleans en Droit Ciuil & Canon auec tant de succez, qu'il fut honoré du titre & de la qualité de Docteur. Il donna auec le temps des preuues de son bel esprit, & particulierement à la Cour, où il se fit aimer & cherir de tout le monde, & mesme du Roy Henry III.

III.
Charges &
Benefices
qu'il posseda.

Il ne fut pas long-temps sans estre honoré de la charge de Conseiller d'Estat, quoy qu'il n'eut encore que vingt-trois ans; mais la maturité de son jugement suppléoit au defaut de son âge. Il obtint aussi de riches Benefices, & monta aux plus éminentes charges de l'Eglise. Il fut pourueu des Abbayes de Marmonstier, de Fécan, du Mont S. Michel, de la Grasse, de S. Florent, & d'Aurillac. Il fut nommé dés l'an 1581. à l'Archeuesché de Narbonne, où il donna des marques de sa suffisance, & du zéle qu'il auoit pour le restablissement de la discipline Ecclesiastique, que les guerres Ciuiles & les desordres de l'Estat auoient beaucoup affoiblie. Vne conduite si loüable accrût l'estime & l'affection que le Roy auoit pour son merite, & porta sa Majesté à le recommander particulierement au Pape Gregoire XIII. & à luy obtenir de sa Sainteté de nouueaux honneurs. Par ce moyen il paruint au Cardinalat, dont la dignité luy fut conferée le 23. de Decembre 1583. encore qu'il n'eut alors que vingt-quatre ans. Il eut d'abord le titre de Cardinal des saints Sylueftre

IV.
Il fut Archeuesque de
Narbonne, où
il trauailla
beaucoup
pour son Eglise.

V.
Il fut fait Cardinal, & reçeut plusieurs autres charges honorables.

DES ARCHEVESQVES DE ROVEN.

& Martin, lequel il changea depuis, ayant esté fait Euesque d'Ostie, & Doyen du sacré College. Vn peu aprés qu'il eut esté reuestu de la Pourpre, le Cardinal d'Ostie qui estoit protecteur de la France à la Cour de Rome, estant venu à mourir, le Roy Henry III. luy commit cette charge, & l'honora du Collier de son nouuel Ordre du S. Esprit, qu'il auoit institué quelques années auparauant.

FRAN. DE IOYEVSE.

VI.
Il exerce à Rome la charge de Cardinal Protecteur de la France, & assiste à plusieurs Conclaues.

Il partit pour le voyage de Rome, accompagné de plusieurs Euesques & d'autres personnes de merite, pour y exercer sa fonction de Cardinal Protecteur; & en effet, il soûtint auec beaucoup de sagesse & de fermeté les droits & les prerogatiues de la Couronne de France en plusieurs rencontres, & principalement lors de la Canonisation de S. Didace Religieux de l'Ordre de S. François, où l'Ambassadeur de France eut la préseance par dessus celuy d'Espagne, malgré toutes les ruses & tous les efforts du party contraire. Pendant son sejour à Rome il se passa deux élections, qui luy donnerent entrée dans le Conclaue, où il se conduisit auec vne prudence digne de luy. Cependant le Royaume estant trauaillé de guerres intestines, les ennemis de l'Estat rendirent de tresmauuais offices au Roy de France auprés du Pape Sixte V. l'accusant de fauoriser les Heretiques; laquelle calomnie préualut en sorte, que malgré tous les soins que prist le Cardinal Protecteur, de desabuser sa Sainteté par harangues & remontrances qu'il fit, tant en public qu'en particulier, il eut le déplaisir de voir sa Sainteté dans la resolution de fulminer l'Anatheme; ce qui l'obligea de se retirer à Venise, où il fit de grandes habitudes, & acquist tant de credit & de reputation, que quelques années aprés, cette Republique l'agréa pour negotier vne paix tres-difficile, & qui fut aussi vtile au S. Siege & aux Venitiens, qu'elle fut glorieuse au Roy de France & au Cardinal de Ioyeuse, qui sçeut si bien ménager les interests des vns & des autres.

1586.

VII.
Il sort mécontent de Rome, se retire à Venise.

VIII.
Il fut pourueu de l'Archeuesché de Tholose.

Enfin, ayant esté éleu Archeuesque de Tholose, dont le Siege vacquoit par la mort de Paul de Foix, il retourna en France; & aprés auoir rendu compte de ses Legations, & s'estre acquitté de ses deuoirs à la Cour, il tourna tous ses soins & toutes ses pensées à bien regler les Ecclesiastiques, tant reguliers que seculiers de son nouueau Diocese, & à reparer les ruïnes que les malheurs du temps auoient faites à la discipline de l'Eglise. Pour cét effet, il assembla l'an 1590. vn Synode Prouincial à Ioyeuse, où il fut pourueu aux plus vrgentes necessitez des Eglises de son Diocese.

CHAP. II.
Sommaire.
I. Il fait deux voyages à Rome, où il trauaille pour reconcilier Henry IV. à l'Eglise.

Aprés la mort de Sixte V. il passa en Italie, se promettant d'y faire quelque chose pour la paix: mais ce voyage fut inutile. Il y retourna encore vne autre fois pour assister dans le Conclaue, à l'élection de Clement VIII. des bonnes qualitez duquel il esperoit beaucoup, & tâcha d'obtenir de luy la reconciliation de Henry IV. Or quoy que cela ne fut pas executé si promptement, on peut toutesfois dire que son soin & sa diligence contribuerent la meilleure part à l'auancement de cette importante affaire, laquelle ne se termina qu'en 1595. que le Cardinal de Ioyeuse voyant les choses disposées, en sorte que si sa Majesté enuoyoit quelqu'vn pour prester obeïssance & leuer les soupçons & les autres

Kkkk iij

630 HISTOIRE

FRAN. DE IOYEVSE.

II.
Il fait députer Messieurs du Perron & d'Ossat pour l'execution de cette affaire.

empeschemens, elle auroit entiere satisfaction. Il luy en donna aduis, & fut cause qu'elle députa Messieurs du Perron & d'Ossat, qui agirent auec le zéle & la sagesse qu'on se promettoit d'eux. Ils trauaillerent donc sous la direction & la conduite du Cardinal de Ioyeuse, & leurs soins & leurs peines furent couronnées d'vn tres-heureux succez, à quoy ne seruit pas peu l'authorité que le Cardinal s'estoit acquise dans le sacré College.

III.
Il est gratifié de plusieurs commissions honorables, tant du Pape que du Roy.

Il retourna en France l'an du Iubilé 1600. & eut ordre de receuoir à Marseille Marie de Medicis, nouuelle épouse de Henry IV. Il auoit esté l'année precedente député de sa Sainteté, pour dissoudre le mariage d'entre le mesme Roy Henry IV. & Marguerite de Valois. Il eut aussi l'honneur d'estre choisi du Pape pour son Legat, *à latere*, & pour tenir sur les saints Fonts de Baptesme le Dauphin de France au nom de sa Sainteté, qui auoit esté priée de luy seruir de Parrain, en laquelle qualité il luy donna le nom de Loüis XIII. d'heureuse & triomphante memoire.

IV.
Comment il obtint l'Archeuesché de Roüen.

Enfin Henry IV. ayant jugé plus à propos qu'il eust le gouuernement de l'Archeuesché de Roüen, que non pas son frere naturel, Charles de Bourbon, il obligea celuy-cy de s'en démettre entre les mains du Cardinal de Ioyeuse, lequel luy ceda en échange (comme nous auons dit) les Abbayes de Marmonstier & de S. Florent. Il prist possession de nostre Eglise de Roüen par Procureur, qui fut Iean Berthier Euesque de Rieux, lequel ayant fait faire lecture des Bulles du Pape Clement VIII. données à S. Pierre, en date du treiziéme de son Pontificat, & acheué les ceremonies accoustumées en tel cas, fut mis en possession réelle & actuelle le 14. Mars 1604. par Guillaume Pericard Doyen, qui presidoit au Chapitre. Le Cardinal estoit pour lors à Rome, où il s'estoit rendu, afin d'assister à l'élection d'vn nouueau Pape, aprés quoy il eut ordre du Roy d'aller à Venise pour negotier la paix dont nous auons parlé cy-dessus.

V.
Il en prend possession par Procureur, estant pour lors à Rome.

VI.
Il fut receu dans Roüen auec grande joye au retour de son voyage.

Au retour de cette illustre Ambassade d'où il reuint chargé de gloire, & de mille benedictions, il entra dans Roüen parmy les acclamations publiques; & quoy que sa modestie luy eust fait rejetter la pompe d'vne Entrée, & les ceremonies qu'on auoit obseruées à l'égard de ses Predecesseurs, il y fut toutesfois receu auec vne grande joye & des demonstrations extraordinaires de reconnoissance, tant du Clergé que du Peuple. Il y arriua le 2. de Nouembre de la mesme année, & entra le lendemain dans la grande Eglise. Il estoit accompagné de François Euesque d'Avranche, de Henry de Montpensier, qui auoit épousé sa Niepce, & estoit Lieutenant du Roy dans la Normandie.

VII.
Il commet en son absence le soin des affaires de son Diocese à des personnes de pieté & de doctrine.

Or comme ses grands & illustres emplois l'empeschoient de vacquer comme il eut bien souhaité au gouuernement de son Archeuesché, il fit choix de personnes, de la doctrine & probité desquelles il estoit asseuré; & entr'autres d'André Guyon natif d'Autun, dont nous auons parlé cy-dessus, qu'il honora de la charge de Grand-Vicaire. Ceux-cy donc tous ensemble, s'employerent pour reparer les desordres que les guerres & les miseres du temps auoient causées dans l'estenduë de l'Archeuesché.

DES ARCHEVESQVES DE ROVEN.

FRAN. DE IOYEVSE.

VIII.
Il fonde à Roüen les Vrsulines, & vn Seminaire pour trente pauures Escoliers.

Cét illustre Cardinal voulut aussi laisser des marques de sa pieté & de sa liberalité enuers son Eglise, car il fit plusieurs belles Fondations, & entr'autres il fonda les Vrsulines, & leur donna vingt-quatre mille liures, à condition qu'elles se chargeroient du soin de l'instruction des petites filles. Il auoit aussi commencé (à l'exemple de S. Charles Archeuesque de Milan) vn Seminaire de jeunes Clercs, lesquels deuoient estre eleuez aux Estudes & aux exercices & ceremonies de l'Eglise, pour estre employez en suite dans son Diocese au Seruice des Paroisses de la Campagne; mais ce pieux dessein n'ayant pas esté tout à fait executé, il fut transferé à Roüen par son Testament, pour nourrir trente pauures Escoliers. Les Peres Iesuites en ont eu depuis la conduite, & sont dans vne Maison contiguë à leur College, où l'on voit sur la porte écrit en lettres d'or, *Seminaire de la Maison de Ioyeuse.*

CHAP. III.
Sommaire.
I.
Il fonda aux Peres Iesuites vne Maison de residence à Pontoise, & aux Prestres de l'Oratoire vn College à Dieppe.
II.
De quelqu'autres fondations qu'il a faites.
III.
Plusieurs illustres emplois dont le Roy l'honora.

IL fonda aux Peres de la mesme Compagnie, vne Maison de residence à Pontoise, & aux Prestres de l'Oratoire vn College à Dieppe. Ie ne dis rien des autres fondations qu'il a faites hors nostre Diocese, comme d'vn Monastere de sainte Luce de Religieux de S. Basile, lors qu'il estoit Archeuesque de Narbonne; des Litanies de Nostre-Dame qu'il fonda pour estre tous les iours chantées dans la Chappelle de Nostre-Dame de Montserrat, où il se fit porter estant tout vieux, pour satisfaire à la deuotion qu'il auoit de visiter ce saint lieu; j'obmets aussi plusieurs autres marques de sa liberalité, qu'il laissa en plusieurs endroits.

Il fut honoré des plus beaux emplois que puisse auoir vn Prelat dans la France; car outre ceux dont nous auons parlé cy-dessus, ce fut luy qui couronna dans l'Eglise de S. Denis Marie de Medicis, en l'année 1610. Il donna la Confirmation à Loüis XIII. & le Sacra à Reims le 17. Octobre. Il présida à l'Assemblée Generale du Clergé en 1614. & seruit de Parrain à Gaston Iean Baptiste de France, frere de Loüis XIII. s'estant acquitté tres-dignement de toutes ces honorables fonctions. Il fut aprés la mort de son frere Lieutenant pour le Roy dans le Languedoc, attendant que la Dispense de Rome vint pour le Pere Ange de Ioyeuse Capucin, son autre frere, que l'affection du peuple auoit tiré à force de son Conuent, pour rendre ce seruice au public.

IV.
Il se resout de prendre vn Coadjuteur.

Enfin cét illustre Prelat se voyant sur l'âge, & d'ailleurs considerant que les affaires publiques où le Roy l'engageoit, l'empeschoient de resider sur son Troupeau comme il eust bien desiré; il souhaita pour la décharge de sa conscience, de faire choix d'vne personne qui eust toutes les conditions necessaires pour vn si grand employ. Il jetta les yeux sur Messire François de Harlay, d'heureuse memoire, pour lors Abbé de S. Victor, duquel il considera plûtost la sagesse (comme remarque le sieur Dadré) & l'estime qu'on luy fit de sa doctrine, de sa pieté & bonne vie, que la chair & le sang, ou la parenté qui se trouuoit entr'eux; laquelle nomination fut agreée de sa Majesté. Ledit sieur luy ayant esté donné pour Coadjuteur, prit pour titre la qualité d'Euesque d'Auguste, qu'il ne garda pas long-temps. Le Cardinal de Ioyeuse estant mort l'année suiuante à Auignon, où il deceda tres-chrestiennement, & aprés auoir laissé

V.
Motifs qui le portèrent à faire choix de Messire François de Harlay.

VI.
Sa mort, & le lieu de sa sepulture.

FRAN. DE
IOYEVSE.

en legs pieux la somme de plus de deux cens mille écus, son corps fut apporté à Pontoise en l'Eglise de la Residence des Peres Iesuites.

VII.
Quelques-vns l'ont blâmé pour la pluralité des Benefices.

Ceux qui ont parlé de luy auec plus de moderation aprés sa mort, ont beaucoup trouué à redire, qu'estant si riche en biens qui luy estoient venus par succession & de son patrimoine, il n'auoit laissé pour tout cela de retenir plusieurs Benefices totalement incompatibles; & mesme on rapporte que de son viuant estant à Tholose, vn Predicateur celebre se mit à inuectiuer en sa presence contre la pluralité des Benefices, mais auec tant de chaleur, que l'on pouuoit assez connoistre que c'estoit pour luy qu'il parloit, & auec des raisons si fortes & si pressantes, que le Cardinal en ayant conceu du scrupule, l'enuoya querir aprés sa Predication; & estant pour lors en la compagnie de quelques Prelats & de quelques Docteurs, il voulut estre éclaircy de ce qu'il auoit auancé, & sur ce qu'il luy dit qu'il auoit Dispense du Pape, le Religieux luy repartit fort froidement: *Monseigneur, pour bien faire il ne faut point de Dispense.* A quoy on adjouste, que cette Predication & cette Conference l'ayant touché, il se resolut de quitter les trois Archeueschez, de Tholose, Narbonne, & Roüen, qu'il retenoit ensemble; & qu'aprés cela, il auoit eu l'esprit beaucoup plus tranquile, & le peu de temps qui luy resta, il l'employa à nettoyer cette tache par vn grand nombre de bonnes actions. Feu Mr. le Preuost fit quatre Vers Chronologiques, qui marquent l'année de son trépas.

VIII.
Conference qu'il eut auec vn Religieux qui auoit presché contre cét abus.

AVsonIæ sIDVs MIgrat IoIosa Coronæ: M. DCXV.
  Ostia, Rotomagus, Narbo, Tolosa gemunt.
  Quatuor hisce locis, totidem nam Pallia gessit;
  Aptius & Quinti,* nemo tulisset onus.   * Pauli V.

ELOGE
DE FRANÇOIS DE HARLAY. 86.

FRAN. DE HARLAY.
An de I. C. 1614.
Sommaire.
I.
Maxime des faux Politiques tres-blâmable.

C'EST vn des artifices des faux Politiques, que de tascher de faire passer les Dignitez qu'ils ont possedées, entre les mains d'hommes de peu de merite, afin de rehausser l'éclat de leur gloire par l'opposition des vices de leurs Successeurs; mais l'équité naturelle & la charité Chrestienne inspirent d'autres sentiments aux gens de bien, & leur apprennent qu'ils ne peuuent mieux couronner leurs belles actions, qu'en laissant leurs Charges à des personnes qui en soient dignes, & qui puissent imiter leurs bons exemples, & reparer aussi les defauts qu'ils auroient pû commettre par fragilité humaine. Aussi telle fut la conduite du Cardinal de Ioyeuse; il sçauoit que les affaires publiques où il auoit esté employé, l'auoient empesché de resider & de trauailler autant qu'il eut esté necessaire au restablissement de la discipline

Tacit. lib. 1: annalium de Augusto.

II.
Le Cardinal de Ioyeuse agit par vne conduite toute opposée.

Eccle-

DES ARCHEVESQVES DE ROVEN. 633

Ecclesiastique, qui se sentoit encore des troubles passez. Pour suppléer à ce manquement, il voulut pouruoir le Diocese d'vn Prelat de belle esperance, & de la capacité duquel il se pût promettre l'accomplissement des choses qu'il luy estoit impossible d'executer dás le peu de santé qu'il auoit. Son choix s'arresta sur Messire François de Harlay Abbé de S. Victor, qu'il fit aisément agréer au Roy, comme vne personne que sa Naissance, sa Vertu & sa Doctrine, rendoient des plus recommandables. De sorte, que c'est au zéle & à la sagesse de cét illustre Cardinal, que le Diocese de Roüen a l'obligation d'estre gouuerné par des Prelats de la Famille de Harlay, laquelle entre les autres auantages qui la releuent possede celuy cy, (selon la remarque de feu Mr. le Preuost Chanoine) qu'elle touche par ses Alliances non seulement aux Bien-faicteurs, mais mesme aux Restaurateurs de l'Eglise de Roüen.

FRAN DE HARLAK.

III. Excellent choix qu'il fit.

IV. Famille de Harlay.

Car nostre Archeuesque eut pour pere Iacques de Harlay Marquis de Chamvallon & de Breual, & pour mere Catherine de la Mark, laquelle fut fille de Robert de la Mark Duc de Boüillon, quatriéme du nom, & de Françoise de Brezé fille aisnée de Loüis de Brezé Comte de Maulevrier, & de Diane de Poictiers Duchesse de Valentinois, lequel Robert IV. fut fils de Robert III. & de Guillemette de Sarebruche, fille de Robert de Sarebruche Comte de Brenne, & de Marie d'Amboise fille de Charles d'Amboise Seigneur de Chaumont, frere de George d'Amboise premier Archeuesque de Roüen Cardinal & Legat, qui furent fils de Pierre d'Amboise Seigneur de Chaumont, & d'Anne de Bueil fille de Iean Seigneur de Bueil, & de Marguerite Dauphine, laquelle fut fille de Berault second Comte de Clermont & Dauphin d'Auuergne, & de Marguerite Comtesse de Sancerre, fille de Iean III. Comte de Sancerre, qui fut fils de Loüis II. qui eut pour pere Iean II. qui fut fils de Iean I. qui eut pour pere Loüis IV. fils de Guillaume, fils d'Estienne Comte de Sancerre, lequel Estienne eut pour pere Thibaut IV. Comte de Champagne, de Blois, qui fut fils de Henry Estienne Comte de Blois, & d'Adele fille de Guillaume II. le Conquerant, Duc de Normandie, Roy d'Angleterre, fils de Robert, fils de Richard II. fils de Richard I. fils de Guillaume I. fils de Raoul I. Duc de Normandie, ce qui donna occasion à ce sçauant homme d'appliquer à la nomination du sieur Abbé de S. Victor à l'Archeuesché de Roüen, ces paroles que Clotaire premier Roy de France dit de S. Eufronie Archeuesque de Tours, *Prima hæc est & magna Generatio, fiat voluntas Domini*, cette Famille est des premieres & des plus illustres, que la volonté de Dieu soit faite.

a Greg. Turon.

V. Témoignage de Messieurs de sainte Marthe, de la Maison de Harlay.

Quant à Iacques de Harlay, pere de nostre Prelat, il estoit pareillement d'vne Maison fort Noble, estant descendu d'vn Comte de Chaalon sur Saone, Cadet de la Maison de Bourgongne, à cause dequoy il portoit vne Couronne de Comte en ses Armes, & ayant l'honneur d'estre allié aux plus grandes Maisons de France. Aussi Sceuole de sainte „ Marthe dans ses Eloges parlant de la Famille des Harlays, asseure qu'el- „ le n'est pas moins illustre par la vertu de ceux qui en sont sortis, que „ par la splendeur de ses Alliances, qu'elle a également paru dans les

LIII

FRAN. DE HARLAY.

„ Charges & les fonctions de la Robe & de la Guerre, & qu'elle a éclaté
„ par la part qu'elle a eu aux plus importantes affaires du Royaume: auſquelles paroles on adjoustera aisément foy, si on considere qu'elle a porté ces deux brillantes lumieres du Parlement de Paris, Christophle &
Achilles, premiers Presidents, & les Barons de Sancy, & les Comtes de
Cezy. Mais en voila plus que suffisamment touchant sa naissance, puis
qu'aussi-bien dans les Euesques, la Noblesse, quelque considerable qu'elle
soit, l'est tousiours infiniment moins que leur dignité, qui les separe totalement de leur famille, & les oblige de ne signer plus que le nom de
leur Baptesme. Que si quelqu'vn en souhaite apprendre dauantage,
il peut consulter Messieurs de sainte Marthe dans leur Histoire de la Maison de Bourgongne, & le sieur Blanchard dans les Eloges des premiers
Presidents du Parlement de Paris.

VI.
Pourquoy les Euesques ne signent point du nom de leur famille.

VII.
*Il fut preser-
ué d'vn gräd
peril, estant
encor dans
le ventre de
sa mere.*

François nacquit à Paris l'an 1586. aprés auoir couru risque de perdre
la vie auant que d'auoir veu le iour, par l'accident qui arriua à sa mere
estant dans vn carrosse qui versa; mais par vne protection particuliere
de Dieu, ny elle ny son fruit n'en receurent aucun mal. La Nature luy
donna vn visage agreable, majestueux, & propre à gagner l'affection de
ceux auec qui il traitoit: mais cét auantage exterieur n'estoit comme rien,
en comparaison des excellentes qualitez de son esprit. Dés sa jeunesse ses
inclinations parurent toutes portées au bien & à la vertu; & il estoit du
nombre de ceux, de qui on peut dire ce que l'Escriture dit du Sage, qu'il
auoit eu en partage vne bonne Ame. A ce beau naturel se trouuoit jointe vne grande viuacité d'esprit, & vne telle disposition aux bonnes Lettres, qu'il surpassa de beaucoup tous ses Compagnons d'étude. Il apprit
parfaitement les Humanitez, & acquit vne telle connoissance de la Langue Grecque, que depuis ayant esté vn iour inuité par les Peres Cordeliers à dire la Messe en Grec, au lieu d'y Prescher en François selon la
coustume, il y Prescha en la mesme Langue qu'il celebra, en presence
de plusieurs personnes de Condition, & entr'autres de Mr. de Vendôme, qui se faisoit expliquer ce que ce sçauant Prelat disoit par le sieur
Charron Aduocat, homme fort versé dans la Langue Grecque.

VIII.
*Belles quali-
tez de corps
& d'esprit
dont il fut
doué.*

IX.
*Il reüssit par-
faitement däs
les Humani-
tez, & parti-
culierement
dans la Lan-
gue Grecque.*

CHAP.
II.
Sommaire.
I.
*Le Cardinal
de Lorraine
luy resigne
son Abbaye
de S. Victor.*

IL ne reüssit pas moins heureusement dans la Philosophie qu'il apprit
au College de Nauarre, sous le sieur Thomas Desse, depuis Euesque de
Meden en Hibernie. A la fin de son Cours il soûtint publiquement des
Theses en presence de Mr. le Cardinal de Lorraine, lequel fut si satisfait
de la maniere dont il répondit, qu'il enuoya querir vn Notaire, & luy
resigna sur le champ son Abbaye de S. Victor de Paris, laquelle resignation fut agreée par le Roy Henry IV. & par le Pape Clement VIII. qui
luy en accorda ses Bulles, en date du 24. Avril 1603. en vertu desquelles
il prist possession de ce Benefice le second de Iuillet, iour de S. Victor. En
suite il estudia en Sorbonne, & fut le premier de sa Licence, encore qu'il
n'y eut pas moins que trente-trois Bacheliers qui parurent auec luy sur
les bancs. L'an 1610. il répondit de toute la Theologie du Docteur Angelique, auec l'admiration de tous les Assistans, & prist le Bonnet de
Docteur en cette illustre Maison de Sorbonne, où il dit aussi sa premiere

II.
*Il soûtint
auec admira-
tion sur toute
la Theologie*

DES ARCHEVESQVES DE ROVEN.

de S. Thomas, & dissaepremiere Messe en Sorbonne.
III.
Il parut dans ses Predications, dans l'Assemblée de Mantes, & dans l'opposition qu'il fit aux desseins de Richer.

Messe l'année suiuante, après auoir receu le caractere de la Prestrise le iour des Apostres S. Pierre & S. Paul. Aprés cela il s'occupa fort à la Predication, & pour faire tousiours de nouueaux progrez dans les sciences, il recherca auec soin la conference des hommes doctes. S'estant trouué à l'Assemblée tenuë à Mantes par les Euesques de France, il eut l'honneur d'estre choisi pour combatre les Heretiques, & pour tascher de vaincre l'opiniastreté des principaux Ministres ; en quoy il fit paroistre tant de doctrine, de zele, & de force d'esprit, qu'il en acquit l'estime des Prelats, & entr'autres du Cardinal de Ioyeuse, qui le choisit (comme nous auons dit) pour son Coadjuteur en l'Archeuesché de Roüen. Il obtint aisément là-dessus le consentement du Roy, à qui le merite de l'Abbé de S. Victor n'estoit pas inconnu ; comme aussi l'agréement de la Cour Romaine, fort satisfaite du zele qu'auoit témoigné ce jeune Docteur, pour s'opposer aux desseins de Richer, qui auoit tasché par sa nouuelle doctrine, d'obscurcir la dignité du Siege Apostolique.

FRAN. DE HARLAY.

IV.
Le Cardinal de Ioyeuse le prist pour son Coadjuteur, ce qui fut agreé du Pape & du Roy.

Le Pape Paul V. luy accorda donc tres-volontiers le tître d'Archeuesque d'Auguste par son Bref, en date du 9. Septembre 1613. & de Coadjuteur à l'Archeuesché de Roüen ; & pour marque de sa bien-veillance, luy fit donner ses expeditions *gratis*, lesquelles il receut par les mains de Monseigneur *Vbaldin* Nonce de sa Sainteté en France, au moyen dequoy, il fut Sacré le deuxiéme Dimanche de Caresme 1614. par Mr. le Cardinal de Ioyeuse, qui fit cette ceremonie dans l'Eglise des Peres Capucins de Paris, ruë S. Honoré. Voicy vne Lettre que ledit Seigneur Cardinal écriuit à son Chapitre, touchant la reception de son Coadjuteur, & la responce que luy firent Messieurs du Chapitre.

V.
Lettre de Mr. le Cardinal de Ioyeuse, à Messieurs du Chapitre de sa Cathedrale.

Lettre de Monseigneur le Cardinal de Ioyeuse Archeuesque de Roüen, à Messieurs de son Chapitre, sur la Reception de Monsieur l'Abbé de S. Victor, son Coadjuteur audit Archeuesché, du dixiéme Iuillet mil six cens quatorze.

VI.
Motifs qui obligerent ledit Seigneur Cardinal de choisir vn Coadjuteur.

„ Messievrs, sur le sujet que j'eus dernierement de faire vn voyage
„ à Rome, & me rendre prés de la personne de nostre S. Pere le
„ Pape, ie fus émeu du manquement que mon absence pourroit appor-
„ ter à mon Diocese, mesmement estant plein (comme il est) d'vn si
„ grand nombre d'Ames ; & ayant consideré que ce mesme empesche-
„ ment me pourroit aduenir souuent, pour la charge que i'ay en cette
„ Cour des affaires du Roy & de l'Eglise de France ; & outre cela, bien
„ que ie fusse en France j'estois souuent diuerty d'y estre pour diuerses
„ considerations, ie creus estre de mon deuoir & déchargé de ma con-
„ science, de pouruoir à cette Eglise de quelque personnage qui y pûst

VII.
Les excellentes qualitez qu'il sçauoit estre en Mr. l'Abbé de S. Victor, l'obligerent à le choisir.

„ estre plus continuellement que moy. Sur quoy m'ayant esté fait vne
„ tres-bonne Relation de la personne de Mr. l'Abbé de S. Victor, par
„ gens de grande pieté & suffisance, qu'en la mesme personne concur-
„ roient plusieurs qualitez, qui tres-rarement se rencontrent en vn Sujet,
„ comme sa Pieté, & bonne Vie, sa Doctrine témoignée par le degré

LIII ij

FRAN. DE HARLAY.

„ qu'il a acquis en la facrée Faculté de Theologie, & fon Extraction.
„ Ces feules confiderations, & celle du feruice de Dieu, & non la chair
„ ny le fang, encore qu'il y euft quelque parenté entre nous, ny mefmes
„ aucune particuliere connoiffance que j'euffe de fa perfonne, me firent
„ jetter les yeux fur luy, & fupplier leurs Majeftez de le nommer à fa Sain-
„ teté pour eftre mon Coadjuteur & Succeffeur. Sur laquelle propofi-
„ tion eftant furuenuës quelques difficultez que vous auez fceuës, elles
„ m'empefcherent de ne vous propofer ce qui ne fe pût faire, d'executer
„ ce que j'auois fur tout déliberé, qui eft de vous faire premierement en-
„ tendre là-deffus mes defirs & mes intentions, & les caufes d'icelles, &
„ en auoir vos bons aduis & confeils. Mais à mon retour de Rome, cét
„ affaire ayant efté fi diuulgué comme il fut, ie crûs que ce feroit chofe fu-
„ perfluë & mal à propos, de vous faire fçauoir ce qui eftoit defia com-

VIII.
Il leur recom-
mande auec
beaucoup de
tendreffe.

„ mun à tout le monde. Or maintenant que toutes les difficultez font
„ leuées, & que noftre S. Pere l'a deftiné pour mon Coadjuteur en cette
„ Eglife, pour mefmes m'y fucceder aprés qu'il aura plû à Dieu de m'ap-
„ peller, & qu'il eft preft de s'y en aller au pluftoft; ie le vous ay premie-
„ rement bien voulu faire fçauoir, & par mefme moyen vous prier de le
„ voir & receuoir volontiers, tant pour fes merites que pour l'amour de
„ moy qui vous en prie, & qui m'en fentiray tres-obligé, ne luy ayant
„ auffi rien tant recommandé que de vous témoigner en toutes chofes
„ vne particuliere affection, comme elle conuient entre vous & moy,
„ & par mefme moyen enuers vn qui reprefente ma perfonne; Et ce qui
„ me fait vous prier de le traiter d'autant plus fauorablement, eft qu'il la
„ reprefente non comme feroit vn Archeuefque Suffragant, comme il
„ y en a eu en cette Eglife, mais comme vn Coadjuteur qui doit faire
„ mes fonctions, & qui eft deftiné, & fera (s'il plaift à Dieu) vn iour
„ voftre Archeuefque. Et ie vous puis affeurer que le fauorable traite-
„ ment qu'il receura de vous autres Meffieurs, ie le tiendray & reffentiray
„ plus que fait à moy, & qui m'en reuencheray à toutes les occafions qui
„ fe prefenteront pour voftre bien & contentement, auec la mefme vo-
„ lonté que j'ay à fupplier noftre Seigneur, Meffieurs, vous maintenir en
„ fa fainte grace.

De la Villette prés Paris
le 10. Iuillet 1604.

Voftre affectionné Confrere à vous feruir,
FRANÇOIS Cardinal de Ioyeufe.

Refponfe de Meffieurs de Chapitre à Monfeigneur le Cardinal de Ioyeufe, fur la Reception de Monfieur l'Abbé de S. Victor fon Coadjuteur, du dix-huitiéme Iuillet mil fix cens quatorze.

IX.
Refponfe de
Meffieurs de
Chapitre
audit Sei-
gneur Cardi-
nal.

„ MONSEIGNEVR,

„ Voftre Chapitre a toufiours craint, que les continuels diuertiffe-
„ ments des affaires generales de la Chreftienté, & les particulieres de

„ ce Royaume, ne permissent long-temps voſtre preſence en Norman- FRAN. DE
„ die, & que le grand beſoin que la France auoit de vos Sages & vtiles HARLAY.
„ Aduis, ne nous emportaſt bien-toſt ce que nous reſpections ſi chere-
„ ment, & deſirions auec tant d'ardeur de conſeruer dans ce Dioceſe.
„ Comme nous l'auions apprehendé, il nous arriue aujourd'huy, ſur
„ quoy nous ſommes obligez de vous témoigner à bon eſcient, combien
„ voſtre abſence plus que jamais nous eſt ſenſible; & la reſolution que
„ vous eſtes contraint de prendre pour aſſiſter leurs Majeſtez, impor-
„ tante à l'honneur que nous auions eſperé, de vous pouuoir ſeruir dans
„ les fonctions de voſtre Egliſe. En ce regret, le plus cuiſant que nous
„ ayons iamais eu, nous ne pourrions receuoir de conſolation, s'il n'euſt
„ plû à voſtre bonté (MONSEIGNEVR) de nous fauoriſer de la voſtre, qui
„ nous a eſté nouuellement renduë de voſtre part, laquelle nous ſom-
„ mes tenus d'honorer à iamais, pour les preuues aſſeurées que nous y
„ reconnoiſſons de voſtre affection, & dont nous vous remercions auec
„ autant d'humilité & de ſubmiſſion, que peuuent faire vos tres-obeïſ-
„ ſans ſeruiteurs. Le ſoin que vous daignez prendre de voſtre Dioceſe
„ & Clergé, (par le choix de Mr. de S. Victor, appellé pour ayde de vos
„ trauaux, & Coadjuteur en voſtre Archeueſché) nous donne bien vn
„ grand contentement; la reputation de ſa Preud'homie, Pieté, Suffi-
„ ſance & Merite, reconnus par tous les Ordres de ce Royaume, nous
„ conuient fort d'en eſtimer l'élection, à quoy nous ſommes particu-
„ lierement portez pour l'honneur qu'il reçoit de voſtre Alliance: Mais
„ rien ne nous touche ſi viuement, comme l'ordre qu'il vous plaiſt luy
„ preſcrire, d'affectionner cette Compagnie toute attachée à voſtre
„ reſpect; jugeant auec grande conſideration, que la plus ferme ſoudure
„ à ſerrer les volontez, eſt celle qui part de la bien-veillance des Supe-
„ rieurs, pour obliger ceux qui leur ſont commis, de s'attacher à
„ leur ſeruice. Nous tenons à vne extrême faueur, la recommanda-
„ tion des belles qualitez de Monſieur de S. Victor, & les priſons da-
„ uantage, puiſqu'elles viennent de voſtre jugement particulier; auſſi
„ en agréons-nous volontiers le choix & l'élection, & nous promettons
„ (MONSEIGNEVR) qu'il ne partira jamais perſonne de voſtre main, qui
„ ne ſoit veu, receu, & bien tendrement chery de voſtre Chapitre.
„ Monſeigneur voſtre Coadjuteur l'apperceura aux occaſions, & ſentira
„ que (ſauf les prerogatiues de voſtre dignité Archiepiſcopale, deſquel-
„ les nous entendons demeurer à iamais autant jaloux, que le doiuent
„ eſtre les membres, de la conſeruation de leur Chef) nous luy rendrons
„ tous les honneurs, ſubmiſſions & reſpects deubs au Coadjuteur du
„ premier Cardinal de la Chreſtienté, & du plus Ancien Archeueſque
„ de France: & ſi nous ſommes aſſez hardis à luy déferer, autant qu'il
„ pourroit ſouhaiter de nos ſeruices, & que les Conſtitutions de l'Egliſe
„ ne donnaſſent aſſez de lumiere aux doutes qui en pourroient naiſtre;
„ Voſtre Prudence (MONSEIGNEVR) à laquelle nous nous ſubmettons,
„ ſera s'il luy plaiſt le niueau de nos reſolutions, & nous formera le
„ Reglement ſur lequel nous dreſſerons noſtre obeïſſance. En cette

FRAN. DE HARLAY.

,, verité, nous prions Dieu (Monseigneur) qu'il luy plaise vous donner
,, en parfaite santé, tres-longue & heureuse vie.

De Roüen ce 18.
Iuillet 1614.

Vos tres-humbles & tres-obeïssans Seruiteurs
les Doyen, Chanoines & Chapitre de
vostre Eglise de Roüen.

Par le commandement de mesdits Sieurs,
LE CHEVALIER.

CHAP. III.

Sommaire.
I.
Le Cardinal de Ioyeuse estant mort, il prend possession, & est receu en qualité d'Archeuesque.

Monseigneur de Harlay fit en suite signifier ses Bulles au Chapitre de Roüen, qui receut cette signification auec joye. Les Registres de l'Abbaye de S. Victor témoignent que le nouuel Archeuesque (leur Abbé) y fut receu solemnellement la veille de Pentecoste 1614. & qu'il Officia Pontificalement le lendemain. L'année suiuante, le Cardinal de Ioyeuse estant decedé, il prit possession du Siege Archiepiscopal, non plus en qualité de Coadjuteur, mais d'Archeuesque; ce qu'il fit le huitiéme de Decembre par le sieur de la Rocque Abbé de la Noë, & Tresorier de la Cathedrale, Conseiller au Parlement, son Procureur special à cét effet. Il differa son Entrée solemnelle au neufiéme ensuiuant, en laquelle il fut receu de tous les Ordres de la Ville, auec pareille pompe & pareille demonstration de joye publique, que ses Predecesseurs; cette reception ne se fit qu'au retour de son voyage de Poitiers, où il alla trouuer le Roy, afin de prester serment de fidelité pour le Temporel de son Archeuesché.

II.
Plusieurs particularitez touchant la Reception que luy fit le Parlement de Roüen à son Entrée en la Ville.

Ayant appris assez exactement les particularitez de son Entrée, à l'égard de ce qui se passa au Parlement, & de la Reception qui luy fut faite en cette auguste Compagnie, j'ay crû que ie ne deuois pas en priuer le public. Ce fut donc le 9. iour de Decembre 1615. que les Chambres furent assemblées, pour déliberer sur les lettres closes du Roy, & autres lettres de Messire François de Harlay Archeuesque de Roüen, adressantes à la Cour, & presentées à icelle par le sieur de la Rocque Conseiller en ladite Cour, & Grand-Vicaire dudit Seigneur Archeuesque, pour l'Entrée qu'iceluy sieur Archeuesque desiroit faire en la ville de Roüen le premier Dimanche d'aprés les Rois prochains, & d'icelles lettres telle estoit la teneur.

DE PAR LE ROY.

III.
Lettres de Cachet à Messieurs de Parlement, touchans sa Reception.

,, NOs Amez & Feaux, Ayant agreable que nostre Amé & Feal Conseiller en nostre Conseil d'Estat & Priué, Messire François de
,, Harlay, de present Archeuesque de Roüen, par la Resignation, à con-
,, dition de Coadjutorie & future succession, que feu nostre tres-cher
,, Cousin le Cardinal de Ioyeuse luy en auoit faite de son viuant, soit
,, admis en cette Dignité auec les honneurs qu'elle merite. Nous vous
,, faisons cette lettre, pour vous mander & asseurer que nous trouuons
,, bon, quelors que ledit Archeuesque fera son Entrée en nostre ville de

DES ARCHEVESQVES DE ROVEN. 639

„ Roüen, vous luy rendiez en cette occasion les mesmes témoignages de FRAN. DE HARLAY.
„ respect & de reuerence que les précedens Archeuesques ont receu de
„ vous en semblables occasions, enquoy vous ne ferez faute; CAR tel est
„ nostre plaisir. Donné à Poictiers le 16 iour de Septembre 1615. Signé
„ LOVIS. Et plus bas, POTTIER. Et à la suscription: A nos Amez &
„ Feaux Conseillers les Gens tenans nostre Cour de Parlement à Roüen.

IV.
Autre Lettre dudit sieur Archeuesque aux mesmes.

Autre Lettre dudit sieur Archeuesque.

MESSIEVRS,

„ Ie ne puis desirer auec assez de passion l'honneur d'estre bien-tost
„ en vostre Compagnie; où ie me promets auec raison, que vous secon-
„ derez les bonnes intentions que j'apporte pour le seruice de Dieu, du
„ Roy & du Public, qui demandent de moy l'exemple de cette fidelité
„ en ma Charge. Ie viens à Vous comme Archeuesque, mais j'y viens
„ encore comme vn de Vostre Corps, obligé d'aimer ce que vous ai-
„ mez, & de n'estre qu'vn mesme Esprit & qu'vne mesme Volonté auec
„ la Vôtre; C'est pourquoy le desir extréme que j'ay de me voir en cet-
„ te heureuse liaison, & ne receuoir autres impressions & inclinations
„ que celles qu'il vous plaira me donner, m'a fait haster mon Entrée, &
„ me resoudre à la faire le premier Dimanche apres les Roys. I'ay l'hon-
„ neur de Vous enuoyer les Lettres de sa Majesté pour ce sujet, & d'elle
„ & de Vostre bien-veillance, dont j'ay déja reconnu des effets bien par-
„ ticuliers; j'espereray la faueur & l'assistance qu'il vous plaira me rendre
„ en cette action, dont le sujet & la bonne fortune venant de Vous,
„ m'obligera de demeurer toute ma vie,
„ MESSIEVRS,

Vostre tres-humble & obeïssant seruiteur
FRANÇOIS DE HARLAY Arche-
uesque de Roüen.

Et à la marge estoit écrit: A Gaillon ce 17 Decembre 1615. *Et à la suscription*,
A Messieurs, Messieurs de la Cour de Parlement de Roüen.

V.
Deliberation de Messieurs de Parlement sur les deux précedentes Lettres.

Aprés lecture faite desdites Lettres, & veu le Registre & la deliberation faite en ladite Cour, le 15 May 1599. & de ce qui fut obserué pour
l'Entrée de feu Messire Charles de Bourbon en ladite qualité d'Archeuesque de Roüen, lequel estoit frere naturel du feu Roy Henry le
Grand, dernier decedé, en consequence d'autre Registre du 5 Avril auant
Pasques 1551. pour l'Entrée de feu Mr. le Cardinal de Vendosme aussi
Archeuesque de Roüen, & la matiere mise en deliberation, fut passé &
arresté, qu'il seroit rendu pareil honneur, & en semblable nombre de
Messieurs les Presidents, Conseillers & Gens du Roy, qu'à l'Entrée dudit Seigneur Archeuesque de Bourbon; A sçauoir, deux de Messieurs les
Presidents, & huict de Messieurs les Conseillers de la Grand' Chambre,
& neuf des Enquestes, qui seroient députez chacun en sa Chambre, &
deux des Gens du Roy, lesquels iroient en Corps à l'Entrée dudit sieur

FRAN. DE HARLAY. Archeuefque, auec leurs Robes Noires, Chaperons & Bonnets, montez fur des Mules, & feroient affiftez du Greffier Ciuil ou de fon principal Commis, & fix Huiffiers pour le iour de Dimanche que fe feroit l'Entrée; & que le l'endemain, lefdits fieurs affifteroient ledit fieur Archeuefque arriué, en Particulier, & non en Corps, auec leurs Robes de foye, depuis l'Abbaye de S. Oüen d'où il partiroit pour aller par deuant Saint Amand, de là à S. Erblanc, & dudit lieu en l'Eglife Noftre Dame.

VI.
Autre delibe-
ration tou-
chant l'ordre
& le rang
que deuoit
tenir la Cour
en cette En-
trée.

Le 7 iour de Ianuier 1616. les Chambres furent affemblées, compris les Requeftes & les Gens du Roy, & la caufe de l'Affemblée propofée par Mr. le premier Prefident, eftoit pour l'execution de ce qu'il fut au dernier iour par la Cour, pour ce qui eftoit à obferuer à l'Entrée que deuoit faire en cette Ville de Roüen le fieur Archeuefque de Roüen Dimanche prochain, & pourroit à ce que l'ordre & le rang qu'auoit toûjours tenu la Compagnie luy fut gardé, fans qu'elle y fut empefchée, & qu'il eftoit à propos de faire vifiter Mr. de Montbafon Lieutenant General pour le Roy en ce Gouuernemẽt, par deux des Gens du Roy, pour luy faire entendre la forme contenuë aux Regiftres de la Cour ; à fçauoir, que les Deputez d'icelle ont accouftumé de demeurer fous la Voute de la porte de S. Hilaire, fans que la Chambre des Comptes ny autres Compagnies s'y puiffent arrefter pour faire la reception dudit Archeuefque, le priant de la part de ladite Cour, de faire en forte qu'il ne fuft rien innoué à ce qui auoit efté de tout temps obferué en telle Ceremonie, tant le iour de l'Entrée que le l'endemain ; & aprés auoir procedé à

VII.
Noms de
Meffieurs les
Deputez de
Cour pour
cette Ceremo-
nie.

la nomination de Meffieurs les Prefidents & Confeillers, & l'vn des Gens du Roy, pour fe trouuer à ladite Entrée, & faire lecture de la lifte de Meffieurs les Prefidents Magnard & le Roux, Meffieurs de Croifmare, Dyel, Turgot, Voifin, de la Champagne, Trofnel, Roger, & Bethencour, de la Grand' Chambre, & Meffieurs du Buiffon, du Rozel, Labbé, Toutain, la Vache, Bretel, du Vair, Blondel & du Moucel, Fut arrefté que lefdits fieurs nommez & deputez fe trouueroient en ladite Entrée, & pour fe tranfporter par deuers ledit fieur de Montbazon, deputez Meffieurs de Bretigneres & le Guerchois Procureur & Aduocat Generaux du Roy.

VIII.
Difficulté qui
arriua tou-
chant la pla-
ce de Mef-
fieurs de la
Chambre des
Comptes.

Ie diray pour abbreger cette matiere, que nonobftant cette préuoyance, & que ledit fieur de Montbazon eut promis de leur faire garder la Voute de S. Hylaire toute entiere, qu'il ne laiffa pas d'y auoir grand bruit le iour de ladite Entrée, parce que Meffieurs de la Chambre des Comptes pretendoient deuoir auffi auoir place fous ladite Voute, quoy qu'on leur euft préparé vne Tente de Tapifferie au delà du Pontleuis, ce qui caufa vn grand defordre.

CHAP. IV.
Sommaire.
I.
Les Chambres
affemblées
deliberent fur
la Reception
dudit Sei-
gneur dans
le Parlement.

TRois iours aprés cette Ceremonie, fçauoir le Ieudy 14. Ianuier 1616. les Chambres du Parlement furent affemblées, compris les Requeftes & Gens du Roy. La caufe de ladite Affemblée, propofée par Mr. le premier Prefident, eftoit pour deliberer fur la Reception de Meffire François de Harlay Archeuefque de Roüen, venant fe faire receuoir en qualité de Confeiller né. Surquoy, ayant efté arrefté qu'il feroit receu,

& auroit

DES ARCHEVESQVES DE ROVEN. 641

& auroit seance en la Cour comme Archeuesque de Roüen; & sur ce FRAN. DE HARLAY.
que l'on commençoit à déliberer, si ledit sieur Archeuesque deuoit
prester le serment en ladite Cour auant que d'y entrer, & à voir pour
cét effet les Registres des Deliberations sur ce faites, lors des Entrées des
predecesseurs Archeuesques, & de leurs venuës en la Cour; fut rapporté
que ledit Archeuesque estoit desia entré en la grande Chambre de l'Audience, pourquoy furent enuoyez au deuant de luy quatre de Messieurs
les Conseillers de la Grande Chambre; à sçauoir, Messieurs de la Tigeo-
nere & Turgot Clercs, & Croismare & Voisin Laiz, pour le receuoir; &

II. *Son Entrée, & la Harangue qu'il fit.*
cependant comme on voyoit les Registres, ledit sieur Archeuesque
entra reuestu de son Rochet, & par dessus de son Camail, & sous sondit
Rochet d'vne grande Chappe de camelot de soye ondé violet, fourrée
de blanc, & vn bonnet carré; & s'estant assis sur le Carreau de velours
violet, à luy preparé au banc du Parquet de la Grande Chambre, à main
droite de la seance de Messieurs les Presidents, aprés auoir salüé la Compagnie, fit sa Harangue, dans laquelle il remercia le Parlement de l'hon-
,, neur qu'il luy auoit fait en son Entrée, témoigna son déplaisir, tou-
,, chant le petit desordre qui s'y estoit passé, & l'assura du sincere desir
,, qu'il auoit de luy rendre tousiours des preuues du respect & de l'affe-
,, ction qu'il se croyoit obligé d'auoir pour vne Compagnie si venera-
,, ble, & de concourir auec elle à l'execution des choses qui se trouue-
,, roient vtiles à l'honneur de Dieu, au seruice du Roy, & au bien com-
,, mun de la Prouince.

III. *Responsse que luy fit Mr. le premier President.*
,, Il luy fut répondu par Mr. le premier President; Qu'il ne pouuoit pas
,, douter que son arriuée & sa presence ne fussent extrémement agrea-
,, bles à la Cour; qu'il luy auoit esté facile de reconnoistre cette verité
,, par les honneurs qu'elle auoit rendus à sa dignité & à sa personne,
,, qu'on luy auoit deferé les mesmes respects dont on auoit vsé enuers
,, ses Predecesseurs, qui auoient tous esté des Prelats illustres par leur
,, naissance, & par leurs autres Charges dans l'Eglise, & par leurs meri-
,, tes & leurs seruices; qu'il deuoit d'autant plus estimer ces marques
,, d'honneur, qu'elles luy estoient déferées plus volontairement. Que
,, la Cour ayant eu aduis qu'il venoit au Palais, s'estoit assemblée pour le
,, receuoir, & pour entendre ce qu'il luy plairoit proposer. Que pour
,, cét effet, elle luy auoit donné place en vn lieu où les Princes, les Car-
,, dinaux, les Officiers de la Couronne, les Gouuerneurs, & les Lieute-
,, nants Generaux, tiennent à honneur d'auoir seance; parce que la
,, Majesté du Roy est censée y estre tousiours presente. Qu'elle l'auoit
,, admis à ce rang, sans auoir auparauant exigé de luy le serment ordi-
,, naire & deub sans exception, par tous ceux qui entrent dans les Com-
,, pagnies Souueraines. Que cette conduite du Parlement enuers luy,
,, estoit vne grace particuliere faite à sa dignité, & vne preuue du res-
,, pect que la Cour auoit pour l'Eglise. Qu'ainsi sçauoit-elle bien qu'au
,, sentiment de l'Empereur Iustinian, les deux plus grands biens dont la
,, bonté Diuine auoit gratifié les hommes, estoient le Sacerdoce & la
,, Royauté; le premier, pour rendre à Dieu l'hommage & l'adoration

Mmmm

FRAN. DE HARLAY.

,, qui luy est deuë ; & l'autre, pour gouuerner les hommes, & leur faire
,, obseruer les loix de la societé ciuile. Que ces deux puissances partoient
,, d'vn mesme principe, & faisoient le bonheur & la felicité de la vie
,, humaine, quand ceux qui en estoient les dépositaires en sçauoient
,, faire vn bon vsage. Que par ce moyen le Sacerdoce attiroit sur la terre
,, les graces & les benedictions du Ciel, & que la Royauté faisoit fleu-
,, rir la Paix & la Iustice dans l'Estat, d'où il resultoit vn bon accord, &
,, (comme parle cét Empereur) vne symphonie qui estoit tres-agréable
,, & tres-auantageuse au genre humain. Que la bonne conduite qu'il
,, auoit fait paroistre dans l'exercice de sa charge de Coadjuteur, estoit
,, vn gage & vne assurance de ce que la Prouince pouuoit attendre de
,, luy pour l'aduenir, que chacun auoit tout sujet de bien esperer de son
,, Administration & de son Pontificat : comme luy de sa part deuoit
,, estre assuré du respect & de la bien-veillance de la Cour, qui le remer-
,, cioit des témoignages d'affection qu'il luy auoit rendus, & qui seroit
,, tousiours disposée à l'assister dans toutes les choses qui regarderoient
,, le seruice de Dieu & du Roy, & la conseruation de sa dignité Sacrée
,, & de ses Droicts & Prerogatiues legitimes.

IV.
Il fut receu sans prester Serment.

Et ce fait, sans auoir ledit Archeuesque presté Serment, les Chambres se separerent, & Messieurs les Presidents & Conseillers de la Grande
Chambre monterent aux hauts Sieges pour tenir l'Audience, où ledit
sieur Archeuesque assista, & eut Seance suiuant qu'il est contenu aux
Registres. C'est à peu prés tout ce qui se passa dans cette Ceremonie.

V.
Le Diocese auoit grand besoin de la presence de son Prelat.

Il seroit difficile d'exprimer auec combien de zele & d'application il
trauailla à la vigne du Seigneur, aprés qu'il eut satisfait aux ciuilitez &
aux deuoirs de bien-seance, à quoy l'obligea d'abord cette nouuelle
dignité ; aussi le Diocese auoit-il besoin de ses soins, veu le peu de
residence qu'auoient fait ses Predecesseurs ; car c'est la plus grande de
toutes les erreurs de s'imaginer, que des Grands Vicaires, quelques habiles & vigilans qu'ils soient, puissent entierement suppléer à la presence
des Prelats, y ayant vne infinité de choses qui demandent la fonction
personnelle, la parole, & l'exemple des Pasteurs ; ainsi que l'Ecriture, les
SS. Decrets, la lumiere naturelle, & l'experience l'enseignent.

VI.
Il commença les fonctions de sa Charge auec vn zele extraordinai- re.

Nostre Archeuesque, qui estoit bien persuadé de cette verité, se mit
donc à resider fort exactement, à faire luy-mesme les Visites ordinaires
de son Diocese, à s'informer des desordres, à connoistre les besoins de
son Troupeau, & à remedier promptement aux maladies les plus dan-
gereuses ; son zele Apostolique en la Predication de la parole de Dieu,
le soin qu'il prenoit des Ames, & principalement de tant de pauures
Brebis errantes qu'il taschoit de ramener de la Synagogue de Caluin
dans l'Eglise Catholique, l'extréme desir qu'il auoit de remettre en vigueur l'Obseruance des Saints Canons & la Discipline Ecclesiastique,
sont assez connus de tout le monde.

VII.
Assemblée du clergé, où il parut, & où il prefida.

Sa vertu & ses grandes qualitez ne parurent pas moins dans les Assemblées du Clergé, où l'Eminence de sa Charge & son amour pour
l'Eglise l'obligerent de se rencontrer, & où plusieurs fois il eut l'honneur

DES ARCHEVESQVES DE ROVEN.

de préſider, ainſi qu'il fit à celle de Paris de l'an 1626. & aſſiſta à celle de Fontenay 1628. Il auoit eſté choiſi dés l'an 1615. pour porter la parole au Roy Louis XIII. au nom du Clergé de France. Il aſſiſta auſſi à l'Aſſemblée des Notables tenuë à Roüen en 1617. & à Paris en 1627. où en la preſence de tous les Ordres du Clergé, & des plus conſiderables perſonnes du Royaume, il fit derechef vne tres-docte Harangue, que les curieux peuuent voir imprimées ailleurs.

FRAN. DE HARLAY.

V. Les Meṁoires du Clergé.

VIII.
Il fut le Protecteur du Peuple & des Miſerables.

Il eut touſiours beaucoup de compaſſion pour les miſeres du Peuple, & cette tendreſſe ſi digne d'vn Eueſque, qui doit eſtre d'vne façon ſinguliere, l'Azile, le Protecteur, & le Pere des miſerables, le porta dans les occaſions qui s'en preſenterent, à parler auec chaleur pour ſon ſoulagement, tant dans les Aſſemblées publiques, que dans la conuerſation & les conferences particulieres auec les Grands de l'Eſtat ; Ce qui paroiſt meſme par quelques-vns de ſes Ouurages qu'il a fait imprimer à Gaillon.

CHAP. V.
Sommaire.
I.
Son zéle pour l'eſtude, & pour remettre en pratique les ſaints Canons.

IL s'adonna fort à l'eſtude des anciens Canons, non pour en faire vne vaine oſtentation de doctrine, ou par vne ſimple curioſité, comme font pluſieurs qui regardent les ſaints Decrets des premiers ſiecles, auec la meſme froideur & la meſme indifference que les Loix des douze Tables, & les Ordonnances de la Republique Romaine, mais par vne paſſion ardente qu'il auoit pour la reſtauration & le maintien de la diſcipline de l'Egliſe, & afin de ſuiure autant que la condition des temps le permettoit, ces anciens Decrets dans les Statuts & les Reglemens, qu'il eſtoit obligé de faire pour le gouuernement & le bien ſpirituel de ſon Dioceſe ; lequel zéle pour la Police du Clergé, eſtoit ſouſtenu d'vne fermeté & d'vne fidelité inuiolable pour la deffence des droits de l'Egliſe, & accompagné d'vne ſollicitude vraymen Paſtorale pour la conuerſion des Caluiniſtes. Ce qu'il témoigna bien en ce qu'il fit pour le reſtabliſſement du culte Diuin dans le Bearn, d'où la ſeruante & la concubine, c'eſt à dire au langage de S. Auguſtin, l'Hereſie auoit inſolemment chaſſé la Dame & l'Epouſe legitime, c'eſt à dire (ſelon le meſme Pere) la Religion Catholique. Mais les choſes furent remiſes dans l'ordre par la pieté & la Iuſtice du Roy, & par les ſoins & les trauaux des gens de bien, & entr'autres de noſtre Prelat & de Mr. de Marca, depuis Archeueſque de Paris.

II.
Et pour la conſeruation des droits de l'Egliſe, & la conuerſion des Caluiniſtes.

Aug. l. 4. c. 1. de Symbolo.

III.
Abjuration qu'il fit faire à vn Miniſtre en l'Egliſe de S. Oüen, preſence du Roy.

Entre les Conuerſions auſquelles contribua noſtre vigilant Paſteur, j'en remarque vne qui fut des plus éclatantes ; ſçauoir celle du ſieur du Pray Miniſtre de la Religion prétenduë, qui abjura ſes Hereſies en l'Egliſe de S. Oüen le iour de Noël de l'année 1618. en preſence de toute la Cour ; la Ceremonie ſe paſſa en cette maniere. Le Roy eſtoit au haut bout des chaires du Chœur, & noſtre Prelat dans l'autre coſté des meſmes chaires vis à vis de ſa Majeſté, qui l'auoit voulu de la ſorte ; les Veſpres qui furent chantez par la Muſique du Roy ; eſtant finies, noſtre Archeueſque alla droit à l'Autel, où eſtoit déſia le Miniſtre conuerty, & où de part & d'autre eſtoient pluſieurs Princes, Eueſques & Seigneurs. Il commença les Ceremonies, & par fois commanda au Peuple (ſelon

Mmmm ij

FRAN. DE HARLAY.
IV.
Paroles dont il vsa enuers le nouueau Conuerty.

que le Rituel de l'Eglise l'ordonne en ces cas) de se prosterner à genoux pendant certaines Prieres; & ayant pris de sa gauche la main droite du Conuerty, suiuant les saints Canons, il luy dist qu'on luy faisoit faueur, veu que l'ordre estoit de prendre hors la porte de l'Eglise, & au paué de la rue, ceux qu'on reconcilie ; qu'on l'auoit tout d'vn coup introduit auprés de l'Autel, sur les asseurances que des personnes de Condition auoient données de sa bonne volonté, qu'il deuoit estre animé à bien faire cette action, tant par la presence du Roy qui par vn mouuement de sa pieté auoit voulu estre le spectateur de cette Ceremonie, que par celle de cette multitude de Peuple qui l'enuironnoit de toutes parts. En suite, il l'exhorta de faire humblement & deuotement son Abjuration, & de produire autant d'actes de Foy qu'il rendoit de responses ; ainsi s'acheua la Ceremonie, au contentement de tout le monde. Il alla depuis

V.
Il le presente au Roy.

presenter le nouueau Catholique à sa Majesté, laquelle le receut auec beaucoup de bonté, & saluant le Roy il luy fit vne petite Harangue, dont voicy à peu prés la substance : Il dit qu'il estoit bien raisonnable
,, que sa Majesté contribuast la premiere à la consolation de ce nouueau
,, Conuerty, puisqu'elle auoit honoré de sa presence sa reconciliation à
,, l'Eglise. Que si la Table des Rois de France (comme rapporte Yues de
,, Chartres) estoit autrefois jugée si sacrée, qu'elle deslioit mesme des
,, Censures comme estant Religieuse, & appartenant au fils aisné de l'E-
,, glise ; ce n'estoit point changer les justes deuoirs en flateries, si vn pe-
,, nitent qui abjure publiquement ses erreurs, ayant esté premierement
,, deslié par l'authorité de l'Eglise, venoit aprés cette liberté recouuerte
,, en I. C. presenter ses chaisnes rompuës & ses fers brisez, aux pieds de
,, celuy qui est la viue Image de Dieu en terre, & le premier Roy de la
,, Chrestienté. Que sa Majesté prenant les affaires de Dieu à cœur, &
,, tendant les bras à ceux qui rentrent dans la Communion de la verita-
,, ble Eglise, Dieu prendroit soin de son Royaume, le deliurant bien-tost
,, de la diuision qui s'y trouuoit en matiere de Religion, & luy donne-
,, roit enfin vne Couronne au Ciel, dont celle qu'il portoit n'estoit que
,, l'ombre & la figure.

Telle fut la fin de cette action de pieté, qui donna de la satisfaction & de la joye à tous les gens de bien, & vn bel exemple de conuersion aux Caluinistes, qui voyoient vn de leurs Maistres d'erreur, se rendre enfin disciple de la verité.

VI.
Aprés les visites de son Diocese, il fit des Statuts Synodaux tres-vtiles.

La connoissance que nostre Prelat auoit des maladies de son Troupeau, tant par ses visites que par le rapport de ses Officiers, le porta à faire quantité d'Ordonnances & de Statuts Synodaux, qui seront à jamais vn monument de sa Doctrine, de sa Sagesse, & de sa Vigilance Pastorale, & dont l'obseruation apportera tousiours beaucoup d'vtilité & d'ornement à la discipline Ecclesiastique ; aussi a-ce esté cette consideration qui a obligé son tres-digne Successeur, de reduire à vn corps tous ces Decrets, & pour en montrer le merite & l'importance d'y adjouster vn Statut qu'il publia au Synode d'Esté l'an 1652. En voicy quelques periodes qui prouueront ce que ie viens de dire.

DES ARCHEVESQVES DE ROVEN. 645

FRAN. DE HARLAY.

VII.
Témoignage de son Successeur, de l'estat où il auoit trouué le Diocese.

„ François, &c. Pour donner au Peuple de Dieu qui nous est commis,
„ des fruits de nostre premiere Visite generale, & pour nous réjoüir auec
„ nostre Troupeau de l'estat merueilleux où nous auons trouué ce grand
„ Diocese, qui doit estre le modele de tous ceux de la Prouince ; nous
„ ne pouuons rien declarer ny de plus pressant ny de plus édifiant pour
„ la satisfaction & pour la consolation des Peuples, que de nous voir en
„ estat de n'estre point obligez à establir aucunes Ordonnances nouuel-
„ les dans ce premier Synode, & de laisser le mysterieux langage des

VIII.
Que le bon ordre dépendoit de l'exacte obseruance de ses Statuts.

„ Prestres pour nous seruir en mesme temps de la parole populaire, &c.
„ & faire connoistre à vn chacun qu'il n'est pas tant necessaire de com-
„ poser de nouueaux Reglements, que d'executer fidellement les an-
„ ciennes Ordonnances, &c. C'est ce qui obligera doresnauant nos
„ Officiers à redoubler leurs soins, pour l'estroite obseruance de nos Re-
„ glements, & à ne plus presumer desormais de nous faire receuoir, en
„ cas de desobeïssance, aucune excuse sur ce sujet, &c.

Voila ce que ce judicieux Prelat ordonna, aussi-tost qu'il eut pris connoissance de l'estat où son Predecesseur luy auoit laissé son Diocese, & du soin qu'il auoit eu d'y establir de tres-saintes Loix.

CHAP. VI.

Sommaire.
I.
Il fit reformer tous les Liures d'Eglise, & les mettre en l'estat où nous les voyons.

Mais si ce grand Prelat se montra si zelé pour la maison de Dieu & pour establir vne bonne Police dans son Diocese, il ne le fut pas moins pour ce qui regarde immediatement le culte de Dieu, & la celebration de l'Office de l'Eglise. Comme auec le temps il s'estoit glissé beaucoup de choses dans le Chant, dans les Breuiaires, & les autres Liures à l'vsage de l'Eglise, lesquelles n'estoient pas dans l'ordre, n'ayans esté introduites que par d'anciennes pratiques, nullement fondées en authorité ny en raison, ou par vne deuotion peu reglée de quelques particuliers ; il changea & corrigea ce qui meritoit d'estre reformé, tant dans le Breuiaire, Diurnal, Manuel des Curez, que dans le Messel, Graduels, Antiphonaires, Processionaux ; enfin dans tous les Liures d'Eglise qu'il remit dans la pureté que nous les voyons aujourd'huy, qui ne fut pas vn petit trauail, mais qui estoit tres-necessaire, & qui veritablement auoir esté commencé, mais non pas acheué, du temps du Cardinal de Bourbon le plus ancien des trois qui ont gouuerné l'Eglise de Roüen.

II.
Son zele & sa pieté pour reformer les Monasteres de son Diocese.

Il fit encore paroistre son zele par le soin qu'il prit de procurer la Reforme de la plusspart des anciens Monasteres de son Diocese, lesquels comme les autres de France estoient tombez dans vn extréme relaschement ; & ce n'est pas vne des moindres preuues de l'estime qu'on faisoit de sa Pieté & de sa Sagesse, que le choix qu'on fit de sa personne pour trauailler à la reforme des Ordres de S. Augustin & de S. Benoist, les premieres resolutions d'y remettre la Discipline & le bon Ordre ayant

III.
Il fut nommé dans l'Assemblée des Notables de Roüen, pour reformer les Monasteres.

esté prises sous son Pontificat, dans l'Assemblée des Notables tenuë à Roüen (& comme l'a fort bien remarqué le Pere Dom Laurens Benard dans ses Pareneses) il fut nommé par cette illustre Compagnie auec Cardinal de la Rochefoucault & Messire Charles Miron Euesque d'Angers, conformément à l'intention de sa Majesté, en suite authorizes par

Mmmm iij

FRAN. DE HARLAY.
IV.
Il commença sa Commission par l'Abbaye de Iumiege.

vn Bref Apostolique, pour promouuoir incessamment vne si sainte entreprise ; En effet, il s'y employa depuis auec tant d'ardeur, que pour donner l'exemple aux autres Euesques de ce qu'ils deuoient faire, dés que la Reforme de S. Benoist parut en France par la pieté de quelques anciens Religieux, il la fauorisa dans ses commencemens, l'ayant introduite dans l'Abbaye de Iumiege, l'vne des plus belles & des plus anciennes de son Diocese : Voicy la Lettre qu'il adressa aux Religieux de cette Abbaye pour ce sujet.

V.
Lettre qu'il écriuit pour ce sujet au Prieur & Conuent de cette Abbaye.

„ FRANÇOIS de Harlay par la misericorde de Dieu & la grace du Saint
„ Siege Apostolique Archeuesque de Roüen, Primat de Normandie :
„ A nos bien-aimez Freres, le Prieur & les Religieux de l'Abbaye de Saint
„ Pierre de Iumiege, Ordre de S. Benoist de nostre Diocese ; & à tous
„ ceux qui ces presentes Lettres verront, Salut en Nostre Seigneur.
„ Ayant découuert lors que nous nous acquittions dernierement du
„ deuoir de nostre Visite, que dans le susdit Monastere, l'obseruance de
„ la Discipline Reguliere estoit presque ruinée, & notamment que ce
„ qui concernoit les exercices spirituels y estoit dans vne extréme lan-
„ gueur : Ces choses considerées, desirant selon le soin Pastoral qui nous
„ est commis de pouruoir au susdit Monastere, le remettre en son pre-
„ mier estat, & reduire toutes choses à l'Esprit primitif de l'Obseruance
„ de la Regle de S. Benoist, renouueller & faire reuiure particulierement
„ ce qui regarde le progrez & aduancement spirituel dans les Monaste-
„ res de cet Ordre, Nous auons exhorté nos bien-aimez Freres le Prieur
„ & les autres Moines du susdit Monastere de S. Pierre, & les auons ad-
„ uerty, & mesmes leur auons enjoint, de l'authorité que Nous auons,
„ qu'ils eussent à appeller quelques Peres de la Reforme dudit Ordre
„ de S. Benoist, laquelle comme il est notoire à tout le monde, vit dans
„ l'exacte Obseruance de cette Regle, & que pour ce sujet, nostre Roy
„ Tres-Chrestien a commandé par ses Lettres Patentes, estre dilatées
„ par toutes les Prouinces de son Royaume ; laquelle conuocation des-
„ dits PP. ayant esté faite suiuant nostre Mandement, leur vie a semblé
„ si digne de loüange, & leur pieux Institut a receu tellement l'appro-
„ bation de tous les gens de bien, qu'il a obligé nos bien-aimez les Prieur
„ & Anciens, & la plus grande partie des Freres & Moines de cette
„ Communauté à l'embrasser ; de sorte mesme qu'estant excitez par l'e-
„ xemple des autres Monasteres, ils ont resolu d'vnir & d'aggreger ladite
„ Abbaye, tant pour le Spirituel que pour le Temporel à la susdite Re-
„ forme. Donné à Gaillon le 12 Decembre 1617.

VI.
Difficulté qu'il luy fallut surmonter pour l'execution de ce dessein.

Il luy fallut surmonter d'vn courage inuincible toutes les difficultez qui s'opposoient à vn si saint & si pieux dessein, ce qu'il fit auec l'assistance du Ciel ; lequel mesme pour faire connoistre qu'il benissoit cette loüable entreprise, sembla vouloir la fauoriser d'vne espece de miracle, qu'vn des plus beaux Esprits de son temps (Mr. Guerente grand Medecin, grand Poëte, & ce qui est plus à estimer, fort homme d'honneur) a décrit dans vn Poëme qu'il composa sur ce sujet, & que ie puis rapporter icy sans crainte de sortir hors des bornes de mon Histoire. Il fut recompensé d'vn beau Benistier d'argent, par la liberalité de nostre illustre Prelat, qui auoit fondé le prix de l'Ode Pyndarique, & celuy de l'Appollon, pour cét Hymne de cent Vers, dans le Palinod de l'Immaculée Conception, à Roüen.

VII. *Euenement extraordinaire & miraculeux qui luy arriua allant porter la Reforme à Iumiege.*

,, Messire François de Harlay Archeuesque de Roüen, & Primat de
,, Normandie, allant pour porter les Religieux de Iumiege à la Refor-
,, me, comme il fut sur le bord de la Seine il la vid agitée d'vne tempe-
,, ste si furieuse, qu'il estoit impossible de la trauerser ; mais ce grand
,, Prelat ayant fait vn signe de Croix sur les Eaux, l'orage s'appaisa, &
,, suspendit sa fureur jusqu'à ce qu'il fut passé.

HYMNE.

VIII. *Poëme qui en fait la description.*

,, IE desseigne vn Tableau qui doit estre admirable,
,, Sur l'extréme bonheur du Prelat adorable,
,, Dont l'honneur que j'estime au de-là de ses prix,
,, Seruira de matiere au dessein que j'ay pris.

,, Celuy que l'Eternel tira de sa Patrie,
,, Pour guide du Bercail qu'il a dans la Neustrie ;
,, DE HARLAY, ce Prelat tout d'amour & de feu,
,, Pour vn Peuple de glace, & qui l'aime trop peu,
,, Visite les Troupeaux, qui dedans la licence,
,, D'vn Pasteur vigilant demande la presence.

,, Il part de son Gaillon, sejour digne des Dieux,
,, Le superbe Palais de ses Graues Ayeux ;
,, Iumiege le semond, c'est là qu'il s'achemine,
,, Et que le chaud desir qu'il couue en sa poictrine
,, De conformer les siens au vouloir de son Dieu,
,, Si son desir succede aura le premier lieu.

,, Suiuons nostre Archeuesque où son amour le porte,
,, Le Ciel le veut ainsi, luy sert-il pas d'escorte ?
,, Mille Chantres diuins sous des corps emplumez
,, Par leurs fredons mignards rendent nos sens charmez ;
,, Les Arbres sourcilleux, d'vn panchement de teste
,, Semblent luy rendre hommage, & luy faire la feste,
,, Mesme chaque Element d'vn Hymne solemnel
,, Benit celuy qui vient au nom de l'Eternel.

,, O que cette harmonie, ô que cette allegresse,
,, Pour troubler nos plaisirs prépare de tristesse !
,, Le Démon s'en irrite, & fremissant d'horreur,
,, Conçoit mille projets dignes de sa fureur ;
,, Au bon-heur des humains preuoyant son dommage,
,, Il faut, il faut, dit-il, empescher ce voyage,
,, Il faut que ce Mortel qui songe à me brauer,
,, Perisse pour tous ceux qu'il desire sauuer.

,, Voyez quelle vapeur ce bourreau de nos crimes
,, Pousse jusques aux Cieux du profond des abysmes !

,, L'air noircit tout à coup, & sa clarté qui fuit,
,, En dépit du Soleil donne place à la nuict?
,, Les Animaux craintifs préuenant cet orage,
,, Pour trouuer vn abbry quittent le pasturage?
,, Le Pescheur pour garder sa vie & son basteau,
,, Abandonne ses rets à la mercy de l'Eau?
,, Le Fleuue en vn moment se souleuant de terre
,, Iusques au fond sejour qui produit le Tonnerre,
,, Fait maudire aux passants la malice du sort,
,, Qui dans ces Flots roulans luy presentent la mort,
,, Luy bouchant le passage & l'espoir de refuge
,, Dans les champs submergez de ce nouueau deluge.
,, Venerable Primat, tu vois de tous costez
,, Les restes des vaisseaux par l'orage emportez?
,, Dispose ton courage à sonner la retraite?
,, Visite vne autre fois ce lieu qui te souhaite?
,, Encore que tu sois de long-temps attendu,
,, En reculant d'vn iour, ce n'est qu'vn iour perdu.
,, A quoy tant de raisons? ce grand Pasteur s'auance,
,, Et contre la tempeste opposant sa puissance,
,, Entre dans le basteau malgré les passagers,
,, Qui plus accoustumez à rire des dangers,
,, Sautent de la Nacelle, & n'ont pas le courage
,, De jetter en fuyant les yeux sur le riuage.
,, Arreste-toy, dit-il, d'vne assez forte voix,
,, Respecte l'Eternel en celuy que tu vois,
,, (O Fleuue audacieux) que ce Dieu qui me guide
,, Te retienne en deuoir, & te serue de bride?
,, L'effet suit à l'instant qu'il cesse de parler,
,, La vague qui l'entend s'arreste dedans l'air:
,, Et parce qu'elle baigne vne riue inconnuë,
,, Afin d'y demeurer, elle se forme en nuë;
,, Les vents qui sur le dos de ces humides monts
,, Ne souffrent point d'objets sans les couler à fonds,
,, S'arrestent à l'entour, afin que le zephire
,, Face surgir la Barque où le Prelat desire,
,, Et malgré la fureur du farouche element,
,, De l'vn à l'autre bord le pousse en vn moment.
,, O grand Dieu! qui croira ce miracle visible?
,, Et qui ne l'ayant veu l'estimera possible?
,, Ce débordement d'Eaux tout à coup se soûtient,
,, Vn signe de la Croix tout à coup le retient;
,, Quelques mots proferez adoucissent sa rage,
,, Vn Symbole d'amour sert de frein à l'orage,
,, Et les Flots soûtenus d'vn & d'autre costé,
,, A ce Diuin Prelat donnent la seureté;

Il en

DES ARCHEVESQVES DE ROVEN.

,, *Il en benit les Cieux, & l'amour de sa gloire*
,, *M'oblige d'enfanter cet Hymne en sa memoire,*
,, *Où ma Muse consacre aux siecles à venir,*
,, *D'vn si rare bonheur l'Eternel souuenir.*

ALLVSION.

DE HARLAY, cét orage est l'humaine disgrace,
Le Fleuue impetueux, nostre mortelle race,
Et ce lieu qui n'est pas de tempeste agité
Nous figure la Vierge en son integrité :
Elle porta son Dieu : Les Ondes sans tourmente,
Celuy qui dessus terre vn Dieu nous represente.

Mr. GVERENTE Docteur en Medecine.

IX.
Il ne contribua pas peu pour la Reforme de plusieurs autres Abbayes.

Mais ses soins pour vn si glorieux dessein, ne furent pas bornez au seul Monastere de Iumiege, S. Vvandrille & le Bec, deux des plus considerables Abbayes de la Prouince, en ressentirent aussi les effets; & c'est au zéle de cét excellent Prelat que ces lieux sacrez sont redeuables, de l'exacte Obseruance qui s'y garde aujourd'huy, à la gloire de Dieu & édification des Peuples; & sa pieté auroit encor passé plus outre, & auroit procuré le mesme bien à beaucoup d'autres, s'il n'y eut pas trouué des obstacles que la chair & le sang y ont toûjours suscitez. On peut voir par les pieces qui concernent le Prieuré de Bonne-Nouuelles, & par l'adueu mesme de celuy dont Dieu s'est voulu seruir pour le remettre en l'estat où il est à present, que c'est en partie aux sages conseils, à la faueur, & à la protection de cét illustre Prelat, que ce Monastere doit son restablissement, outre l'interest de Dieu & de l'Eglise qu'il consideroit, principalement dans ces sortes d'affaires ; il est certain qu'il se portoit encore à les fauoriser, & les faire reüssir par vne tendresse & vne affection qu'il auoit pour les Religieux de cette Congregation, lesquels par vn excez de bonté il appelloit ses Enfans & ses Religieux. On l'a veu plusieurs fois, à l'imitation de quantité des plus illustres Euesques des premiers siecles, quitter pour vn peu de temps les fonctions exterieures de sa Charge Pastorale, & venir passer dix ou douze iours en retraite dans ce petit Monastere de Bonne-Nouuelles, où il se contentoit d'vne table fort frugale & fort Monastique, & auec vne familiarité & vne douceur digne d'vn Ministre de I. C. Il prenoit plaisir à faire part aux Religieux, des lumieres qu'il receuoit dans la meditation & dans l'estude, & à leur expliquer ou les plus sublimes mysteres de la Religion, ou les plus solides maximes de la vie spirituelle ; & ie ne doute point que ce ne fut auec vne satisfaction particuliere, qu'il permuta & bailla la Commande de l'Abbaye de S. Victor pour auoir celle de Iumiege, où (comme nous auons dit) il auoit introduit la Reforme.

X.
Il faisoit quelquefois ses retraites dans Bonne-Nouuelles.

CHAP. VII.
Sommaire.
I.
Il cherissoit en general tous les bons Religieux.

IL auoit la mesme tendresse pour tous les bons Religieux, qu'il consideroit comme ses plus fidelles ouuriers dans la vigne du Seigneur, & ses chers Enfans ; & quoy que le zéle pour la discipline Ecclesiastique, & le desir ardent qu'il auoit de maintenir les droits & les interests de sa

Nnnn

dignité, l'ayent quelquefois contraint d'vser de rigueur contre quelques-vns, il est certain que cette seuerité ne venoit point d'aucune auersion qu'il eut contre leur Institut, ny contre leurs personnes, ainsi que le montroit bien la facilité auec laquelle il les receuoit en sa grace, aprés la moindre satisfaction.

II. *Son zéle pour la Reforme des Religieuses.*

Le zéle de nostre Prelat ne parut pas moins pour la Reforme des principales Abbayes des Religieuses de l'Ordre de S. Benoist, qui estoient dans son Diocese, qu'il auoit fait pour celles des Religieux de ce mesme Ordre. Nous auons fait voir dans l'Histoire de l'Abbaye de S. Amand, combien celle à qui l'on doit le restablissement de cette Maison, auoit esté secondée dans ses pieux desseins par l'authorité & les sages conseils de ce venerable Prelat: Mais il faut aduoüer que l'Abbaye de Montiuiller n'est pas moins redeuable à sa pieté, pour le bon ordre qui s'y garde à present. C'est vne des plus anciennes & des plus celebres de la Prouince, nous en auons parlé en diuerses rencontres dans les Eloges precedents. Elle estoit tombée dans le desordre commun, presque à tous les Monasteres de ce temps-là, aussi-bien pour le Spirituel que pour le Temporel; & elle a esté auantageusement restablie en l'vn & l'autre par le zéle & la pieté de Madame Loüise de l'Hospital, dont Dieu s'est voulu seruir pour vn si glorieux dessein. La vie de cette illustre Dame a esté dans vne éleuation si extraordinaire, & si éclatante en toutes sortes de vertus, qu'elle peut seruir d'vn modele acheué aux personnes qui font profession d'vne vie parfaite: Ie diray en peu de lignes ce qui peut fournir de matiere à vn Volume entier, sans crainte de m'écarter de mon sujet; puisque comme j'ay dit, nostre Prelat & son Predecesseur eut bonne part à la Reforme de ce S. Monastere, & à plusieurs actions des plus considerables de cette digne Abbesse, qu'elle n'entreprenoit point sans les auoir consultez.

III. *Et principalement pour celle de Montiuiller.*

IV. *Dieu s'est serui de Madame Loüise de l'Hospital pour ce sujet.*

V. *L'année qu'elle fut benie, & en quel estat estoit le Monastere.*

Madame Loüise de l'Hospital, de l'Illustre famille de Vitry, fut Abbesse en 1595. & benie en cette qualité, le Dimanche 14 Iuillet de l'année suiuante. Comme il y auoit peu que la Normandie (& principalement le Pays de Caux) auoit serui de Theatre à la fureur des guerres ciuiles, il ne faut pas s'étonner, si elle trouua ce Monastere en mauuais estat, tant à l'égard des bâtimens que de la Discipline Reguliere. Mais ce desordre luy fut vne occasion de signaler sa vertu & son zele, & (ce qui est fort remarquable) de donner à la France le premier exemple de Reforme d'Abbayes de Filles.

VI. *De la prudence dont elle se seruit dans les commencemens.*

Dieu qui luy auoit inspiré ce pieux dessein, luy suscita pour conseil & pour ayde Monsieur Gallemand Docteur de Sorbonne, & Grand Vicaire de Monseigneur de Bourbon, Archeuesque de Roüen. Il estoit de la Prudence d'vser d'abord d'vn sage temperament; & comme dit l'Ecriture, *De ne pas mettre du vin fumeux & nouueau dans de vieux vaisseaux.* *Matt. 9. 17.* Aussi n'entreprit-on pas en ce commencement de porter les choses dans vne si rigoureuse exactitude; On se contenta de dresser les Constitutions de cette Reforme selon la mitigation. Ce fut à la faueur de ces loix moins seueres, qu'elle establit heureusement l'Obseruance dans son

1602.

DES ARCHEVESQVES DE ROVEN.

Abbaye, & qu'elle eut la joye de voir plusieurs Filles de condition y venir prendre le Voile, comme dans vne excellente Echole de pieté & de vertu. Elle passa quelques années dans ce genre de vie, auec l'édification de tous ceux qui auoient le bien de la connoistre, taschant de suppléer par la ferueur de l'Esprit, à ce que cette premiere Reforme pouuoit auoir d'indulgent & de moins exact.

FRAN. DE HARLAY.

VII.
Elle introduit la Reforme ou vie estroite.

Mais enfin, comme l'amour Diuin ne se contente iamais de ce qu'il fait, & qu'il aspire tousiours à ce qu'il y a de plus excellent; aprés ce premier essay, elle resolut d'introduire dans sa Maison l'étroite Obseruance de la Regle; elle proposa son dessein à Monseigneur l'Archeuesque de Roüen, & ayant obtenu son agrément, elle trauailla auec tout le zele possible à l'execution de cet ouurage. Elle consulta pour cet effet des personnes eminentes en sagesse & en pieté, & en attira mesme quelques-vns à Montiuiller, pour profiter de leurs conferences & de leurs exhortations. La conjoncture du temps luy fut fauorable, en ce que ce fut enuiron ce temps-là que commença la Reforme de l'Ordre de S. Benoist, par la Congregation de S. Maur.

VIII.
Elle tira auantage de la Reforme de saint Maur.

Elle ne manqua pas de se préualoir de cette occasion; elle eust recours à quelques Religieux[a] de cette Compagnie naissante, & se seruit de leurs sages conseils, à dresser les Declarations & les Statuts necessaires, pour faciliter à ses Filles l'Obseruation entiere de la Regle.

[a] *D. Anselme Roole & D. Colombain Regnier, Prieurs de l'Abbaye de Iumiege.*

CHAP. VIII.
Sommaire.
I.
Sa vie exemplaire auança beaucoup son dessein.

ELle se soûmit la premiere à la sainte Austerité de ces nouuelles loix; elle tascha de se rendre exacte & édifiante en toutes choses; elle prit soin d'executer elle-mesme tout ce qu'elle commandoit à celles qui luy estoient soumises, & la force de son exemple leur imposa ainsi vne douce & salutaire necessité de la suiure dans le chemin étroit de la Penitence.

II.
Resolution de fixer le nombre de ses Religieuses sur le reuenu du Monastere.

Ayant appris de ses Directeurs, que selon les Saints Canons de l'Eglise, le nombre des Religieuses deuoit estre fixé & arresté dans chaque Monastere, à proportion des reuenus & des charges du lieu, elle presenta vne Requeste à feu Monseigneur l'Archeuesque de Roüen, lequel y fit réponse en la maniere qu'il s'ensuit.

III.
Requeste qu'elle presenta pour ce suiet à Mr. de Harlay.

„ FRANÇOIS par la permission Diuine Archeuesque de Roüen, Primat
„ de Normandie: A tous ceux qui ces presentes lettres verront, Salut &
„ Benediction. Veuë la Requeste à Nous presentée de la part de nostre
„ Chere Fille Loüise de l'Hospital, Abbesse de Montiuiller, Ordre de
„ S. Benoist; Disant qu'eu égard au desir & à la recherche qu'elle a toû-
„ jours faite de viure en l'obseruation des Saints Canons & Conciles,
„ & conduire le Monastere auquel Dieu l'a appelée, suiuant les Decrets
„ de son Eglise: Elle auroit souuent appris de Nous, que par lesdits

IV.
Il luy auoit appris ce que les saints Canons ordonnent sur ce suiet.

„ Saints Decrets & Canons, le nombre des Religieuses de chaque Mo-
„ nastere deuoit estre definy, arresté, & reglé, à proportion du bien &
„ reuenu desdits Monasteres, déduites les reparations des Edifices, &
„ autres charges ordinaires & extraordinaires; en sorte que les Religieu-
„ ses puissent estre honnestement & commodément entretenuës de vi-
„ ure & vestiaire. Pour à quoy satisfaire, ne pouuant trouuer de meil-

Nnnn ij

FRAN. DE HARLAY.
V.
Motifs qui l'obligerent d'avoir recours audit Seigneur Archiuesque.

„ leur ordre que celuy qu'elle esperoit de nostre Main, à qui Dieu a don-
„ né la principale conduite de son Peuple, pour le salut de leurs Ames;
„ elle auroit maintenant recours à nostre pieté, à laquelle elle s'adressoit
„ en toute humilité; & reïterant les humbles prieres qu'elle nous en auoit
„ fait par plusieurs fois, Nous supplioit, que consideré le grand nombre
„ de Religieuses, qui seroit de cinquante-six ou sept, dont nous aurions
„ connoissance, que sondit Monastere seroit chargé; les charges qu'elle
„ seroit obligée de supporter, tant pour les gages de ses Confesseurs, que
„ autres Prestres & Officiers, nourriture de ses domestiques & dehors; re-
„ ception des hostes, suites d'affaires, entretien des Eglises, Autels, repa-
„ rations des bâtimens, aumosnes, & autres choses semblables : Il nous
„ pleust, veu les procez verbaux, declarations, & autres pieces concer-
„ nans le bien & le reuenu de ladite Abbaye, outre la connoissance par-
„ ticuliere que nous en auons pris en nos Visites, ordonner & limiter le
„ nombre des Religieuses qu'elle seroit obligée d'entretenir, suiuant la
„ possibilité presente dudit reuenu; pour l'admission desquelles en leur
„ profession, elle ne desireroit demander ny exiger aucune chose. Incli-

VI.
Responsé à la Requeste.

„ nant à ladite Requeste, aprés qu'il nous est apparu par lesdits procez
„ verbaux & declarations, du nombre desdites Religieuses, & reuenu de
„ sondit Monastere, conformément aux Reglemens & Decrets anciens
„ de l'Eglise. De Nostre Authorité & Puissance Archiepiscopale, Nous
„ auons reglé, reglons & limitons par ces presentes, le nombre desdites
„ Religieuses à quarante-cinq, tant Sœurs de Chœur que Conuerses,
„ comprise ladite Abbesse, lesquelles nous auons suiuant la volonté du
„ Sacro-saint Concile de Latran, ordonné estre receuës à la Profession
„ sans exiger aucune chose pour les y admettre, sous quelque pretexte que
„ ce soit : laquelle limitation & reglement, nous n'entendons toutesfois

VII.
Conditions pour en receuoir de surnumeraires.

„ auoir lieu, qu'eu égard au reuenu present, sauf à augmenter ou diminuer
„ ledit nombre, suiuant l'augmentation ou diminution dudit reuenu à
„ l'aduenir par Nous ou nos Successeurs, laissant à la discretion de la-
„ dite Abbesse, de receuoir outre ladite quantité, tel nombre de Reli-
„ gieuses qui se presenteront capables d'estre receuës, en payant par elles
„ pension viagere pour leur entretien & nourriture pendant leur vie, &
„ sans qu'elles puissent jamais entrer ny succeder au nombre susdit de celles
„ qui doiuent estre gratuitement receuës, suiuant qu'il est porté par les
„ saints Decrets des Conciles. Donné en l'Abbaye de Montiuiller, au
„ Cours de nostre Visite, le 12. Septembre 1639. signé, FRANCOIS
„ Archeuesque de Rouën. Et plus bas, LAVERGNE, auec le Sceau de
„ mondit Seigneur.

CHAP.
IX.
Sommaire.
I.
Zéle de Madame Loüise de l'Hospital, pour rebastir & orner son Monastere.

SA bonne conduite n'eut pas seulement pour objet le restablissement de la discipline, elle parut encore dans la reparation des bastimens; elle commença par l'Eglise, dont elle releua les Autels, & les orna de toutes les decorations conuenables. Elle rebastit aussi tout de neuf les lieux reguliers, elle y fit des augmentations, elle accrût le Iardin, & mit la Maison en l'estat commode & agreable où on la void aujourd'huy.

Mais son application ne se termina pas dans l'enclos de son Mona-

II.
Et pour le bon ordre des Eglises de son Exemption.

stere, elle s'estendit encore aux Eglises dépendantes de son Exemption, qu'elle eut soin d'entretenir & de parer honnestement, & de les pouruoir de Curez vertueux & de vie exemplaire. Le deuoir Pastoral obligeant ceux-cy de s'opposer au torrent des mauuaises mœurs, elle les assista fortement de son authorité, trauailla auec eux à l'extirpation des vices, & fit abolir de certains vsages superstitieux, que l'ignorance & le caprice des peuples auoit meslez dans des Ceremonies saintes.

III.
Ses admirables vertus interieures.

Toutes ces actions considerées en elles-mesmes, paroistront sans doute tres-loüables & d'vn grand prix; mais ce qui en releue encore de beaucoup le merite, est le fond de charité, & les excellentes dispositions d'où elles partoient; sa ferueur estoit telle, qu'elle ne se pouuoit satisfaire de rien de mediocre pour le seruice de Dieu. Parlant de sa Regle & de son Obseruance, elle s'écrioit souuent, *rien à demy. Tout ou rien?* & ayant executé tout ce que nous venons de marquer, elle en estoit si peu contente, que sur la fin de ses iours, elle disoit qu'elle n'auoit encore rien fait pour Dieu. Parmy tant de soins qui partagerent sa vie, elle conserua admirablement l'esprit de recollection. Elle regardoit les affaires de dehors, & l'obligation de parler & de traiter auec les personnes externes comme vn supplice & vne Croix. Autant qu'elle s'y engageoit volontiers par le zéle de s'acquitter de sa charge, autant elle en auoit de dégoust & d'auersion, par le puissant instinct qui la portoit à la retraite & à la solitude. Aussi ne recommandoit-elle rien plus à ses filles, que le silence & la rare visite du Parloir, *dont le trop frequent entretien (disoit-elle) dissipe l'esprit, partage le cœur, affoiblit les forces de l'Ame, consume & deuore toute la vertu.* Et elle remercioit tous les iours Dieu, de l'auoir éloignée des grandes Villes, & de l'engagement aux conuersations ordinaires auec les gens du siecle.

IV.
Ses sentimens touchant le Parloir.

V.
Et pour sa Closture.

Ce fut par cét amour pour la retraite, que depuis le premier iour de sa Reforme, jusqu'au dernier de sa vie, elle garda inuiolablement la Closture, & conjura ses Directeurs de s'opposer fortement au dessein de ses parens, & des autres personnes d'authorité, auec qui elle auoit quelque liaison. Si dans ses maladies ils vouloient l'obliger de sortir de son Monastere, sous le specieux pretexte de guerison & de meilleure santé, elle disoit hautement, *qu'elle aimoit mieux viure douze ans moins, que de rentrer dans le commerce du monde, auec qui elle auoit fait vn diuorce eternel.* Parole genereuse, & qui montre bien qu'elle mesuroit la durée de la vie, non point par le nombre des années, mais par le progrez dans la pieté, & que dans son sentiment, l'vnion qu'elle auoit auec Dieu,[a] *estoit sa veritable vie & la longueur de ses jours.*

[a] *Deuter. 30. 20. Ipse est enim vita tua & longitudo dierum.*

VI.
Ses autres excellentes qualitez.

Elle auoit l'esprit naturellement magnanime, solide, & porté aux grandes choses; mais cette generosité & cette grandeur de courage n'empeschoit pas qu'elle ne fut fort humble, & fort simple, & qu'elle ne s'employast aux plus vils ministeres de la Maison. Ie serois trop long si ie voulois m'arrester icy à parler de sa charité enuers les pauures, du soin qu'elle auoit de visiter tous les iours l'Infirmerie, & d'y consoler les malades; de son zéle & de sa vigilance à subuenir aux diuers besoins de

654 HISTOIRE

FRAN. DE HARLAY.

celles qui estoient sous sa charge, & de tant d'autres belles qualitez qui ont éclaté en elle. Ie me contenteray d'adjouster qu'elle fut tousiours fort deuote enuers le S. Sacrement, & qu'en veuë de cette deuotion & de la grande pureté de son ame, ses Directeurs luy permirent de Communier tous les iours.

VII.
Sa mort, & le lieu de sa sepulture.

Ce fut dans la pratique de tant de bonnes œuures & de tant d'excellentes vertus, qu'elle consuma ses iours; & qu'aprés auoir fait vne penitence de quarante-deux ans, & auoir receu à Profession soixante & douze Religieuses, elle mourut en odeur de sainteté le iour ^a mesme qu'on chantoit à l'Eglise, *Saluum me fecit, quoniam voluit me.*^b qui est vn mot de l'Escriture qu'elle auoit pris pour sa deuise. Elle fut inhumée dans vn coffre de plomb en vn petit caueau carré, basty par feu Madame Guiterre de Nauarre, dans le Chœur interieur de l'Eglise des Religieuses, à dix pieds de la Grille. Il est couuert d'vne tombe de Marbre noir, éleuée de huict poulces, qui porte les Armes de Vitry, & ce qui suit.

^a C'est le Dimanche de l'Octaue du S. Sacrement.
^b Ps. 17. 20.

Cy gist Dame Loüise de l'Hospital, Abbesse, Restauratrice, & Reformatrice du Monastere & Maison de ceans.

VIII.
Bref Eloge de Madame Anne de l'Hospital, qui luy a succedé.

A cette vertueuse Abbesse succeda au mois de Iuin 1643. Dame Anne de l'Hospital sa Niece & sa Coadjutrice, qui s'estoit renduë digne de ce rang par le zéle & la prudence qu'elle auoit témoigné durant plusieurs années, à seconder les pieuses intentions & à partager les soins & les trauaux de sa Tante, dans la Reforme & la Restauration du Monastere. Elle fut Benie au mois de Nouembre de la mesme année, & a gouuerné cette Maison d'vne maniere tres-reguliere & tres-édifiante iusqu'à l'année 1660. que Dieu l'appella à soy pour la recompenser de ses bonnes œuures.

Il y a eu encore vne autre Loüise de l'Hospital, laquelle a gouuerné fort peu de temps.

IX.
Et de Madame de Belfont.

Quant à Madame Marie de Belfont qui gouuerne aujourd'huy cette Abbaye, on a tout sujet d'esperer qu'elle marchera sur les pas de ces deux excellentes Abbesses qui l'ont précedée, & qu'elle entretiendra le bon ordre qu'elles y ont introduit. Ie ne m'engageray pas à loüer sa bonne conduite, sçachant bien que la modestie & la solide vertu dont elle fait profession, luy feroient totalement improuuer les applaudissemens & les loüanges.

CHAP. X.
Sommaire.
I.
Il conserua l'Abbaye de S. Antoine de Vienne en son Ordre.

POur retourner à nostre Prelat, le sieur de la Peyre remarque de luy, que le droit d'élection estant contesté à l'Abbaye de S. Antoine de Vienne, Chef d'Ordre, il parla fortement, & auec vne generosité extraordinaire, pour la conseruation des droits de tout cét Ordre; & quoy qu'il eut pour partie Mr. le Connestable Desdiguieres, il obtint pleinement ce qu'il prétendoit, en sorte que les Religieux furent maintenus dans leurs prerogatiues, & leur protection fut aussi conseruée à Mr. le Cardinal de Ioyeuse son Bien-faicteur, à qui de droit elle appartenoit.

II.
Il fit receuoir le S. Concile de Trente, & autres choses considerables.

" Il adjouste que dés ce temps-là il commença d'esmouuoir toutes les
" affaires Ecclesiastiques du Bearn, d'où se sont ensuiuies les conquestes

DES ARCHEVESQVES DE ROVEN.

FRAN. DE HARLAY.

„ glorieuses de Loüis XIII. de Triomphante memoire, & le salutaire
„ restablissement de la Religion en toute cette Prouince. Que d'abon-
„ dant il soûtint & fit faire la reception du S. & sacré Concile de Trente,
„ pour conseruer l'vtilité de l'Eglise & le respect deu au Concile, sauf à
„ mesnager aprés ce qui regardoit les priuileges de la France, desquels
„ il a tousiours esté grand zelateur; & se trouua-t'on si bien de l'auoir
„ eu pour President, quoy qu'il y eust des Archeuesques plus anciens
„ que luy, que du depuis il a ordinairement presidé à toutes les Assem-
„ blées du Clergé, où il s'est trouué plus par merite reconnu de tous,
„ que par entreprise, &c.

III. *Son affection pour les bonnes Lettres, & pour les gens doctes.*

Son affection pour les bonnes Lettres a éclatté en tant de manieres, qu'on peut dire qu'il a égalé ou mesme surpassé en cela tous les Prelats de son temps. Il cherissoit les gens doctes, il se plaisoit en leur conuersation, il les admettoit à sa table, & leur rendoit toutes sortes de bons offices; mais que peut-on dire de plus insigne, de plus magnifique, & de plus exemplaire sur ce sujet, que l'establissement de la Bibliotheque publique de la Cathedrale, de laquelle il a esté le principal Fondateur.

IV. *Qu'il eut bonne part au restablissemẽt de la Bibliotheque de la Cathedrale.*

Encore qu'il soit vray que Messieurs Acarie son Official, & Hallay son Promoteur General, ayent beaucoup de part à la gloire de cette institution, pour auoir contribué grand nombre d'excellents Liures qu'ils auoient dans leur cabinet; à quoy ils se porterent d'autant plus aisément, qu'ils s'y virent exhortez, tant par l'exemple de leur Archeuesque, que par la connoissance des bons effets que deuoit produire cét Ouurage, qui bannit l'oisiueté d'entre les Ecclesiastiques, en leur donnant vn moyen facile de passer tous les iours quelques heures à l'Estude, qui em-

V. *Grands auantages que la Ville peut tirer de cette Bibliotheque.*

pesche qu'ils ne frequentent les jeux publics, ne prennent aux heures de loisir des diuertissements prophanes, qui chasse l'ignorance si pernicieuse à leurs Ames, & aux consciences de ceux qu'ils gouuernent, & qui leur apporte vne infinité de biens & d'auantages, sans parler de la commodité qu'y trouuent les Aduocats & les autres gens d'Estude, qui ne sont pas en petit nombre dans Roüen, & que cela acquiert de la reputation à la Ville chez les Estrangers qui voyagent, & sont sur tout curieux de voir les Bibliotheques, & de conuerser auec les personnes de Lettres. Donc pour maintenir & augmenter vn establissement si vtile, nostre Prelat assigna trois cens liures de pension pour vn Bibliothecaire, & autres trois cens liures pour acheter tous les ans des Liures.

VI. *Academie qu'il institua à S. Victor de Paris, pour former des Predications.*

Long-temps auparauant, & dés l'an 1630. il auoit institué vne Academie en faueur des personnes Doctes en son Abbaye de S. Victor; ce fut dans la Chappelle de l'Infirmerie que se tenoit tous les Ieudis cette Assemblée de tous les Doctes de Paris, & qui fut mesme honorée de la presence des plus illustres personnes du Royaume; comme de Gaston de France pour lors Duc d'Orleans, de Henry de Bourbon Prince de Condé, & de plusieurs autres. Cette celebre Compagnie estoit entretenuë par trois ou quatre habiles hommes qui venoient preparez, &

VII. *Ordre que l'on y gardoit.*

qui parloient ordinairement de la methode de la Predication. Ils traitoient en vn iour d'vne des Regles qu'on y doit obseruer, & en vn autre

FRAN. DE HARLAY. & des personnes illustres qui y assistoient.

des deffauts opposez que l'on y commet. Aprés que ces Messieurs auoient acheué leurs discours, Mr. l'Archeuesque de Roüen qui presidoit à cette Academie, reprenoit ce qu'ils auoient dit, & expliquoit ce qu'il jugeoit auoir besoin d'éclarcissement ; & ainsi les Assistans auoient la satisfaction d'entendre les premiers hommes du Royaume, donner des preceptes de la maniere de bien administrer la parole de Dieu, ce qui seruit sans doute à former d'excellens Predicateurs, qui ont paru depuis en diuers endroits de la France, laquelle en a eu l'obligation au zéle de cét illustre Prelat. Il en establit encore vne autre aux grands Augustins de Paris pour le mesme sujet. Ce fut dans cette Academie que celuy qui presidoit à la Conference de la Politique, ne s'estant point trouué pour faire cette fonction, Nostre sçauant Prelat suppléa à son defaut, fit sur le champ l'Extrait & le Rapport des huit Liures des Politiques d'Aristote, & respondit à toutes les questions & à toutes les difficultez qui furent formées par ceux qui se rencontrerent dans l'Assemblée.

Il auoit leu auec tant d'application les Oeuures de S. Augustin, & auoit si bien imprimé dans sa memoire la Doctrine de ce premier des saints Peres, qu'vn iour dans cette mesme Academie il rapporta & fit obseruer à ceux qui estoient presens, tout ce qu'il y a de plus rare & de plus considerable dans chacun des dix Volumes qui comprennent les Ouurages de ce grand Docteur; en suite il donna à dix Religieux de cette Maison, chacun vn Tome pour en répondre, & s'obligea d'y faire voir (quand on voudroit) quelque obseruation extraordinaire, qu'on n'y auroit point encore remarqué dans chacun des dix Tomes, ainsi que l'attefte le sieur de la Peyre, témoin oculaire de toutes ces choses.

VIII. Il ouurit vn College public dans l'Archeuesché de Roüen.

Ce mesme desir de profiter à tout le monde, luy fit ouurir les Escoles publiques de son Palais Archiepiscopal, où il auoit fait venir des Docteurs de Paris, des Prestres de l'Oratoire, & d'autres Professeurs en Theologie & aux Lettres Humaines, qui y enseignerent quelques années à ses gages, y ayant esté poussé, comme il est croyable, du zéle qu'il a eu de remettre en pratique les anciens Canons de l'Eglise, & de faire reuiure cette coustume fondée sur le Droit commun & Canonique, de tenir les Escoles dans la Maison Episcopale, comme ie le fais voir en l'Histoire de la Cathedrale.

Voyez la Preface de l'Epiphanie du sieur de la Peyre.

X. Son grand amour pour les Lettres luy fit donner au public plusieurs Ouurages.

Enfin, comme si tout ce que nous venons de dire eust esté peu de chose, il ne se contenta pas d'auoir rendu de si notables seruices à l'Eglise de viue voix par ses doctes Sermons, par ses Conferences, & par le soin qu'il prist d'establir dans sa Cathedrale, comme vne source & vne fontaine de science, en y faisant ouurir vne Bibliotheque publique. Il voulut enrichir cette mesme Bibliotheque de ses propres Ouurages, afin d'inspirer d'autant plus fortement à son Clergé, l'amour de la Doctrine sacrée, qu'il la pourroit mesme apprendre dans les Escrits de celuy que Dieu leur auoit donné pour Pasteur.

CHAP. XI. Sommaire. I. Responce à ceux qui ont

C'Est pourquoy quand les occupations de sa Charge luy laissoient quelque loisir, il s'occupoit incessamment ou à estudier ou à composer quelque Liure. Ses Ouurages sont assez connus des gens de Lettres,

DES ARCHEVESQVES DE ROVEN.

voulu cviti-
quer ses Ou-
urages.

tres, & sont des plus estimez, principalement à cause de la profonde doctrine qu'on y remarque; que si quelques-vns y eussent desiré plus d'ordre, d'exactitude, & de diuision, leur Critique ne préjudicie en rien à la memoire de nostre Prelat, lequel estant accoustumé à la lecture des Saints Peres, a aussi suiuy leur methode & leur maniere d'écrire, & non pas celle des Scolastiques d'aujourd'huy, dont plusieurs ne s'estudient qu'à l'ordre des discours, sans se mettre tant en peine du fond de la doctrine; qui se contentent de s'entrecopier les vns les autres, en déguisant vn peu leurs sujets, & qui negligent de lire les Saints Peres, les Conciles, & l'Histoire Ecclesiastique, qui estoit la chere & precieuse occupation de nostre grand Archeuesque.

FRAN. DE HARLAY.

II.
Erreur de plusieurs Es-
crivains mo-
dernes.

Sur quoy ie prie le Lecteur curieux, de voir la comparaison qu'il a faite des anciennes Estudes aux modernes, en son Catechisme de Controuerses, au Chapitre intitulé Information, &c. article 7. page 107. & suiuantes de la seconde Edition.

III.
Catalogue des Liures qu'il a composez.

Voicy le Catalogue de ses Ouurages qui me sont connus. Vne docte Explication ou Paraphrase de l'Epistre aux Romains que i'ay veuë, auec quelques Commentaires sur les Epistres de S. Paul, au rapport de Messieurs de sainte Marthe. Des Obseruations sur les Passages de S. Augustin, qui regardent l'Eucharistie. L'Apologie de l'Euangile, qui est vne réponse au Roy de la Grand' Bretagne, qu'il composa en 1625. par ordre exprez du Roy Loüis XIII. de glorieuse memoire. Vn Catechisme de Controuerses, où il reduit toutes les Controuerses à la question de la separation, & à celle de la réalité, dans lesquels Ouurages contre les Heretiques, il parle si excellemment de l'vnité & de la dignité de la vraye Eglise, que ie doute si l'on trouue quelque Autheur qui ait mieux traité ces matieres que luy. Aussi est-ce le centre de toutes les Controuerses, puis qu'il n'y a qu'vne Eglise, où l'on peut rendre à Dieu vn culte legitime, & paruenir au salut Eternel.

Paraphrase
sur l'Epistre
aux Romains,
&c.

L'Apologie de
l'Euangile.

Catechisme de
Controuerses.

Des Conferences ou Leçons spirituelles du S. Sacrifice de la Messe, qui sont des Exhortations qu'il faisoit aux Carmelites de Pontoise, lesquelles ayant esté recueillies & écrites par vne Religieuse d'vne memoire extraordinaire, furent mises en ordre, & diuisées en plusieurs articles par vn Carme; Ouurage qui a esté si bien receu, qu'il a esté imprimé quatorze fois en nostre Langue.

Conferences
sur le S. Sa-
crifice de la
Messe.

Il a composé quelque chose sur le Cantique des Cantiques, que l'on estime fort, & a fait vne traduction du Liure de S. Denis Areopagite, des Noms diuins. On voit dans ce qu'il a commencé de donner au public de l'Histoire Ecclesiastique, qu'il l'a traitée d'vne façon singuliere, auec vne telle doctrine, vne si parfaite connoissance de l'Antiquité, vn raisonnement merueilleux sur les saints Canons, dont il se sert si parfaitement & si promptement dans toutes les rencontres, qu'il paroist qu'il possedoit toutes ces choses parfaitement, & qu'il en échappoit peu à sa memoire. Il donne vne explication si naturelle du sens des Ceremonies & pratiques les plus anciennes de l'Eglise, qu'il debite auec vne facilité nompareille des matieres tres-profondes; & ce qui est encor merueil-

Sur le Canti-
que des Can-
tiques.

Traduction
de Noms di-
uins de saint
Denis.

Histoire Ec-
clesiastique.

Oooo

FRAN. DE HARLAY.

leux, il a sçeu faire vne alliance & meslange agreable des Loix de l'Eglise auec les Regles & les veritables maximes pour le bon regime & gouuernement des Estats ; de sorte qu'il ne nous reste que le regret, que ce grand Homme n'ait eu le loisir d'acheuer vn si riche Ouurage, particulierement depuis qu'il y eut mis la derniere main, & que pour satisfaire à quelques Esprits critiques, il y eut fait les changemens qui l'ont mis au point que nous auons dit cy-dessus.

IV. *Son assiduité à Prescher dans sa Cathedrale, & ailleurs.*

Il a aussi mis en lumiere quelques Sermons du tres-Auguste mystere de l'Eucharistie. Or puisque l'occasion se presente derechef de parler icy de ses Sermons, j'adjousteray à ce que j'ay dit, comme il sçauoit que le deuoir de l'Euesque est de distribuer à son Troupeau le pain de la parole de Dieu, & qu'il ne peut plus decemment & plus vtilement exercer ce ministere Apostolique qu'en cette Eglise, qu'on nomme Cathedrale, par rapport à la Chaire de l'Euesque qui y est posée, il taschoit de s'acquitter de cette obligation autant qu'il luy estoit possible ; & lors que pour de justes necessitez il s'en dispensoit, il estoit tousiours fort soigneux de rechercher les plus habiles Predicateurs qu'il pouuoit trouuer pour les substituer à sa place. Il fit cette fonction és années 1634. & 1635. qu'il resida sans desemparer ; l'Aduent, le Caresme, les deux Octaues du S. Sacrement, & de l'Assomption ; les deux Oraisons Synodales, & toutes les Dominicales, où il expliquoit familierement sur le Missel qu'il faisoit apporter en Chaire, les Epistres, les Euangiles, & les trois Collectes de la Messe du iour, en forme de Catecheses ou d'Homelies, suiuant la methode de tous les saints Perès ; ou bien il Preschoit les Controuerses, & comme s'il eut esté infatigable dans le trauail, tandis qu'il Preschoit le matin en sa Cathedrale, les aprés-disnées il employoit souuent les deux heures entieres à faire des Conferences spirituelles aux Religieuses de S. Amand, ayant beaucoup contribué pour restablir l'Obseruance reguliere en cette Abbaye, auec feu Madame Anne de Souuré, qu'il assista pour vn si pieux dessein de son authorité & de ses sages conseils.

Sermons du tres-saint Sacrement.

V. *Ses autres Ouurages.*

Pour acheuer le dénombrement de ses Ouurages qui ont paru en public, on compte parmy les premieres productions de son Esprit quelques discours Logiques, quelques Poëmes Latins, qui marquent assez combien il eut d'inclination pour les belles Lettres, & particulierement pour la Poësie ; inclination qu'il conserua toute sa vie, ayant pris vn tres grand contentement en cette principale & plus agreable partie des Humanitez, comme il se peut voir en ce qu'il voulut recompenser les Poësies, en qualité de Prince du Puy de l'Immaculée Conception de la glorieuse Vierge, en l'année 1614. & qu'il augmenta le nombre des Prix, en fondant vn des plus beaux & des plus riches pour recompense de l'Ode Pindarique ou Pontificale de douze Strophes pour le plus, pareille à celle d'Horace, qui commence *Delicta maiorum, immeritus lues*, pour laquelle il institua liberalement le Prix d'vne Ruche d'argent auec des mouches à miel. I'ay desia fait mention cy-dessus, comme il auoit eu grand soin de rendre le Breuiaire de son Eglise correct, qu'il auoit

VI. *Il eut vn grand amour pour la Poësie, & fonda des Prix au Palinod.*

DES ARCHEVESQVES DE ROVEN.   659

VII.
Il fit repurger les Liures d'Eglise de plusieurs fautes.

purgé l'Office Ecclesiastique de plusieurs fautes ; qu'il auoit fait imprimer les Actes de l'Eglise de Roüen ; les Statuts ou Decrets de ses Synodes ; enfin qu'il auoit mis au iour le Manuel de l'Eglise de Roüen en deux Tomes, qui sont bien deux des plus belles pieces & des plus acheuées qui ayent iamais paru sur cette matiere, particulierement la seconde intitulée, *Pars Theoretica, seu Doctrinalis*, dans laquelle sont contenus

VIII.
Excellence de son Manuel qu'il fit imprimer.

diuers Traitez fort vtiles, De la Messe de Paroisse, De la vraye maniere de la bien entendre, Diuerses instructions sur les mysteres, Prieres & Sacremens de l'Eglise pour seruir aux Curez. Il y a encore plusieurs Traitez de la Doctrine & discipline de l'Eglise, qui sont remplis aussi bien que tous ses autres Ouurages de tant de doctrine, que l'on peut bien dire que ç'a esté auec beaucoup de raison qu'vn des sçauans de ce siecle l'a nommé vne Bibliotheque viuante. Il écriuit aussi plusieurs Epistres à Vrbain VIII. & aux Cardinaux de Richelieu & Magalotty ; on en peut voir

IX.
Plusieurs Epistres & Opuscules dās le Mercure de Gaillon.

vne partie dans le Recueil qu'il fit imprimer, sous le titre de *Mercure de Gaillon* : les autres ont esté données au public en d'autres occasions.

CHAP. XII.

Sommaire.

I.
Il employe son credit auprés des Ministres d'Estat en faueur de la Ville, en vne occasion fort pressante.

MAis l'ardente affection que ce tres-digne Pasteur portoit à son Troupeau, & principalement à la ville de Roüen, ne se termina pas à tant de differentes assistances spirituelles qu'il luy rendit, tant en general qu'en particulier, comme nous l'auons veu. Car il ne se presenta point d'occasion, qu'il ne la secourut de sa protection & de son authorité auprés des Puissances Souueraines, comme il arriua plus notablement l'an 1640. que les miseres extrémes ayans poussé quelques mutins du menu peuple à vne sedition qui menaçoit la Prouince de tres-grands maux ; le Cardinal de Richelieu y enuoya Mr. le Chancelier auec vn nombre de Conseillers, Maistres des Requestes, & autres Officiers du

II.
Dépense considerable qu'il fit pour traiter à Gaillon les principaux Officiers, & les disposer à la clemence.

Roy, & le Mareschal Gassion auec quelques Troupes. Ce fut en cette rencontre que ce genereux Prelat s'employa auprés du Cardinal & de Mr. le Chancelier, pour les porter à la moderation & à la clemence, & empescher que le desordre ne s'accrût par l'insolence des soldats, ou par la trop grande rigueur de la Iustice ; en quoy il reüssit auec beaucoup de bonheur, n'y ayant rien épargné pour venir à bout de son dessein, jusques-là qu'il fit vne dépense tres-considerable pour traiter vingt-quatre des principaux qui estoient à la suite & en la compagnie de Mr. le Chancelier & du General Gassion, qui confesserent qu'il les auoit regalez auec vne magnificence nompareille.

III.
Gaillon, son lieu d'Estude & de retraite.

Ie m'oubliois de dire en passant, que ledit sieur Chancelier estoit venu de Paris à Gaillon, où il demeura bien sept ou huit iours, attendant que toutes choses fussent disposées à Roüen pour le receuoir. Nostre Prelat n'y estoit pas pour lors, quoy qu'il y fist souuent sa retraite & ses plus belles Estudes. En effet, il affectionna tellement le Palais Archiepiscopal, qu'il y establit vne Academie, dans laquelle il conferoit pour l'ordinaire auec les Doctes qui estoient en sa compagnie, des difficultez qui se rencontrent dans les Epistres de S. Paul. C'estoit là où goustant le repos de la solitude, il passoit quelques heures de diuertissement auec les Muses sacrées ; & ce fut à cette occasion qu'il y fit faire diuerses choses,

Oooo ij

FRAN. DE HARLAY.

qu'il jugea neceſſaires pour l'ornement & l'entretien de ce lieu vrayement Royal; & pour en conſeruer la memoire, fit mettre cét Eloge ſuiuant en lettres d'or à l'entrée de la premiere cour, lequel quoy qu'il ait beaucoup plus de grace en Latin, où les mots ſont plus ſignificatifs & expreſſifs, i'ay toutesfois jugé à propos de le traduire, en faueur de ceux qui n'entendent pas cette Langue.

IV.
Eloge qu'il dreſſa de la fondation, progreẓ & perfection de ce Chaſteau.

GAILLON, lieu vrayement ROYAL, tant de ſon origine & par ſon premier eſtabliſſement, que par l'vſage & par la majeſté de ſes édifices; autresfois le Patrimoine des Rois de France, l'vnique & eternel monument de la veneration des François enuers l'Egliſe, & de la dignité de la Prouince de Normandie, donné en échange par S. Loüis à Odo Rigaut Archeueſque de Roüen; fortifié par le Cardinal d'Eſtouteuille en cette partie qu'on rencontre à l'entrée; augmentée d'vne grande & ſuperbe maſſe de baſtimens, conſtruite ſur le haut de la montagne par le Legat d'Amboiſe, des deniers payez par les Genois, en expiation de leur reuolte, & accordée à ce premier Miniſtre d'Eſtat par la magnifique gratitude de Loüis XII. Orné d'vne admirable Fontaine de Marbre, qui eſt vn preſent de la Republique de Veniſe; pourueu & enrichy auec autant de pieté que de magnificence, de Chappelles, de meubles, & de Reliques ſacrées: Agrandy par les ſoins des Cardinaux de Bourbon; honoré d'vne belle Chartreuſe; reparé aprés l'incendie qu'il auoit ſouffert, en partie aux dépens du Cardinal de Ioyeuſe; & tout nouuellement embelly par FRANÇOIS DE HARLAY ſon Succeſſeur, qui y a fait mettre le portrait de ſon grand Oncle George d'Amboiſe, & dépeindre ſes merueilleuſes actions, dont la memoire eſt encore toute fraiſche, & comme viuante dans l'eſprit des peuples; rendu tout riant & tout agreable, par les Fontaines que l'on a fait couler dans les jardins d'embas; renouuellé en pluſieurs endroits par diuers ouurages; deſcrit & celebré par vne Paſtorale; dédié & conſacré à l'Eſtude des Muſes ſacrées, & à l'vſage de l'Academie inſtituée par luy ſous le titre de S. Paul, en faueur des gens de Lettres, l'an 1632.

V.
Pluſieurs Eueſques qu'il a Beniſts.

Noſtre Archeueſque auoit vne grace merueilleuſe à faire les Ceremonies de l'Egliſe, & s'y plaiſoit fort; de là vient que pendant qu'il eſtoit encor jeune, il eſtoit fort ſouuent employé aux grandes Ceremonies. Il Sacra le 19. Ianuier 1623. Meſſire Iean François de Gondy, qui fut depuis premier Archeueſque de Paris; & le mois de Iuillet enſuiuant en l'Egliſe des Mathurins, il confera le caractere Epiſcopal à Nicolas Bourgoin, pourueu de l'Eueſché de Coutance. L'année d'aprés, le 14. de Iuin, Emeric de Bragelonne receut ce meſme honneur pour l'Eueſché de Luçon, en l'Abbaye de S. Victor de Paris; & François de Lomenie, Eueſque de Marſeille, en l'Egliſe des Iacobins, auſſi-bien que Simon le Gras Eueſque de Soiſſons, le 17. de Nouembre de la meſme année 1624.

VI.
Et entr'autres Meſſire Loüis Bretel, de Doyen de Roüen Archeueſque d'Aix.

L'Egliſe de Roüen ayant fourny à celle d'Aix vn Prelat, qui fut Meſſire Loüis Bretel, lequel eſtant Doyen de la Cathedrale, & Abbé de S. Victor en Caux, auoit eu le Breuet du Roy: Noſtre Archeueſque le Conſacra dans la grande Egliſe de Roüen, le Dimanche dans l'Octaue

DES ARCHEVESQVES DE ROVEN.

de l'Epiphanie, que l'Eglise commence la Messe par ces mots, *In excelso* FRAN. DE Throno vidi sedere virum, &c.* Il fut assisté en cette Ceremonie de Guil- HARLAY. laume Euesque de Lisieux, & d'Augustin Pottier Euesque de Beauuais. Elle fut faite, comme i'ay dit, le 11. Ianvier 1632. Ie ne dois pas obmet-
VII. tre icy vne autre action solemnelle, qui fut faite l'an 1627. le iour de la
Il Baptise le Conception de la Vierge ; sçauoir, le Baptesme du fils d'vn petit Roy du
fils d'vn Roy Canada, à qui il confera ce Sacrement dans la Cathedrale, en presence
de Canada
dans la Ca- d'vn grand concours de peuple. Feu Monseigneur Henry d'Orleans Duc
thedrale. de Longueuille d'heureuse memoire, pour lors Lieutenant du Roy dans
la Prouince, fut son Parrain ; & Iuliane Hyppolite d'Estrée, femme de
Messire George de Villars, Gouuerneur du Chasteau du vieil Palais, la
Marraine. Le zéle de nostre Prelat à procurer la gloire de Dieu, le bon
ordre & la decoration de l'Eglise, fut imité par plusieurs Chanoines de
sa Cathedrale, alors remplie d'hommes de pieté & de merite, lesquels
s'appliquerent auec vne commune ardeur à orner leur Eglise ; de sorte
qu'en dix ans de paix, il se fit plus d'ouurage & de despense pour ce sujet, que l'on n'auoit fait les soixante années deuant le Pontificat de
nostre Archeuesque. Ces belles Tapisseries dont le Chœur est tendu,
cette riche Chappelle d'argent doré vermeil, & plusieurs embellisse-
mens d'Autels qui furent accommodez plus décemment, & comme on
les voit aujourd'huy ; plusieurs reparations tres-necessaires, tant dedans
que dehors l'Eglise.

CHAP. ENfin, se voyant sur l'âge, incommodé de plusieurs maladies proue-
XIII. nuës de ses Estudes laborieuses, & reconnoissant d'ailleurs les excel-
Sommaire. lentes qualitez & les rares auantages dont Dieu auoit orné son Neueu,
I.
Il resigne son auquel il auoit desia resigné son Abbaye de Iumiege, il se déchargea en-
Abbaye, & tierement sur luy des soins & des trauaux de l'Archeuesché, auec l'agrée-
depuis son Ar- ment du Roy, pour auoir plus de loisir de se bien preparer à la mort, la-
cheuesché à
son Neueu. quelle toutesfois ne luy arriua que deux ans aprés qu'il se fut démis de
II. son Archeuesché, sçauoir le 22. Mars 1654. en l'âge de 68. ans, aprés
Combien il a auoir gouuerné l'Eglise de Roüen prés de 42. ans en qualité d'Archeues-
gouuerné
l'Archeuesché que, & deux ans comme Coadjuteur & Euesque d'Auguste.
de Roüen.
III. I'adiouë qu'il m'est impossible d'écrire auec quels sentimens de pieté
Ses disposi- il fit cette action, qui ne se fait qu'vne fois à la vie, & qui sert de passage
tions pour
bien mourir. à l'Eternité. Ce fut à cette heure qu'il redoubla les actes de deuotion, qui
tirent les larmes de plusieurs personnes qui l'assistoient. Il auoit fait
dresser vn Autel dans sa chambre, afin de pouuoir participer aux Diuins
Mysteres, & s'immoler de cœur & de volonté, auec celuy lequel est im- Christ. in Sa-
molé tous les iours pour le salut des Peuples au Sacrement de nos Autels, cramento
omni die po-
comme parle S. Augustin. Ce qu'il faisoit auec vne attention & vne pulis immo-
pieté, qui inspiroit la deuotion aux plus froids, & augmentoit celle des latur. *Aug.*
Epist. 23. ad
plus feruents. Aprés donc qu'il eut receu les derniers Sacremens Bonifacius.
IV. de l'Eglise, il expira en faisant des actes d'amour & de resignation à la
Sa patience
incroyable à volonté de Dieu, parmy les douleurs aiguës de la pierre & d'vne reten-
supporter les tion d'vrine, & d'autres incommoditez qu'il auoit supportées tres-
douleurs de la
pierre. patiemment pendant sa vie, & auec vne telle generosité, qu'on n'eust

Oooo iij

FRAN. DE HARLAY.

jamais pû s'imaginer qu'il en euſt eſté tourmenté au point qu'on le reconnut aprés ſa mort ; car ayant ouuert ſon corps, on luy trouua dans la veſſie vne pierre groſſe comme vn gros œuf, vne autre fourchuë d'vn poulce & demy de hauteur, & large de trois lignes.

V.
Honneurs funebres qui luy furent rëdus.

Son corps fut porté à la Chartreuſe de Bonne Eſperance, qui eſt voiſine du Chaſteau de Gaillon où il eſtoit mort, & y demeura juſques au ſecond d'Avril qu'il fut apporté à Roüen, & receu auec grande pompe de toute le Clergé & de tous les Ordres de la Ville, qui témoignerent aſſez leur regret de la perte d'vn ſi bon Prelat, & particulierement ſon cher Neueu & Succeſſeur, qui celebra le iour ſuiuant ſes Obſeques, aſſiſté des Eueſques d'Orange, de Condon, d'Oleron, de la Cour du Parlement, & de toutes les autres Compagnies de la Ville. Voicy en peu de mots quelques particularitez de cette Ceremonie.

VI.
Le dueil conduit à Meſſieurs de Parlement, pour les inuiter à la Ceremonie.

Le 3. Avril 1653. Meſſieurs du Parlement eſtans montez aux hauts Sieges de la Chambre où l'on donne l'Audience publique, le dueil pour le deffunt Archeueſque de Roüen, Meſſire François de Harlay, entra conduit par Monſieur de Brinon, Doyen de Meſſieurs les Conſeillers Laïques, & Monſieur Auber premier Conſeiller-Clerc ; le premier deſquels leur dit, que Dieu ayant appellé à luy l'Ame de feu Meſſire François de Harlay, precedent Archeueſque de Roüen, & Conſeiller né en la Cour ; Monſieur de Harlay à preſent Archeueſque de Roüen ſon Neueu & tres-digne Succeſſeur, ſupplioit tres-humblement la Cour, de vouloir rendre à la memoire du deffunt, les honneurs qu'elle auoit accouſtumé de faire aux perſonnes de ſa condition, en aſſiſtant s'il luy plaiſoit, au Seruice qui ſeroit le lendemain celebré en l'Egliſe de Noſtre-Dame, à l'heure que la Cour auroit agreable d'ordonner. Auſquels

VII.
Reſponſe que fit Mr. le premier Preſidët.

ſieurs, Monſieur le premier Preſident dit, que la Cour auoit vn extréme regret de la perte d'vn ſi grand Prelat, qu'elle auoit reſolu d'honorer ſa memoire par toutes les marques de reſpect qu'elle auoit couſtume de rendre aux perſonnes de ſa qualité, & d'aſſiſter le lendemain à dix heures à ſes Obſeques. Leſdits ſieurs ſe retirerent auec le dueil pour aller aux autres Chambres du Palais, & au Parquet des Gens du Roy, faire pareille ſemonce. Le lendemain la Cour ſe rendit à l'Egliſe Cathedrale dans l'ordre accouſtumé, & les Compagnies eſtant arriuées, le Seruice fut

VIII.
Le Seruice fut celebré auec grand appareil.

celebré auec grand appareil. Il y auoit au milieu du Chœur vne grande Chappelle ardente toute couuerte de cierges, qui eſtoient encor diſperſez aux pilliers de l'Egliſe & aux autres endroits. Le Chœur & la Chappelle de la ſepulture eſtoient tendus de dueil, comme auſſi le frontiſpice du Chœur ou Iubé, à deux bendes de velours, & la Nef à vne bende, ornée d'Armoiries dudit feu Seigneur Archeueſque, tant plein que vuide. Il y auoit vn Dais de velours noir à creſpine d'argent ſur le Tombeau du deffunt, ſon Succeſſeur n'ayant rien épargné pour faire paroiſtre ſa gratitude à l'endroit de la perſonne du monde à qui il auoit de plus eſtroites obligations, car il défraya dés leur voyage, les Eueſques qui auoient eſté députez du Clergé pour honorer cette pompe funebre : Reueſtit plus de ſix vingts perſonnes, & fit pluſieurs autres dépenſes, leſ-

DES ARCHEVESQVES DE ROVEN.

quelles monterent bien à la somme de douze mille écus. Ce fut luy qui Officia, assisté des quatre Euesques que i'ay nommez cy-dessus. Ils estoient tous reuestus Pontificalement, ce qui rendoit la Ceremonie plus auguste; elle dura prés de cinq heures, ayant commencé à onze heures & n'ayant finy qu'à quatre heures aprés midy. Le Reuerend Pere le Boux, pour lors Prestre de l'Oratoire, & Predicateur ordinaire du Roy, & presentement Euesque de Perigueux, qui Preschoit cette année là le Caresme dans la Cathedrale, fut choisi pour faire l'Oraison Funebre, dequoy il s'acquitta tres-dignement, & par vn discours aussi plein de pieté & d'éloquence qu'attendoit de luy vne si honorable & si nombreuse Compagnie. Le Seruice estant acheué, on posa le corps dans le Tombeau de ses Predecesseurs les Cardinaux d'Amboise, desquels (comme i'ay dit) il estoit petit Neueu, comme estant descendu de Marie d'Amboise son Ayeule, qui estoit sœur du grand Cardinal & Legat George d'Amboise. C'est dans cét illustre Mausolée où il attend la Resurrection generale de tous les hommes. Voicy son Distique.

Doctrina præstans, Cathedræ sacra jura tuetur,
Verbo pascit oues, & scriptis fulminat hostem.

ELOGE
DE FRANÇOIS III. DE HARLAY
de Chanvalon. 87.

CHAP. I.

Sommaire.
I. *Sujet de consolation pour le Diocese, après la mort de Mr. de Harlay.*

LORS que Messire François de Harlay, d'heureuse memoire, partit de ce monde, on pouuoit bien dire ces paroles de l'Ecclesiastique; *Mortuus est & quasi non est mortuus; similem enim reliquit sibi post se, in vita sua; vidit, & lætatus est in illo.* Ce grand Prelat, la Gloire & l'Ornement de nostre Prouince, est mort; & toutesfois pour nostre consolation, nous pouuons nous figurer qu'il n'est pas mort, puisqu'il a laissé vn Successeur qui luy ressemble, & dont le Merite & les Excellentes qualitez ayant donné de la joye & du soulagement au défunct parmy les incommoditez de sa vieillesse, éclattent dans le Diocese par des effets proportionnez aux hautes esperances qu'on en a conceuës.

II. *François III. ses parens.*

Ce fut donc François troisiéme de ce Nom, & le 87. en nombre de nos Archeuesques de Roüen qui luy succeda, comme nous auons veu par la Cession qu'il luy fit de ses Benefices; premierement de l'Abbaye de S. Pierre de Iumiege en 1650. & depuis de son Archeuesché en 1651. Il est fils d'Achille de Harlay Marquis de Breual & de Chanualon, & d'Oudete de Vaudetar de Persan; & par cette illustre Naissance il peut auoir part à l'Eloge qu'on donnoit autrefois aux Euesques, lors que dans leur Ordination l'on asseuroit les Peuples que l'Euesque élû, estoit

Voyez le Pere Morin: De Sacris ordinationibus, p. 265.

Eccl. 30. 4.

664 HISTOIRE

FRANÇOIS DE CHANVALON.
considerable par la noblesse de son Extraction, par la sainteté de ses Mœurs, par son zéle pour la Religion, &c. ainsi qu'il paroist par vn tres-ancien Pontifical de l'Eglise de Poictiers.

III. *Les grands progrez qu'il a fait dans les sciences.*
Ie ne m'arresteray point icy à parler de son Education & de ses Estudes; la Doctrine, l'Eloquence, & la Sublimité que chacun admire dans ses Predications, faisant assez connoistre qu'il a esté éleué d'vne maniere digne de sa Naissance, & qu'il a passé par tous les exercices qui peuuent seruir à former vn esprit aux bonnes Lettres.

Les premiers progrez de ses Estudes, furent admirez dans les Actes publics qu'il fit à Paris. A saize ans il soustint vne These de toute la Philosophie; & pour marque de l'estime, qu'auoit desia pour luy cette fameuse Vniuersité, & principalement la Faculté de Theologie, les plus considerables Docteurs de ce temps tinrent à honneur de disputer contre luy, & d'attaquer la verité qu'il soustenoit, pour luy procurer la gloire de la sçauoir bien défendre. Passant en suite dans l'Ecole de Theologie, dés la premiere année qui fut la 17. de son âge, il soustint dans la Salle de l'Archeuesché de Paris vne These qu'on appelle Aulique, parmy les applaudissemens de tous les Docteurs, qui dés lors par vne anticipation de faueur l'eussent voulu admettre dans leur Corps, & luy donner entrée dans l'illustre Maison de Sorbonne. Les trois années d'Estude requises par les Statuts estant acheuées, il signala sa haute Suffisance dans les Réponses qu'il fit à ses Examinateurs; mais il la fit encore éclatter dauantage dans son Acte de Tentatiue, où il entreprit de refuter le premier la doctrine de Iansenius, ayant composé ses Theses des propositions contraires aux maximes de cét Autheur; ce qui luy acquit dés lors la gloire d'auoir deuancé les plus grands hommes de l'Eglise dans vn si loüable *dessein*, & de s'estre montré l'imitateur du zéle de son Oncle, qui combatit dans vn pareil Acte les Erreurs de Michel Bayus, en presence de Mr. le Cardinal de Mantouë, alors Legat en France.

IV. *Il soustint auec admiration ses Theses de Theologie.*

V. *Motifs qui obligerent son Oncle de luy resigner son Abbaye de Iumiege.*
Les Docteurs de la Maison de Sorbonne qui s'estoient trouuez à cét Acte, & qui auoient esté témoins des acclamations & des Eloges qu'vne Assemblée si honorable, composée de plusieurs Euesques & autres personnes de qualité, auoit donné à ce nouueau Bachelier, en écriuirent à son Oncle, & luy rendirent par ce moyen vn témoignage bien certain & bien glorieux de l'extraordinaire capacité de son Neueu. Ce qui inuita ce Sage Archeuesque à luy resigner son Abbaye de Iumiege, & à prier ces Docteurs dans la Réponse qu'il leur fit, de solliciter le consentement du Roy; ce qu'ils firent par l'entremise du sieur Charton Grand Penitencier de Paris, & de Mr. du Val Professeur Royal; de sorte que sa Majesté & la Reyne Mere, alors Regente, agréerent cette resignation faite en sa faueur, auec des marques singulieres de bien-veillance pour sa Personne. Tous ses autres Actes de grande & petite ordinaire, & de Sorbonique, ne furent pas moins éclatans, & ne seruirent pas peu à luy acquerir l'estime de plusieurs des principaux Euesques de France. D'où il arriua que ceux qui composoient l'Assemblée du Clergé de 1651. ayant receu vne lettre de feu Mr. son Oncle, par laquelle ce Venerable Prelat leur

VI. *Et depuis son Archeuesché.*

leur communiquoit le dessein qu'il auoit de se décharger de la conduite FRANÇOIS DE CHANVALON. de son Diocese, & de supplier le Roy de luy donner vn Successeur, & les prioit en mesme temps de luy marquer en conscience, celuy d'entre les Ecclesiastiques qu'ils jugeroient plus capable de remplir la place que son infirmité l'obligeoit de quitter. Leur aduis vnanime fut de luy répondre par la plume de Monsieur l'Euesque de Chartres, alors Euesque de S. Malo, Qu'ils ne connoissoient point de Sujet plus digne de succeder à sa Dignité, que Mr. l'Abbé de Iumiege son Neueu. Surquoy Monsieur nostre Archeuesque leur rescriuit vne seconde lettre, pour les prier de proposer au Roy & à la Reyne Regente, celuy qu'ils estimoient digne de cét éminent degré, & de le demander à leurs Majestez pour estre son Successeur. Ce que ces Prelats firent auec tout le succez qu'ils pouuoient souhaiter, par l'entremise de Mr. de la Fueillade Archeuesque d'Ambrun, à present Ambassadeur en Espagne, qui en parla à la Reyne, laquelle communiqua l'affaire à son Conseil de conscience, où cette Promotion ayant esté trouuée fort auantageuse à l'Eglise, elle donna en suite les ordres pour la prompte expedition du Breuet, & témoigna à chacun qu'elle estoit extrémement satisfaite de pouuoir donner vn si digne Pasteur à ce grand Diocese.

VII.
La Reyne Regente agrée la démission en sa faueur.

Son Oncle luy en auoit desia fait sa démission, laquelle fut admise en Cour de Rome par le Pape Innocent X. en plein Consistoire, le 26. Septembre 1651. Il fut Sacré le 28. Decembre ensuiuant dans l'Eglise des Chartreux de Paris, par Nicolas des Comtes de Baigny, pour lors Nonce de sa Sainteté en France, lequel eut pour Assistans Messieurs Claude Auury Euesque de Coutance, & Edoüard Molé Euesque de Bayeux, Suffragans de l'Eglise de Roüen; il receut aussi le *Pallium* des mains du mesme Nonce.

VIII.
Il est Sacré à Paris.

Estant pourueu de cette haute Charge auant qu'il pût prendre le Bonnet de Docteur, selon l'ordre de sa licence; le sublime honneur du caractere qu'il estoit prest de receuoir, luy fut vn obstacle à ce dernier degré; il craignit que les submissions & les formalitez necessaires pour l'obtenir, ne portassent préjudice à sa dignité, & par cette raison il ne jugea pas à propos d'accepter le Bonnet, & se contenta d'estre fait Docteur Eminemment par la Ceremonie de son Sacre.

IX.
Raisons qui l'empeschent de prendre le Bonnet de Docteur.

Vn peu aprés son Sacre, il se rendit auprés du Roy pour luy prester le serment de fidelité, ce qu'il fit le 12. Ianvier 1652. De là estant retourné en diligence à Roüen, il prist possession personnellement sans aucune pompe le premier iour de Février; & le lendemain, iour de la Purification, Celebra Pontificalement en sa Cathedrale, & fit aprés midy vn Sermon également remply de Doctrine & de Pieté.

CHAP.
II.
Sommaire.
I.
Ce qui se passa en sa Reception au Parlement.

NOus auons veu dans les Eloges précedents, qu'vne des principales prerogatiues de nos Archeuesques, outre les deux Comtez de Dieppe & de Louuiers dont ils joüissent, est qu'ils sont Conseillers nez dans le Parlement de Normandie; ce qui les oblige aprés auoir fait leur Entrée dans la Cathedrale, d'aller prendre Seance dans cette auguste Compagnie. Voicy ce qui se passa pour lors qu'il y fut prendre possession.

Pppp

666 HISTOIRE

François de Chanvalon.
II.
Deliberation de la Cour, sur les honneurs qu'on deuoit luy rendre.

Le Mardy 30. de Ianvier 1652. les Chambres assemblées, Mr. le premier President dit que le iour précedent, sur les nouuelles que Monseigneur de Harlay Archeuesque de Rouen, se disposoit de venir en cette Ville pour prendre possession de son Archeuesché; la Compagnie ayant fait representer les Registres pour voir la forme qui auoit esté obseruée quand le feu Cardinal de Ioyeuse prist possession en 1605. lequel n'auoit fait Entrée; Messieurs les Presidents & Conseillers de la Grand' Chambre, tant du seruice d'icelle, que des autres Chambres, ayant sur ce assemblé, & oüy la lecture dudit Registre, auoient auisé de députer vn de Messieurs les Presidents, quatre de Messieurs les anciens Conseillers, deux de Messieurs des Enquestes, & vn des Gens du Roy, pour aller saluër ledit sieur Archeuesque, dont Mr. le President Bigot donneroit aduis à Messieurs des Enquestes, ayant desiré qu'il en fut déliberé en l'Assemblée des Chambres; quoy qu'ils ne trouuassent de difficulté de députer, cela leur fut accordé. Surquoy opiné, ils furent vnanimement d'aduis de la députation, & sur la demande qu'auoient faite Messieurs des Requestes, que la Compagnie eut agreable d'y comprendre vn de leur Chambre; après en auoir déliberé, il fut passé & arresté d'admettre en ladite députation vn desdits sieurs des Requestes lequel y seroit nommé; partant qu'il y auroit trois de Messieurs les Conseillers de la Grand' Chambre, auec Monsieur le President de Bonshoms; à sçauoir, Messieurs du Moucel Laïque, Auber Clerc, & Costé Laïque; deux des Enquestes, & vn des Requestes, qui seroient nommez desdites Chambres.

III.
Il fut resolu qu'on luy députeroit auãs son Entrée.

IV.
Députez, qui furent choisis pour cet effet.

Le dernier iour de Ianvier de la mesme année, Mr. le President de Bonshoms entré, dit qu'il estoit passé par cette Chambre, pour aduertir Messieurs qui auoient esté députez pour aller auec luy, suiuant l'arresté du iour précedent au soir. Surquoy s'estant meu difficulté, sçauoir s'il estoit à propos d'aller saluër ledit sieur Archeuesque auant qu'il eust pris possession, aucuns de Messieurs disans que par le Registre de l'an 1605. on n'auoit pas esté saluër Mr. le Cardinal de Ioyeuse, sinon après qu'il eut pris possession; & d'autres, que veu qu'il estoit constant que ledit sieur de Harlay auoit fait serment, & esté receu en ladite dignité d'Archeuesque, mesme lors que ses Predecesseurs auoient fait Entrée, l'on auoit député en la forme ordinaire pour aller au deuant, quoy qu'ils ne prissent possession que le lendemain; & fut conclu qu'il n'y auoit lieu de retarder, & suiuant ce partirent ledit sieur President de Bonshoms, & Messieurs du Moucel, Auber, & Costé, auec Messieurs les Députez des autres Chambres pour ce aduertis, Messieurs de la Place & Iubert anciens des Enquestes, & Duual Conseiller aux Requestes du Palais, & Courtin Procureur General.

V.
Harangue que luy fit Mr. le President de Cantenne.

Le premier iour de Février ensuiuant, Mr. le President de Bonshoms entré, rapporta comme suiuant l'arresté de la Cour, il auoit esté de la part d'icelle, auec Messieurs du Moucel, Auber, Costé, de la Place Iubert, & du Val, saluër Mr. de Harlay Archeuesque de Rouen, auquel il auoit dit en substance. Comme après tant de glorieuses actions & de soins si particuliers, que Mr. son Oncle auoit employez pour le bien de son

DES ARCHEVESQVES DE ROVEN.

Diocese; dans le temps mesme qu'il pouuoit encore y continuer le gou- FRANÇOIS DE CHANuernement plusieurs années, il s'en estoit volontairement démis, pour VALON. auprés de soy vn Successeur accomply des excellentes qualitez que l'on peut souhaiter en vn excellent Prelat. Que cette eminente science, laquelle aux premices de son âge, luy auoit merité le souuerain degré de la Doctrine, establiroit solidement les maximes de la verité, & dissiperoit puissamment les ambitieuses opinions, qui par leur nouueauté tâchoient d'ébranler l'vnité de la Religion. Que cependant, suiuant le Conseil du deuot S. Bernard à son cher Nourrisson le Pape Eugene, ses costez seroient affermis de vertueux Officiers, qui executans modestement & exactement ses Ordonnances, feroient benir par tout la sagesse de ses Decrets. Qu'il auoit lieu d'exercer ce zele Pastoral si viuement exprimé par S. Gregoire, pour tirer loin de son Archeuesché les personnes de dangereuse conuersation: Et puisque Mr. d'Amboise (d'heureuse memoire) dans l'establissement de ce Parlement, luy a conserué la place deuë à sa dignité: que pour ce sujet, Messieurs de cette Compagnie les auoient deputez, pour luy témoigner en leur Nom, la joye qu'ils ont euë de cette heureuse Promotion, & le contentement de son agréable arriuée pour en prendre la possession, l'assurant de leurs mutuels deuoirs, & correspondantes affections dans la gloire de Dieu, le seruice du Roy, & conseruation de la Prouince.

VI.
Responsse que Mr. l'Archeuesque luy fit.

Ledit sieur Archeuesque leur fit responsse par vn discours tres-eloquent, & digne d'vn tel Prelat, dont le sommaire pouuoit estre; Qu'il
,, receuoit vn contentement tres-particulier de l'honneur que la Com-
,, pagnie rendoit au Siege Archiepiscopal, & à l'Eglise, dont l'vnion de-
,, uoit estre toûjours parfaite auec la Iustice, & la premiere Compagnie
,, de la Prouince; Qu'il y estoit d'autant plus obligé, que ses Ancestres
,, auoient contribué à l'érection de ce Parlement, & qu'il feroit toûjours
,, connoistre le desir qu'il auoit d'y viure auec le General & le Particulier.
Il pouuoit dire ce qu'auoit autrefois dit vn grand Empereur au Senat de Rome, *Senatus nobiscum est.*

VII.
Ce qui se passa lors que ledit Seigneur Archeuesque vint au Palais.

Le cinquiéme Février, sur les neuf heures du matin, arriuant en la Cour du Palais Messire François de Harlay Archeuesque de Roüen Primat de Normandie, furent les Chambres assemblées, comprise celle des Requestes du Palais; & ledit sieur monté en la Salle des Procureurs, precedé de sa Croix, laquelle fut posée en la Chappelle de ladite Salle, en suite il auança jusques à l'entrée du Parquet des Huissiers, où il fut receu par Messieurs du Moucel, Auber, Costé, & Desmarests, Conseillers à cette fin deputez; & entrant en la Chambre accompagné desdits sieurs, tenant son Bonnet en main, saluä la Compagnie, premierement Messieurs les Presidents, puis d'vn costé & d'autre Messieurs les Conseillers; qui tous se leuerent luy rendant le salut; & ayant pris seance au banc de main droite de Messieurs les Presidents, sur le Carreau de velours brun à luy preparé au dessus de Monsieur le Doyen, aprés auoir derechef saluë la Compagnie, dit.

,, Messieurs; l'impatient desir que j'auois de me voir assis dans vostre

Pppp ij

FRANÇOIS DE CHANVALON.
VIII.
Harangue qu'il fit à Messieurs de Parlement.

„ Compagnie, s'accomplit heureusement aujourd'huy; I'y viens non
„ seulement pour asseurer ce Senat Auguste de mes respects, mais enco-
„ re pour adjouster à tant d'obligations dont ie luy suis redeuable, les
„ témoignages publics d'vne tres-parfaite reconnoissance; j'espere qu'il
„ secondera les bonnes intentions que j'apporte à cette Prouince, qui
„ tendent toutes à la gloire de Dieu & au seruice du Roy, d'où dépend
„ le repos de nos consciences, aussi-bien que la conseruation de cét
„ Estat & la tranquillité des Peuples, sur qui l'Eglise répand sans cesse
„ par le Ministere des Prelats, les semences d'vne tres-sainte paix.

„ I'y parois aussi, Messieurs, non seulement comme voltre Archeues-
„ que, mais aussi comme vne personne qui ay l'honneur d'estre de vô-
„ tre Corps; c'est à dire qui viens aymer tout ce que vous aymez, qui
„ ne veux faire qu'vn mesme esprit & qu'vne mesme volonté auec la
„ vostre, & qui prétends grauer aussi profondement dans le cœur des
„ Peuples par les maximes de la Religion, la veneration qu'ils doiuent à
„ vn si Auguste Senat, que la vertu de ces grands Hommes qui le com-
„ posent luy imprime d'obligation de se soûmettre volontairement à
„ vne si juste, si souueraine, & si legitim Puissance.

IX.
Réponse que luy fit Mr le premier President.

Monsieur le Premier President luy répondit en ces termes: „ Mon-
„ sieur, Comme la Compagnie reçoit auec joye les témoignages que
„ vous luy rendez aujourd'huy de voltre inclination & reconnoissance
„ enuers elle, Elle vous assure aussi par ma bouche de son affection tou-
„ te entiere; & par les marques qu'elle vous a déja données par celle de
„ ses Deputez, de la satisfaction qu'elle a de voltre promotion à cette
„ grande Prelature. Nous auons sujet d'esperer que succedant, comme
„ vous faites, à tant d'excellens Personnages illustres en naissance, en
„ doctrine & en pieté; Vous serez aussi successeur de leurs vertus & de
„ leur deuotion enuers le Parlement, où le grand Cardinal d'Amboise
„ a eu l'honneur autrefois d'occuper la place que j'y tiens, & qui nous
„ a laissé tant de précieux monumens de son amour pour cette Compa-
„ gnie, & pour cette Prouince; & comme le premier & principal de-
„ uoir d'vn sage & saint Pasteur doit estre, d'imprimer dans les cœurs
„ des ordres, & des peuples soumis à sa direction spirituelle, l'amour &
„ la crainte de Dieu, l'obeïssance & la fidelité qui luy est deuë; il est
„ aussi de son application & de ses soins, de leur inspirer ses respects en-
„ uers nos Rois, qui sont les visibles Images de cette Diuine Majesté.

„ Nous sommes tous persuadez que vous estes venu icy, Monsieur,
„ auec ces bons sentimens, qui seront fortifiez de l'exemple de cette
„ Compagnie, toute remplie qu'elle est de personnes voüées au seruice
„ du Roy; & quoy que nous ayons vn extréme regret que le grand
„ âge & les maladies de Mr. voltre Oncle nous priuent d'vn si grand
„ Prelat, nous trouuons nos consolations en vous, digne heritier de
„ ses Vertus & de son Titre. Nous souhaitons que vous en joüissiez
„ long-temps, & que l'vnion qui doit estre entre nous & voltre Mini-
„ stere, produise cét effet dont parle le Royal Prophete; c'est à dire la
„ liaison & les embrassemens de la Iustice & de la paix pour la gloire de

DES ARCHEVESQVES DE ROVEN. 669

,, Dieu, le bien du seruice du Roy, l'vtilité & le repos de la Prouince. FRANÇOIS
,, Vous trouuerez, Monsieur, pour cela toute correspondance de nostre DE CHAN-VALON.
,, part, & aux occasions tous les témoignages que vous pouuez attendre
,, de l'affection de cette Compagnie.

Et aprés que Mr. le premier President eut demandé audit sieur Arche-uesque s'il vouloit faire le Serment, il respondit qu'il n'éuitoit pas de te-nir à Dieu la parole qu'il auroit donnée en presence de si grands Hom-mes ; & s'estant leué, il fendit le Bureau & fit le Serment en la maniere accoustumée, de bien & fidellement exercer, & rendre la Iustice aux paures comme aux riches ; tenir les Deliberations de la Cour, secretes, garder les Ordonnances & fidelité au Roy, sans adherer à aucune autre Association contre la personne dudit Seigneur & de son Estat. Et ce fai-sant, fut receu en ladite qualité de Conseiller en ladite Cour, pour y auoir Entrée, Seance, & Voix déliberatiue comme les autres Conseillers.

CHAP. III.
Sommaire.
I.
Ce qu'il fit aprés sa Reception.

C'Est ce qui se passa en cette Reception, les autres Compagnies & Iurisdictions luy ayant rendu les mesmes honneurs chacune en leur rang & degré, en suite dequoy nostre Prelat ne tarda pas long-temps à faire les fonctions d'vn vray Pasteur. Ses premiers soins furent de pratiquer l'aduertissement de l'Escriture, qui ordonne aux Pasteurs de bien reconnoistre la face de leur Troupeau, & l'estat où sont leurs Brebis ; & pour cét effet, il fit plusieurs Visites generales & particulieres, mais auec tant de zéle, qu'il n'y a presque point de Chaire dans son Diocese où il n'ait fait entendre sa voix. Nous auons veu dans l'Eloge précedent, ce qu'il dit de l'estat où il l'auoit trouué.

II.
Ses Conferences publiques.

Il institua en suite des Conferences pour l'instruction des Ecclesiasti-ques, où la vaste estenduë de ses Connoissances, la viuacité de son Esprit, la fidelité de sa Memoire, la force & la douceur de ses Paroles, la clarté & l'ordre exact de sa Methode, attiroit tout ce qu'il y auoit de sçauans & de curieux dans la ville de Roüen ; permettant à toutes sortes de person-nes de proposer des difficultez, & de faire des objections ausquelles il répondoit sur le champ, sans autre preparation, mais si solidement & si clairement, que chacun en estoit rauy.

III.
Seminaire qu'il establit à Roüen, & de la paix dans son Diocese.

Il y establit le Seminaire, recommandant sur tout à ses Ecclesiastiques de viure en bonne intelligence auec les Religieux de son Diocese, & con-seruer auec eux vne concorde & vne vnion digne de personnes qui font profession particuliere de pieté, & conuenable à l'edification du Peuple. Aussi son Cœur a tant d'inclination à la paix, & sa Sagesse a trouué tant de moyens pour l'entretenir, qu'il n'y a presentement point de Diocese en France qui soit plus vny & plus tranquille, & où tous les Membres ayent plus de liaison entr'eux, & plus d'attache & d'obeïssance à leur Chef.

IV.
Il reprime l'attentat d'vn Ministre de Queüilly.

Lors qu'il s'employoit auec tant de succez & de satisfaction de tout son Diocese, dans les fonctions principales de son Ministere, les Pré-tendus Reformez faisant vendre publiquement vne Image ou Taille-douce qui representoit leur principal Ministre, auec la souscription (*Pa-steur de l'Eglise de Roüen.*) Cét attentat donna occasion à nostre Arche-

Pppp iij

FRANÇOIS DE CHANVALON.

uefque, de fignaler fon zéle & fa doctrine par des Predications qu'il fit dans l'Eglife Abbatiale de S. Oüen, pour montrer que dans l'Eglife de Roüen, il n'y a point d'autre Euefque & d'autre Pafteur que luy, & que c'eftoit vne vfurpation temeraire & facrilege que d'ofer attribuer ce titre Venerable à vn Predicant qui eftoit hors de l'Eglife, qui méprifoit les traditions Apoftoliques, & qui n'auoit ny ordination, ny fucceffion legitime, conformément à cet Oracle de S. Cyprian : *In Ecclefia non eft,* *Lib 1. Ep. 6.* *neque Epifcopus computari poteft, qui Apoftolica traditione contempta, nemini fuc-* *ad Magnum.* *cedens, à feipfo ordinatus eft.*

Tels furent les commencemens de cét Illuftre Prelat, qui apporterent autant de joye & de confolation à fon Clergé, & à tout fon peuple, que la perte de fon Oncle leur auoit caufé de déplaifir & de trifteffe.

V.
Harangue qu'il fit, deuant le Roy au fujet du Cardinal Mazarin.

La mefme année qu'il fut Sacré, à peine auoit-il fait le Serment de fidelité au Roy, qu'il préfida à vne Affemblée du Clergé dans la Ville de Tours. C'étoit pour lors que la France eftoit agitée de troubles & de guerres inteftines au fujet du Cardinal Mazarin. Noftre Archeuefque fut député pour faire remontrance au Roy, contre les Arrefts, par lefquels ledit Cardinal auoit efté profcript, & il s'en acquitta auec tout le fuccez que l'on euft pû fouhaiter, ayant fait voir à leurs Majeftez par vne longue & fçauante Apologie, combien l'Efprit de l'Eglife & la pieté Françoife étoient éloignées d'vne conduite fi extraordinaire, & qui s'accordoit fi peu auec le refpect deu à vne perfonne de cette Dignité.

VI.
Il affifta au Sacre du Roy.

Il fut auffi appellé au Sacre du Roy, où il eut l'honneur de luy mettre la Couronne fur la tefte, reprefentant vn des Ducs & Pairs.

VII.
Il fut député des trois Eftats de Normandie.

Ie donneray à la fin de cét Eloge, la Harangue qu'il fit deuant leurs Majeftez en 1652. lors qu'il fut choifi pour eftre l'organe de fa Prouince, & pour reprefenter au Roy & à fon Confeil, les plaintes des trois Eftats de la Normandie. Le Lecteur pourra iuger de la force de cette piece, & auec quel zele il fit connoître au Roy les miferes de fes pauures Sujets.

VIII.
Il préfida à vne Affemblée du Clergé.

En 1660. il eut l'honneur de Préfider à l'Affemblée du Clergé, où il porta les chofes à des conclufions fort auantageufes au Pape, au Roy, & au Clergé, comme il paroift par la Relation imprimée, où ie renuoye les curieux. Il a fait iufques à plus de cent cinquante actions Latines & Françoifes, dont quelques-vnes ont efté enregiftrées, & nous fouhaiterions que l'on eut pris foin de recueillir les autres, parce qu'elles feroient voir à la pofterité l'excellence de fon Efprit, & combien fon Genie eft digne des plus grands Emplois. Ce fut en confequence des rares qualitez qu'il fit paroiftre en ces affaires fi difficiles, que le Roy le loüa plufieurs fois fi hautement, & de fon propre mouuement le gratifia du Cordon honoraire de fes Ordres, qu'il porte comme vn précieux gage de l'eftime & de l'affection de cet Illuftre Monarque.

IX.
Le Roy l'honora du Cordon bleu.

X.
Il Harangua le Cardinal Chifi Legat.

Ce fut auffi luy qui l'année 1665. marcha à la tefte des autres Prelats, fuiuant l'ordre exprés qu'il en auoit receu du Roy, & harangua Monfieur le Cardinal Chifi Legat *à Latere,* auec cette addreffe & cette éloquence qui éclate en tous fes difcours.

Mais entre les Ceremonies publiques où il s'eft fignalé, il n'y en a

DES ARCHEVESQVES DE ROVEN. 671

XI. *Il fait l'Oraison funebre d'Anne d'Austriche.*

FRANCOIS DE CHANVALON.

point eu de plus importante & de plus remarquable que celle des obseques de la defuncte Reine Anne d'Austriche, d'heureuse memoire, celebrées dans l'Eglise Metropolitaine de Nostre-Dame de Paris. Le Roy luy ayant fait l'honneur de le choisir pour y faire l'Oraison funebre, il répondit parfaitement à ce qu'on pouuoit attendre de luy dans vne occasion où par l'ordre d'vn grand Monarque, il auoit à parler des vertus d'vne grande Princesse sa bienfaictrice, dans vne Assemblée qui renfermoit tout ce qu'il y auoit de plus grãd & de plus illustre dans le Royaume. Iamais la fecondité, la force & la netteté de son esprit ne parurent auec plus d'éclat, & ne furent mieux fecondées & foutenuës de cette grace merueilleuse auec laquelle il sçait faire valoir tout ce qu'il dit: Aussi son discours fut-il suiuy des applaudissemens de tout son Auditoire, & chacun demeura d'accord que les vertus heroïques de cette incomparable Princesse, ne pouuoient point rencontrer vn plus digne Panegiriste que nostre éloquent Archeuesque. Quelques iours auparauant que de prononcer cette Harangue, il l'auoit fait voir au Roy, qui l'auoit honoré de son approbation; après quoy il ne faut pas s'estonner si elle fut si bien receuë, puisqu'elle auoit déja agreé à vn Prince qui n'excelle pas moins au dessus du reste des hommes par la solidité de son jugement, qu'il les surpasse par l'éminence de sa dignité souueraine. Quant à l'estime qu'en pûrent faire Messieurs du Parlement de Paris, on ne peut pas douter qu'elle ne fut fort auantageuse, puisqu'ils l'enuoyerent prier de leur en donner vne coppie pour la faire mettre dans leurs Registres, & en conseruer la memoire dans les siecles à venir.

Ie ne m'engageray pas plus auant à donner le détail de ses actions. Ie sçay fort bien ce qu'a dit vn Escriuain des plus judicieux de ce siecle, que quand l'esprit est surmonté par la dignité de son sujet, il est de la prudence de ne pas entreprendre de le traiter, afin de ne pas obscurcir l'éclat des grandes choses par vn discours qui n'y soit pas proportionné, joint que ie n'ignore pas le conseil du Sage, qui nous aduertit de reseruer le Panegirique des personnes d'authorité après leur mort, qui doit mettre le sceau à toutes leurs actions. C'est ce qui m'oblige à demeurer dans vn silence respectueux, & à laisser à de plus habiles & de plus sçauantes mains que les miennes, la gloire de trauailler au Tableau de nostre incomparable Archeuesque, qu'il doit luy-mesme acheuer, & auquel il donnera les derniers traits & les plus importans dans le cours des belles & éclatantes actions de sa vie. Nous finirons son Eloge par ce Distique.

Eximiæ dotes Franciscum in sede locarunt,
Delicias Gregis, & sæcli Lumenque, Decusque.

HISTOIRE

Remonstrance faite au Roy par Monseigneur l'Illustrissime & Reuerendissime Archeuesque de Roüen, en faueur des trois Estats de Normandie 1658.

SIRE, vostre Prouince de Normandie n'a pas si-tost appris l'ordre qu'ont receu ses Députez, de se rendre sans delay auprés de la personne de vostre Majesté, qu'elle a regardé ce precieux moment comme celuy du recouurement de sa liberté & de son bonheur.

Aussi a-t'elle desiré que ie commençasse ce discours, en rendant ses actions de grace à vostre Majesté, SIRE, de l'Audience fauorable qu'elle luy donne maintenant; aprés quoy elle a jugé que rien n'estoit plus seant, ny plus conforme à la profession d'vn Archeuesque, que de se charger des miseres du Troupeau, que la Prouidence Diuine a commis à sa garde & à ses soins; & elle s'est imaginée que ses gemissemens & ses plaintes, seroient dautant mieux receuës du plus Iuste & du plus Religieux de tous les Rois, que la seule veuë de la gloire de vostre Majesté & du bien public, met aujourd'huy dans ma bouche ses tres-humbles Remonstrances.

Et certes, tout ainsi que par vne glorieuse prerogatiue de nostre Caractere, nous sommes establis Mediateurs entre Dieu & les hommes dans ce grand & admirable commerce que le Ciel entretient auec la terre; de mesme nous ne pouuons nier sans offenser la memoire de nos Peres, que nous ne soyons constituez icy bas par vne mesme puissance, pour estre reconnus les Mediateurs entre les Peuples & les Rois. Oüy, SIRE, nous apprenons aux Peuples l'obeïssance qu'ils doiuent à leurs Souuerains, & ils reçoiuent nos enseignemens auec respect; & les Souuerains ne desagréent pas que nous les instruisions de la Iustice qu'ils doiuent à leurs Sujets; au contraire, ils écoutent ce Precepte de la Loy de Dieu auec déference. Nous croyons mesme que nostre voix est dautant mieux entenduë des Princes de la terre, lors qu'elle sollicite leur pieté de compatir à leurs Peuples affligez, qu'ils empruntent de nous le secours de cette mesme voix, pour éleuer leurs prieres jusques aux oreilles du Tout-puissant; & nous ne pouuons croire qu'ils manquent pour elle de consideration, parce qu'ils l'employent continuellement auprés de cette Majesté supreme, dont ils ont receu la vie & l'authorité pour obtenir d'elle les vertus qui doiuent rendre leur gouuernement heureux.

Heureuse donc à iamais la Prouince de Normandie, puisqu'elle a l'honneur d'estre aujourd'huy possedée par vn Monarque si pieux : Heureux les temps, où il est permis de faire impunément tous les biens, & de ne point raconter les maux inutilement; & que l'Antiquité ne se vante plus d'auoir mis des hommes en lumiere qui disoient la verité aux Princes, lors mesme que c'estoit vn crime de la faire paroistre deuant eux : nous respirons vn siecle plus doux sous le Regne glorieux de vostre Majesté, SIRE, car nous voyons par l'experience, que non seulement vous la voulez connoistre, mais encor que vous l'embrassez amoureusement.

Trouuez

DES ARCHEVESQVES DE ROVEN.

Trouuez bon, SIRE, s'il vous plaift, que ie regarde les fruits que nous allons cueillir de voftre bonté, comme les suites des salutaires inftructions que vous a donné la Reyne, voftre Augufte & Vertueuse Mere; ce font des effets des judicieux Confeils de ce grand Miniftre, qui marche deuant vous, affifté d'vne prudence toûjours infaillible. Oüy, SIRE, nous remarquons déja ces fentimens dans la genereufe impatience qu'a V. M. de connoiftre nos difgraces; & c'eft ce qui fait augurer à l'aduantage de noftre Prouince, que le Ciel n'aura point fait naiftre ce noble mouuement de tendreffe dans le cœur d'vn fi grand Roy, fans qu'il aye deffein de nous fecourir.

SIRE, vn Leuite fe plaint encor aujourd'huy dans le Liure des Iuges, de la paffion déreiglée de quelques particuliers de la Tribu de Benjamin. Ils font, dit-il, entrez les plus forts dans ma Maifon, où par vn outrage fans exemple ils ont violé tous les droits d'vne legitime Hofpitalité; & pour faire paffer leur fureur jufqu'aux dernieres extrémitez, ils ont arraché la vie à celle que Dieu m'auoit donné pour compagne de la mienne, en la faifant mourir par leurs cruelles brutalitez. Que pouuois-je faire, adjoufte il, dans vne occafion fi funefte? Tout remply de douleur & de larmes, i'ay coupé fon cadavre par morceaux, ie vous en apporte les triftes reliques que i'eftends deuant vos yeux, ô Illuftres Tribus d'Ifraël, & puifque vous eftes affemblez pour rendre juftice à ceux qui vous la demandent & à qui vous la deuez, voyez ce fpectacle, & vangez ce crime. A ces mots, on euft veu cette nombreufe affemblée toute émeuë d'vne iufte indignation, ne refpirer que la guerre & les châtimens, & le S. Efprit qui refide dans les corps de ces mefmes Lettres que nous reuerons, anime encor nos courages quand il expofe à nos yeux cette tragique reprefentation.

Voila, SIRE, la veritable Image & le Portrait au naturel du miferable eftat de noftre Prouince, & c'eft à l'exemple de ce Leuite, que ie leue en voftre prefence le ton de ma voix plaintiue. En effet, n'eft-ce pas elle qui a prefté fon fein depuis quarante ans, au luxe defordonné d'vne infinité de particuliers? Combien de ces gens fe font-ils enrichis de fes dépoüilles, de qui n'a-elle point contenté ou l'auarice ou l'ambition? Elle s'eft veuë violée dans fa Religion par l'impieté des Heretiques; violée dans fes immunitez par la perte generale de fon Clergé & de fa Nobleffe; meprifée dans fes Magiftrats, par vne infinité d'Officiers & de Commiffions extraordinaires qui ont auily leurs Charges, rauagée & pillée impunément? Dans fon tiers Eftat, par la licence effrenée foit des Partifans infatiables, foit des Soldats affamez. Y auroit-il vn feul point de terre dans fa vafte eftenduë, qui n'euft feruy de Theatre à ces malheurs, ou de témoins à fes larmes? Oüy, SIRE, ce puiffant corps eft porté par terre. Ce n'eft plus qu'vn cadavre? Ie dis trop peu? ce cadavre a efté déchiré en morceaux? SIRE, voyez ce fpectacle, vengez ce crime, & remediez aux maux d'vn Clergé fi Religieux, d'vne Nobleffe fi courageufe, d'vn Peuple fi fidelle.

SIRE, quand le Clergé de noftre Prouince fe plaint à V. M. de l'en-

FRANÇOIS DE CHAN-VALON.

treprife des Heretiques, il ne fonge pas à faire reuiure dans fon Ame magnanime, ces cruelles Ordonnances de fang, qui ont rendu fufpecte &
odieufe la puiffance Souueraine de vos Predeceffeurs, à vos Sujets de la
Religion Prétenduë Reformée. A Dieu ne plaife, que fon intention
foit d'effaroucher par la violence, ceux qu'il appelle tous les iours à la
verité par le Miniftere de la parole Euangelique, qui eft toute remplie
d'humanité & de douceur.

Il n'ignore pas qu'on eftablit la Religion non pas en faifant mourir
les hommes, mais en mourant pour les hommes; qu'elle eft deffenduë
par la patience & non pas par la cruauté; qu'elle eft baftie fur la foy, &
non pas fur le crime, dautant qu'il eft bien inftruit par les fentimens du
„ Docte *Lactance*, que l'homicide, la cruauté & le crime font des maux;
„ que le Martyre, la patience & la foy font des biens, & qu'il faut que le
„ bien & non pas le mal foit le fondement de la vraye Religion.

Mais, SIRE, feroit-il jufte, que celle qui dans les Saints Peres eft appellée la *Seruante*, joüift paifiblement des aduantages, qui de droict n'appartiennent qu'à la *Libre*; cependant par vne nouueauté finguliere, elle
eleue fes prétentions fur l'heritage des enfans de la maifon! elle eft efcla-
ue & elle veut commander; elle eft enfeuelie dans les erreurs, & neantmoins elle veut inftruire; & le diray-je à V. M. elle s'eft aduifée par vne
hardieffe fans exemple, d'ouurir dans Queuilly à la porte de Roüen, des
Efcholes publiques de toute forte de Doctrine; Et cela, SIRE, au mépris de vos Edits de pacification, & de tant de Declarations fi fouuent
renouuellées, à la confufion de vos Magiftrats, qui ont efté empefchez
de les mettre en execution, au préjudice & au deshonneur du College
Archiepifcopal de Roüen, où ils eftoient admis de tout temps, & où
fans que leur confcience fut gefnée en apprenant les Lettres Humaines,
ils profitoient de nos bons exemples.

Cette affaire, SIRE, a efté portée diuerfes fois deuant voftre Tribunal, par Meffieurs les Députez de la derniere Affemblée du Clergé de
France; mais foit qu'elle n'aye efté touchée qu'en paffant, foit qu'elle
ait efté enueloppée dans vne grande multitude d'autres chofes tres-importantes, foit que pour des raifons particulieres elle ait efté remife en
vn autre temps, foit que l'ombre de quelque puiffante protection ca-
chée ait arrefté le fuccez de leurs remonftrances, ce mal eft demeuré
fans remede.

Ce n'eft pas, SIRE, que nous prétendions entrer auec vous dans les
Confeils de V. M. nous ne croyons pas mefme deuoir penetrer dans ces
veines profondes & imperceptibles, où fe forment les grands fecrets de
l'Eftat. Mais, SIRE, pardonnez s'il vous plaift à l'impetuofité du zéle
d'vn Archeuefque, qui eft trop redeuable aux biens-faits de V. M. pour
preferer quelque chofe à fa confcience & à voftre propre gloire.

O France, faffe le Ciel que ceux qui fe difent tes amis, ceffent vn
iour de fe declarer ouuertement les ennemis de la Foy; moiffonne des
lauriers auec tes Alliez, mais qu'il ne foit pas dit qu'ils feichent fur les
tiges faute d'eftre arroufez des benedictions du Ciel. C'eft trop peu que

DES ARCHEVESQVES DE ROVEN.

des conquestes communes te fassent partager auec eux les dépoüilles de la terre, rends-les capables de posseder en commun vn Royaume plus solide qui ne perisse iamais. L'Allemagne vit autrefois vn Henry I. rappeller à la Foy Catholique Estienne Roy de Hongrie auec tous ses Estats; Tu n'as pas moins de gloire en portant dans ton sein vn digne Rejetton du sang & des vertus du grand S. Loüis, fais-en l'Apostre d'vne Nation voisine, qui a fourny au Ciel tant de Saints, & à la terre tant de Heros.

Mais, SIRE, que les ennemis de l'Eglise luy dressent des embusches, & qu'ils liurent à son Innocence vne cruelle persecution; elle ne s'en estonnera pas, dautant qu'elle sera tousiours victorieuse de leurs mauuais desseins, ou par la force de ses instructions, ou par le merite de sa patience: mais que ses propres Enfans entreprennent de l'assaillir ouuertement, qu'ils luy declarent vne rude guerre, & que les Fermiers de vos Aydes triomphent de ses dépoüilles à la veuë des Ministres de Terreur, dont les priuileges sont exactement conseruez; c'est ce qui la touche tres-sensiblement, & sa douleur la plus violente procede de cette injustice.

L'Espouse qui gemit dans le Cantique, demande justice à son Espoux, de l'insolent procedé des Gardes qu'il auoit posez à la porte de la Ville; Premierement, luy dit-elle, ils m'ont rencontrée sans me vouloir connoistre; en suite ils m'ont chargée de blessures; & pour comble de leur outrage, ils m'ont dépoüillée de ce riche vestement que j'auois receu de vos mains.

Voila, SIRE, ce qui arriue aujourd'huy par vn accident assez estrange à l'Eglise de nostre Prouince. Ses Ecclesiastiques sont appellez par la bouche mesme du Fils de Dieu, les Enfans des Rois; & des gens qui se disent Chrestiens, & qui n'en font pas les œuures, ne laissent pas de les rendre tributaires, & de les imposer au second payement des Tailles. Ils sont les Ministres de I. C. ses Ambassadeurs en terre, les Dispensateurs de ses Mysteres les plus secrets, mais on ne les veut pas connoistre, & par vn indigne traittement on les confond auec les derniers du peuple. Ie dis trop peu, on les offense publiquement par des refus outrageans, lors qu'ils demandent à joüir des priuileges qui sont acquis, soit à la condition de leur Ministere, soit à la fidelité inuiolable de leurs Contracts. Et cette Robe, SIRE, que V. M. a cousuë de ses propres mains, ie veux dire cette belle & noble Declaration, verifiée par vos Ordres dans vos Cours des Aydes, qui les met à couuert du payement des Entrées des boissons de leur crû, & de l'imposition des Tailles, leur a esté arrachée auec violence par vn Arrest du Conseil, donné par surprise sur vne simple Requeste.

Aussi verse-elle abondamment des larmes, lors qu'elle dit en elle-mesme dans l'amertume de son cœur; quoy donc, l'Egypte aura respecté autrefois les Leuites sous le gouuernement des Pharaons, parce qu'ils estoient destinez aux Sacrifices de l'ancienne Loy, & les Ministres de la nouuelle Alliance seront moins considerez, sous le Regne du plus Religieux de tous les Rois; les premiers auront esté exempts des

FRANÇOIS DE CHANVALON.

Tributs par le sage discernement de Ioseph, Chef des Conseils de ce Prince. Et cette pieuse Declaration qui a esté mesnagée aux seconds, par les Conseils & par les Prieres d'vn grand Cardinal, ne la pourra tirer de la Loy commune des exactions. Voila, SIRE, les discours & les plaintes que fait l'Eglise de Normandie dans sa juste émotion; voila le sujet de ses blessures, & neantmoins elle connoist bien qu'il faut qu'elle oublie ses autres interests, pour faire place à la voye de vostre Noblesse desolée.

La Noblesse, SIRE, qui dans les maximes de la raison, n'est autre chose que la marque de la vertu & de l'opulence de nos Ayeuls, attire sur elle le respect & la veneration de tous ceux qui en connoissent le merite & l'éclat; comme ceux qui durant leur vie ont cultiué la vertu, ne se sont pas contenté de faire des actions vtiles au public pour le seul temps qu'ils ont esté au monde, puisque nous en recueillons les fruits plusieurs siecles aprés leur mort; il est bien juste que l'Estat vse d'vne reconnoissance proportionnée à tant de seruices, en continuant à leur Posterité les honneurs & les loüanges qu'ils ont si dignement meritez.

Aussi voyons-nous par experience, lors que nous auons deuant les yeux les Enfans de ces grands Hommes, qui ont remply toute la terre de l'éclat de leurs actions, qu'il ne se peut faire que nous ne soyons touchez d'vne déference meslée d'amour, que nous inspire le doux souuenir de la memoire de leurs Peres; & ie ne sçay quelle singuliere puissance se donnent ordinairement sur nos Cœurs, ceux qui succedent à la reputation aussi bien qu'au nom de leurs Deuanciers.

Ie ne chercheray point, SIRE, le secours des Nations estrangeres, pour rendre des témoignages à cette éclattante verité. Ie n'appelleray point à mon ayde ces superbes Statuës ny ces magnifiques Mausolées, que la venerable Antiquité a dressé à ces Heros; ces illustres sentimens sont grauez dans le cœur de vostre Noblesse de Normandie, lors qu'elle considere le merite de ses Predecesseurs. Elle se vante que ses Ayeuls, ont adjousté aux hauts Titres des Richards & des Guillaumes, les superbes noms de sans peur, de Conquerant, & de Cœur de Lyon; elle se pare des actions des Rogers, & des Tancredes, qui ont porté leurs faits heroïques jusques dans la Palestine; elle monstre encor auec quelque sorte d'ostentation ces precieuses Reliques des Ossemens de ses Ancestres, qui ont répandu leur sang & consommé leur vie à la deffense de la Religion Catholique.

Que faut-il encor aprés cela pour attirer sur elle la consideration de vos Sujets? Vne pieté exemplaire; elle a releué nos Eglises abbatuës, & les a fondé de ses propres biens? Vne fidelité sans seconde? Elle costoyoit Henry le Grand, dans ce glorieux Ouurage du recouurement de ses Royaumes? Vne valeur sans pareille? C'est elle, disoit autrefois ce grand Monarque à feu Mr. le Cardinal de Gondy, qui ne me presse iamais plus que dans les iours de bataille; cependant ces actions memorables, cette pieté exemplaire, cette fidelité sans seconde, cette valeur sans pareille, ne sont plus considerées que comme des choses ordinaires & communes. On recherche encor plus seuerement que iamais, les Titres de cette Noblesse, où l'auarice feint des deffauts pour satisfaire ses prétentions; on vuide en sa presence les Sepulchres de ses Deuanciers; elle voit auec indignation troubler le sommeil de ses morts; on crible pour la quatriéme fois depuis vingt années, les cendres de leurs Peres; & comme si c'estoit trop peu que de s'attaquer à ceux qui restent, on regratte, pour ainsi dire, encore mille fois les os de ceux qui ne sont plus.

FRANÇOIS DE CHANVALON.

Mais quoy, diront les Traittans, quel sujet a la Noblesse de Normandie de former en ce rencontre tant de plaintes, cette recherche n'a-t'elle pas esté ordonnée pour la remettre dans la joüissance de ses premiers & anciens honneurs? n'est-ce pas là vn moyen indubitable de separer le vray d'auec le faux, & pour discerner suiuant la demande des derniers Estats, la Noblesse d'ancienne Extraction d'auec la nouuelle de 1610? C'est, Sire, ce qu'ils objectent maintenant à vostre Noblesse de Normandie.

Sur cela, nous supplions tres-humblement V. M. de considerer premierement, que les nouueaux annoblis depuis 1610. estans confondus auec les anciens par le moyen des Alliances, ne peuuent estre chargez d'aucune honte, qu'elle ne retombe en mesme temps sur tout le Corps. En second lieu, ne sçait-on pas bien que la ruïne & le deshonneur de cette Noblesse abbatuë, n'a pas esté jusqu'à present à la décharge du gros du peuple, ny à la moindre diminution des Subsides & des Impositions. Dauantage, n'est-il pas vray ou qu'ils ont merité ce titre par de belles & genereuses actions, ou qu'ils l'ont acquis en faisant des efforts considerables pour le secours de l'Estat dans ses necessitez les plus pressantes, & qu'ils ont donné de l'argent sur la foy & la parole de V. M. ou de ses Predecesseurs, qui doit estre aussi sacrée & inuiolable que les Loix.

Et puis la pluspart de ceux qu'on appelle nouueaux annoblis, ne se sont-ils pas mis en estat de seruir effectiuement dans les armées; & plusieurs d'entr'eux n'ont ils pas scellé leur Noblesse par leur propre sang, ou par celuy de leurs Enfans? D'ailleurs, qui ne prefereroit tousiours vne nouuelle Noblesse, qui veut enseuelir sa roture par les mains de la vertu à vne plus ancienne, lors qu'elle sera ou aneantie par le vice, ou destruite par la nonchalance de l'oisiueté. Enfin, quelle Iustice y a-t'il que de quatre-vingts & tant d'articles dont est composé le Cahier de nos derniers Estats, on ait laissé tous les autres dans la poussiere & dans l'oubly sans y vouloir faire la moindre reflexion, & sans procurer aux trois Ordres affoiblis le moindre soulagement, & qu'en celuy-là seul qui partage la Noblesse en deux sous pretexte de la fauoriser, on la jette par vne suitte infaillible sur le panchant de sa ruïne?

Agreez donc, Sire, s'il vous plaist, que sans aucune de ces distinctions qui ne vont qu'à des taxes ruïneuses à toute la Prouince, ils se jettent tous ensemble à vos genoux, pour obtenir auec vniformité la conseruation de leurs priuileges. Trouuez bon qu'ils partagent en commun auec leurs biens, le sang & les seruices de leurs peres, ou les graces de V. M. A quoy bon les traiter comme on faisoit autrefois ces pauures

FRANÇOIS DE CHANVALON.

& ces miserables criminels, qu'on renuoyoit aux Statuës & aux Sepulchres des morts pour y rencontrer de la protection, ou en chercher vne plus puissante que dans le cœur de V. M. tousiours bien-faisant, ou en trouuer vne plus legitime que dans le merite de leurs actions passées, & dans la bonne foy des Lettres qu'il vous a plû leur accorder? Receuez, SIRE, s'il vous plaist pour caution de leur vertu, l'honneur qu'on leur veut oster, & que vous leur rendrez, car ils seront tousiours prests de se rendre auec vsure aux dépens de leur propre vie, pour faciliter à V. M. la gloire de ses Triomphes.

Que me reste-il maintenant, sinon d'exposer à vostre Majesté, SIRE, les miseres du tiers Estat de nostre Prouince? Mais helas! par où commencer, & par où finir? Ce Cahier, SIRE, que nous presentons à V. M. ne comprend que la moindre partie de ces douleurs; aussi ne desagréez pas, s'il vous plaist, si nous vous disons auec ces paroles des Lettres Saintes: ô Prince tres-Clement & tres-Doux, prenez ce Liure & le deuorez, d'abord il causera de l'amertume dans vostre Ame genereuse, mais vn seul mot fauorable qui sortira de vostre bouche, nous le rendra beaucoup plus doux que le miel.

Si ie pouuois rappeller en vostre presence, vostre peuple accablé sous le poids de ces afflictions, ie ne doute point, SIRE, que V. M. ne fust touchée de ses infortunes, & attendrie par ses larmes. Mais, helas! il n'est pas en son pouuoir de seconder mes iustes intentions. La pluspart des maisons des particuliers sont ou enuironnées ou pleines de Fuzeliers, qui à l'insceu de vostre Conseil, les traite auec la derniere inhumanité, ils offrent leurs biens, leurs trauaux, leurs vies, la sueur de leurs visages à ces impitoyables, mais tout cela n'est pas assez pour les contenter, il faudroit des choses impossibles, & parce que les choses impossibles ne se peuuent pas, toutes les prisons de Normandie ne retentissent que de la voix de ces miserables & ne parlent que de leurs gemissemens.

Encor si on leur donnoit la nourriture qui est donnée aux plus scelerats, ils supporteroient leurs peines auec quelque sorte de patience, mais on leur oste tout à la fois, l'aliment & les moyens de gagner leur vie, & souuent on les transporte dans des cachots éloignez de leurs familles, afin qu'en les faisant languir, on les force d'abandonner leurs maisons & leurs heritages à vil prix. Aussi le feu Roy Louys XIII. d'heureuse memoire, répandit des larmes en presence des Deputez de nostre Prouince, lors qu'il apprit d'eux l'extréme desespoir où estoit son peuple, & sa bonté leur fit esperer, qu'il donneroit bientost du soulagement à ces maux; cependant il y en a plus de douze cens dans toutes les prisons de la Prouince, qui sont reduits à vne necessité presque égale. Ouy, SIRE, la chicane, monstre cruel, qui s'est formé des ruines de la charité chrestienne les consomme en frais; cette monnoye de liards qui s'est répanduë dans le menu peuple & qui l'appauurit, sous pretexte de l'enrichir, ruïne entierement leur Commerce.

La clause solidaire introduite depuis quelques années dans les Tailles, fait qu'aucun particulier ne joüist en seureté de l'heritage de ses peres;

DES ARCHEVESQVES DE ROVEN.

& cette Troupe inombrable de soldats qui vient fondre tout à coup, comme vne grelle dans nostre Prouince, jette les esprits des Particuliers dans des craintes & des confusions inexplicables; & neantmoins, Sire, ils ne sont coupables que parce qu'ils sont impuissans; ils ne sont criminels, que parce qu'ils sont pauures; on leur reproche qu'ils sont ingrats, & ils sont destituez de toute sorte de moyens. Ce n'est point leur volonté qui les fait rebelles, c'est la volonté des Commissaires qui leur impose vn poids & vn joug insupportable.

Mais, Sire, que nos plaintes ne rendent point à V. M. nostre fidelité suspecte, les souffrances de vostre Peuple ne l'empescheront jamais de répandre sur vostre sacrée Personne, vne infinité de benedictions; nous connoissons vos trauaux, vos fatigues, & vos veilles incroyables; & nous sçauons, Sire, que V. M. n'embrasse toutes ces peines, que pour deffendre nos vies & proteger nos personnes.

Qui oseroit ignorer que le Prince & le Peuple doiuent estre necessairement vnis par vne parfaite connexité d'interests & d'amour? Qui ne sçait que la diminution de la grandeur & de la dignité du Chef n'est autre chose, soit dans la Nature, soit dans la Politique, qu'vn affoiblissement general de toutes les parties du Corps? Arriere donc ces Ames aueugles & injustes, qui sans démesler la confusion des temps, enuisagent auec jalousie l'authorité des Puissances legitimes.

Qu'ils sçachent que les grands fleuues, dont la terre engraissée par vne vaste fecondité, font de grands débordemens; on les regarde auec crainte lors qu'ils quittent leurs licts, ou qu'ils rompent les digues que la Nature leur a preserites; cependant ils sont cheris des Peuples, & les Nations entieres s'estiment heureuses de leur possession, parce qu'ils apportent vne infinité de richesses au commerce des hommes. C'est, Sire, la veritable idée que nous conseruons de la Majesté des Rois.

Durant le Schisme de l'Eglise, la France s'estant soustraitte de l'obeïssance du Pape Benoist XIII. il emporta cette consolation dans son extréme disgrace, que le Roy Charles VI. luy témoigna par ses Lettres, que cela n'estoit point arriué de son consentement ny de celuy de son Conseil, mais par la violente necessité des affaires & des temps.

Nous pouuons dire de mesme, Sire, la Normandie ressent & plaint ses malheurs, elle vous en fait aujourd'huy le recit par la bouche de son Archeuesque, & V. M. les a receuës auec des démonstrations d'vne bonté & d'vne patience singuliere; elle emporte au moins cette consolation qu'elle croit, Sire, dans le Cœur de V. M. sa douleur & son impatience sur la continuation de ses miseres; & si la necessité des temps & des affaires ne luy permettent pas de nous tirer entierement de nos maux, pour moy, Sire, ie diray publiquement (parce que c'est vne verité constante qui me paroist dans tous vos sentimens & dans toutes vos actions) que tout ce qui nous est iamais arriué d'infortunes, est arriué contre le consentement de V. M. & l'intention des principaux de vostre Conseil.

Aussi demandons-nous à Dieu pour vous vne longue & genereuse

FRANÇOIS DE CHANJALON.

vie; vn Empire tranquille; vne Maison bien vnie; des Armées inuincibles; vn Conseil toûjours fidelle; vn Peuple obeïssant & soûmis; en vn mot, tout ce que V. M. peut & doit Chrestiennement souhaiter, soit en qualité d'Homme, soit en qualité d'Empereur toûjours victorieux.

FIN.

TABLE

TABLE DES MATIERES
CONTENVËS EN CETTE HISTOIRE.

A

ABBAYES fondées du temps de S. Oüen. page 136. & 137. Abbaye du Bec, plusieurs choses qui la regardent, 259. 287. 288. 290. & suiv. 309. & suiv. 328. 345. 367. 378. 447. 478. & suiv. 487. 492. 649
Abbaye de Bellosane Ordre de Premontré. 419
Abbaye de la Chaise-Dieu. Clement VI. en fut Religieux, 499. Il y fut enterré, &c. 505
Abbaye de Conches, quelques choses qui la regardent. 333. 452
Abbaye de S. Denis en France, &c. Suger, &c. 468. & suiv.
Abbaye de S. Evroul. 260. 276. 330
Abbaye de Fécam, plusieurs choses qui la concerner. 244. 255. 272. 379
Abbaye de S. Germer. 378. 448
Abbaye de S. Martin de Pontoise, plusieurs choses, &c. 273. 308
Abbaye de S. Michel du Tresport. 336
Abbaye de Montiuiller, plusieurs choses, 443. 456. 464. 469. 495. 610. & suiv.
Abbaye de Iumieges, plusieurs choses qui la regardent. 136. 137. 171. 172. 245. 261. 646. & suiv.
Abbaye de S. Martin d'Aumale. 410
Abbaye de S. Martin de Pontoise. 333. 378. 432. & suiv.
Abbaye de Maubuisson. 460. 465
Abbaye de S. Oüen, plusieurs choses. 211. 240. 246. 270. 271. 472. 479
Abbaye de S. Per en Vallée à Chartres, reconnoit les Ducs de Normandie pour ses bien-faicteurs, 249. l'Arch. Robert y fait plusieurs biens, ibid. Il s'y retire pour y mourir, & y recoit la Sepulture, 249. Quelques singularitez de cette Abbaye. ibid. 262. 448
Abbaye de S. Seyne. 335. 338
Abbaye de S. Vandrille, plusieurs choses qui la regardent. 136. 147. 157. 170. 200. 282. bis. 319. 320. 335. 649. 241. 263
Abbaye de Vezelay, lettre de Hugues d'Amiens au Pape, pour son exemption. 341. 467
Abjuration que feu Mr. de Harlay fit faire à vn Ministre, presence de Louis XIII. 643
Academie que feu Mr. de Harlay auoit instituée à S. Victor & aux Augustins de Paris. 655. & 656
Adalard 36. Arch. 215
Aimeric Guenaud 64 Arch. 506. Il auoit esté Euesque d'Aucerre. ibid.
Alain Duc de Bretagne fait sa paix auec le Duc de Normandie. 248
Albigeois Heretiques, Croisade contr'eux, où Robert Poullain assiste. 440. 447. 449. 461
Alexandre II. Pape, son Bref pour transferer Iean Euesque d'Auranche. 265
Alexandre III. Pape, plusieurs choses de luy. 347. & suiv.
S. Amand retourne en Cour à la priere de S. Oüen. 133
Andely Patrimoine de l'Eglise de Roüen, sujet de plusieurs differents. 304. 305. 362. & suiv. 411. 418. 420. & suiv. Eschange fait pour cette terre, &c. 422
Angadresme promise à S. Ansbert, & tout ce qui luy atriua. 143. & suiv.
Anne d'Austriche son Oraison Funebre faite par Mr. François de Chanvalon. 671
Ansegife Abbé de S. Vandrille, son testament. 200
S. Ansbert 22. E. son pays, ses parens, &c. 142. & suiv. Il fut fait Chancelier de France, 146. Il se fait Religieux en l'Abbaye de S. Vandrille, 147. Vertus qu'il y pratiqua, 148. Il fut éleu Abbé, & ce qu'il fit en cette qualité, 150. Difficultez qu'il fit pour accepter l'Archeuesché de Roüen, 151. Ses vertus Episcopales, 152. & suiv. Il est banny par Pepin en l'Abbaye d'Hautmont, 158. De quelle façon il vescut en son exil, ibid. Ayant permission de retourner il tombe malade, & meurt, 160. & suiv. Euenemens miraculeux apres sa mort, 161. Diuerses Translations de ses Reliques, &c. 163. & 165. Difficultez touchant l'année de son trépas, 164. Sa Feste celebrée par Guillaume de Flauacour. 486
S. Anselme consulte l'Arch. Maurile sur sa vocation, 259. Plusieurs choses de luy. 289. 290. 299
Ansgot Gentilhomme Normand, gouuerne vn Hospital dans la Bauiere. 277
Archeuesques de Roüen. Diuers emplois dont ils ont esté honorez, 25. Plusieurs ont honoré le Siege Archiepiscopal. 25
Arnoul, Sçauoir s'il y a eu vn Archeuesque de Roüen de ce nom, & vn Raoul. 241
Assemblée pour la guerre Sainte, &c. 379
Auidian III. en quel temps il a gouuerné l'Eglise de Roüen. 47. Ses vertus Episcopales, 48. Il assiste au Concile d'Arles assemblé contre les Donatistes, ibid. Sçauoir s'il a assisté au second Concile d'Arles. 50
Auidian III. Esleu de Demochare & du Pere Taille-pied, touchant Auidian, 50. Sçauoir s'il a esté declaré Metropolitain au Concile d'Arles, 51. En quelle année il est mort, & le lieu de sa sepulture, ibid. Sçauoir s'il est reconnu pour Saint. ibid.
Augustins à Rome reconnoissent le Cardinal d'Estouteuille pour leur principal Bien-faicteur. 571

B

BAlustre de cuivre de la Cathedrale, par qui donnée. 611
Beaulieu, Prieuré de S. Augustin, sa fondation. 432
pluralité de Benefices blâmée dans le Cardinal de Ioyeuse. 632
Beneficiers, Refexion Chrestienne pour eux. 38
S. Benoist, commission que l'Arch. Remy eut de faire remettre le Corps de S. Benoist aux Moynes du Mont Cassin, & ce qui en attriua, 183. & suiv. Il est demeuré à l'Abbaye de Fleury. 185
Berchard Euesque de Bordeaux, & ce qu'il fit contre Pretextat. 105. & suiv.
Berenger, son Heresie combatuë par les Benedictins de Normandie. 257
S. Bernard eut grande amitié auec Hugues d'Amiens, 317. De la lettre où il se plaint de ceux de Roüen, là mesme. Il fut present à vne donation que le Roy d'Angleterre fit en faueur de ceux de Cluny, 316. Motifs qui ont pû obliger S. Bernard de traiter si mal ceux de Roüen. 318. 333
Bernard de Fargis, 60. p. 492. Informe contre les Templiers, 492. Il fut Arch. de Narbonne. 493
duc de Bersort. 555. 557
Bibliotheque de la Cathedrale de Roüen, sa fondation, les auantages qu'elle produit. 655
S. Boniface Legat en France & en Allemagne, grande authorité qu'il eut, 175. Le Pape Zacharie luy écrit au sujet du Pallium de Grimo, 177. & de ce qu'il l'accusoit de Simonie. ibid.
Bonne-Nouuelles, plusieurs choses, &c. 309. 327. 484. 649
famille de Bourbon a fourny plusieurs personnes à l'Eglise de Roüen. 609
Breuiaire de Roüen reformé par le Cardinal de Bourbon. 619
Brunehaut Reyne d'Austrasie, ses qualitez, 97. Differend qu'elle eut auec Fredegonde, ibid. Cause la guerre entre leurs maris, ibid. Elle est enuoyée prisonniere à Roüen, 98. Biunehaut allant à Metz, laisse quelques hardes en depost à Pretextat. 98
Meroüée vient trouuer Brunehaut à Roüen, où il l'espouse, 98. ils se sauuent en l'Eglise de S. Martin, ibid. Chilperic les en fait sortir par promesses. ibid.
Bulles des Papes à Odo Clement, 472. A-Odo Rigaut, 476.

R III

TABLE DES MATIERES.

suiv. 482. A Gilles Aiscelin, 495. A Guillaume d'Estouteuille, 567

C

Calliste II. se rend Mediateur de la paix entre les Rois de France & d'Angleterre, 305
Calliste III. écrit au Cardinal d'Estouteuille, 573
le fils d'vn Roy de Canada baptisé à la Cathedrale, 661
Candidian, Disciple de S. Victrice, 59
Cardinal de Pauie, Eloge qu'il a donné à George d'Amboise, 599. 601
Catalogue des Liures que feu Mr. de Harlay a composez, 657
Catholiques desarmez dans Roüen, 614
Eglise des Peres Celestins pillée par les Caluinistes, & plusieurs autres, 615
Centuriateurs de Magdebourg se sont trompez, au sujet de Pierre de Blois, 343
Champ du Pardon, son Origine, 279
Chanoines Benedictins de Cantorbie, assistoient à l'élection de leur Metropolitain, &c. 400. & 401
Chanoines de l'Eglise de Roüen: Statut pour ceux qui se voudroient faire Religieux, 460
Chanoines de la Ronde, 478
Chanoines de Charlemesnil, 537
Chanoines Reguliers establis à la ville d'Eu, 308
Chanoines de S. Quentin en Vermandois, 489. 498
Chappelle de l'Archeuesché, sa fondation, 476
Chappelle de Blye en Angleterre, 373. 384. 436. 512
Chapitre de la Cathedrale, sedition populaire contre luy, 407.
Differend auec Robert Poulain, 442
Chapitre de Roüen, démeslez qu'il eut auec Philippe d'Alençon pour la Visite, & autres, 524. 544. 549. 561. 566
Charles le Chauue, 207. & *suiv.*
Charles V. plusieurs choses de luy, 524. & *suiv.* 529. 532
Charles VI. 536. 544
Charles VII. 561. & *suiv.*
Charles IX. 611
Charles I. de Bourbon, 81. p. 609. Plusieurs Euesches dont il a joüy, *ibid.* & 620. Il fut nommé le premier après le Concordat, 610. Quelques actions particulieres, & donations qu'il fit, 617. 619. & *suiv.* Il fut declaré Roy par la Ligue. 621
Charles II. de Bourbon 83. p. 621. Il fut Coadjuteur de son Oncle, 612. Differend qu'il eut auec le Chapitre, *la mesme.* Il empescha qu'on ne creast vn Patriarche, 624. Ce que Mr. de Thou a dit de luy, 625. Sa mort, *la mesme.*
Charles III. de Bourbon, 84. 626. Il faut effacer au Titre Cardinal, Frere naturel de Henry IV. *la mesme. Diuers benefices qu'il possedà. ibid.* Il changea auec le Cardinal de Ioyeuse, & mourut à Marmonstier. 627. & 630
Charlemagne choisit Mainard Arch. de Roüen pour assister son fils, 195. Il vient faire sa Pasque à Roüen. *ibid.* 197
Charte de Richard, Cœur de Lyon, pour l'échange d'Andely, auec quelques Reflexions, 424. Vers faits sur cet échange. 425. 430
Chartre Normande, son origine, 496. Des Priuileges de la Prouince. 503
Chartreuse de Roüen, quand & par qui elle a esté fondée. 532
Chartreuse de Gaillon. 624
de la défense de porter des Cheueux longs; plusieurs choses remarquables. 295
Chilperic mary de Fredegonde, a guerre auec Sigebert, 97.
Ce qui se passa entre luy & S. Pretextat, 99. & *suiuantes.*
Clotaire I. bastit l'Eglise de S. Pierre, dite depuis de S. Oüen, à la priere de Flauius Archeuesque de Roüen. 90
College de l'Archeuesché de Roüen. 656
S. Colomban donne sa Benediction à S. Oüen & à ses freres. 132

CONCILES

d'Arles contre les Donatistes, plusieurs choses touchant ce Concile. 49
de Cologne contre Ephrates, en quelle année tenu, sçauoir s'il y eut deux Conciles assemblez au sujet de cet Euesque. 54. & 55
de Calcedoine, sçauoir si Germain XII. Archeuesque de Roüen y assista. 80
de Tours premier, en quelle année il fut celebré, 80. Germain Archeuesque de Roüen y assista, *ibid.* Diuerses remarques touchant ce Concile. 81
d'Orleans premier, auquel S. Godard assista. 86
d'Orleans 2. 3. & 4. en quelles années ont esté tenus: Flauius XV. Archeuesque de Roüen y assista, 89. Difficulté touchant les années de ces Conciles. *ibid.*

3. Concile de Paris, auquel Pretextat assista. 96
2. Concile de Tours où il sous-signa. *ibid.*
5. Concile de Paris au sujet de Pretextat, & tout ce qui s'y passa. 99. & *suiuantes.*
Contre les Symoniaques, où S. Oüen & S. Eloy assisterent, 140.
Autre contre les Monothelites. 141
de Chaalons & d'Orleans, où S. Oüen assista. 141
Prouincial tenu à Roüen par S. Ansbert, 155. Plusieurs obseruations sur ce Concile. *ibid.*
de Liptine, en Hainault, & celuy de Soissons, tenus par S. Boniface Legat du S. Siege. 175
de Francfort, où Mainard assista. 196
6. de Paris, auec trois autres en suite à Vormes & Thionuille, 199. Autres de Meaux & de Paris. 202
4. de Tours contre Neomene, 205. Concile de Verberie II. 206
de Carisy, où Venilon se trouua, 208. & 213. & à celuy d'Aix & de Tousy, 211. De Poissy, *ibid.* De Soissons. 212
de Ducy, Attigny, Conflans, 216. De Pont sur Yonne. 219
de Trosiay, où Vitton assista. 234
Prouincial de Lisieux, 251. Autres tenus sous S. Maurile, 256.
A Caën, 269. A Roüen. 272
de Lislebonne, plusieurs Decrets de ce Concile, &c. 282. Synode Prouincial de Roüen en 1091. 289
de Clermont en Auuergne, 292. 293. & 325. Plusieurs Canons d'vn Concile Prouincial de Roüen, tenu en suite de celuy de Clermont, 294. Autre Concile, 300. Autre du temps de Geoffroy. 304
tenu à Reims par le Pape Calliste, 305. & vn Synode en suite tenu à Roüen. 307
tenu à Roüen par Matthieu, Legat du S. Siege. 312
de Reims par Innocent II. 316. Celuy de Pise, où Hugues d'Amiens assista. 325
de Paris en 1147. où Hugues d'Amiens assista, 333. Celuy de Baugency, 335. Assemblée à Neufmarché en 1160. p. 339.
A Lislebonne en 1162. où Rotrou assista. 346. A Auranches, 359. Concile de Roüen tenu par Gaultier, traduit en François. 384
à Tholose, tenu par Pierre de Colmieu, 461. Concile Prouincial par Odo Rigaut, 481. Concile de Lyon, où Odo Rigaut assista. 483
Prouincial au Ponteaudemer, 486. Autre à Bonne-Nouuelles, & depuis au Ponteaudemer. 489
de Vienne. 492. 494
Assemblée à Paris pour l'union de l'Eglise. 541
Prouincial sous Rodolphe Roussel, 561. Sous George II. du nom. 603. 605
Prouincial sous le Cardinal de Bourbon. 619
Constantin conuie tous les Metropolitains d'Occident de se trouuer au Concile d'Arles, 49. Il leur adresse vne Lettre Circulaire pour ce sujet, *ibid.* Il décrit la malice & opiniastreté des Heretiques, *ibid.* Son pieux dessein pour assoupir ce differend, *ibid.* Il desfraye 200. Euesques qui assistent à ce Concile, 50. & ce qui y fut fait. *ibid.*
Cordeliers, leur premiere demeure dans Roüen. 451. 469. 472. 474. 484. 586
Curé auquel Odo Rigaut persuade de quitter vne des deux Cures qu'il tenoit. 476
Crescence 13. Archeuesque, combien d'années il a gouuerné l'Eglise de Roüen, 81. Son Eloge, *ibid.*

D

Dagobert fait S. Oüen Chancelier, &c. 132
Mr. Dauanne a restably les Prieurez de Meulan & de Bonne-Nouuelles, qui auoient esté ruinez. 37
Decret pour la continence des Clercs, publié par l'Archeuesque Geoffroy, cause vn grand bruit. 307
Decretales adressées à Gaultier. 426. & *suiv.*
Du Deport. 22. 533. 536
Dernetal pillé par les Heretiques. 616
Desordre arriué aux funerailles du Cardinal d'Estouteuille à Rome. 576
Deuotion extraordinaire de quelques Normands, pour la construction de l'Eglise de Chartres, &c. 331
Diocese de Roüen, son estenduë, 6. Ses limites, 13. Diuisé en six Atchidiaconez, 13. Nombre d'Abbayes, de Prieurez, Monasteres & Paroisses qu'il contient. 14. & *suiv.*
Douurend & Martin-Eglise, anciens Domaines de la Cathedrale, distraits & par qui. 240. & 43
Droits des Archeuesques de Roüen à Dieppe. 537
Du droit de Debite. 281

TABLE DES MATIERES.

Droits de Visite, &c. 466. 471. & suiv. 475. 483

E

Ebroïn presente S. Philebert Abbé de Iumiege. 137
Eglise de Roüen Metropolitaine, 17. Primatiale. 18. Differend pour la Primace. 19. 543
Eglise Cathedrale de Roüen, loüanges que Innocent IV. luy donne, 470. 471. Donations qui luy furent faites par Odo Rigaut, 483. Eschange faite auec Guillaume de Flauacour. 486
premiere Eglise bastie à Roüen. 42
Eglise Cathedrale de Roüen commencée par Robert, & acheuée par S. Maurille. 256
Eglise Collegiale d'Andely. 472
Eglise Collegiale d'Escoüy. 492. 493. 507. 511
plusieurs Eglises de France eurent beaucoup à souffrir auant Charlemagne. 166. 175
Eglises & Ecclesiastiques surchargez par Richard, Cœur de Lyon, &c. 409. 419. 435
Eglise des Chartreux pillée par les Caluinistes. 614
Elections des Euesques pendant la premiere & seconde Race, de quelle façon elles se faisoient. 122
Elections des Cathedrales trauersées, 435. Restituées par Philippes Auguste, ibid. &c. 439. 445
Eleonor femme du vieil Henry, plusieurs choses d'elle, 362. & suiv. &c. 399. 403
Ephrates Euesque de Cologne : Concile tenu en cette Ville, où il est condamné. 55
S. Eloy contracte amitié auec S. Oüen. 132. & suiv.
Eschange que fit Odo Rigaut auec S. Loüis, de Gaillon, des Moulins, &c. 479. & 480
Espagne, S. Oüen y va Prescher & y fait vn grand miracle. 134
Estienne Roy d'Angleterre, 327. & suiv. A grand differend auec quelques Euesques d'Angleterre, pour des Chasteaux. 329
Euesché de Lisieux, plusieurs desordres qui y arriuerent du temps du Duc Robert. 296. & suiv.
Euesques, pourquoy ils ne signent point du nom de leur Famille. 634
S. Euode, difficulté Chronologique pour le temps de son Episcopat, 90. Ses parens, leurs vertus, sa naissance & son education, son amour pour la Sainte Escriture, 91. Il est éleué parmy les Cleres de la Cathedrale de Roüen, ibid. Ses vertus auant l'Episcopat, & depuis sa Promotion, 92. Dieu l'honore du don de miracles pendant sa vie, & aprés sa mort, 93. Son pouuoir extraordinaire pour chasser les Démons, ibid. Il tombe malade à Andely, & ce qu'il fit auant que de mourir, ibid. Son corps apporté à la Cathedrale de Roüen, & depuis transferé à Braine. 94
Eusebe V. assiste au Concile de Cologne, 53. Difficulté touchant ce Concile, & touchant Ephrates Euesque de Cologne, 54. Eloge qu'Ordry donne à Eusebe. 55

F

du Fer Iudiciaire, au sujet de celuy de S. Vandrille. 282. 615
Festes ostées du Calendrier. 605
Fief de Pormer acheté pour l'Eglise de Roüen. 448
S. Firmin Euesque d'Amiens, sa Feste fondée à la Cathedrale de Roüen, 451. & celle de S. Iulian Euesque du Mans, 460. Fondation pour Odo Rigaut. 484
Flauius 15. Archeuesque, en quelle année il entra au Pontificat, 89. Sçauoir s'il a esté Maire du Palais, ibid. Il assista à trois Conciles, ibid. Il est appellé Saint, 90. Ses Reliques apportées à Iumiege, ibid. Eloges qui luy ont esté donnez, ibid.
Foulques Archeuesque de Reims, plusieurs choses de luy. 221. & 22
la Foy de I. C. en quel temps a esté receuë à Roüen. 6
Franco 41. Archeuesque, 235. Baptise le Duc des Normands. 236. & 37
François I. 603. 60.
François de Ioyeuse Cardinal, 85. p. 628. Charges & Benefices qu'il posseda, 628. & suiv. Il se retire à Venise, 629. Il va à Rome, là mesme. Il y fait deputer Messieurs du Perron & d'Ossat, 630. Diuerses commissions honorables qu'il eut, 630. & suiv. Diuerses Fondations qu'il fit, 631. Il fait Messire François de Harlay Coadjuteur, 631. Sa mort, 631. & suiv. Lettre qu'il écriuit à Messieurs du Chapitre de Roüen pour ce sujet. 631. & la responce.
François de Harlay I. 86. p. 632. Famille de Harlay, 633. Témoignage qu'en rendent Messieurs de sainte Marthe, 633. Les grands progrez qu'il fit dans les Sciences, 634. Occasions où il parut, 634. & suiv. Harangue qu'il fit en Parlement, & sa Reception, 641. Son zele pour les saints Canons, &c. 643. Pour la Visite de son Diocese, 645. Pour reformer les Liures d'Eglise, & les Monasteres, 645. Son assiduité à prescher, 658. Liures qu'il a composez, 658. Euesques qu'il a Benits, 660. Il resigne son Abbaye & son Archeuesché, 661. Ses dispositions à bien mourir, 661. Honneurs funebres qui luy furent rendus. 662
François III. de Harlay de Chanualon, 87. p. 663. Ses parens, ses Estudes, 664. Est Sacré à Paris, 665. Pourquoy il ne prit point le Bonnet de Docteur, là mesme. Ce qui se passa à sa Reception au Parlement, 666. Ses Visites & Conferences publiques, 669. Diuerses occasions où il parut. 670
Fredegonde Reyne de France, ses qualitez, 97. Fait tuer Sigebert, ibid. Elle tasche de corrompre la Iustice de Gregoire de Tours, pour opprimer Pretextat, 103. Elle fait mettre Melancius à la place de Pretextat, 107. Elle fait sa demeure au Valdreüil, 108. Son retour à Roüen, 108. Elle corrompt vn assassin pour tuer Pretextat, qu'elle visite auant qu'il mourut, 109. Elle fait empoisonner vn Seigneur de Roüen, 111. Elle elude les poursuites qu'on fit faire Gontran, pour la mort de Pretextat.
Fulbert Euesque de Chartres écrit deux lettres à l'Archeuesque Robert de Normandie. 247

G

Gaillon acquis à l'Eglise de Roüen par Odo Rigaut, 479. Auec Douurend, & autres Terres. 480. 547. 639. 660
S. Gaultier Abbé de S. Martin de Pontoise, retourne en son Abbaye par le commandement de l'Archeuesque Iean. 273
Gaultier le Magnifique, 52. p. 373. Ses premiers emplois, 374. Est fait Archeuesque de Roüen, 375. 377. Il va trouuer le Roy en Sicile, 389. Il le renuoye en Angleterre, 394. & suiv. Va en Allemagne pour la deliurance de Richard, Cœur de Lyon, 406. Est dans l'affliction, 409. & suiv. Se refugie à Cambray, 413. Accommodement auec les Rois de France & d'Angleterre, 416. & suiv. Interdit, & remis, 425. Fait plusieurs donations au Chapitre, 436. & suiv. Sa mort, 437. Ses Eloges. 438
S. Genard Vidame de S. Ansbert, & depuis Abbé de S. Germer. 154. 156. 165. 368
Generosité du Cardinal d'Amboise enuers vn Gentilhomme, qui luy vouloit vendre sa terre. 593
Germain XII. en quelle année il fut fait Arch. de Roüen, 80. Sçauoit s'il a assisté au Concile de Calcedoine, & au premier Concile de Tours, ibid. Nombre des années de Germain, & son Eloge. 81
Geoffroy, 49. p. 301. nommé à l'Euesché du Mans, & depuis à l'Archeuesché de Roüen, 302. Ses qualitez, 303. Il passe en Angleterre, là mesme. Ce qui luy arriua au sujet de la continence des Clercs, 307. Plusieurs actions particulieres, 311. Sa mort. 312
Geoffroy Archeuesque d'Yorch, plusieurs démeslez qu'il eut auec le Chancelier d'Angleterre. 396. & suiv.
Geoffroy Comte d'Anjou fait Roy d'Angleterre, &c. 331
Georges d'Amboise Cardinal, 80. p. 581. Sçauoir s'il a esté Archeuesque de Narbonne, &c. 582. Gouuerneur de Normandie, il dissipa les calomnies, &c. 576. bis. Legat &c. diuerses Entrées, 587. Donne la Cloche & plusieurs Ornemens à la Cathedrale, 587. Il se contenta d'vn seul Benefice, ibid. Diuets emplois en Italie & dans le Milanez, 588. Touchant son élection au souuerain Pontificat, 589. Bastimens qu'il fit à Vigny, Gaillon, &c. 592. Son Testament & preparatifs à la mort, 594. Ses Obseques, 596. Son Epitaphe & Eloges. 599
George d'Amboise II. du nom, Cardinal, 81. p. 602. Sa charité enuers les paures, & sa liberalité enuers sa Cathedrale, 606. Diuerses Receptions ou Entrées qu'il fit, 604. & 607. Il fut fait Cardinal, & assista au Conclaue, &c. 607. Sa mort & ses Obseques. 608
Gilbert, 51. Archeuesque. 156
Gilbert Porrée eut pour Disciple Rotrou, depuis Archeuesque de Roüen. 344
Gilles Aisselin, 61. p. 493. Archeuesque de Narbonne, & ses autres emplois, 493. Institue la Feste du S. Sacrement comme Feste Triple, 493. Fonde le College des Capetes à Paris. 496
Gombaut, 33. Archeuesque. 101
Gonthard, 42. Archeuesque. 238
Gontran rappelle Pretextat de son exil, 106. Il depute des Euesques

R rrr ij

TABLE DES MATIERES.

ques pour informer sur la mort de Pretextat, 112. Diligence qu'il apporta pour en punir les coupables. 115
Gomer Fontaine, sa fondation. 440
S. Godard, 14. Sa naissance ; ses parens ; leur pieté & autres vertus, 82 & S. Godard & S. Medard freres jumeaux, semblables en vertus, leur éducation ; ils reçoivent la Tonsure Clericale, 83. Vertus de S. Godard pendant sa jeunesse, 84. De sa Promotion à l'Episcopat, ibid. Ses vertus Episcopales ; sa charité pour racheter les Captifs ; son zele pour la Predication de l'Euangile, & pour la discipline Ecclesiastique, 85. Les graces extraordinaires qu'il recevoit en celebrant la sainte Messe, ibid. Il assiste au Baptesme de Clovis, & au premier Concile d'Orleans, 85. Il refuse de Sacrer S. Lo pour Euesque de Coutance, & ce qui en arriua, 86. Difficulté de Chronologie, touchant le Pontificat de S. Godard, ibid. Année de son deceds, 87. Ses Reliques transferées à S. Medard de Soissons, ibid. Vn bras de ce Saint donné à l'Abbaye de S. Ouen, 87. Comment il faut entendre que S. Godard & S. Medard sont morts en mesme iour, ibid. & 88. Distique pour S. Godard. ibid.
Gregoire de Tours ; sa genereuse resistance à Chilperic, en faueur de Pretextat, & ce qui se passa à son occasion. 106. & suiuantes. 106. & 107
Gregoire VII. écrit à l'Arch. Guillaume bonne Ame. 280
Gregoire VII. son zele pour la continence des Clercs. 267
Grimo, 17. S. Boniface écrit au Pape Zacharie en faueur de Grimo, 176. Ses qualitez, & en quelle année il fut sacré Archeuesque, 178. Il fit quelques donations à son Eglise. 179
Grippo, 23. E. sçauoir s'il a esté Batard de Martel, 167. Eloge que luy donne Ordry-Vital. 168
Guillaume Longue-Espée enterré à la Cathedrale. 240
Guillaume, premier du nom, 48. Arch. p. 276. fait le Pelerinage de la Terre-sainte, ibid. Se fait Religieux à S. Estienne de Caën, 278. Difficultez pour son élection à l'Archeuesché, ibid. Il reçoit plusieurs saintes Reliques apportées de Soissons, 288. Philippe I. luy donne l'Abbaye de S. Mellon de Pontoise, & confirme d'autres donations du Vexin François, 289. Il écrit à S. Anselme, 290. Il a esté taxé d'auoir eu part au scandale de Philippe I. 292. & suiu. Plusieurs particularitez où il parut, 298. S. Anselme fait leuer son Interdit, &c. 299. Il fait grand nombre d'Ordinands, 299. Sa mort & sa sepulture, & Epitaphe. 300
le B. Guillaume Abbé de S. Benigne de Dijon, establit les Benedictins à Fécan. 244
Guillaume E. de Lisieux, different qu'il eut auec l'Archeuesque Gaultier. 419. 421
Guillaume de Flauacour, no. p. 489. Sa charité pendant vne famine, 489. Il fonde six Chapelains, &c. 490. Autres donations qu'il fit. 490
Guillaume le Batard, plusieurs choses de luy, p. 248. 251. 252. 255. 281. 282. ibid & 287. 289
Guillaume le Roux opprime les Eglises d'Angleterre. 289. 295
Guillaume de Longchamp Euesque d'Ely, & Chancelier d'Angleterre, plusieurs demeslez qu'il eut auec Gaultier & autres. p. 393. & suiu.
Guillaume de Saana éleu Archeuesque de Roüen. 485
Guillaume de Durefort, 61. p. 427. E. de Longny. ibid.
Guillaume de Lettrange, 71. p. 531. & suiu. Fondations qu'il fit à la Cathedrale, 535. Articles de son Testament. 534
Guillaume de Flauacour II. 68. p. 519. Ses diuers emplois. 520
Guillaume de Vienne, 72. p. 335. Euesque d'Autun & de Beauuais, 536. Son Testament, 538. Sçauoir s'il y en a eu deux de ce nom. 535. & 540
Guillaume d'Estouteuille Cardinal, 78. p. 563. Eleué dans l'Ordre de S. Benoist, ibid. Diuers Euesches qu'il a eus, 564. & suiu. Difficultez à son élection, 566. Ses donations & fondations, 568. & suiu. Fit plusieurs choses tres remarquables en Italie, 570. Diuerses legations, 571. Assiste à plusieurs Conclaues, 574. & suiu. Son cœur apporté à Roüen. 576
Guitmond Religieux de la Croix S. Leufroy, plusieurs choses de luy. 279
Guy de Roye, sçauoir s'il a esté Archeuesque de Roüen. 534

H

Halidulphe Abbé d'Hautmont desabuse Pepin, & obtient le retour de S. Ansbert. 259
Harangues faites à Messire François de Chanvalon, à sa Reception au Parlement, & celles qu'il fit pour réponse. 666. & sui.
le Patriarche d'Harcourt, sa fondation à la Cathedrale. 545
Henry I. Roy d'Angleterre, plusieurs choses de luy, 302. & suiu. 305. 310. 321. Escrit à Innocent II. pour les Abbez de

Nor. 321. Sa mort, 326. & suiu. Ce qui arriua en Angl. & Nor. aprés sa mort. 327
Henry II. Roy d'Angleterre, 333. 335. 352. & suiu. 360. Guerre qu'il eut contre le Roy de France & contre ses enfans, 362. Mort de Henry le jeune. 369. 378
Henry II. & Catherine de Medicis font leur Entrée à Roüen. 610. 612
Henry IV. 623. 625. 626. 629. 630
plusieurs choses des Heretiques du temps de Georges II. 605. & suiu. 610. & suiu. 612. & suiu.
Herué Arch. de Reims, consulté par nostre Arch. Vitto. 233. Réponse à sa lettre. 234
Hidulphe, 19. Difficulté touchant son Entrée à l'Euesché de Roüen, 117. Eloge que luy donne Ordry Vital. 117
Hincmar mis à la place d'Ebbo Arch. de Reims, 203. Plusieurs choses de cet Ebbo, ibid. Et d'Hincmar. 212. & suiu. 221
Historiens Anglois, ce qu'ils ont dit de Pierre Colmieu refuté, 407. Et de son Successeur. 470. 473
Histoire tragique d'vn Barigel ou Officier de Rome. 574
Honoré II. Son Bref pour transferer Hugues d'Amiens. 314
S. Hugues, 25. Sçauoir s'il y a eu deux saints Hugues Archeuesques de Roüen, 169. Naissance & éducation de S. Hugues, fils de Drogon, ibid. Seconde Chartre où il est fait mention de luy, 170. Il eut auec l'Archeuesché de Roüen d'autres Benefices, 170. Difficulté pour la Chronologie, 171. Combien il gouuerna l'Eglise de Roüen. 172
S. Hugues II. fils de Charlemagne. 189. & suiu. 493
Hugues II. du nom, 43. Arch. p. 239. aliena plusieurs terres de son Eglise. 240
Hugues d'Amiens, 50. Prieur, & depuis Abbé en Angleterre, 313. Son élection à l'Arch. de Roüen, 314. 316. Favorise les Religieux, 324. Il va en Angleterre, 328. & suiu. Plusieurs actions Episcopales, 330. Plusieurs lettres qu'il écrit au Roy de France, 334. Il écrit en qualité de Legat à vn Comte de Thoulouse, 339. Sa mort, &c. 339. Ouurages qu'il composa, 340. Son Epitaphe & Eloges. 342
Hugues d'Orge, 75. p. 552. Euesque de Chaalons, 552. Assiste au Concile de Basle, où il meurt. 554

I

Iean I. du nom, 38. Arch. p. 219. Excommunié pour auoir eu amitié avec Formose, &c. 220. Escrit à Hincmar & à Foulques, Arch. de Reims. 221
Iean II. du nom, 47. Arch. p. 264. Donne la Baronnie de saint Philebert à l'Eglise d'Avranche, 265. Son zele contre les concubinaires, 266. Ce qui luy arriua en l'Eglise de S. Ouen, 270. Il encourt la disgrace du Roy, 271. Causes de sa déposition, 273. Son trépas, &c. 275
Iean VIII. excommunie Formose, qui fut depuis Pape, & ce qui en arriua. 220
Iean Comte de Mortain, & depuis Roy d'Angleterre ; plusieurs choses de luy, 396. & suiu. 402. 430. Elû Roy d'Angleterre, donne vne Charte pour confirmer l'échange d'Audely, ibid. 434
Iean de Marigny, 66. p. 510. Il avoit esté Euesque de Beauvais. ibid.
Jean d'Armagnac, nommé à l'Archeuesché de Roüen. 541. 542
Iean de la Roche-Taillée Cardinal, 74. p. 545. Froissard fait mention de l'Apologie de Frere Iean de la Roche-Taillade, que les Cardinaux faisoient tenir prisonnier en Auignon. C'est au Volume 3. de son Hist. chap. 24. Divers Euesches qu'il posseda, 546. 550
les RR. PP. Iesuites introduits à Roüen, 618. Seminaire fondé par le Cardinal de Ioyeuse. 631
Fondation de l'Isle-Dieu, de l'Ordre de Premonstré. 380
Incendie arrivé en l'Eglise Cathedrale, &c. 604
des Infractions de la Treue-Dieu. 388
Innocent I. envoye à S. Victrice des Maximes de la Morale Evangelique, 73. Diverses reflexions sur ces Maximes, 74. Decrets touchant les Euesques, les Clercs, les Heretiques, qui retournoient à l'Eglise, &c. 75. Les Heretiques ont blamé le douziéme Decret, touchant les Vierges, ibid. Réponse à leurs objections. ibid.
Innocent II. affligé d'vn fascheux Schisme, 315. Hugues d'Amiens luy rend de grands services, ibid. Sa lettre à Hugues d'Amiens, 320. Sa réponse au Roy d'Angleterre, 322. Autre lettre à l'Archeuesque de Roüen. 323. 325. & 327
Innocent IX. en quel temps il a gouverné l'Eglise de Roüen, 77. Ses vertus, 78. Sçauoir s'il est reconnu pour Saint. 78
Interdit remarquable jetté par l'Archeuesque Maurice. 456
Iubilé à Roüen, où il arriua vn fascheux accident en l'Eglise Cathe-

TABLE DES MATIERES.

Cathedrale. 587
Iulian l'Apostat, ruse dont il se seruit pour faire idolatrer les soldats. 58
Iustice des Hauts-Iours, ou Eschiquier des Archeuesques de Roüen. 496. 498. 522

L

S. Lanfranc refuse l'Archeuesché de Roüen, 264. Va à Rome pour demander la translation de l'Euesque d'Avranches. 265. 268. 269. 281
saint Laurens Archeuesque de Dublin, plusieurs choses de luy. 448
aduertissement au Lecteur. 26
Legats du Pape Celestin iettent vn Interdit sur la Normandie. 403
saint Leon, 39. Archeuesque, p. 223. va prescher à Bayone, &c. 224. & suiu. Requeste en Latin de feu Mr. le Preuost, à Monseigneur François de Harlay I. pour celebrer la Feste de S. Leon, 227. Response du mesme Prelat à cette Requeste. 231
saint Leuffroy. Origine de l'Abbaye de la Croix S. Leuffroy, &c. 139. 157. 279
saint Lo éslu miraculeusement pour Euesque de Coutances, 86. S. Godard refuse de le sacrer, & ce qui en arriua, 86. Difficultez de Chronologie touchant S. Lo. ibid.
Loüis le Debonnaire, plusieurs choses de luy. 197. & suiu.
Loüis le Germanique fait la guerre à son frere Roy de France. 208
saint Loüis Roy de France, plusieurs choses de luy. Thibaut a differend auec ses Officiers, 449. & Maurice son successeur. 456. 461. 465. 469. 478. 480. 481. & suiu. 486. 537
Loüis de Luxembourg Cardinal, 76. p. 555. Il fut Euesque d'Ely en Angleterre. 558
Loüis d'Harcour, 73. p. 540. Grands differens pour confirmer son élection. 540
Loüis XI. escrit au Chapitre de Roüen en faueur de Robert de Croismare. 577
Loüis d'Orléans, & depuis Loüis XII. 582. 579. bis. 585. 594. 596. 603
Mad. Loüise de l'Hospital Abbesse, & Reformatrice de Montiuiller, 650. ses vertus, &c. 651. Anne de l'Hospital sa niepce. 654
Lucius Pape escrit au Chapitre de Roüen pour l'élection de Gaultier, 376. Il addresse deux Brefs à Gaultier. 378

M

Mainard 30. Archeuesque, p. 194. & suiu. assista à la Dédicace de l'Eglise de S. Riquier. 196
Maison 11. Archeuesque, diuersement appelé, 79. Eloge que luy donne Ordry Vital. 196
Marcellin 6. Arch. en quelle année il a esté Euesque; & combien de temps, 56. Progrez de la Religion de son temps. ibid.
saint Marcoul, ce qui arriua à S. Oüen transferant les Reliques de ce S. Abbé. 139
Mareschal de Gyé. Differend qu'il eust auec le Cardinal d'Amboise. 590
Martel, ses loüanges. 181
Maison de S. Mathieu, dite depuis les Emmurées, cedée par eschange à S. Loüis, par Odo Rigaut. 479
Mauger 45. Arch. p. 250. & suiu. Il est cité au Concile de Lisieux, 251. où il est déposé, 252. accusé faussement de Magie. 253
Maurice 35. Arch. p. 433. iette vn Interdit, 436. Sa charité pour les pauures, 459. Sa mort. 460
saint Maurile, 46. Arch. p. 254. Est fait Abbé en Italie, 255. & Archeuesque de Roüen, 256. & suiu. Il acheua & dédia l'Eglise Cathedrale, &c. 256. Iean E. d'Auranche luy dédia vn liure, 258. On luy restituë l'Archidiaconé de Pontoise, 260. Vision qu'il eut auant de mourir, 262. Son tombeau, l'Epitaphe, encensemens qui s'y font, &c. 263. Qu'il y a eu vn autre S. Maurile. 263. 575
Melance 18. Euesque de Roüen, 115. Moyens dont il se seruit pour se purger du crime dont il est accusé, 116. Le Pape S. Gregoire le Grand luy escrit. ibid. Eloge que luy donne Ordry Vital. ibid. Combien de temps il gouuerna l'Eglise de Roüen. ibid.
saint Mellon 2. Arch. Sa Mission extraordinaire, &c. 39
saint Mellon de Pontoise. 464. 478. 488
Meulan, où les Reliques de S. Nicaise furent transportées. 37
Milanez. Diuers succez de Loüis XII. & du Cardinal d'Amboise en Italie. 589. & suiu. 591

Ministre prend la fuite à la presence du Cardinal de Bourbon. 618
Ministre de Queuilly qui prenoit le nom de Pasteur de l'Eglise de Roüen. 669
fameux Ministre qui abjura son Heresie deuant le Cardinal de Bourbon. 620
saint Martin amy de S. Victrice, 71. Qui fut present à vn miracle qu'il fit. 76
Mont aux Malades, sa fondation, & plusieurs autres particularitez. 371

N

Noméne, Seigneur Breton. 205
saint Nicaise, temps de sa Mission; diuerses opinions, &c. 5. 29. 38
Nicolas Pape. Les Euesques du Concile de Soissons tenu en 866. luy écriuent pour Vulfadus & autres, 212. La réponse qu'il fit. ibid.
Nicolas Roger, 65. 508
Normands. Vitton trauailla à leur conuersion, 233. & 235. Leur arriuée & demeure en Normandie, 136. Normandie retourne sous la domination du Roy de France. 434
duché de Normandie, son érection, &c. 3. Defense des Normands. 318
Normandie, combien obligée à George d'Amboise. 585

O

Odet de Chatillon. 617
Odo Clemens, 57. p. 468. Diuerses Bulles que le Pape luy adressa. 472
Odo Rigaut, 58. p. 474. Opinion touchant sa Promotion, 475. Se croise auec S. Loüis, 481. Sçauoir s'il a esté Cardinal, 483. Office de Nostre-Dame, quand institué, 297. 1. Fondé en l'Eglise de Roüen par Odo Rigaut. 478
Olaus Roy de Noruege, conuerty par Robert de Normandie Archeuesque de Roüen, 245. Depuis Martyr, ibid. Ses Reliques apportées à la Cathedrale. 245
Ordre de S. Antoine de Vienne, obligation à feu Mr. de Harlay. 654
Oresme Doyen de Roüen, est fait Euesque de Lisieux. 532
saint Oüen 21. Euesque. Sa naissance, &c. 131. & suiu. Son élection, 134. Ses vertus Episcopales, 135. Ce qui luy arriua estant à Rome, 138. Il meurt à Clichy, 139. Ses Obseques, 140. Diuers Conciles où il a assisté, ibid. Ses écrits, 141. Son corps leué de terre par S. Ansbert. 155. 604

P

Pallium des Archeuesques, 20. Diuers titres des Archeuesques de Roüen, 22. Benefices qu'ils conferent, 24. Lettre Iurisdiction spirituelle & temporelle. 24. 280
Messieurs du Parlement de Roüen, diuerses particularitez touchant la Reception & les honneurs qu'ils rendirent à François de Harlay I. 638. & suiu.
Creation du Parlement, où les Archeuesques sont Conseillers nez. 586
Paschasius Diacre de S. Victrice, 65. & 72. Plusieurs loüanges que S. Paulin donne à ce Diacre. ibid.
Patronnage d'Alizy donné à Odo Rigaut. 479
Paul 34. Archeuesque. 205
saint Paulin, Panegiriste de S. Victrice, 59. Sa premiere lettre à ce Saint, ibid. Il se plaint de ce que S. Victrice ne s'estoit venu voir, ibid. Profonde humilité de S. Paulin, 60. Loüanges que S. Paulin donne à S. Victrice, sont exemptes de flaterie, 64. Sa seconde lettre à S. Victrice, 65. en quel temps elle fut écrite. 72
Pepin Maire du Palais, bannit S. Ausbert en l'Abbaye d'Hautmont, 158. Luy fait bastir vn Monastere aprés sa mort pour satisfaction. 161. 179. 182. 183
Pepin Roy de France, enuoye Remy Arch. de Roüen à Didier Roy des Lombards, 186. Le Pape Paul I. luy écriuit. 187
Peste generale du temps de Iean de Marigny, ses effers. 513
Philippes I. Roy de France. Ce qui se passa lors qu'il voulut repudier sa femme. 292
saint Philebert bastit l'Abbaye de Iumiege, 136. Il perd pour vn temps l'amitié de S. Oüen. 137
Philippes le Hardy declare par Testament, Odo Rigant Ministre d'Estat, 481. Accord qu'il fit auec Guillaume de Flauacour. 487
Philippes de Valois prend la Croix de la main de Pierre Roger. 502

§fff

TABLE DES MATIERES.

Philippes Auguste, different qu'il eut auec Henry II. Roy d'Angleterre. 379. 381. 402. 405. 407. 412. &ſuiu. 434. 435
Philippes d'Alençon, 69. p. 521. Il fut E. de Beauuais, ibid. Il refuſe de conferer vn Benefice à vn Clerc, qu'il en croyoit indigne, quoy que le Roy l'en preſſaſt, 524. Il ſouffre pluſieurs perſecutions, 525. Il fut Patriarche, & Cardinal, &c. 526. Sa mort. 528
Pierre VII. Difficulté touchant les années de ſon Pontificat, 56. Loüange que luy donne Ordry Vital. 57
Pierre de Colmieu, 56. p. 461. refuſe l'Eueſché de Theroüane, 461. Et l'Arch. de Roüen, 463. Eſt fait priſonnier allant à Rome, 465. Cardinal, 467. Sa mort luy fut predite. 467
ſaint Pierre, le venerable Abbé de Cluny, 323. 326. 328. 336. Lettre fort affectiue qu'il écriuit à Hugues d'Amiens, 336. Les Moynes de la Charité écriuent à Rotrou. 366
Pierre de Blois, ſçauoir s'il a eſté Archeueſque de Roüen, &c. 343. 414. 425. 438
Pierre Roger, 63. p. 499. Moyne de la Chaize-Dieu, doüé d'vne prodigieuſe memoire, 499. Il fut volé, & ce qui en arriua depuis, 500. Diuers emplois qu'il euſt, 501. Cardinal, & depuis Pape, 503. Acquiſition & foundation pour la Cathedrale, 503. &ſuiu. Autres actions eſtant Pape. 504
Pierre de la Montre Cardinal, 70. p. 529
Pierre de la Foreſt, 67. p. 514. Ses diuers emplois, ibid. Il eſt fait Cardinal, 517
Pintarüille acquis à l'Egliſe de Roüen par Odo Rigaut. 479
Poëme ſur vn euenement extraordinaire, arriué lors que feu Mr. de Harlay alla porter la Reforme à Iumiege. 647
Fauſſe Politique blaſmable. 632
Pontoiſe & le Vexin François, ſçauoir s'ils ſont du Dioceſe de Roüen, 7. &ſuiu. Item en la vie de S. Nicaiſe, 30. L'Abbaye de S. Mellon de Pontoiſe donnée à Guillaume Archeueſque de Roüen. 289
Pragmatique Sanction. 373
Predictions de la fin du monde, de l'Abbé Ioachim. 491
ſaint Pretextat, 17. Arch. de Roüen, 95. Pluſieurs Eueſques de ce nom en meſme temps, 95. En quelle année celuy de Roüen fut fait Eueſque, 96. Mariage de Chilperic fait à Roüen de ſon temps, ibid. Il aſſiſta à pluſieurs Conciles, ibid. Il eſt blâmé d'auoir fait le mariage de Meroüée auec Brunehaut, 98. Il eſt arreſté & cité au Concile de Paris, & ce qui s'y paſſa, 99. &ſuiu. Son exil, & ſon retour, 106. & 107. Sa mort, 109. & 110. Celuy qui le tua declare les autheurs de ſon crime, 113. Pretextat honoré du tiltre de Martyr, 123. Réponſe aux objections que l'on a fait contre ce titre. 114
Prieuré de S. Lo dans Roüen. 438
Profeſſion d'obeïſſance que les Eueſques exigeoient des Abbez, cauſe pluſieurs bruits, &c. 291. & 393. Sous Hugues d'Amiens. 324. 328. 346
Proſne, ſçauoir ſi S. Romain l'a inſtitué. 128
Puccius, ce qu'il predit au Cardinal de Bourbon, ſçauoirs'il eſt veritable. 625
Pucelle d'Orleans. 555

Q

Queſtion de la Beatitude des Saints, &c. 502
ſaint Quentin en Vermandois; Egliſe Collegiale qui reconnoit les Ducs de Normandie pour ſes Bien-faiteurs, & les Archeueſques de Roüen. 244. 527

R

RAgnoard, 32. Arch. p. 198. aſſiſte au ſixiéme Concile de Paris, &c. 199
Ranulphe Flambard cauſe pluſieurs deſordres dans l'Eueſché de Liſieux. 296. &ſuiu.
Raoul de Gaucour Bailly de Roüen, tué en vne ſedition, &c. 544
Rainfroy, 28. Sa naiſſance, ſes emplois; lettre que le Pape Zacharie luy adreſſa, 179. Differentes opinions touchant ſa conduite. 180
Raoul de Dicet Doyen de Londres, grand amy de Gaultier, pluſieurs lettres reciproques. 410. &ſuiu. 419. 425
Raymond Comte de Tholoſe. 462
Reflexion ſur cette Hiſtoire. 26
Reforme des Monaſteres de l'Ordre de S. Benoiſt, ordonnée dans Roüen à l'Aſſemblée des Notables, 645. Mr. de Harlay luy a eſté fauorable. 649. &ſuiu.
Reforme de Ciſteaux, Hugues d'Amiens luy eſt fauorable. 325
Reglement du nombre de Religieuſes qui doiuent eſtre receuës ſans argent à Montiuillier. 651
Reglemens Eccleſiaſtiques faits en vn Concile ſous Gaultier,

384. &ſuiu. & 392
fauſſe Religion des Gaulois, 4. Et des Druides. 4
eſtat de la Religion Chreſtienne dans les Gaules auant Conſtantin, 147. Et dans la ville de Roüen, auant & depuis la mort de S. Mellon. ibid.
ſaint Remy, 29. Sa naiſſance, &c. 181. On luy a donné diuers noms, ibid. Il joüit de l'Eueſché de Langres, 182. En quelle année il fut fait Arch. de Roüen, 182. Ce qui luy arriua au ſujet des Reliques de S. Benoiſt, 183. Il rapporte de Rome les ceremonies de l'Egliſe Romaine, 187. Il y enuoye de ſes Moynes pour ſe perfectionner au chant, ibid. Il fait amitié auec Alcuin, 188. Reliques de S. Remy portées à S. Medard de Soiſſons, &c. 189
Remonſtrance que Monſeigneur François de Chanualon fit pour les trois Eſtats de Normandie en 1638. 672. &ſuiu.
Richard I. eſtablit des Benedictins au Mont S. Michel, 241. Legitime ſon fils Robert, qui fut depuis Arch. de Roüen, 242. Sa mort; & de Richard II. & III. 246
Richard, Cœur de Lyon, 381. 388. &ſuiu. Ce qui ſe paſſa en Sicile, & au voyage de la Terre ſainte, 390. &ſuiu. 404. &ſuiu. 407. 412. 413. &ſuiu. 418. 429
Riculphe, 37. Arch. p. 216. viſite à Gany les Reliques de S. Nicaiſe, &c. 217. Se qualifie Abbé de S. Oüen, 217. Obtient vne Chartre pour ſa Cathedrale. 218
Robert, 26. Difficulté pour la Chronologie de cét Arch. 172. Euenement extraordinaire arriué à cét Arch. le iour de ſaint Romain, 173. Il eſt reconnu pour Saint. 174
Robert Courteheuze ſe croiſe pour le voyage de la Terre ſainte. 295. 297
Robert de Normandie 44. Arch. p. 242. commença fort mal, il fit depuis penitence, 243. Il conuertit Olaüs Roy de Noruege, 245. Il eſt aſſiegé dans Eureux, & contraint de rendre la place, 247. Sa mort, & le lieu de ſa ſepulture. 249
Robert le Magnifique Duc de Normandie a different auec ſon Oncle Arch. de Roüen, 246. Alain Duc de Bretagne refuſe de luy rendre l'hommage. 248
Robert Poullain, 73. p. 439. &ſuiu. Sa mort & ſes Eloges. 444
Robert de Croiſmare, 79. p. 577. pluſieurs choſes de ſon temps, 578. Son Teſtament. 580
Rodolphe Rouſſel, 77. p. 559. trauaille pour la reddition de la ville de Roüen à Charles VII. 561
Roland, 24. a eu pluſieurs noms, 168. Eloge que luy donne Ordry Vital. 169
ſaint Romain, 20. E. de Roüen, 117. Ses parens, ſa naiſſance, ſon education, &c. 118. Ses emplois auant l'Epiſcopat, 119. Difficulté qu'il y eut pour ſon election, 120. 121. Il prend poſſeſſion de ſon Egliſe, 122. Ses vertus & autres actions de ſa vie, 123. &ſuiu. Serpent qu'il tua, & l'origine de la deliurance du Priſonnier, 125. &ſuiu. Il ſe prepare à la mort, 128. Tranſlation de ſes Reliques, 129. Ses miracles, ibid. Epigramme ſur ſon Tombeau, 130. Diuerſes Feſtes pour honorer ſa memoire, ibid. Recit d'vn miracle arriué à l'Arch. Robert, 173. Ses Reliques transferées. 279. 367. 489
Roüen, diuerſes etymologies, p. 1. Pourquoy appelle ſeconde Lyonnoiſe, 2. Pieté de cette Ville comparée à celle de Ieruſalem, du temps de S. Victrice, 67. Grand nombre d'Egliſes qui y eſtoient dés ce temps-là. 68
Roüen pillé & bruſlé en 848. p. 204. 366. 444. 452. Sedition populaire, 544. Pris par les Anglois. 544
ville de Roüen ſaiſie par les Caluiniſtes, &c. 615. Repriſe par le Roy. 616
Rotrou, 51. Arch. p. 344. Il fut Eueſque d'Evreux, &c. 345. 346. Eut grande part à l'accommodement de S. Thomas de Cantorbery, 347. Ce qu'il fit pour procurer la paix entre le vieil Henry & ſes enfans, &c. 362. &ſuiu. Pluſieurs occaſions où il eſt fait mention de luy, 367. Decretales qui luy furent adreſſées, ibid. Mort de Rotrou, &c. 370

S

pourquoy il y a eu tant d'Eueſques reconnus pour Saints au commencement de l'Egliſe. 51
Sauqueuille, College de Chanoines, quand fondé. 332
Satisfaction que fit vn calomniateur à vn Archeueſque de Roüen. 547
Serment de fidelité, Pierre Roger refuſe de le rendre au Roy Philippes de Valois. 501
Seuere IV. en quelle année il eſt entré à l'Epiſcopat, 52. Ses bonnes qualitez, ibid. Sçauoir s'il a aſſiſté au Concile de Rome, ibid. Combien de temps il a gouuerné l'Egliſe de Roüen, 53. Sçauoir s'il eſt reconnu pour Saint. ibid.
Sibille Ducheſſe de Normandie meurt, & eſt enterrée à la Ca-

TABLE DES MATIERES.

thedrale. 298
Siuuin pere de S. Ansbert, ses qualitez, & de quelle maniere il gouuerna son fils. 143. *& suiv.*
Suger Abbé de S. Denis, intime amy de Hugues d'Amiens. 333. 335. 336. 463
Sylueſtre X. en quelle année il gouuerna l'Eglise de Roüen, 78. Il consera la Prestrise à S. Loup Euesque de Bayeux, 79. Eloge que luy donne Ordry Vital. *ibid.*
S. Sydoine amy de S. Oüen, 136. & de S. Ansbert. 157

T

Taxe pour la Terre sainte, & ce qui en arriua en 1166. p. 361. 380. & 488
Thibaut d'Amiens, 54. p. 445. reçoit deux Bulles d'Honoré, 446. *& suiv.*
Thierry fils de Clouis II. visite S. Ansbert, entretiens qu'ils eurent. 149
Thierry Roy de France; confiance qu'il auoit en S. Oüen. 138
Thierry Abbé de S. Evroul, entreprend le voyage de la Terre sainte, &c. 276
saint Thomas de Cantorbery, son Histoire bien au long. 346. *& suiv.* & 370. 444
Thomas de Freauuille, plusieurs choses de luy. 453
de la Treue de Dieu. 294
Tyricus fait rapport à S. Paulin des vertus de S. Victrice. 66

V

Varaton Maire du Palais, amy de S. Oüen, & ce qui luy arriua. 138
Valchelin Euesque de Vintone, recommandé par S. Maurile à Guillaume le Conquerant. 262
saint Vandrille, S. Germer, & S. Erbland amis de S. Oüen, 136
Venilon, 35. Archeuesque. 207
saint Victrice, 8. Son nom est mysterieux, 57. Sa patrie, *ibid.* Sa profession en sa jeunesse, 58. S. Victrice quitte Iulian l'Apoſtat, *ibid.* Premiere lettre que luy écriuit S. Paulin, pleine de plusieurs loüanges qu'il luy donne, 59. *& suiv.* & 71. S. Victrice dissipe les calomnies de ses enuieux, 61. & 63. Sa creance touchant les mysteres de la sainte Trinité, & de l'Incarnation, &c. 62. & 63. Reflexion sur cette lettre, 64. Seconde lettre que luy adressa S. Paulin, 65. S. Victrice Apostre du Boulenois, 67. Qu'il a mis la ville de Roüen dans vne haute estime de pieté, 67. Fruits des Predications de ce Saint, 68. Il quitte la condition de soldat, 69. Tourmens qu'il endura, *ibid.* Dieu aueugle le bourreau qui estoit prest à luy trancher la teste, 70. Et brise les chaisnes dont il estoit lié, *ibid.* Grand changement des persecuteurs qui le renuoyent absous, *ibid.* Il consulte le S. Siege sur quelques difficultez, 93. Réponse que le Pape Innocent I. luy fit, *ibid.* S. Victrice charitable enuers les pauures, 76. Combien il gouuerna l'Eglise de Roüen, *ibid.* Ses saintes Reliques portées à Braine, où elles furent brusſlées en 1562. p. 77. Sa Feste. *ibid.*
Vitton, 40. Archeuesque. 233
Viuier de Martainuille cedé par échange à Odo Rigaut. 479
Vniuersité de Paris reformée par le Cardinal d'Estouteuille. 572
Vrbain III. adresse deux Brefs à Gaultier le Magnifique. 378
Vrsulines fondées à Roüen par le Cardinal de Ioyeuse. 631
Vrsus Compagnon de Paschase, guery par les merites de S. Felix Euesque de Nole. 66
Vulsadus Arch. de Bourges, plusieurs choses de luy. 212. *& sui.*
saint Vulfran Archeuesque de Sens, amy de S. Ansbert, 157. Il va prescher en Frise. *ibid.* & 168

Y

Yves de Chartre répond à quelques doutes de l'Archeuesque Guillaume, bonne Ame, 299. Bon amy de Geofroy, pour lequel il écrit au Pape. 301. *& suiv.*

Z

Zacharie Pape écrit à S. Boniface pour l'Archeuesque Grimo, 177. Et à Rainfroy Archeuesque de Roüen. 179

FIN

Fautes à corriger auant que de lire cette Histoire.

Page 6. ligne 17. lisez le lecteur curieux. p. 6. l. 43. lisez enuiron. p. 8. l. 31. lisez d'autant plus librement. p. 9. l. 4. lisez conduisirent. p. 18. l. 20. lisez des Patriarchales. p. 26. l. 31. lisez de la bonté & de la courtoisie des Lecteurs. p. 29. l. 18. lisez qu'il prescha. p. 30. l. 2. lisez & qu'il s'y. p. 31. l. 12. lisez & comme il y en auoit. p. 37. l. 18. au lieu de quant est, lisez quant à ces Chanoines. p. 43. l. 21. lisez qui rendoit ses oracles, & effacez oracles en la ligne suiuante. p. 60. l. 36. lisez en se seruant. p. 61. l. 36. lisez & des nœuds. p. 63. l. 36. lisez qu'elle vous fut. p. 67. l. 38. lisez la Comte. p. 91. l. 15. mettez dans le Sacrement. p. 99. l. 41. lisez à la reuolte. p. 100. l. 2. ostez mais si, & lisez que si. p. 104. l. 24. lisez ie ne fusse. p. 111. l. 3. effacez que, & lisez ie prie. p. 112. l. 44. lisez qu'il auoit. p. 113. l. 32. lisez en l'autre; & en marge, Conc. Aquisgran. p. 128. l. 4. lisez dont on void. p. 125. l. 27. lisez ne le considereteut. p. 133. l. 38. au lieu de magnificence, mettez faueur. p. 144. l. 23. lisez en vne, & l. 36. lisez trauaillerent. p. 146. au Latin, lisez Gerulus Regis. p. 151. à marge, il faut Confessor. p. 155. l. 6. lisez & vne satisfaction. p. 162. lisez elle deuint. p. 177. lisez qu'il vous souuienne. p. 183. lisez Dom Germain. p. 204. lisez mais, ligne 21. p. 206. l. 12. lisez dependoient. p. 224. l. 30. mettez quelques vns disent que. p. 243. l. 22. lisez allegue de l'auertion du Duc. p. 258. l. 34. lisez reformez. p. 276. l. 20. effacez enjoüée. p. 287. l. 14. lisez pour faire voir que les meilleures actions des Grands sont defectueuses. p. 305. n. 3. à marge, ostez declame, & mettez parle. p. 310. l. 38. lisez & ayant esté. p. 320. l. 11. lisez l'application de la diligence. p. 321. à la marge, au lieu d'Innocent IV. mettez Innocent II. p. 338. l. 11. ostez tous. p. 344. lisez honnesteté de ses mœurs. p. 363. l. 3. lisez de particide, & ostez este. p. 374. l. 26. lisez continuant. p. 375. l. 44. lisez 1184. p. 379. l. 21. lisez il écrit. p. 399. lisez dérision. p. 438. l. 43. lisez Greg. VIII. p. 453. en marge, lisez E. du Mans. p. 457. l. 44. lisez la teneur. p. 464. l. 22. lisez Archid. & l. 44. lisez & elle fut; & en marge n. VII E. d'Avranche. p. 466. l. 44. lisez à l'Eglise. p. 484. l. 11. lisez pu de plus. p. 487. l. 10. lisez ses deux Confreres. p. 516. en la marge, lisez la reception, au lieu d'acceptation. p. 528. lisez I. ter. p. 529. l. 9. ostez re, & dites marquer. p. 542. lisez cela se consirme. p. 544. l. 30. effacez lequel, & mettez il eut. p. 560. l. 2. lisez Mattial Fournier. p. 593. l. 2. au lieu d'endoctriner, mettez à conduire. p. 601. au lieu de frugalité, mettez retenuë. p. 604. au lieu de 1511. mettez 1521. p. 618. l. 11. lisez la presence. p. 625. l. derniere, ostez siens. Il y a quelques articles & propositions obmises, & quelques autres lignes, fautes que le Lecteur aura la bonté de suppléer.

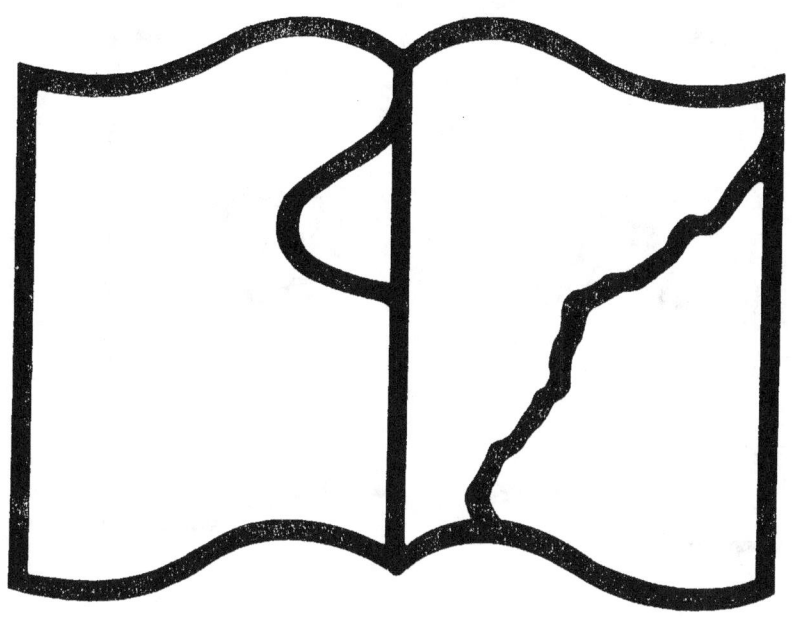

Texte détérioré — reliure défectueuse
NF Z 43-120-11

Contraste insuffisant
NF Z 43-120-14

www.ingramcontent.com/pod-product-compliance
Lightning Source LLC
Chambersburg PA
CBHW061951300426
44117CB00010B/1296